TRAITÉ PRATIQUE

ET

FORMULAIRE

GÉNÉRAL

DU NOTARIAT

DE FRANCE ET D'ALGÉRIE

IV

EXPLICATION DE QUELQUES ABRÉVIATIONS.

Dict. not. . . . . Dictionnaire du notariat (4ᵉ édition).
Roll. . . . . Rolland de Villargues (2ᵉ édition).
J. N. . . . . Journal des notaires et des avocats.
Jur. N. . . . . Jurisprudence du notariat fondée par Rolland de Villargues.
Mon. Trib., ou M. T. . . . . Moniteur des Tribunaux.
Zach. . . . . Zachariæ, édition Massé et Vergé.
Cass. . . . . Cassation.
Demolombe, VI, 441. . . . . Demolombe, t. VI, nᵒ 441.
Taulier, III, p. 412 . . . . Taulier, t. III, page 412.
Marcadé, 451, 2. . . . . Marcadé, art. 451, nᵒ 2.
Journal du Not. . . . . Journal du Notariat et des Offices ministériels.

Besançon. — Imprimerie d'Outhenin-Chalandre fils et Cⁱᵉ.

TRAITÉ PRATIQUE

ET

FORMULAIRE

GÉNÉRAL

DU NOTARIAT

DE FRANCE ET D'ALGÉRIE

SUIVANT UNE

MÉTHODE NOUVELLE

Plaçant la Formule à côté de l'Explication théorique

DIVISÉ EN QUATRE PARTIES

COMPRENANT :

1º LA LÉGISLATION SPÉCIALE AU NOTARIAT
2º LE DROIT CIVIL EXPLIQUÉ SELON L'ORDRE DU CODE CIVIL
3º LE DROIT FISCAL (ENREGISTREMENT et HYPOTHÈQUES)
4º UN TRAITÉ SPÉCIAL SUR LA RESPONSABILITÉ DES NOTAIRES

PAR

DEFRÉNOIS	VAVASSEUR
Principal clerc de notaire à Paris	Avocat à la Cour d'appel de Paris
	Ancien principal clerc de notaire à Paris

CINQUIÈME TIRAGE DE LA TROISIÈME ÉDITION

QUATRIÈME VOLUME

PARIS

DELAMOTTE ET FILS
QUAI DES GRANDS-AUGUSTINS, 53

ADMINISTRATION
DU JOURNAL DES NOTAIRES ET DES AVOCATS
RUE DES SAINTS-PÈRES, 52

1879

TITRE DIXIÈME.

DU PRÊT.

SOMMAIRE

IV.

1

FORMULES

5140. Il y a deux sortes de prêt : — celui des choses dont on peut user sans les détruire, — et celui des choses qui se consomment par l'usage qu'on en fait. — La première espèce s'appelle *prêt à usage* ou *commodat;* — la deuxième s'appelle *prêt de consommation*, ou simplement *prêt* (C. N., 1874).

CHAPITRE PREMIER.

DU PRÊT A USAGE OU COMMODAT.

SECTION I. — DE LA NATURE DU PRÊT A USAGE.

5141. Le prêt à usage ou commodat [FORM. 673] est un contrat par lequel l'une des parties livre une chose à l'autre pour s'en servir, à la charge par le preneur de la rendre après s'en être servi (*C. N.*, *1875*). La promesse de livrer serait insuffisante pour constituer le prêt; en cas d'inexécution, celui qui a fait la promesse serait passible de dommages et intérêts, mais l'on ne saurait le contraindre à livrer la chose (1).

5142. Ce prêt est essentiellement gratuit (*C. N.*, *1876*).

5143. Celui qui a consenti un prêt à usage, qu'il soit propriétaire, usufruitier ou simple détenteur (2), conserve tous ses droits de propriétaire, usufruitier, etc., sur la chose prêtée (*C. N.*, *1877*); par conséquent celui qui prête la chose d'autrui peut la réclamer de même que s'il avait prêté sa propre chose (3), sauf à l'emprunteur, s'il s'y croit obligé en conscience, à avertir le propriétaire, afin qu'il s'y oppose (4).

5144. Tout ce qui est dans le commerce et qui ne se consomme pas par l'usage, peut être l'objet de cette convention (*C. N.*, *1878*). Si le prêt était de choses dont le commerce est prohibé, comme des livres corrupteurs, des gravures obscènes, des armes prohibées, le prêteur n'aurait pas d'action contre l'emprunteur pour se les faire restituer (5).

5145. Les engagements qui se forment par le commodat passent aux héritiers de celui qui prête, et aux héritiers de celui qui a emprunté (*C. N.*, *1879*); il en est ainsi du prêt d'une chose pour être utilisée pendant la durée de travaux faits par l'emprunteur. Mais si l'on n'a prêté qu'en considération de l'emprunteur, et à lui personnellement, par exemple, une villa pour qu'il y rétablisse sa santé (6), alors ses héritiers ne peuvent continuer de jouir de la chose prêtée (*même article*).

§ 1er. — DES PRÊTS.

FORMULE 673. — Prêt à usage. (Nos 5141 à 5164.)

PAR-DEVANT Me....,

A COMPARU : M. Alexis GILLOT, cultivateur, demeurant à....,

Lequel a, par ces présentes, reconnu que M. Louis BELLET, aussi cultivateur, demeurant à....., ici présent et acceptant,

Lui a prêté pour être employés au battage de ses récoltes :

1° Une machine à battre locomobile de la force de quatre chevaux, de la fabrication de M. ALBARET, à Liancourt, avec ses poulies, travaillants, chaudières, pistons et autres accessoires;

2° Un cheval sous poil brun, âgé de six ans, de la taille de....., qui, ordinairement, conduit cette machine;

3° Les harnais du cheval pour son attelage à la machine à battre, comprenant..., etc.

---

(1) Troplong, n° 14; Duranton, XVII, 487; Zach. Massé et Vergé, §723, note 1; Mourlon, III, p. 373; Roll., *Prêt*, n° 3. Voir cependant Duvergier, *Prêt*, n° 27; Dalloz, *ibid.*, n° 11; Taulier, VI, p. 424; Larombière, 1136, 2; Pont, *Petits contrats*, I, 13; Colmar, 8 mai 1845.

(2) Comp. Duranton, XVII, 403; Duvergier, n° 33; Troplong, n° 38; Dalloz, n° 41; Zach., Massé et Vergé, § 723, note 3; Roll., *Prêt*, n° 10.

(3) Pothier, nos 18 et 46; Duranton, XVII, 514; Duvergier, nos 33, 34; Troplong, n° 38; Pont, I, 83.

(4) Pont, I, 83.

(5) Pothier, n° 46; Duranton, XVII, 503; Duvergier, n° 31; Troplong, n° 32; Massé et Vergé, § 723, note 7. Voir cependant Pont, I, 43.

(6) Troplong, n° 44; Duranton XVII, 500; Pont, I, 424.

5146. Pour prêter ou pour emprunter à usage, il faut avoir la capacité de s'obliger. Ainsi, le mineur non autorisé par son tuteur, l'interdit, la femme mariée non autorisée de son mari, sont incapables de prêter et d'emprunter ; toutefois si un prêt à usage leur a été fait et que la chose existe dans leurs mains, ils sont tenus d'en faire la restitution ; s'ils l'ont vendue, ils ne sont tenus de restituer que ce qui a tourné à leur profit, *supra n° 3402* ; s'ils ont laissé périr la chose le prêteur est sans action contre eux, la convention étant nulle (1), à moins cependant qu'ils n'aient fait périr la chose par fraude ou méchamment (2). — Si un prêt à usage a été fait par une personne incapable, le contrat n'est obligatoire que pour l'emprunteur et non pour l'incapable, au nom duquel la restitution peut être demandée avant l'époque fixée (3).

5147. Le mineur émancipé, la femme séparée, l'individu pourvu d'un conseil judiciaire, sont capables de prêter et d'emprunter à usage (4).

5148. Le prêt à usage doit être constaté par écrit ; il ne peut être établi par la preuve testimoniale que jusqu'à concurrence de 150 fr. (5) ; mais si la chose est immobilière, le prêteur peut la réclamer contre l'emprunteur ou contre tout tiers détenteur, par la voie de l'action en répétition, ou même de l'action possessoire s'il est encore dans le délai (6) ; si la chose est mobilière, il peut, lorsqu'elle est ʾestée entre les mains de l'emprunteur, la réclamer par la revendication (7).

SECTION II. — DES ENGAGEMENTS DE L'EMPRUNTEUR.

5149. L'emprunteur est tenu de veiller en bon père de famille à la garde et à la conservation de la chose prêtée. Il ne peut s'en servir qu'à l'usage déterminé par sa nature ou par la convention ; le tout à peine de dommages et intérêts s'il y a lieu (*C. N.*, *1880*), et même de résolution du contrat de prêt (8). Il est tenu d'user personnellement de la chose prêtée, et il n'a pas le droit de la céder ou de la louer à un tiers (9).

5150. L'emprunteur doit restituer la chose au terme convenu ou, à défaut de convention, après que la chose a servi à l'usage pour lequel elle a été empruntée, *infra n° 5161* ; une mise en demeure n'est pas nécessaire (10). S'il n'a pas fait usage de la chose en temps opportun ou dans le temps convenu, il ne peut exiger une prorogation du délai (11) ; mais s'il a fini de s'en servir avant l'expiration du terme convenu, il ne peut se refuser à la rendre au prêteur (12).

Le tout étant en bon état, ainsi que le déclare M. GILLOT, qui s'en reconnaît en possession.

M. GILLOT s'oblige à rendre ces objets à M. BELLET, en la demeure de ce dernier, aussitôt après qu'il aura terminé le battage des grains en blé, orge et avoine, provenant de sa dernière récolte, et au plus tard, le. . . . .

Ce prêt a lieu aux conditions suivantes, que M. GILLOT s'engage à exécuter et accomplir. à peine de dommages et intérêts, et même de résiliation des présentes si bon semble à M. BELLET :

1° M. GILLOT veillera en bon père de famille à la garde et à la conservation des objets prêtés ;

2° Il se servira personnellement de la machine à battre, et il ne pourra l'employer que pour le battage des grains en blé, orge et avoine, provenant de ses récoltes sur la ferme de. . . . .

3° Il aura le plus grand soin du cheval prêté, et ne pourra l'employer à un autre

---

(1) Duranton, XVII, 507 ; Duvergier, n° 39 , Troplong, n° 52 ; Pont, I, 59.

(2) Toullier, VII, 587 , Duranton, XVII, 508 ; Troplong, n° 52 ; Dalloz, n° 46 ; Massé et Vergé. § 723, note 7 ; Pont, I, 59.

(3) Duranton, XVII, 509 ; Duvergier, n° 43 ; Dalloz, n° 51 ; Massé et Vergé, § 723 note 7 ; Pont, I, 58.

(4) Troplong, n°s 55, 56 ; Duranton, XVII, 510 ; Toullier, VI, p. 420 ; Massé et Vergé, § 723, note 7 ; Pont, I, 55. Voir cependant Duvergier, n°s 46 et 48 ; Mourlon (h), p. 375.

(5) Pothier, n° 8 ; Toullier, IX, 30 ; Duranton, XVII, 498 ; Duvergier, n° 51 ; Troplong, n° 58 ; Roll., *Prêt*, n° 7 ; Taulier, VI, p. 421 ; Pont, I, 30 ; CONTRA, Colmar, 18 avril 1806.

(6) Pont, I, 32.

(7) Bugnet sur Pothier, n° 19, *note* ; Pont, I, 34 ; CONTRA, Troplong, n° 61.

(8) Duvergier, n° 73 ; Pont, I, 80.

(9) Duvergier, n° 45 ; Massé et Vergé, § 723 note 2 ; Pont, I, 23.

(10) Duvergier. n° 82 ; Troplong, n° 405 ; Pont, I, 82 ; Zach., Massé et Vergé § 724, note 8 ; Cass., 3 juin 1850.

(11) Troplong. n°s 148, 149 ; Dalloz, n°s 101, 102 ; Massé et Vergé, § 724. note 8 ; Pont, I, 113.

(12) Pothier, n° 26 ; Troplong, n° 150 ; Dalloz, n° 108 ; Massé et Vergé, § 724, note 8 ; Pont, I, 120.

5151. Le prêteur a une action réelle pour se faire rendre la chose prêtée, à moins, si elle est mobilière, qu'elle ne soit entre les mains d'un tiers possesseur de bonne foi (1) (arg. C. N., 2279) ; mais l'emprunteur resté en possession de la chose ne peut invoquer la prescription même trentenaire, sa possession étant précaire (2).

5152. Si l'emprunteur emploie la chose à un autre usage, ou pour un temps plus long qu'il ne le devait, il sera tenu de la perte arrivée, même par cas fortuit (C. N., 1881), et, s'il y a lieu, à des dommages et intérêts, à moins que la chose n'eût également péri chez le prêteur (3). supra n° 3381.

5153. Si la chose prêtée périt par un cas fortuit dont l'emprunteur aurait pu la garantir en employant la sienne propre, ou si, ne pouvant conserver que l'une des deux, il a préféré la sienne, il est tenu de la perte de l'autre (C. N., 1882), quand même la sienne serait d'une valeur beaucoup plus considérable (4) ; il en serait autrement si, dans le tumulte, il n'avait pas été possible de faire de choix (5).

5154. Si la chose a été estimée en la prêtant, la perte qui arrive, même par cas fortuit, est pour l'emprunteur, s'il n'y a convention contraire (C. N., 1883) ; il en est de même si l'emprunteur s'est chargé des risques de la chose (6). Mais, en tout cas, si la chose existe, elle doit être rendue par le prêteur qui ne pourrait offrir le prix (7).

5155. Si la chose se détériore par le seul effet de l'usage pour lequel elle a été empruntée, et sans aucune faute de la part de l'emprunteur, il n'est pas tenu de la détérioration (8) (C. N., 1884). Si elle périt par force majeure ou par vétusté, l'emprunteur est libéré s'il en fait la preuve ; si c'est par défaut de soins, il est tenu de la perte (9). En cas de vol de la chose, l'emprunteur n'en est pas responsable si le vol a eu lieu à force armée, avec effraction ou à l'aide de fausses clefs ; mais si l'on peut lui reprocher un défaut de surveillance, il est responsable.

5156. Si l'emprunteur vend ou détourne la chose prêtée, il commet un abus de confiance (C. pén., art. 408, modifié par la loi du 13 mai 1863). Avant cette loi, le fait ne donnait lieu qu'à des réparations civiles (10).

5157. L'emprunteur ne peut pas retenir la chose par compensation, ou plutôt en payement, de ce que le prêteur lui doit, supra n° 3370 (C. N., 1885) ; cependant s'il a fait ces impenses pour améliorer ou conserver la chose, infra n° 3163, il a le droit de la retenir jusqu'à ce qu'il ait été payé (11) ; et

usage que le transport de la machine ; il le nourrira, le fera panser, soigner et reposer, de manière à le maintenir en bon état ;

4° Il devra rendre le cheval dans l'état où il lui a été livré, sinon il sera tenu de payer à M. BELLET la somme de....., à laquelle le cheval est estimé, lors même qu'il viendrait à diminuer de valeur sans aucune faute imputable à M. GILLOT ;

5° Si la machine à battre et les harnais se détériorent par le seul fait de l'usage et sans aucune faute de la part de M. GILLOT, celui-ci, s'il est encore dans le temps fixé pour la durée du prêt, ne sera tenu à aucune indemnité ; cependant M. GILLOT ne pourra répéter de M. BELLET les menues dépenses qu'il aura faites pour l'entretien de ces objets. Mais si, pendant le temps du prêt, M. GILLOT était obligé, pour la conservation de ces objets, de faire quelques dépenses extraordinaires nécessaires et tellement urgentes qu'il n'ait pas pu en prévenir M. BELLET, celui-ci les lui remboursera sur la justification qui lui sera faite de la nécessité des dépenses et de leur acquit ;

(1) Pont. I, 24.

(2) Comp. Duvergier, n° 96; Duranton, XVII, 542; Mourlon, III, p. 384; Pont, I, 23.

(3) Duranton, XVII, 520; Duvergier, n° 62; Troplong, n° 88; Mourlon, III, p. 380; Dalloz, n° 74; Massé et Vergé, § 724, note 1; Rell., Prêt, n° 26; CONTRA, Pont, I, 73.

(4) Troplong, n° 117; Massé et Vergé, § 724, note 3; Dalloz, n° 86; Mourlon III, p. 381; Pont, I, 95; CONTRA, Duranton, XVIII, 527; Duvergier, n° 66.

(5) Pothier, n° 56; Troplong, n° 117; Duranton, XVII, 527; Duvergier, n° 69; Dalloz, n° 87; Massé et Vergé, § 724, note 3; Pont, I, 94.

(6) Pothier, n° 55; Zach., Massé et Vergé, § 724, note 6.

(7) Troplong, n° 122; Duranton, XVII, 533; Duvergier, n° 72; Massé et Vergé, § 724, note 6; Pont, I, 97.

(8) Voir Pont, I, 68; Rennes, 3 déc. 1813.

(9) Duranton, XVII, 519; Troplong, n° 83; Dalloz, n° 95; Pont, I, 92.

(10) Troplong, n° 90; Pont, I, 71; Cass., 22 juin 1839, 24 juill. 1810, 17 mars 1841.

(11) Toullier, VII, 384; Troplong, n° 128; Duvergier, n° 92; Dalloz, n° 118; Massé et Vergé, § 724, note 10; CONTRA, Duranton, XVII, 538; Zach., § 724, note 10; Taulier, VI, p. 425; Pont, I, 103.

si l'emprunteur devait restituer, non plus la chose elle-même, mais sa valeur parce qu'elle aurait péri par sa faute, la compensation pourrait être opposée (1).

5158. Si, pour user de la chose, l'emprunteur a fait quelque dépense, il ne peut pas la répéter (*C. N., 1886*), par exemple, la nourriture et le logement du cheval prêté pour faire une course, les réparations à une voiture lorsqu'elles sont survenues durant le voyage pour lequel elle a été prêtée (2). Ces dépenses ne sont pas seulement facultatives pour l'emprunteur, elles sont obligatoires (3).

5159. Si plusieurs ont conjointement emprunté la même chose, ils en sont solidairement responsables envers le prêteur (*C. N., 1887*); mais si le prêt a été fait à une seule personne qui décède laissant plusieurs héritiers, ceux-ci ne sont pas solidaires (4) (*arg. C. N., 1221*).

5160. La chose prêtée doit être rendue au lieu convenu, sinon au domicile du prêteur ou dans le lieu où elle est placée (5).

SECTION III. — DES ENGAGEMENTS DE CELUI QUI PRÊTE A USAGE.

5161. Le prêteur ne peut retirer la chose prêtée qu'après le terme convenu, ou, à défaut de convention, qu'après qu'elle a servi à l'usage pour lequel elle a été empruntée (*C. N., 1888*), comme, par exemple, un pressoir prêté pour faire du vin, du cidre, ou des pièces de bois pour soutenir une maison pendant qu'elle est en réparation (6).

5162. Néanmoins si, pendant ce délai, ou avant que le besoin de l'emprunteur ait cessé, il survient au prêteur un besoin pressant et imprévu (7) de sa chose, le juge peut, suivant les circonstances, obliger l'emprunteur à la lui rendre (*C. N., 1889*).

5163. Si, pendant la durée du prêt, l'emprunteur a été obligé, pour la conservation de la chose, à quelque dépense extraordinaire, nécessaire et tellement urgente qu'il n'ait pas pu en prévenir le prêteur, celui-ci sera tenu de la lui rembourser, *supra n° 5158* (*C. N., 1890*), alors même que la chose prêtée viendrait à périr depuis par un accident de force majeure, ou même naturellement, si d'ailleurs aucune faute ne lui est imputable (8).

5164. Lorsque la chose prêtée a des défauts tels qu'elle puisse causer du préjudice à celui qui s'en sert, le prêteur est responsable, s'il connaissait les défauts et n'en a pas averti l'emprunteur (*C. N., 1891*), à moins qu'ils ne soient apparents (9).

6° Enfin, M. GILLOT payera les frais et honoraires des présentes, y compris le coût d'une grosse pour M. BELLET.

M. BELLET, de son côté, s'interdit de retirer les objets prêtés avant l'expiration du terme ci-dessus fixé, quand même il lui surviendrait un besoin pressant et imprévu de ces objets.

Le présent acte de prêt sera sera signifié à M....., propriétaire de la ferme exploitée par M. GILLOT, afin qu'il ne puisse opposer à M. BELLET son droit de privilége sur les objets prêtés.

Pour l'exécution des présentes, etc.

DONT ACTE. Fait et passé, etc.

FORMULE 674. — Prêt de consommation. (N° 5165 à 5180.)

PAR-DEVANT M°.....,

ONT COMPARU : M. Léon CALET, cultivateur, demeurant à ....,   D'UNE PART,

Et M. Jean DONON, aussi cultivateur, demeurant à ....,   D'AUTRE PART;

---

(1) Pothier, n° 44 ; Toullier, VII, 383; Duranton, XVII, 557; Duvergier, n° 93; Marcadé, *art. 1293;* Troplong, n° 132 ; Dalloz, n° 121 ; Massé et Vergé, § 724, note 10 ; Pont, I, 99.
(2) Troplong, n° 133; Duvergier, n° 79; Pont, I, 69.
(3) Duvergier, n° 77; Troplong, n° 131; Pont, I, 69.
(4) Pothier, n° 60 ; Toullier, VI, 750; Troplong, n° 140; Dalloz, n° 96; Massé et Vergé, § 724, note 11 ; Pont, I, 106.
(5) Pothier, n° 35, 36; Duranton, XVII, 531 ; Duvergier, n° 87;

Troplong, n° 108; Massé et Vergé, § 724, note 8 ; Pont, I, 84.
(6) Pothier, n° 24; Troplong, n° 147; Dalloz, n° 30; Colmar, 8 mai 1843.
(7) Voir Pont, I, 118.
(8) Pothier, n° 83; Duranton, XVII, 548; Dalloz, n° 135; Massé et Vergé, § 725, note 4.
(9) Troplong, n° 168; Duranton, XVII, 547; Dalloz, n° 104; Massé et Vergé, § 725, note 5; Pont, I, 120.

CHAPITRE DEUXIÈME.

DU PRÊT DE CONSOMMATION OU SIMPLE PRÊT.

SECTION I. — DE LA NATURE DU PRÊT DE CONSOMMATION.

5165. Le prêt de consommation [FORM. 674] est un contrat par lequel l'une des parties livre à l'autre une certaine quantité de choses qui se consomment par l'usage, à la charge par cette dernière de lui en rendre autant de même espèce et qualité (*C. N.*, *1892*); les choses qui ne se consomment que peu à peu et par un usage long et successif, comme le linge, les habits, peuvent de même que celles qui se consomment de suite, comme les denrées, les liquides, les aliments, une somme d'argent, toutes choses naturellement fongibles, recevoir de la convention un caractère fongible, et ainsi faire l'objet d'un prêt de consommation (1).

5166. Le prêt d'une même chose peut constituer tantôt un prêt à usage, tantôt un prêt de consommation, selon que l'emprunteur pourra ou non aliéner l'objet du prêt; ainsi, le prêt d'un livre à un ami pour le lire est un prêt à usage, tandis que le prêt par un libraire à un autre, d'un certain nombre d'exemplaires d'un livre pour les vendre et lui en rendre un pareil nombre, est un prêt de consommation (2).

5167. Par l'effet du prêt de consommation, l'emprunteur devient le propriétaire de la chose prêtée, et c'est pour lui qu'elle périt, de quelque manière que cette perte arrive (*C. N.*, *1893*), quand même ce serait par force majeure (3), pourvu toutefois qu'il lui ait été fait délivrance de la chose et qu'elle soit en sa possession (4). En cas de prêt de somme par hypothèque, s'i. a été convenu que les fonds prêtés resteraient aux mains du notaire jusqu'après l'accomplissement des formalités hypothécaires et que le notaire devienne insolvable, la perte est pour l'emprunteur (5).

5168. On ne peut pas donner, à titre de prêt de consommation, des choses qui, quoique de même espèce, diffèrent dans l'individu, comme les animaux : alors c'est un prêt à usage (*C. N.*, *1894*). Voir cependant *supra n° 5166*.

Lesquels ont dit et arrêté ce qui suit :

M. CALET exploite une ferme appelée la ferme de....., située commune de....., qui lui a été donné à bail par M....., pour neuf années qui ont commencé à courir le....., suivant acte passé devant Me....., notaire à....., le.....

Afin d'ensemencer les terres de cette ferme, M. CALET a demandé à M. DONON un prêt en grains et en argent ;

M. DONON y ayant consenti, a prêté à M. CALET, qui le reconnaît :

Premièrement. Les graines de semence dont l'indication suit : 1° dix hectolitres de blé froment, première qualité, du poids de..... l'hectolitre; 2° huit hectolitres d'orge, aussi première qualité, du poids de..... l'hectolitre; 3° et dix hectolitres d'avoine, également première qualité, du poids de..... l'hectolitre; lesquelles graines ont été délivrées cejourd'hui par M. DONON à M. CALET, qui le reconnaît.

Deuxièmement. Et une somme de deux mille francs en espèces de monnaie et en billets de la banque de France acceptés pour numéraire; le tout réellement compté et délivré à la vue des notaires soussignés.

M. CALET s'oblige à rendre à M. DONON, en la demeure de ce dernier, savoir :

Les graines de semence en pareilles espèces, quantité, qualité et poids, le.....; à

---

(1) Troplong, n° 171; Duvergier, n° 10; Duranton, XVII, 554; Dalloz, n° 174; Massé et Vergé, § 726, note 1.
(2) Pont, I, 10.
(3) Massé et Vergé, § 726, note 4; Pont, I, 151; Cass., 7 mars 1842. Voir Duvergier, n° 188; Troplong, n° 266; Dalloz, n° 108.
(4) Voir Duranton, XVII, 556; Troplong n° 181; Massé et Vergé, § 726, note 3; Pont, I, 138. Voir aussi Duvergier, n° 146.
(5) Caen, 29 mars 1859 ; Lyon, 25 août 1861; Rouen, 7 mars 1865; Paris, 13 déc. 1865, 22 juin 1866; Jur. N., 12734, 12936, 13000, 13118.

5169. Pour faire un prêt de consommation, il faut avoir la capacité de disposer de la chose qui en fait l'objet ; ainsi, le mineur, l'interdit, la femme mariée non autorisée, le mineur émancipé non assisté le son curateur, le prodigue non assisté de son conseil, ne peuvent le faire ; le prêt qu'ils consentiraient ne transférerait pas là propriété de la chose à l'emprunteur, et, nonobstant le délai stipulé, ils pourraient, ou ceux qui les représentent, en exiger de suite la restitution. Mais si le simple détenteur d'une chose fongible en a fait un prêt de consommation, le droit du propriétaire se borne à exiger l'équivalent de la chose aux époques et de la manière convenues (1).

5170. La femme séparée de biens a capacité pour faire un prêt de consommation (2), *supra n° 3650 ;* le tuteur peut faire un pareil prêt pour son pupille, *supra n° 1502.*

5171. L'obligation qui résulte d'un prêt en argent n'est toujours que de la somme numérique énoncée au contrat. — S'il y a eu augmentation ou diminution d'espèces avant l'époque du payement (3), le débiteur doit rendre la chose numérique prêtée et ne doit rendre que cette somme dans les espèces ayant cours au moment du payement (*C. N.*, *1895*). En supposant le prêt d'une somme de 1,000 fr. en 50 pièces d'or de 20 fr., si plus tard la loi élève à 25 fr. la pièce de 20 fr., le débiteur se libérera par 40 pièces ; si au contraire la pièce de 20 fr. est réduite à 15 fr., le débiteur devra payer 66 pièces, plus 10 fr. (4). — Il ne pourrait être valablement stipulé que si la valeur légale de la monnaie vient à être augmentée, le prêteur sera indemnisé de la perte qu'elle lui ferait éprouver ; une telle clause serait nulle comme contraire à l'ordre public (5).

5172. La règle portée au numéro précédent n'a pas lieu, si le prêt a été fait en lingots (*C. N.*, *1896*).

5173. Si ce sont des lingots ou des denrées qui ont été prêtés, quelle que soit l'augmentation ou la diminution de leur prix, le débiteur doit toujours rendre la même quantité et qualité, et ne doit rendre que cela (*C. N.*, *1897*).

SECTION II. — DES OBLIGATIONS DU PRÊTEUR.

5174. Dans le prêt de consommation, le prêteur est tenu de la responsabilité établie par l'art. 1891 pour le prêt à usage (*C. N.*, *1898*), par exemple, si en prêtant du blé, il a choisi du blé avarié qui est nuisible à la santé (6).

5175. Le prêteur ne peut pas redemander les choses prêtées avant le terme convenu (*C. N.*, *1899*), quand même une nécessité urgente et imprévue rendrait le prêt gênant pour ses affaires (7) ; mais l'emprunteur est déchu du terme s'il tombe en faillite ou en déconfiture, ou s'il diminue par son fait, les sûretés données par le contrat, *supra n° 5215.*

---

défaut de quoi et quinze jours après un simple commandement de mise en demeure resté sans effet, M. CALET sera tenu, ainsi qu'il s'y oblige, de payer à M. DONON, si ce dernier l'exige, la valeur en numéraire desdites graines d'après le cours le plus élevé du marché de la ville de....., qui sera le plus rapproché de l'époque du..... ou du jour de la libération du débiteur, au choix de M. DONON ;

Et les deux mille francs de numéraire en espèces d'or ou d'argent, et non autrement, le....., sans intérêt jusque-là.

Si, aux époques d'échéance ci-dessus fixées, M. CALET ne s'est pas libéré des objets et sommes à lui prêtés, il en devra l'intérêt, savoir : des graines de semence, sur le pied d'un dixième en plus par an, de chaque espèce et de même qualité, à partir du..... jusqu'au payement ; et du numéraire sur le pied de cinq pour cent par an, à partir du..... jusqu'au remboursement ; mais sans que cette stipulation puisse autoriser M. CALET à retarder sa libération.

---

(1) Troplong, nᵒˢ 187, 188; Duranton, XVII, 564; Dalloz, n° 453 ; Massé et Vergé, § 726, note 2 ; Pont, I, 156, 160.

(2) Duvergier, n° 161 ; Troplong, n° 205 ; Boileux, VI, p. 400. Voir cependant Pont, I, 160, 161.

(3) Si l'altération des monnaies n'est survenue qu'après l'exigibilité et quand le débiteur a été mis en demeure, le débiteur ne doit pas en profiter : Duranton, XVIII, 375 ; Pont, I, 211. Voir Cass., 3 juin 1850. Voir cependant Duvergier, n° 218; Troplong, n° 302; Larombière, *1246,* 7.

(4) Comp. Duvergier, nᵒˢ 174 et 175 ; Troplong, nᵒˢ 233 à 239 ; Duranton. XVII , 574; Pont, I, 205 à 210.

(5) Pothier, n° 37 ; Troplong, n° 240; Duvergier, n° 177; Larombière, *1246,* 7 ; Bruxelles, 27 nov. 1809; contra, Duranton, XII, 93, XVII, 577 ; Dalloz, n° 203 ; Massé et Vergé, § 726, note 5 ; Pont, I, 212.

(6) Troplong, n° 250.

(7) Duranton, XVII, 581; Troplong, n° 258; Dalloz, n° 185 ; Massé et Vergé, § 727, note 1.

5176. S'il n'a pas été fixé de terme pour la restitution, le juge peut accorder à l'emprunteur un délai suivant les circonstances (1), *supra n° 5212 (C. N., 1900).*

5177. S'il a été seulement convenu que l'emprunteur payerait quand il le pourrait, ou quand il en aurait les moyens (2), le juge lui fixera un terme de payement suivant les circonstances *(C. N., 1901).* S'il a été convenu que l'emprunteur *payera quand il le voudra,* il faudra examiner les termes de la stipulation pour voir si elle ne forme pas une constitution de rente (3), *infra n° 5202* ; si c'est un prêt, le remboursement n'en peut être exigé qu'après le décès de l'emprunteur ; la restitution facultative pour lui, est obligatoire pour ses héritiers (4).

SECTION III. — DES ENGAGEMENTS DE L'EMPRUNTEUR.

5178. L'emprunteur est tenu de rendre les choses prêtées, en même quantité et qualité et au terme convenu *(C. N., 1902),* sans fractionnement. Si les choses sont prêtées sans intérêt, elles doivent être rendues au domicile du prêteur (5), mais si des intérêts ont été stipulés, c'est au domicile de l'emprunteur, *supra n° 5214.*

5179. Si l'emprunteur est dans l'impossibilité d'y satisfaire, il est tenu d'en payer la valeur eu égard au temps et au lieu où la chose devait être rendue d'après la convention (6), même lorsque le prêt est d'actions industrielles avec faculté pour l'emprunteur d'en disposer (7). — Si ce temps et ce lieu n'ont pas été réglés, le payement se fait au prix du temps et du lieu où l'emprunt a été fait *(C. N., 1903).*

5180. Si l'emprunteur ne rend pas les choses prêtées ou leur valeur au terme convenu, il en doit l'intérêt du jour de la demande en justice *(C. N., 1904),* qu'il s'agisse d'une somme d'argent ou de toute autre chose fongible (8), ou même d'actions industrielles avec faculté pour l'emprunteur d'en disposer (9).

CHAPITRE TROISIÈME

DU PRÊT A INTÉRÊT.

SECTION I. — DE LA STIPULATION D'INTÉRÊT.

5181. Il est permis de stipuler des intérêts pour simple prêt soit d'argent, soit de denrées, ou autres choses mobilières (10) *(C. N., 1905)* [FORM. 675].

En cas de décès de M. CALET avant sa libération, il y aura solidarité et indivisibilité entre tous ses héritiers et représentants, pour le remboursement des objets et sommes prêtés et le payement de tous intérêts, frais et autres accessoires. Les significations qui deviendraient nécessaires, en exécution de l'art. 877 du Code Napoléon, auraient lieu aux frais de ceux à qui elles seraient faites.

Les frais et honoraires du présent acte, et le coût de la grosse qui en sera délivrée à M. DONON, seront supportés par M. CALET.

Pour l'exécution des présentes, etc.

DONT ACTE. Fait et passé, etc.

FORMULE 675. — Prêt à intérêt. (N°⁵ 5181 à 5185.)

PAR-DEVANT M°....,
ONT COMPARU : M. Luc DENET, négociant, et Mᵐᵉ Elise GUILLE, son épouse de lui autorisée, demeurant ensemble à.....

(1) Voir Douai, 27 juill. 1843 ; J. N., 11822.
(2) Voir Pont, I, 180 ; Bordeaux, 22 juin 1833, 7 avril 1838.
(3) Pont, I, 182.
(4) Pont, I. 181 ; Toulouse, 2 mars 1835 ; Paris, 11 mai 1857.
(5) Toullier, VI. 93 ; Duranton, XVII, 596 ; Troplong, n° 279 ; Pont, 1, 213, 216.
(6) Comp. Duranton, XVII, 588 ; Troplong, n° 284 ; Dalloz, n° 211 ; Larombière, 1847, 10.

(7) Cass., 3 juin 1850 ; J. N., 14139.
(8) Troplong, n° 301 ; Massé et Vergé, § 727, note 4 ; Pont, I, 219, contra, Duranton, XVII, 590.
(9) Cass. 3 juin 1850 ; J. N., 14139.
(10) Fongibles. Le prêt de choses non fongibles avec stipulation d'intérêt constituerait un louage : Duvergier, n° 6, 251 ; Zach, Massé et Vergé, § 728, note 2.

5182. La stipulation d'intérêt, étant une altération du prêt simple, doit être expresse, formelle (1), et faite par écrit. Cependant elle peut, par appréciation de l'intention des parties, s'induire de certaines clauses non explicites; par exemple, si la convention porte que la somme prêtée sera payable dans un temps fixe, sans intérêt jusque-là, les intérêts sont dus de plein droit à l'échéance du terme (2).

5183. L'emprunteur qui a payé des intérêts qui n'étaient pas stipulés, ne peut ni les répéter, ni les imputer sur le capital (*C. N., 1906*), à moins qu'il ne prouve les avoir payés par erreur (3) ou par suite d'un dol, ou qu'il n'excède le taux de l'intérêt légal (4) (*Loi, 19 déc. 1850*). Mais le payement d'intérêts non stipulés ne saurait faire titre et donner au créancier le droit d'exiger à l'avenir les mêmes intérêts (5).

5184. L'intérêt est légal ou conventionnel. L'intérêt légal est fixé par la loi. L'intérêt conventionnel peut excéder celui de la loi, toutes les fois que la loi ne le prohibe pas, *supra n° 5198*. Le taux de l'intérêt conventionnel doit être fixé par écrit (*C. N., 1907*), en termes exprès, même lorsque le prêt est commercial (6), sauf le cas de compte courant (7). Lorsque la stipulation d'intérêt est muette sur le taux, il est dû au taux légal (8), à moins que le prêt ne soit consenti en renouvellement d'un prêt à intérêt antérieur (9).

5185. La loi du 3 septembre 1807 qui limite le maximum du taux de l'intérêt, *supra n° 5198*, n'est pas applicable au prêt de denrées (10), ni au prêt d'actions ou obligations industrielles (11).

5186. Le banquier qui prête de l'argent à un non-commerçant, même par acte notarié, peut stipuler l'intérêt au taux fixé en matière commerciale, c'est-à-dire à 6 p. 0/0 (12).

Lesquels ont, par ces présentes, reconnu devoir légitimement

A M. Denis MAUPIN, rentier, demeurant à....., à ce présent et ce acceptant,

La somme de....., pour prêt que M. MAUPIN leur a fait en espèces de monnaie et en billets de la banque de France acceptés pour numéraire; le tout compté et délivré à la vue des notaires soussignés.

M. et Mme DENET s'obligent conjointement et solidairement à rendre et rembourser la somme prêtée par M. MAUPIN, le.....; et, jusqu'au remboursement réel et effectif, à en servir à M. MAUPIN l'intérêt sur le pied de cinq pour cent par an, à partir d'aujourd'hui, payable chaque année en deux termes égaux, les....., pour faire le payement du premier semestre le.....

Le remboursement de la somme prêtée et le payement des intérêts auront lieu au domicile à cet effet élu à....., en l'étude de Me....., l'un des notaires soussignés, et ne pourront être valablement effectués qu'en espèces d'or et d'argent aux titre et cours actuels, et non autrement.

Le défaut de payement d'un seul semestre d'intérêt à son échéance entraînera de plein droit, si bon semble à M. MAUPIN, l'exigibilité de la somme capitale prêtée, un mois après un simple commandement resté sans effet et énonçant l'intention du créancier de profiter du bénéfice de cette clause.

En cas de décès des emprunteurs ou de l'un d'eux avant leur libération, il y aura solidarité et indivisibilité entre tous leurs héritiers et représentants; comme aussi entre

(1) Si l'acte de prêt était obscur sur la question des intérêts, la convention devrait être interprétée dans le sens d'un prêt pur et simple : Troplong, n° 408 ; Pont, I, 247 ; Agen, 19 juin 1821 ; Bordeaux, 2 mai 1826 ; Bourges, 25 avril 1826.
(2) Duvergier, n° 257 ; Zach., Massé et Vergé, § 729, note 4; Bourges, 14 juin 1825 ; Bordeaux, 28 mai 1832; Cass., 10 mai 1857; Toulouse, 19 janv. 1844. Voir cependant Agen, 19 juin 1824; Bourges, 25 avril 1826, 28 mai 1827; Bordeaux, 2 mai 1826, 1er mars 1833.
(3) Troplong, n° 413.
(4) Duvergier, n° 258; Zach., § 728, note 5. Voir Cass., 6 avril 1841.
(5) Dalloz, n° 200; Massé et Vergé, § 728, note 5; Roll., *Prêt*, n°* 35, 36. Voir cependant Troplong, n° 413.
(6) Pont, I. 250; Angers, 29 mai 1807; Poitiers, 15 mai 1821 ; Colmar, 12 juill. 1824 ; Bourges, 16 mars 1845.
(7) Pont, I. 251 ; Bordeaux, 4 juil. 1832; Cass., 17 mars 1824, 6 nov. 1832, 11 janv. 1841, 8 mars 1853, 24 mai 1854 ; Lyon, 20 nov. 1857.
(8) Troplong, n° 411 ; Duvergier. n° 256: Dalloz, n° 24; Roll., *Prêt*, n° 31; Zach., Massé et Vergé, § 724, note 4 ; Pont, I, 248; Bourges, 11 juin 1825; Bordeaux, 28 mai 1832; Lyon, 26 juin 1851. Voir cependant Agen, 19 juin 1844.
(9) Pont, I. 249; Bourges, 4 mars 1815.
(10) Troplong, n° 364; Dalloz, n° 213: Massé et Vergé, § 729, note 7; Mourlon III, p. 393; Pont, I, 288; Roll., *Prêt à int.*, n° 28; CONTRA, Duvergier, n° 279; Taulier, VI, p. 442, 443 ; Dict. not., *Prêt à int.*, n° 33.
(11) Paris, 12 déc. 1863, 20 août 1864 ; J. N., 17903, 18118.
(12) Troplong, n° 362; J. N., 12390.

5187. La quittance du capital donnée sans réserve des intérêts, en fait présumer le payement et en opère la libération (*C. N.*, 1908), sans que le créancier soit admis à la preuve contraire (1), si ce n'est en cas d'erreur.

5188. *Prêt au porteur.* On peut, sous forme de billet, ou même sous forme d'obligation avec hypothèque, contracter un prêt au profit du porteur (2). Nous reviendrons sur cette question au titre *des Priviléges et Hypothèques.*

SECTION II. — DE L'OUVERTURE DE CRÉDIT.

5189. L'obligation de fournir à un individu des fonds ou des effets négociables, pendant un temps et pour une somme déterminés, est valable; elle constitue la promesse de prêter, et prend, dans la pratique, le nom *d'ouverture de crédit* [Form. 676, 677].

5190. L'acte d'ouverture de crédit engendre : — de la part du *créditeur,* l'obligation de tenir des fonds à la disposition du crédité, et, par conséquent, de faire des remises de sommes, de payer ou accepter les lettres de change ou mandats que le crédité tire sur lui, ou les billets et autres effets de commerce qu'il lui négocie ou qu'il souscrit pour être payés par lui; le tout d'après les termes de la convention (3); — et de la part du *crédité*, l'engagement d'emprunter, ce qui le soumet à des dommages et intérêts s'il n'use pas du crédit, pour le préjudice que le créditeur a souffert en tenant les fonds à sa disposition (4). Il est utile de fixer le chiffre de cette indemnité par l'acte même d'ouverture de crédit.

---

le survivant d'eux et les héritiers et représentants du prédécédé, pour le remboursement de la somme prêtée avec tous intérêts, frais et autres accessoires; et les significations qui deviendront nécessaires en exécution de l'art. 877 du Code Napoléon, auront lieu aux frais de ceux à qui elles seront faites.

Les emprunteurs ne pourront anticiper l'époque fixée pour leur libération sans le consentement du prêteur (*ou* pourront anticiper l'époque fixée pour leur libération à la charge de prévenir le prêteur, par acte extrajudiciaire à leurs frais, six mois à l'avance).

M. et Mme Denet déclarent qu'ils sont mariés sous le régime de la communauté, aux termes de leur contrat de mariage passé devant M^e....., le.....

Les frais et honoraires du présent acte, y compris le coût d'une grosse pour le prêteur, seront supportés par M. et Mme Denet.

Pour l'exécution des présentes, etc.

Dont acte. Fait et passé, etc.

(*Voir au titre des priviléges et hypothèques, les formules de prêt avec hypothèque.*)

§ II. — DES OUVERTURES DE CRÉDIT.

FORMULE 676. — **Ouverture de crédit par un banquier.** (N° 5189 à 5204.)

Par-devant M^e.....,

Ont comparu : M. Louis Dubin, carrossier, et Mme Amélie Chemin, son épouse de lui autorisée, demeurant ensemble à.....,   d'une part,

Et M. Louis Pain, banquier, demeurant à.....,   d'autre part ;

Lesquels ont arrêté ce qui suit :

Art. 1er. M. Pain ouvre, par ces présentes, un crédit sur sa maison de banque à M. et Mme Dubin, jusqu'à concurrence de la somme de.....

Art. 2. Ce crédit consistera dans l'escompte que M. Pain fera à M. et Mme Dubin, au

---

(1) Zach., Massé et Vergé, § 728, note 3 ; Troplong, n° 414 ; Taulier VI, p. 449 ; Mourlon, III, p. 393 ; contra, Toullier, X, 31, 54 ; Duranton, XVII, 431 ; Duvergier, n° 260 ; Pont, I, 320 ; Roll., *Prêt à int.*, n° 46. Voir Cass., 15 juill. 1834, 3 janv. 1842.

(2) Colmar, 9 mars 1822 ; Poitiers, 1er juin 1827 ; Cass., 10 nov.

1829 ; Bordeaux, 23 janv. 1839, 7 fév. 1845 ; Trib. Angoulème, 14 juill. 1815 ; J. N., 12361, 12717.

(3) Pardessus, *Droit commerc.*, II, 47-; Dict. not., *Crédit*, n° 1.

(4) Pardessus, II, 471 ; Dict. not., *Créd't*, n° 6 ; Roll., *ibid.*, n° 8.

5191. Les opérations auxquelles l'ouverture de crédit donne lieu s'établissent par un compte courant tenu selon les règles de la comptabilité commerciale (1).

5192. La convention par laquelle un banquier qui a ouvert un crédit a stipulé qu'il lui serait paye un droit de commission à chaque renouvellement d'effets, qui doit avoir lieu tous les trois mois, n'a rien d'illégal, alors que les droits de commission ainsi perçus sur les renouvellements n'ont jamais dépassé le taux légal de 6 p. 0/0 (2).

5193. La durée du crédit est limitée ou illimitée : elle est limitée lorsque le contrat fixe le temps de son expiration ; — elle est illimitée quand la convention porte qu'il durera jusqu'à ce qu'il plaise à l'une des parties de le faire cesser.

---

fur et à mesure de leurs besoins, des billets à ordre, lettres de change et autres valeurs de portefeuille que M. et Mme DUBIN passeront et endosseront à son ordre ; lesquelles valeurs seront payables à....., à 90 jours d'échéance au plus et auront au moins deux signatures.

Il consistera encore, mais facultativement pour M. PAIN exclusivement, dans des remises d'espèces qu'il pourra faire à M. et Mme DUBIN, soit sur simples récépissés, soit contre des billets à la même échéance de 90 jours que ces derniers lui souscriront, ou contre des traites sur des tiers qu'ils lui passeront.

M. PAIN aura, bien entendu, la faculté d'escompter, si bon lui semble, des valeurs payables à d'autres lieux et échéances, sans que cette opération puisse être considérée comme faite en dehors du présent crédit, l'intention des parties étant d'y comprendre et de conserver, par les garanties qui vont être ci-après données, toutes les opérations de banque qui devront être faites pendant le délai ci-après déterminé, entre M. PAIN et M. et Mme DUBIN.

Toutes les valeurs qui seront remises à M. PAIN devront être commerciales, à sa satisfaction, et acceptées par lui.

ART. 3. M. PAIN ne sera tenu de remettre des fonds qu'après avoir été prévenu quinze jours au moins à l'avance.

ART. 4. M. et Mme DUBIN s'obligent solidairement à tenir compte à M. PAIN, sur le pied de six pour cent par an, de l'intérêt des sommes dont ils auront disposé en vertu du présent crédit, à partir du jour de la sortie des fonds jusqu'à leur rentrée, ensemble de tous droits de commission, frais et accessoires suivant l'usage.

En cas de non-payement des valeurs sur des tiers par eux remises à M. PAIN, M. et Mme DUBIN seront tenus solidairement d'en rembourser le montant aussitôt l'échéance, ainsi que tous intérêts qui seraient dus et tous frais et autres accessoires à M. PAIN.

M. et Mme DUBIN auront la faculté de présenter des renouvellements de leurs effets, mais ils devront être remis à M. PAIN au moins trois jours avant l'échéance de ceux renouvelés.

Il est bien entendu que la commission de banque sera due à M. PAIN pour ces renouvellements.

M. PAIN est expressément dispensé de faire à M. et Mme DUBIN la dénonciation des protêts des effets dont ils seraient endosseurs, sans que ce défaut de dénonciation fasse perdre à M. PAIN son recours contre M. et Mme DUBIN.

ART. 5. Les escomptes, négociations, versements et remboursements seront constatés par un compte ouvert sur les registres de la maison de banque de M. PAIN, au nom de M. et Mme DUBIN, lequel vaudra titre contre ces derniers.

ART. 6. La durée du crédit est fixée à trois années à partir d'aujourd'hui (ou : Le présent crédit commencera à partir du....., et il durera jusqu'à ce qu'il plaise à l'une

---

(1) Voir Cass., 2 juill. 1845; Jur. N., 7358; Paris, 24 janv. 1857 ; J. N., 18066,

(2) Douai, 19 août 1846; Colmar, 27 mai 1846; Cass., 14 juill. 1840, 2 juill. 1845, 23 mai 1864 ; Jur. N., 4950, 7358, 8208 ; M. T., 1864, p. 363.

5194. Le crédité, pour la garantie des sommes dont il sera débiteur, fournit ordinairement, soit un gage mobilier, soit une caution, soit enfin une hypothèque, ou d'autres moyens de sûreté (1).

5195. La créance résultant d'une ouverture de crédit étant éventuelle, l'hypothèque qui y est ajoutée est également éventuelle Le créditeur peut établir les versements effectués en exécution de l'ouverture de crédit, au regard des tiers, par tous les modes de preuve, même par les livres des parties (2).

5196. L'hypothèque garantissant le crédit existe à partir du jour où elle a été consentie (3) et produit son effet, même au regard des tiers, non pas seulement à partir du jour du versement des fonds, mais à compter du jour de l'inscription prise pour sûreté du crédit (4).

des parties de le faire cesser, en prévenant l'autre trois mois d'avance, par lettre chargée).

Art. 7. Le crédit cessera de plein droit à défaut par M. et Mme Dubin de remplacer ou de rembourser une seule des valeurs escomptées de l'une des manières déterminées par l'art. 4.

Art. 8. En cas d'événement de force majeure, M. Pain aura le droit de faire cesser le crédit s'il le juge convenable.

Art. 9. Aussitôt que le crédit aura cessé pour quelque cause que ce soit, il sera établi un compte définitif des avances faites par M. Pain et des sommes qui lui seront dues en vertu du crédit.

Le reliquat de ce compte sera payé à M. Pain à. . . . ., au siége de sa maison de banque, en bonnes espèces de monnaie, par M. et Mme Dubin, leurs héritiers ou représentants, dans le délai d'un mois à partir du jour de la cessation, avec l'intérêt à six pour cent par an, jusqu'à parfaite libération.

La dette sera solidaire et indivisible entre M. et Mme Dubin et entre leurs héritiers et représentants.

Mme Dubin ne pourra se prévaloir du défaut de sa signature sur tous billets, traites, récépissés, bons de caisse et toutes valeurs souscrites ou passées au profit de la maison de banque de M Pain, par M. Dubin, dont la signature seule suffira pour emporter l'engagement solidaire des époux à l'exécution des conventions ci-dessus arrêtées.

Art. 10. Si M. et Mme Dubin n'usent pas du crédit qui vient de leur être ouvert, ou s'ils n'en usent qu'en partie, ils tiendront compte à M. Pain, à titre d'indemnité, de un pour cent par an des sommes non employées, et ce, pendant toute la durée du crédit.

Affectation hypothécaire. Pour assurer à M. Pain le payement des sommes dont M. et Mme Dubin pourront se trouver débiteurs envers lui par suite des stipulations ci-dessus, tant en principal qu'intérêts, droits de commission, frais et autres accessoires, M. et Mme Dubin affectent et hypothèquent spécialement, 1°. . . . ., etc. (Voir *la formule d'affectation hypothécaire au titre* des Priviléges et Hypothèques.)

Dont acte. Fait et passé, etc.

FORMULE 677. — Autre ouverture de crédit. (Nos 5189 à 5204.)

Par-devant, Me. . . . .,

Ont comparu : M. Louis Pilet, rentier, demeurant à. . . . .,   d'une part,

M. Charles Leclerc, propriétaire, et Mme Denise Blond, son épouse de lui autorisée, demeurant ensemble à. . . . ..   d'autre part ;

(1) Pardessus, no 274; Dict. not,. *Crédit*, n° 5.
(2) Troplong, *Hyp.*, n° 508; Grenier, *ibid.*, I, 29; Pont, *ibid.*, n° 718; Coulon, III, p. 249; Douai, 17 déc. 1833.
(3) Sans qu'il soit besoin de constater ensuite après le versement des fonds l'existence du prêt, ni de conférer de nouveau la sûreté de l'hypothèque : Toullier, VI, 546; Duranton, XIX, 244; Grenier, *Hyp.*, I, 29; Troplong, *ibid.*, n° 480; Pont, *ibid.*, n° 711; Dalloz, *ibid.*, n° 4312; Zach., Massé et Vergé, § 802, note 3; Rouen, 9 mars 1830; Grenoble, 21 fév. 1839; Besançon, 30 nov. 1848; Cass., 6 avril 1809, 26 janv. 1814, 40 avril 1831, 21 nov. 1849; contra, Colmar, 10 avril 1806; Liége, 26 nov. 1823.

(4) Persil, *2114*, 3; Grenier, *Hyp.*, 296, Favard, *ibid.*, p. 371. Pardessus, n° 4137; Batlur, *Hyp.*, n° 863; Pont, *ibid.*, n° 719; Rol l. *ibid*, n° 57; Zach., Massé et Vergé, § 802, note 3; Douai, 27 déc. 1833; Paris, 20 août 1841, 30 mars 1842, 5 janv. 1852; Poitiers, 9 janv. 1844; Besançon, 30 nov. 1848; Cass. 26 janv. 1814, 24 mars 1849, 8 mars 1854; J. N., 8761, 11109, 11132, 12319, 13618, 13925, 14943; contra. Toullier, VI, 546; Troplong, *Hyp.*, n° 78; Championnière et Rigaud; II, 934; Liége, 7 janv. 1811; Bruxelles, 18 juill. 1847 Dijon, 6 mai 1845; J. N. 12658.

5197. Pour que l'hypothèque ajoutée à une ouverture de crédit soit valable, il faut que l'engagement de prêter soit réel, sérieux et obligatoire ; si le créditeur ne s'obligeait à fournir les fonds que s'il le jugeait à propos, il n'y aurait pas d'obligation de sa part (1).

5198. L'hypothèque ne garantit les sommes versées que dans la limite du temps fixé pour sa durée et du chiffre que le créditeur s'est engagé à prêter ; de là les conséquences suivantes : 1° si le compte, lorsqu'il est balancé, constate une créance supérieure au chiffre porté dans l'ouverture de crédit, ce qui excède ce chiffre n'est pas garanti par l'hypothèque et forme seulement une créance chirographaire (2) ; 2° si le crédit est limité à un temps, l'hypothèque ne conserve que les sommes fournies durant ce temps, pourvu qu'elles n'excèdent pas le chiffre du crédit ; quant à celles fournies après l'expiration du délai, elles ne constituent que des créances chirographaires, alors même que la somme créditée n'aurait pas été épuisée à l'expiration du délai (3).

5199. Lorsque, à l'époque de l'ouverture du crédit, le crédité se trouve déjà débiteur envers le créditeur pour une cause quelconque et même pour l'excédant d'un précédent crédit, il appartient aux juges d'apprécier si les parties ont entendu comprendre dans le crédit nouveau et garantir par l'hypothèque la somme déjà due, ou si l'hypothèque n'a dû garantir que les nouvelles avances à

Lesquels ont arrêté ce qui suit :

M. Pilet ouvre, par ces présentes, à M. et Mme Leclerc, qui acceptent, un crédit jusqu'à concurrence de la somme de.....

La durée de ce crédit est fixée à..... années, qui commenceront à courir le....., pour finir le.....

Ce crédit, s'il convient à M. et Mme Leclerc d'en user, sera fourni et réalisé au moyen de remises de fonds que M. Pilet sera tenu de faire à M. et Mme Leclerc au fur et à mesure de leurs besoins, ou au moyen de versements que M. Pilet fera à des personnes qui lui auront été indiquées par M. et Mme Leclerc ; le tout jusqu'à concurrence de ladite somme de.....

Les avances faites par M. Pilet, en exécution du présent crédit, seront suffisamment constatées par les reçus et reconnaissances émanant de M. et Mme Leclerc ou de M. Leclerc seul, ou par l'acquit des personnes auxquelles M. Pilet ferait des versements sur l'indication de M. et Mme Leclerc ou de M. Leclerc seul.

M. et Mme Leclerc s'obligent conjointement et solidairement à rembourser à M. Pilet, aussitôt après que le crédit aura cessé, c'est-à-dire dans..... années à compter d'aujourd'hui, la somme à laquelle s'élèveront les remises de fonds que M. Pilet aura pu faire à M. et Mme Leclerc, ou les avances qu'il aura faites pour eux, ensemble les intérêts sur le pied de cinq pour cent par an à compter du jour de chaque remise de fonds, ainsi que tous frais et autres accessoires ; lesdits intérêts payables chaque année en deux termes égaux, de six en six mois, les 1er janvier et 1er juillet.

Il est expressément convenu : 1° que le payement de ce qui sera dû par M. et Mme Leclerc à l'expiration du crédit et des intérêts, aura lieu à....., en la demeure de M. Pilet, et ne pourra être valablement effectué qu'en espèces d'or ou d'argent du cours actuel, et non autrement ;

2° Qu'en cas de décès de M. et Mme Leclerc ou de l'un d'eux avant leur libération, il y aura solidarité et indivisibilité, etc. (Voir form. 675, p. 11.)

A la sûreté et garantie, etc.

§ III. — CONSTITUTIONS DE RENTE.

FORMULE 678. — **Constitution de rente perpétuelle à prix d'argent.** (Nos 5202 à 5220.)

Par-devant Me.....

(1) Pont, Hyp., n° 712.
(2) Pont, Hyp., n° 714; Cass., 15 mars 1865; M. T., 1865, p. 428.
(3) Pont, Hyp., n° 715; Massé et Vergé, § 802, note 8; Cass., 22 mars 1852; Paris, 21 déc. 1852; J. N., 14652.

faire (1). — Jugé que lorsque celui qui est subrogé aux droits du créancier se trouve avoir contre le crédité, au moment de la subrogation, une créance chirographaire, il peut, au moyen d'une novation ou d'un renouvellement de cette créance, obtenir le bénéfice de l'hypothèque attachée au crédit, comme s'il avait avancé les fonds en exécution du crédit (2).

5200. L'hypothèque consentie en garantie de l'ouverture d'un crédit, pour lequel il a été souscrit des effets de commerce, s'attache à ces effets et passe de plein droit aux tiers porteurs auxquels les billets sont transmis par endossement, alors même que l'hypothèque n'a pas été mentionnée dans ces effets (3). Il en est de même à l'égard d'effets souscrits après la collocation du créancier, dans un ordre ouvert sur les biens du crédité, si ces effets ont été souscrits en renouvellement d'effets antérieurs à la collocation, laquelle profite aux tiers porteurs, comme l'hypothèque elle-même (4).

5201. Nous verrons *infra*, dans la partie traitant du *droit fiscal*, que l'enregistrement de l'acte d'ouverture de crédit ne donne pas lieu à la perception du droit proportionnel; et que l'inscription prise en vertu de cet acte n'est pas passible du droit de 1 pour 1000 lors de la formalité.

SECTION III. — DE LA CONSTITUTION DE RENTE.

5202. On peut stipuler un intérêt (5) moyennant un capital que le prêteur s'interdit d'exiger.

Ont comparu : M. Jules Caron, cultivateur, et Mme Héloïse Duret, son épouse de lui autorisée, demeurant ensemble à.....;

Lesquels ont, par ces présentes, créé et constitué,

Au profit de M. Eloi Bouron, rentier, demeurant à....., à ce présent et acceptant :

Une rente annuelle et perpétuelle de mille francs que M. et Mme Caron s'obligent conjointement et solidairement à servir à M. Bouron chaque année, en deux termes égaux, par semestre, les....., pour faire le payement du premier semestre le....., celui du second le....., et ainsi de suite.

Cette rente sera exempte de toutes impositions et contributions qui pourraient être établies par la suite, pour quelque cause que ce fût.

Comme conditions essentielles des présentes, il est expressément convenu ce qui suit :

1° Le remboursement du capital de ladite rente et le service des arrérages auront lieu en la demeure du créancier, et ne pourront être valablement effectués qu'en espèces d'or et d'argent, et non autrement;

2° Le défaut de payement d'un seul terme des arrérages de la rente à son époque d'échéance entraînera de plein droit, si bon semble au créancier, l'exigibilité du capital moyennant lequel la présente rente est constituée, un mois après un simple commandement resté sans effet; lequel devra énoncer l'intention du créancier d'user du bénéfice de cette clause;

3° Les débiteurs ne pourront pas faire le rachat de la rente présentement constituée, avant l'expiration du délai de dix ans à compter de ce jour (*ou* : Les débiteurs auront le droit de se libérer quand bon leur semblera du service de ladite rente, au moyen du remboursement de la somme de vingt mille francs formant le prix de sa constitution, ensemble des arrérages qui pourront en être dus, des frais et autres accessoires, mais à la charge de prévenir les créanciers, par acte extrajudiciaire aux frais des débiteurs, six mois à l'avance).

4° Il y aura solidarité et indivisibilité entre tous les héritiers et représentants de M. et Mme Caron, pour le remboursement du capital et le service des arrérages; en conséquence, le capital ne pourra être remboursé par fractions.

La présente constitution de rente est faite moyennant la somme de vingt mille francs, que M. Bouron a payée en espèces de monnaie et en billets de la banque de France, ac-

---

(1) Cass., 13 mars 1865; M. T., 1865, p. 429.
(2) Cass., 9 juin 1863; M. T., 1863, p. 493.
(3) Paris, 6 juin 1839; J. N., 11194.

(4) Cass., 20 juin 1854; Dijon, 5 août 1858; J. N., 16532.
(5) Qui ne saurait être supérieur à 5 p. 100: Duranton, XVII, 609 ; Troplong, n° 361; Duvergier, n° 326; Zach., § 732, note 4; Roll., *Rente*, n° 87.

Dans ce cas le prêt prend le nom de *constitution de rente* (C. N., *1909*). Le prêteur s'appelle *rentier* ou *crédi-rentier*; et l'emprunteur le *débiteur de la rente*. Les intérêts s'appellent *arrérages*.

5203. Cette rente peut être constituée de deux manières, en perpétuel ou en viager (C. N., *1910*).

5204. Le contrat de constitution de rente est une vente; l'objet vendu peut être, soit une chose mobilière, argent, objets mobiliers, créances, denrées, etc., soit un immeuble. — La rente peut aussi être constituée gratuitement, par donation ou legs.

§ 1er. — DE LA CONSTITUTION DE RENTE PERPÉTUELLE.

5205. Ce qui constitue la rente perpétuelle, c'est l'aliénation perpétuelle du capital qui ne devient jamais exigible; sans cela elle ne serait pas une rente, mais un prêt (1).

5206. La rente constituée en perpétuel est essentiellement rachetable. Les parties peuvent seulement convenir que le rachat ne sera pas fait avant un délai qui ne pourra excéder dix ans, ou sans avoir averti le créancier au terme d'avance qu'elles auront déterminé (C. N., *1911*). La condition de ne pas rembourser pendant un délai de plus de dix ans serait de plein droit réduite à ce temps (2). Si la rente est foncière, on peut convenir qu'elle ne pourra être remboursée avant trente ans, *supra n° 1405*.

5207. La rente, en ce qui touche le service des arrérages, est divisible : si le créancier laisse plusieurs héritiers, chacun d'eux y a droit pour sa part et portion; si c'est le débiteur qui décède laissant plusieurs héritiers, chacun de ceux-ci n'est tenu de la rente qu'en proportion de sa part héréditaire (3) (*arg. C. N.*, 473). Mais le droit d'exercer le rachat de la rente n'est pas divisible, *infra n° 5212*.

5208. En ce qui concerne le lieu du payement des arrérages, il faut examiner si la rente est *quérable* ou si elle elle est *portable* : une rente est *quérable*, lorsque le créancier doit aller la *quérir*, la toucher au domicile du débiteur, ce qui arrive lorsqu'il n'a été fait aucune stipulation touchant le lieu du payement, et, à plus forte raison, lorsque cela a été convenu par le contrat de constitution. Elle est *portable* lorsque, en vertu d'une stipulation de l'acte de constitution, le débiteur est tenu d'*aller la porter*, la payer, soit au domicile du créancier, soit à un domicile élu pour le payement (4).

5209. Le contrat de constitution de rente perpétuelle [FORM. 678] s'appelle titre primordial. Nous avons vu *supra n° 5449* que la rente doit être reconnue au moyen de titres nouvels ou récognitifs pour échapper à la prescription.

5210. Les frais du contrat de constitution de rente sont à la charge du débiteur.

5211. Le rachat de la rente, *supra n° 5206*, peut être exercé par tous ceux qui y ont intérêt, tels que le débiteur principal, les héritiers, cautions, ou même un tiers détenteur des immeubles hypothéqués (5).

ceptés pour numéraire : le tout compté et réellement délivré à la vue des notaires soussignés, à M. et Mme CARON, qui le reconnaissent et lui en donnent quittance.

AFFECTATION HYPOTHÉCAIRE. A la sûreté et garantie, tant du remboursement du capital, que du payement des arrérages, frais et autres accessoires, M. et Mme CARON affectent et hypothèquent, etc. (Voir *la formule d'affectation hypothécaire, au titre des* Priviléges et Hypothèques.)

Les frais et honoraires des présentes, y compris le coût d'une grosse pour M. BOURON, de l'inscription à prendre et des états à lever, seront supportés par M. et Mme CARON; les déboursés et honoraires des inscriptions qui seront prises en renouvellement seront aussi à la charge des débiteurs.

(1) Troplong, n° 429; Duvergier, n° 326; Zach., § 732, note 1; Roll., *Rente*, n° 87.
(2) Duranton, XVII, 64; Troplong, n° 438; Pont, I, 342; Zach., § 732, note 15.
(3) Troplong, n° 448; Dict. not., *Rente constituée*, n° 125; Roll., *Rente*, n° 149; Cass., 2 mars 1809.

(4) Voir Duvergier, n° 343; Troplong, n° 449; Pont, I, 330; Grenoble, 19 juill., 1827.
(5) Pothier, n°s 176, 177; Troplong, n° 462; Roll., *Remb. de rente*, n° 9.

5212. Le rachat doit se faire pour la totalité du capital, le créancier n'étant pas obligé de le souffrir pour partie ; les codébiteurs doivent donc s'entendre entre eux pour en faire le remboursement intégral (1). Il en est ainsi, à plus forte raison, quand la rente est garantie par hypothèque spéciale sur des immeubles dépendant d'une succession (*arg. C. N., 872*). Toutefois, si la part à la charge de l'un des codébiteurs devient exigible par l'effet de sa faillite ou de sa déconfiture, cette part seule peut être exigée (2).

5213. Le débiteur qui veut exercer le rachat doit offrir non-seulement le capital de la rente, mais aussi tous les arrérages échus et courus jusqu'au jour du remboursement.

5214. Le capital de la rente n'étant pas exigible, ne se compense pas avec la somme due par le crédi rentier, à moins que le débiteur n'ait manifesté son intention de rembourser, et si, d'ailleurs, la somme due par le crédi-rentier est au moins égale au capital de la rente (3). Si ce capital est devenu exigible pour l'une des causes indiquées *infra* n° 5216, on rentre dans la règle ordinaire, et la compensation s'opère de plein droit.

5215. Le contrat de constitution détermine ordinairement le capital moyennant lequel le rachat pourra être effectué. A défaut de stipulation à ce sujet, la rente est rachetable au denier vingt (4) ; à moins qu'elle ne soit en nature, sans stipulation de capital ; dans ce cas, le capital est fixé au denier vingt-cinq plus le 10e, si la rente a été créée sans retenue d'impositions, soit en tout 27 1/2 (5) (*loi 18-29 déc. 1790, titre 3, art. 2*), et si une pareille rente appartient à un mineur, le mineur ne peut en recevoir le remboursement qu'à charge de remploi (6) (*ibid., art. 4*).

5216. Le débiteur d'une rente constituée (7) en perpétuel, même lorsqu'elle a été créée avant le code (8), peut être contraint au rachat :

1° S'il manque de fournir au prêteur les sûretés promises par le contrat (*C N., 1912, 2°*), par exemple, s'il s'est obligé à fournir des hypothèques spéciales ou des cautions et qu'il ne les donne pas ;

2° S'il est déclaré en état de faillite ou s'il tombe en déconfiture (*C. N., 1913*) ; mais non lorsque l'héritier du débiteur a accepté sa succession sous bénéfice d'inventaire, si d'ailleurs il n'y a ni faillite, ni état de déconfiture (9) ;

3° S'il cesse de remplir ses obligations pendant deux années (10) (*C. N., 1912 1°*), c'est-à-dire s'il est deux ans sans payer les arrérages (11) ; toutefois sous les distinctions suivantes : — si la rente est *portable*, le capital devient exigible par le fait seul de l'expiration des deux années, sans qu'il soit besoin de mise en demeure (12) ; et le débiteur n'est plus admis à offrir le payement des arrérages pour éviter le remboursement immédiat du capital (13), pourvu cependant que le défaut de payement n'ait pas pour cause une négligence imputable au créancier, comme s'il n'a pas fait connaître son nouveau domicile, ou si, ayant stipulé que la rente serait portée au domicile d'un fondé de pouvoir, il a laissé ignorer au débiteur le remplacement de ce mandataire (14). — Si, au contraire, la rente est *quérable*,

Pour l'exécution des présentes, etc.

DONT ACTE. Fait et passé, etc.

---

(1) Pothier et Bugnet, n° 190 ; Merlin, *Rente constituée*, n° 44 ; Troplong, n° 463 ; Roll.., *Remb. de rente*, n° 7 ; Dict. not., *ibia.*, n° 7 ; CONTRA, Duranton, XVII, 613 ; Duvergier, n° 363 ; Taulier, VI, p. 452 ; Pont. I, 345.
(2) Troplong. n° 464.
(3) Pothier, n° 204 ; Toullier, VII, 404 ; Troplong, n° 467.
(4) Roll., *Rente*, n° 173 ; Dict. not., *Remb. de rente*, n° 31 ; Poitiers, 27 avril 1831 ; Paris, 5 août 1851 ; Montpellier, 25 déc. 1855 ; Cass., 3 mars 18°8 ; J. N., 14445, 16339.
(5) Pont. I, 343 ; Dict. not., *Remb. de rente*, n°s 98, 99. Voir Caen, 16 nov. 1820 ; Colmar, 19 juill. 1864 ; J. N., 18163.
(6) Pont, I, 343 ; Comp. Toulouse, 13 mars 1829.
(7) Si la rente est foncière, elle est régie par l'art. 530, et l'art. 1912 lui est inapplicable : Cass., 9 janv. 1865 ; M. T. 1865, p. 129.
(8) Toullier, VI. 250 ; Troplong, n° 485 ; Duvergier, n° 355 ; Massé et Vergé, § 732. note 3 ; Troplong, n° 485 ; Roll., *Remb. de rente*, n° 41 ; Dict. not., *ibid.*, n° 45 ; Cass., 4 nov. 1812, 10 nov. 1838, 25 nov. 1839 ; CONTRA, Duranton, XVII, 615 ; Demolombe, I, 55 ; Pont, I, 354 ; Toulouse, 6 mars 1811.

(9) Cass., 27 mai 1829.
(10) Ou même moins, si le contrat contient la stipulation d'une clause résolutoire pour le défaut de service des arrérages pendant un temps moindre : Dict. not., *Remb. de rente*, n° 52 ; Paris, 22 nov. 1816.
(11) Comp. Duranton, XVIII, 617 ; Duvergier, n° 344 ; Troplong, n° 413 ; Mourlon, III, p. 400 ; Taulier, V, p. 452 ; Pont. I, 350 ; Dict. not., *Remb. de rente*, n° 49 ; Cass. 12 no¨. 1829.
(12) Duvergier, n° 342 ; Toullier, VI, 559 ; Duranton, XVII, 616 ; Larombière, 1139, 10 ; Troplong, n° 4°2 ; Roll., *Remb. de rente*, n° 472 ; Pont. I. 353 ; Cass. 28 juin 1836 ; Zach., § 752, note 4 ; Cass., 4 nov. 1812, 12 juill. 1813, 8 avril, 10 nov. 16 déc. 1818, 25 nov. 1839, 9 août 1811 ; J. N., 11120. Voir cependant Pont. I, 352.
(13) Le juge ne peut lui accorder de délai de grâce Troplong, n° 472 ; Pont. I. 353 ; Cass. 28 juin 1836 ; Aix, 10 déc. 1836 ; Caen. 20 mars 1839.
(14) Troplong, n° 478 ; Roll., *Remb. de rente*, n° 52, Dict. not., *ibid* n°s 58, 63 ; Pont. I, 352 ; Cass., 31 août 1818, 19 avril 1831, 5 déc. 1833.

le créancier ne peut exiger le remboursement qu'en prouvant qu'il s'est présenté au domicile du débiteur pour recevoir le payement (1) ; une sommation est donc nécessaire ; elle doit être faite par un huissier porteur des pièces, autrement l'huissier ne pourrait recevoir et nul reproche ne saurait être fait au débiteur (2).

5217. Le défaut de payement pendant deux ans s'entend de deux années échues (3) ; il n'est pas nécessaire que les deux années soient consécutives (4).

5218. Si la rente est constituée pour vente d'immeubles [FORM. 679], le créancier, à défaut de payement des arrérages, peut demander, non pas le remboursement de la rente, mais la résolution de la vente en vertu de l'art. 1654 (5) ; toutefois si la rente, au lieu d'avoir pour prix le fonds vendu, avait pour capital un prix de vente, le vendeur aurait le choix entre l'action en résolution et l'action en remboursement (6).

5219. L'obligation de rembourser n'est pas applicable non plus au débiteur d'une rente créée comme charge d'une donation d'immeuble ; mais le donateur peut demander la révocation de la donation pour cause d'inexécution des conditions (7), *supra* n° 2601.

5220. *Retenue pour contributions.* Les anciennes rentes (c'est-à-dire celles créées antérieurement à la loi du 3 septembre 1807), qu'elles soient constituées ou foncières, et qui n'ont pas été déclarées exemptes de retenue par le titre constitutif, sont sujettes à la retenue d'un cinquième sur les arrérages (*loi 3 frim. an VII, art. 98*), la loi de 1807, qui établit le principe de la *non-retenue*, n'ayant porté aucune atteinte à l'effet des stipulations antérieures.

FORMULE 679. — Constitution de rente perpétuelle pour prix de vente d'immeubles. (N° 5218.)

PAR-DEVANT Me. . . . .,

A COMPARU : M. Eloi BOURON, rentier, demeurant à. . . . .;

Lequel a, par ces présentes, vendu avec la garantie de fait et de droit la plus étendue,

A M. Jules CARON, cultivateur, et à Mme Héloïse DURET, son épouse de lui autorisée, demeurant ensemble à. , . . ., à ce présents et acceptant :

Une pièce de terre, etc.

Cette vente est faite moyennant une rente annuelle et perpétuelle de cinq cents francs au capital de dix mille francs, que M. et Mme CARON constituent au profit de M. BOURON et qu'ils s'obligent conjointement et solidairement à lui payer chaque année en deux termes égaux, les. . . . ., pour faire le payement du premier semestre le. . . . ., celui du second le. . . . .; et ainsi de suite.

Le remboursement du capital de cette rente et le service des arrérages auront lieu en la demeure du créancier, et ne pourront être valablement effectués qu'en espèces d'or et d'argent, et non autrement.

A défaut de payement d'un seul terme des arrérages de ladite rente, le créancier pourra exiger à son choix, soit la résolution du présent contrat, soit le remboursement de la somme de dix mille francs formant le capital de cette rente, un mois après un simple commandement resté sans effet.

Les débiteurs s'interdisent de faire le rachat de la rente avant l'expiration du délai de trente ans, à compter d'aujourd'hui.

---

(1) Toullier, VI, 559; Duranton XVII, 619; Troplong, n° 470; Zach., Massé et Vergé, § 732. note 5 ; Roll., *Remb. de rente*, n° 53; Dict. not., *ibid.*, n° 59; Pont, I, 352; Cass., 12 mai 1819, 28 juin 1836, 29 avril 1860; Aix, 10 déc. 1836; Caen, 20 mars 1859; CONTRA, Aix, 28 avril 1813; Douai, 17 nov 1814.

(2) Troplong, n° 481; Roll., *Remb. de rente*, n° 56; Aix, 10 déc. 1836; Cass., 28 juin 1836.

(3) Duranton, XVII, 617; Duvergier, n° 844 ; Troplong, n° 482; Zach., Massé et Vergé, § 732, note 3; Cass., 12 nov. 1822.

(4) Duvergier, n° 848 ; Troplong, n° 484; CONTRA, Duranton, XVII, 948 ; Massé et Vergé, § 732. note 3 ; Pont, I, 354.

(5) Troplong, n° 488 ; Duranton, XVII, 622; Duvergier, n° 365; Pont, I, 356; Zach., Massé et Vergé, § 731, note 5; Larombière, 1184, 18; Dict. not., *Remb. de rente*, n° 47; Cass., 5 mars 1817, 28 juill. 1824.

(6) Troplong, n° 487; Champ. et Rigaud, II, 1317. Massé et Vergé, § 731, note 5; Larombière, 1184, 19; Dict. not., *Remb. de rente*, n° 48; CONTRA, Toullier, VII, 305; Duranton, XVI, 870.

(7) Duranton, XVII, 622; Duvergier, n° 864; Troplong, n° 486; Pont, I, 355. Voir cependant Dict. not., *Remb. de rente*, n° 48 ; Cass., 12 juill. 1848.

§ 2. — DE LA CONSTITUTION DE RENTE VIAGÈRE.

5221. Quoique l'art. 1911 C. N. renvoie au titre des *contrats aléatoires* pour l'indication des règles qui régissent le contrat de constitution de rente viagère, nous avons préféré réunir sous le titre *du prêt*, les matières se rattachant à ce contrat, afin de présenter sous un même titre nos explications touchant les diverses espèces de constitution de rente.

5222. I. *Des conditions requises pour la validité du contrat.* La rente viagère peut être constituée à titre onéreux [FORM. 680] : 1° moyennant une somme d'argent; 2° ou pour une chose mobilière appréciable; 3° ou pour un immeuble (*C. N.*, *1968*); dans le premier cas, l'acte forme une constitution de rente; dans les deux autres, c'est une vente (1). Les arrérages de la rente viagère sont des fruits civils (2), *supra n° 1475*.

5223. Elle peut être aussi constituée à titre purement gratuit, par donation entre-vifs ou par testament. L'acte doit être alors revêtu des formes requises par la loi (3), *supra n°s 2449. 2659* (*C. N.*, *1969*); à moins cependant qu'elle ne soit l'acquit d'une dette naturelle, comme s'il s'agit d'une rente viagère constituée par un individu en faveur d'une fille qu'il a rendue mère (4) ou au profit d'un domestique par son maître (5).

5224 La rente viagère, constituée à titre purement gratuit, est réductible si elle excède ce dont il est permis de disposer, *supra n° 3056*; elle est nulle si elle est au profit d'une personne incapable de recevoir, *supra n° 2462* (*C. N.*, *1970*).

5225. La rente viagère peut être constituée de l'une des manières suivantes : 1° sur la tête de celui

---

Il y aura solidarité et indivisibilité entre tous les héritiers et représentants de M. et Mme CARON, pour le remboursement du capital de la rente et le payement des arrérages, avec tous frais et accessoires; en conséquence, le capital ne pourra en être remboursé par fractions.

A la sûreté et garantie, etc. (*Le surplus comme en la formule* 568.)

FORMULE 680. — Constitution de rente viagère sur une tête. (N°s 5224 à 5251.)

PAR-DEVANT M^e....,

ONT COMPARU : M. Eugène DILLÉ, cultivateur, et Mme Honorine TRICHARD, son épouse de lui autorisée, demeurant ensemble à....

Lesquels ont, par ces présentes, créé et constitué,

Au profit et sur la tête de M. Auguste VANIER, propriétaire, demeurant à...., à ce présent et acceptant; M. VANIER né à...., le....,

Une rente annuelle et viagère de mille francs, que M. et Mme DILLÉ s'obligent conjointement et solidairement à payer et servir à M. VANIER, en sa demeure, en deux termes égaux de cinq cents francs chacun, les.... de chaque année, à partir du...... pour faire le payement du premier terme le....., celui du second le..... et ainsi continuer pendant la vie et jusqu'au décès de M. VANIER, époque à laquelle elle sera éteinte et amortie, et M. et Mme DILLÉ entièrement libérés et affranchis de son service, même du terme d'arrérages courant lors du décès de M. VANIER.

M. VANIER ne sera pas tenu de justifier de certificats d'existence pour recevoir les arrérages de la rente tant qu'il les touchera par lui-même, ou qu'il les fera toucher sur ses simples quittances.

Il est expressément convenu, comme conditions de la présente constitution de rente :

1° Que le service des arrérages de la rente et le remboursement de son capital, s'il y a lieu, ne pourront être faits qu'en espèces d'or et d'argent, et non autrement;

---

(1) Troplong, *Des contrats aléatoires*, n° 247; Dalloz, *ibid.*, n° 11; Roll., *Rente viagère*, n° 12; Massé et Vergé, § 747, note 1; Pont, I, 678; Cass., 15 nov. 1836.

(2) Voir Troplong, n° 2 5; Massé et Vergé, § 746, note 8; Roll., *Rente viagère*, n° 2; Pont, I. 670; CONTRA, Toullier, XII, 110.

(3) Comp. Cass., 1er mars 1809, 30 déc. 1819, 8 fév. 1845, 8 nov. 1856.

(4) Pont, I, 684; Cass., 30 nov. 1819.

(5) Cass., 3 fév. 1845.

qui en fournit le prix ou sur la tête d'un tiers qui n'a aucun droit d'en jouir [Form. 680] (*C. N.*, *1971*); 2° sur une ou plusieurs têtes [Form. 681] (*C. N.*, *1972*); dans ce dernier cas, lors de l'extinction d'une des têtes, la rente passe de plein droit pour le tout sur les autres têtes (1), à plus forte raison si le contrat de constitution le porte, *infra n° 5227*; 3° au profit exclusif d'une personne en lui assignant pour durée d'abord la vie de cette personne, ensuite celle des enfants qu'elle pourra laisser en mourant; c'est la même rente qui se continue sur la tête de personnes successives (2); 4° au profit d'un tiers, quoique le prix en soit fourni par une autre personne, *supra n°ˢ 2594 à 2596* [Form. 682] (*C. N.*, *1973*); dans ce dernier cas, quoiqu'elle ait les caractères d'une libéralité, elle n'est point assujettie aux formes requises pour les donations, sauf les cas de réduction et de nullité énoncés dans l'art. 1970 (*même article*).

5226. Si ceux au profit desquels une rente viagère est constituée à prix d'argent ou pour une vente d'immeuble, font une déclaration mensongère, relativement à leur âge, ils commettent un dol qui les rend passibles de dommages et intérêts (3), ou même peut annuler le contrat.

5227. Lorsqu'une rente viagère a été constituée au profit de deux personnes qui en ont fourni le prix en commun, avec la condition qu'elle continuera sans diminution au profit du survivant, la stipulation constitue entre ces personnes une convention aléatoire, une espèce de tontine, et les règles sur les donations, leur nullité, leur réduction et leur révocation sont inapplicables (4), alors même que les crédi-rentiers seraient deux époux, s'ils sont mariés sous un régime-exclusif de la communauté, ou si, étant mariés en communauté, ils ont fourni le capital en biens à eux propres. Si, au contraire, le prix a été payé avec des deniers de la communauté, la question donne lieu à une vive controverse: selon une première opinion, qui est aussi la nôtre, le survivant a droit à la totalité de la rente sans indemnité envers la communauté ni la succession de son conjoint, *supra n° 388* (5); mais une autre opinion décide que la rente viagère dépend de la communauté, et que si, en vertu de la stipulation,

---

2° Qu'à défaut de payement d'un seul terme d'arrérages à son échéance, et un mois après un simple commandement de payer demeuré sans effet, la somme principale de dix mille francs, formant le prix principal de la présente constitution de rente, deviendra de plein droit exigible si bon semble au crédi-rentier, sans qu'il soit besoin de remplir aucune formalité judiciaire, et tous les arrérages payés et échus jusqu'au jour du remboursement, seront acquis au crédi-rentier à titre d'indemnité. Dans tous les cas, il ne pourra être tenu à aucune restitution sous quelque prétexte que ce soit;

3° En cas de décès de M. et Mme Dillé ou de l'un d'eux, avant l'extinction de la rente, il y aura solidarité et indivisibilité entre tous leurs héritiers et représentants, comme aussi entre le survivant d'eux et les héritiers du premier mourant, pour le service exact des arrérages de la rente et pour le remboursement du capital, s'il y a lieu, avec tous frais et autres accessoires.

Prix. La présente constitution de rente viagère est faite moyennant la somme de dix mille francs, que M. Vanier a payée à l'instant en espèces de monnaie et en billets de la banque de France acceptés pour numéraire, le tout compté et délivré à la vue des notaires soussignés, à M. et Mme Dillé, qui le reconnaissent et lui en donnent quittance.

Affectation hypothécaire. A la sûreté et garantie du service de ladite rente viagère de mille francs, du remboursement du capital, s'il y a lieu, ensemble de tous frais et autres accessoires, M. et Mme Dillé affectent et hypothèquent spécialement:

1°, etc.

Sur lesquels immeubles M. et Mme Dillé consentent qu'il soit pris inscription à leurs frais au profit de M. Vanier, jusqu'à concurrence d'un capital de vingt mille francs et de tous arrérages et accessoires; ledit capital non exigible, mais nécessaire pour assurer le service de la rente viagère présentement constituée.

---

(1) Troplong, n° 245 ; Roll., *Rente viagère*, n° 21 ; Massé et Vergé, 747, note 7 ; Taulier, VI, p, 503 ; Pont, I, 692 ; Cass., 18 janv. 1830 ; contra, Duranton, XVIII, 134 ; Mourlon, III, p. 411.
(2) Cass., 29 mai 1805 ; J. N., 16313.

(3) Lyon, 28 juin 1854, J. N., 15390.
(4) Pont, I, 698.
(5) Vavasseur, *Contrôleur de l'enreg.*, art. 13934.

le survivant la conserve tout entière, il doit indemniser la communauté de la valeur en capital de la rente au jour de le dissolution du mariage (1). Si la femme survivante renonce à la communauté, elle est dans la position de tout tiers avec lequel le mari aurait jugé à propos d'acquérir la rente, et profite de la clause de réversibilité sans indemnité (2).

5228. Tout contrat de rente viagère créée sur la tête d'une personne qui était morte au jour du contrat, ne produit aucun effet (C. N., 1974).

5229. Il en est de même du contrat (3) par lequel la rente a été créée sur la tête d'une personne atteinte de la maladie dont elle est décédée dans les vingt jours (4) de la date du contrat (C. N., 1975), que le constituant ait ou non connu cette maladie, et lors même que le mourant aurait eu connaissance de son état (5) et aurait renoncé à la nullité résultant de l'art. 1975 (6). Mais, en prévoyant sa mort prochaine, le créancier de la rente peut, par un testament postérieur, léguer au constituant la chose qui forme le prix de la constitution de rente ou l'action en nullité qui existera dans sa succession ; ce n'est pas là léguer la chose d'autrui (7).

5230. Pour que l'art. 1975 soit applicable, il faut : 1° que le crédi-rentier meure dans les vingt jours ; 2° que cette mort soit la conséquence d'une maladie existant au moment du contrat. La constitution de rente ne serait donc pas résolue en cas de mort dans les vingt jours sans maladie préexistante, ou pour une cause différente de la maladie dont le crédi-rentier était atteint, comme un duel, une chute, etc. (8), ni si la maladie existante à l'époque de la constitution n'a occasionné la mort qu'après les vingt jours (9) ; la vieillesse, quelque avancée qu'elle soit, ne constitue pas une maladie dans le sens de l'art. 1975 (10) ; la grossesse étant un état naturel, ne serait pas non plus considérée comme une maladie, à moins qu'elle ne fût déjà compliquée d'un état maladif (11).

5231. C'est au demandeur en nullité à prouver la maladie au temps du contrat et le décès dans les vingt jours par suite de cette maladie (12).

Il est expressément convenu que l'inscription à prendre en vertu des présentes, et tous renouvellements qui en seraient faits, devront être rayés sur la simple représentation de l'acte de décès de M. VANIER, sans que M. et Mme DILLÉ puissent être tenus de justifier d'aucune quittance d'arrérages non plus que d'aucune mainlevée, M. VANIER donnant dès à présent, et de condition expresse, à M. le conservateur des hypothèques toute autorisation et décharge pour faire cette radiation sur la seule justification de son acte de décès.

Les immeubles hypothéqués appartiennent à M. et Mme DILLÉ, etc. *Pour le surplus de la formule, voir au titre* des Priviléges et Hypothèques.)

FORMULE 681. — **Constitution de rente viagère sur deux têtes.** (N°s 5225 à 5251.)

PAR-DEVANT, M°....,

ONT COMPARU : M.... DILLÉ et Mme....,

Lesquels ont, par ces présentes, créé et constitué,

Au profit de M. Auguste VANIER, rentier, et de Mme Geneviève BÉNIER, son épouse qu'il autorise, demeurant ensemble à....., tous deux à ce présents et ce acceptant.

M. VANIER né à...., le....., et Mme VANIER née à...., le....., ainsi qu'ils en

---

(1) Aux autorités que nous avons citées dans ce sens, *supra*, n° 3881, note, ajoutez Pont, *Petits contrats*, I, 701.

(2) Pont, I, 702; Duranton, XVIII, 436; Troplong, n° 256; Cass., 15 mai 1844.

(3) Cette disposition cesse d'être applicable : 1° si la rente est constituée comme charge d'une libéralité : Troplong, n° 267; Roll., *Rente viag.*, n° 38; Massé et Vergé, § 747, note 10; Cass., 18 juill. 1836; Bordeaux, 8 juill. 1845; J. N., 12522, à moins que l'acte n'offre un caractère onéreux : Cass., 10 juill. 1855; J. N., 15572; 2° si la rente est constituée au profit d'un tiers, lorsque le prix en est fourni par une autre personne : Pont, I, 718.

(4) En faisant abstraction du jour où le contrat a été passé : Troplong, n° 276; Dalloz, n° 55 ; Zach., Massé et Vergé, § 747, note 10; Roll., *Rente viag.*, n° 46; Pont, I, 714; Rouen, 3 déc. 1821,

(5) Toullier, VI, 47; Troplong, n° 268 Zach., Massé et Vergé, § 747, note 9; Roll., *Rente viag.*, n° 44 ; Pont, I, 720.

(6) Troplong, n° 269; Cass., 15 juill. 1824. Voir cependant Pont, I, 720.

(7) Trib. Rennes 29 mai 1860; J. N., 7092.

(8) Duranton, XVIII, 146 ; Troplong, n° 271; Dalloz, n° 57; Zach., Massé et Vergé, § 747, note 10; Roll., *Rente viag.*, n° 42; Pont, I, 712.

(9) Troplong, n° 272; Pont, I, 713; Colmar, 4 août 1812.

(10) Pont, I, 711 ; Angers, 19 avril 1820.

(11) Duranton, XVIII, 147; Troplong, n° 274; Dalloz, n° 59 ; Massé et Vergé, § 747, note 10; Roll., *Rente viag.*, n° 45; Dict. Not., *ibid.*, n° 44; Pont, I, 711.

(12) Duranton, XVIII, 146; Troplong, n° 273; Dalloz, n° 57; Pont, I, 715; Massé et Vergé, § 747, note 10; Roll., *Rente viag.*, n° 47; Bordeaux, 11 fév. 1828.

5232. Quand la rente a été constituée successivement et sans diminution sur deux têtes et que l'une d'elles vient à s'éteindre dans les circonstances prévues par l'art. 1975, le contrat n'est pas frappé de nullité (1). Jugé qu'il en est ainsi, alors même que la rente, au lieu d'être entièrement réversible sur la tête du survivant, subirait une certaine réduction par le contrat (2).

5233. Si l'acte constitutif de la rente viagère est sous seing privé, il fait foi de sa date au regard des héritiers du crédi-rentier, et l'art. 1328, *supra* n° 3422, ne leur est pas applicable; mais comme ils sont tiers pour exercer l'action qui découle en leur faveur de l'art. 1975, ils pourraient détruire par tous les moyens à leur disposition, la fausse date qui militerait contre eux (3).

5234. La rente viagère peut être constituée au taux qu'il plaît aux parties contractantes de fixer (4, (*C. N.*, *1976*); néanmoins si ce taux est moindre que l'intérêt de l'argent, elle peut être considérée comme renfermant une donation sujette à réduction, ou même à nullité si celui qui a reçu les deniers était incapable de recevoir de la personne qui les lui a comptés (5). Si le contrat de rente viagère a pour unique objet de déguiser un prêt usuraire, il peut être annulé (6).

5235. II. *Des effets du contrat entre les parties contractantes.* Celui au profit duquel la rente a été constituée moyennant un prix (7) peut demander la résiliation du contrat, si le constituant ne lui donne pas les sûretés stipulées pour son exécution (*C. N.*, *1977*), ou s'il diminue les garanties qu'il a données (8); par exemple, s'il vend l'immeuble hypothéqué au service de la rente, sans imposer à l'acquéreur l'obligation de la payer (9), alors même que le crédi-rentier aurait négligé de renouveler l'inscription (10). Mais si le gage se trouve déprécié ou diminué par un fait étranger au débiteur et par force majeure, le crédi-rentier n'a pas à se plaindre; c'était à lui d'exiger des garanties plus considérables (11).

---

ont justifié par la représentation d'extraits de leurs actes de naissance, qui leur ont été de suite rendus.

Une rente annuelle et viagère de mille francs sur la tête de M. et Mme VANIER et celle du survivant d'eux, sans réduction au décès du prémourant.

Laquelle rente viagère de mille francs, M. et Mme DILLÉ s'obligent conjointement et solidairement à payer et servir à M. et Mme VANIER et après le décès du premier mourant au survivant d'eux, en deux termes égaux, les..... de chaque année, à partir du....., pour faire le payement du premier semestre le....., celui du second le....., et ainsi de suite jusqu'au décès de M. et Mme VANIER, époque à laquelle elle sera éteinte et amortie, et M. et Mme DILLÉ entièrement libérés et affranchis de son service, même du terme d'arrérages courant lors du décès du survivant.

Cette rente ne subira aucune réduction au décès du premier mourant; elle accroîtra au profit du survivant qui aura seul droit, en vertu des présentes et à titre de clause aléatoire, à la totalité de ladite rente, et même des arrérages qui pourraient se trouver dus au jour du décès du premier mourant.

A ce moyen, les héritiers du premier mourant n'auront aucune prétention à faire valoir sur cette rente ni sur les arrérages qui pourront être dus à l'époque du décès du premier mourant.

(*Ou s'il y a décroissement au décès du premier mourant*: Laquelle rente viagère de

---

(1) Duranton, XVIII, 150; Zach., Massé et Vergé, § 747, note 10; Roll., *Rente viag.*, n° 40; Dict. not., *ibid.*, n° 49; Troplong, n° 275; Pont, I, 721, Cass., 22 fév. 1820; Grenoble, 22 juin 1822; Bordeaux, 10 fév. 1857; Lyon, 1er juill. 1858.

(2) Duranton, XVIII, 150; Troplong, n° 275; Bordeaux, 10 fév. 1857; Lyon, 1er juill. 1858; Paris, 23 mai 1865; J. N., 16268, 18335; Douai, 20 nov. 1866; Jur. N., 13289; contra, Paris, 23 mars 1865; Cass., 6 fév. 1866; J. N., 18281, 18574.

(3 Duranton, XVIII, 151; Taulier, VI, p. 506; Troplong n° 277; Dalloz, n° 64; Pont, I, 721; Larombière, 1322, 9; Zach., Massé et Vergé, § 747, note 10; Cass., 5 avril 1842; Bordeaux, 16 août 1832; J. N., 11317. Voir cependant Colmar, 20 sept. 1830; Cass., 19 janv. 1814, 15 juill. 1824.

(4) Voir Cass., 15 janv. 1850; J. N., 13962.

(5) Duranton, XVIII, 144; Roll., *Rente viag.*, n° 53. Voir Pont, I, 729 à 732.

(6) Cass., 26 juin 1815; J. N., 12500.

(7) Il n'en est pas de même si elle a été constituée à titre gratuit : Troplong, n° 303 ; Pont, I, 748.

(8) Duranton, XVIII, 143; Troplong, n° 291; Roll., *Rente viag* n° 104; Taulier, VI, p. 507; Mourlon, III, p. 412; Pont, I, 737; Colmar, 25 août 1810; Riom, 4 août 1818. Voir Cass., 2 déc. 1856; J. N., 15963.

(9) Riom, 4 août 1818; Colmar, 25 août 1810; Bordeaux, 6 juin 1849; J. N., 16915. Voir cependant Troplong, n° 292; Pont, I, 739.

(10) Cass., 16 avril 1839.

(11) Troplong, n° 295; Zach. § 749, note 3; Pont, I, 736, 738; Cass., 18 déc. 1822; Douai, 25 nov. 1853; l'au, 5 fév. 18-3; Paris, 21 déc. 1836.

5236. Le débiteur peut arrêter les effets de la résolution en fournissant les sûretés promises ou en rétablissant celles qu'il a diminuées (1). Si avant ou même pendant l'instance, le crédi-rentier vient à décéder, la rente s'éteint, et il ne peut être donné suite à la demande en résolution (2) ; mais les frais faits jusque-là sont à la charge du débiteur (3).

5237. Si, pour assurer le service d'une rente viagère, il a été acquis un chiffre pareil de rente sur l'État au nom du débiteur pour la nue propriété et en celui du crédi-rentier pour l'usufruit, et que la conversion de la rente vienne à en diminuer le chiffre, le débiteur doit compléter le chiffre de la rente, pour toute la somme annuelle dont elle a été réduite par l'effet de la conversion (4).

5238. Le seul défaut de payement des arrérages de la rente n'autorise point celui en faveur de qui elle est constituée, à demander le remboursement du capital, ou à rentrer dans le fonds par lui aliéné ; il n'a que le droit de saisir et de faire vendre les biens de son débiteur, et de faire ordonner ou consentir, sur le produit de la vente, l'emploi d'une somme suffisante pour le service des arrérages (*C. N.*, *1978*), c'est-à-dire d'une somme égale à celle qui serait nécessaire pour le service d'une rente perpétuelle (5) ; si le prix n'est pas suffisant, le crédi-rentier peut faire ordonner qu'il sera prélevé annuellement sur le capital une somme suffisante pour parfaire le chiffre des arrérages (6).

5239. En cas de faillite du débiteur d'une rente viagère constituée sans capital déterminé, il y a lieu d'admettre le rentier viager au passif de la faillite pour un capital proportionnel à son âge. Mais il n'a aucun privilége de ce chef, il est simple créancier chirographaire (7).

5240. On peut valablement stipuler qu'à défaut de payement d'un ou de plusieurs termes des arrérages de la rente, le contrat sera résolu (8) et que le créancier aura le droit d'exiger le remboursement du capital ou de rentrer dans le fonds par lui aliéné (9) ; cette clause peut être invoquée non-

mille francs, M. et Mme DILLÉ s'obligent conjointement et solidairement à payer et servir à M. et Mme VANIER, en deux termes égaux, les. . . . . de chaque année, à partir du. . . . ., pour faire le payement du premier semestre le. . . . ., celui du second le. . . . ., et ainsi de suite jusqu'au décès du premier mourant.

A cette époque la rente sera réduite à six cents francs par an, au profit du survivant, qui aura seul droit à la totalité de ces six cents francs de rente, comme aussi aux arrérages qui pourront se trouver dus au jour du décès du premier mourant ; ladite rente ser. servie au survivant jusqu'au jour de son décès, époque à laquelle elle sera éteinte et amortie et M. et Mme DILLÉ entièrement libérés et affranchis de son service même du terme d'arrérages courant lors du décès dudit survivant.

A ce moyen, les héritiers du premier mourant n'auront aucune prétention à faire valoir sur lesdits six cents francs de rente, ni sur les arrérages qui pourront en être dus à l'époque du décès du premier mourant.)

M. et Mme VANIER ne seront pas tenus de justifier, etc. (*Le surplus comme en la formule précédente.*)

FORMULE 682. — **Constitution de rente viagère sur une tête avec réversion pour partie sur une autre tête.** (N° 5225.)

PAR-DEVANT M^e. . . . .

(1) Troplong, n° 296 ; Dalloz, n° 125 ; Massé et Vergé, § 749, note 5 ; Pont, I, 741 ; Bruxelles, 21 avril 1819 ; Cass., 5 mars 1817.
(2) Duranton, XVIII, 166 ; Troplong, n° 297 ; Dalloz, n° 127 ; Zach., Massé et Vergé, § 749, note 6 ; Pont, I, 743 ; Roll., *Rente viag.*, n° 111 ; Cass., 5 mars 1817.
(3) Mourlon, III, p. 412 ; Pont, I, 745.
(4) Paris, 2 fév. 1863, 3 mars 1864 ; J. N., 17713, 18005·
(5) Pothier, n° 231 ; Duranton, XVIII, 170 ; Troplong, *Priv.*, n° 959 ; Dalloz, n°ˢ 146, 147 ; Massé et Vergé, § 749, note 8 ; Roll., *Rente viag.*, n° 118 ; Pont, I, 740, 757 ; Paris, 5 juill. 1806, 30 mars 1831, 10 mars 1832, 23 avril 1853 ; Caen, 7 déc. 1828, 24 janv. 1851 ; Riom, 18 janv. 1844 ; Pau, 6 août 1861 ; J. N., 17645 ; Lyon, 3 fév. 1862 ; Caen, 12 mars 1864 ; M. T., 1862, p. 700 ; 1864, p. 557.
(6) Dalloz, n° 149 ; Bourges, 25 mai 1827 ; Metz, 15 nov. 1843 ; Agen, 3 janv. 1844 ; Grenoble, 4 déc. 1855 ; CONTRA, Grenier, *Hyp.*, I, 186 ;

Troplong, *ibid.*, n° 959, 4° ; Massé et Vergé, § 749, note 8 ; Pont, I, 760.
(7) Trib. comm. Seine, 24 fév. 1863 ; J. N., 17654.
(8) On peut stipuler que la résolution aura lieu de plein droit par le seul effet d'une mise en demeure, et sans qu'il soit besoin d'une demande en justice : Dalloz, n° 99 ; Massé et Vergé, § 749, note 7 ; Pont, I. 764 ; Cass., 18 nov. 1817 ; Bordeaux, 14 mars 1829, 10 janv. 1839 ; Caen, 16 déc. 1843.
(9) Roll., *Rente*, n° 72 ; Troplong, n° 310 ; Pont, I, 763 ; Larombière, 118 4, 20 ; Dalloz, n° 96 ; Zach., Massé et Vergé, § 749, note 7 ; Rouen 27 janv. 1815 ; Cass., 31 mars 1818, 18 déc. 1822, 15 fév. 1842, 23 août 1843, 2 déc. 1686 ; Paris, 22 fév. 1837, 2 juill. 1854 ; Limoges, 25 mars 1841 ; Caen, 16 déc. 1843 ; Seine, 17 déc. 1864 ; Bordeaux, 24 janv. 1867 ; Paris, 21 déc. 1867, 7 mars 1868 ; J. N., 11760, 15378, 15963, 10073 ; CONTRA, Duranton, XVIII, 109 ; Douai, 25 nov. 1833.

seulement par le créancier, mais aussi par ses héritiers si avant son décès il avait fait commandement de payer au débiteur, en lui annonçant la volonté de se prévaloir de la clause résolutoire et de rendre exigible le capital de la rente (1).

5241. L'art. 1978, *supra n° 5238*, s'applique à tous les cas où la rente viagère a été constituée à titre onéreux, même pour prix de vente d'un immeuble ; dans ce dernier cas, il n'y a pas lieu à l'action résolutoire réglée par l'art. 1654 (2), *supra n° 4186*. Si la rente viagère a été constituée comme charge d'une donation, le crédi-rentier peut, à son choix, ou exercer l'action révocatoire édictée par l'art. 953 (3), *supra n° 2601*, ou faire vendre les biens de son débiteur pour qu'il soit fait emploi de somme suffisante pour le service de la rente (4).

5242. Lorsque la résolution est prononcée, le débiteur doit payer au crédi-rentier le capital en entier sans pouvoir exiger la réduction à l'intérêt légal des arrérages courus (5), qui toutefois ne sont dus que jusqu'au jour de la résolution ; à partir de ce moment, il n'est dû que l'intérêt du capital (6), à moins que le contraire n'ait été stipulé, ou que le débiteur n'ait été condamné à les payer à titre de dommages-intérêts (7).

5243. On peut valablement stipuler que les arrérages dus au décès profiteront au débiteur ; dans ce cas, la mort du rentier vaut quittance absolue pour le débiteur (8).

5244. Le constituant ne peut se libérer du payement de la rente, en offrant de rembourser le capital et en renonçant à la répétition des arrérages payés (9) ; il est tenu de servir la rente pendant toute la vie de la personne ou des personnes sur la tête desquelles la rente a été constituée, quelle que soit la durée de la vie de ces personnes, et quelque onéreux qu'ait pu devenir le service de la rente (*C. N.*, *1979*) ; toutefois le contraire peut être stipulé (10).

5245. La rente viagère, payable sans anticipation, n'est acquise au propriétaire que dans la proportion du nombre de jours qu'a vécu la personne sur la tête de laquelle elle a été constituée (*C. N.*, *1980*) ; le revenu du jour de la mort n'est pas acquis, à moins que la personne sur la tête de laquelle la rente a été constituée ne fût morte à la fin de la dernière heure du jour (11).

5246. S'il a été convenu qu'elle serait payée d'avance, le terme qui a dû être payé est acquis du jour où le payement a dû en être fait (*C. N.*, *1980*), pourvu, si le décès est arrivé le jour même de l'échéance, que la personne sur la tête de laquelle la rente a été constituée ait vécu tout le jour fixé pour le payement (12).

Ont comparu : M. Louis Dulac, négociant, et Mᵐᵉ Geneviève Bertin, son épouse de lui autorisée, demeurant ensemble à . . . . . ;

Lesquels ont, par ces présentes, créé et constitué,

Au profit et sur la tête de M. Eloi Benoit, rentier, demeurant à . . . . ., etc.

Une rente annuelle et viagère de mille francs, que M. et Mᵐᵉ Dulac s'obligent conjointement et solidairement à payer et servir, etc. (Voir *formule* 680.)

Après le décès de M. Benoit, cette rente sera réversible pour cinq cents francs au profit et sur la tête de Mˡˡᵉ Eugénie Benoit, sa nièce, sans profession, demeurant à . . . . ., à ce présente et acceptant, et elle sera payable à cette demoiselle aux mêmes époques que ci-dessus, à partir de l'échéance du terme qui précédera le décès de M. Benoit.

---

(1) Pont, I, 765; Cass., 20 juin 1831; Seine, 21 déc. 1858. Voir Dalloz, nᵒˢ 104 et 105; Troplong, n° 297; Cass., 5 mars 1847.
(2) Troplong, n° 315 , Dalloz, n° 138; Massé et Vergé, § 749, note 9; Pont, I, 755; Orléans, 6 fév. 1835; Cass., 16 juin 1837.
(3) Duranton, XVIII, 543 ; Troplong, n° 312; Massé et Vergé, § 749, note 9; Roll., *Rente viag.*, n° 110; Pont, I, 451; Poitiers, 6 janv. 1837; Cass., 18 juill. 1836; Caen, 21 avril 1841; Rouen, 27 août 1846; Nîmes, 27 août 1862 ; M. T. 1863, p. 635.
(4) Pau, 6 août 1861.
(5) Pothier, n° 230; Duranton, XVIII, 164; Troplong, n° 298, 316; Larombière, *1184*, 21; Mourlon, III. p. 441; Taulier, VI, p. 508; Pont, I, 746; Dalloz, n° 128; Zach., Massé et Vergé, § 749, note 6; Roll., *Rente viag.*, n° 113; Colmar, 25 août 1810; Cass., 22 juin 1825; Paris, 22 fév. 1837; Caen, 16 déc. 1813; Dijon, 22 juill 1847; contra, Cass., 23 août 1843.

(6) Troplong, n° 356 ; Pont, I, 747; Larombière, *1184*, 21; Bordeaux, 6 juin 1840 ; J. N., 10915 ; Seine, 17 déc. 1861 ; Bordeaux, 24 janv. 1867; M. T., 1857, p. 685.
(7) Cass., 23 août 1843.
(8) Caen, 3 juin 1851, J. N. ; 14459.
(9) Ni même ses créanciers s'il vient à tomber en faillite : Troplong, n° 323; Dalloz, n° 164; Massé et Vergé, § 749, note 10; Pont, I, 768; Voir Cass., 22 mars 1857.
(10) Troplong, nᵒˢ 526, 327 ; Dalloz, n° 165; Zach., § 749, note 11 ; Roll., *Rente viag.*, n° 65; Pont, I, 770, 771.
(11) Troplong, n° 335 ; Proudhon, II. 910 ; Toullier, XI, 290; Dalloz, n° 184; Massé et Vergé, § 748, note 1; Pont, I, 773.
(12) Troplong, n° 336; Taulier, VI, p. 510; contra, Massé et Vergé, § 748, note 2; Pont, I, 775; Trib. Marmande, 2 déc. 1857.

5247. L♣ rente viagère s'éteint par le décès de la personne sur la tête de laquelle elle a été constituée, même lorsque cette personne dispose de sa vie par un suicide (1).

5248. Mais si le débiteur tue son créancier, la rente ne s'éteint point, elle devient résoluble, et il y a lieu à la restitution du prix de la constitution, ou même des biens, si la rente a été constituée comme prix de vente d'immeubles, et les arrérages courus jusqu'au jour du crime sont acquis au créancier ou à ses héritiers (2).

5249. La rente viagère ne peut être stipulée insaisissable (3) que lorsqu'elle a été constituée à titre gratuit (*C. N.*, *1981*). Voir *supra n°s* 2560, 2561.

5250. La rente viagère ne s'éteignait pas par la mort civile (4) du propriétaire ; le payement devait en être continué pendant sa vie naturelle (*C. N.*, *1982*).

5251. Le propriétaire d'une rente viagère, à moins de stipulation contraire, n'en peut demander les arrérages qu'en justifiant de son existence, ou de celle de la personne sur la tête de laquelle elle a été constituée (*C. N.*, *1983*), *supra n°s 727 à 730, et Form. 171, 172*.

APPENDICE

DES EFFETS DE COMMERCE.

5252. Les seuls effets dont s'occupe le Code de commerce sont : la lettre de change, et le billet à ordre. Il en est d'autres cependant, tels que les mandats, billets de change, billets à domicile, billets au porteur, etc.; mais ils sont moins usités, et par cette raison nous les passerons sous silence.

5253. La lettre de change régulière, *infra n° 5255*, est réputée acte de commerce, entre toutes personnes (5) (*art. 632 C. comm.*). En conséquence, elle entraîne la compétence commerciale et la contrainte par corps.

5254. Sont au contraire des actes purement civils : 1° la lettre de change irrégulière, à moins toutefois que, malgré l'irrégularité, elle ne constate une opération réellement commerciale (6) ; 2° le billet à ordre n'ayant pas pour cause une opération de commerce, trafic, change, banque ou courtage

---

En conséquence, la rente s'éteindra : pour la totalité au jour du décès de M. Benoit, si Mlle Benoit le prédécède ; et si cette demoiselle lui survit, pour moitié au décès de M. Benoit, et pour l'autre moitié au décès de Mlle Benoit.

M. et Mlle Benoit ne seront tenus de justifier, etc. (*Le surplus comme en la form.* 680.)

La présente constitution de rente a lieu moyennant la somme de dix mille francs, que M. Benoit a payée à M. et Mme....., etc.

Il est expressément stipulé que si Mlle Benoit survit à M. Benoit, M. et Mme Dulac auront la faculté de rembourser à cette demoiselle une somme de quatre mille francs pour s'affranchir du service de la rente viagère de cinq cents francs réversible sur la tête de Mlle Benoit, à la charge de la prévenir six mois à l'avance et à la condition que les arrérages de la rente lui seront servis jusqu'au jour du remboursement.

. . . .

Dont acte. Fait et passé, etc.

---

(1) Troplong, n° 357; Massé et Vergé; § 749, note 2 ; Pont, I, 784.

(2) Troplong, n°s 353 à 355; Zach., Massé et vergé, § 749, note 2; Larombière, *1184*, 23; Roll., *Rente viag.*, n° 119; Pont, I, 784; Paris, 18 janv. 1811 ; Orléans, 12 août 1828; Amiens, 10 déc. 1840.

(3) Ni incessible : Orléans, 6 août 1841 ; Cass., 1er mars 1843; J. N°s 11103, 11638.

(4) La mort civile a été abolie, *supra*, n° 801.

(5) Sauf à l'égard des femmes et des filles non négociantes ou marchandes publiques (*art. 113 C. comm.*).

(6) Locré, *sur l'art. 112*; Pardessus. II, 457 et 458; Merlin, *Lettre de change*, § 2, n° 2 *bis*; Nouguier, II, p. 454; Dalloz, *Eff. de comm.*, n° 425; *contra*, Dict. du content. comm., suivant lequel toute lettre de change irrégulière ne vaudrait jamais que comme obligation civile. Voir aussi Agen, 3 fév. 1860; J. N., 17067.

(*art. 656 C. comm.*). Si le billet à ordre est souscrit par un commerçant il est censé fait pour son commerce, lorsqu'une autre cause n'y est point énoncée (*art. 638 C. comm.*).

5255. FORMES. *La lettre de change* [FORM. 683] est tirée d'un lieu sur un autre. Elle est datée. Elle énonce : la somme à payer, le nom de celui qui doit payer, l'époque et le lieu où le payement doit s'effectuer, la valeur fournie (1) en espèces, en marchandises, en compte, ou de toute autre manière (2). Elle est à l'ordre d'un tiers, ou à l'ordre du tireur lui-même. Si elle est par 1re, 2e, 3e, 4e, etc., elle l'exprime (*art. 110 C. comm.*).

5256. Sont réputées simples promesses toutes les lettres de change contenant supposition, soit de nom, soit de qualité, soit de domicile, soit des lieux d'où elles sont tirées ou dans lesquels elles sont payables. La supposition de valeur, s'il y a d'ailleurs une cause réelle et licite, n'enlève pas à la lettre de change son caractère (3). Ces diverses simulations ne sont pas opposables aux tiers de bonne foi.

5257. On appelle *provision* la valeur que le tireur a fournie avant l'échéance au tiré pour payer la lettre de change. L'acceptation par le tiré suppose la provision (*art. 116, 117 et 121 C. comm.*).

5258. *L'acceptation* [FORM. 684] doit être signée. Elle est exprimée par le mot *accepté*. Elle est datée si la lettre est à un ou plusieurs jours au moins de vue (*art. 122 C. comm.*). Elle peut avoir lieu par acte séparé, même par lettre missive.

5259. Le refus d'acceptation est constaté par un protêt que l'on nomme *protêt faute d'acceptation* (4) (*art. 119 C. comm.*). L'acceptation peut avoir lieu à ce moment par l'*intervention* d'un tiers au nom du tireur ou de l'un des endosseurs (*art. 126 C. comm.*).

5260. *Le billet à ordre* [FORM. 685] est daté. Il énonce : la somme à payer, le nom de celui à

---

§ 4. — DES EFFETS DE COMMERCE.

FORMULE 683. — Lettre de change. (Nos 5255 et suiv.)

PAR-DEVANT Me....,

A COMPARU : M. François NAUDIN, fabricant de draps, demeurant à.....;

Lequel a déclaré, par suite de convention verbalement arrêtée entre lui et M. NICOLET ci-après nommé, souscrire à son profit la lettre de change suivante :

Paris, le..... Bon pour 2,000 fr.

« Fin juillet prochain, il vous plaira payer à M. NICOLET, banquier à Lyon, rue.....

» ou à son ordre, la somme de deux mille francs, valeur reçue en espèces, que passerez

» sans autre avis,

» A M. NOIROT, marchand de draps, à Lyon, rue..... »

DONT ACTE. Fait et passé, etc.

FORMULE 684. — Acceptation d'une lettre de change. (No 5258.)

PAR-DEVANT Me.....;

A COMPARU : M. Louis NOIROT, marchand de draps, demeurant à Lyon, rue.....;

Lequel a déclaré accepter purement et simplement la lettre de change tirée sur lui par M. François NAUDIN, fabricant de draps, demeurant à....., laquel est ainsi conçue :

(*Transcrire la lettre de change.*)

DONT ACTE. Fait et passé, etc.

FORMULE 685. — Billet à ordre. (Nos 5260 et suiv.)

PAR-DEVANT Me.....,

A COMPARU : M. Louis CADET, vigneron, demeurant à.....;

---

(1) Non au tiré, mais au tireur par le bénéficiaire de la lettre de change Il ne faut donc pas confondre la *valeur fournie*, avec la provision qui est aux mains du tiré : Bruxelles, 26 déc. 1816.
(2) Pourvu que la nature de la valeur soit exprimée. Il ne suffirait donc pas de dire : *Valeur reçue, ou valeur entre nous, valeur*

entendue, valeur en contractant, valeur prêtée pour son besoin etc.: Cass., 14 août 1850; J. N., 14162.
(3) Dalloz, *Eff. de comm.*, n° 131; Rouen, 11 fév. 1808; CONTRA, Nouguier, II, p. 154.
(4) Voir Cass., 15 juin 1852; J. N., 14492.

l'ordre de qui il est souscrit, l'époque à laquelle le payement doit s'effectuer, la valeur qui a été fournie en espèces, en marchandises, en compte, ou de toute autre manière (1) (*art. 188 C. comm.*), *supra, n° 5255.*

5261. La lettre de change et le billet à ordre, rédigés le plus souvent sous signatures privées, peuvent avoir lieu par acte notarié (2), mais à la condition d'être enregistrés dans le délai ordinaire, et non pas seulement avec le protêt (3) ; et il a été jugé que, dans ce cas, l'effet doit, à peine de nullité, être fait en la présence du créancier et énoncer les qualités des parties (4). Cette décision ne nous paraît aucunement fondée, le billet à ordre étant un simple acte unilatéral.

5262. RÈGLES COMMUNES. La lettre de change et le billet à ordre sont soumis à des règles communes (*art. 189 C. comm.*) que nous allons faire connaître :

5263. *L'échéance* peut avoir lieu à vue, à jour fixe, à un ou plusieurs jours, ou mois, ou usances (délai de trente jours) de vue, ou de date (*art. 129 C. comm.*).

5264. *L'endossement* [FORM. 686, 687] transmet la propriété de l'effet. Il doit être daté, exprimer la valeur fournie, et énoncer le nom de celui à l'ordre de qui il est passé. L'endossement irrégulier, ou en blanc, ne vaut à l'égard des tiers que comme procuration ; et le prétendu cessionnaire est passible de toutes les exceptions opposables à son cédant (*art. 136 et suiv. C. comm.*). Si l'endossement a été fait par acte notarié, il est sujet à l'enregistrement dans le délai ordinaire des actes des notaires (5).

5265. *La solidarité* existe au profit du porteur de la part de tous ceux qui ont signé, accepté, ou endossé (6) la lettre de change, ou le billet à ordre (*art. 140 C. comm.*).

Lequel, ne sachant signer, a déclaré souscrire le billet à ordre suivant :
Paris, le, ... Bon pour 500 fr.
« Fin avril prochain, je payerai à M. Jules NAUDET, propriétaire, demeurant à. . . . .,
» ou à son ordre, la somme de cinq cents francs, valeur reçue en espèces. »
DONT ACTE. Fait et passé, etc.

FORMULE 686. — Endossement sur l'effet. (N° 5264.)

« Payez à l'ordre de M. Jacques VINET, marchand de fer, à. . . . ., valeur en compte.
» Paris, le. . . . . »
Cet endossement a été ainsi formulé à la réquisition de M. Jules NAUDET, propriétaire, demeurant à. . . . ., par M•. . . . . et son collègue, notaires à. . . . ., soussignés.
DONT ACTE. Fait et passé, etc.

FORMULE 687. — Endossement par acte séparé. (N° 5264.)

PAR-DEVANT M•. . . . .,
A COMPARU : M. Jules NAUDET, propriétaire, demeurant à. . . . ., rue. . . . . ;
Lequel, voulant passer à l'ordre de M. VINET, ci-après nommé, un billet à ordre de 500 fr., souscrit à son profit par M. Louis CADET, vigneron, demeurant à. . . . ., et dont la teneur suit :
(*Transcrire le billet à ordre.*)
A déclaré souscrire l'endossement suivant :
« Payez à l'ordre de M. Jacques VINET, marchand de fer, demeurant à. . . . ., valeur en
» compte.
» Paris, le. . . . . »
DONT ACTE. Fait et passé, etc.

---

(1) Voir page 26, note 2.
(2) Pardessus, II, 330; Merlin, *Lettre de change*, § 2, n° 7; Nouguier, I, p. 72; Grenoble, 17 nov. 1836; Cass., 30 juill. 1828.
(3) Cass., 10 fév. 1834, 28 janv. 1835.
(4) Trib. Trévoux, 21 août 1848; J. N., 13821.

(5) Cass., 13 juill. 1847; J. N., 13088; *contra*, trib. Montélimart, 7 août 1817; J. N., 13122.
(6) Si l'effet de commerce a été cédé par un acte de transport, le cessionnaire ne peut invoquer les privilèges de l'endossement régulier : Bordeaux, 31 juill. 1844; J. N. 12349.

5266. *L'aval* [Form. 688, 689] est une garantie fournie par un tiers sur l'effet même, ou par acte séparé (*art. 141, 142 C. comm.*), notarié ou sous seing privé.

5267. *Le payement* doit avoir lieu à l'échéance, sans que le porteur puisse être contraint de recevoir auparavant (*art. 144, 145, 146 C. comm.*) ; les juges ne peuvent accorder aucun délai pour le payement (*art. 157 C. comm.*) de la lettre de change, ni même du billet à ordre purement civil (1).

5268. *Le payement par intervention* peut avoir lieu par toute personne pour le tireur ou pour l'un des endosseurs. Il est constaté dans l'acte de protêt, ou à la suite. L'intervenant est subrogé aux droits du porteur, mais pour les exercer seulement à partir de celui pour lequel il est intervenu (*C. comm., art. 158 et 159*).

5269. *Les droits et devoirs du porteur* sont déterminés par les *art. 160 à 172 du C. de comm.*; il en résulte notamment que le porteur doit exiger le payement de l'effet le jour de son échéance, et doit faire constater le refus de payement le lendemain, ou si ce jour est un jour férié légal, le sur-lendemain, par un acte que l'on nomme *protêt faute de payement*. Il doit, dans la quinzaine, notifier le

---

FORMULE 688. — Aval de garantie sur l'effet. (N° 5266.)

« Bon pour aval.
» Paris, le..... »
Cet aval a été ainsi exprimé à la réquisition de M. Louis Bellet, rentier, demeurant à....., par Me....., et son collègue, notaires à....., soussignés.
Dont acte. Fait et passé, etc.

FORMULE 689. — Aval par acte séparé. (N° 5266.)

Par-devant, Me.....,
A comparu : M. Louis Bellet, rentier, demeurant à.... ;
Lequel a dit vouloir garantir par aval un billet de cinq cents francs souscrit par M. Louis Cadet, vigneron, demeurant à....., à l'ordre de M. Naudet, ci-après nommé, et dont la teneur suit :
(*Copier ici la lettre.*)
En conséquence il s'oblige au payement de ce billet, en qualité de donneur d'aval, et conformément à la loi.
Dont acte. Fait et passé, etc.

FORMULE 690. — Protêt de lettre de change faute d'acceptation. (Nos 5269 à 5272.)

Copier en tête la lettre de change, les endossements et autres annotations.
L'an mil huit cent....., le...,
Me....., notaire à la résidence de....., soussigné, sur la réquisition de M. Jacob Astran, banquier, demeurant à....., lequel a fait élection de domicile en sa demeure, s'est transporté à....., rue....., n°....., en la demeure de M. Léon Sorin, négociant, et, en parlant à sa personne, l'a sommé d'accepter pour en faire le payement à son échéance, la lettre de change transcrite littéralement en tête des présentes, tirée sur lui par M. Louis Duval, négociant à....., et dont l'original a été représenté à M. Sorin.
A cette réquisition, M. Sorin a répondu qu'il ne doit rien au tireur, ce qui le met dans l'impossibilité d'accepter la lettre de change qui lui est représentée. Sommé de signer sa réponse, il s'est refusé à le faire.
En conséquence de ce refus, le notaire soussigné a protesté de tous frais, dépens, dommages et intérêts, change, rechange, intérêts et tous autres accessoires.
Fait et passé à.....

---

(1) Dalloz, *Eff. de comm.*, n° 579; Metz, 8 mai 1816; contra, Cass., 31 juill. 1817.

protèt aux tireur et endosseurs, avec citation en justice; le tout à peine de déchéance, et sauf les délais de distance. Le porteur est dispensé du protèt lorsque le souscripteur a mis au bas de sa signature ces mots : *Retour sans frais.*

5270. *Les protêts* [FORM. 690, 691, 692], faute d'acceptation ou de payement, sont faits par un notaire ou par un huissier, sans témoins (1) (*Décret 12 mars 1848*). Le protèt doit être fait : au domicile de celui qui doit payer, ou à son dernier domicile connu, — au domicile des personnes indiquées pour payer *au besoin,* — au domicile du tiers qui a accepté par intervention. Le tout par un seul et même acte (*C. comm., art. 175*).

5271. L'acte de protèt contient : la transcription littérale de l'effet, de l'acceptation, des endossements et des recommandations qui y sont indiquées; la sommation de payer le montant de l'effet. Il énonce : la présence ou l'absence de celui qui doit payer, les motifs du refus de payer, et l'impuissance ou le refus de signer (2) (*C. comm., 174*).

Et, après lecture faite, M°..... a signé, et il a laissé copie à M. SORIN tant de la lettre de change que du présent protèt, dont le coût est de..... francs.

FORMULE 691. — **Protèt simple de lettre de change, faute de payement.**
(Nᵒˢ 5269 à 5272.)

Copier littéralement la lettre de change, les besoins et les endossements.
L'an mil huit cent....., le.....,
M°....., notaire à la résidence de....., soussigné, sur la requisition de M° Jacob AsTRAN, banquier, etc. (*comme en la formule précédente*), s'est transporté au domicile indiqué par la lettre de change transcrite en tête des présentes, chez M. RICHARD, banquier, demeurant à....., et, en parlant à M....., caissier de la maison, lui a présenté ladite lettre dechange, et l'a sommé de lui payer la somme de....., qui en forme le montant.
M....., caissier, a répondu que cette lettre de change avait été tirée sans aucune cause sur la maison RICHARD, par M. DUVAL, négociant à....., attendu que les comptes de M. DUVAL étaient balancés depuis fort longtemps, et que M. RICHARD se trouve créditeur de M. DUVAL pour un faible reliquat; en sorte qu'il y a impossibilité de payer le montant de la lettre de change, dont la maison RICHARD n'a même pas été avisée.
Sommé de signer sa réponse, il a refusé de le faire.
En conséquence de ce refus de payement, le notaire soussigné a protesté, etc. (*Le surplus comme en la formule précédente.*)

FORMULE 692. — **Protèt simple d'un billet à ordre faute de payement.**
(Nᵒˢ 5269 à 5272.)

Copier littéralement le billet et les endossements.
L'an mil huit cent....., le.....,
M°....., notaire à....., soussigné, sur la réquisition et à la requéte de M. Jacob ASTRAN, banquier, demeurant à....., qui fait élection de domicile en sa demeure, a sommé M. Éloi FRELET, négociant, demeurant à....., en sa demeure, rue....., nᵒ....., où étant et parlant à la personne de M....., employé de la maison, de présentement payer à M. ASTRAN, requérant, ou entre les mains du notaire soussigné, porteur dudit billet, la somme de....., montant de cet effet qui lui a été exhibé ; protestant que, faute de faire ce payement, le billet serait retourné aux garants; lequel a répondu que M. FRELET est absent depuis plusieurs jours et qu'il n'a laissé aucun fonds pour acquitter le billet présenté.
Sur la sommation qui lui a été faite de signer sa déclaration, il s'y est refusé.
Laquelle réponse a été prise par M°. ,...., notaire, pour refus de payement.
Fait et passé, etc. (Voir *la form. 690.*)

---

(1) Voir J. N., 13912.   (2) Voir Cass., 14 déc. 1810; J. N., 10450

5272. Les notaires et les huissiers sont tenus, à peine de destitution, dépens, dommages et intérêts envers les parties, de laisser copie exacte des protèts, et de les inscrire en entier, jour par jour, et par ordre de dates, dans un registre particulier, coté, paraphé, et tenu dans les formes prescrites pour les répertoires ; ce registre ne dispense pas d'inscrire les protèts au répertoire.

5273. Le *rechange* s'effectue par une *retraite* (*C. comm.*, 177). Il a lieu en cas de protèt de l'effet ; celui qui a droit au payement tire une nouvelle traite sur le tireur ou les endosseurs de la première pour se couvrir de ce qui lui est dû en principal, intérêts et frais. Les intérêts sont dus à compter du jour du protèt (*art.* 184).

5274. PRESCRIPTION. Toutes actions relatives aux lettres de change, ainsi qu'aux billets à ordre réputés effets de commerce, *supra n° 5252*, se prescrivent par cinq ans à compter du jour du protèt (1), ou de la dernière poursuite juridique ; néanmoins les prétendus débiteurs sont tenus, s'ils en sont requis, d'affirmer sous serment qu'ils ne sont plus redevables ; et leurs veuves, héritiers ou ayants cause, qu'ils estiment de bonne foi qu'il n'est plus rien dû. S'il y a eu condamnation, ou si la dette a été reconnue par acte séparé, la prescription est de trente ans (*C. comm.*, 189) ; lorsqu'une lettre de change est payée avec des fonds avancés par un tiers, l'action de ce tiers en remboursement ne se prescrit aussi que par trente ans (2).

TITRE ONZIÈME.

DU DÉPOT ET DU SÉQUESTRE.

SOMMAIRE

FORMULES

CHAPITRE PREMIER.

DU DÉPOT EN GÉNÉRAL ET DE SES DIVERSES ESPÈCES.

5275. Le dépôt, en général, est un acte par lequel on reçoit la chose d'autrui, à la charge de la garder et de la restituer en nature (*C. N.*, 1915). Le dépôt n'enlève au déposant ni la propriété ni la

---

(1) Lorsqu'une lettre de change à vue a été tirée d'une ville de France sur une autre. Voir Cass., 1er juill. 1845; J. N., 12259. Voir
aussi Cass., 5 janv. 1864; M. T., 1864, p. 52.
(2) Cass., 8 juill. 1863; J. N., 17854.

possession de l'objet ; il le décharge seulement de la garde de sa chose et en commet le soin à la bonne foi du dépositaire (1).

5276. Il y a deux espèces de dépôts : le dépôt proprement dit, et le séquestre (C. N., *1916*).

CHAPITRE DEUXIÈME.

DU DEPOT PROPREMENT DIT.

5277. I. *Caractères du contrat de dépôt.* Le dépôt proprement dit est un contrat essentiellement gratuit (C. N., *1917*) ; s'il avait lieu moyennant un prix, ce ne serait plus un dépôt, mais un louage (2). Il ne peut avoir pour objet que des choses mobilières (3) (C. N., *1918*). Il n'est parfait que par la tradition réelle ou feinte de la chose déposée. La tradition feinte suffit, quand le dépositaire se trouve déjà nanti, à quelque autre titre, de la chose que l'on consent à lui laisser à titre de dépôt (C. N., *1919*).

5278. Le dépôt est volontaire ou nécessaire (C. N., *1920*).

5279. II. *Dépôt volontaire* [FORM. 693, 694]. Le dépôt volontaire se forme par le consentement réciproque de la personne qui fait le dépôt et de celle qui le reçoit (C. N., *1921*). Il ne peut régulièrement être fait que par le propriétaire de la chose déposée ou de son consentement exprès ou tacite (C. N., *1922*) ; si le dépôt a été fait par une personne non propriétaire, le véritable maître n'est lié qu'autant qu'il y a donné son consentement exprès ou tacite, sinon il peut revendiquer sa chose (4). Le nu-propriétaire ne peut se plaindre du dépôt fait par l'usufruitier, ni le bailleur du dépôt fait par le locataire de la chose louée (5).

5280. Le dépôt volontaire doit être prouvé par écrit (6). La preuve testimoniale n'en est point reçue pour valeur excédant cent cinquante francs (C. N., *1923*). Voir cependant *supra n° 3485*. Lorsque le dépôt, étant au-dessus de cent cinquante francs, n'est point prouvé par écrit, ou par la preuve testimoniale dans le cas où elle est admise même au-dessus de ce chiffre (7), *supra n° 3485*, celui qui est attaqué comme dépositaire, en est cru sur sa déclaration, soit pour le fait même du dépôt, soit pour la chose qui en forme l'objet, soit pour le fait de la restitution (C. N., *1924*).

5281. Le dépôt volontaire ne peut avoir lieu qu'entre personnes capables de contracter. Néan-

---

FORMULE 693. — **Dépôt de meubles.** (N⁰ˢ 5275 à 5302.)

PAR-DEVANT Mᵉ.....,
A COMPARU : M. Eloi BLAIR, négociant, demeurant à.....,
Lequel a, par ces présentes, reconnu que M. Denis MERLE, aussi négociant, demeurant à....., à ce présent et acceptant, lui a remis cejourd'hui, en dépôt, les objets ci-après, pour les garder pendant le voyage qu'il est sur le point d'entreprendre :
1°....., etc. (*Décrire les objets.*)

---

(1) Troplong, n° 1 ; voir Pont, *Des petits contrats*, I, 367 à 374.
(2) Troplong, n° 13 : Duvergier, n° 409 ; Mourlon, III. p. 444 ; Taulier, VI, p. 459. Voir cependant Dalloz, n° 13 ; Massé et Vergé, § 734, note 4 ; Pont, I, 377.
(3) Voir Troplong, n° 10 ; Duvergier, n° 402 ; Duranton, XVIII, 24 ; Dalloz, n° 25 ; Zach.. Massé et Vergé, § 734, notes 1 et 2 ; Pont, I, 380 à 383 ; Cass., 20 avril 1810, 3 mai 1818, 10 déc. 1850, 13 août 1856.

(4) Troplong, n° 39 ; Pont, I, 400.
(5) Troplong, n° 40 ; Duranton, XVII, 27 ; Duvergier, n° 389 ; Dalloz, n° 35 ; Pont, I, 400.
(6) Voir Toulouse, 13 juill. 1850 ; J. N., 14207.
(7) Rouen, 31 janv. 1851 ; Cass., 22 avril et 18 août 1851, 9 juill. et 24 sept. 1857. Voir cependant Cass., 29 avril 1844.

moins si une personne capable de contracter accepte le dépôt fait par une personne incapable, elle est tenue de toutes les obligations d'un véritable dépositaire ; elle peut être poursuivie par le tuteur ou administrateur de la personne qui a fait le dépôt, *supra* n° *3158* (C. N., *1925*).

5282. Si le dépôt a été fait par une personne capable à une personne qui ne l'est pas, la personne qui a fait le dépôt n'a que l'action en revendication de la chose déposée, tant qu'elle existe dans la main du dépositaire, ou une action en restitution jusqu'à concurrence de ce qui a tourné au profit de ce dernier (C. N.. *1926*), ou même pour la valeur totale si le dépositaire a dissipé, détourné ou détruit le dépôt par dol, ce qui en outre, le rendrait passible d'une action correctionnelle, *infra* n° *5286*, et de dommages et intérêts (1).

5283. III. *Obligations du dépositaire.* Le dépositaire doit apporter, dans la garde de la chose déposée, les même soins qu'il apporte dans la garde des choses qui lui appartiennent (C. N., *1927*), par conséquent, il ne serait pas en faute dans le cas où, au milieu d'un danger de ruine ou d'incendie, il aurait sauvé sa chose de préférence à la chose déposée (2), si d'ailleurs sa chose était d'une valeur à peu près égale à celle déposée. Il pourrait ne pas en être de même si cette dernière chose était, par rapport à la sienne, d'une grande valeur et d'une perte irréparable ; mais, dans ce cas, il devrait être indemnisé de la valeur de la chose qu'il aurait sacrifiée pour sauver le dépôt (3).

5284. La disposition du numéro précédent doit être appliquée avec plus de rigueur : 1° si le dépositaire s'est offert lui-même pour recevoir le dépôt ; 2° s'il a stipulé un salaire pour la garde du dépôt (4) ; 3° si le dépôt a été fait uniquement pour l'intérêt du dépositaire ; 4° s'il a été convenu expressément que le dépositaire répondrait de toute espèce de faute (C. N., *1928*).

5285. Le dépositaire, à moins de convention contraire (5), n'est tenu en aucun cas, des accidents de force majeure (6), à moins qu'il n'ait été mis en demeure de restituer la chose déposée (C. N., *1929*) ; et, même dans ce cas, il n'en serait pas tenu si la chose eût également péri chez le déposant (7), *supra* n° *3382*.

5286. Il ne peut se servir de la chose déposée, sans la permission expresse ou présumée du déposant (C. N., *1930*). Si le dépôt consiste en une somme d'argent que le dépositaire s'en soit indûment servi, il en doit l'intérêt à partir du jour de l'emploi (8). Le dépositaire ne peut prêter la chose déposée, la détourner ni la vendre ; cependant en cas de vente, le déposant n'aurait pas l'action en

M. BLAIR a consenti à conserver ces meubles avec soin jusqu'à l'époque du retour de M. MERLE ou jusqu'à l'époque où il plaira à M. MERLE de les remettre à toute autre personne qu'il indiquera au comparant.

DONT ACTE. Fait et passé, etc.

FORMULE 694. — **Dépôt à un notaire de sommes et de valeurs au porteur.**
(N°° 5275 à 5302.)

PAR-DEVANT M°.....,

A COMPARU : Mme Elise GUILBAULT, rentière, demeurant à....., veuve de M. Jean TOURNIER,

Laquelle a, par ces présentes, déposé à M°...., l'un des notaires soussignés, les sommes et valeurs ci-après, dépendant de la communauté ayant existé entre elle et M. TOURNIER, son mari, et dont elle a été constituée gardienne par la clôture de l'inven-

(1) Duranton, XVIII. 35; Duvergier, n° 394 ; Troplong, n° 58; Dalloz n° 42 ; Massé et Vergé, § 735, note 2 ; Pont, I, 420.
(2) Troplong, n° 71 . Pont, I. 427.
(3) Duranton, XVIII, 38 ; Duvergier, n° 428 ; Troplong, n° 42; Dalloz, n° 49; Massé et Vergé, § 736, note 1 ; Roll., *Dépôt*, n° 47; Pont, I, 427.
(4) On ne considérerait pas comme un dépositaire salarié, celui qui aurait reçu de légers cadeaux en signe de reconnaissance du dépôt : Troplong, n° 81 ; Duvergier, n° 35 ; Massé et Vergé, § 736, note 2; Dalloz, n° 52; Pont, I, 432.
(5) Troplong, n° 88; Massé et Vergé § 736, note 8; Dalloz, n° 50; Pont, I, 440.

(6) Si c'est par l'incendie de sa maison, il en est responsable, à moins qu'il ne prouve que cet incendie est le résultat d'un cas fortuit: Troplong, n° 95, Pont, I, 438; Lyon. 27 nov. 1863 ; J. N.. 18185.
(7) Duranton, XVIII, 40; Duvergier, n° 441 ; Troplong, n° 68; Dalloz, n° 58; Massé et Vergé, § 736, note 3; Pont, I, 439.
(8) Troplong, n° 104; Duranton, XVIII, 52; Dalloz, n° 65; Roll., *Dépôt*, n° 69 *bis*; Pont, I, 468; Massé et Vergé § 736, note 5 ; CONTRA, Duvergier, n° 470

revendication contre l'acheteur de bonne foi (1). Le dépositaire infidèle est passible de peines correctionnelles (*C. pén.*, 408).

5287. Il ne doit point chercher à connaître quelles sont les choses qui lui ont été déposées, si elles lui ont été confiées dans un coffre fermé ou sous une enveloppe cachetée (*C. N.*, 1931).

5288. OBJETS QUI DOIVENT ÊTRE RESTITUÉS. Le dépositaire doit rendre identiquement la chose même qu'il a reçue. Ainsi, le dépôt des sommes monnayées doit être rendu dans les mêmes espèces qu'il a été fait, soit dans le cas d'augmentation, soit dans le cas de diminution de leur valeur (*C. N.*, 1932). Si les espèces n'ont point été constatées par un bordereau signé du dépositaire, celui-ci est cru sur son affirmation dans le cas où la preuve testimoniale n'est pas admissible (2).

5289. Le dépositaire n'est tenu de rendre la chose déposée que dans l'état où elle se trouve au moment de la restitution. Les détériorations qui ne sont pas survenues par son fait sont à la charge du déposant (*C. N.*, 1933). Si la chose lui a été enlevée par une force majeure et qu'il ait reçu un prix ou quelque chose à la place, il doit restituer ce qu'il a reçu en échange (*C. N.*, 1934).

5290. L'héritier du dépositaire, qui a vendu de bonne foi la chose dont il ignorait le dépôt, n'est tenu que de rendre le prix qu'il a reçu, ou de céder son action contre l'acheteur, s'il n'a pas touché le prix (*C. N.*, 1935).

5291. Si la chose déposée a produit des fruits qui aient été perçus par le dépositaire, il est obligé de les restituer. Il ne doit aucun intérêt de l'argent déposé si ce n'est du jour où il a été mis en demeure de faire la restitution (*C. N.*, 1936). Voir aussi *supra* n° 5286.

5292. PERSONNES AUXQUELLES LA RESTITUTION DOIT ÊTRE FAITE. Le dépositaire ne doit restituer la chose déposée qu'à celui qui la lui a confiée, ou à celui au nom duquel le dépôt a été fait, ou à celui qui a été indiqué pour le recevoir (*C. N.*, 1937).

5293. Il ne peut pas exiger de celui qui a fait le dépôt la preuve qu'il était propriétaire de la chose déposée. Néanmoins, s'il découvre que la chose a été volée (3) et quel en est le véritable propriétaire, il doit dénoncer à celui-ci le dépôt qui lui a été fait, avec sommation de le réclamer dans un délai déterminé et suffisant. Si celui auquel la dénonciation a été faite néglige de réclamer le dépôt, le dépositaire est valablement déchargé par la tradition qu'il en faite à celui duquel il l'a reçu (*C. N.*, 1938).

---

taire après le décès de son mari, dressé par ledit M°....., en date au commencement du.....:

1° Une somme de cinq mille francs, montant des deniers comptants constatés audit inventaire;

2° Et cinquante obligations au porteur, trois pour cent, de cinq cents francs chacune, de la Cⁱᵉ des chemins de fer de l'Ouest, portant les n°ˢ....., et dont les coupons ont été détachés jusques et y compris celui à l'échéance du.....; lesdites obligations revêtues du timbre d'abonnement

Ces sommes et valeurs resteront entre les mains de M°....., l'un des notaires soussignés, pour être remises après la liquidation de la communauté ayant existé entre M. et Mᵐᵉ TOURNIER et de la succession de M. TOURNIER, à ceux des ayants droit auxquels elles auront été attribuées.

DONT ACTE. Fait et passé, etc.

FORMULE 695. — Décharge de dépôt. (N°ˢ 5283 à 5301.)

PAR-DEVANT M°.....,

ONT COMPARU : 1° Mᵐᵉ Elise GUILBAULT, rentière, demeurant à......, veuve de M. Jean TOURNIER;

---

(1) Troplong, n° 406; Pont, I, 447.
(2) Troplong, n° 411; Massé et Vergé, § 736, note 7; Pont, I, 456.
(3) Il n'en serait pas de même si elle avait été seulement per-

due : Troplong, n° 444; Massé et Vergé, § 736, note 18; Pont, I, 49 CONTRA, Duranton, XVIII, 58.

5294. En cas de mort de la personne qui a fait le dépôt, la chose déposée ne peut être rendue qu'à son héritier (*C. N.*, *1939*), sans avoir égard à la charge de remettre à un tiers, à moins qu'elle ne fût revêtue des formalités voulues par la loi pour valoir comme disposition de dernière volonté (1).

il y a plusieurs héritiers, elle doit être rendue à chacun pour sa part et portion (*même article*); si donc un d'eux a reçu sa part et que les parts des autres viennent ensuite à périr entre les mains du dépotaire, cet héritier ne peut être tenu de leur rapporter sa part, la perte est supportée par les autres héritiers seuls (2). Si la chose déposée est indivisible, les héritiers doivent s'accorder entre eux pour la recevoir (*même article*).

5295. Si la personne qui a fait le dépôt a changé d'état, par exemple, si la femme, libre au moment où le dépôt a été fait, s'est mariée depuis et se trouve en puissance de mari; si le majeur déposant se trouve frappé d'interdiction; dans tous ces cas et autres de même nature, le dépôt ne peut être restitué qu'à celui qui a l'administration des droits et des biens du déposant (*C. N.*, *1940*). Cependant si le dépositaire a réellement ignoré le changement d'état et a restitué au déposant, sa bonne foi devra être prise en considération (3).

5296. Si le dépôt a été fait par un tuteur, par un mari, ou par un administrateur, dans l'une de ces qualités, il ne peut être restitué qu'à la personne que ce tuteur, ce mari, ou cet administrateur représentaient, si leur gestion ou leur administration est finie (*C. N.*, *1941*).

5297. LIEU ET ÉPOQUE DE LA RESTITUTION [FORM. 695]. Si le contrat de dépôt désigne le lieu dans lequel la restitution doit être faite, le dépositaire est tenu d'y porter la chose déposée; s'il y a des frais de transport, ils sont à la charge du déposant (*C. N*, *1942*). — Si le contrat ne désigne point le lieu de la restitution, elle doit être faite dans le lieu même du dépôt (*C. N.*, *1943*), c'est-à-dire à l'endroit où la chose déposée se trouve au moment de la restitution (4), pourvu d'ailleurs que le dépositaire l'ait transportée sans mauvaise intention (5).

5298. Le dépôt doit être remis au déposant aussitôt qu'il le réclame, lors même que le contrat aurait fixé un délai déterminé pour la restitution; à moins qu'il n'existe entre les mains du dépositaire une saisie-arrêt ou une opposition à la restitution et au déplacement de la chose déposée (*C. N.*, *1944*). La saisie-arrêt faite par un créancier devrait réunir les formes prescrites par les art. 557 et suiv. du C. proc.; mais si un tiers prétendait avoir la propriété ou tout autre droit réel sur la chose, il suffirait d'une opposition (6).

2° M. Félix TOURNIER, négociant, demeurant à.....

3° M. Charles TAUPIN, propriétaire, et Mme Léonie TOURNIER, son épouse de lui autorisée, demeurant ensemble à...'..;

Lesquels ont, par ces présentes, reconnu que M^e....., notaire à..... leur a restitué les sommes et valeurs ci-après, qui lui avaient été remises en dépôt par Mme veuve TOURNIER, suivant acte reçu par lui, le.....; et ce, selon les attributions qu'ils se sont faites par la liquidation de la communauté ayant existé entre M. et Mme TOURNIER et de la succession de M. TOURNIER, opérée suivant acte passé devant ledit M^e...... le....., savoir :

Premièrement. Deniers comptants :

Trois mille francs, à Mme veuve TOURNIER, ci.............	3,000 »
Mille francs, à M. TOURNIER, ci......................	1,000 »
Mille francs, à M. et Mme TAUPIN, ci..................	1,000 »
Somme égale à celle déposée........................	5,000 »

(1) Troplong, n° 150; Duvergier, n° 483; Larombière, *1939*, 11; Roll., *Dépôt*, n° 72; Cass., 22 nov. 1819, 16 août 1812; 29 avril 1846; Paris, 1er mars 1826, 20 déc. 1830, 14 mai 1853; Montpellier, 25 fév. 1862; J. N., 11421, 12852, 14245, 15021. Voir cependant Pont, I, 481; Nîmes, 3 nov. 1822; Bordeaux, 8 août 1853.
(2) Si d'ailleurs les objets ne sont pas indivisibles : Troplong, n°° 157, 158; Pont, I, 484.

(3) Troplong, n° 162; Dalloz, n° 100; Massé et Vergé, § 736, note 16; Pont, I, 477.
(4) Duranton, XVIII, 67; Duvergier, n° 488; Troplong, n° 168; Dalloz, n° 103; Zach.. Massé et Vergé, § 736, note 20; Pont, I, 492.
(5) Troplong, n° 168; Larombière, *1247*, 9.
(6) Duvergier, n° 497; Massé et Vergé, § 736, note 21; Pont, I, 496; Bordeaux, 28 fév. 1839; CONTRA, Troplong, n° 170.

5299. Le dépositaire infidèle n'est point admis au bénéfice de cession (*C. N.*, *1945*); sans cependant qu'il soit contraignable par corps (1), à moins que la demande en restitution ne soit poursuivie devant le tribunal correctionnel, accessoirement à l'action publique (2), *supra n° 5286* (*C. pén.*, 52).

5300. Toutes les obligations du dépositaire cessent, s'il vient à découvrir et à prouver qu'il est lui-même propriétaire de la chose déposée (*C. N.*, *1946*)**.**

5301. IV. *Obligations de la personne par laquelle le dépôt a été fait.* La personne qui a fait le dépôt est tenue de rembourser au dépositaire les dépenses qu'il a faites pour la conservation de la chose déposée, et de l'indemniser de toutes les pertes que le dépôt peut lui avoir occasionnées (*C. N.*, *1947*), et même des dépenses, à la fois utiles et d'une bonne administration (3), jusqu'à concurrence de la plus-value qu'elles ont procurée à l'objet (4). — Les dépenses ne sont pas de plein droit productives d'intérêt (5).

5302. Le dépositaire peut retenir le dépôt (6) jusqu'à l'entier payement de ce qui lui est dû à raison du dépôt (*C. N.*, *1948*), mais non des sommes qui lui seraient dues pour des causes étrangères au dépôt; dans ce cas le dépôt doit être rendu sauf à réclamer ensuite ce qui lui est dû; la compensation n'est pas admise, *supra n° 5570*, quand même il y aurait eu dépôt de part et d'autre (7).

5303. V. *Dépôt nécessaire* [FORM. 696]. C'est celui qui a été forcé par quelque accident, tel qu'un incendie, une ruine, un pillage, un naufrage, ou autre événement imprévu (*C. N.*, *1949*) qui oblige le déposant à confier sa chose au premier venu.

5304. La preuve par témoins peut être reçue pour le dépôt nécessaire, même quand il s'agit d'une valeur au-dessus de 150 fr. (*C. N.*, *1950*).

5305. Le dépôt nécessaire est d'ailleurs régi par toutes les règles précédemment énoncées (*C. N.*, *1951*); il entraîne la contrainte par corps (*C. N.*, *2060*, § *1*).

5306. Les aubergistes, hôteliers, logeurs en garni (8) ou principaux locataires tenant en meuble (9), sont responsables, comme dépositaires, des effets apportés par le voyageur qui loge chez eux (10); le dépôt de ces sortes d'effets doit être regardé comme un dépôt nécessaire ((*C. N.*, *1952*).

5307. Ils sont responsables du vol ou du dommage (11) des effets du voyageur, soit que le vol ait été fait ou que le dommage ait été causé par les domestiques et préposés de l'hôtellerie, ou par des étrangers allant et venant dans l'hôtellerie (*C. N.*, *1953*).

Deuxièmement. Obligations de l'Ouest, auxquelles sont joints les coupons à partir de celui à l'échéance du . . . . . :

Trente, à Mme veuve TOURNIER, ci	30 »
Douze, à M. TOURNIER, ci	12 »
Et huit, à M. et Mme TAUPIN, ci	8 »
Nombre égal à celui déposé.	50 »

Desquelles sommes et valeurs ainsi remises, les comparants déchargent M^e . . . . , DONT ACTE. Fait et passé, etc.

FORMULE 696. — Dépôt nécessaire. (N°s 5303 à 5308.)

PAR-DEVANT M^e . . . . . ,

A COMPARU : M. Luc LEBEL, propriétaire, demeurant à . . . . ;

---

(1) Troplong, n° 481; Pont, I. 497; Cass., 18 nov. 1834; CONTRA, Duranton, XVIII, 69.
(2) Pont, I, 498.
(3) Ce qui doit être apprécié par le juge: Pont. I, 508.
(4) Duvergier, n° 502 ; Pont, I, 598; CONTRA, Duranton, XVIII, 73.
(5) Dalloz, n° 116; Pont, I. 509.
(6) Même vis à-vis des créanciers du déposant : Duranton, XVIII, 74; Duvergier. n° 505; Dalloz, n° 117 ; Massé et Vergé, § 737, note 2; Pont, I, 511; Lyon, 27 août 1849; Cass., 10 déc. 1850; J. N., 13869, 14281.

(7) Troplong, n°s 196, 197; Pont. I. 506.
(8) Duranton. XVIII, 78; Duvergier, n° 521 ; Dalloz, n° 163; Troplong, n° 928 ; Zach., Massé et Vergé. § 739. note 1 ; Pont, I, 526; Cass., 27 juin 1811 ; Trib. Seine. 11 juill. 1860, 23 mars 1861; Paris, 23 mai 1863; Bordeaux, 21 fév. 1865; M. T., 1865, p. 275.
(9) Trib. Seine, 11 juill. 1860.
(10) Même à leur insu : Duvergier, n° 513 ; Troplong, n° 218; Pont, I, 530.
(11) Par exemple, un incendie qui détruit les effets du voyageur : Trib Mulhouse, 8 juin 1863; M. T., 1863. p. 754.

5308. Ils ne sont pas responsables des vols faits avec force armée ou autre force majeure (*C. N.*, *1954*), ni des pertes qui ont eu lieu par la faute des voyageurs (1). — La responsabilité des aubergistes, hôteliers, etc., cesse encore quand ils ont déclaré qu'ils ne voulaient pas se charger des risques et que le voyageur y a consenti (2); mais ils ne peuvent prétendre s'en affranchir parce qu'ils auraient placardé, même dans les chambres des voyageurs, un avis aux termes duquel ils déclarent qu'ils n'entendent pas répondre des valeurs qui ne seraient pas déposées en leurs mains, s'il n'est pas démontré que le voyageur en a eu connaissance (3).

CHAPITRE TROISIÈME.

DU SÉQUESTRE.

5309. I. *Des diverses espèces de séquestre.* Le séquestre est, ou conventionnel ou judiciaire (*C. N.*, *1955*). Le mot *séquestre* indique non-seulement le contrat [FORM. 697], mais encore la personne entre les mains de laquelle la chose est remise (4).

5310. II. *Du séquestre conventionnel.* C'est le dépôt fait par deux ou un plus grand nombre de personnes (5), d'une chose contentieuse, entre les mains d'un tiers qui s'oblige de la rendre après la contestation terminée, à la personne qui sera jugée devoir l'obtenir (*C. N.*, *1956*), en vertu d'une décision passée en force de chose jugée; si le séquestre a rendu la chose sur un jugement de pre-

---

Lequel a, par ces présentes, reconnu avoir reçu en dépôt, dès le jour d'hier, les objets ci-après provenant du sauvetage du mobilier qui garnissait une maison située à....., occupée par M. Charles BÉNARD, pendant l'incendie qui a détruit cette maison, savoir : 1°....., etc. (*Décrire les objets.*)

M. LEBEL se reconnaît dépositaire nécessaire de ces objets et s'oblige à les restituer à M. BÉNARD, à sa première demande.

DONT ACTE. Fait et passé, etc.

FORMULE 697. — **Nomination de séquestre.** (Nos 5309 à 5316.)

PAR-DEVANT Me.....,

ONT COMPARU : M. Jean BOITEL, propriétaire, demeurant à.....,

Et M. Louis FLEURY, charron, demeurant à.....;

Lesquels ont dit et arrêté ce qui suit :

Par acte sous seing privé, fait double à....., le....., portant cette mention : « Enregistré, etc. », M. Léon FLY, sans profession, demeurant à....., a vendu à M. BOITEL, comparant, une maison située à.....

Puis, suivant contrat passé devant Me., ,...., le....., M. FLY a vendu cette même maison à M. FLEURY.

Ces contrats déposés un même jour, le....., au bureau des hypothèques de....., y ont été transcrits à cette date, vol. 612; celui de M. FLEURY, sous le n° 115, et celui de M. BOITEL, sous le n° 116.

M. BOITEL était sur le point de se mettre en possession de la maison vendue lorsque M. FLEURY, par exploit de....., huissier à....., du....., a déclaré qu'il s'opposait formellement à cette prise de possession, par cette raison que son contrat étant authen-

---

(1) Troplong, n° 238 ; Pont, 1.541 ; Douai, 19 août 1842; Rouen, 4 fév. 1847; Angers, 15 juill. 1857.
(2) Troplong, n° 240 ; Pont I, 512.
(3) Massé et Vergé, § 739, note 10; Pont, I, 543; Cass., 11 mai 1840; Amiens, 4 déc. 1846; Paris, 17 mai 1865.

(4) Pont, I, 546. .
(5) Voir Duranton. XVIII, 85; Troplong, n° 249; Massé et Vergé, § 741, note 2; Pont, I, 547. Voir cependant Duvergier, n° 527; Dalloz, n° 205.

mière instance exécutoire par provision et nonobstant appel, et que ce jugement soit réformé en appel, il est responsable de la chose déposée et doit en payer la valeur (1).

5311. Le séquestre peut n'être pas gratuit (*C. N.*, *1957*). Lorsqu'il est gratuit, il est soumis aux règles du dépôt proprement dit, sauf les différences ci-après énoncées (*C. N.*, *1958*).

5312. Le séquestre peut avoir pour objet, non-seulement des effets mobiliers, mais même des immeubles (*C. N.*, *1959*). Dans ce dernier cas, le séquestre est administrateur; en cette qualité, il recueille les fruits, vend les choses périssables, renouvelle les baux (2); toutefois il est utile de fixer par l'acte qui établit le séquestre ses pouvoirs d'administrateur.

5313. Le dépositaire chargé du séquestre ne peut être déchargé avant la contestation terminée, que du consentement de toutes les parties intéressées, ou pour une cause jugée légitime (*C. N.*, *1960*).

5314. III. *Du séquestre ou dépôt judiciaire.* La justice peut ordonner le séquestre : 1° des meubles saisis sur un débiteur (*C. N.*, *1961, 1°; Pr., 596 et suiv.*); — 2° d'un immeuble ou d'une chose mobilière dont la propriété ou la possession est litigieuse entre deux ou un plus grand nombre de personnes (*C. N.*, *1961, 2°*), comme dans le cas d'action en rescision d'une vente, la demande en résolution pour défaut de payement du prix (3), etc. ; — 3° des choses qu'un débiteur offre pour sa libération (*C. N.*, *1961, 3°*).

5315. L'établissement d'un gardien judiciaire produit, entre le saisissant et le gardien, des obligations réciproques : le gardien doit apporter, pour la conservation des effets saisis, les soins d'un bon père de famille; il doit les représenter, soit à la décharge du saisissant pour la vente, soit à la partie contre laquelle les exécutions ont été faites, en cas de mainlevée de la saisie. — L'obligation du saisissant consiste à payer au gardien le salaire fixé par la loi (*C. N.*, *1962*).

---

tique et que la transcription en ayant été faite sur les registres avant celle de la vente à M. Boitel, lui seul était propriétaire de la maison.

M. Fleury a contesté cette prétention, et une instance s'est engagée entre les comparants devant le tribunal civil de....., à l'effet de faire décider auquel des comparants la propriété sera adjugée.

Comme le jugement à intervenir peut entraîner des délais assez longs, qu'un appel pourrait être interjeté, et que pendant ce temps la propriété serait exposée à l'abandon, au préjudice de celle des parties qui en sera déclarée propriétaire, il a paru utile aux comparants d'en confier l'administration à un séquestre jusqu'au jour où la propriété sera définitivement adjugée à l'un d'eux.

En conséquence, ils ont déclaré choisir M. Honoré Pillet, ancien avoué, demeurant à....., ici présent et acceptant,

Auquel ils ont donné les pouvoirs les plus étendus à l'effet de gérer et administrer la maison ci-dessus désignée. En conséquence, etc. (Voir *au titre du mandat la procuration pour gérer et administrer.*)

M. Pillet conservera entre ses mains, jusqu'à la restitution de la propriété, tout ce qu'il aura pu recevoir, pour en tenir compte à la partie qui aura obtenu gain de cause et sera déclarée propriétaire incommutable de l'immeuble en litige.

Pour indemniser M. Pillet de ses soins, peines et démarches, les parties déclarent lui allouer, en sus de ses déboursés, une somme mensuelle de....., qu'il retiendra sur celles qu'il aura encaissées.

Les frais et honoraires des présentes seront acquittés par MM. Boitel et Fleury, sauf à celui qui succombera dans l'instance à rembourser la moitié payée par celui qui aura obtenu gain de cause.

Dont acte. Fait et passé, etc.

---

(1) Troplong, n° 260; Pont, I, 557; Massé et Vergé, § 741, note 3; Cass., 25 mai 1841. Voir cependant Cass., 23 mai 1864; M. T., 1864, p. 331.

(2) Proudhon, IV, 827; Troplong, n° 268; Pont, I, 553.
(3) Troplong, n° 296; Bourges, 16 déc. 1826; Montpellier, 19 juin 1827; Toulouse, 20 août 1827.

5316. Le séquestre judiciaire est donné, soit à une personne dont les parties intéressées sont convenues entre elles, soit à une personne nommée d'office par le juge. Dans l'un et l'autre cas, celui auquel la chose a été confiée est soumis à toutes les obligations qu'emporte le séquestre conventionnel (*C. N., 1963*).

TITRE DOUZIÈME.

DES CONTRATS ALÉATOIRES.

SOMMAIRE

FORMULES

5317. Le contrat aléatoire est une convention réciproque dont les effets, quant aux avantages et

CONTRATS ALÉATOIRES.

FORMULE 698. — **Assurance militaire; — Bourse mutuelle.** (Nos 5318 à 5320.)

PAR-DEVANT Me....,

ONT COMPARU : 1° M. Louis COLAS, employé, demeurant à.....;

2° M. Denis ALAIN, contre-maître de fabrique, demeurant à.....,

3° M. Charles BUREL, ouvrier charron, demeurant à.....;

4° M. Louis FERET, cultivateur, demeurant à.....;

5° Et M. Vincent LECLERC, ouvrier tapissier, demeurant à.....;

Tous majeurs, assujettis au recrutement militaire, comme faisant partie de la classe de mil huit cent...., et devant prendre part au tirage qui doit avoir lieu incessamment, pour le contingent à former cette année;

Lesquels ont, par ces présentes, établi entre eux et les personnes qui y adhéreront, une bourse commune destinée à faciliter à celui ou à ceux des comparants et adhérents qui seront appelés au service militaire pour le canton de....., les moyens de s'en faire exonérer.

ART. 1er. Les comparants ont à l'instant déposé sur le bureau de Me....., notaire soussigné, les sommes ci-après, formant leurs mises dans le fonds de la bourse commune dont il s'agit :

M. COLAS, huit cents francs, ci 800   »

M. ALAIN, même somme, ci. 800   »

M. BUREL, mille francs, ci. 1,000   »

M. FERET, neuf cents francs, ci 900   »

Et M. LECLERC, mille francs, ci 1,000   »

Ensemble, quatre mille cinq cents francs, ci. . . . . 4.500   »

aux pertes, soit pour toutes les parties, soit pour l'une ou plusieurs d'entre elles, dépendent d'un événement incertain. Tels sont : 1° le contrat d'assurance; 2° le prêt à grosse aventure; 3° le jeu et le
pari ; 4° le contrat de rente viagère (*C. N., 1964*).

5318. I. *Du contrat d'assurance* [FORM. 698, 699]. C'est une convention par laquelle une personne
s'engage à indemniser une autre des dommages ou de la perte que celle-ci peut éprouver, moyennant
une somme qu'on s'oblige à lui payer soit périodiquement, soit une fois pour toutes (1). (*Voir, pour les
assurances maritimes, C. comm., 332 à 409.*)

5319. L'assurance est *mutuelle* lorsque plusieurs personnes s'engagent à s'indemniser réciproquement de tous les dommages que peuvent leur causer certains accidents, tels que l'incendie, la grêle;
elle est *à prime* lorsqu'une partie s'engage à réparer le dommage causé par un accident d'une nature
déterminée, moyennant une prime que l'autre partie s'oblige de lui payer et qui est le prix de l'assurance (2).

5320. Il y a assurance sur la vie : 1° lorsqu'une personne s'engage, moyennant une prime annuelle
ou une somme fixe, à payer à celle au profit de laquelle l'assurance est faite, une indemnité que la
mort de celui dont l'existence est mise en risque rendra exigible, et qui consistera, soit en un capital,
soit en des annuités; 2° lorsqu'un tiers, moyennant une prime par lui versée, stipule que l'assureur
sera tenu de payer à son décès, une somme à une personne déterminée, etc. (3).

ART. 2. Ladite somme de quatre mille cinq cents francs et toutes celles qui seront
versées par les adhérents en vertu de l'art. 3 ci-après, resteront en dépôt entre les mains
de Me....., l'un des notaires soussignés, jusqu'à ce qu'il en ait été fait la répartition de
la manière ci-après indiquée.

ART. 3. Tous les jeunes soldats appelés à faire partie du contingent à fournir par la
classe de mil huit cent....., pour le canton de....., seront admis à prendre part à la
présente bourse commune, en adhérant au présent acte dans le délai d'un mois de ce
jour, et en faisant le versement d'une somme qui ne pourra être moindre de huit cents
francs ni dépasser mille francs.

ART. 4. Sur le montant total des versements il sera prélevé deux pour cent pour les
frais et honoraires des présentes, de l'acte de répartition et de la décharge qui en sera
la suite.

ART. 5. La somme qui restera après le prélèvement des deux pour cent dont il vient
d'être question, sera distribuée entre ceux des souscripteurs qui seront désignés par le
sort et admis par le conseil de révision comme devant faire partie du contingent à fournir à l'armée, dans la proportion de leur mise. Cette répartition sera faite en la présence,
ou eux dûment appelés, des souscripteurs libérés par leur numéro de tirage ou dont
l'exemption sera prononcée par le conseil de révision.

Si les sommes revenant aux souscripteurs appelés au service militaire ne dépassent
pas, pour chacun d'eux, le chiffre fixé pour leur exonération, les souscripteurs libérés
de ce service n'auront aucun droit sur les fonds de la bourse commune; dans le cas
contraire, l'excédant appartiendra à ces derniers, dans la proportion de leurs mises.

ART. 6. Les souscripteurs appelés au service militaire ne seront pas tenus d'employer
les sommes qui formeront leurs parts dans la répartition, pour se faire exonérer; ils auront la faculté de les garder en restant astreints au service militaire.

ART. 7. Dans le cas où tous les souscripteurs se trouveraient libérés, soit par leurs
numéros, soit par une cause de réforme, chacun d'eux aura le droit de reprendre la
somme par lui versée sous la seule déduction de deux pour cent destinés à faire face aux
frais dont il est question sous l'art. 4 ci-dessus.

ART. 8. Pour l'exécution des présentes, etc.

DONT ACTE. Fait et passé, etc.

(1) Pont, I, 583; Zach., Massé et Vergé, § 744, note 3.
(2) Pont, I, 585; Zach., Massé et Vergé, § 744, note 2; Cass., 15 uill. 1829.
(3) Pont, I, 587; Zach., Massé et Vergé, § 744, note 5.

5321. II. *Du prêt à grosse aventure* [FORM. 700]. C'est un contrat par lequel un prêteur, aussi appelé donneur, prête une somme d'argent sur des objets exposés aux dangers de la navigation, avec la condition que si le navire arrive à bon port, l'emprunteur lui remboursera le capital prêté, plus une somme déterminée comme prix des risques courus ; et que si, au contraire, la cargaison périt ou est endommagée pendant le voyage, par fortune de mer ou accident de force majeure, rien ne pourra être réclamé au delà de la valeur qui restera de cette cargaison (1).

5322. Le contrat à la grosse est fait devant notaire ou sous signature privée. Il énonce : 1° le capital prêté et la somme convenue pour le profit maritime ; 2° les objets sur lesquels le prêt est affecté ; 3° les noms du navire et du capitaine ; 4° ceux du prêteur et de l'emprunteur ; 5° si le prêt a lieu pour un voyage ; 6° pour quel voyage et pour quel temps ; 7° l'époque du remboursement (*C. comm.*, 311). — Tout prêteur à la grosse en France est tenu de faire enregistrer son contrat au greffe du tribunal de commerce (2) (*C. comm.*, 312).

5323. III. *Du jeu et du pari*. Le *jeu* est un contrat par lequel les parties se soumettent réciproquement à un gain ou à une perte, selon qu'un certain effet convenu entre elles sera ou ne sera pas produit. Le *pari* est le contrat par lequel deux parties, qui diffèrent d'opinion sur un point déter-

---

FORMULE 699. — Adhésion.

Et le . . . . .,
PAR-DEVANT M⁰ . . . . .,
A COMPARU : M. Eloi PLUMET, marchand épicier, demeurant à . . . . ,
    Agissant au nom de Laurent PLUMET, son fils mineur, né à . . . . , le . . . . , jeune
    soldat de la classe de mil huit cent . . . . , appelé au tirage pour le contingent à
    fournir par le canton de . . . . ;
Lequel, après avoir pris communication par la lecture que lui en a donnée M⁰ . . . . ,
l'un des notaires soussignés, d'un acte passé devant ce notaire, le . . . . , dont la minute
précède ; aux termes duquel MM. . . . . ont formé une bourse commune destinée à faciliter à ceux des souscripteurs qui seraient appelés au service militaire, les moyens de
s'en faire exonérer,
A, par ces présentes, déclaré adhérer à cet acte et a souscrit pour une somme de neuf
cents francs qu'il a de suite déposée entre les mains de M⁰ . . . . , conformément à l'art. 3
des clauses et conditions, et pour raison de laquelle il participera aux chances et avantages déterminés par ledit acte.
DONT ACTE. Fait et passé, etc.

FORMULE 700. — Prêt à la grosse aventure. (Nᵒˢ 5321 et 5322.)

PAR-DEVANT M⁰ . . . . . .,
A COMPARU : M. Jean DUPONT, négociant, demeurant à . . . . ,
    Propriétaire et armateur du navire français le *Coureur*, jaugeant 158 tonneaux,
    attaché au port de . . . . , suivant acte de francisation en date du . . . . , actuelle-
    ment dans le port de . . . . , d'où il doit appareiller dans le délai de . . . . , pour
    se rendre à . . . . , sous le commandement de M. . . . . , capitaine de navire au
    long cours ;
Lequel a, par ces présentes, reconnu devoir à M. Louis LEMERLE, propriétaire, demeurant à . . . . , à présent et ce acceptant,
La somme de . . . . , que celui-ci lui a prêtée à la grosse, en bonnes espèces de monnaie d'or et d'argent et en billets de la banque de France, admis comme numéraire, le
tout réellement compté et délivré à la vue des notaires soussignés, pour employer cette
somme au payement du radoub, des fournitures d'agrès et d'apparaux, armement et
victuailles dudit navire.

---

(1) Pont, I, 382 ; Massé et Vergé, § 744.   (2) Voir Cass., 20 fév. 1844, 26 mars 1860 ; J. N., 11947, 16843.

miné, conviennent que celle dont l'opinion sera reconnue fondée gagnera une certaine chose qui lui sera payée par l'autre (1).

5324. La loi n'accorde aucune action pour une dette de jeu ou pour le payement d'un pari (*C. N.*, *1965*). Les ventes à terme de valeurs cotées à la Bourse, qui ne doivent se régler que par des différences, constituent des jeux ou paris pour lesquels la loi n'accorde aucune action (2). Il en est de même du marché à terme de marchandises stipulées livrables à des époques périodiques, mais, en même temps, avec clause de résiliation facultative, moyennant le payement d'une différence (3).

5325. Une dette de cette nature n'est pas susceptible d'être ratifiée ni confirmée, ni d'être compensée (4). Si en reconnaissance de cette dette une obligation est souscrite, même par acte notarié, elle est nulle, par conséquent elle ne constitue pas un payement dans le sens de la loi (5); et nonobstant les énonciations de l'acte, la cause véritable peut en être établie par tous les modes de preuve, même par présomptions graves, précises et concordantes (6). Lorsque le gagnant a cédé sa créance à un tiers, le perdant peut également opposer l'exception de jeu, s'il n'a pas accepté la cession (7), à moins qu'il ne l'ait reconnue par des billets à ordre négociés à des tiers de bonne foi (8), mais alors sauf son recours contre le gagnant (9).

Ce prêt est fait pour le temps du voyage de ce navire, aller et retour, avec les risques à courir du jour où il aura quitté le port de....., pour se mettre en mer, jusqu'à celui où, de retour, il aura mouillé dans ce port ou dans tout autre port de France, mais sans aucuns risques et perte de terre.

M. Dupont s'oblige à rembourser ladite somme de..... à M. Lemerle, ou à son ordre, sans qu'il soit besoin d'autre transport ni signification, quinze jours après le retour dudit navire, soit à....., soit dans tout autre port de France, et au plus tard dans un délai de..... mois, avec le profit de cette somme, au taux de vingt-quatre pour cent par an.

A la sûreté de l'acquit de ladite somme de..... et de l'obligation qu'il vient de contracter, M. Dupont affecte spécialement et par privilége le *Coureur*, ensemble les agrès, apparaux, armement et victuailles.

Il est convenu que les difficultés qui surviendraient sur l'exécution du présent acte seront soumises à des arbitres nommés par les parties ou d'office par M. le président du tribunal de commerce de....., pour la partie qui refuserait de faire cette nomination; lesquels nommeraient, s'il y a lieu, un tiers arbitre. Ils seront dispensés, ainsi que le tiers arbitre, de l'observation des formes de la procédure et jugeront en dernier ressort et en amiables compositeurs.

Pour faire enregistrer ces présentes au greffe du tribunal de commerce de....., dans le délai de dix jours, ainsi que pour faire faire toutes mentions, tous pouvoirs sont donnés au porteur d'une expédition ou d'un extrait.

Pour l'exécution des présentes, etc.

Les frais de cet acte, y compris le coût d'une grosse pour M. Lemerle, seront supportés par M. Dupont.

Dont acte. Fait et passé, etc.

---

(1) Zach., Massé et Vergé, 1745; Pont I, 594, 598.

(2) Troplong, n° 74; Dalloz, n° 58; Mollot. *Bourses de comm.*, n° 450; Zach., Massé et Vergé, § 745, notes 2 et 4; Pont, I, 604; Amiens, 14 janv. 1859; Trib. Seine, 13 mars 1860; Paris, 14 mars et 16 juill. 1851, 29 nov. 1858; Rouen, 9 fév. 1852; Bordeaux, 15 juin 1857; Cass., 19 juin 1855; Lyon, 29 déc. 1861; J. N., 16481, 16522, 17369; Bordeaux, 1er avril 1867; M. T., 1867, p. 785. Voir Aix, 16 mai 1864; Paris, 17 août 1865. Cass., 7 nov. 1865.

(3) Metz, 5 déc. 1860; Cass., 12 avril, 4 déc. 1854; Rouen, 14 juill. 1863; Lyon, 23 juill. 1865; J. N., 15367, 15409.

(4) Pont, I, 643; Orléans, 30 nov. 1825; Angers, 13 août 1831; Cass., 30 nov. 1826, 12 janv. 1842, 7 nov. 1865; J. N., 11433.

(5) Troplong, n° 152; Dalloz, n° 17; Pont, I, 639; Bordeaux, 28 août

1826, 29 août 1829, 3 fév. 1818; Cass., 26 fév. 1845, 1er avril 1356; Paris, 17 mars 1849, 16 juill. 1851; Montpellier, 25 janv. 1856; Metz, 3 avril 1856; Seine, 34 janv. 1867; M. T., 1867, p. 228.

(6) Toullier, VI, 382; Duranton, XVIII, 107; Roll., *Jeu*, n° 43; Dalloz, n° 53; Troplong, n° 64; Pont, I, 638, 639; Cass., 29 déc. 1814, 30 nov. 1826, 12 janv. 1842, 4 nov. 1857; Rouen, 14 juill. 1854; Lyon, 11 mars 1850, 29 déc. 1861; J. N., 17369.

(7) Pont, I, 641.

(8) Troplong, n° 496; Pont, I, 641; Cass., 29 nov. 1814, 30 nov. 1826, 12 avril et 4 déc. 1854; Paris, 28 janv. 1853, 18 août et 27 nov. 1858, 24 juill. 1863; M. T., 1863, p. 791.

(9) Pont, I, 642; Cass., 12 avril et 4 déc. 1851; Paris, 27 nov. 1858, 24 juill. 1863. Voir cependant Paris, 28 janv. 1853.

5326. Le prêt pour acquitter une dette de jeu non reconnue est valable et ne peut être contesté par l'emprunteur, sous le prétexte qu'une pareille dette ne donne pas lieu à une action en justice (1); à moins que le prêt n'ait été fait par un cojoueur ou par une personne intéressée au jeu (2).

5327. Lorsqu'un joueur a donné mandat à un tiers de payer sa dette de jeu, ce dernier peut exiger le remboursement de ce qu'il a payé, si d'ailleurs le joueur était capable de contracter (3), à moins cependant que le mandat n'ait été donné à celui-là même qui avait déjà reçu et accompli le mandat de jouer, un agent de change, par exemple (4).

5328. Les jeux propres à exercer au fait des armes, les courses à pied ou à cheval, les courses de chariot, le jeu de paume et autres jeux de même nature, qui tiennent à l'adresse et à l'exercice du corps, sont exceptés de la disposition de l'art. 1965 (C. N., *1966*), pourvu qu'ils aient lieu entre personnes capables de contracter (5). — Néanmoins le tribunal peut rejeter la demande (6), quand la somme lui paraît excessive (*même article*).

5329. Dans aucun cas le perdant ne peut répéter ce qu'il a volontairement payé (7), à moins qu'il n'y ait eu, de la part du gagnant, dol, supercherie ou escroquerie (C. N., *1967*); en matière de jeux de bourse, il ne peut donc être exercé de répétition contre l'agent de change pour les sommes qui lui ont été remises dans ce but à titre de couverture, report ou courtage (8).

5330. IV. *Du contrat de rente viagère.* Voir *supra* nᵒˢ 5224 à 5251.

TITRE TREIZIÈME.

DU MANDAT.

SOMMAIRE

---

(1) Pont, I, 647, 648; Colmar, 29 janv. 1841; Cass., 10 août 1844, 12 avril et 4 déc. 1854; Paris, 27 nov. 1858. Lyon, 8 janv. 1861.
(2) Troplong, nᵒ 67; Dalloz, nᵒ 57; Pont, I, 647; Cass., 9 déc. 1814, 30 nov. 1826, 30 mai 1838, 12 janv. 1842, 15 nov. 1864; Paris, 30 janv 1838, 27 nov. 1858; Rouen, 14 juill. 1854, 23 nov. 1863; Lyon, 11 mars 1856; Douai, 18 août 1857.
(3) Troplong, nᵒ 71; Dalloz, nᵒ 62; Massé et Vergé, § 745, note 4; Pont, I, 650; Paris, 21 août 1854; Lyon, 8 janv. 1861.
(4) Troplong, nᵒ 73; Taulier, VI, p. 493; Pont, I, 650; Cass., 5 mars 1834, 27 janv. 1852, 7 janv. 1859; Paris, 14 mars 1842, 10 juill. 1850, 11 et 28 mars 1851; Rouen, 9 fév. 1852; Bordeaux, 15 juin 1857; Lyon, 6 nov. 1857; Rouen, 14 juill. 1863.

(5) Troplong, nᵒ 53; Pont, I, 615.
(6) Et non pas seulement la réduire : Duranton XVIII, 111; Troplong, nᵒ 51 : Dalloz, nᵒ 28; Zach., § 745, note 6.
(7) Ou l'immeuble, la créance qu'il a volontairement cédés en payement; mais si le cessionnaire était évincé ou troublé il n'aurait pas d'action en garantie : Troplong, nᵒ 193 à 195; Pont, I, 653 à 655.
(8) Toullier, VI, 126; Massé et Vergé, § 745, note 3; Laromblère, nᵒ 11; Pont, I, 663; Cass., 23 janv. 1827, 27 janv. 1852; 1ᵉʳ août 1859; trib. Seine, 14 juill. 1859, 25 juill. 1860; Paris, 11 mars 1851, 28 nov. 1858, 11 nov. 1865, 19 janv. 1867.

Lui rembourser ses avances, n° 5372.
L'indemniser dés pertes qu'il a essuyées, n° 5373.
Intérêt dû au mandataire, n°s 5374 à 5377.
Pluralité des mandants, n° 5378.

CHAP. IV. — DE LA SUBSTITUTION DES POUVOIRS.

Quand le mandataire peut-il substituer ? n° 5379.
Répond-il de celui qu'il s'est substitué ? n°s 5380, 5381.

Le mandant peut-il agir contre le substitué? n° 5382.

CHAP. V. — DES DIFFÉRENTES MANIÈRES DONT LE MANDAT FINIT.

Révocation, n°s 5383 à 5388.
Renonciation, n° 5389.
Mort, interdiction, déconfiture, n°s 5390 à 5392.
Autres causes d'extinction, n°s 5393, 5394.
Décharge de mandat, n° 5395.

FORMULES

CHAPITRE PREMIER.

DE LA NATURE ET DE LA FORME DU MANDAT.

5331. I. *Nature et forme du mandat.* Le mandat ou procuration est un acte par lequel une personne, qui a la capacité d'agir par elle-même (1) donne à une autre, ou à plusieurs (2) *infra n° 5366,* le pouvoir de faire quelque chose pour le mandant et en son nom (*C. N.,* *1984*); il peut être donné sous con-

FORMULE 701. — Procuration à un seul mandataire.

Par-devant M°....,
A comparu : M. Louis Dallet, propriétaire, demeurant à.....;
Lequel a, par ces présentes, constitué pour son mandataire
M. Charles Minier, négociant, demeurant à..... — *Si le mandataire est présent et accepte, on ajoute :* ici présent et ce acceptant.
Si le nom du mandataire est en blanc, on laisse deux lignes en blanc, afin que celui auquel la procuration est adressée puisse y mettre ses nom, prénoms, demeure et qualité. (N° 5339.)
Auquel il donne pouvoir de....., pour lui et en son nom.
Insérer les pouvoirs; voir les formules ci-après.

FORMULE 702. — Procuration à deux mandataires. (N° 5345.)

Par-devant M°.....
A comparu : M. Louis Dallet, propriétaire, demeurant à.....;
Lequel a, par ces présentes, constitué pour ses mandataires
M..... et M....., avec faculté pour eux d'agir conjointement ou séparément (*ou* : qui devront agir conjointement et non l'un sans l'autre),
Auxquels il donne pouvoir, etc.

FORMULE 703. — Procuration ajoutant à des pouvoirs précédemment donnés.

Par-devant M°....,
A comparu : M. Louis Dié, propriétaire, demeurant à.....;
Lequel, sans révoquer les pouvoirs qu'il a donnés à M. Daix, ci-après nommé, aux termes d'une procuration passée devant M°....., notaire à....., le....., mais, au contraire, en confirmant lesdits pouvoirs et y ajoutant,
A, par ces présentes, constitué pour son mandataire
M. Léon Daix, agent d'affaires, demeurant à.....,
Auquel il a donné pouvoir, etc.

FORMULE 704. — Procuration générale. (N°s 5357.)

Par-devant M°....,
A comparu : M. Denis Séguin, négociant, demeurant à.....,
Lequel, étant sur le point de quitter la France pour les affaires de son commerce, et ne pouvant prévoir l'époque de son retour, a, par ces présentes, constitué pour sa mandataire générale et spéciale
Mme Léonie Dubois, son épouse, demeurant avec lui,
Qu'il autorise à l'effet de tout ce qu'elle fera en vertu des présentes, et à laquelle il donne pouvoir de, pour lui et en son nom :

---

(1) Pont, *Petits contrats,* 1, 800; Voir Paris, 7 janv. 1815. | (2) Troplong, *Mandat,* n° 97.

dition, pour un certain temps, ou pour commencer d'ici à un certain temps; le mandat donné sans assignation de temps ni de durée vaut tant qu'il n'est pas révoqué (1). Voir cependant *infra* n° 5392, 3°.

5332. Le contrat ne se forme que par l'acceptation du mandataire (*C. N.*, *1984*). Cette acceptation peut être subordonnée à certaines conditions, à certains modes (2). Elle est expresse, lorsque le mandataire est intervenu à l'acte de procuration; elle peut n'être que tacite et résulter de l'exécution qui a été donnée au mandat par le mandataire (*C. N.*, *1985*), ou même de la simple réception de la procuration (3). L'acceptation peut s'établir par toute espèce de preuves, même par témoins (4).

5333. Le mandat peut être donné ou par acte public, ou par écrit sous seing privé (5), voir

1 (1). Régir, gérer et administrer, tant activement que passivement, tous les biens et affaires présents et à venir du constituant et de la dame son épouse, soit qu'ils leur appartiennent dès à présent en leurs noms, soit qu'ils dépendent de successions où ils peuvent et pourront être intéressés, soit qu'ils leur proviennent de toute autre manière, sans aucune exception.

2. En conséquence, louer et affermer par telle forme, à telles personnes, pour le temps et aux prix, charges et conditions que la mandataire jugera convenables, tout ou partie des biens meubles et immeubles qui appartiennent et appartiendront par la suite à M. et Mᵐᵉ SÉGUIN, ou à chacun d'eux séparément, ou dans lesquels ils pourraient avoir une copropriété; passer, prolonger, renouveler et accepter tous baux; les résilier, même ceux existants, avec ou sans indemnité; donner et accepter tous congés; faire dresser et reconnaître tous états de lieux; faire toutes cessions de baux et sous-locations. Faire faire toutes réparations et reconstructions; arrêter tous devis et marchés; régler tous mémoires d'ouvriers ou entrepreneurs; exiger des locataires et fermiers les réparations à leur charge. Faire assurer contre l'incendie et autres risques tous biens meubles et immeubles; signer à cet effet toutes polices d'assurances; contracter tous engagements à cet égard. Procéder à tous bornages et arpentages; fixer et marquer toutes limites; s'opposer à tous empiétements et usurpations. Former toutes demandes en dégrèvement d'impôts et contributions; présenter à cet effet tous mémoires et pétitions.

3. Prendre à loyer, par bail ou autrement, tous appartements, pour le temps et aux prix, charges et conditions que la mandataire jugera convenables.

4. Passer avec toutes personnes ou avec toutes sociétés et administrations, tous traités et marchés, soit pour l'entretien et la réparation des biens meubles et immeubles du constituant et de la dame son épouse, soit pour leur éclairage, soit pour tout autre objet; prendre toutes obligations à cet égard.

5. Vendre toutes coupes de bois et même toutes coupes extraordinaires, soit de taillis, soit de futaies, ainsi que toutes récoltes et produits ordinaires des terres et fermes appartenant au constituant et à Mᵐᵉ SÉGUIN, son épouse; faire ces ventes à l'amiable ou aux enchères et aux prix, charges et conditions qu'il plaira à la mandataire; faire dresser tous cahiers de charges; fixer les époques de payement des prix, les toucher soit comptant, soit aux époques convenues.

6. Vendre en bloc ou en détail, à l'amiable ou par adjudication ou licitation en justice, par telle forme, et aux prix, charges, clauses et conditions que la mandataire jugera convenables, tout ou partie des biens meubles et immeubles qui peuvent ou pour-

(1) Nous avons numéroté les alinéas de cette formule afin de rendre plus aisés les renvois qui y seront faits.

(1) Troplong, n° 96; Dict. not., *Mandat*, n° 38.
(2) Troplong, n° 95; Dalloz, n° 30; Massé et Vergé, § 750, note 9.
(3) Voir Troplong, n°ˢ 148 à 151; Duranton, XVIII, 224; Dalloz, n° 184; Massé et Vergé, § 751, note 4; Dict. not., *Mandat*, n° 41; Roll., ibid., n° 103.

(4) Troplong, n° 146.
(5) La formalité du *bon* ou de l'*approuvé* n'est pas exigée, même lorsque la procuration est donnée à l'effet d'emprunter : Toullier VIII, 303; Marcadé, *1326*, 1; Bonnier, *Preuve*, n° 575; Larombière, *1326*, 8; Pont, I, 863; Cass., 6 fév. 1861.

cependant *infra n° 5556,* même par lettre. Il peut aussi être donné verbalement ; mais la preuve testimoniale n'en est reçue que conformément au titre *des contrats ou des obligations conventionnelles en général, supra n°ˢ 5481 et suiv.* (*C. N.*, *1985*).

5334. Le mandat peut même être tacite (1), par exemple : si une personne laisse commencer et poursuivre par une autre, un acte qui la concerne ; un clerc a mandat tacite de l'officier ministériel dans l'étude duquel il travaille (2) ; la femme est mandataire tacite de son mari lorsqu'elle gère pendant de longues années le commerce de ce dernier à son vu et su (3), *supra n° 5835.*

ront appartenir au constituant (1) en pleine propriété, nue propriété ou usufruit, soit seul, soit avec tous autres ; faire dresser tous cahiers de charges s'il y a lieu ; former tous lots ; établir toutes origines de propriété ; faire toutes déclarations ; s'obliger et obliger le constituant, solidairement entre eux, à toutes garanties et au rapport de toutes justifications et mainlevées ; fixer toutes époques d'entrée en jouissance ; déterminer les lieux, modes et époques du payement des prix ; faire toutes délégations et indications de payement.

7. Vendre, céder et transférer tout ou partie des rentes sur l'Etat, actions et obligations de chemins de fer, actions et obligations des services de terre ou des services maritimes des messageries impériales, actions de la banque de France, bons du trésor et généralement toutes actions, obligations et valeurs industrielles quelconques, de quelque nature et sous quelque dénomination que ce soit, qui peuvent appartenir au constituant et à la dame son épouse, ou qui pourront leur appartenir par la suite en pleine propriété ou autrement, soit directement et en leur nom personnel, soit comme héritiers, légataires ou à tout autre titre ; faire lesdits transferts, cessions et ventes aux cours de la Bourse que la mandataire jugera convenables, pour celles des valeurs qui sont cotées régulièrement, ou, pour celles qui n'ont point de cours reconnus, dans telles formes et aux prix, charges et conditions qu'il plaira à la mandataire de fixer ; commettre tous agents de change, courtiers et autres ; dresser tous procès-verbaux d'adjudication ; émarger tous registres et feuilles de payement.

8. Demander et opérer la conversion ou transformation de tous titres d'actions, obligations et autres valeurs nominatives en titres au porteur, ou de tous titres au porteur en nominatifs.

9. Faire le dépôt à toutes banques ou caisses publiques ou particulières, de toutes sommes, valeurs et titres de quelque nature qu'ils soient ; toucher toutes avances sur dépôts d'effets publics, sur actions et obligations de chemins de fer, sur obligations de la ville de Paris et autres actions et valeurs quelconques ; consentir à cet effet tous engagements envers la banque de France, conformément au vœu de la loi du 17 mai 1834, de l'ordonnance du 15 juin suivant, et des décrets des 3 et 28 mars 1852, sur ces diverses opérations ; retirer toutes valeurs déposées en garantie de toutes avances ; recevoir tous dividendes ou arrérages échus ou à échoir sur lesdites valeurs ; les transférer et les aliéner, si la mandataire le juge à propos ; opérer le retrait de toutes sommes, valeurs et titres dès à présent déposés ou qui le seraient plus tard ; donner toutes décharges y relatives.

10. Faire, avec ou sans garantie, tous transports et cessions de créances, prix de ventes et valeurs ou droits quelconques, présents et à venir, aux prix et conditions qu'il

---

(1) Si la procuration comprend aussi le pouvoir de vendre les immeubles de la femme, il faut les désigner, l'autorisation ne pouvant être que spéciale (n° 5319).

---

(1) Mourlon, III, p. 431; Troplong, n°ˢ 117 à 131; Dalloz, n° 467; Zach., Massé et Vergé, § 751, note 2; Larombière *157 2*, 12 à 17, Dict. not., *Mandat.* n° 26; Cass., 2 déc. 1824, 3 déc. 1835, 10 juin et 14 déc. 1841, 22 août 1842, 19 mars 1845, 18 fév. 1851, 17 nov. 1856; J. N., 11032, 14811; CONTRA, Duranton, XVIII, 218; Tautier, VI, p. 514; Roll., *Mandat.* n° 85; Metz, 10 janv. 1807.

(2) Troplong, n° 135; Pont I. 852; Dict. not., *Mandat.* n° 30.
(3) Troplong, n° 137; Dalloz, n° 476; Massé et Vergé, § 751, note 2; Pont, I. 849; Cass., 25 janv. 1821, 1ᵉʳ mars 1826, 27 avril 1841, 28 déc. 1846; Paris, 5 mars 1835; Bordeaux, 29 mars 1834.

5335. Mais la simple indication d'un lieu pour le payement d'une créance, même dans l'étude d'un notaire, ne confère pas de plein droit, le pouvoir au notaire de recevoir et de donner quittance (1); il en est autrement si d'autres circonstances concourent avec cette indication, par exemple, si le notaire a l'habitude de payer et de recevoir des sommes pour le créancier (2).

5336. Le mandat ne peut être donné que par acte notarié, toutes les fois que l'acte qui en est l'objet est soumis lui-même à l'authenticité, ainsi, pour faire une donation, *supra* n° 2450, pour consentir une hypothèque, *infra*, au titre *des Priv. et hyp.*

---

plaira à la mandataire; faire toutes significations de transports; consentir toutes prorogations.

11. Continuer et faire toutes les opérations de commerce du constituant; acheter et vendre toutes marchandises; se charger de toutes commissions et fournitures; passer tous marchés, les exécuter; fournir, viser et accepter toutes traites, lettres de change, billets à ordre, mandats et chèques sur tous particuliers, négociants et caisses; signer tous endossements, acceptations et avals. tous transferts, registres et émargements, tous comptes et bordereaux; faire tous protêts, dénonciations, comptes de retour; signer tous mandats sur la banque de France et sur tous banquiers et autres; signer la correspondance.

12. Entendre, débattre, clore et arrêter tous comptes avec tous créanciers, débiteurs, banquiers, dépositaires, comptables et tiers quelconques, en fixer les reliquats actifs ou passifs.

13. Toucher et recevoir tous loyers, fermages, intérêts, arrérages, dividendes, répartitions ou revenus, sous quelque dénomination que ce soit, tous reliquats de compte, mandats, effets, billets, chèques, montant de créances ou obligations, prix de ventes, cessions, transports ou transferts, soultes d'échanges, et généralement toutes sommes en principal, intérêt, frais et tous autres accessoires qui peuvent et pourront être dus au constituant et à la dame son épouse, à tel titre, pour telle cause et sous quelque dénomination que ce soit.

14. Faire tous emplois de fonds, soit en placement sur particuliers, avec ou sans garantie, par voie d'obligation, transport ou autrement, soit en acquisition de rentes sur l'Etat, actions de la banque de France, actions ou obligations de chemins de fer ou autres, soit en acquisition d'immeubles; concourir à toutes souscriptions, faire toutes soumissions y relatives; accepter tous transports; faire et accepter tous changements d'hypothèque et autres droits en garantie.

15. Faire tous emprunts de sommes ou valeurs, soit du crédit foncier de France, soit de toutes autres sociétés ou de tous particuliers, ou se faire ouvrir tous crédits pour les sommes, aux conditions et aux taux d'intérêt, que la mandataire jugera à propos; s'obliger et obliger M. Séguin, solidairement entre eux, au remboursement des sommes prêtées et au payement des intérêts aux époques et de la manière convenues; garantir ces remboursement et payement par des remises en gage à titre de nantissement d'objets mobiliers, de créances, rentes sur l'Etat, actions et obligations de compagnies de chemins de fer ou autres, et généralement toutes valeurs publiques, industrielles ou de finances, nominatives ou au porteur, qui appartiennent ou appartiendront à M. et Mme Séguin, conjointement ou séparément, ou par une affectation hypothécaire sur tout ou partie des immeubles qui appartiennent ou appartiendront à M. et Mme Séguin, aussi conjointement ou séparément; établir la propriété des immeubles hypothéqués, faire toutes déclarations hypothécaires, d'état civil, d'emploi de deniers, de réserve, de priorité ou de concurrence et autres; céder et déléguer les créances et reprises de Mme Séguin contre son mari et consentir toutes subrogations, antériorités, priorités et préférences

(1) Pont, I, 855; Larombière, 1939, 10; Cass., 28 nov. 1830, 21 nov. 1836; Bordeaux. 11 juill. 1859; Lyon, 16 fév. 1860.
(2) Pont, I, 855; Larombière, 1939, 10; Cass., 12 mars 1844; Trib. Dijon, 29 nov. 1858; Douai, 10 mai et 19 août 1849, 12 juin 1850 9 mars 1852, 29 nov. 1863; bl. T. 1863 p. 299. Voir Colmar, 18 avril 1856; J. N., 16051.

5337. Il en est de même lorsque la loi prescrit la forme notariée, comme s'il s'agit : de comparaître à un acte de l'état civil (*C. N.*, *56*) ; de former opposition à un mariage (*C. N.*, *66*) ; d'accepter une donation (*C. N.*, *933*) ; de s'inscrire en faux (*C. pr.*, *218*) ; de faire un acte de désaveu d'avoué (*C. pr.*, *352*) ; de récuser un juge (*C. pr.*, *384*), ou de le prendre à partie (*C. pr.*, *511*).

5338. La procuration peut être délivrée en brevet si ce n'est cependant dans les cas que nous avons énumérés *supra* n° *455*, 2°.

5339. Lorsque la procuration est en brevet, le nom du mandataire peut être laissé en blanc ; mais il doit être rempli lorsque le mandataire fait usage de la procuration [FORM. 701], ou si le brevet est rapporté pour minute (1).

5340. Le mandat est gratuit, s'il n'y a convention contraire (2) (*C. N.*, *1986*). Les médecins, professeurs, précepteurs, avocats, avoués, notaires, huissiers, sont des mandataires salariés des parties qui recourent à leur ministère, et non pas des locateurs d'ouvrage (3).

5341. Lorsque la procuration fixe le chiffre du salaire du mandataire, le juge ne peut l'augmenter

dans l'effet de l'hypothèque légale de Mme Séguin contre son mari ; faire toutes déclarations d'assurance contre l'incendie des immeubles hypothéqués ou des objets mobiliers remis en gage ; consentir au profit des prêteurs toutes délégations des indemnités qui seraient allouées en cas de sinistre. Faire la remise des titres des créances et valeurs, ainsi que des objets mobiliers donnés en gage et nantissement.

16. Passer ou accepter tous titres nouvels.

17. Acquérir tous biens meubles et immeubles, aux prix et conditions que la mandataire jugera convenables ; accepter toutes déclarations de command ; faire tous échanges avec ou sans soulte ; s'obliger et obliger le constituant, solidairement entre eux, au payement de tous prix d'acquisitions et soultes ; faire remplir toutes formalités de transcription de purge légale et autres ; faire toutes dénonciations et notifications.

18. Payer et acquitter tous reliquats de compte, prix de travaux, factures, mémoires, legs, droits de mutation, frais et charges quelconques, prix de transports, cessions, transferts et acquisitions, montant de souscriptions, et généralement toutes sommes en principal, intérêts, frais et tous accessoires, que le constituant et la dame son épouse peuvent ou pourront devoir, à quelque titre et pour quelque cause que ce soit.

19. Intervenir dans tous actes de transports, délégations et nantissements de créances et autres droits sur le constituant et la dame son épouse ; les accepter et les tenir pour signifiés ; faire toutes déclarations ; accepter toutes prorogations, en fixer les conditions et s'obliger à leur exécution.

20. Recueillir toutes successions qui seraient ouvertes ou qui viendraient à s'ouvrir par la suite, en tout ou en partie, au profit du constituant et de la dame son épouse ; faire procéder à toutes appositions ou levées de scellés avec ou sans description, ainsi qu'à tous inventaires ou en dispenser ; prendre qualité, soit purement et simplement, soit sous bénéfice d'inventaire ou renoncer ; faire à cet effet toutes déclarations nécessaires ; prendre connaissance de tous testaments et codiciles, en consentir ou contester l'exécution ; faire et accepter la délivrance de tous legs ou y renoncer ; faire, soit avant, soit après partage, la cession des droits qui peuvent ou pourront appartenir au constituant ou à la dame son épouse dans lesdites successions, au profit d'un ou de plusieurs de leurs cohéritiers ou au profit de tous autres ; faire toutes déclarations de succession.

21. Procéder, soit à l'amiable, soit en justice, à tous comptes, liquidations et partages des biens et valeurs dans lesquels le comparant et sa femme peuvent et pourront

(1) Dict. not., *Mandat*, n° 50 ; Roll., *ibid.*, n° 94 ; Nancy, 20 janv. 1842 ; J. N., 11220.
(2) Voir Pont, I, 887 ; Bordeaux, 5 fév. 1827.
(3) Duranton, XVIII, 190 ; Marcadé, *1779*, 2 ; Troplong, n°* 165 à

218 ; Massé et Vergé, § 750, note 7 ; Dict. not., *Mandat*, n°* 11 à 17 ; Cass., 8 déc. 1838, 24 juin 1840, 31 janv. 1843, 18 mars 1850, 24 janv. 1853, 14 fév. 1855 ; CONTRA, Pont, I, 859.

ni le diminuer. Toutefois il a été décidé que la convention portant révélation de l'existence d'une succession à un héritier à la charge par lui d'abandonner une quote-part (moitié par exemple), à celui qui l'a découverte, constitue seulement un mandat pur et simple dont le salaire peut être arbitré par le juge, de sorte que l'excédant est une obligation sans cause (1).

5342. En matière de commerce, le mandat, à moins de convention contraire, est salarié sous le nom de *commission* (2), ce qui s'applique au courtier (3), à l'agent d'affaires (4), etc.

5343. II. *Par qui et à qui le mandat peut être donné.* La capacité nécessaire pour donner un mandat est entièrement soumise aux règles tracées *supra* n° 5156 ; toutefois, les personnes qui n'ont pas une capacité pleine et entière peuvent cependant donner, dans la mesure de leur capacité restreinte, un mandat parfaitement valable, comme, par exemple, la femme séparée de biens, le mineur émancipé, l'individu pourvu d'un conseil judiciaire (5).

5344. Les femmes, les mineurs émancipés ou non émancipés (6), les individus pourvus d'un conseil judiciaire (7), peuvent être choisis pour mandataires ; mais le mandant n'a d'action contre

---

avoir des droits en pleine propriété, en nue propriété ou en usufruit, qu'ils proviennent de successions ou de legs ou de toute autre origine, établir les masses ; faire et exiger tous rapports, exercer et consentir tous prélèvements ; former les lots, les choisir à l'amiable ou les tirer au sort ; faire et accepter tous abandonnements ; fixer toutes soultes, les recevoir ou payer ; laisser tous objets en commun ; conférer et accepter tous pouvoirs pour leur réalisation ou administration ; faire, relativement aux biens et valeurs dépendant desdites successions ou legs, avec tous cohéritiers ou tiers quelconques, tous traités, même à forfait, transactions et arrangements.

22. User à l'égard des biens et valeurs provenant de ces successions et legs, de tous les pouvoirs d'aliénation et autres, sans exception ni réserve, qui sont contenus aux présentes.

23. En cas de faillite de quelque débiteur, prendre part à toutes assemblées et délibérations de créanciers ; nommer tous syndics et agents, signer tous concordats et contrats d'union, s'y opposer ; produire tous titres et pièces ; affirmer la sincérité des créances du constituant et de la dame son épouse ; contester celles des autres créanciers ; faire toutes remises ; recevoir tous dividendes ; se faire donner toutes garanties, les accepter ; accorder toutes prorogations.

24. Assister à toutes assemblées et réunions d'actionnaires ou de membres des sociétés dans lesquelles M. et Mme Séguin seraient intéressés ; prendre part à toutes délibérations ; prendre tous arrangements ; faire tous échanges de titres et valeurs ; concourir à la constitution et à la formation de toutes sociétés nouvelles, et à la nomination de tous administrateurs et liquidateurs.

25. Retirer de la poste aux lettres ou de tous roulages, messageries et chemins de fer, ou recevoir à domicile les lettres, caisses, paquets et colis, chargés ou non chargés, et ceux renfermant des valeurs déclarées, à l'adresse de M. et de Mme Séguin ; se faire remettre tous dépôts ; toucher de tous bureaux de direction ou de distribution tous mandats de poste aux noms de mesdits sieur et dame Séguin.

26. Représenter M. Séguin à toutes assemblées et délibérations de parents et amis, pour nomination de tuteurs, subrogés tuteurs et curateurs à des mineurs ou interdits ; donner ou refuser toutes autorisations demandées.

(1) Paris, 25 nov. 1854, 17 mai 1867 ; Cass., 7 fév. 1855, 18 avril 1856 et 7 mai 1866 ; J. N., 15974, 18535 ; contra, Seine, 3 août 1857. V. Cass., 9 mai 1866 ; J. N., 18565.
(2) Delamarre et Lepoitevin, I, 405 ; Troplong, n° 230 ; Massé et Vergé, § 750. note : Pont, I, 885 ; Cass , 18 mars 1818.
(3) Troplong, n° 245 ; Pont. I, 885.
(4) Champ. et Rigaud, II, 1811 ; Mourlon, III, 437 ; Delamarre et

Lepoitevin, I, 19 ; Troplong, n° 246 ; Pont, I. 856 ; Cass., 11 mars 1824, 23 nov. 1858. V. Bordeaux, 7 fév. 1866 ; Jur. N., 13454.
(5) Pont, I, 961 ; Dict. not., *Mandat*, n° 63 ; Roll., *ibid.*, n° 62.
(6) Duranton, XVIII 212 ; Troplong, n° 332 ; Dalloz, n° 63 ; Zach , § 754, note 5 ; Mourlon, III, p. 436 ; Pont, I, 905 ; Larombière, 1322. 16 ; Dict. not., *Mandat*, n° 72 ; Roll., *ibid.*, n° 68 ; Rennes, 27 août 1819 ; Rouen, 27 fév. 1855 ; contra, Fréminville, *Minor.*, II, 911 ter.
(7) Dict. not., *Mandat*, n° 73 ; Roll., *ibid.*, n° 69.

le mandataire mineur que d'après les règles générales relatives aux obligations des mineurs, et contre la femme mariée et qui a accepté le mandat sans autorisation de son mari, que d'après les règles établies au titre *du contrat de mariage et des droits respectifs des époux* (*C. N.*, 1990).

5345. Le mandat est habituellement donné à une seule personne ; mais il peut être donné à deux ou un plus grand nombre de personnes [FORM. 704], en les chargeant d'agir conjointement ou

27. A défaut de payement, et en cas de difficultés quelconques, paraître, tant en demandant qu'en défendant, devant tous juges et tribunaux compétents ; exercer toutes actions résolutoires et autres ; se concilier, traiter, transiger en tout état de cause, nommer tous arbitres et tiers arbitres ; s'en rapporter à leurs décisions ou les contester ; faire toutes remises totales ou partielles de droits et créances ; obtenir toutes décisions judiciaires ou administratives, les faire exécuter par toutes les voies et moyens de droit ; renoncer à tous appels et pourvois en cassation ; se désister de tous appels et pourvois ; acquiescer à toutes demandes, à tous jugements et arrêts ; constituer tous avoués et avocats, les révoquer, en constituer d'autres ; intervenir dans toutes instances ; prendre toutes inscriptions ; former toutes oppositions ; procéder à toutes saisies mobilières et immobilières, donner tous pouvoirs spéciaux à ce sujet ; convertir toutes saisies immobilières en ventes sur publications volontaires ; provoquer tous ordres et distributions, y produire ; prendre part à toutes assemblées de créanciers ; affirmer toutes créances ; obtenir tous bordereaux de collocation, en toucher le montant.

28. De toutes sommes reçues ou payées, donner ou retirer bonnes et valables quittances et décharges ; consentir toutes mentions et subrogations, avec ou sans garantie ; se désister, avec ou sans payement, de tous droits, actions, privilèges et hypothèques ; donner également, avec ou sans constatation de payement, mainlevée de toutes inscriptions, saisies, oppositions et autres empêchements quelconques ; consentir à toutes antériorités, toutes restrictions et limitations de privilège et d'hypothèque ; faire et accepter toutes offres ; opérer le retrait de toutes sommes consignées ; remettre ou se faire remettre tous titres et pièces ; en donner ou retirer décharge.

29. Aux effets ci-dessus, passer et signer tous actes ; élire domicile ; donner tous pouvoirs ; substituer une ou plusieurs personnes dans tout ou partie des présents pouvoirs, avec faculté pour lesdits mandataires substitués de faire eux-mêmes toutes substitutions, révoquer tous mandats et substitutions, et généralement faire tout ce que la mandataire jugera utile et nécessaire.

DONT ACTE. Fait et passé, etc.

FORMULE 705. — Procuration pour gérer et administrer. (N° 5354.)

PAR-DEVANT M°. . . . . ,
A COMPARU : M. Elie SEILLIER, propriétaire, demeurant à. . . . . ,
Lequel a par ces présentes, constitué pour son mandataire M. . . . . ,
Auquel il donne pouvoir de pour lui et en son nom : gérer et administrer, tant activement que passivement, tous les biens et affaires présents et à venir du constituant.

En conséquence, louer et affermer, etc. (Voir *form.* 704, 2°, 4°, 7°, 8°, 9°, 10°, 12°, 13°, 14°, 18°, 23°, 24°, 25°, 26°, 27°, 28° et 29°.)

FORMULE 706. — Procuration pour gérer une maison de banque.

PAR-DEVANT M°. . . . . ,
A COMPARU : M. Léon DUTEIL, banquier, demeurant à. . . . . ,
Lequel a, par ces présentes, constitué pour son mandataire
M. . . . . ,
Auquel il donne pouvoir de pour lui et en son nom :
Régir, gérer et administrer, tant activement que passivement, les affaires de banque et de commerce du comparant.

en stipulant que l'une pourra gérer à défaut de l'autre, ou encore en désignant les pouvoirs de chacun d'eux (1), *infra n° 5366*.

5346. III. *Objet du mandat; son étendue.* On ne peut donner mandat de faire une chose contraire aux lois ou aux bonnes mœurs (2), ni de faire certaines choses pour lesquelles il n'est pas permis de se faire représenter par un mandataire; par exemple : se marier, *supra n° 946*, tester,

En conséquence, souscrire tous effets de commerce et autres engagements, tirer et accepter toutes lettres de change et mandats sur tous particuliers, négociants et notamment sur la banque de France.

Signer tous endos, acceptations et avals, tous transferts, registres et émargements, tous comptes et bordereaux, toutes lettres et correspondances, donner tous acquits.

Présenter et signer tous bordereaux à l'escompte de la banque de France; donner tous reçus ou mandats sur ladite banque; remettre ou retirer toutes pièces; de tous reçus et remises de pièces donner quittances, acquits et décharges.

Acheter, vendre et transférer tous effets publics, rentes sur l'Etat et toutes actions de la banque de France, de chemins de fer et autres, toutes obligations. ainsi que toutes valeurs industrielles que le comparant peut posséder ou pourra posséder par la suite; faire et accepter tous transferts, cessions et délégations.

Toucher toutes avances sur dépôts d'effets publics, sur actions et obligations de chemins de fer et sur obligations de la ville de Paris; consentir, à cet effet, tous engagements envers la banque de France, conformément au vœu de la loi du 17 mai 1834, de l'ordonnance du 15 juin suivant et des décrets des 3 et 28 mai 1852 sur ces diverses opérations; retirer toutes valeurs déposées en garantie de toutes avances ; recevoir tous arrérages ou dividendes échus ou à échoir sur lesdites valeurs; les transférer au besoin et les aliéner.

Retirer également toutes valeurs déposées au bureau des dépôts ; en donner bonne et valable quittance.

Prendre part à la souscription de toutes valeurs publiques, ainsi que de toutes actions et obligations.

Retirer de toutes administrations des postes, des messageries, chemins de fer, roulages et autres, ou recevoir à domicile les lettres, etc. (Voir *la formule* 704, 25°.)

Toucher et recevoir du trésor public, de la banque, etc. — Voir *la même formule*, 13°, *ajouter à la fin* : qui peuvent et pourront être dues au constituant à raison de ses affaires de banque et de commerce.

Payer toutes sommes qui peuvent et pourront être dues pour les mêmes causes, par le constituant.

Représenter M. Duteil dans l'exercice de tous mandats qui ont été ou seront confiés à ce dernier par toutes personnes, notamment pour tous achats et transferts de rentes, obligations, actions de la banque de France, actions de chemins de fer et autres compagnies, ainsi que pour tous versements et généralement pour quelque cause que ce soit; en conséquence, agir en vertu des procurations qui ont été ou seront données à M. Duteil, en son lieu et place et en toutes circonstances.

A défaut de payement et en cas de difficultés quelconques, etc. (Voir *formule* 704, 27°.)
En cas de faillite de quelque débiteur, etc. (Voir *la même formule*, 25°.)
De toutes sommes reçues, etc. (*Ibid.*; 28°.)
Aux effets ci-dessus, etc. (*Ibid.*, 29°.)
DONT ACTE. Fait et passé, etc.

(1) Duranton XVIII, 256; Troplong, n° 97 ; Dict. not., *Mandat*, n°78; Coll. Mag., n° 78.

(2) Duranton, XVIII, 192; Troplong, n° 80; Massé et Vergé § 751 note 7; Pont, I, 816; Dict. not., *Mandat*, n° 83.

répondre à un interrogatoire sur faits et articles (*C. pr.*, *533, 536*); prêter un serment; comparaître devant le président préliminairement à la demande en séparation de corps; faire une cession de biens judiciaire (*C. pr.*, *901*); plaider, etc.

5347. Est licite et valable la procuration donnée par un débiteur à son créancier : 1° pour vendre ou faire vendre à l'amiable les biens affectés à sa créance, sans que l'on puisse la considérer comme équivalant à la clause de voie parée prohibée par l'art. 742 C. pr. (1); 2° pour vendre en cas de

---

FORMULE 707. — **Procuration pour gérer une maison de commerce.**

PAR-DEVANT M^e.....,

A COMPARU : M. Eloi GRANT, négociant, demeurant à....,

Lequel a, par ces présentes, constitué pour son mandataire

M. Luc LEVIS, employé, demeurant à....,

Auquel il donne pouvoir de par lui et en son nom :

Gérer et administrer, tant activement que passivement, toutes les affaires de la maison de commerce du constituant.

En conséquence, toucher et recevoir toutes les sommes qui sont et pourront être dues au constituant, pour fournitures et toutes autres causes se rattachant à son commerce ou industrie.

Payer les sommes que le constituant peut et pourra devoir.

Entendre, débattre, clore et arrêter tous comptes, en fixer les reliquats, les recevoir ou payer.

Faire les opérations de commerce du constituant; acheter et vendre toutes marchandises; se charger de toutes commissions et fournitures; passer tous marchés et engagements, les exécuter; tirer toutes traites et lettres de change sur les débiteurs de la maison de commerce du constituant, les endosser, ainsi que tous effets et valeurs qui auraient été passés à l'ordre du constituant ou souscrits à son profit; présenter tous bordereaux à l'escompte, en toucher le montant; arrêter tous comptes courants et autres; faire tous protêts, dénonciations, comptes de retour; signer la correspondance.

De toutes sommes reçues ou payées, etc. (Voir *formule* 704, 28°.)

Retirer de la poste aux lettres, etc. (Voir *même formule*, 25°.)

En cas de faillite de quelque débiteur, etc. (Voir *même formule*, 23°.)

A défaut de payement, etc. (Voir *même formule*, 27°.)

Aux effets ci-dessus, etc. (Voir *même formule*, 29°.)

DONT ACTE. Fait et passé, etc.

FORMULE 708. — **Procuration pour représenter une maison de commerce étrangère.**

PAR-DEVANT M^e.....,

A COMPARU : M. Jules MERLY, négociant, demeurant à Lima (Pérou), en ce moment à....,

Lequel a, par ces présentes, constitué pour son mandataire

M. Charles LOUBERT, propriétaire, demeurant à....,

Auquel il donne pouvoir de pour lui et en son nom :

Régir, gérer et administrer, tant activement que passivement en Europe, toutes les affaires commerciales d'importation et exportation dépendant de la maison de commerce du constituant, établie à Lima (Pérou).

En conséquence, continuer et faire toutes les opérations de commerce du constituant; acheter et vendre toutes marchandises, etc. (Voir *formule* 704, 11°.)

Entendre, débattre, etc. (Voir *même form.*, 12°.)

---

(1) Rodière, *Proc.*, III, p. 203, 204; Dict. not., *Mandat.* n° 86; Bordeaux, 29 nov. 1849; J. N., 14005,

non-payement les récoltes du débiteur, sans remplir les formalités de la saisie brandon ; et ce dernier pouvoir ne se trouve pas révoqué par la mort du débiteur (1).

5348. Le mandat est ou spécial et pour une affaire ou certaines affaires seulement, ou général et pour toutes les affaires du mandant (*C. N.*, 1987), ou pour un certain ordre d'affaires lorsqu'il comprend toutes les affaires prévues ou imprévues qui rentrent dans ce cercle (2).

5349. La femme ne peut, pendant le mariage, donner soit à son mari, soit à un tiers, le mandat

Acheter, vendre et transférer tous effets publics, rentes sur l'Etat et toutes actions, ainsi que toutes valeurs industrielles ; faire et accepter tous transports, cessions et obli-gations.

Représenter le comparant dans tous ses rapports avec la douane ; faire entrer et partir toutes marchandises ; remplir toutes formalités ; signer et émarger tous registres et feuilles ; réclamer et recevoir toutes primes, en donner quittances et décharges ; fournir et s'obliger à fournir toutes justifications ; donner toutes garanties et cautions ; signer toutes demandes, pétitions et réclamations.

Toucher et recevoir du trésor public, de la banque de France, du comptoir d'escompte, de toutes administrations publiques et de tous particuliers, tous intérêts, dividendes, arrérages, répartitions et revenus quelconques, comme aussi le montant de tous billets, lettres de change, effets, reliquats de comptes, prix de ventes et transferts, et générale-ment toutes sommes en principal, intérêts et accessoires qui peuvent et pourront être dues à tel titre et pour quelque cause que ce soit.

Retirer de la poste aux lettres ou de tous roulages, messageries et chemins de fer, les lettres, caisses, ballots et paquets chargés ou non chargés et ceux renfermant des valeurs déclarées à l'adresse du constituant ou de sa maison de commerce ; se faire remettre tous dépôts ; toucher de tous bureaux de direction ou de distribution tous mandats sur la poste au nom du constituant ; donner du tout décharge.

Représenter le constituant dans toutes affaires, sociétés ou entreprises dans lesquelles il aurait quelque intérêt ; régler tous comptes ; recevoir tous dividendes.

En cas de faillite de quelque débiteur, etc. (Voir *formule* 704, 23°.)

A défaut de payement et en cas de difficultés quelconques, etc. (Voir *même form.*, 27°.)

De toutes sommes reçues ou payées, etc. (Voir *même form.*, 28°.)

Aux effets ci-dessus, passer et signer tous actes, etc. (Voir *même form.*, 29°.)

Dont acte. Fait et passé, etc.

FORMULE 709. — **Procuration spéciale pour l'administration des postes.**

Par-devant M°....,

A comparu : M. Léon Vidal, négociant, demeurant à....,

Lequel a constitué pour son mandataire M.....,

A l'effet de : retirer de la poste aux lettres, etc. Voir *formule* 704, 25° ; *ajouter* : don-ner toutes décharges et quittances ; signer tous acquits et émargements ; substituer, et généralement faire le nécessaire.

Dont acte. Fait et passé, etc.

FORMULE 710. — **Procuration pour souscrire à des actions attribuées par préférence au mandant.**

Par-devant M°....,

A comparu : M. Jean Retourné, propriétaire, demeurant à.....,

Propriétaire de 50 actions de la Compagnie des chemins de fer de l'Est, portant les nᵒˢ....., et formant l'objet d'un certificat en son nom délivré par ladite

---

(1) Douai, 22 déc. 1848; J. N., 14031.   (2) Pont, I, 900, 901.

d'aliéner tous ses immeubles ou de les hypothéquer, ou de contracter des emprunts dont le montant ne serait pas déterminé par avance, l'autorisation maritale ne pouvant être que spéciale (1) (*arg. C. N.*, *225, 1558*). Le mandat est suffisamment spécial lorsqu'il contient le pouvoir d'emprunter *telle* somme et d'hypothéquer *tels* immeubles, et en ce qui concerne la vente et l'échange, lorsqu'il détermine expressément les biens à vendre ou à échanger, quoiqu'il ne stipule ni le prix, ni les autres conditions du contrat (2).

Compagnie sous le n° . . . . .; par conséquent, pouvant profiter du droit réservé aux anciens actionnaires de souscrire les actions nouvelles que la Compagnie se propose d'émettre.

Lequel a, par ces présentes, constitué pour son mandataire M. . . . .,

Auquel il donne pouvoir de, pour lui et en son nom :

Souscrire tel nombre que le mandataire jugera convenable des actions nouvelles de la Compagnie du chemin de fer de l'Est, devant être émises à partir du. . . . .

Faire tous versements de fonds pour libérer les actions souscrites au fur et à mesure des appels qui en seront faits, ou par anticipation si le mandataire le juge convenable ; retirer tous acquits et constatations de payement.

Se faire délivrer les titres d'actions, soit nominatives, soit au porteur, selon que le mandataire le jugera convenable, en donner récépissé et décharge.

Aux effets ci-dessus, signer tous bordereaux, feuilles de souscriptions et autres pièces ; substituer, et généralement faire le nécessaire.

Dont acte. Fait et passé, etc.

FORMULE 711. — Procuration pour faire opérer les conversions de titres nominatifs d'actions ou obligations en titres au porteur.

Par-devant Me. . . . .,

A comparu : M. . . . ., lequel a constitué pour son mandataire M. . . . .,

Auquel il donne pouvoir de pour lui et en son nom : requérir et opérer la conversion de 100 obligations (*ou actions*) nominatives inscrites au nom du constituant sur les registres de la Compagnie des chemins de fer de. . . ., suivant certificat en date du. . ., portant le n° cent trente-six (136), lesquels titres sont timbrés par abonnement.

A cet effet, signer toutes demandes de transfert ou de conversion ; donner toutes quittances et décharges de titres au porteur ; remettre tous certificats nominatifs ; signer tous actes, registres, certificats, bordereaux ; acquitter tous impôts ; commettre tous agents de change ; élire domicile ; substituer et généralement faire tout ce qui sera nécessaire pour opérer lesdits transfert ou conversion, promettant l'avoir pour agréable et le ratifier si besoin est.

Dont acte. Fait et passé, etc.

FORMULE 712. — Procuration pour faire un acte respectueux. (N° 960.)

Par-devant Me. . . . .,

A comparu : M. Louis Dubois, employé, demeurant à. . . . ., majeur de plus de 25 ans, étant né à. . . . ., le. . . . ., ainsi déclaré,

Lequel a, par ces présentes, constitué pour son mandataire M. . . . .,

Auquel il donne pouvoir de, pour lui et en son nom : demander respectueusement (*si c'est pour la 2e ou la 3e fois on ajoute :* pour la seconde fois, *ou* pour la troisième fois), à M. Abraham Dubois, propriétaire, et Mme Adeline Hedouin, son épouse, demeurant ensemble à. . . . ., ses père et mère, leur conseil sur le mariage que le comparant se pro-

(1) Demolombe, IV, 207, 210; Pont, I, 906; Roll., *Mandat*, n° 70; Cass., 18 mars et 14 déc. 1840, 19 mai 1841, 18 juin 1844, 15 fév. et 10 mai 1853, 1er fév. 1864; Bordeaux, 100 1841; J. N., 10870, 13241. Voir Cass., 25 janv. 1843.

(2) Demolombe, IV, 207; Caen, 19 déc. 1846; Cass., 30 janv. 1849 J. N., 13670.

5350. Quant au mari, il peut placer en sa femme toute sa confiance ; rien ne s'oppose donc à ce qu'il lui donne, comme à toute autre personne, le mandat général d'aliéner ou hypothéquer tous les immeubles personnels à lui mari ou tous les immeubles de la communauté, ou d'emprunter des sommes dont le montant n'est pas déterminé par avance, ou encore d'administrer les biens personnels à la femme (1).

5351. Le mandat conçu en termes généraux n'embrasse que les actes d'administration (C. N.,

pose de contracter avec Mlle Noémi DUHAMEL, sans profession, demeurant à....., chez ses père et mère, née à....., le....., du mariage d'entre M. Louis DUHAMEL, négociant, et Mme Victorine MASSON; requérir toutes notifications; faire toutes déclarations et affirmations, et généralement le nécessaire.

DONT ACTE. Fait et passé, etc.

FORMULE 713. — **Procuration pour accepter une succession sous bénéfice d'inventaire ou pour la répudier.** (N° 1857.)

Se présenter au greffe du tribunal civil de première instance de....., y déclarer que le constituant accepte, sous bénéfice d'inventaire, la succession de M....., son père, en son vivant négociant, demeurant à....., où il est décédé le....., duquel il est habile à se porter héritier pour un tiers (*ou* y déclarer que le constituant renonce purement et simplement à la succession de M....., etc.); faire toutes déclarations et affirmations ; passer et signer tous actes et registres, et généralement faire le nécessaire.

FORMULE 714. — **Procuration pour recueillir une succession.**

PAR-DEVANT M^{e}.....,

A COMPARU : M. Denis THUILLIER, négociant, demeurant à.....,

> Habile à se dire et porter héritier pour moitié de Mme Anne LUBIS, sa mère, en son vivant épouse de M. Charles THUILLIER, propriétaire, demeurant à....., où elle est décédée le.....,

Lequel a, par ces présentes, constitué pour son mandataire

M.....,

Auquel il donne pouvoir de pour lui et en son nom : recueillir la succession de Mme THUILLIER, sa mère.

En conséquence, requérir toutes appositions de scellés ou s'y opposer ; en demander la levée ou sans description ; faire procéder à l'inventaire des biens dépendant tant de la communauté ayant existé entre Mme THUILLIER et M. THUILLIER, son mari survivant, que de la succession de Mme THUILLIER ; dans le cours de ces opérations, faire tous dires, réquisitions, déclarations, protestations et réserves; introduire tous référés ou y défendre; demander toutes autorisations, y consentir ; nommer tous administrateurs ou s'opposer à leur nomination ; choisir tous gardiens et dépositaires.

Prendre connaissance des forces et charges de cette succession, ainsi que des titres et papiers qui seront inventoriés; l'accepter purement et simplement ou sous bénéfice d'inventaire, ou même y renoncer; faire à cet effet les déclarations nécessaires au greffe du tribunal qu'il appartiendra.

Prendre également connaissance des forces et charges de la communauté qui a existé entre M. et Mme THUILLIER ; l'accepter ou y renoncer; faire à cet effet toutes déclarations nécessaires où il y aura lieu.

Consentir ou contester l'exécution de tous testaments, codicilles et autres actes de libéralité; faire et accepter la délivrance de tous legs; demander ou consentir toutes réductions.

(1) Toullier, II, 644; Duranton, II, 448; Demolombe, IV, 294; Pont, I, 997.

1988); ainsi le mandataire peut : 1° faire des baux d'une durée ordinaire (1), et par suite, congédier les locataires, poursuivre la résiliation des baux ; 2° acheter les fumiers, échalas, ustensiles aratoires, tonneaux, etc., nécessaires à l'administration, les matériaux nécessaires pour faire les réparations, passer des marchés avec les ouvriers (2); 3° vendre les récoltes, le croit des animaux, les laines des troupeaux, etc. (3), mais non les meubles incorporels (4) ; 4° faire des emprunts modiques n'excédant

Faire procéder, avec ou sans attribution de qualité, à la vente des objets et effets mobiliers, meubles meublants, dependant desdites communauté et succession ; exercer tout retrait ou prélèvement d'objets en nature, procéder à leur partage ou à leur attribution, s'il y a lieu ; choisir l'officier public qui sera chargé de la vente ; recevoir et régler son compte, en toucher le reliquat ; acquérir tous objets et effets à cette vente pour le constituant, en payer le prix ou le prendre en compte sur ses droits dans la masse des valeurs à partager.

Payer tous droits de mutation; faire toutes déclarations; former toutes demandes en obtention de délai pour le payement de ces droits ; fournir toutes justifications.

Régir et administrer, tant activement que passivement, les biens et valeurs dépendant desdites communauté et succession.

Toucher et recevoir tous loyers, fermages, intérêts, arrérages, dividendes, répartitions ou revenus, sous quelque dénomination que ce soit, échus ou à échoir, tous mandats, effets, billets, montant de créances ou obligations, et généralement toutes sommes en principal, intérêts, frais et tous accessoires qui peuvent et pourront être dues auxdites communauté et succession, à tel titre, pour telle cause et sous quelque dénomination que ce soit.

Payer et acquitter toutes sommes en principal, intérêts, arrérages et autres revenus échus et à échoir et tous accessoires qui peuvent et pourront être dues par lesdites communauté et succession, aussi à tel titre, pour telle cause et sous quelque dénomination que ce soit.

Entendre, débattre, clore et arrêter tous comptes avec tous créanciers, débiteurs, banquiers, dépositaires, comptables et tiers quelconques, en fixer les reliquats actifs ou passifs, les recevoir ou payer.

Vendre toutes récoltes et tous produits, ainsi que toutes coupes de bois; en toucher les prix.

Faire faire toutes réparations, arrêter toutes conventions y relatives; solder le montant de tous mémoires d'ouvriers et entrepreneurs.

Consentir ou provoquer la vente, soit à l'amiable, par telle forme et moyennant les prix que le mandataire jugera convenable, soit par licitation, de tout ou partie des biens immeubles dépendant desdites communauté et succession ; acquérir pour le constituant tout ou partie de ces biens; toucher ou payer les prix desdites ventes ou adjudications.

Procéder à l'amiable ou en justice à tous comptes, liquidations et partages des biens dépendant soit de la communauté ayant existé entre M. et Mme THUILLIER, soit de la succession de Mme THUILLIER ; nommer ou faire nommer tous experts pour les évaluations; composer les masses, faire et exiger tous rapports, exercer et consentir tous prélèvements; former les lots, les tirer au sort ou les attribuer à l'amiable, accepter celui qui écherra ou sera attribué au constituant; stipuler toutes soultes, les recevoir ou payer; faire et accepter tous abandonnements; laisser tous objets en commun, donner ou accepter tous pouvoirs pour les administrer ou en poursuivre le recouvrement ; requérir tous certificats de propriété.

Vendre, céder et transférer, soit avant, soit après partage, toutes inscriptions de rente sur l'État français, ainsi que toutes actions, obligations et autres valeurs industrielles

(1) Neuf ans et non au delà : Troplong, n°s 278, 279; Duranton, XVIII. 229; Dalloz, n° 78; Zach., Massé et Vergé, § 759, note 5; Pont, I, 923; Dict. not., *Mandat*, n° 119.

(2) Troplong, n° 281; Pont, I, 922.
(3) Troplong, n° 282; Pont, I, 927.
(4) Voir Pont, I, 923; Bruxelles, 13 fév. et 21 déc. 1800.

pas les bornes d'une sage administration, par exemple pour faire une réparation devenue nécessaire, mais sans pouvoir hypothéquer (1); 5° recevoir ce qui est dû au mandant, en donner quittance (2), mais non faire novation dans la dette (3), ni accepter en payement une autre chose que celle qui est due (4); 6° exercer des saisies mobilières (5), mais non des saisies immobilières pour lesquelles une procuration spéciale est exigée (*C. pr.*, *556*); 7° former en justice des actions possessoires et mobi-

dépendant desdites communauté et succession, et qui seraient indivis avec les cointéressés du constituant, ou qui appartiendraient à lui seul par suite des opérations de liquidation et partage; commettre à cet effet tous agents de change; signer tous transferts, en recevoir le prix.

Faire tous transports, cessions de créances et droits quelconques dépendant desdites communauté et succession, indivis avec les cointéressés du constituant ou appartenant à lui seul par suite du partage; recevoir les prix des cessions et transports.

En cas de difficultés quelconques ou à défaut de payement de la part de qui que ce soit, exercer toutes poursuites, contraintes et diligences nécessaires; citer et comparattre, tant en demandant qu'en défendant, devant tous juges et tribunaux de paix; se concilier, sinon se présenter devant tous tribunaux et cours compétents; obtenir tous jugements et arrêts, les faire lever, signifier et exécuter par tous moyens et voies de droit; faire toutes saisies mobilières et immobilières; procéder à tous ordres et distributions.

En tout état de cause, traiter, transiger, compromettre soit avec les cointéressés du constituant dans la succession de Mme THUILLIER, soit avec des tiers, pour le règlement de ladite succession, comme de la communauté ayant existé entre M. et Mme THUILLIER.

Toucher toutes sommes qui pourraient être dues au constituant par suite des opérations de liquidation et partage, ou de tous traités, transactions, compromis; payer celles qu'il pourra devoir.

De toutes sommes reçues ou payées, etc. (Voir *form.* 704, 28°.)

Aux effets ci-dessus (Voir *même form.*, 29°.)

DONT ACTE. Fait et passé, etc.

FORMULE 715.—**Procuration pour opérer la conversion, le transfert ou la mutation de valeurs dépendant d'une succession.**

PAR-DEVANT M°.....,

ONT COMPARU : M. Henri ALBIN, propriétaire, et Mme Eugénie RICHARD, son épouse, de lui autorisée, demeurant ensemble à.....,

Lesquels ont, par ces présentes, constitué pour leur mandataire M.....,

Auquel ils donnent pouvoir de, pour eux et en leurs noms :

Requérir et opérer la conversion, le transfert ou la mutation de toutes actions, ou obligations de toutes compagnies de chemins de fer, ainsi que de toutes autres valeurs ou parts d'intérêts dans telles autres compagnies, sociétés ou entreprises que ce puisse être, de quelque nature et sous quelque dénomination que ce soit, dépendant de la succession de Mme Thérèse VASSEUR, veuve de Charles RICHARD, mère de Mme ALBIN, décédée à....., le....., de laquelle elle est seule et unique héritière, ainsi que le constate un acte de notoriété à défaut d'inventaire dressé par M°....., notaire à....., le.....

Demander et opérer la conversion ou transformation de tous titres, actions, obligations et autres valeurs nominatives en titres au porteur, ou de tous titres au porteur en titres nominatifs.

(1) Troplong, n°* 285, 286; Pont, I. 925. Voir Bordeaux, 9 fév. 1829; Cass., 15 fév. 1830, 12 nov. 1834, 23 juin 1836.
(2) Troplong, n° 287; Zach., § 753; Pont, I, 912; Larombière 1239,5.

(3) Troplong, n° 288; Pont, I, 914.
(4) Voir Pont, 913.
(5) Troplong, n° 289; Pont, I, 915.

lières, répondre à celles qui seraient intentées, pourvu, dans les deux cas, qu'elles ne soient pas de nature à compromettre la propriété des immeubles (1) ; 7° déférer le serment quand les autres moyens de preuve manquent (2) ; 8° payer, avec les deniers de son administration, les dépenses qui s'y rattachent ou même des dettes exigibles (3) ; 9° faire l'emploi des capitaux restant disponibles en prêts hypothécaires ou autres, ou en acquisition de rentes ou valeurs industrielles, ou même de meubles ou d'immeubles (4). — Mais il ne peut ni transiger, ni compromettre, ni proroger les juridictions, ni renoncer à l'appel ou à une prescription acquise, ni cautionner, ni accepter des donations, *supra*

Faire immatriculer également, au nom de Mme ALBIN toutes rentes sur l'État dépendant de la succession de Mme RICHARD, sa mère ; faire faire toutes rectifications.

Signer toutes demandes de conversion ou de transfert ; donner toutes quittances et décharges de titres au porteur ou nominatifs ; opérer la remise de tous certificats d'inscriptions, d'obligations ou autres valeurs nominatives ; présenter tous bordereaux, les certifier véritables ; acquitter tous impôts ; commettre tous agents de change.

Déclarer si besoin est, comme les comparants le déclarent ici, qu'ils sont mariés sous le régime de la communauté de biens réduite aux acquêts, sans aucune clause spéciale d'emploi ou de remploi, aux termes de leur contrat de mariage passé devant M^e....., notaire, à....., le.....

Au effets ci-dessus, passer et signer tous actes, signer également tous acquits, certificats et émargements, élire domicile, substituer, et généralement faire tout ce que le mandataire jugera nécessaire ou tout ce qui serait exigé, promettant l'agréer.

DONT ACTE. Fait et passé, etc.

FORMULE 716. — Procuration pour procéder à un inventaire.

PAR-DEVANT M^e.....

A COMPARU : M. Eloi PATEL, propriétaire, demeurant à.....,

Habile à se dire et porter héritier pour un quart de M. Jean PATEL, son père, en son vivant rentier, demeurant à....., où il est décédé le.....;

Lequel a constitué pour son mandataire

M.....,

Auquel il donne pouvoir de le représenter aux opérations de l'inventaire après le décès de M. PATEL, son père ; dans le cours de ces opérations faire tous dires, déclarations, réquisitions, protestations et réserves ; s'opposer à toutes appositions de scellés ; faire lever avec ou sans description ceux qui auraient été apposés ; faire procéder à tous récolements ; dispenser le notaire chargé de l'inventaire de coter les valeurs au porteur qui pourraient dépendre de la succession ; faire nommer tous administrateurs provisoires de la succession ; introduire tous référés ou y défendre ; obtenir toutes ordonnances ; choisir tous gardiens et dépositaires ; passer et signer tous actes et procès-verbaux ; substituer, et généralement faire le nécessaire.

DONT ACTE. Fait et passé, etc.

FORMULE 717. — Procuration pour faire une donation. (Nos 2450, 2461.)

PAR-DEVANT M^e.....,

A COMPARU : M. Honoré ROUSSE, propriétaire, demeurant à.....,

Lequel a, par ces présentes, constitué pour son mandataire

M. Léon BORDE, négociant, demeurant à.....,

Auquel il donne pouvoir de, pour lui et en son nom : faire donation entre-vifs, par préciput et hors part et à titre purement gratuit, à M. Paul ROUSSE, cultivateur, demeu-

(1) Troplong, n°s 291 à 293; Pont, I,918,931.
(2) Troplong, n° 294; Pont, I, 916. Voir Cass., 27 avril 1831; Rouen, 24 fév. 1842; Nîmes, 12 janv. 1848; Rennes, 6 août 1849.

(3) Troplong, n° 297 ; Pont, I, 918.
(4) Demolombe, IV, 157; Pont, I, 917.

n° **2574**, ni s'immiscer dans une acceptation ou une répudiation de succession, ou de legs universel ou à titre universel (1), ni faire la remise d'une dette (2), ni désister d'une instance (3).

5352. S'il s'agit d'aliéner ou hypothéquer ou de quelque autre acte de propriété, le mandat doit être exprès (*C. N.*, *1988*).

5353. Le mandataire ne peut rien faire au delà de ce qui est porté dans son mandat ; le pouvoir de transiger ne renferme pas celui de compromettre (*C. N.*, *1989*).

---

rant à....., son neveu, d'une pièce de terre en labour située commune de....., lieu dit....., etc., appartenant au constituant comme l'ayant acquise de M....., suivant contrat passé devant Me....., notaire à....., le.....; mettre le donataire en jouissance de l'immeuble donné à partir du jour de la donation, en le chargeant d'en acquitter les impôts à compter du même jour ; déclarer que le constituant est célibataire et que l'immeuble donné n'est grevé d'aucune hypothèque légale ni autre charge ; remettre tous titres et pièces, en retirer décharge ; passer et signer tous actes, élire domicile, substituer, et généralement faire le nécessaire.

DONT ACTE. Fait et passé, etc. (*Présence réelle d'un second notaire ou de témoins.*)

FORMULE 718. — **Procuration pour accepter une donation à titre de partage anticipé.** (Nos 364, 2574.)

PAR-DEVANT Me.....,

A COMPARU : M. Julien MARTEL, employé de commerce, demeurant à....,

Lequel a, par ces présentes, constitué pour son mandataire

M. Denis MARLE, propriétaire, demeurant à .....,

A l'effet de : représenter le constituant à l'acte qui contiendra donation à titre de partage anticipé par M. Honoré MARTEL, propriétaire, demeurant à....., de ses biens immeubles, à ses quatre enfants, parmi lesquels figure M. MARTEL, constituant ; et partage entre les donataires tant des biens donnés que de ceux dépendant de la succession de Mme Louise CARVIN, leur mère, décédée épouse de mondit sieur Honoré MARTEL, ainsi que des rapports qui pourraient être effectués par les donataires aux successions de leurs père et mère.

En conséquence, accepter expressément, au nom du constituant, la donation à titre de partage anticipé qui sera faite par M. MARTEL père ; obliger le constituant à l'exécution des conditions de la donation qui consisteront à laisser à M. MARTEL père l'usufruit, pendant sa vie, de tout ou partie tant des biens par lui donnés que de ceux dépendant de la succession de Mme MARTEL, et à servir et payer à M. MARTEL, donateur, telle pension annuelle et viagère que les parties conviendront ; fixer la part à la charge du constituant dans cette rente ; l'obliger à son service soit pour sa part, soit solidairement avec ses codonataires ; à la garantie du service de cette rente, consentir que les immeubles donnés restent soumis à l'action révocatoire du donateur, et, en outre affecter et hypothéquer la totalité des immeubles qui seront entrés dans le lot du constituant

Procéder au partage tant des biens donnés que de ceux dépendant de la succession de Mme MARTEL, ainsi que des rapports à effectuer ; composer la masse ; exercer et consentir tous prélèvements, former les lots, les tirer au sort ou les attribuer à l'amiable ; accepter celui qui écherra ou sera attribué au constituant ; stipuler toutes soultes, les recevoir ou payer ; faire et accepter tous abandonnements ; fixer tous délais pour le payement des sommes rapportées qui seront attribuées au constituant, ou dont il sera chargé, ou les payer ou recevoir immédiatement ; stipuler tous intérêts ; laisser tous objets en commun, donner ou accepter tous pouvoirs pour les administrer ou en poursuivre le recouvrement.

---

(1) Il en serait autrement d'un legs particulier.
(2) Troplong, nos 295, 296; Zach., Massé et Vergé, t 753, note 8 ;

Pont, 1,916, 919, 932, 933; Dict. not , *Mandat*, n° 112; Roll., *ibid.*, n° 131; Cass., 21 juill. 1852; Rouen, 26 janv. 1855.
(3) Cass., 12 nov. 1867.

5354. Le mandataire ne doit rien faire : 1° contre la forme du mandat ; par exemple si on lui a donné mandat de vendre des immeubles il ne peut les échanger ; 2° au delà du mandat ; par exemple si on lui a donné le mandat d'acheter un immeuble moyennant 10,000 fr., il ne saurait l'acheter 11,000 fr.

5355. Le mandat spécial pour faire une chose déterminée renferme, par voie de conséquence, le

A l'effet de tout ce que dessus, etc.

DONT ACTE. Fait et passé, etc. (*Présence réelle d'un second notaire ou de témoins ; toutefois la loi ne l'exige point. Voir supra, n° 364.*)

FORMULE 719. — Procuration pour toucher une créance.

PAR-DEVANT M°...,

A COMPARU M. André PETIT, rentier, demeurant à....,

Lequel a, par ces présentes, constitué pour son mandataire

M.....,

Auquel il donne pouvoir de, pour lui et en son nom :

Toucher et recevoir de M. Paul GAULT, cultivateur, demeurant à....., ou de tous autres qu'il appartiendra, la somme de ....., montant en principal de l'obligation que M. GAULT a souscrite au profit du constituant, suivant acte passé devant M°....., notaire, à....., le.....; recevoir aussi tous intérêts échus ou à échoir, tous frais et autres accessoires.

Céder et transporter tout ou partie de ladite créance, avec ou sans garantie, à telles personnes, pour les prix et aux conditions que le mandataire jugera à propos ; consentir toute priorité en faveur de tout cessionnaire partiel, ou réserver toute préférence au constituant ; toucher les prix des transports.

En cas de faillite de la part du débiteur, etc. (Voir *form.* 704, 23°.)

A défaut de payement, etc. (Voir *même form.*, 27°.)

De toutes sommes reçues, etc. (*Ibid.*, 28°.)

A l'effet de tout ce que dessus. (*Ibid.*, 29°.)

DONT ACTE. Fait et passé, etc.

FORMULE 720. — Procuration pour toucher tous traitements et pensions.

Toucher et recevoir de tous payeurs, caissiers, trésoriers, et autres qu'il appartiendra les arrérages échus et à échoir de tous traitements et pensions qui peuvent et pourront être accordés au constituant pour telle cause et sur quelque caisse que ce soit, et notamment (*désigner ici le traitement, et la pension ou la caisse*) ; produire et remettre tous titres, pièces et certificats de vie ; faire toutes déclarations et affirmations ; donner toutes quittances et décharges ; signer et émarger tous registres et feuilles de payement, et généralement faire le nécessaire.

FORMULE 721. — Procuration pour assister à un contrat de mariage et constituer une dot. (N° 3543.)

PAR-DEVANT M°.....

A COMPARU : M. Joseph LUCAS, rentier, demeurant à.....,

Lequel a, par ces présentes, constitué pour son mandataire

M.....,

Auquel il donne pouvoir de, pour lui et en son nom :

Représenter le comparant au contrat de mariage d'entre M. Louis BUQUET, négociant, demeurant à....., et Mlle Léonie LUCAS, fille mineure du comparant, sans profession, demeurant à.....; assister et autoriser Mlle LUCAS, afin de l'habiliter pour ledit contrat de mariage qui contiendra : 1° adoption du régime de la communauté réduite aux

pouvoir de faire ce qui en est la suite; ainsi : 1° le pouvoir de vendre des objets mobiliers renferme implicitement celui d'en recevoir le prix, surtout si le payement se fait comptant; 2° le pouvoir de s'obliger s'étend à celui de payer ; 2° la commission de recevoir une valeur commerciale est censée donnée avec l'ordre de la faire protester au besoin ; 4° le pouvoir de toucher comprend celui de faire les actes nécessaires à la libération complète des débiteurs, par exemple de consentir la mainlevée de

---

acquêts ; 2°, etc. (*Énoncer sommairement toutes les clauses qui doivent être renfermées dans le contrat.*)

Donner et constituer en dot à Mlle Lucas, future épouse, par avancement d'hoirie sur la succession du constituant, une somme de.....; obliger le constituant au payement de cette somme dans le délai d'un an du jour de la célébration du mariage, avec intérêt à cinq pour cent par an, à partir du même jour.

Réserver, au profit du donateur, le droit de retour de la somme donnée pour le cas où la future épouse décéderait avant le donateur sans postérité, et pour le cas encore où les enfants et autres descendants de la future épouse viendraient eux-mêmes à décéder avant le donateur.

Stipuler que cette réserve du droit de retour ne nuira en aucune manière au droit de disposition des futurs époux sur la somme donnée, ni à la donation en usufruit que la future épouse pourra faire à son futur époux, soit par leur contrat de mariage, soit par acte ultérieur; mais que dans le cas de décès de la future épouse et de sa postérité, après avoir disposé de ladite somme, le droit de retour réservé s'exercera sur la somme de. . . en deniers, dans leurs successions.

Aux effets ci-dessus, etc.

Dont acte. Fait et passé, etc.

FORMULE 722. — Procuration pour vendre.

Par-devant M^e.....

Ont comparu : M. Eloi Lebon, négociant, et Mme Aglaée Lecointe, son épouse, de lui autorisée, demeurant ensemble à.....,

Lesquels ont, par ces présentes, constitué pour leur mandataire M.....,

Auquel ils donnent pouvoir de, pour eux et en leurs noms :

Vendre à l'amiable ou aux enchères, en un seul ou en plusieurs lots, à telles personnes, moyennant les prix et sous les charges et conditions que le mandataire jugera convenables, une ferme appelée la ferme de....., située commune de....., consistant en....., appartenant à M. Lebon en propre, comme lui étant échue par le partage des successions de ses père et mère, opéré suivant acte passé devant M^e.....

Ou bien faire tous échanges de la totalité ou de partie de ladite ferme, avec telles personnes et contre tels immeubles que le mandataire avisera; stipuler toutes soultes, les payer ou recevoir.

Vendre, ainsi qu'il est dit ci-dessus, les immeubles reçus en échange.

Faire dresser tous cahiers de charges ; diviser, si le mandataire le juge à propos, tout ou partie de ladite ferme par lots; stipuler toutes servitudes entre les acquéreurs des divers lots et le surplus de la propriété, ou stipuler qu'il n'en existera pas.

Etablir la propriété des immeubles vendus ou échangés; fixer les époques d'entrée en jouissance; convenir du mode et des époques de payement des prix, les toucher soit comptant, soit aux époques convenues ou par anticipation, ainsi que tous intérêts et accessoires; consentir toutes prorogations de délai; faire transport et cession, avec ou sans garantie, de tout ou partie des prix de ventes ou soultes d'échanges; toucher les prix des transports.

Déléguer tout ou partie des prix de vente aux créanciers inscrits sur les immeubles ; prendre tous arrangements avec les créanciers; obliger les constituants à tout dégrève-

l'inscription, mais non de pratiquer des saisies, d'exercer des actions (1), ni de céder ou transporter la créance (2); 5° le mandat de poursuivre par tous les moyens convenables le recouvrement d'une somme renferme le pouvoir d'accepter, au lieu et place du débiteur, une succession à laquelle il a renoncé (3), et d'exercer toutes voies de contrainte, même la saisie immobilière (4); 6° le mandat de se désister et de transiger comprend le pouvoir de renoncer à une exception de procédure (5); 7° le mandat exprès de constituer une dot emporte le pouvoir de consentir hypothèque sur les biens du mandant, pour sûreté de la dot constituée (6); 8° le mandat de vendre un immeuble et d'en toucher le prix contient le pouvoir implicite de régler les honoraires du notaire (7), comme aussi de recevoir

ment; régler et arrêter tous comptes; accepter toutes prorogations de délai, stipuler toutes conditions.

Accepter des adjudicataires ou de tous autres, toutes garanties mobilières et immobilières qui seraient données, pour assurer le payement de leurs prix, et le transport de toutes indemnités en cas d'incendie.

Obliger les constituants solidairement entre eux à toute garantie, ainsi qu'à toutes justifications et au rapport de toutes mainlevées et certificats de radiation; faire toutes déclarations d'état civil, notamment déclarer que les constituants sont mariés en premières noces sous le régime de la communauté, aux termes de leur contrat de mariage passé devant Mᵉ. . . . ., notaire à. . . . ., le. . . . ., et qu'ils ne sont et n'ont jamais été tuteurs de mineurs ou d'interdits, ni comptables de deniers publics.

De toutes sommes reçues, donner quittances, remettre ou se faire remettre tous titres et pièces; consentir mentions et subrogations totales ou partielles, avec ou sans garantie; consentir toutes limitations de privilége, et toutes antériorités au profit de tous créanciers; faire mainlevée avec désistement de privilége et action résolutoire et consentir la radiation partielle ou définitive de toutes inscriptions d'office ou autres, le tout avec ou sans payement.

A défaut de payement et en cas de contestations quelconques, etc. (*Voir form.*, 704, 27°.)

A l'effet de tout ce que dessus, etc.

Dont acte. Fait et passé, etc.

Formule 723. — Procuration pour acquérir.

Par-devant Mᵉ. . . . .,

A comparu : M. Hector Vidal, propriétaire, demeurant à. . . . .,

Lequel a, par ces présentes, constitué pour son mandataire M. . . . .,

Auquel il donne pouvoir de, pour lui et en son nom : acquérir de M. . . . ., soit par adjudication, soit à l'amiable, moyennant le prix et aux charges et conditions que le mandataire jugera convenables, une maison située à. . . . .; porter toutes enchères ou les faire porter par un mandataire, lui conférer les pouvoirs nécessaires à cet effet; payer le prix comptant ou obliger le constituant à le payer, avec tous intérêts, aux époques et de la manière qui seront convenues; obliger aussi le constituant à l'exécution de toutes les charges qui seront stipulées; exiger toutes justifications, se faire remettre tous titres et pièces, en donner décharge; signer tous contrats de vente et procès-verbaux d'adjudication; accepter toutes déclarations de command.

Faire faire toutes transcriptions, purges, dénonciations, notifications et offres de payement; provoquer tous ordres, y produire; payer le prix d'acquisition avec tous accessoires, soit aux vendeurs, soit aux créanciers délégataires ou colloqués; faire toutes consignations; former toutes demandes en mainlevées; exercer toutes actions en garan-

(1) Troplong, n° 325; Pont, I, 940; Roll., *Mandat*, nᵒˢ 116 à 118.
(2) Pont, I, 941.
(3) Troplong, n° 319; Dict. not., *Mandat*, n° 138; Bourges, 10 déc. 1831.
(4) Troplong, n° 319; Paris, 25 mai 1831.
(5) Pont, I, 957; Cass., 20 mars 1834.
(6) Pont, I, 953; Paris, 17 mars 1827; contra, Roll., *Mandat*, n° 122.
(7) Pont, I, 952; Paris, 21 avril 1806.

le prix d'un tiers au moyen d'une cession (1); mais le simple pouvoir de vendre ne renferme pas celui d'hypothéquer (2), ni celui de toucher le prix (3), alors surtout qu'il a été stipulé payable à terme (4).

5356. Le pouvoir d'emprunter et d'hypothéquer ne donne pas au mandataire le droit de consentir des hypothèques pour d'autres dettes (5); le pouvoir de plaider et d'interjeter appel ne confère pas le mandat de se désister de l'appel interjeté (6); le mandat de louer telle propriété ne renferme pas le pouvoir de toucher les loyers (7).

5357. L'acte qui confère le mandat s'appelle procuration; si la procuration est générale

---

tie ou autres; constituer avoués; élire domicile, substituer, et généralement faire le nécessaire.

Dont acte. Fait et passé, etc.

FORMULE 724. — Procuration pour transférer une rente sur l'État.

Par-devant Me. . . . .,
A comparu : M. Charles Beaumont, propriétaire, demeurant à. . . . .,
Lequel a, par ces présentes, constitué pour son mandataire
M. Eloi Buquet, agent de change, demeurant à Paris, rue. . . . . ,
Auquel il donne pouvoir de, pour lui et en son nom :
Vendre et transférer au cours de la bourse que le mandataire jugera convenable, six cents francs de rente trois pour cent sur l'Etat français, inscrits sur le grand-livre de la dette publique, au nom du comparant, sous le n° 12425 de la 3e série; consentir tous transferts, en toucher le montant; donner toutes quittances; fournir toutes justifications; faire toutes déclarations et affirmations; signer tous transferts, acquits et émargements; substituer, et généralement faire le nécessaire.
Porter le produit du transfert au compte du comparant (ou de M. Valin, banquier, à. . . . .), ce qui opérera la décharge du mandataire.
Dont acte. Fait et passé, etc.

FORMULE 725. — Procuration pour transférer une rente par l'intermédiaire de la recette générale.

Par-devant Me. . . . .,
A comparu : M. Charles Beaumont, propriétaire, demeurant à. . . . .,
Lequel a, par ces présentes, constitué pour son mandataire
M. le syndic des agents de change près la Bourse de Paris, ou son adjoint en exercice,
Auquel il donne pouvoir de, pour lui et en son nom :
Vendre et transférer, etc. (Le surplus comme en la formule précédente.'
Verser le produit du transfert au trésor public, au crédit du compte de M. le trésorier payeur du département de. . . . ., ce qui opérera la décharge du mandataire.
Dont acte. Fait et passé, etc.

FORMULE 726. — Procuration pour transférer des actions de la banque.

Par-devant Me. . . . .,
A comparu : M. . . . .,
Lequel a, par ces présentes, constitué pour son mandataire M. . . . .,
Auquel il donne pouvoir de, pour lui et en son nom : céder et transférer à telles per-

---

(1) Pont, I. 952; Bordeaux, 22 janv. 1827.

(2) Troplong, n° 322; Pont, I. 950. Voir cependant Bruxelles, 29 mai 1806.

(3) Duranton, XII, 51; Pont, I. 951; Dict. not., Mandat, n° 132; Rouen, 9 nov. 1839; Cass., 18 nov. 1824.

(4) Toullier, VII, 23; Duranton, XII, 51; Troplong, n° 323; Larombière, 1239, 6.
(5) Troplong, n° 324 ; Liège, 2 fév. 1881; contra, Riom, 23 nov. 1840; J. N., 11124.
(6) Cass., 16 avril 1844.
(7) Pont, I. 944; Larombière, 1239, 7; Dict. not., Mandat, n° 135.

[FORM. 704], il faut avoir soin d'y comprendre les pouvoirs pour toutes les affaires qui pourraient être susceptibles de se présenter; si elle est spéciale, il faut prévoir toutes les circonstances, toutes les suites de l'affaire pour laquelle elle est donnée. Voir à ce sujet les formules du présent titre que nous nous sommes efforcés de rendre aussi complètes que possibles.

5358. Celui qui gère une affaire en vertu d'un mandat nul, ou en dehors du mandat spécial à lui donné, peut être considéré comme un *negotiorum gestor* (1), *supra n° 5511.*

CHAPITRE DEUXIÈME.

DES OBLIGATIONS DU MANDATAIRE.

5359. Le mandataire est tenu d'accomplir le mandat, tant qu'il en demeure chargé, et répond des dommages et intérêts qui pourraient résulter de son inexécution. — Il est tenu de même d'achever la chose commencée au décès du mandant, s'il y a péril en la demeure (*C. N.*, *1991*).

sonnes et au cours de la bourse que le mandataire jugera convenable, vingt actions de la banque de France, inscrites sur le registre coté B, folio. . . . ., ainsi que toutes celles dont le constituant deviendra propriétaire par la suite; commettre tous agents de change; fixer les époques de jouissance; consentir tous transferts, etc. (Voir *pour le surplus la form.* 724.)

FORMULE 727. — **Procuration pour toucher les dividendes d'actions de la banque de France et transférer.**

Auquel il donne pouvoir de, pour lui et en son nom : toucher les dividendes échus et à échoir des actions de la banque de France appartenant au constituant et de celles qui pour-ront lui appartenir par la suite; en donner quittances; signer à cet effet tous émargements; aliéner et transférer lesdites actions en totalité ou en partie; commettre tous agents de change, etc. (Voir *pour le surplus la formule précédente.*)

FORMULE 728. — **Procuration pour toucher les avances sur dépôt.**

PAR-DEVANT Mᵉ. . . . .,
A COMPARU : M. . . . ., lequel a constitué pour son mandataire M. . . . .,
Auquel il donne pouvoir de, pour lui et en son nom : toucher toutes avances sur dépôts d'effets publics, etc. (*Le surplus comme en la formule* 704, 9°.)
Retirer également toutes valeurs déposées au bureau des dépôts, en donner bonne et valable quittance.
A l'effet de ce que dessus, etc.

FORMULE 729. — **Procuration pour gérer une maison.**

PAR-DEVANT Mᵉ. . . . .,
A COMPARU : M. Léon CABOUR, propriétaire, demeurant à. . . . .,
Lequel a, par ces présentes, constitué pour son mandataire
M. . . . .,
Auquel il donne pouvoir de, pour lui et en son nom : gérer et administrer, tant acti-

---

(1) Troplong, nᵒˢ 74, 85; Delamarre et Lepoitevin, I, 142; CONTRA, Toullier, XI, 85.

5360. Le mandataire répond non-seulement du dol, mais encore des fautes qu'il commet dans sa gestion (1). Néanmoins la responsabilité relative aux fautes est appliquée moins rigoureusement à celui dont le mandat est gratuit qu'à celui qui reçoit un salaire (*C. N.*, 1992).

5361. Tout mandataire (2) est tenu de rendre compte (3) de sa gestion, et de faire raison au mandant (4) de tout ce qu'il a reçu en vertu de sa procuration, ainsi que des dommages et intérêts dont il sera passible envers son mandant (5), et de tout le profit même illicite (6) qu'il a retiré de la somme qu'il est chargé d'administrer, quand même ce qu'il aurait reçu n'eût point été dû au mandant (*C. N.*, 1993), à moins qu'il ne découvre que la chose a été volée et qu'on se sert de lui pour recéler un vol (7).

5362. Le mandataire doit faire entrer dans son compte, non-seulement ce qu'il a perçu effectivement, mais encore ce qu'il aurait dû percevoir et qu'il n'a pas perçu par sa faute ; par exemple si, chargé de vendre une chose pour un prix de....., il l'a vendue pour ce prix, et qu'elle vaille, selon la cote du jour, un prix plus élevé (8).

5363. Celui au nom duquel a été remplie une procuration en blanc et qui n'est que le prête-nom du véritable mandataire, n'est pas responsable envers le mandant des sommes dont il a donné quittance, lorsque ces sommes ont été encaissées par celui qui était le porteur de la procuration (9).

5364. Celui qui dissipe une somme ou valeur à lui remise à titre de mandataire, salarié ou non salarié, se rend coupable d'abus de confiance (10) (*C. pén.*, 408); ce qu'on applique : 1° au tuteur qui détourne ou dissipe des deniers appartenant à son pupille (11); 2° au gérant d'une société commer-

---

vement que passivement, une maison située à....., rue....., n°....., dont le comparant est propriétaire.

En conséquence, faire, proroger et renouveler tous baux et locations pour le temps qu'il plaira au mandataire, même au delà de neuf années, aux prix, charges et conditions que le mandataire jugera à propos, les résilier, même ceux existants, avec ou sans indemnité; donner et accepter tous congés; faire dresser tous états de lieux.

Faire faire toutes réparations, reconstructions et tous changements de distributions, passer à cet effet les devis et marchés avec tous ouvriers, architectes et entrepreneurs; exiger des locataires les réparations à leur charge.

Faire assurer ladite maison contre l'incendie et autres risques; signer toutes polices d'assurances; contracter tous engagements à cet égard avec telle compagnie que le mandataire jugera convenable; payer toutes primes et cotisations; faire toutes déclarations relativement à tous sinistres; régler à l'amiable toutes indemnités qui seront dues ou nommer tous experts pour les régler; toucher le montant des indemnités.

Faire tous traités et marchés pour l'éclairage de ladite maison, pour son entretien, pour l'abonnement aux eaux ou pour tout autre objet; signer tous traités, renouveler ou résilier ceux existants; payer tout ce qui pourrait être dû à cette occasion.

Acquitter tous impôts et contributions ordinaires et extraordinaires; faire, s'il y a lieu, toutes demandes en dégrèvement et diminution; signer à cet effet tous mémoires et pétitions.

Payer le montant de tous mémoires d'ouvriers et entrepreneurs; fixer les gages du concierge, les payer; congédier le concierge actuel, si le mandataire le juge à propos, le remplacer.

Toucher tous loyers échus et à échoir et toutes sommes dues par d'anciens locataires;

---

(1) Voir Pont, I, 994 ; Dict. not., *Mandat*, nos 171 à 175; Paris, 26 nov. 1846, 22 avril 1821; Nantes, 29 juin 1859; Orléans, 10 janv. 1850; Rouen, 28 avril 1858; Cass., 13 nov. 1848, 30 déc. 1862; J. N., 17551.
(2) Même la femme mandataire de son mari: Aix, 15 janv. 1838; Cass., 18 déc. 1834.
(3) Il peut en être dispensé par le mandant : Pont, I, 1003; Cass., 21 août 1831, si d'ailleurs il n'est pas incapable de recevoir à titre gratuit, et sauf l'imputation sur la quotité disponible, s'il y a lieu : Pont, I, 1003.
(4) Ou à ses héritiers: Pont, I, 1012; Paris, 4 mai 1841; Cass., 11 oct. 1812. Voir Cass., 8 mai 1861.

(5) Pont, I, 1005.
(6) Troplong, n° 423; Delamarre et Lepoitevin, II, 459; Taulier, VI, p. 525; Massé et Vergé, § 733, note 8; Pont, I, 1038. Voir cependant Dalloz, n° 250; Metz, 6 fév. 1824.
(7) Troplong. n° 420. Voir Pont, I, 1006; Rouen, 27 avril 1814.
(8) Troplong, n° 431; Pont, I, 1009.
(9) Trib. Seine, 26 janv. et 9 fév. 1842 ; Orléans, 7 janv. 1843; Trib. Lyon, 6 juill. 1850, 21 déc. 1864; J. N., 11208, 11574, 14237; M. T., 1825, p. 254. Paris, 13 déc. 1855; Journ. dumot. du 6 janv. 1860.
(10) Voir Cass., 14 juill. 1851.
(11) Cass., 10 août 1830, 28 avril 1205.

IV   5

ciale qui détourne à son profit les fonds de la société (1) ; 3° au notaire qui détourne les fonds qui lui avaient été remis à titre de dépôt, ou pour en faire un emploi (2), ou pour faire enregistrer un acte (3), à moins qu'il ne soit constant que le notaire a dû raisonnablement avoir l'espoir de les retrouver à sa disposition au moment où il serait nécessaire d'en faire emploi (4).

5365. Si le mandataire a substitué un tiers dans ses pouvoirs, voir *infra n°s 5379 à 5382.*

toucher tous loyers d'avance; toucher également toutes sommes pour remise ou décharge de contributions ou impôts.

Faire toutes conventions de voisinage, mitoyenneté et servitudes avec les propriétaires contigus; faire ces conventions par voie d'échange avec ou sans soulte ou de toute autre manière; fixer tous prix, les payer ou recevoir, ainsi que toutes soultes.

Représenter le constituant auprès de la voirie ou de l'administration municipale et partout où il y aura lieu, en toutes circonstances, notamment en cas d'alignement nouveau ou d'expropriation totale ou partielle de ladite maison; faire tous abandons et délaissements à l'amiable, aux prix, indemnités et conditions que le mandataire avisera, ou faire fixer le chiffre des indemnités par le jury d'expropriation; faire toutes déclarations; fournir toutes justifications; toucher les prix ou indemnités qui seraient dues en vertu des conventions qui seraient arrêtées à l'amiable, ou toutes indemnités d'expropriation ainsi que tous intérêts et accessoires.

De toutes sommes reçues ou payées, etc. (Voir *formule* 704, 28°.)

A défaut de payement, etc. (Voir *formule* 704, 27°.)

Aux effets ci-dessus, etc. (Voir *même formule*, 29°.)

Dont acte. Fait et passé, etc.

FORMULE 730. — Procuration pour former une société,

Par-devant Mᵉ. . . . .,

A comparu : M. Léon Labbé, propriétaire, demeurant à. . . . . ;

Lequel a, par ces présentes, constitué pour son mandataire

M. . . . .,

Auquel il donne pouvoir de, pour lui et en son nom :

Former avec M. . . . ., M. . . . ., et telles autres personnes que bon semblera au mandataire, une société civile et particulière pour l'achat et la revente d'une ferme située à. . . . ., consistant en. . . . ., etc., dont la vente doit être faite par M. . . . ., aux enchères, par le ministère de Mᵉ. . . . ., notaire à. . . . ., le. . . . .

Déterminer l'intérêt de chacun des associés et stipuler que la part du comparant dans cet intérêt ne pourra être supérieure à. . . . ., mais qu'elle pourra être de telle quotité inférieure que le mandataire jugera convenable.

Déterminer également la durée de la société et toutes les conditions sous lesquelles elle existera et sera administrée.

Obliger le comparant au versement des fonds nécessaires dans la proportion de son intérêt.

Porter toutes enchères ou les faire porter par un mandataire, lui conférer les pouvoirs nécessaires à cet effet; accepter l'acquisition; obliger le comparant solidairement avec ses coassociés au payement du prix et à l'exécution des charges.

Faire et accepter toutes déclarations de command pour la totalité ou partie de ladite ferme.

---

(1) Troplong, n° 505; Cass., 8 août 1845; Jur. N., 9719; contra, Cass., 15 janv. 1842.
(2) Lyon, 18 août 1831; Cass., 10 fév. 1832, 25 fév. 1843. 16 déc. 1852; Amiens, 21 août 1843; Bourges, 8 janv. 1846; Jur. N., 5834, 5900, 7311, 9851. V. Colmar, 26 mai 1864; J. N., 18179.

(3) Cass., 31 juill. 1817, 6 janv. 1837.

(4) Cass., 3 nov. 1835, 27 avril 1844; Bordeaux, 2 déc. 1852; Jur. N., 3120, 6745, 9852.

5366. Quand il y a plusieurs fondés de pouvoir ou mandataires établis par le même acte, *supra* n° *5345*, il n'y a de solidarité entre eux qu'autant qu'elle est exprimée (C. N., *1995*); cependant chaque comandataire serait tenu pour le tout, si l'objet du mandat était indivisible, ou si, après la cessation de leurs pouvoirs, ils s'étaient maintenus en possession illégale des biens du mandant (1).

5367. Le mandataire doit l'intérêt (2) : 1° des sommes qu'il a employées (3) à son usage (4),

---

Aux effets ci-dessus, etc.

DONT ACTE. Fait et passé, etc.

FORMULE 731. — Procuration pour emprunter.

PAR-DEVANT M°....,

ONT COMPARU : M. Denis VALIN, bijoutier, et Mme Léonie MAUPIN, son épouse, de lui autorisée, demeurant ensemble à.....;

Lesquels ont, par ces présentes, constitué pour leur mandataire M.....,

Auquel ils donnent pouvoir de, pour eux et en leurs noms :

Emprunter jusqu'à concurrence d'une somme principale de....., en une ou en plusieurs parties, d'une ou de plusieurs personnes, pour le temps et aux conditions que le mandataire jugera convenables; stipuler tous intérêts; obliger les constituants solidairement entre eux au remboursement du capital et au payement des intérêts; le tout aux époques et de la manière dont le mandataire conviendra.

Affecter et hypothéquer à la garantie desdits emprunts une maison située à....., appartenant à M. VALIN en propre, comme lui étant échue par le partage des successions de ses père et mère, opéré suivant acte passé devant M°....., notaire à....., le.....; pour plus de garantie, céder et transporter aux prêteurs les créances et reprises que Mme VALIN peut et pourra avoir à exercer contre son mari, et, par suite, les subroger dans l'effet de l'hypothèque légale de ladite dame contre son mari, mais seulement en ce qu'elle grève la maison susdésignée; le tout par priorité et préférence à Mme VALIN, et jusqu'à concurrence des sommes prêtées avec tous intérêts et accessoires; accepter les transports au nom de M. VALIN; encore pour plus de garantie, céder et déléguer aux prêteurs les indemnités qui seraient allouées par toutes compagnies d'assurance, en cas d'incendie de la maison hypothéquée, par priorité et préférence aux constituants, jusqu'à concurrence des sommes empruntées avec tous intérêts et accessoires; faire la remise de toutes polices d'assurance; stipuler toutes concurrences ou priorités entre les différents prêteurs, ainsi que le mandataire le jugera à propos.

(*Ou bien* : affecter à titre de gage et nantissement à la garantie desdits emprunts, une rente de mille francs trois pour cent sur l'Etat français inscrite au nom du comparant, au grand-livre de la dette publique, sous le n° 12425 de la série 3°; faire la remise du certificat d'inscription, en requérir et faire opérer l'immatricule aux noms des prêteurs, comme créanciers nantis; constituer tous dépositaires de la valeur remise en gage.)

Faire toutes déclarations d'état civil et de situation hypothécaire; notamment déclarer : 1° que les constituants sont mariés en premières noces, sous le régime de la communauté, sans restriction de la capacité de l'épouse, aux termes de leur contrat de mariage passé devant M°....., notaire à....., le.....; 2° qu'ils ne sont et n'ont jamais été tuteurs de mineurs ou d'interdits, ni comptables de deniers publics; 3° que la maison hypothéquée est d'une valeur vénale de....., au moins, et qu'elle n'est grevée d'aucun privilége, d'aucune hypothèque ni d'aucune action résolutoire ou révocatoire.

---

(1) Duranton, XVIII, 254 ; Dalloz, n° 206; Massé et Vergé, § 753, note 18; Cass ,29 déc. 1852.

(2) Au taux légal : 5 p. 100 en matière civile, 6 p. 100 en matière commerciale, quand même le mandant ne serait pas un commerçant ; Pont, I, 1051 ; Cass., 7 mai 1845.

(3) C'est au mandant à faire la preuve de cet emploi : Duranton,

XVIII, 246; Troplong, n° 503 ;Pont, I, 1043 ; Rennes, 16 janv. 1816. Voir Cass , 19 déc. 1853.

(4) Que ces sommes proviennent de capitaux ou de fruits et revenus versés par des tiers : Troplong, n° 499; Dalloz, n° 207. Massé et Vergé, § 753, note 15; Pont, I, 1052.

à dater de cet emploi (*C. N.*, *1996*), outre les dommages et intérèts pour le préjudice que le mandant en aurait éprouvé (1), à moins qu'il ne l'ait fait avec l'autorisation du mandant; dans ce dernier cas, le mandataire est devenu emprunteur, et il ne doit pas d'intérêt, sauf convention contraire (2); 2° et de celles dont il est reliquataire à compter du jour qu'il est mis en demeure (*C. N.*, *1996*), par une sommation ou par tout autre acte équipollent (3), *supra* n° *3176*, ou même par la correspondance, si elle atteste que le mandataire avait reconnu ou avoué la dette (4); il ne suffirait pas d'une saisie-arrêt pratiquée entre les mains du mandataire, par un créancier du mandant (5), ni même d'une demande en reddition de compte (6).

5368. Les intérêts dus par le mandataire, tant qu'il n'a pas rendu son compte, ne sont pas soumis à la prescription de cinq ans (7).

5369. Le mandataire qui a donné à la partie avec laquelle il contracte en cette qualité, une suffisante connaissance de ses pouvoirs, n'est tenu d'aucune garantie pour ce qui a été fait au delà,

---

Si la somme doit être employée, l'on ajoute : s'obliger à employer la somme totale empruntée à rembourser celle de....., due par les constituants à M. Léon BARDEL, rentier, demeurant à....., en vertu d'une obligation pour prêt, passée devant M^e....., notaire à....., le.....; réaliser cet emploi dans le délai de.....; faire dans la quittance à intervenir les déclarations nécessaires pour faire acquérir subrogation au profit des prêteurs, avec concurrence entre eux, ou par priorité et préférence en faveur d'un ou de plusieurs d'eux à l'égard des autres.

À l'effet de tout ce que dessus, passer et signer tous titres, élire domicile, substituer, et généralement faire le nécessaire.

DONT ACTE. Fait et passé, etc.

FORMULE 732. — Procuration pour emprunter du Crédit foncier.

PAR-DEVANT M^e.....,

ONT COMPARU : M. Victor BEAU, propriétaire, et Mme Femy BERT, son épouse de lui autorisée, demeurant ensemble à.....;

Lesquels ont, par ces présentes, constitué pour leur mandataire M.....,

Auquel ils donnent pouvoir de, pour eux et en leurs noms : emprunter au Crédit foncier de France, en..... obligations foncières cinq ou quatre pour cent, émises par la société, et prises au pair et comme numéraire, jusqu'à concurrence d'une somme principale de...

Faire cet emprunt pour le temps et aux conditions que le mandataire jugera convenables.

Obliger les comparants, solidairement entre eux, au remboursement du capital et au payement de toutes annuités, intérêts, frais et accessoires, aux époques et de la manière convenues, et enfin à l'exécution de toutes les conditions des prêts du Crédit foncier.

Affecter et hypothéquer au nom des comparants conjointement et solidairement, à la garantie des sommes dont ils seront débiteurs envers la société du Crédit foncier, en capital, intérêts, frais et autres accessoires, une maison située à....., dont ils sont propriétaires, au moyen de l'acquisition qu'ils en ont faite de....., suivant contrat passé devant M^e....., le.....

Établir la désignation détaillée et l'origine de propriété dudit immeuble; obliger les comparants solidairement entre eux au rapport de toutes justifications, mainlevées et certificats de radiation.

Faire assurer contre l'incendie à telle compagnie, pour telle somme et aux conditions

---

(1) Duranton, XVIII, 246; Pont, I, 1046; Taulier, VI, p.527; Troplong, n° 504.
(2) Troplong, n° 501.
(3) Duranton, XVIII. 248; Taulier, VI. p. 527; Troplong, n° 508; Pont, I, 543; Roll., *Mandat*, n° 247; Bourges, 13 avril 1840.
(4) Troplong, n° 509; Massé et Vergé, § 753, note 17; Pont, I, 1049; Cass., 15 mars 1821.
(5) Pont, I, 1050; Caen, 25 fév. 1816.
(6) Pont, I, 1050; Douai, 6 janv. 1840.
(7) Liège, 10 juill. 1833.

s'il ne s'y est personnellement soumis (*C. N.*, *1997*), par exemple en se portant fort pour son mandant avec promesse de ratification (1).

CHAPITRE TROISIÈME.

DES OBLIGATIONS DU MANDANT.

3570. Le mandant est tenu d'exécuter les engagements contractés par le mandataire, conformément au pouvoir qui lui a été donné. Il n'est tenu de ce qui a pu être fait au delà, qu'autant qu'il l'a ratifié

---

que le mandataire avisera, la maison ci-dessus désignée; payer toutes primes, en retirer décharge; prendre à ce sujet tous engagements avec le Crédit foncier.

Céder et transporter à ladite société, pour plus de garantie, jusqu'à concurrence de la somme prêtée, en principal et accessoires, et par préférence aux constituants et à tous autres cessionnaires, l'indemnité à laquelle les emprunteurs auraient droit en cas de sinistre de l'immeuble hypothéqué; subroger la société dans tous les droits des comparants à cet égard; faire toutes conventions relativement à l'assurance desdits immeubles et à l'indemnité en cas de sinistre.

Céder et transporter également au Crédit foncier de France, au nom de Mme BEAU, les reprises, créances et avantages matrimoniaux qu'elle peut et pourra avoir à exercer, et subroger la société dans l'hypothèque légale de ladite dame contre son mari; le tout avec préférence et antériorité à la cédante, mais jusqu'à concurrence de la somme prêtée en principal, intérêts et accessoires, et limitativement sur la maison hypothéquée; accepter ce transport au nom de M. BEAU; faire toutes déclarations au sujet de toutes cessions antérieures.

Faire toutes déclarations d'état civil et autres; déclarer notamment, comme les comparants l'ont présentement fait aux notaires soussignés, qu'ils sont mariés en premières noces, sous le régime de la communauté, aux termes de leur contrat de mariage passé devant M^e......, et qu'ils ne sont et n'ont jamais été tuteurs de mineurs ou interdits comptables ou cautions de comptables de deniers publics.

Réaliser l'emprunt dont s'agit soit partiellement, soit définitivement, en recevoir le montant; faire et renouveler toutes déclarations et stipulations qu'il appartiendra; donner toutes décharges; négocier aux conditions que le mandataire avisera les obligations foncières qui seront remises en réalisation du prêt fait à M. et Mme BEAU; toucher le montant de cette négociation, en donner décharge; payer et acquitter tous frais; faire le dépôt au Crédit foncier de la totalité ou de partie desdites obligations, en opérer le retrait et en donner décharge; déposer tous fonds en compte courant dans ladite société au nom des comparants; retirer tous carnets, comptes et chèques, en donner décharge.

Aux effets ci-dessus, etc.

DONT ACTE. Fait et passé, etc.

FORMULE 733. — **Procuration pour retirer un cautionnement de fonctionnaire.**

Toucher et recevoir de tous payeurs et caissiers la somme de....., montant du cautionnement versé par le constituant en qualité de (*énoncer la qualité pour laquelle le cautionnement a été versé et le lieu où les fonctions ont été exercées*), et inscrit au nom du constituant sous le n°..... — *Ou bien si le cautionnement a été fourni par un bailleur*

---

(1) Pont, I, 4058. Voir Limoges, 25 mars 1840.

expressément ou tacitement (*C. N.*, *1998*), et sans qu'il soit nécessaire, dans ce cas, de mentionner, conformément à l'art. 1338, le motif de l'action en rescision et l'intention de réparer le vice sur lequel cette action est fondée (1), si d'ailleurs le mandant a une connaissance suffisante de l'affaire (2).

5371. Puisque le mandataire représente son mandant, ce dernier n'est pas un tiers dans le sens de l'art. 1328, *supra n° 3422*, et les actes sous seings privés passés par le mandataire en cette qualité sont opposables au mandant, bien qu'ils n'aient acquis date certaine que depuis le décès du mandataire ou depuis la révocation du mandat, à moins que la fausseté de la date ne soit prouvée (3).

5372. Le mandant doit rembourser au mandataire les avances (4) et frais que celui-ci a faits pour l'exécution du mandat, et lui payer ses salaires lorsqu'il en a été promis (5). S'il n'y a aucune faute imputable au mandataire, le mandant ne peut se dispenser de faire ces remboursement et payement, lors même que l'affaire n'aurait pas réussi, ni faire réduire le montant des frais et avances sous le prétexte qu'ils pourraient être moindres (*C. N.*, *1999*).

5373. Le mandant doit aussi indemniser le mandataire des pertes que celui-ci a essuyées à l'occasion de sa gestion, sans imprudence qui lui soit imputable (*C. N.*, *2000*); si, par exemple, dans un voyage entrepris pour l'exécution de son mandat, il est blessé par un accident de chemin de fer, s'il perd ses bagages dans un naufrage, s'il est dépouillé par des voleurs (6); mais le mandant en serait exonéré si les pertes souffertes par le mandataire provenaient de sa faute ou de son imprudence (7), ou si le mandataire avait voyagé pour d'autres affaires à lui personnelles (8). Il importe peu, dans tous les cas, que le mandat soit gratuit ou salarié (9).

5374. L'intérêt des avances faites par le mandataire lui est dû (10) par le mandant, à dater du jour des avances constatées (11) (*C. N.*, *2001*), si d'ailleurs son compte prouve qu'il était réellement en avance : c'est être en avance que de tenir une somme à la disposition d'un des créanciers du mandant (12); mais le mandataire ne serait pas considéré comme étant en avance si, ayant dans les mains des valeurs liquides appartenant au mandant, il se servait de ses propres fonds pour gérer l'affaire au lieu d'employer les valeurs disponibles (13).

---

de fonds : montant du cautionnement versé par le constituant pour le compte de M. . . . ., etc. (*énoncer la qualité*, etc.), et inscrit au nom du constituant, comme bailleur de fonds, sous le n°. . . . . ; toucher également tous intérêts de ce cautionnement échus et à échoir; produire et remettre tous titres et pièces; faire toutes déclarations et affirmations; donner toutes quittances et décharges; signer et émarger tous registres et feuilles de payement, et généralement faire le nécessaire.

FORMULE 734. — Procuration pour déposer la formule du serment d'un candidat à la députation.

PAR-DEVANT M°. . . . .,

A COMPARU : M. Jules BERTROU, propriétaire, demeurant à. . . . . ;

Lequel ayant l'intention de se porter candidat à la députation au Corps législatif dans la circonscription de. . . . ., département de. . . . .,

A, par ces présentes, donné pouvoir à M. . . . .,

A l'effet de, pour lui et en son nom : se présenter au secrétariat de la préfecture du département de. . . . ., pour y déposer la formule exigée par l'art. 1er du sénatus-con-

---

(1) Pont, I, 1071 ; Troplong, n°609; Dict. not., *Mandat*, n° 242; Cass., 26 déc. 1815.
(2) Toullier, VIII, 491, 502; Duranton, XIII, 265 ; XVIII, 258; Massé et Vergé, § 755, note 4; Troplong, n° 609; Pont, I, 1074. Voir cependant Cass., 26 déc. 1815. Voir aussi Riom, 31 juill. 1851; Paris, 14 mai 1853.
(3) Troplong, n° 763; Dalloz, n° 402; Massé et Vergé. § 755, note 2 ; Pont, I, 1182; Bordeaux, 25 juill. 1826, 22 janv. 1827; Paris, 7 janv. 1834; Cass., 19 nov. 1834; Bourges, 17 mai 1842.
(4) Voir Paris, 27 janv. 1855; Cass., 17 janv. 1866 ; Jur. N., 13005.
(5) Voir Pont, I, 1101 et suiv.; Rouen, 16 fév. 1829; Cass., 7 août 1837, 11 nov. 1834, 18 juill. 1843, 7 fév. et 18 avril 1855 ; Lyon, 9 août 1843 ; Paris, 12 janv. 1856, 27 fév. 1857 ; Bordeaux, 12 fév. 1837.

(6) Troplong, n°s 664 à 666 ; Pont, I, 1113.
(7) Troplong, n° 673 ; Pont, I, 1114.
(8) Troplong, n° 668 ; Pont, I, 1113.
(9) Duranton, XVIII, 269 ; Troplong, n° 671 ; Dalloz, n° 366; Massé et Vergé. § 754, note 9 ; Pont, I, 1116.
(10) Au taux légal : 5 p. 100 en matière civile, 6 p. 100 en matière commerciale : Pont, I, 1095; Cass., 18 fév. 1836; Bordeaux, 17 janv. 1839.
(11) Et non pas seulement du jour où les avances ont été constatées : Duranton, XVIII, 270; Troplong, n°s 618, 671 ; Massé et Vergé, § 754, note 6 ; Mourlon, III, p. 446 ; Pont, I, 1092.
(12) Pont, I, 1094 ; Paris, 30 mars 1811 ; Cass., 31 déc. 1845.
(13) Troplong, n° 678 ; Pont, I, 1094.

5375. L'action du mandataire pour réclamer l'intérêt de ses avances ne se prescrit que par trente ans tant qu'il n'a pas rendu le compte de son mandat (1) ; mais après le règlement de son compte, la prescription est de cinq ans (2). D'ailleurs, le mandataire peut imputer sur les intérêts légaux des avances les sommes par lui reçues pour le mandant avant de les imputer sur le capital, en faisant son compte par échelette (3).

5376. C'est au mandataire à prouver l'époque des avances dont il demande l'intérêt. Cette preuve s'établit par quittances, mandats acquittés ou de toute autre manière (4).

5377. Le vendeur qui acquitte les frais du contrat de vente en l'acquit de l'acquéreur est considéré comme son mandataire; il a droit aux intérêts de cette avance du jour où il justifie l'avoir effectuée (5).

5378. Lorsque le mandataire a été constitué par plusieurs personnes pour une affaire commune, chacune d'elles est tenue solidairement envers lui de tous les effets du mandat (C. N., 2002), que le mandat soit gratuit ou salarié. Il en serait autrement si les deux conditions exigées par l'art. 2002 ne se trouvaient pas réunies, par exemple, bien que le mandat fût unique si l'affaire n'était pas commune, ou si l'affaire étant commune chaque intéressé lui avait donné un mandat distinct (6).

CHAPITRE QUATRIÈME.

DE LA SUBSTITUTION DE POUVOIRS.

5379. Le mandataire en vertu d'une procuration qui ne lui donne pas le pouvoir de substituer,

---

sulte du 17 février 1858, du serment prescrit par l'art. 16 du sénatus-consulte du 25 décembre 1852, ainsi conçu : *Je jure obéissance à la Constitution et fidélité à l'Empereur.*

Faire en conséquence toutes déclarations nécessaires; signer tous procès-verbaux ; retirer tous récépissés de sa déclaration, en donner décharge, et généralement faire le nécessaire.

DONT ACTE. Fait et passé, etc.

FORMULE 735. — Substitution de pouvoirs. (Nos 5379 à 5382.)

PAR-DEVANT M^e....,

A COMPARU : M. Denis VACHER, agent d'affaires, demeurant à....,

Agissant au nom et comme mandataire, avec faculté de substituer, de M. Léon VILLAIN, négociant, demeurant à....., en vertu de la procuration qu'il lui a donnée, etc. (voir *formule* 15);

Lequel a, par ces présentes, substitué en son lieu et place

M......,

Auquel il transmet tous les pouvoirs à lui conférés par M. VILLAIN, en vertu de la procuration ci-dessus énoncée, sans aucune exception.

Voulant qu'au moyen des présentes, le mandataire substitué puisse faire usage de tous les pouvoirs contenus en ladite procuration, comme le comparant lui-même aurait pu le faire.

Si la substitution est partielle : Auquel il transmet les pouvoirs à lui conférés par

---

(1) Cass., 18 fév. 1836.

(2) Pont, I, 1699; Cass., 18 fév. 1836; Rouen, 4 mai 1843.

(3) Pont, I, 1100; Cass., 23 nov. 1858.

(4) Troplong, n° 679.

(5) Lyon, 28 mars 1865.

(6) Troplong, n° 693; Massé et Vergé, § 634, note 13; Pont, I, 1125; Cass., 12 mars 1833.

peut cependant substituer un tiers dans son mandat lorsqu'il est dans l'impossibilité de continuer le mandat ou s'il est personnellement empêché, en cas de maladie, de changement de domicile, etc., et que l'affaire ne puisse être différée pendant le temps nécessaire pour prévenir le mandat (1). Il le peut aussi en dehors de ces cas, mais sous sa responsabilité personnelle (2). Enfin il le peut dans tous les cas si le mandat lui donne expressément le pouvoir de substituer [Form. 734].

5380. Le mandataire répond de celui qu'il s'est substitué dans la gestion : 1° quand il n'a pas reçu le pouvoir de se substituer quelqu'un; 2° quand ce pouvoir lui a été conféré sans désignation d'une personne et que celle dont il a fait choix était notoirement incapable ou insolvable (3) (C. N., *1994*); lorsque le mandat est salarié, la responsabilité du mandataire s'apprécie avec plus de rigueur, et il faut que le substitué soit notoirement capable, solvable et honnête (4).

5381. Lorsque la substitution dans les pouvoirs a été faite à une personne désignée par le mandant, le mandataire est déchargé, et sa mort n'est pas une cause d'extinction du mandat ; il n'en est pas de même si elle a été faite par le substituant en son nom (5), *infra n° 5390.*

5382. Dans tous les cas, le mandant peut agir directement contre la personne que le mandataire s'est substituée (C. N., *1994*), soit pour se faire rendre compte (6) du mandat, soit pour la rendre passible de dommages et intérêts s'il a commis des fautes dans l'exécution du mandat (7). A l'égard des tiers qui ont traité avec le substitué et qui ont été victimes de ses méfaits, ils ont un recours contre le mandant si la substitution a été faite en son nom, et contre le mandataire substitué si elle a été faite par lui seul (8).

CHAPITRE CINQUIÈME.

DES DIFFÉRENTES MANIÈRES DONT LE MANDAT FINIT.

5383. *1er cas.* Révocation [Form. 735, 736]. Le mandat finit par la révocation du mandataire

M. Villain, en vertu de la procuration ci-dessus énoncée, mais seulement à l'effet de :
— *Transcrire les pouvoirs dont le mandataire substitué doit faire usage.*

Voulant, le comparant, qu'au moyen des présentes le mandataire substitué puisse faire usage des pouvoirs ci-dessus, comme lui-même aurait pu le faire.

Dont acte. Fait et passé, etc.

FORMULE 736. — Révocation de procuration. (Nos 5383 à 5389.)

Par-devant Me....,

A comparu : M. Jean Didier, propriétaire, demeurant à.....;

Lequel a, par ces présentes, déclaré révoquer purement et simplement la procuration qu'il a donnée à M. Alfred Bardin, agent d'affaires, demeurant à....., par acte passé devant Me....., notaire à....., le..... (*ou* tous les pouvoirs qu'il peut avoir donnés à M. Alfred Bardin....., en vertu de tel acte que ce puisse être, notarié ou sous seing privé, même par lettre ou autrement).

Entendant que ledit sieur Bardin ne puisse plus, en aucune façon, s'immiscer dans ses affaires, et que tous les actes qu'il pourra faire à l'avenir en vertu des pouvoirs con-

---

(1) Troplong, n° 465; Dalloz, n° 289 ; Massé et Vergé, § 753, note 22.
(2) Pont, 1, 1018. Voir cependant Troplong, n° 446 à 450.
(3) Il ne peut échapper à la responsabilité en excipant qu'il a rien touché du mandataire substitué: Trib. Seine, 17 janv. 1861.
(4) Troplong, n° 455.
(5) Troplong, n° 484, 485, 758 Pont, I, 1151; Dict. not., *Mandat*, n° 373, 274.

(6) Le mandataire qui s'est substitué un tiers ne cesse pas d'avoir qualité pour agir en vertu du mandat et notamment pour recevoir les sommes d'argent qui proviennent de l'opération qu'il était chargé de faire : Cass., 7 déc. 1857. V. Paris, 14 déc. 1866.
(7) Troplong, n° 487.
(8) Troplong, n° 488. Voir Pont, 1, 1029.

(*C. N.*, *2005*), que le mandant peut faire quand bon lui semble, en contraignant, s'il y a lieu, le mandataire à lui remettre soit l'écrit sous seing privé qui la contient, soit l'original de la procuration, si elle a été délivrée en brevet, soit l'expédition s'il en a été gardé minute (*C. N.*, *2004*); dans ce dernier cas, il est utile que le mandant fasse connaître la révocation au notaire dépositaire de la minute avec défense d'en délivrer de nouvelles expéditions (1).

5384. Si la procuration a été donnée dans l'intérêt du mandataire ou d'un tiers, elle participe du contrat synallagmatique et ne peut être révoquée que du consentement des deux parties contractantes (2).

5385. La révocation ne produit son effet, à l'égard du mandataire, que par la signification qui lui en est faite, à moins qu'il n'en soit instruit par des faits quelconques, ce qui pourrait dispenser le mandant de lui en faire la signification réelle (3).

5386. La révocation notifiée au seul mandataire ne peut être opposée aux tiers qui ont traité dans l'ignorance de cette révocation, sauf au mandant son recours contre le mandataire (4) (*C. N.*, *2005*).

5387. La constitution d'un nouveau mandataire pour la même affaire vaut révocation du premier (5), à compter du jour où elle a été notifiée à celui-ci (*C. N.*, *2006*), ou du jour où il en a eu autrement connaissance (6).

5388. Lorsqu'une procuration est générale, la procuration spéciale donnée à un autre mandataire ne déroge à la première qu'en ce qui concerne cette spécialité (7); quant à .a procuration spéciale pour une affaire déterminée, elle n'est aucunement révoquée par la procuration générale postérieure donnée à un autre (8).

5389. 2e *cas. Renonciation.* Le mandataire peut renoncer à son mandat, ce qui en entraîne l'extinction (*C. N.*, *2005*) dès le moment où il a notifié sa renonciation au mandant; néanmoins si cette renonciation préjudicie au mandant, il devra en être indemnisé par le mandataire, à moins que celui-ci ne se trouve dans l'impossibilité de continuer le mandat sans en éprouver lui-même un préjudice considérable (*C. N.*, *2007*).

5390. 3e *cas. Mort, interdiction, déconfiture.* Le mandat finit aussi par la mort, l'interdiction, la

tenus en la procuration présentement révoquée, soient considérés comme nuls et demeurent sans effet.

Pour faire signifier la présente révocation à qui besoin sera, tous pouvoirs sont donnés au porteur d'une expédition.

Dont acte. Fait et passé, etc.

FORMULE 737. — Révocation contenue dans une nouvelle procuration. (No 5388.)

Par-devant Me . . . . .,

A comparu : M. Jean Didier, propriétaire, demeurant à . . . . .;

Lequel, en révoquant les pouvoirs par lui précédemment donnés à M. Alfred Bardin, agent d'affaires, demeurant à . . . . ., aux termes d'un acte reçu par Me . . . . ., notaire à . . . . ., le. . . (*ou* en révoquant tous pouvoirs et procurations quelconques par lui précédemment donnés à quelque personne que ce soit),

A, par ces présentes, constitué pour son mandataire
M. . . . . ., etc.

FORMULE 738. — Décharge de mandat. (No 5395.)

Par-devant Me . . . . .,

(1) Troplong, no 765 ; Pont, 1, 1163.
(2) Pont, I, 1159; Bruxelles, 22 juin 1820. Voir Bordeaux, 7 juill. 1837.
(3) Delam. et Lepoit., II, 432; Troplong, no 713; Dalloz, no 433 ; Massé et Vergé, § 756, note 6; Cass., 14 mai 1829.
(4) Voir Troplong, nos 708 à 717; Duranton, XVIII, 275; Zach. Massé et Vergé, § 756, note 8; Pont, I, 1161; Dict. not., *Mandat*, no 259; Cass., 24 déc 1817; Bordeaux, 14 fév. 1840.

(5) Quand même le second mandat serait nul et sans effet : Troplong, no 738 ; Dalloz, no 437 ; Massé et Vergé, § 756, note 5; Dict. not., *Mandat*, no 263.
(6) Troplong, no 787; Massé et Vergé, § 756, note 6; Pont, I, 1162.
(7) Troplong. no 791; Pont, 1, 1161; Dict. not., *Mandat*, no 2851 Cass , 3 août 1819.
(8) Troplong, no 792; Pont, I, 1161 ; Dict. not., *Mandat*, no 266.

déconfiture ou la faillite (1) soit du mandant, soit du mandataire (*C. N.*, *2003*). En cas de décès du mandant, il n'est pas nécessaire de le signifier au mandataire pour faire cesser son mandat; il suffit qu'il l'ait appris d'une manière quelconque (2).

5391. Si le mandataire ignore la mort du mandant ou l'une des autres causes qui font cesser le mandat, ce qu'il a fait dans cette ignorance est valide (*C. N.*, *2008*), même à l'égard des héritiers mineurs laissés par celui dont le décès a mis fin au mandat (3).

5392. En cas de mort du mandataire, ses héritiers doivent en donner avis au mandant, et pourvoir, en attendant, à ce que les circonstances exigent pour l'intérêt de celui-ci (*C. N.*, *2010*), à moins que les héritiers ne soient mineurs ou incapables (4).

5393. *4° cas. Autres causes d'extinction.* Le mandat finit encore : 1° par le changement d'état du mandant, par exemple, si une femme après avoir constitué un mandataire vient à se marier (5) ; 2° par la cessation des fonctions qui donnaient au mandant le droit d'administrer la chose qui a fait l'objet du mandat (6) ; 3° par l'expiration du temps fixé pour sa durée, et à l'expiration de dix années s'il s'agit de procurations pour recevoir des arrérages de rentes ou pensions sur l'Etat (*Ordonn. 1er mars 1816, art. 4*) ; 4° par la force majeure qui empêche l'affaire de se poursuivre ; 5° par la consommation de l'affaire, conformément à l'ordre donné (7).

5394. Dans tous les cas d'extinction du mandat pour l'une des causes indiquées *supra nos 5385 à 5393*, si le mandataire a agi nonobstant la fin du mandat, ses engagements sont exécutés à l'égard des tiers qui sont de bonne foi (*C. N.*, *2009*).

5395. *Décharge du mandat* [FORM. 737]. Nous avons dit *supra n° 5361*, que tout mandataire est tenu de rendre compte de sa gestion. Après la reddition du compte et le payement du reliquat, le mandant doit décharger le mandataire par un acte qui est aux frais du mandant.

A COMPARU : M. Edgar LACHÈVRE, propriétaire, demeurant à. . . . .;

Lequel a, par ces présentes, reconnu que M. Charles BANCK, agent d'affaires, demeurant à. . . . ., son mandataire en vertu de la procuration qu'il lui a donnée, suivant acte passé devant Mᵉ. . . . ., notaire à. . . . ., le. . . . ., et dont le brevet original est demeuré annexé à la minute d'une quittance reçue par Mᵉ. . . . ., notaire à. . . . ., le. . . . ., a bien et fidèlement rempli le mandat qu'il lui avait confié,

Et qu'il lui a remis toutes les sommes en principal, intérêts, arrérages et autres revenus qu'il a touchés ou pu toucher pour lui en sadite qualité de mandataire.

En conséquence, il lui donne pleine et entière décharge, tant desdites sommes que de tout ce qu'il a pu faire jusqu'à ce jour, en sadite qualité de mandataire.

(*Ou si la décharge est spéciale :* Et qu'il lui a remis la somme de. . . . :, qu'il a touchée pour lui en sa qualité de mandataire de M. LACHÈVRE, suivant quittance passée devant Mᵉ. . . . ., pour le montant en principal et intérêts, de l'obligation souscrite par M. . . . . ., au profit du comparant, suivant acte passé devant Mᵉ. . . . ., le. . . . .

En conséquence, il lui donne pleine et entière décharge, etc.).

DONT ACTE. Fait et passé, etc.

(1) Troplong, n° 746; Duranton, XVIII, 287; Pont, I, 1149; Roll., *Mandat*, n° 216; Cass., 24 août 1847.
(2) Troplong, n° 727; Dalloz, n° 462; Massé et Vergé, § 756, note 14; Pont. I, 1135. Voir Douai, 22 déc. 1848; J. N. 14031.
(3) Troplong, n° 814. Voir Cass., 8 août 1821.
(4) Troplong, n° 835; Duranton, XVIII, 293; Dalloz, n° 489;

Massé et Vergé, § 756, note 15; Pont, I, 1185; Dict. not., *Mandat*, n° 279.
(5) Duranton, XVIII, 285, 286; Troplong, nos 744, 749; Dict. not., *Mandat*, n° 247; Roll., *ibid.*, n° 223; Voir Pont, I, 1147.
(6) Pont, I, 1154; Dict. not., *Mandat*, n° 288.
(7) Pont, I, 1153. Voir Bourges, 19 juill. 1834.

TITRE QUATORZIÈME.

DU CAUTIONNEMENT

Le débiteur peut-il offrir d'autres garanties à la place ? n° 5454.

La discussion du débiteur n'est pas opposable, n°ˢ 5455, 5456.

CHAPITRE PREMIER.

DE LA NATURE ET DE L'ÉTENDUE DU CAUTIONNEMENT.

5396. Celui qui se rend caution d'une obligation, et que l'on appelle *caution* ou *fidéjusseur*, se soumet envers le créancier à satisfaire à cette obligation, si le débiteur n'y satisfait pas lui-même (C. N., 2011).

5397. Le cautionnement [FORM. 739 ET SUIV.] ne peut exister que sur une obligation valable (C. N., 2012); mais il importe peu qu'elle soit pure et simple, à terme, conditionnelle ou même future (1), ou qu'elle résulte d'un délit ou d'un quasi-délit (2).

5398. Si l'obligation n'est pas valable, parce qu'elle a été contractée par suite de dol, violence ou erreur, *supra n°ˢ 3145 et suiv.*, ou pour une dette de jeu ou de pari, *supra n° 5324*, le cautionnement est sans objet (3), quand même elle aurait été ratifiée par le débiteur, si la ratification est postérieure à la fidéjussion (4). La renonciation de la part de la caution à opposer l'exception de nullité, même déterminée ou prévue dans l'acte de cautionnement, serait sans effet (5).

FORMULE 739. — **Cautionnement simple pour une obligation.** (N°ˢ 5396 à 5444.)

PAR-DEVANT Mᵉ.....,

A COMPARU : M. Luc CARRÉ, propriétaire, demeurant à.....;

Lequel, après avoir pris connaissance d'un acte passé devant Mᵉ....., notaire à....., le.....; aux termes duquel M. Louis DIET, cultivateur, et Mᵐᵉ Augustine TILLARD, son épouse, demeurant ensemble à....., se sont reconnus débiteurs pour prêt

(1) Duranton, XVIII, 297; Ponsot, n° 56; Troplong, n° 50; Zach., Massé et Vergé, § 757, note 2; Pont, *Petits contrats*, II, 28; Paris, 15 janv. 1831; Cass., 16 juin 1846.
(2) Troplong, n° 50.
(3) Troplong, n° 84, 85; Duranton, XVIII, 302; Dalloz, n° 61; Zach.,
Massé et Vergé, § 759, note 15; Grenoble, 4 déc. 1830; Bastia, 14 avril 1834; Cass., 15 juin 1857; CONTRA, Pont, II, 35, 54.
(4) Troplong, n°ˢ 89, 90.
(5) Troplong, n° 93; Dalloz, n° 61; Zach., Massé et Vergé, § 759, note 15.

5399. On ne peut pas cautionner la vente du bien d'un incapable, si elle a lieu sans l'accomplissement des formes prescrites ; mais l'on peut se porter fort pour lui, *supra n° 3154*, et, par conséquent, s'obliger à payer des dommages et intérêts en cas d'inexécution de la vente (1).

5400. On peut néanmoins cautionner une obligation, encore qu'elle soit annulable par une exception purement personnelle à l'obligé, par exemple, dans le cas de minorité (C. N., 2012) si [le mineur en s'obligeant était capable de discernement,] ou d'interdiction [si l'interdit a contracté dans un intervalle lucide] (2) ou de défaut d'autorisation d'une femme mariée (3), de telles obligations étant susceptibles de produire un lien naturel (4). Si la restitution du mineur, ou autre incapable, a pour effet de faire disparaître une qualité qu'il avait prise, comme, par exemple, une adition d'hérédité en dehors des formes prescrites par l'art. 776 C. N., la personne qui a cautionné les engagements qu'il a contractés comme héritier, n'en est pas plus tenue que le mineur (5).

5401. Lorsque la caution a payé l'obligation susceptible d'être annulée, elle n'a point contre le mineur, ou autre incapable, le recours dont parle l'art. 2028, *infra n° 5435*, au delà de ce qu'elle a profité à l'incapable, à moins que ce dernier, après être devenu capable, n'ait renoncé à se prévaloir de la nullité (6).

5402. On peut valablement cautionner l'aliénation d'un fonds dotal (7).

5403. Un père peut cautionner son fils, sans pour cela être censé lui avoir fait un avantage indirect, à moins qu'il ne soit reconnu que le cautionnement a eu lieu dans une intention libérale (8) ; mais en ce qui concerne le créancier, le cautionnement doit toujours être exécuté, alors même qu'il excéderait la quotité disponible (9).

5404. On peut se rendre caution sans ordre de celui pour lequel on s'oblige, même à son insu (C. N., 2014), et contre sa volonté (10). — On peut aussi se rendre caution, non-seulement du débiteur principal, mais encore de celui qui l'a cautionné (*même article*) ; un tel fidéjusseur se nomme *certificateur de caution* [FORM. 745].

5405. Le cautionnement ne se présume point ; il doit être exprès (C. N., 2015) ; il peut avoir lieu par acte notarié ou sous seing privé ; dans cette dernière forme, il n'est pas assujetti à la formalité du double original (11), mais il doit être revêtu du *bon* ou *approuvé* en toutes lettres, *supra n° 3418, note 5*. — Un cautionnement verbal quand il est avoué, un cautionnement prouvé par témoins, dans

---

envers M. Jacques DOYEZ, rentier, demeurant à....., d'une somme de....., qui a été stipulée exigible le....., et, jusqu'à son remboursement intégral, productive d'intérêts à cinq pour cent par an, à partir du jour de l'obligation, payable chaque année, de six en six mois, les.....,

A, par ces présentes, déclaré se rendre et constituer caution de M. et Mme DIET envers M. DOYEZ, à ce présent et acceptant, pour le montant de ladite obligation, en principal, intérêts et accessoires.

En conséquence, M. CARRÉ s'oblige au payement de ladite somme de..... et de ses intérêts et accessoires, le tout aux époques et de la manière exprimées audit acte d'obligation, à défaut par les époux DIET d'y satisfaire et après discussion préalable.

M. DOYEZ ne pourra accorder aucune prorogation de délai aux débiteurs sans le consentement exprès et par écrit de M. CARRÉ, à peine de perdre tout recours et action contre ce dernier.

---

(1) Troplong, n° 31. Voir Pont, II, 12.
(2) Duranton, XVIII, 503 ; Ponsot, n° 65 ; Massé et Vergé, § 759, note 16 ; Troplong, n°s 80, 81 ; Pont, II, 34.
(3) Duranton, XVIII, 305 ; Ponsot, n° 67 ; Troplong, n° 82 ; Massé et Vergé, § 759, note 16 ; Pont, II, 46 ; Paris, 24 juill. 1819.
(4) Troplong, n°s 74 à 78 ; Pont II, 36 à 40.
(5) Pothier, *Oblig.*, n° 382 ; Troplong, n° 76 ; Ponsot, n° 64 ; CONTRA, Pont, II, 44.
(6) Troplong, n° 73.
(7) Tessier, *Dot*, n° 689 ; Ponsot, n° 55 ; Troplong, n° 87 ; Dalloz, n° 65 ; Dict. not., *Caution*, n° 45 ; Cass., 3 août 1825 ; Poitiers,

5 mars 1825 ; Grenoble, 6 mars 1833 et 17 fév. 1847 ; Montpellier, 7 mars 1850 ; CONTRA, Toulouse, 5 fév. 1842.
(8) Cass., 29 déc. 1858.
(9) Troplong, n° 44 ; Pont, II, 49, Cass., 5 avril 1809.
(10) Voir Duranton XVIII, 316 ; Troplong, n° 428 ; Massé et Vergé, § 759, note 7 ; Pont, II, 89.
(11) Duranton, XVIII, 298 ; Troplong, n° 20 ; Ponsot, n° 18 ; Mourlon, III, p. 451 ; Massé et Vergé, § 757, note 5 ; Pont, II, 20 ; Grenoble, 10 juin 1825. Voir Dict. not., *Caution*, n° 2 ; Cass., 3 avril 1850 ; J. N., 110 d.

le cas où la loi en permet la preuve orale, ne sont pas moins exprès qu'un cautionnement écrit (1).

5406. La promesse de cautionner la dette, faite à un créancier, n'équivaut pas au cautionnement lui-même : le créancier a seulement le droit de poursuivre celui qui a promis de cautionner pour qu'il réalise sa promesse, et il en serait déchargé si depuis cette promesse le créancier avait laissé le débiteur devenir insolvable, sans le faire payer (2).

5407. La caution peut stipuler un salaire ou une indemnité pour la garantie qu'elle procure au créancier (3) ; si l'indemnité est payée non par le débiteur, mais par le créancier, le cautionnement est un contrat d'assurance (4), *supra n° 5318*.

5408. Le caractère du cautionnement est d'engendrer une obligation personnelle. Il se distingue de l'hypothèque concédée par une personne pour sûreté de la dette d'un tiers, en ce que cette personne n'est tenue que réellement et à raison de l'immeuble affecté (5) [FORM. 744].

5409. Le cautionnement ne peut excéder ce qui est dû par le débiteur, ni être contracté sous des conditions plus onéreuses (*C. N.*, 2013); ainsi l'obligation prise par la caution de payer avant l'époque fixée pour l'échéance de la dette ou à un autre lieu plus éloigné, serait sans effet (6), à moins de modification expressément stipulée (7). Mais la caution peut donner un gage ou une hypothèque pour sûreté de la dette quoique le débiteur principal n'en doive pas (8).

5410. Il peut être contracté pour une partie de la dette seulement, et sous des conditions moins onéreuses (*C. N.*, 2013) [FORM. 741].

5411. Le cautionnement qui excède la dette, ou qui est contracté sous des conditions plus onéreuses n'est point nul; il est seulement réductible à la mesure de l'obligation principale (*C. N.*, 2013).

5412. On ne peut pas étendre le cautionnement au delà des limites dans lesquelles il a été contracté (*C. N.*, 2013); ainsi : la caution donnée pour le bail ne s'étend pas à la tacite réconduction, *supra n° 4517*, ni à la prolongation de bail (9) ; celle donnée pour sûreté des fermages ne s'étend pas aux indemnités dues par le fermier (10) ; la caution donnée pour le principal seulement ne s'étend pas aux accessoires (11), ni à d'autres dettes que celles spécialement prévues (12) ; le cautionnement promis pour les prêts qui seraient faits par un tuteur au nom de ses pupilles à un emprunteur désigné, ne s'étend pas à ceux faits au même emprunteur par les mineurs eux-mêmes après leur majorité (13) ; le cautionnement d'une dette qui devra résulter d'une décision arbitrale ne s'étend pas à la condamnation qui, à défaut des arbitres, est prononcée par la juridiction ordinaire, etc.

A la sûreté et garantie, etc.
Pour l'exécution des présentes, etc.
DONT ACTE. Fait et passé, etc.

FORMULE 740. — **Cautionnement solidaire pour une obligation.** (N°ˢ 5396 à 5444.)

PAR-DEVANT Mᵉ. . . . . ,
A COMPARU : M. . . . . , lequel, etc. (*Comme en la formule précédente.*)

A, par ces présentes, déclaré se rendre et constituer caution solidaire de M. et Mᵐᵉ, etc. (*Le surplus de la phrase comme en la formule précédente.*)

En conséquence, M. CARRÉ s'oblige solidairement avec M. et Mᵐᵉ DIET, et en renon-

(1) Troplong, n° 135; Dalloz, n° 159; Zach., Massé et Vergé, § 759, note 4 ; Pont, II, 91; Cass., 1er fév. 1836.
(2) Troplong, n° 42.
(3) Duranton, XVIII, 300; Ponsot, n° 24; Troplong, n° 15; Dalloz, n° 29 ; Zach. Massé et Vergé, § 757, note 4 ; Pont, II, 46; Dict. not., Caution, n° 6 ; Limoges, 23 déc. 1847; Cass., 13 mars 1854.
(4) Ponsot, n° 22; Troplong, n° 16; Dalloz, n° 30; Massé et Vergé, § 744, note 4 ; Pont II, 17.
(5) Duranton, XVIII, 296; Ponsot, n° 16; Troplong, n° 38; Pont, II, 23 ; Dict. not., Caution, n° 12 ; Cass., 25 nov. 1842, 40 août 1814.
(6) Ponsot, n° 102; Troplong, n°ˢ 402, 404; Dict. not., Caution, n° 31; Massé et Vergé, § 757, note 40; Pont, II, 71.
(7) Troplong, n°ˢ 403, 404; Massé et Vergé, § 757, note 40; Pont, II, 68, 77 ; Dict. not., Caution, n° 7.
(8) Duranton. XVIII, 311; Ponsot, n° 409; Taulier, VII, p. 44; Troplong, n° 410; Zach., Massé et Vergé, § 757, note 44; Pont, II, 78 ; Dict. not., Caution, n° 22.
(9) Ponsot, n° 121; Troplong, n° 149; Pont, II, 102.
(10) Pothier, n° 404 ; Pont, II, 404.
(11) Duranton, XVIII, 320; Ponsot, n° 419; Troplong, n°ˢ 149 et 158; Pont, II, 104.
(12) Pont, II, 105 ; Cass., 14 juill. 1845, J. N., 42437.
(13) Cass., 31 juill. 1849; J. N., 13372.

5413 Le cautionnement donné pour une personne déterminée ne s'étend pas à une autre, même coobligée ou intéressée dans la même affaire ; mais il ne s'éteint pas de plein droit par le décès de la personne cautionnée, il dure autant que l'obligation principale ; et quand cette obligation est de celles qui se transmettent aux héritiers ou représentants, le cautionnement suit l'obligation (1).

5414. Le cautionnement indéfini (2) d'une obligation principale s'étend à tous les accessoires de la dette, même aux frais de la première demande, et à tous ceux postérieurs à la dénonciation qui en est faite à la caution (C. N., 2016) ; à défaut de cette dénonciation, tous les frais qui ont suivi la première demande sont en dehors de la responsabilité de la caution (3).

5415. Les engagements des cautions passent à leurs héritiers (4), *supra n° 2666*, à l'exception de la contrainte par corps, si l'engagement était tel que la caution y fût obligée (C. N., 2017).

5416. Le débiteur obligé à fournir une caution doit en présenter une qui ait : 1° la capacité de contracter, 2° un bien suffisant pour répondre de l'objet de l'obligation, 3° son domicile dans le ressort de la Cour d'appel où elle doit être donnée (C. N., 2018), c'est-à-dire où le créancier est domicilié (5) ; mais si l'obligation principale a été passée dans un autre lieu, c'est ce lieu qui détermine la réception de la caution (6).

5417. La caution à fournir par l'usufruitier, *supra n° 1500*, ou par l'héritier bénéficiaire, *supra n° 1909*, doit être domiciliée dans le ressort de la Cour où la succession s'est ouverte (C. pr., 993) ; celle *judicatum solvi*, *supra n° 765*, doit être domiciliée dans le ressort de la Cour où la contestation est pendante (7).

5418. Si la caution vient à changer de domicile, le créancier peut la forcer à en élire un autre dans le ressort qu'elle a quitté (8) ; mais il ne pourrait en exiger une nouvelle, si d'ailleurs la caution n'a pas cessé d'être solvable (9).

5419. Le créancier, après avoir consenti à recevoir une caution ne présentant pas les conditions requises par les art. 2018 et 2019, ne peut revenir sur cette approbation (10).

5420. Les formes pour les réceptions de cautions sont tracées par les art. 517 à 522 C. pr.

5421. La solvabilité d'une caution ne s'estime qu'eu égard à ses propriétés foncières (11), excepté en matière de commerce, ou lorsque la dette est modique. On n'a point égard aux immeubles litigieux, ou dont la discussion deviendrait trop difficile par l'éloignement de leur situation (C. N., 2019), ni aux immeubles dont la valeur est absorbée par des hypothèques (12), non plus qu'à ceux dont la propriété serait résoluble (13) ; ce qui, en tout cas, doit être apprécié par le juge (14).

çant aux bénéfices de discussion et de division, au payement de ladite somme de . . . . . et ses intérêts et accessoires ; le tout aux époques et de la manière exprimées audit acte d'obligation.

A la sûreté et garantie, etc.

FORMULE 741. — **Cautionnement par intervention; — pour une partie de l'obligation** (Nos 5410, 5439, 5446.)

A ces présentes est intervenu M. Louis VALIN, propriétaire, demeurant à . . . . . ;

---

(1) Troplong. n° 151 ; Dalloz, n° 420 ; Massé et Vergé, § 759, note 2 ; Pont, II, 101.
(2) Voir Pont, II, 107 ; Cass., 16 juin 1846 ; Orléans, 18 mai 1855 ; J. N., 12728.
(3) Troplong. n° 164 ; Pont, II, 109.
(4) Toutefois chacun des héritiers n'en est tenu que pour sa part et portion, *supra n° 2067* ; Troplong, n° 173.
(5) Troplong, n° 193, Massé et Vergé, § 759, note 7 ; CONTRA, Ponsot, n° 169 ; Taulier, VII, p. 16 ; Pont, II, 131, 450, selon lesquels c'est au contraire au domicile du débiteur (Arg. C. N., 1247).
(6) Troplong, n° 194.
(7) Troplong, n° 198 ; Pont, II, 448.
(8) Troplong, n° 200 ; Boileux, VI, p. 645 ; CONTRA, Pont, II, 132.
(9) Ponsot, n° 105 ; Troplong, n° 200 ; Dalloz, n° 140 ; Zach., Massé

et Vergé. § 759, note 7. Voir cependant Duranton, XVIII, 325 ; Taulier, VII. p. 17 ; Pont, II, 133.
(10) Troplong, n° 201 ; Pont, II, 135 ; Bordeaux, 20 déc. 1860 ; J. N., 17129.
(11) Et non pas à ses meubles, même immobilisés, comme des actions de la banque de France, des rentes sur l'Etat : Troplong, n° 204 ; Dalloz, n° 430 ; Massé et Vergé, § 759, note 8 ; Pont, II, 123.
(12) Duranton, XVIII, 326 ; Ponsot, n° 45 ; Troplong, n° 209 ; Massé et Vergé, § 759, note 11 ; Pont, II, 127.
(13) Duranton, XVIII, 326 ; Pont, II, 126 ; Colmar, 31 août 1810.
(14) Troplong, n° 211 ; Duranton, XVIII, 327 ; Ponsot, n° 136 ; Zach. Massé et Vergé, § 759, note 12 ; Pout. II, 123 ; Bordeaux, 27 nov. 1828. V. Paris, 23 juin 1867 ; J. N., 19008.

5422. Lorsque la caution que le débiteur s'était obligé à donner (1) et que le créancier a reçue volontairement ou en justice, est ensuite (2) devenue insolvable, il doit en être donné une autre (*C. N.,* 2020); s'il y a eu diminution dans la fortune de la caution, il y a lieu seulement [à un supplément de cautionnement (3). Il ne peut être rien exigé si la diminution de garantie provient de ce que la caution vient à être investie des fonctions de tuteur, ou à se marier à une femme lui apportant une dot élevée (4).

5423. La règle selon laquelle le débiteur doit fournir une autre caution en remplacement de celle qui est devenue insolvable, *supra n° 5422,* reçoit exception dans le cas seulement où la caution n'a été donnée qu'en vertu d'une convention par laquelle le créancier a exigé une telle personne pour caution (*C. N.,* 2020).

5424. La confusion qui s'établit entre la qualité de caution et celle de débiteur est une cause d'extinction du cautionnement, *infra n° 5447* ; mais elle n'oblige pas le débiteur à donner une autre caution (5).

5425. Le débiteur qui ne trouverait pas à donner la caution qu'il aurait promise ou qu'il devrait remplacer, ne serait pas admis à fournir pour en tenir lieu, ni plusieurs cautions, ni un gage, ni une hypothèque (6), à moins qu'il ne s'agisse d'un supplément de garantie, pour l'insolvabilité partielle de la caution (7), *supra n° 5422.* Si la caution est légale ou judiciaire, voir *infra n° 5454*

CHAPITRE DEUXIÈME.

DE L'EFFET DU CAUTIONNEMENT.

SECT. 1re. — DE L'EFFET DU CAUTIONNEMENT ENTRE LE CRÉANCIER ET LA CAUTION.

5426. I. *Bénéfice de discussion* [FORM. 739]. La caution n'est obligée envers le créancier à le

Lequel, après avoir pris communication de l'obligation qui précède, a déclaré se rendre et constituer caution solidaire de M. et Mme STURB, envers M. VIORNAY, ce acceptant, mais seulement jusqu'à concurrence d'une somme de dix mille francs, des intérêts de cette somme et accessoires, sur les vingt mille francs, montant de l'obligation qui précède.

En conséquence, M. VALIN s'oblige solidairement avec M. et Mme STURB, et en renonçant aux bénéfices de discussion et de division, au payement de ladite somme de dix mille francs, de ses intérêts et accessoires, le tout aux époques et de la manière sus-exprimées.

En cas de payements à compte, par M. et Mme STURB, sur le capital de ladite obligation, ces payements s'imputeront sur la partie non cautionnée de la dette (*ou* sur la partie cautionnée de la dette).

Enfin, en cas de payement par M. VALIN de tout ou partie des dix mille francs cau-

(1) Pont, II, 140.
(2) Si elle l'était déjà au moment où elle a été présentée, le créancier qui l'a reçue ne peut en exiger une autre, *supra* n° 5419.
(3) Ponsot, n° 469; Troplong, n° 427; Massé et Vergé, § 759, note 43 ; CONTRA, Pont, II, 145.
(4) Duranton, XVIII, 329; Troplong, n° 210 ; Boileux, VI, p. 649 ; Massé et Vergé, § 759, note 43; CONTRA, Pont, II, 146.

(5) Troplong, n° 220 ; Pont, II, 148, 149; CONTRA, Ponsot, n° 174, Dalloz, n° 439. Voir Massé et Vergé, § 759, note 43.
(6) Duranton, XVIII, 330 ; Troplong, n° 202; Massé et Vergé, § 759, note 8 ; Boileux, VI, p. 645; Pont, II, 150 ; CONTRA, Pothier, n° 392. Voir Ponsot, n° 457.
(7) Duranton, XVIII, 329; Ponsot, n° 469; Troplong, n° 218; Pont, II, 151.

payer qu'à défaut du débiteur (1), qui doit être préalablement discuté dans ses biens (2), à moins que la caution n'ait renoncé au bénéfice de discussion, ou à moins qu'elle ne se soit obligée solidairement [Form. 740] avec le débiteur ; auquel cas l'effet de son engagement se règle par les principes qui ont été établis pour les dettes solidaires, *supra n° 3224 et suiv.* (C. N., 2021); et, dans ce cas, le créancier peut poursuivre la caution sans être tenu de lui justifier qu'il a mis le débiteur principal en demeure de satisfaire à son obligation (3).

5427. Le bénéfice de discussion est admis en matière commerciale (4). Le certificateur de caution *supra n° 5407*, peut demander la discussion de la caution (5).

5428. Le créancier n'est obligé de discuter le débiteur principal que lorsque la caution le requiert, sur les premières poursuites dirigées contre elle (C. N., 2022); toutefois, même après les poursuites commencées, il n'y a pas forclusion pour le cas où les biens dont le fidéjusseur demande la discussion ne sont échus au débiteur principal que dans le cours de l'instance (6).

5429. La caution qui requiert la discussion doit indiquer au créancier les biens (7) du débiteur principal, et lui avancer, s'il le demande (8), les deniers suffisants pour faire la discussion. Elle ne doit indiquer ni des biens du débiteur principal situés hors de l'arrondissement de la Cour d'appel du lieu où le payement doit être fait, ni des biens litigieux (9), ni ceux hypothéqués à la dette qui ne sont plus en la possession du débiteur (C. N., 2023).

5430. Toutes les fois que la caution a fait l'indication des biens du débiteur principal, et qu'elle a fourni les deniers suffisants pour la discussion, le créancier est, jusqu'à concurrence des biens indiqués, responsable, à l'égard de la caution, de l'insolvabilité du débiteur principal survenue par le défaut de poursuites (C. N., 2024) en temps opportun (10).

5431. II. *Bénéfice de division.* Lorsque plusieurs personnes se sont rendues cautions d'un même débiteur, pour une même dette [Form. 742], elles sont, à moins de stipulation contraire (11), obligées chacune à toute la dette (12) (C. N., 2025) ; et la poursuite dirigée contre l'une d'elles, interrompt la prescription contre les autres, même quand la solidarité n'a pas été stipulée (13).

5432. Néanmoins, même lorsque le cautionnement est judiciaire (14), *infra n° 5453*, chacune d'elles, qu'elles se soient obligées en même temps ou successivement (15), peut (16), à moins qu'elle n'ait renoncé au bénéfice de division (17), exiger que le créancier divise préalablement son action et la

tionnés, et de leurs intérêts et accessoires, la subrogation qui en résultera à son profit dans les droits et hypothèques de M. Viornay, contre M. et Mme Sturb, et dans l'effet de l'inscription qui sera prise en vertu des présentes, ne lui donnera qu'un rang postérieur à M. Viornay, de sorte que dans tous ordres et distributions des prix des immeubles hypothéqués par M. et Mme Sturb et dans tous versements d'indemnités en cas d'incendie de la maison ci-dessus désignée, M. Viornay sera colloqué et payé par priorité et

---

(1) S'il y a plusieurs débiteurs et qu'un seul ait été cautionné, tous doivent être préalablement discutés : Pothier, n° 413; Troplong, n° 210; Dalloz, n° 473; Massé et Vergé, § 760, note 4; Taulier, VII, p. 24; contra, Pont, II, 183.

(2) Cette discussion ne peut être opposée lorsque le débiteur principal est notoirement insolvable : Troplong, n° 234.

(3) Troplong, n° 33 ; Massé et Vergé, § 760. note 2; Troplong, n° 232; Pont, II, 154; Bordeaux, 18 août 1841 ; contra, Duranton, XVIII, 331.

(4) Pardessus, n° 557; Vincens, II, p. 28, 36; Dalloz, n° 176; Massé et Vergé, § 760, note 13; Pont, II, 158. Voir Cass., 4 mars 1851; J. N., 14536; contra, Delam. et Le Poitevin, II, 302; Troplong, n° 233.

(5) Troplong, n° 242; Dalloz, n° 477; Massé et Vergé, § 760, note 13 ; Pont, II, 209; Cass., 4 mars 1851 ; J. N., 14536.

(6) Troplong, n° 25; Boileux, VI, p. 655; Taulier, VII, p. 23; Dalloz, n° 489; Massé et Vergé, § 760, note b ; Pont, II, 171 ; contra, Duranton, XVIII, 377 ; Ponsot, n° 491.

(7) Meubles ou immeubles, en tout ou seulement en partie, suivant que cela est nécessaire pour arriver au payement : Comp., Troplong, n° 262; Duranton, XVIII, 327; Ponsot, n° 495; Dalloz, n° 491; Zach., Massé et Vergé, § 760, note 6; Pont, II, 174, 178, 179.

(8) Pothier, n° 413; Troplong, n° 273; Zach., Massé et Vergé, § 760, note 14; Cass., 21 mars 1827; contra, Pont, II, 175; Bordeaux, 6 août 1833, suivant lesquels l'offre de faire l'avance doit accompagner l'acte de réquisition de discuter le débiteur.

(9) Supra n° 5421. Voir aussi Pont, II, 181; Toulouse, 9 mars 1819.

(10) Troplong, n° 279; Massé et Vergé, § 760, note 12; Pont, II, 185. Voir Cass., 8 avril 1835.

(11) Pont, II, 187.

(12) Voir Larombière, 1244, 15 à 17 ; Pont, II, 187 à 192.

(13) Troplong, n° 291; Dalloz, n° 209; Boileux, VI, p. 658; Massé et Vergé, § 760, note 19; contra, Zach., § 760, note 19 ; Mourlon, III, p. 460; Taulier, VII, p. 26; Pont, II, 492.

(14) Troplong, n° 303; Massé et Vergé, § 760, note 21.

(15) Pothier, n° 421; Taulier, VII, p. 27; Ponsot, n° 214; Pont, II, 240 ; contra, Duranton, XVIII, 346.

(16) Sur les poursuites exercées contre elle, mais non avant : Ponsot, n°s 423 et 298; Troplong, n° 299; Dalloz, n° 214; Massé et Vergé, § 760, note 20; Pont, II, 195.

(17) Ou qu'elle ne se soit obligée solidairement : Troplong, n°s 300, 301 ; Ponsot, n° 209 ; Duranton, XVIII, 343, 345 ; Dalloz n° 210; Zach., § 760, note 21 ; Pont, II, 205.

IV.   6

réduise à la part et portion de chaque caution (*C. N.*, *2026*). Cette division peut être exigée en tout état de cause, pourvu que ce soit avant le jugement (1) ; et lorsque les poursuites dirigées contre l'une des cautions sont extrajudiciaires, elle peut exciper du bénéfice de division, même après la vente, tant que les deniers ne sont pas distribués (2). Le cofidéjusseur qui oppose la division n'est pas tenu de faire l'avance des frais destinés à poursuivre ses consorts, ni d'indiquer les biens que le créancier peut discuter pour se faire payer des autres cofidéjusseurs (3).

5433. Lorsque, dans le temps où l'une des cautions a fait prononcer la division, il y en avait d'insolvables, cette caution est tenue proportionnellement de ces insolvabilités ; mais elle ne peut plus être recherchée à raison des insolvabilités survenues depuis la division (*C. N.*, *2026*) ; dans ce cas, la perte retombe sur le créancier. (4).

5434. Si le créancier a divisé lui-même et volontairement son action, d'une manière expresse, ou tacitement en renonçant à la solidarité, *supra n° 3240*, ou en recevant divisément et volontairement la part de l'un des débiteurs (5), *supra n° 3240*, ou encore en obtenant une condamnation contre l'un des cofidéjusseurs pour sa part (6), *supra n° 3242*, il ne peut revenir contre cette division, à l'égard de celle des cautions en faveur de laquelle il l'a consenti (7), quoiqu'il y eût, même antérieurement au temps où il l'a ainsi consentie, des cautions insolvables (*C. N.*, *2027*).

SECTION II. — DE L'EFFET DU CAUTIONNEMENT ENTRE LE DÉBITEUR ET LA CAUTION.

5435. La caution qui a payé (8) a son recours contre le débiteur principal, soit que le cautionnement ait été donné au su ou à l'insu du débiteur (*C. N.*, *2028*) ; dans le premier cas, la caution a

préférence à M. VALIN, pour tout le surplus de la créance, en principal, intérêts et accessoires.

A la sûreté, etc.

FORMULE 742. — Cautionnement par plusieurs. (N°ˢ 5431 à 5434 et 5443, 5444.)

PAR-DEVANT Mᵉ. . . . .,
ONT COMPARU : 1° M. . . . . ; 2° M. . . . ., et 4° M. . . . .;
Lesquels, après avoir pris communication, etc. (voir *formule* 739),
Ont, par ces présentes, déclaré se rendre et constituer cautions solidaires de, etc. (Voir *même formule*.)
En conséquence, MM. . . . ., s'obligent solidairement entre eux et solidairement avec M. et Mᵐᵉ. . . . ., en renonçant aux bénéfices de discussion et de division, au payement, etc. (Voir *même formule*.)

FORMULE 743. — Cautionnement pour un bail.

PAR-DEVANT Mᵉ. . . . .,
A COMPARU : M. Jean RUPERT, propriétaire, demeurant à. . . . .;
Lequel, après avoir pris communication d'un acte passé devant Mᵉ. . . . ., notaire à. . . . ., le. . . . ., aux termes duquel M. Balthazar DANEL, propriétaire, demeurant à. . . . ., a donné à bail à ferme, pour neuf années qui commenceront à courir le. . . . ., à M. Edouard DEMOUY, cultivateur, et Mᵐᵉ Anastasie POULAIN, son épouse, demeurant ensemble à. . . . ., une ferme située à. . . . ., moyennant, outre les charges et conditions contenues en ce bail, un fermage annuel de. . . . ., payable en la demeure du bailleur, en deux termes égaux, les. . . . ., pour faire le payement du premier semestre le. . . . .,

(1) Duranton XVIII. 848; Ponsot, n° 220; Troplong, n° 291 ; Dalloz, n° 205; Massé et Vergé, § 760, note 20; Pont, II, 498, 200.
(2) Ponsot, n° 222; Dalloz, n° 206; Troplong, n° 298; Massé et Vergé, § 760, note 21, Pont, II, 201; CONTRA, Duranton, XVIII, 848.
(3) Duranton, XVIII, 248 *bis*; Troplong, n°ˢ 315, 317; Dalloz, n° 216 ; Massé et Vergé, § 760, note 22 ; Pont, II, 197.
(4) Troplong, n° 310; Pont, II, 212.

(5) Troplong, n° 318 ; Dalloz, n° 228.
(6) Ponsot, n° 226; Duranton, XVIII, 347; Troplong, n° 319; Dalloz, n° 228; Pont, II, 219, 220.
(7) Mais il conserve son action solidaire contre les autres cautions, sous la déduction de la part de celle qui en a été déchargée (*arg. C. N.*, *1211*) ; Troplong, n° 323 ; Pont, II, 224.
(8) Ou auquel il a été fait remise de la dette, *infra n° 5445*.

l'action de *mandat*, et dans le second l'action du *gérant d'affaires*. — Ce recours a lieu tant pour le principal que pour les intérêts et les frais ; néanmoins la caution n'a de recours pour les frais faits par elle que pour ceux (1) qu'elle a faits depuis qu'elle a dénoncé au débiteur principal les poursuites dirigées contre elle. — Elle a aussi recours pour les dommages et intérêts, s'il y a lieu (*C. N.*, *2028*). — Le tout avec intérêt à partir du jour des versements (2).

5436. La caution qui a payé une première fois n'a point de recours contre le débiteur principal qui a payé une seconde fois, lorsqu'elle ne l'a point averti du payement par elle fait, sauf son action en répétition contre le créancier (*C. N.*, *2031*).

5437. Lorsque la caution a payé sans être poursuivie et sans avoir averti le débiteur principal (3), elle n'a point de recours contre lui dans le cas où, au moment du payement, ce débiteur avait des moyens pour faire déclarer la dette éteinte, sauf aussi son action en répétition contre le créancier (*C. N.*, *2031*).

5438. Si la caution a payé la dette avant son exigibilité, elle ne peut exercer son recours contre le débiteur qu'après l'expiration du terme (4).

5439. La caution qui a payé la dette est subrogée à tous les droits qu'avait le créancier contre le débiteur, *supra n° 5309* (*C. N.*, *2029*), soit qu'elle ait cautionné sur l'ordre du débiteur, soit qu'elle ait cautionné à son insu ou même contre sa volonté (5). Si la caution n'a été donnée que pour une partie de la dette, voir *supra n° 5310* et *infra n° 5446*.

5440. Lorsqu'il y avait plusieurs débiteurs principaux solidaires (6) d'une même dette, la caution

A, par ces présentes, déclaré se rendre et constituer caution solidaire de M. et Mᵐᵉ Dᴇᴍᴏᴜʏ envers M. Dᴀɴᴇʟ, à ce présent et acceptant, pour le payement du fermage ci-dessus fixé et l'exécution des charges et conditions du bail.

En conséquence, M. Rᴜᴘᴇʀᴛ s'oblige solidairement avec M. et Mᵐᵉ Dᴇᴍᴏᴜʏ, et en renonçant aux bénéfices de discussion et de division, au payement du fermage aux époques et de la manière exprimées au bail, comme aussi à l'exécution de toutes les charges et conditions du bail.

A la sûreté et garantie, etc.

(*Si le cautionnement est simple*, voir *la formule* 739.)

FORMULE 744. — **Cautionnement hypothécaire.** (Nᵒˢ 5438, 5444.)

Pᴀʀ-ᴅᴇᴠᴀɴᴛ Mᵉ. . . . . .,

A ᴄᴏᴍᴘᴀʀᴜ : M. Léon Bʀɪssᴇᴛ, cultivateur, demeurant à. . . . . ;

Lequel, après avoir pris communication, etc. (*le surplus de la phrase comme en la formule* 739).

A, par ces présentes, déclaré se rendre et constituer caution et répondant simplement hypothécaire, de M. et Mᵐᵉ Dɪᴇᴛ envers M. Dᴏʏᴇʀ, à ce présent et acceptant, pour le montant de ladite obligation en principal, intérêts et accessoires.

En conséquence, pour garantir le remboursement de la somme de. . . . ., et le payement de tous intérêts, frais et autres accessoires, M. Bʀɪssᴇᴛ affecte et hypothèque au profit de M. Dᴏʏᴇʀ, qui accepte :

Une pièce de terre, etc.

Il est bien entendu que, par le cautionnement qui précède, M. Bʀɪssᴇᴛ ne contracte aucun engagement personnel, en sorte que les seuls droits et actions de M. Dᴏʏᴇʀ

---

(1) Voir Delvincourt, III, p. 262; note 3; Duranton, XVIII, 350; Ponsot, n° 256; Troplong, n° 350; Pont, II, 239.

(2) Duranton, XVIII, 352; Ponsot, n° 240; Troplong, n° 345; Massé et Vergé, § 761, note 4; Pont, II, 238; Caen, 7 août 1840, 4 juill. 1842.

(3) Si la caution est sommée, actionnée, poursuivie, elle n'est pas en faute pour ne pas avoir averti le débiteur : Troplong, n° 384; Ponsot, n° 249; Massé et Vergé, § 761, note 11; Boileux;

VI, p. 670; Lyon, 14 mai 1857; *contra*, Duranton, XVIII, 357. Voir aussi Mourlon, III, p. 462; Taulier, VI, p. 35; Pont, II, 258.

(4) Pont, II, 239.

(5) Troplong, n° 362; Massé et Vergé, § 761, note 7; Mourlon, *Subrog.*, p. 407; Pont, II, 207.

(6) S'ils sont simplement conjoints. *supra n° 3226*, la caution ne peut recourir contre chacun des débiteurs que pour la part dont il était tenu dans la dette; Pont, II, 277.

qui les a tous cautionnés, a, contre chacun d'eux, le recours pour la répétition du total de ce qu'elle a payé (*C. N., 2030*) ; si elle n'a cautionné que l'un d'eux, le payement qu'elle a fait au créancier lui donne bien le droit de réclamer le tout au débiteur qu'elle a cautionné, mais elle ne peut agir contre les autres débiteurs que chacun pour sa part et portion (1), alors même, ce qui toutefois est controversé, qu'elle se serait fait consentir une subrogation conventionnelle (2).

5141. Le recours de la caution contre le débiteur principal se prescrit par trente ans, à partir du jour de chaque payement, même en ce qui concerne les intérêts (3).

5142. La caution (4), même avant d'avoir payé, et quoiqu'elle se soit obligée solidairement avec le débiteur principal (5) ou qu'elle soit simplement hypothécaire (6), peut agir contre le débiteur, pour être par lui indemnisée (*C. N., 2032*), c'est-à-dire l'actionner afin d'obtenir une condamnation contre lui (7), et sans qu'il y ait lieu de distinguer si le cautionnement a été contracté au su ou à l'insu du débiteur (8), pourvu que ce n'ait pas été contre sa volonté (9) : — 1° lorsque la caution est poursuivie en justice pour le payement ; — 2° lorsque le débiteur a fait faillite, ou est en déconfiture ; — 3° lorsque le débiteur s'est obligé de lui rapporter sa décharge dans un certain temps ; — 4° lorsque la dette est devenue exigible par l'échéance du terme sous lequel elle avait été contractée, quand même le créancier aurait accordé au débiteur une prorogation de délai (10) ; — 5° au bout de dix années, lorsque l'obligation principale n'a pas de terme fixe d'échéance, à moins que l'obligation principale ne soit pas de nature à pouvoir être éteinte avant un temps déterminé, comme s'il s'agit d'une tutelle (*C. N., 2032*), de la restitution d'une dot par le mari à sa femme, d'une rente viagère (11), d'un usufruit, d'un bail à longue durée, de la gestion d'un comptable public (12), etc.

---

contre lui consisteront uniquement dans l'hypothèque qui lui a été conférée sur la pièce de terre ci-dessus désignée, sans qu'il puisse exercer aucune poursuite ni aucun recours, soit contre M. Brisset personnellement, soit sur tous autres biens qui lui appartiennent ou pourront lui appartenir par la suite.

M. Brisset déclare renoncer, en faveur de M. Doyer, aux bénéfices de discussion et de division.

Pour l'exécution des présentes, etc.

Dont acte. Fait et passé, etc.

FORMULE 745. — Certification de caution. (Nos 5404, 5427.)

Par-devant Me.....,

A comparu : M. Jean Favre, propriétaire, demeurant à.....;

Lequel, après avoir pris communication :

1° D'un acte passé devant Me....., etc. (voir *formule* 739),

2° Et d'autre acte passé devant Me....., notaire à....., le....., suivant lequel M. Luc Carré, propriétaire, demeurant à...., s'est rendu caution solidaire de M. et Mme Diet, pour le montant de ladite obligation, en principal, intérêts et accessoires,

A, par ces présentes, déclaré certifier à M. Doyer, à ce présent et acceptant, la solvabilité de M. Carré, se rendre caution solidaire de ce dernier pour le cautionnement par lui contracté, aux termes de l'acte du....., ci-dessus énoncé, pour le payement du

---

(1) Ponsot, no 261 ; Troplong, n° 379; Duranton, XVIII, 355 ; Dalloz, n° 257 ; Massé et Vergé, § 761, note 8 ; Pont, II, 278 ; Grenoble, 30 janv. 1859; Cass., 19 avril 1854, 10 juin 1861 ; contra, Marcadé, *art. 1252*; Gauthier, *Subrog.*, n° 433.

(2) Ponsot, no 261 ; Troplong, n° 379 ; Rodière, *Solid.*, n° 133 ; Pont, II, 279 ; contra, Duranton, XVIII, 355 ; Taulier, VII, p. 34 ; Gauthier, p. 477.

(3) Troplong, n° 353, 354 ; Pont, II, 260 ; Caen, 7 août 1840.

(4) Même solidaire : Ponsot, n° 276; Troplong, n° 413; Pont, II, 364.

(5) Troplong, n° 413.

(6) Ponsot, n° 24 ; Troplong, n° 416; Dalloz, n° 33; Boileux, VI, p. 674 ; Bruxelles, 2 avril 1819; contra, Pont, II, 298.

(7) Troplong, n° 392; Dalloz, n° 261 ; Massé et Vergé, § 761, note 12; Pont, II, 299, 300 ; Bordeaux, 22 fév. 1832.

(8) Ponsot, n° 276; Troplong, n° 412; Massé et Vergé, § 761, note 19; contra, Pont, II, 303.

(9) Ponsot, n° 276; Troplong, n° 411; Massé et Vergé, § 761, note 19 ; Pont, II, 303.

(10) Pont, II, 291.

(11) Et non d'une rente perpétuelle : Troplong, n° 405; Dalloz, n° 277 ; Zach., Massé et Vergé, § 761, note 18; Pont, II, 294; contra, Duranton, XVIII, 364.

(12) Troplong, nos 403, 404; Massé et Vergé, § 761, note 19; Pont, II, 295, 296.

SECTION III. — DE L'EFFET DU CAUTIONNEMENT ENTRE LES COFIDÉJUSSEURS.

5443. Lorsque plusieurs personnes ont cautionné un même débiteur pour une même dette, que ces cautionnements aient été donnés par le même acte ou par actes successifs et séparés (1), la caution qui a acquitté la dette a recours contre les autres cautions, chacune pour sa part et portion (C. N., 2033), avec les droits de préférence attachés à la créance, sans cependant pouvoir réclamer à chacun plus que sa part et portion, quand même elle se serait fait subroger expressément aux droits du créancier (2). Si l'un des cofidéjusseurs est devenu insolvable, la perte se répartit par contribution entre les solvables et celui qui a fait le payement (3), *supra n° 5243.*

5444. Toutefois le recours dont il est question au numéro précédent n'a lieu que lorsque la caution a payé dans l'un des cas énoncés *supra n° 5442* (C. N., 2033). Il ne peut être exercé contre celui qui a fourni un cautionnement seulement hypothécaire (4), *supra n° 5408.*

CHAPITRE TROISIÈME

DE L'EXTINCTION DU CAUTIONNEMENT.

5445. L'obligation qui résulte du cautionnement s'éteint par les mêmes causes que les autres obligations, *supra n° 5265* (C. N., 2034); voir aussi *supra n°* 3364, 3367, 4°, 3379, 3503) [FORM. 746];

montant de ladite obligation, en principal, intérêts et accessoires; le tout aux époques et de la manière exprimées en l'acte d'obligation.

Pour l'exécution des présentes, etc.

DONT ACTE. Fait et passé, etc.

FORMULE 746. — Décharge de cautionnement. (N°ˢ 5445 à 5452.)

PAR-DEVANT M°.....,

A COMPARU : M. Luc VIORNAY, propriétaire, demeurant à.....;

Lequel, pour arriver à la décharge de cautionnement faisant l'objet des présentes, a exposé ce qui suit :

Par acte passé devant M°....., notaire à....., le....., M. Jean STURB, négociant, et Mᵐᵉ Aglaée MOINET, son épouse, demeurant ensemble à....., se sont reconnus débiteurs, pour prêt, envers M. VIORNAY, comparant, d'une somme de vingt mille francs, qui a été stipulée remboursable le....., et, jusqu'à son remboursement, productive d'intérêts à cinq pour cent.

Suivant autre acte passé devant M°....., notaire à....., le....., M. Louis VALIN, propriétaire, demeurant à....., s'est constitué caution solidaire de M. et Mᵐᵉ STURB envers M. VIORNAY, pour raison de ladite obligation, mais seulement jusqu'à concurrence d'une somme de dix mille francs, avec ses intérêts et accessoires.

A la sûreté de ce cautionnement, M. VALIN a hypothéqué une maison située à....., et inscription a été prise contre lui, au profit de M. VIORNAY, au bureau des hypothèques de.....; le....., vol....., n°.....

Depuis, M. et Mᵐᵉ STURB ont remboursé à M. VIORNAY, de leurs deniers personnels, une somme de dix mille francs à valoir sur le principal de la créance, ainsi que le constate une quittance passée devant M°....., notaire à....., le.....

Au moyen de ce payement, il ne reste plus dû à M. VIORNAY qu'une somme capitale de

---

(1) Troplong, n° 426 ; Ponsot, n° 282 ; Massé et Vergé, § 762, note 1; Pont, II, 316.

(2) Ponsot, n° 290; Troplong, n°ˢ 431, 433 ; Dalloz, n° 291; Massé et Vergé, § 762, note 2; Pont, II, 315; CONTRA, Toullier, VII, 163.

(3) Duranton, XVIII, 369 ; Ponsot, n° 290 ; Troplong, n° 440 ; Pont, II, 322.

(4) Troplong, n° 427; Massé et Vergé, § 762, note 1 ; Pont, II, 318; CONTRA, Ponsot, n° 283.

si le créancier pour gratifier la caution lui fait remise de l'obligation, la caution est subrogée à ses droits comme par un payement (1), *supra n° 3309* ; si la remise est faite pour gratifier le débiteur principal, celui-ci est libéré (2), mais la caution n'est pas libérée si la remise a été concédée au débiteur failli par un concordat (3) (*arg. C. comm., 545*) ; voir *supra n° 3304*.

5446. Lorsque le cautionnement porte sur une partie de la dette seulement, le payement à compte fait par le débiteur s'impute sur la partie non cautionnée, en sorte que la caution n'est déchargée que par le payement intégral (4).

5447. La confusion qui s'opère dans la personne du débiteur principal et de sa caution, lorsqu'ils deviennent héritiers l'un de l'autre, *supra n° 3566*, n'éteint point l'action du créancier contre celui qui s'est rendu caution de la caution (*C. N., 2035*).

5448. La caution (5) peut opposer au créancier toutes les exceptions qui appartiennent au débiteur principal, et qui sont inhérentes à la dette, *supra n° 5238* (*C. N., 2036*) ; comme conséquence, la caution peut appeler du jugement rendu en premier ressort contre le débiteur principal, contre le gré de celui-ci, alors même que ce dernier aurait acquiescé au jugement (6), pourvu que le délai de l'appel ne soit pas écoulé (7). — Mais la caution ne peut opposer les exceptions qui sont purement personnelles au débiteur (*même article*), comme la cession de biens, le concordat après faillite, le délai de grâce, etc., sauf à elle à demander sa décharge (8).

5449. La caution, même solidaire (9), est déchargée, lorsque la subrogation aux droits, hypothèques et priviléges du créancier ne peut plus, par le fait de ce créancier, s'opérer en faveur de la caution (*C. N., 2037*) ; ainsi, lorsque le créancier a renoncé à des garanties qu'il avait contre le débiteur (10), par exemple, en donnant mainlevée de son inscription (11), ou en omettant de la renouveler en temps utile, ou en négligeant de faire des oppositions (12) ; mais le simple défaut de poursuites à l'exigibilité n'a pas pour effet de décharger la caution (13). — Quand la subrogation aux droits du créancier n'est devenue impossible que pour partie, la caution n'est libérée que dans la même proportion (14) ; par exemple, si le cautionnement a été contracté par deux personnes et que le créancier en ait fait remise à l'une d'elles, celle qui a été conservée s'en trouve déchargée pour moitié (15).

5450. Le bénéfice de l'art. 2037 ne peut s'étendre à celui qui, sans être obligé personnellement

---

dix mille francs, lui paraissant suffisamment garantie par l'hypothèque que lui ont conférée M. et Mme Sturb et l'inscription qu'il a prise contre eux.

Ces faits exposés, M. Viornay a, par ces présentes, déchargé M. Valin du caution-

---

(1) Troplong, n° 334 ; Duranton, XVIII, 349 ; Dalloz, n° 233 ; Massé et Vergé, § 761, note 1 ; Taulier, VII, p. 31 ; Pont, II, 232 ; contra, Ponsot, n° 282. Voir Larombière, *1267*, 5.

(2) Troplong, n° 461 ; Pont, II, 332.

(3) Troplong, n° 504 ; Dalloz, n° 306 ; Massé et Vergé, § 763, note 1 ; Pont, II, 406 ; Cass., 13 fév. 1822, Lyon, 12 avril 1832.

(4) Troplong, n° 247 ; Massé et Vergé, § 765, note 1 ; Pont, II, 275, 394 ; Cass., 12 janv. 1857 ; Amiens, 19 janv. 1859 ; Trib. Lyon, 14 juill. 1862 ; Paris, 8 juin 1864, 20 fév. 1864 ; M. T., 1862, p. 8 ; 1863, p. 163 ; contra, Ponsot, n° 515 ; Caen, 16 juill. 1851 ; J. N., 14.62.

(5) Même solidaire : Toullier, VII, 376 ; Ponsot, n° 568 ; Troplong, n° 522 ; Dalloz, n° 330 ; Massé et Vergé, § 760, note 17 ; Pont, II, 416 ; contra, Colmar, 16 juin 1824.

(6) Ponsot, n° 364 : Troplong, n° 515. Dalloz, n° 318 ; Massé et Vergé, § 760, note 17 ; Pont, II, 413.

(7) Ponsot, n° 566 ; Troplong, n° 516 ; Massé et Vergé, § 760, note 17 ; Grenoble, 18 janv. 1832.

(8) Pont, II, 387.

(9) Ponsot, n° 529 ; Duranton, XVIII, 382 ; Rodière, n° 164 ; Dalloz, n° 331 ; Larombière, *1208*, 5 ; Mourlon, *Subrog.*, p. 514 ; Pont, II, 368 ; Dict. not., *Caution*, n° 405 ; Bordeaux, 19 août 1822 ; Pau, 3 janv. 1824 ; Caen, 18 mars 1828 ; Agen, 9 juill. 1842 ; Toulouse, 19 mars 1842, 2 mai 1859 ; Limoges, 28 mars 1844 ; Amiens, 25 mars 1847 ; Orléans, 3 avril 1851 ; Nancy, 19 fév. 1858 ; Lyon, 20 août 1859 ; Cass., 17 août 1836, 29 mai 1838, 14 juin 1841, 20 mars 1843, 9 janv. 1849, 16 mars 1852, 23 fév. 1854 ; M. T., 11023, 13623, 16063 ; contra, Troplong, n° 560 ; Taulier, VII, p. 48 ; Limoges, 21 mai 1835 ; Bourges, 6 juill. 1837 ; Cass., 13 janv. 1852 ; J. N., 14591.

(10) Il en serait autrement si les garanties n'avaient été obtenues que depuis le cautionnement : Zach., § 763, note 5 ; Mourlon, *Subrog.*, p. 526 ; Pont, II, 377 ; Dict. not., *Caution*, n° 408 ; Caen, 18 mars 1828 ; Cass., 17 janv. 1831, 12 mai 1835, 8 mai 1861, 10 déc. 1866 ; J. N., 17189 ; contra, Ponsot, n° 334 ; Duranton, XVIII, 382 ; Troplong, n° 570 ; Gauthier, *Subrog.*, n° 455 *bis* ; Taulier, VII, p. 47 ; Dalloz, n° 356 ; Massé et Vergé, § 763, note 5.

(11) Troplong, n° 564 ; Pont, II, 379. Voir cependant pour le cas où l'inscription, étant primée par celle d'un créancier antérieur, se trouve sans effet : Ponsot, n° 334 ; Troplong, n° 572 ; Pont, II, 376 ; Cass., 8 mai 1850, 19 janv. 1863.

(12) Duranton, XVIII, 382 ; Duvergier, *Vente*, II, 276 ; Ponsot, n° 532 ; Troplong, n° 565 ; Dalloz, n° 337 ; Massé et Vergé, § 763, note 2 ; Gauthier, *Subrog.*, n° 531 ; Taulier, VII, p. 46 ; Pont, II, 380 ; Dict. not., *Caution*, n° 407 ; Toulouse, 27 août 1829, 2 mai 1859 ; Limoges, 28 mars 1844 ; Bastia, 22 déc. 1847 ; Bordeaux, 18 nov. 1851 ; Cass., 25 juill. 1827, 21 mai 1833, 17 août 1836, 29 mai 1838, 14 juin 1841, 20 mars 1843, 17 mars 1852, 23 fév. 1857, 24 mars 1861, 7 juill. 1862 ; J. N., 10047, 11023, 13303, 14581, 14745, 16063, 17110 ; contra, Pothier, n° 520 ; Toullier, VII, 172 ; Zach., § 763, note 2 ; Mourlon, *Subrog.*, p. 518 ; Caen, 3 juill. 1841 ; Toulouse, 19 mars 1842 ; Agen, 9 juin 1842 ; Bastia. 2 fév. 1846.

(13) Troplong, n° 568 ; Massé et Vergé. § 763, note 2 ; Pont, II 378, 382 ; Agen, 26 nov. 1836 ; Cass., 21 janv. 1849, 8 mai 1861 ; J. N., 13630, 17180. Voir Larombière, *1244*, 15.

(14) Ponsot, n° 334 ; Troplong. n° 572 ; Dalloz, n° 357 ; Massé et Vergé, § 763, note 3 ; Pont, II, 374 ; Paris, 4 août 1842 ; Cass., 8 mai 1861 ; J. N., 17180.

(15) Troplong, n° 353 ; Pont, II, 375.

comme caution, a seulement consenti une caution hypothécaire (1), *supra n° 5411*; il ne peut être étendu non plus aux débiteurs principaux qui ont contracté solidairement (2).

5451. L'acceptation volontaire que le créancier a faite d'un immeuble ou d'un effet quelconque en payement de la dette principale, *supra n° 4059.*, décharge la caution, encore que le créancier vienne à en être évincé, *supra n° 3358 (C. N., 2038)*, et alors même que le créancier en consentant à la dation en payement aurait fait la réserve de ses droits contre elle (3).

5452. La simple prorogation de terme, accordée par le créancier au débiteur principal, ne décharge point la caution (4), qui peut, en ce cas, poursuivre le débiteur pour le forcer au payement *(C. N., 2039)*, ou lui procurer sa décharge (5), *supra n° 5442.*

CHAPITRE QUATRIEME.

DE LA CAUTION LÉGALE ET DE LA CAUTION JUDICIAIRE.

5453. Toutes les fois qu'une personne est obligée par la loi, *supra n°⁵ 765, 903, 904, 1500, 1535, 1797, 1909, 5604, 4029*, ou par une condamnation, à fournir une caution, qu'on appelle : dans le premier cas, *caution légale*, et dans le second, *caution judiciaire*, la caution offerte doit remplir les conditions prescrites par les art. 2018 et 2019, *supra n°⁵ 5416 à 5421*. Lorsqu'il s'agit d'un cautionnement judiciaire, la caution doit, en outre, être susceptible de contrainte par corps *(C. N., 2040)*.

5454. Celui qui, tenu de fournir une caution légale ou judiciaire (6), ne peut pas en trouver une, est reçu à donner à sa place, un gage ou nantissement suffisant *(C. N., 2041)*, ou une hypothèque sur des biens libres (7), *supra n° 1500*, ou encore à déposer une somme d'argent à la caisse des consignations (8) *(Arg. C. instr. crim., 120, modifié par la loi du 14 juill. 1865)*; mais, dans ce dernier

nement qu'il a consenti à son profit, pour une somme de dix mille francs et accessoires, par l'acte du....., ci-dessus énoncé; de telle sorte que M. Valin en soit entièrement quitte et libéré.

Et, par suite, M. Viornay en se désistant de tous ses droits d'hypothèque contre M. Valin, a donné mainlevée pure et simple et a consenti à la radiation entière et définitive de l'inscription prise à son profit contre M. Valin, au bureau des hypothèques de....., le....., vol....., n°.....

En opérant la radiation de cette inscription, M. le conservateur sera déchargé.

Il est bien entendu que M. Viornay fait la réserve de tous ses droits et actions contre M. et Mᵐᵉ Sturb, pour les dix mille francs qui lui restent dus.

Mention des présentes, etc.

Dont acte. Fait et passé, etc.

(1) Duranton, XVIII, 382, *note*; Troplong, n° 561 ; Zach., Massé et Vergé, § 763, note 3 ; Taulier, VII. p. 47; Pont, II, 374 ; Cass., 25 nov. 1812, 10 août 1814; contra, Mourlon, *Subrog.*. p. 514.
(2) Troplong. n° 863; Larombière. *1208*, 4. Gauthier, *Subrog.*, n° 506; Taulier, VII, p. 48; Massé et Vergé, § 763, note 3 ; Pont, II, 369; Toulouse, 19 mars 1842; Riom, 2 juin 1846; Dijon, 30 avril 1847 ; Bordeaux, 14 fév. 1849 ; Angers, 15 juin 1850; Paris, 8 mars 1851; Bourges, 10 juin 1851 ; Nîmes, 14 nov. 1855; Trib. Cognac, 29 déc. 1861; Cass., 5 déc. 1843, 18 janv. 1852, 18 fév. et 3 avril 1861; J. N., 11108; contra, Pothier, n° 520 ; Duranton, XVIII, 382 ; Taulier, VII, 172; Bodière, *Solid.*, n° 454; Mourlon, *Subrog.*, p. 514; Ponsot. n° 329; Zach.. § 763, note 3 ; Cass., 13 fév. 1816; Nîmes, 5 déc. 1819, 29 août 1839.

(3) Troplong., n° 583; Massé et Vergé, § 763, note 6; Pont, II, 404.
(4) A moins qu'elle ne se soit obligée que pour un temps déterminé : Troplong, n° 575; Dalloz, n° 374 ; Massé et Vergé, § 763, note 9; Pont. II. 403.
(5) Dalloz, n° 369.
(6) Troplong, n° 594.
(7) Toullier, III, 422; Pigeau, *Proc.*, II. p. 308, 309 ; Duranton, IV. 663 ; Taulier, III, p. 51; Dalloz, n° 378; Zach., Massé et Vergé, § 764 note 3; Pont, II, 445 ; contra, Troplong, n° 592; Ponsot, n° 385; Toulouse, 10 mai 1809.
(8) Pont, II. 444.

cas, il n'est pas fondé à réclamer de son adversaire la différence entre les intérêts légaux et ceux servis par la caisse, même lorsque ce dépôt a eu lieu pour arriver à l'exécution d'un jugement exécutoire par provision (1).

5455. La caution judiciaire ne peut point demander la discussion du débiteur principal (*C. N.*, *2042*).

5456. Celui qui a simplement cautionné la caution judiciaire ne peut demander la discussion du débiteur principal et de la caution (*C. N.*, *2043*).

APPENDICE

DES CAUTIONNEMENTS DES FONCTIONNAIRES PUBLICS.

5457. I. *Cautionnements autres que ceux des conservateurs d'hypothèques.* Les cautionnements des fonctionnaires publics, notaires, agents de change, courtiers de commerce, avoués, greffiers, huissiers, commissaires-priseurs, receveurs généraux et particuliers, et tous autres comptables publics ou préposés des administrations (2), sont affectés, en principal et intérêt, par premier privilége, que l'on appelle *privilége de premier ordre*, à la garantie des condamnations qui peuvent être prononcées contre eux pour abus et prévarications commis dans l'exercice de leurs fonctions (3); — par second privilége, que l'on appelle *privilége de second ordre*, au remboursement des fonds qui leur ont été prêtés pour tout ou partie de leur cautionnement; — et, subsidiairement, au payement, dans l'ordre ordinaire, des créances particulières qui sont exigibles (*C. N., 2102, 7°; lois 25 niv. an XIII, art. 1er; et 6 vent. an XIII, art. 1er*).

5458. Le privilége de second ordre est acquis au bailleur de fonds au moyen : 1° d'une déclaration passée devant notaire, dûment légalisée, faite en sa faveur par le titulaire du cautionnement [Form. 747] (*loi, 25 niv. an XIII, art. 4; décret, 22 déc. 1812, art. 1er*); 2° de l'inscription de cette déclaration faite sur les registres du trésor (*loi 25 niv. an XIII, art. 4*). Il faut, pour l'obtention du

---

FORMULE 747. — Déclaration de privilége de second ordre par le titulaire d'un cautionnement. (Nos 5457 à 5468.)

Par-devant M°....,

A comparu : M. Victor Fabre, percepteur des contributions directes, à la résidence de.....;

Lequel a, par ces présentes, déclaré que la somme de....., qu'il a versée à la caisse centrale du trésor public pour la totalité (*ou* partie) du cautionnement auquel il est assujetti en sadite qualité, appartient en capital et intérêts à M. Louis Saget, propriétaire, demeurant à..... (*ou* à M..... et M....., savoir : à M...., jusqu'à concurrence de la somme de....., et à M.... jusqu'à concurrence de celle de.....). Pourquoi le comparant requiert et consent que la présente déclaration soit inscrite sur les registres du bureau des oppositions, au ministère des finances, afin que M. Saget ait et acquière (*ou* que MM. aient et acquièrent) le privilége de second ordre sur ledit cautionnement, conformément aux dispositions de la loi du 25 nivôse an XIII et du décret du 28 août 1808.

---

(1) Paris, 10 déc. 1864; J. N., 18306.
(2) Mais non des entrepreneurs de travaux publics assujettis à un cautionnement pour la garantie de l'exécution de leurs entreprises : Bordeaux, 23 janv. 1849; J. N., 13695.
(3) C'est-à-dire qui rentrent dans l'exercice légal et obligé de leurs fonctions ; c'est ce qu'on appelle un *fait de charge*. Il en est autrement si le fait, quelque dommageable qu'il soit, est le résultat d'une confiance volontaire accordée au fonctionnaire: Pont, *Priv.*, n° 171; Paris, 14 mai 1832, 4 mars 1834, 8 août 1844,

11 mars 1852, 15 nov. 1853 ; Rouen, 15 fév. 1838 ; Toulouse, 15 mai 1814 ; Douai, 20 oct. 1849, 17 mai 1850 ; Nîmes, 14 fév. 1851 ; Bourges, 6 mai 1851 ; Lyon, 20 avril 1852 ; Cass., 14 mars 1849, 18 janv. 1854 ; Trib. Seine, 8 fév. 1860 ; J. N., 13104, 13946, 14427, 16323.
La régie a le même privilége sur les cautionnements des notaires, pour amendes prononcées contre eux (*loi, 25 vent. an XI, art. 53*) : mais ce privilége est primé par celui ayant pour cause un fait de charge: Pont. *Priv.*, n° 171 ; Cass. 7 mai 1816 ; Paris 21 janv. 1837. Voir Trib. Seine, 16 avril 1850 ; J. N., 14206.

privilége, la réunion de ces deux conditions; il ne suffirait pas de la seule justification de la qualité de bailleur de fonds (1).

5459. Le prêteur des fonds d'un cautionnement a un délai de huitaine, à partir du versement, pour remplir les formalités nécessaires à la conservation de son privilége; pendant ce temps, aucune opposition ne peut être faite à son préjudice (*arg. décret, 22 déc. 1812, art. 2*).

5460. Si le versement du cautionnement est antérieur de plus de huit jours à la date de la déclaration, elle n'est valable qu'autant qu'elle est accompagnée d'un certificat de non-opposition, délivré par le greffier du tribunal du domicile du titulaire, dont il est fait mention dans ladite déclaration, laquelle au surplus n'est admissible à la caisse des cautionnements, s'il y a des oppositions à cette caisse, que sous la réserve de ces oppositions (2) (*décret, 22 déc. 1812, art. 2*).

5461. Il ne doit pas y avoir d'intervalle entre le certificat de non-opposition dont il est question au numéro précédent, et l'acte par lequel le titulaire du cautionnement fait la déclaration en faveur du bailleur de fonds (3).

5462. Le bailleur de fonds qui ne s'est pas assuré du privilége de second ordre au moment même du prêt, peut toujours l'acquérir, à quelque époque que ce soit en remplissant les formalités légales, *supra n° 5460* (*décret, 28 août 1808, art. 1er*), sauf aux tribunaux, en cas de contestation, à vérifier si les deniers prêtés ont été réellement appliqués à la réalisation du cautionnement (4).

5463. Il est délivré aux prêteurs de fonds inscrits sur les registres des cautionnements, un certificat de leur inscription (*décret, 28 août 1808, art. 2*).

5464. Les prêteurs de fonds ne peuvent exercer le privilége de second ordre qu'en représentant le certificat mentionné au numéro précédent, à moins cependant que leur opposition ou la déclaration faite à leur profit, ne soit consignée au registre des oppositions et déclarations de la caisse des cautionnements, *supra n° 5460;* faute de quoi ils ne peuvent exercer de recours contre cette caisse que comme les créanciers ordinaires, et en vertu des oppositions qu'ils auraient formées aux greffes des tribunaux indiqués par l'art. 2 de la loi du 25 niv. an XIII (*décret, 28 août 1808, art. 3, et 22 déc. 1812, art. 4*).

5465. Pour que les cautionnements déjà versés et inscrits à résidence au trésor, puissent suivre les préposés de l'administration des contributions indirectes, des douanes, des postes, de l'enregistre-

---

Si le versement du cautionnement est antérieur de plus de huit jours à l'acte de déclaration, ajouter à la déclaration, conformément à l'art. 2 du décret du 22 décembre 1812 :

A l'appui de la présente déclaration, le comparant a représenté un certificat du greffier du tribunal de..... (*ou* les certificats des greffiers des....., constatant qu'il n'existe au greffe (*ou* aux greffes) aucune opposition sur son cautionnement, lequel certificat lui a été de suite rendu.

DONT ACTE. Fait et passé, etc.

FORMULE 748. — **Consentement par un bailleur de fonds du cautionnement d'un comptable à ce que le cautionnement soit employé à d'autres fonctions.** (N° 5465.)

PAR-DEVANT Me.....,

A COMPARU : M. Léon BLAIN, propriétaire, demeurant à.....;

Lequel, en exécution de l'art. 3 de l'ordonnance du 25 octobre 1816, a, par ces présentes, déclaré consentir que la somme de....., dont il est propriétaire comme bailleur de fonds de la totalité (*ou* de partie) du cautionnement auquel est maintenant assujetti M. Louis CARLET, en sa qualité de receveur des contributions indirectes à....., serve et soit employée à la garantie de la gestion de M. CARLET, partout où l'administration

(1) Cass., 19 juill. 1842, 4 déc. 1848; J. N., 11387, 13620.
(2) Voir Cass., 19 juill. 1842, 4 déc. 1848, 14 janv. 1807; J. N., 11387, 13620.
(3) Dict. not., *Caut. des not.*, n° 121. Voir cependant Lyon, 21 juin

1853; Cass., 16 avril 1855; J. N., 15080, 15502.
(4) Lyon, 21 juin 1853; Cass., 19 ju 1l, 1842, 16 avril 1855; J. N., 11387, 15080, 15502.

ment et des domaines, et servir de garantie de leur gestion, lorsqu'ils viennent à être nommés à de nouveaux emplois, ces employés doivent adresser à l'administrateur chargé du service des cautionnements au trésor, entre autres pièces, le consentement du bailleur de fonds, s'il y en a un [FORM. 748] (*ordonn. roy.*, 25 oct. 1816, art. 5, 25 juin 1835, art. 2).

5466. Le titulaire du cautionnement, après avoir remboursé au premier prêteur la somme pour laquelle il avait acquis un privilége de second ordre, ne serait pas admis à se faire délivrer une inscription au profit d'un autre prêteur, même de celui qui lui aurait antérieurement fourni l'argent avec lequel il s'est libéré vis-à-vis de son premier prêteur ; on ne saurait considérer ce second prêteur comme un bailleur de fonds du cautionnement (1).

5467. Si c'est le titulaire lui-même qui, lors de son entrée en fonctions, a fourni le cautionnement, il ne peut pas davantage, par une déclaration postérieure, attribuer le privilége de second ordre à un de ses créanciers (2).

5468. Le privilége de second ordre donne au prêteur un droit de préférence sur le cautionnement, *supra n° 5457*, mais il n'a pas pour effet de lui en attribuer la propriété (3).

5469. Le prêteur, après que le titulaire du cautionnement lui a remboursé le montant du prêt, ou si la garantie personnelle du titulaire lui semble suffisante, peut se désister du privilége de second ordre [FORM. 749] ; sur la justification de ce désistement, le certificat délivré au bailleur de fonds est annulé, et il est délivré au titulaire, en son nom personnel, un autre certificat d'inscription du cautionnement.

5470. II. *Cautionnement des conservateurs d'hypothèques.* Les conservateurs des hypothèques sont soumis à deux cautionnements : l'un, en numéraire, comme comptables publics, pour la garantie des droits dont la perception leur est confiée (*lois, 7 niv an VIII, 25 niv. et 6 vent. an XIII, 28 avril 1816*) ; à ce sujet, tout ce qui est dit *supra n°s 5457 à 5469*, leur est applicable; l'autre qui peut être constitué, en totalité ou en partie, soit en immeubles, soit en rentes nominatives trois pour cent sur l'État, pour répondre envers les particuliers de l'accomplissement régulier des formalités hypothécaires (*lois, 21 vent. an VII, art. 5 et 8, et 8 juin 1864, art. 26 à 31*).

5471. Les cautionnements en immeubles ou en rentes, qu'ils soient fournis par les conservateurs ou par des tiers, ne peuvent être limités soit à un nombre d'années déterminé, soit à la gestion d'un

---

des contributions indirectes jugera convenable de l'employer, et quelle que soit la fonction à laquelle il viendrait à être appelé, sous la condition que le privilége qui lui était acquis sur le premier cautionnement, jusqu'à concurrence de....., sera transféré, jusqu'à la même concurrence, sur le cautionnement que doit fournir le sieur CARLET.

Au moyen de quoi, le comparant déclare reconnaître que le trésor a le droit d'exercer son premier privilége sur ce cautionnement, tant pour la gestion ancienne que pour toutes les autres gestions qui pourraient être conférées à M. CARLET.

DONT ACTE. Fait et passé, etc.

FORMULE 749. — Désistement de privilége par le bailleur de fonds de cautionnement. (N° 5469.)

PAR-DEVANT M°.....,

A COMPARU : M. Louis SAGET, propriétaire, demeurant à.....;

Lequel a, par ces présentes, déclaré se désister purement et simplement du privilége de second ordre militant à son profit sur le cautionnement de M. Victor FABRE, percepteur des contributions directes, à la résidence de....., en vertu de la déclaration faite par ce dernier, suivant acte passé devant M°....., notaire à....., le....., que les fonds par lui versés au trésor public, pour son cautionnement, appartenaient à M. SAGET.

---

(1) Paris, 4 mars 1834, 11 juill. 1836, 1er juill. 1837; Bourges, 8 mai 1844; Trib. St-Etienne, 4 août 1852; Cass., 30 mai 1838 ; J. N., 5433, 10006.
(2) Paris, 9 déc. 1852; J. N., 11849.

(3) Cass., 17 juill. 1849; Paris, 9 déc. 1852; J. N., 13825, 11849. Voir Cass., 11 mars 1861 ; Jur. N., 11798; CONTRA, Paris, 21 avril 1834.

seul bureau, et ils doivent être consentis conformément à l'art. 8 de la loi du 21 ventôse an VII, pour toute la durée des fonctions et dix ans après (1).

5472. Si le cautionnement est fourni par des tiers (*loi, 8 juin 1864, art. 28*), l'acte le constatant doit être rédigé dans les termes prescrits par l'instruction du 14 déc. 1860 (2) (Form 750).

5473. Une décision ministérielle insérée dans l'instruction de la Régie, n° 1382, exige que les maisons affectées aux cautionnements soient assurées contre l'incendie ; et, aux termes de l'instruction, n° 2125, il doit être fait mention, dans l'acte constitutif, tant de la police d'assurance que de la cession par l'assuré aux ayants droit de l'indemnité qui pourrait lui revenir par suite de sinistre (3).

Consentant que ce privilége demeure éteint ; qu'il soit délivré à M. Fabre un certificat d'inscription de cautionnement en son nom, et que tous payeurs, en versant le montant de ce cautionnement entre les mains de M. Fabre ou de ses représentants, soient valablement déchargés.

Si le prêteur n'a pas été remboursé, l'on ajoute : Toutefois, M. Sager fait réserve de tous ses droits contre M. Fabre personnellement, pour la somme de....., qui lui est due par ce dernier, comme formant l'importance dudit cautionnement.

Dont acte. Fait et passé, etc.

FORMULE 750. — **Cautionnement en immeubles d'un conservateur d'hypothèques.**
(Nos 5470 à 5473.)

Par-devant Me....,

Ont comparu : M. Denis Dubois, propriétaire, et Mme Léonie Buquet, son épouse, de lui autorisée, demeurant ensemble à.....;

Lesquels ont, par ces présentes, déclaré qu'ils se rendent et constituent volontairement cautions solidaires de M. Louis Lagarde, en sa qualité de conservateur des hypothèques. (*Ne pas indiquer la résidence.*)

En conséquence, M. et Mme Dubois s'obligent solidairement à garantir les faits de M. Lagarde, dans l'exercice de ses fonctions de conservateur des hypothèques, pour raison tant des sommes que des dommages et intérêts dont il pourrait être tenu envers les parties au sujet de la gestion de la conservation de....., ou de toute autre à laquelle il pourrait être appelé ; et ce, pendant toute la durée de son exercice et dix ans après, conformément à la loi du 21 ventôse an VII, mais jusqu'à concurrence seulement de la somme de.....

A la sûreté et garantie de ce cautionnement, M. et Mme Dubois affectent et hypothèquent, etc.

---

(1) Décis., 17 oct. 1840; instr., n° 1619; instr., 14 déc. 1860, n° 2184;
I. N., 10822, 17066.

(2) J. N., 17066.
(3) Instruction précitée du 14 déc. 1860.

TITRE QUINZIÈME.

DES TRANSACTIONS

FORMULES

Form. 751. Transaction.

5474. I. *Définition.* La transaction [FORM. 751] est un contrat synallagmatique (1), à titre onéreux et consensuel (2), par lequel les parties, traitant sur un droit litigieux, terminent une contestation née, ou préviennent une contestation à naître (C. N., 2044), au moyen de concessions ou de sacrifices réciproques (3).

5475. Si la contestation a été jugée en dernier ressort, les parties peuvent encore transiger pendant les délais pour le pourvoi en cassation ; mais lorsqu'il n'y a plus lieu à aucun recours, la décision est souveraine, et la convention qui interviendrait serait l'abdication d'un droit et non une transaction (4).

5476. II. *Formes de la transaction.* Toute transaction doit être rédigée par écrit (5) (C. N., 2044), même en matière commerciale (6); cependant la transaction ne constitue pas un de ces contrats solennels dont la validité dépend de certaines formalités spéciales, et une transaction verbale aurait la même autorité qu'une transaction écrite, si elle était avouée par les parties (7). La preuve pourrait aussi en être faite par un interrogatoire sur faits et articles (8), ou par le serment litisdécisoire (9), *supra n° 3498;* mais non par la preuve testimoniale, même au-dessous de cent cinquante francs (10); la preuve testimoniale serait admissible s'il y avait un commencement de preuve par écrit, par exemple, un acte sous seing privé non fait double (11), ou, à plus forte raison, si l'écrit dressé pour constater la transaction avait été perdu par cas fortuit ou force majeure (12), *supra n° 5485, 3°.*

FORMULE 751. — Transaction. (N°s 5474 à 5502.)

PAR-DEVANT M°. . . . . ,

---

(1) Par conséquent soumis à l'action résolutoire pour l'inexécution, en vertu de l'art. 1184 : Pont, *Petits contrats*, II, 461 ; Cass., 20 nov. 1830, CONTRA, Accarias, *Transaction*, n° 81.

(2) Pont, II, 461 à 463.

(3) Pont, II, 457, 472. Voir aussi, Duranton, XVIII, 391 ; Troplong, n°s 4, 19, 21 ; Mourlon, III, p. 469 ; Boileux, VII, p. 3 ; Zach., Massé et Vergé, § 767, notes 1 et 7 ; Accarias, n° 75.

(4) Troplong, n°s 5, 157 ; Zach., § 769, note 9 ; CONTRA, Roll., *Trans.* n° 43.

(5) Elle peut être faite par acte authentique ou sous seing privé ; mais, dans cette dernière forme, il doit y avoir autant d'originaux qu'il y a de parties : Pont, II, 489 ; Dict. not., *Trans.*, n° 58.

(6) Pont, II, 500 ; Bordeaux, 5 fév. 1857 ; CONTRA, Massé et Vergé, § 767, note 6.

(7) Duranton, XVIII, 406 ; Troplong, n° 27 ; Larombière, *1347*, 41 ; Massé et Vergé, § 767, note 6 ; Pont, II, 487, 505 ; Cass., 20 déc. 1865 ; CONTRA, Caen, 12 avril 1845.

(8) Duranton, XVIII, 406 ; Marbeau, *Transaction*, n° 203 ; Massé et

Vergé, § 767, note 6 ; Accarias, n° 84 ; Pont, II, 506 ; CONTRA, Troploug, n°s 27 et 31.

(9) Duranton, Marbeau, Massé et Vergé, Accarias, *loc. cit.*; Larombière, *1347*, 41 ; Pont, II, 507 ; Dict. not. *Trans.*, n° 57; Roll., *ibid.*, n° 49 ; Nancy, 29 juill. 1837 ; Limoges. 6 fév. 1845 ; CONTRA, Troplong, n° 29. Voir aussi, Montpellier, 3 déc. 1825 ; Cass., 7 juill. 1829.

(10) Troplong, n° 30 ; Massé et Vergé, § 767, note 6 ; Bonnier, *Preuves*, n° 138 ; Larombière, *1347*, 41 ; Pont, II, 502 ; Roll. *Trans.*, n° 48 ; Arg., Cass., 28 nov. 1864 ; J. N., 18171.

(11) Merlin, *Transaction*, § 8, n° 3 ; Zach., § 767, note 6 ; Pont, II, 502 ; Bordeaux, 28 mai 1834 ; Colmar, 31 juill. 1851 ; Cass., 25 fév., 1835, 28 nov. 1864 ; J. N., 18171 ; CONTRA, Troplong, Massé et Vergé, Bonnier, Larombière, *loc. cit.*; Taulier, VII, p. 544 ; Dalloz *Trans.*, n° 32 ; Mourlon, III, p. 373 ; Boileux, VII, p. 8 ; Accarias, n° 84 ; Lafreille, *Rev. crit.*, XXVI, p. 493 ; Caen, 12 avril 1845 ; Pau, 1er août 1860.

(12) Pont, II, 503 ; Cass., 17 mars 1825.

5477. La transaction est un titre déclaratif; cependant elle peut être translative de propriété, par exemple, si le véritable propriétaire fait l'abandon d'un droit certain, en dehors de la contestation, moyennant la concession qui fait l'objet de la transaction ; dans ce cas il y a lieu à garantie comme pour la vente (1).

5478. La transaction diffère du compromis : dans la transaction, les parties se font elles-mêmes juges de leur différend; par le compromis, au contraire, les parties se donnent un juge de leur choix qui est substitué au juge ordinaire chargé de terminer le litige (2).

5479. On peut ajouter à une transaction la stipulation d'une peine contre celu qui manquera de l'exécuter, *supra n° 5255 (C. N., 2047)* ; si l'une des parties la conteste, elle doit, si elle échoue, payer la peine et exécuter la transaction ; mais si elle réussit et fait déclarer la transactior nulle ou frauduleuse, etc., la peine n'est pas due (3).

5480. III. *Personnes qui peuvent transiger.* Pour transiger, il faut avoir la capacité de disposer des objets compris dans la transaction (*C. N., 2045*).

5481. Le tuteur ne peut transiger pour le mineur ou l'interdit que conformément à l'art. 467 *C. N.*, *supra n° 1507* ; et il ne peut transiger avec le mineur devenu majeur, sur le compte de tutelle, que conformément à l'art. 472, *supra n° 1529 (C. N., 2045)*.

5482. Le mineur émancipé, ayant l'administration et la libre disposition de ses fruits et revenus,

---

ONT COMPARU : Mme Élise GUILLE, propriétaire, demeurant à . . . ., veuve de M. Charles BAULT,
D'UNE PART,

Et M. Éloi BAULT, négociant, demeurant à. . . .,
D'AUTRE PART ;

Lesquels, pour arriver à la transaction faisant l'objet des présentes, ont exposé ce qui suit ·

M. Charles BAULT et Mme Élise GUILLE se sont mariés à la mairie de. . . . ., le. . . . .

Préalablement à leur mariage, ils en ont arrêté les clauses et conditions civiles, suivant contrat passé devant M•. . . . ., notaire à. . . . ., le. . . . .

Aux termes de ce contrat, les futurs époux ont adopté le régime de la communauté réduite aux acquêts.

Et le futur époux, pour le cas arrivé de non-existence d'enfant, a fait donation à la future épouse, si elle lui survivait, de la pleine propriété des biens meubles et de l'usufruit des biens immeubles qui composeraient sa succession, sans aucune exception ni réserve, avec dispense de fournir caution et de faire remploi, en ce qui concerne l'usufruit.

M. Charles BAULT est décédé à. . . . ., le. . . . ., laissant sa veuve, Mme BAULT, comparante, pour commune en biens et pour donataire, dans les termes ci-dessus indiqués.

Et pour seul et unique héritier, M. Éloi BAULT, comparant, son frère.

L'inventaire, après le décès de M. BAULT, a été dressé par M•. . . . ., notaire à. . . . , en date en commencement, du. . . . .

Sur la demande en liquidation et partage de la communauté ayant existé entre elle et son mari et de la succession de M. BAULT, formée par Mme veuve BAULT contre M. Éloi BAULT, il est intervenu, le. . . . ., un jugement du tribunal civi. de. . . . ., qui a ordonné la liquidation et le partage desdites communauté et succession, et a commis M•. . . . . pour y procéder.

M•. . . . . a dressé, à la date du. . . . ., l'état des opérations de compte, liquidation et partage de la communauté ayant existé entre M. et Mme BAULT et de la success.on de M. BAULT.

La masse active de la communauté a été composée :

1° De meubles meublants, objets mobiliers, argent comptant, créances et valeurs, pour une somme de.   15,000   »

2° Et d'immeubles estimés par un rapport d'experts, à. . . . .   80.000   »

Total..   95,000   »

---

(1) Troplong, n°* 8 à 11; Zach., Massé et Vergé, § 768, note 7; Marbeau, n° 175; Dict. not., *Trans.*, n° 102; Roll., *ibid.*, n° 71. Voir Pont, II, 474.

(2) Troplong, n° 25: Pont, II, 477.
(3) Troplong, n° 106, 107; Zach. Massé et Vergé, § 768, note 6; Dict. not., *Trans.*, n° 12; Roll., *ibid.*, n°* 57, 58.

supra n° 1549, peut transiger en ce qui les concerne, comme aussi sur les actes de pure administration (1); il ne le peut, même avec l'assistance de son curateur, sur un capital mobilier (2), ni sur le compte de la gestion de son ex-tuteur (3). Le mineur émancipé commerçant, étant réputé majeur pour les faits relatifs à son commerce, *supra n° 1554*, peut transiger en ce qui y touche, si, d'ailleurs, la transaction n'a pas pour objet de le dépouiller d'un droit immobilier (4).

5483. L'individu pourvu d'un conseil judiciaire ne peut transiger sans l'assistance de son conseil, *supra n° 1586*.

5484. La femme mariée ne saurait transiger sans l'autorisation de son mari ou de justice, si ce n'est dans les cas suivants : 1° si elle est marchande publique, *supra n° 1061*, elle peut transiger sur ses biens mobiliers et immobiliers, en ce qui concerne son négoce (5) (*arg. C. comm.*, 7); 2° si elle est séparée de biens (6), elle peut transiger en ce qui concerne son mobilier, dans les limites de son droit d'administration; comme aussi sur les contestations relatives à l'administration et à la jouissance de ses biens meubles et immeubles (7), *supra n° 3630*.

5485. Les communes et établissements publics ne peuvent transiger qu'après une délibération du conseil municipal, prise sur la consultation de trois jurisconsultes désignés par le préfet, et sur une autorisation du préfet, homologuée par décret impérial en ce qui concerne les établissements publics (*C. N.*, *2045* ; *arrêté*, *22 frim. an XII*); et par le préfet seul en ce qui concerne les biens des départements et des communes (*décret*, *25 mars 1852, tableau A*, 6°, 43°). Si le préfet homologue sans ce avis préalable, il excède ses pouvoirs (8).

Report.	95,000	»

Les reprises des époux, liquidées aux termes dudit état, se sont élevées :
Celles de Mme BAULT, à . . . . 6,000 »
Et celles de la succession de M. BAULT, à. . . . . 35,000 »

Ensemble, à.	41,000	»	41,000	»

Il est resté à partager. 54,000 »
Dont la moitié pour Mme veuve BAULT, et l'autre moitié pour la succession de M. BAULT; soit. . . . . 27,000 »

Le notaire liquidateur a considéré les reprises de la succession de M. BAULT comme une créance mobilière sur la communauté, et, à ce titre, entrant dans la donation en pleine propriété des biens meubles faite à Mme BAULT par son mari, aux termes de leur contrat de mariage susénoncé.

A ce moyen, les droits en pleine propriété de Mme BAULT ont été fixés de la manière suivante :
1° Six mille francs, montant de ses reprises personnelles, ci. . . . . . . 6,000 »
2° Trente-cinq mille francs, montant des reprises de la succession de M. BAULT, ci. . . . . 35,000 »
3° Et vingt-sept mille francs, pour sa moitié dans le bénéfice de communauté, ci. . . . . 27,000 »

Ensemble, de. . . . . . . :	68,000	»

Les droits de M. Éloi BAULT en nue propriété et ceux de Mme veuve BAULT en usufruit, ont été fixés à une somme de vingt-sept mille francs pour la moitié de la succession dans le bénéfice de communauté.

(1) Marbeau n° 67; Troplong, n° 45; Pont, II, 524; Dict., not., Trans., n° 46; Roll., *ibid.*, n° 7.
(2) Duranton, XVIII, 407; Tropl., n° 46 ; CONTRA, Dict. not., Trans., n° 17; Roll., *ibid.*, n° 9.
(3) Troplong, n° 47 ; CONTRA, Dict. not., Trans., n° 17; Roll., *ibid.*, n° 40.
(4) Troplong, n° 48; Pont, II, 522, 523.
(5) Massé, Droit comm., IV, 2697; Ernest Dubois, *Incapac. de la*

femme, p. 296, 298; Pont, II, 514; Dict. not., Trans., n° 31 ; Roll., *ibid.*, n° 20. Voir cependant, Accarias, n° 111.
(6) Ou si, étant mariée sous le régime dotal, elle a des biens paraphernaux.
(7) Marbeau, n° 94; Troplong, n° 51; Pont, II, 516; Dict., not., Trans., n°s 27, 28; Roll., *ibid.*, n°s 16, 17.
(8) Conseil d'État, 12 juill., 1860; M. T., 1860, p. 529.

5485 *bis.* La transaction consentie par les administrations des établissements de charité et de bienfaisance ne peut être exécutée qu'après l'homologation par décret impérial, s'il s'agit d'objets immobiliers ou d'objets mobiliers d'une valeur supérieure à trois mille francs; dans le cas où cette valeur est moindre, l'homologation peut être prononcée par arrêté du préfet en conseil de préfecture (*ordonn. roy., 6 juill. 1846, art. 5*).

5486. IV. *Objet des transactions.* On ne peut transiger : 1° sur des droits qui ne peuvent faire l'objet d'un contrat, par exemple, sur la succession d'une personne vivante, *supra n° 5161*, sur les clauses d'un contrat de mariage pendant la durée du mariage, *supra n° 5751*; 2° sur des droits ou des biens qui sont hors du commerce, par exemple, sur les contestations relatives à l'état des personnes, à la filiation légitime ou naturelle (1), aux droits de la puissance paternelle, à la validité d'un mariage, à la séparation de corps; 3° sur le droit à des aliments (2); cependant on peut transiger sur une pension alimentaire, due par l'un des époux à l'autre, en cas de séparation (3).

5487. On peut transiger sur l'intérêt civil qui résulte d'un délit, par exemple, sur une action en restitution d'intérêts usuraires (4); mais la transaction n'empêche pas la poursuite du ministère public (*C. N., 2046*).

5488. V. *Effets des transactions.* Les transactions ont, entre les parties, l'autorité de la chose jugée en dernier ressort (5) (*C. N., 2052*).

5489. Néanmoins, l'erreur de calcul dans une transaction doit être réparée (*C. N., 2058*); et la

---

Il a été ensuite abandonné aux parties, pour les remplir de leurs droits, savoir :
À Mme veuve BAULT, en pleine propriété :
1° Toutes les valeurs mobilières dépendant de la communauté, pour. . .   15,000   »
2° Et des immeubles pour une valeur de..   53,000   »

Somme égale à ses droits.   68,000   »

Et à M. Éloi BAULT en nue propriété, et à Mme veuve BAULT en usufruit, des immeubles pour une valeur de vingt-sept mille francs.

Suivant procès-verbal dressé par ledit M^e. . . . ., le. . . . ., il a été donné lecture et communication aux parties de l'état liquidatif qui vient d'être énoncé.

M. Eloi BAULT a critiqué le travail du notaire liquidateur, en ce qu'il a considéré les reprises de la succession comme une créance mobilière sur la communauté, et les a fait entrer dans la portion mobilière faite à Mme veuve BAULT. — Selon M. BAULT, les reprises des époux ne constituent pas des créances proprement dites contre la communauté, mais un droit de prélèvement à titre de propriété sur les biens qui composent cette communauté; dès lors ce droit de reprises est mobilier ou immobilier, selon la nature mobilière ou immobilière des biens sur lesquels il s'exerce d'après l'ordre indiqué par les art. 1470, 1471 et 1472 du C. Nap.

Le notaire aurait donc dû fixer les droits des parties de la manière suivante :

Mme veuve BAULT : 1° ses reprises.   6,000   »
2° Sa moitié dans le bénéfice de la communauté..   27,000   »

Total.. . . . .   33.000   »

Succession de M. BAULT : 1° ses reprises..   35,000   »
2° Sa moitié dans le bénéfice de communauté.   27,000   »

Total..   62,000   »

---

(1) Cass., 12 juin 1838; Grenoble, 18 janv. 1839; J. N., 10099, 10494. Voir cependant Cass., 29 mars 1852; Jur. N., 10708.
(2) Zach., § 767, p. 87; Metz, 13 déc. 1822; Cass., 21 juin 1815; Bordeaux, 20 juill. 1835; J. N., 15670. Voir cependant Roll., Trans., n° 33.
(3) Roll., Trans., n° 33; Metz, 13 déc. 1822.
(4) Troplong, n° 57; Zach., § 767, note 11; Cass., 21 nov., 1832, 9 fév. et 16 nov. 1836.
(5) Voir Cass., 7 juill. 1852, 20 avril 1857; J N., 14740, 16087; Metz, 9 sept. 1857; Jur. N., 11148.

transaction sur un compte litigieux peut être attaquée pour cause d'inexactitude dans les articles du compte (1).

5490. Les transactions se renferment dans leur objet; la renonciation qui y est faite à tous droits, actions et prétentions, ne s'entend que de ce qui est relatif au différend qui y a donné lieu (*C. N.*, *2048*).

5491. Les transactions ne règlent que les différends qui s'y trouvent compris, soit que les parties aient manifesté leur intention par des expressions spéciales ou générales, soit que l'on reconnaisse cette intention par une suite nécessaire de ce qui y est exprimé (*C. N.*, *2049*); c'est là une appréciation de fait qui appartient aux tribunaux et échappe à la censure de la Cour de cassation (2).

5492. Si celui qui a transigé sur un droit qu'il avait de son chef, acquiert ensuite un droit semblable du chef d'une autre personne, il n'est point, quant au droit nouvellement acquis, lié par la transaction antérieure (*C. N.*, *2050*).

5493. La transaction faite par l'un des intéressés ne lie point les autres intéressés, et ne peut être opposée par eux (*C. N.*, *2051*), ni contre eux, même lorsqu'il y a solidarité ou indivisibilité entre les divers intéressés (3); cependant, si elle ne peut leur nuire, il est des cas où elle leur profite; par exemple, si l'un des débiteurs solidaires est déchargé par la transaction, cette décharge profite aux autres pour la part dont il était tenu (4), *supra n° 5240*.

5494. VI. *Annulation et rescision des transactions.* Les transactions ne peuvent être attaquées pour cause d'erreur de droit (*C. N.*, *2052*); ainsi, une personne à qui une succession est dévolue pour le

Les biens meubles qui auraient été compris dans l'abandonnement fait à la succession pour le fournissement de ses droits, seraient entrés dans la donation en pleine propriété faite à Mme BAULT; quant aux biens immeubles compris dans le même abandonnement, ils auraient été dévolus à M. Éloi BAULT en nue propriété et à Mme veuve BAULT en usufruit.

M. Éloi BAULT a expressément demandé que la liquidation fût réformée dans ce sens.

Mme veuve BAULT a déclaré protester contre les dires et prétentions de M. BAULT; elle a répondu que le droit au prélèvement par les époux sur la communauté pour leurs reprises est purement mobilier, en ce qu'il a pour objet une somme d'argent entrée dans la communauté qui en était dépositaire, de sorte que les valeurs prélevées par les époux pour se couvrir de leurs reprises ne leur sont jamais attribuées, quelle qu'en soit la nature, qu'à titre de dation en payement; — que, par conséquent, elle avait droit en pleine propriété, en sa qualité de donataire, aux biens meubles et immeubles à elle attribués pour le prélèvement des reprises de son mari; — qu'elle approuvait le travail du notaire et en demandait l'homologation pure et simple.

M•....., notaire commis, a consigné les dires et observations des parties et les a renvoyées devant le tribunal civil de.....

TRANSACTION.

Dans cette position, les parties après avoir respectivement pesé et apprécié les droits ou prétentions que chacune d'elles pouvait avoir à faire valoir, désireuses d'éviter, par de mutuelles concessions, la solution incertaine des tribunaux,

Sont convenues de traiter à l'amiable à titre de transaction et à forfait, sur tous procès nés et à naître relativement à leurs droits dans lesdites communauté et succession.

Ce qui a été réalisé de la manière suivante :

ART. 1er. Les reprises de la succession de M. BAULT seront considérées comme mobilières pour celles provenant de valeurs mobilières apportées en mariage par M. BAULT ou

(1) Troplong, n° 168, Massé et Vergé, § 789, note 44.
(2) Troplong, n° 444; Duranton, XVIII, 396; Massé et Vergé, § 768, note 5; Cass., 20 sept. et 24 nov. 4832, 46 juin 4834, 20 juin 4841, 20 avril 4837; J. N., 46087.
(3) Troplong, n° 425.
(4) Duranton, XVIII, 420; Troplong, n°° 426, 427; Marbeau, n° 263; Massé et Vergé, § 768, note 4 Dict. not., *Trans.*, n° 440 Roll. *ibid.*, n° .

tout, transige avec une autre personne qu'elle croit être appelée à cette même succession, la transaction est inattaquable (1); il en est de même d'une transaction sur un acte vicié d'une nullité de droit qui a pu être connue (2); et il importe peu que la transaction concerne un incapable, si elle a été faite dans les formes légales (3).

5495. Les transactions ne peuvent non plus être attaquées pour cause de lésion (*C. N.*, 2052). Voir cependant pour le cas de partage, *supra n° 2099*; toutefois, s'il apparaît que les parties ayant des prétentions diverses et contraires sur la consistance de leurs droits, règlent leurs intérêts par une véritable transaction, l'art. 888, *supra n° 2099*, devra être écarté, et la transaction sera inattaquable (4).

5496. Néanmoins une transaction peut être rescindée lorsqu'il y a erreur dans la personne, par exemple, si je transige avec une personne en croyant qu'elle est ma partie adverse, tandis qu'elle est une autre personne (5); ou sur l'objet de la contestation (*C. N.*, 2053), par exemple, si je transige au sujet de l'immeuble A, tandis que c'est l'immeuble B qui est en litige (6).

5497. Elle peut l'être dans tous les cas où il y a dol ou violence, *supra n°* 3147, 3149 (*C. N.*, 2053).

5498. Il y a également lieu à l'action en rescision contre une transaction, lorsqu'elle a été faite en exécution d'un titre nul, par exemple sur une disposition testamentaire qui a été révoquée par un testament postérieur valable (7), à moins que les parties n'aient expressément traité sur la nullité (*C. N.*, 2054).

5499. La transaction faite sur pièces qui depuis ont été reconnues fausses, est entièrement nulle (*C. N.*, 2055).

à lui échues pendant le mariage; et comme immobilières pour celles provenant de ventes d'immeubles propres à M. BAULT, faites pendant le même temps. Les premières entreront dans la donation en pleine propriété en faveur de Mme BAULT; les secondes seront seulement grevées de l'usufruit de Mme BAULT.

A ce moyen, les reprises mobilières qui profitent à Mme BAULT en pleine propriété se composent de :

1° Quatre mille francs, montant des choses mobilières apportées en mariage par M. BAULT (1re observ. de la liquidation), ci. . . . . 4,000 »

2° Douze mille francs, montant des choses mobilières qu'il a recueillies dans les successions de ses père et mère, les seules qui lui soient échues pendant le mariage (2e observ.), ci. . . . . 12,000 »

Ensemble.. . . . . 16,000 »

Et les reprises immobilières profitant à M. Eloi BAULT en nue propriété, et à Mme BAULT en usufruit, se composent de :

1° Huit mille francs, touchés par M. BAULT, pour sa part du prix de la licitation d'immeubles énoncée dans la 4e observation, ci. . . . . 8,000 »

2° Et onze mille francs pour prix de ses immeubles personnels, aliénés pendant le mariage (5e observ.), ci. . . . . 11,000 »

Ensemble.. . . . . 19,000 »

ART. 2. Par suite de cette transaction, les droits des parties sont ainsi fixés :

Premièrement. Mme veuve BAULT en pleine propriété,

(1) Troplong, n° 135; Cass., 4 mars 1840, 22 juill. 1841.
(2) Troplong, n° 135; Cass., 25 mars 1807, 19 nov. 1851; J. N., 14504.
(3) Troplong, n° 140; Massé et Vergé, § 769, note 12.
(4) Troplong, n° 141; Massé et Vergé, § 769, note 13; Cass., 1 fév. 1809, 3 déc. 1833; Paris, 7 juin 1851; J. N., 14525.
(5) Duranton, XVIII, 425; Troplong, n° 143. Voir cependant Pont, II, 468.
(6) Troplong, n° 144.
(7) Troplong, n° 145; Larombière, 1113, 27.

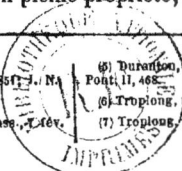

IV.   7

5500. La transaction sur un procès terminé par un jugement passé en force de chose jugée, dont les parties ou l'une d'elles n'avaient point connaissance est nulle (*C. N.*, *2056*) ; si le jugement était connu des parties, la convention serait valable, non pas comme transaction, mais comme une renonciation ou un abandon volontaire, *supra n° 5475*.

5501. Si le jugement ignoré des parties était susceptible d'appel, la transaction est valable (*C. N.*, *2056*).

5502. Lorsque les parties ont transigé généralement sur toutes les affaires qu'elles pouvaient avoir ensemble, les titres qui leur étaient alors inconnus et qui auraient été postérieurement découverts (1), ne sont point une cause de rescision, à moins qu'ils n'aient été retenus par le fait de l'une des parties ; mais la transaction serait nulle si elle n'avait qu'un objet sur lequel il serait constaté, par des titres nouvellement découverts, que l'une des parties n'avait aucun droit (*C. N.*, *2057*).

1° Six mille francs, montant de ses reprises personnelles, ci.   6,000   »
2° Seize mille francs, formant la fraction des reprises de la succession
que les parties, à titre de transaction à forfait, ont ci-dessus considérées
comme mobilières, ci.   16,000   »
3° Et vingt-sept mille francs pour sa moitié dans les bénéfices de communauté, ci.   27,000   »

Ensemble, à..   49,000   »

Deuxièmement. M. Éloi BAULT en nue propriété, et Mme BAULT en usufruit,
1° Dix-neuf mille francs, formant la fraction des reprises de la succession que les
parties, à titre de transaction à forfait, ont considérées comme immobilières,
ci..   19,000   »
2° Et vingt-sept mille francs pour la moitié de la succession dans les bénéfices de communauté, ci.   27,000   »

Ensemble, à..   46,000   »

ART. 3. Les droits des parties ayant été modifiés, ainsi qu'on vient de le voir, les attributions proposées par l'état liquidatif ci-dessus énoncé doivent également être modifiées.

Ce qui a été fait de la manière suivante :

Pour se remplir de leurs droits ci-dessus fixés, les parties se font l'une à l'autre les abandonnements suivants, à titre de partage :

Premièrement. A Mme veuve BAULT, en pleine propriété,
1°. . . . ., etc.

Deuxièmement. A M. Éloi BAULT, en nue propriété, et à Mme veuve BAULT, en usufruit
1°. . . . . ., etc.

Pour les abandonnements et les conditions du partage, voir suprà, formule 563, p. 134, et formule 564. p. 164.

ART. 4. Les frais des présentes seront supportés par les parties, chacune pour moitié ; quant à ceux de liquidation et partage, et de l'instance en homologation, ils seront payés comme dette de communauté.

ART. 5. Pour l'exécution des présentes, etc.

DONT ACTE. Fait et passé, etc.

(1) Voir Paris, 7 juin 1851 ; J. N., 44525.

TITRE SEIZIÈME.

DE LA CONTRAINTE PAR CORPS.

5503 à 5512. La contrainte par corps en matière civile qui était régie par es art. 2059 à 2070 du C. N. et par diverses lois postérieures rapportées dans notre *première édition*, a été abolie par la loi du **22** juillet **1867**, ainsi conçue :

Art. 1er. La contrainte par corps est supprimée en matière commerciale, civile et contre les étrangers.

2. Elle est maintenue en matière criminelle, correctionnelle et de simple police.

3. Les arrêts, jugements et exécutoires portant condamnation, au profit de l'État, à des amendes, restitutions et dommages-intérêts en matière criminelle, correctionnelle et de police, ne peuvent être exécutés par la voie de la contrainte par corps que cinq jours après le commandement qui est fait aux condamnés, à la requête du receveur de l'enregistrement et des domaines.

La contrainte par corps n'aura jamais lieu pour le payement des frais au profit de l'État.

Dans le cas où le jugement de condamnation n'a pas été précédemment signifié au débiteur, le commandement porte en tête un extrait de ce jugement, lequel contient le nom des parties et le dispositif.

Sur le vu du commandement et sur la demande du receveur de l'enregistrement et des domaines, le procureur impérial adresse les réquisitions nécessaires aux agents de la force publique et aux autres fonctionnaires chargés de l'exécution des mandements de justice.

Si le débiteur est détenu, la recommandation peut être ordonnée immédiatement après la notification du commandement.

4. Les arrêts et jugements contenant des condamnations en faveur des particuliers pour réparations de crimes, délits ou contraventions commis à leur préjudice sont, à leur diligence, signifiés et exécutés suivant les mêmes formes et voies de contrainte que les jugements portant des condamnations au profit de l'État.

5. Les dispositions des articles qui précèdent s'étendent au cas où les condamnations ont été prononcées par les tribunaux civils au profit d'une partie lésée, pour réparation d'un crime, d'un délit ou d'une contravention reconnus par la juridiction criminelle.

6. Lorsque la contrainte a lieu à la requête et dans l'intérêt des particuliers, ils sont obligés de pourvoir aux aliments des détenus ; faute de provision, le condamné est mis en liberté.

La consignation d'aliments doit être effectuée d'avance pour trente jours au moins ; elle ne vaut que pour des périodes entières de trente jours.

Elle est, pour chaque période, de quarante-cinq francs à Paris, de quarante francs dans les villes de cent mille âmes, et de trente-cinq francs dans les autres villes.

7. Lorsqu'il y a lieu à élargissement faute de consignation d'aliments, il suffit que la requête présentée au président du tribunal civil soit signée par le débiteur détenu et par le gardien de la maison d'arrêt pour dettes, ou même certifiée véritable par le gardien si le détenu ne sait pas signer.

Cette requête est présentée en duplicata : l'ordonnance du président, aussi rendue par duplicata, est exécutée sur l'une des minutes qui reste entre les mains du gardien ; l'autre minute est déposée au greffe du tribunal et enregistrée gratis.

8. Le débiteur élargi faute de consignation d'aliments ne peut plus être incarcéré pour la même dette.

9. La durée de la contrainte par corps est réglée ainsi qu'il suit :

De deux jours à vingt jours, lorsque l'amende et les autres condamnations n'excèdent pas cinquante francs ;

De vingt jours à quarante jours, lorsqu'elles sont supérieures à cinquante francs, et qu'elles n'excèdent pas cent francs ;

De quarante jours à soixante jours, lorsqu'elles sont supérieures à cent francs et qu'elles n'excèdent pas deux cents francs ;

De deux mois à quatre mois, lorsqu'elles sont supérieures à deux cents francs et qu'elles n'excèdent pas cinq cents francs;

De quatre mois à huit mois, lorsqu'elles sont supérieures à cinq cents francs et qu'elles n'excèdent pas deux mille francs ;

D'un an à deux ans, lorsqu'elles s'élèvent à plus de deux mille francs.

En matière de simple police, la durée de la contrainte par corps ne pourra excéder cinq jours.

10. Les condamnés qui justifient de leur insolvabilité, suivant l'art. 420 du Code d'instruction criminelle, sont mis en liberté après avoir subi la contrainte pendant la moitié de la durée fixée par le jugement.

11. Les individus contre lesquels la contrainte a été prononcée peuvent en prévenir ou en faire cesser l'effet, en fournissant une caution reconnue bonne et valable.

La caution est admise, pour l'État, par les receveurs des domaines; pour les particuliers, par la partie intéressée; en cas de contestation, elle est déclarée, s'il y a lieu, bonne et valable par le tribunal civil de l'arrondissement.

La caution doit s'exécuter dans le mois, à peine de poursuites.

12. Les individus qui ont obtenu leur élargissement ne peuvent plus être détenus ou arrêtés pour des condamnations pécuniaires antérieures, à moins que ces condamnations n'entraînent, par leur quotité, une contrainte plus longue que celle qu'ils ont subie et qui, dans ce dernier cas, leur est toujours comptée pour la durée de la nouvelle incarcération.

13. Les tribunaux ne peuvent prononcer la contrainte par corps contre les individus âgés de moins de seize ans accomplis à l'époque des faits qui ont motivé la poursuite.

14. Si le débiteur a commencé sa soixantième année, la contrainte par corps est réduite à la moitié de la durée fixée par le jugement, sans préjudice des dispositions de l'art. 10.

15. Elle ne peut être prononcée ou exercée contre le débiteur au profit : 1° de son conjoint; 2° de ses ascendants, descendants, frères ou sœurs; 3° de son oncle ou de sa tante, de son grand-oncle ou de sa grand'tante, de son neveu ou de sa nièce, de son petit-neveu ou de sa petite-nièce, ni de ses alliés au même degré.

16. La contrainte par corps ne peut être exercée simultanément contre le mari et la femme, même pour des dettes différentes.

17. Les tribunaux peuvent, dans l'intérêt des enfants mineurs du débiteur et par le jugement de condamnation, surseoir, pendant une année au plus, à l'exécution de la contrainte par corps.

18. Les art. 120 et 355, § 1 du C. d'inst. crim., 174 et 175 du décret du 18 juin 1811 sur les frais de justice criminelle, sont abrogés en ce qui concerne la contrainte par corps.

Sont également abrogées, en ce qu'elles ont de contraire à la présente loi, toutes les dispositions des lois antérieures; néanmoins il n'est point dérogé aux art. 80, 157, 171, 189, 304, 355, §§ 2 et 3, 452, 454, 456 et 522 du C. d'inst. crim.

Le titre XIII du Code forestier, et le titre VII de la loi sur la pêche fluviale sont aussi maintenus et continuent d'être exécutés en ce qui n'est pas contraire à la présente loi.

En matière forestière et de pêche fluviale, lorsque le débiteur ne fait pas les justifications de l'art. 420 du C. d'inst. crim., la durée de la contrainte par corps est fixée par le jugement, dans les limites de huit jours à six mois.

19. Les dispositions précédentes sont applicables à tous jugements et cas de contrainte par corps antérieurs à la présente loi.

TITRE DIX-SEPTIÈME

DU NANTISSEMENT.

SOMMAIRE

FORMULES

5513. Le nantissement est un contrat par lequel un débiteur, ou un tiers pour le débiteur [1], remet une chose au créancier pour sûreté de la dette (*C. N., 2071, 2077, 2090*). La tradition est une condition essentielle de sa validité [2], *infra* n° 5523.

FORMULE 753. — Gage sur des objets mobiliers contenu dans une obligation avec hypothèque. (N°s 5513 à 5534.)

Après l'affectation hypothécaire l'on ajoute :

GAGE.

Pour plus de sûreté et garantie du remboursement de ladite somme de . . . . . , du paye-

---

[1] Le tiers n'est pas tenu personnellement : Troplong, n° 375; Massé et Vergé, § 777, note 1. — Il n'a pas droit au bénéfice de discussion : Troplong, n° 376.

[2] Duranton, XVIII, 531; Troplong, n° 25; Massé et Vergé, § 778, note 4.

5514. Le nantissement d'une chose mobilière s'appelle *gage*. Celui d'une chose immobilière s'appelle *antichrèse* (*C. N.*, *2072*).

CHAPITRE PREMIER.

DU GAGE.

SECTION I. — DU GAGE EN MATIÈRE CIVILE.

5515. On peut donner en gage toute espèce de choses mobilières [Form. 753] : bijoux, argenterie, hardes, marchandises, meubles-meublants, fruits de la terre, animaux de travail, etc., même de l'argent comptant, par exemple, pour location de livres.

5516. On peut aussi donner en gage des choses incorporelles ; ainsi, des créances [Form. 754, 755], des rentes sur l'État (1) [Form. 756], des actions et obligations des sociétés de finance ou d'industrie, *infra n° 5537* [Form. 758], un brevet d'invention (2), un bail à loyer (3), un fonds de commerce.

5517. Celui qui n'a pas la disposition d'une chose ne peut la remettre en gage ; néanmoins si le créancier a accepté de bonne foi une chose mobilière qu'il avait juste sujet de considérer comme appartenant à son débiteur, le véritable propriétaire ne peut la réclamer qu'en restituant le prix de l'engagement, suivant ce principe qu'en fait de meubles possession vaut titre (4).

5518. Le gage confère au créancier le droit de se faire payer sur la chose qui en est l'objet et sur ses accessoires (5), par privilége et préférence aux autres créanciers (*C. N.*, *2073*), même à celui qui l'a vendue à crédit, en sorte que l'action en revendication ne peut être exercée au préjudice du gagiste (6). Le droit du gagiste est aussi préférable au privilége du bailleur ; si donc le locataire a déplacé des meubles et les a donnés en gage, le bailleur ne peut exercer son droit de suite au préjudice du gagiste (7).

5519. Ce privilége n'a lieu, à l'égard des tiers (8), qu'autant qu'il y a un acte public ou sous seing privé (9) dûment enregistré (10), contenant la déclaration de la somme due (11), ainsi que l'espèce et la nature (12) des choses remises en gage, ou un état annexé (13) de leurs qualité, poids et mesure (*C. N.*, *2074*) ; si les choses remises en gage sont des blés et farines, il n'est pas nécessaire d'indiquer leur provenance (14). Lorsque plusieurs objets ont été donnés en gage et qu'on a omis d'en décrire quelques-uns, le nantissement n'est nul que pour ces objets (15).

---

ment de ses intérêts et tous accessoires, M. BENOIT a remis, à titre de gage, à M. NORTIER, qui le reconnaît, les différents objets mobiliers compris et détaillés en un état que les parties ont dressé sur une feuille de papier timbré à cinquante centimes, lequel état est demeuré ci-annexé, après avoir été, par les comparants, certifié véritable en présence des notaires soussignés qui dessus ont fait mention du tout.

---

(1) Mollot, *Bourses de comm.*, n° 273; Massé et Vergé, § 779, note 1 ; Dict. not., *Gage*, n° 6 ; Pont, II, 1080 ; Paris, 29 mars 1832, 13 janv. 1854. 17 janv. 1868 ; J. N., 15210.
(2) Paris, 29 août 1865 ; J. N. 18394.
(3) Cass., 13 avril 1859 ; Paris, 11 avril et 31 mai 1866, 22 janv. 1863 ; J. N., 18593.
(4) Troplong, n° 72; Massé et Vergé, § 779, note 1 ; Pont., II, 1073.
(5) Troplong, n° 84.
(6) Troplong, n° 101 ; Rouen, 18 juill. 1827 ; Cass., 1er déc. 1840.
(7) Troplong, n° 103.
(8) Entre les parties, le gage n'est sujet à aucune forme ; il suffit qu'il y ait consentement et tradition de la chose : Roll., *Gage*, n° 3; Dict. not., *Gage*, n° 27 ; Cass., 25 mars 1851.
(9) La formalité du double n'est pas exigée : Duranton, XVIII, 517 ; Troplong, n° 263 ; Dict. not., *Gage*, n° 25.
(10) Ou qui a acquis date certaine par l'un des autres cas prévus

en l'art. 1328, *supra* n° 3422 : Troplong, n° 199; Roll., *Gage* n° 9; Valette, *Priv.*, p. 51; Dijon, 18 déc. 1855 ; Cass , 18 juill. 1848, 7 janv. 1851, 17 fév. 1858; J. N., 16272; Trib. Seine, 20 déc. 1864 ; *contra*, Duranton, XVIII, 514; Massé et Vergé, § 779. note 6 ; Aix, 27 mai 1845; Montpellier, 4 janvier 1833.
(11) Le privilége ne s'étendrait pas aux dettes étrangères à la constitution du gage : Troplong, n° 215.
(12) Si une bibliothèque est remise en gage, les volumes doivent être désignés par leur format, leur édition et l'espèce des ouvrages : Cass., 4 mars 1811.
(13) Aussi enregistré : Duranton, XVIII, 520; Troplong, n° 202; Massé et Vergé, § 779, note 9; Roll., *Gage*, n° 14.
(14) Paris, 19 mai 1850; Cass., 30 janv. 1860.
(15) Duranton, XVIII, 522; Troplong, n° 193; Massé et Vergé, § 779 note 8; *contra*, Paris, 8 juin 1809.

5520. La rédaction de l'acte par écrit et son enregistrement ne sont néanmoins prescrits qu'en matière excédant la valeur de cent cinquante francs (*C. N.*, *2074*). Au-dessous de ce chiffre, le gage vaut, même contre les créanciers, sans aucune formalité extérieure, pourvu qu'il soit prouvé (1).

5521. Le privilége énoncé *supra n° 5519*, ne s'établit sur les meubles incorporels, tels que les créances mobilières, même au-dessous de cent cinquante francs (2), que par acte public ou sous seing privé, aussi enregistré, et signifié au débiteur de la créance donnée en gage (*C. N.*, *2075*); il ne produit effet qu'à partir de la signification, de sorte que si à ce moment des tiers ont formé une saisie-arrêt sur la somme cédée, ou si une opposition a été faite aux mains du débiteur, ou enfin si le cédant a été déclaré en état de faillite, le nantissement ne peut pas préjudicier aux droits du saisissant, du créancier opposant, ni des créanciers du failli (3). En cas de faillite, il suffit que la signification précède le jugement déclaratif de faillite, lequel seul dessaisit le failli (4).

5522. Lorsqu'un brevet d'invention a été donné en gage, *supra n° 5516*, le nantissement est valable sans qu'il soit besoin de le faire signifier, puisqu'il n'y a pas de débiteur, ni de le faire enregistrer à la préfecture, *supra n° 4297*, cet enregistrement n'ayant trait qu'à la cession totale ou partielle du brevet (5).

5523. Dans tous les cas, le privilége ne subsiste sur le gage qu'autant que ce gage a été mis et est resté en la possession du créancier, ou d'un tiers convenu entre les parties (*C. N.*, *2076*) [FORM. 755]. En ce qui concerne le nantissement de meubles incorporels, il ne suffit donc pas qu'il soit signifié au débiteur, *supra n° 5521*, il faut encore, pour que la possession soit complète, que le gagiste reçoive livraison des titres mêmes qui constatent l'existence de la créance cédée en nantissement (6); en sorte que si une créance est sans titre, elle ne peut faire l'objet d'un gage (7). La remise du titre est exigée, même alors que la somme cédée en gage ne forme qu'une faible partie de la créance (8), sauf à faire cette remise à un tiers convenu (9); si le titre restait entre les mains du cédant, le nantissement serait nul (10).

5524. Le débiteur ne peut, après cette tradition, attribuer à d'autres sur la créance, un droit de gage par ordre successif, pour en jouir après le payement de celui qui la détient (11). Mais si le nantissement a pour objet une partie seulement de la créance [FORM. 755], le débiteur peut consentir un autre nantissement pour le surplus; dans ce cas le premier créancier nanti est constitué dépositaire du titre qui devient commun entre lui et le second nanti, si, d'ailleurs, le premier acte de nantissement ne contient pas la remise à un tiers convenu, car alors ce tiers resterait dépositaire pour les deux nantissements. Lorsque le tiers dépositaire n'intervient pas à l'acte de nantissement, cet acte doit lui être signifié.

5525. Le créancier ne peut, à défaut de payement, disposer du gage, sauf à lui à faire ordonner en justice (12) que ce gage lui demeurera en payement, et jusqu'à due concurrence, d'après une esti-

---

M. NORTIER se reconnaît en possession desdits objets dont il restera nanti jusqu'au remboursement de la présente obligation ;

Et il s'oblige à les restituer à M. BENOIT, dans l'état où il les a reçus, aussitôt qu'il aura été remboursé du montant de la présente obligation, s'interdisant le droit d'en faire aucun usage.

Mais, à défaut de payement de tout ou partie de ladite somme de..... et de ses inté-

---

(1) Troplong, n° 112; Larombière, *1347*, 42; Dict. not., *Gage*, n° 26.

(2) Duranton, XVIII, 267; Troplong, n° 267; Zach., Massé et Vergé, § 779, note 11; Larombière, *1347*, 42; Roll., *Gage*, n° 7; Dict. not., *Gage*, n° 34.

(3) Troplong, n° 273; Orléans, 20 mai 1845; Cass., 11 juin 1846. 4 janv. 1847; Jur. N., 7339, 7686. Voir Cass., 13 janv. 1843; J. N., 12262.

(4) Lyon, 11 mars 1842; Orléans, 31 août 1841; Cass., 4 janv. 1847, 10 juin 1848; Jur. N., 7686, 8504. Voir Caen, 2 août 1860; Jur. N., 11804; CONTRA, Troplong, n° 276, selon lequel la signification est sans valeur lorsqu'elle intervient depuis la cessation des payements ou dans les dix jours qui précèdent cette époque.

(5) Paris, 29 août 1865.

(6) Duranton, XVIII, 525; Troplong, n° 277; Zach., Massé et Vergé, § 779, note 12; Roll., *Gage*, n° 15; Aix, 21 juill. 1842; Cass., 11 juin 1846.

(7) Troplong, n° 278; Massé et Vergé, § 779, note 12; Lyon, 31 janv. 1845.

(8) Troplong, n° 279; Aix, 21 juill. 18 2.

(9) Voir Dict. not., *Gage*, n° 38; Bourges, 5 juin 1852.

(10) Cass., 11 juin 1846; Jur. N., 7839.

(11) Paris, 13 janv. 1846, 15 nov. 1850; J. N., 14228; Jur. N., 9085. Voir cependant Troplong, n° 315.

(12) Le choix de l'une de ces deux voies appartient au créancier, et n'est pas laissé à l'appréciation du tribunal : Troplong, n° 400; Massé et Vergé, § 780, note 8; Dict. not., *Gage*, n° 59; Colmar, 23 fév. 1828; CONTRA, Duranton, XVIII, 536.

mation faite par experts, ou qu'il sera vendu aux enchères (*C. N.*, 2078), afin de se faire payer par privilége sur le prix (1). Si les choses mises en gage sont des effets publics, la vente s'en fait aux enchères devant notaire s'ils ne sont pas cotés à la bourse, ou par le ministère d'un agent de change s'ils sont cotés, *supra n° 4424.*

5526. Toute clause qui autoriserait le créancier à s'approprier le gage ou à en disposer sans les formalités ci-dessus est nulle (*C. N.*, 2078). Mais les parties peuvent convenir qu'à défaut de payement à l'époque d'échéance, le gage restera au créancier, à dire d'experts (2).

5527. Jusqu'à l'expropriation du débiteur, s'il y a lieu, le débiteur, ou le tiers qui a fourni le

---

rêts, dans les termes et de la manière ci-dessus fixés, M. Nortier aura le droit de faire ordonner en justice, conformément à la loi, soit que les objets remis en gage lui demeureront en payement et jusqu'à due concurrence, d'après une estimation faite par experts, soit qu'ils seront vendus aux enchères, par un commissaire-priseur, en remplissant les formalités légales; lesquels experts et commissaire-priseur seront nommés par M. le président du tribunal civil de. . . . .

Sur le produit de la vente, M. Nortier sera payé par privilége et préférence à tous autres, et nonobstant toutes oppositions, de tout ce qui lui sera dû pour le montant de la présente obligation en principal, intérêts et autres accessoires.

En conséquence, M. Benoit consent à ce que le remboursement soit fait hors sa présence et sans qu'il soit besoin de l'y appeler, par l'officier public qui aura procédé à la vente, et il lui donne à cet effet toute autorisation et décharge nécessaire.

Pour l'exécution des présentes, etc.

Dont acte. Fait et passé, etc.

FORMULE 754. — **Nantissement ou gage sur une créance.** (N°ˢ 5513 à 5534.)

(*Cette formule s'adapte à la formule 675 ci-dessus.*)

Pour garantir à M. Maupin le remboursement de la somme de. . . . ., montant de la présente obligation, et le payement de tous intérêts, frais et autres accessoires, M. et Mᵐᵉ Denet remettent, à titre de nantissement, en gage,

A M. Maupin, qui accepte :

Une créance au capital de dix mille francs, formant la fraction restée due par suite du payement comptant de six mille francs, sur la somme de seize mille francs, formant le prix principal de la vente que M. et Mᵐᵉ Denet ont faite à M. Léon Colas, cultivateur, demeurant à. . . . ., d'une pièce de terre labourable, située commune de. . . . ., lieu dit. ... ., de la contenance de. . . . ., section. . . . ., n°. . . . . du plan cadastral, suivant contrat passé devant Mᶜ. . . . ., notaire à. . . . ., le. . . . .; laquelle somme de dix mille francs a été stipulée exigible le. . . . ., et productive d'intérêts à cinq pour cent par an, à partir du. . . . ., payables chaque année en deux termes égaux, de six en six mois, les. . . . .

Ensemble les intérêts et accessoires de ladite créance.

M. et Mᵐᵉ Denet ont déclaré dans ce contrat qu'ils étaient mariés en premières noces, sous le régime de la communauté, aux termes de leur contrat de mariage passé devant Mᵉ. . . . ., le. . . . ., et qu'ils n'étaient et n'avaient jamais été tuteurs.

Une expédition de ce contrat a été transcrite, etc. (*Enoncer la formalité de transcription et de purge.* Voir *formule* 583, page 224.)

Afin d'assurer à M. Maupin le privilége résultant du présent nantissement, M. et Mᵐᵉ Denet lui ont remis, ainsi qu'il le reconnaît, la grosse du contrat de vente ci-dessus énoncé et un duplicata de l'inscription d'office, pour en rester nanti, conformément à

---

(1) Troplong, n° 400.

(2) Troplong, n° 403 ; Zach., Massé et Vergé, § 780, note 10 ; Roll Gage, n° 33.

gage, *supra* n° *5513*, reste propriétaire de la chose donnée en gage, qui n'est, dans la main du créancier, qu'un dépôt assurant le privilége de celui-ci (*C. N.*, 2079); cependant le créancier peut aussi mettre la chose en gage. C'est ce qu'on appelle un sous-gage (1).

5528. Le créancier répond, selon les règles établies au titre *des contrats ou des obligations conventionnelles en général,* de la perte ou détérioration du gage qui serait survenue par sa négligence, *supra* n°s *3179, 3276, 3381.* De son côté, le débiteur doit tenir compte au créancier des dépenses utiles et nécessaires que celui-ci a faites pour la conservation du gage, *supra* n° *5514.* (C. N., 2080)

5529. S'il s'agit d'une créance donnée en gage et que cette créance porte intérêt, le créancier

---

l'art. 2076 du C. Nap., jusqu'au remboursement des sommes qui lui seront dues en vertu de la présente obligation.

En conséquence, M. Maupin exercera sur la créance à lui remise en gage, les droits et priviléges que lui confère la loi, jusqu'à concurrence du montant de la présente obligation, en principal, intérêts, frais et autres accessoires ; et ce, par priorité et préférence à M. et Mme Denet, et à tous autres.

Les intérêts de la créance remise en gage seront touchés par M. Maupin, pour être imputés sur les sommes qui lui seront dues en vertu des présentes, d'abord sur les intérêts et autres accessoires, puis sur le principal.

Et, par suite, M. et Mme Denet mettent et subrogent, par priorité et préférence à eux-et à tous autres, M. Maupin dans tous leurs droits, privilégiés et résolutoires contre M. Colas, et notamment dans l'effet plein et entier de l'inscription d'office prise à leur profit contre M. Colas, au bureau des hypothèques de....., le....., vol...., n°.....

Pour faire opérer cette subrogation et pour faire signifier ces présentes à qui besoin sera, tous pouvoirs sont donnés au porteur d'une expédition ou d'un extrait des présentes.

Les frais et honoraires du présent acte reront supportés par M. et Mme Denet;

Pour l'exécution des présentes, etc.

Dont acte. Fait et passé, etc.

Si le débiteur intervient à l'acte de nantissement pour l'accepter, voir *formule 594, p. 247. — Si cette acceptation a lieu par acte ultérieur,* voir *formule 593.*

FORMULE 755. — **Même nantissement sur partie de la créance; — Remise du titre à un tiers.** (N°s 5523, 5524.)

Pour garantir à M....., etc.,

La somme de six mille francs, faisant partie d'une créance au capital de dix mille francs, formant la fraction, etc. — Ensemble les intérêts et accessoires de ladite somme de six mille francs,

M. et Mme Denet ont déclaré dans ce contrat, etc.

Afin d'assurer à M. Maupin le privilége résultant du présent nantissement, M. et Mme Denet, de son consentement, ont remis à M. Éloi Leclerc, ancien avoué, demeurant à....., ici intervenu, qui accepte, la grosse du contrat de vente ci-dessus énoncé, et un duplicata de l'inscription d'office, pour en rester nanti, conformément à l'art. 2076 C. Nap., comme tiers dépositaire convenu entre les parties, jusqu'au remboursement des sommes qui seront dues à M. Maupin en vertu de la présente obligation.

Nonobstant cette remise en nantissement, M. et Mme Denet continueront de toucher eux-mêmes les intérêts de la totalité de ladite créance; mais s'il y avait un retard quelconque dans le service des intérêts de la présente obligation, M. Maupin serait en droit, par une simple opposition signifiée à M. Colas, d'arrêter le payement des intérêts afférents aux six mille francs cédés en nantissement, et de les toucher par privilége et préférence à tous autres, comme affectés spécialement à la garantie de sa créance.

---

(1) Troplong, n° 428.

impute ces intérêts sur ceux qui peuvent lui être dus. Si la dette pour sûreté de laquelle la créance a été donnée en gage ne porte point elle-même d'intérêts, l'imputation se fait sur le capital de la dette (*C. N., 2081*); par conséquent la mise en gage d'une créance productive d'intérêts ou de tout autre droit incorporel, produisant des intérêts, dividendes ou arrérages, attribue au créancier le droit de les percevoir (1); mais le contraire peut être stipulé.

5530. Le débiteur ne peut, à moins que le détenteur du gage n'en abuse, en réclamer la restitution qu'après avoir entièrement payé, tant en principal, qu'intérêts et frais, la dette pour sûreté de laquelle le gage a été donné (*C. N., 2082*). Toutefois ce droit de rétention ne peut être opposé aux tiers; les autres créanciers porteurs de titres exécutoires peuvent donc saisir la chose entre les mains du créancier gagiste et la faire vendre, sauf l'exercice de son privilége sur le prix (2).

5531. S'il existait de la part du même débiteur, envers le même créancier, une autre dette contractée postérieurement à la mise en gage, et devenue exigible avant le payement de la première dette, le créancier ne peut être tenu de se dessaisir du gage avant d'être entièrement payé de l'une et de l'autre dette, lors même qu'il n'y aurait eu aucune stipulation pour affecter le gage au payement de la seconde (*C. N., 2082*); mais ce droit de rétention, qui n'est applicable qu'entre le créancier et son débiteur, n'est pas opposable aux autres créanciers, et ne donne aucun droit de préférence au gagiste pour sa créance postérieure (3).

5532. Le gage est indivisible nonobstant la divisibilité de la dette entre les héritiers du débiteur

---

Par suite de ce nantissement, M. et Mme Denet mettent et subrogent, etc. (*Le surplus comme en la formule précédente.*)

FORMULE 756. — Gage en rente sur l'État. (N°s 5516.)

A la sûreté et garantie du remboursement de la présente obligation, en principal, intérêts, frais et autres accessoires, M. Lormier remet, à titre de gage et nantissement, conformément aux art. 2071 et suiv. du C. Nap., et affecte spécialement, ce qui est accepté par M. Carlin,

Un titre de rente de cinq cents francs, trois pour cent sur l'Etat français, inscrit au nom de mondit sieur Lormier, sous le n° 6458 de la 2° série.

En conséquence, ladite rente portera mention de son affectation à la garantie du remboursement de la somme de....., montant en principal de la présente obligation et du payement de tous intérêts, frais et autres accessoires.

Pour assurer l'effet de ce nantissement, l'inscription de ladite rente a été présentement remise à M. Carlin, qui le reconnaît, entre les mains duquel ce titre, ou celui qui sera délivré en représentation, restera jusqu'au remboursement de ladite obligation.

Et pour faire constater le nantissement sur ladite inscription de rente, les parties requièrent M^e....., notaire soussigné, de délivrer tous certificats et pièces nécessaires à produire au Trésor.

FORMULE 757. — Désistement du gage qui précède. (N° 5534.)

Par-devant M^e.....,

A comparu : M. Félix Carlin, rentier, demeurant à.....;

Lequel a, par ces présentes, déclaré se désister purement et simplement de l'effet du gage ou nantissement consenti à son profit par M. Jean Lormier, négociant, demeurant à....., aux termes d'un acte reçu par M^e....., notaire à....., le....., de l'inscription de cinq cents francs de rente trois pour cent sur l'Etat, qui portait le n°....., de la..... série, aujourd'hui remplacée par une nouvelle inscription de pareille somme délivrée le....., portant le n°....., de la..... série, immatriculée au nom de

---

(1) Duranton, XVIII, 544; Troplong, n° 441; Roll., *Gage*, n° 40; Bourges, 5 fév. 1852.
(2) Troplong, n° 458; Cass., 31 juill. 1832, 3 juill. 1834.

(3) Duranton, XVIII, 567; Troplong, n° 465; Zach., Massé et Vergé § 780, note 7.

ou ceux du créancier. — L'héritier du débiteur qui a payé sa portion de la dette ne peut demander la restitution de sa portion dans le gage tant que la dette n'est pas entièrement acquittée. — Réciproquement, l'héritier du créancier, qui a reçu sa portion de la dette ne peut remettre le gage au préjudice de ceux de ses cohéritiers qui ne sont pas payés, *supra* n° 5249 (*C. N.*, 2085).

5533. Les dispositions ci-dessus ne sont applicables ni aux matières de commerce, *infra n°⁵ 5535 à 5541*, ni aux maisons de prêt sur gage autorisées (1), et à l'égard desquelles on suit les lois et règlements qui les concernent (*C. N.*, 2084).

5534. Le droit du créancier sur le gage s'éteint : 1° par la perte de la chose donnée en gage ; 2° lorsqu'il devient lui-même propriétaire de cette chose (2) ; 3° par la reddition volontaire du gage de la part du créancier ; 4° enfin par l'extinction ou la remise de la dette [FORM. 557].

SECTION II. — DU GAGE EN MATIÈRE COMMERCIALE.

5535. Le gage constitué soit par un commerçant, soit par un individu non commerçant, en matière de commerce, se constate, à l'égard des tiers comme à l'égard des parties contractantes, conformément aux dispositions du Code de commerce (*C. comm.*, 91, *modifié par la loi du 23 mai 1863*), c'est-à-dire de l'une des manières suivantes : par actes publics ou sous seings privés ; par le bordereau ou arrêté d'un agent de change ou courtier, dûment signé des parties ; par une facture acceptée ; par la correspondance ; par les livres des parties ; par la preuve testimoniale dans le cas où le tribunal croit devoir l'admettre (*C. comm.*, 109).

M. CARLIN, avec affectation à titre de gage et nantissement au profit de M. CARLIN, à la garantie du remboursement d'un capital de....., de ses intérêts et tous accessoires, en vertu de l'acte d'obligation susénoncé.

M. CARLIN consentant que la mention de l'affectation à titre de gage et nantissement dont s'agit soit retranchée de ladite inscription de rente, et que M. LORMIER dispose de cette rente librement et comme bon lui semblera.

Comme conséquence des présentes, il sera délivré par Me....., notaire soussigné, qui en est requis en tant que de besoin, tous certificats de propriété nécessaires pour faire retrancher ladite inscription la mention du remboursement.

DONT ACTE. Fait et passé, etc.

FORMULE 758. — **Gage en valeurs industrielles.** (N°⁵ 5516 et 5535 à 5541.)

A la sûreté et garantie du montant, etc. (*Comme en la formule* 750.)

Dix actions des manufactures des glaces et produits chimiques de Saint-Gobain, Chauny et Civry, société anonyme dont les statuts ont été arrêtés par acte passé devant Me....., le....., approuvé par décret impérial du..... ; lesdites actions timbrées par abonnement, portent les n°⁵....., et inscrites au nom de M. LORMIER, emprunteur.

Et pour assurer à M. CARLIN le privilége résultant du présent nantissement, M. LORMIER a remis à l'instant à M. CARLIN, qui le reconnaît, pour en demeurer en possession jusqu'au remboursement intégral de la créance, conformément à l'art. 2076 C. Nap., les dix titres d'actions susénoncés. (*On peut ajouter* : et par conséquent, ces dix titres d'actions seront transférés sur les registres de la Compagnie, au nom de M. CARLIN, en sa qualité de créancier nanti, ce qui est expressément requis par M. LORMIER.)

Nonobstant la remise de ces dix titres, M. LORMIER continuera de toucher lui-même, comme par le passé et sur ses simples quittances, directement de la Compagnie, tous

---

(1) Les maisons de prêt sur gage autorisées sont : 1° les monts-de-piété (*décret, 24 messidor an XII*; *loi, 24 juin 1851*); 2° la Banque de France (*loi, 17 mars 1834, art. 1er; ordonn. roy., 15 juin 1834, art. 3 et 5; décrets, 3 mars 1852, art. 2, 28 mars 1852,art. 1er; loi 19 juin 1857. art. 7*); 3° les comptoirs d'escompte et les sous-comptoirs de garantie (*décret, 15 mars 1848, art. 9 ; lois, 23 août 1848 art. 2, § 2, et 10 juin 1853, art. 1er*); 4° le

crédit foncier (*loi, 25 juin 1857, art. 1, 2 et 3*); 5° les magasins généraux, au moyen de warrants (*loi, 28 mai 1858*).

(2) Si le créancier gagiste devient cessionnaire de la créance à lui donnée en nantissement, et qu'il y ait des saisies-arrêts antérieures à la cession, il acquiert un droit nouveau à celui qu'il avait déjà, et conserve tous ses droits de gagiste sur la chose. Cass., 21 mai 1855.

5536. Le gage à l'égard des valeurs négociables (billets à ordre, lettres de change, etc.) peut aussi être établi par un endossement régulier indiquant que les valeurs ont été remises en garantie (*C. comm.*, *91*, *modifié par la même loi*).

5537. A l'égard des actions, des parts d'intérêt et des obligations nominatives (1) des sociétés financières, industrielles, commerciales ou civiles, dont la transmission s'opère par un transfert sur les registres de la société, le gage peut également être établi par un transfert à titre de garantie, inscrit sur lesdits registres (*ibid*); ou bien le titre est transféré au nom du prêteur, afin que celui-ci puisse le faire vendre sans rencontrer de difficultés si l'emprunt n'est pas payé à l'échéance, en constatant d'ailleurs dans l'acte [Form. 758] que, nonobstant le transfert, le prêteur n'a cependant sur le titre d'autre droit que celui de créancier gagiste; et si cette convention est établie par la preuve commerciale, l'enregistrement, *supra n° 5519*, n'est pas obligatoire (2).

5538. En ce qui concerne les créances mobilières (autres que les billets à ordre et lettres de change, et les titres soit nominatifs, soit au porteur créés par les sociétés financières et industrielles), la loi du 23 mai 1863 n'a pas dérogé aux dispositions de l'art. 2075 C. N.; en conséquence, même entre commerçants, le créancier gagiste ne peut être saisi à l'égard des tiers que par la signification de l'acte de nantissement faite au débiteur, *supra n° 5521* (*ibid*), même lorsqu'il s'agit de la remise d'une facture pour escompte et compte courant, si, d'ailleurs, la créance cédée n'a pas la forme d'un titre au porteur ou d'un effet négociable (3).

5539. Les effets de commerce donnés en gage sont recouvrables par le créancier gagiste (*ibib.*).

5540. Dans tous les cas, le privilège, *supra n° 5518*, ne subsiste sur le gage qu'autant que ce gage a été mis et est resté en la possession du créancier ou d'un tiers convenu entre les parties, *supra n° 5523*. Le créancier est réputé avoir les marchandises en sa possession, lorsqu'elles sont à sa disposition dans ses magasins ou navires, à la douane ou dans un dépôt public, ou si, avant qu'elles soient

---

dividendes ordinaires et extraordinaires, ainsi que toutes répartitions et distributions de deniers, sous quelque dénomination que ce soit, afférentes aux actions remises en nantissement à M. CARLIN; mais s'il y avait un retard quelconque dans le service des intérêts ci-dessus stipulés, M. CARLIN serait en droit, par une simple opposition signifiée à la Compagnie, d'arrêter le payement des dividendes ou autres, et de les toucher par privilège et préférence à tous autres, comme affectés spécialement à la garantie de sa créance. — (*Ou bien*: Les dividendes, revenus et toutes répartitions et distributions afférentes auxdites actions seront touchés par M. CARLIN, pour être imputés sur les sommes qui lui seront dues en vertu des présentes, d'abord sur les intérêts et autres accessoires, puis sur le principal.)

A défaut de remboursement du capital, soit à l'échéance du terme, soit par suite de l'exigibilité anticipée en cas de non-payement d'intérêts, M. CARLIN pourra, si bon lui semble, et huit jours après un simple commandement de payer demeuré infructueux, user du droit que lui confèrent l'art. 2078 C. N. et l'art. 93 C. comm., et, par suite, faire ordonner par justice la vente desdites actions aux enchères, en l'étude de Me....., pour le prix à provenir lui être attribué par privilège et par préférence à tous autres créanciers, nonobstant tous empêchements quelconques, jusqu'à concurrence du montant de sa créance, en principal, intérêts et accessoires.

Pour faire signifier ces présentes et les faire mentionner partout et sur toutes pièces que besoin sera, tous pouvoirs sont donnés au porteur d'une expédition ou d'un extrait.

DONT ACTE. Fait et passé, etc.

---

(1) La propriété des titres *au porteur* étant transmissible sans endossement, sans notification au débiteur et par la seule *tradition*, le gage constitué par un commerçant sur des titres de cette nature s'établit à l'égard des tiers, par l'une des preuves de l'art. 109 C. comm., *supra n° 5535* (exposé des motifs de la loi du 23 mai 1863). — Le nantissement des titres au porteur, antérieur à la promulgation de la loi du 23 mai 1863, qui a été fait de la main à la main et non constaté selon les termes de l'art. 2074 *supra n° 5519*, est sans effet : Rouen, 24 juin 1861; Paris, 10 déc. 1864, 3 juin 1865; Cass., 11 août 1847, 19 juin 1860, 30 nov. 1864; J. N., 17083, 18183, 18211.

(2) Exposé des motifs.

(3) Cass., 27 nov. 1865; *Gaz. trib.* du 16 déc.

arrivées, il en est saisi par un connaissement ou par une lettre de voiture (*art. 92 C. comm., modifié par la même loi*).

5541. A défaut de payement à l'échéance, le créancier peut, huit jours après une simple signification faite au débiteur et au tiers bailleur de gage, s'il y en a un, faire procéder à la vente publique des objets donnés en gage (1). — Les ventes autres que celles dont les agents de change peuvent seuls être chargés, sont faites par le ministère des courtiers. Toutefois, sur la requête des parties, le président du tribunal de commerce peut désigner, pour y procéder, une autre classe d'officiers publics. Dans ce cas, l'officier public, quel qu'il soit, chargé de la vente, est soumis aux dispositions qui régissent les courtiers, relativement aux formes, aux tarifs et à la responsabilité. — Les dispositions des art. 2 et 7 inclusivement de la loi du 28 mai 1858, sur les ventes publiques, sont applicables aux ventes prévues par le paragraphe précédent. — Toute clause qui autoriserait le créancier à s'approprier le gage ou à en disposer sans les formalités ci-dessus prescrites est nulle (*C. comm., 93, modifié par la même loi*).

CHAPITRE DEUXIÈME

DE L'ANTICHRÈSE.

5542. L'antichrèse [Form. 759] ne s'établit que par écrit (*C. N., 2085*); elle ne pourrait être

FORMULE 759. — **Antichrèse pour le capital et les intérêts.** (Nᵒˢ 5542 à 5555.)

PAR-DEVANT, Mᵉ.....,

ONT COMPARU : M. Jean VAUTIER, négociant, et Mᵐᵉ Héloïse DIDIER, son épouse de lui autorisée, demeurant ensemble à....., D'UNE PART,

Et M. Denis BOUZARD, banquier, demeurant à....., D'AUTRE PART ;

Lesquels, pour arriver à l'antichrèse faisant l'objet des présentes, ont exposé ce qui suit :

Aux termes d'un jugement rendu par le tribunal de commerce de....., le....., M. et Mᵐᵉ VAUTIER ont été condamnés, solidairement entre eux, à payer à M. BOUZARD la somme de....., formant le solde débiteur du compte de M. et Mᵐᵉ VAUTIER dans la maison de banque de M. BOUZARD, avec les intérêts à six pour cent par an, à partir du....., jour de la demande.

Ce jugement a été signifié à M. et Mᵐᵉ VAUTIER, suivant exploit du ministère de....., huissier à....., en date du.....

Par autre exploit du même huissier en date du....., M. BOUZARD leur a fait commandement de lui payer la somme de....., composée de :

1° ....., pour le principal de la condamnation résultant du jugement ci-dessus énoncé, ci....................... » »

2° ....., pour l'intérêt de cette somme, couru depuis le....., jusqu'au jour du commandement, ci..................... » »

3° Et....., pour frais, ci....................... » »

M. et Mᵐᵉ VAUTIER, afin d'arrêter les poursuites exercées contre eux, ont proposé à M. BOUZARD de lui remettre en antichrèse une maison située à....., ce à quoi il a consenti.

---

(1) La banque de France et le crédit foncier peuvent vendre le gage dès le *lendemain de l'échéance, sans sommation: Ordonn. roy., 15 juin 1834; décret, 17 juill. 1857, art. 9; loi. 9 juin 1857, art. 3.*

(2) Troplong, nᵒ 514; Zach., Massé et Vergé, § 763, note 2; Larombière. 1347, 42; Dict. not., *Antich*, nᵒ 17.

prouvée par témoins quand même la valeur serait moindre de 150 fr. (2); mais il importe peu que l'acte soit notarié ou sous seing privé, et dans cette dernière forme il n'est pas nécessaire qu'il soit fait double (1).

5543. L'antichrèse peut être constituée par celui qui a seulement droit aux fruits (2); ainsi, l'usufruitier (3), le mari même quant aux biens dotaux de sa femme (4); elle cesse lorsque le droit aux fruits vient à s'éteindre, par exemple, en ce qui concerne le mari, par la séparation (5).

5544. Celui qui a uniquement le pouvoir de faire des actes d'administration n'a pas capacité pour constituer une antichrèse ; la femme séparée ne peut donc donner son bien à antichrèse (6); celui qui est pourvu d'un conseil judiciaire ne le peut qu'avec l'assistance de son conseil (7).

5545. Le créancier n'acquiert par le contrat d'antichrèse que la faculté de percevoir les fruits (8) de l'immeuble, à la charge de les imputer annuellement sur les intérêts, s'il lui en est dû, et ensuite sur le capital de sa créance (*C. N.*, *2085*).

5546. Le créancier est tenu, s'il n'en est autrement convenu, de payer les contributions et les charges annuelles de l'immeuble qu'il tient en antichrèse. — Il doit également, sous peine de dommages et intérêts, pourvoir à l'entretien et aux réparations utiles et nécessaires de l'immeuble, sauf à prélever sur les fruits toutes les dépenses relatives à ces divers objets (*C. N.*, *2086*).

ANTICHRÈSE.

Ces faits exposés, M. et Mᵐᵉ VAUTIER, pour assurer et garantir à M. BOUZARD le remboursement de ladite somme capitale de....., le payement des intérêts échus et à échoir et des frais et autres accessoires, ont remis en antichrèse

A M. BOUZARD, qui accepte,

Une maison située à....., etc. (*la désigner*),

Dans l'état où se trouve cette maison, avec toutes ses dépendances, sans aucune exception ni réserve.

Elle appartient à M. et Mᵐᵉ VAUTIER, etc. (*Établir l'origine de propriété.*)

La maison remise en antichrèse est louée à M. Léon DUBRAY, pour neuf années qui ont commencé à courir le....., moyennant un loyer annuel de....., payable chaque année en deux termes égaux de six en six mois, les....., suivant bail passé devant Mᵉ....., notaire à....., le.....

Au moyen des présentes, M. BOUZARD se trouve avoir la possession comme antichrésiste de la maison susdésignée ; en conséquence, il recevra directement de M. DUBRAY ou de tous autres locataires, et sur ses simples quittances, les loyers de ladite maison, à partir du....., et jusqu'à l'entière extinction de la somme de....., due en capital à M. BOUZARD, des intérêts qu'elle produit et des frais.

A l'effet de quoi, M. et Mᵐᵉ VAUTIER mettent et subrogent M. BOUZARD dans tous leurs droits et actions en ce qui concerne la maison remise en antichrèse, et notamment dans leurs droits privilégiés et autres contre tous locataires.

M. BOUZARD, au moyen des prélèvements qu'il fera sur les loyers par lui reçus, devra :

1° Acquitter les impositions de toute nature de ladite maison, à partir du....., sauf à faire supporter par les locataires celles à leur charge;

2° Payer les primes et cotisations annuelles, pour l'assurance contre l'incendie de ladite maison;

(1) Duranton, XVIII, 559; Troplong, n° 516; Massé et Vergé, § 783, note 2; CONTRA, Roll., *Antich.*, n° 12. Voir Dict. not., *Antich.*, n° 19.

(2) La nue propriété n'est pas susceptible d'antichrèse, ce contrat ne pouvant avoir pour objet que la jouissance de la chose: Troplong, n° 518; Dict. not., *Antich.*, n° 3; Roll., *ibid.*, n° 6; Cass., 22 nov. 1841.

(3) Proudhon, *Usuf.*, I, 85; Troplong, n° 518; Massé et Vergé, § 783, note 1; Roll., *Antich.*, n° 6; Dict. not., *ibid.*, n° 4.

(4) Troplong, n° 517; Rouen, 23 janv. 1835.

(5) Troplong, n° 517; Cass., 11 juill. 1841.

(6) Troplong, n° 520; Cass., 22 nov. 1841; J. N., 11165.

(7) Massé et Vergé, § 783, note 1; Paris, 10 mars 1854; CONTRA, Magnin, *Minor.*, II, 1263.

(8) Industriels ou civils; il a donc le droit de louer l'immeuble donné en antichrèse: Roll., *Antich.*, n° 40.

5547. Le débiteur ne peut, avant l'entier acquittement de la dette, réclamer la jouissance de l'immeuble qu'il a remis en antichrèse (*C. N.*, *2087*). Voir *infra* nos 5552, 5553.

5548. Mais le créancier qui veut se décharger des obligations exprimées en l'art. 2086, *supra* no *5546*, peut toujours, à moins qu'il n'ait renoncé à ce droit, contraindre le débiteur à reprendre la jouissance de son immeuble (*C. N.*, *2087*).

5549. Le créancier ne devient point propriétaire par le seul défaut de payement au terme convenu ; toute clause contraire est nulle ; en ce cas, il peut poursuivre l'expropriation de son débiteur par les voies légales (*C. N.*, *2088*); mais il peut être valablement stipulé que, faute par le débiteur de payer à l'échéance, la chose restera au créancier moyennant une estimation qui sera alors faite par experts (1), ou que, faute de remboursement à l'échéance, le créancier deviendra propriétaire de tel immeuble autre que celui reçu en antichrèse (2).

5550. Lorsque les parties ont stipulé que les fruits se compenseront avec les intérêts, ou totalement, ou jusqu'à une certaine concurrence, cette convention s'exécute comme toute autre qui n'est point prohibée par les lois (*C. N.*, *2089*), sauf la réduction à l'intérêt légal, *supra* no *5198*, si la convention ne présente rien d'aléatoire (3).

5551. Les dispositions de l'art. 2083, *supra* no *5532*, s'appliquent à l'antichrèse comme au gage (*C. N.*, *2090*). Voir aussi *supra* no *5513*.

3° Faire à cette maison toutes réparations nécessaires, autres que celles dont les locataires sont tenus.

Le produit net des loyers et revenus perçus par M. Bouzard, distraction faite des contributions et autres charges, s'imputera d'abord sur les intérêts et frais, et subsidiairement sur le capital de la créance ; et, par suite, les intérêts décroîtront en proportion des imputations qui auraient été faites sur le capital.

Aussitôt que M. Bouzard se trouvera entièrement remboursé de sa créance, en principal, intérêts et frais, M. et Mme Vautier rentreront dans la libre jouissance de la maison remise en antichrèse, à la charge toutefois, d'exécuter les locations que M. Bouzard aura pu faire de tout ou partie de ladite maison.

La maison remise en antichrèse est assurée contre les risques de l'incendie pour une somme de....., jusqu'au....., à la Compagnie l'*Union*, dont le siége est à Paris, rue....., suivant police en date du....., portant cette mention : Enregistré, etc., et dont un duplicata est demeuré ci-annexé. M. Bouzard sera tenu de renouveler cette police avant son expiration et d'acquitter exactement les primes et cotisations, sauf à le prélever sur les loyers, ainsi qu'on l'a dit ci-dessus.

En cas d'incendie totale ou partielle de ladite maison, M. et Mme Vautier cèdent à M. Bouzard, qui accepte, l'indemnité qui leur sera allouée, pour, M. Bouzard, la toucher par priorité et préférence à eux-mêmes et à tous autres, jusqu'à concurrence de ce qui lui restera alors dû en principal, intérêts et frais ; à l'effet de quoi, M. et Mme Vautier le mettent et subrogent dans tous leurs droits et actions contre ladite Compagnie d'assurance et contre toutes autres qu'il appartiendra.

Une expédition des présentes sera transcrite au bureau des hypothèques de....., si l'état qui sera délivré sur cette formalité fait connaître l'existence d'inscriptions, M. et Mme Vautier s'obligent solidairement entre eux à en rapporter les certificats de radiation dans le mois de la demande qui leur en sera faite ; à défaut de quoi, M. Bouzard aura le droit d'exiger immédiatement le remboursement de la créance en principal, intérêts et frais.

(1) Troplong, no 560; Massé et Vergé, § 783, note 5 ; Dict. not., Antich., no 31 ; contra, Agen, 28 déc. 1842; J. N., 11581.
(2) Troplong, no 561 ; Cass., 1er juill. 1844 ; J. N., 12285.
(3) Duranton, XVIII, 356; Chardon, *Fraude*, III, 482, 507; Duver-

gier, *Prêt*, no 267; Troplong, nos 568, 569; Dict. not., *Antich.*, no 22; Montpellier, 21 nov. 1839; Bastia, 9 janv. 1839. Voir cependant Zach., Massé et Vergé, § 784, note 5.

5552. Tout ce qui est établi au présent chapitre ne préjudicie point aux droits que des tiers pourraient avoir sur le fonds de l'immeuble remis à titre d'antichrèse. Si le créancier, muni à ce titre, a d'ailleurs sur le fonds des priviléges ou hypothèques légalement établis ou conservés, il les exerce à son ordre et comme tout autre créancier (*C. N.*, *2091*).

5553. La disposition de l'art. 2091, *suprà n° 5552*, s'applique seulement au cas où les droits ont été acquis antérieurement à l'antichrèse ; le créancier hypothécaire antérieur peut donc saisir l'immeuble nonobstant l'antichrèse. Mais, après la transcription du contrat d'antichrèse, le débiteur ne saurait porter atteinte directement ou indirectement au droit de l'antichrésiste ; s'il vend ou hypothèque l'immeuble, il n'en transfère ou n'en affecte la propriété que dans la mesure des droits qui lui restent; par conséquent, les créanciers hypothécaires postérieurs à la transcription du contrat d'antichrèse ne peuvent faire vendre l'immeuble qu'en payant la dette garantie par ce contrat, ou en imposant à l'adjudicataire la charge, soit de le payer, soit de souffrir l'antichrèse (1).

5554. Ce qui est dit *suprà n° 5551*, du droit de rétention du créancier gagiste, pour ses créances postérieures, est applicable à l'antichrésiste (2).

5555. Le contrat d'antichrèse doit être transcrit au bureau des hypothèques de la situation des immeubles (*loi, 23 mars 1855, art. 2 et 3*).

5556. Le droit du créancier sur l'immeuble remis en antichrèse s'éteint de la même manière que

M. et Mme VAUTIER ont remis à M. BOUZARD, qui le reconnaît, la grosse du bail ci-dessus énoncé.

Pour faire signifier le présent acte à qui besoin sera, tous pouvoirs sont donnés au porteur d'une expédition ou d'un simple extrait.

Les frais et droits du présent acte seront supportés par M. et Mme VAUTIER.

Pour l'exécution des présentes, etc.

DONT ACTE. Fait et passé, etc.

FORMULE 760. — Décharge d'antichrèse. (N° 5556.)

PAR-DEVANT M^e.....,

A COMPARU : M. Denis BOUZARD, banquier, demeurant à....,

Lequel a, par ces présentes, reconnu qu'au moyen de l'exécution de l'antichrèse consentie en sa faveur par M. Jean VAUTIER, négociant, et Mme Héloïse DIDIER, son épouse, demeurant ensemble à....., suivant acte passé devant M^e....., notaire à....., le....., il se trouve remboursé en principal, intérêts et frais, de la condamnation prononcée à son profit contre M. et Mme VAUTIER, suivant jugement du tribunal de commerce de....., en date du.....

Par suite de cette libération totale, M. BOUZARD a restitué à M. et Mme VAUTIER, ici présents et ce acceptant, la maison qu'ils lui avaient remise en antichrèse par l'acte ci-dessus énoncé, afin qu'ils en reprennent l'administration et la jouissance à compter du.....

Et M. BOUZARD déclare faire mainlevée pure et simple et consentir à la radiation entière et définitive de la transcription dudit acte d'antichrèse, faite au bureau des hypothèques de....., le....., vol....., n°.....

Pour faire mentionner ces présentes en marge de ladite transcription et partout où besoin sera, tous pouvoirs sont donnés au porteur d'une expédition.

M. et Mme VAUTIER déclarent décharger M. BOUZARD de l'administration de ladite maison; et ils reconnaissent que M. BOUZARD leur a remis la grosse du bail qu'il a fait à M....., suivant acte passé devant M^e....., notaire à....., le.....

DONT ACTE. Fait et passé, etc.

(1) Prondhon, *Usuf.*, n°s 90, 93; Duranton, XVIII, 560 ; Massé et Vergé, § 783, note 8; Larombière, *1156*, 11; Vazeille, *Priv.*, n° 7; Jourlon. *ibid.*, n° 228 ; Pont. *ib d.*, n° 24 et *Petits contrats*, II, t.378 à 1280; Toulouse, 22 juin 1815 ; Cass., 31 mars 1851, 29 août 855 ; J. N., 11423, 18507 ; Caen, 12 fév. 1853 ; Seine, 18 août 1836 ; — CONTRA, Troplong, n° 576 ; Dict. not., *Antich.*, n° 28; Liége, 14 juill. 1821 ; Bastia, 9 mai 1838; Paris, 21 juill. 1852; 1. N., 14765. Voir Cass. 11 juill. 1855 ; J. N., 15627.

(2) Duranton, XVIII, 563 ; Troplong, n° 549; Massé et Vergé, § 784, note 1 ; CONTRA, Caen, 2 janv. 1848.

pour le gage, *supra n° 5534*. Si l'extinction est constatée par un acte [Form. 760], cet acte doit être mentionné en marge de la transcription du contrat d'antichrèse.

TITRE DIX-HUITIEME

DES PRIVILÉGES ET HYPOTHÈQUES.

SOMMAIRE

8

FORMULES

Form. 828. Réquisition d'état d'inscriptions sur transcription.

Form. 829. Réquisition d'état sur purge d'hypothéque légale.

Form. 830. Réquisition d'état individuel.

Form. 831. Réquisition de subrogation.

Form. 832. Procès-verbal constatant le refus de formaliser de la part du conservateur.

CHAPITRE PREMIER.

DISPOSITIONS GÉNÉRALES.

5557. Quiconque s'est obligé personnellement est tenu de remplir son engagement sur tous ses biens mobiliers et immobiliers, présents et à venir (*C. N.*, *2092*), en exceptant cependant : les biens des femmes dotales, *supra n° 3661*, et ceux qui ont été déclarés insaisissables, *supra n° 2665* (1).

5558. Les biens du débiteur sont le gage commun de ses créanciers, et le prix s'en distribue entre eux par contribution, à moins qu'il n'y ait entre les créanciers des causes légitimes de préférence (*C. N.*, *2093*).

5559. Les causes légitimes de préférence sont les priviléges et hypothèques (*C. N.*, *2094*); nous renvoyons pour le gage, *supra n° 3518*, et pour l'antichrèse, *supra n° 5555*.

CHAPITRE DEUXIÈME.

DES PRIVILÉGES.

5560. Le privilége est un droit que la qualité de la créance donne à un créancier d'être préféré aux autres créanciers, même hypothécaires (*C. N.*, *2095*); il ne peut être établi que par la loi, et non par la volonté des parties en dehors des conditions légales (2).

5561. Entre les créanciers privilégiés, la préférence se règle par les différentes qualités des priviléges (3) (*C. N.*, *2096*). Ainsi, le privilége du bailleur prime les fournitures de subsistance, les salaires des gens de service (4); mais il est primé par les frais de scellés et d'inventaire (5), à moins qu'il n'ait fait des actes conservatoires avant le décès (6); il est aussi primé par les frais funéraires (7), par ceux de dernière maladie (8), et par les frais de justice, en ce qu'ils s'appliquent aux choses sur lesquelles son privilége porte.

5562. Les créanciers privilégiés qui sont dans le même rang sont payés par concurrence (*C. N.*, *2097*); ainsi, tous les fournisseurs de subsistances viennent au même rang; il en est de même de ceux qui ont donné des soins pendant la maladie, de ceux qui ont contribué par leurs avances aux frais funéraires, etc. (9).

5563. Le privilége à raison des droits du trésor, et l'ordre dans lequel il s'exerce, sont réglés par

---

(1) Pont, *Priv.*, n° 10.

(2) Pont, n° 24; Zach. Massé et Vergé, § 786, note 4. Voir Cass., 12 déc. 1831, 3 août 1837.

(3) La question de savoir si les priviléges généraux de l'art. 2101 priment les priviléges spéciaux de l'art. 2102 est très-controversée : AFFIRMATIVE, Grenier, II, 238; Zach., § 828, note 2; Troplong. n° 74; Chauveau et Carré, *Quest.* 2175 et 2177; Jay, *Rev. crit.*, I, p. 146; Lemenuet, *ibid.*, VII, p. 66; Pont, n° 178; Limoges, 15 juill. 1813; Rouen, 12 mai 1828, 30 juill. 1851; Poitiers, 30 juill. 1830; Lyon, 16 janv. 1832; Bordeaux, 12 avril 1853; Cass., 25 avril 1854. NÉGATIVE, Pigeau, II, p. 481; Dalloz, n° 600; Valette, n° 419, Duranton, XIX, 203; Taulier, VII, p. 492; Roll., *Priv.*, n° 467; Dict. not., *ibid.*, n° 444; Paris, 27 nov. 1814, 25 fév. 1832; Lyon, 27 mars 1821, 1er avril 1841; Cass., 29 août 1821, 20 mars 1849; Rouen, 17 fév. 1826 et 12 mai 1828; Caen, 8 mars 1838.

(4) Roll., *Priv.*, n° 203; Amiens, 17 juin 1826; Rouen, 30 janv. 1851; Cass., 19 janv. 1864; J. N., 44426, 47930; CONTRA, Troplong, n° 74; Pont, n° 178; Cass., 20 mars 1849.

(5) Grenier, II, 300; Dalloz, n° 601; Pont, n° 179; Lyon, 6 janv. 1851; Rouen, 30 janv. 1851 et 31 janv. 1852; CONTRA, Pigeau, II, p. 487; Valette, n° 418; Roll., *Priv.*, n° 201; Dict. not., *ibid.*, n° 448; Lyon, 27 mars 1821, 14 déc. 1825, 1er avril 1841.

(6) Troplong, n° 124; Pont, n° 179.

(7) Troplong, n°* 74 et 77; Duranton, XIX, 203; Roll., *Priv.*, n° 202.

(8) Trib. Seine, 5 juill. 1851; J. N., 44524.

(9) Troplong, n° 89 *bis*; Mourlon, *Priv.* n° 89; Pont, n° 483; Cass., 8 déc. 1825.

les lois qui les concernent ; mais le trésor ne peut obtenir de privilége au préjudice des droits antérieurement acquis à des tiers (*C. N.*, *2098*).

5564. Nous allons énumérer ici les divers cas qui donnent lieu au privilége en faveur du trésor.

5565. I. *Douanes.* L'administration des douanes a privilége sur les meubles et effets mobiliers des comptables pour leurs délits, et sur ceux des redevables pour leurs débets ; ce privilége est primé par les frais de justice, les frais funéraires, de dernière maladie, les gages des serviteurs, et les fournitures de subsistances, les loyers de six mois, et enfin par le privilége du vendeur qui revendique sa chose (1) (*Loi*, *6-22 août 1791*).

5566. II. *Droits de mutation.* L'action accordée à la régie par l'art. 32 de la loi du 22 frim. an VII, pour le recouvrement des droits de mutation sera expliqué *infra* dans notre *Traité de droit fiscal.*

5567. III. *Contributions indirectes.* La régie des contributions indirectes a le même privilége que les douanes (2), *supra* n° *5565*.

5568. IV. *Comptables.* Le privilége du trésor sur les biens des comptables a été établi par la loi du 5 sept. 1807, *supra* n° *4046*, *note 2*. Le privilége du trésor public a lieu sur le cautionnement du comptable et sur ses biens meubles (*même loi*, *art. 3 et 4*) ; il s'applique à la généralité des meubles, mais il ne vient qu'après les priviléges spéciaux et généraux énoncés aux art. 2101 et 2102 (*même loi*, *art. 2*).

5569. En ce qui concerne le privilége quant aux immeubles du comptable, voir *infra* n° *5634*.

5570. V. *Privilége du trésor public sur les biens du condamné ; privilége du défenseur.* Le trésor public a un privilége pour le remboursement des frais dont la condamnation est prononcée à son profit en matière criminelle, correctionnelle ou de police, sur les meubles et effets mobiliers du condamné, toutefois après les priviléges désignés aux art. 2101 et 2102, et les sommes dues pour la défense personnelle du condamné (3) (*Loi*, *5 sept. 1807*, *art. 2*). Le privilége porte ensuite sur les immeubles, *infra* n° *5636*.

5571. VI. *Privilége pour contributions directes.* L'État a privilége pour le recouvrement des contributions directes, savoir : pour la contribution foncière sur les récoltes, les fruits, loyers et revenus des biens immeubles sujets à contribution ; quant aux autres contributions directes, le privilége s'exerce sur tous les meubles et autres effets mobiliers appartenant aux redevables, en quelque lieu qu'ils se trouvent (4) (*Loi*, *12 nov. 1808*, *art. 1er*). Le trésor peut recouvrer l'impôt de la contribution foncière, même entre les mains du tiers acquéreur auquel aurait été vendu l'immeuble dont les revenus et les fruits sont affectés au privilége (5). Le privilége pour contributions, dans les deux cas, garantit l'année échue et l'année courante. Ce privilége s'exerce avant tout autre (*même loi*, *art. 1er*), moins cependant les frais de justice pour arriver à la réalisation du gage et ceux de distribution par contribution (6). Il ne peut être exercé sur les meubles du locataire failli, au préjudice du propriétaire, lorsqu'il y a et dans la faillite somme suffisante pour payer les contributions (7).

5572. Les priviléges peuvent être sur les meubles (8) ou sur les immeubles (*C. N.*, *2099*).

SECTION I. — DES PRIVILÉGES SUR LES MEUBLES.

5573. Les priviléges sont ou généraux, ou particuliers sur certains meubles (*C. N.*, *2100*).

§ 1er. — DES PRIVILÉGES GÉNÉRAUX SUR LES MEUBLES.

5574. Les créances privilégiées sur la généralité des meubles sont celles ci-après exprimées, et s'exercent dans l'ordre suivant (*C. N.*, *2101*) :

5575. I. *Les frais de justice* (*C. N.*, *2101*, *1°*). Les frais de justice sont ceux faits dans l'intérêt

---

(1) Voir Troplong, n° 34 ; Pont, n° 30.

(2) Pont, n°s 35 à 37.

(3) Ce qui établit un privilége en faveur du défenseur, antérieur à celui du trésor, et par suite aux créanciers qui viennent après le trésor : Valette, n° 39 ; Mourlon, n° 51 ; Pont, n° 46 ; Trib. Alby, 8 déc. 1853 ; contra, Tarrible, sect., 2, § 2, n° 7 ; Troplong, n° 36.

(4) Mais non sur les immeubles : Persil, *2098*, 27 ; Duranton,

XIX, 230 ; Troplong, n° 96 ; Pont, n° 51 ; Conseil d'État, 23 juin 1819, 19 mars 1820.

(5) Cass., 6 juill. 1852 ; J. N., 14743.

(6) Duranton, XIX, 231 ; Troplong, n° 33 ; Pont, n° 52.

(7) Trib. Seine, 13 août 1852 ; J. N., 17610.

(8) C'est-à-dire tous les biens meubles, *supra* n° *1410* : Persil, *2099*, 1 ; Zach., Massé et Vergé, § 784, note 1 ; Troplong, n° 406 ; Valette, n° 18 ; Pont, n° 59.

commun des créanciers ; ainsi, les frais de saisie et de vente des objets saisis (1), les frais faits contre le tiers détenteur pour le forcer à payer, ceux de demande en revendication d'un immeuble appartenant à un débiteur, de vente de mobilier saisi (*C. pr.*, 657, 662), et généralement toutes les fois qu'il y a lieu de réaliser le gage commun. On considère aussi comme frais de justice les frais d'apposition et de levée des scellés, les frais d'inventaire, les frais d'administration et de compte soit de bénéfice d'inventaire (2), soit de faillite (3), soit d'absence (4). Les frais de justice faits par un créancier dans son intérêt unique, comme, par exemple, faire reconnaître sa créance, la rendre exécutoire, former une opposition, sont les accessoires de la créance et ne jouissent pas du privilége des frais de justice (5).

5576. II. *Les frais funéraires* (*C. N.*, 2101, 2°). On entend par frais funéraires, toutes les dépenses nécessaires faites à raison du décès et pour l'inhumation ; ainsi, les dépenses de sépulture (6), celles de pose d'une pierre ou d'érection d'un monument sur la tombe, ainsi que des habits de deuil de la veuve, de ses enfants et des domestiques (7). Les frais funéraires portés à un chiffre exagéré peuvent être réduits par le juge (8).

5577. III. *Les frais quelconques de la dernière maladie*, concurremment entre ceux à qui ils sont dus (*C. N.*, 2101, 3°). Les frais dont il est ici question sont seulement ceux de la maladie dont le débiteur est mort, mais non de la maladie qui a précédé sa faillite ou sa déconfiture (9). Ont droit à ce privilége les chirurgiens, les pharmaciens, les gardes-malades, les sages-femmes, et généralement tous ceux qui sont appelés à donner des secours à une personne malade ; mais le privilége n'a lieu que pour les sommes non prescrites (10).

5578. IV. *Les salaires* (11) *des gens de service*, pour l'année échue et ce qui est dû sur l'année courante (*C. N.*, 2101, 4°). Les gens de service sont les serviteurs de la personne ou de la famille, parmi lesquels on comprend le portier, le cocher, le maître d'hôtel, la femme de chambre, les pâtres, les valets de ferme, etc.; mais ceux qui ne peuvent être considérés comme serviteurs n'ont pas droit au privilége ; tels sont : les clercs d'officiers publics, notaires, avoués, etc. (12), les professeurs attachés à une maison d'éducation (13), les secrétaires, précepteurs, bibliothécaires (14), le mandataire salarié au moyen d'un traitement ou de bénéfices dans l'affaire (15), le commis voyageur (16), les simples commis des marchands ou des négociants (17), les ouvriers, qu'ils travaillent aux champs ou à l'industrie (18), les artistes dramatiques (19).

5579. L'art. 2272, portant que l'action des domestiques qui se louent à l'année, se prescrit par un an, n'est pas contraire à l'art. 2101, 4°, puisque la prescription ne commence que lorsque l'année est échue ; l'art. 2471 portant que l'action des domestiques qui se louent au mois, au trimestre ou au semestre se prescrit par six mois, n'empêche pas le privilége pour une année et l'année courante, si la prescription a été interrompue ; dans le cas contraire, le privilége n'a lieu que pour les salaires de six mois ou pour la portion non éteinte par la prescription (20).

---

(1) Pont, n° 67 ; Riom, 3 avril 1826 ; Amiens, 15 nov. 1837 ; Orléans, 13 août 1840 ; Lyon, 16 janv. 1851.
(2) Cass., 11 août 1824 ; Bordeaux, 12 avril 1853 ; Paris, 19 janv. 1854. Voir Cass., 25 avril 1831.
(3) Paris, 28 janv. 1812 ; Rouen, 2 déc. 1811.
(4) Pont, n° 69.
(5) Pont, n° 69 ; Dalloz, n° 140 ; Massé et Vergé, § 790, note 1. Voir Bordeaux, 6 juill. 1841 ; Orléans, 26 juill. 1849 ; Paris, 27 nov. 1845, 11 juill. 1861 ; J. N., 17197.
(6) Mais non les frais de neuvaine et de service du bout de l'an : Massé et Vergé, § 790, note 3; Roll., *Frais fun.*, n° 3; Agen, 28 août 1834.
(7) Voir les autorités citées *supra* n° 1174, 5°, *note 10*.
(8) Pont, n° 72.
(9) Grenier, II, 302; Pardessus, III, 1194; Valette, n° 27; Zach., Massé et Vergé, § 790, note 7; Trib. Seine, 28 janv. 1834; Cass., 21 nov. 1864; Chartres, 26 août 1857 ; J. N., 15184, 10027; CONTRA, Duranton, XIX, 54 ; Taulier, VII, p. 124 ; Mourlon, n° 73; Pont, n° 76 ; Dict. not., *Priv.*, n° 54 ; Roll., *ibid.*, n° 29. V. Troplong, 137.
(10) Pont, n° 71. Voir cependant Troplong, n° 137; Duranton, XIX, 54. Voir aussi Persil, 2101, § 3, n° 4 ; Zach., Massé et Vergé, § 790, note 7 ; Dalloz, n° 181 ; Valette, n° 27 ; Roll., *Priv.*, n° 32.
(11) Mais non les avances que les domestiques peuvent faire à leurs maîtres : Persil, 2101, § 4, n° 3; Dalloz, n° 204; Massé et Vergé, § 790, note 8; Roll., *Priv.*, n° 46; Pont, n° 87. Sauf à eux à

réclamer s'ils y ont droit le privilége accordé par le § 3, aux fournitures de subsistance.
(12) Pont, n° 81 ; Dalloz, n° 490; Massé et Vergé, § 790, note 8 ; Aix, 29 mars 1844 ; Cass., 15 janv. 1855 ; J. N., 12076, 15485; CONTRA, Duranton, XIX, 58 ; Troplong, n° 142; Metz, 4 mai 1820; Colmar, 10 déc. 1822; Paris, 10 août 1834, 11 fév. 1836.
(13) Pont, n° 82; Rolle., *Priv.*, n° 45 ; Toulouse, 7 déc. 1838.
(14) Pont, n° 82 ; CONTRA, Troplong, n° 142.
(15) Pont, n° 83 ; Cass., 8 janv. 1839 ; Valence, 20 janv. 1866.
(16) Pont, n° 83; Dalloz, n° 194; Montpellier, 12 juin 1829.
(17) Pont, n° 84 ; Dalloz, n° 197; Massé et Vergé, § 790, note 8, Dict. not., *Priv.*, n° 164 ; Lyon, 6 mai 1842 ; Trib. comm. Seine, 28 janv. 1834 ; Trib. civil Seine, 6 déc. 1859 ; CONTRA, Duranton, XIX, 58; Troplong, n° 142; Metz, 4 mai 1820 ; Lyon, 1er fév. 1831 ; Paris, 19 août 1834, 15 fév. 1836.
(18) Troplong, n° 142; Massé et Vergé, § 790, note 8 ; Pont, n° 85; Dict. not., *Priv.*, n° 62 ; Roll., *ibid.*, n° 37 ; Cass., 10 fév. 1829 ; Bourges, 14 fév. 1823; Paris, 30 juill. 1829, 1er août 1834, 29 mars 1837; Lyon, 6 mai 1842 ; CONTRA, Duranton, XIX, 59 ; Colmar, 10 déc. 1822; Rouen, 27 août 1825; Lyon, 25 avril 1836.
(19) Cass., 21 fév. 1864; M. T., 1861, p. 163.
(20) Duranton, XIX, 59; Valette, n° 33; Mourlon, n° 79; Dalloz, n° 203; Massé et Vergé, § 790, notes 8 et 9; Pont, n° 86. Voir Troplong, n° 142.

5580. V. *Les fournitures de subsistances* faites par un marchand (1) au débiteur et à sa famille (2), ascendants, descendants, alliés, gens de service, en un mot tous ceux qui vivent dans la maison du débiteur (3); savoir, pendant les six derniers mois, pour les marchands en détai , tels que boulangers, bouchers et autres, et pendant la dernière année, par les maîtres de pension 4) et les marchands qui ont vendu en gros (5) (*C. N.*, *2101, 5°*). Par *subsistances* l'on entend non-seulement ce qui est alimentaire, mais aussi les fournitures faites pour l'éclairage, le chauffage, la cuisson des aliments, le blanchissage, etc., et jugées nécessaires au ménage (6), ce qui toutefois ne s'étend pas aux fournitures de vêtements, ni aux fournitures de livres, papiers, plumes et autres du même genre faites par les maîtres de pension (7). Les six derniers mois ou la dernière année sont non-seulement ceux qui ont précédé le décès du débiteur, mais encore ceux qui ont précédé soit sa faillite, soit sa déconfiture (8).

§ 2. — DES PRIVILÉGES SUR CERTAINS MEUBLES.

5581. Les créances privilégiées sur certains meubles sont :

5582. I. *Les loyers et fermages* des immeubles, de la manière et dans les cas déterminés *supra n°* *4496 à 4500*; et, avant les loyers et fermages, *les semences et les frais de culture*, *supra n° 4497*.

5583. II. *La créance sur le gage* dont le créancier est saisi, *supra, n° 5518* (*C. N.*, *2102, 2°*).

5584. III. *Les frais faits pour la conservation* d'une chose (*C. N.*, *2102, 5°*) mobilière, que cette chose soit animée, par exemple, pour la nourriture et le pansement d'un cheval; ou qu'elle soit inanimée, par exemple, pour la réparation d'un meuble (9). Si la chose a cessé d'être mobilière comme s'étant immobilisée par destination ou par incorporation, le privilège cesse d'exister (10), *infra n° 5653, 1°*; dans tous les cas le privilège ne subsiste, au regard des autres créanciers, qu'autant que les frais échappent à la prescription (11).

5585. Les frais qui jouissent de ce privilège sont seulement ceux nécessaires, et non ceux qui sont simplement utiles (12); mais l'ouvrier qui a amélioré une chose peut la retenir jusqu'à ce qu'il soit payé de ses frais, ce qui conserve son privilège; cependant si après l'avoir améliorée une fois, la chose lui revient une seconde fois entre les mains pour une autre amélioration, la rétention, dans ce cas, conserve le privilège pour les seconds frais seulement et non pas pour les premiers (13).

5586. IV. *Le prix d'effets mobiliers* (14) non payés (15), s'ils sont encore en la possession du débiteur, soit qu'il ait acheté à terme ou sans terme (*C. N.*, *2102 4°*); le vendeur exerce son droit de préférence sur le prix si les objets sont saisis à la requête d'un créancier, ou vendus aux enchères publiques par l'acheteur ou à la requête des créanciers, ou par les soins d'un administrateur, héritier bénéficiaire ou curateur à succession vacante (16). En tous cas la vente ne porte pas atteinte au privilège du vendeur ni à son droit de revendication, *infra n° 5587*, tant qu'elle n'est pas suivie de livraison (17), ou si,

---

(1) Il n'en est pas de même de celles faites par un particulier non marchand: Duranton, XIX, 65, 68 ; Greuier, II, 304 ; Dalloz, n° 207; Taulier, VII, p. 434, 435; Troplong, n° 147 *bis*; Zach., § 790, note 12; Pont, n° 89; Dict. not., *Priv.*, n° 78; Roll., n° 55, sauf à lui à réclamer, s'il y a droit, le privilège spécial que l'art. 2102 accorde au vendeur d'effets mobiliers non payés.

(2) Si le débiteur est aubergiste, il n'y a de privilégiée que la portion qui est présumée avoir été consommée par l'aubergiste lui-même et par sa famille : Massé et Vergé, § 790. note 10; Pont, n° 92; Rouen, 14 juill. 1819 ; Lyon, 14 déc. 1832; Cass., 2 fév. 1833. Il en est de même des fournitures faites à un maître de pension: Troplong. n° 146 ; Pont, n° 92; Dalloz, n° 216; Dict. not., *Priv.*, n° 81; Roll., *ibid.*, n° 58; Paris, 5 mars 1838; J. N., 40121.

(3) Pont, n° 442; Roll., *Priv.*, n° 428; Dict. not., *ibid.*, n° 170; note 11; Valette, n° 35; Pont, n° 92.

(4) Mais non les maîtres ou instituteurs qui donnent des leçons au mois ou au cachet: Troplong, n° 147; Pont, n° 89; Dalloz, n°207; Massé et Vergé, § 790, note 43; Dict. not., *Priv.*, n° 85.

(5) Qu'ils soient marchands en gros ou en détail: Persil, *2101*, § 5. n°3; Pont, n° 90. Voir cependant Duranton, XIX, 61 à la *note*.

(6) Duranton, XIX, 67; Pont, n° 92; Dalloz, n° 213; Massé et Vergé, § 790, note 10.

(7) Troplong, n° 146; Duranton, XIX, 66; Roll., *Priv.*, n° 52; Pont, n° 92; Zach., § 790, note 10.

(8) Troplong, n° 653 ; Pardessus, n° 1133; Zach., Massé et Vergé, § 790, note 14 ; Valette, n° 35; Pont, n° 91; Paris, 28 janv. 1842; Limoges, 9 juin 1842; Bordeaux, 28 août 1844.

(9) Duranton, XIX, 414; Troplong, n° 175; Pont, n° 139; Dict. not., *Priv.*, n° 166; Roll., *ibid.*, n° 127,

(10) Pont, n° 139.

(11) Pont, n° 143.

(12) Persil, *2102*, § 2, n° 2; Dalloz, n° 306; Duranton, XIX, 115; Troplong, n° 176; Valette, n° 82; Mourlon, n° 114; Dict. not., 441 ; Roll., *Priv.*, n° 128; Dict. not., *ibid.*, n° 169 ; Angers, 6 juill. 1826; Paris, 5 mars 1838 ; Toulouse, 7 déc. 1828; *contra*, Grenier, II, 314; Zach., § 791, note 24; Colmar, 7 mars 1842; Rouen, 28 juin 1825.

(13) Pont, n° 442; Roll., *Priv.*, n° 428; Dict. not., *ibid.*, n° 170; Grenoble, 14 janv. 1815; Rouen, 4er mars 1827, 17 déc. 1828, 25 fév. 1829 ; Paris, 34 mai 1827 ; Lyon, 27 mars 1833; Caen, 31 janv. 1860; Cass., 17 mars 1829, 13 mai 1861 ; M. T. 1861, p. 402.

(14) Non-seulement corporels, mais encore incorporels, tels que, créances, droits successifs, achalandages, offices ministériels, fonds de commerce, *supra n° 4305* : Duranton, XIX, 126; Zach., Massé et Vergé, § 791, note 27; Taulier, VII, p. 151; Troplong, n° 187; Valette, n° 86; Pont, n° 447; Roll., *ibid.*, n° 184; Cass., 28 nov. 1807, 2 janv. 1838; Paris, 8 fév. n° déc. 1834, 26 mai 1841; Bourges, 20 janv. 1844; Montpellier, 21 déc. 1844; Toulouse, 14 déc. 1850, 12 juill. 1851; Trib. Chaumont, 7 juill. 1858; *contra*, Persil, *2102*, § 4, n° 4; Mourlon, n° 123; Paris, 18 mai 1825, 26 nov. 1833.

(15) Si l'acheteur souscrit des billets à ordre, conçus valeurs reçues en marchandises, il n'y a pas novation et le privilège est conservé: Pont, n° 145; Metz, 27 août 1852, 26 janv. 1854; Paris, 2 avril 1833.

(16) Voir Valette, n° 86; Persil, *2102*, § 4, n° 4; Roll., *Priv.*, n° 151; Pont, n° 149.

(17) Grenier, II, 316; Persil, *2102*, § 4 n° 2; Zach., § 791, note 28; Troplong, n° 184; Valette, n° 85; Mourlon, n° 115; Dalloz, n° 359; Pont, n° 151.

ayant été consommée par la livraison, elle a été ensuite annulée ou résolue (1), ou si la chose est entre les mains d'un tiers qui la détient précairement, par exemple, le mandataire, l'emprunteur, le dépositaire, et aussi le gagiste (2). Lorsque la chose a été transformée par l'acheteur, le privilège ne subsiste qu'autant qu'elle est encore reconnaissable de manière que l'identité puisse en être constatée (3); mais si elle a été incorporée à un immeuble et ainsi est devenue immeuble par nature, le privilège s'éteint par le fait de cette incorporation (4). Si la chose est devenue immeuble par destination, le privilège continue néanmoins de subsister au regard des créanciers chirographaires (5), mais non au regard des créanciers ayant hypothèque sur l'immeuble (6).

5587. Si la vente a été faite sans terme, le vendeur peut même revendiquer les effets tant qu'ils sont en la possession de l'acheteur (7), et en empêcher la revente, pourvu que la revendication soit faite dans la huitaine de la livraison et que les effets se trouvent dans le même état dans lequel cette livraison a été faite ((C. N., 2102, 4°), c'est-à-dire n'aient pas changé de nature; mais il n'est pas nécessaire qu'ils se retrouvent matériellement dans le même état que lors de la livraison (8). L'action en revendication est distincte de l'action en résolution : cette dernière action a pour effet d'anéantir la vente, *supra*, n° 4205, tandis que la revendication remet seulement le vendeur en possession de la chose, lui donne un droit de rétention, jusqu'à ce qu'il ait été payé (9); quant à l'action résolutoire, elle existe même lorsque la revendication ne peut plus être exercée (10).

5588. Le privilège du vendeur ne s'exerce qu'après celui du propriétaire de la maison ou de la ferme, *supra n° 4496*, à moins qu'il ne soit prouvé que le propriétaire avait connaissance que les meubles et autres objets garnissant sa maison ou sa ferme n'appartenaient pas au locataire, *supra, n° 4498* (C. N., 2102, 4°).

5589. Il n'est rien innové aux lois et usages du commerce sur la revendication (C. N., 2102, 4°); ainsi, le privilège du vendeur ni le droit de revendication ne sont plus admis en cas de faillite de l'acheteur (C. comm., 550), que le vendeur soit ou non commerçant (11); toutefois si les choses achetées ne sont pas des choses de commerce du failli, mais des meubles destinés à sa maison, le droit de revendication subsiste (12).

5590. V. Les *fournitures d'un aubergiste* sur les effets des voyageurs qui ont été transportés dans son auberge (C. N., 2102, 5°), pourvu que l'aubergiste soit resté en possession des effets (13); s'il a laissé partir le voyageur sans payer et que celui-ci revienne une autre fois, le privilège ne s'appliquera qu'aux fournitures du dernier séjour (14). Si les effets ont été détournés clandestinement et à l'insu de l'aubergiste, il peut les revendiquer entre les mains de tous tiers possesseurs et en quelque lieu qu'il les trouve (15).

5591. Le privilège de l'aubergiste s'applique à tout ce que le voyageur a transporté dans son auberge, même les chevaux, bœufs et autres animaux (16), et quand même le voyageur les détiendrait comme locataire, emprunteur, dépositaire (17). Il ne s'étend pas aux cabaretiers, taverniers, cafetiers (18); ni même aux aubergistes ou maîtres d'hôtel, pour les fournitures qu'ils font à des personnes demeurant dans les lieux mêmes où ils tiennent leurs auberges, puisque, dans ce cas, il n'y a pas obligation de recevoir une personne inconnue (19).

(1) Pont, n° 151; Massé et Vergé, § 791, note 28; Rouen, 7 août 1841; Montpellier, 26 juin 1818; Cass., 14 juin 1836, 20 juill. 1852.
(2) Valette, n° 85; Mourlon, n° 118; Pont, n° 152; contra, Troplong, n° 185; Taulier, VII, p. 152.
(3) Troplong, n° 185 bis; Valette, n° 85; Mourlon, Rev. crit., V, p. 79; Pont, n° 153; Roll., Priv., n° 147; Nancy, 28 déc. 1829; Rouen, 7 août 1841.
(4) Pont, n° 154; Dalloz, n° 358; Massé et Vergé, § 791, note 27; Bruxelles, 16 fév. 1818; Cass., 18 mars 1840, 9 juin 1847; contra, Zach., § 791, note 27; Rouen, 19 juill. 1828; Cass., 22 janv. 1833; Grenoble, 18 janv. 1838.
(5) Troplong, n° 113; Mourlon, Rev. crit., V, p. 79; Pont, n° 154; Massé et Vergé, § 791, note 27; Roll., Priv., n° 149; Rouen, 22 mai 1811; Caen, 1er août 1847; Cass., 24 mai 1842. Voir cependant Grenoble, 18 janv. 1833; Paris, 6 avril 1836.
(6) Marcadé, 1654, 2; Massé et Vergé, § 791, note 27; Dalloz, n° 358; Valette. n° 85; Pont, n° 154; Grenoble, 18 janv. 1833; Paris, 6 avril 1836, 24 nov. 1845, 20 juill. 1846; Cass., 22 janv. 1833, 9 juin 1847; J. N., 12567; contra, Dijon, 16 août 1842.
(7) Voir Pont, n° 157; Cass., 22 nov. et 12 déc. 1841.
(8) Grenier, II, 316; Valette, n° 90; Mourlon, n° 136; Pont, n° 159; contra, Troplong, n° 196.

(9) Comp. Grenier, II, 318; Dalloz, n° 377; Valette, n° 90; Mourlon, n° 131; Pont, n° 155, 160.
(10) Pont, n° 160; Dalloz, n° 376; Massé et Vergé, § 791, note 30; Paris, 18 août 1829, 20 juill. 1831, 10 juill. 1833, 11 nov. 1837; Rouen, 20 nov. 1837; Lyon, 29 mars 1839.
(11) Pont, n° 161; contra, Troplong, n° 200.
(12) Troplong, n° 200; Mourlon, n° 140; Pont, n° 161; Paris, 25 juin 1831, 5 déc. 1832; Caen, 1er août 1837.
(13) Voir Taulier, VII, p. 158; Troplong, n° 204; Pont, n° 166.
(14) Grenier, II, 319; Dalloz, n° 393; Duranton, XIX, 129; Troplong, n° 206; Zach., Massé et Vergé, § 791, note 33; Valette, n° 70; Pont, n° 166; Roll., Priv., n° 165; Dict. not., ibid., n° 208.
(15) Valette, n° 70; Pont, n° 167; Dalloz, n° 394; contra, Mourlon, n° 144.
(16) Troplong, n° 204; Pont, n° 165.
(17) Grenier, II, 319; Duranton, XIX, 430; Dalloz, n° 390; Zach., Massé et Vergé, § 791, note 36; Troplong, n° 204; Valette, n° 70; Pont, n° 165; contra, Colmar, 26 avril 1816.
(18) Pont, n° 163; Troplong, n° 202.
(19) Pont, n° 163; Troplong, n° 202; Roll., Priv., n° 166.

5592. VI. *Les frais de voiture* et les dépenses accessoires sur la chose voiturée (1) (*C. N.*, 2102, 6°), pourvu que le voiturier en conserve la possession; car s'il s'en dessaisit volontairement en la livrant au destinataire, il perd son privilége (2); il en serait autrement si au lieu d'être remise au destinataire, elle était déposée dans un entrepôt (3). Les dépenses accessoires sont ce que le voiturier a dépensé pour la chose, par exemple, les réparations en cas d'avarie, les droits de douane, d'octrois et autres semblables (4).

5593. C'est le voiturier transportant qui a droit à un privilége; le propriétaire de la voiture et des chevaux qui loue à un voiturier n'a pas de privilége sur la chose transportée pour le loyer de la voiture et des chevaux (5).

5594. VII. *Les créances résultant d'abus et prévarications* commis par les fonctionnaires publics dans l'exercice de leurs fonctions, sur les fonds de leur cautionnement, et sur les intérêts qui en peuvent être dus, *supra*, n° 5467 (*C. N.*, 2102, 7°).

5595. VIII. *Les créanciers d'une succession et les légataires* qui ont demandé la séparation du patrimoine du défunt d'avec le patrimoine de l'héritier, sur les biens meubles de la succession, contre les créanciers personnels des héritiers et représentants du défunt, *infra* n° 5620 *et suiv*.

5596. Le droit de demander cette séparation se prescrit relativement aux meubles, par le laps de trois ans qui courent du jour de l'ouverture de la succession (6). Ce droit peut être perdu, même avant l'expiration des trois ans: 1° par l'aliénation des meubles héréditaires (7), mais seulement quant à ceux aliénés (8) et dont les prix ont été payés (9); si le prix était encore dû par l'acquéreur, les créanciers ou légataires pourraient demander à être payés sur ce prix par préférence aux créanciers personnels de l'héritier (10); 2° par la confusion des meubles de l'hérédité avec ceux de l'héritier de manière à ne plus pouvoir être reconnus ni distingués (11).

5597. Le privilége se conserve par l'une des formalités suivantes remplie avant l'expiration des trois ans: 1° la requisition de l'apposition des scellés ou l'opposition à leur levée; 2° l'intervention à l'inventaire avec déclaration par les créanciers et légataires qu'ils entendent réclamer la séparation des patrimoines (12); 3° des saisies-arrêts avec des demandes en validité dans lesquelles les créanciers concluent à ce que les deniers arrêtés soient séparés du patrimoine de l'héritier (13); 4° une notification extrajudiciaire faite à l'héritier (14). Mais il est plus sûr de former une demande contre l'héritier et d'obtenir un jugement (14), *infra* n°° 5628 *et* 5629.

SECTION 2. — DES PRIVILÉGES SUR LES IMMEUBLES ET DE LEUR INSCRIPTION.

5598. Les créanciers privilégiés sur les immeubles (*C. N.* 2103) sont les suivants:

5599. I. *Privilége de vendeur* [FORM. 761]. Le vendeur, *supra* n° 4031, a un privilége sur l'immeuble vendu pour le payement du prix (*C. N.*, 2103, 1°).

5600. S'il y a plusieurs ventes successives, dont le prix soit dû en tout ou en partie, le premier vendeur est préféré au second, le deuxième au troisième et ainsi de suite, *supra* n°° 4031 à 4035 (*C. N.*, 2103, 1°); l'échangiste a le même privilége pour le payement de la soulte, *supra* n° 4438.

---

(1) La chose voiturée subit le privilége seulement pour les frais de transport de cette chose et non pas ceux des transports d'autres choses faits précédemment par le même voiturier: Dalloz, n° 399; Massé et Vergé, § 799, note 38; Pont, n° 468; Rouen, 5 juin 1847; Cass., 18 mai 1831; CONTRA, Troplong, n° 207 *bis*; Cass., 18 juill. 1819.

(2) Persil, *2102*, § 6, n° 1; Dalloz, n° 400; Massé et Vergé, § 791, note 39; Valette, n° 73; Pont, n° 469; Cass., 13 avril 1840, Rouen, 23 mars 1844; Paris, 29 août 1835; CONTRA, Duranton, XIX, 434; Troplong, n° 207; Mourlon, n° 444; Taulier, VII, p. 159; Zach., § 791, note 39; Roll., *Priv.*, n° 409; Paris, 2 août 1809.

(3) Pont, n° 469; Massé et Vergé, § 791, note 39; Roll., *Priv.*, n° 470; Cass., 13 avril 1840.

(4) Pont, n° 468; Dalloz, n° 396; Massé et Vergé, § 791, note 37; Roll., *Priv.*, n° 473; Dict. not., *ibid.*, n° 215.

(5) Pont, n° 468; Massé et Vergé, § 791, note 37; Nîmes, 12 août 1812; Bordeaux, 16 mars 1857.

(6) Duranton, VII, 482; Chabot, *880*, 7; Demante, III, 224 *bis*; Zach., Massé et Vergé, § 385, note 14; Demolombe, XVII, 173;

Dufresne, *Sép., des patr.*, n° 53; Dict. not., *ibid.*, n° 39; Roll., *ibid.* n° 39; Cass., 9 avril 1810.

(7) Demolombe, XVII, 177.

(8) Demolombe, XVII, 178; Massé et Vergé, § 385, note 14; Roll., *Sép. des patr.*, n° 42.

(9) Duvergier sur Toullier, IV, 541 Demolombe, XVII, 180; Dufresne, *Sép. des patr.*, n° 47; Roll., *ibid.*, n° 67; Cass., 28 avril 1840.

(10) Toullier et Duvergier, IV, 540; Chabot et Belost-Jolimont *880*, 6 et 7; Duranton, VII, 490; Demante, III, 224 *bis*; Demolombe, XVII, 181; Dufresne, *Sép. des petrim.*, n° 41; Roll., *ibid.* n° 66; Dict. not., *ibid.*, n° 48; Cass., 26 juin, 16 juill. 1828, 22 juin 1841; Grenoble, 30 août 1831; Nîmes, 21 juill. 1852; CONTRA, Valette, *Priv.*, n° 86; Montpellier, 26 fév. 1840; Lancy, 2 mai 1850.

(11) Duranton. VII, 484; Demolombe, XVI 1, 144.

(12) Duranton, VII, 481; Demolombe, XVII, 185; Roll., *Sép. des patr.*, n° 40; Dict. not., *ibid.*, n° 41.

(13) Duranton, VII, 485; Demolombe, XVII, 144.

(14) Demolombe, XVII, 145.

5601 Il n'y a pas de privilége si le prix est payé ou s'il y a novation dans la créance (1). Jugé même que le privilége du vendeur ne passe pas à la créance nouvelle résultant de la convention par laquelle le vendeur laisse le prix de la vente entre les mains de l'acquéreur pour qu'il en jouisse comme usufruitier (2). Mais si le contrat énonce que le prix est payé au moyen de billets souscrits par l'acquéreur au profit du vendeur, le privilége est conservé (3). Voir *infra* n° 5605.

5602. Le vendeur privilégié conserve son privilége par la transcription du titre qui a transféré la propriété à l'acquéreur, et qui constate que la totalité ou partie du prix lui est due; à l'effet de quoi la transcription du contrat faite par l'acquéreur, que ce contrat soit authentique ou sous seing privé (4), vaut inscription pour le vendeur et pour le prêteur qui lui aura fourni les deniers payés, et qui sera subrogé aux droits du vendeur par le même contrat, pourvu, dans ce dernier cas, que le contrat de vente soit authentique (5). Néanmoins, le conservateur des hypothèques est tenu, sous peine de tous dommages et intérêts envers les tiers, de faire d'office l'inscription sur son registre des créances résultant de l'acte translatif de propriété, tant en faveur du vendeur qu'en faveur des prêteurs, qui peuvent aussi faire faire, si elle ne l'a été, la transcription du contrat de vente, à l'effet d'acquérir l'inscription de ce qui leur est dû sur le prix (*C. N., 2108*).

5603. Le privilége peut aussi être rendu public et conservé par le moyen d'une inscription prise au profit du vendeur ou du créancier subrogé, en vertu du contrat de vente (6), même sous seing privé (7).

5604. La transcription conserve le privilége du vendeur seul et non celui des anciens vendeurs, lors même que leur créance serait énoncée dans le contrat transcrit (8) et qu'une indication de payement aurait été faite à leur profit et acceptée dans le contrat de revente (9).

5605. Si le prix de vente est porté comme payé dans le contrat, et qu'un acte passé le même jour ou à une date ultérieure constate qu'il est resté dû, cet acte est insuffisant pour conserver le privilége (10). Décidé que le privilége existerait si cet acte était transcrit avec le contrat de vente (11) ou si l'inscription de privilége, *supra* n° 5603, était prise en vertu des deux actes.

§ 1. — INSCRIPTION DES PRIVILÉGES.

FORMULE 761. — **Bordereau d'inscription de privilége de vendeur.**
(N°s 5599 à 5608.)

(*Cas de la formule 568.*)

INSCRIPTION est requise au bureau des hypothèques de....,

AU PROFIT de M. Honoré MESNIL, propriétaire, et Mme Geneviève BORNET, son épouse, demeurant ensemble à....;

Pour lesquels domicile est élu, etc. (Voir *form.* 781),

CONTRE M. Louis DELARUE, propriétaire, et Mme Eugénie LAVILLE, son épouse, demeurant ensemble à..... *débiteurs solidaires,*

EN VERTU d'un contrat passé devant M°....., notaire à....., le....., contenant vente par M. et Mme MESNIL à M. et Mme DELARUE, des immeubles qui seront ci-après désignés.

POUR SURETÉ : 1° de la somme de cent mille francs, formant le prix principal de la vente

(1) Dalloz, n° 413; Pont, n° 190; Massé et Vergé, § 793, note 3; Roll., *Priv.*, n° 255.
(2) Bourges, 6 mars 1853.
(3) Roll., *Priv.*, n° 255; Cass.. 16 août 1820, 15 mars 1825, 22 juin 1841.
(4) Avis Conseil d'État, 3 floréal an XIII: Grenier, II, 386; Dalloz, n° 426; Troplong, n° 285 *bis*; Duranton, XIX, 459; Pont n°s 186, 366; Grenoble, 8 fév. 1810.
(5) Pont, n° 284.
(6) Troplong, n° 285 *bis*; Mourion, n° 237, *note*; Massé et Vergé, § 813, note 4; Dict. not., *Insc.* n° 601; Cass., 6 juill., 1807, 7 mars 1811, 26 juill., 1813; Rennes, 21 août 1811; Trib. Castel-Sarrazin, 23 juill., 1850; CONTRA, Pont, n° 263; Dalloz, n° 653.

(7) Grenier, II, 386; Troplong, n° 285 *bis*; Dalloz, n° 656; Massé et Vergé, § 813, note 4; Cass., 6 juill. 1807.
(8) Grenier, II, 377; Persil, *2108*, 2; Dalloz, n° 650; Zach., Massé et Vergé, § 813, note 4; Troplong, n° 284; Pont, n° 265; Cass., 14 janv. 1818, 29 avril 1845; Rouen, 30 mai 1840; Montpellier, 9 juin 1853: J. N., 10053, 12384.
(9) Paris, 30 nov. 1860; Cass., 7 mars 1865; J. N., 18274.
(10) Pont, n° 267; Dalloz, n° 647: Massé et Vergé, § 813, note 3; Trib. Seine, 8 janv. 1863; J. N., 17612; CONTRA, Marcadé, *1273*, 2; Chambéry, 12 mars 1860.
(11) Pont, n° 267; Massé et Vergé, § 813, note 3; Cass., 4 déc. 1823.

5606. Ce qui conserve le privilége, c'est la transcription du contrat de vente et non pas seulement l'inscription d'office (1); et si, par suite d'une erreur du conservateur [dont, du reste, il serait responsable envers les tiers (2)], l'inscription d'office se trouvait insuffisante ou irrégulière, le vendeur ne conserverait pas moins son privilége tel qu'il résulte du titre, c'est au tiers à recourir à la transcription (3).

5607. Le conservateur n'est dispensé de prendre l'inscription d'office qu'autant qu'on lui représente, pour être transcrits en même temps, et le contrat de vente et la quittance authentique du prix (4); le consentement du vendeur serait insuffisant pour le dispenser de prendre inscription (5); toutefois si le vendeur non payé du prix a déclaré, dans le contrat de vente, se désister de ses droits de privilége, hypothèque et action résolutoire et dispenser formellement le conservateur de faire l'inscription d'office, cette inscription ne doit pas être prise (6).

5608. L'inscription d'office n'a pas besoin de contenir d'élection de domicile; à défaut de domicile élu, le vendeur est sommé de produire à son domicile réel (*C. pr.*, 755).

5609. Ont le même privilége que le vendeur, ceux qui ont fourni les deniers pour l'acquisition d'un immeuble, pourvu qu'il soit authentiquement (7) constaté, par l'acte d'emprunt, que la somme était destinée à cet emploi, et, par la quittance du vendeur, que le payement a été fait des deniers empruntés (*C. N., 2103 2°*); *supra n° 5295 à 5301.* [FORM. 762.]

---

précitée; ladite somme stipulée exigible le. . . . ., et productive d'intérêts à cinq pour cent par an à partir du jour du contrat, payables chaque année en deux termes égaux, les. . . . ., ci. . . . . 100,000 »

2° De tous les intérêts dudit prix qui pourront être dus, ci. . . . . . *Mémoire.*

3° Des frais et loyaux coûts du contrat de vente, si le requérant est obligé d'en faire l'avance, des frais de mise à exécution et autres accessoires, le tout évalué approximativement à dix mille francs, ci. . . . . 10,000 »

Total, sauf l'article porté pour mémoire. . . . . 110,000 »
Par privilége et par action résolutoire, SUR.
1° Une maison située, etc. (*Désigner les immeubles tels qu'ils le sont dans le contrat.*)

FORMULE 762. — **Même inscription au profit d'un bailleur de fonds.** (N° 5609).

INSCRIPTION est requise au bureau des hypothèques de. . . . .,
AU PROFIT de M. Éloi MESNARD, rentier, demeurant à. . . . .,
Pour lequel domicile est élu. . . . .,
CONTRE, etc. (*Comme en la formule précédente.*)

EN VERTU : *Premièrement*, d'un contrat passé devant M°. . . . ., notaire à. . . . ., le. . . . ., contenant vente par M. Honoré MESNIL, propriétaire, et Mme Geneviève BORNET, son épouse, demeurant à. . . . ., à M. et Mme DELARUE des immeubles qui seront ci-après désignés, moyennant cent mille francs, sur quoi cinquante mille francs ont été payés comptant, et les cinquante mille francs de surplus ont été stipulés payables le. . . . .

Deuxièmement. D'un autre acte passé devant M°. . . . ., notaire à. . . . ., le. . . . ., contenant : 1° obligation pour prêt par M. et Mme DELARUE à M. MESNARD d'une somme de cinquante mille francs, avec promesse d'employer cette somme à payer les cinquante mille francs restés dus sur le prix de la vente susénoncée; 2° et quittance par M. et Mme MESNIL à M. et Mme DELARUE de cinquante mille francs pour solde dudit prix de

(1) Troplong, n° 280; Pont, n° 268; Massé et Vergé, § 813, note 6.
(2) Pont, n° 271; Dict. not., *Insc.*, n° 596.
(3) Pont, n° 270; Paris, 31 août 1810; Bruxelles. 28 mai 1816.
(4) Pont, n° 272; Lettr. min. just. et fin., 30 avril et 7 mai 1841.
(5) Persil, *2108*, 13, 14; Pont, n° 272; Dijon, 17 juill. 1839.

(6) Dict. not., *Insc.*, n° 589; Trib. Montluçon, 27 janv. 1865; J. N., 18207.
(7) L'acte d'emprunt et la quittance constatant la subrogation doivent être authentiques; quant au contrat de vente, lorsqu'il ne constate pas la subrogation, il est indifférent qu'il soit sous seing privé : Pont, n° 230; Massé et Vergé, § 793, note 11.

5610. II. *Privilége de copartageant* [FORM. 763]. Les cohéritiers (1) ont un privilége sur les immeubles de la succession, 1° pour la garantie des partages, même partiels (2), faits entre eux (*C. N.*, *2103, 3°*), ce qui comprend les sommes dues à l'un des copartageants pour l'éviction par lui soufferte (*C. N.*, *894 à 886*), les fruits perçus par l'un des copropriétaires pendant l'indivision (3), les sommes attribuées sur des rapports de donations (4), les dettes communes que l'un des copartageants a été contraint (5) de payer lorsqu'elles avaient été mises par le partage à la charge d'un autre copartageant (6); — 2° et pour les soultes ou retour de lots (*C. N.*, *2103, 6°*); le privilége porte sur les immeubles attribués à tous les copartageants, chacun à proportion de sa part héréditaire dans la soulte, et non pas seulement sur ceux attribués au débiteur de la soulte (7); il en est de même pour le prix de la licitation (8).

5611. Le cohéritier ou copartageant conserve son privilége sur les biens de chaque lot ou sur le bien licité, pour les soulte, retour de lots et garantie du partage (9) ou pour le prix de la licitation, par l'inscription faite à sa diligence, dans soixante jours en ce qui concerne le droit de préférence et quarante-cinq jours en ce qui concerne le droit de suite (10), à dater de l'acte de partage, *supra n° 2116*, ou de l'adjudication par licitation, même lorsque la licitation est suivie d'une liquidation contenant attribution du prix (11) ; durant les soixante jours aucune hypothèque ne peut avoir lieu sur le bien chargé de soulte ou adjugé par licitation, au préjudice du créancier de la soulte ou du prix (*C. N.*, *2109*), ni durant les quarante-cinq jours, aucune transcription d'aliénation (*Loi 23 mars 1855 art 5*).

5612. S'il y a plusieurs cohéritiers, propriétaires de la soulte ou du prix de la licitation, ils viennent

---

vente ; et, par suite de la déclaration d'origine de deniers, subrogation au profit de M. MESNARD dans les droits privilégiés et résolutoires de M. et Mme MESNIL.

Pour sûreté : 1° de la somme de cinquante mille francs, montant de l'obligation ci-dessus énoncée, employée, ainsi qu'on vient de le dire, à payer pareille somme pour solde du prix de la vente aussi ci-dessus énoncée ; laquelle somme, par ledit acte d'obligation, a été stipulée exigible, etc. (*Le surplus comme en la formule précédente.*)

FORMULE 763. — Inscription de privilége de copartageant.

(N°s 5610 à 5613.)

(Cas de la formule 325.)

INSCRIPTION de privilége est requise au bureau des hypothèques de. . . . . .,

AU PROFIT de M. Honoré LAIR, cultivateur, demeurant à. . . . .;

Pour lequel domicile est élu, etc.,

CONTRE M. Eloi BLARD, charron, et Mme Héloïse LAIR, son épouse, demeurant ensemble à. . . . . .
débiteurs solidaires,

EN VERTU d'un acte passé devant M^e. . . . ., notaire à. . . . ., le. . . . ., contenant partage entre M. LAIR et Mme BLARD des immeubles dépendant de la succession de M. Pierre LAIR, leur père, et par lequel Mme BLARD a été chargée de payer à M. LAIR requérant, à titre de rapport et de soulte, une somme de deux mille deux cents francs,

POUR SURETÉ : 1° de la somme de deux mille deux cents francs due par Mme BLARD à

---

(1) Ou plutôt les copartageants, que le partage soit de succession, de communauté, de société, d'immeubles acquis indivisément, etc.: Duranton, XIX, 179; Troplong, n° 237; Dalloz, n° 441; Zach., § 793, note 16; Pont, n° 260.
(2) Rouen, 20 janv. 1860; J. N., 10971.
(3) Taulier, VII, p. 181 ; Troplong, n° 239, 4° ; Dalloz, n° 448; Pont, n° 204; Massé et Vergé, § 793, note 15; Pont, n° 204; Roll., *Priv.*, n° 283 ; Dict. not., *ibid.*, n° 279 ; Riom, 3 juill. 1822, 14 fév. 1828 ; Cass., 11 août 1833, 3 août 1837; CONTRA, Grenier, I, 159; Duranton, XIX, 187; Zach., § 783, note 15; Aix, 12 juill. 1826; Pau, 28 juill. 1838.
(4) Pont, n° 204. V. Besançon, 2 août 1864 ; Jur. N., 12723.
(5) Il n'aurait pas de privilége s'il les avait payés volontairement: Pont, n° 204 ; Massé et Vergé, § 793, note 15; Toulouse, 15 janv. 1841.
(6) Persil, *2103.* § 3, n° 4; Troplong, n° 239, 5°; Zach., Massé et Vergé, § 793, note 15; Pont, n° 205; Roll., *Priv.*, n° 284; Dict. not.,

ibid., n° 279; Cass., 2 avril 1839 ; Toulouse, 15 janv. 1841 ; CONTRA Grenier, II, 399 ; Duranton XIX, 88.
(7) Duranton, XIX, 186; Taulier, VII, p. 181 ; Troplong, n° 239, Roll., *Priv.*, n° 288; Dict. not., *ibid.*, n° 282 ; Riom, 14 fév. 1828; Cass., 11 août 1830; CONTRA, Mourlon, n° 172. Voir aussi Pont, n° 207.
(8) Duranton, XIX, 186; Troplong, n° 239; Dalloz, n° 452; Massé et Vergé, § 793, note 14 ; Caen, 10 fév. 1851 ; CONTRA. Pont, n° 207.
(9) Grenier, II, 403; Persil, *2109,* 3; Dalloz, n° 681 ; Duranton, XIX, 181 ; Taulier, VII, p. 209 ; Troplong, n° 291 ; Pont, n° 290; Cass., 12 juill. 1853 ; CONTRA, Liège, 9 mars 1818 ; Pau, 29 avril 1851, selon lesquels elle n'en est dispensée.
(10) Loi 23 mars 1855, *art. 25*; Pont, n° 318 ; Dalloz, n° 696; Massé et Vergé, § 813, note 10.
(11) Bordeaux, 15 juin 1831 ; Lyon, 21 fév. 1832; Paris, 7 fév. 1833, 3 déc. 1836 ; Cass., 15 juin 1842, 17 nov. 1851 ; Colmar, 3 août 1810; Agen, 6 fév. 1852; CONTRA, Cass., 17 fév. 1830, 11 août 1830.

par concurrence entre eux, quelles que soient les dates de leurs inscriptions si elles ont été prises dans le délai de l'art. 2109.

5613. L'inscription du privilége de copartageant peut être prise en vertu d'un partage ou d'une licitation sous seings privés (1).

5614. La vente amiable à titre de licitation ou tout autre acte ayant pour objet de faire cesser l'indivision, *supra n° 2099*, donne aussi lieu au privilége de copartageant, qui doit être inscrit dans le délai de l'art. 2109 (2) [FORM. 764].

5615. Le prêteur subrogé dans le privilége de copartageant en vertu de l'art. 1250, *supra n°* 3298 à 3301, a les mêmes droits que le créancier de la soulte ou du prix de la licitation (3).

5616. III. *Privilége de constructeur* [FORM. 765]. Les architectes, entrepreneurs, maçons et autres ouvriers sont privilégiés, lorsqu'ils ont été employés, par des traités faits directement avec le propriétaire (4), pour édifier, reconstruire ou réparer des bâtiments, canaux ou autres ouvrages quelconques (5), pourvu néanmoins que, par un expert nommé d'office par le tribunal de première instance dans le ressort duquel les ouvrages sont situés, il ait été dressé préalablement un procès-verbal, à l'effet de constater l'état des lieux relativement aux ouvrages que le propriétaire a déclaré avoir dessein de

M. LAIR pour rapport et soulte, ainsi qu'on vient de l'énoncer ; laquelle somme a été stipulée exigible le....., et productive d'intérêts à cinq pour cent par an, à partir du jour du décès de M. LAIR père, payable chaque année en un seul terme, le..... ci.   2,200   »

2° Des intérêts dont la loi conserve le même rang d'hypothèque que pour le principal.   *Mémoire.*

3° Des frais de mise à exécution, s'il y a lieu, et autres accessoires, évalués par approximation à cinq cents francs, ci..................   500   »

Total, sauf l'article porté pour mémoire................   2,700   »

SUR : 1°..... (*Désigner les immeubles composant le lot de M*me *BLARD.*)

FORMULE 764. — **Même inscription en vertu d'une licitation.** (N° 5614.)

INSCRIPTION de privilége est requise au bureau des hypothèques de.....,
AU PROFIT de M. Noël BLET, cultivateur, demeurant à.....;
Pour lequel domicile est élu, etc.
CONTRE M. Denis BLET, son frère, aussi cultivateur, demeurant à.....,
EN VERTU : 1° d'un procès-verbal d'adjudication dressé par Me....., notaire à....., le....., aux termes duquel M. Denis BLET s'est rendu adjudicataire, moyennant le prix de quatre mille francs, d'une maison située à....., ci-après désignée, sur la licitation ordonnée entre lui et M. Noël, son frère, par jugement du tribunal civil de....., en date du.....;

2° Et d'une liquidation dressée par Me....., notaire à....., le....., aux termes de laquelle le prix de licitation a été attribué à M. Denis BLET pour quinze cents francs, et à M. Noël BLET pour les deux mille cents francs de surplus.

POUR SURETÉ : 1° de la somme de deux mille cinq cents francs attribuée à M. Noël BLET sur le prix de la licitation, ainsi qu'on vient de l'énoncer ; laquelle somme, par l'acte de liquidation, a été stipulée exigible le....., etc. (*Le surplus comme en la formule précédente.*)

(1) Duranton, XIX, 480 ; Troplong, n° 314 *bis* ; Zach., § 809, note 2 et 843, note 14.
(2) Massé et Vergé, § 813, note 11 ; Pont, n° 291 ; Demolombe. XVII, 282 ; Cass., 5 nov. 1822 ; Bourges, 26 janv. 1844 ; Montpellier, 21 déc. 1844, 27 janv. 1854 ; Riom, 17 août 1853 ; CONTRA, Toulouse, 14 déc. 1850 ; Grenoble, 4 janv. 1853. Voir aussi Cass., 25 juin 1645 ; Toulouse, 2 janv. 1847.
(3) Pont, n°s 221, 223.
(4) Mais non les entrepreneurs, maçons ou autres ouvriers que les architectes, entrepreneurs, etc., eux-mêmes peuvent avoir employés pour l'exécution des travaux : Persil, *2103*, § 4, n° 3 ; Pont, n° 240 ; Dalloz, n° 458 ; Zach., Massé et Vergé, § 793, note 17 ; Roll., *ibid.*, n° 293 ; Dict. not., *ibid.*, n° 302 ; CONTRA, Mourlon, n° 176.
(5) Ce qui toutefois ne s'applique pas à des travaux d'agriculture de semis, plantations, desséchements ou autres : Duranton, XIX 492 ; Pont, n° 240 ; CONTRA, Mourlon, n° 75 ; Zach., § 793, note 18.

faire, et que les ouvrages aient été, dans les six mois au plus de leur perfection, reçus par un expert également nommé d'office (*C. N.*, *2103*, *4°*) et qui peut être le même que pour la première expertise (1). Ces formalités sont substantielles ; le privilége ne saurait exister si l'on manquait de les accomplir dans les termes de la loi (2) et dans les délais fixés (3), ou si le procès-verbal de constatation n'était pas fait *préalablement* aux travaux (4).

5617. Le montant du privilége ne peut excéder les valeurs constatées par le second procès-verbal, et il se réduit à la plus-value existante à l'époque de l'aliénation de l'immeuble, et résultant des travaux qui y ont été faits (*C. N.*, *2103 4°*) ; deux évaluations doivent donc être faites, l'une au moment où les constructions vont être faites (5), l'autre au moment de l'aliénation, afin de fixer la différence en plus qui constitue la plus-value et sur laquelle porte le privilége (6).

5618. Ceux qui ont prêté les deniers pour payer ou rembourser les ouvriers jouissent du même privilége, pourvu que cet emploi soit authentiquement constaté par l'acte d'emprunt et par la quittance des ouvriers, ainsi qu'il a été dit *supra n° 1609* (*C. N.*, *2103*, *5°*).

5619. Ceux qui ont droit au privilége de constructeur, *supra n° 5616*, et ceux qui ont pour les payer et rembourser, prêté les deniers dont l'emploi a été constaté, *supra n° 5298*, conservent, par la

---

FORMULE 765. — Inscription de privilége de constructeur. (N° 5616 à 5619.)

1° Inscription prise en vertu du procès-verbal d'état des lieux.

INSCRIPTION est requise au bureau des hypothèques de. . . . .,
AU PROFIT de M. Éloi CLERET, entrepreneur de travaux publics, demeurant à. . . . .;
Pour lequel domicile est élu, etc.,
CONTRE M. Charles GLUTRON, propriétaire, demeurant à. . . . .,
EN VERTU : 1° des art. 2113, 4°, et 2110 du C. Nap. ;
    2° D'un procès-verbal en date du. . . . ., dressé par M. Léon NOINTEL, architecte, demeurant à. . . . ., expert commis d'office par le tribunal civil de. . . . ., le. . . . ., constatant l'état d'un terrain appartenant à M. GLUTRON, situé à. . . . ., d'une superficie de. . . . ., relativement à la construction que M. GLUTRON a le dessein d'y faire élever et qui consisteront en une maison et divers bâtiments, le tout détaillé audit procès-verbal,
    POUR ASSURER au requérant, par le privilége de constructeur, le payement des sommes qui lui seront dues pour raison des travaux qu'il est chargé de faire,
    SUR le terrain ci-dessus désigné et les constructions qui y seront édifiées.

2° Inscription en vertu du procès-verbal de réception des travaux.

INSCRIPTION de privilége de constructeur est requise au bureau des hypothèques de. . . . .,
AU PROFIT de M. Éloi CLERET, etc. ;
Pour lequel domicile est élu, etc.,
CONTRE M. Charles GLUTRON, propriétaire, demeurant à. . . . .,
EN VERTU : 1° des art. 2103, 4°, et 2110 du C. Nap. ;
    2° Et d'un procès-verbal dressé le . . . ., par M. Léon NOINTEL, architecte, demeurant à. . . . ., expert commis d'office par le tribunal civil de. . . . ., le. . . ., contenant la réception des travaux de construction faits par M. CLERET sur un terrain sis à. . . . ., d'une superficie de. . . . ., appartenant à M. GLUTRON, dont l'état avait été constaté par un premier procès-verbal du même expert, en date du. . . . ., inscrit audit bureau le. . . . ., vol. . . . ., n°. . . . .
    POUR SURETÉ : 1° de la somme principale de soixante mille francs, due par M. GLUTRON à M. CLERET pour le montant desdits travaux, ainsi que le constate le procès-verbal de

---

(1) Persil, *2103*, § 4, n° 2; Dalloz, n° 466; Pont, n° 215; Massé et Vergé, § 793, note 23.
(2) Pont, n° 216; Massé et Vergé, § 793, note 20; Bordeaux, 26 mars 1824; Paris, 6 mars 1834, 26 mars 1836, 25 nov. 1843; Rouen, 12 juin 1814; Cass., 11 juill. 1855 ; J. N., 15675; Paris, 20 août 1867.
(3) Pont, n° 217.
(4) Cass., 20 nov. 1839, 1er mars 1853 ; CONTRA, Persil, *2103*, § 4;

Troplong, n° 245, à *la note*; Pont, n° 218, 219; Bordeaux, 2 mai 1826. Voir aussi Paris, 6 mars 1834, 17 août 1838.
(5) Troplong, n° 244; Pont, n° 212; Bordeaux, 2 mai 1826; Cass., 28 nov. 1838.
(6) Pont, n° 213; Dalloz, n° 493; Massé et Vergé, § 793, note 24; Bordeaux, Cass., précités.

double inscription faite, 1° du procès-verbal qui constate l'état des lieux et qui doit être prise préalablement à tous travaux (1) ; 2° du procès-verbal de réception, leur privilége à la date de l'inscription du premier procès-verbal (*C. N.*, 2110), à quelque époque que cette dernière inscription ait été prise, pourvu que l'immeuble fût encore entre les mains du débiteur (2). La double inscription est prescrite à peine de nullité ; et cette nullité peut être opposée par tous intéressés (3).

5620. IV. *Privilége de la séparation des patrimoines* [FORM. 766, 767]. Les créanciers d'une succession, que les titres de leurs créances soient authentiques, sous seings privés, privilégiés ou hypothécaires (4), qu'ils soient chirographaires (5), à terme (6) ou soumis à une condition non encore accomplie (7), et les légataires à titre particulier (8) si le testateur ne les a pas privés du droit de prendre inscription sur les immeubles de sa succession (9), peuvent demander dans tous les cas, et contre tout créancier des héritiers ou représentants du défunt ou contre un ou plusieurs d'entre eux (10), la séparation du patrimoine du défunt d'avec le patrimoine de l'héritier (*C. N.*, 878, 2111). On entend par patrimoine du défunt, les biens dont il était propriétaire au jour de son décès, et les fruits naturels et civils que ces biens produits et même échus depuis le décès (11); mais non les rapports ni les réductions de donations (12).

5621. Lorsqu'il y a plusieurs héritiers, celui d'entre eux qui est créancier du défunt ou légataire par préciput, peut demander contre les autres la séparation des patrimoines (13).

5622. La séparation qui n'est demandée que par un ou par quelques-uns des créanciers ou légataires ne profite qu'à eux (14).

5623. La séparation des patrimoines pouvant être demandée contre tout créancier, peut l'être contre la femme de l'héritier, contre son pupille mineur ou interdit, contre ses créanciers privilégiés en vertu de l'art. 2101 (15), contre les légataires particuliers du défunt, qui, en cette qualité, deviennent créanciers

---

l'exception précité; ladite somme exigible en quatre fractions de vingt mille francs, d'an née en année, pour faire le payement de la première annuité le....., celui de la seconde ...., et ainsi de suite, le tout avec intérêt à cinq pour cent par an, à partir du..... payable de six en six mois, les....., ci................... 8,000   »

2° Des intérêts conservés par la loi. . . . . *Mémoire.*

3° Des frais de mise à exécution, s'il y a lieu, et autres accessoires, évalués par approximation à. 500   »

Total, sauf l'article porté pour mémoire. 8,500   »

PAR PRIVILÉGE SUR ledit terrain et la maison édifiée dessus, dont la désignation suit : Une maison, etc. (*La désigner.*)

FORMULE 766. — Inscription du privilége de la séparation des patrimoines.
(Nos 5620 à 5633.)

INSCRIPTION du privilége de la séparation des patrimoines est requise au bureau des hypothèques de.....,

---

(1) Si elle était prise pendant le cours des travaux ou après la perfection des travaux, le privilége dégénérerait en une simple hypothèque qui ne prendrait rang qu'à sa date: Pont, n° 279; Grenier, p. 54 et suiv.; Mourlon, n° 245; Zach., § 813, note 7; Chabot, 878, 4; premier, II, 446; Massé et Vergé, § 813, note 17. Voir aussi Persil, § 3; 80, 3; Troplong, n° 322.

(2) Pont, n° 279; Lyon, 18 mars 1830.
Cass., 17 juill. 1848; J. N., 13163.

(3) Toullier, IV, 539; Duranton, VII, 470; Chabot et Belost-Jolimont, 878, 4; Demolombe, XVII, 107, 495; Pont, n° 300; Dufresne, n° 9, *des pair.*, n° 9, 11; Dict. not., *ibid.*, n° 2; Roll., *ibid.*, n° 5. Contra cependant Cass., 30 nov. 1847; J. N., 13260; Bourges, 13 nov.

(4) Demolombe, XVII, 106; Pont, n° 299; Zach., Massé et Vergé, § 385, note 3.

(5) Poujol, 878, 2; Zach., Massé et Vergé, § 385, note 3 ; Demo-

lombe, XVII, 108; Dict. not., *Sép. des patr.*, n° 7; Roll., *ibid.*, n° 7.

(8) Duranton, VII, 473; Demolombe, XVII, 110; Roll., *Sép. des patr.* n° 12; Dict. not., *ibid.*, n° 10.

(9) Angers, 22 nov. 1850. J. N. 14440.
(10) Duranton, VII, 467; Demante III, 219 *bis*; Zach., Massé et Vergé, § 385, note 3; Demolombe, XVII, 124. V. Paris, 10 avril 1860.
(11) Zach., Massé et Vergé, § 385, note 2 ; Demolombe, XVII, 132. Dufresne, n° 118; Caen, 26 fév. 1849; contra, Grenier, II, 438; Roll., *Sép. des pair*, n° 55.
(12) Grenier, II, 436; Duranton, VII, 455; Chabot, 878, 11 ; Massé et Vergé, § 385, note 12.
(13) Toullier, IV, 539; Duranton, VII, 472; Zach., Massé et Vergé § 385, note 3; Demolombe, XVII, 111; Dufresne, *Sép. des patr.*, n° 13; Roll., *ibid.*, n° 8 ; Dict. not., *ibid.*, n° 16.
(14) Duranton, VII, 469; Grenier, II, 437; Massé et Vergé, § 385, note 5; Demolombe, XVII, 112; Roll., *Sép. des patr.*, n° 51.
(15) Chabot, 878, 9 ; Duranton, VII, 469; Demolombe, XVII, 118.

personnels de l'héritier (1), contre le débiteur principal devenu héritier de celui qui l'a cautionné (2), et, à plus forte raison, contre la caution devenue héritière du débiteur principal (3) ; et il importe peu que la succession soit dévolue à un héritier légitime ou à un successeur irrégulier, à un légataire ou à un donataire universel ou à titre universel (4), ou même que l'héritier ait fait cession de ses droits successifs ; dans ce cas la séparation est demandée contre le cessionnaire (5).

5624. La séparation des patrimoines donne un privilége à ceux des créanciers et légataires qui l'ont obtenue contre les créanciers de l'héritier ; et, comme conséquence, un droit de préférence au regard des créanciers de l'héritier (6), puis un droit de suite sur les immeubles qui leur permet de surenchérir contre es tiers détenteurs (7) ; et, de même que tout autre privilége, il est indivisible (8), *infra n° 5645,* mais il ne fait pas obstacle à la divisibilité des dettes entre les héritiers (9).

5625. Le droit de demander la séparation des patrimoines ne peut plus être exercé, lorsqu'il y a novation dans la créance contre le défunt, par l'acceptation de l'héritier pour débiteur (*C. N.,* 879) ; il n'est pas nécessaire que le créancier ait fait avec l'héritier une novation dans le sens de l'art. 1271 **C. N.** (10). Il n'y a pas acceptation de l'héritier pour débiteur et, par conséquent, le créancier n'est pas déchu du droit de demander la séparation des patrimoines, lorsqu'il a fait à l'héritier la signification prescrite par l'art. 877 C. N. (11), ou qu'il a poursuivi contre lui, sur les biens de la succession, l'exécution de son titre (12), ou enfin s'il a reçu et même exigé le payement des intérêts ou arrérages (13). Il en est autrement si le créancier a pratiqué un acte d'exécution sur les biens personnels de l'héritier, s'il a produit dans un ordre ouvert sur la distribution de deniers personnels à l'héritier, s'il a accepté de lui une garantie même insuffisante (14), ou une délégation sur un tiers avec ou sans décharge de la dette (15), ou s'il a fait avec lui un traité ou un arrangement portant modification de la créance, comme, par exemple, la transformation d'un capital en une rente (16).

Au profit de M. Léon Mallet, négociant, demeurant à....,

En sa qualité de créancier de M. Boitel ci-après nommé;

Pour lequel domicile est élu,

Contre la succession de M. Jean Boitel, en son vivant propriétaire, demeurant à...,
où il est décédé le....., et ses héritiers et représentants qui sont :

1°.....; 2°..... (*les nommer*),

En vertu des art. 878 et 2111 du C. Nap.

Pour sureté : 1° de la somme de..... due au requérant par la succession de M. Boitel pour fournitures, et à raison de laquelle il demande la séparation du patrimoine du défunt d'avec les patrimoines de ses héritiers et représentants; ladite somme actuellement exigible, ci. . . . . » »

2° Des intérêts dont cette somme pourra être productive. . . . . *Mémoire.*

---

(1) Demante, II, 219 *bis;* Dufresne, n°⁵ 37 et 65; Demolombe, XVII, 122 ; Cass., 9 déc. 1823 ; Grenoble, 21 juin 1841 ; contra. Toullier, IV. 536, 537; Rouen, 16 juill. 1844.
(2) Demolombe, XVII. 149 ; Caen. 9 fév. 1860.
(3) Duranton, VII, 474; Chabot 878, 6; Demolombe. XVII, 150.
(4) Demolombe. XVII, 126 ; Paris, 10 déc. 1848 ; Cass.. 17 mars 1856.
(5) Vazeille, 880, 6; Aix, 19 fév. 1814; Lyon, 17 nov. 1850; J. N., 14486; contra, Duranton. VII, 491; Dufresne, n° 113; Demolombe, XVII, 127 ; Grenoble, 19 mars 1831.
(6) Mais entre les créanciers du défunt et entre les légataires, elle ne crée aucun droit de préférence : Dufresne, n°⁵ 93, 97, 98; Grenier, *Hyp.,* II, 435 ; Persil, 2111. 4 ; Duranton, XIX. 226 ; Demante. III, 222 *bis;* Massé et Vergé. § 385, note 24 ; Demolombe, XVII, 222; Grenoble, 21 juin 1841; contra, Blondeau, *Sep. des patr.,* p. 481, 500; Roll.,*ibid.,* n° 55; Lyon, 17 avril 1822.
(7) Demante, III, 222 *bis;* G. Demante, *Rev. crit.,* 1854. p. 177; Demolombe, XVII, 209 ; Nîmes, 16 fév. 1829 ; Colmar, 3 mai 1834; Orléans, 22 août 1840 ; contra, Grenier, II, 419 ; Troplong, n° 323 ; Dufresne, n° 89, 94 ; Mourlon, n° 307 ; Pont, 2111, 8.
(8) Demolombe, XVII, 210.
(9) Vazeille, 878, 8; Belost-Jolimont sur Chabot, 878, obs. 1; Zach, Massé et Vergé, § 385, note 19; Dalloz, *Succession,* n° 1492;

Mourlon, *Priv.,* n°⁵ 305, 306; *Subrog.,* p. 473, 474 ; Demolombe, XVII, 211; Cass., 14 fév. 1825, 9 janv. 3 août 1857; Rennes, 14 janv. 1858; Caen. 9 fév. 1860; J. N., 16105, 16178, 16278; contra, Duranton, XIX, 224 ; Dufresne, n° 114 ; Demante, III, 222 *bis;* Bordeaux, 14 juill. 1836; J. N., 0524.
(10) Toullier, IV, 283, 284; Chabot, 879. 2; Demante, III, 220 *bis;* Demolombe, XVII, 157; Roll.. *Sép. des patr.,* n° 21 ; Dict. not., *ibid.,* n° 23 ; Cass., 7 déc. 1814. 30 janv. 1834, 3 fév. 1857 ; contra, Genty, *Rev. crit.,* 1856, VIII, p. 352.
(11) Duranton, VII, 495; Demante, III, 220 *bis;* Roll.,*Sép. des patr.,* n° 24.
(12) Duranton, VII, 495; Demante, III, 220 *bis;* Chabot, 878, 4; Demolombe. XVII, 160.
(13) Chabot. 879, 4; Massé et Vergé, § 385, note 30; Demolombe, XVII. 162 ; Dufresne, *Sép. des patr.,* n° 28 ; Roll., *ibid.,* n° 25; Paris, 23 mars, 1824. Voir cependant Duranton, VII, 494.
(14) Demolombe, XVII, 163; Roll., *Sép. des patr.,* n° 29; Bordeaux, 10 avril. 1845.
(15) Duranton, VII, 494, 495; Dufresne. n° 28 ; Demante, III, 220 *bis,* Demolombe. XVII. 163. Voir cependant Vazeille, 879, 3 ; Massé et Vergé, § 385, note 30.
(16) Demante, III, 220 *bis* ; Massé et Vergé, § 385, note 30; Demolombe, XVII, 165; Roll., *Sép. des patr.,* n° 29; Rouen, 10 avril 1845,

5626. La novation, ayant pour effet d'enlever au créancier qui l'a opérée le droit de demander la séparation, les autres créanciers qui ont demandé cette séparation peuvent l'exercer contre lui de même que s'il était simplement créancier de l'héritier (1).

5627. Les créanciers et légataires qui demandent la séparation des patrimoines, *supra n° 5620*, conservent leur préférence sur les immeubles de la succession par les inscriptions faites sur chacun de ces biens, spécialement désigné par sa nature et sa situation (2), *infra n° 5764*, dans les six mois à compter de l'ouverture de la succession ; avant l'expiration de ce délai, aucune hypothèque ne peut être établie avec effet sur ces biens par les héritiers ou représentants du défunt au préjudice de ces créanciers ou légataires (*C. N., 2111*).

5628. D'après un système généralement enseigné, la séparation des patrimoines doit faire l'objet d'une demande en justice et être prononcée par jugement ; la demande peut être formée soit par voie d'action principale, soit par voie d'exception et incidemment à une demande en collocation sur le prix des biens héréditaires ; mais contre qui doit être formée cette demande ? Selon certains auteurs, contre les créanciers de l'héritier et non contre l'héritier lui-même (3) ; selon d'autres, la demande est valablement formée contre l'héritier (4) ; enfin, d'après une troisième opinion, si l'héritier a des créanciers connus, la demande en séparation doit être formée contre eux ; s'il n'y a pas de créanciers, elle peut être formée contre lui-même (5).

5629. Un auteur récent (6) n'adopte aucun de ces systèmes ; selon lui, ces mots de la loi : *demander la séparation des patrimoines*, *action en séparation*, ne désignent que le droit lui-même de préférence que les créanciers du défunt peuvent *opposer* aux créanciers de l'héritier ; *demander* veut dire : *opposer*, *invoquer* ; ainsi le droit de séparation des patrimoines est un droit de préférence, un privilége, et il s'exerce de la même manière que tout autre privilége dans les ordres et dans les distributions par contribution des deniers de la succession ; il n'y a donc lieu à aucune demande spéciale, ni à aucun jugement pour l'exercice effectif du droit lui-même de séparation ; il suffit, quart aux immeubles, que les créanciers ou légataires prennent inscription dans les six mois (7), *supra n° 5627*.

5630. L'acceptation sous bénéfice d'inventaire d'une succession emporte de plein droit la séparation des patrimoines, *supra n° 1879*.

3° Des frais de mise à exécution, s'il y a lieu, et autres accessoires, évalués par approximation, à. . . . .   »   »

Total, sauf l'article porté, pour mémoire. . . . .   »   »

Sur tous les immeubles dépendant de la succession de M. Boitel, et notamment ceux dont la désignation suit :

1° . . . . ., etc. (*Désigner.*)

FORMULE 767. — Autre au profit d'un légataire. (N°s 5630 à 5633.)

Inscription de privilége de la séparation des patrimoines est requise au bureau des hypothèques de. . . . .,

Au profit de M. Lucien Brady, employé, demeurant à. . . . .

Pour lequel domicile est élu, etc.,

Contre la succession de M. Jean Boitel, en son vivant propriétaire, demeurant à. . . . ., où il est décédé le. . . . ., et ses héritiers et représentants, qui sont :

1°. . . . . ; 2°. . . . ., etc.

En vertu : 1° des art. 878 et 2111 du C. N. ;

(1) Demante, III. 220 *bis* ; Duranton, VII, 499 ; Demolombe, XVII, 469 ; Roll., *Sép. des patr.*, n° 35 ; Cass., 3 fév. 1857.

(2) Duranton, XIX, 273 ; Roll., *Sép. des patr.*, n° 51 bis.

(3) Duranton, VII. 488 ; Duvergier sur Toullier, IV, 539, note a ; Poitiers, 8 août 1828 ; Bordeaux, 11 déc. 1834.

(4) Poujol, *878*, 13 ; Belost-Jolimont, *878*, obs. 5 ; Massé et Vergé, § 385, note 10 ; Dalloz, *Succession*, n° 1411 ; Nancy, 14 fév. 1833 ; Paris, 15 nov. 1856.

(5) Dufresne, n°s 6 et 35 ; Paris, 31 juill. 1852.

(6) Demolombe, XVII, 439.

(7) Duranton. VII, 488 ; 19, 216 ; Belost-Jolimont, *880*, obs. 3 ; Dufresne, n° 73 ; Troplong, n° 325 ; Lemolombe, XVII, 441 ; Roll., *Sép. des patr.*, n° 52 ; Poitiers, 8 août 1828 ; Nimes, 19 fév. 1829 ; contra, Grenier, II, 432 ; Chabot, *880*, 9, selon lesquels la séparation des patrimoines ne peut exister qu'à la double condition de la faire prononcer en justice et de l'inscrire dans les six mois.

5631. Ainsi que nous l'avons vu *supra n*° *5597*, le droit de demander la séparation des patrimoines ne prescrit relativement aux meubles par le laps de trois ans; à l'égard des immeubles, l'action peut être exercée tant qu'ils existent dans la main de l'héritier (*C. N., 880*).

5632. Tant que les immeubles appartiennent à l'héritier et que le délai de six mois n'est pas écoulé, les créanciers peuvent, en inscrivant la séparation des patrimoines, rendre sans effet, à leur égard, les hypothèques et autres charges conférées par l'héritier sur les biens de la succession; ainsi, les droits de bail de plus de dix-huit ans, d'antichrèse, de servitude ou d'usufruit, même résultant d'actes transcrits, ne sont pas opposables aux créanciers qui ont inscrit dans les six mois, mais ils le sont à ceux qui ont inscrit après le délai de six mois (1). Lorsque les immeubles ne sont plus dans les mains de l'héritier parce qu'il les a aliénés depuis l'ouverture de la succession, la séparation des patrimoines peut encore être inscrite tant que le contrat d'aliénation n'a pas été transcrit au bureau des hypothèques; mais s'il a été transcrit, même dans les six mois, la transcription a eu pour effet de purger les immeubles des droits privilégiés et hypothécaires sujets à inscription et non inscrits, et le privilége de la séparation des patrimoines se trouve sans objet au regard de l'acquéreur (2) et des créanciers hypothécaires inscrits, personnels à l'héritier (3), mais non de ses créanciers chirographaires; car le prix de vente est une valeur de la succession (4).

5633. Les créanciers de l'héritier ne sont point admis à demander la séparation des patrimoines contre les créanciers de la succession (*C. N., 881*); au contraire, les créanciers du défunt et les légataires, après avoir absorbé les biens de la succession, conservent le droit de venir sur les biens personnels de l'héritier, en concours avec les créanciers personnels de celui-ci, puisque par son acceptation pure et simple il est devenu débiteur personnel des créanciers de la succession, de même qu'il l'est de ses dettes personnelles (5).

5634. V. *Privilége du trésor sur les immeubles des comptables* [FORM. 768]. Le privilége du trésor sur les immeubles des comptables ne frappe que ceux acquis *à titre onéreux* par les comptables ou par leurs femmes, même séparées de biens, postérieurement à leur nomination; il ne frappe pas ceux

---

2° Et du testament de mondit feu sieur BOITEL, passé devant Mᵉ....., notaire à....., le....., par lequel M. BOITEL a légué à M. BRADY, requérant, une somme de.....,

POUR SURETÉ : 1° de la somme de....., montant du legs fait par M. BOITEL à M. BRADY, aux termes du testament précité; ladite somme stipulée exigible le....., et productive d'intérêts à cinq pour cent par an, à partir du jour du décès du testateur, payables chaque année en deux termes égaux de six en six mois, les....., ci. . . . . . . »   »

2° Des intérêts conservés par la loi. . . . . *Mémoire.*

3° Des frais de mise à exécution, s'il y a lieu, et autres accessoires, évalués par approximation à....., ci. . . . . »   »

Total, sauf l'article porté pour mémoire. . . . . »   »

SUR tous les immeubles dépendant de la succession de M. BOITEL, et spécialement ceux dont la désignation suit :
1°....., etc.

FORMULE 768. — **Inscription de privilége au profit du trésor sur les biens d'un comptable.** (Nᵒˢ 5634 et 5635.)

INSCRIPTION est requise au bureau des hypothèques de....,

---

(1) Demolombe. XVII, 194.
(2) Marcadé, *880*, 4 ; Grenier, *Hyp.*, II, 432; Duranton, VII, 490 ; XIX, 2.0, 224 ; Demante, III, 222 *bis*; Demolombe, XVII 292; Roll., *Sép. des patr.*, nᵒ 49 ; Dict. not. *ibid.*, nᵒ 50 ; Cass., 27 juin 1813; CONTRA, Vazeille, *878*, 16; Troplong, nᵒˢ 3.6, 327; Belost-Jolimont, *880*, obs. 4; Dufresne, nᵒ 66; Colmar, 8 mai 1824; Caen, 25 mai 1844.
(3) Demolombe, XVII, 203.
(4) Demante, III 225 *bis;* Dufresne, nᵒ 98 ; Mourlon. *Priv.*, nᵒ 348;

Demolombe, XVII. 203 ; Roll., *Sép. des patr.*, nᵒ 50 ; Caen, 9 fév. 1860 ; CONTRA, Grenier, I, 60; Troplong, nᵒ 568.
(5) Chabot, *878*. 43 ; Toullier et Duvergier, IV, 548; Massé et Vergé, § 385, note 21 ; Nicias-Guillard, *liev., crit.*, 1856, VIII. p. 204 ; Genty, *ibid.*, VIII, p. 350 ; Dollinger, *ibid.*, 1858, XIII, p. 179; Roll., *Sép. des patr.*, nᵒ 86 ; Dict. not., *ibid.*, nᵒ 82; CONTRA, Duranton, VII, 500, 501; Bugnet sur Pothier, VIII, p. 224 ; Marcadé, *880*, 6; Mourlon, II, p. 192.

acquis en remploi ou en échange d'immeubles propres, mais il pèse sur les immeubles provenant d'une libéralité avec charge si la charge constitue un prix (1) ; si un immeuble a été acquis avant la nomination, mais payé depuis, le privilége ne le frappe pas (2) (*L. 5 sept. 1807, art. 4*).

5635. Ce privilége a lieu à la charge d'une inscription qui doit être prise dans les deux mois de l'acte translatif de propriété. En aucun cas il ne peut préjudicier : 1° aux créanciers privilégiés désignés dans l'art. 2103 C. N., lorsqu'ils ont rempli les conditions prescrites pour obtenir privilége ; 2° aux créanciers désignés aux art. 2101, 2104 et 2105 du C. N., dans le cas prévu par le dernier de ces articles ; 3° aux créanciers du précédent propriétaire qui auraient, sur le bien acquis, des hypothèques légales existantes indépendamment de l'inscription, ou toute autre hypothèque valablement inscrite (*même loi, art. 5*).

5636. VI. *Privilége du trésor sur les immeubles du condamné* [Form. 869]. Le trésor public a privilége sur les immeubles du condamné, pour le remboursement des frais de justice, mais à la charge d'une inscription dans les deux mois, à dater de la condamnation ; faute de quoi elle ne produit plus que l'effet indiqué par l'art. 2113 ; ce privilége ne vient qu'après : 1° les priviléges des art. 2101 et 2103 ; 2° les hypothèques légales antérieures au mandat d'arrêt ou au jugement de condamnation ; 3° les autres hypothèques inscrites avant le privilége du trésor et qui résultent d'actes ayant acquis date certaine antérieure au mandat d'arrêt (3) ou au jugement : 4° enfin les sommes dues pour la défense personnelle du condamné, *supra* n° 5570 (*Loi, 5 sept 1807, art. 3 et 4*). Le recours du trésor n'est que *subsidiaire* sur les immeubles ; le trésor n'y a donc droit qu'autant qu'il n'a pas négligé de faire valoir son privilége sur le mobilier (4).

5637. Ce privilége ne s'applique qu'aux frais de justice ; il ne s'étend pas aux amendes prononcées contre le condamné, ni aux indemnités allouées aux parties civiles ; ces amendes et indemnités sont seulement conservées par l'hypothèque judiciaire résultant du jugement de condamnation et qui ne prend rang que du jour de l'inscription (5).

5638. Le condamné ne pouvant hypothéquer postérieurement au mandat d'arrêt, ne peut non plus vendre ou aliéner au préjudice du trésor (6), à moins que le prix ne soit payé aux créanciers inscrits antérieurement au mandat d'arrêt (7).

Au PROFIT DE L'ETAT, poursuite et diligence de M. . . . ., directeur de l'enregistrement et des domaines, demeurant à. . . . .,

Pour lequel domicile est élu dans les bureaux de la direction de l'enregistrement, à. . . . .,

CONTRE M. Eloi GERMAIN, trésorier général, payeur du département de. . . . ., demeurant à. . . . . ;

EN VERTU de la loi du 5 septembre 1807 ;

POUR SURETÉ de la gestion et de toutes les sommes dont M. GERMAIN. en sadite qualité. pourra se trouver comptable envers l'ETAT, le tout indéterminé, mais néanmoins évalué par approximation à la somme de. . . . .

PAR PRIVILÉGE SUR l'immeuble ci-après désigné, acquis par M. GERMAIN, suivant contrat passé devant Mᵉ. . . . ., notaire à. . . . ., le. . . . .,

Une maison située, etc. (*La designer.*)

FORMULE 769. — **Inscription de privilége au profit du trésor sur les biens d'un condamné.** (Nᵒˢ 5636 à 5638.)

INSCRIPTION est requise au bureau des hypothèques de. . . . .,

(1) Cass., 5 mai 1835.
(2) Troplong, n° 92 ; Persil, *2098*, 9 ; Pont, n° 40.
(3) Cass., 12 juill. 1852 ; J. N., 14760.
(4) Persil, *2104*, 1 ; Troplong, n° 94 *ter* ; Pont, n° 44 ; Nancy, 12 juill. 1834 ; Cass., 22 août 1836.

(5) Duranton, XIX, 236 ; Mourlon, n°54 ; Grenier, II, 416 ; Troplong, n° 95 *ter* ; Pont, n° 45 ; Roll., *Priv.*, n° 428 ; Cass., 7 mai 1816.
(6) Persil, *2098*, 22 ; Troplong, n° 95 ; Mourlon, n° 52 ; Pont, n° 48.
(7) Cass., 12 juill. 1852.

SECTION III. — DES PRIVILÉGES QUI S'ÉTENDENT SUR LES MEUBLES ET LES IMMEUBLES.

5639. Les priviléges qui s'étendent sur les meubles et les immeubles sont ceux énoncés en l'art. 2101, *supra n°* *5574 à 5580 (C. N., 2104)*.

5640. Lorsqu'à défaut de mobilier, les privilégiés énoncés en l'art. 2104 se présentent pour être payés sur le prix d'un immeuble en concurrence avec les créanciers privilégiés sur l'immeuble, les payements se font dans l'ordre qui suit : 1° les frais de justice et autres énoncés en l'art. 2101 ; 2° les créances désignées en l'art. 2103 *(C. N., 2105)*. Pour que cette disposition reçoive son application, il faut qu'il soit établi que le créancier a épuisé la valeur du mobilier de son débiteur, ou que son débiteur n'a pas de meubles ; si la contribution sur le mobilier n'a pas encore eu lieu, le créancier privilégié est colloqué sur les immeubles *éventuellement* ou *sous condition*, en fixant un délai pendant lequel il sera tenu de discuter le mobilier du débiteur (1) ; mais si le créancier privilégié a négligé de produire à la distribution de deniers faite sur le mobilier, il ne peut ensuite faire valoir son privilége sur les immeubles (2).

SECTION IV. — COMMENT SE CONSERVENT LES PRIVILÉGES.

5641. Entre les créanciers, les priviléges ne produisent d'effet à l'égard des immeubles qu'autant qu'ils sont rendus publics par inscription sur les registres du conservateur des hypothèques, de la manière déterminée par la loi, et à compter de la date de cette inscription, sous les seules exceptions indiquées *supra n°* *5611, 5620* et *infra n° 5642 (C. N., 2106)*.

5642. Sont exceptées de la formalité de l'inscription, les créances énoncées en l'art. 2101 *(C. N., 2107)*.

5643. Les cessionnaires des diverses créances privilégiées exercent tous les mêmes droits que les cédants, en leur lieu et place, *supra n°* *5609, 5615, 5618 (C. N., 2112)*.

5644. Toutes créances privilégiées soumises à la formalité de l'inscription, à l'égard desquelles les conditions prescrites pour conserver le privilége, *supra n° 5641*, n'ont pas été accomplies, ne cessent pas néanmoins d'être hypothécaires ; mais l'hypothèque ne date, à l'égard des tiers, que de l'époque des inscriptions qui auront dû être faites *(C. N., 2113)*.

AU PROFIT DE l'ETAT, poursuite et diligence, etc. *(comme en la formule précédente, avec la même élection de domicile)*,

CONTRE M. Léon POIRET, charron, demeurant à.....;

EN VERTU : 1° de la loi du 5 septembre 1807 ;

2° D'un arrêt de la Cour d'assises de....., en date du....., par lequel M. POIRET a été condamné à deux années d'emprisonnement et aux frais.

POUR SURETÉ : 1° de la somme de....., montant des frais de justice dus au trésor par le sieur POIRET, ladite somme actuellement exigible, ci.......... » »

2° Des frais de mise à exécution et autres accessoires, évalués par approximation à................................ » »

PAR PRIVILÉGE SUR les immeubles appartenant à M. POIRET, et dont la désignation suit : 1°...:., etc. *(Désigner les immeubles.)*

---

(1) Pont, n° 243; Amiens, 21 avril 1822; Agen, 28 août 1834.
(2) Grenier, I, 374 ; Persil, *2104*, 3; Taulier, VII, p, 186; Duran- | ton, XIX, 200; Troplong, n° 251 *bis* ; Mourlon, n° 185; Pont, n° 244; Roll., *Priv.*, n° 232; Cass., 22 août 1836; Limoges, 9 juin 1842.

CHAPITRE TROISIÈME

DES HYPOTHÈQUES.

5645. L'hypothèque est un droit réel sur les immeubles affectés à l'acquittement d'une obligation. Elle est, de sa nature, indivisible, et subsiste en entier sur tous les immeubles affectés, sur chacun et sur chaque portion de ces immeubles (*C. N.*, 2114).

5646. L'indivisibilité de l'hypothèque ne fait pas obstacle à la division de l'obligation principale soit entre les créanciers ou les débiteurs simplement conjoints, soit entre les héritiers du créancier ou du débiteur (1) ; il s'ensuit que celui qui a un droit d'hypothèque peut, tout en restant créancier, céder son droit de préférence à un autre créancier (2) ; mais si la créance du cédant vient à s'éteindre en ses mains, le droit d'hypothèque cédé, qui en est l'accessoire, s'éteint aussi aux mains du cessionnaire (3).

5647. Lorsque des immeubles sont grevés à la fois d'une hypothèque générale et d'une hypothèque spéciale, le créancier à hypothèque générale, s'il prime l'hypothèque spéciale, peut se faire colloquer sur tel immeuble qu'il lui plaît de choisir (4), alors même qu'il serait créancier spécial sur un autre immeuble (5). Le créancier à hypothèque spéciale, ne venant plus en ordre utile, ne peut se prétendre subrogé aux droits du créancier à hypothèque générale sur les autres immeubles (6), à moins de payer de ses deniers le créancier à hypothèque générale afin d'obtenir la subrogation à ses droits, conformément à l'art. 1251, 1°, et, à ce moyen, d'avoir le choix des immeubles sur lesquels il fera porter la collocation (7).

5648. Le créancier à hypothèque générale a le même droit lorsqu'il prime plusieurs créanciers qui ont hypothèque spéciale sur des immeubles différents et que tous concourent à l'ordre (8). Mais s'il ne

§ 2. — AFFECTATIONS HYPOTHÉCAIRES.

FORMULE 770. — **Obligation avec hypothèque.** (N°ˢ 5645 à 5694.)

PAR-DEVANT M°....,

ONT COMPARU : M. Paulin BEUVARD, propriétaire, et Mᵐᵉ Héloïse TILLET, son épouse, de lui autorisée, demeurant ensemble à.....;

Lesquels ont, par ces présentes, reconnu devoir légitimement,

A M. Léon MARAIS, propriétaire, demeurant à....., à ce présent et acceptant,

La somme de dix mille francs, pour prêt de pareille somme que M. MARAIS leur a fait à l'instant, en espèces de monnaie et en billets de la banque de France acceptés pour numéraire ; le tout compté et délivré à la vue des notaires soussignés.

EXIGIBILITÉ ; INTÉRÊTS. M. et Mᵐᵉ BEUVARD s'obligent conjointement et solidairement à rendre et rembourser la somme prêtée à M. MARAIS, à l'expiration de quatre années d'aujourd'hui, c'est-à-dire le.....

Et jusqu'au remboursement réel et effectif, à en servir à M. MARAIS l'intérêt au taux

---

(1) Voir Pont, n° 333; Troplong, n° 878 *bis*; Zach., § 821, note 3; Rodière, *Indiv.*, n° 470; Dalloz, n° 741; Cass., 12 fév. 1829, 31 janv. 1844, 9 nov. 1847; Paris, 19 janv. 1831; Grenoble, 8 juin 1847.

(2) Pont, n° 334; Bourges, 20 juill. 1832; Caen, 11 mars 1834. Voir cependant Gauthier, *Subrog.*, n° 562; Mourlon, *ibid.*, p. 578; Berthault, *ibid.*, n° 3; Benech, *du Nantissement*, n° 18.

(3) Pont, n° 334; Orléans, 16 mars 1849.

(4) Pont, n° 337; Roll., *Hyp.*, n°ˢ 326, 571 : Dict. not., *ibid.*, n° 574; Cass., 16 juill. 1821, 17 août 1830, 14 déc. 1831, 4 mars 1833, 24 déc. 1844, 16 août 1847; J. N., 12233.

(5) Bourges, 30 avril 1853, 18 janv. 1854; Cass., 18 déc. 1854, 29 janv. 1855, 8 mars 1856.

(6) Grenier, I, 179; Troplong, n° 758; Pont, n° 339; Zach., § 827.

note 6; Roll., *Hyp.*, n° 569; Dict. not., *ibid.*, n° 575; Cass., 7 août 1830; Rouen, 15 janv. 1839; CONTRA, Duranton, XV, 390; Paris, 31 août 1819; Rouen, 14 mars 1826.

(7) Pont, n° 341; Massé et Vergé, § 82°, note 10; Bordeaux, 26 fév. 1834; Bruxelles, 29 janv. 1831; Bourges, 18 janv. 1834; Cass., 4 mars 1833 et 3 mars 1856; CONTRA, Riom, 2 déc. 1819, 18 janv. 1828; Poitiers, 22 avril 1825; Toulouse, 15 juin 1827; Agen, 6 mai 1830; Bordeaux, 7 juill. 1830; Grenoble, 14 avril 1848 et 20 août 1853.

(8) Zach., § 827, note 10; Pont, n° 341; Bordeaux, 26 fév. 1834; Cass., 4 mars 1833, 25 déc. 1844, 26 déc. 1853; CONTRA, Paris, 28 août 1816; Toulouse, 5 mars 1836; Limoges, 2 janv. 1839; Agen, 3 janv. 1844.

se prévaut pas de ce principe, le juge peut s'en départir et régler l'ordre de manière à concilier les droits des créanciers (1), en répartissant l'hypothèque générale sur tous les immeubles au marc le franc de leur valeur, et en colloquant les hypothèques spéciales chacune sur le prix de l'immeuble qu'elle grève et sur la portion restée libre de ce prix (2).

5649. L'hypothèque suit les immeubles affectés, dans quelques mains qu'ils passent (*C. N.*, *2114*); c'est ce qui constitue le droit de suite, *infra n° 5937*. Outre ce droit de suite, l'hypothèque engendre encore un droit de préférence au moyen duquel le créancier hypothécaire obtient avant tous créanciers chirographaires et avant tous créanciers hypothécaires postérieurs, son payement sur le prix des immeubles affectés, *supra n° 5559*.

5650. L'hypothèque n'a lieu que dans les cas et suivant les formes autorisés par la loi (*C. N.*, *2115*).

5651. Elle est, ou légale, *infra n°s 5788 et suiv.*, ou judiciaire, *infra n°s 5854 et suiv.*, ou conventionnelle, *infra n°s 5660 et suiv.* (*C. N.*, *2116*).

5652. L'hypothèque légale est celle qui résulte de la loi. L'hypothèque judiciaire est celle qui résulte des jugements ou actes judiciaires. L'hypothèque conventionnelle est celle qui dépend des conventions, et de la forme extérieure des actes et des contrats (*C. N.*, *2117*).

5653. Sont seuls susceptibles d'hypothèque :

1° *Les biens immobiliers*, *supra n° 1398*, qui sont dans le commerce (3) et leurs accessoires réputés immeubles (*C. N.*, *2118, 1°*), tels que les objets devenus immeubles par destination, *supra n° 1400*. Mais ils ne sont grevés de l'hypothèque que pendant le temps où ils conservent cette destination ; s'ils sont mobilisés par vente, cessation d'industrie ou autrement, ils cessent d'être frappés de l'hypothèque (4), et le prix en est distribué aux créanciers, sans que ceux ayant inscription sur l'immeuble puissent prétendre aucun droit de préférence (5). Les produits des mines, carrières, tourbières, sont aussi immeubles et peuvent être hypothéqués avec la surface (*loi*, *21 avril 1810*, *art. 18*); mais lorsqu'ils sont séparés de la surface par a cession du droit d'extraction, ils sont mobiliers (6), ce qui les rend

---

de cinq pour cent par an, à partir d'aujourd'hui, payable chaque année en deux termes égaux de six en six mois, les....., pour faire le payement du premier semestre le.....

CONDITIONS. Comme conditions essentielles des présentes, il est convenu ce qui suit :

1° Le remboursement de la somme prêtée et le payement des intérêts auront lieu à....., en l'étude de Mᵉ....., l'un des notaires soussignés, et ne pourront être valablement effectués qu'en espèces de monnaies d'or ou d'argent ayant cours, et non en billets, papier-monnaie ou autres valeurs représentatives du numéraire, dont le cours même forcé serait introduit dans les payements, en vertu de toutes lois, décrets ou ordonnances, au bénéfice desquels M. et Mᵐᵉ BEUVARD renoncent expressément et d'honneur.

2° L'époque ci-dessus fixée pour le remboursement du capital ne pourra être anticipée sans le consentement exprès et par écrit de M. MARAIS.

3° A défaut de payement à son échéance, d'un seul terme d'intérêt, le capital de la présente obligation deviendra exigible, si bon semble aux créanciers, un mois après un simple commandement resté sans effet et contenant déclaration de son intention d'user du bénéfice de la présente clause, sans qu'il soit besoin de remplir aucune autre formalité.

4° En cas de décès des emprunteurs ou de l'un d'eux avant le remboursement intégral de la créance, le montant en principal, intérêts et accessoires de la présente obliga-

---

(1) Lyon, 24 mai 1850 ; Cass., 26 déc. 1853.
(2) Duranton, XIX, 391 ; Pont, n° 345 ; Massé et Vergé, § 827, note 11 ; Bordeaux, 26 fév. 1834 ; Cass., 4 mars 1833, 25 déc. 1844, 16 août 1847, 26 déc. 1853. Voir cependant Grenier, I, 480 ; Troplong, n° 760 ; Zach., § 827, note 11 ; Gauthier, *Subrog.*, n° 283 ; Paris, 31 août 1810 ; Riom, 18 janv. 1828 ; Poitiers, 15 déc. 1829 ; Douai, 5 juill. 1843 ; Cass., 16 juill. 1821, 5 août 1847.
(3) Les immeubles donnés sous la condition qu'ils seront inces-sibles sont considérés comme étant hors du commerce, et ne peu-

vent être hypothéqués par le donataire : Cass., 10 mars 1852.
(4) Valette, n° 127 ; Troplong, n° 399 ; Massé et Vergé, § 788, note 11 ; Pont, n° 376 ; Rell., *Hyp.*, n° 103 ; Dict. not., *ibid.*, n° 79 ; Cass., 5 août 1829, 3 août 1831, 17 juill. 1838, 25 mai 1811, 14 fév. 1849 ; Paris, 5 août 1852 ; J. N., 13653.
(5) Troplong, n° 399 ; Valette, p. 221 ; Pont, n° 416 ; CONTRA, Douai, 3 janv. 1815.
(6) Cass., 15 janv. 1849 ; Besançon, 12 mars 1857. V. Paris, 27 juin 1855 ; J. N., 18599.

insusceptibles d'hypothèque (1). Les actions qui tendent à revendiquer un immeuble, quoique étant immobilières, *supra n° 1405*, ne sont pas susceptibles d'hypothèque (2); mais l'immeuble à la propriété duquel elles tendent peut être hypothéqué par le propriétaire de l'action (3).

2° *L'usufruit* des mêmes biens et accessoires pendant le temps de sa durée (*C. N.* 2118, 2°); l'hypothèque s'éteint donc par le fait seul de la réunion de l'usufruit à la nue propriété, au décès de l'usufruitier; mais l'extinction de l'usufruit par la consolidation avant le décès, *supra n° 1514, 5°*, n'entraînerait pas l'extinction de l'hypothèque (4).

5654. Ne sont pas susceptibles d'hypothèque : 1° l'usufruit légal des père et mère (5), *supra n° 1175*; 2° le droit de jouissance appartenant au mari sur les biens de sa femme (6); 3° les droits d'usage et d'habitation, *supra n° 1556*, même le droit d'usage dans une forêt (7).

5655. Les meubles n'ont pas de suite par hypothèque (*C. N.*, 2119); s'ils sont devenus immeubles par destination. Voir *supra n° 5653, 1°*.

5656. Le droit résultant d'un bail en faveur du preneur, même fait à long terme, étant purement personnel et mobilier, *supra n° 1406*, n'est pas susceptible d'hypothèque (8); il faut en excepter cependant : 1° le droit résultant en faveur du preneur d'un bail fait à titre emphytéotique (9), *supra n° 1556*, et, à plus forte raison, les constructions que l'emphytéote peut avoir élevées (10) ; 2° le droit de jouissance résultant d'un contrat de superficie (11) ou d'un bail à domaine congéable (12).

5657. La part indivise d'un associé dans une société, même quand des immeubles en dépendent, est mobilière, *supra n° 1405, 2°*, tant que la société subsiste, et ne peut être hypothéquée (13).

5658. Toutefois les actions immobilisées de la banque de France et celles des canaux d'Orléans et de Loing, étant immeubles, *supra n° 1402*, sont susceptibles d'hypothèque tant que dure l'immobilisation.

5659. Le Code Napoléon n'a pas innové aux dispositions des lois maritimes concernant les navires et bâtiments de mer. Voir *C. comm.* 190 et suiv. (*C. N.*, 2120).

---

tion sera indivisible entre leurs héritiers ou représentants, ainsi que l'autorise l'art. 1221 C. N., de sorte que chacun d'eux sera tenu solidairement avec les autres, personnellement et hypothécairement, de la totalité de la dette.

AFFECTATION HYPOTHÉCAIRE (n°ˢ 5653 à 5684). A la sûreté et garantie du remboursement de ladite somme de dix mille francs, du payement des intérêts qu'elle produira, ainsi que de tous frais et accessoires, M. et Mᵐᵉ BEUVARD affectent et hypothèquent au profit de M. MARAIS, qui accepte :
Premièrement. Une maison située à....., rue....., n°.... (*La désigner.*)
Deuxièmement. Une pièce de terre labourable située commune de....., lieu dit....., section....., n°....., du plan cadastral, contenant....., etc.
Troisièmement. Un domaine appelé *Bellevue*, situé commune de....., consistant en :
1° Un corps de ferme composé de bâtiments d'habitation et d'exploitation, cour, jardin, enclos, etc.,
2° Une pièce de terre labourable, etc. (*Désigner tous les immeubles.*)

(1) Pont, n° 370.
(2) Grenier, I, 152; Troplong, n° 406; Duvergier, *Vente*, II, 18; Zach., Massé et Vergé, § 788, note 8 ; Dalloz, n° 813: Pont, n° 395 ; Dict. not., *Hyp.*, n° 49; Orléans, 27 janv. 1842; Cass., 14 mai 1806, 14 avril 1847 ; Grenoble, 24 janv. 1835, 14 janv. 1861; M. T. 1861, p. 695.
(3) Duranton, XIX, 276; Troplong, n° 466; Dalloz, n° 843; Massé et Vergé, § 788, note 8; Pont, n° 396; Dict. not., *Hyp.*, n° 50.
(4) Grenier, I, 416; Proudhon, *Usuf.*, n° 2071 ; Duranton, XIX, 262; Pont, n° 383; Boulanger, *Rad. hyp.*, n° 352.
(5) Duranton, IV, 486; Demolombe, VI. 527; Valette sur Proudhon, II, p. 267; Dalloz, n° 845; Pont, n° 379; Roll., *Hyp.*, n° 112; Dict. not., *Hyp.*, n° 62; CONTRA, Proudhon, *Usuf.*, n°ˢ 125 et 221 ; Duvergier, *Vente*, I, 213.
(6) Dalloz, n° 845; Pont. n° 380; Massé et Vergé, § 788, note 8; Roll., *Hyp.*, n° 112; Dict. not., *Hyp.*, n° 63.

(7) Duranton, XIX, 266; Zach., Massé et Vergé, § 788, note 5; Taulier, VII, p. 233; Troplong, n° 483; Valette, n° 128; Dalloz, n° 816; Pont, n° 384; CONTRA, Grenier, . 140.
(8) Duvergier, *Louage*, n° 29; Pont, n° 386; Roll., *Bail*, n° 10; Duvergier, *Louage*, I, 154; Dalloz, *Priv.*, n° 820; Marcadé. II, p. 352; Zach., § 788, note 5 ; Paris, 10 mai 1831, Douai, 15 déc. 1832; Cass., 19 juill. 1832, 1ᵉʳ avril 1840, 24 juill. 1843, 18 mai 1847, 6 mars 1850, 17 nov. 1852, 26 avril 1853, 26 janv. 1854; CONTRA, Valette, n° 128 ; Demolombe. IX, 491 ; Proudhon, *Usuf.*, n° 97 ; Toullier, III, 104 ; Grenier, I, 143; Pont, n° 389; Massé et Vergé, § 788, note 5.
(10) Pont, n°ˢ 359 et 389.
(11) Dalloz, n° 823; Massé et Vergé, § 788, note 5; Pont, n° 391; Roll., *Hyp.*, n° 120.
(12) Dalloz, n° 825 ; Massé et Vergé, § 788, note 5; Pont, n° 392.
(13) Massé et Vergé, § 788. note 6; Pont, n° 401; Dict. not., *Hyp.*, n° 93 ; Cass., 14 avril 1824; Toulouse, 24 juill. 1820; Douai, 27 nov. 1839. V. Cass., 27 mai 1865; J. N., 16323.

SECTION I. — DES HYPOTHÈQUES LÉGALES.

Voir *infra n°s 5788 et suiv.*

SECTION II. — DES HYPOTHÈQUES JUDICIAIRES.

Voir *infra n°s 5854 et suiv.*

SECTION III. — DES HYPOTHÈQUES CONVENTIONNELLES.

5660. I. *Par qui les hypothèques peuvent être consenties.* Les hypothèques conventionnelles ne peuvent être consenties que par ceux qui ont la capacité d'aliéner (1) les immeubles qu'ils y soumettent (*C. N., 2124*).

5661. N'ont pas la capacité d'aliéner et, par conséquent, ne peuvent valablement consentir une hypothèque : 1° les femmes mariées non autorisées, sauf cependant celles qui sont marchandes publiques, *supra n° 1061*; 2° les mineurs, émancipés ou non, sous la seule exception portée *supra n° 1355*; 3° l'interdit judiciairement ou légalement; 4° l'individu pourvu d'un conseil judiciaire s'il n'est assisté de son conseil, *supra n° 1386*; 5° le failli (*C. comm.*, 446) au regard de la masse des créanciers (2); 6° le débiteur qui a fait cession de biens, *supra n° 5344*. — Il en est autrement du non-négociant qui est en état de déconfiture (3), même lorsque les immeubles sont saisis; en conséquence, la dénonciation de la saisie, ni la transcription, bien que faisant obstacle à l'aliénation, *supra n° 5996*, ne font pas obstacle à l'hypothèque, sauf le cas de fraude ou de dol (4).

5662. Il faut être propriétaire d'un immeuble pour l'hypothéquer; en conséquence, l'hypothèque de la chose d'autrui est nulle, et ne serait pas validée, à l'égard des créanciers postérieurs du débiteur, par l'acquisition qu'il aurait faite ultérieurement de l'immeuble hypothéqué (5). Si une hypothèque a été consentie par un individu se portant fort pour un mineur, voir *supra n° 3465*.

Ou bien : Troisièmement. Un domaine appelé *Bellevue*, consistant en corps de ferme, cour, jardin, vergers, terres labourables, prés et bois, le tout de la contenance de....., situé commune de....., à divers lieux dits ; et compris au plan cadastral de ladite commune, sous les n^{os}....., de la section, etc.

Si l'hypothèque est de parts et portions indivises (n° 5667) :

Quatrièmement. Les parts et portions indivises appartenant à M. Beuvard, dans les immeubles dont la désignation suit dépendant de la succession de M. Félix Beuvard, son père, décédé à....., le....., duquel il est héritier pour moitié ; et même l'intégralité de tout ou partie de ces immeubles, dans le cas où il en deviendrait propriétaire par licitation, partage ou autrement, savoir :

1°....., 2°....., etc. (*Désigner les immeubles.*)

Sur lesquels immeubles il sera pris inscription au profit de M. Marais contre M. et Mme Beuvard au bureau des hypothèques de.....

Si l'hypothèque est à la fois générale et spéciale (n° 5678) :

....., affectent et hypothèquent au profit de M. Marais, qui accepte, généralement tous les biens immeubles leur appartenant conjointement ou séparément, en nature de maisons, cours, jardins, vergers, enclos, terres labourables, prés, bois, aulnaies

---

(1) Il ne suffit pas d'avoir la capacité de s'obliger : Pont, n° 600; Dict. not., *Hyp.*, n° 373.
(2) Quant au failli, il ne peut personnellement se prévaloir de son état de faillite pour faire tomber l'hypothèque : Esnault, *Faill.*, I, 196; Geoffroy, *ibid.*, p. 41 ; Pont, n° 880 ; Paris, 24 déc. 1853, 23 juill. 1857; Orléans, 16 juin 1832; Cass., 15 juill. 1857. J. N., 11936, 16160, 16182. V. Cass., 30 juill. et 2 août 1866; Paris, 28 mars 1867; J. N., 18510, 18631, 18926.
La femme ne peut non plus invoquer l'état de faillite de son mari, pour faire annuler la subrogation par elle consentie à son hypothèque légale, depuis la déclaration de faillite, même lorsque l'hypothèque consentie par le failli a été annulée; Bordeaux,

6 mai 1817 ; Nancy, 17 avril 1859; Besançon, 10 avril 1865; J. N., 13167, 16624, 18272; contra, Nancy, 4 août 1860; J. N., 16958.
(3) Grenier, 123; Persil, 2146, 11; Troplong, n° 661; Pont, n° 622 876 ; Roll., *Hyp.*, n° 197; Rennes, 24 mars 1812 ; Cass., 2 sept., 1812, 11 fév. 1813 ; Paris, 9 juin 1814.
(4) Troplong, n° 413 ; Pont, n° 353, 623; Zach., 1824, note 3 ; Roll., *Hyp.*, n° 199, Dict. not., *Hyp.*, n° 413; Rouen, 29 avril 1820.
(5) Duranton, XIX, 367; Pont, n° 627 ; Massé et Vergé, I 799, note 5; Dict. not., *Hyp.*, n° 482; Bruxelles, 11 juin 1817; Dijon, 25 avril 1855; J. N., 15562; contra, Troplong, n° 524 *bis*; Bordeaux, 3 déc. 1832; Nancy, 30 mars 1843. Voir Larombière, *1338, 60*.

5663. La vente faite par le propriétaire apparent étant valable, *supra n° 919*, l'hypothèque est également valable (1).

5664. Le mandataire ne peut hypothéquer les immeubles de son mandant qu'en vertu d'une procuration contenant le pouvoir spécial d'hypothéquer, *supra n° 5349*.

5665. Le gérant d'une société ne peut, sans un pouvoir spécial, hypothéquer les immeubles de la société (2), *supra n° 4806*; il en est de même pour le liquidateur après la dissolution de la société (3), *supra n° 4890*.

5666. Ceux qui n'ont sur l'immeuble qu'un droit suspendu par une condition, par exemple le vendeur à réméré (4), ou résoluble dans certains cas, ou sujet à rescision, par exemple : l'acheteur à réméré, *supra n° 4162*, le donataire avec droit de retour, *supra n° 2547*, ou charge de rendre, *supra n° 2880*, l'acquéreur, non libéré du prix, ou l'acquéreur à vil prix, *supra n°* 4205, 4206, ne peuvent consentir qu'une hypothèque soumise aux mêmes conditions et à la même rescision (*C. N.*, 2125).

5667. Le communiste, pendant la durée de l'indivision, peut conférer une hypothèque sur sa part aliquote dans l'immeuble; s'il devient ensuite propriétaire de la totalité par partage, licitation ou autrement, il n'en résulte pas une extension de l'hypothèque à plus que cette part (5); — s'il consent hypothèque sur ses droits dans l'immeuble, sans préciser la quotité, ou bien tant sur sa part indivise que sur la totalité dans le cas où il en deviendrait propriétaire par partage ou licitation, l'hypothèque est subordonnée à l'événement et atteint la totalité ou la partie qui lui échoit; mais si l'immeuble entier est attribué à un autre copropriétaire, il n'est pas grevé de l'hypothèque (6), *supra n° 4407*.

---

vignes et ajoncs, situés sur les communes de..... et autres environnantes, et plus spécialement ceux dont la désignation suit :

1°...., 2°...., etc. (*Désigner*) :

Si l'hypothèque comprend les biens à venir, pour insuffisance des biens présents (n°⁵ 5679 à 5681.)

Et attendu l'insuffisance de leurs biens présents ci-dessus hypothéqués, M. et Mᵐᵉ Beuvard consentent que les biens immeubles qui viendront à leur appartenir par la suite, conjointement ou divisément, à titre gratuit ou onéreux, soient et demeurent hypothéqués à la garantie du remboursement de ladite somme de dix mille francs et du payement de tous intérêts, frais et accessoires, au fur et à mesure qu'ils en deviendront propriétaires ; et que l'inscription qui sera prise en vertu des présentes grève ces immeubles dès qu'ils auront passé en leurs mains; consentant d'ailleurs qu'il soit pris contre eux et à leurs frais, des inscriptions sur lesdits immeubles au fur et à mesure qu'ils leurs appartiendront.

Origine de propriété. (Voir ci-dessus *la formule* 583.)

Assurance contre l'incendie ; transport d'indemnité (n°⁵ 5685 à 5689). M. et Mᵐᵉ Beuvard déclarent que la maison ci-dessus hypothéquée a été assurée contre l'incendie, pour..... années à partir de....., par la Cⁱᵉ....., ayant son siège à...., pour une somme de...., ainsi que le constate une police en date du....., dont un duplicata délivré le....., portant cette mention : Enregistré à, etc....., est demeuré ci-annexé après que dessus les notaires soussignés ont fait mention de l'annexe.

M. et Mᵐᵉ Beuvard s'obligent solidairement à maintenir et renouveler cette assurance jusqu'au remboursement intégral du montant en principal et accessoires de la présente obligation, comme aussi à payer exactement les primes et cotisations de cette assurance et à en justifier à M. Marais à toute réquisition.

(1) Voir les autorités citées *supra n° 929, note 2;* contra, Pont, n° 651. Voir aussi Paris, 16 mars 1866; J. N., 18517.
(2) Pont. n° 633; Cass., 21 avril 1841, 3 mai 1853 ; Trib. Lille, 27 mai 1858 ; J. N., 10974, 16361.
(3) Cass., 2 juin 1836.
(4) Persil, 2118, 4 ; Duranton, XIX, 278; Valette, p. 202; Troplong, n° 469; Taulier, VII, p. 256 ; Duvergier, *Vente*, n° 29 ; Pont, n° 639 ;

Bruxelles, 10 nov. 1815, 15 juin 1818; Douai, 22 juill. 1820; contra, Grenier, I, 153; Colmar, 12 juill. 1816; Besançon, 22 nov. 1822; Bordeaux, 5 janv. 1833.
(5) Duvergier sur Toullier, IV, 563; Duranton, VII, 521 ; Demante, III, 225 *bis*; 6°; Demolombe, XVII, 32; Massé et Vergé, § 799, note 9; Pont, n° 640; Cass., 6 déc. 1826; contra, Roll, *Hyp.*, n° 144.
(6) Pont, n° 640; Aix, 23 janv. 1835.

5668 Une maison élevée par un tiers sur le fonds d'autrui est également susceptible d'hypothèque, sauf les droits du propriétaire du fonds (1).

5669. Les biens des mineurs, des interdits, et ceux des absents, tant que la possession n'en est déférée que provisoirement, ne peuvent être hypothéqués que pour les causes et dans les formes établies par la loi, ou en vertu de jugements (*C. N.*, *2126*).

5670. II. *Formes de l'hypothèque.* L'hypothèque conventionnelle ne peut être consentie que par un acte passé en forme authentique devant deux notaires ou devant un notaire et deux témoins (*C. N.* *2127*) [Form. 770]. (1 *bis*)

5671. Si l'hypothèque a été consentie par un mandataire, elle n'est valable qu'autant que la procuration est authentique; une procuration sous seing privé est donc insuffisante pour conférer une hypothèque (2). La ratification postérieure du mandant en la forme authentique ne serait pas opposable aux tiers (3).

5672. Lorsque la constitution d'hypothèque a eu lieu par acte sous seing privé, et que cet acte a ensuite été déposé devant notaire par toutes les parties avec reconnaissance d'écriture et de signature, il acquiert l'authenticité, *supra n° 3425*, et il est suffisant pour conférer hypothèque (4).

5673. La promesse de conférer une hypothèque peut résulter de toute convention sous seing privé, même d'une lettre missive; elle donne lieu, en faveur du créancier, à une action pour contraindre le débiteur à constituer l'hypothèque (5).

5674. L'hypothèque consentie par acte authentique, hors la présence et sans l'acceptation du

---

Et pour garantir d'autant plus à M. Marais le remboursement de ladite somme de dix mille francs et le payement de tous intérêts et accessoires, M. et Mme Beuvard lui cèdent et transportent, ce qu'il accepte, somme égale au montant en principal, intérêts et accessoires de ladite créance, à prendre et toucher par préférence et antériorité à eux-mêmes et à tous futurs cessionnaires dans le montant des indemnités qui leur seraient allouées par ladite compagnie d'assurances, en cas de sinistre total ou partiel de la maison hypothéquée.

A cet effet, ils mettent et subrogent M. Marais, jusqu'à due concurrence et avec les mêmes préférence et antériorité, dans tous leurs droits et actions contre la compagnie d'assurances.

Pour faire signifier ce transport à ladite compagnie, tous pouvoirs sont donnés au porteur d'une expédition ou d'un extrait.

Si la maison n'est pas encore assurée (n° 5687) : M. et Mme Beuvard s'obligent à faire assurer contre l'incendie la maison hypothéquée, dans le délai de huit jours pour une somme d'au moins..... francs, par la compagnie....., ayant son siège à....., à maintenir cette assurance et la renouveler jusqu'au remboursement intégral du montant en principal et accessoires de la présente obligation, comme aussi à payer exactement les primes et cotisations de cette assurance, et à justifier du tout à M. Marais à toute réquisition.

Et pour garantir d'autant plus....., etc. (*comme ci-dessus*).

A cet effet, et dès à présent, ils mettent et subrogent, etc. (*comme dessus*).

Pour faire signifier ce transport, etc. (*comme dessus*).

M et Mme Beuvard seront tenus de déposer pour minute un original de ladite police, par acte en suite des présentes, et de réitérer, par le même acte, le transport en garantie qui vient d'être consenti.

---

(1) Trib. Wissembourg, 20 mars 1862; M. T., 1864, p. 142.
(1 bis) V. Lyon, 13 avril 1867; Jur. N., 13298.
(2) Pont, n° 657; Boulanger, *Rad. hyp.*, n° 24; Riom. 31 juill. 1851, 25 janv. 1857; Amiens, 9 avril 1856 ; Cass., 1er déc. 1852, 7 fév. 1834, 12 nov. 1855, 19 janv. 1864; J. N., 14480, 15159, 15805, 16148, 17948; contra, Troplong, n° 510. Cass., 27 mai 1819, 5 juill. 1827.
(3) Riom, 31 juill. 1851; Cass., 7 fév. 1854, précités.

(4) Grenier, I, 67, 68 ; Persil, *2127*, 3; Duranton, XIX, 361 ; Zach., Massé et Vergé, § 800, note 3; Taulier, VII, p. 259 ; Troplong, n° 506; Dalloz, n° 1245 : Larombière, *1317*, 40 ; Roll., *Hyp.*, n° 211 ; Dict. not., *Hyp.*, n° 421 ; Cass., 6 avril 1869, 11 juill. 1815, 25 fév. 1824, 15 fév. 1832; contra, Bugnet sur Pothier, *Hyp.*, n° 49.
(5) Pont, n° 658; Massé et Vergé, § 800, note 4; Pau, 16 juill. 1852.

créancier est valable, si le créancier l'a acceptée ensuite par acte sous seing privé ou même par lettre missive (1); on décide même qu'elle est valable en dehors de toute acceptation (2) mais dans la pratique il est d'usage de la faire accepter. Si l'acceptation a été faite par le notaire rédacteur au nom du prêteur, l'acte perd sa nature d'acte authentique, *supra n° 295*, et l'hypothèque est sans effet (3).

5675. Les contrats passés en pays étranger ne peuvent donner d'hypothèque sur les biens de France, s'il n'y a des dispositions contraires à ce principe dans les lois politiques ou dans les traités (C. N., 2128).

5676. III. *Indication des immeubles grevés d'hypothèque.* Il n'y a d'hypothèque conventionnelle valable que celle qui, soit dans le titre constitutif de la créance, soit dans un acte authentique postérieur, déclare spécialement la nature (4) et la situation de chacun des immeubles actuellement appartenant au débiteur, sur lesquels il consent l'hypothèque de la créance. Chacun de tous ses biens présents peut être nominativement soumis à l'hypothèque (C. N., 2129).

5677. Il ne peut être suppléé à l'omission ou à l'insuffisance des énonciations de l'acte constitutif de l'hypothèque par celles faites ultérieurement dans l'inscription (5).

5678. Lorsque le débiteur, au lieu d'hypothéquer chacun de ses immeubles, hypothèque une généralité d'immeubles, par exemple, la totalité des immeubles qu'il possède dans l'étendue de l'arrondissement ou dans le territoire d'une même commune, l'hypothèque est nulle comme n'étant pas suffisamment spécialisée (6). Toutefois jugé que l'affectation hypothécaire, sans autre désignation, de tous les immeubles que le débiteur possède dans telle commune ou même dans tel arrondissement dénommé en l'acte est valable (7), surtout lorsqu'en hypothéquant ainsi les immeubles d'une manière collective, l'acte exprime qu'ils consistent en terres, maisons, bâtiments, cours, jardins, prés, vignes, bois, etc. (8). Au surplus, le point de savoir si la désignation est ou non suffisante est une pure question de fait dont la solution échappe à la censure de la Cour de cassation (9).

5679. Les biens à venir ne peuvent pas être hypothéqués (C. N., 2129); une pareille affectation ne donnerait même pas au créancier le droit de réclamer au débiteur une hypothèque spéciale (10).

Si dans le même cas où la maison n'est pas assurée, l'assurance doit-être faite par le prêteur (n° **5688**). Pour plus de garantie du remboursement de ladite somme de dix mille francs et du payement de tous intérêts et accessoires, M. MARAIS, en sadite qualité de prêteur, fera assurer contre l'incendie la maison hypothéquée, dans le délai de huit jours, pour une somme de....., par la compagnie la....., ayant son siège à..... ; il maintiendra cette assurance et la renouvellera jusqu'au remboursement intégral de la présente obligation.

Les frais de la police et les primes et cotisations annuelles de l'assurance, seront à la charge de M. et Mme BEUVARD ; s'ils sont avancés par M. MARAIS, M. et Mme BEUVARD seront tenus solidairement entre eux de lui en faire la restitution par semestres aux époques ci-dessus fixées pour le payement des intérêts.

En cas de sinistre total ou partiel de la maison hypothéquée, M. MARAIS touchera sur ses simples quittances, une somme égale au montant en principal, intérêts et accessoires de ladite créance, sur le montant de l'indemnité qui serait allouée par ladite compagnie d'assurances, et ce, par préférence et antériorité à M. et Mme BEUVARD et à tous autres.

(1) Pont, n° 659; Massé et Vergé, § 800, note 4; Paris, 22 avril 1835; Lyon, 9 mai 1837; Cass., 5 août 1839, 4 déc. 1867 ; CONTRA, Zach., § 800, note 4; Cass., 21 fév. 1810.

(2) Persil, *2129*, 10; Roll., *Aff. hyp.*, n° 16; Dict. not., *ibid.*, n° 45; Trib. Seine, 14 mars 1831; Lyon, 9 mai 1837; Cass., 3 août 1839; J. N., 10461. V. Grenoble. 29 juill. 1865; Jur. N., 12966; CONTRA, Toulouse, 31 juill. 1830.

(3) Rouen, 2 fév. 1829; Toulouse. 21 juill., 1830 ; Cass. 3 août 1847, 11 juill. 1859 ; Besançon. 17 juill. 1844; Amiens, 9 avril 1859; J. N., 13121, 15805. V. Rennes, 7 déc. 1866. J. N. 18772, CONTRA, Pont, n° 659.

(4) L'énonciation de la nature des biens est prescrite à peine de nullité ; Cass., 26 avril 1852 ; J. N., 14722.

(5) Persil, *2129*, 7; Zach., Massé et Vergé, § 801, note 2; Pont,

n° 672; Cass., 20 fév. 1810, 26 avril 1822 ; Colmar, 23 août 1842 Dijon, 22 déc. 1813 ; J. N., 14722.

(6) Persil, *2129*, 4 ; Duranton, XIX, 37; Zach., § 801, note 3; Pont, n° 674; Cass., 23 août 1808, 20 fév. 1810 26 avril 1852 ; Avranches, 29 juin 1857 ; J. N., 11722, 18959.

(7) Grenier, I, 71; Troplong, n° 736 *bis*; Riom, 15 avril 1826 ; Pau, 23 août 1834 ; Nancy, 30 mai 1843 ; Limoges, 11 déc. 1845.

(8) Roll., *Hyp.*, n° 241 ; Besançon, 2 juin 1810; Agen, 27 juin 1811; Paris, 2 juin 1812, 21 fév. 1840 ; Bourges, 11 mai 1843, 22 avril 1844 ; Metz 21 mai 1813, 25 mars 1859 Limoges, 1er août 1839, 13 août 1847; Cass , 15 fév. 1836 J. N., 13304, 1012.

(9) Pont, n° 675; Cass., 8 avril 1844; J. N., 1995. V. Lyon, 29 mars 1867 ; J. N., 18810.

(10) Duranton, XIX, 361; Troplong, n° 515; Pont, n° 678; Aix, 16 août 1811 ; CONTRA, Persil, *2129*, 1 ; Grenier, I, 167.

5680. Néanmoins, si les biens présents et libres du débiteur sont insuffisants pour la sûreté de la créance, il peut, en exprimant cette insuffisance, consentir que chacun des biens qu'il acquerra par la suite y demeure affecté à mesure des acquisitions (*C. N.*, *2130*).

5681. L'affectation hypothécaire des biens à venir n'étant permise que pour le cas d'insuffisance des biens présents, celui qui n'en possède pas ne peut utilement la consentir (1).

5682. L'hypothèque conventionnelle n'est valable qu'autant que la somme pour laquelle elle est consentie est certaine et déterminée par l'acte : si la créance résultant de l'obligation est conditionnelle pour son existence, *supra n° 5194 à 5200*, ou indéterminée dans sa valeur, le créancier ne peut requérir l'inscription dont il sera parlé *infra n° 5734*, que jusqu'à concurrence d'une valeur estimative par lui déclarée expressément dans le bordereau d'inscription, et que le débiteur a le droit de faire réduire, s'il y a lieu (*C. N.*, *2132*). Cette évaluation est faite notamment lorsqu'il s'agit de prestations en nature, de rente viagère, etc.

5683. IV. *Etendue de l'hypothèque*. L'hypothèque acquise, qu'elle soit légale, judiciaire ou conventionnelle (2), s'étend à toutes les améliorations survenues à l'immeuble hypothéqué (*C N.*, *2133*); ainsi, 1° aux accroissements résultant des accrus formés par alluvion, *supra n° 1438*, des relais, *supra n° 1439*, de la réunion d'une terre enlevée à une autre propriété, *supra n° 1441* (3); 2° aux augmentations de valeur, par le fait du dessèchement ou de l'assainissement d'un terrain (4), de constructions ajoutées à une maison ou élevées sur un terrain, etc. (5), sauf toutefois le privilége du constructeur, *supra n° 5616* ; 3° enfin aux améliorations résultant de l'extinction de charges qui dépréciaient la valeur de l'immeuble, comme l'extinction d'une servitude par prescription, d'un usufruit (6); mais si, après avoir hypothéqué son usufruit, l'usufruitier acquiert la nue propriété, l'hypothèque ne s'étend pas à cette nue propriété, l'usufruit seul en reste grevé (7).

5684. La règle de l'art. 2133 ne s'étend pas à l'augmentation procédant d'une acquisition nouvelle ou de l'adjonction faite par le propriétaire d'un terrain à un autre pour lui donner plus d'éten-

---

Et, en tant que de besoin, M. et Mme BEUVARD en font cession et transport à M. MA-RAIS, qui accepte jusqu'à ladite concurrence et avec la préférence et l'antériorité ci-dessus stipulées.

A cet effet, ils mettent et subrogent, etc. (*le surplus comme dessus*).

TRANSPORT D'HYPOTHÈQUE LÉGALE (n°s 5690 et 5717 à 5725). Encore pour plus de garantie : Mme BEUVARD, sous l'autorisation de son mari, cède et transporte à M. MARAIS, qui accepte, somme égale au montant en principal, intérêts et accessoires de la présente obligation, à prendre par préférence et antériorité à elle-même et à tous autres, dans le montant de tous droits, reprises, créances et avantages quelconques, qu'elle peut et pourra avoir à exercer contre son mari, en vertu de leur contrat de mariage ou de tous autres titres; et, par suite, elle met et subroge M. MARAIS jusqu'à ladite concurrence, et avec pareille préférence et antériorité, dans l'effet de son hypothèque légale contre son mari, et des inscriptions pouvant la conserver ; — *si on la limite, l'on ajoute* : mais en tant seulement que lesdites hypothèque légale et inscription frappent sur les immeubles ci-dessus désignés.

M. BEUVARD déclare accepter ce transport et se le tenir pour signifié.

La subrogation dans l'hypothèque légale peut avoir lieu sous forme de cession d'antériorité. Voir *infra*, formule 778.

---

(1) Persil, *2130*, 7 ; Duranton, XIX, 375 ; Massé et Vergé, § 799, note 6 ; Taulier, VII. p. 265 ; Pont, n° 688 ; Dict. not., *Hyp.*, n° 485 ; Riom, 25 nov. 1830 ; Nancy, 16 août 1831 ; Caen, 26 juill. 1830, 21 fév. 1831, 4 avril 1842 ; Lyon, 12 déc. 1857, 9 avril 1845 ; Douai, 4 mai 1847 ; Dijon, 25 avril 1855 ; J. N., 13070 ; CONTRA, Grenier, I, 63 ; Troplong, n° 538 *bis* ; Roll., *Hyp.*, n° 252 ; Besançon, 21 août 1811.

(2) Duranton, XIX, 389 ; Pont, n° 401.

(3) Grenier, I, 448 ; Duranton, XIX, 257 ; Mourlon, III, p. 478 ; Pont, n° 406 ; CONTRA, Persil, *2133*, 3.

(4) Sauf le privilége pour le drainage. Voir *Loi 17 juill. 1856*, *art. 3*.

(5) Grenier, I, 447 ; Duranton, XIX, 258 ; Mourlon, III, p 477 ; Troplong, n° 551 ; Pont, n° 410 ; Roll., *Hyp.*, n° 93 ; Paris, 2 juill. 1836, 18 janv. 1838 ; Cass., 11 avril 1838 ; Bourges, 3 fév. 1851 ; Rennes, 26 nov. 1851. Voir cependant Taulier, VII, p. 269 ; Paris, 6 mars 1834 ; Lyon, 26 janv. 1835.

(6) Grenier, I, 444 ; Troplong, n° 551 ; Duranton, XIX, 265 ; Pont, n° 407 ; Roll., *Hyp.*, n° 445 ; Dict. not., *Hyp.*, n° 55.

(7) Grenier, I. 446 ; Troplong, n° 553 *bis* ; Pont, n° 407 ; Roll., *Hyp.*, n° 417 ; Dict. not., *Hyp.*, n° 57 ; CONTRA, Duranton, XIX, 265, ..

due (4), ou de la découverture d'un trésor sur l'immeuble hypothéqué, le trésor étant une chose mobilière (2).

5685. Lorsque les bâtiments hypothéqués ont été assurés contre l'incendie et qu'un incendie vient à les détruire en tout ou en partie, le créancier hypothécaire n'a pas de droit de suite ni aucun droit de préférence sur l'indemnité allouée par la compagnie qui les a assurés, la perte de la chose entraînant l'extinction du droit d'hypothèque; par conséquent l'indemnité d'assurance appartient à l'assuré et se distribue entre tous ses créanciers, sans distinction entre les chirographaires et les hypothécaires (3). Mais le créancier hypothécaire peut exiger son remboursement, sauf au débiteur à lui offrir un supplément d'hypothèque, *infra n° 5692.*

5686. Afin de conserver au créancier hypothécaire un droit de préférence sur l'indemnité, il est d'usage de faire consentir par le débiteur au profit du créancier, par l'acte même d'affectation hypothécaire, une cession de cette indemnité, jusqu'à concurrence du montant de la créance en principal et accessoires ; le créancier en est saisi par la signification qui en est faite à la compagnie, *supra n° 4210.* Si le débiteur consent ensuite d'autres hypothèques sur le même immeuble, il fait à ses nouveaux créanciers de pareilles cessions qui doivent également être signifiées ; à l'événement, l'indemnité est distribuée entre les cessionnaires selon l'ordre des significations.

5687. L'assurance précède habituellement l'acte qui contient la cession de l'indemnité ; dans ce cas l'un des doubles de la police, ou un duplicata, demeure annexé à cet acte. — Si l'assurance n'a pas encore été faite au moment de l'acte, le débiteur prend l'engagement de faire assurer les bâtiments (4) dans un délai fixé, et, toujours en prévoyant le cas de sinistre, il fait cession au créancier de l'indemnité qui lui sera allouée ; puis, après la justification de la police d'assurance, signification du transport est faite à la compagnie. A Paris, il est d'usage de faire réitérer la cession après l'assurance par un acte en suite duquel on annexe la police ou un duplicata.

5688. Dans le but de donner plus de sécurité au prêteur, lorsque l'assurance contre l'incendie n'est pas encore faite au moment du prêt, l'on avait imaginé de la faire faire au nom du prêteur, en sa qualité de créancier hypothécaire sur l'immeuble et comme devant en profiter, en cas de sinistre, jusqu'à

INTERDICTION DE PARTAGER HORS LA PRÉSENCE DE M. MARAIS (n° 5691) M. BEUVARD s'interdit formellement de procéder, hors la présence de M. MARAIS, prêteur, à aucun partage ni à aucune licitation des immeubles hypothéqués sous le n° 4 de l'affectation hypothécaire, indivis entre lui et M. Nicolas BEUVARD, son frère, négociant à....., comme provenant de la succession de M. Félix BEUVARD, leur père.

En cas de partage ou de licitation, M. BEUVARD, emprunteur, cède et transporte à M. MARAIS, qui accepte, le montant des soultes de partage ou des prix de licitation auxquels il pourra avoir droit, pour M. MARAIS les toucher en principal et intérêt sur ses simples quittances, de qui il y aura lieu, par préférence et antériorité au cédant, jusqu'à concurrence de ce qui lui sera dû pour le montant de la présente obligation en principal, intérêts et accessoires.

A l'effet de quoi M. BEUVARD met et subroge, dès à présent, jusqu'à ladite concurrence et avec les préférence et antériorité susexprimées, M. MARAIS dans tous ses droits, actions et priviléges contre les débiteurs desdites soultes ou prix de licitation.

---

(1) Pont. n° 411; Troplong, n° 552 ; Roll., *Hyp.*, n° 89.
(2) Proudhon, *Dom. priv.*, I, 404; Demolombe, XIII, 46 *bis.*
(3) Duranton XX, 328; Pardessus, n° 594. 2°; Troplong, n° 390; Zach , § 821, note 2; Pont, n° 696; Gouget et Merger, *Assur.*, n° 289; Quesnault, *ibid.*, n° 309; Alauzet, *ibid.*, 1, 145; Roll., *Hyp.*, n° 605; Dict. not., *Hyp.*, n° 526; Cass., 28 juin 1831; Grenoble, 27 fév. 1834 ; Paris, 8 avril 1834 ; Trib. Grenoble, 31 janv. 1862, CONTRA, Boudousquié, *Assur.*, n° 316; Colmar, 25 août 1816; Rouen, 27 déc. 1828.
(4) Lorsque l'acte d'obligation porte que les immeubles hypothéqués sont assurés contre l'incendie et que l'on n'énonce pas une police enregistrée ou à enregistrer en même temps que l'acte, le notaire est passible d'amende pour contravention à l'art. 42 de la loi du 22 frim. an V, spécialement s'il résulte des statuts de la

Compagnie indiquée, que la rédaction d'une police est une condition nécessaire du contrat : Cass., 23 nov. et 15 déc. 1846, 21 juill. 1849; J. N., 12004, 12095, 12127, 12875, 12898, 13185, 13780. L'en est de même s'il est dit que l'emprunteur entretiendra l'assurance contre l'incendie faite avec une compagnie par conventions verbales : Trib. Saintes, 8 janv. 1845. Voir Cass., 22 avril 1850; J. N., 12283, 14029. — Ou que les bâtiments *sont* ou seront assurés auprès d'une compagnie à prime : Trib. Autun, 18 déc. 1848 ;J. N., 13637. — Ou que l'emprunteur promet de *maintenir* assurés les bâtiments : Trib. Vic, 25 mai 1848; J. N., 13814. — Ou qu'il entretiendra l'assurance à laquelle la maison *peut* être attachée, ou *est* ou *peut être assurée,* ou à laquelle la maison *peut être assurée si assurance il y a* : Cass., 5 avril 1851; J. N., 15222. Voir cependant Chalon-sur-Saône, 21 juill. 1849; Montmédy, 28 fév. 1850 ; J. N., 13870, 18563.

concurrence du montant de sa créance en principal et accessoires (1) ; mais les compagnies d'assurances, qui avaient d'abord consenti à se prêter à cette combinaison, ont ensuite objecté que, selon leurs statuts, elles devaient assurer les immeubles eux-mêmes au profit de ceux qui en sont les propriétaires, et non pas les droits qui peuvent y être attachés. Il se pourrait en effet qu'une pareille assurance ne donne pas au créancier un droit personnel contre la compagnie et que l'indemnité fût considérée comme appartenant au propriétaire de l'immeuble, dont le prêteur n'aurait été que le *negotiorum gestor* (2) ; il est donc préférable, même en pareil cas, que l'emprunteur fasse au profit du prêteur une cession de l'indemnité qui sera signifiée à la compagnie d'assurances comme si le prêteur avait fait assurer lui-même.

5689. On a soutenu que la cession de l'indemnité d'assurance ne devrait pas avoir lieu sous la forme d'un transport ferme, mais sous celle d'un nantissement ou gage soumis à la formalité de la remise du titre (3) ; nous pensons au contraire que la meilleure forme à suivre est celle d'un transport saisissant éventuellement le cessionnaire du droit à l'indemnité pour le cas de sinistre ; car le transport seul lui permet de toucher directement l'indemnité, sans avoir à redouter les frais ni les lenteurs d'une demande judiciaire exigée en cas de gage par l'art. 2078, ou d'une contribution nécessitée par l'existence de saisies-arrêts postérieures. On évite encore d'autres questions délicates qui peuvent surgir avec le nantissement, telles que : la remise du titre, non nécessaire avec un transport, la validité de nantissements postérieurs que voudrait consentir le créancier, *supra n° 5524*.

5690. Lorsque les immeubles hypothéqués appartiennent à un mari ou dépendent d'une communauté, le créancier est primé par l'hypothèque légale de la femme, *infra n° 5791*; mais la femme peut subroger le créancier dans l'effet de cette hypothèque légale, de manière à le placer à un rang qui lui soit préférable, *infra nos 5717 et suiv.*

5691. Si l'hypothèque a été constituée sur un immeuble indivis, cette hypothèque est exposée à devenir sans effet par le résultat d'un partage ou d'une licitation qui attribuerait l'immeuble à un autre que celui qui l'a hypothéqué, *supra n° 5667* ; pour remédier autant que possible à cet inconvénient, l'usage s'est établi de faire dans l'acte d'affectation hypothécaire, les stipulations suivantes : le débiteur s'interdit de procéder au partage ou à la licitation hors la présence du créancier, et, pour le cas de partage avec soulte ou de licitation, il lui transporte le montant de la soulte ou du prix de licitation auquel il se trou-

Pour faire signifier ces présentes à M. Nicolas BEUVARD, tous pouvoirs sont donnés au porteur d'une expédition.

Ou bien : A ces présentes est intervenu M. Nicolas BEUVARD, négociant, demeurant à. . . . . ;
Lequel ayant pris communication de tout ce qui précède, a déclaré accepter tant l'interdiction de procéder à aucun partage ni aucune licitation, hors la présence de M. MARAIS, des immeubles dépendant de la succession de M. Félix BEUVARD, son père, que le transport fait à M. MARAIS des soultes de partage ou prix de licitation auxquels M. BEUVARD emprunteur aurait droit ; se les tenir pour signifiés ; et, en conséquence, dispenser M. MARAIS de lui en faire la signification par huissier.

Il a, de plus, déclaré qu'il n'est pas à sa connaissance que M. BEUVARD emprunteur ait déjà consenti aucun transport ou délégation desdites soultes ou prix de licitations.

S'il y a réserve ou stipulation de concurrence ou d'antériorité. Voir *infra*, formules *774 à 778*.

ÉTAT CIVIL ET SITUATION HYPOTHÉCAIRE. M. et Mme BEUVARD déclarent : 1° qu'ils sont tous les deux sous les liens d'un premier mariage ;

2° Que par leur contrat de mariage passé devant Me. . . . ., notaire à. . . . ., le. . . . ., ils ont adopté le régime de la communauté, sans clause restrictive de la capacité de l'épouse ;

3° Qu'ils ne sont et n'ont jamais été tuteurs de mineurs ou interdits, ni comptables de deniers publics ;

(1) Roll., *Hyp.* n° 264 ; Dict. not., *Hyp.*, n° 528.
(2) Voir Persil, *Hyp.*, p. 141 ; Quesnault, *Assur.*, p. 34 ; Bou-

dousquié, *ibid.*, p. 173. Voir aussi Mon. Trib., 1863, p. 249.
(3) Paultre, *Rev. not.*, 1865, n° 1278.

vera avoir droit; le tout est signifié aux copropriétaires de l'immeuble; ou, par acte authentique, ils se le tiennent pour signifié.

5692. V. *Supplément d'hypothèque* (Form. 771). Si l'immeuble ou les immeubles présents assujettis à l'hypothèque ont péri, ou éprouvé des dégradations, de manière qu'ils soient devenus insuffisants pour la sûreté du créancier, celui-ci peut poursuivre dès à présent son remboursement, et par conséquent obtenir contre le débiteur un jugement de condamnation emportant hypothèque judiciaire (1), à moins que le débiteur ne lui fournisse un supplément d'hypothèque (C. N., 2131) qui prend rang à partir du jour de l'inscription prise sur les immeubles nouvellement affectés, et non pas du jour de la première inscription (2).

5693. Pour que cette disposition soit applicable, il faut que la perte ou la dégradation soit le résultat d'événements que le créancier ne devait pas prévoir ; il ne pourrait donc en profiter dans les cas de diminution dans la valeur de l'immeuble par suite de coupes ordinaires de bois, d'extraction de minerais, de rachat d'un immeuble hypothéqué dont le débiteur était acquéreur sous la condition de réméré, d'adjudication sur licitation à un autre que le débiteur d'un immeuble indivis dont il avait hypothéqué sa part (3).

5694. Le débiteur n'est admis à fournir le supplément d'hypothèque que si la perte ou la dégradation a pour cause une force majeure, par exemple, un champ emporté par la force des eaux, une maison détruite par le feu du ciel (4), *supra n° 5685* ; mais si elle provient de son fait, comme s'il coupe une

---

4° Que les immeubles hypothéqués sont d'une valeur vénale d'au moins. . . . . francs, et ne sont grevés d'aucun privilége, d'aucune hypothèque ni d'aucune action résolutoire ou révocatoire ; — *ou s'il y a des hypothèques* : et ne sont grevés d'aucun privilége, d'aucune action résolutoire ou révocatoire, ni d'aucune autre hypothèque que celles garantissant les sommes ci-après :

Six mille francs dus à. . . . , en vertu d'une obligation passée devant M°. . . . ., notaire à. . . . , le. . . . . ;

Deux mille francs dus à. . . . , etc.

Frais. Les frais et honoraires des présentes, y compris grosse, inscriptions, levées d'état, significations et autres, seront supportés par les emprunteurs ; il en sera de même des débours et honoraires des inscriptions en renouvellement, s'il y a lieu.

Élection de domicile. Pour l'exécution du présent acte, les parties élisent domicile à. . . . , en l'étude de M°. . . . , l'un des notaires soussignés.

Dont acte. Fait et passé, etc.

FORMULE 771. — Acte de supplément d'hypothèque. (N°⁵ 5692 à 5698.)

Par-devant M°. . . . ,

Ont comparu : M. Paulin Beuvard, propriétaire, et Mᵐᵉ Héloïse Tillet, son épouse, de lui autorisée, demeurant ensemble à. . . . ,   D'UNE PART,

Et M. Léon Marais, propriétaire, demeurant à. . . . ,   D'AUTRE PART;

Lesquels, pour arriver au supplément d'hypothèque faisant l'objet des présentes, ont exposé ce qui suit :

Aux termes d'un acte passé devant M°. . . . , notaire à. . . . , le. . . . , M. et Mᵐᵉ Beuvard se sont reconnus débiteurs pour prêt envers M. Marais, d'une somme de dix mille francs, qui a été stipulée exigible le. . . . , et productive d'intérêts au taux de cinq pour cent par an, payables chaque année en deux termes égaux, de six mois en six mois, les. . . . .

Pour garantir le remboursement de la somme prêtée et le payement de tous intérêts

---

(1) Zach., § 801, note 8 ; Pont, n° 697.
(2) Persil. 2131, 6; Troplong. n° 513; Pont. n° 698.
(3) Pont, n° 693; Caen, 26 fev. 1832.

(4) Persil, 2131, 2; Duranton, XIX, 382; Zach., Massé et Vergé, § 801, note 8; Troplong, n° 542; Pont, n°⁵ 692, 695; Roll., *Hyp.*, n° 513; Dict. not., *Hyp.*, n° 493.

futaie, s'il démolit une maison qu'il avait hypothéquée, il est déchu du bénéfice du terme ; et, pour éviter la déchéance, il offrirait en vain un supplément d'hypothèque (1) (*arg. C. N.*, *1188*).

5695. La vente par le débiteur de tout ou partie des immeubles hypothéqués ne donne pas lieu au remboursement immédiat ni à un supplément d'hypothèque, puisque le créancier conserve et son droit de préférence sur le prix et son droit de suite sur l'immeuble (2). Mais si l'acquéreur remplit les formalités de purge, le débiteur ne peut plus profiter du bénéfice du terme (3) (*arg. C. N.*, *1188*).

5696. Lorsque l'immeuble hypothéqué est exproprié pour cause d'utilité publique, le créancier conserve son droit de préférence sur le prix, mais perd son droit de suite sur l'immeuble (*Loi 3 mai 1841, art. 18*), et le débiteur ne peut se faire verser l'indemnité en offrant à son créancier un supplément d'hypothèque (4).

---

et accessoires, M. et Mme BEUVARD ont hypothéqué un pré situé commune de....., lieu dit....., de la contenance de....., compris au plan cadastral sous le n° **125** de la section D; sur lequel immeuble il a été pris inscription au profit de M. MARAIS contre M. et Mme BEUVARD, au bureau des hypothèques de....., le....., vol....., n°.....

Depuis cet emprunt, la rivière la..... qui longe la prairie hypothéquée a rompu ses digues par l'effet de la violence des eaux et a inondé les prairies qui la bordent, notamment celle ci-dessus désignée.

Cette inondation a occasionné un ensablement de ladite prairie, ce qui en a considérablement diminué la valeur.

Par suite, cette prairie est devenue insuffisante pour la garantie du prêt ci-dessus énoncé, et M. MARAIS, en vertu de l'art. 2131 C. N., peut en exiger le remboursement, à moins que les débiteurs ne lui fournissent un supplément d'hypothèque.

CES FAITS EXPOSÉS, M. et Mme BEUVARD, afin d'éviter l'exigibilité de ladite créance avant le terme fixé, ont, par ces présentes, affecté et hypothéqué, à titre de supplément d'hypothèque, à la garantie du remboursement de ladite somme de dix mille francs et du payement de tous intérêts et accessoires, au profit de M. MARAIS, qui accepte,

Une pièce de terre labourable, etc.

Voir, pour le surplus de l'acte, la formule 770.

FORMULE 772. — Translation d'hypothèque (N° 5699).

PAR-DEVANT M^e.....,

ONT COMPARU : M. Paulin BEUVARD, propriétaire, et Mme Héloïse TILLET, son épouse de lui autorisée, demeurant ensemble à.....,   D'UNE PART,

Et M. Eloi MARAIS, propriétaire, demeurant à.....,   D'AUTRE PART ;

Lesquels, pour arriver à la translation d'hypothèque faisant l'objet des présentes, ont exposé ce qui suit :

Aux termes d'un acte passé devant M^e.,...., notaire à....., le....., M. et Mme BEUVARD se sont reconnus débiteurs, pour prêt, envers M. MARAIS, d'une somme de dix mille francs; ils se sont obligés solidairement à la lui rembourser le....., et, jusqu'au remboursement intégral, à en servir l'intérêt au taux de cinq pour cent par an, payable chaque année en deux termes égaux de six en six mois, les.....

Pour garantir le remboursement de la somme prêtée et le payement de tous intérêts et accessoires, M. et Mme BEUVARD ont hypothéqué divers immeubles, parmi lesquels figure une pièce de terre labourable, située commune de....., etc. (*la désigner*); sur lesquels immeubles il a été pris inscription au profit de M. MARAIS contre M. et Mme BEUVARD, au bureau des hypothèques de,...., le....., vol....., n°.....

---

(1) Duranton, XI, 121 ; Troplong, n° 692; Zach., § 801, note 7 ; Pont, n° 692.

(2) Toullier, VI. 667; Duranton, XIX. 384; Troplong, n° 544; Pont, n° 664; Roll., *Hyp.*, n° 548; Paris, 11 fév. 1815; Douai, 16 juin 1847; CONTRA, Cass., 4 mai 1812; Paris, 24 janv. 1814; Poitiers, 11

juin 1819, 28 déc. 1831; Pau, 23 avril 1834.

(3) Duranton, XI, 126; Troplong, n° 544 ; Pont, n° 694; Roll., *Hyp.*, n° 548; Cass., 9 janv. 1810; Angers, 28 fév. 1822; Poitiers, 13 janv. 1830.

(4) Pont, n° 698; Cass. Belgique, 26 août 1830.

5697. Si l'immeuble était d'une valeur insuffisante au jour de la constitution d'hypothèque, ou s'il l'est devenu depuis par suite de diminution de sa valeur sans qu'il ait éprouvé aucune dégradation matérielle, le créancier ne peut, par cette seule cause, exiger le remboursement ni un supplément d'hypothèque (1).

5698. L'art. 2131, *supra n° 5692*, n'est pas applicable lorsque la perte ou la dégradation a atteint des biens acquis postérieurement à l'affectation hypothécaire, et qui se sont trouvés grevés par l'affectation des biens à venir pour insuffisance des biens présents (2), *supra n° 5680*, ou par suite d'hypothèque judiciaire ou légale (3) non spécialisée par une stipulation ou par un jugement, *infra n°* 5825 *et suiv., 5931 et suiv.* (4).

5699. VI. *Translation d'hypothèque* (FORM. 773). Après qu'une hypothèque a été constituée sur un

Suivant contrat passé devant M°....., notaire à....., le....., M. et Mme BEUVARD ont vendu la pièce de terre ci-dessus désignée à M. Louis SÉGUIN, cultivateur, demeurant à....., moyennant....., stipulés payables après l'accomplissement des formalités hypothécaires.

L'inscription de M. MARAIS faisant obstacle au payement de ce prix, M. et Mme BEUVARD lui ont demandé de vouloir bien consentir la translation de l'hypothèque qui frappe la pièce de terre vendue sur une autre pièce de terre d'une contenance et d'une valeur au moins égale et libre de toute charge.

M. MARAIS y a consenti.

TRANSLATION D'HYPOTHÈQUE.

Ces faits exposés, M. MARAIS a donné mainlevée avec désistement d'hypothèque, et a consenti la radiation de l'inscription ci-dessus énoncée prise à son profit contre M. et Mme BEUVARD, au bureau des hypothèques de....., le....., vol....., n°.....

Mais en tant seulement que lesdits droits d'hypothèque et ladite inscription grèvent la pièce de terre susdésignée, vendue par M. et Mme BEUVARD à M. SÉGUIN, par le contrat du....., ci-dessus énoncé; leur effet étant expressément réservé sur tous les autres immeubles qu'ils peuvent frapper.

En opérant la radiation de cette inscription dans le sens dont mainlevée vient d'être consentie, M. le conservateur sera déchargé.

Toutefois, cette mainlevée ne produira son effet et la radiation ne pourra être faite qu'après que M. MARAIS aura fait inscrire la nouvelle hypothèque qui va être consentie, et sur la justification que l'immeuble hypothéqué ci-après n'est grevé, du chef de M. et Mme BEUVARD, d'aucune inscription ou transcription de saisie et qu'il n'existe aucune transcription d'aliénation ni aucune mention de résolution relativement au même immeuble.

Pour remplacer l'hypothèque dont M. MARAIS vient de se désister, et, par conséquent, pour garantir le remboursement de ladite somme de dix mille francs et le payement de tous intérêts et accessoires, M. et Mme BEUVARD affectent et hypothèquent, au profit de M. MARAIS, qui accepte,

Une pièce de terre, etc.

(Voir *pour le surplus de l'acte, suprà, la formule* 770.)

FORMULE 773. — Obligation au porteur. (N° 5700).

PAR-DEVANT M°.....

A COMPARU : M. Paul VART, propriétaire, demeurant à.....,

Lequel a, par ses présentes, reconnu devoir

---

(1) Pont, n° 693; Massé et Vergé. § 801, note 7; Roll., *Hyp.*, n° 316; CONTRA, Riom, 24 août 1810; CASS., 25 fév. 1837.
(2) Pont, n° 700.

(3) Pont, n° 699.
(4) Persil. 2140, 6; Grenier, n° 208; Troplong, n° 544; Pont, n° 700; Rouen, 6 juill. 1840.

immeuble, elle peut, si les parties y consentent, être transférée sur un autre immeuble, par un acte auquel on donne le nom de translation d'hypothèque. Cet acte contient : 1° par le créancier, s'il est capable de donner mainlevée avant payement, *infra n° 5887*, consentement à la radiation de l'inscription, pour, toutefois, cette radiation n'être opérée qu'après justification que l'immeuble sur lequel l'hypothèque est transférée est bien libre de charges; 2°, et pour remplacer l'hypothèque dont le créancier s'est désisté, affectation hypothécaire par le débiteur sur un autre immeuble, avec l'observation des formes tracées, *supra n° 5660 à 5678*.

Au porteur de la grosse des présentes (*ou* du présent acte délivré en brevet); ce accepté par M. Jean VALIN, négociant, demeurant à....., comme prêteur et premier porteur du titre, à ce présent.

La somme de dix mille francs pour prêt que M. VALIN lui a fait à l'instant.

M. VART s'oblige à rembourser cette somme au porteur de la grosse des présentes (*ou* du présent acte), le.....;

Et jusqu'au remboursement réel et effectif, à en payer au porteur de ladite grosse (*ou* du présent acte) l'intérêt à cinq pour cent par an, à partir d'aujourd'hui, payable chaque année en un seul terme, le.....

Il est expressément convenu que, etc. (Voir *formule* 770.)

A la sûreté et garantie du remboursement de ladite somme de..... et du payement de tous intérêts et accessoires, M. VART affecte et hypothèque au profit du porteur, ce qui est accepté par M. VALIN:

Une pièce de terre, etc., sur laquelle pièce de terre, il sera pris inscription au profit du porteur, au bureau des hypothèques de....., poursuite et diligence de M. VALIN.

Il est formellement convenu que la créance résultant des présentes se transmettra par la simple remise de la grosse (*ou* du présent acte), sans avoir besoin d'être constatée par aucun endos ni autre écrit, ni d'être signifiée au débiteur; cette remise emportera de plein droit subrogation au profit du porteur, dans tous les droits, actions et hypothèques attachés à ladite créance, et notamment dans l'effet plein et entier de l'inscription qui sera prise en vertu des présentes au bureau des hypothèques de.....; en conséquence, le porteur pourra se désister du droit d'hypothèque et donner mainlevée de l'inscription, sans autre formalité que l'énonciation dans l'acte de mainlevée que la grosse des présentes (*ou* le présent acte) aura été représentée au notaire, et qu'il aura fait dessus une mention de la mainlevée.

Pour l'exécution des présentes, etc.

DONT ACTE. Fait et passé, etc.

FORMULE 774. — Obligation avec création de valeurs négociables. (N° 5700.)

PAR-DEVANT Mᵉ.....,

ONT COMPARU : M. Jules SASSE, propriétaire, demeurant à.....,   D'UNE PART,

Et M. Jean LEMAS, négociant, demeurant à.....,   D'AUTRE PART;

Lesquels ont, par ces présentes, réalisé ainsi qu'il suit l'obligation convenue et arrêtée entre eux :

M. SASSE se reconnait débiteur envers M. LEMAS d'une somme de....., valeur en compte, qu'il s'oblige à lui rembourser le.....

En représentation de cette somme, M. SASSE s'engage à souscrire, à toute réquisition de M. LEMAS, au profit de ce dernier et à son ordre, des valeurs négociables à quatre-vingt-dix jours d'échéance et par telles fractions de sommes que M. LEMAS jugera à propos, sous peine d'exigibilité immédiate du capital de la présente obligation.

Les valeurs qui seront créées ainsi qu'il vient d'être dit seront, trois jours avant l'échéance de chacune d'elles, renouvelées par d'autres valeurs identiques, également à quatre-vingt-dix jours d'échéance, qui en seront la continuation ; lesquelles valeurs en renouvellement seront aussi renouvelées de la même manière et successivement jusqu'à

5700. VII. *Hypothèque attachée à une obligation à ordre ou au porteur* (Form. 774). L'hypothèque peut être attachée à une obligation, soit lorsqu'elle est conférée dans un billet à ordre ou autre effet négociable, soit lorsque le montant de la créance est représenté par des billets à ordre que le débiteur a souscrits au profit du créancier (1), soit enfin lorsque l'obligation est souscrite au profit de celui qui sera le porteur de l'original en brevet ou de la grosse exécutoire (2) ; et cette hypothèque se transmet, dans les deux premiers cas, par un endossement (3), et dans le troisième cas par la remise du titre (4), sans qu'il soit besoin, dans aucun de ces cas, d'en faire la signification au débiteur (5).

l'époque ci-dessus fixée pour l'exigibilité de la présente obligation, de manière que la dernière échéance ne dépasse pas le.....

M. Lemas devant se procurer les fonds nécessaires pour les valeurs qui seront créées ou renouvelées en exécution des présentes, au moyen de leur négociation, il est expressément convenu que, lors de la création des valeurs, de même qu'à chaque renouvellement, M. Sasse devra tenir compte de l'intérêt, des droits d'escompte et de la commission de la valeur créée ou renouvelée, de manière que M. Lemas, en la négociant, soit complétement indemne du tout.

A défaut de renouvellement d'une seule des valeurs avant son epoque d'échéance, M. Sasse sera déchu, à l'égard de cette valeur, du terme ci-desus fixé, et il devra en rembourser le montant, ensemble tous frais et accessoires, aussitôt après l'échéance, avec l'intérêt à six pour cent par an, à partir de ladite échéance.

Le défaut de payement par M. Sasse des intérêts, des droits d'escompte et de la commission, sur une valeur présentée en renouvellement, sera considéré comme un non-renouvellement et donnera lieu à l'exigibilité immédiate, ainsi qu'il vient d'être dit.

Si à l'époque d'exigibilité de la présente obligation, M. Lemas se trouve contraint au remboursement desdites valeurs, à défaut par M. Sasse de les avoir payées, les sommes par lui versées seront productives d'intérêts à six pour cent par an, à partir du jour de leurs versements et jusqu'au payement intégral, mais sans que cette clause puisse autoriser M. Sasse à retarder sa libération.

Les payements à faire à M. Lemas, en vertu des présentes, auront lieu au domicile à cet effet élu à....., etc.

En cas de décès de M. Sasse avant sa libération, etc. (Voir, *pour ces deux clauses, la form.* 770.)

Affectation hypothécaire. A la sûreté et garantie du payement de ladite somme de....., avec tous intérêts, droits d'escompte et de commission, frais et autres accessoires, M. Sasse affecte et hypothèque au profit de M. Lemas, qui accepte : une maison....., etc.,

Sur lequel immeuble il sera pris inscription au profit de M. Lemas contre M. Sasse, au bureau des hypothèques de.....

M. Lemas devra se désister desdits droits d'hypothèque et donner mainlevée de l'inscription qui sera prise en vertu des présentes, lorsqu'il lui aura été justifié de l'acquit de toutes les valeurs qui auront été créées en exécution des présentes.

Origine de propriété....., etc. (*Pour le surplus,* voir *formule* 770.)

(1) Comp. Troplong, *Vente*, n° 906 ; Duvergier, *ibid.*, n° 212 ; Roll., *Hyp.*, n° 32 ; Marcadé, *169.2*, 3 ; Dalloz. *Priv.*, n° 1267 ; Boulanger, *Rad. hyp.*, n° 60 ; Poitiers, 15 déc. 1829 ; Rouen, 9 mars 1830 ; Lyon, 22 mars et 4 juin 1830 ; Grenoble, 7 fév. 1835 ; Bordeaux, 7 fév. 1846 ; Cass., 28 nov. 1821, 18 janv. 1825, 21 fév. 1838, 11 avril 1840.

(2) Colmar, 9 mars 1822 ; Poitiers, 1er juin 1827 ; Bordeaux, 22 janv. 1839 ; Cass., 10 nov. 1829 ; Trib. Angoulème, 24 déc. 1850 ; J. N., 10318.

(3) Voir Troplong, *Vente*, n° 906 ; Duvergier, *ibid.*, 212 ; Marcadé, *169.2*, 3 ; Boulanger, *Rad. hyp.*, n° 60 ; Dalloz, *Priv.*, n° 1267 ;

Bruxelles, 14 juin 1819 ; Lyon, 4 juin 1830 ; Rouen, 9 mars 1830 ; Paris, 6 juin 1850 ; Colmar, 30 déc. 1850 ; Dijon, 5 août 1858 ; Cass., 15 mars 1825, 10 août 1831, 24 fév. 1835 ; 11 juill. 1839, 29 juin 1853, 20 juin 1854 ; J. N., 10106, 10532.

(4) Colmar, 9 mars 1822 ; Poitiers, 1er juin 1827, Cass., 10 nov. 1829 ; Trib. Angoulème, 14 juill. 1845 ; Bordeaux, 26 fév. 1846 ; J. N., 12560, 12623, 12727.

(5) Lyon, 4 juin 1830 ; Pau, 25 juin 1838 ; Cass., 28 nov. 1821, 11 avril 1840 ; contra, Grenoble, 6 juill. 1818, 7 fév. 1835 ; Limoges, 27 nov. 1845.

SECTION II. — DU RANG QUE LES HYPOTHÈQUES ONT ENTRE ELLES.

5701. Entre les créanciers, l'hypothèque, soit légale, soit judiciaire, soit conventionnelle, n'a de rang que du jour de l'inscription prise par le créancier sur les registres du conservateur, dans la forme et de la manière prescrites par la loi, *infra n^{os}* 5727 *et suiv.* (*C. N.*, **2134**); en sorte que tous les créanciers indistinctement, même les chirographaires, peuvent opposer le défaut d'inscription (1).

5702. Tous les créanciers inscrits le même jour exercent en concurrence une hypothèque de la même date, sans distinction entre l'inscription du matin et celle du soir, quand cette différence serait marquée par le conservateur (*C. N.*, *2147*), et sans qu'il y ait lieu de considérer la nature de l'hypothèque; lorsque l'hypothèque légale est sujette à l'inscription et qu'elle est inscrite le même jour qu'une hypothèque conventionnelle, elle vient en concours avec cette hypothèque (2); il en est ainsi du privilége de copartageant ou de constructeur qui a dégénéré en hypothèque pour défaut d'inscription

FORMULE 775. — **Réserve d'antériorité dans une obligation.** (N°s 5701 à 5712).

M. et Mme BEUVARD déclarent qu'ils ont l'intention de faire un emprunt du Crédit foncier de France, jusqu'à concurrence d'une somme de....., soit en numéraire, soit en obligations émises par cette société; ladite somme remboursable par annuités comprenant l'amortissement du capital, les intérêts et frais, dans les conditions ordinaires des prêts faits par le Crédit foncier, et d'affecter et hypothéquer à la garantie du remboursement de cette somme et du payement des intérêts et accessoires, les immeubles ci-dessus hypothéqués.

M. et Mme BEUVARD se réservent expressément de conférer cette hypothèque au Crédit foncier de France, pour venir au premier rang, par préférence et antériorité à l'hypothèque ci-dessus consentie à M. MARAIS, et à la subrogation consentie par Mme BEUVARD dans son hypothèque légale, en faveur dudit prêteur, ainsi qu'à l'inscription qui sera prise au profit de ce dernier, comme aussi dans le bénéfice de la cession d'indemnité d'assurances ci-dessus consentie; le tout de manière que le Crédit foncier ne soit primé par aucune inscription, ni par aucune autre cession d'indemnité d'assurances que celle qui sera consentie à son profit.

Il est bien entendu que si l'emprunt du Crédit foncier se réalise en plusieurs fois, l'antériorité d'hypothèque existera à son profit pour les sommes qu'il aura fournies partiellement, pourvu qu'elles ne forment qu'un capital de.....

Le Crédit foncier de France profitera de l'antériorité ainsi réservée, sans qu'il soit besoin d'un nouveau consentement donné par M. MARAIS, qui, au surplus, s'engage à le réitérer à la demande qui lui en serait faite par M. et Mme BEUVARD.

FORMULE 776. — **Cession d'antériorité au profit du Crédit foncier.**
(N°s 5704 à 5712.)

PAR-DEVANT M^e.....,

A COMPARU : M. Léon MARAIS, propriétaire, demeurant à.....;

Lequel, pour arriver à la cession d'antériorité faisant l'objet des présentes, a exposé ce qui suit :

Aux termes d'un acte passé devant M^e....., notaire à....., le....., M. Paulin BEUVARD, propriétaire, et Mme Héloïse TILLET, son épouse, demeurant ensemble à....., se sont reconnus débiteurs envers M. MARAIS, comparant, d'une somme de....., pour prêt.

A la garantie du remboursement de cette somme, du payement des intérêts dont elle est productive et autres accessoires, M. et Mme BEUVARD ont hypothéqué les immeubles ci-après désignés : 1°....., etc. (*désigner sommairement*), sur lesquels inscription a été

(1) Grenier, I, 60; Persil, 2134, 1; Troplong, n° 568; Pont, n° 729; Zach., § 817, note 1; Roll., *Hyp.*, 555 *bis*; Cass., 19 déc. 1809, 11 | uin 1817; Pau, 23 juin 1816.
(2) Troplong, n° 664; Pont, n° 735; CONTRA, Grenier, I, 53.

dans le délai prescrit (1), *supra n° 5644*; en ce qui concerne le privilége de vendeur, voir *supra n° 4034*.

5703. Mais les conventions des parties peuvent modifier les droits d'antériorité ou de concurrence qui résultent des dates des inscriptions.

5704. I. *Consentement à antériorité d'hypothèque* (FORM. 775, 776, 777). Nous avons déjà dit *supra n° 5646*, que le créancier hypothécaire peut céder son droit d'hypothèque. A plus forte raison, il peut consentir qu'un autre créancier, ayant également hypothèque mais d'un rang postérieur, lui soit préféré et vienne avant lui pour l'exercice de son hypothèque; ce consentement constitue une cession d'antériorité d'hypothèque. Cette cession a lieu fréquemment pour les prêts faits par le Crédit foncier, qui ne peuvent avoir lieu que sur première hypothèque.

5705. Pour consentir une cession d'antériorité, il faut avoir la capacité de donner mainlevée avant payement, *infra n° 5887*. (2)

---

prise au profit de M. MARAIS contre M. et Mᵐᵉ BEUVARD, au bureau des hypothèques de....; le...., vol....., n°.....

Suivant autre acte passé devant Mᵉ....., notaire à....., le....., M. et Mᵐᵉ BEUVARD ont emprunté du CRÉDIT FONCIER de France, société anonyme ayant son siége à Paris, rue Neuve-des-Capucines, n° 19, une somme de....., dont ils doivent se libérer en cinquante années, à compter du....., par cinquante annuités de..... chacune, comprenant l'amortissement, l'intérêt annuel et les frais d'administration.

M. et Mᵐᵉ BEUVARD, pour toucher la somme empruntée du Crédit foncier, doivent lui justifier que l'inscription prise au profit de cette société, et ci-après énoncée, arrive en première ligne.

A la garantie du remboursement du prêt qui leur a été fait par le Crédit foncier et du payement des intérêts et accessoires, M. et Mᵐᵉ BEUVARD ont affecté et hypothéqué les immeubles déjà hypothéqués à la garantie de la créance de M. MARAIS et ci-dessus indiqués, sur lesquels inscription a été prise au profit du Crédit foncier, au bureau des hypothèques de....., le....., vol....., n°.....

CESSION D'ANTÉRIORITÉ.

Ces faits exposés, M. MARAIS ayant pris connaissance, ainsi qu'il le reconnaît, de l'acte de prêt du Crédit foncier de France à M. et Mᵐᵉ BEUVARD, en date du....., ci-dessus énoncé,

A, par ces présentes, déclaré consentir à ce que les droits hypothécaires qui lui ont été conférés par M. et Mᵐᵉ BEUVARD, aux termes de l'obligation du....., et l'inscription prise, en vertu de cet acte, à son profit contre M. et Mᵐᵉ BEUVARD, au bureau des hypothèques de....., le....., vol....., n°....., soient primés par les droits hypothécaires conférés par M. et Mᵐᵉ BEUVARD au Crédit foncier, aux termes dudit acte du....., et l'inscription prise au même bureau des hypothèques de....., en vertu de cet acte, contre M. et Mᵐᵉ....., vol....., n°....., comme aussi dans le bénéfice de la cession d'indemnité d'assurances consentie à son profit, aux termes dudit acte du.....

M. MARAIS entendant ainsi céder au Crédit foncier toute antériorité sur lui-même, et que, dans tous ordres et distributions de deniers qui auraient pour objet le prix des immeubles hypothéqués ou l'indemnité d'assurances contre l'incendie, le Crédit foncier soit colloqué pour le montant des sommes qui lui seront dues en vertu dudit acte du....., en principal, intérêts et accessoires, et en soit payé par préférence et antériorité à lui pour raison de sa créance résultant de ladite obligation du.....

La cession d'antériorité qui précède est acceptée par M....., gouverneur du Crédit foncier de France, demeurant à....., à ce intervenu.

---

(1) Pont, n° 736; CONTRÀ, Roll., *Insc.*, n° 344.   (2) V. Cass., 1er août 1866; Jur. N., 13104.

5706. Cette cession est expresse ou tacite. Elle est *expresse* lorsqu'elle est consentie formellement par le créancier. Elle est *tacite* lorsque le créancier concourt à un acte par lequel son débiteur hypothèque le même immeuble au profit d'un autre (1), par exemple, la femme qui hypothèque conjointement avec son mari un immeuble appartenant à ce dernier, *infra n° 5720*.

5707. La cession d'antériorité ne peut être faite que par acte authentique (*arg. C. N.*, *2129, 2158*).

5708. Dans l'usage, la cession expresse d'antériorité est acceptée par le créancier qui en profite. Toutefois, cette cession ne constitue qu'un acte purement unilatéral, et comme telle, n'est pas soumise à une acceptation formelle ; il suffit que le créancier ait manifesté l'intention d'en profiter et d'en poursuivre l'exécution (2).

5709. La cession d'antériorité n'ayant d'effet qu'à l'égard des créanciers entre eux n'est pas soumise à l'acceptation du débiteur ni à la signification prescrite par l'art. 1690 C. N.; mais elle doit être mentionnée sur les registres du conservateur.

5710. Le créancier qui a consenti l'antériorité a mis le créancier postérieur à son lieu et place et se trouve rejeté au rang de ce créancier ; c'est donc à lui à conserver le rang hypothécaire postérieur, et la perte de ce rang par le défaut de renouvellement de l'inscription en temps utile ne lui ferait pas recouvrer son rang primitif (3).

5711. Lorsqu'il existe des créanciers intermédiaires entre l'inscription du cédant et celle du ces-

---

Pour faire mentionner ces présentes partout où besoin sera, tous pouvoirs sont donnés au porteur d'une expédition ou d'un extrait.

DONT ACTE. Fait et passé, etc.

FORMULE 777. — Consentement à antériorité au profit d'un particulier.
(N°ˢ 5704 à 5712.)

PAR-DEVANT Mᵉ.....,

A COMPARU : M. Léon MARAIS, propriétaire, demeurant à.....;

Lequel a, par ces présentes, déclaré consentir formellement à ce que l'inscription prise à son profit, sur..... (*désigner sommairement les immeubles*), au bureau des hypothèques de....., le....., vol....., n°....., contre M. Paulin BEUVARD, propriétaire, et Mᵐᵉ Héloïse TILLET, son épouse, demeurant ensemble à....., pour sûreté de....., montant en principal de l'obligation pour prêt qu'ils ont souscrite à son profit, suivant acte passé devant Mᵉ....., notaire à......, le.....

Soit primée par l'inscription qui va être prise incessamment au même bureau, au profit de M. Léon DILLET, rentier, demeurant à....., contre M. et Mᵐᵉ BEUVARD, pour sûreté d'une somme de.., et accessoires, montant d'une obligation passée devant Mᵉ....., notaire à....., le.....

Consentant, le comparant, toute antériorité au profit de M. DILLET, et, par suite, qu'il soit colloqué avant lui pour raison de la somme de....., avec tous accessoires, dans tous ordres qui auraient pour objet la distribution du prix des immeubles hypothéqués.

Pour faire mentionner ces présentes partout où besoin sera, tous pouvoirs sont donnés au porteur d'une expédition ou d'un simple extrait.

DONT ACTE. Fait et passé, etc.

FORMULE 778. — Réserve de concurrence dans une obligation. (N°ˢ 5713 à 5716.)

(Cas de la formule 770.)

M. et Mᵐᵉ BEUVARD se réservent d'emprunter encore, en une ou en plusieurs fois, une somme de trente mille francs, avec hypothèque sur les immeubles ci-dessus désignés, et

---

(1) Roll., *Cession d'antér.*, n° 7.
(2) Bourges, 30 fév. 1852; Jur. N., 10359. Voir cependant Roll., *Cession d'antér.*, n° 11.

(3) Cass., 1er juill. (850 ; Jur. N., 9264; contra, Roll., *Cession d'antér.*, n° 14; Dict. not., *ibid.*, n° 11.

sionnaire, la cession ne peut profiter au cessionnaire que jusqu'à concurrence du montant de la créance inscrite au profit du cédant (1).

5712. Le créancier, après avoir cédé l'antériorité de son hypothèque, ne peut donner mainlevée de son inscription hors la présence du cessionnaire et sans son consentement (2).

5713. II. *Stipulation de concurrence.* [FORM. 778, 779]. Le créancier, au lieu de céder son droit d'antériorité, peut simplement consentir que le créancier ayant une créance inscrite postérieurement à la sienne vienne au même rang et en concurrence avec lui.

5714. Le débiteur, de son côté, en conférant une hypothèque, peut se réserver de consentir ultérieurement d'autres hypothèques pour une somme déterminée pour venir en concurrence avec le premier inscrit.

5715. Toutes les hypothèques entre lesquelles il existe une stipulation de concurrence, s'exercent au même rang et par contribution entre les créanciers, quelles que soient les dates de leurs inscriptions.

5716. Toutefois si d'autres hypothèques sont inscrites dans l'intervalle existant entre les diverses inscriptions qui doivent venir au même rang, cette concurrence n'a plus lieu pour les créances inscrites postérieurement, ce qui peut donner naissance à un conflit qu'il est bon d'éviter en stipulant que les créanciers postérieurs ne viendront en concurrence qu'autant qu'il n'y aura pas d'inscriptions intermédiaires.

---

de consentir que les hypothèques qui seront conférées à ces différents prêteurs, comme aussi la subrogation dans l'effet de l'hypothèque légale de Mme BEUVARD et la cession d'indemnité d'assurances, pour ladite somme de trente mille francs, viennent en concurrence avec M. MARAIS pour raison des dix mille francs présentement prêtés, de manière à former ensemble, au premier rang, une somme de quarante mille francs.

A ce moyen, M. MARAIS, pour les dix mille francs présentement prêtés, et les prêteurs ultérieurs pour lesdits trente mille francs, seront colloqués concurremment entre eux et au même rang, dans tous ordres et distributions qui auraient pour objet les prix des immeubles hypothéqués et les indemnités d'assurances, quelles que soient les dates des inscriptions et significations.

Toutefois la stipulation de concurrence ne produirait pas d'effet à l'égard de celui ou de ceux des prêteurs ultérieurs qui seraient primés par un créancier, en vertu d'une inscription prise dans l'intervalle des dates de leurs différentes inscriptions.

FORMULE 779. — **Stipulation de concurrence dans l'obligation postérieure.**
(N°s 5714 à 5716.)

M. et Mme BEUVARD déclarent que, suivant acte passé devant M^e . . . . . notaire à . . . . ., le . . . . ., ils ont emprunté de M. Léon MARAIS, propriétaire, demeurant à . . . . ., une somme de dix mille francs, avec hypothèque sur les immeubles ci-dessus désignés, en se réservant d'emprunter encore, d'une ou de plusieurs personnes, une somme de trente mille francs en leur conférant hypothèque sur les mêmes immeubles, et de consentir que les hypothèques qui seraient conférées aux différents prêteurs de cette somme, comme aussi la subrogation dans l'hypothèque légale de Mme BEUVARD et la cession d'indemnité d'assurances, viennent en concurrence entre eux et avec M. MARAIS, de manière à former ensemble, au premier rang, une somme de quarante mille francs.

Que les quinze mille francs prêtés par M. BENOIT, aux termes du présent acte, font partie des trente mille francs qu'ils se sont réservé d'emprunter avec concurrence.

Qu'en conséquence, M. MARAIS, pour les dix mille francs montant de l'obligation du . . . . ., ci-dessus énoncée, M. BENOIT, pour les quinze mille francs, montant de la présente obligation, et les prêteurs ultérieurs pour les quinze mille francs restant à em-

---

(1) Dict. not., *Cession d'antér.*, n° 4.   (2) Boulanger, *Rad. hyp.*, n° 51 ; Bordeaux, 12 mai 1844.

5717. III. *Cession du rang de l'hypothèque légale des femmes contre leurs maris* [Form. 780]. Nous verrons, *infra n° 5800,* que l'hypothèque légale existe indépendamment de toute inscription, au profit : de la femme contre son mari pendant le mariage et l'année qui suit sa dissolution, du mineur contre son tuteur pendant sa minorité et l'année qui suit l'époque de sa majorité, de l'interdit contre son tuteur pendant l'interdiction et l'année qui suit sa cessation.

5718. Toutefois, si pendant le mariage la femme a cédé son hypothèque légale à un tiers, ce dernier doit la rendre publique, *infra n° 5723*.

5719. La cession de l'hypothèque légale de la femme peut avoir lieu sous diverses formes; ainsi elle peut, soit céder à un tiers ses actions, créances et reprises contre son mari, et, par suite, le subroger dans l'effet de son hypothèque légale (1), soit lui céder un droit d'antériorité (2) soit renoncer à exercer son hypothèque légale au préjudice d'un tiers, acquéreur ou créancier hypothécaire. Voir *infra n° 5722.*

5720. La cession de l'hypothèque légale et le consentement à antériorité doivent être exprès ; quant à la renonciation elle peut être expresse ou tacite : elle est expresse lorsque la femme déclare formellement la consentir ; elle est tacite lorsque la femme, en s'obligeant solidairement avec son mari, consent conjointement avec lui ou une aliénation, *supra n° 4041,* ou une hypothèque des immeubles appartenant au mari (3); mais si la femme s'oblige solidairement avec son mari envers un créancier auquel il n'est pas donné d'hypothèque, il y a seulement engagement personnel, et l'on ne saurait y voir une renonciation de la part de la femme à son hypothèque légale (4), même lorsque le créancier obtient contre le mari et la femme une condamnation solidaire (5).

5721. La femme peut consentir la cession et la subrogation dans son hypothèque légale en faveur d'un tiers sans être obligée personnellement à la dette, pourvu que le mari soit obligé, que le contrat

---

prunter, seront colloqués concurremment entre eux et au même rang, dans tous ordres et distributions qui auraient pour objet les prix des immeubles hypothéqués et les indemnités d'assurances, quelles que soient les dates de leurs inscriptions ou significations.

Étant rappelé toutefois que, par l'obligation au profit de M. Marais, ci-dessus énoncée, il a été stipulé que la réserve de concurrence ne produirait pas d'effet à l'égard de celui ou de ceux des prêteurs ultérieurs qui seraient primés par un créancier, en vertu d'une inscription prise dans l'intervalle des dates de leurs différentes inscriptions.

FORMULE 780. — **Cession d'antériorité dans l'effet de l'hypothèque légale d'une femme.** (N°ˢ 5717 à 5726.)

Par-devant Mᵉ....,

A comparu : Mᵐᵉ Héloïse Tillet, épouse assistée et, pour ces présentes, autorisée de M. Paulin Beuvard, propriétaire, avec lequel elle demeure à....;

Laquelle ayant pris communication, ainsi qu'elle le déclare, d'un acte passé devant Mᵉ....., notaire à....., le....., aux termes duquel M. Beuvard, son mari, s'est reconnu débiteur pour prêt envers M. Léon Marais, propriétaire, demeurant à....., d'une somme de dix mille francs stipulée exigible le....., et productive d'intérêts à cinq pour cent par an, à partir du jour dudit acte, payables chaque année en deux termes égaux, de six en six mois, les.....; et, pour garantir le remboursement de ladite somme capitale et le payement des intérêts et accessoires, a hypothéqué les immeubles ci-après indiqués : 1°....., etc. *(désigner sommairement),*

---

(1) Pont, n° 457. V. Alger. 22 janv. 1866; Jur. N., 13145.
(2) Pont, n° 458. V. Toulouse, 27 fév. 1867; Lyon, 13 avril 1867; Jur. N., 13228.
(3) Duranton, XX, 301; Troplong, n°ˢ 599, 603; Gauthier, *Subrog.*, n° 385; Mourlon, *ibid.*, p. 612; Benech, *Nantiss.*, n° 26; Pont, n° 464; Larombière, *1250*, 52; Angers, 19 juin 1823; Metz, 4 juin 1822, 22 mars 1859; Amiens, 17 mars 1823, 19 déc. 1846; 11 mars 1854; Lyon, 15 mars 1847, 28 août 1857; Bordeaux, 4 juill. 1840; Caen, 9 fév. 18.3; Paris, 24 août 1853; Riom, 12 ... 18..; Cass., 15

juin 1825, 8 août 1854, 26 juin 1855, 4 fév. 1856, 25 fév. 1862; J. N. 13856, 15276, 15330, 16059, 16262 17382.
(4) Duranton, XX, 443; Troplong, n° 603; Gauthier, *Subrog.*, n° 585; Benech, *Nantiss.*, n° 24; Pont, n° 463; Colmar, 23 août 1842; Orléans, 24 mai 1848, 12 juill. 1854; Paris, 8 avril 1851; contra, Limoges, 2 juin 1823; Cass., 17 avril 1827, 2 avril 1829; Lyon, 24 mai 1850.
(5) Cass., 14 mars 1865; J. N., 18260.

soit sincère (1), que la femme consente en connaissance de cause et en vue d'une affaire spéciale et déterminée. Le mari ne pourrait la consentir au nom de sa femme en vertu d'une procuration générale, il faut un pouvoir spécial (2), *supra, n° 5349.*

5722. Lorsque la femme cède son hypothèque légale, elle met en son lieu et place le créancier, qui peut exercer son hypothèque légale comme elle l'aurait fait elle-même (3), et sur tous les immeubles si la cession n'a pas été faite avec limitation à ceux hypothéqués (4); il en est de même de la renonciation, expresse ou tacite (5), faite par la femme en faveur d'un créancier de son mari (6). Si la femme consent une cession d'antériorité en faveur du créancier, il y a seulement échange entre eux de leurs rangs hypothécaires, en ce sens que le créancier exerce les droits de la femme au rang de son hypothèque légale, et que cette dernière est au rang de l'hypothèque du créancier (7), *supra n° 5710.* Si la créance de la femme contre son mari se trouve éteinte par la confusion, par exemple si elle est sa donataire ou sa légataire universelle, ou si elle succède à ses biens à défaut d'héritiers, la subrogation devient sans effet (8).

5723. La cession de l'hypothèque légale de la femme, ou la renonciation à cette hypothèque, doit être faite par acte authentique (9), et les cessionnaires n'en sont saisis à l'égard des tiers que par l'inscription de cette hypothèque prise à leur profit, *infra n° 5812,* ou par la mention de la subrogation en marge de l'inscription préexistante (*Loi 23 mars 1855, art. 9).*

5724. L'acte authentique est exigé non-seulement pour la subrogation dans l'hypothèque légale de la femme, mais aussi pour la cession de ses créances et reprises contre son mari, qui entraîne de plein droit cette subrogation (10); elle est exigée aussi pour les procurations à l'effet de consentir ces cessions ou renonciations (11).

5725. Les dates des inscriptions ou mentions, *supra n° 5723,* déterminent l'ordre dans lequel ceux

---

A, par ces présentes, déclaré consentir à ce que ses droits d'hypothèque légale contre son mari, pour raison des droits, actions, créances, reprises et avantages matrimoniaux qu'elle a et pourra avoir à exercer contre lui, en vertu de leur contrat de mariage ci-après relaté ou de tous autres titres, soient primés par les droits hypothécaires conférés à M. MARAIS, aux termes de l'acte d'obligation du. . . . . ., ci-dessus énoncé; mais limitativement seulement, sur les immeubles ci-dessus désignés.

Mme BEUVARD, entendant ainsi céder à M. MARAIS toute antériorité sur elle-même, et, par suite, le subroger dans l'effet de son hypothèque légale contre son mari, de manière que dans tous ordres et distributions de deniers qui auraient pour objet le prix des immeubles hypothéqués à la garantie de la créance de M. MARAIS, celui-ci soit colloqué pour le montant de sa créance en principal, intérêts et autres accessoires, et en soit payé par préférence et antériorité à elle-même.

La cession d'antériorité qui précède est acceptée par M. MARAIS ci-dessus prénommé, qualifié et domicilié, à ce présent.

Mme BEUVARD fait observer que son hypothèque légale contre son mari n'a pas été inscrite; en conséquence, M. MARAIS inscrira cette hypothèque à son profit, conformément à l'art. 9 de la loi du 23 mars 1855.

M. et Mme BEUVARD déclarent qu'ils sont mariés sous le régime de la communauté,

---

(1) Durantou, XX, 72; Troplong, n°s 602, 643 *bis;* Pont, n° 454; Boulanger, *Rad. hyp.,* n° 110; Cass., 28 juill. 1823, 24 janv. 1838, 30 juill. 1845; Metz, 13 juill. 1829; Lyon, 13 avril 1832, 24 déc. 1840; Bordeaux, 7 avril 1834; Orléans, 28 fév. 1844; Douai, 20 mai 1851.
(2) Demolombe, IV, 207; Pont, n° 454; Cass., 18 mars et 19 mai 1840, 19 juin 1844.
(3) Pont, n°s 474, 475.
(4) Paris, 4 mars 1868. V. Cass., 2 juill. 1866, 11 fév. 1867; J. N., 18595.
(5) Pont, n° 477.
(6) Grenier, I, p. 550; Troplong, n° 600; Rivière et Huguet, *Transc.,* n° 385; Gauthier, *Subrog.,* n° 583; Berthault, *ibid.,* n° 33; Benech, *Nantiss.,* n° 40; Mourlon, *Priv.,* n° 393; Pont, n° 476; Paris, 1er juin 1807, 11 mars 1843; Amiens, 17 mars 1823; Bourges, 19 mai

1823; Nancy, 23 mai 1826; Cass., 2 avril 1829, 26 juin 1855; Lyon, 7 avril 1854; Metz, 22 janv. 1856; CONTRA, Proudhon, *Usuf.,* n° 2339, Ducruet, *Transc.,* p. 38, selon lesquels la renonciation annihile l'hypothèque légale.
(7) Pont, n° 480; Lyon, 4 août 1853; 11 août 1855.
(8) Pont, n° 483; Benech, *Nantiss.,* n° 20; Orléans, 16 mars 1840; Cass., 30 avril 1849.
(9) L'acceptation n'est pas de rigueur : Boulanger, *Rad. hyp.,* n° 111; Cass., 19 nov. 1855; J. N., 15656.
(10) Troplong, *Transc.,* n° 334; Ducruet, *Transc.* p. 41; Pont, n° 469; Paris, 9 janv. 1866; J. N., 18430, — V, toutefois les observations sur cet arrêt.
(11) Pont, n° 470; Ducruet, *Transc.,* p. 40; Grosse, *ibid.,* n° 269; Rivière et Huguet, *ibid.,* n°s 401, 402; Rivière et François, n° 489.

qui ont obtenu des cessions, exercent les droits hypothécaires de la femme. (*Loi, 23 mars 1855, art.* 9) ; on n'a donc plus égard, comme cela avait lieu antérieurement à cette loi, *infra n° 5726*, à la date des subrogations ; en sorte que si divers créanciers ont requis une inscription d'hypothèque légale ou une mention à une même date, ils concourent entre eux (1), *supra n° 5702*.

5726. Tout ce qui est dit, *supra n° 5723 à 5725* n'est pas applicable aux actes ayant acquis date certaine avant le 1er janvier 1856 (*Loi 23 mars 1855, art. 11*) ; en conséquence, le créancier subrogé avant cette époque dans l'hypothèque légale de la femme n'est pas tenu, au regard des autres créanciers et tant que le mariage n'est pas dissous, *supra n° 5717*, de faire inscrire cette hypothèque ; et entre les créanciers subrogés antérieurement à cette date, la priorité s'établit, selon la législation alors en vigueur, d'après les dates des contrats et indépendamment de toute inscription (2).

CHAPITRE QUATRIÈME.

DU MODE D'INSCRIPTION DES PRIVILÉGES ET HYPOTHÈQUES.

SECT. I. — DISPOSITIONS GÉNÉRALES.

5727. Les inscriptions se font au bureau de la conservation des hypothèques dans l'arrondissement duquel sont situés les biens soumis au privilége ou à l'hypothèque (*C. N.*, 2146). L'hypothèque sur une action immobilisée de la banque de France s'inscrit au premier bureau des hypothèques de la Seine, dans le ressort duquel sont les bureaux de la banque (3) (*arg. loi 17 mai 1834, art. 8.*)

5728. Les inscriptions ne produisent aucun effet entre les créanciers d'une succession, si elles n'ont été prises par l'un d'eux, que depuis l'ouverture de la succession, et dans le cas où elle n'est acceptée que sous bénéfice d'inventaire (*C. N.*, 2146); il en est ainsi alors même que cette acceptation est imposée par la loi, par exemple lorsque la succession est échue à un mineur ou à un interdit (4), et quelle que soit l'époque à laquelle elle a lieu (5).

sans restriction de la capacité de l'épouse, aux termes de leur contrat de mariage, passé devant Me....., notaire à....., le.....

Pour faire mentionner ces présentes partout où besoin sera, tous pouvoirs sont donnés au porteur d'une expédition ou d'un extrait.

DONT ACTE. Fait et passé, etc.

§ 3. — INSCRIPTION DES HYPOTHÈQUES CONVENTIONNELLES.

FORMULE 781. — **Bordereau d'inscription d'hypothèque conventionnelle.**
(Nos 5727 à 5767.)

INSCRIPTION est requise au bureau des hypothèques de.....

CRÉANCIER. (Nos 5736 à 5743.)

AU PROFIT de M. Charles MOREL, propriétaire, demeurant à.....
Ou, si la créance appartient à plusieurs : Au profit de :
1° M. Léon MOREL, avocat, demeurant à.....;

(1) Troplong, *Transc.*, n° 339; Pont, n° 797.
(2) Lyon, 28 août 1857; Bourges, 4 juin 1858; Paris, 8 janv. et 8 mars 1849, 4 janv. 1861, 4 mars 1863; Cass., 9 mai 1860; J. N., 16262, 16491, 16598, 16853, 17078; M. T., 1863, p. 324. Voir cependant Cass., 25 fév. 1862, 2 juill. 1866; J. N., 17382, 18595.
(3) Zach., Massé Vergé, § 805, note 1; Pont, n° 868, Dict. not., *Insc.*, n° 197.

(4) Persil, *2146*, 13; Duranton, XX, 82; Zach., Massé et Vergé, § 808, note 15; Troplong, n° 659; Pont, n° 917; Demolombe, XV, 351; Roll., *Insc.*, n° 106; Toulouse, 2 mars 1826; Bordeaux, 24 juin 1826; COSTRA, Grenier, I, 122.
(5) Grenier, I, 120; Troplong, n° 658 *ter*; Pont, n° 918; Roll., *Insc.*, n° 106.

5729. Il en est encore de même si la succession est déclarée vacante par suite de la répudiation des héritiers (1).

5730. Ce qui est dit aux deux numéros qui précèdent ne reçoit pas son application pour les privilèges qui se conservent sans inscription, comme le privilége du vendeur (2) ; et le vendeur, même sans avoir inscrit son privilége, peut, au préjudice des créanciers chirographaires, exercer l'action résolutoire (3).

5731. Si le débiteur est en faillite, les droits d'hypothèque et de privilége valablement acquis peuvent être inscrits jusqu'au jour du jugement déclaratif de la faillite. Néanmoins les inscriptions prises après l'époque de la cessation de payements, ou dans les dix jours qui précèdent, peuvent être déclarées nulles, s'il s'est écoulé plus de quinze jours entre la date de l'acte constitutif de l'hypothèque ou du privilége et celle de l'inscription. Ce délai est augmenté d'un jour à raison de cinq myriamètres de distance entre le lieu où le droit d'hypothèque a été requis et le lieu où l'inscription est prise (C. comm., 448 ; C. N. 2146).

5732. Toutefois les inscriptions peuvent être prises, même après le jugement déclaratif de faillite pour certains priviléges, lorsque la loi fixe un délai qui n'est pas encore écoulé (4); ainsi, le privilége du copartageant dans les soixante jours du partage, supra n° 5611; celui de l'État pour le recouvrement des frais de justice, dans les deux mois de la condamnation (5), supra n° 5636; celui de la séparation des patrimoines, dans les six mois du décès, supra n° 5627, et infra n° 5779; celui du vendeur, tant que le contrat de revente n'a pas été transcrit (6). Voir aussi infra n° 5772.

5733. L'hypothèque légale de la femme, du mineur ou de l'interdit, lorsqu'elle n'est plus dispensée de l'inscription, infra n° 5807, 5828, est sans effet si la succession du mari ou du tuteur est bénéficiaire, vacante, ou en état de faillite (7).

SECT. II. — DE L'INSCRIPTION DES PRIVILÉGES.
Voir supra n° 5602, 5603, 5606 à 5608, 5611, 5613, 5619, 5627, 5629, 5635, 5636.

SECT. III. — DE L'INSCRIPTION DES HYPOTHÈQUES CONVENTIONNELLES.

5734. Pour opérer l'inscription le créancier représente, soit par lui-même, soit par le notaire qui a reçu l'acte (8), soit par un tiers, au conservateur des hypothèques (9), l'original en brevet ou une expédition authentique, ou même un extrait littéral (10) du jugement ou de l'acte qui donne naissance au privilége ou à l'hypothèque (C. N., 2148).

2° Mme Zoé MOREL, épouse de M. Paul PÉTREL, pharmacien, avec lequel elle demeure à...
En qualité d'héritiers, chacun pour moitié, de M. Charles MOREL, leur père, en son vivant propriétaire, demeurant à . . . ., où il est décédé le. . . . .
Pour lequel (ou pour lesquels) domicile est élu à . . . ., en l'étude de M^• . . . ., notaire en cette ville (ou à . . . ., en sa demeure. N°^s 5744, 5745.)
Si l'inscription se fait à un bureau d'hypothèques différent de celui de la rédaction : Pour lequel domicile est élu, pour la validité de l'inscription à . . . ., en l'étude de M^• . . . ., notaire en cette ville; et, pour la correspondance, en celle de M^• . . . ., notaire à . . . .

(1) Persil, 2146, 11; Grenier, I, 120; Zach., Massé et Vergé, § 803, note 16; Troplong, n° 659 ter; Pont, n° 916; Demolombe, XV, 461; Roll., Insc., n° 107 ; Paris, 24 juin, 1862; J. N., 17450.
(2) Zach., § 803, note 13 ; Cass., 16 juill. 1818; Nîmes, 23 juin 1819; Trib. Chartres, 24 juin 1859; Besançon, 14 déc. 1861 ; J. N., 16665, 17404; contra, Pont, n° 927.
(3) Montpellier, 6 avril 1859; Cass., 27 mars 1861 ; contra, Grenoble, 14 juill. 1850.
(4) Pont, n°s 899, 901.
(5) Metz, 28 fév. 1856.
(6) Pont, n° 903. Voir Bordeaux, 15 juill. 1857; Cass., 1er mai 1860; J. N., 16188, 16846 ; contra, Nancy, 6 août 1859 ; J. N., 16725.
(7) Pont, n°s 895, 920, Mourlon, Transc., II, 878; Paris, 24 juin 1862; Trib. Rouen, 15 juill. 1865 ; J. N., 17450, 18460.
(8) Jugé que le notaire, comme conseil des parties qui recourent à son ministère, est chargé d'assurer l'efficacité de ses actes, et qu'il est responsable s'il néglige de prendre l'inscription des

hypothèques stipulées dans un acte reçu par lui : Paris, 21 mai 1851, 27 août 1852, 22 juin 1853, 14 janv. 1854; J. N., 14791, 14998, 15135; contra, Pont, n° 937 et Rev crit. VII, p. 35 et suiv., ou s'il la prend tardivement : Cass., 22 août 1854; J. N., 18129.
(9) Si le conservateur des hypothèques consent à prendre inscription sans la représentation du titre, ce n'ôte rien à sa validité: Persil, 2148, 4; Duranton, XX, 91, 92 ; Zach., Massé et Vergé, § 814, note 2; Dalloz, n° 4452; Troplong, n° 677 ; Pont, n° 940 ; Dict. not., Insc., n° 490; Roll., ibid., n° 447 ; Riom, 6 mai 1809, Cass., 18 juin 1823, 19 juin 1833; J. N., 8110; Trib. Seine. 5 mars 1861 ; même lorsque l'inscription a été prise avant l'enregistrement de l'acte constitutif d'hypothèque Troplong, n° 507; Massé et Vergé, § 799, note 2; Pont, n° 664 ; Toulouse, 12 déc. 1835.
(10) Roll., Insc., n° 449; Décis. min. fin., 8 août 1858; Instr. Régie, 24 août 1838, n° 1569; Caen, 18 janv. 1837; Trib. Orléans, 28 janv. 1839.

Une instruction de la régie, du 13 avril 1865, n° 2309 (1), indique les formes de cette représentation de titre, que le conservateur doit toujours exiger (2). Toutefois elle n'a pas lieu dans les cas suivants (3) : 1° inscription de créances antérieures à la loi du 11 frim. an VII (art. 40 de cette loi) ; 2° inscription d'hypothèques légales (C. N., 2155) ; 3° inscriptions requises par les agents et les syndics d'une faillite (C. comm. 490) ; 4° renouvellement d'inscription (4) (C. N., 2154) ; 5° inscription de la séparation des patrimoines, supra n° 5627.

5735. Le créancier joint au titre deux bordereaux (FORM. 784) écrits sur papier timbré (5), dont l'un peut être porté sur l'expédition du titre (6) : ils contiennent l'indication, 1° du créancier et d'une élection de domicile pour lui, 2° du débiteur, 3° du titre, 4° de la créance et de son exigibilité, 5° des biens grevés d'hypothèque (C. N., 2148). Nous allons examiner chacune de ces prescriptions.

5736. I. *Créancier ; élection de domicile.* Le bordereau doit contenir les nom, prénoms, domicile du créancier, sa profession s'il en a une (C. N. 2148, 1°) ; si la créance appartient à une société en nom collectif ou en commandite, il suffit d'énoncer la raison sociale (7).

5737. La désignation du créancier, quoique très-utile dans l'inscription, n'a pas paru à quelques auteurs être exigée à peine de nullité ; si elle est seulement incomplète ou irrégulière, l'inscription n'en est donc pas moins valable (8) ; ainsi l'omission du domicile réel ne serait pas une cause de nullité (9).

5738. Le créancier qui doit être dénommé s'entend de celui qui a la propriété de la créance en vertu d'un titre régulier, ou ses successeurs, héritiers, légataires, donataires, cessionnaires, etc.

5739. Une inscription peut être valablement prise au profit d'un créancier décédé (10) ; si le décès est connu, il est préférable de prendre l'inscription au nom de sa succession et de ses héritiers, sans qu'il soit nécessaire de les dénommer (11).

5740. Le cessionnaire peut prendre utilement inscription à son profit, même avant la signification du transport au débiteur (12), mais non avant que l'acte de transport n'ait été signé (13).

5741. Si la cession n'est pas consommée, par exemple, s'il s'agit d'une simple délégation ou d'une indication de payement non acceptée, celui au profit de qui elle a été faite n'est pas saisi, et il ne peut prendre utilement inscription à son profit sur les biens du débiteur délégué (14).

DÉBITEUR. (N°ˢ 5746 à 5749.)

CONTRE M. Charles VARNIER, cultivateur, demeurant à.....
S'il y a plusieurs débiteurs : Contre : 1° M. Eloi RAVIN, cultivateur, demeurant à.....;
2° M. Denis RAVIN, charron, demeurant à.....;
3° Et M. Noël BAUMET, menuisier, et Mᵐᵉ Héloïse RAVIN, son épouse, demeurant ensemble à.....   *Tous débiteurs solidaires.*
S'il y a une caution : Contre : 1° M. Jean DURET, cultivateur, demeurant à.....,
                                                    Débiteur principal;
2° Et M. Vincent BENOIT, propriétaire, demeurant à.....   *Caution solidaire.*

TITRE. (N°ˢ 5750 à 5754.)

EN VERTU d'un acte contenant obligation pour prêt, passé devant Mᵉ....., notaire

---

(1) J. N., 18260.
(2) La représentation de la minute de l'acte d'affectation hypothécaire ne suffirait pas: CONTRA, Ducruet, J. N., 18287.
(3) Instr. Régie, 2 avril 1834, n° 1453.
(4) Riom, 23 août 1858 ; J. N., 16423.
(5) La signature des bordereaux n'est aucunement obligatoire. Pont, n° 947.
(6) Le bordereau de l'inscription en renouvellement peut aussi, sans contravention être écrit sur l'expédition du titre à la suite du bordereau de l'inscription primitive : Délib. Régie, 9 juin 1863; Inst. Régie, 22 déc. 1863; J. N., 13251, 17908.
(7) Pont, n° 963 : Roll., Insc., n° 164 ; Paris, 15 avril 1809 ; Cass., 1er mars 1810 ; Colmar, 27 avril 1817 ; Rennes, 7 mars 1820.
(8) Toullier, VII, 510; Taulier, VII, p. 339; Troplong, n° 679; Pont,

n° 969. Voir cependant Persil, 2148, § 1 ; Duranton, XX, 167; Solon, Nullités, I, 382.
(9) Paris, 16 fév. 1809, 29 août, 1811 ; Cass., 1er fév. et 26 juill. 1825 ; CONTRA, Cass., 6 juin 1810. Voir Roll., Insc., n° 166.
(10) Roll., Insc., n° 162.
(11) Grenier, n° 72; Zach., § 808, note 2; Dict. not., Insc., n° 233; Roll., ibid., n° 163; Cass., 15 mai 1809.
(12) Duranton, XX, 95; Duvergier, Vente, II, 201 ; Troplong, Priv., n° 365 ; Pont, n° 931 ; Dict. not., Insc., n° 174; Roll., Insc., n° 72; Paris, 23 mars 1816, 11 août 1819, 16 nov. 1840; Bourges, 12 fév. 1841; Pau, 9 juin 1862 ; M. T., 1853, p. 26.
(13) Toulouse, 2 janv. 1844; J. N., 11077.
(14) Pont, n° 931; Cass., 21 fév. 1810 ; Metz, 21 nov. 1820; Aix, 22 juill. 1846.

5742. Les créanciers peuvent inscrire les créances appartenant à leurs débiteurs (*arg. C. N.*, *1166),* pourvu que ce soit aux noms de ceux-ci ; ils ne le pourraient en leurs propres noms qu'après une saisie dûment validée (1).

5743. Le conservateur des hypothèques peut prendre, dans l'intérêt d'un créancier, et sans réquisition de sa part, une inscription pour la conservation d'une hypothèque conventionnelle (2). Voir *infra n° 1767.*

5744. Le bordereau doit contenir l'élection d'un domicile pour le créancier, dans un lieu quelconque de l'arrondissement du bureau (*C. N.*, *2148.* *1°*).

5745. On a longtemps jugé que l'élection de domicile dans les inscriptions hypothécaires était indispensable pour la validité de l'inscription (3) ; mais une jurisprudence plus récente et moins rigoureuse décide généralement que l'inscription hypothécaire est valable malgré le défaut d'élection de domicile, lorsque le créancier, domicilié dans l'arrondissement même du bureau des hypothèques, a indiqué ce domicile dans son inscription (4).

5746. II. *Débiteur.* On énonce dans les bordereaux, les nom, prénoms, domicile du débiteur, sa profession s'il en a une connue, ou une désignation individuelle et spéciale, telle, que le conservateur puisse reconnaître et distinguer dans tous les cas l'individu grevé d'hypothèque (*C. N.*, *2148*, 2°).

5747. Le débiteur, en ce qui concerne l'inscription, est celui qui a hypothéqué l'immeuble ; si depuis il a changé de mains, c'est toujours le débiteur originaire que l'inscrivant doit désigner dans le bordereau et non pas le tiers acquéreur ou tiers détenteur (5), à moins qu'il n'ait été chargé de la dette. Si l'hypothèque a été consentie par le propriétaire pour garantir la dette d'autrui, le débiteur à désigner est le propriétaire de l'immeuble et non celui qui est obligé personnellement (6).

5748. L'indication du débiteur est nécessaire à la validité de l'inscription (7) : toutefois l'inscription ne serait pas susceptible d'être annulée pour défaut de l'une ou de plusieurs des indications de nom, prénoms, profession et domicile du débiteur, pourvu qu'il puisse être reconnu (8) ; mais si l'erreur dans le nom ou l'omission d'un prénom a pu induire les tiers en erreur, l'inscription est nulle (9).

5749. Les inscriptions à faire sur les biens d'une personne décédée peuvent être faites sous la simple

à....., le..... (*ou* : En vertu d'un acte passé devant M°....., notaire à....., le....., contenant obligation pour prêt par M. Duret, au profit de M. Morel et cautionnement solidaire par M. Benoit.

Si l'on veut rapporter les conditions de l'acte d'obligation, ce qui nous paraît être sans utilité, l'on ajoute : Par lequel acte d'obligation il a été stipulé : 1° que, etc. (*Copier dans l'acte.*)

CRÉANCE. (N°ˢ 5755 à 5766.)

Pour sûreté : **1°** de la somme de dix mille francs, montant en principal de l'obligation précitée ; ladite somme stipulée exigible le....., et, jusqu'à son remboursement intégral, productive d'intérêts à cinq pour cent par an à partir du jour de l'obligation, payables chaque année en deux termes égaux, les....., ci.......... 10,000 »

(1) Duranton, XX, 90 ; Zach., Massé et Vergé, § 807, note 9 ; Pont, n° 932 ; Roll., *Hyp.*, n° 79 ; Paris, 16 fév. 1809.

(2) Cass., 13 juin 1844 ; Agen, 4 janv. 1854.

(3) Persil, *2148*, § 1ᵉʳ ; Duranton, XX, 107 ; Solon, *Nullités*, I, 862 ; Hervieu, *Insc.*, n° 5 ; Zach., Massé et Vergé, § 814, note 5 ; Douai, 7 janv. 1819, 16 avril 1847 ; Orléans, 1ᵉʳ déc. 1836 ; Bordeaux, 24 juill. 1846 ; Colmar, 16 août 1847 ; Nîmes, 31 juill. 1849 : Paris, 8 juill. 1852 ; Cass., 27 août 1828, 6 janv. 1835, 12 juill. 1836, 11 déc. 1843, 26 juill. 1858 ; J. N., 11862, 12879, 16422 ; contra, Toullier, VII, 540 ; Taulier, VII, p. 339 ; Troplong, n° 629 ; Pont, n° 970 ; Roll., *Insc.*, n° 175 ; Metz, 2 juill. 1812 ; Liége, 5 janv. 1816 ; Rouen, 7 mars 1820 ; Grenoble, 12 avril 1821, 10 juill. 1823 ; Riom, 7 mars 1825, 29 fév. 1832 ; Paris, 9 août 1832 ; Agen, 4 janv. 1854 ; Alger, 31 nov. 1856, 8 janv. 1863 ; Aix, 8 mars 1800 ; J. N., 15101, 17745.

(4) Rennes, 7 mars 1820 : Grenoble, 12 avril 1821 ; Limoges, 12 déc. 1845 ; Aix, 8 fév. 1860 : Orléans, 4 juin 1861 : Cass., chambres réunies 14 janv. 1863 ; J. N., 16857, 17162, 17622 ; contra, Cass ., 11 déc. 1847 26 juill. 1858 ; J N., 11862, 16122.

(5) Persil, *2148*, § 2, n° 5 ; Grenier, 1, 87 Duranton, XX, 110 ; Troplong, n° 681 *ter* ; Pont, n° 975 ; Cass., 27 mai 1816 ; J. N., 2012.

(6) Pont, n° 976 ; Cass., 13 therm. an 12.

(7) Troplong, n° 680 ; Pont, n° 977.

(8) Troplong, n° 681 ; Pont, n° 978 ; Dalloz, n° 1475 ; Cass., 3 juin 1811, 22 mars et 17 déc. 1812, 17 mars 1813 25 juin 1821, 8 juill. 1840, 13 juill. 1841 ; Bordeaux, 19 janv. 1849, 22 août 1862 ; J. N., 11017, 17539.

(9) Grenoble, 13 janv. 1825 ; Lyon, 24 avril 1849 ; J. N. 13822

désignation du défunt, ou des héritiers d'un *tel* (1), ainsi qu'il est dit *supra* n° 5746 (*C. N.*, 2149).

5750. III. *Titre*. Le bordereau doit énoncer la date et la nature du titre (*C. N.*, 2148, 3°).

5751. Le titre que l'inscription doit mentionner est le titre constitutif du privilége ou de l'hypothèque, sans qu'il soit besoin d'y énoncer, si la créance a été cédée, la série des titres par lesquels le cessionnaire l'a acquise (2) ; lorsqu'une caution s'est obligée avec affectation hypothécaire sur ses biens, le titre à énoncer dans l'inscription est, non pas l'acte primitif par lequel le débiteur principal s'est obligé à fournir le cautionnement, mais l'acte subséquent par lequel la caution a consenti l'hypothèque (3) ; toutefois il est préférable d'énoncer à titre de renseignement tous les actes relatifs à la créance.

5752. Si le titre constitutif de l'hypothèque était insuffisant et ne pouvait avoir d'effet qu'au moyen d'une ratification ou d'une confirmation ultérieure, il faut énoncer dans l'inscription et l'acte constitutif et l'acte de confirmation ou de ratification (4).

5753. L'énonciation du titre se fait par l'indication du nom donné à l'engagement qui donne naissance au privilége ou à l'hypothèque, c'est-à-dire *prêt, cautionnement, ouverture de crédit, partage, vente, licitation*, etc. Toutefois il a été décidé qu'il suffit de dire : *en vertu d'un acte passé devant M*..... *notaire à...., le....*, sans autre qualification (5).

5754. L'omission dans l'inscription de la date du titre est une cause de nullité de l'inscription (6) ; il n'en est pas de même s'il n'y a qu'erreur dans l'énonciation de la date (7).

5755. IV. *Créance ; exigibilité*. Le bordereau doit mentionner le montant du capital des créances exprimées dans le titre, ou évaluées par l'inscrivant, pour les rentes et prestations, ou pour les droits éventuels, conditionnels ou indéterminés, dans le cas où cette évaluation est ordonnée ; comme aussi le montant des accessoires de ces capitaux, et l'époque de l'exigibilité (*C. N.*, 2148, 4°).

5756. L'indication du capital a pour objet d'avertir les tiers des charges qui pèsent sur les immeubles grevés ; elle est prescrite à peine de nullité de l'inscription. Cependant l'erreur dans l'indication du chiffre ne serait pas une cause de nullité ; s'il est supérieur à la créance, il est réductible ; s'il est inférieur, l'inscription ne vaut que pour la somme exprimée (8).

2° Des intérêts dont la loi conserve le même rang d'hypothèque que pour le principal (5768 à 5770), portés ici pour mémoire. . . . . *Mémoire.*

3° Des frais de l'acte d'obligation précitée, de ceux de mise à exécution, s'il y a lieu et autres accessoires ; le tout porté par approximation à.. . . .   500   »

Total, sauf l'article porté pour mémoire. . . . . 10,500 »

IMMEUBLES. (N°ˢ 5764, 5765.)

Sur :

1° Une maison, etc.;

2° Une pièce de terre, etc. (*Désigner les biens hypothéqués tels qu'ils le sont dans l'acte d'obligation.*)

S'il y a réserve de concurrence : Il est fait observer que, par l'acte d'obligation ci-dessus énoncé, M. VARNIER s'est réservé d'emprunter, en une ou plusieurs fois, une autre somme de vingt mille francs avec hypothèque sur les mêmes immeubles, et de consentir

---

(1) Duranton, XIX, 409 ; Cass., 8 mars 1812.

(2) Pont, n° 981 ; Cass., 4 avril 1810, 7 oct. et 24 nov. 1812, 11 août 1819, 16 nov. 1840 ; J. N., 10699.

(3) Pont, n° 981 ; Paris, 26 mars 1808 ; Colmar, 3 mai 1820. Bordeaux, 6 mai 1848 ; Cass., 25 avril 1810, 3 fév. 1819, 12 déc. 1821, 30 mai 1843 ; J. N., 11068.

(4) Grenier, I, 46 ; Pont, n° 981 ; Roll., *Insc.*, n° 208 ; Paris, 11 août 1808 ; Bruxelles, 20 déc. 1816.

(5) Troplong, n° 682 ; Pont, n° 622 ; Massé et Vergé, § 814. note 6 ; Roll., *Insc.*, n°ˢ 214, 215 ; Dict. not., *Insc.*, n° 287 ; Poitiers, 28 juill.

1814 ; Cass., 11 mars 1816, 1ᵉʳ fév. 1825 ; Douai, 7 janv. 1819 ; Toulouse, 23 mai 1820.

(6) Grenier, I, 97 ; Duranton, XX, 112 ; Solon, *Nullités*, n° 362 ; Roll., *Insc.*, n° 209 ; Cass., 29 avril 1807, 11 nov. 1811, 8 oct. 1812, 11 mars 1816, 3 fév. 1819, 12 déc. 1821, 19 juin 1833, 30 mai 1843, 2 mars 1853 ; CONTRA, Toullier, VII. 510 ; Troplong, n° 682 ; Taulier, VII, p. 349 ; Pont, n° 984 ; Bruxelles, 29 janv., 1851.

(7) Toulouse, 27 mai 1830 ; Lyon, 20 juill. 1847 ; J. N., 7322, 12203 ; CONTRA, Troplong, n° 668 *bis.*

(8) Pont, n° 987 ; Roll., *Insc.*, n°ˢ 220 à 223 ; Toulouse, 3 avril 1840 ; J. N., 10739.

5757. Lorsque l'inscription est prise en garantie d'une créance dont l'objet a été l'emploi d'une somme grevée de restitution, il faut mentionner dans l'inscription que la créance dépend d'une substitution (1).

5758. Si l'inscrivant, en évaluant la créance, la fixe à un chiffre supérieur à la valeur de la créance, le débiteur peut le faire réduire ; s'il est inférieur, l'inscription ne conserve que la somme portée, sauf au créancier à prendre une nouvelle inscription qui prend rang du jour de sa date (2).

5759. Les accessoires de la créance qui doivent être évalués dans l'inscription, sont les intérêts et les frais. Les frais dont il est ici question ne sont pas ceux à faire pour la réalisation du gage, puisqu'ils sont conservés comme frais de justice profitant à la masse par le privilège résultant de l'art. 2101, ce qui les dispense de l'inscription ; ces frais sont ceux du titre dont le créancier a fait ou est exposé à faire l'avance, ceux de l'inscription même, et encore tous ceux auxquels la qualification de frais privilégiés de justice pourrait être refusée d'après les règles de l'art. 2101. — Le défaut d'évaluation des accessoires ne rend pas l'inscription nulle, seulement les accessoires ne sont pas conservés par l'inscription, sauf au créancier à prendre une nouvelle inscription qui prend rang à sa date (3).

5760. La mention de l'époque d'exigibilité de la créance, dans une inscription hypothécaire, est une formalité substantielle dont l'omission emporte nullité (4). L'erreur dans la mention de l'exigibilité serait considérée comme une omission (5).

5761. L'omission ou l'erreur de l'exigibilité des intérêts ou arrérages d'un capital qui les produit n'est pas une cause de nullité, ces intérêts ou arrérages étant payables au moins une fois par an (6).

5762. La mention d'exigibilité peut résulter d'équipollents ; par exemple, un créancier requiert inscription pour effets de commerce protestés, ou en vertu d'un jugement par défaut, les mots *protestés* et *par défaut* l'indiquent suffisamment (7) ; mais si le jugement est contradictoire, comme alors un délai a pu être accordé par le juge, la mention d'exigibilité est prescrite (8).

5763. Lorsque la créance est exigible, il suffit de l'énoncer sans qu'il soit besoin d'en indiquer l'époque (9).

5764. V. *Biens hypothéqués*. Le bordereau doit énoncer l'indication de l'espèce et de la situation des biens sur lesquels le créancier entend conserver son privilège ou son hypothèque (*C. N.*, 2148, 5°). Cette indication est une formalité substantielle de l'inscription et l'omission de l'espèce et de la situation des biens grevés en entraînerait la nullité (10).

5765. Dans l'usage on désigne dans l'inscription les immeubles grevés tels qu'ils le sont dans l'acte d'affectation hypothécaire, *supra* n° 5676, mais cela n'est pas rigoureusement obligatoire, et il suffit de préciser l'espèce et la situation des biens ; ainsi : quant à la *situation*, il peut suffire d'indiquer la commune où les biens sont situés (11) ; pour *l'espèce* ; jugé qu'il ne suffit pas d'indiquer que l'hypothèque frappe sur *différents immeubles* appartenant au débiteur dans telle commune ou tel arrondissement (12), mais qu'il en serait autrement de cette indication ; sur *tous les biens* appartenant au dé-

---

que les prêteurs de cette somme viennent en concurrence pour les sommes qui leur seront dues en principal et accessoires, avec M. MOREL, pour raison de la créance ci-dessus énoncée, en principal et accessoires ; de manière que dans tous ordres et distributions des prix de vente desdits immeubles, ils soient colloqués tous concurremment entre eux, quelles que soient les dates de leurs inscriptions.

(1) Grenier, *Donation*, n° 390; Zach., § 469, p. 199.
(2) Pont, n° 988 ; Duranton, XIX, 119; Dict. not., *Insc.*, n° 315.
(3) Pont, n° 991.
(4) Persil, *2148*, § 4, n° 6, 7, 8; Zach., Massé et Vergé, § 814, note 8; Duranton, XX, 426; Hervieu, *Insc.*, § 6, n° 4 ; Pont, n° 993 ; Rouen, 1er août 1809; Liége, 24 août 1809, 1er juin 1821 ; Paris, 31 août 1810; Riom, 8 janv. 1824 ; Nîmes, 28 nov. 1824; Poitiers, 10 mars 1825 ; Limoges, 8 mars 1844 ; Caen, 23 juill. 1863 ; Grenoble, 10 mars 1865; Cass., 9 août 1832, 28 mars 1838, 19 août 1840, 6 déc. 1844, 15 nov. 1852, 30 juin 1863, 15 juill. 1864 ; J. N., 10784, 12206, 12288, 13714, 14825, 17992, 18029 ; M. T., 1863. 512 ; 1855, p. 389; CONTRA, Grenier, I. p. 79, Troplong, n° 685; Roll., *Insc.*, n° 251; Cass., 5 déc. 1814 et 15 janv. 1817.
(5) Roll., *Insc.*, n° 239; Cass., 9 avril 1811 ; Bruxelles, 28 janv. 1819 ; CONTRA, Cass., 3 janv. 1814 ; Bourges, 20 nov. 1852.
(6) Duranton, XX, 426 ; Persil, *2148*, § 4, n° 6; Troplong, n° 688 ; Pont, n° 991 ; Dict. not., *Insc.*, n° 328; Nîmes, 28 nov. 1832; Cass.,

2 avril 1811. Voir cependant Nîmes, 9 janv. 1833 ; Caen, 25 juill. 1863; J. N., 17992.
(7) Pont, n° 995; Cass., 9 juill. 1811, 23 juill. 1812, 26 juill. 1825, 6 déc. 1844, 8 mars 1853 ; J. N., 12206, 4-943.
(8) Dict. not., *Insc.*, n° 340; Roll., *ibid.*, n° 247 ; Rouen, 1er avril 1809; Liége. 24 août 1809 ; Cass., 9 août 1832, 28 mars 1838 ; J. N., 7797, 9982 ; CONTRA, Riom, 8 janv. 1834.
(9) Dict. not., *Insc.*, n° 326; Roll., *ibid.*, n° 248 ; Cass., 1er fév. et 26 juill. 1825 ; J. N., 5397, 5543.
(10) Pont, n° 1003; Dict. not., *Insc.*, n° 344.
(11) L'erreur dans l'indication de la commune n'emporte pas nullité, si d'ailleurs les tiers n'en ont pas éprouvé de préjudice. Aix, 13 nov. 1812; Caen, 16 janv. 1814; Nancy, 18 avril 1826; Cass., 6 fév. 1821, 14 juin 1831.
(12) Grenoble, 10 juin 1823 ; Angers, 16 août 1826, Cass., 19 fév. 1828.

biteur dans telle commune déterminée (1), surtout si l'acte d'hypothèque, contient les numéros sous lesquels les biens sont portés au cadastre (2) ; voir au surplus *supra* n° *5677*.

5766. VI *Mention.* Le conservateur fait mention sur son registre du contenu aux bordereaux (*C. N.*, *2150*), en les copiant littéralement et en entier (3). Si, par conséquent, il lui est représenté un bordereau unique par lequel un créancier le requiert d'inscrire à son profit tant son hypothèque conventionnelle que l'hypothèque légale de la femme dans l'effet de laquelle il a été subrogé, *infra* n° *5813*, le conservateur n'est pas fondé à diviser le bordereau et à prendre deux inscriptions, l'une de l'hypothèque conventionnelle, l'autre de l'hypothèque légale (4) ; de même si un titre constate des créances distinctes dues par un débiteur à plusieurs créanciers solidaires ou non, un seul bordereau suffit, et le conservateur ne serait pas non plus fondé à le diviser et à prendre autant d'inscriptions qu'il y a de créanciers (5) ; enfin lorsqu'une même personne a plusieurs créances successives contre un individu, elle peut prendre une seule inscription comprenant toutes les créances (6).

5767. Le conservateur remet au requérant tant le titre ou l'expédition du titre que l'un des bordereaux, au pied duquel il certifie avoir fait l'inscription (*C. N.*, *2150*). Si après cette remise le conservateur s'aperçoit de la nullité de l'inscription par suite d'irrégularité résultant d'une erreur qu'il a commise dans la transcription des bordereaux, il peut la rectifier lui-même et de son propre chef, en portant sur les registres, mais à la date courante, une inscription conforme aux bordereaux (7) ; si l'irrégularité provient d'erreurs commises dans les bordereaux présentés, le conservateur n'en est aucunement responsable et n'a ni avertissement à faire, ni inscription à prendre.

5768. VII. *Intérêts et arrérages conservés au même rang que le capital.* Le créancier inscrit pour un capital produisant intérêts ou arrérages, et aussi pour une rente viagère (8), a le droit, qu'il en ait été fait mention ou non dans l'inscription (9), d'être colloqué pour deux années et pour l'année courante au même rang d'hypothèque que pour son capital (*C. N.*, *2151*).

5769. Les deux années et l'année courante conservées au même rang que le capital sont celles qui

---

FORMULE 782. — Inscription pour intérêts échus. (N°ˢ 5768 à 5772.)

INSCRIPTION est requise au bureau des hypothèques de. . . . .
AU PROFIT de M. Charles MOREL, propriétaire, demeurant à. . . . .;
Pour lequel domicile est élu, etc.,
CONTRE M. Charles VARNIER, cultivateur, demeurant à. . . . .,
EN VERTU d'un acte passé devant Me. . . . ., notaire à. . . . ., le. . . . ., contenant obligation pour prêt, par M. VARNIER au profit de M. MOREL, d'une somme de dix mille francs, qui a été stipulée exigible le. . . . ., et productive d'intérêts à cinq pour cent par an, payables chaque année en deux termes égaux, les. . . . .,
POUR SURETÉ : 1° de deux mille francs, montant de quatre années d'intérêts dudit capital de dix mille francs, courus jusqu'au. . . . .; ladite somme actuellement exigible, ci. . . . . **2,000** »
2° Des intérêts dont ladite somme pourrait être productive. . . . . *Mémoire.*
3° Des frais de mise à exécution et autres accessoires, évalués par approximation à. . . . . **500** »

Total, sauf l'article porté pour mémoire. . . . . **2,500** »
SUR : 1° (*désigner les immeubles*).

---

(1) Grenoble. 8 mars 1817; Paris, 23 fév. 1821; Riom, 15 avril 1826; Bourges, 21 avril 1841 ; Nancy, 30 mai 1813; Bordeaux, 6 mai 1848 ; Paris. 18 fév. 1850; Cass., 15 juin 1815, 1er avril 1817, 6 mars 1820, 28 août 1821, 15 fév. 1836; J. N., 15356. 11012.
(2) Lyon, 21 juill. 1853 ; J. N., 15087.
(3) Pont, n° 1007; Instr. Régie. 13 avril 1865, n° 2309; J. N., 18260. Voir cependant Caen, 23 juill. 1863; J. N., 17992.
(4) Pont. n°ˢ 953, 1008, 1009; lettre administr. de l'enreg. au directeur de Lyon du 21 juin 1856 ; Trib. Lyon, 13 juin 1856 ; Orléans, 20 fév. 1857 ; J. N., 15773, 15864, 16041. Voir cependant Trop-

long, *Trans.*, n°ˢ 321, 340 ; Mourlon, *Rev. prat.*, I, p. 89 ; *Journ. des conserv.*, art. 1127 ; J. N., 15584, 15733, 13751.
(5) Dalloz, n° 1455; Massé et Vergé, § 814, note 3; Pont, n° 953; Besançon, 25 mai 1840; Cass., 17 déc. 1845; J. N., 10719, 12576.
(6) Pont, n° 953; Circ. min. fin., 12 janv. 1843.
(7) Pont, n° 1012.
(8) Zach., § 823, note 1; Blondeau, *Rev. de lég.*, IV, p. 278; Duranton, XX, 455; Troplong, n° 700; Pont, n° 1029; Dict. not., *Insc.*, n° 416; Bordeaux, 3 fév. 1829, 15 fév. 1832; Cass., 18 août 1828.
(9) Persil, art. 2152; Dict. not., *Insc.*, n° 408.

se trouvent dues au jour où l'inscription produit son effet (1), *infra n° 5877*. L'année courante est la partie de la troisième année courue jusqu'au même jour (2). Outre les deux années et l'année courante, le créancier a encore droit à tous les intérêts courus depuis le jour où l'inscription a produit son effet, à quelque somme qu'ils s'élèvent (3). Mais la collocation ne peut comprendre l'intérêt des intérêts, qu'ils résultent de la convention ou d'un jugement sur une demande des intérêts échus (4), à moins que l'hypothèque n'ait été constituée pour sûreté d'un crédit ouvert, *supra n.° 5198* ; dans ce cas elle conserve la somme formant le montant du crédit, de quelque manière qu'elle se compose (5).

5770. Les privilèges et hypothèques qui ne conservent les intérêts que pendant deux années et l'année courante sont les hypothèques conventionnelles et judiciaires, les hypothèques légales de l'État, des communes et des établissements publics, et aussi les privilèges des copartageants ou des constructeurs (6) ; les hypothèques légales des femmes, des mineurs et des interdits, tant qu'elles sont dispensées d'inscription, conservent tous les intérêts qui peuvent être réclamés (7) ; mais si elles sont inscrites dans les termes de l'art. 6 de la loi du 23 mars 1855, l'art. 2151 leur est applicable (8) ; quant à l'inscription du privilège de vendeur, voir *supra n° 4031*.

5771. Outre les deux années et l'année courante conservées par la première inscription, le créancier peut prendre des inscriptions particulières [FORM. 782] emportant hypothèque à compter de leur date, pour tous autres intérêts et arrérages échus qui peuvent lui être dus (*C. N.*, 2151). On peut prendre inscription pour intérêts échus, en ce qui concerne le failli, dans les dix jours qui précèdent l'époque fixée pour sa cessation de payements (9).

5772. A défaut d'inscription, les intérêts autres que ceux conservés par la loi constituent seulement une créance chirographaire, et la limitation résultant de l'art. 2151 peut être invoquée par tous les créanciers, même par les chirographaires (10).

5773. VIII. *Inscription sur un bien advenu au débiteur* [FORM. 783]. Lorsque le débiteur, en exprimant l'insuffisance de ses biens présents, a consenti que les biens à venir fussent hypothéqués au fur

---

FORMULE 783. Inscription d'une hypothèque sur des biens advenus par suite de l'affectation des biens à venir. (N° 5773.)

INSCRIPTION est requise au bureau des hypothèques de....,
AU PROFIT de M. Charles MOREL, propriétaire, demeurant à.....
Pour lequel domicile est élu....,
CONTRE M. Charles VARNIER, cultivateur, demeurant à....,
EN VERTU d'un acte contenant obligation pour prêt, passé devant Mᵉ....., notaire à....., le....., avec hypothèque sur des immeubles y désignés ; et attendu l'insuffisance de ces immeubles, M. VARNIER a consenti que les biens immeubles qui lui adviendraient par la suite fussent affectés par hypothèque, au fur et à mesure qu'il en deviendrait propriétaire,
POUR SÛRETÉ : 1° de....., etc. (voir *formule* 781),
SUR les biens immeubles dont la désignation suit, formant le lot échu à M. VARNIER,

---

(1) Grenier, I. 200 ; Duranton, XX, 149 ; Troplong, n° 698 ; Pont, n° 1016, 1019 ; Dict. not., *Insc.*, n° 409 ; Roll., *Hyp.*, n° 319 ; Cass., 27 mai 1846 ; Angers, 18 juill. 1827. Décidé que, dans ce cas, c'est au jour de la demande en collocation : Grenier, I, 100 ; Duranton, XX, 150 ; Mourlon, III, p. 499 ; Pont, n° 1019 ; Cass., 27 mai 1846 ; CONTRA, Troplong, n° 698 *bis* ; Taulier, VII, p. 348 ; Massé et Vergé, § 823, note 4 ; Cass., 5 juin 1827 ; Nancy, 12 juin 1832 ; Trib. Lyon, 25 mars 1846, 4 janv. 1861, selon lesquels c'est à partir de la date de l'acte qui immobilise les fruits (la transcription de la saisie) ou de la date de la notification faite aux créanciers inscrits, suivant qu'il s'agit d'une expropriation forcée ou d'une aliénation volontaire.

(2) Duranton XX, 151 ; Pont, n° 1017 ; Dict. not., *Insc.*, n° 411 ; Roll., *ibid.*, n° 321 ; Massé et Vergé, § 823, note 4 ; Trib. Lyon, 25 mars 1846 ; Cass., 1er juill. 1850, 24 fév. 1852 ; J. N., 14468 ; Lyon, 9 juin 1885 ; CONTRA, Troplong, n° 691 *ter* ; Persil, 2151, 3 ; Montpellier, 27 juin 1847, selon lesquels l'année courante doit être allouée en entier quand il est dû trois ans ou plus d'intérêt.

(3) Grenier, I, 102 ; Duranton, XX, 151 Zach., § 823, note 5 ; Troplong, n° 699 *bis* ; Pont, n° 1020 ; Roll., *insc.*, n° 334 ; Cass., 4 août 1807, 21 nov. 1809, 5 juill. 1827, 2 avril 1833.

(4) Pont, n° 4027 ; Massé et Vergé, § 825, note 1 ; Angers, 25 nov. 1846 ; Bourges, 30 avril 1853.

(5) Pont, n° 1028 ; Massé et Vergé, § 823, note 1 ; Douai, 10 fév. 1853.

(6) Blondeau, *Rev. de lég.*, IV, p. 276 ; Pont, n° 1031 ; Roll., *Insc.* n° 329 ; Cass., 12 mai 1829 ; CONTRA, Duranton, XX, 454 ; Troplong n° 701 *bis*.

(7) Troplong, n° 791 ; Zach., § 823, note 8 ; Pont, n° 1032 ; Dict. not., *Insc.*, n° 413 · Roll., *ibid.*, n° 330 ; Bourges, 23 mai 1829 ; Paris, 5 mars 1834 ; Trib. Lyon, 4 janv. 1861 ; CONTRA, Valence, 29 mars 1867.

(8) Pont, n° 1032.

(9) Cass., 20 fév. 1850 ; J. N., 13584.

(10) Zach., § 823, note 7 ; Pont, n° 1033 Cass., 15 avril 1846 ; J. N., 13663 ; CONTRA, Trib. Lyon, 4 janv. 1861.

et à mesure qu'il en deviendrait propriétaire, *supra n° 5692*, l'inscription primitive, même lorsqu'elle relate l'hypothèque des biens à venir, est insuffisante pour atteindre ces biens, après que le débiteur en est devenu propriétaire ; il faut pour cela une inscription spéciale sur chacun de ces biens nominativement, et à mesure qu'ils arrivent dans les mains du débiteur (1).

5774. IX. *Inscription en vertu d'une obligation au porteur* [FORM. 784]. Il pourrait sembler suffisant que cette inscription fût prise au profit du porteur, sans désignation de personne, mais nous craindrions que cette énonciation ne fût en désaccord avec l'art. 2148, selon lequel le créancier doit être désigné dans l'inscription, *supra n° 5736* ; on devra donc prendre l'inscription au profit du premier

par le partage de la succession de....., opéré suivant acte passé devant Me....., notaire à....., le..... :

1° ..:.., etc. (*Désigner.*)

FORMULE 784. — Inscription en vertu d'une obligation au porteur. (N° 5774.)

(*Cas de la formule 773.*)

M. Jean VALIN, négociant, demeurant à....., comme premier porteur du titre de créance ci-après énoncé,

REQUIERT au bureau des hypothèques de.....,

AU PROFIT du porteur de la grosse exécutoire de l'acte d'obligation ci-après énoncé (*ou* du brevet original de l'acte d'obligation ci-après énoncé);

Pour lequel domicile est élu à....., en l'étude de Me....., notaire en cette ville,

CONTRE M. Paul VART, propriétaire, demeurant à.....,

EN VERTU d'un acte passé devant Me....., notaire à....., le....., contenant obligation par M. VART, au profit du porteur, d'une somme de....., pour prêt qui a été fait par M. VALIN, comme devant être le premier porteur du titre,

POUR SÛRETÉ : 1° de....., etc. (voir *formule 781*),

L'INSCRIPTION de l'hypothèque résultant de l'acte d'obligation susénoncé,

SUR : 1°..... (*Désigner les immeubles.*)

On a énoncé dans l'acte d'obligation ci-dessus relaté que la créance conservée par la présente inscription se transmettrait par la simple remise de la grosse du titre (*ou* du brevet original du titre); que cette remise emporterait de plein droit, au profit du porteur, subrogation dans tous les droits hypothécaires et autres attachés à ladite créance, et notamment dans l'effet plein et entier de la présente inscription; qu'en conséquence, le porteur pourrait se désister du droit d'hypothèque et donner mainlevée de l'inscription sans autre formalité que l'énonciation dans l'acte de mainlevée, que ladite grosse (*ou* ledit brevet original) aura été représentée au notaire et qu'il aura fait dessus une mention de la mainlevée.

FORMULE 785. — Inscription pour une rente perpétuelle. (N° 5775.)

(*Cas de la formule 678.*)

INSCRIPTION est requise au bureau des hypothèques de.....,

AU PROFIT de M. Éloi BOURON, rentier, demeurant à.....,

Pour lequel domicile est élu, etc.,

CONTRE M. Jules CARON, cultivateur, et Mme Héloïse DURET, son épouse, demeurant ensemble à.....   *débiteurs solidaires,*

EN VERTU d'un acte passé devant Me....., notaire à....., le....., contenant constitution d'une rente perpétuelle de mille francs, au capital de vingt mille francs, par M. et Mme CARON au profit de M. BOURON; aux termes duquel acte il a été stipulé : 1° que le

(1) Grenier, I, 62; Persil, 2130, 5, 6; Dalloz. n° 1305; Duranton, XIX, 379; Massé et Vergé, § 799, note 7 et 810, note 2; Troplong, 540; Roll., Insc., n°s 140, 291, Paris, 23 fév. 1835, 20 juill. 1836, | 20 juin 1846; Poitiers, 23 fév. 1844; Grenoble, 17 fév. 1847; Cass., 27 avril 1846; J. N., 9016, 9354, 12709; CONTRA, Angers, 4 juill. 1842; J. N., 11479.

créancier nommé dans l'acte d'obligation, ou au profit de tout autre tiers porteur du titre (1), en exprimant dans l'inscription que la créance devant être transmise par la simple remise du titre, tout porteur pourra donner mainlevée de l'inscription en représentant le titre au notaire qui fera dessus mention de l'acte de mainlevée.

5775. X. *Inscription pour une rente perpétuelle ou viagère* [FORM. 785, 786]. Elle est soumise aux règles tracées *supra n⁰ˢ 5756 à 5773* ; toutefois, comme le capital de la créance n'est pas exigible, il n'y a pas lieu à l'énonciation de l'exigibilité (2), mais les époques d'exigibilité des arrérages doivent y être mentionnées. Il est utile d'y énoncer aussi les conditions qui peuvent entraîner l'exigibilité du capital, par exemple, la résolution pour le cas de non-payement des arrérages de la rente viagère.

defaut de payement d'un seul terme des arrérages, etc. (*rapporter les clauses relatives à l'exigibilité du capital à défaut de service des arrérages, à l'interdiction de faire le rachat avant un temps fixé, etc.*),

POUR SURETÉ : 1° de la somme de vingt mille francs, capital non exigible de ladite rente, si ce n'est dans les cas prévus par la loi et ceux stipulés par ledit acte de constitution; laquelle rente, exempte de toute retenue, est payable chaque année en deux termes égaux, les....., à partir du....., ci.....   20,000   »

2° Des arrérages dont la loi conserve le même rang d'hypothèque que pour le principal, ci.. . . . .   *Mémoire.*

3° Des frais de mise à exécution et autres accessoires, exigibles à l'événement, évalués par approximation à cinq cents francs, ci.   500   »

Total, sauf l'article porté pour mémoire..   20,500   »
SUR, etc.

FORMULE 786. — Inscription pour une rente viagère. (N° 5775.)

(Cas de la formule 680.)

INSCRIPTION est requise au bureau des hypothèques de....,
AU PROFIT de M. Auguste VANIER, propriétaire, demeurant à....,
Pour lequel domicile est est élu, etc.,
CONTRE M. Eugène DILLÉ, cultivateur, et Mᵐᵉ Honorine TRICHARD, son épouse, demeurant ensemble à...., *débiteurs solidaires,*
EN VERTU d'un acte passé devant Mᵉ....., notaire à....., le...... contenant constitution par M. et Mᵐᵉ DILLÉ, au profit et sur la tête de M. VANIER, d'une rente annuelle et viagère de mille francs, moyennant une somme de dix mille francs, avec stipulation qu'à défaut de payement d'un seul terme d'arrérages à son échéance et un mois après un simple commandement de payer demeuré sans effet, ladite somme de dix mille francs deviendrait de plein droit exigible si bon semblait au crédi-rentier, sans qu'il fût besoin de remplir aucune formalité judiciaire,
POUR SURETÉ : 1° de la somme de vingt mille francs, capital non exigible, si ce n'est dans le cas ci-dessus prévu; ladite somme évaluée nécessaire pour assurer le service des mille francs de rente viagère constitués aux termes de l'acte ci-dessus énoncé; laquelle rente est payable chaque année en deux termes égaux, de six en six mois, les....., à partir du....., pour faire le payement du premier terme le.·....., celui du second le....., et ainsi continuer pendant la vie et jusqu'au décès de M. VANIER, époque à laquelle elle sera éteinte et amortie et M. et Mᵐᵉ DILLÉ entièrement libérés et affranchis de son service, même du terme d'arrérages courant lors du décès de M. VANIER, ci.   20,000   »

(1) Poitiers, 18 déc. 1829. Voir aussi Bordeaux, 22 janv. 1839;   (2) Dict. not., *Insc.*, n° 324; Roll., *Insc.* n° 245; Déc. min. just.
J. N., 10578.   24 juin 1808; Cass., 2 avril 1811 ; Caen, 17 juin 1825.

5776. XI. *Inscription pour fermages ou loyers.* [Form. 787]. Elle est aussi soumise aux règles tracées *supra n°s 5736 à 5775.* Si elle est prise pour sûreté de plusieurs années de loyer faisant partie de celles

Report.	20,000 »

2° Des arrérages dont la loi conserve le même rang d'hypothèque que pour le principal. . . . . *Mémoire.*

3° Des frais de mise à exécution, etc., évalués approximativement à.. . . .   500 »

Total, sauf l'article porté pour mémoire. . . . .   20,500 »

Sur : 1° . . . . . *(désigner).*

Il a été expressément convenu par ledit acte de constitution de rente viagère que la présente inscription et celles qui la renouvelleront. devront être rayées sur la simple représentation de l'acte de décès de M. Vanier, sans qu'il soit besoin de la justification d'aucune quittance d'arrérages ni d'aucune mainlevée, M. Vanier ayant donné, par ledit acte, à M. le conservateur des hypothèques toute autorisation et décharge pour faire cette radiation, sur la seule justification de son acte de décès.

(*S'il y a subrogation dans l'hypothèque légale de la femme,* voir *formule* 794.)

FORMULE 787. — Inscription pour fermages et loyers. (N° 5776.)

(*Cas de la formule* 635.)

Inscription est requise au bureau des hypothèques de. . . . .,

Au profit de M. Achille d'Aulnay, propriétaire, demeurant à. . . . .,

Pour lequel domicile est élu. . . . .,

Contre M. Charles Dubray, cultivateur, et Mme Justine Benoit, son épouse, demeurant ensemble à. . . . .,   *débiteurs solidaires,*

En vertu d'un acte passé devant M^e. . . . ., notaire à. . . . ., le. . . . ., contenant bail à ferme par M. d'Aulnay à M. et Mme Dubray, pour neuf années qui commenceront à courir le. . . . ., d'une ferme appelée la ferme *du Breuil,* située commune de. . . . ., consistant en corps de ferme, terres de labour, prairies, joncs marins, genêts, vignes et bois, le tout d'une contenance de. . . . ., moyennant, outre diverses charges, notamment celle des impôts fonciers, un fermage annuel de quatre mille francs,

Pour sûreté : 1° de la somme de trente-six mille francs, montant des neuf années cumulées du fermage annuel de quatre mille francs, moyennant lequel a été fait le bail ci-dessus énoncé ; ledit fermage payable en trois termes égaux, les. . . . ., pour faire le payement du premier terme le. . . . ., celui du second le. . . . ., celui du troisième le. . . . ., et ainsi de suite jusqu'à l'expiration du bail, ci. . . . .   36,000 »

(*Ou bien :* 1° De la somme de douze mille francs, montant de trois années cumulées dudit fermage de quatre mille francs par an, à prendre au choix de M. d'Aulnay, parmi les neuf années de fermage du bail ; lequel fermage est payable, etc.)

2° De celle de quatre mille cinq cents francs, à laquelle sont évalués les impôts fonciers et les autres charges stipulées par le bail, en sus des fermages, à raison de cinq cents francs par an ; lesquels impôts et charges les preneurs sont tenus d'acquitter chaque année, pendant le cours du bail, à commencer par ceux de l'année. . . . ., ci. . . . .   4,500 »

(*Ou bien :* 2° De celle de quinze cents francs, à laquelle sont évalués les impôts fonciers et les autres charges stipulées par le bail en sus des fermages, à raison de cinq cents francs par an, et ce, pour le montant de trois années à prendre, au choix de M. d'Aulnay, parmi les neuf années dudit bail ; lesquels impôts et charges, les preneurs sont tenus d'acquitter, etc.)

3° Des indemnités qui pourront être dues à la fin du bail par M. et Mme Dubray, pour réparations locatives, restitution de pailles, engrais, dé-

A reporter.	40,500 »

pour lesquelles le bail a été consenti, il faut les préciser et surtout indiquer la durée du bail et les époques d'échéance (1).

5777. XII. *Inscription pour une ouverture de crédit* [Form. 788]. Voir *supra* nᵒˢ 5194 à 5200. Il

Report.	40,500	»
gradations des terres et autres causes quelconques, le tout évalué à la somme de deux mille francs, ci.	2,000	»
4º Des frais de mise à exécution, etc.		
Total, sauf l'article porté pour mémoire..	42,500	»

Sur : 1º. . . . . (*désigner*).
(*Si la femme a subrogé dans son hypothèque légale,* voir *infrà, formule* 794.)

FORMULE 788. — Inscription pour une ouverture de crédit. (Nᵒ 5777.)

(Cas de la formule 676.)

Inscription est requise au bureau des hypothèques de. . . . .,
Au profit de M. Louis Pain, banquier, demeurant à. . . . .,
Contre M. Louis Dubin, carrossier, et Mᵐᵉ Amélie Chemin, son épouse, demeurant ensemble à. . . . .,   *débiteurs solidaires,*
En vertu d'un acte passé devant Mᵉ. . . . ., notaire à. . . . ., le. . . . . . contenant ouverture de crédit par M. Pain, sur sa maison de banque, à M et Mᵐᵉ Dubin, jusqu'à concurrence d'une somme de cinquante mille francs; ledit crédit devant consister dans l'escompte que ladite maison de banque ferait à M. et Mᵐᵉ Dubin au fur et à mesure de leurs besoins, des billets à ordre, lettres de change et autres valeurs de portefeuille, que M. et Mᵐᵉ Dubin passeraient et endosseraient à son ordre; comme aussi, mais facultativement pour M. Pain exclusivement, dans des remises d'espèces qu'il pourrait faire à M. et Mᵐᵉ Dubin, soit sur simples récépissés, soit contre des billets que ces derniers lui souscriraient ou contre des traites qu'ils lui passeraient; et encore avec faculté pour M. Pain d'escompter, si bon lui semble, des valeurs payables à d'autres lieux et échéances, sans que cette opération pût être considérée comme faite en dehors dudit crédit; l'intention des parties ayant été d'y comprendre et de conserver, par les garanties données aux termes dudit acte, toutes les opérations de banque qui devraient être faites pendant le délai ci-après déterminé entre M. Pain et M. et Mᵐᵉ Dubin.

Par lequel acte il a été convenu : — que M. et Mᵐᵉ Dubin tiendraient compte à M. Pain, sur le pied de six pour cent par an, de l'intérêt des sommes dont ils auraient disposé en vertu dudit crédit, à partir du jour de la sortie des fonds jusqu'à leur rentrée, ensemble de tous droits de commission, frais et accessoires selon l'usage; — qu'en cas de non-payement des valeurs sur des tiers par eux remises à M. Pain, M. et Mᵐᵉ Dubin seraient tenus d'en rembourser le montant à M. Pain, aussitôt l'échéance, ainsi que tous intérêts qui seraient dus et tous frais et accessoires suivant l'usage;—qu'en cas de non-payement des valeurs sur des tiers par eux remises à M. Pain, M. et Mᵐᵉ Dubin seraient tenus d'en rembourser le montant à M Pain, aussitôt l'échéance, ainsi que tous intérêts qui seraient dus et tous frais et autres accessoires; mais qu'ils auraient la faculté de présenter des renouvellements de leurs effets, pourvu qu'ils fussent remis à M. Pain au moins trois jours avant l'échéance de ceux renouvelés; — que la durée du crédit était fixée à trois années, à partir du jour dudit acte (ou : que le crédit commencerait à partir du. . . . ., et qu'il durerait jusqu'à ce qu'il plaise à l'une des parties de le faire cesser en prévenant l'autre trois mois d'avance, par lettre chargée); — que le crédit cesserait de plein droit à défaut, par M. et Mᵐᵉ Dubin, de remplacer ou de rembourser une

(1) Riom, 13 mai 1854; J. N., 15305. Voir cependant Cass., 15 nov. 1852; J. N., 14835.

est utile d'indiquer dans le bordereau les diverses stipulations de l'acte, sur la durée du crédit, le mode de réalisation, les charges imposées au crédit, la cessation anticipée, le règlement des comptes, etc.

5778. XIII. *Inscription pour garantie d'une vente d'immeuble dotal* [FORM. 789]. Lorsque le contrat de mariage portant adoption du régime dotal permet la vente des immeubles dotaux de la femme, à la condition que la reprise du prix de vente lui sera garantie par une hypothèque sur les immeubles du mari d'une valeur suffisante, les acquéreurs de ces immeubles ne sont à l'abri de l'action en revendication de la femme ou de ses héritiers, *supra n° 5688*, qu'autant qu'ils ont surveillé l'accomplissement de cette condition. Ils doivent donc veiller à ce que l'inscription soit prise et renouvelée en temps utile, sans quoi l'immeuble hypothéqué pourrait en être dégrevé par la purge, *infra n° 6000*. C'est à leur profit que l'inscription doit être prise, car si elle l'était au profit de la femme, elle aurait le grave inconvénient de frapper sur tous les immeubles du mari, même lorsqu'elle aurait été spécialisée à un ou plusieurs immeubles, *infra n° 6012*.

5779. XIV. *Inscription contre le failli au profit de la masse de ses créanciers* [FORM. 790]. Lorsqu'un commerçant a été déclaré en état de faillite, le syndic est tenu aussitôt après son entrée en fonctions de prendre inscription, au nom de la masse des créanciers, sur les immeubles du failli, dont l'existence lui est connue. L'inscription est reçue sur un simple bordereau énonçant qu'il y a faillite, et relatant la date du jugement par lequel il a été nommé (*C. comm.*, *490*). Cette inscription a pour effet de constater la mainmise des créanciers ; elle éteint donc les priviléges et hypothèques non inscrits (1), et donne à

seule des valeurs escomptées ; — qu'en cas d'événement de force majeure, M. PAIN aurait le droit de faire cesser le crédit s'il le jugeait convenable ; — qu'aussitôt que le crédit aurait cessé pour quelque cause que ce fût, il serait établi un compte définitif des avances faites par M. PAIN et des sommes qui lui seraient dues en vertu du crédit ; et que le reliquat de ce compte serait payé à M. PAIN dans le délai d'un mois à partir du jour de la cessation, avec l'intérêt à six pour cent par an jusqu'à parfaite libération,

POUR SURETÉ : 1° des sommes en principal et accessoires qui pourraient être dues en vertu de l'ouverture de crédit précitée, jusqu'à concurrence de cinquante mille francs ; lesdites sommes stipulées exigibles, ainsi qu'on l'a dit ci-dessus, dans le délai d'un mois à partir du jour de la cessation du crédit, avec l'intérêt à six pour cent par an jusqu'à parfaite libération, ci.. ;   50,000   »

2° Des intérêts, etc.

(*Le surplus comme aux formules qui précèdent. — S'il y a subrogation dans l'hypothèque légale de la femme, voir formule 794.*)

FORMULE 789. — Inscription au profit de l'acquéreur d'un immeuble dotal non remplacé. (N° 5778.)

INSCRIPTION est requise au bureau des hypothèques de. . . . .,

AU PROFIT de M. Luc BENOIT, cultivateur, demeurant à. . . . .,

Pour lequel domicile est élu, etc.,

CONTRE M. Léon MARC, propriétaire, demeurant à. . . . .,

EN VERTU : 1° du contrat de mariage d'entre mondit sieur MARC et Mᵐᵉ Elise GUILBAULT, passé devant Mᵉ. . . . ., notaire à. . . . ., le. . . . ., contenant adoption du régime dotal avec faculté de vendre les immeubles de la femme, à la condition que la reprise lui en sera garantie par une hypothèque sur immeubles du mari, inscrite au profit de l'acquéreur ;

2° Et d'un contrat passé devant Mᵉ. . . . ., notaire à. . . . ., le. . . . ., contenant : vente par M. et Mᵐᵉ MARC, à M. BENOIT, d'une pièce de terre contenant. . . . ., située à. . . . ., lieu dit. . . . ., propre et dotale à Mᵐᵉ MARC, moyennant deux mille francs payés comptant ; puis affectation hypothécaire par M. MARC, au profit de M. BENOIT, pour garantir que Mᵐᵉ MARC aura la reprise dudit prix de vente,

(1) Riom, 1er juin 1859.

la masse de la faillite le droit d'invoquer contre les autres créanciers inscrits toutes les forclusions et déchéances qu'ils ont pu encourir dans l'ordre (4) ; néanmoins elle ne prime pas les inscriptions prises postérieurement sur les immeubles échus au failli dans une succession, par un créancier qui a obtenu la séparation des patrimoines (2).

5780. XV. *Frais des inscriptions.* Les frais des inscriptions sont à la charge du débiteur, s'il n'y a stipulation contraire ; l'avance en est faite par l'inscrivant, si ce n'est quant aux hypothèques légales, et quant aux hypothèques appartenant à l'État, aux hospices ou aux établissements publics (*Loi 21 vent. an VII, art. 5*) et aux fabriques (*arrêté du gouv. 24 pluv. an XIII*), pour l'inscription desquelles le conservateur a son recours contre le débiteur (3) (*C. N., 2155*) ; cependant les frais de l'inscription prise contre le tuteur à raison de l'hypothèque légale dont ses biens sont grevés au profit du mineur ou de l'interdit, sont à la charge du pupille, le tutelle étant une charge gratuite (4), (*arg. loi 11 brum. an VII, art. 24*).

5781. L'inscrivant qui a fait l'avance des frais d'inscription ne peut répéter que les débours, et non les honoraires du bordereau (5).

5782. Les frais de la transcription qui peut être requise par le vendeur, pour l'inscription de son privilége, sont à la charge de l'acquéreur (*C. N., 2155*).

5783. XVI. *Compétence.* Les actions auxquelles les inscriptions peuvent donner lieu contre les créan-

---

Pour sureté : 1° De la somme de deux mille francs, montant de la restitution qui sera à faire par M. Marc à la dame son épouse lorsqu'il y aura lieu, pour le prix de la vente ci-dessus énoncée, et à laquelle M. Benoit, acquéreur, est tenu de veiller, ci. . . . . 2,000 »

2° Des intérêts dont ladite somme pourra être productive. . . . . *Mémoire.*
3° Des frais de mise à exécution et autres accessoires, évalués approximativement à. . . . . 400 »

Total, sauf l'article porté pour mémoire. . . . . 2,400 »
Sur : 1°. . . . ., etc. (*désigner les immeubles hypothéqués*).

FORMULE 790. — **Inscription contre le failli au profit de la masse des créanciers.**
(N° 5779.)

Inscription est requise au bureau des hypothèques de. . . . .,
Au profit de la masse des créanciers de M. Louis Huard, marchand de vin, demeurant à. . . . ., actuellement en faillite,
Poursuite et diligence de M. Paul Noël, agent d'affaires, demeurant à. . . . ., syndic provisoire de la faillite de mondit sieur Huard, nommé à cette qualité suivant jugement du tribunal de commerce de. . . . ., en date du. . . . .,
Lequel élit domicile à. . . . ., etc.,
Contre M. Huard, ci-dessus prénommé, qualifié et domicilié.
En vertu de l'art. 490 du Code de commerce,
Pour sureté de toutes les sommes, en principal, intérêts et accessoires, dont M. Huard est débiteur envers la masse de ses créanciers, et qui seront admis à la faillite ; lesdites sommes actuellement indéterminées, ci. . . . . *Mémoire.*
Sur tous les immeubles appartenant à M. Huard, dans l'arrondissement de. . . . ., notamment les suivants : 1°. . . . ., etc. (*désigner les immeubles*).

---

(1) Paris, 24 avril 1861 ; J. N., 17255 ; Besançon, 16 avril 1862 ; Cass., 29 déc. 1858. Voir Boulanger, n° 72.
(2) Cass., 22 juin 1841 ; J. N., 11020.
(3) Voir Trib. Saint-Omer, 8 juill. 1859 ; J. N., 16672.

(4) Persil, *2155*, 4 ; Zach., Massé et Vergé, § 814, note 13 ; Taulier, VII, p. 355 ; Martou, n° 1175 ; Roll., *Insc.*, n° 346 ; contra, Troplong, n° 730 *bis* ; Pont, n° 1065.
(5) Dict. not., *Insc.*, n° 426 ; Roll., *Insc.*, n° 349.

ciers sont intentées devant le tribunal compétent (celui de la situation des immeubles), par exploits faits à leur personne, ou au dernier des domiciles élus sur le registre, *supra* n° 5744 ; et ce nonobstant le décès soit des créanciers, soit de ceux chez lesquels ils ont fait élection de domicile (*C. N.*, 2156).

SECT. IV. — DES HYPOTHÈQUES LÉGALES ET DE LEURS INSCRIPTIONS.

5784. Les droits et créances auxquels l'hypothèque légale est attribuée sont : 1° ceux des femmes mariées sur les biens de leur mari, *infra n°* 5788 à 5816 ; 2° ceux des mineurs et interdits, sur les biens de leur tuteur, *infra n°* 5817 à 5832 ; 3° ceux de l'État, des communes et des établissements publics, sur les biens des receveurs et administrateurs comptables, *infra n°* 5833 (*C. N.*, 2121).

5785 Le créancier qui a une hypothèque légale peut exercer son droit sur tous les immeubles appartenant à son débiteur, et sur ceux qui pourront lui appartenir dans la suite, même après la cessation de la tutelle, la dissolution du mariage ou la cessation des fonctions de comptable (1), sous les modifications exprimées *infra n°* 5836 à 5850 (*C. N.*, 2122).

5786. Si au moment du mariage, de l'ouverture d'une tutelle, ou de l'entrée en fonctions d'un administrateur comptable, le mari, le tuteur ou le comptable fait partie d'une société possédant des immeubles, l'hypothèque légale de la femme, du pupille ou de l'État ne frappe pas ces immeubles, elle ne peut grever que les immeubles qui échoient au mari, au tuteur ou au comptable par le partage de la société (2).

5787. Un individu grevé d'hypothèque légale échange un immeuble à l'encontre d'un autre immeuble ; l'immeuble qu'il a cédé reste grevé de l'hypothèque légale tant qu'elle n'a été ni purgée ni radiée, et en outre l'immeuble reçu en échange est grevé de la même hypothèque dès l'instant où il a été reçu (3).

§ 1ᵉʳ DE L'HYPOTHÈQUE LÉGALE DES FEMMES MARIÉES.

5788. I. *Étendue de cette hypothèque.* Les femmes mariées ont une hypothèque légale sur les biens de leur mari, *supra* n° 5785.

5789. Si en pays étranger un Français a épousé une étrangère (4), elle acquiert la qualité de Française, *supra n°* 759, 6°, et a la même hypothèque légale que si elle s'était mariée en France, sans qu'il y ait à considérer si la transcription de l'acte de mariage a eu lieu en France dans les termes de l'art. 171 du C. N., cette disposition étant purement réglementaire (5).

§ 4. — INSCRIPTION DES HYPOTHÈQUES LÉGALES.

FORMULE 791. — **Inscription d'hypothèque légale au profit d'une femme.**
(N°ˢ 5784 à 5811.)

Inscription d'hypothèque légale est requise au bureau des hypothèques de....,

Au profit de Mᵐᵉ Eugénie Hérichard, épouse de M. Jules Provost, négociant, avec lequel elle demeure à....,

Pour laquelle domicile est élu à,...., en l'étude de Mᵉ....., notaire en cette ville,

Contre M. Provost, son mari.

En vertu : 1°..... De la loi ;

2° De son contrat de mariage avec M. Provost, passé devant Mᵉ....., notaire à...... le.....;

3° De tous autres actes qu'il appartiendra,

Pour sureté et conservation des reprises, créances, indemnités, répétitions, droits et avantages quelconques, qu'elle peut et pourra avoir à exercer contre son mari ; le tout actuellement indéterminé,

(1) Duranton, XIX. 327 ; Valette, n° 133 ; Pont, n° 509 ; Massé et Vergé, § 794, note 1 ; Lyon, 17 avril 1843, 23 nov. 1850 ; Rouen, 6 juin 1844 ; Cass., 17 juill. 1844 ; contra, Cubain, *Droit des femmes*, n° 527.
(2) Troplong, n° 434 ; Pont. n° 512 ; Boulanger, *Rad. hyp.*, n° 119 ; Paris, 25 mars 1811 ; Toulouse, 31 juill., 1820 ; Cass., 10 mai 1831 ; Nancy, 24 janv. 1842 ; Lyon, 5 janv. 1844 ; Paris, 16 mai 1860 ; Cass., 17 juill. 1861, 29 mai 1865 ; Jur. N., 12854.

(3) Troplong, n° 434 *bis* ; Pont. n° 515 ; Massé et Vergé, §794, note 1 ; Cass., 9 nov. 1815 ; contra, Grenier, I. 106.
(4) A plus forte raison s'il a épousé une Française.
(5) Battur, n° 304 ; Dalloz, n° 865 ; Tessier, II. 123 ; Troplong, n° 513 *bis* ; Roll., *Hyp*, n° 319 ; Cass., 23 nov. 1840 ; Douai, 25 août 1851 ; J. N., 10927 ; contra, Zach., Massé et Vergé, § 796, note 1 ; Cass., 6 janv. 1824 ; Montpellier, 23 janv. 1823, 3 juin 1830.

5790. La femme d'un étranger, même lorsqu'elle est d'origine française, n'a pas d'hypothèque légale sur les immeubles que son mari possède en France, l'hypothèque étant une concession du droit civil qui n'a été introduite qu'en faveur des régnicoles, et qui, par suite, ne peut profiter aux femmes étrangères (1) ; — il n'y a pas d'exception à cette règle en faveur des étrangers résidant en *Algérie* (2). Mais la règle reçoit exception si un traité diplomatique entre la France et le pays auquel les époux appartiennent accorde à la femme française une hypothèque sur les biens de son mari situés dans ce pays (3).

5791. L'hypothèque légale des femmes existe :

1° Pour raison de leurs dots (ou apports en mariage) et conventions matrimoniales, à compter du jour de la célébration civile du mariage (*C. N.*, *2135*, 2°) ; elle ne remonte pas au jour du contrat de mariage (4). Mais il importe peu que la dot et les sommes dont elle se compose ne soient payées au mari qu'à une époque postérieure au mariage (5). La dot comprend toutes les sommes dont la femme est créancière contre son mari par suite de l'administration de celui-ci. Par conventions matrimoniales l'on entend le préciput, le douaire, le gain de survie stipulé par le contrat de mariage (6), *supra n° 2997*, et aussi le deuil lorsqu'il est fixé par le contrat (7).

2° Pour les sommes dotales qui proviennent de successions à elles échues, ou de donations à elles faites pendant le mariage, à compter du jour de l'ouverture des successions ou du jour que les donations ont eu leur effet (*C. N.*, *2135*, 2°), et non pas seulement du jour où le mari a reçu les sommes dotales provenues de successions ou donations, encore bien que les époux soient mariés en communauté (8), ou que les biens de la femme soient paraphernaux ; cependant si le mari a touché des créances paraphernales en vertu du mandat de la femme, l'hypothèque remonte seulement au jour du mandat (9). Si une donation a été faite à la femme sous une condition suspensive, elle n'a son effet que par l'événement de la condition, et l'hypothèque légale dans ce cas ne date que du jour où la condition s'est réalisée (10).

3° Pour l'indemnité des dettes qu'elle a contractées avec son mari, et pour le remploi de ses propres aliénés, à compter du jour de l'obligation (et non du payement) (11) ; ou de la vente (*C. N.*, *2135*), et non pas seulement du jour où le prix a été reçu (12). Si la vente a été faite par le mari sans le consentement de sa femme, l'hypothèque légale prend également rang du jour de l'aliénation, et non pas seulement du jour de la ratification par la femme (13).

5792. Cependant lorsque les époux sont mariés sous le régime dotal et que le contrat de mariage

---

Sur tous les immeubles présents et à venir de M. Provost, situés dans le ressort du bureau des hypothèques de. . . . .

FORMULE 792. — **Inscription d'hypothèque légale de la femme après séparation de biens** (N°ˢ 5784 à 5811.)

(*Cas de la formule 566.*)

Inscription d'hypothèque légale est requise au bureau des hypothèques de. . . . .,
Au profit de Mᵐᵉ Geneviève Hébert, sans profession, épouse de M. Honoré Moinet, employé, avec lequel elle demeure à. . . . .,

(1) Grenier, I, 246, 247 ; Duranton, XIX, 292 ; Battur, II, 351 ; Zach., Massé et Vergé, § 796 note 1 ; Demolombe, I, 88 ; Dalloz, n° 868 ; Fœlis, *Rev. étrang.*, IX, p. 25 ; Liège, 16 mai 1823 ; Bordeaux, 17 mars 1834, 14 juill. 1845 ; Amiens, 18 août 1834 ; Douai, 24 juin 1844 ; Rennes, 30 août 1845 ; Metz. 6 juill. 1853 ; Cass., 20 mai 1862 ; J. N., 12175, 15057, 17434; contra, Troplong, n°ˢ 429 et 513 ter; Pont, n° 438 ; Grenoble. 19 juill. 1849 ; Rodière et Pont, *Contr. de mar..* I, 174 ; contra, aussi Cubain, *Droit des femmes*, n° 679 ; Rapetti. *Cond. des étrang.*, p. 421 ; Demangeat, *ibid.*, p. 380, n° 82 ; Valette, n° 139 ; Paris, 19 août 1851 ; arg. Cass., 20 mai 1862 ; J. N., 14509, 17434, selon lesquels la femme étrangère y a droit si la loi de son pays lui accorde une hypothèque légale sur les biens de son mari, mais non si elle est négative d'hypothèque légale.
(2) Cass.. 20 mai 1862 ; Grenoble, 23 avril 1863 ; J. N., 17434, 17754.
(3) Zach., Massé et Vergé, § 796, note 1 ; Paris, 19 août 1851 ; Metz, 6 juill. 1853 ; Grenoble, 29 mars et 27 août 1855.
(4) Rodière et Pont, II, 674; Persil, *2135*, § 2, n° 2 ; Grenier, II, 475 ; Duranton, XX, 20 ; Zach., Massé et Vergé, § 796, note 19 ; Tessier, *Dot*, II, 434 ; Pont, n° 753 ; Dalloz, n° 905 ; Dict. not., *Hyp.*,

n° 466 ; Roll., *ibid.*, n° 392 ; Nîmes, 26 fév. 1834 ; contra, Troplong, n° 759 ; Benoît, *Dot*, II, 447.
(5) Troplong, n° 584 *bis* ; Dalloz, n° 908 Massé et Vergé. § 796, note 19 ; Pont, n° 752 ; Roll., *Hyp.*, n°ˢ 362, 363 ; Bordeaux, 10 août 1853 ; Trib. Toulouse, 27 fév. 1807 ; Cass., 4 fév. 1868.
(6) Troplong, n° 585 ; Pont, n° 437. Dalloz, n° 885. Massé et Vergé, § 796, note 4 ; Cass.. 19 août 1810 ; Bordeaux, 9 juill. 1841 ; Riom, 12 nov. 1856. V. Grenoble, 23 août 1867 ; Jur. N., 13418.
(7) Riom, 20 juill. 1853 ; il en est autrement du deuil qui ne résulte que de la loi : Bordeaux, 24 janv. 1858 . contra, Toulouse 6 déc. 1824 ; Cass., 29 août 1818. V. Valence 29 avril 1860.
(8) Troplong, n° 586 ; Pont, n°ˢ 757, 758; Massé et Vergé, § 796, note 20 ; Cass., 5 mai 1841 ; Paris, 27 juill. 1850 ; J.N., 10977, 14141..
(9) Pont, n° 772 ; Massé et Vergé. § 796, note 23.
(10) Persil, 2135. § 2. n° 3 ; Massé et Vergé, § 796, note 20 ; Pont n° 757 ; Voir. Cass., 5 mai 1841 ; contra, Troplong, n° 586.
(11) Cass., 9 août 1853.
(12) Toulouse, 7 avril 1829 ; Cass., 16 nov. 1829. 27 avril 1852 ; Grenoble, 6 janv. 1831 ; Montpellier, 13 déc. 1833 ; Paris, 7 mai 1853.
(13) Paris, 18 juin 1863 ; J. N., 17869.

permet la vente des biens dotaux à condition de remploi, leur aliénation résulte d'une stipulation du contrat de mariage, et l'hypothèque légale, à défaut de remploi, *supra n° 5694*, prend rang du jour du mariage (1), ou, du moins, du jour de la donation, du partage, ou de la succession d'où proviennent les immeubles (2).

5793. La femme, dont les biens paraphernaux ont été aliénés avec le concours de son mari, a une hypothèque légale du jour de l'aliénation, et non pas seulement du jour où le mari a reçu le prix (3).

5794. Si l'obligation ou la vente ont lieu par acte sous seing privé, elles ne sont opposables aux tiers qu'à compter du jour où elles ont acquis date certaine, et c'est de ce jour que l'hypothèque légale prend rang (4) ; toutefois jugé que l'hypothèque légale de la femme, pour l'indemnité des dettes par elle contractées avec son mari, est établie en cas de faillite de celui-ci, et à l'égard de la masse chirographaire, par le seul fait qu'il n'est pas contesté que les engagements de la femme sont antérieurs à la faillite, sans qu'elle soit tenue de produire des actes ayant date certaine (5).

5795. La femme peut se trouver créancière de son mari pour d'autres causes que celles qui viennent d'être énumérées, par exemple pour indemnités par suite de mauvaise gestion, comme s'il a négligé de faire transcrire une donation faite à sa femme, par lui ou par un tiers (6), s'il a été condamné aux dépens sur une demande en séparation (7), etc.

5796. La femme a encore hypothèque légale au même rang que les sommes capitales pour les intérêts qu'elles produisent, non-seulement pendant deux années et l'année courante, mais pour tous ceux qui sont dus depuis la dissolution du mariage jusqu'au jour du règlement (8).

5797. Si la femme décède laissant son mari donataire de l'usufruit de tout ou partie de ses biens, avec dispense de caution, et que par le partage de sa succession on attribue au mari l'usufruit des créances par lui dues à sa femme, il y a novation en ce sens que le mari cesse d'être débiteur, puisqu'il peut disposer des créances en qualité d'usufruitier, et l'hypothèque légale de sa femme cesse de frapper

---

Pour laquelle domicile est élu à....., etc.

CONTRE M. MOINET, son mari,

EN VERTU : 1° De la loi ;

2° Du contrat de mariage de M. et Mᵐᵉ MOINET, passé devant Mᵉ....., notaire à....., le..... ;

3° D'un jugement rendu par le tribunal civil de....., le....., aux termes duquel Mᵐᵉ MOINET a été déclarée séparée, quant aux biens, d'avec son mari ;

4° Et d'un acte passé devant Mᵉ....., notaire à....., le....., contenant liquidation des reprises de Mᵐᵉ MOINET contre son mari ; duquel il résulte que Mᵐᵉ MOINET est restée créancière sur son mari d'une somme de huit mille six cent quatre-vingt-dix-huit francs,

POUR SURETÉ : 1° De la somme de huit mille six cent quatre-vingt-dix-huit francs, dont Mᵐᵉ MOINET est restée créancière sur son mari pour les reprises qu'elle avait à exercer contre lui ; ladite somme actuellement exigible et productive d'intérêts à cinq pour cent par an, à partir du jour de la liquidation, ci. 8,698   »

A reporter. 8,698   »

---

(1) Tessier, Dot, II, 134 ; Troplong, n° 589 *bis* ; Benech, *Emploi*, n° 111 ; Pont, n° 767, et *Rev. crit.*, II, p. 386 ; Rodière et Pont, II, 677 ; Dalloz, n° 942 ; Cass., 27 juill. 1826 ; Grenoble, 6 janv. 1831 ; CONTRA, Grenier, I, 261 ; Duranton, XX, 31 ; Massé et Vergé, § 796, note 22 ; Caen, 7 juill. 1851 ; Cass., 21 déc. 1853 ; Agen., 10 juin 1859 ; J. N., 10744.

(2) Grenoble, 14 déc. 1863 ; Cass., 16 mai 1865 ; J. N., 18288.

(3) Troplong, *Cont. de mar.*, n° 1459 ; Rodière et Pont, II, 715 ; Marcadé, 1540, 3 ; Taulier, V, p. 585 ; Pont, n° 773 ; Pau, 15 janv. 1823 ; Toulouse, 7 mars 1829 ; Montpellier, 13 déc. 1833 ; Cass., 27 avril 1852 ; Paris, 7 mai 1853 ; J. N., 14774, 14982 ; Nimes, 12 juill. 1861 ; M. T., 1863, p. 236.

(4) Bellot, I, p. 344 ; Persil, *2135*, § 2, n° 11 ; Demolombe, *Rev. crit.*, I, p. 527 ; Pont, n° 761 ; Larombière, *1328*, 33, Massé et Vergé,

§ 796, note 21 ; Roll., *Hyp.*, n° 295 ; Dict. not., *Hyp.*, n° 168 ; Cass., 5 fév. 1851 ; Agen, 21 mars 1851 ; Rouen, 24 mars 1852 ; Douai, 29 janv. 1857 ; J. N., 14294, 14651 ; CONTRA, Paris, 31 juill. 1847 ; Orléans, 24 mai 1848 : J. N., 13105.

(5) Massé et Vergé, § 796, note 21 ; Amiens, 26 mars 1860 ; Cass., 7 nov. 1848, 15 mars 1859, 19 fév. 1862 ; J. N., 13776 ; 16607, 17388 ; Besançon, 10 avril 1865 ; Jur. N., 12831.

(6) Cass., 10 mars 1810 ; Angers. 10 mars 1841.

(7) Troplong, n° 418 *ter* ; Duranton, XX, 22 *bis* ; Dalloz, n° 891 ; Massé et Vergé, § 776, note 4 ; Roll., *Hyp.*, n° 305 ; Riom, 4 mars 1821 ; Paris, 28 déc. 1822 ; Caen, 25 nov. 1824 ; Douai, 1ᵉʳ avril 1826, 30 janv. 1837 ; Paris, 28 juill. 1853 ; Grenoble, 23 août 1867.

(8) Troplong, n° 118 *ter* ; Baudot, *Form. hyp.*, n° 805 ; Bourges, 23 mai 1829 ; Riom, 17 déc. 1846 ; Bordeaux, 10 août 1849.

contre lui à raison des sommes et valeurs dont il a l'usufruit (1) ; s'il n'y a pas de partage, l'hypothèque légale se continue, quand même le mari serait usufruitier de l'universalité des biens de sa femme (2) ; s'il y a eu seulement un acte de liquidation de reprises, l'hypothèque légale se continue également, surtout quand les héritiers de la femme ont fait la réserve de tous leurs droits, priviléges et hypothèques, sans novation (3).

5798. La femme commune a-t-elle une hypothèque légale sur les biens de la communauté ? Plusieurs distinctions sont à faire : si la femme renonce à la communauté, le mari est censé avoir toujours été propriétaire des immeubles acquêts, et ils se sont trouvés grevés de son hypothèque légale au fur et à mesure de leurs acquisitions (4) ; si elle accepte la communauté, son hypothèque légale continue de frapper la part du mari dans les acquêts ; quant aux immeubles échus à la femme, ils en sont affranchis (5), et si elle a subrogé un tiers dans son hypothèque légale, il ne peut à a dissolution de la communauté exercer son droit hypothécaire sur les immeubles acquêts échus à la femme, même en payement de ses reprises (6) ; enfin si le mari pendant le mariage a, comme administrateur de la communauté, vendu un immeuble acquêt, cet immeuble est néanmoins grevé de l'hypothèque légale de la femme si elle renonce à la communauté ; mais il en est affranchi si elle accepte, car son acceptation vaut ratification, ce qui l'oblige à la garantie de la vente (7).

5799. La femme n'a pas d'hypothèque légale pour la part à laquelle elle a droit dans la communauté ; elle a seulement son privilége de copartageant sur les biens de cette communauté (8).

5800. L'hypothèque légale de la femme pendant le mariage et jusqu'à l'expiration de l'année qui suit sa dissolution, *infra n° 5804*, existe indépendamment de toute inscription (C. N., 2135).

5801. Sont toutefois les maris tenus de rendre publiques les hypothèques dont leurs biens sont grevés, et, à cet effet, de requérir eux-mêmes, sans aucun délai, inscription aux bureaux à ce établis sur les immeubles à eux appartenant, et sur ceux qui pourront leur appartenir par la suite. Les maris

Report.   8,698   »

2 Des intérêts de ladite somme dont la loi conserve le même rang d'hypothèque que pour le principal. . . . .   *Mémoire.*

3° De toutes autres créances, reprises, indemnités, répétitions, droits et avantages quelconques, que Mme Moinet peut et pourra avoir à exercer contre son mari ; le tout actuellement indéterminé. . . . .   *Mémoire.*

4° Des frais de mise à exécution, s'il y a lieu, et autres accessoires, évalués approximativement à.   500   »

Total, sauf les articles portés pour mémoire. . . . . . . : . . . , . . .   9,198   »

Sur tous les immeubles présents et à venir de M. Moinet, situés dans le ressort du bureau des hypothèques de. . . . .

---

(1) Troplong, n° 460 ; Dalloz, n° 588 ; Pont, n° 441 ; Dict. not., *Hyp.*, n° 580 : Roll., *ibid.*, n° 591 ; Paris, 15 janv. 1836, 9 mars 1844, 19 déc. 1846, 3 mars 1849, 7 avril 1858 : Cass., 3 déc. 1834, 15 nov. 1837; Bordeaux, 5 mars 1842, 3 déc. 1861 ; Douai, 21 avril 1844, 4 mai 1846 ; Grenoble, 4 janv. 1851, 29 août 1866 ; Bourges, 6 mars 1855; J. N., 12018, 12115, 12940, 18727 ; Montpellier, 8 nov. 1865; Jur. N., 13004.

(2) Pont, n° 441 ; Cass., 20 avril 1857, 5 nov. 1867.

(3) Pont, n° 441 ; Cass., 27 nov. 1855.

(4) Troplong, n° 433 *ter*; Duranton, XIX, 530 : Rodière et Pont, I, 888 ; Po t, n° 521 ; Boulanger, *Rad. hyp.*, n° 117 ; Orléans, 16 mars 1839; Bourges, 14 janv. 1810; Cass., 9 nov. 1819, 10 nov. 1847, 17 juill. 1848 ; Paris, 30 juin 1853 ; J. N., 10737, 13220. Voir Cass., 16 fév. 1841, 4 fév. 1856 ; Rouen, 11 mars 1846; Orléans, 11 mars 18 0, 12 juill. 1854 ; Lyon, 7 avril 1854 ; Toulouse, 7 avril 1865; Nancy, 27 mai 1865; Paris, 19 mars 1866 ; Jur. N., 12834, 12558, 13058.

(5) Duranton, XIX, 528; Valette, p. 217 ; Berthault, *Subrog.*, n° 8 ; Massé et Vergé, § 706, note 12; Paris, 31 mars 1855, 2 janv. 1860; Colmar, 1er mars 1856 ; Cass., 1er août 1843.

(6) Cass., 1er août 1848 ; Paris, 31 mars 1853 ; J. N., 13452; CONTRA, Pont, n° 522 ; Berthault. *Subrog.*, n° 37.

(7) Grenier, J. 248 ; Duranton, XIV, 510; XIX, 329 ; Troplong, n° 433 *ter*, et *Contr. de mar.*, n° 1646 ; Valette p. 255; Taulier, VII, p. 340; Mourlon, III, p. 460; Massé et Vergé, § 790, note 12; Cass., 9 nov. 1814, 10 fév. 1841, 1er août 1848, 30 avril 1849, 4 fév. 1856 ; Rouen, 11 mars 1816 ; Douai, 17 juin 1847; Bordeaux, 2 mars 1848; Orléans, 16 mars 1850 : Colmar, 1er mars 1855 ; CONTRA, Gauthier, *Subrog.*, n° 590 : Pont, n° 521 à 529 ; Seine, 14 mai 1867; selon lesquels l'hypothèque légale existe au profit de la femme et du créancier subrogé, qu'elle accepte ou qu'elle renonce : CONTRA, aussi l'ersil, 2121, 10. Cubain, *Droit des femmes*, n° 528 ; Valette. p. 258 : Rod ère et Pont. I, 834, 889. selon lesquels la femme ou son créancier subrogé n'ont aucune hypothèque légale sur les acquêts, que la femme accepte ou qu'elle renonce.

(8) Dalloz, n° 887 ; Boulanger, *Rad. hyp.*, n° 118 : Dict. not., *Hyp.*, n° 129; Paris, 3 déc. 1836 ; Bordeaux, 2 mars 1848; Cass., 15 juin 1842, 9 janv. 1855; Nîmes, 24 mars 1854 ; J. N., 11396, 13561.

qui, ayant manqué de requérir et de faire faire ces inscriptions, auraient consenti ou laissé prendre des privilèges ou des hypothèques sur leurs immeubles, sans déclarer expressément qu'ils sont affectés à l'hypothèque légale des femmes, sont réputés stellionataires et comme tels contraignables par corps (*C. N.*, *2136*). Il ne leur suffirait pas de déclarer qu'ils sont grevés d'hypothèques légales ; il faut, pour échapper à la peine du stellionat, qu'ils les précisent (1).

5802. A défaut par les maris de faire faire les inscriptions dont il est question au numéro précédent, elles sont requises, s'il y a lieu (2), par le procureur impérial près le tribunal de première instance du domicile des maris ou du lieu de la situation des biens (*C. N.*, *2138*).

5803. Les inscriptions peuvent aussi être requises par les parents, soit du mari, soit de la femme (3), et par la femme (*C. N.*, *2139*), sans qu'elle ait besoin pour cela du consentement ni de l'autorisation de son mari (4).

5804. L'hypothèque légale de la femme, ainsi que nous l'avons dit *supra n° 5800*, existe indépendamment de toute inscription jusqu'à l'expiration de l'année qui suit la dissolution du mariage ; mais si à cette époque elle n'a pas été inscrite, elle ne date, à l'égard des tiers, que du jour de l'inscription prise ultérieurement (*Loi 23 mars 1855*, *art. 8*).

5805. Si la femme survit à son mari, elle doit inscrire dans l'année du décès [FORM. 793]. Si elle le prédécède, ses héritiers doivent prendre inscription dans le même délai sous peine de déchéance, lors même qu'ils seraient mineurs sous la tutelle légale du mari, *supra n° 4042 et note 3* (5).

5806. Le décès seul fait courir ce délai et non pas la séparation de corps, ni la séparation de biens judiciairement prononcée (6).

5807. Les ayants cause des femmes ne sont pas seulement leurs héritiers ou autres successeurs, mais aussi leurs créanciers ; il en est ainsi du créancier subrogé à l'hypothèque légale de la femme, même

FORMULE 793. — **Inscription d'hypothèque légale de la femme après la dissolution du mariage.** (N°ˢ 5804 à 5811.)

INCRIPTION d'hypothèque légale est requise au bureau des hypothèques de....,
AU PROFIT de Mme Eugénie HÉRICHARD, propriétaire, demeurant à...., veuve de M. Jules PROVOST,
Pour laquelle domicile est élu...., etc.
CONTRE M. Jules PROVOST, son mari, en son vivant négociant, demeurant à...., où il est décédé le...., sa succession, ses héritiers et représentants, qui sont : 1°.... (*noms, prénoms, professions et domiciles*),
EN VERTU 1°...., etc. (*le surplus comme en la formule* 790).
Si c'est la femme qui a prédécédé :
AU PROFIT de : 1° M. Eloi PROVOST, employé, demeurant à....;
2° Mlle Louise PROVOST, mineure, sous la tutelle légale de M. Jules PROVOST, son père, ci-après nommé.
M. et Mlle PROVOST, seuls héritiers, chacun pour moitié, de Mme Eugénie HÉRICHARD leur mère, en son vivant épouse de M. Jules PROVOST, décédée à...., le....,
Pour lequel domicile est élu, etc.,
CONTRE M. Jules PROVOST, négociant, demeurant à....,
EN VERTU : 1° De la loi ;
2° Du contrat de mariage de M. et Mme PROVOST, passé, etc.;
3° De tous autres actes et contrats qu'il appartiendra,

(1) Persil. *2136*, 4; Duranton, XX, 43; Taulier, VII, p. 314; Troplong, n° 633 ; Pont, n° 854 ; Limoges, 18 avril 1828 ; Poitiers, 29 déc. 1830; Cass., 7 janv. 1863.
(2) Les parquets ne doivent inscrire qu'en cas d'urgence, et en parfaite connaissance de cause : Circ. min. just., 15 sept. 1806.
(3) Personne autre n'a qualité pour inscrire l'hypothèque légale de la femme, pas même ses amis, et l'on devrait annuler l'inscription prise au profit de la femme par un tiers non parent, sans son consentement ni celui de son mari : Persil, art. *2139*; Zach., Massé

et Vergé, § 806, note 1; Pont, n° 843 ; Boulanger, *Rad. hyp.*, n° 179 ; Roll., *Insc.* n° 35 ; Poitiers, 20 janv. 1832 ; Caen, 8 mai 1839; Trib. Trévoux, 15 avril 1850.
(4) Pont, n° 846, Massé et Vergé, § 806, note 12; Roll., *Hyp.*, n° 36; Paris, 31 août 1810.
(5) Aux autorités conformes, ajoutez Cass., 2 mai 1856; J. N., 18574.
(6) Troplong, *Transc.*, n° 308 ; Grosse, *ibid.*, n° 243; Rivière et François, *ibid.*, n° 123; Ducruct, p. 33; Pont n° 808.

antérieurement à la loi du 23 mars 1855 ; car étant mis à la place de la femme, il ne peut avoir plus de droits qu'elle (1). A l'égard des créanciers entre eux, lorsqu'ils ont été subrogés antérieurement au 1er janvier 1856, voir *infra n° 5812.*

5808. Après l'expiration de l'année, l'hypothèque légale dégénère en une simple hypothèque, et ne peut plus être exercée sur les immeubles du mari vendus pendant le mariage ou dans l'intervalle du décès au jour de la prise de l'inscription (2) ; de sorte qu'après le délai d'un an, elle est sans effet si la succession du mari est bénéficiaire ou vacante, *supra n° 5733.*

5809. II. *Inscription* [FORM. 791, 792]. Les droits d'hypothèque légale des femmes mariées sur les biens de leurs époux sont inscrits sur la représentation de deux bordereaux contenant seulement : 1° les nom, prénoms, profession et domicile réel du créancier, et le domicile qui sera par lui, ou pour lui, élu dans l'arrondissement ; 2° les nom, prénoms, profession, domicile, ou désignation précise du débiteur ; 3° la nature des droits à conserver, et le montant de leur valeur quant aux objets déterminés (3), sans être tenu de le fixer quant à ceux qui sont conditionnels, éventuels ou indéterminés (*C. N.*, 2153).

5810. Il n'est pas nécessaire d'indiquer, dans l'inscription de l'hypothèque légale de la femme, l'espèce ni la situation des biens soumis à l'hypothèque ; à défaut de convention, une seule inscription pour cette hypothèque frappe tous les immeubles compris dans l'arrondissement du bureau (*C. N.*, 2148).

5811. Si, par une stipulation du contrat de mariage ou par un jugement, l'hypothèque légale est restreinte à certains immeubles, elle devient spéciale, et les inscriptions doivent contenir l'indication des immeubles conformément à ce qui est dit *supra n° 5764* (*C. N.*, 2142).

5812. III. *Inscription au profit des créanciers subrogés* [FORM. 794]. Le créancier subrogé à l'hypothèque légale de la femme contre son mari, *supra n°s 5718 à 5722*, n'en est saisi à l'égard des tiers que par

POUR SURETÉ, etc. (*Le surplus comme en la formule* 790.)

FORMULE 794. — **Inscription collective d'hypothèque conventionnelle et légale au profit du créancier subrogé.** (N°s 5812 à 5816.)

(*Cas de la formule* 770.)

BORDEREAU d'inscription collective d'hypothèque conventionnelle et légale à prendre au bureau des hypothèques de . . . . .,
INSCRIPTION est requise
AU PROFIT de M. Léon MARAIS, propriétaire, demeurant à. . . . .,
Pour lequel domicile est élu. . . . ., etc.,
1° D'*hypothèque conventionnelle*, CONTRE M. Paulin BEUVARD, propriétaire, et Mme Héloïse TILLET, son épouse, demeurant ensemble à. . . . .,   *débiteurs solidaires ;*
2° D'*hypothèque légale*, CONTRE M. BEUVARD, ci-dessus prénommé, qualifié et domicilié, dans l'effet de laquelle M. MARAIS a été subrogé par Mme BEUVARD, ainsi qu'on l'énonce ci-après.
EN VERTU :
Premièrement. De la loi ;
Deuxièmement. Du contrat de mariage de M. et Mme BEUVARD, passé devant Me. . . . ., notaire à. . . . ., le. . . . . ;
Troisièmement. De tous autres actes et contrats qu'il appartiendra ;
Quatrièmement. Et d'un acte passé devant Me. . . . ., notaire à. . . . ., le. . . . ., contenant : 1° obligation pour prêt par M. et Mme BEUVARD, au profit de M. MARAIS, d'une somme de dix mille francs ; 2° transport à titre de garantie par Mme BEUVARD, à M. MARAIS,

---

(1) Troplong, *Transc.*, n° 358 ; Ducruet, *ibid.*, n°s 50 et 51 ; Pont, n°s 818, 821, 837 ; Trib. Dôle, 20 mai 1857 ; Bourges, 20 août 1859 ; Riom, 1er mai 1860 ; Metz, 19 mars 1861 ; Aix, 19 nov. 1863 ; J. N., 17101, 18250. Voir Paris, 4 janv. 1861, 10 avril 1856 ; Cass., 2 juill. 1861 ; J. N., 17078 18502, 18393.

(2) Pont, n° 834 ; Agen, 5 mai 1858 ; J. N., 16833.

(3) Voir Pont, n° 997 ; Rouen, 13 juin 1850 ; Orléans, 9 avril 1862. J. N., 17400.

une inscription de cette hypothèque prise à son profit, ou par une mention en marge de l'inscription préexistante, *supra n°* 5725 *à* 5726.

5813. Lorsque le créancier subrogé fait ainsi l'inscription à son profit de l'hypothèque légale de la femme, il n'est pas nécessaire qu'il prenne deux inscriptions séparées, l'une de cette hypothèque légale, l'autre de son hypothèque conventionnelle ; il suffit qu'il requière à son profit, par un seul bordereau, une inscription collective des deux hypothèques, et le conservateur ne doit formaliser qu'une seule inscription, *supra n°* 5766. Tel est l'usage à peu près général qui s'est établi à la suite d'une assez vive controverse.

5814. Selon un auteur (1), le créancier subrogé à l'hypothèque légale de la femme, qui en requiert l'inscription à son profit, doit énoncer le montant et la cause des reprises déterminées de la femme, au moment où l'inscription est requise, en donner le détail article par article, chiffre par chiffre. Cette opinion, qui est isolée, n'a pas été suivie dans la pratique, et ne pouvait pas l'être ; en effet, le créancier, succédant aux droits de la femme, les exerce comme elle l'aurait fait elle-même (2). Il est donc suffisant d'énoncer, comme pour l'inscription au profit de la femme, qu'elle est requise pour sûreté des créances, reprises et avantages matrimoniaux de la femme contre son mari et par elle cédés au créancier.

5815. L'inscription de l'hypothèque légale prise à son profit par le subrogé ne profite qu'à lui, pour le montant de sa créance ; elle ne profite pas aux autres créanciers subrogés qui ont négligé d'inscrire ou de mentionner (3). Mais profite-t-elle à la femme, en ce sens qu'elle vaudrait inscription à son profit de son hypothèque légale ? Il faut distinguer : si le créancier requiert l'inscription au nom et au profit de la femme, puis mentionne la subrogation consentie à son profit, il agit en qualité d'ayant droit et d'ayant cause de la femme, l'inscription profite à la femme, et il ne peut plus seul en donner mainlevée, si ce n'est pour raison de la subrogation. Mais si le créancier subrogé requiert à son profit personnel l'hypothèque légale de la femme, jusqu'à concurrence de la somme pour laquelle il a été subrogé, en même temps qu'il requiert l'hypothèque conventionnelle, l'inscription ne profite qu'à lui, il peut en donner mainlevée définitive, et le conservateur doit la radier dans ce sens (4), surtout si l'inscrivant a mentionné dans l'inscription qu'elle pourra être rayée sur la simple mainlevée du créancier (5).

---

d'une somme égale au montant en principal, intérêts et accessoires de ladite obligation, à prendre par préférence et antériorité à elle-même et à tous autres, dans le montant de tous droits, reprises, créances et avantages quelconques, qu'elle pouvait et pourrait avoir à exercer contre son mari, en vertu de leur contrat de mariage ou de tous autres titres ; et, par suite, subrogation par Mme BEUVARD au profit de MARAIS, jusqu'à ladite concurrence et avec pareille préférence et antériorité dans l'effet de son hypothèque légale contre son mari, limitativement sur les immeubles ci-après désignés (*ou sur tous ses biens présents et à venir*).

Si l'on veut rapporter les conditions de l'acte d'obligation, on ajoute : Par lequel acte d'obligation il a été stipulé : 1°..... etc. (*copier dans l'acte*),

POUR SURETÉ : 1° De la somme de dix mille francs, montant en principal de l'obligation précitée ; laquelle somme a été stipulée exigible le......, et jusqu'à son remboursement réel et effectif, productive d'intérêts au taux de cinq pour cent par an, à partir du jour de l'obligation, payables chaque année en deux termes égaux, de six en six mois, les....., ci................................ 10,000 »

2° Des intérêts dont la loi conserve le même rang d'hypothèque que pour le principal... *Mémoire.*

A reporter. .... 10,000 »

---

(1) Grosse, *Transc.*, n° 287.
(2) Pont, n° 908 ; Cass., 4 fév. 1856.
(3) Pont, n° 799 ; Paris, 27 fév. 1857.
(4) Ducruet. J. N., 16988 ; Pont, n° 800 ; Boulanger, *Rad. hyp.*, n° 481 ; Trib. Lyon, 11 juill. 1860 ; Cass., 5 fév. 1804, 1er fév. 1846 ; J. N., 16958, 17017, 18547 ; Rouen, 26 déc. 1862 ; Dijon, 2 janv. 1865 ;

Jur. N., 12805 ; CONTRA, Massé et Vergé, § 849, note 2 ; Amiens, 31 mars 1857 ; Cass., 2 juin 1858 ; J. N., 16213, 16323. V. Nîmes, 15 déc. 1865 ; Jur. N., 13174.
(5) Trib. Orléans, 15 mars 1859 ; J. N., 18540 ; voir cependant Orléans, 14 août 1859 ; J. N. 16658.

5816. Si l'hypothèque légale de la femme a été inscrite, le créancier fait opérer sur les registres du conservateur, en marge de cette inscription, la mention de la subrogation ou de l'antériorité par elle consentie. Si, au lieu de faire faire cette mention, le créancier prenait une inscription à son profit des deux hypothèques dans la forme ordinaire, *supra n° 5813*, il nous semble qu'elle devrait produire le même effet qu'une mention en marge de l'inscription préexistante.

§ 2. DE L'HYPOTHÈQUE LÉGALE DES MINEURS ET INTERDITS.

5817. Les mineurs et les interdits, que l'interdiction soit judiciaire, *supra n° 1561*, ou légale (1), *supra n° 1590*, ont une hypothèque légale sur les biens de leur tuteur (*C. N.*, 2121, 2°), même lorsque ce dernier est aussi mineur (2). Sont grevés de la même hypothèque légale: le tuteur officieux, *supra n° 1144*, le protuteur (3), le cotuteur (4), la femme remariée qui a indûment conservé la tutelle (5), le second mari comme responsable de la gestion de sa femme pour la tutelle indûment conservée (6), *supra n° 1200*.

5818. Mais ne sont pas grevés d'hypothèque légale à raison de leurs gestions : 1° le père administrateur légal pendant le mariage des biens de ses enfants mineurs, *supra n° 1185*; 2° la mère administratrice légale des biens personnels de ses enfants mineurs, lorsque le père a disparu (7) ; 3° le tuteur *ad hoc* donné à l'enfant dont on conteste l'état (*C. N.*, 318) ; 4° le tuteur *ad hoc* donné à chacun des mineurs ayant des intérêts opposés dans un partage (*C. N.*, 838) ; 5° le tuteur à la substitution permise (8) (*C. N.*, 1055, 1056) ; 6° le curateur d'un mineur émancipé, le curateur au ventre, le conseil judiciaire d'un prodigue, l'administrateur provisoire nommé à une personne dont l'interdiction est demandée (9) ; 7° le subrogé tuteur, même comptable envers le mineur pour ingestion dans l'administration ou comme ayant agi pour le mineur par suite de l'opposition d'intérêt du tuteur (10) ; 8° les administrateurs des biens des absents et ceux des aliénés non interdits (11).

Report	10,000	»

3° Des droits, reprises, créances et avantages quelconques de Mme BEUVARD contre son mari, par elle cédés à titre de garantie à M. MARAIS, jusqu'à concurrence du montant de ladite obligation en principal, intérêts et accessoires, le tout indéterminé.. . . . . *Mémoire.*

4° Des frais dudit acte d'obligation, de ceux de mise à exécution, s'il y a lieu, et autres accessoires, évalués approximativement à. . . . . 1,000 »

Total, sauf les articles portés pour mémoire, ci. . . . . 11,000 »
Par hypothèque conventionnelle résultant dudit acte d'obligation,
Et par hypothèque légale de Mme BEUVARD contre son mari , dans l'effet de laquelle M. MARAIS a été subrogé :
SUR : 1°. . . . . (*désigner les biens comme dans l'obligation*).
Si la subrogation dans l'hypothèque légale comprend les biens présents et à venir.
Par hypothèque conventionnelle résultant dudit acte d'obligation,
SUR : 1°. . . . . (*désigner les immeubles*),
Et par hypothèque légale de Mme BEUVARD, contre son mari, dans l'effet de laquelle M. MARAIS a été subrogé :

(1) Duranton, VIII, 101; XIX, 316; Duvergier, *Vente*, I, p. 201, note 1; Coin-Delisle, *912*, 5; Troplong, *Don.*, n° 525; Dalloz, n° 1038 : Massé et Vergé, § 795, note 2: Berthault, *Cod. pén.*, p. 276; Pont, n° 490; Pau, 19 août 1850; J. N., 14557.
(2) Pont, n° 499.
(3) Duranton. XIX, 309; Troplong, n° 421; Dalloz, n° 1024; Zach., Massé et Vergé, § 795, note 2 ; Pont, n° 499; CONTRA, Grenier, I, 273.
(4) Pont, n° 499; Dalloz, n° 1028; Zach., Massé et Vergé, § 795, note 2; Cass., 22 nov. 1836.
(5) Pont, n° 500; Bruxelles, 17 mars 1821 ; Cass., 15 déc. 1825.
(6) Taulier, VII, p. 287; Troplong, n° 286; Persil, *2121*, 32 ; Grenier, I, 280; Massé et Vergé, § 795, note 8; Roll., *Hyp.*, n° 431 ; Paris, 28 déc. 1822; Poitiers, 28 déc. 1824; Nîmes, 30 nov. 1831 ;

Colmar, 26 nov. 1833; Cass., 14 déc. 1836. Voir aussi Duranton, III, 426; IX, 312; Valette sur Proudhon. II, p. 280; Pont, n° 500; Poitiers, 28 déc. 1824.
(7) Demolombe, II, 312; Pont, n° 494.
(8) Pont, n° 496 ; Dalloz, n° 1022; Massé et Vergé, § 795, note 1.
(9) Persil, *2121*, 29; Duranton, XIX, 314; Troplong, n° 423; Valette, p. 283; Dalloz, n° 1016, 1037; Zach., Massé et Vergé, § 795, note 1 ; Pont, n° 496; Dict. not., *Hyp.*, n° 235; Roll., *Hyp.*, n° 333 à 330; Montpellier, 14 janv. 1823 ; Cass., 27 avril 1824.
(10) Duranton, XIX, 313; Troplong, n° 422; Valette, p. 284; Zach., Massé et Vergé, § 795, note 7 ; Pont, n° 497; Roll., *Hyp.*, n° 437; Dict. not., *Hyp.*, n° 233; CONTRA, Persil, *212*, 27 et 28.
(11) Pont, n° 492.

5819. L'hypothèque légale des mineurs et interdits sur les immeubles appartenant à leur tuteur, à raison de leur gestion, existe du jour de l'acceptation de la tutelle, *supra n° 1217 (C. N., 2135, 1°)*, même à raison des successions qui leur échoient et des donations qui leur sont faites pendant la tutelle.

5820. Cette hypothèque conserve toutes les sommes dues par le tuteur à son pupille, même celles qu'il aurait dû percevoir (1), et les dommages dont il est tenu pour faute, négligence, malversation (2).

5821. Si une créance due par le tuteur à son pupille n'est pas venue à exigibilité durant la tutelle, elle n'est pas conservée par l'hypothèque légale, et le pupille la reprend à l'expiration de la tutelle avec les seules garanties primitives y attachées (3) ; mais si elle est devenue exigible pendant la tutelle, le tuteur est censé l'avoir touchée dès le jour de son exigibilité, et elle est garantie par l'hypothèque légale (4).

5822. La gestion du tuteur, postérieure à la majorité du pupille ou à la fin de la tutelle, n'est conservée par l'hypothèque légale qu'autant qu'elle se lie à la tutelle et en est une suite nécessaire, ce qui est laissé à l'appréciation des tribunaux (5).

5823. L'hypothèque légale du mineur et de l'interdit, pendant la minorité ou l'interdiction et jusqu'à l'expiration de l'année qui suit la majorité du mineur ou la mainlevée de l'interdiction, *infra n° 5828*, existe indépendamment de toute inscription (C. N., 2135).

5824. Sont toutefois les tuteurs tenus de rendre publiques les hypothèques dont leurs biens sont grevés, ainsi que nous l'avons dit *supra n° 5801* en ce qui concerne la femme, et sous les pénalités y indiquées pour le cas de non-déclaration des hypothèques légales de leurs pupilles (C. N., 2136).

5825. Les subrogés tuteurs sont tenus, sous leur responsabilité personnelle et sous peine de tous dommages et intérêts, de veiller à ce que les inscriptions soient prises sans délai sur les biens du tuteur, pour raison de sa gestion, même de faire faire lesdites inscriptions (C. N. 2137). Le subrogé tuteur est responsable : envers le mineur s'il éprouve un préjudice de la non-inscription (6) ; envers les créanciers du tuteur auquel ce dernier aurait consenti des hypothèques sur ses immeubles depuis son entrée en gestion sans déclarer sa qualité de tuteur ; mais non envers ses créanciers chirographaires (7).

───────────────────

Sur tous les immeubles présents et à venir de M. Beuvard.

L'inscription de ladite hypothèque légale profitera seulement à M. Marais, pour sa créance ci-dessus exprimée, comme l'ayant requise en conformité de l'art. 9 de la loi du 23 mars 1855.

FORMULE 795. — **Inscription d'hypothèque légale au profit d'un mineur (*ou d'un interdit*).** (Nos 5817 à 5832.)

Inscription d'hypothèque légale est requise au bureau des hypothèques de.....

Au profit de M. Eugène Tillet, mineur, sous la tutelle de M. Samson, son oncle, ci-après nommé (*ou interdit par jugement du tribunal civil de...*, le..., en date du...),

Poursuite et diligence de M. Jean Tillet, son subrogé tuteur, négociant, demeurant à.....,

Pour lequel domicile est élu, etc.,

Contre M. Auguste Samson, propriétaire, demeurant à.....,

Tuteur dudit mineur (*ou dudit interdit*), nommé à cette fonction suivant délibération de son conseil de famille, prise sous la présidence de M. le juge de paix du canton de....., le.....,

Pour sureté de la gestion et de l'administration des biens du mineur (*ou de l'interdit*)

───────────────────

(1) Pont, n° 501; Paris. 26 mars 1836; Pau, 17 juin 1837; Rouen, 18 janv. 1839.

(2) Pont, n° 501; Massé et Vergé, § 795, note 3; Toulouse, 18 déc. 1826; Bourges, 28 avril 1838, 6 mars 1855; Pau, 19 août 1850; Cass., 23 déc. 1856.

(3) Pont, n° 501; Massé et Vergé, § 795, note 3; Douai, 4 u ai 1846.

(4) Persil, *2135*, 5; Zach., Massé et Vergé, § 795, note 3; Troplong, n° 427; Taulier, VII, p. 205; Pont, n° 501; Roll., *Hyp.*, n° 442 à 446; Pau, 17 juin 1837; Rouen, 18 janv. 1839.

(5) Demolombe, VIII, 28; Zach., Massé et Vergé, § 795, note 3; Dalloz, *Minor.*, n° 583; Pont, n° 502; Pau, 19 août 1850; Angers, 23 fév. 1853; Cass., 9 janv. 1855. Voir aussi Troplong, n° 527; Massé et Vergé, § 795, note 3; Cass., 21 fév. 1838, 18 août 1840, 28 nov. 1842, 17 juill. 1844, 23 déc. 1850; Orléans, 12 janv. 1839; Toulouse, 18 juill. 1839, 7 mars 1855; contra, Grenoble, 16 janv. 1832; Bourges, 28 avril 1838; J. N., 12054.

(6) Pont, n° 859; Bordeaux, 5 mars 1861; J. N., 17148.

(7) Taulier, VII, p. 316, 317; Massé et Vergé, § 808, note 9; Pont, n° 501. Voir cependant Aubry et Rau, II, p. 153, note 14.

5826. A défaut par les tuteurs et subrogés tuteurs de faire faire ces inscriptions, elles sont requises, s'il y a lieu, *supra n° 5802, note,* par le procureur impérial près le tribunal de première instance du domicile des tuteurs, ou du lieu de la situation des biens (*C. N., 2138*).

5827. Les inscriptions peuvent être requises par les parents du mineur ou de l'interdit, ou, à défaut de parents, par ses amis ; elles peuvent aussi être requises par les mineurs (*C. N., 2139*) ou interdits.

5828. Si l'hypothèque légale du mineur ou de l'interdit n'a pas été inscrite dans l'année qui suit la majorité du pupille ou la mainlevée de l'interdiction, elle ne date, à l'égard des tiers, que du jour de l'inscription prise ultérieurement (*Loi 23 mars 1855, art. 8*).

5829. En ce qui concerne le mineur, il y a obligation d'inscrire dans l'année qui suit la majorité, et peu importe que la tutelle ait cessé pendant sa minorité par l'effet de son émancipation (1), ou parce qu'il a été pourvu d'un nouveau tuteur par suite de la démission, de la destitution ou de la mort du précédent tuteur (2). En cas de mort du pupille, ses héritiers, même mineurs, doivent inscrire son hypothèque légale dans l'année de son décès (3).

5830. Pour l'interdit, l'inscription doit être prise par lui dans l'année du jour où il a été relevé de l'interdiction, ou par ses héritiers, dans l'année de son décès, lors même qu'ils seraient mineurs.

5831 Après l'expiration de l'année, l'hypothèque légale dégénère en une simple hypothèque, si ce n'est cependant au regard du tuteur et de ses représentants.

5832. Les droits d'hypothèque légale des mineurs et interdits sur les biens de leur tuteur, sont inscrits sur la représentation de deux bordereaux contenant les indications rapportées *supra n° 5809,* [FORM. 795-796] ; il n'est pas nécessaire d'y relater l'espèce ni la situation des biens, *supra n° 5810.* (*C. N., 2148, 2155*), à moins que l'hypothèque légale n'ait été restreinte à certains biens, *supra n° 5811* .

§ 3. DE L'HYPOTHÈQUE LÉGALE DE L'ÉTAT.

5833. L'État, les communes, et les établissements publics, ont une hypothèque légale sur les biens

---

dont M. SAMSON est chargé, en sa qualité de tuteur, et des sommes dont il se trouvera reliquataire ou débiteur envers lui, par suite de cette gestion ; le tout indéterminé,

SUR tous les immeubles présents et à venir de M. SAMSON, situés dans le ressort du bureau des hypothèques de. . . . .

FORMULE 796. — Inscription d'hypothèque légale du mineur dans l'année de sa majorité. (N°s 5828 à 5832.)

INSCRIPTION d'hypothèque légale est requise au bureau des hypothèques de. . . . .,

AU PROFIT de M. Eugène TILLET, étudiant en médecine, demeurant à. . . . ., majeur depuis le. . . . ,

Pour lequel domicile est élu, etc. ,

CONTRE M. Auguste SAMSON, propriétaire, demeurant à. . . . ., comme ayant été tuteur de mondit sieur TILLET pendant sa minorité,

POUR SURETÉ de la gestion et de l'administration que M. SAMSON a eues des biens de M. TILLET, en sadite qualité de tuteur, et des sommes dont il peut se trouver reliquataire ou débiteur envers lui par suite de cette gestion ; le tout actuellement indéterminé,

SUR. . . . ., etc. (*Comme en la formule précédente.*)

FORMULE 797. — Inscription de l'hypothèque légale de l'État. (N°s 5833 à 5836.)

INSCRIPTION d'hypothèque légale est requise au bureau des hypothèques de. . . . .,

AU PROFIT de L'ÉTAT, poursuite et diligence de M. . . . . ., directeur de l'enregistrement à. . . . .,

---

(1) Rivière et Huguet, *Transc.*, n° 122; Mourlon, *ibid.*, II, 614 *bis*; Pont, n° 814; Trib. Béthune, 6 août 1860; Jur. N., 11673; Amiens, 8 fév. 1864; J. N., 18133.

(2) Rivière et François, *Transc.*, n° 122; Rivière et Huguet, *ibid.*, n° 379; Grosse, *ibid.*, n° 246; Pont, n° 814; CONTRA, Ducruet, *Transc.*, p. 33; Troplong, n° 310.

(3) Troplong, *Transc.*, n°s 310, 311; Rivière et Huguet, *ibid* n° 378; Grosse, *ibid.*, n° 250; Lesenne, *ibid.*, n° 135; Pont, n° 815

des receveurs et administrateurs comptables (*C. N.*, *2121*, 3°), pour la garantie de leur gestion, *supra n° 4046 et note 2.*

5834. Cette hypothèque est indépendante du privilége sur les immeubles acquis à titre onéreux postérieurement à l'acceptation des fonctions, *supra n° 5654.* ; elle frappe tant les immeubles qui appartenaient au comptable avant sa nomination, que ceux acquis autrement qu'à titre onéreux postérieurement à sa nomination ; enfin cette hypothèque n'existe qu'à la charge de l'inscription, conformément aux art. 2121 et 2134 C. N. (*Loi 5 sept. 1807, art. 6).*

5835. L'hypothèque légale de l'État, des communes et des établissements publics, s'inscrit sur la représentation de deux bordereaux contenant les indications rapportées *supra n° 5809* [FORM. 797] ; il n'est pas nécessaire non plus d'y relater l'espèce ni la situation des biens, *supra n° 5810 (C. N., 2148, 2155).*

§ 4. — DE LA RESTRICTION DES HYPOTHÈQUES LÉGALES.

5836. Dans le contrat de mariage ou dans une contre-lettre à la suite, *supra n° 3572,* les parties, lorsque la future épouse est majeure (1), peuvent convenir qu'il ne sera pris d'inscription que sur un ou certains immeubles du mari, ou sur tous immeubles autres que quelques immeubles spécialement désignés qui n'en seront pas grevés (2) ; dans ce cas, les immeubles non indiqués pour l'inscription, ou exceptés de l'inscription, restent libres et affranchis de l'hypothèque pour la dot de la femme et pour ses reprises et conventions matrimoniales. Il ne peut pas être convenu qu'il ne sera pris aucune inscription, (*C. N.*, *2140*). Voir *supra n°s 3599, 3600* [FORM. 798].

5837. Il en est de même pour les immeubles du tuteur, lorsque les parents, en conseil de famille,

---

Pour lequel domicile est élu, etc.,

CONTRE M. Eloi GERMAIN, trésorier général, payeur du département de. . . . ., demeurant à. . . . .,

EN VERTU de l'art. 2121 du C. Nap. et de la loi du 5 septembre 1807,

POUR SURETÉ de la gestion de M. GERMAIN et de toutes les sommes dont, en sadite qualité, il pourra se trouver comptable envers l'Etat, le tout indéterminé,

SUR tous les immeubles présents et à venir qui peuvent ou pourront appartenir à M. GERMAIN, dans le ressort du bureau des hypothèques de. . . . .

FORMULE 798. — Inscription de l'hypothèque légale de la femme, lorsqu'elle a été restreinte. (N°s 5836 et 5845 à 5853.)

INSCRIPTION d'hypothèque légale est requise au bureau des hypothèques de. . . . .,

AU PROFIT de Mme Eugénie HÉRICARD, épouse de M. Jules PROVOST, etc.

Le surplus comme en la formule 790, jusqu'à l'indication des biens; remplacer cette indication par l'une des suivantes :

Si l'hypothèque légale a été, par le contrat de mariage, limitée à certains biens (n° 5836): SUR les biens dont la désignation suit, auxquels l'hypothèque légale de Mme PROVOST a été limitée par son contrat de mariage ci-dessus énoncé,

1°. . . . . (*désigner les immeubles).*

Si l'hypothèque légale a été restreinte depuis le mariage (n°s 5845 à 5853) : SUR les biens dont la désignation suit, auxquels l'hypothèque légale de Mme PROVOST a été restreinte, conformément à l'art. 2144 du C. Nap., suivant jugement rendu par le tribunal civil de. . . . ., le. . . . .,

1°. . . . ., etc. (*désigner).*

---

(1) Si elle est mineure, elle ne le peut pas, même avec l'assistance des personnes dont le consentement est requis pour le mariage : Persil, *2140*, 3; Grenier, 1, 269; Duranton, XX, 55; Zach., Massé et Vergé, § 635, note 6; Troplong, n° 637 *bis*, et *Contr. de mar.*, n° 272; Marcadé. *1398*, 2; Pont, n° 551; Dict. not., *Contr. de*

mar., n° 143; Cass., 19 juill. 1820; Caen, 15 juill. 1836; Lyon, 30 mai 1844; Grenoble. 25 août 1847; Paris, 26 juill. 1850; Chambéry, 3 déc. 1800; J. N., 14141; CONTRA, Taul1er, VII, p. 319; Paris, 10 août 1816.
(2) Pont, n° 545.

ont été d'avis qu'il ne soit pris inscription que sur certains immeubles (*C. N.*, *2141*) [Form. 799], ou, en cas de tutelle testamentaire, lorsque le survivant des père et mère, en élisant le tuteur, *supra n° 1203*, aura restreint l'hypothèque légale du mineur à certains immeubles (1), ou encore, en ce qui concerne la mère remariée maintenue dans la tutelle, si le conseil de famille en confirmant le choix du tuteur a approuvé la disposition restrictive de l'hypothèque (2).

5838. Si la tutelle est légale, *supra n° 1189*, ou légitime, *supra n° 1211*, comme il n'y a pas de nomination, il ne peut y avoir lieu à la restriction de l'hypothèque légale dans le sens de l'art. 2141, et le tuteur ne peut la faire restreindre que dans les termes de l'art. 2143 (3), *infra n° 5841*.

5839. Le conseil de famille peut restreindre l'hypothèque légale à certains immeubles, ou à tous immeubles autres que quelques-uns spécialement désignés qui en sont affranchis (4); mais le conseil de famille ne saurait décharger le tuteur de toute hypothèque légale ; une pareille stipulation serait nulle, et l'hypothèque existerait sur tous les biens du tuteur sans restriction (5).

5840. Dans le cas des art. 2140 et 2141, *supra n°ᵒˢ 5836 et 5837*, le mari, le tuteur et le subrogé tuteur, ne sont tenus de requérir inscription que sur les immeubles désignés (*C. N.*, *2142*), ou sur tous les immeubles autres que ceux déchargés de l'hypothèque légale.

5841. Lorsque l'hypothèque n'a pas été restreinte par l'acte de nomination du tuteur, celui-ci peut, dans le cas où l'hypothèque générale sur ses immeubles excéderait notoirement les sûretés suffisantes pour sa gestion, c'est-à-dire pour toutes les valeurs pupillaires dont la réalisation éventuelle est probable, et non pas seulement pour les valeurs actuellement réalisées (6), demander que cette hypothèque soit restreinte aux immeubles suffisants pour opérer une pleine garantie en faveur du mineur (*C. N.*, *2143*) ou de l'interdit (7).

FORMULE 799. — **Inscription de l'hypothèque légale du mineur** (*ou de l'interdit*) **lorsqu'elle a été restreinte.** (N°ˢ 5837 à 5844, et 5851 à 5853.)

Inscription d'hypothèque légale est requise au bureau des hypothèques de....., Au profit de M. Eugène Tillet, etc.

Le surplus comme à la formule 794, jusqu'à l'indication des biens ; remplacer cette indication par l'une des suivantes :

Si l'hypothèque légale a été limitée à certains biens lors de la nomination du tuteur (n°ˢ 5837 à 5844) : Sur les biens dont la désignation suit, auxquels le conseil de famille dudit mineur (*ou interdit*) a limité son hypothèque légale, conformément à l'art. 2141 du C. Nap., par la délibération qui a nommé M. Samson tuteur, et ci-dessus énoncée, savoir : 1°.... (*désigner les biens*).

Si l'hypothèque légale a été restreinte à certains biens depuis la nomination du tuteur (n°ˢ 5851 à 5853) : Sur les biens dont la désignation suit, auxquels l'hypothèque légale dudit mineur (*ou interdit*), contre M. Samson, son tuteur, a été restreinte, conformément à l'art. 2143 du C. Nap., suivant jugement rendu par le tribunal civil de première instance de....., le....., savoir : 1°.... (*désigner les biens*).

FORMULE 800. — **Consentement de la femme à la restriction de son hypothèque légale.** (N°ˢ 5846, 5847.)

Par-devant Mᵉ.....,

A comparu : Mᵐᵉ Eugénie Héricard, épouse assistée et, pour ces présentes, autorisée de M. Jules Provost, propriétaire, avec lequel elle demeure à.....,

Laquelle a, par ces présentes, déclaré consentir formellement à ce que l'hypothèque

---

(1) Persil, *2142*, 3; Dalloz, n° 2629; Pont, n° 549.
(2) Dalloz, n° 2629 ; Pont, n° 549.
(3) Pont, n° 549; Zach., Massé et Vergé, § 810, note 5. Voir cependant Dalloz, n° 2629.
(4) Pont, n° 545.

(5) Pont, n° 543; Troplong, n° 636; Zach., § 810, note 6; Dict. not., *Hyp.*, n° 288.
(6) Trib. Seine, 28 oct. 1852; J. N., 1482.7.
(7) Pont, n° 535.

5842. La demande est formée contre le subrogé tuteur, et elle doit être précédée d'un avis de parents (*C. N. 2143*) réunis en un conseil de famille formé conformément aux art. 407 et suiv. C. N. (1), *supra nᵒˢ 1235 et suiv.*; si les parents les plus proches ne sont pas en nombre suffisant sur les lieux, il est permis, par application de l'art. 409 du C. N., d'appeler des parents d'un degré plus éloigné, des alliés, ou même des amis (2).

5843. Elle est présentée en la forme contentieuse par le tuteur contre le subrogé tuteur et le procureur impérial ; elle ne pourrait l'être utilement en une autre forme (3).

5844. Si les immeubles qui étaient suffisants au jour où la restriction a été obtenue, sont ensuite devenus insuffisants parce qu'ils ont diminué de valeur ou parce que la fortune mobilière du pupille s'est accrue, il peut être demandé une extension de l'hypothèque légale à d'autres immeubles, afin d'arriver à une garantie suffisante; mais les droits acquis aux tiers avant la demande d'extension sont réservés (4).

5845. Peut pareillement le mari, du consentement de sa femme majeure (5), et après avoir pris l'avis des quatre plus proches parents d'icelle, réunis en assemblée de famille, demander que l'hypothèque générale sur tous ses immeubles, pour raison de la dot, des reprises et conventions matrimoniales, soit restreinte aux immeubles suffisants pour la conservation entière des droits de la femme (*C. N., 2144*).

5846. Le consentement de la femme est indispensable ; à défaut de ce consentement, la réduction de son hypothèque légale ne peut pas être obtenue ni même demandée (6); cependant si la femme est incapable de donner son consentement, à raison, par exemple, de l'état d'interdiction où elle se trouve, son consentement est suppléé par l'avis du conseil de famille, sans qu'il soit en outre besoin du consentement du subrogé tuteur (7).

5847. Le consentement de la femme n'est soumis à aucune forme spéciale (8); si elle ne **sait** ou ne peut signer, il doit être donné dans la forme notariée (FORM. 800).

5848. Le tribunal n'est pas lié par l'avis de parents, ni même par le consentement de la femme ; il peut donc refuser la restriction nonobstant l'avis conforme et le consentement de la femme (9); mais s'il l'accorde il doit l'ordonner dans les limites du consentement de la femme, sans modification, à peine de n'être pas obligatoire pour elle (10).

5849. La demande, ainsi que nous l'avons déjà dit *supra nᵒ 5843*, est présentée, dans la forme légale de ladite dame contre son mari, pour raison de sa dot, de ses reprises et conventions matrimoniales, soit restreinte aux immeubles ci-après désignés, qui sont suffisants pour la conservation de ses droits :

1ᵒ....., etc. (*désigner sommairement les immeubles*).

En conséquence, M. PROVOST, son mari, pourra former, devant le tribunal civil de...... la demande en restriction de ladite hypothèque légale, aux immeubles dont la désignation précède, de manière que tous autres immeubles présents et à venir de M. PROVOST en soient affranchis.

DONT ACTE. Fait et passé, etc.

---

(1) Grenoble, 18 janv. 1833.

(2) Grenoble, 18 janv. 1833; Rouen, 22 nov. 1860; M. T., 1862, p. 600. Voir cependant Troplong,.nᵒ 644; Pont, nᵒ 561 ; Massé et Vergé, § 812, note 16.

(3) Troplong, nᵒˢ 638 et 644 ; Pont, nᵒ 563; Zach., § 812, note 12 ; Roll., *Réd. des hyp.*, nᵒ 36; Boulanger, *Rad. hyp.*, nᵒ 477; Bourges, 1ᵉʳ fév. 1831; Paris, 11 juin 1834 ; Cass., 3 juin 1834 ; CONTRA, Rouen, 22 nov. 1860 ; M. T., 1852, p. 600, selon lequel on doit agir par voie de requête.

(4) Pont. nᵒ 557; Roll., *Réd. des hyp.*, nᵒ 57; Rouen, 6 juill. 1840 ; Paris, 10 fév. 1857.

(5) Si elle était mineure, elle ne pourrait donner valablement son consentement (Arg. C. N., 2140) : Duranton, XX, 67; Mourlon, III, p. 488 : Pont, nᵒ 558 ; Zach , Massé et Vergé, § 812, note 15; Roll., *Réd. des hyp.*, nᵒ 41; Dict. not., *Hyp.*, nᵒ 286; CONTRA, Persil, *2144*, 4; Troplong, nᵒ 637 *bis*; Dalloz, nᵒ 2604.

(6) Persil, *2144*.2 ; Dalloz, nᵒ 2605; Zach , Massé et Vergé, § 812, note 13; Cubain, *Droit des femmes*, nᵒ 554; Troplong, nᵒ 641 : Pont, nᵒ 559; Boulanger, *Rad. hyp.*, nᵒ 401 : Roll., *Réd. des hyp .*, nᵒ 40 ; Dict. not.. *Hyp.*, nᵒ 291 : Riom, 3 mars 1830; Rouen, 3 fév. 1831, 27 avril 1844, 11 mars 1846; Paris, 1ᵉʳ avril 1848, 31 mai 1851 ; Limoges, 9 mars 1859; Bordeaux, 18 juin 1862; Cass., 9 déc. 1821, 2 juin 1862 ; J. N., 12.63, 13409, 14361, 16612. 17487; CONTRA, Duranton, XX, 208 ; Taulier, VII, p. 321; Paris, 16 juin 1813, 25 avril 1823; Nancy, 26 août 1825; Saint-Denis (Réunion), 11 mai 1861; J. N., 17215.

(7) Caen, 7 fév. 1863. Voir aussi Trib. Nice, 16 mars 1853; M. T., 1863, p. 255, 365.

(8) Roll., *Réd. des hyp.*, nᵒ 42.

(9) Troplong, nᵒ 642; Zach., § 812, note 46; Pont, nᵒ 564; Roll., *Réd. des hyp.*, nᵒ 33.

(10) Cass., 2 juin 1862; J. N., 17487; Agen, 18 mars 1863; Sirey 1863, 2, p. 116.

contentieuse, par le mari contre le procureur impérial, qui est son seul contradicteur, puisque la femme procède d'accord avec lui (1).

5850. Si les immeubles sont devenus insuffisants depuis la restriction, par leur diminution de valeur, par l'éviction d'un ou plusieurs de ces immeubles, ou par l'accroissement des reprises de la femme, il peut être demandé une extension de l'hypothèque légale à d'autres immeubles, sans toutefois que cela nuise aux droits acquis à des tiers, même antérieurement à la restriction (2).

5851. Les demandes en restriction d'hypothèque légale sont portées devant le tribunal du domicile du tuteur ou du mari, et non devant celui de la situation des biens (3); toutefois si la demande est introduite contre la femme ou le subrogé tuteur, par le mari, le tuteur, ou un tiers dans le cas de l'art. 2164, elle doit être portée devant le tribunal de la situation des biens (4).

5852. Les jugements sur les demandes des maris et des tuteurs ne seront rendus qu'après avoir entendu le procureur impérial, et contradictoirement avec lui, supra, n° 5843 (C. N., 2143). Les jugements, qu'ils prononcent la restriction ou qu'ils la refusent, sont sujets à l'appel; le procureur impérial étant partie au jugement peut aussi interjeter appel (5).

5853. Lorsque le tribunal prononce la réduction de l'hypothèque à certains immeubles, les inscriptions prises sur tous les autres sont rayées (C. N., 2145).

SECTION V. — DES HYPOTHÈQUES JUDICIAIRES ET DE LEUR INSCRIPTION.

5854. I. *Hypothèque judiciaire.* L'hypothèque judiciaire existe en vertu de la loi et résulte des jugements soit contradictoires, soit par défaut, définitifs ou provisoires, en faveur de celu qui les a obtenus (C. N., 2123) (Form. 801); si un jugement est rendu par un tribunal incompétent, l'hypothèque n'a d'effet qu'autant que le jugement a acquis l'autorité de la chose jugée (6).

5855. Il suffit, pour que le jugement emporte hypothèque, qu'il renferme le germe d'une créance ou pose le principe d'un droit éventuel et indéterminé quant à présent, mais susceptible d'être déterminé plus tard avec précision. Il n'est donc pas nécessaire que la condamnation prononcée soit liquide et déterminée (7); ainsi, tout jugement qui impose une obligation de faire ou de ne pas faire susceptible de se résoudre en dommages et intérêts, ou qui reconnaît l'existence d'une obligation préexistante, bien qu'il ne contienne pas condamnation actuelle, confère l'hypothèque (8); par exemple : 1° le jugement qui ordonne la reddition d'un compte (9); 2° le jugement qui sur des poursuites dirigées accorde

§ 5. — HYPOTHÈQUES JUDICIAIRES ET INSCRIPTIONS.

FORMULE 801. — **Acquiescement à un jugement entraînant l'hypothèque judiciaire** (N°s 5854 à 5864.)

Par-devant M°....,

A comparu : M. Léon Cour, propriétaire, demeurant à....,

Lequel a, par ces présentes, déclaré acquiescer purement et simplement à un jugement rendu contradictoirement entre lui et M. Louis Merle, négociant, demeurant à...., par le tribunal civil de première instance de...., le...., suivant lequel jugement le comparant a été condamné à payer à M. Merle une somme de...., pour le solde d'un règlement de compte entre eux, plus les intérêts au taux légal à partir du...., jour de la demande, et aux dépens ;

Voulant, M. Cour, que ledit jugement soit et demeure définitif; en conséquence il

---

(1) Voir les autorités citées *supra* n° *5843*, note *3* ; Boulanger, *Rad. hyp.*, n° 476.

(2) Pont, n° 557 ; Montpellier, 17 déc. 1851 ; Cass., 6 nov. 1860; J. N., 16980.

(3) Persil, *2145*, 2 ; Pont, n° 562, Roll., *Réd. des hyp.*, n° 49; Boulanger, *Rad. hyp.*, n° 501 ; contra, Dalloz, n° 287. Voir Rouen, 16 août 1843.

(4) Boulanger, n° 501 ; Paris, 2 janv. 1859; J. N., 16478.

(5) Troplong, n° 644 ; Pont, n° 565; Boulanger, *Rad. hyp.*, n° 537 ; Cass., 3 déc. 1844; Grenoble, 7 août 1840; Trib. Tarbes, 2 août 1860; J. N., 11858, 12280; contra, Grenoble, 18 janv. 1853.

(6) Persil, *2123*, 3; Zach., Massé et Vergé, § 798, note 2; Pont, n° 578 ; Dict. not., *Insc.*, n° 136; Roll., *Ibid.*, n° 52. Voir cependant Troplong, n° 448.

(7) Pont, n° 574.

(8) Pont, n° 574; Roll., *Hyp.*, n° 273; Dict. not., *ibid.*, n° 300 ; Cass., 4 juin 1838; Montpellier, 7 janv. 1837, 2 juin 1841 ; Paris, 14 juill. 1859; J. N., 16664; Paris, 8 mai 1863 ; M. T., 1863, p. 427.

(9) Persil, *2123*, 12; Grenier, I, 201; Duranton, XIX, 337; Pont, n° 574; Cass., 21 août 1810, 16 fév. 1841 ; Bourges, 31 mars 1830 ; Colmar, 26 juin 1852.

un délai pour le payement (1) ; 3° les jugements convenus entre les parties qu'on appelle *jugements d'expédients* (2).

5856. Mais n'emporteraient pas hypothèque comme ne contenant pas le germe d'une condamnation : 1° le jugement ordonnant une mise en cause (3) ; 2° le jugement nommant un curateur à une succession vacante, ou un administrateur aux biens d'un absent, ou un administrateur provisoire aux biens d'une personne dont l'interdiction est provoquée (4) ; 3° le jugement qui, sur une demande en partage, renvoie devant un notaire pour procéder aux opérations de compte, liquidation et partage (5) ; 4° les jugements d'adjudication, quand même le cahier de charges contiendrait la clause d'hypothèque (6) ; 5° le jugement qui se borne à renvoyer les associés devant arbitres, pour y faire compte (7).

5857. Les jugements emportant hypothèque sont les suivants : 1° les sentences des juges de paix (8) et aussi l'acte sous forme de jugement par lequel un juge de paix, même en l'absence de tout litige, mais par une prorogation de sa juridiction, prononce une condamnation (9) (*arg. C. Pr. 414*), mais non en procès-verbal de non-conciliation (10) ; 2° les jugements des tribunaux de première instance, en premier ou en dernier ressort ; 3° les arrêts des Cours impériales ; 4° les sentences des tribunaux de commerce ; 5° les ordonnances rendues en conseil d'État, les arrêts des conseils de préfecture, ceux des ministres, s'ils sont rendus en matière contentieuse, ou s'il en résulte une obligation quelconque, soit en faveur de l'État, soit en faveur d'un citoyen (11) ; 6° les contraintes que les préposés des diverses administrations financières ont le droit de décerner pour le payement de droits fiscaux et d'amendes (12), mais non celles délivrées par l'administration de l'enregistrement (13) ; 7° les jugements rendus à l'étranger et émanant d'une juridiction française, tels que les décisions de nos consuls de commerce institués par la France en pays étranger (14).

5858. L'hypothèque résulte aussi des reconnaissances ou vérifications, faites en jugement, des signatures apposées à un acte obligatoire sous seing privé (*C. N.*, *2123*), et même de la reconnaissance de signature faite devant le juge de paix procédant comme juge, lorsque les parties comparaissent volontairement devant lui, et qu'il donne acte de cette reconnaissance dans la forme des jugements (15).

5859. Lorsqu'il a été rendu un jugement sur une demande en reconnaissance d'obligation sous seing privé, formée avant son échéance ou son exigibilité, il ne peut être pris aucune inscription hypothécaire en vertu de ce jugement, qu'à défaut de payement à l'échéance ou l'exigibilité de l'obligation, à moins qu'il n'y ait eu stipulation contraire (*Loi 3 sept. 1807 art. 1*).

5860. Si la dette résulte d'un acte authentique ne contenant pas d'hypothèque et que la créance ne soit pas exigible, le débiteur, tant qu'il n'est ni en faillite ni en déconfiture, ne peut être actionné

---

renonce à interjeter appel de ce jugement, et s'oblige à l'exécuter dans toutes ses dispositions.

DONT ACTE. Fait et passé, etc. . . . .

FORMULE 802. — Bordereau d'inscription d'hypothèque judiciaire.
(N°ˢ 5865 à 5867.)

INSCRIPTION est requise au bureau des hypothèques de. . . . .,

(1) Bordeaux, 29 juill. 1824.
(2) Persil, *2123*, 14 ; Zach., Massé et Vergé, § 798, note 7 ; Pont, n° 577 ; Dalloz, n° 1132 ; Roll., *Hyp.*, n° 287 ; Bruxelles, 9 janv. 1807 8 mai 1832.
(3) Pont , n° 575 ; Toulouse , 30 juin 1840 ; Paris, 4 janv. 1808.
(4) Persil, *2123*, 43 ; Tréminville, II, 1126 ; Troplong, n° 449 ; Pont, n° 575. Voir cependant Paris, 12 déc. 1833.
(5) Cass., 18 avril 1855.
(6) Persil, *2123*, 14 ; Grenier, I, 200 ; Troplong, n° 441 *ter* ; Pont, n° 575 ; Dalloz, n° 1133 ; Roll., *Hyp.*, n° 284 ; Dict. not., *Hyp.*, n° 327 ; Zach., Massé et Vergé, § 798, note 7 ; Limoges, 3 mars 1854.
(7) Cass., 8 déc. 1857 ; J. N., 16239.
(8) Pont, n° 579 ; Dict. not., *Hyp.*, n° 329 ; Roll., *Hyp.*, n° 299 ; Cass., 8 janv. 1845 ; Toulouse, 30 avril 1842.
(9) Troplong, n° 448 ; Grenier, I, 202 ; Massé et Vergé, § 798, note 2 ;

Dict. not., *Hyp.*, n° 330 ; Roll., *Hyp.*, n° 300 ; Cass., 13 nov. 1843, 6 janv. 1845 ; Paris, 19 août 1841 ; J. N., 11156, 11825, 12259.
(10) Grenier, Troplong, Massé et Vergé, *loc. cit.*, Pont, n° 602 ; Dict. not , *Hyp.*, n° 331 ; Roll., *ibid.*, n° 303 ; Cass., 19 déc. 1820.
(11) Troplong, n° 447 ; Pont, n° 580 ; Zach., Massé et Vergé, § 798, note 8 ; Roll., *Hyp.*, n° 310 ; Avis Conseil d'État, 29 oct. 1811.
(12) Pont, n° 582 ; Roll., *Hyp.*, n° 311 ; même avis du Conseil d'État.
(13) Valette, *Rev. de droit franç.*, IV, p. 832 ; Troplong, n° 447 ; Roll., *Hyp.*, n° 313 ; Dict. not., *Hyp.* n° 314 ; Cass., 28 janv. 1823 ; CONTRA, Pont, n° 582 ; Serrigny, *Rev. crit.*, IX, p. 554 ; Duranton, XIX, 334 ; Massé et Vergé, § 798, note 8.
(14) Duranton, XIX, 342 ; Troplong, n° 452 ; Roll., *Hyp.*, n° 316. (15) Grenier, I, 202 ; Troplong, n° 448 ; Massé et Vergé, § 798, note 10 ; Cass., 22 déc. 1806 ; CONTRA, Pont, n° 589.

en justice dans le but d'obtenir une hypothèque générale contre lui (1); il en est autrement si la créance est exigible, et quand même le titre conférerait une hypothèque conventionnelle (2).

5861. L'hypothèque judiciaire peut s'exercer sur les immeubles actuels du débiteur et sur ceux qu'il pourra acquérir (*C. N.*, 2123) à titre gratuit ou onéreux, voir *infra*, nos *5850 et suiv.*, moins cependant les immeubles donnés avec la condition d'insaisissabilité (3), *supra, n° 2551*.

5862. Les décisions arbitrales n'emportent hypothèque qu'autant qu'elles sont revêtues de l'ordonnance judiciaire d'exécution (*C. N.*, 2123) ; cette ordonnance est accordée par le président du tribunal au bas ou en marge de la minute, sans qu'il soit besoin d'en communiquer au ministère public (*C. pr.*, 1020, 1021).

5863. L'hypothèque ne peut pareillement résulter des jugements rendus en pays étranger, par les tribunaux du pays (4), entre Français, entre Français et étrangers ou même entre étrangers de semblables ou différentes nationalités (5), qu'autant qu'ils ont été déclarés exécutoires par un tribunal français, sans préjudice des dispositions contraires qui peuvent être dans les lois politiques ou dans les traités (*C. N.*, 2123), par exemple : les jugements rendus dans un pays avec lequel il existe un traité attribuant à ses jugements, la force exécutoire en France (6) (Voir *décret 11 sept. 1860*).

5864. Le tribunal français, appelé à rendre exécutoire en France le jugement étranger, doit procéder à la révision entière de l'affaire et statuer à nouveau sur le débat engagé devant lui (7).

5865. II. *Inscription* [FORM. 802]. Aussitôt après le jugement rendu, qu'il soit contradictoire ou par défaut, *supra n° 5854*, l'hypothèque peut être valablement inscrite, bien que le jugement n'ait été encore ni expédié, ni enregistré, ni signifié ; et même, dans ce dernier cas, avant l'expiration de la huitaine du jour de la signification (8), sauf à faire radier ou modifier l'inscription si le jugement est réformé ou modifié sur l'opposition ou l'appel, et sauf aussi les dommages-intérêts dus par l'inscrivant s'il a causé préjudice à son prétendu débiteur par l'inscription dont il a grevé ses immeubles, et si, surtout, il a exagéré outre mesure l'évaluation de la créance pour laquelle il avait requis l'inscription (9).

5866. L'hypothèque judiciaire est valablement inscrite en vertu d'un jugement par défaut, signifié au dernier domicile connu du débiteur, et suivi d'un procès-verbal de carence, qui suffit pour empêcher la péremption (10); mais serait nulle l'inscription prise en vertu d'un jugement par défaut frappé d'opposition (11).

5867. L'inscription de l'hypothèque judiciaire est soumise aux formes tracées *supra n° 5734 à 5765*. Il n'est pas nécessaire d'y indiquer l'espèce ni la situation des biens soumis à l'hypothèque ; à

AU PROFIT de M. Louis MERLE, négociant, demeurant à....., qui élit domicile en sa demeure,

CONTRE M. Léon COUR, propriétaire, demeurant à.....,

EN VERTU d'un jugement rendu par le tribunal civil de première instance de....., le....., portant condamnation au profit de M. MERLE contre M. COUR.

(1) Massé et Vergé, § 793, note 11 ; Pau, 12 juin 1863.
(2 Grenier, I. 18; Troplong, n° 437 *bis*; Zach., Massé et Vergé, § 798, note 17 ; Dalloz, n° 1151 ; Nîmes, 5 janv. 1834 ; Paris, 6 avril 1850, 22 nov. 1853, 15 mai 1865; Alger, 16 fév. 1867 ; J. N., 19096; Cass. 4 avril 1808, 29 avril 1823, 13 déc. 1824, 20 avril 1825; CONTRA, Trib. Seine, 5 janv. 1864.
(3) Cass., 10 mars 1852; J. N., 14670. V. Grenoble, 21 mars 1867.
(4) Si les jugements émanent d'une juridiction française, voir *supra n° 5857, 7°*.
(5) Malapert; M. T., 1864, p. 404 ; Cass., 19 avril 1819 ; Paris, 5 août 1832, 7 janv. 1833, 17 mai 1836, 6 mai 1859, 16 nov. 1860 ; Trib. Seine, 23 mars 1864 ; M. T., 1860, p. 702 ; CONTRA, Paris, 15 juin 1861.
(6. Roll., *Hyp.*, nos 319, 320; Boulanger, *Rad. hyp.*, nos 508, 509. V. Cass., 3 janv. 1864.
(7) Toullier, X, 85; Persil. art. *2123*; Pardessus, *Droit comm.*, n° 1488 ; Rauter, *Proc.*, n° 457 ; Rodière, *Proc.*, III, p. 44 ; Grenier, I, 207; Aubry, *Rev. étrang.*, III, p. 165 ; Bonceune, *Proc.*, III, p. 222; Troplong, n° 434 ; Tautier, VII, p. 248 ; Colmar, 13 janv. 1815; Paris, 27 août 1816; Cass., 19 avril 1819 ; Rennes, 28 mars 1819; Toulouse, 27 fév. 1819 ; Montpellier, 8 mars 1822 ; Grenoble, 3 janv. 1829; Douai, 3 janv. 1845; Bordeaux, 6 août 1847; Cass., 10 mars 1853; M. T.,

1863, p. 226. Voir cependant Pont, n° 586 ; Marcadé, I, 144 ; Boitard, *Proc.*, I, 321 ; Demangeat, *Cond. civ. des étrang.*, p. 405 ; Nouguier, *Trib. de comm.*, II, p. 444 ; Valette sur Proudhon, I, p 159 ; Demolombe, I, 263 ; Boulanger, *Rad. hyp.*, n° 506; Paris, 20 nov. 1848, 23 fév. 1866 ; Seine, 26 nov. 1867 ; Droit, 6 déc.; selon lesquels le tribunal français a seulement à examiner si le jugement étranger est en rapport avec les principes de la loi française ; CONTRA, Pigeau, *Proc.*, part. 5; tit. 3; Fœlix, *Droit intern. priv.*, tit. 7, sect. 2 ; Massé, *Droit comm.*, selon lesquels le tribunal français doit seulement apposer son *visa* sur le jugement et le revêtir d'une ordonnance d'exécution. Voir aussi Duranton, XIX, 342; Carré. *Proc.*, quest. 1899 : Cass., 7 janv. 1805; Paris, 13 mai 1820.
(8) Persil. *2132.* 30; Grenier, n° 194; Troplong, n° 443 *bis*; Pont, n° 596; Zach., § 798, notes 6, 15 ; Roll., *Hyp.*, n° 41 ; Dict. not., *Hyp.*, n° 339 ; Toulouse, 27 mai 1830 ; Paris, 24 juill. 1840; Bordeaux, 22 août 1851.
(9) Paris, 7 fév. 1866 ; Gaz. Trib., 7 avr 1866.
(10) Paris, 9 janv. 1861 ; J. N., 17115.
(11) Trib. Seine. 30 oct. 1839; J. N., 13578. Voir cependant Bordeaux, 22 août 1854.

défaut de convention, *infra n° 5950.*, ou d'un jugement de restriction, *supra n° 5811*, une seule inscription pour cette hypothèque frappe tous les immeubles compris dans l'arrondissement du bureau (*C. N.*, *2148*), à la date du jour où elle a été prise. Elle grève donc à sa date non-seulement tous les immeubles présents du débiteur, mais aussi tous ceux qu'il acquiert par la suite, *supra n° 5861*, et au fur et à mesure des acquisitions, sans que le créancier soit tenu de prendre des inscriptions successives à mesure des acquisitions (1) ; cependant si l'inscription énonce qu'elle est prise seulement sur les biens présents, elle ne frappe pas les biens à venir (2).

SECTION VI. — DES RENOUVELLEMENTS D'INSCRIPTIONS.

5868. Les inscriptions, même celles des hypothèques légales de l'État, des communes, des établissements publics (3), conservent l'hypothèque et le privilége pendant dix années à compter du jour de leur date ; leur effet cesse, si ces inscriptions n'ont été renouvelées avant l'expiration de ce délai (*C. N., 2154*). Il en est de même de celles des hypothèque légales des femmes, mineurs et interdits, lorsqu'elles sont devenues obligatoires, *infra n° 5804, 5828* ; toutefois lorsque, sur les formalités de purge des hypothèques légales, *infra n° 5993*, l'inscription a été prise, elle n'est pas sujette au renouvellement et elle frappe l'immeuble vendu jusqu'à ce qu'elle ait produit son effet par la distribution du prix (4).

5869. Les priviléges qui ne conservent le droit de préférence que par leur inscription, tels que les priviléges du copartageant, du constructeur, perdent leur nature de privilége par le défaut de renouvellement avant l'expiration des dix ans, et dégénèrent en une simple hypothèque (5), *supra, n° 5644* ; quant au privilége de vendeur, il n'est pas éteint par la péremption de l'inscription d'office non renouvelée dans les dix ans, et le vendeur peut toujours prendre une inscription nouvelle jusqu'à la transcription d'une seconde vente, *supra n° 4054*, à moins cependant que l'acquéreur ne soit tombé en faillite (6)

5870. Pour le calcul des dix ans, on ne compte pas le jour où l'inscription a été prise, mais l'on compte le jour de l'expiration du délai ; ainsi, l'inscription prise le 1er juill. 1856, peut être utilement renouvelée le 1er juill. 1866 (7). Si le premier renouvellement a eu lieu avant l'expiration des dix ans ; par exemple, l'inscription du 1er juillet 1856 est renouvelée le 1er février 1866, cette dernière inscription devra être renouvelée au plus tard le 1er février 1876 ; il ne suffirait pas qu'elle le fût le 1er juillet 1876, quoique cette date ne soit que le dernier jour des deux périodes de chacune dix ans (8).

Pour sûreté et garantie de : 1° la somme de....., montant en principal de la condamnation résultant dudit jugement ; ladite somme actuellement exigible est productive d'intérêts à cinq pour cent par an, à partir du....., jour de la demande, ci.....   »   »

2° Des intérêts conservés par la loi ; ci.................... *Mémoire.*

3° Des frais, liquidés par le jugement à..... aussi exigibles, ci.....   »

4° Et des frais d'exécution et autres accessoires, évalués par approximation à....., ci...................   »   »

Total, sauf l'article porté pour mémoire, ci...............   »   »

Sur tous les immeubles présents et à venir de M. Cour, situés dans le ressort du bureau des hypothèques de.....

---

(1) Grenier, I, 493 ; Zach., Massé et Vergé, § 798, note 16, et 810, note 1 ; Troplong, n°s 436, 690 ; Pont, n°s 598, 599, 732 ; Cass., 3 août 1819 ; Rouen, 22 mai 1818 ; Metz, 23 avril 1823 ; Lyon, 18 fév. 1829 ; Caen, 18 juin 1835, 5 avril 1856.
(2) Zach., § 810, note 11 ; Cass., 21 nov. 1827.
(3) Avis Conseil d'État, 15 déc. 1807.
(4) Pont, n° 1045 ; Roll., *Insc.*, n° 360 ; Cass., 22 fév. 1811 ; Grenoble, 8 août 1857 ; J. N., 16208 ; contra, Grenier, n° 457 ; Cass., 22 juin 1833 ; Nancy, 28 juill. 1853.
(5) Persil, *2154*, 1 ; Duranton, XIX, 208 ; Troplong, n° 286 ; Dalloz, n° 667 ; Zach., Massé et Vergé, § 818, note 4 ; Roll., *Insc.*, n° 358 ; Pont, n° 1017 ; Avis Cons. d'État, 22 juin 1808 ; Paris, 30 nov. 1860 ; Lyon, 27 juin 1861 ; Cass., 2 déc. 1863, 14 fév. 1865 ; J. N., 17927 ; M. T., 1861, p. 26, 368 ; 1865, p. 289.
(6) Roll., *Insc.*, n° 110 ; Nancy, 6 août 1859 ; Cass., 9 déc. 1863 ; J. N.,

16725, 17927 ; Trib. Seine, 16 janv. 1861 ; Cass., 7 mars 1865 ; Jur. N., 12801. Voir cependant Pont, n° 903 ; Bordeaux, 15 juill. 1857 ; Cass., 1er mai 1860 ; J. N., 16188, 10846.
(7) Grenier, I, 107 ; Duranton, XX, 160 ; Troplong, n° 714 ; Pont, n° 1039 ; Zach., Massé et Vergé, § 818, note 1 ; Dict. not., *Insc.*, n° 453 ; Roll., *ibid.*, n° 365 ; Bruxelles, 20 fév. 1811, 26 juin 1813, 19 oct. 1815, 5 juin 1817 ; Caen, 19 fév. 1825 ; Cass., 5 avril 1825 ; Bordeaux, 23 janv. 1826 ; Nimes, 7 mars 1826 ; contra, Merlin, *Délai*, n° 4 *bis* ; Duranton, XX, 160 ; Colmar, 30 juill. 1813 ; Toulouse, 2 janv. 1841 ; J. N., 11077, selon lesquels elle doit être renouvelée le 30 juin 1866 ; contra, aussi Persil, *2154*, 8 ; Taulier, VII, p. 352 ; Paris, 2 janv. 1814, selon lesquels, au contraire, elle serait utilement renouvelée, le 2 juill. 1866.
(8) Pont, n° 1064 ; Bourges, 30 avril 1853.

5871. L'inscription est périmée par le fait de l'expiration du dernier jour des dix ans, quand même le dernier jour serait un jour férié (1).

5872. L'inscription renouvelée dans le délai de dix ans se continue et conserve le rang de sa première date.

5873. L'inscription se fait sans qu'il soit besoin, comme pour la première inscription, de représenter le titre (2).

5874. Elle doit contenir les mêmes énonciations que celles prescrites pour la première inscription (3) et, en outre, relater qu'elle est requise en renouvellement d'une précédente dont elle doit mentionne la date, le volume et le numéro ; à défaut de quoi elle ne vaudrait que comme inscription nouvelle (4). [FORM. 803].

5875. Le renouvellement peut être fait par tout ayant droit à la créance ; ainsi, un créancier qui a reçu la créance en nantissement peut renouveler tant à son profit qu'au profit du titulaire (5).

5876. Par le défaut de renouvellement, l'inscription cesse, mais non le droit d'hypothèque qui se conserve et peut encore être inscrit pour prendre rang à la date de la nouvelle inscription, à moins qu'il n'ait été purgé, ou que l'inscription ne puisse plus être utilement prise pour cause d'acceptation bénéficiaire, *supra n° 5728*, ou de faillite, *supra n° 5731*.

5877. La nécessité du renouvellement subsiste tant que l'inscription originaire n'a pas produit son effet légal, quels que soient les changements survenus dans la situation du créancier ou du débiteur, ou dans la condition de l'immeuble hypothéqué ; mais si l'inscription vient à produire son effet légal, elle est, dès ce moment, dispensée de renouvellement. L'inscription se trouve avoir produit son effet légal : 1° en cas de vente sur saisie immobilière (6), à partir du jour de l'adjudication (7). pourvu que l'adjudication soit définitive ; car si le jugement est infirmé sur appel, s'il y a surenchère ou folle enchère, le renouvellement est obligatoire jusqu'au jour de la nouvelle adjudication (8), ou jusqu'à celui de l'adjudication sur folle enchère (9) ; 2° en cas de vente volontaire ou par suite de conversion de saisie en publication volontaire (10), à partir du jour ou l'acquéreur a fait aux créanciers inscrits, la notification de son contrat, conformément à l'art. 2183 (11), *infra n° 5969* ; 3° en cas d'expropriation pour cause d'u-

§ 6. — RENOUVELLEMENT D'INSCRIPTION ; CHANGEMENT D'ÉLECTION DE DOMICILE.

FORMULE 803. — **Bordereau d'inscription en renouvellement.** (N°s 5868 à 5879.)

Les énonciations du bordereau en renouvellement sont exactement les mêmes que pour l'inscription primitive ; voir *les formules précédentes.*

A la fin du bordereau l'on ajoute : Cette inscription est requise, tant pour valoir à sa date comme inscription nouvelle, que pour faire suite et servir de renouvellement à une précédente inscription prise au même bureau le....., vol....., n°....., qui renouvelait elle-même les inscriptions des..... *(énoncer les dates, vol..... et n°..... de chacune des inscriptions prises depuis que la créance existe).*

---

(1) Toullier, XIII, 55 ; Duranton, XX, 261; Vazeille, *Presc.*, n°s 334, 335; Troplong, n° 714; Massé et Vergé, § 818, note 1 ; Pont, n° 4040; Bordeaux, 24 juin 1826; Riom, 8 avril 1843; CONTRA, Grenier, I, 107; Persil, *2154*, 8; Roll., *Insc.*, n° 366.
(2) Troplong, n° 715; Zach., § 818, note 17 ; Pont, n° 4051 ; Roll., *Insc.*, n° 396; Inst. Régie, 2 avril 1834; Cass., 14 avril 1817; Paris, 27 déc. 1831 ; Riom, 23 août 1858 ; J. N., 16423.
(3) Duranton, XX. 169; Persil. *2154*, 11; Cass., 14 janv. 1818; CONTRA, Roll., *Insc.*, n° 394 ; Cass., 16 mars 1820, 22 janv. 1825 ; Grenoble, 9 janv. 1827. Voir Pont, n° 4052.
(4) Duranton, XX, 169; Baudot, *Form. hyp.*, n° 813; Grenier, n°s 117 et 240; Zach., § 818, note 14; Pont, n° 4053; Roll., *Insc.*, n° 398; Cass., 14 juin 1831, 29 août 1838, 25 janv. 1853; Agen, 22 janv. 1861; J. N., 7918, 10147, 17334; CONTRA, Troplong, n° 715 ; Limoges, 15 juin 1817 ; Montpellier, 26 fév. 1852; J. N., 13454.
(5) Paris, 24 mars 1860; J. N., 16666.
(6) Il n'en est pas de même des autres ventes faites en justice, par exemple d'une licitation : Roll., *Insc.*, n° 386; Cass., 18 fév. 1834. 14 nov. 1866; J. N., 49044.
(7) Grenier, I, 169; Duranton, XX, 163, 164 ; Zach , § 818, note 7; Toullier, VII, p. 353; Troplong, n° 729, 723; Mourlon, III, p. 503; Pont, n° 1056; Dict. not., *Insc.*, n° 460; Roll., *Insc.*, n° 385; Caen,

26 août 1810; Bruxelles, 26 juin 1813 ; Liége, 24 mars 1825; Toulouse, 18 juin 1830; Bordeaux, 24 fév. 834 ; Cass., 7 juill. 1820, 14 juin 1831, 30 déc. 1831 ; Angers, 4 janv. 1834; Paris, 2 avril 1840; Cass., Bruxelles, 14 juill. 1853; J. N., 10687. Voir cependant, Caen, 5 avril 1821.
(8) Pigeau, *Pr.*, II, p. 215, n° 40; Troplong, n° 720; Pont, n° 1057 ; Cass., 23 fév. 1820; Grenoble, 12 mai 1824; Bordeaux, 17 mar 1828.
(9) Champ. et Rigaud, III, 2146; Pont, n° 1058; Cass., 6 juin 1811, 2 fév. 1819; CONTRA, Troplong, n°s 721, 722.
(10) Paris, 24 mars 1860; J. N., 16840.
(11) Persil, *2154*, 4, 5; Grenier, I, 112; Duranton, XX, 167; Taulier, VII, p. 354; Roll., *Insc.*, n° 376; Dict. not., *Insc.*, n° 470; Paris, 29 août 1815; Colmar, 10 juin 1821 ; Bordeaux, 18 juill. 1823, 17 mars 1828; Paris, 21 fév. 1825, 16 janv. 1840; Montpellier, 9 janv. 1827; Lyon, 16 fév. 1830 ; Toulouse, 30 juin 1832 ; Bourges, 20 nov. 1852 ; Colmar, 27 avril 1853 ; Dijon, 15 août 1855; Paris, 24 mars 1860; Cass., 30 mars 1831, 21 mars 1848, 19 ju 11. 1858; J. N., 10665, 15021, 15836, 16420, 16810; CONTRA, Troplong, n° 723; Zach., § 818, note 8 ; Mourlon, III, p. 503; Pont, n° 4060, selon lesquels c'est à l'expiration des quarante jours accordés pour surenchérir et, en cas de surenchère, à compter de la nouvelle adjudication.

tilité publique, même lorsque le propriétaire a traité à l'amiable avec l'expropriant, à partir du jour de la transcription (1).

5878. L'inscription n'a pas produit son effet et n'est pas dispensée de renouvellement dans les cas suivants : 1° la faillite du débiteur ou son décès suivi de l'acceptation bénéficiaire de sa succession (2) 2° la vente de l'immeuble hypothéqué, avec révélation de l'inscription à l'acquéreur, comme étant comprise dans l'état délivré sur transcription (3) : 3° si les créanciers dans la prévision de la vente de l'immeuble hypothéqué conviennent d'un ordre amiable sur le prix (4) ; 4° la saisie immobilière et sa dénonciation aux créanciers inscrits (5) ; 5° la vente au créancier inscrit de l'immeuble grevé de son hypothèque (6) ; 6° le jugement condamnant le tiers détenteur à payer ou à délaisser (7) *infra* n° 5941 ni, à plus forte raison, la sommation faite au tiers détenteur de payer ou de délaisser (8), ni même le délaissement par le tiers détenteur (9).

5879. Les inscriptions hypothécaires prises au profit de la société du crédit foncier de France sont dispensées, pendant la durée du prêt, du renouvellement décennal prescrit par l'art. 4554 (*Décret du 28 fév. 1852, art. 7*).

SECTION VII. — DES CHANGEMENTS D'ÉLECTION DE DOMICILE.

5880. Les inscriptions, qu'elles soient de privilèges ou d'hypothèques conventionnelles, légales ou judiciaires, doivent contenir l'élection de domicile pour le créancier, dans un lieu quelconque du ressort du bureau de la situation des biens, *supra n°s 5744, 5809* ; il n'y a d'exception que pour l'inscription d'office du privilège de vendeur, *supra n° 5608*.

5881. Il est loisible à celui qui a requis une inscription, ainsi qu'à ses représentants, ou cessionnaires par acte authentique, de changer sur le registre des hypothèques le domicile par lui élu, à la charge d'en choisir et indiquer un autre dans le même arrondissement (*C. N.*, 2152). Ce changement s'opère par une mention en marge de l'inscription qui est signée par le requérant ; s'il ne le sait ou ne le peut, la mention est faite par le conservateur sur la représentation d'un acte notarié contenant la déclaration de changement de domicile (10) [FORM. 804].

FORMULE 804. — **Acte de changement d'élection de domicile dans une inscription.** (N°s 5880, 5881.)

(*Cas de la formule 781.*)

PAR-DEVANT M°. . . . .,
A COMPARU : M. Charles MOREL, propriétaire. demeurant à. . . . .;
Lequel a, par ces présentes, déclaré qu'il révoque l'élection de domicile qu'il a faite à. . . . ., en l'étude de M°. . . . ., avoué, dans le bordereau de l'inscription prise à son profit contre M. Charles VARNIER, cultivateur, demeurant à. . . . ., au bureau des hypothèques de. . . . ., le. . . . ., vol. . . . ., n°. . . . ., pour sûreté de dix mille francs, montant de l'obligation pour prêt souscrite à son profit par M. VARNIER, suivant acte passé devant M°. . . . ., notaire à. . . . ., le. . . . .;
Et il élit domicile, pour ladite inscription, à. . . . ., en l'étude de M°. . . . ., notaire.
Pour faire mentionner ce changement d'élection en marge de ladite inscription, tous pouvoirs sont donnés au porteur d'une expédition des présentes.
DONT ACTE. Fait et passé, etc.

(1) Cass., 30 janv. 1865; J. N., 18238.
(2) Grenier, I, 128; Duranton, XX. 168; Zach., § 818, note9; Baudot, n° 839; Troplong, n° 660 *bis*; Pont, n° 1054; Dict. not., *Insc.*, n° 483; Roll., *ibid.*, n° 390; Cass., 7 juin 1817, 15 déc. 1829, 29 juin 1830; Limoges, 26 juin 1820; Caen, 19 fév. 1825, 29 mai 1827; Rouen, 30 mai 1825; Bordeaux, 15 déc. 1826; Paris, 19 août 1844, 14 fév. 1814; J. N., 11356, 11931; contra, l'ardessus, IV, 1123; Persil, 2154, 7; Paris, 7 juill. 1811, 9 mars 1812, 7 déc. 1831; Rouen, 18 mars et 30 juin 1820.
(3) Grenier, I. 112; Roll., *Insc.*, n° 375; Rouen, 18 déc. 1858.
(4) Paris, 14 fév. 1844; J. N., 11931.
(5) Zach., § 818, note 11; Troplong, n° 718; Pont, n° 1054; Cass.,

31 janv. 1821, 9 août 1821, 18 août 1830; contra, Persil, 2154, 6; Rouen, 29 mai 1817.
(6) Persil. 2154. 8; Zach., § 818, note 12; Troplong, n°718; Pont, n° 1054; Dict. not., *Insc.*, n° 493; Roll, *ibid.*, n° 373; Cass., 5 fév. 1828 1er mai 1828; Caen, 6 mai 1821, 30 janv. 1826; Bourges, 28 mai 1827; Grenoble, 10 mars 1832; contra, Grenoble, 17 déc. 1821, 25 mai 1822, 8 avril 1829
(7) Cass., 31 janv. 1854; J. N., 45193.
(8) Roll., *Insc.*, n° 370; Cass., 3 fév. 1824.
(9) Roll., *Insc.*, n° 393; Cass., 24 fév. 1830, 31 janv. 1854; J. N., 15193.
(10) Décis. min. fin., 28 pluv. an 9; Pont, n° 957; Roll., *Insc.*, n° 185.

CHAPITRE CINQUIÈME.

DE LA RADIATION ET RÉDUCTION DES INSCRIPTIONS (*).

SECT. I. — DE LA RADIATION DES INSCRIPTIONS.

5882. Les inscriptions sont rayées soit en vertu d'un acte de mainlevée consenti par les ayants droit, soit en vertu d'un jugement.

5883. 1. *Mainlevée.* La mainlevée est l'acte par lequel le bénéficiaire d'une inscription consent à sa radiation (*C. N.*, 2157). Le plus souvent la mainlevée contient un désistement du privilége ou de l'hypothèque ; car sans ce désistement une inscription nouvelle pourrait être requise par le créancier non désintéressé, *infra nos 5904 et 5928* [Form. 805].

5884. Il faut pour consentir à la radiation d'une inscription, avoir la capacité de disposer de la chose qui en est l'objet (*C. N.*, 2157). Nous distinguerons, à ce sujet, ceux qui ne peuvent consentir aucune mainlevée, ceux qui ne peuvent la consentir que comme une suite du payement, et ceux qui peuvent la consentir même avant payement.

5885. Ne peuvent aucunement consentir à faire mainlevée : 1° le mineur et l'interdit (1) ; 2° le mineur émancipé sans l'assistance de son curateur (2), voir cependant *infra n° 5887* 2° ; 3° l'individu pourvu d'un conseil judiciaire, sans l'assistance de son conseil (3), voir aussi *infra n° 5887 3°* ; 4° la femme mariée non autorisée de son mari (4), à moins qu'elle ne soit séparée de biens, *supra n° 5630.*

5886. Peuvent consentir à une mainlevée, mais seulement lorsqu'elle est une suite du payement de la créance conservée par l'inscription et, par conséquent, ne peuvent donner mainlevée sans paye-

---

§ 7. — MAINLEVÉES, RADIATIONS ET RÉDUCTIONS D'INSCRIPTIONS, DÉLAISSEMENT.

FORMULE 805. — **Mainlevée définitive d'inscription hypothécaire** (Nos 5882 à 5915.)

(*Cas de la formule* 794.)

Par-devant Mᵉ....,

A comparu : M. Léon Marais, propriétaire, demeurant à.....;

Lequel a, par ces présentes, fait mainlevée pure et simple, avec désistement de tous droits d'hypothèque, et a consenti à la radiation entière et définitive d'une inscription prise à son profit contre M. Paulin Beuvard, propriétaire, et Mᵐᵉ Héloïse Tillet, son épouse, demeurant ensemble à....., au bureau des hypothèques de....., le....., vol....., n°....., en vertu d'une obligation passé devant Mᵉ....., notaire à....., le....

En opérant la radiation de cette inscription, M. le conservateur sera déchargé.

S'il y a eu signification de la délégation d'indemnité d'assurance, l'on ajoute : En outre, M. Marais fait mainlevée et se désiste purement et simplement de la signification faite à sa requête à la compagnie d'assurances contre l'incendie, la....., ayant son siége

---

(*) Voir le *Traité pratique et théorique des radiations hypothécaires*, par M. Ernest Boulanger, docteur en droit, employé supérieur de l'enregistrement, à l'administration du *Journal des notaires et des avocats*, rue des Saints-Pères, 52, à Paris. Prix : 8 fr. Cet ouvrage résout toutes les questions se rattachant à la matière si vaste des radiations hypothécaires, et rendra de grands services aux notaires en facilitant leurs rapports avec les conservateurs.

---

(1) Boulanger, *Rad. hyp.*, n° 208.
(2) Boulanger, n° 240.

(3) Boulanger, n° 188.
(4) Boulanger, n° 97.

ment : 1° les envoyés en possession provisoire des biens d'un absent (1) ; 2° le mari pour une créance mobilière restée propre à la femme (2) ; 3° le tuteur au nom de son pupille, mineur ou interdit (3) ; 4° le mineur émancipé assisté de son curateur (4) ; 5° le curateur à succession vacante (5) ; 6° l'exécuteur testamentaire qui a la saisine (6) ; 7° le grevé de substitution (7), le concours du tuteur à la substitution serait insuffisant pour valider la mainlevée avant payement (8) ; 8° le mandataire avec pouvoir de toucher et de donner mainlevée, s'il n'a pas le pouvoir formel de donner mainlevée sans payement (9) ; 9° le gérant d'une société, si l'acte statutaire ne lui confère pas le droit de donner mainlevée, même sans payement (10) ; 10° le liquidateur d'une société après sa dissolution si l'acte de société ou de dissolution ne lui permet pas de donner mainlevée avant payement (11) ; 11° l'usufruitier (12) ; mais s'il n'a pas été dispensé de fournir caution, il doit justifier qu'il a fourni la caution à laquelle il a été astreint, sinon il faut le concours du nu-propriétaire (13) ; 12° l'usufruitier légal, à la charge de justifier qu'il a fait faire inventaire conformément à l'art. 1442 (14).

5887. Peuvent donner mainlevée, même avant payement : 1° tous ceux qui ont, par eux-mêmes, la

à....., suivant exploit de....., huissier à ...., en date du....., de la délégation consentie à son profit par M. et Mme BEUVARD, aux termes de l'acte d'obligation ci-dessus énoncé,

Voulant que cette signification soit considérée comme nulle et non avenue.

DONT ACTE. Fait et passé, etc.

FORMULE 806. — **Mainlevée d'inscription consentie par un cessionnaire.** (N° 5896.)

PAR-DEVANT M^e.....,

A COMPARU : M. Louis THOMAS, rentier, demeurant à.....;

Lequel a, par ces présentes, fait mainlevée pure et simple, avec désistement de tous droits d'hypothèque, et a consenti la radiation entière et définitive d'une inscription prise au bureau des hypothèques de....., le....., vol......, n°....., au profit de M. Charles MOREL, propriétaire, demeurant à....., contre M. Charles VARNIER, cultivateur, demeurant à....., pour sûreté de dix mille francs, montant en principal de l'obligation pour prêt consentie par ce dernier au profit de M. MOREL, suivant acte passé devant M^e....., notaire à....., le....., dans l'effet entier de laquelle inscription M. THOMAS a été subrogé, suivant un acte de transport passé devant M^e....., notaire à....., le.....; ainsi que le constate une mention apposée le....., en marge de ladite inscription.

En opérant, etc. (Voir *pour le surplus, la formule* 805.)

FORMULE 807. — **Mainlevée d'inscription prise au profit du porteur.** (N°s 5898.)

PAR-DEVANT M^e.....,

A COMPARU : M. Noël COLARD, propriétaire, demeurant à.....,

Porteur du titre de la créance conservée par l'inscription ci-après énoncée, ainsi qu'il en a justifié par la représentation de la grosse exécutoire (*ou du brevet original de l'acte*) ;

Lequel a, par ces présentes, fait mainlevée pure et simple, avec désistement de tous droits d'hypothèque et a consenti la radiation entière et définitive d'une inscription

(1) Duranton, XX, 189; Troplong. n° 738 *bis*; Persil, 2157, 8; Demolombe. II, 406; Taulier, VII, p. 358; Mourlon, III, p. 504; Boulanger, n° 39; Dict. not., *Mainlevée*, n° 69; Bordeaux, 20 nov. 1845.
(2) Duranton, XX, 192; Dalloz, n° 2688; Baudot, n° 859; Taulier, VII, p. 358; Boulanger, n°s 93, 382.
(3) Note 3 du n° 4294, ajoutée; Pont, n° 1078; Dalloz, n° 2688; Boulanger, n° 241.
(4) Demolombe, VIII, 299; Boulanger, n°s 240, 244.
(5) Dalloz, n° 2684; Pont, n° 1079, Boulanger, n°s 312, 313.
(6) Toullier, V, 588; Duranton, IX, 412; Troplong, n° 2002; Dalloz, n° 4092; Pont, n° 1080; Boulanger, n°s 327, 329; Agen, 17 avril 1807; Cass., 27 mars 1877.

(7) Toullier, V, 762; Grenier, I, 349; Duranton, IX, 585; Pont, n° 1080; Dalloz, *Subst.*, n° 390; Roll., *ibid.*, n° 272; Hervieu, *Rad.*, n° 53; Boulanger, n°s 336, 339.
(8) Boulanger, n° 342.
(9) Boulanger, n° 496. V. Vire, 8 juin 1867; Jur. N., 43334.
(10) Troplong, n° 689; Pont, n° 1080; Boulanger, n°s 262, 266; Rouen, 24 juill. 1843; Trib. Seine, 29 avril 1859; Caen, 22 juin 1858; Cass., 19 août 1845, 16 mai 1849; J. N., 41819, 42558.
(11) Boulanger, n°s 268, 269; Toulouse, 2 août 1864; J. N., 47388.
(12) Boulanger, n°s 347, 350; Dict. not., *Mainlevée*, n° 31. Voir cependant Baudot, n° 914.
(13) Boulanger, n° 348; Bordeaux, 9 avril 1845; J. N., 43474.
(14) Boulanger, n° 348 bis.

capacité d'aliéner la chose conservée par l'inscription ; 2° le mineur émancipé, lorsque l'inscription conserve des sommes qu'il peut recevoir sans l'assistance de son curateur, par exemple, des loyers, le prix de récoltes, etc. (1) ; 3° l'individu pourvu d'un conseil judiciaire, avec l'assistance de son conseil (2), et même sans cette assistance, s'il s'agit de loyers, récoltes, etc. (3) ; 4° le tuteur au nom de son pupille, mineur ou interdit, avec l'autorisation du conseil de famille, homologuée par le tribunal , *supra* n° *1291* ; 5° l'héritier bénéficiaire, mais un pareil agissement a pour effet de le rendre héritier pur et simple (4) ; 6° le mandataire, si son mandat contient le pouvoir de donner mainlevée, même avant payement (5) ; 7° le gérant d'une société, lorsque l'acte statutaire le lui permet ; sinon il lui faut le consentement des autres associés, ou lorsque le capital de la société est divisé par actions, une autorisation de l'assemblée générale des actionnaires (6).

5888. L'inscription prise au profit d'une commune est radiée sur la mainlevée donnée par le maire, autorisé par une délibération du conseil municipal et un arrêté du préfet (7).

5889. L'inscription prise au profit de l'État ou des départements, pour sûreté de l'exécution de

prise au profit du porteur dudit titre contre M. Paul VART, propriétaire, demeurant à....., au bureau des hypothèques de....., le....., vol....., n°....., en vertu d'un acte passé devant M°....., notaire à....., le....., contenant obligation par M. VART, au profit du porteur, d'une somme de.....

En opérant la radiation de cette inscription, M. le conservateur sera déchargé.

On constate ici que, conformément aux stipulations dudit acte d'obligation, M°....., notaire soussigné, a fait mention de la présente mainlevée sur la grosse (*ou* sur le brevet original) dudit acte d'obligation.

DONT ACTE. Fait et passé, etc.

FORMULE 808. — Mainlevée partielle. (N° 5903.)

PAR-DEVANT M°.....,

A COMPARU : M. Léon MARAIS, propriétaire, demeurant à.....;

Lequel a, par ces présentes, fait mainlevée avec désistement de ses droits d'hypothèque, et a consenti a la radiation d'une inscription prise à son profit contre M. Paulin BEUVARD, propriétaire, et Mme Héloïse TILLET, son épouse, demeurant ensemble à....., au bureau des hypothèques de....., le....., vol....., n°....., pour sûreté d'une somme de....., montant en principal d'une obligation passée devant M°....., notaire à....., le.....

Mais en tant seulement que ces droits d'hypothèque et inscription frappent sur les immeubles ci-après désignés :

1° Une pièce de terre labourable sise commune de....., lieu dit....., de la contenance de....., section....., n°....., du plan cadastral,

Vendue par M. et Mme BEUVARD à M. Jean BERT, charron, demeurant à....., suivant contrat passé devant M°....., notaire à....., le....., transcrit au bureau des hypothèques de....., le....., vol....., n°.....;

2° Une autre pièce de terre, etc. ,

Vendue par M. et Mme BEUVARD à, etc.,

Réserve la plus expresse étant faite de l'effet desdits droits d'hypothèque et de ladite inscription, sur tous autres immeubles qu'elle peut grever.

En opérant la radiation de ladite inscription dans le sens dont mainlevée vient d'être consentie, M. le conservateur sera déchargé.

DONT ACTE. Fait et passé, etc.

(1) Troplong, n° 738; Duranton, XX, 185; Roll., *Mainlevée*, n° 22; Dict. not., *ibid.*, n° 44 ; Boulanger, n° 239.

(2) Duranton, XX, 188; Pont, n° 1077; Dalloz, n° 2679; Boulanger, n°° 188, 189; Taulier, VII, p. 357; Dict. not., *Mainlevée*, n° 47.

(3) Boulanger, n° 187.

(4) Boulanger, n° 309; Dict. not., *Mainlevée*, n° 83; Roll., *ibid.*, n° 78. Voir cependant Dalloz, n° 2034; Pont, n° 1079.

(5) Boulanger, n° 196.

(6) Boulanger, n°° 281, 287.

(7) Boulanger, n° 451; Ordonn. roy., 15 juill. 1840; Décis. min. fin., 26 juin 1841; Instr., 24 juill. 1841; J. N., 11065; Dijon, 7 avril 1854.

travaux publics, est radiée sur un arrêté du préfet rendu en conseil de préfecture, et approuvé en ce qui concerne l'État par le ministre compétent (1).

5890. L'inscription prise au profit des domaines est radiée en vertu d'un arrêté du préfet (2).

5891. L'inscription prise au profit d'un établissement de charité est radiée sur une mainlevée donnée par le receveur, en vertu d'un arrêté du préfet rendu en conseil de préfecture (3).

5892. L'inscription prise par les préposés de la régie pour la conservation des créances de l'État dont le recouvrement leur est confié, est rayée sur une mainlevée donnée par le directeur du département, ou par le receveur autorisé par lettre du directeur (4).

5893. L'inscription prise au profit des douanes est rayée sur la mainlevée donnée par le receveur principal après autorisation du directeur de sa circonscription (5).

5894. L'inscription prise pour sûreté d'une rente viagère est rayée sur la mainlevée donnée par le crédi-rentier, ou après l'extinction de la rente survenue par son décès, par ceux qui le représentent (6) ; cependant si dans l'acte de constitution d'hypothèque, le crédi-rentier a déclaré que l'inscription devrait être radiée sur la seule justification de son acte de décès, il suffit pour la faire radier de produire son acte de décès au conservateur (7).

5895. L'inscription prise au profit du crédit foncier de France est radiée sur la seule mainlevée

---

FORMULE 809. — Mainlevée pour partie du capital. (N° 5903.)

PAR-DEVANT Mᵉ.....,

A COMPARU : M. Léon MARAIS, propriétaire, demeurant à.....;
Lequel a, par ces présentes, fait mainlevée, etc. (*le surplus de la phrase comme en la formule* 808),
Mais en tant seulement que cette inscription conserve un capital de six mille francs sur les dix mille francs montant de ladite obligation,
Son effet étant expressément réservé pour les quatre mille francs de surplus, avec tous intérêts de cette somme, frais et accessoires.
En opérant la radiation de ladite inscription dans le sens de la présente mainlevée, M. le conservateur sera déchargé.
DONT ACTE. Fait et passé, etc.

FORMULE 810. Autre mainlevée partielle. (N° 5903.)

PAR-DEVANT Mᵉ.....,

A COMPARU : M. Léon MARAIS, propriétaire, demeurant à.....;
Lequel a, par ces présentes, fait mainlevée, etc. (*le surplus de la phrase comme en la formule* 808),
Entièrement et définitivement, en ce que lesdits droits d'hypothèque et ladite inscription frappent sur les immeubles ci-après désignés :
1° Une pièce de terre, etc. (*désignation et énonciation des ventes comme en la formule* 808),
Et jusqu'à concurrence de six mille francs seulement, en ce que lesdits droits d'hypothèque et ladite inscription grèvent tous autres immeubles que ceux ci-dessus désignés,
Réserve la plus expresse étant faite de l'effet desdits droits d'hypothèque et de ladite inscription sur tous immeubles autres que ceux ci-dessus désignés, pour les quatre mille

---

(1) Boulanger, n° 454; Déc. min. fin., 26 juin 1841; Décret. 30 déc. 1852.
(2) Boulanger, n° 439; Circ. régie, 18 therm. an 9; Instr. générale, 14 avril 1809; Déc. min. fin., 28 fév. 1859.
(3) Boulanger, n°ˢ 456. 459; Décret. 11 therm. an 12.
(4) Boulanger, n° 445; Instr. régie, 14 avril 1809, n° 426.

(5) Boulanger, n° 446; Déc. min. fin., 9 sept. 1852; Instr. régie, 24 août 1853, n° 1974.
(6) Déc. min. fin., 17 nov. 1807; Dalloz, n° 2750; Baudot, n° 942; Persil, 2160, 2; Dict. not., Mainlevée, n° 8; Boulanger, n° 354.
(7) Baudot, n° 942; Hervieu, Rad., p. 646, n° 72; Boulanger, n°ˢ 355 à 357; Dict. not., Mainlevée, n° 9.

consentie par le gouverneur lorsqu'elle est une suite du payement, et avec l'autorisat on du conseil d'administration lorsqu'elle est donnée avant payement (1).

5896. Lorsque la créance a été transportée ou régulièrement déléguée, le cessionnaire peut en donner mainlevée, si d'ailleurs la cession en a été faite par acte authentique (2) [FORM. 806].

5897. Lorsque le créancier, en vertu de l'art. 1166, a requis une inscription pour conserver les droits de son débiteur, c'est ce dernier seul qui peut en consentir la mainlevée (3).

5898. L'inscription prise en vertu d'une obligation au porteur est rayée sur la mainlevée donnée par le porteur, sans qu'il soit nécessaire de demander le concours de celui au nom duquel elle a été prise (4) ; il en est ainsi à plus forte raison si l'inscription le porte, et si l'acte de mainlevée contient les énonciations prescrites en l'inscription, par exemple que la grosse a été représentée au notaire qui a fait dessus une mention de la mainlevée, *supra* n° 5774. [FORM. 807].

5899. La mainlevée de l'inscription ne peut être donnée que par acte devant notaire (5) en minute (6) ; si elle est donnée par un mandataire, il doit être porteur d'une procuration authentique (7). La renonciation à l'hypothèque consentie par acte sous seing privé ferait preuve néanmoins contre celui qui l'aurait consentie et pourrait lui être opposée (8) ; mais elle serait insuffisante pour faire radier l'inscription, encore bien que l'écriture et la signature eussent été reconnues volontairement ou en justice (9).

5900. La mainlevée doit contenir les indications nécessaires pour faire connaître les inscriptions

francs de capital formant le surplus de ladite créance, et des intérêts et accessoires de cette somme.

En opérant la radiation de cette inscription dans le sens de la présente mainlevée, M. le conservateur sera déchargé.

Dont ACTE. Fait et passé, etc.

FORMULE 811. — **Mainlevée d'une inscription d'office.** (N°s 5904, 5905.)

Par-devant Me....,

A COMPARU : M. Léon DILLET, propriétaire, demeurant à.....;

Lequel a, par ces présentes, fait mainlevée pure et simple, avec désistement de tous ses droits privilégiés et résolutoires, et a consenti à la radiation entière et définitive de l'inscription d'office prise à son profit contre M. Jean LASNE, cultivateur, demeurant à....., au bureau des hypothèques de....., le....., vol....., n°....., sur la transcription faite en ce bureau, le même jour, d'un contrat passé devant Me....., notaire à....., le....., contenant vente par M. DILLET à M. LASNE.

En opérant la radiation de cette inscription, M. le conservateur sera déchargé.

Dont ACTE. Fait et passé, etc.

FORMULE 812. — **Mainlevée d'hypothèque légale de la femme au profit d'un tiers.** (N°s 5906 à 5909.)

Par-devant Me.....,

A COMPARU : Mme Léonie BUQUET, épouse assistée et, pour ces présentes, autorisée de M. Léon FRESNE, négociant, avec lequel elle demeure à.....;

Laquelle a, par ces présentes, déclaré se désister de ses droits d'hypothèque légale contre son mari, et faire mainlevée avec consentement à la radiation de l'inscription qui

(1) Décret, 28 juin 1856, art. 21, 34 ; Boulanger, n° 460 *bis*.
(2) Boulanger, n°s 46 *bis*, 58 ; Trib. Bayeux, 20 nov. 1854.
(3) Roll., *Mainlevée*, n° 44 ; Dict. not., *ibid.*, n° 83 ; Boulanger, n° 59.
(4) Dalloz, n° 2708 ; Pont, n° 1080 ; Boulanger, n° 61 ; Dict. not., *Mainlevée*, n° 34 ; Trib. Angoulême, 14 juill. 1845 ; Bordeaux, 22 janv. 1839, 7 fév. 1846 ; J. N., 40378, 42561, 42623, 42727
(5) Boulanger, n° 22 ; Toulouse, 16 juill. 1818.
(6) Troplong, n° 741 ; Durantou, XX, 493 ; Baudot, n° 839 ; Boulanger. n° 26 ; CONTRA. Dalloz, n° 2746 ; Pont, n° 1074, selon lesquels l'acte peut être en brevet. Voir aussi Grenoble, 23 juin 1836.
(7) Troplong, n° 741 ; Pont, n° 1074 ; Bou anger .n° 24 ; Roll., *Mainlevée*, n° 40 ; Dict. not., *ibid.*, n° 79 ; Lyon, 29 déc. 1827 ; Cass.. 21 juill. 1830 ; Paris, 47 août 1843 ; J. N., 11731 ; Trib. Montfort, 10 mai 1809 ; CONTRA, Baudot, n° 950.
(8) Pont, n° 1235 ; Paris, 13 avril 1854 ; Douai, 29 déc. 1863 ; M. T. 1864, p. 221.
(9) Dalloz, n° 2073 ; Boulanger, n° 23 ; CONTRA, Lyon, 29 déc. 1827.

à radier, comme les noms, prénoms, qualités et domiciles du créancier et du débiteur, les date, volume et numéro des inscriptions ; cependant si un créancier donnait mainlevée de toutes les inscriptions qu'il a prises à un bureau d'hypothèque contre une *telle* personne sans les préciser, le conservateur ne pourrait se refuser à les radier (1).

5901. La mainlevée peut être consentie sous une condition résolutoire ou suspensive (2). Voir *supra la formule* 772.

5902. La mainlevée que le créancier a donnée librement sans dol ni fraude, même non acceptée, est immédiatement acquise au débiteur, aux autres créanciers hypothécaires et au tiers détenteur ; elle ne peut donc être rétractée (3). Cependant lorsque la mainlevée a été consentie par suite de payement fait par le tiers détenteur, on peut la considérer comme ne s'opposant pas à la subrogation légale à son profit (4).

5903. Le créancier qui a la capacité de donner mainlevée définitive de son inscription avant payement, *supra n°* 5887, peut, à plus forte raison, renoncer à son hypothèque, et donner mainlevée de l'inscription, soit pour une partie des immeubles grevés de manière à ne les conserver que sur les autres immeubles [FORM. 808], soit pour partie de la créance de manière à ne conserver l'hypothèque et l'inscription que pour le surplus [FORM. 809] ; et comme il ne résulte pas de cette mainlevée la libération du débiteur, elle ne donne pas ouverture au droit de quittance. Mais le droit est dû si l'acte établit l'extinction des causes de l'obligation (5) ; par exemple, s'il énonce qu'il est donné mainlevée de l'inscription parce qu'elle subsistait sans cause (6), ou que le créancier se désiste de tous droits quelconques résultant de l'obligation (7), ou même qu'il a fait remise de la grosse (8).

5904. La mainlevée d'une inscription d'office doit, si elle n'est pas la conséquence du payement, contenir le désistement exprès du privilége de vendeur (9) [FORM. 810]; il n'est pas nécessaire qu'il soit justifié de la quittance du prix (10). La femme qui a concouru à la vente d'un acquêt ou d'un propre du mari doit aussi concourir à la mainlevée de l'inscription d'office (11).

en a été prise à son profit contre M. FRESNE, son mari, au bureau des hypothèques de....., le....., vol....., n°.....

Mais seulement en ce que ces droits d'hypothèque légale et inscription grèvent une pièce de terre en labour, sise commune de....., lieu dit....., de la contenance de....., section....., n°....., du plan cadastral, vendue par mondit sieur FRESNE à M. Jean DUBOIS, cultivateur, demeurant à....., suivant contrat passé devant Mᵉ....., notaire à....., le....., transcrit au bureau des hypothèques de....., vol....., n°.....

Réserve la plus expresse étant faite de ces droits d'hypothèque légale et inscription, sur tous autres immeubles.

En opérant la radiation de cette inscription dans le sens de la présente mainlevée, M. le conservateur sera déchargé.

DONT ACTE. Fait et passé, etc.

FORMULE 813. — Désistement de subrogation.

PAR-DEVANT Mᵉ.....,

A COMPARU : M. Jean DORÉ, rentier, demeurant à..... ;

---

(1) Boulanger, n° 21.
(2) Voir Boulanger, n° 18; Dict. not., *Mainlevée*, n° 158; Aix, 9 fév. 1836; Trib. Seine, 21 août 1838.
(3) Duranton, XX, 203; Troplong, n° 738; Pont, nᵒˢ 1073, 1232; Dalloz, n° 2321 : Larombière, 1111, 17; Zach., Massé et Vergé, § 810, note 15; Boulanger, nᵒˢ 9, 10, 12; Roll., *Mainlevée*, n° 63; Rennes, 19 mars 1824; Agen, 19 mai 1836; Bourges, 20 fév. 1852; Aix, 14 nov. 1857; Caen, 31 déc. 1860; Cass., 4 janv. 1831, 1ᵉʳ déc. 1852, 19 nov. 1855, 1ᵉʳ juill. 1857, 13 avril 1863; J. N., 17734.
(4) Cass., 20 juin 1859; J. N., 16634.
(5) Boulanger, n° 420.

(6) Boulanger, n° 421; Sol., 27 mars 1827; Instr. régie, n° 1229, § 9.
(7) Boulanger, n° 422; Seine, 19 août 1837, 10 mai 1838, 20 déc. 1843; Rouen, 11 juin 1851; Angers, 23 août 1851; Bar-le-Duc, 12 janv. 1855; Sedan, 28 mai 1862.
(8) Boulanger, n° 421; D. M. F., 1ᵉʳ janv. 1811 ; Sol., 29 nov. 1828.
(9) Boulanger, nᵒˢ 369, 371; Dijon, 17 juill 1839; Cass., 24 juin 1844; J. N., 10550, 12051.
(10) Boulanger, nᵒˢ 370, 372; Paris, 6 déc. 1842; Angers, 2 fév. 1843; J. N., 11537, 13102.
(11) Agen, 12 avril 1866; Paris, 15 nov. 1866; R. P., 2395.

5905. L'inscription d'office prise sur la transcription d'une vente d'immeuble avec faculté de rachat, est radiée sur la seule justification de l'acte d'exercice du réméré (1).

5906. La femme, sous quelque régime qu'elle soit mariée, ne peut se désister de son hypothèque légale, ni donner mainlevée de l'inscription de cette hypothèque, totalement ni partiellement, au profit de son mari, la restriction de son hypothèque légale, *supra n°* *5836, 5845,* étant le seul mode permis pour rendre libre une partie des immeubles du mari.

5907. La femme séparée judiciairement de son mari ne peut pas non plus faire rayer définitivement l'inscription de son hypothèque légale, quoiqu'elle ait été payée de toutes les créances qu'elle avait contre lui ; car de nouvelles reprises peuvent se produire (2).

5908. Mais, sauf le cas où ses biens sont dotaux, *supra n° 3664,* la femme peut, avec l'autorisation de son mari, valablement renoncer à son hypothèque légale sur certains immeubles de son mari, au profit d'un tiers [Form. 815], sans être tenue de remplir les formalités prescrites par les art. 2144 et 2145 (3), même lorsque le tiers est créancier du mari (4). Il en est ainsi, à plus forte raison, si elle a vendu avec son mari (5), ou si la mainlevée est contenue dans l'acte constatant le payement du prix fait par l'acquéreur entre les mains du mari et de la femme (6).

5909. L'inscription prise au profit d'un créancier, comme subrogé dans l'hypothèque légale de la femme, est rayée sur la seule mainlevée consentie par le créancier, *supra n° 5845.*

5910. La transcription d'une saisie immobilière est rayée, avant les sommations et notifications prescrites par les art. 691 et 692 du C. de pr., sur la mainlevée donnée par le créancier saisissant ; et après ces sommations et notifications sur la mainlevée donnée tant par le créancier saisissant que par les créanciers inscrits [Form. 843], ou en vertu de jugements rendus contre eux, *supra n° 4373* (*C. pr., 695*).

5911. II. *Radiation.* La mainlevée donnée, ceux qui requièrent le radiation déposent une expédi-

---

Lequel a, par ces présentes, déclaré se désister de la subrogation consentie à son profit, aux termes d'un acte passé devant M°....., notaire à....., le....., dans les droits hypothécaires résultant, au profit de M. Denis BENOIT, propriétaire, demeurant à....., contre M. Luc BILLET, charron, demeurant à....., d'un acte d'obligation reçu par M°....., notaire à....., le....., et dans l'effet de l'inscription prise, en vertu de cet acte, au profit de M. BENOIT contre M. BILLET, au bureau des hypothèques de....., le....., vol....., n°.....

Et, par suite, il a fait mainlevée pure et simple et a consenti la radiation entière et définitive de la mention de subrogation à son profit, opérée en marge de ladite inscription, le....., sous le n°.....

Voulant que ces droits d'hypothèque et inscription ne militent plus qu'au profit de M. BENOIT, et que M. le conservateur, en opérant la radiation, soit déchargé.

DONT ACTE. Fait et passé, etc.

FORMULE 814. — Mainlevée de transcription de saisie. (N° 5910.)

PAR-DEVANT M°.....,
A COMPARU : M Félix CLÉRET, banquier, demeurant à.....;
Lequel a, par ces présentes, fait mainlevée pure et simple et consenti à la radiation entière et définitive, en ce qu'elle milite à son profit, de la transcription faite au bureau

(1) Daudot, n° 964; Boulanger, n° 386.
(2) Boulanger, n° 135; Paris, 16 mars 1839; Caen, 26 juin 1855, Limoges, 9 mars 1859; J. N., 16612. Voir Amiens, 18 janv. 1840.
(3) Duranton, XX. 72; Troplong, n°s 602, 643 bis; Pont, n° 454; Dalloz, n°s 678, 2093; Boulanger, n° 105; Dict. not., Mainlevée, n° 37; Roll., ibid., n° 31 ; Paris, 20 juin 1812, 26 janv. 1819, 28 août 1844; Lyon, 22 juill. 1819, 13 avril 1832, 21 déc. 1840; Orléans, 26 juill. 1826, 28 fév. 1844; Metz, 13 juill. 1829, 22 janv. 1850; Bordeaux, 7 avril 1834; Douai, 20 mars 1851; Caen, 3 mai 1852, 31 déc. 1859; Agen, 21 mai 1856; Riom, 2 déc. 1858; Trib. la Flèche, 31 août

1863; Cass., 9 janv. 1822, 28 juill. 1823, 24 janv. 1838, 30 juill. 1845, 26 juin 1855. 26 août 1862, 26 avril 1864; Montpellier, 10 déc. 1864; J. N., 17812. 18823. V. Lyon, 18 août 1864; Jur. N., 12766.
(4) Boulanger, n° 106; Metz, 13 juill. 1820; Cass., 28 juill. 1830; 25 janv. 1839; Trib. Vendôme, 10 déc. 1853. Voir cependant B... le ger. n° 107.
(5) Trib. Metz, 4 août 1854; Metz, 13 déc. 1854; J. N., 15334, 15441.
(6) Boulanger, n° 115; Trib. Soissons, 21 nov. 1849; la Flèche, 31 août 1863; J. N., 17872.

tion, ou un extrait littéral (1) [Formm. 814], de l'acte authentique qui la contient au bureau du conservateur (C. N., 2158) ; le conservateur a qualité non-seulement pour vérifier la régularité de cet acte (2), mais aussi pour s'assurer de la capacité des parties ; et il a le droit, à cet effet, de se faire remettre tous les actes justificatifs (3).

5912. Les pièces à remettre au conservateur sont les suivantes :

1° Le mandataire : une expédition de la procuration, ou un extrait littéral (4), *supra n° 545* ; le mandat donné en pays étranger est suffisant, si d'ailleurs, il est authentique et revêtu des légalisations prescrites (5).

2° Un héritier unique ou tous les héritiers collectivement : un extrait de l'intitulé d'inventaire ; ou, à défaut, un acte de notoriété (6) auquel doit être joint l'acte de décès (7) ; plus, si c'est l'un des héritiers, expédition ou extrait de l'acte authentique qui lui a attribué la créance (8) ; et, lorsque c'est par une liquidation judiciaire, extrait du jugement d'homologation, de la signification à qui de droit et du certificat de non-appel (9) ; quant au certificat de non-opposition, il ne doit pas être exigé, le jugement homologatif n'étant pas susceptible d'opposition (10), *supra n° 2166*. Ces justifications sont également exigées dans le cas où une inscription originaire ou en renouvellement a été prise par un seul héritier, même en son seul nom, s'il a agi en qualité d'héritier, car alors l'inscription profite à la masse de la succession (11) ;

3° Un légataire universel en vertu d'un testament olographe ou mystique : expédition du testament dûment déposé (12), *supra, n° 2782*, et de l'envoi en possession (13) ; le conservateur ne peut exiger un certificat constatant la signification aux héritiers de l'ordonnance d'envoi en possession, ni un certificat du greffier du tribunal constatant que cette ordonnance n'a été frappée ni d'opposition ni d'appel (14).

4° Le légataire universel en vertu d'un testament authentique : expédition du testament, et d'un acte de notoriété constatant qu'il n'y a pas d'héritiers à réserve, *supra form. 145*, auquel doit être joint l'acte de décès (15) ; s'il y a des héritiers à réserve, le légataire universel doit justifier toujours de la délivrance du legs (16).

5° Un légataire à titre universel ou particulier : l'expédition du testament, de l'acte de délivrance de

des hypothèques de...., le....., vol....., n°...., de la saisie immobilière pratiquée contre M. Jean LAIR, cultivateur, demeurant à....., sur les poursuites de M. Louis DENIS, rentier, demeurant à...., suivant exploit de...., huissier à....., en date du.....; ainsi que de la dénonciation qui en a été faite à mondit sieur LAIR, suivant autre exploit de....., huissier à....., du.....

En opérant la radiation de cette transcription, M. le conservateur sera déchargé.

DONT ACTE. Fait et passé, etc.

FORMULE 815. — Mainlevée d'inscription avec remise de pièces. (N°s 5914 à 5945.)

PAR-DEVANT M°.....,

A COMPARU : M. Jules MOUTON, rentier, demeurant à..... ;

Lequel, pour arriver à la mainlevée faisant l'objet des présentes, a exposé ce qui suit :

---

(1) La radiation ne pourrait être exigée sur le dépôt d'un extrait analytique : Décis. min. fin., 8 août 1838 ; Instr. régie, 24 août 1838, n° 1509; Pont. n° 1099; Baudot, n° 836; Boulanger, n°s 28, 29; Dalloz, n° 2718 ; Dict. not., *Mainlevée*, n° 425; Caen, 18 janv. 1837; Trib. Toulon, 31 août 1859; Strasbourg, 29 juill. 1861.

(2) Duranton, XX, 493; Troplong, n° 736; Pont, n° 1098; Boulanger, n°s 19, 569 ; Dict. not., *Mainlevée*, n° 436; Roll., *ibid.*, n° 72; Paris, 17 août 1843; Rouen, 16 fév. 1841, 16 août 1843; Cass., 12 juill. 1847; J. N., 11858, 13392. Voir Cass., 13 avril 1863.

(3) Boulanger, n° 19; Dict. not., *Mainlevée*, n° 438; Roll., *ibid.*, n° 75; Cass., 9 juin 1841; J. N., 11016; contra, Duranton. XX, 494. Voir Pont, n° 1038.

(4) Boulanger, n°s 30, 31 ; Roll., *Mainlevée*, n° 67; Dict. not., *ibid.*, n° 439; Trib. Strasbourg, 27 juill. 1861; Rev. not., 127. Voir délib. ch. not. de Paris, 25 sept. 1817; Paris, 17 août 1843; J. N., 11731.

(5) Boulanger, n° 294; Baudot, n° 811; Dict. not., *Mainlevée*, n° 432.

(6) Les héritiers ne sont pas tenus de justifier au conservateur que le défunt n'a pas laissé de veuve : Boulanger, n° 299; J. N., 16568.

(7) Décis. min. fin., 28 pluv. an 9, 18 germ. an 9; Instr. régie, 13 vent. an 11; Boulanger, n°s 294, 295.

(8) Boulanger, n°s 294, 301.

(9) Boulanger, n°s 305, 306.

(10) Boulanger, n° 304.

(11) Baudot, n° 937; Boulanger, n°s 297, 298; Bourges, 25 mai 1824; Cass., 17 mars 1852.

(12) Boulanger, n° 318.

(13) Boulanger, n°s 316, 322, 326.

(14) Seine, 7 août 1859 ; J. N., 16589 ; Abbeville, 19 déc. 1863; Dijon, 31 mai 1867; Jur. N., 13405. Voir Boulanger, n°s 323, 326.

(15) Boulanger, n°s 316, 320 ; Liège, 3 déc. 1857.

(16) Boulanger, n°s 317, 326.

legs (1), *supra n° 2794*, et les pièces établissant les qualités des héritiers, *supra* 2°, ou des légataires universels, *supra 5°, 4°*, qui l'ont consenti.

6° L'exécuteur testamentaire saisi, *supra n° 2810* : l'expédition du testament et, en outre selon que le testament est|olographe, mystique ou authentique, les pièces indiquées *supra 3°*, ou celles indiquées *supra 4°* (2).

7° Le grevé de substitution : mêmes justifications que tout autre légataire, *supra*, 2°, 4° 5° ; il n'est pas tenu de justifier de la nomination d'un tuteur à la charge de rendre (3).

8° Le mari à raison d'une créance provenue du chef de sa femme : une expédition ou un extrait de leur contrat de mariage (4) ; il est loisible au conservateur de se borner à consulter l'expédition qu'on lui produit et de la rendre à la partie (5). Lorsque les époux sont mariés sans contrat, il suffit de leur déclaration dans ce sens si le mariage est antérieur au 1er janvier 1851 (6) ; mais s'il est postérieur à cette loi, l'acte de mariage doit être représenté (*C. N.*, 76 *modifié par la loi du 10 juill. 1850*).

9° La femme séparée de biens judiciairement : expédition du jugement, certificat de publication, et pièces établissant que le jugement a été signifié et exécuté (7), *supra n° 5976* ; si ces pièces ont été déposées dans l'étude d'un notaire ou annexées à un acte, il suffit de remettre au conservateur un extrait délivré par le notaire, énonçant l'accomplissement des formalités.

10° La femme séparée de corps : expédition du jugement de séparation ; un extrait de la liquidation de reprises ne suffirait pas (8).

11° La femme dotale tenue à emploi : justification que l'emploi a été régulièrement effectué (9).

12° Le tuteur datif : expédition de l'acte qui lui confère la tutelle, et, en outre, si la mainlevée est donnée avant payement, délibération de conseil de famille homologuée par le tribunal (10).

13° Le tuteur d'un interdit : jugement prononçant l'interdiction, certificat de non-opposition ni appel, et délibération du conseil de famille qui le nomme tuteur (11).

14° Un mineur devenu majeur, pour une inscription prise à son profit pendant sa minorité : son acte de naissance dûment légalisé (12).

15° Un envoyé en possession des biens d'un absent ou un curateur à succession vacante : expédition du jugement d'envoi en possession ou de nomination du curateur (13).

Aux termes d'un acte passé devant Me....., notaire à....., le....., M. Charles DUBIEZ, cultivateur, demeurant à....., s'est reconnu débiteur pour prêt envers M. Vincent CAUCHOIX, propriétaire, demeurant à....., d'une somme de six mille francs avec hypothèque sur un herbage situé à....., inscrite au profit de M. CAUCHOIX, contre M. DUBIEZ, au bureau des hypothèques de....., le....., vol....., n°.....

Suivant autre acte passé devant Me....., notaire à....., le....., M. CAUCHOIX a transporté la créance qui vient d'être énoncée, en principal et accessoires, à M. Denis MOUTON, propriétaire, demeurant à. :..., et l'a subrogé dans tous ses droits, actions et hypothèques, notamment dans l'effet de l'inscription ci-dessus énoncée. Cette subrogation a été opérée en marge de ladite inscription, le....., sous le n°.....

M. Denis MOUTON est décédé à....., le....., laissant une veuve, Mme Louise BUQUET, avec laquelle il était commun en biens, aux termes de leur contrat de mariage passé devant Me....., notaire à....., le.....; ladite dame, en outre, donataire de l'usufruit, avec dispense de fournir caution, de la moitié des biens meubles et immeubles dépendant de la succession de son mari, en vertu de la donation contenue en leur contrat de mariage ci-dessus énoncé.

Et pour seuls héritiers, chacun pour un tiers, ses trois enfants : 1° M. MOUTON, com-

---

(1) Boulanger, n° 324, 325.
(2) Boulanger, n° 334.
(3) Boulanger, n° 344.
(4) Pont, n° 1102; Boulanger, n° 476; *Dict. not.*, *Mainlevée*, n° 58; Roll., *ibid.*, n° 82; Paris, 17 août 1843; J. N., 11731; Metz, 13 déc. 1854; Trib. Villefranche, 22 juin 1852; Trib. Beaune, 18 mars 1858.
(5) Boulanger, n° 476.
(6) Boulanger, n° 477; *Dict. not.*, *Mainlevée*, n° 58; Nîmes, 18 fév. 1845.
(7) Boulanger, n° 432; Nîmes, 18 fév. 1845; Caen, 26 juin 1855; Trib. Lons-le-Saulnier, 16 juin 1857; Tarbes, 10 juin 1859.

(8) Cass., 18 mai 1852; J. N., 14090.
(9) Boulanger, n° 458; Cass., 19 nov. 833, 9 juin 1841; Paris, 14 déc. 1841; J. N., 8512, 11017, 11183. Voir Lyon, 18 août 1864; M. T., 1855, p. 188 ; Bordeaux, 14 août 1865 ; Ju-. N., 12950.
(10) Demolombe, VII, 666; Boulanger, n°° 490, 253; Décis. min. just. et fin., 29 frim. et 14 niv. au 13; Decis. min. just., 16 juill. 1819; Trib. Havre, 9 mars 1855.
(11) Boulanger, n° 196.
(12) Boulanger, n° 253 *bis* ; Trib. Villefranche, 22 juin 1854.
(13) Boulanger, n°° 312, 313.

16° Un associé au nom de la société : expédition ou extrait de l'acte de société, qu'il soit authentique ou sous seing privé (1), ou de la délibération ultérieure, dans la partie qui confère les pouvoirs de consentir à la radiation ; cette justification est due lors même que la mainlevée serait donnée par la personne qui a requis l'inscription en prenant la même qualité que dans l'inscription (2). Cependant on a décidé que cette justification ne pouvait plus être exigée lorsque le gérant est, en cette qualité, autorisé par jugement à recevoir, le juge ayant dû s'assurer de sa capacité (3). En tous cas, le conservateur ne peut exiger la justification de la publication de l'acte de société, ni, à plus forte raison, un certificat du greffier constatant que, lors de la mainlevée, il n'était survenu aucune modification à l'acte statutaire de nature à altérer la capacité de celui de qui la mainlevée émane (4).

47° L'État, les départements, les communes, le domaine, l'administration de l'enregistrement, les établissements de bienfaisance : expéditions des arrêtés et délibérations, et lettres dont il est parlé *supra n°⁵ 5888 à 5895*.

5913. Lorsqu'il y a eu distribution d'un prix de vente par voie d'ordre judiciaire, les inscriptions des créanciers non produisants, et de ceux non utilement colloqués, sont rayées sur la représentation d'un extrait de l'ordonnance de clôture du procès-verbal d'ordre délivré par le greffier dans les dix jours à partir de celui où l'ordonnance ne peut plus être attaquée (5). (*C. pr.*, 769).

5914. L'inscription prise en vertu d'une obligation au porteur est rayée sur la mainlevée donnée par le porteur, *supra n° 5905* ; le conservateur ne serait pas fondé à exiger, en outre, qu'on lui fît la remise du titre biffé et bâtonné (6).

5915. Les frais de la mainlevée d'"inscription et ceux de radiation sont à la charge de celui au profit duquel elle fait titre (7), à moins qu'elle n'ait été irrégulièrement prise; dans ce cas, ils sont supportés par celui qui l'a formée (8).

5916. II. *Jugement.* La radiation non consentie est demandée au tribunal dans le ressort duquel l'inscription a été faite, si ce n'est lorsque cette inscription a eu lieu pour sûreté d'une condamnation éventuelle ou indéterminée, sur l'exécution ou liquidation de laquelle le débiteur et le créancier prétendu sont en instance ou doivent être jugés dans un autre tribunal, ou lorsque les parties sont en com-

parant; 2° M. Eloi MOUTON, avocat, demeurant à.....; 3° et Mᵐᵉ Louise MOUTON, épouse de M. Léon HOBLET, propriétaire, avec lequel elle demeure à...., ainsi que le constate l'intitulé de l'inventaire après le décès de mondit sieur MOUTON, dressé par Mᵉ....., notaire à....., le.....

Enfin, par acte passé devant Mᵉ....., notaire à....., le...., il a été procédé entre Mᵐᵉ veuve MOUTON et les héritiers de son mari, à la liquidation et au partage tant de la communauté ayant existé entre M. et Mᵐᵉ MOUTON que de la succession de M. MOUTON ; et pour remplir M. Jules MOUTON, comparant, de ses droits en pleine propriété, ses copartageants lui ont attribué diverses valeurs parmi lesquelles figure la somme de six mille francs ci-dessus énoncée, avec tous ses accessoires.

CES FAITS EXPOSÉS, M. MARTIN, comparant, a, par ces présentes, fait mainlevée pure et simple avec désistement de tous ses droits d'hypothèque, et a consenti la radiation de l'inscription relatée en l'exposé ci-dessus, prise au profit de M. CAUCHOIX contre M. DUBIEZ, au bureau des hypothèques à....., le....., vol ...., n°.....; laquelle inscription lui profitait en entier, ainsi qu'on l'a expliqué en l'exposé qui précède

En opérant la radiation de cette inscription, M. le conservateur sera déchargé.

M. MOUTON s'oblige à faire la remise dans le délai de huit jours, pour en être justifié au conservateur :

1° D'un extrait de l'intitulé d'inventaire après le décès de M. MOUTON, son père;

---

(1) Boulanger, n° 274 ; Saint-Pons, 30 avril 1864 ; Jur. N., 12999.
(2) Pont, n° 1102; Dalloz, n° 2713; Boulanger, n°⁵ 271, 272; Cass., 19 août 1845; J. N. 12558 ; Trib. Grenoble. 30 août 1853. Voir cependant Trib. Grenoble, 21 déc 1853, cité par Boulanger, n° 272.
(3) Trib. Mâcon, 8 juin 1842, 8 mars 1843. Voir aussi Cass., 16 mai 1839; Boulanger, n° 273.
(4) Boulanger, n°⁵ 288, 289, Dijon, 9 déc. 1842; Cass., 7 janv. 1852;

Trib. Seine, 29 avril 1859; Cass., 16 mai 1859; J. N., 16561, 16528; CONTRA Baudot, n° 970 ; Amiens, 31 déc. 1851; J. N., 11001.
(5) V. Boulanger, n°⁵ 610 « 626; Cass., 10 juill. 1855; J. N, 13334.
(6) Trib. Angoulême, 14 juill. 1845; Bordeaux, 7 fév. 1846; J. N, 12561, 12727.
(7) Circ. enreg., 18 therm. an 9, n° 2030.
(8) Rolland, *Mainlevée*, n° 69; Dict. not., *ibid.*, n° 167.

testation sur la dette elle-même devant un autre tribunal (1) ; auxquels cas la demande en radiation doit y être portée ou renvoyée. Cependant la convention faite par le créancier et le débiteur de porter, en cas de contestation, la demande à un tribunal qu'ils auraient désigné, reçoit son exécution entre eux (*C. N.*, 2159).

5917. Tous ceux qui ont un intérêt quelconque à la radiation de l'inscription peuvent introduire l'action ; ainsi, 1° le débiteur ou ses héritiers et représentants (2) ; 2° les créanciers du débiteur même postérieurement inscrits, et tous autres ayants cause (3) ; 3° le tiers détenteur, même avant d'avoir purgé (4). Quant au notaire rédacteur de la mainlevée, il a capacité pour faire au conservateur la sommation de rayer l'inscription ou de la retrancher d'un état ; mais si le conservateur n'obtempère pas à sa demande, les parties doivent elles-mêmes former l'action (5).

5918. Cette demande est formée, après le préliminaire de conciliation (6), contre le titulaire de l'inscription, même s'il s'agit d'une inscription prise d'office (7), par exploit signifié soit à la personne du créancier titulaire de l'inscription à son domicile réel (8), soit au dernier des domiciles élus sur le registre, et ce nonobstant le décès soit du créancier, soit de ceux chez lesquels il aurait fait élection de domicile (9).

5919. Le jugement rendu sur cette demande est signifié à la partie condamnée à son domicile réel et non au domicile élu (10).

5920. Si le jugement ordonne la radiation sur une contestation relative à une dette ne dépassant pas le taux du dernier ressort, il n'est pas sujet à appel ; mais s'il est rendu sur une demande principale en mainlevée, l'appel est recevable, lors même que l'inscription aurait été prise pour une somme inférieure au taux du premier ressort (11) ; et il peut y être acquiescé par la partie condamnée si elle a la capacité pour consentir par elle-même à la radiation (12).

5921. Le jugement, lorsqu'il annule un droit d'hypothèque, doit en outre, pour que le conservateur puisse rayer les inscriptions, en prononcer positivement la mainlevée (13), et spécifier les inscriptions de manière que le conservateur puisse suffisamment les reconnaître (14).

2° Et d'un extrait suffisant de l'acte de partage et liquidation du.....
DONT ACTE. Fait et passé, etc.

FORMULE 816. — Acquiescement à un jugement prononçant mainlevée.

(Nos 5916 à 5926.)

PAR-DEVANT Me.....,

A COMPARU : M. Léon COUR, propriétaire, demeurant à.....;

Lequel, pour arriver à l'acquiescement faisant l'objet des présentes, a exposé ce qui suit :

Aux termes d'un jugement rendu par le tribunal de commerce de....., le.....,
M. Louis MERLE, négociant, demeurant à....., a été condamné à payer à M. Cour, comparant, une somme de mille francs, avec intérêts et frais.

(1) Grenier, I, 94, 188, 189; Persil, 2159, 3; Duranton, XX, 205; Troplong, n° 702; Pont, n° 1092; Boulanger, n° 493; Cass., 5 mai 1842, 11 fév. 1834; Trib. Saintes, 24 déc. 1850. V. Caen, 19 fév. 1868.
(2) Boulanger, nos 462, 463.
(3) Troplong, n° 745; Pont, n° 1071; Boulanger, nos 464, 465, 466; Amiens, 3 mars 1853. V. Orléans, 16 juin 1854. 9 avril 1862; J.N., 17499.
(4) Pont, n° 1071; Troplong, n° 746; Boulanger, nos 467 à 469; Cass., 5 janv. 1800, 11 mars 1834, 9 avril 1855; J. N., 15843.
(5) Boulanger, n° 471; Trib. Altkirch, 7 mai 1846; Colmar, 3 mars 1847; Cass., 10 déc. 1861; J. N., 12695, 13192.
(6) Pont, n° 1086; Boulanger, n° 483; Montpellier, 3 fév. 1816; Caen, 13 nov. 1839; CONTRA, Grenier, I, 96; Troplong, n° 744 bis. Voir Limoges, 11 mars 1843. Voir aussi Boulanger, nos 487, 488, 489.
(7) Pont, n° 1084; Boulanger, n° 472; Nimes, 27 juin 1838; Cass. 18 juill. 1841; Agen, 4 janv. 1854.
(8) Duranton, XX, 204; Grenier, I, 96; Boulanger, n° 480; Dict. not., Insc. n° 654; Bruxelles, 25 juill. 1811, 28 juill. 1812.
(9) Troplong, n° 735; Pont, n° 1084; Boulanger, n° 479; Lyon, 13 juill. 1836; Paris, 15 mars 1838; Cass., 14 fév. 1843.

(10) Décis. minist., 21 juin et 5 juill. 1808; Grenier, I, 527; Persil, 2157, 19; Dalloz, n° 2771; Boulanger n° 517; Massé et Vergé, § 819, note 7; Cass.. 29 août 1815; Colmar, 20 mars 1810, 17 mai 1828; Paris, 8 janv. 1831; Pau, 21 janv. 1834; Angers, 30 mars 1854; CONTRA, Duranton, XX, 201; Troplong, n° 739; Pont, n° 1099; Paris, 26 août 1808, 17 juill. 1813.
(11) Grenier, I, 526; Troplong, n° 739; Pont, nos 1085, 1039; Boulanger, nos 485, 577; Paris, 14 mai et 26 août 1808; Martinique, 19 mars 1842; Cass., 9 juin 1841, 21 déc. 1859; Rouen, 8 fév. 1842; J. N., 11016, 11335. V. Grenoble, 21 mars 1867.
(12) Boulanger, nos 580, 581. Voir Trib. Châteauroux, 29 nov. 1852; Cass., 15 mars 1817, 3 mai 1858, 25 mars 1861.
(13) Persil, 2157, 28; Grenier, I, 529; Duranton, XX, 483; Dalloz, n° 2733; Boulanger, n° 597; Nancy, 26 déc. 1840; Trib. Mortagne, 16 mars 1843; Avignon, 10 août 1853.
(14) Voir Boulanger, n° 598, qui cite les autorités suivantes: Lyon, 13 avril 1832; Cass.. 11 avril 1832; Trib Montmédy, 4 janv. 1834; Trib. Neufchâteau, 4 janv. 1846; Nimes, 13 août 1850; Trib. Saint-Jean-d'Angély, 20 août 1857; Paris, 21 août 1858.

5922. La radiation doit être ordonnée par les tribunaux, lorsque l'inscription a été faite sans être fondée ni sur la loi, ni sur un titre, ou lorsqu'elle l'a été en vertu d'un titre soit irrégulier, soit éteint ou soldé, ou lorsque les droits de privilége ou d'hypothèque sont effacés par les voies légales (*C. N.*, 2160).

5923. La radiation a lieu en vertu du jugement lorsqu'il a été rendu en dernier ressort ou qu'il est passé en force de chose jugée (*C. N.*, 2157) [Form. 815].

5924. Il faut que le jugement soit intervenu entre les parties intéressées; si un jugement passé en force de chose jugée a prononcé la résolution d'une vente, et ordonné la radiation des inscriptions hypothécaires prises du chef de l'acquéreur, le conservateur peut néanmoins se refuser à opérer cette radiation, si les créanciers inscrits, qui n'ont pas été parties dans l'instance en résolution, ne donnent pas leur consentement à la radiation (1). Il en est de même lorsque l'hypothèque se trouve éteinte par la révocation d'une donation, soit pour inexécution des conditions, soit pour survenance d'enfants.

5925. Ceux qui requièrent la radiation en vertu d'un jugement déposent au bureau du conservateur une expédition de jugement (2) (*C. N.*, 2158), et en outre: 1° un certificat de l'avoué de la partie poursuivante contenant la date de la signification du jugement; 2° et un certificat du greffier constatant qu'il n'existe ni opposition ni appel (3) (*C. pr.*, 548).

5926. Le conservateur peut se pourvoir contre un arrêt qui lui enjoint de faire une radiation à laquelle il se refuse (4).

5927. III. *Effets de la radiation.* La radiation affranchit l'immeuble de la charge réelle qui l'affec-

---

En vertu de ce jugement, M. Cour a pris inscription d'hypothèque judiciaire sur tous les biens présents et à venir de M. Merle, au bureau des hypothèques de....., le....., vol....., n°.....

M. Merle ayant été déclaré en état de faillite, le tribunal de commerce de....., par son jugement du....., a fait remonter la date de la cessation de payement à une époque antérieure au jugement de condamnation au profit de M. Cour, ci-dessus énoncé.

Par suite, une instance en mainlevée de l'inscription de M. Cour a été formée par le syndic de ladite faillite, et le....., il est intervenu, contradictoirement, entre M. Cour et le syndic de la faillite, un jugement du tribunal civil de....., qui a ordonné la radiation de l'inscription ci-dessus énoncée.

Ces faits exposés, M. Cour a déclaré acquiescer purement et simplement au jugement de radiation qui vient d'être énoncé et renoncer à interjeter appel, voulant qu'il soit définitif et que M. le conservateur, en opérant la radiation ordonnée par le jugement, soit bien et valablement déchargé.

Dont acte. Fait et passé, etc.

FORMULE 817. — Mainlevée de l'inscription avec réserve de l'hypothèque
(N°ˢ 5927 à 5930.)

Par-devant Mᵉ.....,

A comparu : M. Jean Didier, banquier, demeurant à.....;

Lequel a, par ces présentes, fait mainlevée pure et simple et consenti à la radiation entière et définitive de l'inscription prise à son profit contre M. Léon Segard, négociant, demeurant à....., au bureau des hypothèques de....., le....., vol....., n°....., en vertu d'un jugement rendu par le tribunal de commerce de....., le.....

En opérant la radiation de cette inscription, M. le conservateur sera déchargé.

M. Didier fait observer que la radiation de ladite inscription ne nuira ni à ses droits

---

(1) Duranton, XIII, 507; Dalloz, *Chose jugée*, n° 251; Marcadé, 1351, 12; Pont, n° 1094; Boulanger, n° 474; Roll., *Rad.*, n° 12; Nancy, 26 déc. 1840; Lyon, 3 avril 1851; Trib. Châteauroux, 29 nov. 1852; Paris, 3 fév. 1853; Trib. Vienne, 20 mars 1857; Limoges, 23 août 1860; Cass., 20 juin 1854, 6 déc. 1859, 1ᵉʳ déc. 1862; J. N.,

16749; contra, Massé et Vergé, § 849, note 7; Paris, 12 avril 1853.
(2) A moins que le conservateur n'ait été partie au jugement, alors il doit radier sur la signification : Aix, 2 janv. 1867.
(3) Voir Boulanger, n° 573.
(4) Cass., 9 juin 1814, 12 juill. 1847. Voir Boulanger, n° 608.

tait; et l'aquéreur qui, sur le vu du certificat de radiation, a payé son prix dans les mains d'un créancier chirographaire du vendeur, est valablement libéré, quelle que soit l'irrégular té de la radiation opérée (1), sauf la responsabilité du conservateur, ou de la partie elle-même, suivant que la radiation a été opérée irrégulièrement ou indûment provoquée (2).

5928. Si le créancier a seulement consenti à la radiation de l'inscription, sans se désister de son droit de privilége ou d'hypothèque [Form. 816], il peut, nonobstant la radiation, requérir une nouvelle inscription, mais qui ne prend rang qu'à sa date (3).

5929. Si la mainlevée d'une inscription est déclarée nulle, ou si le jugement en vertu duquel la radiation a été faite est cassé ou annulé, l'inscription radiée n'est pas rétablie par cela même; le créancier doit requérir une inscription nouvelle, qui conserve le rang du jour de la date de la première inscription, à l'égard des créanciers déjà inscrits à l'époque de la radiation, puisque leur position reste la même (4), mais qui prend rang du jour seulement de la date de cette deuxième inscription à l'égard des créanciers qui se sont inscrits depuis la radiation (5).

5930. Le créancier hypothécaire dont l'inscription a été radiée par erreur, et qui ne l'a pas rétablie, ne peut exercer de droit de préférence sur les créanciers chirographaires, quant à la partie du prix non absorbée par les hypothèques (6).

SECTION II. — DE LA RÉDUCTION DES INSCRIPTIONS.

5931. Toutes les fois que les inscriptions prises par un créancier qui, d'après la loi, aurait droit

personnels, ni à son hypothèque judiciaire résultant du jugement, qu'il se réserve de réinscrire s'il le juge à propos.

DONT ACTE. Fait et passé, etc.

FORMULE 818. — **Restriction d'hypothèque judiciaire.** (Nos 5931 à 5936.)

PAR-DEVANT Me.....,

ONT COMPARU : M. Louis MERLE, négociant, demeurant à....,   D'UNE PART,
Et M. Léon COUR, propriétaire, demeurant à.....,   D'AUTRE PART ;

Lesquels, pour arriver à la restriction d'hypothèque faisant l'objet des présentes, ont exposé ce qui suit :

Aux termes d'un jugement rendu contradictoirement par le tribunal de première instance de....., le....., M. COUR a été condamné à payer à M. MERLE une somme principale de....., avec les intérêts à partir du....., jour de la demande, et les frais liquidés à.....

En vertu de ce jugement, M. MERLE a pris inscription contre M. COUR et sur tous ses immeubles présents et à venir, au bureau des hypothèques de....., le....., vol....., n°....., pour la somme capitale de....., plus les intérêts et frais.

Après la formalité de cette inscription, M. COUR a justifié à M. MERLE que les immeubles lui appartenant sont de beaucoup plus que suffisants pour la garantie de sa créance et lui a demandé de vouloir bien consentir la restriction de son hypothèque à une pièce de terre labourable sise commune de....., contenant....., d'une valeur vénale de..... francs au moins, et libre de toutes charges.

A l'appui de cette demande, M. COUR a représenté à M. MERLE les titres de propriété de cet immeuble qui seront ci-après énoncés; plus trois certificats délivrés par M. le conservateur des hypothèques de....., le....., constatant :

---

(1) Angers, 30 mars 1854.

(2) Pont, n° 1104.

(3) Duranton, XIX, 300; Troplong. n° 737; Zach., § 819, note 6; Dict. not., *Hyp.*, n° 598; Roll., *Mainlevée*, n° 86; Boulanger, n°s 7, 8; Toulouse, 28 avril 1824; Paris, 5 fév. 1836, 27 mai 1840; Cass., 2 mars 1830, 1er déc. 1852.

(4) Troplong, n° 746 *bis*; Duranton, XX, 203; Taulier, VII, p. 363.

Pont, n° 1107; Boulanger, n°s 13, 593; Douai, 10 janv. 1812 ; Paris, 12 juin 1813. Voir cependant Cass. 4 juill. 1864 ; J. N., 18082.

(5) Duranton, XX, 203; Dalloz, n° 2737 Troplong, n° 746 *bis* ; Taulier. VII, p. 362; Massé et Vergé, § 819 note 15; Pont, n° 1107; Boulanger, n°s 13, 14, 594; Paris, 15 avril 1841 ; Cass., 26 janv. 1814, 18 juill. 1838, 9 déc. 1846, 13 avril 1863, 4 juill. 1864 ; J. N., 12909, 18082.

(6) Bordeaux, 24, mai 1851 ; J. N., 14373. Voir Boulanger, n° 13.

d'en prendre sur les biens présents ou sur les biens à venir d'un débiteur, sans limitation convenue (1) [Form. 817], sont portées sur plus de domaines différents qu'il n'est nécessaire à la sûreté des créances, l'action en réduction des inscriptions, ou en radiation d'une partie en ce qui excède la proportion convenable, est ouverte au débiteur, ou à ses créanciers en vertu de l'art. 1466, *supra*, n° 3185, mais non aux tiers détenteurs qui ont seulement la faculté de purger (2). On y suit les règles de compétence établies dans l'art. 2159, *supra* n° 5915 (C. N., 2161); il suffit d'obtenir un seul jugement à un tribunal quelconque de la situation des biens (3).

5932. La disposition ci-dessus s'applique seulement à l'hypothèque judiciaire; elle ne s'applique pas aux hypothèques conventionnelles (C. N., 2161), même lorsqu'elles frappent les biens à venir en vertu de l'art. 2130 (4), ni aux hypothèques légales des femmes ou des mineurs ou interdits, ni aux hypothèques des comptables dont la réduction ne peut avoir lieu qu'en vertu de l'art. 15 de la loi du 16 sept. 1807 portant : « La cour des comptes prononce sur les demandes en réduction, en translation d'hypothèque, formées par des comptables encore en exercice, ou par ceux hors d'exercice dont les comptes ne sont pas définitivement apurés, en exigeant les sûretés suffisantes pour la conservation des droits du trésor. »

5933. Sont réputées excessives les inscriptions qui frappent sur plusieurs domaines, lorsque la valeur d'un seul ou de quelques-uns d'entre eux excède de plus d'un tiers en fonds libres le montant des créances en capital et en accessoires légaux (C. N., 2162).

5934. Peuvent aussi être réduites, comme excessives, les inscriptions prises d'après l'évaluation faite par le créancier, des créances qui, en ce qui concerne l'hypothèque à établir pour leur sûreté, n'ont pas été réglées par la convention, et qui, par leur nature, sont conditionnelles, éventuelles ou indéterminées, *supra*, n° 5755 (C. N., 2163).

5935. L'excès, dans ce cas, est arbitré par les juges, d'après les circonstances, les probabilités des chances et les présomptions de fait, de manière à concilier les droits vraisemblables du créancier avec l'intérêt du crédit raisonnable à conserver au débiteur, sans préjudice des nouvelles inscriptions à prendre aux hypothèque du jour de leur date, lorsque l'événement aura porté les créances indéterminées à une somme plus forte (C. N., 2164).

Le premier, que la pièce de terre dont il s'agit n'est grevée de son chef d'aucune autre inscription que celle de M. Merle, ni d'aucune transcription de saisie ;

Le second, que, depuis le 1er janvier 1856 jusqu'audit jour, il n'a été transcrit aucun acte portant aliénation, antichrèse ou bail dudit immeuble ;

Le troisième, que, pendant le même temps, il n'a été requis aucune mention de jugement portant rescision ou nullité du titre en vertu duquel M. Merle possède ledit immeuble.

M. Merle ayant considéré que cette restriction d'hypothèque pourrait être obtenue judiciairement, en vertu de l'art. 2161 du C. Nap., a préféré la consentir amiablement.

Ces faits exposés, M. Merle a déclaré restreindre l'hypothèque résultant, à son profit, du jugement du....., ci-dessus énoncé, à l'immeuble dont la désignation suit : Une pièce de terre, etc. (*la désigner et établir l'origine de propriété*).

M. Cour déclare qu'il est célibataire et qu'il n'est et n'a jamais été tuteur de mineurs ou d'interdits, ni comptable de deniers publics.

Par suite de cette restriction d'hypothèque, M. Merle fait mainlevée avec désistement de son droit hypothécaire et consent à la radiation de l'inscription susénoncée prise à son profit contre M. Cour, au bureau des hypothèques de....., le....., vol....., n°.....

En ce que ces droits d'hypothèque et inscription peuvent grever tous les immeubles présents et à venir de M. Cour, autres que celui ci-dessus désigné, sur lequel M. Merle a

(1) Boulanger, n° 474 bis; Cass., 21 déc. 1844.
(2) Font, n° 601.
(3) Dalloz, n° 2806; Boulanger, n° 300; Dict. not., Rad., n° 20; contra, Persil, 2161, 9; Roll., Rad., n° 25.

(4) Persil, 2130, 2; Troplong, n° 749; Dalloz, n° 2647; Dict. not., Réd. des hyp., n° 5; contra, Grenier, n° 63; Massé et Vergé, § 812, note 4.

5936. La valeur des immeubles, dont la comparaison est à faire avec celle des créances et le tiers en sus, est déterminée par quinze fois la valeur du revenu déclaré par la matrice du rôle de la contribution foncière, ou indiqué par la cote de contribution sur le rôle, selon la proportion qui existe dans les communes de la situation entre cette matrice ou cette cote et le revenu, pour les immeubles non sujets à dépérissement, et dix fois cette valeur pour ceux qui y sont sujets. Peuvent néanmoins les juges s'aider, en outre, des éclaircissements qui peuvent résulter des baux non suspects, des procès-verbaux d'estimation qui ont pu être dressés précédemment à des époques rapprochées, et autres actes semblables, et évaluer le revenu au taux moyen entre les résultats de ces divers renseignements (*C. N.*, **2165**).

CHAPITRE SIXIÈME.

DE L'EFFET DES PRIVILÉGES ET HYPOTHÈQUES CONTRE LES TIERS DÉTENTEURS.

5937. Les créanciers ayant privilége ou hypothèque inscrite sur un immeuble, le suivent en quelques mains qu'il passe, pour être colloqués et payés suivant l'ordre de leurs créances ou inscriptions (*C. N.*, **2166**); c'est ce qui constitue le droit de suite, *supra* n° *5649*. Si le débiteur aliène un démembrement de son droit de propriété, comme un droit d'usage, d'habitation, de servitude, il n'y a pas lieu au droit de suite, la chose aliénée ne pouvant être saisie, ni vendue; mais les créanciers inscrits conservent leur droit sur l'immeuble, sans tenir compte des droits d'usage, d'habitation ou de servitude concédés (1).

5938. Les créanciers à hypothèque légale, dont l'hypothèque existe indépendamment de toute in-

---

déclaré restreindre son droit d'hypothèque; réserve la plus expresse étant faite desdits droits d'hypothèque et inscription, en ce qu'ils grèvent ledit immeuble.

En opérant la radiation de cette inscription, dans le sens dont mainlevée vient d'être consentie, M. le conservateur sera déchargé.

Les frais et honoraires des présentes seront supportés par M. Cour.

Dont acte. Fait et passé, etc.

FORMULE 819. — **Règlement de l'indemnité due à l'acquéreur qui a subi le délaissement.** (N°ˢ 5937 à 5963.)

Par-devant Mᵉ....,

Ont comparu : M. Léon Labbé, propriétaire, demeurant à....,

Et M. Charles Cordier, négociant, demeurant à....;

Lesquels, pour arriver au règlement faisant l'objet des présentes, ont exposé ce qui suit :

Par contrat passé devant Mᵉ...., notaire à...., le...., M. Cordier a vendu à M. Labbé une maison située à...., rue...., n°...., moyennant un prix de dix mille francs, sur quoi mille francs ont été payés comptant, et les neuf mille francs de surplus ont été stipulés payables en neuf ans, d'année en année, par fractions de mille francs, avec intérêts à cinq pour cent par an à partir du jour de la vente.

Une expédition de ce contrat a été transcrite au bureau des hypothèques de...., le...., vol...., n°....; à cette transcription il s'est trouvé trois inscriptions contre M. Cordier, vendeur, s'élevant ensemble à un chiffre supérieur au prix de ladite vente.

---

(1) Duranton, XX, 217; Taulier, VII, p. 374; Pont, n° 1116; CONTRA, Persil, *2166*,5

scription, ont le droit de suite sans avoir besoin de prendre inscription, mais seulement pendant le temps où leur hypothèque en est dispensée (1).

5939. Les créanciers de l'art. 2101, *supra* n° 5574 n'ont pas le droit de suite, si leur privilége n'est pas inscrit avant la transcription du contrat de vente (2).

5940. Si le tiers détenteur ne remplit pas les formalités établies, *infra*, n°⁵ *5966 et suiv.* pour purger sa propriété, il demeure, par l'effet seul des inscriptions, obligé comme détenteur à toutes les dettes hypothécaires, en capital, intérêts conservés par l'inscription (3), frais et dépens, qui sont des accessoires légaux de la dette (4), et il jouit des termes et délais accordés au débiteur originaire (*C. N.*, 2167).

5941. Le tiers détenteur est tenu, dans le même cas, ou de payer tous les intérêts et capitaux exigibles, par l'échéance du terme ou par l'une des causes exprimées *supra*, n° 5215 (5), à quelque somme qu'ils puissent monter (6), ou de délaisser l'immeuble hypothéqué, sans aucune réserve (*C. N.*, 2168). Toutefois le délaissement n'est pas permis lorsque le montant des créances inscrites, en principal et accessoires, ne dépasse pas le prix (7).

5942. L'acquéreur qui délaisse ne peut retenir de l'immeuble absolument rien (8); mais s'il a revendu une partie des immeubles, il n'est tenu au délaissement que de ceux qui lui restent (9), sauf aux créanciers à agir contre le sous-acquéreur.

5943. Faute par le tiers détenteur de satisfaire pleinement à l'une de ces obligations, chaque créancier hypothécaire, quel que soit son rang, fût-il le dernier et ne dût-il même rien lui revenir (10), a droit de faire vendre l'immeuble hypothéqué, par la voie de la saisie immobilière pratiquée contre lui et non contre le débiteur direct (11), trente jours après le commandement fait au débiteur originaire, et sommation faite au tiers détenteur de payer la dette exigible ou de délaisser l'héritage, *supra* n° 5940 (*C. N.*, 2169).

5944. Le commandement au débiteur originaire doit précéder la sommation, à peine de nullité (12).

5945. La sommation serait nulle si elle ne contenait pas l'indication des biens dont le créancier menace de poursuivre l'exécution ; l'art. 1036 C. pr. est inapplicable à ce cas (13).

5946. Le tiers détenteur, qui n'est pas personnellement obligé à la dette, peut néanmoins s'opposer à la vente de l'héritage hypothéqué qui lui a été transmis, s'il est demeuré d'autres immeubles d'une valeur suffisante (14), hypothéqués à la même dette, dans la possession du principal ou des principaux obligés, tels que cohéritiers ou cautions même simplement hypothécaires (15), et en requérir la discussion préalable selon la forme réglée au titre du cautionnement (16), *supra* n° 5431 ; pendant cette discussion, il est sursis à la vente de l'héritage hypothéqué (*C. N.*, 2170) ; il peut également s'y opposer si celui qui exerce les poursuites contre lui est tenu de le garantir, par exemple comme héritier de son vendeur (17). Mais il ne saurait opposer au créancier que la subrogation à ses droits est devenue im-

---

M. Eloi DOUMÈRE, créancier inscrit sur l'immeuble vendu, après avoir fait un commandement de payer à M. CORDIER, a, suivant exploit de....., huissier à....., en date du....., fait sommation à M. LABBÉ, en sa qualité de tiers détenteur, de payer le montant de sa créance en principal et accessoires, ou de délaisser ledit immeuble.

M. Léon LABBÉ ne s'étant rendu acquéreur qu'en considération de la facilité à lui

---

(1) Duranton, XX, 391 ; Zach., Massé et Vergé, § 806, note 2 ; Bépech, *Priv.*, p. 147, *note.* Pont, n° 1120 ; Cass., 23 août 1839 ; Agen, 2 mars 1887 ; contra, Troplong, n°778 ; Dijon, 14 déc. 1840 ; Bourges, 23 mars 1841.

(2) Troplong, n° 273 ; Pont, n° 1122 ; Zach., Massé et Vergé, § 806, note 1.

(3) Deux années et l'année courante, ceux antérieurs ne constituant qu'une dette chirographaire : Troplong, n° 788 ; Pont, n° 1132 ; Bordeaux, 28 fév. 1850 ; contra, Persil, 2151, 11 ; Grenier, I, 101 ; Bruxelles, 4 avril 1806.

(4) Pont, n° 1130 ; Toulouse, 4 fév. 1829.

(5) Pont, n° 1131 ; contra, Duranton, XX, 229 ; Taulier, VII, p. 381.

(6) Voir Pont, n° 1130.

(7) Duranton, XX, 252 ; Troplong, n° 823 ; Zach., § 825, note 38 ; Pont, n° 1135 ; Roll., *Délaiss.*, n° 32 ; Rouen, 12 juill. 1823 ; Paris, 2 mars 1833 ; Orléans, 23 juill. 1849 ; Cass., 9 mai 1836, 1er juill. 1850 ; Jur. N., 9336, contra, Orléans, 16 avril 1847.

(8) Pont, n° 1138.

(9) Pont, n° 1139 ; Orléans, 28 mai 1834.

(10) Troplong, n° 804 ; Zach., § 825, note 13 ; Pont, n° 1143 ; Cass., 10 fév. 1818.

(11) Cass., 25 fév. 1806, 26 août 1823, 4 janv. 1831 ; Rouen, 28 juill. 1807 ; Poitiers, 18 janv. 1810 ; Bordeaux, 8 mai 1832.

(12) Persil, 2169, 2 ; Duranton, XX, 368 ; Caen, 9 août 1824 ; Toulouse, 29 juin 1836 ; Cass., 2 mars 1840 ; Nimes, 10 déc. 1850, 28 janv. 1856 ; contra, Zach., § 825, note 15 ; Taulier, VII, p. 380 ; Mourlon, III, p. 516 ; Troplong, n° 791 ; Pont, n° 1144 ; Riom, 6 août 1842 ; Amiens, 15 janv. 1847 ; Cass., 19 avril 1848 ; J. N., 14382.

(13) Riom. 29 janv. 1859 ; Cass., 6 juin 1860 ; J. N., 16882.

(14) Duranton, XX, 246 ; Troplong, n° 802 ; Pont, n° 1158 ; Toulouse, 30 avril 1836.

(15) Troplong, n° 800 bis ; Mourlon, III, p. 518 ; Pont, n° 1163.

(16) Voir Persil, 2170, 9 ; Roll., *Discuss.*, n° 21 ; Pont, n° 1165.

(17) Persil, 2170, 11 ; Troplong, n° 806 ; Pont, n° 1167.

possible par le perte de son droit hypothécaire sur les autres immeubles, résultant de sa mainlevée ou de sa forclusion à un ordre, le créancier pouvant faire porter son droit hypothécaire sur tel immeuble que bon lui semble (1), *supra n° 5647*.

5947. L'exception de discussion ne peut être opposée au créancier privilégié, ou ayant hypothèque spéciale sur l'immeuble (*C. N.*, 2171), même lorsqu'elle résulte d'une hypothèque de biens à venir dans les termes de l'art. 2130 (2), *supra n° 5680*.

5948. Quant au délaissement par hypothèque, il peut être fait par tous les tiers détenteurs qui ne sont pas personnellement obligés à la dette, et qui ont la capacité d'aliéner (*C. N.*, 2172).

5949. La délégation du prix de vente aux créanciers inscrits, même non acceptée, rend l'acquéreur personnellement débiteur envers eux, et il ne peut plus délaisser (3), à moins que les créanciers, au lieu d'agir personnellement contre lui, n'agissent hypothécairement, en lui faisant sommation de payer ou de délaisser (4).

5950. L'héritier ou autre successeur du débiteur direct est tenu, comme son auteur, à la totalité de la dette, et ne peut délaisser, même lorsqu'il a accepté sous bénéfice d'inventaire; toutefois, lorsque la succession a été partagée entre les héritiers ou autres successeurs, celui d'entre eux dans le lot duquel se trouve un immeuble hypothéqué, peut délaisser afin de n'être tenu à la dette que pour sa part et portion (5).

5951. Quant au légataire ou donataire particulier, comme il n'est tenu qu'hypothécairement, il peut délaisser.

5952. La capacité d'aliéner étant exigée pour le délaissement, ne peuvent délaisser : le mineur, l'interdit, les envoyés en possession provisoire des biens d'un absent (6), le curateur à une succession vacante (7), le syndic au nom de la faillite (8).

5953. Le tuteur, pour délaisser au nom de son pupille, doit être autorisé par une délibération du conseil de famille homologuée par le tribunal (9).

5954. Le délaissement peut être fait même après que le tiers détenteur a reconnu l'obligation ou subi condamnation en cette qualité seulement, ou qu'une procédure en saisie immobilière a été commencée contre lui (10); le délaissement n'empêche pas que, jusqu'à l'adjudication, le tiers détenteur ne puisse reprendre l'immeuble en payant toute la dette et les frais (*C. N.*, 2173), ou être contraint à le reprendre si le vendeur lui rapporte mainlevée des inscriptions hypothécaires (11); car la propriété de l'immeuble, jusqu'à l'adjudication, réside sur la tête du tiers détenteur; et s'il périt, la perte est pour lui (12); si le prix d'adjudication est supérieur au montant des créances inscrites, l'excédant lui appartient (13).

---

accordée de se libérer du prix par annuités, et devant s'en trouver privé s'il avait notifié son contrat, a, suivant acte dressé au greffe du tribunal civil de première instance de....., le....., déclaré faire le délaissement de l'immeuble à lui vendu, ce dont il lui a été donné acte par jugement de ce tribunal, en date du.....

Ce délaissement ayant été nécessité par les charges qui pesaient sur l'immeuble, et

---

(1) Dupret, *Rev. franç. et étrang.*, 1846 p. 401, 405; Mourlon, Subrog., p. 528; Gauthier, *ibid.*, n° 513; Pont, n° 1108; Cass., 22 déc. 1846, 17 mars 1852, 18 déc. 1854; Aix, 24 mai 1853; Bourges, 11 juin 1855; CONTRA, Toullier, VII, 172; Ponsot, *Cautionn.*, n° 339; Troplong, n° 789 *bis*; *Cautionn.*, n° 562; Poitiers, 18 juin 1839; Bastia, 2 fév. 1846, 22 nov. 1847.

(2) Persil, 2171. 4; Duranton, XX, 250; Massé et Vergé, § 825, note 24; Troplong, n° 808; Mourlon, III, p. 518; Pont, n° 1161; CONTRA, Grenier, n° 326.

(3) Persil, 2172, 2, 3; Zach., § 825, note 40; Troplong, n°s 797, 813, 815; Pont, n° 1180; Cass., 24 mai 1807, 1er juill. 1850; CONTRA, Orléans, 25 juill. 1849, 23 mai 1851. V. Cass., 13 fév. 1867.

(4) Troplong, n° 813; Pont, n° 1180; Orléans, 28 mai 1851.

(5) Pont, n° 1181; Labbé, *Rev. crit.*, VIII, p. 211; Demolombe, XVII, 75; Troplong, n° 390.

(6) Grenier, I, 328; Troplong, n° 819; Pont, n° 1174.

(7) Pont, n° 1175; Troplong, n° 819; Roll. *Délaiss.*, n° 40.

(8) Pont, n° 1175; CONTRA, Grenier, I, 328; Troplong, n° 819; Roll., *Délaiss.*, n° 41; Dict. not., *ibid.*, n° 45.

(9) Persil, 2172. 4; Battur, III, 482; Duranton, XX, 260; CONTRA, Troplong, n° 820; Fréminville, *Minor.*, I, 441 *bis*; Pont, n° 1172; Roll., *Délaiss.*, n° 35, selon lesquels l'autorisation du conseil de famille suffit.

(10) Pont, n° 1186; Paris, 10 janv. 1851, 17 fév. 1853; Angers, 14 juill. 1855; Lyon, 4 déc. 1860; J. N., 11367, et même après qu'il y a eu contradictoirement avec lui conversion de la saisie en vente sur publication volontaire: Paris, 9 janv. 1851, 17 fév. 1853; CONTRA, Persil, 2173. 2; Duranton, XX, 252; Mourlon, III, p. 454, selon lesquels le délaissement ne peu avoir lieu que dans les trente jours qui suivent la sommation de payer ou de délaisser.

(11) Paris, 24 mars 1847; J. N., 13036.

(12) Zach., § 825, note 31; Troplong, n° 825; Mourlon, III, p. 511; Pont, n° 1193.

(13) Roll., *Délaiss.*, n° 72; Colmar, 22 nov. 1831.

5955. Le délaissement par hypothèque se fait au greffe du tribunal de la situation des biens, et il en est donné acte par ce tribunal. Sur la pétition du plus diligent des intéressés, il est créé à l'immeuble délaissé un curateur sur lequel la vente de l'immeuble est poursuivie dans les formes prescrites pour les expropriations (*C. N., 2474*).

5956. Les détériorations qui procèdent du fait ou de la négligence (1) du tiers détenteur, au préjudice des créanciers hypothécaires ou privilégiés, depuis qu'il est en possession (2), donnent lieu contre lui à une action en indemnité à leur profit (3); mais il ne peut répéter ses impenses et améliorations que jusqu'à concurrence de la plus-value résultant de l'amélioration (*C. N., 2475*), même lorsque l'impense est nécessaire (4), et si la plus-value est supérieure au chiffre des dépenses, le tiers détenteur ne peut rien réclamer au delà de ses dépenses (5).

5957. Le tiers détenteur a droit à un prélèvement sur le prix, pour l'indemnité résultant de cette plus-value (6).

5958. Les fruits de l'immeuble hypothéqué ne sont dus par le tiers détenteur qu'à compter du jour de la sommation de payer ou de délaisser; et, si les poursuites commencées ont été abandonnées pendant trois ans, qu'à compter de la nouvelle sommation qui lui est faite (*C. N., 2476*), sans que cette péremption ait besoin d'être demandée (7).

5959. Les créanciers hypothécaires partagent entre eux ces fruits selon l'ordre de leurs inscriptions, de même que le prix (8).

5960. Les servitudes et droits réels, que le tiers détenteur avait sur l'immeuble avant sa possession, renaissent après le délaissement ou après l'adjudication faite sur lui (*C. N., 2477*), et, par réciprocité, ceux qui étaient dus par ses autres biens à l'immeuble délaissé renaissent également (9).

---

dont le vendeur est garant, celui-ci doit indemniser son acquéreur du préjudice qu'il en a éprouvé.

Ces faits exposés, les comparants ont fixé l'indemnité due par M. Cordier à M. Labbé, pour le délaissement que ce dernier a subi, à une somme de deux mille neuf cent quatre-vingt-cinq francs, composée de :

1º Mille francs, pour la restitution de pareille somme payée comptant par M. Labbé, ci. . . . . 1,000 »

2º Neuf cent quatre-vingt-cinq francs, pour la restitution des frais de contrat, payés par M. Labbé, ci. . . . . 985 »

3º Et mille francs, pour dommages et intérêts, attribués à M. Labbé, ci. . . 1,000 »

Somme égale, ci. . . . . 2,985 »

M. Cordier a payé à l'instant, en espèces de monnaie et en billets de la banque de France, acceptés pour numéraire, le tout compté et réellement délivré à la vue des notaires soussignés,

A M. Labbé, qui le reconnaît et lui en donne quittance :

La somme de deux mille neuf cent quatre-vingt-cinq francs, formant, ainsi qu'on vient de l'établir, le chiffre de l'indemnité due à M. Labbé, par suite du délaissement dont il est ci-dessus question.

Au moyen de quoi M. Labbé se déclare indemnisé de tout le dommage qu'il a éprouvé, et M. Cordier en est entièrement libéré.

---

(1) Il n'en est pas de même si elles proviennent d'une cause naturelle ou d'un cas fortuit : Pont, n° 1201.

(2) Et non-seulement du jour de la sommation de payer ou de délaisser : Grenier, I, 338; Troplong, n° 832; Pont, n° 1200.

(3) Voir Troplong, n° 831; Mourlon, III, p. 524 ; Zach., § 825, note 34. Pont, n°* 1203, 1204; Toulouse, 30 mai 1453.

(4) Grenier, II, 444 ; Zach., § 825; note 35; Troplong, n° 836 *bis* ; Pont n° 1206 ; contra, Cass., 11 nov. 1824.

(5) Troplong, n° 836; Pont, n° 1207; Grenoble 31 déc. 1841; contra, Toulouse, 7 mars 1848 ; J. N., 13416.

(6) Duranton, XX, 272; Zach., § 825, note 35 ; Taulier, VII, p. 387 Pont, n° 1208; Turin, 1er juin 1810; Bastia, 2 fév. 1846 ; Bourges 8 fév. 1851. Voir Toulouse, 7 mars 1848 ; Cass., 14 avril 1852; Paris, 4 mars 1858; J. N., 13446, 14644.

(7) Persil, *2476*, 2 ; Mourlon, III, p. 522; Pont, n° 1211.

(8) Taulier, VII, p. 388; Troplong, n° 840 *bis*; Mourlon, III, p. 522 ; Pont, n° 1212. Voir cependant Terrible, *Tiers détenteur*, n° 43.

(9) Troplong, n° 843 *bis*; Pont, n° 1213; Zach., § 825, note 37.

5961. Ses créanciers personnels, après tous ceux qui sont inscrits sur les précédents propriétaires, exercent leur hypothèque à leur rang, sur le bien délaissé ou adjugé (*C. N.*, 2477).

5982. Le tiers détenteur qui a payé sa dette hypothécaire, ou délaissé l'immeuble hypothéqué, ou subi l'expropriation de cet immeuble, a le recours en garantie, tel que de droit (1) contre le débiteur principal (*C. N.*, 2478) [Form. 848].

5963. Le tiers détenteur qui veut purger sa propriété en payant le prix, observe les formalités qui seront établies *infra nos 5966 et suiv.* (*C. N. 2479*).

CHAPITRE SEPTIÈME.

DE L'EXTINCTION DES PRIVILÉGES ET HYPOTHÈQUES.

5964. Les privilèges et hypothèques s'éteignent :

1° Par l'extinction de l'obligation principale (*C. N.*, 2480, 1°), *supra n° 3265*.

2° Par la renonciation du créancier au privilége ou à l'hypothèque (*C. N.*, 2480, 2°). Cette renonciation peut être tacite, par exemple, si le créancier hypothécaire vote à un concordat sur la faillite

---

Mention des présentes est consentie pour être faite sur toutes pièces où besoin sera. DONT ACTE. Fait et passé, etc.

FORMULE 820. — **Mainlevée par suite d'une renonciation tacite à l'hypothèque.**
(Nos 5964, 5965.)

PAR-DEVANT Mᵉ....,

A COMPARU : Mᵐᵉ Césarine LELOUTRE, cultivatrice, demeurant à....., veuve de M. Jacques DALET ;

Laquelle, pour arriver à la mainlevée faisant l'objet des présentes, a exposé ce qui suit :

Par contrat passé devant Mᵉ....., notaire à....., le.,..., M. Louis DALET, cultivateur, demeurant à....., et Mᵐᵉ veuve DALET, comparante, ont vendu conjointement à M. Luc BONTEMPS, menuisier, demeurant à....., une pièce de terre en labour, située, etc., qui appartenait à M. Louis DALET en propre, comme lui ayant été attribuée aux termes d'un acte passé devant Mᵉ....., notaire à....., le....., contenant donation à titre de partage anticipé par Mᵐᵉ veuve DALET à ses trois enfants, parmi lesquels figurait M. Louis DALET, à la charge de servir à la donatrice une rente viagère de.....

Le concours de Mᵐᵉ veuve DALET à la vente a eu pour objet d'obvier à l'inaccomplissement de la formalité de transcription, comme aussi de la désister de tous droits de privilége, hypothèque et action révocatoire sur l'immeuble vendu à M. BONTEMPS ;

Mais Mᵐᵉ veuve DALET a omis de faire mainlevée de l'inscription prise à son profit pour la garantie de ladite rente; et, afin de réparer cette omission, elle déclare, par ces présentes, faire mainlevée et consentir à la radiation de l'inscription prise à son profit contre M. Louis DALET, au bureau des hypothèques de....., le....., vol....., n°....., en ce que ladite inscription grève la pièce de terre vendue à M. BONTEMPS et

---

(1) Voir Dijon, 23 avril 1847; J. N., 13402.

de son débiteurs (*C. comm.*, *508*), si le créancier vend conjointement avec son débiteur l'immeuble grevé de son hypothéque. Voir *supra* n° *4041* [Form. 819].

3° Par l'accomplissement des formalités et conditions prescrites aux tiers détenteurs pour purger les biens par eux acquis, *infra* n°ˢ *5966 et suiv.* (*C. N.*, *2180*, *3°*).

4° Par la prescription. La prescription est acquise au débiteur, quant aux biens qui sont dans ses mains, par le temps fixé pour la prescription des actions qui donnent l'hypothèque ou le privilége; quant aux biens qui sont dans les mains d'un tiers détenteur, elle lui est acquise par le temps réglé pour la prescription de la propriété à son profit; dans le cas où la prescription suppose un titre, elle ne commence à courir que du jour où il a été transcrit sur les registres du conservateur (*C. N.*, *2180*, *4°*).

5965. Les inscriptions prises par le créancier n'interrompent pas le cours de la prescription établie par la loi en faveur du débiteur ou du tiers détenteur (*C. N.*, *2180*).

CHAPITRE HUITIÈME.

DU MODE DE PURGER LES PROPRIÉTÉS DES PRIVILÉGES ET HYPOTHÈQUES.

5966. Les contrats translatifs de la propriété d'immeubles ou droits réels immobiliers que les tiers détenteurs veulent purger de priviléges et hypothèques doivent être transcrits en entier par le conservateur des hypothèques dans l'arrondissement duquel les biens sont situés; cette transcription se fait sur un registre à ce destiné, et le conservateur est tenu d'en donner reconnaissance au requérant (*C. N.*, *2181*). Par *transcription en entier* on entend la copie littérale et complète du titre translatif de la propriété (1); mais s'il s'agit d'un de ces actes qui sont nécessairement complexes, comme les liquidations, les partages, les actes de société stipulant l'apport d'immeubles, il suffit de transcrire en entier la disposition relative à la transmission de l'immeuble que le requérant se propose de purger (2). Pour les ventes aux communes, voir *décret, 14 juill. 1866.*

---

ci-dessus désignée; réserve la plus expresse en étant faite en ce qu'elle grève tous autres immeubles.

En opérant la radiation de cette inscription dans le sens de la présente mainlevée, M. le conservateur sera déchargé.

Dont acte. Fait et passé, etc.

§ 8. — SURENCHÈRE; — PURGE.

FORMULE 821: — **Déclaration de remobilisation d'actions immobilisées de la banque de France.** (N° 5967.)

Par-devant M°....., a comparu: Mᵐᵉ Fanny Douay, veuve de M. Jules Mafly, rentier, demeurant à.....;

Laquelle a, par ces présentes, déclaré, conformément à l'art. 5 de la loi du 17 mai 1834, remobiliser les six actions de la banque de France, inscrites livre F, f° 74 des actions immobilisées, au nom de ladite dame veuve Mafly, qui les a achetées et immobilisées pendant son mariage; à titre de remploi. Lesquelles actions ne peuvent être transférées qu'après que les formalités prescrites par ladite loi de 1834 auront été remplies et que les justifications nécessaires auront été fournies à la banque

---

(1) Trib. Pont-Audemer, 29 déc. 1820; Amiens, 15 nov. 1838; Orléans, 7 juin 1839; Paris, 26 juin 1840; J. N., 10379.

(2) Pont, n° 1293, et *Rev. crit.*, IV, p. 174; Délib. Régie, 19 août 1845; J. N., 12187. Voir cependant Cass., 28 juin 1832; J. N., 17477.

5967. La déclaration faite à la banque de France pour rendre aux actions immobilisées, *supra* n° *1402,* leur qualité première d'effets mobiliers [FORM. 821], doit être transcrite au premier bureau des hypothèques de la Seine, *supra* n° 5727, et soumise, s'il y a lieu, aux formalités de purge d'hypothèques légales, *infra* n° 5995 ; le transfert n'en peut être opéré qu'après avoir justifié à la banque de l'accomplissement de ces formalités, et d'un certificat de non-inscription (*Loi 17 mai 1834,* art. 5).

5988. La simple transcription des titres translatifs de propriété sur le registre du conservateur ne purge pas les hypothèques et priviléges établis sur l'immeuble, lorsqu'ils sont inscrits ; le vendeur, dans ce cas, ne transmet à l'acquéreur que la propriété et les droits qu'il avait lui-même sur la chose vendue, il les transmet sous l'affectation des mêmes priviléges et hypothèques dont il était chargé (*C. N., 2182*).

5969. Si le nouveau propriétaire (1) veut se garantir de l'effet des poursuites autorisées dans le chap. VI du présent titre, *supra* n°° 5937 *et suiv.* (2), il est tenu, soit avant les poursuites et sans qu'il ait besoin de sommer son vendeur de lui rapporter mainlevée des inscriptions (3), soit dans le mois, au plus tard (4), à compter de la première sommation qui lui est faite, de notifier (*C. pr.,* 832) aux créanciers (5), aux domiciles par eux élus dans leurs inscriptions (*C. N., 2182*), nonobstant la stipulation d'un autre lieu de payement dans l'acte constitutif de l'hypothèque, si ce lieu de payement n'est pas relaté dans l'inscription (6) : 1° extrait de son titre, contenant seulement la date et la qualité de l'acte, le nom et la désignation précise du vendeur ou du donateur, la nature et la situation de la chose vendue ou donnée ; et, s'il s'agit d'un corps de biens, la dénomination générale seulement du domaine et des arrondissements dans lesquels il est situé, le prix et les charges faisant partie du prix de la vente qui doivent être évalués (7), ou l'évaluation de la chose si elle a été donnée (*C. N., 2183, 1°*), léguée ou échangée (8) ; 2° extrait de la transcription de l'acte de vente (*C. N.. 2183, 2°*), ou de tout autre acte qui a fait passer la propriété entre ses mains ; 3° un tableau, dressé par l'avoué (9) sur trois colonnes, la première contenant la date des hypothèques et celle des inscriptions ; la seconde, le nom des créanciers ; la troisième, le montant des créances inscrites (*C. N., 2183, 3°*).

5970. L'acquéreur ou le donataire doit déclarer, par le même acte, qu'il est prêt à acquitter, sur-le-champ, les dettes et charges hypothécaires, jusqu'à concurrence seulement du prix, sans distinction des dettes exigibles ou non exigibles (*C. N., 2184*), et, par conséquent, sans qu'il y ait à considérer si

---

de France. A cet effet, Mme MAFLY déclare, etc. (voir *pour l'état civil form.* 568, p. 197).

DONT ACTE. Fait et passé, etc.

FORMULE 821 *bis.* — **Renonciation à surenchère.** (N°° 5966 à 5981.)

PAR-DEVANT M°....., A COMPARU : M. Vidal LEGRIS, propriétaire, demeurant à.....;
Lequel, en sa qualité de créancier inscrit sur une pièce de terre en labour sise, etc.,
vendue suivant contrat passé devant M°....., notaire à....., le....., par M.....
et Mme....., son épouse, demeurant à....., à M. Honoré MAUPIN....., moyennant
un prix de six mille francs, stipulé payable dans le délai de deux ans, et productif
d'intérêts à cinq pour cent par an,

---

(1) Les hypothèques légales et autres dans les ventes sur expropriations forcées sont purgées par le jugement d'adjudication (C. pr., 692). Il en est de même pour les ventes faites après faillite, en vertu des art. 572 et 573 C. comm.: Bioche, *Purge,* n° 62; Cass., 3 août 1864; Paris, 17 déc. 1866 ; J. N., 18124, 18796; CONTRA, Dict. not., *Faill.,* n° 208 ; Cass., 23 nov. 1825 ; Douai, 18 août 1865; Jur. N., 19061. V. Cass., 9 nov. 1853; J. N., 16455.
(2) V. Cass., 13 fév. 1867; J. N., 18805.
(3) Limoges, 18 déc. 1840.
(4) A l'expiration de ce délai, il y a déchéance : Troplong, n° 790; Pont, n° 12-7; Zach., § 832, note 5; Dict not., *Purge des hyp.* n° 21; Roll., *ibid.,* n° 21 ; Caen, 17 juin 1823; Paris, 18 mai 1842; Toulouse, 29 juin 1836 ;Bordeaux, 11 déc. 1829; Limoges, 14 juill. 1817 Voir Bordeaux, 19 mai 1854; J. N., 15274.

Si les créanciers ont fait successivement des sommations à des dates diverses, c'est toujours la première qui fait courir le délai pour tous les créanciers ; Pont, n° 1299 ; Troplong, n° 916; Chauveau sur Carré, n° 2458; Bioche, n° 38 : Cass., 20 nov. 1820.
(5) Si une seule inscription a été prise au profit de plusieurs créanciers pour une créance commune, la notification doit néanmoins être faite à chacun d'eux, à peine de nullité : Pont, n° 1301; Bourges, 9 janv. 1857.
(6) Cass., 24 mars 1862; J. N., 17456.
(7) Grenier, II. p. 341 ; Zach., § 831, note 10; Troplong, n° 925; Par.s, 5 fév. 1814; CONTRA, Dalloz. *Surench.,* n° 204 ; Pont, n° 1312; Cass., 3 avril 1815, 11 mars 1829 ; Aix, 2 fév. 1821.
(8) Zach., § 831, note 14; Pont, n° 1367 ; Paris, 28 juin 1847.
(9) Orléans, 2 nov. 1814; Cass., 20 août 1845 ; J. N., 12480, 12475.

IV.   11

le prix était payable à une époque reculée, par exemple, si la vente étant d'une nue propriété, le prix a été stipulé payable au décès de l'usufruitier (1). Si l'acquéreur obtient plus tard une réduction de prix pour déficit de contenance, c'est le prix réduit qui sert de base ; mais la notification n'a pas fait courir le délai de la surenchère (2).

5971. Si le prix véritable a été dissimulé dans le contrat et dans les notifications, elles ne sont pas nulles pour cela (3) ; mais les créanciers peuvent attaquer la vente comme ayant été faite en fraude de leurs droits (C. N., 1167), même après avoir surenchéri (4) ; à toute époque, ils ont le droit de réclamer contre les dissimulations, et de contraindre l'acquéreur à leur en faire raison (5).

5972. Lorsque le nouveau propriétaire a fait cette notification dans le délai fixé, tout créancier, ayant la capacité de s'obliger (6), et dont le titre est inscrit, s'il n'a pas renoncé à surenchérir [Form. 821 bis], peut, par lui-même ou par un mandataire, ou même par ses créanciers comme exerçant ses droits (7), requérir la mise de l'immeuble aux enchères et adjudications publiques, même après une adjudication sur folle enchère (8), à la charge : — 1° que cette réquisition sera signifiée au nouveau propriétaire dans quarante jours, au plus tard (9), de la notification (10) faite à la requête de ce dernier, au créancier qui a surenchéri (11), en y ajoutant deux jours par cinq myriamètres (12) de distance entre le domicile élu et le domicile réel de chaque créancier requérant ; — 2° qu'elle contiendra soumission du requérant de porter ou faire porter le prix (13) à un dixième en sus de celui qui aura été stipulé dans le contrat ou déclaré par le nouveau propriétaire ; — 3° que la même signification sera faite dans le même délai au précédent propriétaire, débiteur principal ; — 4° que l'original et les copies de ces exploits seront signés par le créancier requérant, ou par son fondé de procuration

A déclaré donner son assentiment au contrat de vente qui vient d'être énoncé, dispenser M. MAUPIN de lui en faire la notification, et renoncer formellement à former une surenchère sur ledit immeuble ; à ce moyen, ladite vente est définitive à l'égard de M. LEGRIS, et le prix en est irrévocablement fixé à dix mille francs.

M. MAUPIN, à ce présent, accepte expressément ces dispense et renonciation.

Mention des présentes est consentie partout où besoin sera.

(1) Cass., 4 nov. 1863; J. N., 17882.
(2) Grenoble, 14 juin 1849; J. N., 13359. Voir aussi Grenoble 25 mai 1813; M. T., 1863, p 818.
(3) Pont, n° 1331; Paris, 13 déc. 1834, 28 mars 1850; contra, Turin, 2 mars 1811.
(4) Pont, n° 1331; Massé et Vergé, § 831, note 4; Cass., 19 août 1828, 2 août 1836; Montpellier, 14 déc. 1817; Bourges, 24 janv. 1828; Rouen, 4 juill. 1828; Riom, 45 janv. 1839; Bordeaux, 17 août 1848.
(5) Pont n° 1131; Cass., 29 avril 1839, 27 nov. 1855, 21 juill. 1857; Poitiers, 21 juin 1831; Bordeaux, 28 mai 1832; Paris, 8 fév. 1836; Lyon, 14 nov. 18 0, 8 juin 1861.
(6) Le mineur, l'interdit ne peuvent surenchérir. Le tuteur le peut au nom de son pupille avec l'autorisation du conseil de famille: grenier, n° 459; Duranton, XX, 463; Demolombe, VII,719; contra, Pont, n° 1343. Voir aussi Rouen, 6 janv 1846; Bourges, 9 avril 1852; Trib. Seine, 9 oct. 1862; Riom, 6 déc. 1865; Jur. N., 43102.
Le mineur émancipé, le prodigue ne le peuvent qu'avec l'assistance de leur curateur ou conseil judiciaire.
La femme mariée ne le peut qu'avec l'autorisation de son mari ou de justice, même lorsqu'elle est séparée de biens : Pont, n° 1341; il ne suffirait pas à la femme d'avoir une autorisation générale, elle doit être pourvue d'une autorisation spéciale : Pont, n° 1341: Cass., 14 juin 1821; Caen, 9 janv. 1843; Grenoble, 30 août 1859; Orléans, 24 mars 1831 ; Bourges, 25 fév. 1840; Bordeaux, 23 juin 1813.
Le mari ne peut surenchérir seul pour une créance restée propre à sa femme : Cass., 16 déc. 1840; J. N., 16920.
(7) Pont, n° 1339; Cass., 30 janv. 1859; Bourges, 25 fév. 1846, 7 mai 1845.
(8) Paris, 25 août 1831, 12 mai 1834; Dijon, 7 mars 1855; Cass., 6 juill. 1864 ; J. N., 18 61 ; contra, Metz, 6 fév. 1867. Mais non après une adjudication à la suite d'une surenchère du sixième : Amiens, 17 mai 1851 ; Trib. Toulouse, 16 juill. 1860; J. N., 16958.
(9) A peine de déchéance ; Cass., 15 mars 1837 ; Amiens, 10 juin

1840, quand même le dernier jour serait un jour de fête légale : Pont, n° 1354; Massé et Vergé, § 833, note 2. Sauf au surenchérisseur à obtenir du juge la permission de notifier sa surenchère le jour férié : Rouen, 26 janv. 1826; Cass, 26 nov. 1828.
En ce qui concerne les biens d'un failli, le délai de surenchère est exclusivement réglé par l'art. 573 C. comm.; après ce délai qui est de quinze jours, les créanciers inscrits ne sont plus admis à faire la sommation de payer ou de délaisser, ni à surenchérir: Orléans, 20 mars 1850; J. N., 14051. V. Cass., 13 août 1867; Jur. N., 13415.
(10) Tant que les notifications n'ont pas été faites par le nouveau propriétaire, toute réquisition de surenchère serait prématurée et devrait être déclarée non recevable: Pont, n° 1354; Trib. Saint-Omer, 27 mars 1817; Sedan, 28 mai 1851; contra, Rennes, 6 août 1849, Limoges, 22 mars 1841, 20 fév. 1858; J. N., 16450.
(11) Si les notifications ont été faites par exploits séparés et à des dates différentes, le délai ne court pour chaque créancier que du jour où il a reçu individuellement la notification : Pont, n° 1354; Cass., 10 mars 1853.
(12) Les fractions en dehors de cinq myriamètres ne donnent pas lieu à une augmentation de délai même proportionnelle : Pont, n° 1356; Massé et Vergé, § 833, note 2; Gênes, 29 août 1812; Pau, 3 sept. 1831; Cass., 10 déc. 1839; Orléans, 14 juill. 1846; Paris, 24 janv. 1850, 9 mars 1861; Dijon, 5 janv. 1855; contra. Bordeaux, 27 nov. 1829.
(13) Le prix est tout ce qui, sous une dénomination quelconque profite au vendeur : Pont, n° 1363; Zach., Massé et Vergé, § 833, note 3; Cass., 3 avril 1815; Bordeaux, 4 mai 1833 : ainsi les charges imposées à l'acquéreur en sus du prix : Pont, n° 1364; Grenoble, 17 mai 1852; J. N., 14771. Mais non les intérêts du prix : Pont n° 1355: Rouen, 4 juill. 1828, 17 nov. 1838; Riom, 22 août 1842; Paris, 20 déc. 1848; Besançon, 28 déc. 1848. En ce qui concerne les frais, l'augmentation du dixième ne porte pas sur ceux que l'acquéreur doit supporter de plein droit : Pont, n° 1365; Amiens, 10 déc. 1822; Bordeaux, 14 déc. 1827, 21 juill. 1857; Pau, 25 juin 1833; Montpellier, 5 déc. 1835.

expresse [FORM. 821], lequel, en ce cas, est tenu de donner copie de sa procuration ; — 5° qu'il offrira de donner caution, *supra n° 5455*, jusqu'à concurrence du prix et des charges, et aussi du dixième en sus (1). — Le tout est prescrit à peine de nullité (*C. N.*, 2185).

5973. Le surenchérisseur peut, au lieu de fournir caution, donner un gage mobilier (*C. pr.* 832); il peut aussi faire le versement d'une somme d'argent à la caisse des consignations mais le dépôt fait ailleurs ne serait pas admis comme suppléant au cautionnement (2). Le surenchérisseur ne pourrait pas remplacer la caution par une hypothèque sur ses biens (3).

5974. Si la caution présentée est contestée, le surenchérisseur peut la remplacer par une autre, même après l'expiration du délai, tant que dure l'instance en réception de caution (4).

5975. A défaut par les créanciers, d'avoir requis la mise aux enchères dans le délai et les formes prescrits, la valeur de l'immeuble demeure définitivement fixée au prix stipulé dans le contrat, ou déclaré par le nouveau propriétaire, lequel est, en conséquence, libéré de tout privilège et hypothèque, en payant ledit prix aux créanciers qui sont en ordre de recevoir, ou en le consignant (*C. N.*, 2186; *Pr.*, 777).

5976. En cas de revente par surenchère, elle a lieu suivant les formes établies pour les expropriations forcées, *supra n°s 5452 et suiv.*, à la diligence soit du créancier qui l'a requise, soit du nouveau propriétaire. Le poursuivant énonce dans les affiches le prix stipulé dans le contrat, ou déclaré, et la somme en sus à laquelle le créancier s'est obligé de la porter ou faire porter. Voir *Pr. 832 à 858* (*C. N.*, 2187).

5977. L'adjudicataire est tenu, au delà du prix de son adjudication, de restituer à l'acquéreur ou

FORMULE 822. — **Désistement de surenchère par tous les créanciers inscrits.**
(N°s 5979 et suiv.)

PAR-DEVANT M°. . . . ., ont comparu : 1° M. Paul Dax, propriétaire, demeurant à. . . . .,
2° M. Félix Leblond, manufacturier, demeurant à. . . . .,
3° M. Charles Robin, négociant, demeurant à. . . . .,   tous d'une part,
4° Et M. Denis Letort, maître d'hôtel, demeurant à. . . . .,   d'autre part ;
Lesquels ont exposé ce qui suit :
Par contrat passé devant M°. . . . ., notaire à. . . . ., le. . . . ., M. Letort, comparant, a acquis de M. Désir Boitel et Mme. . . . . son épouse, demeurant à. . . . ., une maison située à. . . . ., moyennant vingt mille francs, payables le. . . . ., et productifs d'intérêts à cinq pour cent par an, à partir du jour de la vente.
Une expédition de ce contrat a été transcrite au bureau des hypothèques de. . . . ., le. . . . ., vol. . . . ., n°. . . . ., avec inscription d'office, vol. . . . ., n°. . . . .
L'état délivré sur cette transcription, contient, outre l'inscription d'office, trois inscriptions.
La première, prise le. . . . ., vol. . . . ., n°. . . . ., au profit de M. Dax, comparant, contre M. et Mme Boitel, pour sûreté de quatre mille francs en capital, en vertu d'une obligation pour prêt passée devant M°. . . . ., notaire à. . . . ., le. . . . .
La deuxième, prise le. . . . ., vol. . . . ., n°. . . . ., au profit de M. Leblond, comparant, contre M. Boitel, pour sûreté de six mille francs et accessoires, en vertu d'un jugement rendu par le tribunal civil de. . . . ., le. . . . .
Et la troisième, prise le. . . . ., vol. . . . ., n°. . . . ., au profit de M. Robin, comparant, contre M. Boitel, pour sûreté de trois mille francs et accessoires, en vertu, etc.
M. Letort a notifié son contrat à MM. Dax, Leblond et Robin, en leursdites qualités de créanciers inscrits, suivant exploit de. . . . ., huissier à. . . . ., en date du. . . . .;

(1) Pont, n° 1372; Cass., 10 mai 1820.
(2) Pau, 11 août 1852. Voir Paris, 27 déc. 1839; Cass.,29 août 1855; J. N., 10504, 15633.
(3) Bourges, 15 juill. 1826, Paris, 26 fév. 1829, 5 mars 1831, 11 mars

1844; Cass., 16 juill. 1845 ; Nancy, 5 déc. 1853; J. N., 12434, 15143;
contra, Rouen, 4 juill. 1829.
(4) Paris, 23 mars 1839 ; Cass., 1er juill. 1840; J. N., 10504; 10692

donataire dépossédé les frais et loyaux coûts de son contrat, ceux de la transcription sur les registres du conservateur, ceux de notification, et ceux faits par lui pour parvenir à la revente (1) (*C. N.*, *2188*).

5978. L'acquéreur ou le donataire qui conserve l'immeuble mis aux enchères, en se rendant dernier enchérisseur, voit par là confirmer et consolider son droit de propriété; et il n'est pas tenu de faire transcrire le jugement d'adjudication (*C. N.*, *2189*).

5979. Le désistement du créancier requérant la mise aux enchères ne peut, même quand le créancier payerait le montant de la soumission, empêcher l'adjudication publique, si ce n'est du consentement exprès de tous les autres créanciers hypothécaires (*C. N.*, *2190*) [Form. 822].

5980. L'acquéreur qui s'est rendu adjudicataire a son recours tel que de droit contre le vendeur, pour le remboursement de ce qui excède le prix stipulé par son titre, et pour l'intérêt de cet excédant, à compter du jour de chaque payement (*C. N.*, *2191*), à moins que sa première acquisition ne résulte d'une saisie même convertie en publications volontaires (2). Mais si l'adjudication est prononcée au profit d'une autre personne, le contrat de vente est résolu, et si le prix de revente est supérieur aux charges hypothécaires, l'excédant n'appartient pas à l'acquéreur, cet excédant demeure dévolu au vendeur ou à ses créanciers même chirographaires, sauf l'action en garantie de l'acquéreur évincé contre son vendeur (3).

5981. Lorsque le titre du nouveau propriétaire comprend des immeubles et des meubles, ou plusieurs immeubles, les uns hypothéqués, les autres non hypothéqués, situés dans le même ou dans divers arrondissements de bureaux, aliénés pour un seul et même prix, ou pour des prix distincts et séparés, soumis ou non à la même exploitation, le prix de chaque immeuble frappé d'inscriptions particulières et séparées, doit être déclaré dans la notification (4) du nouveau propriétaire, par ventilation (5), s'il y a lieu, du prix total exprimé dans le titre. Le créancier surenchérisseur ne peut, en aucun cas, être contraint (6) d'étendre sa soumission ni sur le mobilier, ni sur d'autres immeubles que ceux qui sont hypothéqués à sa créance et situés dans le même arrondissement (7); sauf le recours du nouveau propriétaire contre ses auteurs, pour l'indemnité du dommage qu'il éprouverait, soit de la division des objets de son acquisition, soit de celle des exploitations (*C. N.*, *2192*).

Et suivant exploit de....., huissier à....., en date du....., M. Robin a notifié à M. Letort qu'il portait une surenchère d'un dixième en sus du prix et des charges, sur l'immeuble par lui acquis de M. et Mme Boitel.

Aujourd'hui les créanciers sont d'avis de ne pas donner suite à cette surenchère.

Ces faits exposés, MM. Dax, Leblond et Robin ont déclaré se désister purement et simplement de la surenchère formée par M. Robin, par l'exploit du....., ci-dessus énoncé, sur la maison située à....., vendue par M. et Mme Boitel à M. Letort, aux termes du contrat du....., énoncé en l'exposé ci-dessus; voulant que cette surenchère soit considérée comme nulle et non avenue, et que la vente faite à M. Letort soit et demeure définitive, ce qui est accepté par ce dernier.

M. et Mme Boitel, à ce intervenant, ont déclaré donner leur assentiment au désistement de surenchère qui vient d'être consenti.

Mention des présentes est consenti pour avoir lieu sur toutes pièces et partout où besoin sera.

Dont acte. Fait et passé, etc.

FORMULE 823. — Compte rendu de formalité de transcription. (Nos 5982 à 5994.)

Par-devant Me....,

---

(1) Voir Paris, 20 juill. 1841, 3 août 1844; Toulouse, 7 fév. 1846; J. N., 11059, 12165, 12918.

(2) Rouen, 1er juill. 1859; J. N., 16648.

(3) Rennes, 9 déc. 1861; Cass., 15 déc. 1862; J. N., 17658; contra, Pont, n° 4395; Massé et Vergé, I 834, note 8; Bordeaux, 27 fév. 1859.

(4) A peine de nullité: Pont, n° 1310; Cass., 19 juin 1815; Lyon, 15 janv. 1836; Douai, 18 mai 1836; Paris, 30 avril 1853.

(5) Le vendeur ou ses créanciers peuvent la contester si elle leur semble préjudiciable: Pont, n° 1309; Orléans, 14 juill., 1846.

(6) Voir Pont, n° 1361; Angers, 30 avril 1840; Cass., 21 nov. 1843 Paris, 30 avril 1853; J. N., 11874. Voir aussi Bourges, 5 mars 1841.

(7) Voir Pont, n° 1362. Paris, 16 juill. 1834; Besançon, 5 mai 1835.

APPENDICE

LOI DU 23 MARS 1855

SUR LA TRANSCRIPTION HYPOTHÉCAIRE.

5982. Sous l'empire du Code, la transcription avait seulement pour effet de purger les priviléges et les hypothèques non inscrits dans les quinze jours de sa date (*C. pr.*, *834*, *852*); elle ne nuisait ni à l'action résolutoire du vendeur, ni aux droits des tiers détenteurs résultant d'actes non transcrits. La loi du 23 mars 1855 qui a modifié cet état de choses va être rapportée textuellement avec renvoi aux divers numéros de cet ouvrage où certaines de ses dispositions sont citées et expliquées [FORM. 823].

CHAPITRE PREMIER. — *De la transcription hypothécaire.*

SECT. I. — *Des actes soumis à la transcription.*

5983. « ART. 1er. Sont transcrits au bureau des hypothèques de la situation des biens : 1° tout acte entre-vifs translatif de propriété immobilière ou de droits réels susceptibles d'hypothèques, *supra n° 4036*; 2° tout acte portant renonciation à ces mêmes droits; 3° tout jugement qui déclare l'existence d'une convention verbale de la nature ci-dessus exprimée; 4° tout jugement d'adjudication autre que celui rendu sur licitation au profit d'un cohéritier ou copartageant.

5984. » ART. 2. Sont également transcrits : 1° tout acte constitutif d'antichrèse, *supra n° 5555*, de servitude, *supra n° 4645*, d'usage et d'habitation, *supra n° 4538*; 2° tout acte portant renonciation à ces mêmes droits; 3° tout jugement qui en déclare l'existence en vertu d'une convention verbale; 4° les baux d'une durée de plus de dix-huit ans, *supra n° 4510*; 5° tout acte ou jugement constatant,

ONT COMPARU : M. Victor FABRE, propriétaire, et Mme Augustine FLEURY, son épouse, de lui autorisée, demeurant ensemble à....;

Lesquels ont dit et exposé ce qui suit :

Aux termes d'un contrat passé devant Me....., notaire à....., le....., M. et Mme FABRE, comparants, ont vendu à M. Vincent LENOIR, cultivateur, demeurant à...., une prairie située commune de....., lieu dit....., de la contenance de....., section....., n°....., du plan cadastral, qui appartenait en propre à Mme FABRE, moyennant un prix de trois mille francs payés comptant, ainsi que le constate ledit contrat, qui en contient quittance.

M. et Mme FABRE ont déclaré qu'ils étaient mariés sous le régime dotal avec faculté de vendre les immeubles propres de la femme, à la condition de remploi en acquisition d'autres immeubles d'une égale valeur, au nom de la femme, aux termes de leur contrat de mariage, passé devant Me....., notaire à....., le.....

Par contrat passé devant Me....., notaire à....., le....., Mme FABRE a acquis de M. Eloi VANIER, cultivateur, et Mme Thérèse FRÉMIN, son épouse, demeurant à....., une pièce de terre labourable située commune de....., lieu dit....., de la contenance de....., section....., n°....., du plan cadastral, moyennant un pareil prix de trois mille francs payé comptant, avec déclaration que la somme payée provenait du prix de la vente ci-dessus énoncée, faite par M. et Mme FABRE à M. LENOIR, d'un immeuble propre et dotal à Mme FABRE; au moyen de quoi l'immeuble acquis s'est trouvé pareillement propre et dotal à Mme FABRE en remploi de l'immeuble vendu, ce qui a été accepté par ladite dame.

M. et Mme VANIER ont déclaré qu'ils étaient mariés en premières noces sous le régime de la communauté, aux termes de leur contrat de mariage, passé devant Me....., no-

même pour bail de moindre durée, quittance ou cession d'une somme équivalente à trois années de loyers ou fermages non échus, *supra* n° *5288*.

SECT. II. — *Des effets du défaut de transcription et des jugements prononçant la résolution de contrats transcrits.*

5985. » ART. 3. Jusqu'à la transcription, les droits résultant des actes et jugements énoncés aux articles précédents ne peuvent être opposés aux tiers qui ont des droits sur l'immeuble et qui les ont conservés en se conformant aux lois, *supra* n° *4037*. — Les baux qui n'ont pas été transcrits ne peuvent jamais leur être opposés pour une durée de plus de dix-huit ans, *supra* n°*s* *4510, 4511*.

5986. » ART. 4. Tout jugement prononçant la résolution, nullité ou rescision d'un acte transcrit doit, dans le mois à dater du jour où il a acquis l'autorité de la chose jugée, être mentionné en marge de la transcription faite sur le registre. L'avoué qui a obtenu ce jugement est tenu, sous peine de cent francs d'amende, de faire opérer cette mention, en remettant un bordereau, rédigé et signé par lui, au conservateur, qui lui en donne récépissé, *supra* n°*s* *4204, 4206*.

5987. » ART. 5. Le conservateur, lorsqu'il en est requis, délivre sous sa responsabilité l'état spécial ou général des transcriptions et mentions prescrites par les articles précédents, *infra* n° *6006*.

SECT. III. — *Des effets de la transcription.*

5988. » ART. 6. A partir de la transcription, les créanciers privilégiés ou ayant hypothèque, aux termes des art. 2123, 2127 et 2128 C. N., ne peuvent prendre utilement inscription sur le précédent propriétaire. Néanmoins le vendeur ou le copartageant peuvent utilement inscrire les privilèges à eux conférés par les art. 2108 et 2109 C. N., dans les quarante-cinq jours de l'acte de vente, *supra* n° *4054*, ou de partage, *supra* n°*s* *2115, 2116*, nonobstant toute transcription d'actes faite dans ce délai. Les art. 834 et 835 C. pr. sont abrogés.

CHAPITRE II. — *Des dispositions relatives à l'action résolutoire du vendeur et aux hypothèques légales des femmes mariées, des mineurs et des interdits.*

SECT. I. — *De l'action résolutoire du vendeur.*

5989. » ART. 7. L'action résolutoire établie par l'art. 1654 C. N. ne peut être exercée, après l'extinction du privilège du vendeur, au préjudice des tiers qui ont acquis des droits sur l'immeuble du chef de l'acquéreur, et qui se sont conformés aux lois pour les conserver, *supra* n°*s* *4054, 4200*.

SECT. II. — *Des dispositions relatives aux hypothèques légales des femmes mariées, des mineurs et des interdits.*

5990. » ART. 8. Si la veuve, le mineur devenu majeur, l'interdit relevé de l'interdiction, leurs héritiers ou ayants cause, n'ont pas pris inscription dans l'année qui suit la dissolution du mariage ou la cessation de la tutelle, leur hypothèque ne date, à l'égard des tiers, que du jour des inscriptions prises ultérieurement, *supra* n°*s* *5804 à 5808 et 5828 à 5831*.

taire à....., le....., et qu'ils n'étaient et n'avaient jamais été tuteurs de mineurs ou d'interdits.

On va énoncer ci-après les formalités de transcription remplies sur cette acquisition, afin de justifier à M. LENOIR de la régularité du remploi :

Une expédition dudit contrat a été transcrite au bureau des hypothèques de....., le....., vol....., le.....

Un état délivré sur cette transcription le même jour par le conservateur audit bureau, constate qu'il n'existait sur l'immeuble vendu aucune inscription ni aucune transcription de saisie du chef des vendeurs et des précédents propriétaires dénommés audit contrat.

Il résulte en outre d'un certificat délivré par ledit conservateur aussi le même jour :

1° Que jusqu'audit jour, inclusivement, il n'a été transcrit à son bureau aucun des actes ou jugements spécifiés dans les art. 1 et 2 de la loi du 23 mars 1855, autres toutefois que ceux énoncés en l'établissement de propriété contenu audit contrat;

SECT. III. — *Des dispositions relatives aux subrogations à l'hypothèque légale de la femme.*

5991. » ART. 9. Dans le cas où les femmes peuvent céder leur hypothèque légale ou y renoncer, *supra n°s 5717 à 5726*, cette cession ou cette renonciation doit être faite par acte authentique, et les cessionnaires n'en sont saisis à l'égard des tiers que par l'inscription de cette hypothèque prise à leur profit, *supra n°s 5812 à 5815*, ou par la mention de la subrogation en marge de l'inscription préexistante, *supra n° 5816*. Les dates des inscriptions ou mentions déterminent l'ordre dans lequel ceux qui ont obtenu des cessions exercent les droits hypothécaires de la femme, *supra n°s 5804 à 5808, 5828 à 5831*.

CHAPITRE III. — *Dispositions transitoires.*

5992. » ART. 10. La présente loi est exécutoire à partir du 1er janvier 1856.

5993. » ART. 11. Les art. 1, 2, 3, 4 et 9 ci-dessus ne sont pas applicables aux actes ayant acquis date certaine et aux jugements rendus avant le 1er janvier 1856. — Leur effet est réglé par la législation sous l'empire de laquelle ils sont intervenus. — Les jugements prononçant la résolution, nullité ou rescision d'un acte non transcrit, mais ayant date certaine avant la même époque, doivent être transcrits conformément à l'art. 4 de la présente loi. — Le vendeur dont le privilège serait éteint au moment où la présente loi deviendra exécutoire, pourra conserver vis-à-vis des tiers l'action résolutoire qui lui appartient, aux termes de l'art. 1654 C. N., en faisant inscrire son action au bureau des hypothèques, dans le délai de six mois, à partir de la même époque. — L'inscription exigée par l'art. 8 doit être prise dans l'année à compter du jour où la loi est exécutoire; à défaut d'inscription dans ce délai, l'hypothèque légale ne prend rang que du jour où elle est ultérieurement inscrite. — Il n'est point dérogé aux dispositions du Code Napoléon, relatives à la transcription des actes portant donation, *supra n°s 2478 à 2488*, ou contenant des dispositions à charge de rendre, *supra n°s 2877 à 2879*; elles continueront à recevoir leur exécution.

5994. » ART. 12. Jusqu'à ce qu'une loi spéciale détermine les droits à percevoir, la transcription des actes ou jugements qui n'étaient pas soumis à cette formalité avant la présente loi, est faite moyennant le droit fixe d'un franc. »

CHAPITRE NEUVIÈME.

DU MODE DE PURGER LES HYPOTHÈQUES, QUAND IL N'EXISTE PAS L'INSCRIPTIONS SUR LES BIENS DES MARIS ET DES TUTEURS.

5995. Peuvent les acquéreurs d'immeubles appartenant à des maris ou à des tuteurs, lorsqu'il

2° Et que jusqu'au même jour, il n'a été requis aucune mention de jugement de résolution, nullité ou rescision spécifiés art. 4 et 2° alinéa de l'art. 11 de la même loi, relativement à l'immeuble ci-dessus désigné, vendu par M. et Mme VANIER à Mme FABRE.

M. et Mme FABRE en raison des déclarations d'état civil sur M. et Mme VANIER ci-dessus rappelées, n'ont pas jugé à propos de remplir les formalités de purge d'hypothèque légale sur ladite acquisition.

Pour faire mention des présentes sur toutes pièces et partout où besoin sera, tous pouvoirs sont donnés au porteur d'une expédition ou d'un extrait.

DONT ACTE. Fait et passé, etc.

FORMULE 824. — **Exploit de signification au procureur impérial à fin de purge d'hypothèque légale.** (N°s 5995 à 6005.)

L'an....., le.....,

A LA REQUÊTE de M. Charles BARBIER, propriétaire, demeurant à....., pour lequel domicile est élu à.....

n'existe pas d'inscription (1) sur lesdits immeubles à raison de la gestion du tuteur, ou des dot, reprises et conventions matrimoniales de la femme, purger les hypothèques qui existeraient sur les biens par eux acquis (*C. N.*, 2193). Le mari acquéreur d'un immeuble sur lequel sa femme a une hypothèque légale du chef de sa mère, peut purger contre sa femme (2).

5996. La vente sur expropriation forcée purge de plein droit les hypothèques légales non inscrites (*C. pr.*, 777), et rend inutiles les formalités du présent chapitre.

5997. En ce qui concerne le crédit foncier de France, voir le décret du 28 février 1852 et, notamment, la loi du 10 juin 1853, art. 19 à 24.

5998. La purge des hypothèques légales s'opère comme il suit [Form. 823] :

1° L'acquéreur dépose (3) au greffe du tribunal civil du lieu de la situation des biens, une copie dûment collationnée du contrat translatif de propriété (*C. N.*, 2194) faite, si le contrat est sous seing privé, par la partie ou son fondé de pouvoir, avoué ou autre, et si le contrat est notarié, par le notaire ou un avoué (4). Lorsque les copies collationnées des contrats de plusieurs ventes consenties à des acquéreurs distincts par le même vendeur, sont déposées collectivement au greffe, le greffier n'est point fondé à prétendre qu'il doit rédiger autant d'actes de dépôt qu'il lui est remis de copies collationnées d'actes de vente (5).

2° Il certifie ce dépôt par acte signifié, tant à la femme ou au subrogé tuteur, ou au mineur émancipé et à son curateur (6), qu'au procureur impérial près le tribunal (*C. N.*, 2194). La signification à la femme doit, autant que possible, être faite en parlant à sa personne; décidé que la signification faite au mari est valable, si d'ailleurs aucune collusion ne peut être alléguée contre l'acquéreur (7). Si le contrat de vente, en relatant les noms des précédents propriétaires, indique qu'ils sont mariés, la signification doit être faite aux femmes ou à ceux qui les représentent (8), à moins qu'elles ne soient décédées depuis plus d'un an, *supra n° 5801.*

3° Extrait de ce contrat, contenant la date, les noms, prénoms, professions et domiciles des contractants, la désignation de la nature et de la situation des biens, le prix et les autres charges de la vente, est et reste affiché pendant deux mois dans l'auditoire du tribunal (*C. N.*, 2194).

4° Lorsque, soit la femme, ou ceux qui la représentent, soit le subrogé tuteur, ne sont pas connus de l'acquéreur, et dans tous les cas où il peut exister des hypothèques légales inconnues, il est nécessaire et il suffit, pour remplacer la signification qui devrait leur être faite, *supra 2°*, en premier lieu, que dans la signification à faire au procureur impérial, l'acquéreur déclare que ceux du chef desquels il pourrait être formé des inscriptions pour raison d'hypothèques légales existant indépendamment de

J'ai, ..., huissier près le tribunal civil de première instance de....., demeurant à....., soussigné,

Signifié et laissé copie à M. le procureur impérial près le tribunal civil de première instance de...., en son parquet, où étant et parlant à l'un de MM. ses substituts, qui a visé le présent,

De l'expédition d'un acte dressé par le greffier du tribunal civil de première instance de....., le ....., constatant le dépôt fait au greffe, à cette date, par M....., de la copie collationnée, signée et enregistrée, d'un contrat passé devant Me....., notaire à....., le....., contenant vente par M. Léon HERVIEU, propriétaire, demeurant à....., à M. BARBIER, requérant, d'une pièce de terre en labour, située commune de.....,

---

(1) Si l'hypothèque légale est inscrite, il est inutile de remplir les formalités prescrites par le présent chapitre, ce sont celles prescrites par le chap. 8, *supra* n°* 5966 *et suiv.* : Caen, 1er mars 1832; Cass., 21 août 1833; J. N., 8232, 9654.

(2) Cass., 24 déc. 1852.

(3) Lui-même ou par la personne qu'il en charge. Le ministère des avoués n'est pas obligatoire pour ce dépôt: Bioche, *Purge*, n° 174; Roll., *ibid.*, n° 16; Dict. not., *ibid.*, n° 42; Zach., Massé et Vergé, § 836, note 4; Pont, n° 1408; Trib. Versailles, 1er nov. 1833; Trib. Argentan, 5 mars 1835; Amiens, 24 nov. 1836; Limoges, 9 avril 1845; Cass., 31 mars 1840; J. N., 10639. Voir Nîmes, 19 août 1857.

(4) Pont, n° 1408; Roll., *Purge des hyp. lég.*, n°* 19, 21; Nîmes,

19 mai 1857. Voir cependant Dict. not., *Purge des hyp., lég.*, n° 8; Trib. Saint-Yrieix, 15 fév. 1856; Amiens, 3 mai 1839; J. N., 10639.

(5) Dict. not., *Purge des hyp. leg.*, n° 38; Trib. Saint Yrieix, 15 fév. 1856; Orange, 3 mai 1856; Nîmes, 19 mai 1859; Riom, 22 juill.; 1860; J. N., 15868, 16073, 16943, CONTRA, Agen, 1er juin 1856; J. N. 16851.

(6) Roll., *Purge des hyp., lég.*, n° 27.

(7) Nîmes, 27 nov. 1847; Rouen, 18 fév. 1828; Cass., 14 juill. 1830; Caen, 31 mai 1847; J. N., 13132; CONTRA, Troplong, n° 978; Bioche, n° 91; Roll., *Purge des hyp. leg.*, n° 26; Paris, 25 fév. 1819; Cass., 29 fév. 1820.

(8) Roll., *Purge des hyp. lég.*, n° 33.

l'inscription, n'étant pas connus, il fera publier la signification dans les formes prescrites par l'art. 696 C. pr.; en second lieu, que l'acquéreur fasse cette publication dans les formes de l'art. 696 C. pr. Le délai de deux mois pour prendre inscription, *supra* 5°, ne court que du jour de cette publication (*Avis conseil d'Etat*, 1er juin 1807). — Cette disposition reçoit son application dans le cas seulement où le subrogé tuteur et la femme ne sont pas connus, parce qu'on ignore l'existence de la tutelle ou du mariage; si la tutelle est connue et qu'il n'existe pas de subrogé tuteur, le tiers détenteur doit provoquer la nomination d'un subrogé tuteur, puis lui faire la signification (1).

5° Pendant le délai de deux mois, *supra* 3°, 4°, qui n'est pas susceptible d'augmentation à raison des distances, même lorsque la signification est faite à une personne demeurant au delà du territoire continental de la France (2), les femmes, les maris, tuteurs, subrogés tuteurs, mineurs, interdits, parents ou amis, et le procureur impérial, *supra n°s 5801 à 5805 et 5824 à 5827*, sont reçus à requérir, s'il y a lieu, et à faire faire au bureau du conservateur des hypothèques, des inscriptions sur l'immeuble aliéné, qui ont le même effet que si elles avaient été prises le jour du mariage, *supra n° 5791*, ou le jour de l'entrée en gestion du tuteur, sans préjudice des poursuites qui pourraient avoir lieu contre les maris et les tuteurs, ainsi qu'il a été dit *supra n°s 5801, 5824*, pour hypothèques par eux consenties au profit de tierces personnes sans leur avoir déclaré que les immeubles étaient déjà grevés d'hypothèques, en raison du mariage ou de la tutelle (*C. N.*, 2194). Les mineurs, interdits, femmes mariées peuvent aussi dans le cours des deux mois former une surenchère (3); mais s'ils ne la forment pas dans ce délai, ils en sont déchus; ils n'ont donc pas, indépendamment de ce délai de deux mois, un autre délai de quarante jours pour surenchérir (4).

6° A l'expiration de ces deux mois, le greffier délivre un certificat constatant que le contrat est resté affiché durant les délais prescrits (5).

5999. Les extraits, significations et publications doivent contenir la désignation des biens, à peine de nullité (6). Il est d'usage dans la pratique, lorsque l'immeuble a été l'objet de ventes successives, d'indiquer aussi dans les extraits, significations et publications, les noms, professions et domiciles des précédents propriétaires; mais ce n'est pas nécessaire, et la formalité est valablement remplie lorsque le nouveau propriétaire s'en tient aux indications relatives à son propre contrat (7).

6000. Si dans le cours des deux mois, *supra n° 5998, 5°, 4°*, il n'a pas été fait d'inscription du chef des femmes, mineurs ou interdits, sur les immeubles vendus, ils passent à l'acquéreur sans aucune charge, à raison des dot, reprises et conventions matrimoniales de la femme, ou de la gestion du tuteur, et sauf le recours, s'il y a lieu, contre le mari et le tuteur (*C. N.*, 2195) et aussi contre le

---

lieu dit....., contenant....:., section....., n°. ...., du plan cadastral, moyennant le prix principal de....., outre les charges,

A ce que M. le procureur impérial n'en ignore et ait à requérir, si bon lui semble, dans le délai de deux mois, au bureau des hypothèques de....., toutes inscriptions d'hypothèques légales qu'il appartiendra,

Lui déclarant que les anciens propriétaires de la pièce de terre dont il s'agit sont, outre le vendeur : 1° M..... (*noms et prénoms de tous les anciens propriétaires*),

Et que, ne connaissant pas tous ceux du chef desquels il pourrait être pris des inscriptions pour cause d'hypothèques légales, le requérant fera publier la présente notification conformément à la loi;

Et je lui ai, en parlant comme dessus, laissé copie de la présente, dont le coût est de.....

---

(1) Pont, n° 1411, Massé et Vergé, § 836. note 6 ; Roll., *Purge des hyp. lég.* n° 31; Besançon, 12 juill. 1837 ; Rouen, 13 mars 1840; Grenoble, 8 fév. 1842 ; Limoges, 5 mai 1843; Cass., 8 mai 1844; Bordeaux, 13 août 1844; Lyon, 19 nov. 1850; Metz, 25 juin 1856 ; Nimes, 25 mai 1857 ; Bordeaux, 5 mars 1861 ; J. N., 11337, 11717, 12009, 12219, 11271, 17148 ; CONTRA, Bioche, n° 107 ; Grenoble, 20 août 1834, 29 nov. 1837 ; J. N., 10043.

(2) Pont, n° 1417; Dict. not., *Purge des hyp. lég.*, n° 33 ; Grenoble, 8 mars 1855; Trib. Seine, 21 mars 1860; J. N., 16838.

(3) Duranton, XX, 391 ; Pont, n° 1418 ; Caen, 23 août 1839.

(4) Persil, 2195, 6 ; Grenier, II. 457 ; Zach, Massé et Vergé, § 836.

note 13 ; Troplong, n°s 921, 982, 995 ; Port, n° 1410 ; Roll., *Purge des hyp., lég.* n° 43 ; Grenoble, 27 déc. 1824 ; Metz, 14 juin 1837; Alger, 12 janv. 1854 ; Paris, 26 nov. 1857 ; J. N. 10889, 16210; CONTRA, Thomine Desmazures, *Proc.*, II, 977 ; Pigeau, II, p. 442; Caen, 28 août 1844, 9 août 1845, 12 avril 1826; Orléans, 17 juill. 1829; Limoges, 9 avril 1845.

(5) Décis. minist., 24 vend. et 14 niv. an XIII; instr. gén., n° 266.

(6) Lyon, 19 nov. 1850; J. N., 14271.

(7) Pont, n° 1413; Caen, 24 déc. 1842. Voir cependant Roll., *Purge des hyp. lég.*, n° 37.

subrogé tuteur, qui est responsable de toutes les créances pupillaires, s'il a négligé d'inscrire (1), *supra n° 5825.* Toutefois, c'est seulement en faveur de l'acquéreur que l'immeuble est dégrevé en ce sens que le créancier à hypothèque légale perd le droit de suite, mais il conserve son droit de préférence, sur le prix encore dû, dans les termes des art. 717 et 772 C. pr.; il le conserve aussi en cas de faillite du débiteur, tant que le prix est aux mains du syndic et qu'il n'a pas été distribué aux créanciers du failli (2).

6001. S'il a été pris des inscriptions du chef des femmes, mineurs ou interdits, et s'il existe des créanciers antérieurs qui absorbent le prix en totalité ou en partie, l'acquéreur est libéré du prix ou de la portion du prix par lui payée aux créanciers placés en ordre utile; et les inscriptions du chef des femmes, mineurs ou interdits, sont rayées, ou en totalité, ou jusqu'à due concurrence (*C. N.*, 2195).

6002. Si les inscriptions du chef des femmes, mineurs ou interdits, sont les plus anciennes, l'acquéreur ne peut faire aucun payement du prix au préjudice de ces inscriptions, qui datent, en ce qui concerne la femme, des diverses époques indiquées *supra n° 5791;* et en ce qui concerne le mineur ou l'interdit, du jour de l'entrée en gestion du tuteur, *supra n° 5819;* et, dans ce cas, les inscriptions des autres créanciers qui ne viennent pas en ordre utile, sont rayées (*C. N.*, 2195).

6003. Lorsque les hypothèques légales sont inscrites, l'acquéreur ne saurait payer au pupille lui-même, ni à la femme non séparée, le mineur n'étant pas capable de recevoir, et la femme ne devant avoir capacité à cet effet qu'à la dissolution du mariage (3); l'acquéreur doit consigner, sauf aux créanciers venant immédiatement après le mineur, l'interdit ou la femme mariée, à faire ordonner

FORMULE 825. — **Pareil exploit de signification à la femme et au subrogé tuteur.**
(N°ˢ 5995 à 6003.)

L'an....., le,..... (*même entête*).

Signifié et laissé copie : 1° à Mme Aglaée MERCIER, épouse de M. Léon HERVIEU, propriétaire, avec lequel elle demeure à....., parlant à sa personne ;

2° Et à M. Jérôme CARPENTIER, pharmacien, demeurant à.....,

Ce dernier en qualité de subrogé tuteur du mineur Auguste HERVIEU, né à....., le, ..., du mariage de M. Léon HERVIEU, et Mme Laure COIMET, sa première épouse, ayant pour tuteur légal M. HERVIEU, son père,

De l'expédition, etc. (*comme en la formule* 824),

A ce qu'ils n'en ignorent et aient à requérir, si bon leur semble, dans le délai de deux mois, au bureau des hypothèques de....., toutes inscriptions d'hypothèques légales qu'il appartiendra.

Et je leur ai, en parlant comme dessus, laissé copie, etc.

FORMULE 826. — **Insertion à fin de purge d'hypothèques légales.** (N°ˢ 5995 à 6005.)

Etude de M^e....., notaire .....,

SUIVANT EXPLOIT du ministère de....., huissier à....., en date du....., enregistré,

Et à la requête de M. Charles BARBIER, propriétaire, demeurant à....., pour lequel domicile est élu à.....,

Notification a été faite à M. le procureur impérial près le tribunal civil de première instance de....., de l'expédition d'un acte dressé par le greffier, etc. (*le surplus de la phrase comme en la formule* 824),

Avec déclaration à M. le procureur impérial qu'il ait à requérir, si bon lui semble, dans le délai de deux mois, au bureau des hypothèques de....., toutes inscriptions d'hypothèques légales qu'il appartiendra;

Et, en outre, que les anciens propriétaires de la pièce de terre dont il s'agit sont, outre le vendeur : 1° M....., etc. (*noms et prénoms des anciens propriétaires*);

(1) Bordeaux, 3 mars 1861; J. N., 17148.
(2) Ronen, 15 avril 1801.

(3) Cass., 21 juill. 1847, 23 août 1854; J. N., 12141.

que le prix sera versé entre leurs mains, à la charge de fournir une caution ou des sûretés suffisantes pour la restitution, le cas échéant (1).

6004. Les frais de purge des hypothèques légales sont à la charge de l'acquéreur (2). Voir cependant *supra* n° *4048*.

6005. Le prix des acquisitions immobilières faites par les communes, peut, s'il n'excède pas cent francs, être payé sans que les formalités pour la radiation et la purge des hypothèques légales aient été remplies (*Ordonn. roy.*, *31 août 1830*), pourvu que le conseil municipal y ait consenti (*Ordonn. roy.*, *18 avril 1842*).

CHAPITRE DIXIÈME.

DE LA PUBLICITÉ DES REGISTRES, ET DE LA RESPONSABILITÉ DES CONSERVATEURS.

6006. Les conservateurs des hypothèques sont tenus de délivrer à tous ceux qui le requièrent par

---

Et que, ne connaissant pas tous ceux du chef desquels il pourrait être pris des inscriptions pour cause d'hypothèques légales, M. BARBIER ferait faire la présente publication, conformément à la loi.

(*Signature.*)

§ 9. — RÉQUISITION D'ÉTATS ET CERTIFICATS.

FORMULE 827. — Réquisition d'état sur transcription. (N° 6006 à 6016.)

Déposé au bureau des hypothèques de....., pour être transcrite :
Expédition d'un contrat passé devant M°....., notaire à....., le....., contenant vente par M. Louis CARLIER et Mme Elise DURIER, son épouse, à M. Jean MARCHAND, propriétaire, demeurant à....., d'une maison située à....., rue....., n°.....
Sur laquelle formalité le soussigné au nom de M. MARCHAND,
Requiert, par application de la loi du 23 mars 1855, la délivrance, en ce qui concerne l'immeuble vendu et du chef des vendeurs et des anciens propriétaires dénommés en l'établissement de la propriété,
De deux états.
Le premier contenant :
1° Les inscriptions de toute nature encore subsistantes, en ce compris l'inscription d'office, mais non compris les inscriptions radiées ou périmées;
2° Les extraits de saisie et de dénonciation de saisie;
Plus, une copie séparée de l'inscription d'office.
Le second contenant par extraits succincts :
1° Les transcriptions opérées postérieurement au 1er janvier 1856, des actes et jugements spécifiés dans les art. 1 et 2 de la loi du 23 mars 1855, autres toutefois que les transcriptions énoncées en l'établissement de la propriété et celle présentement requise;
2° Les transcriptions et mentions de jugements de résolution, nullité ou rescision spécifiés art. 4 et 3° alinéa de l'art. 11 de la même loi.

---

(1) Grenier, I, 271; Troplong, n° 993; Pont, n° 1426; Cass., 24 juill. 1821, 16 juill. 1832. V. Agen, 17 déc. 1806; Jur. n., 13306.

(2) Bioche, *Ordre*, n° 247; Dict. not., *Purge des hyp. lég.*, n° 57; Nîmes, 22 août 1841.

écrit (1) [Form. 824 et suiv.], copie des actes transcrits sur leurs registres et celle des inscriptions subsistantes, ou certificat qu'il n'en existe aucune (*C. N., 2196*), et l'état spécial ou général des transcriptions et mentions prescrites par les art. 1, 2, 3 et 4 de la loi du 23 mars 1855, *supra* n° 5987 [Form. 824, 825, 826].

6007. Le conservateur doit se conformer à la réquisition qui lui est faite; ainsi : 1° si le requérant s'est borné à demander un *certificat partiel* [Form. 827], l'état ne doit pas excéder les termes de la réquisition (2); jugé, à cet égard, que le conservateur ne peut se refuser à délivrer après transcription le certificat qui lui est demandé des inscriptions provenant du chef des vendeurs et de quelques-uns seulement des anciens propriétaires (3); mais le requérant doit indiquer nominativement les personnes qu'il entend comprendre dans l'état, afin qu'il soit délivré seulement quant à elles (4); 2° en cas de réquisition d'état sur transcription des inscriptions grevant l'immeuble vendu, jugé que le conservateur ne peut y comprendre l'inscription prise par lui d'office contre cet acquéreur (5); 3° s'il a été requis un état général des inscriptions existantes contre un individu [Form. 828], à l'exception de celles prises d'office par suite de transcription d'actes de mutation, le conservateur ne peut s'y refuser (6); 4° deux ventes sont faites par une même personne le même jour, par deux contrats, à deux acquéreurs différents d'immeubles ayant une *pareille origine*, elles sont présentées ensemble à la transcription, avec réquisition de délivrance d'un seul état, le conservateur ne peut s'y refuser ~en prétendant qu'il doit délivrer un état pour chaque contrat transcrit (7).

A....., le.....

Étude de M.....*, notaire à*.....

(*Signature.*)

FORMULE 828. — Réquisition d'état d'inscription sur transcription. (N° 6007.)

Déposé au bureau des hypothèques de....., pour être transcrite :
Expédition d'un contrat passé devant M*.....*, notaire à....., le....., contenant vente par M.... et Mme....., son épouse, demeurant à....., à M. Jean Marchand, propriétaire, demeurant à....., d'une pièce de terre labourable, située à.....

Sur laquelle formalité, le soussigné, au nom de M. Marchand, requiert la délivrance, en ce qui concerne l'immeuble vendu et du chef des vendeurs et des anciens propriétaires dénommés en l'établissement de la propriété, d'un état contenant les inscriptions de toute nature encore subsistantes, en ce compris l'inscription d'office, mais non compris les inscriptions radiées ou périmées (*ou* encore subsistantes, mais non compris l'inscription d'office, ni les inscriptions radiées ou périmées).

Si l'état est limité aux vendeurs : Sur laquelle formalité, le soussigné, au nom de M. Marchand, requiert la délivrance, en ce qui concerne l'immeuble vendu, du chef des vendeurs seulement, et non des anciens propriétaires, d'un état contenant, etc. (*ou encore :* du chef seulement de : 1° M. Louis Carlier, vendeur; 2° M.....; 3° M....., et non contre les autres anciens propriétaires, d'un état contenant, etc.)

A....., le.....

Étude de M.....*, notaire à*.....

(*Signature.*)

FORMULE 829. — Réquisition d'état sur purge d'hypothèque légale.

Je, soussigné, requiers M. le conservateur des hypothèques au bureau de....., de me délivrer l'état des inscriptions d'hypothèque légale requises en son bureau depuis le.....,

---

(1) Déc. min. fin., 6 janv. 1841; Instr. Régie, 17 janv. 1841; J. N., 10861. Voir Instr. Régie, 27 avril 1846; J. N., 12788.
(2) Pont, n° 1441; Zach., Massé et Vergé, § 805, note 8 ; Caen, 26 déc 1848 ; Cass., 26 juill. 1850 ; Trib. Saint-Omer, 18 janv. 1851 ; J. N., 13685.
(3) Boll., *État d'insc.*, n° 13 ; Trib. Mans, 27 mai 1856 ; Angers,

23 août 1856; Orléans. 2 déc. 1858 ; Cass., 26 juill. 1859 ; J. N., 15804, 15867, 16633 ; contra, Rouen, 19 juill. 1847 ; J. N., 13238.
(4) Trib. Abbeville, 30 juin 1856; J. N., 16201.
(5) Trib. Louhans, 23 mars 1854 ; J. N., 12159, 15123, 15405.
(6) Boll., *État*, n° 12 ; Metz, 4 fév. 1860 ; J. N., 16486, 16837.
(7) Sol. Régie, 18				Riom, 18 avril 1869 ; J. N., 18706.

6008. La réquisition d'état peut être aussi limitée aux inscriptions existantes depuis une époque moindre que dix ans, ou à celles prises de telle époque à telle autre époque, à moins cependant que la limitation ne soit motivée sur ce que les inscriptions antérieures ou postérieures seraient sans effet par application de l'art. 883 C. N. (1).

6009. Les inscriptions au profit du crédit foncier de France, étant dispensées du renouvellement pendant la durée du prêt, *supra n° 5879*, il ne faut pas mentionner dans la réquisition d'état que l'on requiert les inscriptions existantes depuis dix ans seulement (2).

6010. Lorsque l'on demande l'état des inscriptions subsistantes, charges hypothécaires, saisies et dénonciations de saisies, il est d'usage à Paris de comprendre le tout dans un seul et même état. Le conservateur peut y porter les transcriptions et les dénonciations de saisies non radiées ayant plus de trente ans de date; il n'est juge ni de leur mérite ni de leur validité, ni même du mérite de la prescription (3). En aucun cas, les conservateurs ne peuvent exiger de salaire pour la délivrance de certificats de non-transcription de saisie, ce certificat n'ayant été prévu par aucun article de tarif (4).

6011. Le conservateur n'étant pas juge du mérite des inscriptions existantes sur ses registres, doit les comprendre toutes dans l'état, même celles qui s'y trouveraient sans titre (5), même celles prises après partage sur l'un des héritiers dans le lot duquel n'est pas tombé l'immeuble vendu, si son nom figure dans l'établissement de propriété (6); il peut aussi y comprendre les inscriptions prises contre

date de la transcription du contrat ci-après énoncé jusqu'à ce jour, sur une maison située à....., vendue par M. Léon HERVIEU, propriétaire, demeurant à....., à M. Charles BARBIER, aussi propriétaire, demeurant à....., suivant contrat passé devant M°....., notaire à....., le....., transcrit en ce bureau le....., vol...., n°....., et du chef tant du vendeur que des anciens propriétaires dénommés en l'établissement de propriété.

A....., le.....

(*Signature.*)

Étude de M°....., notaire à....

FORMULE 830. — Réquisition d'état individuel. (N° 6007.)

Je, soussigné, requiers de M. le conservateur des hypothèques de.....,

La délivrance sur M. Paulin BEUVAUD, propriétaire, et M°° Héloïse TILLET, son épouse, demeurant ensemble à.....,

Et en ce qui concerne les immeubles désignés au bordereau déposé ce jour pour être inscrit,

De deux états.

Le premier contenant les inscriptions encore subsistantes (celles rayées ou périmées étant exceptées), ainsi que les extraits des saisies et dénonciations de saisies.

Le second contenant par extraits succincts :

1° Les transcriptions des actes et jugements spécifiés dans les art. 1 et 2 de la loi du 23 mars 1855, qui auraient été opérées à partir de la transcription du....., vol....., n°....., exclusivement;

2° Les transcriptions et mentions de jugements de résolution, nullité ou rescision spécifiés art. 4 et 3° alinéa de l'art. 11 de la même loi.

A....., le.....

(*Signature.*)

Étude de M°....., notaire à....

---

(1) Décis. min. fin., 8 mai, 1822; Inst. régie, 19 juin, 1822; Paris, 17 nov. 1855 ; J. N., 15063.
(2) J. N., 17347.
(3) Trib. Seine, 19 déc. 1862 ; J. N., 17643. Voir cependant Seine, 4 juin 1864; M. T., 1864, p. 264.
(4) Délib. r. gie. 25 fév. et 31 mai 1859 ; J. N., 16641.

(5) Angers, 9 fév. 1827 ; Limoges, 15 fév. 1842; Rouen, 7 janv. 1848 ; Paris, 24 avril 1842, 17 nov. 1855.
(6) Massé et Vergé, § 805, note 8; Paris 18 janv. et 7 avril 1845. 22 fév. 1859 ; Rouen, 7 janv. 1848; Metz, 22 mai 1858 ; J. N., 12282. (2402, 13566, 16523; CONTRA, Dict. not., Éta d'insc., n° 42.

un acquéreur précédent, qui a été évincé par un jugement portant résolution de son acquisition pour défaut de payement du prix (1), *supra n° 4205*. Seulement il doit s'abstenir de porter dans l'état, les inscriptions qui sont périmées (2), et, en cas de renouvellement d'inscriptions, il ne doit, à moins de réquisition expresse, comprendre que celles prises en renouvellement (3).

6012. Lorsque l'hypothèque légale de la femme a été inscrite, le conservateur doit comprendre l'inscription dans l'état qui lui est demandé, lors même que l'inscription aurait été restreinte et limitée dans le bordereau à un immeuble spécial autre que celui vendu, ou aurait été requise sur les formalités de purge remplies sur une précédente vente, ou enfin aurait été requise sur tous les immeubles présents et à venir de son mari, à l'exception de tels immeubles déterminés ; car la femme n'a pas la capacité de restreindre ni de limiter son inscription ; une fois prise, elle grève tous les immeubles du mari (4).

6013. Le conservateur est tenu de retrancher de l'état sur transcription, les inscriptions que l'on justifie ne pas frapper les biens vendus (5) ; ainsi, les inscriptions prises contre un individu portant le même nom, s'il n'y a similitude parfaite ni de prénoms, ni de profession, et si d'ailleurs un acte de notoriété, *supra form. 158*, établit que le débiteur qu'elles indiquent est une personne différente (6).

6014. Le conservateur ne peut être contraint de délivrer un certificat constatant le non-renouvellement d'une inscription (7).

6015. Les conservateurs sont responsables du préjudice résultant : 1° de l'omission sur leurs registres, des transcriptions d'actes de mutation, et des inscriptions requises en leurs bureaux ; 2° du défaut de mention dans leurs certificats d'une ou de plusieurs des inscriptions existantes, à moins, dans ce dernier cas, que l'erreur ne provînt de désignations insuffisantes qui ne pourraient leur être imputées (8) (*C. N.*, 2197).

6016. L'immeuble à l'égard duquel le conservateur aurait omis dans ses certificats une ou plusieurs des charges inscrites, en demeure, sauf la responsabilité du conservateur, affranchi dans les

---

FORMULE 831. — Réquisition de subrogation.

Déposé au bureau des hypothèques de....., pour être mentionné en marge de l'inscription du....., vol....., n°....., l'extrait d'un acte passé devant M°....., notaire à....., le....., contenant transport par M. Léon DUBOIS, propriétaire, demeurant à....., à M. Honoré PERLET, rentier, demeurant à....., avec subrogation au profit de ce dernier, dans l'effet entier de ladite inscription ;

Et je requiers la délivrance d'une copie de cette inscription avec la mention de subrogation qui aura été faite en marge, en vertu dudit acte de transport.

A....., le.....

(Signature.)

Étude de M°....., notaire à. :...

FORMULE 832. — Procès-verbal constatant le refus de formaliser de la part du conservateur. (N°s 6017 à 6024.)

L'an....., le.....,
De la réquisition de M. Léon COLIN, rentier, demeurant à.....,
M°....., notaire à....., assisté de M..... et M....., témoins requis,

---

(1) Trib. Vienne, 20 mars, 1857 ; J. N., 16050.
(2) Duranton, XX, 474 ; Pont, n°s 1035, 1040 ; Roll., *État d'insc.*, n° 16 ; Dict. not., *ibid.*, n° 11 ; Paris, 24 janv. 1844 ; Décis. min. fin., 7 sept. 1813, 24 sept. 1819.
(3) Duranton, XX, 433 ; Roll., *État d'insc.*, n° 17 ; Dict. not., *ibid.*, n° 12 ; Décis. min. fin., 13 et 24 sept. 1819 ; Rouen, 6 mars 1848 ; Cass., 4 avril 1849 ; Paris, 23 nov. 1849 ; J. N., 13565, 13885.
(4) Cass., 6 déc. 1865 ; J. N., 18424 ; contra, Troplong, n° 991 ; Paris, 15 fév. 1854 ; Limoges, 6 août 1851 ; Bordeaux, 23 juill. 1863 ; J. N., 16263, 17313.

(5) Trib. Redon, 13 mars, 1850 ; Cass., 7 mars 1849 ; J. N., 13682, 14113.
(6) Trib. Louviers, 23 mai 1863 ; *Journ. du not.*, 1863, p. 241. Voir cependant Trib. Limoux, 11 mars 1857 ; J. N., 16242.
(7) Décis. min. fin., 15 sept. 1829 ; Instr. régie, 29 déc. 1829, n° 1303 ; contra, Roll., *Conserv. des hyp.*, n° 51 ; Dict. not., *ibid.* n° 57.
(8) Voir Roll., *Conserv. des hyp.*, n° 72 ; Cass., 11 juill. 1843, 19 déc. 1848, 30 janv. 1867 ; J. N., 11735, 13611, 18767.

mains du nouveau possesseur, pourvu qu'il ait requis le certificat depuis la transcription de son titre, sans préjudice néanmoins du droit des créanciers de se faire colloquer suivant l'ordre qui leur appartient, tant que le prix n'a pas été payé par l'acquéreur, ou tant que l'ordre fait entre les créanciers n'a pas été homologué (*C. N., 2198*).

6017. Dans aucun cas, les conservateurs ne peuvent refuser (1) ni retarder la transcription des actes de mutation, l'inscription des droits hypothécaires, ni la délivrance des certificats requis, sous peine des dommages et intérêts des parties ; à l'effet de quoi, procès-verbaux des refus ou retardemens sont, à la diligence des requérants, dressés sur-le-champ, soit par un juge de paix, soit par un huissier audiencier du tribunal, soit par un autre huissier ou un notaire assisté de deux témoins (*C. N.. 2199*) [Form. 830].

6018. Néanmoins les conservateurs sont tenus d'avoir un registre sur lequel ils inscrivent, jour par jour et par ordre numérique, les remises qui leur sont faites d'actes de mutation pour être transcrits, ou de bordereaux pour être inscrits ; ils donnent au requérant une reconnaissance sur papier timbré, qui rappelle le numéro du registre sur lequel la remise a été inscrite, et ils ne peuvent transcrire les actes de mutation ni inscrire les bordereaux sur les registres à ce destinés, qu'à la date et dans l'ordre des remises qui leur en ont été faites (*C. N., 2200*).

6019. Tous les registres des conservateurs sont en papier timbré, cotés et paraphés à chaque page par première et dernière, par l'un des juges du tribunal dans le ressort duquel le bureau est établi. Les registres sont arrêtés chaque jour comme ceux d'enregistrement des actes (*C. N., 2201*).

6020. Les conservateurs sont tenus de se conformer, dans l'exercice de leurs fonctions, à toutes les dispositions du présent chapitre, à peine d'une amende de 200 à 1,000 fr. pour la première contravention, et de destitution pour la seconde, sans préjudice des dommages et intérêts des parties, lesquels sont payés avant l'amende (*C. N., 2202*). Les dommages et intérêts ne doivent être alloués que s'il y a eu préjudice, et dans la mesure du tort à réparer (2).

6021. Les mentions de dépôt, les inscriptions et transcriptions sont faites sur les registres, de

S'est transporté avec les témoins à....., dans les bureaux de M. le conservateur des hypothèques de l'arrondissement de.....,

Et, là étant, a représenté à M. le conservateur la grosse d'un acte passé devant lui, le....., contenant obligation pour prêt, au profit de M. COLIN : 1° par M. Charles MOURIEZ, cultivateur, demeurant à......d'une somme de.....,, avec hypothèque sur des immeubles lui appartenant ; 2° et par M. Edouard NORTIER, charron, demeurant à....., d'une autre somme de....., avec hypothèque sur des immeubles appartenant à ce dernier ;

Et lui a déposé un bordereau en double pour être transcrit sur ses registres en un seul contexte, par lequel M. COLIN requiert une inscription collective contre M. MOURIEZ et M. NORTIER, en vertu de l'obligation ci-dessus énoncée.

Ce à quoi M. le conservateur a dit que des emprunts séparés ayant été faits par MM. MOURIEZ et NORTIER, sans solidarité entre eux et avec hypothèque chacun sur ses propres immeubles, deux inscriptions devaient être prises, une contre chacun d'eux, et qu'il refusait de formaliser une seule inscription, offrant de recevoir les bordereaux tels qu'ils ont été rédigés pour les diviser en deux inscriptions.

Me....., au nom de son requérant, en présence de cette prétention qu'il considère comme un refus de formaliser, a repris les pièces en réservant à son requérant de se pourvoir par toutes les voies de droit.

De tout ce que dessus a été dressé le présent procès-verbal qui a été fait et rédigé dans le lieu susindiqué, les jour, mois et an que dessus.

Et, après lecture, M. COLIN a signé avec les témoins et le notaire.

(1) Le conservateur des hypothèques peut, sous sa responsabilité personnelle, refuser d'inscrire un privilége ou une hypothèque, lorsqu'il reconnaît qu'il n'existe point de droit hypothécaire : Pont, n° 1434 ; Agen, 6 août 1832.

(2) Pont, n° 1415 ; Cass., 22 avril 1808. 4 avril 1810, 19 avril 1836 ; Bordeaux, 24 juin 1813 ; Angers, 16 août 1826 ; Grenoble, 31 août 1822, 23 juin 1836 ; Lyon, 13 avril 1832. Voir cependant Zach., Massé et Vergé, § 805, note 15.

suite, sans aucun blanc ni interligne, à peine, contre le conservateur, de 1,000 à 2,000 fr. d'amende, et des dommages et intérêts des parties, payables aussi par préférence à l'amende (*C. N.*, 2203).

TITRE DIX-NEUVIÈME.

DE L'EXPROPRIATION FORCÉE ET DES ORDRES ENTRE LES CRÉANCIERS.

SOMMAIRE

FORMULES

Form. 833. Quittance de prix de vente par suite d'ordre judiciaire.

CHAPITRE PREMIER.

DE L'EXPROPRIATION FORCÉE.

Voir *supra* n°s 4351 à 4391.

CHAPITRE DEUXIÈME.

DE L'ORDRE ET DE LA DISTRIBUTION DU PRIX ENTRE LES CRÉANCIERS.

6020. L'ordre et la distribution du prix des immeubles, et la manière d'y procéder, sont réglés par les lois sur la procédure (*C. N.*, *2218*), dont les dispositions vont être rapportées.

6021. I. *Adjudication sur saisie immobilière.* L'adjudicataire est tenu de faire transcrire le jugement d'adjudication dans les quarante-cinq jours de sa date, et en cas d'appel, dans les quarante-cinq jours de l'arrêt confirmatif, sous peine de revente sur folle enchère. Le saisissant, dans la huitaine après la transcription, et, à son défaut, après ce délai, le créancier le plus diligent, la partie saisie ou l'adjudicataire, dépose au greffe (1) l'état des inscriptions et requiert l'ouverture du procès-verbal d'ordre (*C. pr.*, *749*, *750*).

6022. Le juge-commissaire, dans les huit jours de sa nomination (*C. pr.*, *749*), ou le juge spécial (*même article*), dans les trois jours de la réquisition, convoque les créanciers inscrits, afin de se régler amiablement sur la distribution du prix. Cette convocation est faite par lettres chargées à la poste, expédiées par le greffier et adressées tant aux domiciles élus par les créanciers dans les inscriptions qu'à leur domicile réel en France ; les frais en sont avancés par le requérant. La partie saisie (2) et l'adjudicataire sont également convoqués. — Le délai pour comparaître est de dix jours au moins entre la date de la convocation et le jour de la réunion. — Le juge dresse procès-verbal de la distribution du prix par règlement amiable ; il ordonne la délivrance des bordereaux aux créanciers utilement colloqués et la radiation des inscriptions des créanciers non admis en ordre utile. — Les inscriptions sont rayées sur la présentation d'un extrait, délivré par le greffier, de l'ordonnance de juge. — Les créanciers non comparants sont condamnés à une amende de vingt-cinq francs (*C. pr.*, *751*). L'avoué ne peut représenter le créancier sans un mandat spécial (3) qui peut être sous seing privé (4).

6023. Peuvent consentir à l'ordre amiable : le mineur émancipé avec l'assistance de son curateur ; l'individu pourvu d'un conseil judiciaire avec l'assistance de ce conseil (5) ; la femme séparée de biens ou dont les biens sont paraphernaux, sans l'autorisation de son mari (6) ; le mari pour une créance

---

FORMULE 833. — **Quittance de prix de vente par suite d'ordre judiciaire.**
(Nᵒˢ 6020 à 6052.)

Par-devant Mᵉ....,
Ont comparu : 1º M. Charles Duhamel, cultivateur, demeurant à....,   d'une part ;
2º M. Louis Carlier, rentier, demeurant à.... ;
3º M. Félix Didier, propropriétaire, demeurant à.... ;
4º Léon Brassier, avoué près le tribunal civil de...., demeurant à.... ;
5º Et M. Honoré Plet, aussi avoué près le tribunal civil de...., demeurant à....,
Ces quatre derniers d'autre part ;
Lesquels, pour arriver à la quittance faisant l'objet des présentes, ont arrêté ce qui suit :

Sur les poursuites en expropriation exercées par M. Carlier, comparant, contre M. Jérôme Trouillet, cultivateur, demeurant à...., il a été procédé, après l'accomplissement des formalités prescrites par la loi, sur le cahier des charges dressé par

---

(1) Du tribunal du lieu de la situation de l'immeuble vendu, qui est seul compétent : Chauveau et Carré, nᵒ 2544 : Pigeau. II, p 408 ; Persil, II. p. 415 ; Berriat, Saint-Prix, p. 612, nᵒ 6 ; Olivier et Mourlon, p. 450 ; Cass., 18 avril et 13 juin 1809, 3 janv. 1810 ; Bourges, 10 fév. 1813.

(2) Sa présence dans l'ordre amiable est nécessaire : Bordeaux, 13 mai 1863.

(3) Caen, 29 mars 1839 ; Cass., 16 nov. 1839.

(4) Aix, 13 mars 1860.

(5) Demolombe, VIII, p 216 ; Dalloz, *Minor.*, nᵒ 817 ; Cass., 13 janv. 1840.

(6) Olivier et Mourlon, p. 507.

propre à **sa** femme non séparée, même dotale (1). Le tuteur ne peut y consentir qu'en cas de remboursement intégral de la créance du mineur; sinon il faut l'autorisation du conseil de famille homologuée par le tribunal (2).

6024. Le créancier qui est remboursé; ou dont l'inscription ne vient pas en ordre utile, peut envoyer au juge-commissaire mainlevée de son hypothèque dans une lettre dont la signature est légalisée par le maire de la commune (3).

6025. A défaut de règlement amiable dans le délai d'un mois, du jour de l'ordonnance de convocation (4), le juge constate sur le procès-verbal que les créanciers n'ont pu se régler entre eux, et prononce l'amende contre ceux qui n'ont pas comparu. Il déclare l'ordre ouvert et commet un ou plusieurs huissiers à l'effet de sommer les créanciers de produire. Cette partie du procès-verbal ne peut être expédiée ni signifiée (*C. pr.*, 752).

6026. Dans les huit jours de l'ouverture de l'ordre, sommation de produire est faite aux créanciers par acte signifié aux domiciles élus dans leurs inscriptions ou à celui de leurs avoués, s'il y en a de constitués, et au vendeur à son domicile réel situé en France, à défaut de domicile élu par lui ou de constitution d'avoué. — La sommation contient l'avertissement que, faute de produire dans les quarante jours, le créancier sera déchu. — L'ouverture de l'ordre est en même temps dénoncée à l'avoué de l'adjudicataire. Il n'est fait qu'une seule dénonciation à l'avoué qui représente plusieurs adjudicataires. — Dans les huit jours de la sommation par lui faite aux créanciers inscrits, le poursuivant en remet l'original au juge qui en fait mention sur le procès-verbal (*C. pr.*, 753).

6027. Dans les quarante jours de cette sommation, tout créancier est tenu de produire ses titres avec acte de produit signé de son avoué et contenant demande en collocation. Le juge fait mention de la remise sur le procès-verbal (*C. pr.*, 754).

6028. L'expiration du délai de quarante jours ci-dessus fixé emporte de plein droit déchéance contre les créanciers non produisants. Le juge la constate immédiatement et d'office sur le procès-

M⁰ DUTARD, avoué poursuivant, et suivant jugement de l'audience des saisies du tribunal de première instance de....., en date du....., à la vente de l'immeuble saisi, consistant en une pièce de terre labourable située commune de....., lieu dit....., section....., n°..... du plan cadastral, de la contenance de.....

M. DUHAMEL, comparant, s'est rendu adjudicataire de cet immeuble, par l'entremise de M. BRASSIER, son avoué, qui lui en a passé déclaration, suivant acte dressé au greffe du même tribunal, le....., moyennant un prix principal de dix mille francs, outre la charge de payer à M. DUTARD, avoué poursuivant, la somme de six cent douze francs, montant des frais préparatoires de vente.

M. DUHAMEL s'est libéré de ces frais préparatoires ainsi que des remises proportionnelles, comme le constate une quittance du....., se trouvant en suite dudit jugement d'adjudication avec lequel elle a été enregistrée.

Une expédition de ce jugement d'adjudication a été transcrite au bureau des hypothèques du....., le....., vol....., n°....., et, le même jour, il a été pris une inscription d'office au profit de M. TROUILLET contre M. DUHAMEL, vol....., n°.....

L'état délivré sur cette transcription, à la date du même jour, a fait connaître, outre l'inscription d'office ci-dessus énoncée, l'existence de six inscriptions.

La première, prise le....., vol....., n°....., au profit de M. CARLIER, comparant, contre M. TROUILLET, pour sûreté de six mille francs, montant en principal de l'obligation pour prêt, souscrite par ce dernier à son profit, suivant acte passé devant M⁰....., notaire à....., ...

Il sera ci-après donné mainlevée définitive de cette inscription.

---

(1) Dalloz, *Contr. de mar.*, n° 3427; Grenoble, 13 juill. 1848. Voir cependant Tessier, I. p. 289; Rodière et Pont, II, 494.
(2) Chauveau, n° 2541; Bioche, *Ordre*, n° 98; Colmet d'Aage Cours, n° 4024; Duvergier, n° 152. Voir cependant Olivier et Mourlon, p. 304.
(3) Circ. min., 2 mars 1859. V. Cass., 11 juill. 1805; Jur. N., 13123.

(4) Mourlon et Olivier, n° 324; Grosse et Rameau, n° 290; Duvergier, p. 452, 453; Chauveau, n° 2550 *bis*; CONTRA, Circ. min., 2 mai 1859, qui fixe le jour du départ pour le délai à la réquisition d'ouverture du procès-verbal s'il y a un juge-commissaire, ou s'il n'y en a pas, à la nomination du juge-commissaire. Voir Nîmes, 9 mai 1860.

verbal, et dresse l'état de collocation sur les pièces produites. Cet état est dressé, au plus tard, dans les vingt jours qui suivent l'expiration du délai ci-dessus. Dans les dix jours de la confection de l'état de collocation, le poursuivant la dénonce, par acte d'avoué à avoué : 1° aux créanciers produisants ; 2° à la partie saisie, avec sommation d'en prendre communication, et de contredire, s'il y échet, sur le procès-verbal dans le délai de trente jours (*C. pr.*, 755), à partir du jour de la dernière dénonciation adressée soit aux créanciers, soit à la partie saisie (1).

6029. Faute par les créanciers produisants et la partie saisie de prendre communication de l'état de collocation et de contredire dans ledit délai, ils demeurent forclos sans nouvelle sommation ni jugement ; il n'est fait aucun dire s'il n'y a contestation (*C. pr.*, 756).

6030. Lorsqu'il y a lieu à ventilation du prix de plusieurs immeubles vendus collectivement, le juge, sur la réquisition des parties ou d'office, par ordonnance inscrite sur le procès-verbal, nomme un ou trois experts, fixe le jour où il recevra leur serment et le délai dans lequel ils devront déposer leur rapport. — Cette ordonnance est dénoncée aux experts par le poursuivant ; la prestation de serment est mentionnée sur le procès-verbal d'ordre auquel est annexé le rapport des experts, qui ne peut être levé ni signifié. — En établissant l'état de collocation provisoire, le juge prononce sur la ventilation (*C. pr.*, 757).

6031. Tout contestant doit motiver son dire, et produire toutes pièces à l'appui ; le juge renvoie les contestants à l'audience qu'il désigne, et commet en même temps l'avoué chargé de suivre l'audience. — Néanmoins, il arrête l'ordre et ordonne la délivrance des bordereaux de collocation pour les créances antérieures à celles contestées ; il peut même arrêter l'ordre pour les créances postérieures, en réservant somme suffisante pour désintéresser les créanciers contestés (*C. pr.*, 758).

6032. S'il ne s'élève aucune contestation, le juge est tenu, dans les quinze jours qui suivent

---

La seconde, prise le....., vol....., n°....., au profit de M. DIDIER, comparant, contre M. TROUILLET, en vertu d'un jugement du tribunal civil de....., du....., pour sûreté de cinq mille quatre cents francs, montant en principal des condamnations prononcées par ce jugement.

Il sera ci-après donné mainlevée de cette inscription, en ce qu'elle grève l'immeuble vendu à M. DUHAMEL.

La troisième, prise le....., vol....., n°....., au profit de M. PAULIN, banquier à....., en vertu d'un jugement du tribunal de commerce de....., pour sûreté de.....

La quatrième, prise le....., vol....., n°....., au profit de M. Léon CHESNEL, négociant, demeurant à....., en vertu d'un jugement du même tribunal, du....., pour sûreté de.....

La cinquième, prise le....., vol....., n°....., au profit de M. Jacques PERRIN, rentier, demeurant à....., en vertu d'une obligation pour prêt passée devant M°....., notaire à....., le....., pour sûreté de.....

Et la sixième, prise le....., vol....., n°....., au profit de M. Paul HERBIN, entrepreneur de travaux publics, demeurant à....., en vertu d'un jugement du tribunal civil de....., du..... pour sûreté de.....

Les inscriptions ci-dessus énoncées conservant des sommes se montant à un chiffre supérieur au prix de son adjudication, M. DUHAMEL a fait le dépôt de l'état d'inscription dont il est ci-dessus question, au greffe du tribunal civil de....., afin d'arriver à la distribution du prix par la voie de l'ordre.

Une tentative d'ordre amiable ayant été infructueuse, il a été procédé à un ordre judiciaire suivant procès-verbal ouvert au greffe du tribunal civil de....., le....., réglé provisoirement le....., et clos définitivement le.....

La somme mise en distribution se composait de :

---

(1) Caen, 31 août 1863. Voir cependant Caen, 5 août, 1828 ; Lyon, 21 janv. 1831, selon lesquels le délai court pour chaque créancier, à partir de la dénonciation à lui faite.

l'expiration du délai pour prendre communication et contredire, de faire la clôture de l'ordre; il liquide les frais de radiation et de poursuite d'ordre qui sont colloqués par préférence à toutes autres créances; il liquide, en outre, les frais de chaque créancier colloqué en rang utile, et ordonne la délivrance des bordereaux de collocation aux créanciers utilement colloqués, et la radiation des inscriptions de ceux non utilement colloqués. Il est fait distraction, en faveur de l'adjudicataire, sur le montant de chaque bordereau, des frais de radiation de l'inscription (*C. pr.*, 759).

6033. Les créanciers postérieurs en ordre d'hypothèque aux collocations contestées sont tenus, dans la huitaine après les trente jours accordés pour contredire, de s'entendre entre eux sur le choix d'un avoué; sinon ils sont représentés par l'avoué du dernier créancier colloqué. L'avoué poursuivant ne peut, en cette qualité, être appelé dans la contestation (*C. pr.*, 760).

6034. L'audience est poursuivie, à la diligence de l'avoué commis, sur un simple acte contenant à-venir pour l'audience fixée conformément à l'art. 758. L'affaire est jugée comme sommaire sans autre procédure que des conclusions motivées de la part des contestés, et le jugement contient liquidation des frais. S'il est produit de nouvelles pièces, toute partie contestante ou contestée est tenue de les remettre au greffe trois jours au moins avant cette audience; il en est fait mention sur le procès-verbal. Le tribunal statue sur les pièces produites; néanmoins il peut, mais seulement pour causes graves et dûment justifiées, accorder un délai pour en produire d'autres; le jugement qui prononce la remise fixe le jour de l'audience; il n'est ni levé ni signifié. La disposition du jugement qui accorde ou refuse un délai n'est susceptible d'aucun recours (*C. pr.*, 761).

6035. Les jugements sur les incidents et sur le fond sont rendus sur le rapport du juge et sur les conclusions du ministère public. — Le jugement sur le fond est signifié dans les trente jours de sa date à avoué seulement, et n'est pas susceptible d'opposition. La signification à avoué fait courir le délai d'appel contre toutes les parties à l'égard les unes des autres. — L'appel est interjeté dans les dix jours de la signification du jugement à avoué, outre un jour par cinq myriamètres de distance

---

Dix mille francs dus par M. DUHAMEL pour le prix de l'adjudication ci-dessus énoncée, ci.. . . . . 10,000 »

Et trois cent douze francs pour l'intérêt de cette somme, couru depuis le jour de l'adjudication jusqu'à celui de la clôture de l'ordre, ci. . . . . . . 312 »

Ensemble, dix mille trois cent douze francs, ci. . . . . 10,312 »
Ont été colloqués :

Premièrement. Par privilége : M. DUHAMEL, pour la somme de deux cent vingt francs, montant des frais de poursuites d'ordre, de production, de délivrance d'extraits et de certificats de radiation des inscriptions non venues en ordre utile, et dont distraction a été prononcée au profit de Me BRASSIER, avoué, ci. . . . . 220 »

Deuxièmement. Par première hypothèque : M. CARLIER, pour une somme de six mille cinq cent quarante-trois francs, composée de :

1° Six mille francs, pour le montant en principal de l'obligation souscrite à son profit par M. TROUILLET, suivant acte passé devant Me. . . . ., notaire à. . . . ., le. . . ., et qui fait l'objet de la première des inscriptions contenues en l'état ci-dessus énoncé, ci. . . . . 6,000 »

2° Cinq cents francs, pour l'intérêt de cette somme couru depuis le. . . . ., jusqu'au jour de la clôture de l'ordre, ci.. . . . . 500 »

3° Et quarante-trois francs, pour frais de production à l'ordre et de délivrance du bordereau de collocation, dont distraction a été prononcée au profit de Me PLET, avoué, ci. . . . . 43 »

Montant de la collocation au profit de M. CARLIER, en principal
et intérêt, ci. . . . . 6,500 » 6,500 »

                                        A reporter. . . . . 6,763 »

entre le siége du tribunal et le domicile réel de l'appelant; l'acte d'appel est signifié au domicile de l'avoué, et au domicile réel du saisi, s'il n'a pas d'avoué. Il contient assignation et l'énonciation des griefs, à peine de nullité. — L'appel n'est recevable que si la somme contestée excède celle de quinze cents francs, quel que soit d'ailleurs le montant des créances des contestants et des sommes à distribuer (C. pr., 762).

6036. L'avoué du créancier dernier colloqué peut être intimé, s'il y a lieu. L'audience est poursuivie et l'affaire instruite conformément à l'art. 761, *supra n° 6034*, sans autre procédure que des conclusions motivées de la part des intimés (C. pr., 765).

6037. La Cour statue sur les conclusions du ministère public. L'arrêt contient liquidation des frais; il est signifié dans les quinze jours de sa date à avoué seulement, et n'est pas susceptible d'opposition. La signification à avoué fait courir le délai du pourvoi en cassation (C. pr., 764).

6038. Dans les huit jours qui suivent l'expiration du délai d'appel, et en cas d'appel dans les huit jours de la signification de l'arrêt, le juge arrête définitivement l'ordre des créances contestées et des créances postérieures conformément à l'art. 759, *supra n° 6032*. — Les intérêts et arrérages des créanciers utilement colloqués cessent à l'égard de la partie saisie (C. pr., 765).

6039. Les dépens des contestations ne peuvent être pris sur les deniers provenant de l'adjudication. — Toutefois, le créancier dont la collocation rejetée d'office, malgré une production suffisante, a été admise par le tribunal sans être contestée par aucun créancier, peut employer ses dépens sur le prix au rang de sa créance. — Les frais de l'avoué qui a représenté les créanciers postérieurs en ordre d'hypothèque aux collocations contestées peuvent être prélevés sur ce qui reste de deniers à distribuer, déduction faite de ceux qui ont été employés à payer les créanciers antérieurs. Le jugement qui autorise l'emploi des frais prononce la subrogation au profit du créancier sur lequel les fonds manquent ou de la partie saisie. L'exécutoire énonce cette disposition et indique la partie qui doit en profiter. — Le contestant ou le contesté qui a mis de la négligence dans la production des pièces peut

Report.	6,763	»

Troisièmement. Enfin, par seconde hypothèque, M. DIDIER, comparant, pour une somme de trois mille cinq cent quarante-neuf francs, à valoir sur la créance dont l'indication suit :

1° Cinq mille quatre cents francs, montant en principal de la condamnation prononcée à son profit contre M. TROUILLET, suivant jugement rendu par le tribunal civil de. . . . ., le. . . . ., et faisant l'objet de la deuxième des inscriptions contenues audit état, ci. . . . . 5,400 »

2° Trois cent seize francs, pour les frais d'obtention dudit jument et d'exécution, ci. . . . . 316 »

3° Quatre cent vingt francs, pour l'intérêt de ladite somme capitale, couru depuis le. . . . ., jusqu'au jour de la clôture de l'ordre, ci. 420 »

4° Et trente-huit francs, pour frais de production à l'ordre et de délivrance du bordereau de collocation dont distraction a été prononcée au profit de Mᵉ BRASSIER, avoué, ci. . . . . 38 »

Ensemble, ci. . . . . 6,174 »

Si, du montant de la collocation de M. DIDIER. . . . . . . 3,549 »
On déduit trente-huit francs attribués à M. BRASSIER, pour frais de production et de délivrance du bordereau de collocation, ci. . 38 »   38 »

Il reste pour M. DIDIER une somme de. . . . . 3,511 »   3,511 »

Montant des collocations, égal au prix en principal et intérêt, de l'adjudication au profit de M. DUHAMEL. . . . . 10,312 »

Le procès-verbal d'ordre a ordonné la radiation des troisième, quatrième, cinquième

être condamné aux dépens, même en obtenant gain de cause. — Lorsqu'un créancier condamné aux dépens des contestations a été colloqué en rang utile, les frais mis à sa charge sont, par une disposition spéciale du règlement d'ordre, prélevés sur le montant de sa collocation au profit de la partie qui a obtenu la condamnation (*C. pr., 766*).

6040. Dans les trois jours de l'ordonnance de clôture, l'avoué poursuivant la dénonce par un simple acte d'avoué à avoué. — En cas d'opposition à cette ordonnance par un créancier, par l'adjudicataire ou la partie saisie, cette opposition est formée, à peine de nullité, dans la huitaine de la dénonciation, et portée dans la huitaine suivante à l'audience du tribunal, même en vacation, par un simple acte d'avoué contenant moyens et conclusions ; et, à l'égard de la partie saisie n'ayant pas d'avoué en cause, par exploit d'ajournement à huit jours. La cause est instruite et jugée conformément aux art. 761, 762 et 764, *supra* n°ˢ *6034, 6035, 6037*, même en ce qui concerne l'appel du jugement (*C. pr., 767*).

6041. Le créancier sur lequel les fonds manquent et la partie saisie ont leur recours contre ceux qui ont succombé, pour les intérêts et arrérages qui ont couru pendant les contestations (*C. pr., 768*).

6042. Dans les dix jours, à partir de celui où l'ordonnance de clôture ne peut plus être attaquée, le greffier délivre un extrait de l'ordonnance du juge pour être déposé par l'avoué poursuivant au bureau des hypothèques. Le conservateur, sur la présentation de cet extrait, fait la radiation des inscriptions des créanciers non colloqués (*C. pr., 769*).

6043. Dans le même délai, le greffier délivre à chaque créancier colloqué un bordereau de collocation exécutoire contre l'adjudicataire ou contre la caisse des consignations. — Le bordereau des frais de l'avoué poursuivant ne peut être délivré que sur la remise des certificats de radiation des inscriptions des créanciers non colloqués. Ces certificats demeurent annexés au procès-verbal (*C. pr., 770*).

6044. Le créancier colloqué, en donnant quittance du montant de sa collocation [Form. 833], consent la radiation de son inscription. Au fur et à mesure du payement des collocations, le conservateur des hypothèques, sur la représentation du bordereau et de la quittance du créancier, décharge d'office l'inscription jusqu'à concurrence de la somme acquittée. — L'inscription d'office est rayée définitivement, sur la justification faite par l'adjudicataire du payement de la totalité de son prix, soit aux créanciers colloqués, soit à la partie saisie (*C. pr., 771*).

6045. II. *Aliénation volontaire.* Lorsque l'aliénation n'a pas lieu sur expropriation forcée, l'ordre est provoqué par le créancier le plus diligent ou par l'acquéreur. — Il peut être aussi provoqué par le vendeur, mais seulement lorsque le prix est exigible. — Dans tous les cas, l'ordre n'est ouvert qu'après l'accomplissement des formalités prescrites pour la purge des hypothèques. — Il est introduit

---

et sixième, des inscriptions contenues audit état, comme n'étant pas venues en ordre utile.

Cette radiation a été opérée, ainsi que le constate un certificat délivré par M. le conservateur des hypothèques de....., le.....

Par suite, rien ne s'oppose plus à la libération de M. Duhamel.

Ces faits exposés, M. Duhamel a payé à l'instant en espèces ayant cours et en billets de la banque de France acceptés pour numéraire ; le tout compté et réellement délivré à la vue des notaires soussignés :

1° A M. Brassier, avoué, la somme de deux cent cinquante-huit francs, montant réuni de ses deux collocations ; l'une de deux cent vingt francs, comme avoué poursuivant l'ordre, et l'autre de trente-huit francs, comme avoué de M. Didier, ci.   258   »

2° A M. Plet, avoué, la somme de quarante-trois francs, montant de sa collocation, ci.   43   »

3° A M. Carlier, la somme de six mille cinq cent trente-deux francs, composée de :

A reporter.   301   »

et réglé dans les formes établies par le présent titre. — Les créanciers à hypothèques légales qui n'ont pas fait inscrire leurs hypothèques dans le délai fixé par l'art. 2195, *supra n° 6090*, ne peuvent exercer de droit de préférence sur le prix qu'autant qu'un ordre est ouvert dans les trois mois qui suivent l'expiration de ce délai et sous les conditions déterminées par la dernière disposition de l'art. 717 (*C. pr.*, 772).

6046. III. *Jugement d'attribution.* Quel que soit le mode d'aliénation, l'ordre ne peut être provoqué s'il y a moins de quatre créanciers inscrits. — Après l'expiration des délais étab.is par les art. 750 et 772, *supra n°ˢ 6021, 6045*, la partie qui peut poursuivre l'ordre, présente requête au juge spécial, et, s'il n'y en a pas, au président du tribunal, à l'effet de faire procéder au prélimi iaire de règlement amiable dans les formes et délais établis en l'art. 751, *supra n° 6022*. — A défaut de règlement amiable, la distribution du prix est réglée par le tribunal, jugeant comme en matère sommaire, sur assignation signifiée à personne ou domicile, à la requête de la partie la plus di igente, sans autre procédure que des conclusions motivées. Le jugement est signifié à avoué seulement, s'il y a avoué constitué. — En cas d'appel, il est procédé comme aux art. 763 et 76ﺀ, *supra n°ˢ 6036, 6037* (*C. pr.*, 773).

6047. IV. *Règles communes.* L'acquéreur est employé par préférence pour le coât de l'extrait des inscriptions et des dénonciations aux créanciers inscrits (*C. pr.*, 774).

6048. Tout créancier peut prendre inscription pour conserver les droits de son débiteur ; mais le montant de la collocation du débiteur est distribué, comme chose mobilière, entre ous les créanciers inscrits ou opposants avant la clôture de l'ordre (*C. pr.*, 775).

6049. En cas d'inobservation des formalités et délais prescrits par les art. 753, 755, § 2, et 769, l'avoué poursuivant est déchu de la poursuite, sans sommation ni jugement. Le juge pourvoit à son remplacement, d'office ou sur la réquisition d'une partie, par ordonnance inscrite sur le procès-verbal : cette ordonnance n'est susceptible d'aucun recours. — Il en est de même à l'égard de l'avoué commis qui n'a pas rempli les obligations à lui imposées par les art. 758 et 761, *supra n°ˢ 6031, 6034*. — L'avoué déchu de la poursuite est tenu de remettre immédiatement les pièces sur le récépissé de l'avoué qui le remplace, et n'est payé de ses frais qu'après la clôture de l'ordre (*C. pr.*, 776).

6050. L'adjudicataire sur expropriation forcée qui veut faire prononcer la radiation des inscriptions avant la clôture de l'ordre doit consigner son prix et les intérêts échus, sans offres réelles préalables. — Si l'ordre n'est pas ouvert, il doit en requérir l'ouverture après l'expiration du délai fixé par l'art. 750, *supra n° 6021*. Il dépose à l'appui de sa réquisition le récépissé de la caisse des consignations, et déclare qu'il entend faire prononcer la validité de la consignation et la radiation des inscriptions. — Dans les huit jours qui suivent l'expiration du délai pour produire, fixé par l'art. 754,

Report.	301	«
Six mille cinq cents francs, montant de sa collocation en principal et intérêt, ci.. . . . . 6,500　»		6,532　»
Et trente-deux francs, pour l'intérêt du capital de sa créance, couru du jour de la clôture de l'ordre à cejourd'hui, ci. . . . . 32　»		
4° Et à M. Didier, la somme de trois mille cinq cent vingt-neuf francs, composée de :		
Trois mille cinq cent onze francs, montant de sa collocation ci-dessus énoncée, ci. . . . . 3,511　»		3,529　»
Et dix-huit francs pour l'intérêt de cette somme, couru du jour de la clôture de l'ordre à cejourd'hui, ci. . . . . 18　»		
Ensemble, dix mille trois cent soixante-deux francs, ci.	10,362	»

Desquelles sommes ainsi payées, MM. Brassier, Plet, Carlier et D.dier donnent à M. Duhamel bonne et valable quittance.

Et, par suite, ils donnent mainlevée pure et simple avec désistement de tous droits, privilégiés et résolutoires, et consentent à la radiation entière et définitive de l'inscrip-

supra n° 6027, il fait sommation par acte d'avoué à avoué, et par exploit à la partie saisie, si elle n'a pas avoué constitué, de prendre communication de sa déclaration, et de la contester dans les quinze jours, s'il y a lieu. A défaut de contestation dans ce délai, le juge, par ordonnance, sur le procès-verbal, déclare la consignation valable et prononce la radiation de toutes les inscriptions existantes, avec maintien de leur effet sur le prix. En cas de contestation, il est statué par le tribunal sans retard des opérations de l'ordre. — Si l'ordre est ouvert, l'adjudicataire, après la consignation, fait sa déclaration sur le procès-verbal par un dire signé de son avoué, en y joignant le récépissé de la caisse des consignations. Il est procédé comme il est dit ci-dessus, après l'échéance du délai des productions. — En cas d'aliénation autre que celle sur expropriation forcée, l'acquéreur qui, après avoir rempli les formalités de la purge, veut obtenir la libération définitive de tous priviléges et hypothèques par la voie de la consignation, opère cette consignation sans offres réelles préalables. A cet effet, il somme le vendeur de lui rapporter dans la quinzaine mainlevée des inscriptions existantes, et lui fait connaître le montant des sommes en capital et intérêts qu'il se propose de consigner. Ce délai expiré, la consignation est réalisée, et, dans les trois jours suivants, l'acquéreur ou adjudicataire requiert l'ouverture de l'ordre, en déposant le récépissé de la caisse des consignations. Il est procédé sur sa réquisition conformément aux dispositions ci-dessus (*C. pr.*, 777).

6051. Toute contestation relative à la consignation du prix est formée sur le procès-verbal par un dire motivé, à peine de nullité; le juge renvoie les contestants devant le tribunal. — L'audience est poursuivie sur un simple acte d'avoué à avoué, sans autre procédure que des conclusions motivées; il est procédé ainsi qu'il est dit aux art. 761, 763 et 764, *supra* n°ˢ *6034, 6036, 6037*. — Le prélèvement des frais sur le prix peut être prononcé en faveur de l'adjudicataire ou acquéreur (*C. pr.*, 778).

6052. L'adjudication sur folle enchère, intervenant dans le cours de l'ordre, et même après le règlement définitif et la délivrance des bordereaux, ne donne pas lieu à une nouvelle procédure. Le juge modifie l'état de collocation suivant les résultats de l'adjudication, et rend les bordereaux exécutoires contre le nouvel adjudicataire (*C. pr.*, 779).

tion d'office prise au profit de M. TROUILLET contre M. DUHAMEL, au bureau des hypothèques de....., le....., vol....., n°.....

En outre, MM. CARLIER et DIDIER donnent mainlevée avec désistement d'hypothèque, et consentent à la radiation des inscriptions ci-après, savoir :

M. CARLIER, définitivement et sans réserve, de l'inscription prise à son profit contre M. TROUILLET, au bureau des hypothèques de....., le....., vol....., n°.....,

Et M. DIDIER, de l'inscription prise à son profit, aussi contre M. TROUILLET, au bureau des hypothèques de....., le....., vol....., n°....., définitivement en ce qu'elle grève l'immeuble vendu à M. DUHAMEL, et sur tous autres immeubles, jusqu'à concurrence seulement de trois mille cinq cent vingt-neuf francs, s'appliquant au capital pour deux mille huit cent trente-huit francs, et aux frais et intérêts, pour sept cent cinquante-quatre francs; réserve la plus expresse étant faite de ladite inscription et des droits d'hypothèque qu'elle peut conserver sur tous autres immeubles, pour la somme de deux mille cinq cent soixante-deux francs de principal avec tous intérêts et accessoires.

En opérant la radiation de ces inscriptions dans le sens des mainlevées qui viennent d'être consenties, M. le conservateur sera déchargé.

M. CARLIER a remis ses titres de créance à M. DUHAMEL, qui le reconnaît.

En outre, il a été remis à M. DUHAMEL les bordereaux des collocations au profit de MM. BRASSIER, CARLIER et DIDIER.

Mention des présentes est consentie pour avoir lieu sur toutes pièces où besoin sera.

DONT ACTE. Fait et passé, etc.

TITRE VINGTIÈME.

DE LA PRESCRIPTION.

SOMMAIRE

FORMULES

CHAPITRE PREMIER.

DISPOSITIONS GÉNÉRALES.

6053. La prescription est un moyen d'acquérir, *supra n° 1658*, ou de se libérer, *supra n° 3265*, par un certain laps de temps, et sous les conditions déterminées par la loi (*C. N.*, 2219).

6054. On ne peut, d'avance, renoncer à la prescription; on peut renoncer à la prescription acquise [FORM. 834] (*C. N.*, 2220). On peut renoncer d'avance à invoquer la prescription de dix à vingt ans, *infra n° 6095* [FORM. 835], ce qui a pour effet de détruire la bonne foi et de rejeter le possesseur dans la prescription trentenaire (1).

6055. La renonciation à la prescription est expresse ou tacite : la renonciation tacite résulte d'un fait qui suppose l'abandon du droit acquis (*C. N.*, 2221); par exemple : 1° si je paye un à-compte sur une créance prescrite (2), à moins que je ne proteste ne reconnaître la dette que pour la partie que j'acquitte (3); 2° si je fournis une caution pour le payement d'une dette prescrite (4); 3° si je paye les arrérages d'une rente depuis que la prescription est accomplie (5); 4° si, au lieu d'invoquer la prescription, je me contente de discuter sur la quotité de la dette (6), ou sur le compte auquel elle peut donner lieu (7).

6056. La renonciation à la prescription acquise est opposable à celui-là seulement qui l'a consentie et à ses héritiers et représentants, mais non à ses codébiteurs solidaires, s'ils ne l'ont pas chargé de renoncer aussi pour eux, ni à la caution, ni aux tiers détenteurs qui, avant la reconnaissance, avaient acquis des héritages hypothéqués à la dette (8).

6057. Celui qui ne peut aliéner, *supra n°s 5157, 5996*, ne peut renoncer à la prescription acquise (*C. N.*, 2222); s'il y a été renoncé en son nom, il peut, lorsqu'il est devenu capable, se faire restituer contre cette renonciation, quand même, en ce qui concerne le mineur ou l'interdit, le tuteur aurait agi avec l'autorisation du conseil de famille et l'homologation du tribunal (9).

6058. Les juges ne peuvent pas suppléer d'office le moyen résultant de la prescription (*C. N.*, 2223), même au profit des mineurs, interdits et autres incapables. Il en est autrement dans les matières criminelles, correctionnelles ou de police (10).

6059. La prescription peut être opposée en tout état de cause, même devant la Cour impériale, alors même que le ministère public aurait conclu et que l'affaire serait en délibéré (11), à moins que

---

FORMULE 834. — **Renonciation à la prescription acquise.** (N°s 6053 à 6092.)

PAR-DEVANT M°.....,

ONT COMPARU : M. Honoré LEBON, négociant, demeurant à.....,
M. Charles LUARD, avocat, et Mme Elise LEBON, son épouse, de lui autorisée, demeurant ensemble à.....,

M. LEBON et Mme LUARD, seuls héritiers, chacun pour moitié, de M. Denis LEBON, leur père, en son vivant propriétaire, demeurant à....., où il est décédé le....., ainsi que le constate un acte de notoriété à défaut d'inventaire, dressé par M°....., notaire à....., qui en a gardé minute, le....., D'UNE PART,

---

(1) Troplong, n° 46; Duranton, XXI, 118; Marcadé, 2220, 3.
(2) A plus forte raison si j'acquitte la créance entière : Troplong, n° 63; ou si je consens à la compenser : Cass., 19 janv. 1825.
(3) Troplong, n°s 57, 61; Marcadé, 2221, 6;
(4) Troplong, n° 65; Marcadé, 2221, 5;
(5) Troplong, n° 64; Marcadé, 2221, 5; Cass., 23 mai 1832.
(6) Troplong, n° 67; Marcadé, 2221, 5; Bordeaux, 14 mars 1828, CONTRA, Cass., 15 déc. 1820.
(7) Troplong, n° 69; Amiens, 11 mars 1826.
(8) Troplong, n° 74; Marcadé, 2221, 7; Cass., 27 janv. 1920.

(9) Troplong, n° 81; Taulier, VII, p. 443; Mourlon, III, p. 15; Massé et Vergé, § 861, note 5. Voir cependant Marcadé, 2222, 8.
(10) Troplong, n° 94; Duranton, XXI, 410; Taulier, VII, p. 416; Massé et Vergé, § 860, note 5; Dict. not- *Pres.*, n° 70; Cass., 11 juin 1829, 5 juin 1830, 1er juill. 1837, 28 janv. 1843, 29 mai 1847, 1er déc. 1848; Paris, 24 fév. 1855, CONTRA, Vazeille, I, 330.
(11) Troplong, n° 53; Marcadé, 2224, 1; Massé et Vergé, § 859 note 46; Arg. Cass., 7 nov. 1827; Nancy, 11 fév. 1833; CONTRA, Duranton, XXI, 135; Orléans, 23 déc. 1822.

a partie qui n'aurait pas opposé le moyen de la prescription ne doive, par les circonstances, être présumée y avoir renoncé (*C. N.*, 2224).

6060. Les créanciers, ou toute autre personne ayant intérêt à ce que la prescription soit acquise peuvent l'opposer, encore que le débiteur ou le propriétaire y renonce (*C. N.*, 2225), en exerçant ses droits conformément aux art. 1166 et 1167 (1), *supra n°s 3185, 3187.*

6061. On ne peut prescrire le domaine des choses qui ne sont point dans le commerce (2) (*C. N.*, 2226), *supra n°s 1105, 1415, 3159, 4000.*

6062. L'Etat, *supra n°s 1415, 1442, 1660, 1676,* les établissements publics, *supra n° 1417,* et les communes, *supra n° 1416,* sont soumis aux mêmes prescriptions que les particuliers, et peuvent également les opposer (*C. N.*, 2227).

CHAPITRE DEUXIÈME.

DE LA POSSESSION.

6063. La possession est la détention ou la jouissance d'une chose ou d'un droit que nous tenons ou que nous exerçons pour nous-mêmes, ou par un autre qui la tient ou qui l'exerce en notre nom (*C. N.*, 2228). Voir *infra n° 6067.*

6064. Pour pouvoir prescrire, il faut une possession continue et non interrompue, paisible, publique, non équivoque, et à titre de propriétaire (*C. N.*, 2229). (3)

6065. La loi trace à cet égard les règles d'interprétation suivantes : 1° On est toujours présumé posséder pour soi, et à titre de propriétaire, s'il n'est prouvé qu'on a commencé à posséder pour un autre (*C. N.*, 2230). — 2° Quand on a commencé à posséder pour autrui, on est toujours présumé posséder au même titre, s'il n'y a preuve du contraire (*C. N.*, 2231). — 3° Les actes de pure faculté et ceux de simple tolérance ne peuvent fonder ni possession ni prescription (*C. N.*, 2232). — 4° Les actes de violence ne peuvent fonder non plus une possession capable d'opérer la prescription. La possession utile ne commence que lorsque la violence a cessé (*C. N.* 2233). — 5° Le possesseur actuel qui

---

Et M. Constant DURET, cultivateur, demeurant à....., D'AUTRE PART ;

Lesquels, pour arriver à la renonciation à prescription faisant l'objet des présentes, ont exposé ce qui suit :

Aux termes d'un contrat passé devant M^e....., notaire à....., le six août mil huit cent trente-trois, le mandataire de M. DURET, comparant, a vendu à M. Denis LEBON une maison située à....., avec un enclos en dépendant, le tout de la contenance de....., tenant par devant à la rue du village, au fond à la ruelle des vignes, d'un côté à M....., d'autre côté à M.....

Cette vente a été faite moyennant un prix de....., qui a été payé comptant.

Suivant acte sous seing privé, en date du premier octobre mil huit cent trente-trois, portant cette mention : Enregistré, etc., M. LEBON a loué, pour dix-huit années qui ont commencé à courir à partir du jour dudit acte pour finir le....., divers immeubles ci-après désignés, en énonçant qu'il en était propriétaire au moyen de l'acquisition DURET ci-dessus mentionnée, savoir :

---

(1) Troplong. n° 101 ; Duranton, XXI, 150 ; Taulier, VII, p. 447 ; Marcadé, 2225, 2 ; Zach., Massé et Vergé, § 859, note 4 ; Cass., mai 1851 ; J. N., 14366. Voir cependant Vazeille, I, 352 ; Mourlon, I, p. 19.

(2) Voir, en ce qui concerne les forêts de l'État, Cass., 17 juill. 1850 ; J. N., 14135 ; en ce qui concerne les églises, Troplon5, n° 170 ; Dict. not., *Presc.*, n° 45 ; Paris, 16 fév. 1851 ; J. N., 14406.

(3) V. Cass., 24 avril 1866, 6 fév. 1867.

prouve avoir possédé anciennement, est présumé avoir possédé dans le temps intermédiaire, sauf la preuve contraire (*C. N.*, *2234*).

6066. Pour compléter la prescription, on peut joindre à sa possession celle de son auteur, de quelque manière qu'on lui ait succédé, soit à titre universel ou particulier, soit à titre lucratif ou onéreux (*C. N.*, *2235*).

CHAPITRE TROISIÈME.

DES CAUSES QUI EMPÊCHENT LA PRESCRIPTION.

6067. Ceux qui possèdent pour autrui ont une *possession précaire*, et ne prescrivent jamais, par quelque laps de temps que ce soit; — ainsi, le fermier, le dépositaire, l'usufruitier et tous autres qui détiennent précairement la chose du propriétaire, ne peuvent la prescrire (*C. N.*, *2236*). Il en est ainsi de : l'usager, l'emphytéote, l'envoyé en possession provisoire, le séquestre, l'antichrésiste, le gagiste, le mari relativement aux biens de sa femme (1), le tuteur relativement aux biens de son pupille, le mandataire, le *negotiorum gestor*, le maire relativement aux biens de sa commune (2), etc.

6068. Les héritiers de ceux qui tenaient la chose, à quelqu'un des titres désignés au numéro précédent, ne peuvent non plus prescrire (*C. N.*, *2237*).

6069. Néanmoins les personnes énoncées dans les art. 2236 et 2237 peuvent prescrire, si le titre de leur possession se trouve interverti, soit par une cause venant d'un tiers, soit par la contradiction qu'elles ont opposée au droit du propriétaire (*C. N.*, *2238*) et qui peut être prouvée par témoins (3).

6070. Ceux à qui les fermiers, dépositaires, et autres détenteurs précaires, ont transmis la chose par un titre translatif de propriété, peuvent la prescrire (*C. N.*, *2239*).

6071. On ne peut pas prescrire contre son titre, en ce sens que l'on ne peut point se changer à soi-même la cause et le principe de sa possession (*C. N.*, *2240*).

6072. On peut prescrire contre son titre, en ce sens que l'on prescrit la libération de l'obligation que l'on a contractée (*C. N.*, *2241*).

1° Une maison avec enclos y attenant, de la contenance de.....;

2° Un autre enclos, séparé du premier immeuble par la ruelle des Vignes, d'une contenance de.....,

Moyennant un loyer annuel de....., payable le....., de chaque année.

Ce bail a été renouvelé pour une autre période de dix-huit ans, suivant autre acte sous seing privé en date à....., du....., portant cette mention : Enregistré à....., etc.

Les parties déclarent et reconnaissent ici que le premier des deux immeubles compris dans le bail à M. FLEURY a seul fait l'objet de la vente par M. DURET à M. LEBON père, et que c'est par le résultat d'une erreur, si l'autre immeuble a été aussi porté dans ledit bail.

Néanmoins, M. LEBON père, ainsi que le prouvent les baux ci-dessus énoncés, ayant possédé cet immeuble pendant plus de trente ans, en a prescrit la propriété à son profit.

Mais M. Honoré LEBON et Mme LUARD, en leursdites qualités d'héritiers, entendent ne pas profiter de cette prescription.

---

(1) Vazeille, n° 142 ; Troplong, n° 742 ; Duranton, XXI, 238 ; Taulier, VII, p. 457 ; Marcadé, *2236*, 1 ; Massé et Vergé, § 851, note 9 ; Roll., *Presc.*, n° 372.

(2) Cass., 3 août 1837 ; J. N., 16304.

(3) Troplong, n° 514 ; Belime, n° 110 ; Massé et Vergé, § 851, note 13 ; Roll., *Presc.*, n° 139. Voir aussi Marcadé, *2238*, 4 ; contra, Vazeille, n° 148.

CHAPITRE QUATRIÈME.

DES CAUSES QUI INTERROMPENT OU QUI SUSPENDENT LE COURS DE LA PRESCRIPTION.

SECTION I. — DES CAUSES QUI INTERROMPENT LA PRESCRIPTION.

6073. La prescription peut être interrompue ou naturellement ou civilement (*C. N.*, 2242).

6074. Il y a interruption naturelle, lorsque le possesseur est privé, pendant plus d'un an, de la jouissance de la chose, soit par l'ancien propriétaire, soit même par un tiers (*C. N.*, 2243); il ne suffirait pas que le possesseur s'abstînt pendant un an de jouir (1), même par un cas de force majeure (2).

6075. L'interruption civile résulte de cinq causes : 1° une citation en justice signifiée à celui qu'on veut empêcher de prescrire (*C. N.*, 2244), même lorsqu'elle est donnée devant un juge incompétent (3) (*C. N.*, 2246); 2° un commandement signifié au débiteur (4); 3° une saisie pratiquée contre lui (*C. N.*, 2244); 4° une citation en conciliation, devant le bureau de paix, lorsqu'elle est suivie d'une assignation en justice, donnée dans les délais de droit (*C. N.*, 2245), c'est-à-dire dans le mois à dater du jour de la non-comparution ou de la non-conciliation (*C. pr.*, 57); il en est de même de la comparution volontaire des parties devant le bureau de paix, lorsqu'elle est suivie d'un ajournement dans le mois (5); 5° la reconnaissance que le débiteur ou le possesseur fait du droit de celui contre lequel il prescrivait (*C. N.*, 2248).

6076. La reconnaissance interruptive de la prescription peut être expresse, *supra* n°ˢ 3456, 3461, par exemple résulter : 1° des aveux faits par le débiteur au bureau de paix (6); 2° d'offres réelles signifiées par le débiteur (7); 3° de la production à une faillite; 4° de la clause par laquelle le débiteur d'une rente hypothéquée vend l'immeuble en imposant à l'acquéreur l'obligation de la servir (8).

6077. Elle peut aussi être tacite, par exemple : 1° le payement des intérêts et arrérages produits par la chose due, et prouvé autrement que par témoins, si le capital excède cent cinquante francs (9); 2° la prestation d'une caution; 3° la dation d'un gage; 4° si le débiteur donne au créancier la jouissance du fonds hypothéqué; 5° s'il demande délai pour payer; 6° s'il consent que la chose soit mise en séquestre; 7° s'il fait novation dans la dette; 8° s'il s'opère du côté du débiteur une compensation conventionnelle de portion de la dette avec une dette moins forte (10).

RENONCIATION A PRESCRIPTION.

CES FAITS EXPOSÉS, M. Honoré LEBON et M. et Mᵐᵉ LUARD déclarent renoncer formellement à la prescription acquise en faveur de M. LEBON, leur père, de l'enclos situé à....., de la contenance de....., séparé de l'immeuble que M. LEBON a acquis de M. DURET, par la ruelle des Vignes, ledit enclos tenant par devant à ladite ruelle, au fond à M....·, d'un côté à M....., d'autre côté à M.....

Au moyen de quoi M. DURET rentre dans la pleine possession et jouissance dudit immeuble, sauf l'exécution du bail fait à M. FLEURY et ci-dessus énoncé; et par suite de

---

(1) Troplong, n° 541.
(2) Troplong, n° 549.
(3) Alors même que le demandeur se serait désisté de son action, comme portée devant un tribunal incompétent : Caen, 8 fév. 1843; Rouen, 27 mars 1858.
(4) Ne produiraient pas l'interruption de la prescription : 1° la simple sommation de payer faite par acte extrajudiciaire : Vazeille, n° 490; Troplong, n° 576; Zach., Massé et Vergé, § 847, note 10; Dict. not., *Presc.*, n° 209; Nîmes, 6 mars 1832 ; 2° la signification du titre faite à l'héritier, conformément à l'art. 877 : Massé et Vergé, § 847, note 10; Bordeaux, 11 janv. 1850.

(5) Troplong, n° 590; Vazeille, I, 186; Carré et Chauveau, *quest.* 249; Boncenne, II, p. 59; Thomine-Desmazures, I, 76 ; Rodière, I, p. 258 ; Taulier, VII, p. 463; Marcadé. *2248*, 6; Massé et Vergé, § 847, note 12, CONTRA, Duranton, XXI, 226.
(6) Troplong, n° 616; Cass., 29 juin 1829.
(7) Troplong, n° 616 ; Paris, 29 juill. 1808.
(8) Troplong, n° 616 ; Dict. not., *Presc.*, n° 214; Liége, 30 avril 1821 ; Caen, 19 mars 1850 ; Grenoble, 26 janv. 1855.
(9) Cass., 17 nov. 1858
(10) Troplong, n° 618 ; Dict. not., *Presc.*, n° 28.

6078. L'interruption produite par la citation en justice est regardée comme non avenue : 1° si l'assignation est nulle par défaut de forme, par exemple, si elle n'a pas été précédée du préliminaire de conciliation (1); 2° si le demandeur se désiste de sa demande ; 3° s'il laisse périmer l'instance; 4° ou si la demande est rejetée (*C. N.*, 2247).

6079. L'interpellation faite conformément à ce qui est dit *supra n°* 6075 *à* 6078, à l'un des débiteurs solidaires, ou sa reconnaissance par acte ayant date certaine (2) avant que la prescription ne soit acquise (3), interrompt la prescription contre tous les autres, même contre leurs héritiers, *supra n°* 3234. — L'interpellation faite à l'un des héritiers d'un débiteur solidaire, ou la reconnaissance de cet héritier, n'interrompt pas la prescription à l'égard des autres cohéritiers, quand même la créance serait hypothécaire, *supra n°* 3233, si l'obligation n'est indivisible, *supra n°* 3254 ; cette interpellation ou cette reconnaissance n'interrompt la prescription, à l'égard des autres codébiteurs, que pour la part dont cet héritier est tenu. — Pour interrompre la prescription pour le tout, à l'égard des autres codébiteurs, il faut l'interpellation faite à tous les héritiers du débiteur décédé, ou la reconnaissance de tous ces héritiers (*C. N.*, 2249).

6080. L'interpellation faite au débiteur principal, ou sa reconnaissance avant la prescription acquise, interrompt la prescription contre la caution (*C. N.*, 2250). Mais l'interpellation faite à la caution, ou sa reconnaissance même antérieure à l'accomplissement de la prescription, n'interrompt pas la prescription contre le débiteur principal (4).

SECTION II. — DES CAUSES QUI SUSPENDENT LE COURS DE LA PRESCRIPTION.

6081. La prescription court contre toutes personnes, à moins qu'elles ne soient dans quelque exception établie par la loi, *supra n°* 1637 (*C. N.*, 2251).

6082. La prescription ne court pas : 1° contre les mineurs, même émancipés (5), et les interdits (6), sauf ce qui est dit à l'art. 2278, *infra n°* 6111, et tous autres cas déterminés par la loi, *supra n°* 2480, 4173, 4190 (*C. N.*, 2252); 2° entre époux (*C. N.*, 2253); 3° à l'égard d'une créance qui dépend d'une condition jusqu'à ce que la condition arrive, *supra n°* 3207 (*C. N.*, 2257, 1°), comme s'il s'agit : de droits et gains nuptiaux subordonnés à la condition de survie, de substitution conditionnelle, de résolution pour défaut d'exécution, etc.; mais si l'immeuble affecté par le droit conditionnel passe entre les mains d'un tiers, celui-ci prescrit à compter du jour de son contrat (7), sauf au créancier à agir contre lui en reconnaissance de son droit (8); 4° à l'égard d'une action en garantie, jusqu'à ce que l'éviction ait lieu (*C. N.*, 2257, 2°), qu'elle procède d'un partage, *supra n°* 2086, d'une vente, *supra n°* 4437, ou même d'un échange, *supra n°* 4437; 5° à l'égard d'une créance à jour fixe, jusqu'à ce que ce jour soit arrivé, *supra n°* 3212 (*C. N.*, 2257, 3°), que le terme soit certain ou incertain (9); quant au tiers détenteur il prescrit du jour de son contrat et non pas seulement du jour de l'échéance du terme (10); 6° contre l'héritier bénéficiaire à l'égard des créances qu'il a contre la succession, *supra n°* 4878 (*C. N.*, 2258); s'il n'est pas seul héritier, la prescription court contre lui, pour les portions de sa créance dont ses cohéritiers sont tenus (11).

6083. La prescription court contre la femme mariée, encore qu'elle ne soit point séparée par contrat de mariage ou en justice, à l'égard des biens dont le mari a l'administration, sauf son recours contre le mari, *supra n°* 3858 (*C. N.*, 2254).

ladite renonciation à prescription, il est censé avoir toujours eu la propriété de cet immeuble.

---

(1) Duranton, XXI, 226 ; Troplong, n° 600 ; Massé et Vergé, § 847, note 14; Cass., 30 mai 1814. CONTRA, Marcadé, *2248*, 9.
(2) Bordeaux, 23 déc. 1851 ; J. N., 17425.
(3) Troplong, n° 629.
(4) Duranton, XXI, 283 ; Ponsot, *Cautionn.*, n° 526 ; Taulier, VII, p. 467 ; Massé et Vergé, § 847, note 20; Marcadé, *2250*, 2, CONTRA, Troplong. n° 635; Vazeille, n° 254.
(5) Troplong, n° 740 ; Marcadé, *2252*, 1 ; Zach., § 845, note 1.
(6) Les majeurs profitent de cette suspension de la prescription, lorsqu'il s'agit de choses indivisibles entre eux et les mineurs ou interdits, mais non s'il s'agit de choses divisibles; Troplong,

n° 739 ; Marcadé, *2252*, 1 ; Dict. not., *Presc.*, n° 274; Roll., *ibid.*, n° 365 ; Naucy, 29 nov. 1851 ; J. N., 14506. Voir cependant Cass., 22 déc. 1845.
(7) Toullier, VI. 527, 528 ; Persil, *2180*. 30 ; Duranton, XXI. 328; Troplong, n° 791, 798; Taulier, VII, p. 472; Marcadé, *2257*, 2. Voir Cass., 4 mai 1846.
(8) Troplong, n° 800.
(9) Troplong, n° 802.
(10) Troplong, n° 803 ; CONTRA, Paris, 12 juin 1836 ; Jur. N. 15094.
(11) Troplong, n° 805; Marcadé, *2258*, 2.

6084. Néanmoins elle ne court point pendant le mariage : 1° à l'égard de l'aliénation d'un fonds constitué selon le régime dotal, *supra n° 3696* (*C. N.*, *2555*), à moins que la prescription n'ait commencé dans un temps antérieur au mariage (1); 2° dans le cas où l'action de la femme ne pourrait être exercée qu'après une option à faire sur l'acceptation ou la renonciation à la communauté (*C. N.*, *2256*, *1°*); 3° dans le cas où le mari ayant vendu le bien propre de la femme sans son consentement, est garant de la vente, et dans tous les autres cas où l'action de la femme réfléchirait contre le mari, *supra n°* *5634*, *5696*, *5858* (*C. N.*, *2256*, *2°*); 4° pour les actions en rescision des contrats que la femme aurait consentis sans autorisation du mari ou de la justice (*C. N.*, *1504*).

6085. La prescription court contre une succession vacante, quoique non pourvue de curateur (*C. N.*, *2258*), et, dans ce cas, elle conserve ses effets contre l'héritier qui, plus tard, l'a acceptée, alors même qu'il aurait été mineur pendant la vacance (2). Elle court aussi pendant les trois mois pour faire inventaire, et les quarante jours pour délibérer, *supra n°* *1893*, *1900*, *3897* (*C. N.*, *2259*).

CHAPITRE CINQUIÈME.

DU TEMPS REQUIS POUR PRESCRIRE.

SECTION I. — DISPOSITIONS GÉNÉRALES.

6086. La prescription se compte par jours et non par heures (*C. N.*, *2260*). Elle est acquise lorsque le dernier jour du terme est accompli (*C. N.*, *2261*).

6087. Le dernier jour qu'on appelle le jour *ad quem* doit être accompli ; le jour qui sert de point de départ à la prescription, et qui s'appelle le jour *a quo*, ne compte pas. Exemple, une obligation a été consentie le 31 mars 1836, la prescription prenant son point de départ le 1er avril sera acquise le 31 mars 1866 à minuit, et le lendemain, 1er avril, aucune interruption ne sera plus admise (3), quand même le dernier jour serait un jour férié (4). — Si la prescription est d'un ou plusieurs mois, le nombre des jours compris dans chaque mois se règle suivant le calendrier grégorien, sans avoir égard à leur inégalité (5).

6088. C'est à celui qui allègue la prescription à en faire la preuve ; si on lui oppose que la prescription a été suspendue ou interrompue, la preuve doit en être administrée par celui de qui provient cette exception (6).

6089. La prescription accomplie produit un effet qui remonte au jour où la possession a commencé (7).

SECTION II. — DE LA PRESCRIPTION TRENTENAIRE.

6090. Toutes les actions tant réelles que personnelles sont prescrites par trente ans, sans que celui

---

Le loyer applicable à cet immeuble est fixé à une somme de. . . . . par chaque année, que M. DURET recevra directement de M. FLEURY, à partir du. . . . .

M. Honoré LEBON et M. et Mme LUARD, voulant que M. DURET n'éprouve aucun préjudice de la jouissance de M. LEBON, lui ont versé à l'instant la somme de. . . . ., fixée

---

(1) Troplong, n° 755.
(2) Nîmes, 16 janv. 1850 ; J. N., 14075.
(3) Toullier, XIII, 54 ; Vazeille, I, 317 ; Taulier, VII, p. 482 ; Troplong, n° 812 ; Marcadé, *2261*, 2 ; Zach., Massé et Vergé, § 846, note 1 ; Dict. not., *Presc.*, n° 341 ; Cass, 5 avril 1825. Voir cependant Duranton 21.338.
(4) Troplong, n° 816 ; Marcadé, *2261*, 3 ; Zach., Massé et Vergé,

§ 846, note 4 ; Dict. not., *Presc.*, n° 342 ; CONTRA, Grenier, *Hyp.*, I, 107.
(5) Troplong, n° 815 ; Marcadé, *2261*, 3, Zach., Massé et Vergé, § 846, note 2 ; Dict. not., *Presc.*, n° 343.
(6) Troplong, n° 824 ; Cass., 6 fév. 1833.
(7) Troplong, n° 820 ; Dict. not., *Presc.*, n° 348.

qui allègue cette prescription soit obligé d'en rapporter un titre, ou qu'on puisse lui opposer l'exception déduite de la mauvaise foi (*C. N.*, 2262).

6091. Après vingt-huit ans de la date du dernier titre, le débiteur d'une rente peut être contraint à fournir à ses frais un titre nouvel à son créancier ou à ses ayants cause, *supra n°* 3449 à 3454 (*C. N.*, 2263).

6092. Les règles de la prescription sur d'autres objets que ceux mentionnés dans le présent titre sont expliquées dans les textes qui leur sont propres (*C. N.*, 2264). Voir *supra n°* 785, 1020, 1022, 1098, 1105, 1336, 1441, 1514, 5°, 1543, 1636, 1864, 1937, 2083, 2095, 2611, 2843, 3240, 3389, 4013, 4153, 4160, 4190, 4499, 4770, 5596, 5964.

SECTION III. — DE LA PRESCRIPTION PAR DIX ET VINGT ANS.

6093. Celui qui acquiert de bonne foi et par juste titre un immeuble, *supra n°* 1431, 1432, en prescrit la propriété par dix ans, du jour que son contrat a été transcrit au bureau des hypothèques (1), si le véritable propriétaire habite dans le ressort de la Cour impériale dans l'étendue de laquelle l'immeuble est situé ; et par vingt ans s'il est domicilié hors dudit ressort (*C. N.*, 2265) [Form. 835]. Ainsi, trois choses sont exigées pour cette prescription : 1° un juste titre conférant le droit de propriété, par exemple, la vente, l'échange, la donation, la constitution de dot, le legs particulier, la dation en payement, ces actes étant translatifs ; mais non les actes d'hérédité, ni ceux qui sont seulement déclaratifs de propriété, tels que les partages, même ceux d'ascendants (2), les jugements (3) ; 2° la bonne foi, c'est-à-dire que l'acquéreur ait cru l'aliénateur propriétaire de l'immeuble et capable d'aliéner, et que le titre de transmission ait été à ses yeux pur de tout vice (4) ; 3° une possession de dix à vingt ans. — Le domicile dont il s'agit ici est plutôt le domicile de fait que celui de droit (5).

6094. Si l'immeuble appartient par indivis à deux copropriétaires, dont l'un demeure dans le ressort de la situation, et l'autre dans un autre ressort, le possesseur acquiert la part du premier par dix ans et celle du second par vingt ans seulement ; si l'immeuble était indivisible, la prescription ne pourrait, pour le tout, s'accomplir que par vingt ans (6).

6095. Si le véritable propriétaire a eu son domicile en différents temps, dans le ressort et hors du ressort, il faut, pour compléter la prescription, ajouter à ce qui manque aux dix ans de présence, un nombre d'années d'absence double de celui qui manque, pour compléter les dix ans de présence (*C. N.*, 2266).

6096. Le titre nul par défaut de forme ne peut servir de base à la prescription de dix à vingt ans (*C. N.*, 2267).

---

d'accord entre les parties, pour la restitution des loyers perçus depuis le commencement de la jouissance de M. Lebon et applicable à l'immeuble appartenant à M. Duret.

M. Duret accepte la renonciation à prescription qui précède et décharge M. Lebon et M. et Mme Luard de toutes choses relativement à la jouissance de M. Lebon père.

Dont acte. Fait et passé, etc.

FORMULE 835. — **Reconnaissance d'hypothèque pour éviter la prescription de dix à vingt ans.** (N° 6093 et suivants.)

Par-devant M^e. . . . .,
Ont comparu : M. Eloi Mourier, propriétaire, demeurant à. . . . .,   d'une part,
Et M. Charles Accard, rentier, demeurant à. . . . .,   d'autre part ;

---

(1) Zach., Massé et Vergé, § 854, note 15 ; Cass., 26 fév. 1814, 19 nov. 1817, 9 fév. 1848, 4 janv. 11 juill. 1820, 17 fév. 1834, 6 mai 1840 ; J. N., 10667 ; Bordeaux, 26 fév. 1851 ; Paris, 7 déc. 1852 ; contra, Agen, 24 nov. 1842.
(2) Orléans, 12 juill. 1860 ; J. N., 17037.
(3) Troplong, n° 883 ; Duranton, XXI, 374 ; Marcadé, 2265, 2 ; Zach., Massé et Vergé, § 854, note 7 ; contra, Cass., 21 fév. 1827, 14 juill. 1833. Voir Bordeaux, 4 juill. 1843 ; J. N., 11843.

(4) Marcadé, 2265, 4 ; Massé et Vergé, § 854, note 16.
(5) Bugnet sur Pothier, IX, p. 356 ; Marcadé, 2265, 5 ; Nîmes, 12 mars 1834 ; Pau, 6 juill. 1861 ; M. T., 1861, p 505 ; contra, Vazeille, n° 503, 50 ; Troplong, n° 866 ; Duranton, XXI, 377 ; Zach., Massé et Vergé, § 854, note 20 ; Dalloz, *Presc.*, n° 944 ; Grenoble, 12 janv. 1834.
(6) Troplong, n° 868 ; Marcadé ; 2265, 5.

6097. La bonne foi est toujours présumée, et c'est à celui qui allègue la mauvaise foi à la prouver (*C. N.*, 2268), tant par titres que par témoins (1). — Il suffit que la bonne foi ait existé au moment de l'acquisition (*C. N.*, 2269).

6098. Après dix ans, l'architecte et les entrepreneurs sont déchargés de la garantie des gros ouvrages qu'ils ont faits ou dirigés, *supra n°ˢ 4659 à 4642* (*C. N.*, 2270).

SECTION IV. — DE QUELQUES PRESCRIPTIONS PARTICULIÈRES.

6099. I. *Six mois*. Se prescrivent par six mois : 1° l'action des maîtres et instituteurs des sciences et arts, pour les leçons qu'ils donnent au mois (*C. N.*, 2271, 1°), ou au cachet (2); la prescription serait de cinq ans si les leçons étaient payables au trimestre, au semestre ou à l'année (3); elle ne s'accomplirait que par trente ans s'il n'y avait qu'un seul prix pour tout l'ensemble des leçons (4). — 2° Celle des hôteliers et traiteurs, à raison du logement et de la nourriture qu'ils fournissent (*C. N.*, 2271, 2°); chaque mois échu donne lieu à la prescription de six mois; si la convention est faite à raison de tant par an, les six mois courent du jour de l'expiration de l'année (5); la règle ne s'applique pas aux particuliers qui, sans en faire leur état, reçoivent des personnes en pension chez eux; dans ce cas, la prescription est de cinq ans (6). — 3° Celle des ouvriers et gens de travail, pour le payement de leurs journées, fournitures et salaires, *infra n° 6100, 5°* (*C. N.*, 2271, 3°); si l'ouvrier a travaillé comme marchand, la prescription est de un an, *infra n° 6100, 5°* ; si c'est comme entrepreneur, la prescription est de trente ans (7).

6100. II. *Un an*. Se prescrivent par un an : 1° l'action des médecins, chirurgiens, apothicaires, sages-femmes (8), pour leurs visites, opérations et médicaments (*C. N.*, 2272, 1°). — 2° Celle des huissiers pour le salaire des actes qu'ils signifient et des commissions qu'ils exécutent (*C. N.*, 2272, 2°). — 3° Celle des marchands, en gros ou en détail (9), pour les marchandises qu'ils vendent aux particuliers non marchands (*C. N.* 2272, 3°), c'est-à-dire qui n'achètent pas ces marchandises en qualité de marchands (10); le mot marchands comprend tous les individus quelconques qui se livrent au commerce, parmi lesquels, les bouchers, charcutiers, rôtisseurs, boulangers, épiciers, pâtissiers, fruitiers, cafetiers et autres vendeurs de comestibles, auxquels on ne saurait appliquer la prescription de l'art. 2271, puisqu'ils sont marchands et non traiteurs (11). — 4° Celle des maîtres de pension pour le prix de la pension de leurs élèves; et des autres maîtres, pour le prix de l'apprentissage (*C. N.*, 2272, 4°); au prix de la pension, il faut joindre les menues fournitures accessoires qui sont assujetties à la même prescription (12); la nourrice ne peut être considérée comme un maître, la prescription en ce qui la concerne est de cinq ans (13). — 5° Celle des domestiques qui se louent à l'année, pour le

---

Lesquels, pour arriver à la reconnaissance d'hypothèque faisant l'objet des présentes, ont exposé ce qui suit :

Aux termes d'un contrat passé devant Mᵉ....., notaire à....., le....., M. André CORDIER, propriétaire, et Mᵐᵉ Léonie BUQUET, son épouse, demeurant ensemble à....., ont vendu à M. MOURIER, comparant, une pièce de terre en labour, située commune de....., lieu dit....., de la contenance de....., portée au plan cadastral sous le n°....., de la section.....

Cette vente a été faite moyennant un prix principal de....., payé comptant.

Une expédition de ce contrat a été transcrite au bureau des hypothèques de....., le....., vol....., n°.....

---

(1) Vazeille, II, 495; Troplong, n° 929.
(2) Troplong, n° 947.
(3) Vazeille, n° 756; Troplong, n° 945; Marcadé, 2271, 1; Massé et Vergé, § 859, note 37; Roll., *Presc.*, n° 624.
(4) Troplong, n° 946; Marcadé, 2271, 1; Massé et Vergé, § 859, note 37.
(5) Troplong, n° 930; Marcadé, 2271, 2.
(6) Troplong, n° 971; Marcadé, 2271, 2; Roll., *Presc.*, n° 638; Cass., 7 mai 1866.
(7) Marcadé, 2271, 3; Amiens, 14 déc. 1839 Cass., 12 avril 1853.

(8) Marcadé, 2272, 1; Massé et Vergé, § 859, note 29.
(9) Troplong, n° 963; Duranton, XXI, 408; Zach., § 859, note 31.
(10) Troplong, n° 962; Duranton, XXI, 409 Zach., § 859, note 32; Marcadé, 2272, 1; Orléans, 9 mars 1852.
(11) Troplong, n° 931; Marcadé, 2272, ; Massé et Vergé, § 859, note 38; Trib. Prades, 10 avril 1851; M. T. 1861, p. 400.
(12) Marcadé, 2272.2; contra. Taulier, II, p. 496.
(13) Troplong, n° 908; Marcadé, 2272, 2; Roll., *Presc*, n° 653 contra, Vazeille, II, 739.

IV.   16

payement de leur salaire (*C. N.*, **2272**, *5°*) ; il s'agit ici, comme au 5° du numéro précédent, de ceux qui font un travail de peine et purement matériel, tels que les cuisiniers ou cuisinières, cochers, palefreniers, valets ou femmes de chambre, garçons d'écurie, garçons ou filles de cour dans les fermes, charretiers, jardiniers, bonnes d'enfant, etc. ; mais non les commis, clercs, directeurs de travaux, intendants, bibliothécaires, secrétaires, etc., pour lesquels la prescription est de cinq ans (1), ni les géomètres dont l'action en payement des vacations et frais ne se prescrit que par trente ans (2).

6101. III. *Deux ans.* Se prescrivent par deux ans : 1° l'action des avoués, pour le payement de leurs frais et salaires, à compter du jour où le procès a été terminé, soit par un jugement, soit par transaction, ou depuis la révocation desdits avoués (*C. N.*, **2273**), ou leur destitution (3), ou leur décès (4) ; par frais et salaires on entend les déboursés et avances, même pour les honoraires des avocats (5), que les avoués font dans le cours de la procédure en matière civile, mais non ceux en matière commerciale ou dans les affaires non litigieuses (6) ; quant aux honoraires dus à l'avocat lui-même et à ceux des agréés, greffiers, notaires, agents de change, la prescription est de trente ans (7). — 2° Les actions contre les huissiers en remise des pièces qui leur ont été confiées, à compter du jour de la commission, ou de la signification des actes dont ils étaient chargés (*C. N.*, **2276**) ; il n'en est pas de même des sommes qu'ils ont reçues pour le créancier en faisant commandement ou lors de l'exécution ; l'obligation de rendre compte dure trente ans (8).

6102. IV. *Cinq ans.* Se prescrivent par cinq ans : 1° l'action des avoués pour le payement de leurs frais et salaires, lorsqu'il s'agit d'affaires non terminées (*C. N.*, **2273**). — 2° Celle contre les juges et avoués en restitution de pièces qui leur ont été confiées, à partir du jugement du procès (*C. N.*, **2276**). Voir *infra* n° **6107**.

6103. V. *Règles communes à ces prescriptions.* La prescription, dans les cas des n^{os} *6099 à 6102*, a lieu, quoiqu'il y ait eu continuation de fournitures, livraisons, services et travaux (*C. N.*, **2274**).

6104. Le point de départ pour la prescription est, non pas toujours l'époque de la fourniture, mais celle expressément ou tacitement convenue pour le payement ; car *qui a terme ne doit rien* ; ainsi, lorsque les travaux ou fournitures se font au comptant, la prescription court à partir de chaque jour de travail ou fourniture ; si, au contraire, le règlement s'en fait habituellement à la fin du mois ou du trimestre, la prescription court de la fin du mois ou du trimestre. Les gages, pensions, traitements, etc., qui se fixent à l'année et néanmoins se payent par mois, trimestres ou semestres, se prescrivent non à partir de la fin de l'année, mais après l'échéance de chaque mois, semestre ou trimestre (9). Les honoraires dus au médecin se prescrivent à partir du décès du malade (10) ; lorsque les soins ont été donnés pour une maladie ordinaire, la prescription commence du jour de la guérison ; si c'est

---

Le même jour il a été délivré par le conservateur des hypothèques de ce bureau, un état comprenant une seule inscription prise le....., vol....., n°....., au profit de M. ACCARD, comparant, contre M. CORDIER, vendeur, pour sûreté d'une somme de six mille francs, capital non exigible, mais évalué nécessaire pour garantir à M. ACCARD le service exact d'une rente viagère de trois cents francs par an, constituée à son profit par M. CORDIER, suivant acte passé devant M^e....., notaire à....., le.....; ladite rente payable chaque année en deux termes égaux, les.....

M. ACCARD, voulant conserver son droit d'hypothèque pour garantie de ladite rente, sur la pièce de terre vendue à M. MOURIER, a, suivant exploit du ministère de.....,

---

(1) Troplong, n° 975 ; Marcadé, *2271*, 3 ; Zach., § 859, note 35 ; Pau, 14 janv. 1825 ; Bourges, 30 mai 1829.
(2) Trib. paix Havre (canton nord), 19 déc. 1860, CONTRA; Trib. paix Courtenay, 17 déc. 1858.
(3) Troplong, n° 980 ; Duranton, XXI, 410; Marcadé, *2273*, 2 ; Zach., § 859, note 26; Cass., 19 août 1816.
(4) Cass., 18 mars 1807.
(5) Troplong, n° 979 ; Marcadé, *2273*, 1 ; Massé et Vergé, § 859 ; note 8 ; Riom, 9 juin 1840 ; Cass., 16 déc. 1840 ; Dijon, 26 déc. 1846 ; Paris, 29 nov. 1847; CONTRA, Rouen, 10 juill. 1834; Cass., 22 juin 1853; Riom, 24 mai 1838.

(6) Marcadé, *2273*, 1 ; Bordeaux, 25 fév. 1827 ; Orléans, 30 juin 1842 ; Trib. Vesoul, 3 juin 1859.
(7) Troplong, n° 982 ; Duranton, XXI, 411 ; Marcadé, *2273*, 1 ; Vazeille, n° 632; Zach., Massé et Vergé, § 859, note 7.
(8) Troplong, n° 1000 ; Marcadé, *2273*, 1 ; Massé et Vergé, § 859, note 27 ; Rouen, 12 juill. 1828; Cass., 22 juill. 1835.
(9) Marcadé, *2274*.2; Massé et Vergé, § 859, note 40. Voir cependant Duranton, XXI, 413; Troplong, n° 964, Taulier, VII, p. 491.
(10) Vazeille, I. 733 ; Duranton, XXI, 413; Troplong, n° 959,987; Taulier, VII, p. 491 ; Marcadé, *2274*, 3 ; Roll., *Presc.*, n° 828 ; Trib. Besançon 14 août 1896. Voir cependant Limoges, 3 juill. 1839.

pour une maladie chronique, elle ne commence que du jour où le médecin a, dans l'année, l'usage de les réclamer, et non pas du jour de chaque visite (1).

6105. La prescription pour les fournitures, livraisons, services et travaux, ne cesse de courir que lorsqu'il y a eu compte arrêté, cédule ou obligation, ou citation en justice non périmée (C. N., 2274); lorsque la dette est constatée dans l'une de ces formes, on sort des règles exceptionnelles pour rentrer dans le droit commun, et la prescription est de trente ans (2).

6106. Néanmoins ceux auxquels ces prescriptions sont opposées peuvent déférer le serment, *supra* n° *5498*, à ceux qui les opposent, sur la question de savoir si la chose a été réellement payée (C. N., 2275); mais non demander que le débiteur soit interrogé sur faits et articles, ni administrer autrement la preuve contre l'exception de la prescription (3)

6107. VI. *Autre prescription de cinq ans.* Se prescrivent également par cinq ans : 1° les arrérages de rentes perpétuelles et viagères; 2° ceux des pensions alimentaires; 3° les loyers des maisons, et le prix de ferme des biens ruraux; 4° les intérêts des sommes prêtées, et généralement tout ce qui est payable par année, ou à des termes périodiques plus courts (C. N., 2277); ainsi : les dividendes annuels à recevoir par les actionnaires de sociétés ou entreprises quelconques (4), les intérêts moratoires résultant de condamnations (5); les intérêts de prix de vente (6), à moins qu'ils ne soient distribués entre les créanciers par un ordre judiciaire (7); les intérêts de la dot (8); ceux produits par un effet de commerce protesté (9). Voir aussi, *supra* n°* 6099, 1°, 2°, 6100, 4°, 6102, 5°. — Il en est autrement des capitaux stipulés payables par annuité (10), et des intérêts d'une somme que le créancier n'a pu se faire payer, par exemple, des sommes dues par un tuteur à son pupille, par le mandataire à son mandant, par un gérant d'affaires qui a perçu des intérêts et arrérages, entre négociants qui sont en compte courant, etc.; dans ces divers cas, il n'y a pas lieu à prescription des intérêts tant que le compte n'a pas été rendu (11).

6108. Les cinq années se calculent à partir de l'échéance de chaque terme (12).

6109. Cette prescription est d'ordre public, et l'aveu fait par le débiteur qu'il n'a pas payé n'y ferait pas obstacle (13).

6110. Si le débiteur a la faculté de garder en ses mains les intérêts pour n'en payer le montant qu'à l'époque de l'exigibilité du capital, la prescription ne court pas jusqu'à cette exigibilité (14).

6111. VII. *Règles communes.* Les prescriptions dont il s'agit *supra* n° *6099 à 6102*, courent contre les mineurs et les interdits, sauf leur recours contre leurs tuteurs, *supra* n° *1297* (C. N., 2278).

6112. VIII. *Prescription en fait de meubles.* En fait de meubles, la possession vaut titre (C. N.,

huissier à....., en date du....., fait sommation à ce dernier de se trouver cejour-d'hui, en l'étude de Me...., notaire soussigné, pour reconnaître cette hypothèque.

(1) Marcadé, *2274*, 3; contra, Duranton, XXI, 413; Taulier, VII, p. 493.

(2) Marcadé, *2278*, 4; Zach., § 859, note 43. Voir Paris, 29 juill. 1808; Douai 9 juin 1841; Cass. 29 juin 1842.

(3) Curasson, *Comp. des juges de paix*, I, p. 150. note 36; Troplong, n° 993; Zach. Massé et Vergé, § 859, note 44; Lyon, 18 janv. 1836; Cass. 9 nov. 1837, 27 juill. 1853, 7 nov. 1860, 7 janv. 1861; contra, Toullier, X, 54; Duranton, XIII, 434; Marcadé, *2275*, 5.

(4) Marcadé, *2277*, 5; Massé et Vergé, § 859, note 12; Paris, 17 juill. 1849; Douai, 4 janv. 1854; J. N., 13913.; Cass. 3 déc. 1867.

(5) Troplong, n°° 1013 à 1022; Vazeille, II, 507; Marcadé, *2277*, 4; Massé et Vergé, § 859, note 17; Dict. not., *Presc.*, n° 454; Roll., ibid., n° 703; Bourges, 18 mars 1825, 6 août 1861; Limoges, 26 janv. 1828; Nîmes, 5 mai 1830; Amiens, 21 déc. 1824, 18 juill. 1833; Cass., 12 mars 1833, 12 mai et 2 juin 1855, 29 janv. 1834; Bordeaux, 16 août 1831, contra, Proudhon, *Usuf.*, I, 234; Duranton, XXI. 434; Zach., § 859, note 17; Lyon, 4 fév. 1825; Agen, 3 fév. 1825; Paris, 2 mai 1826, 11 déc. 1829, 26 mai et 2 juill. 1831; Bordeaux, 13 mars 1820, selon lesquels c'est trente ans.

(6) Troplong, n° 102.; Marcadé, *2277*, 4; Zach., Massé et Vergé, § 859, note 10. Dict. not., *Presc.*, n° 455; Roll., ibid., n° 712; Colmar, 26 juin 1820, 17 nov. 1830; Grenoble. 8 janv. 1822; Limoges, 17 juill. 1822; Nancy, 20 juin 1825; Nîmes, 23 janv. 1827; Cass., 14 juill. 1830; contra, Duranton, XVI, 345; Metz, 5 fév. 1822; Agen, 10 mai 1824; Poitiers, 22 juin 1825; Bastia. 15 mai 1827; Paris,

28 fév. 1825, 7 déc. 1831, 25 mai 1833, selon lesquels c'est trente ans.

(7) Troplong, n° 1009, Marcadé, *2277*, 4; Dict. not., *Presc.*, n° 448; Grenoble, 20 janv. 1832, 30 août 1833; Cass., 5 juill. 1834; Paris, 2 mai 1861; J. N., 17140.; Cass., 27 avril 1861; Jur. N., 42757.

(8) Troplong, n° 1025; Roll., *Presc.*, n° 13; Bordeaux, 8 fév. 1828; Agen, 19 nov. 1830; Lyon, 24 juin 1852; Pau, 13 fév. 1861.

(9) Troplong, n° 1026; Bordeaux, 13 mars 1828.

(10) Troplong, n° 1014; Massé et Vergé, § 859, note 10.

(11) Troplong, n°° 1027 à 1029; Vazeille, II, 612; Marcadé, *2277*, 5; Zach., Massé et Vergé, § 859, notes 14, 15, 18; Dict. not., *Presc.*, n°° 458 et suiv.; Roll., ibid., n°° 715 et suiv.; Paris, 18 mai 1825; Nancy, 17 mars 1830; Liége, 10 juill. 1833; Cass., 18 fév. 1836, 12 déc. 1838, 7 mai 1845.; Paris. 27 juin 1866, 13 avril 1867.

(12) Vazeille, II, 614; Troplong. n° 1003; Marcadé, *2277*, 4; Zach., Massé et Vergé § 859, note 21; Dict. not., *Presc.*, n° 349; Roll., ibid., n° 694; Cass., 29 oct. 1810; Bordeaux 9 déc. 1831; Bourges, 12 fév. 1838; contra, Paris, 22 juill. 1826.

(13) Troplong, n° 1036; Marcadé, *2277*, 5 Zach., Massé et Vergé, § 859, note 21; Paris, 10 fév. 1830; Rouen, 29 mai 1831; Bourges, 14 mai 1832; Cass., 10 mars 1834; Montpellier, 13 mai 1841; Bordeaux, 16 juill. 1851; Douai, 26 janv. 1861.

(14) Montpellier, 29 juin 1839; Cass., 11 déc. 1844; J. N., 10478, 17202.

2279), pourvu que ce soit comme propriétaire et de bonne foi (4), et qu'il ne s'agisse pas de meubles incorporels (2).

6113. Néanmoins celui qui a perdu, ou auquel il a été volé (3) une chose, peut la revendiquer pendant trois ans, à compter du jour de la perte ou du vol, contre celui dans les mains duquel il la trouve; sauf à celui-ci son recours contre celui de qui il la tient (*C. N.*, 2279).

6114. Si le possesseur actuel de la chose volée ou perdue l'a achetée dans une foire ou dans un marché, ou dans une vente publique, ou d'un marchand vendant des choses pareilles, le propriétaire originaire ne peut se la faire rendre qu'en remboursant au possesseur le prix qu'elle lui a coûté (*C. N.*, 2280). Le changeur à qui des titres au porteur perdus ou volés ont été vendus, ne peut prétendre assimiler sa boutique aux marchés dont parle l'art. 2180 (4).

6115. IX. *Disposition transitoire.* Les prescriptions commencées à l'époque de la publication du présent titre, se sont réglées conformément aux lois anciennes. Néanmoins les prescriptions alors commencées, et pour lesquelles il fallait encore, suivant les anciennes lois, plus de trente ans à compter de la même époque, se sont accomplies par ce laps de trente ans (*C. N.*, 2281).

RECONNAISSANCE D'HYPOTHÈQUE.

Ces faits exposés, M. Mourier a, par ces présentes, reconnu que la pièce de terre par lui acquise de M. et Mme Cordier et ci-dessus désignée, est toujours grevée de l'hypothèque de M. Accard, pour sûreté de la somme de six mille francs, capital non exigible, mais nécessaire pour assurer le service de la rente de trois cents francs ci-dessus relatée.

En conséquence, il consent à ce que cet immeuble reste grevé de l'hypothèque jusqu'à l'extinction de la rente, mais sauf son recours en garantie contre M. et Mme Cordier, ses vendeurs.

Mention des présentes est consentie pour avoir lieu sur toutes pièces où besoin sera.

Dont acte. Fait et passé, etc.

---

(4) Troplong, n°s 4000, 4004 ; Marcadé, *2280*, 2 ; Zach., Massé et Vergr. § 849, note 3.
(2) Cass., 40 août 4840 ; J. N., 40768. Il en est autrement pour les titres au porteur: Troplong, n° 4065; Pardessus, *Droit comm.*, n° 483 ; Massé et Vergé, § 849, note 6; Paris, 26 déc. 4822, 40 mars 4833, 7 mars 4854, 2 août 4856, 44 janv. 4868 ; J. N., 49433. Voir cependant Marcadé. *2280*, 4.
(3) La revendication autorisée par l'art. 2279 n'est pas applicable aux cas d'escroquerie ou d'abus de confiance ; Vazeille, n° 674; Marcadé, *2279*, 5 ; Zach., Massé et Vergé, § 849, note 40; Roll., *Presc.*, n°s 750, 754 ; Paris, 5 avril 4813, 24 nov. 4835; Bordeaux, 44 juill, 4832 ; Cass., 20 mai 4835 ; Seine, 40 mai 4867. Voir cependant Toullier, XIV, 448; Troplong, n° 4069; Nîmes, 7 mai 4827 ; Lyon, 43 déc. 4830; Dijon, 28 nov. 4856; Valence, 6 mars 4868.
(4) Paris, 9 nov. 4864 ; J. N., 48401. V. Paris, 24 déc. 4866, 25 janv. 4868.

TROISIÈME PARTIE

DROIT FISCAL

(ENREGISTREMENT ET HYPOTHÈQUES)

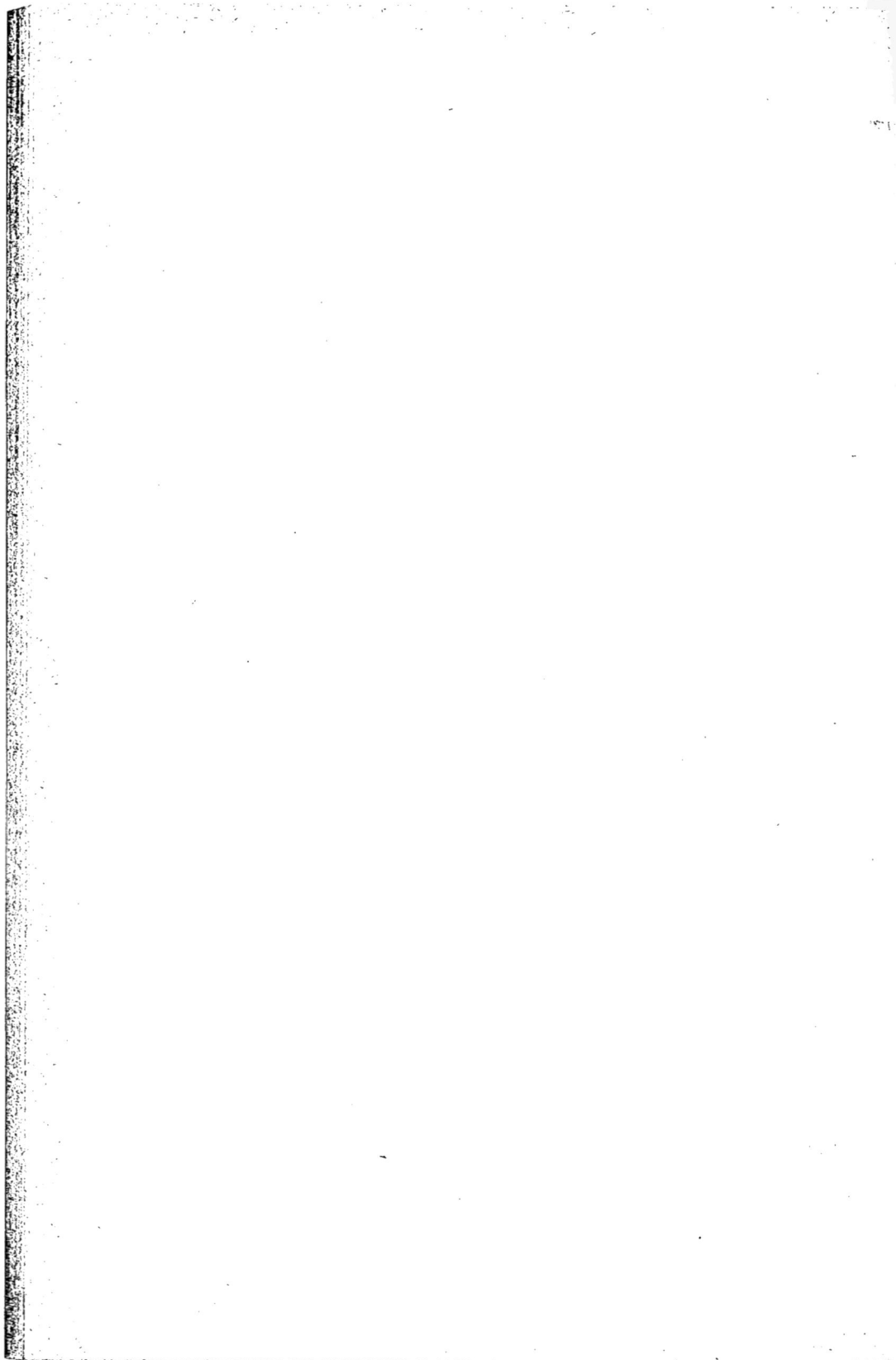

CHAPITRE PREMIER.

DE LA FORMALITÉ DE L'ENREGISTREMENT.

SOMMAIRE

6116. I. *Nature et effets de l'enregistrement.* L'enregistrement consiste dans la transcription ou dans l'analyse sur un registre d'un acte ou d'une déclaration (1).

6117. Cette formalité a un double but : 1° constituer la perception d'un impôt dans l'intérêt de l'État ; 2° rendre un service public aux contractants et aux tiers (2).

6118. Considéré comme service public, l'enregistrement a, en général, pour but d'assurer l'existence de l'acte, car sa transcription ou son analyse fait foi qu'il a été présenté à la formalité le jour même de l'enregistrement (3) ; et les mentions émanées des agents de la régie dans l'exercice de leurs fonctions forment des actes authentiques relativement à ce qu'elles constatent (4).

6119. Mais les extraits des transcriptions ou analyses faites par ces préposés ne sauraient avoir aucune authenticité quant à la sincérité des actes en eux-mêmes. Ils n'ont aucun effet pour les actes privés, et peuvent seulement servir de commencement de preuve, dans certains cas, pour établir l'existence d'actes authentiques (5).

6120. L'enregistrement produit même des résultats différents selon les actes auxquels il s'applique. Ainsi, par rapport aux actes privés, il est l'un des moyens énoncés par l'art. 1328 C. N., pour donner à l'acte une date certaine contre les tiers (6), *supra* n° 5422. Par rapport aux actes notariés, il n'a plus pour objet, comme sous la loi du 5-19 déc. 1790, d'assurer l'authenticité de l'acte et d'en constater la date, il sert uniquement à en attester l'existence et à en compléter l'authenticité (7).

6121. Le défaut d'enregistrement d'un acte notarié dans les délais ne prive donc nullement l'acte de son effet, sauf l'amende contre le notaire, *infra* n° 6195 ; et spécialement, bien qu'un acte constitutif d'hypothèque n'ait pas été enregistré, l'hypothèque n'en est pas moins valable du jour même de l'acte (8).

6122. II. *Accomplissement matériel de la formalité.* Le receveur se borne à analyser les actes

---

(1) Dict. des droits d'enreg., 2e éd. *Enreg.*; Merlin, *Rep.*, *eod. verb.*; Laferrière, *Droit adm.*, 3e édit , II, p. 226 ; Garnier, *Rép. gén.*, 5753.
(2) Champ. et Rigaud, n° 25 ; Pont et Rodière, *Cont. de mariage*, I, 176 ; Dict. de l'enreg., 21.
(3) Cass., 2 oct. 1810 ; Garnier, 10844 ; Cass., 23 déc. 1835 ; Garnier, 2825 ; Rouen, 28 août 1845 ; Oloron, 7 mai 1816 ; Seine, 4 fév. 1852 ; Garn. R. G., 10844 ; Marseille, 23 juill. 1863 ; R. P., 1816.
(4) Toullier, VIII, 54.
(5) C. N., 1335 ; Marcadé, art. 1336 ; Boileux, id. ; Aubry et

Rau, 3e édit., VI, p. 418 ; Duranton, XIII, 255 ; Metz, 9 mars 1833 ; Aix, 21 fév. 1810 ; Grenoble, 5 juill. 1845.
(6) Laferrière, *loc. cit.*, p. 229 Voyez Cass., 17 fév. 1858 ; R. P. 4035.
(7) Favard, *Acte not.*, § 1, n° 3 ; Roll., *ibid.*, n° 11 ; Champ. et Rig., IV, 3811 ; Troplong, *Hyp.*, II, 507 ; Teste, *Encyclop. du droit*, *acte notarié*, n° 34 ; Gilbert, *Cod. civ. annoté*, 1317, 17 ; Cass., 23 janv. 1810 ; Bourges, 17 mai 1827 ; Sacus, Merlin, *Enreg.*, § 4 ; Grenier, *Hyp.*, I, 17.
(8) Troplong, *loc. cit.*; Toulouse, 12 déc. 1825.

notariés, tous les actes sous seings privés unilatéraux, et ceux des actes sous seings privés synallagmatiques qui sont annexés à un acte notarié enregistré en même temps ou qui sont régulièrement déposés en l'étude (1). Il doit transcrire entièrement les autres actes sous seings privés synallagmatiques.

6123. Les bureaux d'enregistrement doivent être ouverts tous les jours, excepté les dimanches et fêtes, quatre heures le matin et quatre heures le soir. Et une affiche extérieure doit indiquer les heures de la séance (*Loi 27 mai 1791, art. 11*) (1). Par suite, si le bureau est ouvert de 8 heures du matin à 4 heures du soir, le receveur est obligé d'arrêter ses registres après l'expiration de ce temps, et tout acte présenté à la formalité postérieurement ne peut être enregistré que le lendemain (2).

6124. Mais quand un acte contenant tous les éléments utiles à la perception est présenté dans le cours de la séance, le receveur doit l'enregistrer immédiatement (*Loi 22 frim. an 7, art. 56*). Il doit concilier ses travaux avec l'urgence qui peut exister pour l'enregistrement de l'acte (3).

6125. L'officier public a le droit d'attendre dans le bureau que l'acte soit enregistré et d'assister à l'exécution de la formalité (4). Si le préposé refusait ou négligeait d'enregistrer l'acte, le notaire devrait faire constater le refus ou la négligence; car, à défaut de cette justification légale, le tribunal ne pourrait, quelles que soient les excuses alléguées, se dispenser de condamner l'officier public au payement du double droit ou de l'amende (5).

6126. Les receveurs ont cependant la faculté de conserver l'acte notarié pendant 24 heures, quand il est fait en brevet et qu'il contient des renseignements utiles à la découverte de droits célés. La loi du 22 frim. an 7, art. 56, leur accorde ce délai pour en faire tirer une collation authentique, si le notaire refuse de certifier conforme au brevet la copie tirée par le receveur (6).

6127. III. *Relation d'enregistrement.* La quittance de l'enregistrement doit être mise sur l'acte enregistré. Le receveur y exprime en toutes lettres la date de l'enregistrement, le folio du registre, le numéro et la somme des droits perçus (*Loi 22 frim. an 7, art. 57*). Lorsque l'acte renferme plusieurs dispositions opérant chacune un droit particulier, le receveur les indique sommairement dans sa quittance, et y énonce distinctement la quotité de chaque droit perçu, à peine d'une amende de 10 fr. (aujourd'hui 5 fr., *Loi 16 juin 1824, art. 10*) pour chaque omission (*ibid.*).

6128. Les receveurs doivent exprimer séparément le montant du décime par franc, distinguer les droits simples des droits en sus ou amendes, et indiquer la nature de la contravention pour laquelle ils appliquent une peine. Relativement aux adjudications en détail d'immeubles, il leur est enjoint d'énoncer distinctement le droit perçu sur chaque lot au lieu de le faire simplement dans une note marginale (7). S'il s'agit d'un acte notarié en double minute, la mention sur l'une des minutes doit énoncer qu'elle est mise par duplicata (8).

6129. Quand le receveur ne trouve pas de place sur l'acte pour écrire sa relation, il est autorisé à ajouter une feuille de timbre, et à s'en faire rembourser le prix (9).

6130. IV. *Communication des registres. Recherches.* Les registres sur lesquels les actes sont enregistrés ne sont pas publics. Il n'y a pas lieu de leur appliquer l'art. 853 C. pr., qui autorise les dépositaires des registres publics à en délivrer des extraits à tous requérants sans autorisation de justice (10). Lorsque ces extraits ne sont pas demandés par quelqu'une des parties contractantes ou leurs ayants cause, les receveurs ne peuvent les délivrer que sur une ordonnance du juge de paix (*Loi 22 frim. an 7, art. 58*).

6131. Ces extraits peuvent être écrits sur du timbre de toute dimension, et on peut en placer plusieurs à la suite les uns des autres sur la même feuille (11).

6132. Il est payé aux receveurs un franc pour recherche par chaque année indiquée, et 50 centimes

---

(1) Inst. du 28 fév. 1839.
(2) Déc. min. fin., 1er juill. 1816 et 9 mars 1839 ; Inst., 780.
(3) Cass., 28 fév. 1838, R. G., 4398; Déc. min. fin., 15 janv. 1834, Inst., 1166, § 18 et 1458, n° 3; CONTRA, Champ. et Rig., IV, 2799.
(4) Garnier, n° 227.
(5) Opinion du Journ. des not., 9104 et du Journ. de l'enreg., 13445, § 1 ; conf., Jonzac, 5 juin 1838; J. N., 10072; Rép. gén., 227. Cass., 26 mai 1807, 3 oct. 1810; Poitiers, 20 mars 1850; R. G., 4408; Cass., 23 déc. 1835. Voir J. N., 9104, 9134 et 9414; Domfront, 26 janv. 1846; J. N., 12592; Condom, 7 août 1845; R. G., 743.

(6) Cass., 13 août 1833, Rép. gén., 4148. Voir pour la procédure à suivre en cas de collation, inst. Régie, 30 déc. 1833, n° 1448, § 2; Trib. Chinon, 21 juin 1862; J. N., 17519.
(7) Circul. de la régie du 11 prairial an 7, n° 1574; Inst., n° 1393, Rép. gén., 10586.
(8) Inst., n° 400, § 4.
(9) Sol. 23 fév. 1832; R. G., 10587.
(10) Déc. min. just. et fin., 13 juin 1809; Inst., 436, n° 64; R. G., 10511. (11) Circul. rég., n° 1760; Delib. 1er fév. 1839; Inst. 1590, § 16; J. N. 10287; R. G., 5509.

pour chaque extrait, outre le papier timbré (*Loi 22 frim. an 7, art. 58*). Si la recherche s'applique à plusieurs actes enregistrés *sur le même registre* dans une série d'années indiquées, le receveur ne peut demander autant de droits de 1 franc qu'il y a d'actes enregistrés multipliés par le nombre d'années. Il n'est dû que 1 franc par année (1).

CHAPITRE DEUXIÈME.

DE L'EXEMPTION D'ENREGISTREMENT.

SOMMAIRE

6133. I. *Principe général.* La loi du 22 frim. an 7 ne contient point de disposition générale pour assujettir expressément à la formalité de l'enregistrement tous les actes notariés (2). Mais ce principe est implicitement renfermé dans les titres 1, 2 et 3. Il forme même l'une des bases essentielles de la législation fiscale (3). Aussi est-ce seulement par exception que certains actes notariés sont affranchis de la formalité.

6134. II. *Actes imparfaits.* Lorsque l'acte est imparfait faute de signature de la partie qui s'oblige en cas d'acte unilatéral, ou de l'une des parties en cas de convention synallagmatique, il est frappé de nullité absolue (4). On ne peut donc exiger l'enregistrement (5), à moins que le projet d'acte ne soit produit en justice (6), mais dans ce cas il n'est dû que le droit fixe.

6135. Si l'acte, étant revêtu de la signature des parties ou de la déclaration qu'elles ne savent ou ne peuvent signer, n'est pas de celle du notaire ou des témoins instrumentaires, il vaut seulement comme acte sous seing privé, *supra n° 5409*, et ne tombe pas conséquemment sous l'application des règles relatives à l'enregistrement des actes notariés (7).

(1) Garnier, R. G., 10122.
(2) Une déclaration de cette nature avait été faite dans l'art. 4 de la loi du 5-19 déc. 1790.
(3) Cass., 13 juill. 1847; J. N., 13088; R. G., 3280. Voir Dict. not., Endos, n° 38.
(4) Paris, 24 juill. 1820; Metz, 24 fév. 1834; Cass., 26 juill. 1832; Grenoble, 15 nov. 1834, supra, n°s 402 et suiv.
(5) Champ. et Rig. 157; Garnier. R. G., 517; Cass. de Belgique, 2 avril 1833; Rép. du Journ. du palais, Enreg. 1015; Cass., 8 janv. 1866; R. P. 2222; J. N., 18435; Napoléon-Vendée, 23 août 1865; J. N., 18548.
(6) Dict. de l'enreg., Projet, n° 3; Rép. du Journal du palais, Enreg., n° 663.

(7) Dalloz, n° 5003; Champ. et Rig., 163; Cass., 2 nov. 1807; Décis., 18 mars et 12 oct. 1818, 7 oct. 1823; Délib. rég., 7 pluv. an 7 et 22 mars 1823; Cass. Belgique, 2 avril 1833; Seine, 20 mars 1833 Brioude, 31 déc 1838; Cambrai, 30 juin 1841, Paris, 28 août 1841, R. G., 518; Civray. 18 juill. 1845; Cass., 25 mars 1854; J. N., 355, 4679, 7421, 8046. 8296, 8429, 10033, 10428. 12499, 12982, 13202; Lourdes, 13 mars 1855; Châteauroux, 16 août 1857; Sol., 20 mars 1866; R. P., 579. 925, 2477; contra, Garnier, Rép. gén., 518; Seine 2 mars 1831; Colmar. 21 avril 1812; Nîmes, 14 fév. 1813; C. Bourges, 29 avril 1828; Saint-Flour, 17 août 1847; J. N, 913, 1115, 4823, 7424, 13202; Délib. rég., 22 vent. an 13, 3 niv. an 14 et 26 sept. 1815; Trst., 263; Rodez, 17 déc. 1846; Loches, 22 avril 1853 R. G., 518; Seine, 17 fév. 1853; R. P., 17.

6136. Il faut assimiler à l'acte imparfait pour défaut de signature des parties l'acte relatif aux communes, ou aux établissements publics, qui est soumis à l'approbation de l'autorité, *supra* n° 33, et auquel cette approbation est refusée. Cet acte demeure à l'état de projet et il est dispensé de l'enregistrement (1).

6137. Mais l'acte qui tire son imperfection soit de l'incompétence ou de l'incapacité du notaire, soit d'un défaut de forme, doit être considéré, pour l'enregistrement, comme un acte parfait (2).

6138. III. *Exemptions diverses*. Sont exempts de l'enregistrement les certificats de propriété à produire au payeur : 1° lorsqu'il s'agit de toucher des pensions et secours par des veuves et orphelins de militaires (3) ; 2° ou des arrérages de pension dus par le trésor aux héritiers du pensionnaire (4) ; 3° ou des fonds versés dans les caisses d'épargne (5) ; et 4° généralement les certificats de toute nature relatifs à des sommes dues par l'État, les départements ou les communes à titre de pension, rémunération ou secours (6) ; les actes de notoriété relatifs à l'indemnité de Saint-Domingue (7).

6139. La même exemption s'applique aux certificats de vie relatifs aux rentes et pensions qui suivent, pourvu que leur destination soit énoncée dans le corps de l'acte : 1° caisse Lafarge (8) ; 2° caisse des employés et artisans (9) ; 3° tontine perpétuelle d'amortissement et autres dont tant les extinctions profitent à l'État (10) ; 4° pensions de la liste civile (11) ; 5° caisse des invalides de la guerre, de la marine, des hospices et autres établissements publics (12) ; 6° rentes et pensions viagères sur l'État (13) ; 7° pensions de retraite sur les fonds des divers ministères, directions et administrations publiques (14) ; 8° employés en non activité pour être payés de l'indemnité qu'on leur accorde jusqu'à leur remplacement (15) ; 9° pensions, traitements et gratifications sur la Légion d'honneur (16).

6140. Il n'y a pas lieu de faire enregistrer les déclarations de grossesse, sauf à soumettre à la formalité les expéditions qui en seraient délivrées (17).

6141. Sont aussi dispensés de l'enregistrement les actes de dépôt des répertoires ou des signature et paraphe des notaires (18), les délibérations de la chambre des notaires (19), et les légalisations des signatures d'officiers publics. (*Loi 22 frim. an 7, art. 70, § 3, n° 11*).

6142. *Effets de l'authenticité sur quelques actes*. De ce que certains actes sont en eux-mêmes dispensés de l'enregistrement par un texte formel de la loi, il ne s'ensuit pas que si ces actes sont rédigés devant notaires, ils continuent à être affranchis de la formalité. Ainsi les transferts des inscriptions sur le grand-livre de la dette publique et les quittances des intérêts qui en sont payés sont exemptés de l'enregistrement, en thèse générale, par l'art. 70, § 3, n° 3 de la loi du 22 frim. an 7. Cependant si ces quittances ou cessions font l'objet d'un acte notarié, cet acte doit être enregistré, au droit fixe, dans les délais ordinaires (20).

6143. Jugé également que la dispense d'enregistrement accordée par l'art. 70, § 3, n° 15, de la loi de frimaire, aux endossements des effets négociables, ne s'applique pas aux endossements faits devant notaires ; ces derniers sont soumis à l'enregistrement dans le délai habituel (21).

6144. Il en est de même des polices d'assurances maritimes reçues par le notaire dans la forme d'un acte de son ministère (22), et qui ne sont en elles-mêmes soumises à l'enregistrement que dans le cas d'usage en justice (*Loi 16 juin 1824, art. 5*).

(1) Dél. 19 avril 1844 ; Perigueux, 29 déc. 1843 ; J. N., 12008, 12031 ; Champ. et Rig. *Suppl*, 949 ; Dalloz. v° *Enreg*. 4973 ; Garnier, Rép. gén. 241 et 524.
(2) Inst. rég., 263 ; Garnier, R. G., 521.
(3) D. M. F., 15 janv. 1823 ; Inst., 1073 ; J. N., 4335 ; R. G., 2530.
(4) D. M. F., 13 nov. 1842 ; Inst. 1679 ; J. N., 11482 ; R. G., 2540.
(5) Strasbourg, 1er déc. 1857 ; R. P. 270 ; Cass., 9 mars 1859 ; R. P. 1170.
(6) D. M. F., 13 nov. 1847, 30 mars 1848 ; Inst., 1814, § 5 ; J. N., 13433 ; R. G. 2530.
(7) Dict. not., *Notoriété*, n° 123.
(8) D. M. F., 6 oct. 1812, Inst., 604 ; J. N., 930.
(9) D. M. F., 10 janv. 1817 ; R. G., 2553.
(10) D. M. F., 8 fév. 1822 ; Inst., 604 et 612 ; J. N., 4028.
(11) D. M. F., 17 fév. 1817 ; Inst., 709 ; R. G., 2555.
(12) D. M. F., 7 mars 1818 et 28 fév. 1822.
(13) Décret, 21 août 1806 ; Inst., 604 ; R. G., 2557.

(14) D. M. F., 17 avril 1822 ; Inst., 1051, n° 5, et 1206 ; R. G., 2558.
(15) D. M. F., 31 oct. 1817 ; J. N., 2331 ; R. G., 2559.
(16) D. M. F., 11 et 22 août 1817 et 28 fév. 1826 ; Inst., 1189, 9 ; J. N. 2400 ; R. G., 2563.
(17) Déc. 28 juin 1808 et 20 fév. 1818 ; Inst., 390 ; R. G., 607.
(18) D. M. F., des 24 et 30 juin 1812 ; Inst., 590 ; *id*. du 17 oct. 1824, Inst. 1008 ; R. G., 601, 2.
(19) Dalloz, 4928 ; arrêté du 2 niv. an 12 ; Ord. 4 janv. 1843, art. 20 ; Inst., 608 et 1068 ; R. G., 2629 et 2632.
(20) Dict. min. fin., 18 août 1820 ; Rép. gén. du Journal du palais, *Enreg*., n° 825.
(21) Cass., 13 juill. 1847 ; J. N., 13088 ; Inst., 1796, 9 ; R. G., 5280 ; CONTRA, Vendôme, 27 juin 1840 ; Nevers, 16 fév. 1816 ; Montélimart, 7 août 1847 ; J. N., 11594, 12646, 13088, 13122.
(22) Cass., 7 fév. 1833 ; D. M. F., 25 oct. 1822 ; Inst., 173, 8 ; R. G., 716 ; Inst., 1136, 5 ; Dict. not. *Assur.*, 302.

CHAPITRE TROISIÈME.

DES DÉLAIS D'ENREGISTREMENT.

6145. I. *Indication et calcul des délais.* Les délais pour faire enregistrer les actes publics sont, suivant l'art. 20 de la loi du 22 frim. an 7, de 10 jours pour les actes des notaires qui résident dans la commune où le bureau d'enregistrement est établi, et de 15 jours pour ceux des notaires qui n'y résident pas.

6146. Les délais précédents s'appliquent en se conformant à l'art. 11 de la loi du 27 mai 1791, qui a réglé le temps pendant lequel les bureaux d'enregistrement doivent être, chaque jour, ouverts au public, et non pas d'après la jurisprudence civile qui entend par jour un espace de 24 heures.

6147. C'est pourquoi un notaire encourt l'amende de retard, quand il présente son acte à l'enregistrement le dernier jour du délai, après l'heure de la clôture du bureau, quoique cette heure ne soit pas celle dont nous parlons ci-dessus, ni même celle que l'art. 1037 C. pr. fixe pour la fin du jour (1).

6148. Le jour à partir duquel le délai commence à courir ne doit pas être compté dans le délai (*Loi 22 frim. an 7, art. 25*). Mais le jour de l'échéance est compris dans le terme. Ainsi un acte notarié du 4 juin doit être présenté à l'enregistrement au plus tard le 14 du même mois, avant la clôture du bureau, si le notaire est dans la résidence du receveur (2). Néanmoins, lorsque le délai expire un dimanche ou un jour de fête légale (3), ce jour n'est pas compté (*Loi 22 frim. an 7, art. 25*).

6149. Quand un acte reçu en double minute a été enregistré sur l'une d'elles, il n'y a aucun délai pour présenter l'autre à la formalité; ce n'est qu'une mesure d'ordre sans sanction légale (4).

---

(1) Cass., 28 fév. 1838; Gien, 11 nov. 1840; Troyes, 23 août 1849; R. G., 4398.
(2) Inst. rég., 19 ; Cass., 1er fruct. an 8; R. G., 4402.
(3) Ascension, Assomption, la Toussaint, Noël, le premier janvier. Loi 20 germ. an 10; Avis du conseil d'État, 13 mars 1810; Inst., 499 ; R. G., 6673.
(4) J. N., 8581; Champ. et Rig. 3904; Garnier, R. G., 706 ; Sol. 27 août 1841; R. G., loc. cit.

6150. II. *Actes reçus pour un tiers ou d'après délégation.* L'acte reçu par un notaire en vertu de la délégation du tribunal n'en conserve pas moins son caractère d'acte notarié. Il est soumis à l'enregistrement dans les 10 ou 15 jours, et non pas dans le délai accordé aux greffiers (1). Il en est de même de la vente mobilière qu'un notaire ferait pour un commissaire-priseur auquel il remettrait sa minute (2).

6151. C'est le notaire suppléé par un de ses confrères qui doit faire enregistrer l'acte reçu en son nom. Par conséquent, si le notaire suppléé réside hors de la commune où est situé le bureau, et où demeure le notaire suppléant lui-même, le délai d'enregistrement est de 15 jours (3).

6152. III. *Effets négociables.* Les lettres de change, les billets à ordre ou autres effets négociables passés devant notaire, doivent être enregistrés dans les délais prescrits pour les actes notariés (4). Ce principe s'applique aux endossements et aux polices d'assurances maritimes.

6153. Les actes de protêt faits par les notaires doivent être enregistrés dans le même délai que ceux qui sont faits par les huissiers (5) (*Loi 24 mai 1854, art. 25*).

6154. IV. *Actes à vacations.* Les actes qui ne peuvent être consommés dans une même séance doivent être enregistrés dans les délais fixés pour chaque vacation. Le délai court de la date du procès-verbal de chaque vacation, et non de la date de la dernière de ces vacations (6).

6155. V. *Actes à plusieurs dates.* Lorsqu'un acte est rédigé à plusieurs dates, le délai pour l'enregistrement court du jour où il s'est formé un lien de droit entre quelques-unes des parties par leurs signatures, et où la convention qui s'y rapporte est devenue parfaite (7). L'administration n'a pas à rechercher à quelle époque le notaire a signé, car cette signature confère l'authenticité à l'acte entier, aussi bien en ce qui touche les premières dates qu'en ce qui est relatif aux autres (8). Jugé même, sur ce dernier point, que c'est à la date où l'acte a été rendu parfait par la signature des parties essentielles à la convention, que le notaire est *censé* avoir signé lui-même (9).

6156. Les actes unilatéraux consentis par une seule personne ne comportent pas l'usage des doubles dates. Ils doivent être enregistrés dans le délai de la première. Ce principe est spécialement applicable aux acceptations (10), et aux quittances données par plusieurs personnes (11). Un transport de créances consenti à diverses dates au profit de plusieurs cessionnaires non coïntéressés doit être enregistré dans le délai de la première (12).

6157. Si une vente est faite par un mari et sa femme à diverses dates, et si l'intervention de la femme a été exigée pour la validité ou la garantie de la vente, le délai d'enregistrement court seulement du jour de cette intervention, quoiqu'elle ait eu lieu à la dernière date (13) : de même si un bail consenti au profit d'un mari et d'une femme *solidairement* n'a été signé par la femme qu'à la dernière date (14).

6158. Néanmoins quand la vente a eu lieu par le mari, sauf ratification de la femme, et que la femme signe l'acte postérieurement, le contrat doit être enregistré dans les 10 ou 15 jours de la première date (15); même règle si à la première date l'acquéreur et le vendeur ont signé l'acte, et que la seconde se rapporte seulement à la signature d'un délégataire du prix de vente (16), ou d'un garant solidaire des vendeurs (17).

6159. C'est d'ailleurs dans les énonciations de l'acte ou dans les circonstances qui l'accompagnent, qu'il faut rechercher quand l'acte est devenu parfait (18).

6160. VI. *Actes des communes.* Lorsque les actes concernant les biens des communes et des éta-

(1) D. M. F., 2 juin 1807, Inst., 366, 1; le Havre, 17 fév. 1848; R. G., 1202; J. N., 1096, 4274, 13563.
(2) D. M. F., 5 fév. 1834; J. N., 8311 et 8366; R. G., 747.
(3) Sol., 22 avril, 1847; R. G., 745.
(4) Cass. 10 fév. 1834; Inst., 1458, 3; 28 janv. 1835; Inst., 1490, 5; 29 juin 1835; Inst., 1498, 1; R. G., 5279 et 5281 contra, Auch., 24 mars 1830; Lectoure 10 juill., 1833; Libourne, 2 août 1834; Dalloz, *Enreg.* n° 4319.
(5) Quatre jours, d'après l'art. 26 de la loi du 22 frim. an 7.
(6) D. M. F., 12 therm. an 12, Inst., 290; R. G., 7878; D. M. F., 19 frim. an 14; Inst., 296; Cass., 11 sept. 1811.
(7) D. M. F., 27 avril et 9 mai 1809; Inst., 432, 3; J. N., 1109; R. G., 522.
(8) Cass., 20 juill. 1852; J. N., 14718; Inst., 1967, 1; R. G., 522, 5.
(9) Saint-Flour, 17 août 1847; Blois, 18 déc. 1852; J. N., 13202, 14928; R. G., 522; contra, Champ. et Rig., 5992, *du Contrôleur.*

(10) Garnier, R. G., 522.
(11) Garnier, R. G., 522; Loches, 22 août 1853; Lyon, 22 juill. 1854; Vendôme. 26 janv. 1856; Rép. G, *loc. cit.*, et Rép. pér., 307 et 899.
(12) Garnier, R. G., 522, 4; Seine, 30 juill. 1859; Cass., 21 janv. 1861; Rep. pér., 4444; J. N., 16701, 17033.
(13) Cass., 17 janv. 1860; Rép. pér., 1273; J. N., 16777; contra, Dreux, 3 fév. 1841; Blois, 13 fév. 1856; R. G., 522; Rep. pér., 504. Voir Soissons, 18 juin 1856 et Schlestadt, 10 déc. 1856; R. P., 797.
(14) Civray, 18 juill. 1845; J. N., 12499; R. G., 522.
(15) Montargis, 26 mars 1844; R. G., 522; Champ. et Rig., *Suppl.,* 947.
(16) Montluçon, 14 juin 1849; Cass., 26 juill. 1852; J. N., 14718; Inst., 1967 § 1; R. G., 523, 5.
(17) Cass., 17 nov. 1862; R. P., 1758; J. N., 17954.
(18) Montluçon, 14 avril 1846; R. G., *loc. cit.*, Cosne, 26 avril 1860; R. G., 522, 1; Cass., 17 nov. 1862; Rep. pér., 1758.

blissements publics sont sujets à l'approbation de l'autorité supérieure, le delai pour l'enregistrement ne court que du jour de la remise par le maire au notaire de l'arrêté d'approbation du préfet. Le délai est même, par exception, de 20 jours, d'après l'art. 78 de la loi du 15 mai 1818 (1). Ces règles s'appliquent également aux baux des biens d'hospices ou bureaux de bienfaisance (2).

6161. On considérait autrefois, à cet égard que les actes de vente ou d'acquisition de biens communaux étaient sujets à l'approbation (3). Mais le conseil d'Etat a reconnu que les contrats de l'espèce, passés après l'accomplissement des formalités prescrites, constituaient des actes de droit civil parfaits en eux-mêmes sans l'approbation de l'autorité (4). Il a été décidé par suite que le délai d'enregistrement doit partir de la date même de l'acte (5).

6162. Du reste, les baux, transactions, et marchés de fournitures, demeurent toujours soumis aux anciennes règles, car ces actes sont expressément assujettis à l'approbation par la loi du 18 juillet 1837, art. 47 et 49, et par l'ordonnance du 14 novembre 1837.

6163. VII. *Testaments.* Les testaments déposés chez les notaires ou par eux reçus doivent être enregistrés dans les trois mois du décès des testateurs, à la diligence des héritiers, donataires, légataires ou exécuteurs testamentaires (*Loi 22 frim. an 7, art. 21*).

6164. Il est défendu aux receveurs d'admettre ces actes à la formalité du vivant du testateur, à moins d'une réquisition expresse de sa part (6). Ces préposés n'ont pas, par conséquent, le droit d'exiger l'ouverture des testaments mystiques (7), à moins qu'ils ne prouvent que les testateurs sont décédés depuis plus de trois mois (8).

6165. Les actes de suscription des testaments mystiques ne sont également sujets à l'enregistrement que dans les trois mois du décès (9); il en est de même des révocations notariées (10).

6166. En requérant l'enregistrement d'un testament, le notaire n'est pas obligé de représenter un certificat d'existence du testateur s'il est vivant, ou l'acte de décès s'il est mort. Sa déclaration suffit, sauf vérification (11).

6167. Le délai pour l'enregistrement des testaments des militaires en activité, décédés hors de France ou hors de leur département, court seulement à partir de l'inscription du décès sur les registres de l'état civil de sa commune (12).

6168. Quand les testaments sont remis au notaire après le décès, et font l'objet d'un acte de dépôt régulier en l'étude, ils doivent être enregistrés en même temps que ce dernier acte (13). Si le notaire a reçu le testament des mains du président et ne rédige pas d'acte de dépôt, le délai ordinaire de trois mois est applicable (14).

6169. Au reste, et sauf le cas de dépôt constaté par un acte rédigé après le décès, les notaires ne sont pas responsables vis-à-vis de la Régie du défaut d'enregistrement; l'action du trésor doit être exclusivement dirigée contre les parties, *infra n° 6190.*

6170. Les donations entre époux sont soumises aux règles précédentes quand elles doivent être assimilées aux testaments (15).

6171. Il n'est pas nécessaire de faire enregistrer les testaments révoqués ou suivis de répudiation ; mais si on les présente à la formalité, et que ce soit après le délai légal, le droit en sus n'est pas dû (16).

6172. VIII. *Actes sous seing privé.* Les actes sous seing privé portant transmission de propriété, ou d'usufruit de biens immeubles et les baux à ferme ou à loyer, sous-baux, cessions et subrogations de baux, et les engagements, aussi sous seing privé, de biens de même nature, doivent être enregistrés

---

(1) D. M. F., 4 août 1838, 22 janv. 1855; Inst., 1577-6, 2025-2, 2315; J. N., 10156; R. G., 240; R. P., 2217. V. Sol., 27 mai 1867; R. P., 2498.
(2) Garnier, R. G., 710.
(3) Inst., 1577,6.
(4) Avis du conseil d'Etat du 12 juin 1863; *id.*, du 3 juill. 1864; Rép. pér., 1927, 1992.
(5) Garnier, Rép. pér., 1927, 2217; D. M. F., 25 mars 1865; Inst., 2315; J. N., 18360.
(6) Inst., 432, 3; Dél., 28 juin, 4 juill. 1839; R. G., 13510.
(7) Inst., 1200, 14.
(8) Dél., 26 vend. an 8 et 17 déc. 1832 ; Rép. du Journal du palais, *Enreg.*, 1055; ce dernier point est même très-contestable.

(9) Dél., 12 germ. an 13, Inst., 290, 73; R. G., 13505.
(10) Délib., 14 niv. an 13; R. G., 13509.
(11) D. M. F., 16 nov. 1812; R. G., 13507.
(12) D. M. F., 29 janv. 1811 ; Sol., 17 oct. 1832; R. G., 13502.
(13) Inst., 359; Cass., 14 juill. 1823.
(14) D. M. F., 24 sept. 1807; Garnier, R. G., 13504; CONTRA, Cass., 17 avril 1849; Inst., 1844, 2; R. G., *loc. cit.*
(15) D. M. F., 26 mars 1838; Dél., 9 et 24 mai, 14 août, 3 sept. 1838; Cass., 22 janv. 1838.
(16) D. N., v° *Test.*, 833; Garnier, R. G., n° 13515, 3; Chaumont, 29 nov. 1864; J. N., 18169; R. P., 2033.

dans les trois mois de leur date. Pour ceux de ces actes qui sont passés en pays étranger ou dans les îles et colonies françaises où l'enregistrement n'aurait pas encore été établi, le délai est de six mois, s'ils sont faits en Europe, d'une année si c'est en Amérique, et de deux années si c'est en Asie ou en Afrique (*Loi 22 frim. an 7, art. 22*). Il n'y a point de délai de rigueur pour l'enregistrement de tous autres actes sous seing privé, que ceux qui viennent d'être mentionnés ; mais il ne peut en être fait aucun usage, soit par acte public, soit en justice ou devant toute autre autorité constituée qu'ils n'aient été préalablement enregistrés (*Loi 22 frim. an 7, art. 23*).

6173. Selon l'art. 38 de la loi du 22 frim. an 7, à défaut d'enregistrement dans le délai légal, des actes qui y sont assujettis, il est perçu un double droit à titre d'amende. Cette amende n'est pas personnelle aux contrevenants, elle peut être réclamée à leurs héritiers (1). Si l'acte sous seing privé contient des dispositions dont les unes sont assujetties à la formalité dans le délai légal, tandis que les autres n'y sont pas soumises, le droit en sus ne peut être perçu que sur ces premières si l'acte est tardivement enregistré (2).

CHAPITRE QUATRIÈME.

DES BUREAUX OU LES ACTES DOIVENT ÊTRE ENREGISTRES.

SOMMAIRE

Règle, 6174.
Notaire suppléant un confrère, 6175.
Inventaire, 6176.

Actes reçus en double minute, 6177.
Ventes mobilières, 6178.

6174. Les actes sous seing privé peuvent être enregistrés dans tous les bureaux indistinctement ; ceux qui sont annexés aux minutes doivent l'être par les receveurs des actes des notaires (3) ; mais les notaires ne peuvent faire enregistrer leurs actes qu'au bureau dans l'arrondissement duquel ils résident légalement (4) (*Loi 22 frim. an 7, art. 26*).

6175. L'acte reçu par un notaire, pour un confrère qu'il supplée, doit être enregistré au bureau de la résidence de ce dernier (5). Mais si le notaire a été commis par justice pour recevoir des actes au nom d'un confrère décédé, et les remettre ensuite au successeur du défunt, ces actes sont soumis à la formalité au bureau de la résidence du notaire commis (6).

6176. Les notaires qui résident dans les villes où il y a une cour impériale, peuvent faire enregistrer leurs inventaires aux bureaux des lieux où ils ont instrumenté, à condition de soumettre la séance de clôture à la formalité au bureau de leur résidence dans les quinze jours de sa date (7).

6177. Les actes passés en double minute s'enregistrent sur la première et sur la deuxième minute au bureau de la résidence de chacun des notaires qui ont instrumenté, et les droits sont acquittés par

(1) Av. C. d'État, 3 fév. 1810; Cass., 18 nov. 1835, 470, Inst., 1543, § 5.
(2) Seine, 6 brum. an 12; Dél., 26 niv. an 12, 13 brum. an 13;
Inst., 290, 1; Versailles, 21 août 1840 : R. G., 973.
(3) D. M. F., 17 janv. 1857; Inst., 2090; R. P., 794

(4) Dél., 23 frim. an 11; R. G., 698.
(5) D. M. F., et J. (sans date), Inst., 11 nov. 1819, 969; R. G., 699.
(6) Dél., 14 déc. 1839; R. G., 699, 1.
(7) D. M. F., 12 therm. an 13; Inst., 290, § 32; R. G., 790.

le plus ancien, quand tous deux demeurent dans l'arrondissement du même bureau ou que la résidence de chacun d'eux est étrangère au bureau dans le ressort duquel l'acte a été passé. Mais si l'un des notaires demeure seul dans ce ressort, c'est à lui à effectuer le payement (1). Quand les parties ont désigné celui des deux notaires qui sera tenu d'acquitter les droits, c'est au bureau de la résidence de ce notaire que le versement en est fait (2).

6178. Les ventes publiques de meubles doivent être enregistrées au bureau où la déclaration préalable a été reçue (3) (*Loi 22 pluv. an 7, art. 6*). Mais on a décidé qu'il n'y avait aucune contravention de la part du notaire à présenter son procès-verbal à la formalité au bureau de sa résidence (4).

CHAPITRE CINQUIÈME.

DES OBLIGATIONS DU NOTAIRE.

SOMMAIRE

---

(1) D. M. F., 16 août 1818; Inst., 400, § 1 ; Garnier, Rép. gén., 761; Champ. et Rig. 3994.
(2) D. M. F., 12 déc. 1832; J. N., 7910; Inst., 1422, § 11; R. G., 701, § 2.

(3) Circul. rég., 1408 et 1807.
(4) Sol., 20 août 1835; R G., 702, § 2.

SECTION I. — PAYEMENT DES DROITS.

6179. I. *Versement immédiat.* Les droits des actes à enregistrer doivent être payés par les notaires pour les actes passés devant eux (*Loi 22 frim. an 7, art. 29*). On ne peut en différer le payement sous le prétexte de contestation sur la quotité ni pour quelque autre motif (*id. art. 28*), à peine de s'exposer à l'amende de retard (1).

6180. Cette obligation de versement immédiat s'applique d'ailleurs non-seulement aux droits simples, mais encore aux droits en sus et amendes, exigibles pour des contraventions que renferment les actes à enregistrer (2).

6181. Mais on ne saurait forcer le notaire à avancer les droits des conventions, dont la preuve peut se tirer de circonstances étrangères à l'acte, et dont cet acte ne forme pas le titre : par exemple des mutations secrètes d'immeubles (3) ou des réalisations de crédit (4).

6182. Le notaire ne peut se prévaloir de la non-consignation des fonds entre ses mains par les parties, pour suspendre l'apposition de sa signature sur l'acte, et le soustraire ainsi à l'enregistrement (5), lors même qu'il serait commis par justice (6). Il ne peut se dispenser de verser les droits, en faisant offre de les acquitter suivant le règlement à intervenir après l'enregistrement (7), lors même que les offres seraient suffisantes (8).

6183. Il ne serait pas fondé, non plus, à imputer en payement ou en compensation des droits, les prêts ou avances personnels faits au receveur (9).

6184. II. *Responsabilité.* Lorsque les notaires agissent en conséquence d'actes sous seing privé, ou passés en pays étranger, non enregistrés, ou bien qu'ils les annexent à leurs actes, l'art. 42 de la loi du 22 frim. an 7 les déclare responsables des droits. Mais ils ne peuvent être contraints au payement que quand l'administration s'est inutilement adressée à la partie (10).

6185. Cette responsabilité n'existe même pas quand le notaire a pu annexer l'acte ou agir en conséquence sans commettre de contravention (11).

6186. III. *Suppléments de droits.* Les notaires ne sont tenus au versement des droits que pour les actes *à enregistrer;* d'où il suit que les suppléments de droits reconnus exigibles après l'accomplissement de la formalité doivent être réclamés aux parties (12).

6187. IV. *Décès ou remplacement du notaire.* En cas de décès ou d'insolvabilité du notaire, le recouvrement des droits simples des actes non enregistrés doit être suivi sur les parties (13) et subsidiairement sur les héritiers du notaire défunt (14). Quant aux droits en sus et amendes, ils ne sont à la charge des héritiers que si un jugement en a prononcé la condamnation du vivant du notaire, ou si ce dernier a souscrit une obligation (15).

(1) Nérac, 29 déc. 1837; R. G., 726, § 4; Cass., 17 nov. 1862; Rép. pér., 1758; Seine, 28 déc. 1863; R. P., 1934.
(2) Inst., 1423 ; Cass., 17 nov. 1862; J. N., 17594; R. P., 1758; CONTRA, Champ. et Rig., 3920.
(3) Dél., 11 fév. 1834; J. N., 8460 ; Inst., 1458, § 5; Dél., 6 oct. 1845; Rép. G., 733, 1.
(4) Garnier. Rép. G., loc. cit.
(5) Dalloz, Enreg., n° 5003 : Colmar. 21 avril 1812; Bourges, 29 avril 1823; Saint-Flour, 17 août, 1847 ; J. N., 1115, 4823, 13202.
(6) Le Havre, 17 fév. 1818; J. N., 13384 : Garnier, R. G., 725.
(7) Guingamp. 5 fév. 1850 ; R. G., 732.
(8) Garnier, R. G., loc. cit.; Seine, 28 déc. 1863; R. P., 1934.
(9) Cass., 26 mai 1807; R. G., 730.
(10) Dalloz, n° 5107; Champ. et Rigaud, n° 3924 ; Cass., 3 juill. 1811; Thionville, 17 mars 1811; Chaumont, 1er août 1844; Seine,

5 mai 1846; Mende, 13 mai 1863 ; J. N., 10954, 11200, 11425, 11583, 12114, 12840, 17902; Garnier, R. G., 735; R. P., 1796; CONTRA, Lyon, 1er mars 1845; Provins, 26 mars 1847; Senlis, 8 janv. 1835; Seine, 30 mars 1842, 7 déc. 1842; Pont-l'Évêque, 23 fév. 1844; J. N., 11583, 12328; R. G., 735.
(11) Rennes, 22 janv. 1844; Délib., 28 mars 1834; Dalloz, 5105; Garnier, 735.
(12) D. M. F., 7 juin 1808; Inst., 386; Cass., 2 mai 1837; Corbeil 12 janv. 1837; Montmorillon, 30 mars 1811; Bayeux, 8 fév. 1843; Sol., 11 nov. 1845 ; R. G., 736; J. N., 2923, 6571, 9631.
(13) Déc. 1er sept. 1807, Inst., 340, § 5; D. M. F., 7 déc. 1835 ; R. G., 737.
(14) Aurillac, 24 juill. 1841 J. N., 11472; Garnier, R. G., 737, § 5.
(15) D. M. F., 11 brum. et 6 frim. an 14, et 1er sept. 1807; Inst., 340 § 4. Voir C. Nancy, 30 août 1844; J. N., 12222 ; R. G., 740.

6188. Le successeur d'un notaire décédé n'est pas responsable du défaut d'enregistrement des actes que son prédécesseur a omis de présenter à la formalité en temps utile, non plus que de la présentation tardive du répertoire au visa (1).

6189. V. *Recours contre les parties.* Le notaire qui avance les droits d'enregistrement a une action solidaire contre chacune des parties pour le remboursement de ses avances (2). Il agit contre elles en vertu d'un exécutoire du juge de paix de son canton, et suit pour la procédure les formes spéciales aux matières d'enregistrement, *supra n° 639 à 643 (Loi 22 frim. an 7, art. 50 et 75).*

6190. *Testaments.* L'obligation de faire enregistrer les testaments déposés en leur étude est étrangère aux notaires; elle incombe personnellement aux héritiers ou légataires (*Loi 22 frim. an 7, art. 29*) (3).

6191. III. *Actes sous seing privé.* Les droits des actes sous seing privé sont acquittés par celles des parties qui les font enregistrer (*Loi 22 frim. an 7, art. 29*). L'art. 31 de la même loi dispose que « les droits des actes civils emportant obligation, libération, ou translation de propriété ou d'usufruit de meubles ou immeubles, sont supportés par les débiteurs et nouveaux possesseurs; et ceux de tous autres actes le sont par les parties auxquelles ces actes profitent, lorsque, dans ces divers cas, il n'a pas été stipulé de dispositions contraires dans les actes. »

6192. D'après la jurisprudence, les dispositions de l'art. 31 ont simplement pour but de régler le recours des parties entre elles; elles sont inopposables à la Régie qui peut actionner indistinctement toutes les parties qui ont figuré dans les actes (4).

6193. C'est ce qui a été décidé notamment pour les ouvertures de crédits ultérieurement réalisés (5), les échanges (6), les partages (7), et les ventes (8). Mais la Régie ne peut s'adresser qu'au créancier pour le supplément de droit de quittance exigible sur la déclaration de payement émanée de ce dernier (9).

6194. Si un acte de vente sous seing privé est présenté à l'enregistrement par le vendeur, le recouvrement des droits peut être poursuivi contre l'acquéreur (10).

SECTION. II. — PEINES POUR DÉFAUT D'ENREGISTREMENT.

6195. D'après l'art. 33 de la loi du 22 frim. an 7, les notaires, qui n'ont pas fait enregistrer leurs actes dans les délais prescrits, payent personnellement, à titre d'amende, et pour chaque contravention, une somme de 50 fr. (réduite à 10 fr. par la loi du 16 juin 1824, art. 10 s'il s'agit d'un acte sujet au droit fixe, ou une somme égale au montant du droit s'il s'agit d'un acte sujet au droit proportionnel, sans que dans ce dernier cas la peine puisse être au-dessous de 50 fr. (10 fr.).

6196. Si l'acte est passible de plusieurs droits fixes, l'amende est de 10 fr., quel que soit le nombre des dispositions indépendantes; s'il donne lieu à plusieurs droits proportionnels, ou le total de ces droits excède 10 fr., ou il est inférieur à ce chiffre; dans le premier cas, l'amende est égale au montant des droits proportionnels; dans le second, elle est de 10 fr. Enfin, si le contrat est sujet à la fois à des droits fixes et à des droits proportionnels, il y a lieu de faire abstraction des droits fixes et de n'avoir égard qu'aux droits proportionnels pour calculer l'amende (11).

6197. Ces principes s'appliquent aux actes qui s'enregistrent en débet (12).

6198. Quant aux actes soumis à la formalité gratis, leur enregistrement tardif donne lieu à l'amende de 10 fr., exigible sur-le-champ (13).

---

(1) D. M. Just., 7 mai 1837; J. N., 9999; R. G., 727.
(2) Cass., 19 avril 1826, 10 nov. 1828, 20 mai 1829; R. G., 741.
(3) Dict. not., Test., 834; R. G., 1349; Sol., 22 janv. 1867; R. P., 2424.
(4) Cass., 20 mars 1839, 6 avril 1847, 19 nov. 1855, 10 mars 1858 et 15 fév. 1859; Inst., 1796, § 2 et 2137, § 9; J. N., 14875, 15033, 16276 et 16515. Voir aussi Cass., 21 juin 1865; R. P., 2169; J. N., 18328.
(5) Cass., 5 janv. et 16 mars 1853, 26 juill. 1853; Inst., 1967, § 6; 1985, § 12; R. G., 984.
(6) Lourdes, 24 mai 1850; D. M. F., 14 vent. an 7.
(7) Come, 28 août 1850; Cass., 9 fruct. an 12.

(8) Metz, 31 août 1835; Guéret, 3 juill. 1850; Civray, 2 juin 1851; R. G., 985; Cherbourg, 9 déc. 1863; R. P., 2041.
(9) Cass., 2 mai 1837, J. N., 9631; Inst., 1562, § 23.
(10) Cass., 10 avril 1846, 12 mars 1847, 12 janv. 1828, 5 déc. 1866; J. N., 1462, 18668; Montmédy, 18 juin 1846; Saint-Sever, 27 mai 1847; Avignon, 5 août 1850; R. G., 981.
(11) Déli., 12 avril 1859; R. P., 1206; Inst., 2145, § 1; J. N., 16609; Comp., J. N., 8938; Garnier, R. G., 720.
(12) D. M. F., 25 therm. an 13; R. G., 2379.
(13) D. M. F., 2 déc. 1806; J. N., 952, 1240; Garnier, R. G., 721.

IV.   47

SECTION III. — ACTES EN CONSÉQUENCE D'UN AUTRE.

§ 1er. ACTES ÉMANÉS D'UN AUTRE OFFICIER PUBLIC.

6199. Les notaires ne peuvent délivrer copie ou expédition d'aucun acte soumis à l'enregistrement sur la minute, ni faire aucun acte en conséquence, avant qu'il ait été enregistré, quand même le délai pour l'enregistrement ne serait pas expiré, à peine d'une amende de 10 fr., outre le payement du droit (*Lois 22 frim. an 7, art. 41 ; 16 juin 1824, art. 10*).

6200. Néanmoins, à l'égard des actes que le même notaire a reçus et dont le délai d'enregistrement n'est pas encore expiré, il peut en énoncer la date avec la mention que ledit acte sera présenté à l'enregistrement *en même temps* que le second (*Loi 28 avril 1816, art. 56*).

6201. Cette dernière faculté ne s'étend pas aux actes reçus par des notaires différents (1). On l'a spécialement décidé : 1° pour un partage fait en vertu d'une licitation ou d'un autre partage notariés (2) ; 2° pour une quittance mentionnant une autre quittance partielle antérieure (3) ; 3° pour une vente rédigée en vertu d'un partage (4), ou une liquidation faite en conséquence d'une renonciation non enregistrée (5).

6202. La contravention existerait aussi si le notaire agissait en conséquence d'un exploit non enregistré (6), ou de mémoires taxés énoncés ouvertement ou en termes dubitatifs dans les adjudications (7).

6203. Mais le notaire peut rédiger un inventaire en présence d'un subrogé tuteur nommé par une délibération non enregistrée (8) ; et vendre aux enchères le mobilier du mineur, à la requête du tuteur dont l'acte de nomination n'est pas encore enregistré (9). Le principe général reprendrait son empire, si la vente avait lieu en vertu d'un inventaire ou d'un testament authentique (10).

6204. Les actes reçus par les prédécesseurs d'un notaire doivent être considérés comme s'ils étaient passés devant lui (11). Quant aux actes du notaire lui-même, il n'est évidemment question que de ceux dans lesquels il agit en qualité d'officier public, et non pas par exemple de ceux qu'il rédige comme expert (12).

6205. Du reste, le défaut de mention que les deux actes seront présentés simultanément à la formalité n'est pas passible d'amende (13).

§ 2. ACTES SOUS SIGNATURES PRIVÉES.

6206. Les actes sous seing privé, ou passés en pays étrangers, ne peuvent être mentionnés dans un acte notarié sans être soumis à l'enregistrement, soit avant, soit en même temps que l'acte dans lequel il en est fait usage (*Lois 22 frim. an 7, art. 42, et 16 juin 1824, art. 13*). Cette disposition a donné lieu à une jurisprudence très-nombreuse dont nous rappelons seulement les principales solutions.

6207. I. *Actes adirés ou anéantis.* Et d'abord, le notaire ne pourrait échapper à l'amende en déclarant que l'acte sous seing privé est adiré (14), à moins que la perte ne soit prouvée (15), ou qu'il ne justifie ultérieurement de l'enregistrement préalable du titre (16).

6208. Mais il peut, sans contravention, relater des titres éteints ou anéantis par l'effet même de son acte ; par exemple, des billets compensés avec un prix de vente (17), ou une quittance destinée à en

---

(1) Cass., 22 oct. 1811 ; Dalloz, 5209 ; R. G., 785, § 3.
(2) Vitré, 14 oct. 1847 ; Amiens, 8 juin 1846 ; J. N., 12750, 13197 ; R. G., 785.
(3) Cass., 22 oct. 1811 ; D. M. F., 10 mars 1819 ; R. G., 785, § 5.
(4) Carcassonne, 19 déc. 1844 ; R. G., *loc. cit.*
(5) Châtellerault, 22 janv. 1855 ; R. P., 551 ; Cass., 17 nov. 1852 ; J. N., 17054 ; R. P., 1758.
(6) Limoges, 7 août 1850 ; R. G., 785, § 9.
(7) Mirecourt, 20 juin 1851 ; J. N., 14452 ; Cass., 7 nov. 1853 ; Rép. P., 9 ; Inst., 1999 ; contra, J. N., 8412, 8652, 13194, 14452 ; Pithiviers, 5 août 1851 ; J. N., 14433. La taxe peut être présentée à l'enreg. avec l'adjudication.
(8) Cass., 3 janv. 1827 ; J. N., 5097, 6198 ; Inst., 1210, § 4 ; R. G., 850.
(9) Sol., 8 nov. 1851 ; J. N., 14548 ; Sol., 28 et 29 juin 1845, 29 oct. 1851 ; R. G., 785, § 1.

(10) Reims, 5 fév. 1848 ; D. M. F., 16 juin 1829 ; Inst., 1293, § 4 ; J. N., 6882 ; Sol., 3 mars 1836 ; R. G., 853 ; contra, Seine, 6 fév. 1850 ; J. N., 14310.
(11) J. N., 7994 ; Garnier, R. G., 785, § 8.
(12) Dél., 15 mars 1820 ; R. G., 786.
(13) D. M. F., 17 fév. 1819 ; R. G., 788.
(14) Cass., 23 nov. 1825 ; Inst., 1137, § 1 ; R. G., 802 ; 5 mai 1846, J. N., 5612, 12694 ; Inst., 1767, § 1 ; Montbrison, 14 mars 1844 ; Seine, 11 nov. 1852 ; R. G., 802.
(15) Saint-Lô, 29 avril 1855 ; R. pér., 490 ; Castelnaudary, 15 nov. 1855 ; Rép. pér., 554 ; Gaillac, 1er mars 1847 ; R. G., *loc. cit.*
(16) D. M. F., 28 juill. 1811 ; Inst., 148, § 2 ; Cass., 28 nov. 1825 ; J. N., 5612 ; Inst., 1187, § 1 ; R. G., 802, § 5.
(17) Seine, 29 juill. 1821 et Dél., 16 fév. 1822 ; Dél. 11 fév. 1824 ; D. M. F., 8 mars 1854 ; J. N., 4713, 4830 ; R. G., 786.

remplacer d'autres (1), ou des titres éteints par suite de la confusion de la créance (2). Il n'en serait plus de même si le titre était seulement réduit (3).

6209. II. *Actes exempts.* L'obligation de faire enregistrer les actes dont on se sert ne s'étend pas à ceux qui sont exempts de la formalité, notamment aux extraits du jugements de séparation que les secrétaires des chambres de notaire reçoivent en dépôt (4), aux récépissés de la caisse des consignations ou des receveurs des finances (5), et aux extraits délivrés par les receveurs d'enregistrement (6).

6210. Quant aux actes dont les droits sont prescrits, il a été décidé que leur mention permettait d'en réclamer le payement (7).

6211. Les effets négociables, relatés dans un acte public, ne sont sujets à l'enregistrement que lorsqu'il y a eu protêt ou assignation, suivant qu'il s'agit de billets à ordre ou de lettres de change (8). Et on a étendu cette règle aux actions de société qui se transmettent par endossement (9).

6212. III. *Polices d'assurances.* L'usage des polices d'assurances a donné lieu à un très-grand nombre d'arrêts. Il est aujourd'hui décidé qu'un notaire ne peut agir en conséquence de ces titres non enregistrés, et qu'il appartient aux tribunaux d'apprécier si, malgré les expressions dubitatives de l'acte, le notaire s'est réellement servi des polices (10). En l'état de la jurisprudence, les notaires ne peuvent donc échapper à l'amende qu'en s'abstenant de parler de la convention d'assurance, ou bien en limitant leurs mentions aux assurances futures (11). Voir *supra*, n° *5687, note 4.*

6213. IV. *Inventaires.* L'inventaire est un acte déclaratif qui peut contenir, sans contravention, la description des actes sous seing privé non enregistrés, trouvés dans les papiers de la succession (12), *supra n°* 2342 *et suiv.*, 2376, à moins que le débiteur n'intervienne dans le but de reconnaître formellement la dette. Il est également permis d'y relater l'ordonnance nommant un notaire pour représenter un absent (13), ou celle qui statue en référé sur les contestations survenues pendant le cours de l'opération (14), ou bien encore la délibération du conseil de famille portant désignation du tuteur ou subrogé tuteur (15), quoique ces pièces ne soient pas préalablement enregistrées.

6214. V. *Partages.* En principe, les liquidations ou les partages peuvent, comme les inventaires, se référer aux titres de créances à partager, sans que ces titres soient soumis à l'enregistrement (16). Mais c'est à la condition que les débiteurs n'interviendront pas à l'acte pour en reconnaître la validité, ou que les titres n'émaneront pas des parties contractantes (17).

6215. Et encore, dans ce dernier cas, il faut que l'acte sous seing privé non enregistré soit produit à la liquidation, ou qu'il y soit relaté par une mention expresse qui s'y réfère nécessairement; le droit d'enregistrement ne peut donc être perçu et l'amende n'est pas encourue sur l'attribution à l'un des copartageants, *sans aucune énonciation de titre*, d'une créance due par lui au défunt, même lorsqu'elle serait établie, suivant l'inventaire antérieur au partage, par des reconnaissances souscrites par le débiteur (18).

6216. Il en est de même, à plus forte raison, quand l'acte qualifié de liquidation ou de partage n'a

---

(1) D. M. F., 5 juill. 1822; Sol., 3 avril 1835; R. G., 784, § 2.
(2) Seine, 31 juill. 1863; R. P., 1853; J. N., 17974; Dict. not., *Acte not.*, n° 699.
(3) Seine, 9 avril 1847; J. N., 13728; R. G., 793, § 4. Voir cependant Seine, 26 fév. 1842 et 26 juill. 1843 : R. G., 793, § 2.
(4) Cass., 5 déc. 1832; Inst., 1422, §§4; Dél., 28 avril 1837; J. N., 9641; R. G., 796, 17.
(5) Sol., 8 fév. 1837 et 3 fév., 1849; R. G., 796, § 9. Voir Cass., 26 mars 1825; D. M. F., 4 sept. 1824; Inst., 1150, § 4; Dél., 18 avril 1818.
(6) Sol., 19 oct. 1867; R. P., 2602.
(7) Cass., 24 juin 1823; Dél., 3 fév. 1835; J N., 6591, 8773; Seine-30 juin 1824; D. M. F., 13 janv. 1826; R. G., 795.
(8) Dél., 8 avril 1817 et 9 juill. 1830. 19 mars 1832; R. G., 818; Seine, 14 mai 1840; Marvejols, 7 janv. 1846; Espalion, 28 août 1846; Toulouse, 25 mai 1848; Dél., 18 août 1848; J. N., 10736, 12609, 12933, 13505, 13569; Sol., 30 nov. 1825; J. N., 5622; Inst., 1187, § 13; Sol., 23 juill. 1864; R. P., 1057; contra, Pont l'Évêque, 23 fév. 1844; J. N., 12609; Dél., 3 août 1835; R. G., 806, § 6; Dalloz, 5214.
(9) Seine, 26 déc. 1839; Sol., 11 mars 1854; J. N., 14298; contra, Meaux 6 août 1840; R. G., 804, en note; Cass., Belg. 28 juill. 1864; J. N., 18340; R. P., 2603.
(10) Cass., 23 nov. et 15 déc. 1846, 21 juill. 1849, 22 avril 1350, 7 janv. 1851, 5 avril 1851; Cass., 5 juill 1859; R. P., 88, 1185; J. N., 12675, 12898, 13780, 14020, 14269, 16635, 18563; et toutes les décisions des tribunaux secondaires réunies sous les n°s 836 du Rép. gén., §§ 35, 340, 406, 1185 et 1352 du R. P. pér.

(11) Sur ce dernier point, Verdun, 29 avril 1803; Rép. pér., 1805; Vienne, 27 août 1853; R. P., année 1864, p. 722.
(12) Arrêté du Directoire exécutif du 22 vent. an 7; Circul. Rég. 1554; R. G., 792.
(13) Saverne, 20 fév. 1836; R. G., 774, § 8.
(14) D. M. F., 29 déc. 1807; Mortagne, 20 janv. 1843; R. G., 820.
(15) Cass., 3 janv. 1827; J. N., 5997, 6498; Inst., 1210, § 4; R. G., 1830; Sol. 19 fév. 1866; R. P., 2364.
(16) Cass., 24 août 1818; Dél., 1er mars 1822; R. G., 792.
(17) Cass., 21 mars 1848; Inst., 1814, § 3 4 avril 1849; Inst., 1841, § 2, 26 fév. 1850; Inst., 1857, § 1, 28 mars 1859; R. P., 4220; Metz, 7 déc. 1830; Péronne, 28 avril 1847; Seine, 9 avril 1847; Compiègne, 20 janv. 1853; Seine, 29 nov. 1851, 3 janv. e 21 fév. 1855; Rép. pér., 312, 350, 448 et 610; Wissembourg, 30 juill. 1856; Rép. pér. 735; Seine, 30 mars 1812, 26 juill. 1813, 19 déc. 1844, 19 fév. 1852; J. N., 13014, 13374, 13727, 13974.
(18) Cass., 18 avril 1854; Cass. (chamb. réun.), 27 mai 1867; R. P., 1899, 2173; J. N., 17906, 18864; Conf. Seine, 6 juill. 1861; R. P., 4528. V. cependant Meaux, 21 août 1850; R. G., 793, § 5; Seine, 21 fév. 1855; R. P., 418; Senlis, 26 déc. 1848; Versailles, 17 janv. 1856; R. P., 688; Wissembourg, 30 juill. 1856; Pontoise, 12 mai 1857; Yvetot, 17 juill. 1860; R. P., 1422; Seine, 23 oct. 1859; R. P., 1434; Besançon, 8 août 1861; Bourges, 17 fév. 1863; R. pér. 735, 985; et 1844; Cass., 26 fév. 1850; J. N., 13974, 23 mars 1859; R. P., 4220; Lons-le-Saulnier, 5 déc. 1864; R. P., 1982; Étampes, y août 1851; R. P., 1540.

aucun caractère déclaratif, tel, par exemple, que le procès-verbal de liquidation des reprises d'une femme renonçante (1).

6217. VI. *Compte.* Le compte peut, sans exposer le notaire à l'amende, faire mention, comme l'inventaire, des titres de créances non enregistrés (2); spécialement : d'un billet provenant des fonds de la tutelle et remis au mineur (3), ou de quittances sous seing privé justificatives des opérations (4). Dans ce dernier cas, les quittances *produites* doivent être néanmoins enregistrées (5), à l'exception de celles qui sont dispensées de la formalité par l'art. 537 C. pr.

6218. Mais il est interdit de relater dans un arrêté de compte de tutelle le projet de ce compte rendu précédemment et non enregistré, encore que l'énonciation soit faite en termes dubitatifs (6). Quand il s'agit d'un compte de tuteur à tuteur, qu'il n'est pas absolument nécessaire de constater par écrit, l'usage doit résulter de termes formels (7).

6219. VII. *Testament.* Il est permis de relater dans un testament des actes sous seing privé non enregistrés (8); le notaire n'encourt même aucune amende en faisant enregistrer ce testament, au décès, sans les actes énoncés (9). Lorsqu'un testament olographe est déposé en l'étude, l'acte de dépôt peut être rédigé avant l'enregistrement du procès-verbal judiciaire d'ouverture (10). Il est également permis de recevoir un acte de renonciation sans faire enregistrer le testament qui s'y rapporte (11), ou de délivrer au testateur l'expédition d'un testament qu'il a déposé en l'étude, sans soumettre la minute à l'enregistrement (12); mais on ne pourrait procéder à la vente de meubles légués par un testament non enregistré (13).

6220. VIII. *Contrat de mariage.* Un notaire peut énoncer dans un contrat de mariage que l'apport consiste en billets ou en une police d'assurance sur la vie non enregistrés, car cette mention est purement déclarative (14); mais il y a usage des titres, si le notaire annonce les avoir paraphés et remis au futur (15). La contravention existe aussi si le contrat relate une délibération non enregistrée par laquelle le conseil de famille a autorisé le mariage du mineur (16), ou lui a nommé un curateur *ad hoc* (17), ou s'il déclare que l'apport résulte d'un inventaire authentique non encore enregistré (18).

6221. IX. *Actes divers.* Il n'y a pas contravention quand une procuration est donnée pour céder un billet non enregistré (19), ou pour ratifier un acte passé devant un autre notaire (20) (ces solutions sont cependant très-contestables). Mais on ne pourrait sans contravention recevoir la ratification d'une vente non enregistrée (21), ni donner en nantissement des titres non soumis à la formalité (22).

6222. Un notaire n'encourt pas d'amende en insérant dans une quittance finale la déclaration des parties que les quittances partielles antérieurement délivrées par acte sous seing privé deviennent sans objet (23).

6223. X. *Vente.* Toute vente ou tout échange est censé fait en conséquence des actes sous seing privé non enregistrés, relatés dans la désignation de l'objet aliéné ou dans l'origine de la propriété. On l'a décidé notamment à propos de l'énonciation du bail relatif aux biens mis en adjudication (24), — du partage ou de la cession de droits successifs qui avait rendu le cédant propriétaire (25), — du plan

(1) Seine, 8 janv. 1835; Châtellerault, 22 janv. 1855; Rép. gén., 794; Rép. pér., 551.
(2) Cass., 10 mai 1821; Senlis, 26 déc. 1826; Châteaudun, 2 juill. 1846; J. N., 12748; R. G., 811, § 3.
(3) Strasbourg, 23 oct. 1847; Dél., 30 janv. 1849; J. N., 2890. Voir cependant D. M. F., 29 prair. an 8; R. G., 838, § 3.
(4 et 5) Déc. 4 frim. an 7; Sol. 26 mess. an 7; Circul. Rég., 1954; Cass., 8 mai 1826; J. N., 5725; R. G., 3119.
(6) Sol., 21 avril 1828; Metz, 13 fév. 1838; Trévoux, 26 fév. 1850; R. G., 811, § 3; Mâcon, 15 mai 1837; R. G., loc. cit.; Pau, 5 avril 1863; J. N., 7438, 10389, 17525; contra, Evreux, 7 fév. 1829; Blois, 24 juin 1840; Strasbourg, 11 janv. 1863; Aix, 22 août 1863; Castres, 28 août 1867; J. N., 7438, 10751, 17816, 18324, 18978; R. P., 2348.
(7) Strasbourg, 14 janv. 1864; Rép. pér., 1918; J. N., 17846.
(8) D. M. F., 44 juin 1808; R. G., 848; Inst., 390, § 16.
(9) Garnier, R. G., 780, § 3.
(10) Colmar, 12 juin 1826; Dél., 25 août 1826; R. G., 848, § 2. Voir M. F., 26 fév. 1824; J. N., 4618; Dict. not., loc. cit., 847, 848.
(11) Sol., 22 janv. 1849; J. N., 13852. Contra; J. N., 6730; D. N., loc. cit., 812; Sol., 26 déc. 1865, R. P., 2239.
(12) D. M. F., 25 août 1809; J. N., 207; R. G., 13528.

(13) Sol., 3 mars 1836; R. G., 13517, § 3.
(14) Garnier, R. G., 792, § 3; Dél., 3 juill. 1854; Sol., 30 janv. 1833, 9 nov. 1860, 3 oct. 1865, 6 août 1866; R. P., 1480, 2238, 2295 J. N., 18639.
(15) Tulle, 9 janv. 1849; R. G., 806, § 5.
(16) Fontainebleau, 24 juill. 1839; J. N., 10603.
(17) Grenoble, 27 juill. 1836; J. N., 9520.
(18) D. M. F., 26 sept. 1823; R. G., 827, § 1.
(19) Sol., 27 janv. 1833; R. G., 774, § 3; contra, Sol., 9 avril 1856; R. P., 1480.
(20) Sol., 8 sept. 1832; R. G., 774, § 10.
(21) Cass., 12 déc. 1808; R. G., 839; Chaumont, 1er août 1844, id.; Dalloz, 5207.
(22) Seine, 2 juill. 1856; R. P., 785; Cass. Bel., 29 juill. 1864; contra, Sol., 4 août 1857, 18 juill. 1860; R. P., 1480.
(23) Seine, 21 juill. 1821; Délib., 16 fév. 1822; D. M. F., 5 juill. 1822; Sol., 3 avril 1835; R. G., 784, § 2.
(24) Lyon, 12 mars 1845; J. N., 12328; contra, Grenoble, 27 juill. 1836; J. N., 9520.
(25) Vitré, 14 oct. 1827; Carcassonne, 19 déc. 1844; R. G., 795, § 6.

des biens à aliéner (1), — du devis des travaux communaux mis en adjudication (2), — du certificat d'imprimeur annonçant l'insertion de la vente dans les journaux (3), — de la quittance ou de la grosse quittancée constatant la libération du vendeur (4).

6224. L'amende est encore due dans le cas, par exemple, où le notaire met en vente des créances résultant de billets non enregistrés (5); mais elle n'est pas exigible pour la mention que le prix d'une vente a été réglé en billets à ordre non soumis à la formalité de l'enregistrement (6).

6225. La déclaration de command, à cause de la brièveté du délai dans lequel elle doit être faite, échappe à l'application des art. 41 et 42 de la loi du 22 frim. an 7. Elle peut donc intervenir avant l'enregistrement de la vente (7).

6226. XI. *Acte refait.* Enfin, une convention ou obligation sous seing privé n'a pas besoin d'être préalablement enregistrée, pour être reproduite dans l'acte notarié qui a pour objet sa réalisation en un contrat authentique (8).

SECTION IV. — ACTES DE DÉPOT.

6227. Il est défendu aux notaires de recevoir aucun acte en dépôt sans en dresser acte, *supra* n° 468. Lorsque l'acte déposé n'est pas enregistré, ils doivent le soumettre à la formalité avec l'acte de dépôt; le tout à peine d'une amende de 10 fr. et de répondre personnellement du droit (*Lois 22 frim. an 7, art. 42, 43; 16 juin 1824, art. 10*).

6228. L'obligation de rédiger un acte de dépôt s'applique aux brevets que le notaire avait délivrés et qu'on lui rapporte (9), *supra* n° 463, ou à la remise qu'on lui fait de la double minute d'un acte passé devant un confrère (10).

6229. Les notaires ne sont pas tenus de rédiger un acte de dépôt pour les testaments olographes qui leur sont remis en vertu d'une ordonnance du président du tribunal (11), *supra* n° 2785; il en est autrement pour ceux qu'on leur dépose sans l'intervention de la justice après le décès des testateurs (12). Du vivant de ceux-ci, les notaires sont même dispensés de tout acte de dépôt pour les testaments confiés à leur garde (*Loi 22 frim. an 7, art. 43*); toutefois ceux qu'ils rédigeraient sur la demande expresse des parties devraient être enregistrés dans les délais, mais sans le testament (13).

6230. Les notaires doivent déposer chaque année le double de leur répertoire au greffe du tribunal civil, *supra* n° 279; l'acte de dépôt rédigé par le greffier à cette occasion n'est sujet qu'aux droits de greffe (14).

6231. Les secrétaires des chambres de discipline auxquels des extraits sont remis pour être placardés conformément à la loi, ne sont pas astreints à en faire des actes de dépôt; d'ailleurs ces actes sont exempts d'enregistrement. Les certificats constatant ces dépôts y sont seuls soumis (15).

6232. Le notaire n'est pas astreint non plus à dresser un acte de dépôt pour les pièces qui lui sont confiées *à titre confidentiel.* On verra dans la section suivante le sens de ces expressions.

SECTION V. — COMMUNICATION.

6233. I. *Principe et mode de communication.* L'art. 54 de la loi du 22 frim. an 7 prescrit aux notaires de communiquer, sans déplacement (16), aux préposés de la Régie, les actes dont ils sont dépositaires, et de leur laisser prendre sans frais les copies nécessaires aux intérêts de l'Etat. Tout refus de communication est constaté par un procès-verbal de l'agent du Trésor dressé en présence du

---

(1) Dunkerque, 31 déc. 1863; R. P., 4767. Voir Cass., 2 août 1808; R. G., 774, § 9.

(2) Péronne, 8 juin 1842; J. N., 11527.

(3) Cass., 15 fév. 1814, 26 janv. 1834; J. N., 1436, 7364; Inst. 1370, § 2; R. G., 808, § 2; contra, Orléans, 10 août 1845; R. G., *loc. cit.* V. Sol., 20 déc. 1866; R. P., 2476.

(4) Reims, 3 juin 1845; J. N., 838; Mirecourt, 12 avril 1853; R. P., 25; Cass., 17 fév. 1858; R. P., 984; contra, Cass., 8 août 1845; J. N., 12482.

(5) Lyon, 12 mars 1845; J. N., 12328.

(6) Sol., 30 nov. 1825; J. N., 5622; Inst., 1187, § 13; R. G., 805, § 8.

(7) Cass., 16 mess. an 13 et 13 brum. an 14, 23 janv. 1809, J. N., 172, 215; D. M. F., 17 déc. 1835; R. G., 783, § 1; Sol., 19 déc. 1843;

J. N., 12772; Inst., 1755, § 2; Montmorillon, 24 juill. 1838; J. N., 10184; Toulouse, 2 mai 1839; J. N., 7834, 8493, 0495, 13049.

(8) Solut. 11 juill. 1835; Dalloz, 5247; R. G., 734, § 3.

(9) Cass., 24 juill. 1837; J. P., t. 1, 1837, p. 608; Dél., 6 janv. 1837, Bernay, 24 août 1843; Quimper, 24 janv. 1848; J. N., 9567, 11616, 13338; R. G., 4591; contra, J. N., 9274, 9329.

(10) D. M. F., 19 juin 1846; J. N., 12816; Inst., 1767, § 4.

(11) Cass., 14 juill. 1823; R. G., 4619; Seine, 26 mai 1853; J. N., 14969; Cass., 17 déc. 1860, R. P., 1417; J. N., 0987; contra, D. M. F., 20 janv. 1852; R. G., *loc. cit.*; Inst., 1909; J. N., 14612.

(12) Mêmes autorités.

(13) D. M. F., 8 mars 1814; Cass., 14 juill. 1825; R. G., 4619.

(14) D. M. F. J., 24 et 30 juin 1842; Inst., 590; R. G., 4615.

(15) Inst., 1261, 1422, § 4; J. N., 6745, 6864, 6992; R. G., 4599.

(16) D. M. F., 1er fév. 1855; Inst., 2027, § 3; R. P., 379.

maire ou d'un officier municipal, affirmé devant le juge de paix si le notaire n'en reconnaît pas l'exactitude, puis transmis au ministère public chargé de requérir la condamnation à 10 fr. d'amende (1).

6234. Si le maire ou l'officier municipal ne veut pas prêter son concours, ou si ces magistrats sont absents, le préposé passe outre en constatant ce refus ou cette absence (2). L'assistance du commissaire de police est d'ailleurs suffisante (3).

6235. Les minutes doivent être communiquées, à peine d'amende, dans le lieu où elles sont déposées (4). La demande des préposés ne peut avoir lieu les jours de repos, et les séances dans chaque autre jour ne sauraient durer plus de quatre heures (*Loi 22 frim. an 7, art.* 54).

6236. La loi n'a prévu que le refus de communication de l'officier public lui-même, et non pas celui du clerc qui tient l'étude en son absence (5).

6237. II. *Etendue du droit de communication.* A quels titres s'applique le droit de communication ? Tout le monde reconnaît que le notaire peut recevoir des dépôts confidentiels (6), et que ces dépôts échappent aux investigations de la Régie. Mais la jurisprudence est loin d'être fixée sur le point de savoir comment on distinguera ces actes des documents de l'étude.

6238. Il est clair que du vivant du notaire, le préposé ne peut demander communication que des actes dont le dépôt officiel résulte, ou de l'inscription au répertoire, ou de quelque autre preuve certaine. Seulement, quand l'étude est abandonnée par le décès ou l'absence du titulaire, la Régie intervient aux opérations de levée de scellés (7) et voit ainsi passer sous ses yeux tous les actes détenus par le notaire. Il semble que la communication doit se restreindre alors aux actes régulièrement déposés (8); néanmoins on a soutenu que ce sentiment se concilie difficilement avec l'art. 42 de la loi du 22 frim. an 7, qui punit d'une amende le défaut de rédaction d'un acte de dépôt, et paraît supposer, par conséquent, l'existence possible en l'étude de titres remis officiellement au notaire (9).

6239. Jugé que le caractère public du dépôt doit être présumé jusqu'à preuve contraire (10), lorsque surtout les titres découverts se trouvent dans l'étude même ou avec des actes de l'étude (11), ou que la pièce est revêtue de notes ou suscriptions qui l'indiquent (12).

6240. Mais on doit reconnaître le caractère confidentiel à la remise faite au notaire qui inventorie les papiers de la succession (13).

6241. Si l'acte litigieux est décrit dans le procès-verbal de levée des scellés ou dans l'inventaire, sur la réquisition volontaire des parties, on doit reconnaître à sa remise le caractère public (14).

6242. Du reste, quand il s'élève des doutes, au moment de la levée des scellés, sur la nature d'un dépôt, c'est au juge à les trancher, sauf référé au tribunal de la part de la Régie ou des parties (15).

6243. Il a été enfin décidé qu'après le décès du notaire, les héritiers ont le droit souverain d'apprécier les actes qu'il faut communiquer au préposé de la Régie, et qui leur paraissent avoir été déposés officiellement en l'étude (16).

6244. Quant aux testaments, il n'est pas douteux que les préposés ne peuvent en avoir communication du vivant des testateurs. Mais on a décidé qu'ils ont le droit de provoquer l'ouverture judiciaire des testaments clos, afin d'assurer leur enregistrement lorsque les testateurs sont décédés depuis plus de trois mois (17).

(1) Garnier, R. G., 3216.
(2) Dél., 1er mai 1829; R. G., 3216.
(3) Rennes. 10 déc. 1844; R. G., 3243.
(4) Amiens, 11 août 1842; J. N., 11455; Dalloz, 5337; Garnier, R. G., 3218.
(5) Cass., 24 mars 1848; J. N., 13334; Inst., 1814, § 17; R. G., 3217.
(6) Cass., 4 août 1811; Rép. gén., 3210; 43 juin 1854; R. pér., 1034, § 3; Villefranche, 17 fév. 1837; Chartres, 11 juill. 1838; Levigan, 20 janv. 1842; Inst., 1240, § 2; J. N., 1125, 2633, 10148, 11374.
(7) Inst. 1554; Dalloz, 5329; Garnier, R. G., 3074.
(8) Douai, 29 déc. 1852, 16 déc. 1861; J. N., 1734; Rép. pér., 187; Mâcon, 11 fév. 1862; R. P., 1605; C. Metz, 27 mai 1864; J. N., 18024; R. P., 1938; Dinan, 2 déc. 1863; J. N., 19137.
(9) Voir Dissert. Garnier, R. pér., 1918.
(10) Rethel, 2 juill. 1858; R. P., 843; C. Poitiers, 4 mai 1858; R. P., 1082; Brioude, 7 fév. 1860; R. P., 1296; Ambert, 15 mars 1864; R. P., 1948.
(11) Rethel et Poitiers, *supra*; Béziers, 5 mai 1862; R. P., 1663;

Sarreguemines, 13 déc. 1850; R. G., 3250; CONTRA, Mâcon, 11 janv. 1862, s prá; Limoges, 17 mars 1861; R. P., 1919, § 5.
(12) Cass., 4 août 1811, *suprà*; C. Poitiers, 4 mai 1858, *suprà*; Béziers, 5 mars 1862; R. P., 1633. Voir Dél., 18 déc. 1829; J. N., 7123; CONTRA, Beauvais, 28 avril 1835; R. G., 3234.
(13) Metz, 2 mai 1857; J. N., 9573; Sol., 26 mars 1860; R. P., 1948; Dél., 3 mai 1826; R. gén., 4600; CONTRA, 2 janv. 1835; J. N., 8753.
(14) Cass., 11 avril 1854; R. P., 64, 136; Cass., 1er juill. 1811; 10 mai 1813, 5 mars 1820; Inst., 1537, n° 201, 11 mars 1825; Inst., 1173, § 9; J. N., 5309; Avesnes, 31 juill. 1851; Montbeliard, 25 mai 1862; R. G., 3210, 3234.
(15) C. Metz, 5 oct. 1854; R P., 17; Mâcon, 11 fév. 1862; Metz, 14 mai 1864; R. P., 1938. Comp. Cass., 14 avril 1854; R. P., 352; Avallon, 30 déc. 1862; J. N., 17381, 17632.
(16) C. Toulouse, 11 mai 1854; R. P., 1948.
(17) D. M. F., 27 fruct. an 6, 26 pluv. et 6 vent. an 7; Sol., 17 déc. 1850; R. G., 3299.

SECTION VI. — MENTION DE LA RELATION.

6245. Il est fait mention dans toutes les expéditions des actes publics qui doivent être enregistrés sur les minutes, de la quittance des droits, par une transcription entière et littérale de cette quittance. Pareille mention est faite dans les minutes des actes publics qui se font en vertu d'actes sous seing privé, ou passés en pays étranger, et qui sont soumis à l'enregistrement. Chaque contravention est punie par une amende de 10 fr. (réduite à 5 fr. par l'art. 10 de la loi du 16 juin 1824) (*Loi 22 frim. an 7, art. 44*).

6246. Dans le cas de fausse mention d'enregistrement, soit dans une minute, soit dans une expédition, le délinquant est poursuivi par la partie publique et condamné aux peines prononcées pour le faux. (*Loi 22 frim. an 7, art. 46*).

6247. L'art. 44 qui précède est spécial aux actes sous seing privé. Par conséquent, quand on agit en vertu d'un acte notarié ou, en général, d'un acte public, il n'est pas nécessaire de faire mention de la quittance des droits, ou même de dire que cet acte est enregistré (1).

6248. La transcription *littérale* et *entière* de la relation d'enregistrement n'est pas d'ailleurs strictement nécessaire. Il suffit que la mention soit assez développée pour que les employés puissent voir si l'acte a été enregistré et quels droits ont été perçus (2). Mais il y aurait contravention à indiquer seulement que « l'acte a été enregistré par le receveur *qui a perçu les droits* (3); » ou que l'acte a été enregistré *ainsi que l'ont déclaré les parties* (4).

6249. La transcription de la quittance n'est pas nécessaire pour l'acte sous seing privé annexé (5); ni même, selon quelques auteurs, pour l'acte sous seing privé déposé dans les minutes d'un notaire, parce qu'alors il acquiert le caractère public (6). Décidé cependant que le notaire qui, à la suite de l'expédition d'un acte, donne l'extrait d'une procuration sous seing privé annexée à la minute de cet acte sans transcrire la relation d'enregistrement du pouvoir, encourt l'amende (7).

6250. Dans le cas de fausse mention d'enregistrement, la minute de l'acte doit être enregistrée *pour mémoire* à la date courante (8).

SECTION VII. — RÉPERTOIRE.

6251. Indépendamment des obligations précédentes, les notaires sont encore assujettis à la tenue d'un répertoire destiné à l'inscription journalière des actes par eux reçus (*Loi 22 frim. an 7, art. 49*). Nous avons donné à cet égard les détails suffisants sous les n°s 252 à 282.

CHAPITRE SIXIÈME.

NATURE ET LIQUIDATION DES DROITS.

SOMMAIRE

(1) J. N., 756, 14469; Garnier, R. G., 856.
(2) Sol., 23 août 1830; D. M. F., 17 sept. 1830; Dél., 19 avril 1833; J. N., 8071; R. G., 857.
(3) D., 24 mai 1808; Inst., 400, § 10.
(4) Pointe à Pitre, 24 août 1852; J. N., 14986; Vouziers, 10 mai 1855; R. P., 638.
(5) D. M. F., 17 sept. 1830; R. G., 858.
(6) J. N., 7771. Comp. Sol., 14 oct. 1835; Dalloz, 5263; R. G., 859.
(7) Sol., 1er déc. 1841; R. G., 862; R. P., 414.
(8) Inst., 263, 340 § 5, 1537 sect. 2, n° 13; R. G., 866.

SECTION I. — DISPOSITIONS GÉNÉRALES.

6252. Les droits d'enregistrement se divisent en deux classes. Les uns sont *fixes*, c'est-à-dire qu'ils n'augmentent ni ne diminuent de quotité ; les autres sont *proportionnels* aux valeurs sur lesquelles ils sont assis (*Loi 22 frim. an 7, art.* 2).

6253. Le droit fixe s'applique aux actes qui ne contiennent ni obligation, ni libération, ni condamnations, ni collocations ou liquidations de sommes et valeurs, ni transmission de propriété, d'usufruit ou de jouissance de biens meubles ou immeubles (*Loi 22 frim. an 7, art.* 3).

6254. Le droit proportionnel est établi au contraire pour les obligations, libérations, condamnations, collocations ou liquidations de sommes et valeurs, et pour toute transmission de propriété, d'usufruit ou de jouissance de biens meubles ou immeubles, soit entre-vifs, soit par décès (*id., art.* 4).

6255. Le droit proportionnel étant gradué selon l'importance des valeurs, la loi a dû fixer les bases de leur estimation. Pour les contrats à titre onéreux, c'est sur la valeur vénale que s'établit la perception ; c'est sur le revenu pour les transmissions à titre gratuit. Par exception cependant le droit des échanges d'immeubles se perçoit d'après le revenu des biens ; et c'est la valeur vénale qui sert de base pour les mutations de meubles à titre gratuit.

6256. Un acte peut ne pas contenir les évaluations nécessaires pour régler la liquidation du droit proportionnel ; il peut aussi en renfermer de frauduleuses ou d'inexactes. Dans le second cas, la loi a pourvu à la répression par l'expertise et par des peines ou amendes. Ainsi, le droit en sus est exigible sur les actes enregistrés tardivement, sur la valeur des biens omis dans les déclarations ou sur les insuffisances d'estimations. Le demi-droit en sus se perçoit à l'occasion des successions non déclarées dans le délai. Le triple droit, enfin, est dû sur les contre-lettres contenant augmentation du prix stipulé dans un contrat.

SECTION II. — DE LA DÉCLARATION ESTIMATIVE.

6257. Quand l'acte ne détermine pas les sommes et valeurs sur lesquelles le droit proportionnel est exigible, les parties sont tenues d'y suppléer, avant l'enregistrement, par une déclaration estimative certifiée et signée au pied de l'acte. (*Loi 22 frim. an 7, art.* 16).

6258. Il faut que la déclaration soit signée par l'une des parties que la convention intéresse (1). La Régie n'admet pas que le notaire ait qualité pour la faire au nom de ses clients (2) ; il semble cependant qu'il trouve les pouvoirs nécessaires à cet effet dans son titre de mandataire forcé des parties pour l'enregistrement (3).

6259. Si l'acte contient une évaluation suffisante pour la liquidation du droit proportionnel, les

---

(1) Charleville, 30 déc. 1836 ; Rennes, 11 avril 1828 ; Vic, 23 août 1838 ; R. G., 4349. Voyez Cass., 7 juill. 1863 ; J. N., 17769.

(2) Les jugements cités à la note précédente.
(3) Garnier, R. G., 724 ; J. N., 10171 ; D. N. Voir *Décl.*, 16.

parties ne sauraient être admises à faire une déclaration inférieure (1), ni revenir sur une déclaration qu'elles prétendraient inexacte ou erronée (2). Cette déclaration peut être exigée d'ailleurs tant que la prescription du droit n'est pas acquise contre la Régie (3).

SECTION III. — DE L'EXPERTISE.

6260. I. *Principes généraux.* L'expertise est autorisée, en matière d'enregistrement, par les dispositions suivantes de la loi du 22 frim. an 7 :

« **ART. 17.** Si le prix énoncé dans un acte translatif de propriété ou d'usufruit de biens immeubles, à titre onéreux, paraît inférieur à leur valeur vénale à l'époque de l'aliénation, par comparaison avec les fonds voisins de même nature, la Régie peut requérir une expertise, pourvu qu'elle en fasse la demande dans l'année, à compter du jour de l'enregistrement du contrat.

» **ART. 18.** La demande en expertise est faite au tribunal civil du département (aujourd'hui de l'arrondissement) dans l'étendue duquel les biens sont situés..... En cas de refus par la partie de nommer son expert sur la sommation qui lui a été faite d'y satisfaire dans les trois jours, il lui en est nommé un d'office par le tribunal. Les experts, en cas de partage, appellent un tiers expert ; s'ils ne peuvent en convenir, le juge de paix du canton de la situation des biens y pourvoit..... Les frais de l'expertise sont à la charge de l'acquéreur, mais seulement lorsque l'estimation excède d'un huitième au moins le prix énoncé au contrat. L'acquéreur est tenu, dans tous les cas, d'acquitter le droit sur le supplément d'estimation, s'il y a une plus-value constatée par le rapport des experts.

» **ART. 19.** Il y a également lieu à requérir l'expertise des revenus des immeubles transmis en propriété ou usufruit, à tout autre titre qu'à titre onéreux, lorsque l'insuffisance dans l'évaluation ne peut être établie par actes qui puissent faire connaître le véritable revenu des biens (*Art. 5 de la loi du 27 ventôse an 9*). Dans tous les cas où les frais de l'expertise autorisée par les art. 17 et 19 de la loi du 22 frim. an 7 tombent à la charge du redevable, il y a lieu au double droit d'enregistrement sur le supplément de l'estimation. »

6261. II. *Transmission de meubles.* Les dispositions qui précèdent étant spéciales aux immeubles, l'insuffisance dans l'évaluation des objets mobiliers ne saurait être prouvée par voie d'expertise. Mais elle est suffisamment établie, pour la demande d'un supplément de droit, par des actes ou aveux émanés des parties : si on déclare, par exemple, cautionner toutes les dettes d'un individu estimées 20,000 fr. et que la Régie découvre des obligations notariées s'élevant à 30,000 fr. (4) ; — si on fait donation d'actions sociales évaluées à un certain chiffre alors que des documents émanés des contractants démontrent l'inexactitude de ce chiffre (5) ; — si dans une vente de meubles dont le prix est à fixer par expert, le prix déclaré est inférieur au résultat de l'expertise (6) ; — s'il résulte d'un partage ou d'une déclaration de succession que le prix d'une cession ou d'une donation de droits successifs mobiliers est inférieur à la valeur brute de cette part (7).

6262. III. *Transmission à titre onéreux d'immeubles.* L'expertise s'applique à toutes les transmissions d'immeubles à titre onéreux. On y peut recourir pour les licitations ou pour les partages avec soulte, quand la quotité de la soulte n'est pas connue, ou qu'une partie de cette soulte paraît avoir été déguisée (8).

6263. Il en est de même des cessions de droits successifs immobiliers, car ce sont de véritables ventes (9). La preuve que les dettes mises à la charge de l'acquéreur sont supérieures au chiffre déclaré ne dispenserait même pas d'y recourir (10).

6264. Dans les ventes d'immeubles faites moyennant une rente viagère, la perception s'établit sur le capital de la rente déclaré par les parties (11) ; et c'est d'après cette évaluation que la Régie provoque l'expertise.

(1) Cass., 26 nov. 1822; R. G., 4349 ; D. N., loc. cit., 20.
(2) Nancy, 11 juin 1829; R. G., 6247; Havre, 16 janv. 1837; D. N., loc. cit., 22 ; Cass., 30 août 1864; R. P., 1949.
(3) Cass., 20 mai 1863; J. N., 17739.
(4) Montreuil, 29 août 1848 ; R. G., 6208.
(5) Seine, 22 mars 1848; J. N., 13360. Comp. Cass., 10 fév. 1864 ; R. P., 1874.
(6) Cambrai, 26 fév. 1886 ; R. G., 6210.

(7) Mantes, 14 août 1840; Seine, 22 juin 1842; R. G., 6216.
(8) Cass., 8 fév. 1813; Inst., 1537, n° 357; L. G., 6219 ; Sol., 22 août 1865; R. P., 2363.
(9) Cass., 15 juin 1847 ; Inst., 1795, § 5 ; L. G., 6220; Alby, 29 fév; 1864; R. P., 1926.
(10) Inst., 1180, § 2, 1210, § 10, 1537, n° 254. Voyez cependant Guéret, 18 juin 1855; R. P., 528; Seine, 22 juin 1842; R. G., 5115.
(11) Cass., 21 déc. 1822, 41 août 1836; Inst., 1307, § 13, 1528, § 19.

6265. Les ventes a réméré étant considérées par la loi fiscale comme de véritables transmissions à titre onéreux, il en résulte qu'elles sont soumises à l'expertise si le prix qu'elles énoncent paraît au-dessous de la valeur des biens (1). L'exercice du réméré ne fait même pas obstacle à la procédure (2).

6266. Mais l'action en expertise n'est pas admissible contre l'acquéreur dépossédé par une adjudication prononcée à la suite d'une surenchère ou d'une folle enchère, lors même que l'expertise aurait été intentée avant la surenchère ou la folle enchère (3), non plus que contre les adjudications prononcées à la barre du tribunal, bien que le prix soit inférieur à la valeur réelle de l'immeuble (4).

6267. L'expertise est, au contraire, permise lorsqu'il s'agit d'adjudications volontaires devant notaire (5).

6268. Lorsqu'une vente de meubles et d'immeubles est faite pour un seul prix, le droit est dû au taux immobilier sur ce prix (*Loi 22 frim. an 7, art. 9*). Mais si la Régie provoque l'expertise des immeubles, il n'est dû aucun supplément de droit quand l'évaluation n'excède pas le prix total de la vente. Les experts n'ont pas en effet le droit de rechercher la portion du prix applicable aux meubles, et les parties ne sont pas tenues davantage de faire cette ventilation (6).

6 69. Les immeubles par destination doivent figurer dans l'expertise (7), aussi bien que les constructions existant sur le terrain, à moins qu'il ne soit prouvé qu'elles n'appartiennent pas au propriétaire du sol (8).

6270. S'il s'agit d'estimer la valeur vénale d'un usufruit, il ne faut pas prendre pour base le revenu multiplié par 10, mais opérer d'après les circonstances, telles que l'âge ou la santé de l'usufruitier (9). A l'égard de la nue propriété, on doit estimer la valeur vénale de la propriété entière, puis en déduire la valeur de l'usufruit fixée d'après les bases précédentes (10). Enfin, pour les ventes avec réserve d'usufruit, l'estimation doit porter sur la valeur de la nue propriété à laquelle on ajoute moitié (11).

6271. L'expertise peut être d'ailleurs provoquée au sujet de la perception du droit de transcription aussi bien que pour celle du droit d'enregistrement (12). Elle doit remonter à la date de la transmission, et on s'arrête pour cela à la date de l'acte authentique ou privé qui la constate (13).

6272. IV. *Transmission d'immeubles à titre gratuit ou par décès.* En matière de mutation entre-vifs à titre gratuit ou par décès, on ne doit provoquer l'expertise, selon l'art. 19 de la loi du 22 frim. an 7, que si l'insuffisance ne peut être établie par des actes faisant connaître le véritable revenu des biens (14).

6273. Le document le plus important à cet effet est évidemment le bail courant au jour de la transmission. Il doit exclusivement servir de base à la perception (15), lors même que le prix en serait exagéré (16). Mais il faut que le bail soit écrit (17), par acte sous seing privé ou autrement (18); qu'il ne soit pas simulé (19); qu'il comprenne tous les biens (20), et que le prix en soit payable en

---

(1) Sol., 23 vend. an 9; Dél., 2 juill. 1807; Seine, 2 mars 1810, 9 janv. 1813; Cass, 5 nov. 1811; Inst., 1293, § 9, et 1537, § 249; Montmédy, 6 janv. 1842; R. G., 6224.
(2) Cass. Belg., 27 janv. 1839; Dall., 4717; R. G., 6224. *Comp.* Cass., 18 fév. 1829; Inst., 1282, § 11; R. G., 6225.
(3) Cass., 10 fév. 1852; J. N., 14598; Inst., 1920, § 5, 15 mars, 28 août 1851; R. P., 104 et 191; Inst., 2060, § 3; CONTRA, Cass., 3 mai, 27 juin 1809, 7 juill. 1812; R. G., 1245; Dalloz, 2398, 2401, 2411, 4659; Pont, *Revue de jurisp.*, 1852, p. 408.
(4) Cass., 26 nov. 1850; Inst., 1683, § 3; 3 juill. 1855; R. P., 417. *Conf.*, Bagnères, 11 avril 1837; Limoux, 16 août 1811; Arras, 31 août 1842; Saint-Girons, 7 déc. 1849; J. N., 11221, 11529, 13089, 14818; CONTRA, Verdun, 27 août 1841, Seine, 28 fév. 1844; Nantes, 29 mai 1846; R. G., 1211 *bis*.
(5) Cass., 3 juill. 1855; Inst., 2054, § 3; R. P., 417; Seine, 11 mars 1852; J. N., 14627; CONTRA, Seine, 23 août 1853; R. P., 3.
(6) CONTRA, Garnier, R. G., 6229. *Comp.* Cass., 21 oct. 1811; Inst., 1209, § 1, 1537, § 257; 15 juin 1847; Inst., 1795, § 5; R. G., 6220.
(7) Nantes, 29 mai 1846; R. G., 6231.
(8) Cass., 26 juin 1837, 15 et 22 avril 1840; J. N., 9700, 10662, 10671; Inst., 1630, § 8; R. G., 6234.
(9) Délib., 1er avril 1835; Cass., 24 janv. 1841; Inst., 1713, § 13; Charolles, 23 mars 1845; R. G., 6235.

(10) Cass., 24 janv. 1844, *supra*.
(11) Cass., 10 juill. 1810; Sol., 1er avril 1835; Seine, 28 avril 1841, 23 mai 1812; Inst., 1537, n° 256; R. G., 6237.
(12) Cass., 2 juin 1863; Pont-l'Évêque, 29 août 1807; R. P., 1800, 2540.
(13) Seine, 22 nov. 1839; R. G., 6243; Cass., 12 sept. 1810; Seine, 27 août 1840. Voir cep. Dalloz, 153; R. G., 5518, § 2.
(14) Cass., 3 mars 1840; R. G., 6246.
(15) Cass., 7 germ. an 12, 18 fév. 1807, 13 fév., 14 juin 1809, 23 mars 1812, 7 fév. 1821, 19 août 1829, 9 déc. 1835, 6 déc. 1836, 3 mars 1840, 17 fév. 1842, R. G., 6247. Voir pour les baux faits moyennant des prix différents par année, Seine, 11 juill. 1853, 13 juill. 1851; J. N., 15017, 17249.
(16) Avignon, 5 août 1850; Cass., 17 fév. 1852; J. N., 14838; Inst., 1920, § 1; Montpellier, 8 juill. 1850; Langres, 25 avril 1829; R. G., 6250.
(17) Cass., 30 mars 1808; R. G., 6251; Cass., 12 fév. 1835; Inst., 1490, § 2; R. G., 6252; Seine, 27 ja v, 1866; R. P., 2242.
(18) Cass., 9 déc. 1835; Inst., 1513, § 3; R G., 6253.
(19) Cass., 1-9 déc. 1835; J. N., 9115; Inst., 1513; R. G., 6256.
(20) Cass., 18 juill. 1821; Inst., 1537, n° 264; R. G., 6252 *bis*; Garnier, *loc. cit.*, 6263.

argent ou en denrées comprises dans les mercuriales (1). On ne pourrait pas, par exemple, invoquer un bail continué par tacite réconduction (2), résilié ou expiré (3), non plus qu'un bail emphytéo-tique (4), ou un écrit qui ne contiendrait qu'une partie des conditions du bail (5).

6274. A défaut de bail courant, les juges peuvent adopter pour base de l'évaluation des biens *tous actes* qui en font connaître le revenu; les tribunaux ont un pouvoir discrétionnaire à cet égard. Ainsi, jugé que le revenu peut résulter d'une expertise antérieure à la mutation et portant sur les mêmes biens, soit qu'elle fût intervenue entre la Régie et les héritiers (6), soit qu'il y ait été procédé entre les héritiers eux-mêmes (7). Des décisions semblables ont été rendues à l'occasion de ventes ou de partages contemporains de la mutation (8).

6275. V. *Procédure et délais.* La Régie a seule le droit de provoquer l'expertise, à l'exclusion des parties (9). Elle doit former sa demande dans le délai d'un an à compter du jour de l'enregistrement du contrat, s'il s'agit d'une transmission à titre onéreux (10), et dans les deux ans à partir de la même époque s'il s'agit d'une mutation à titre gratuit (11).

6276. On avait pensé d'abord que pour appliquer l'un ou l'autre de ces délais, il fallait examiner la nature même de l'acte (12). Mais la jurisprudence a décidé que le délai dépend du mode de liquidation adopté pour la perception du droit; en sorte que les seules mutations auxquelles se rapporte le délai d'un an sont celles qui comportent l'expression d'un prix, tandis que le délai est de deux ans pour toutes les transmissions dont la valeur est déterminée d'après le revenu. Il a été jugé, dans ce sens, que les donations onéreuses tombaient sous l'empire de la prescription biennale (13), de même que les échanges d'immeubles (14).

6277. *Pénalités.* Le droit en sus et les frais de l'expertise provoquée, en matière de *valeur vénale*, ne sont à la charge de la partie que si l'insuffisance excède d'un huitième le prix stipulé (*Lois 22 frim. an 7, art. 18, et 27 ventôse an 9 art. 5*). La jurisprudence décidait qu'en matière de revenu au contraire il suffit que l'évaluation soit supérieure au chiffre de la déclaration (15). Mais un arrêt récent de la Cour suprême semble vouloir assimiler les *donations* aux ventes pour reconnaître que ni le droit en sus ni les frais ne sont exigibles si l'insuffisance n'excède pas le huitième (16). Toutefois cette solution n'est pas acceptée par la Régie.

6278. Pour qu'il y ait lieu au droit en sus, il faut que l'insuffisance ait été découverte et légalement constatée par la Régie. L'acte par lequel les parties rectifieraient spontanément le prix ou l'estimation du revenu ne serait passible que du droit simple (17); mais il n'arrêterait ni l'expertise, ni l'exigibilité du droit en sus, s'il était rédigé après la demande de l'administration et pour en prévenir les suites (18).

6279. L'évaluation des experts doit d'ailleurs porter sur tous les produits de l'immeuble, par exemple sur les arbres épars ou en bordure dont la croissance annuelle forme un revenu véritable (19); sur le produit des minières existant dans une forêt (20); sur les alluvions non mûres (21); mais les experts jouissent de la plus grande latitude dans leurs appréciations, sauf le contrôle du tribunal (22).

---

(1) Cass., 14 juin 1809; R. G., 6265.
(2) Cass., 2 juin 1847, 19 nov. 1850; Inst., 1883, § 4; J. N., 13125, 14224.
(3) Cass., 3 juin 1840; Rouen, 17 déc. 1850; Cass., 7 fév. 1821; Inst., 1537, § 262; Seine, 13 avril 1842; Châteaudun, 11 août 1847; Lectoure, 22 août 1851; Cass., 19 août 1829; R. G., 6260, 6261.
(4) Cass., 17 nov. 1852; J. N., 14829; Inst., 1986, § 7.
(5) Cass., 12 fév. 1835; Inst., 1490. § 2.
(6) Cass., 18 janv. 1825, 1er déc. 1835; J. N., 9115; Inst., 1513, § 4.
(7) Le Havre, 11 janv. 1858; Seine, 21 août 1850; Lisieux, 16 nov. 1850; Cass. 26 fév. 1851; J. N., 14324; Inst., 1883, § 8; 18 janv., 1825; Dalloz, 4744; Garnier, R. G., 6277.
(8) Cass., 31 déc. 1823; Amiens, 17 janv. 1840; Seine, 30 août 1838; R. G., 6278 à 6283.
(9) Cass., 27 avril 1807, 1er avril et 19 août 1829, 16 août 1847; R. G., 6285; Blois, 25 juill. 1848 et 19 août 1851; Guéret, 18 juin 1855; R. G., loc. cit., et Rép. pér., 528; Brives, 9 fév. 1860; R. P., 1314.
(10) Loi 22 frim. an 7, art. 17; Cass., 22 nov. 1808, 20 janv. 1817; Inst., 1537, § 66, G., 6292.
(11) Loi 22 frim. an 7, art. 61; Cass., 10 déc. 1806, 26 fév. 1812; Inst., 1537, n° 271.

(12) Uzès, 2 janv. 1838; Cass., 22 nov. 1808, 24 janv. 1817; Inst., 1537, § 269; Saint-Mihiel, 8 mai 1836; Castres, 30 août 1841; Auch., 28 déc. 1841; Toulouse, 7 juill. 1843; Castel-Sarrazin, 12 août 1842; J. N., 9354, 9874, 10025, 11131, 11431, 11490, 11785.
(13) Cass., 13 janv. 1846; Inst., 1713, § 12 7 août 1844; Inst., 1732, § 18; 18 fév. 1845; R. G., 6295; J. N., 11887, 2058, 12309.
(14) Cass., 13 déc. 1809; Dél., 31 mars, 26 juin 1835; Cass., 7 juill. 1840; Inst., 1634, § 9; R. G., 6296; J. N., 8953, 10082.
(15) Cass., 20 mars 1839; J. N., 10247; Inst., 1590, § 8; Dél., 10 sept. 1841; Epernay, 31 mai 1845; R. G., 6302.
(16) Cass., 30 mars 1852; J. N., 14622; R. G., 6300; Angoulême, 7 mars 1864, R. P., 2039.
(17) Dél., 12 déc. 1843, 20 mars 1835; R. G., 6308; Limoges, 3 mars 1836; J. N., 9488, 11880; Sol., 24 déc. 1863; R. P., 1919, § 1.
(18) Cass., 4 déc. 1821; Saint-Mihiel, 18 juill. 1838; Pamiers, 22 mars 1847; Saint-Dié, 10 janv. 1833; M recourt, 14 janv. 1842; Garnier, R. G., 6311, Dalloz, 4778. V. Pérenne, 23 août 1867; C., 14058.
(19) Cass., 21 juill. 1860; Hazebrouck, 31 août 1861; J. N., 15891, 17278; Cass., 24 juin 1861; R. P., 1936.
(20) Bricy, 15 avril 1831; R. P., 2005.
(21) Toulouse, 29 nov. 1866; R. P., 2465.
(22) Cass., 25 août 1862; J. N., 17537.

CHAPITRE SEPTIÈME.

DE L'EXIGIBILITÉ

SOMMAIRE

SECTION I. — ACTES A ENREGISTRER GRATIS OU EN DÉBET.

6280. Nous avons indiqué, dans le chapitre précédent, la nature des droits et les bases de leur liquidation. Nous arrivons maintenant aux règles de l'exigibilité, c'est-à-dire à l'application du tarif à chaque disposition des actes ou des contrats.

6281. I. *Actes concernant le trésor public.* Mais d'abord il y a un certain nombre d'actes qui doivent recevoir la formalité sans acquitter aucun impôt. Ce sont, en premier lieu, ceux dont les droits tomberaient à la charge du trésor : par exemple, les quittances notariées délivrées à l'Etat par ses créanciers illettrés (1); les acquisitions faites par l'Etat, les partages de biens entre lui et les particuliers, et autres actes passés à cette occasion (*Loi 22 frim. an 7, art. 70, § 2, n° 1*) (2); les acquisitions pour le compte du domaine militaire (3), — pour l'établissement des bureaux de douanes (4), — ou pour la Légion d'honneur (5); — les échanges passés entre l'Etat et les particuliers, sauf quand il y a une soulte payable au trésor (6); — les baux d'immeubles dont le prix est à la charge de l'Etat (7); — enfin les actes de notoriété à produire pour la liquidation de l'indemnité due aux colons par suite de l'affranchissement des esclaves (*Loi 30 avril 1840, art. 10*).

6282. II. *Expropriation pour cause d'utilité publique.* Il faut, en second lieu, enregistrer gratis : « les plans, procès-verbaux, certificats, significations, jugements, contrats, quittances et autres actes faits en vertu de la loi sur l'expropriation pour cause d'utilité publique » (*Loi 3 mai 1841, art. 58*).

6283. Comme l'expropriation publique résulte 1° du décret autorisant les travaux; 2° de l'arrêté préfectoral désignant, à défaut de la loi, les localités où les travaux auront lieu, et 3° d'un second arrêté déterminant les propriétés particulières à employer, il en résulte que les acquisitions antérieures à ce

(1) D. M. F., 27 avril 1858; R. P., 1030 ; Inst., 2123, § 3.
(2) Inst. Rég., 21 pluv. an 12, 202; D. M. F., 17 mai 1808; Inst., 890, § 3.
(3) Ord., 1er août 1821; Inst., 908.
(4) D. M. F., 13 janv. 1807.
(5) Circ., 11 sept. 1807.
(6) Ord., 12 fév. 1827; Inst., 1233.
(7) D. M. F., 24 juin 1814, 5 déc. 1821, 17 sept. 1823, 13 août 1829 ; Inst., 1425, § 3.

dernier arrêté ne sont pas faites en vertu de l'expropriation et ne profitent pas de l'exemption du droit (1). Si l'acquisition porte sur un immeuble dont une partie seule est soumise à l'expropriation, le contrat doit profiter en cette partie seulement de la gratuité (2); il est soumis aux droits ordinaires pour le surplus (3). Quand la compagnie pouvait être contrainte d'acheter la totalité de l'immeuble dont une portion seule est nécessaire aux travaux, l'exemption s'applique entièrement, quoique le propriétaire ait laissé passer le délai pour faire sa réquisition (4).

6284. L'art. 58 de la loi de 1841 s'applique aux échanges (5), lors même qu'il y aurait une soulte (6); — aux certificats de propriété (7); — aux transactions passées avec les fermiers des terrains (8); — aux quittances données par le cessionnaire du vendeur (9); — aux remplois de biens dotaux expropriés (10); — aux cessions d'immeubles faites par l'exproprient à l'exproprié en payement d'indemnité (10 bis); — La Régie a enseigné que la gratuité ne devait être étendue ni aux remplois volontaires ni aux remplois faits en dehors de la dotalité; mais cette opinion est combattue par plusieurs auteurs qui appliquent l'exemption à tous les remplois faits au profit d'incapables (11). Une fois le remploi consommé, les échanges ultérieurs doivent acquitter les droits ordinaires (12).

6285. Mais il a été reconnu que le droit était exigible : sur les procurations données par les propriétaires expropriés pour vendre et toucher le prix (13), sur les actes de mainlevée des inscriptions grevant les biens soumis à l'expropriation (14), sur les actes de notoriété établissant le droit des expropriés à l'indemnité de dépossession (15), et sur les remplois légaux n'indiquant pas l'origine des deniers qui ont servi à l'acquisition (16).

6286. L'exemption des droits s'applique non-seulement aux actes faits par l'administration elle-même, mais encore à ceux faits par les concessionnaires des travaux (17), à moins qu'il ne s'agisse du marché même de subrogation passé entre l'administration et le concessionnaire (18). Jugé de même que si une ville, en subrogeant un entrepreneur dans son droit d'expropriation, lui abandonne des terrains dont elle avait déjà fait l'acquisition et qui doivent demeurer en dehors du tracé de la rue projetée, le droit proportionnel est exigible (19).

6287. Les acquisitions faites par les communes ou les départements sont soumises aux règles de la loi de 1841; d'où il suit que si les formalités ordinaires n'ont pas été suivies, le droit proportionnel est exigible (20).

6288. III. *Alignements.* En matière d'alignement, la déclaration d'utilité publique résulte de faits différents, selon qu'il s'agit de maisons à démolir volontairement pour cause de vétusté, ou bien de maisons que la vétusté n'oblige pas d'abattre, mais que le propriétaire veut cependant céder à la ville. Dans le premier cas, il suffit, pour la gratuité, que l'immeuble soit compris dans le plan d'alignement arrêté en conseil d'Etat (21). Dans le second, l'acquisition doit être autorisée par une ordonnance spéciale (22). Mais la dispense du droit a lieu sans réserve à l'égard des acquisitions qui ont pour objet l'élargissement ou le redressement des rues de Paris ou des villes qui lui sont assimilées (*Décret 26 mars 1852, art. 9*).

6289. Tous les actes relatifs à la cession, amiable ou forcée, des terrains nécessaires à la construction ou à l'élargissement des chemins vicinaux, et désignés à ce titre dans un arrêté préfectoral, doivent être

(1) D. M. F., 17 août 1838; Inst., 1571; Dél., 28 avril 1843; Inst., 1660; R. G., 6456, sauf cependant restitution en certains cas. Voir *infra.*
(2) Cass., 18 juill. 1849; J. N., 13849.
(3) Cass., 13 nov. 1848; Inst., 1837, § 10; Cass., 18 juill. 1849, *supra;* Dél., 12 sept. 1837; Av. com. fin., 13 oct. 1837; Inst., 1571; Rouen, 1er déc. 1846., R. G., 6459.
(4) Cass., 25 août 1851; J. N., 14436; Inst., 1900, § 5; Seine, 15 nov. 1840; J. N., 13914, 14436; Cabantous, Rép. pér., 1576.
(5) Dalloz, 3323; J. N., 9769; Garnier, R. G., 6465.
(6) Dalloz, 3323; Cabantous, Rép. pér., 1596.
(7) J. N., 5169; Garnier, R. G., 6472.
(8) Inst. 1513, § 2; Rép. gén., 6469, § 1.
(9) Garnier, Rép. gén., 6473.
(10) Cass., 10 déc. 1845, 8 déc. 1847. 24 mai 1848; D. M. F., 11 déc. 1856; Inst., 1832, 2088, § 4; R. G., 6474; J. N., 13240, 13408, 13860; R. P., 790.
(10 bis) Seine, 24 août 1867; J. N., 19005; R. P., 2546.
(11) Dalloz, 3328; Garnier, *loc. cit.*, Cabantous, Rép. pér., 1587; Cons., Seine, 9 juill. 1856; R. P., 717.
(12) Seine, 30 janv. 1864; R. P., 1875 Cass., 10 mai 1865; R. P., 2112; J. N., 18279.
(13) Cass., 18 août 1863; R. pér., 1810; J. N., 17803; D. M. F. 20 janv. 1835; J. N., 9159; Inst., 1539, § 3; contra, Garnier, R. G., 6472; Gillon. *De l'exp.*, 176; Dalloz, Enreg.; 3324; Jousselin, Delaleau. II, 964; Cabantous, Rép. pér., 1556.
(14) Dél., 13 avril 1842; Castres, 20 août 1842; R. G., 6471; contra Dalloz, 3323; Garnier, 6471.
(15) D. M. F., 20 janv. 1835; Inst., 1539, § 4; R. G., 2532.
(16) Cass., 14 juin 1864; R. P., 1908.
(17) Inst., 1448; D. M. F., 20 mars 1843; J. N., 11610.
(18) Cass., 17 juin 1857; Seine, 1er juill. 1864, 29 juin 1867, 11 janv. 1868; R. P., 884, 1038, 2485. Voir Cass., 12 nov. 1838; J. N., 18450.
(19) Cass., 27 nov. 1865; R. P., 2199; J. N., 18444; Inst., 2437, § 2; contra, Seine, 29 juin 1867; R. P., 2485, 11 janv. 1868.
(20) D. M. F., 21 mai et 15 déc. 1835; Soigny, 26 août 1839; Cass., 23 août 1841, 30 janv. 1854, 31 mars 1856; Inst., 1485, 1502, 1668, § 1; R. G., 6478; R. P., 630; J. N., 15466.
(21-22) Cass., 19 juin 1844; 6 mars 1848, 31 janv. 1849; Inst., 1790, § 2, J. N., 12132. 12331, 13619, 31 mars 1856; Rép. pér., 603; Rép. gén., 6457. Voir Nantes, 13 juill. 1855; R P., 530

également enregistrés gratis, conformément à l'art. 58 de la loi du 3 mai 1841 (1); cette faveur ne s'applique ni aux marchés ni aux adjudications de travaux (2).

6290. IV. *Indigents.* L'exemption d'impôt est accordée de même aux actes de notoriété rédigés à la requête du ministère public pour rectifier, sur les registres de l'état civil, des actes relatifs aux indigents (*Loi 25 mars 1817, art. 75*); aux actes de cette nature et à ceux de consentement ayant trait au mariage des indigents, aux actes de reconnaissance de leurs enfants naturels, et au retrait de ces enfants déposés dans les hospices, à la condition toutefois que l'indigence sera constatée et que les actes porteront la mention du but pour lequel ils sont délivrés (*Loi 10 déc. 1850, art. 4*). La contravention à ces dispositions est punie d'une amende de 20 fr. (*même loi, art. 7*).

6291. Les actes respectueux ne sont pas compris, selon la Régie, au nombre des pièces à enregistrer gratis (3).

6292. V. *Caisse des consignations.* Les actes, portant purement et simplement quittance et décharge de la part des parties prenantes au profit de la caisse des dépôts et consignations, doivent être enregistrés gratis (4), encore bien qu'elles émanent des créanciers ou des héritiers des déposants (5). Elles seraient soumises aux droits si elles contenaient des stipulations particulières étrangères à la caisse, telles, par exemple, qu'une mainlevée d'inscription (6).

6293. VI. *Actes à enregistrer en débet.* Quand un indigent a été admis à l'assistance judiciaire, il peut réclamer l'enregistrement en débet de tous les actes et titres produits pour justifier de ses droits et qualités (*Loi 22 janv. 1851, art. 14*). Cette disposition s'applique aux actes notariés comme aux autres, et non-seulement à ceux qui sont passés pour établir les droits de l'indigent, mais encore à ceux qui sont la suite ou l'exécution de l'assistance. Tels sont, par exemple, les procès-verbaux de vente de meubles qui ont lieu pour l'exécution d'un jugement par défaut non définitif (7), et les actes de liquidation des reprises de la femme séparée de biens, avec cette réserve toutefois que l'enregistrement en débet n'est pas accordé en cas de séparation de corps (8).

SECTION II. — PRINCIPES GÉNÉRAUX DE LA PERCEPTION.

6294. Il serait impossible de résumer ici sous la forme d'axiomes généraux les règles qui gouvernent la perception des droits fixes ou proportionnels d'enregistrement. Cette matière se rattache à la législation civile par tant de points, qu'elle subit presque toujours l'influence des principes du droit commun sur la nature des actes ou des contrats, sur les modalités qui les accompagnent et les effets qu'ils produisent. Elle présente cependant quelques règles spéciales qu'il faut connaître avant d'entrer dans les détails de l'application du tarif.

6295. Ainsi, c'est un principe constant que la validité ou l'invalidité des actes est indifférente pour la perception des droits. Les préposés ne sont pas juges de ces questions, et ils sont autorisés à établir leurs perceptions sans se préoccuper des causes de nullité (9).

6296. La Régie a le droit et le devoir de rechercher le véritable caractère des conventions (10). Ce caractère se détermine moins par les formes extérieures, et les qualifications qui leur ont été données, que par les stipulations réelles des parties et la nature des choses qui en font l'objet (11).

6297. Il n'est pas permis de dissimuler un contrat pour frauder le trésor, mais il est permis de choisir entre deux contrats celui qui donne le droit moindre (12); par exemple, de renoncer à une succession pour ne pas payer l'impôt de mutation par décès (13), ou de présenter un cautionnement sous la forme d'une obligation solidaire.

6298. En matière fiscale, on ne peut étendre d'un cas à l'autre par voie d'induction ou d'analogie

(1-2) Inst., 1768; J. N., 12889; R. G., 2092.
(3) Inst., 1876; Avignon, 15 déc. 1859; R. P., 1763; J. N., 17722; CONTRA, Garnier, 7232 ; J. N., 14362.
(4) D. M. F., 4 août 1836; J. N., 9339 ; Inst., 4519; R. G., 2335.
(5) D. M. F., 14 août 1843; J. N., 12049; Inst., 1712; R. G., 2335.
(6) Saint-Gaudens. 14 août 1845 ; Versailles, 8 juin 1847; Châteaudun. 22 mars 1850; R. G., 2335.
(7) Inst. 1971; R. G., 1652, § 6.
(8) D. M. F., 11 oct. et 28 nov. 1853; R. P., 619; Inst., 2002, § 2.
(9) Cass., 3 vent. an 8, 24 juin 1806, 31 août 1811, 9 fév. 1814,

12 fév. 1822, 21 déc. 1831, 26 avril 1836, 18 fév. 1654 ; J. N., 1408, 4770, 4109, 7611, 9242, 17783 ; D. N., *Enreg.*, 69 ; R. G., 8993. V. cep. St-Omer, 31 août 1865; Châlons-sur-Marne, 28 déc. 1866; R. P., 2160.
(10) Cass. 21 mars 1855 ; J. N., 15499; Loi 28 avril 1816, art. 54.
(11) Cass., 9 mai 1831, 20 mai 1839. 22 août 1842, 17 janv. 1844 26 janv. et 12 mai 1847, 5 et 6 mars 1855; D. N., *Enreg.*, 79.
(12) Dumoulin, *Cout. de Paris*, art. 33 gl. 1 ; d'Argentré, *Cout. de Bret.*, art. 77 ; Championnière, 97 ; D. N., *Enreg.*, n° 84.
(13) Cass., 2 mai 1810 et 21 avril 1834 ; J. N., 13732, 15238.

la disposition de la loi ; d'où il suit que le droit proportionnel n'est pas dû sur une stipulation si elle a été omise dans le tarif (1). Tels sont notamment les transferts d'hypothèques (2) ; les ventes de nue propriété dont l'usufruit appartient à un tiers, pour lesquelles le prix ne s'augmente pas de moitié, en l'absence d'un texte précis (3).

6299. Une même disposition ne peut donner ouverture qu'à un seul droit ; et si un acte renferme deux clauses dont l'une est l'accessoire de l'autre, c'est sur la stipulation principale que la perception doit s'établir (4).

6300. Lorsque dans un acte quelconque il y a plusieurs dispositions indépendantes, ou ne dérivant pas nécessairement les unes des autres, il est dû pour chacune d'elles, et selon son espèce, un droit particulier (*Loi 22 frim. an 7, art. 11*).

6231. Tous les actes civils soumis à l'enregistrement et qui ne sont pas spécialement tarifés doivent acquitter le droit fixe de 2 fr. (*Lois 22 frim. an 7, art. 68, § 1, n° 51 ; 18 mai 1850, art. 8*)

6302. Les droits d'enregistrement sont actuellement soumis à des taxes supplémentaires connues sous le nom de décimes. Le premier, créé par la loi du 6 prairial an 7, n'a jamais cessé de se percevoir. Le second a été établi par la loi du 8 juin 1864 ; mais il est seulement du vingtième des droits principaux. Ce demi-décime a même été supprimé par l'art. 3 de la loi du 28 juin 1866, à partir du 1er janvier 1867, sur les baux et échanges de biens immeubles, les obligations et libérations hypothécaires et les actes énumérés au paragraphe 7, n°s 1, 3, 4, 5 et 6 de l'art. 69 de la loi du 22 frim. an 7, c'est-à-dire sur : les adjudications, ventes, reventes, cessions, rétrocessions et tous autres actes civils et judiciaires translatifs de propriété ou d'usufruit de biens immeubles à titre onéreux (§ 1) ; — les déclarations ou élections de command ou d'ami par suite d'adjudications ou de contrats de vente de biens immeubles autres que celles des domaines nationaux, si la déclaration est faite après les vingt-quatre heures de l'adjudication ou du contrat, ou lorsque la faculté d'élire command n'y a pas été réservée (§ 3) ; — les parts et portions indivises de biens immeubles acquises par licitations (§ 4) ; — les retours d'échanges et de partages de biens immeubles (§ 5) ; — les retraits exercés après l'expiration des délais convenus par les contrats de vente sous faculté de réméré (§ 6).

Ces dispositions sont essentiellement limitées aux droits d'enregistrement. Elles ne comprennent donc pas les droits d'hypothèque (inscription et transcription), ni les transmissions d'immeubles à titre onéreux autres que celles qui sont énumérées au § 7 de l'art. 69 de la loi du 22 frim. an 7. Ainsi restent soumis au demi-décime : les ventes de biens de l'Etat ; les actes translatifs de biens immeubles situés soit en pays étranger, soit dans les colonies françaises où le droit d'enregistrement n'est pas établi. Quant au droit de transcription perçu, dans certains cas, en vertu de l'art. 54 de la loi du 28 avril 1816, il reste également soumis au demi-décime, excepté pour les échanges qui sont nommément désignés dans la loi du 18 juillet (*Inst., 12 déc. 1866 ; J. N., 18670*).

6303. On a dit que la loi du 18 juillet 1866 constituant une loi d'exception, doit être appliquée dans un sens restrictif (5). Nous pensons, au contraire, que le but de cette loi étant de dégrever la propriété immobilière, elle doit être interprétée dans un sens large ; et le demi-décime ne nous paraît pas dû sur les actes suivants : constitution et remboursement de rente hypothécaire (6) ; cession, transport ou délégation d'une créance hypothécaire (7) ; quittance avec subrogation conventionnelle ou légale (8) ; ouverture de crédit hypothécaire (9) ; quittance de prix de vente d'immeuble (10), de soulte de partage ou d'échange (11) ; cession, subrogation et résiliation de baux d'immeubles (12) ; prorogation de délai pour dette hypothécaire (13) ; main levée d'inscription sans payement (14) ; décharge à un tuteur, à un mari, à un mandataire dont la gestion est garantie par hypothèque (15).

(1) Championnière, n° 31 ; D. N., *Enreg.*, 77.
(2) Inst., 386, § 11 ; Dalloz, 1711 ; Champ., 1258 ; Garnier, R. G., 327.
(3) Cass. 11 déc. 1820, 18 janv. 1822, 20 mars et 26 déc. 1826, 3 janv. 1827 ; J. N., 5736, 6024, 6082.
(4) Cass., 6 janv. 1834, 13 déc. 1853 ; J. N., 8310, 15128.
(5) J. E., 18268 ; R. P., 2317 V. cep R. P., 2330.
(6) J. N., 18699 ; Jur. N., 13243, CONTRA, J. E., 18268.
(7) J. N., 18699, 18726. Jur. N., 13243 ; CONTRA, J. E., 18268 ; Sol., 5 mars 1867 ; J. N., 18726 ; R. P., 2397. 2427.

(8-9) J. N., 18699 ; Jur. N., 13243 ; CONTRA, J. E., 18268.
(10) Angoulême, 22 août 1867 ; Seine. 21 déc. 1867 ; J. N., 18697, 18726, 18977. 19097 ; C., 13219, 14090 ; Jur. N., 13243 ; R. P., 2530, 2591 ; CONTRA, Sol., 5 et 9 mars 1867 ; J. N., 18726 ; R P., 2427.
(11) J N., 18699 ; CONTRA, J. E., 18268.
(12) Sol., 5 fév. 1867 ; J. N., 18753, 18827 ; R. P., 2397.
(13) J. N., 18754 ; Jur. N., 13243.
(14) Jur. N., 13243.
(15) J. N., 18699 ; Jur. N., 13243.

CHAPITRE HUITIÈME.

DES DROITS FIXES.

SOMMAIRE.

IV.

Acte imparfait, 6537.
Cahier des charges, 6538.
Exemples divers, 6539.

Chemins vicinaux, 6540 à 6542.
Marchés concernant l'État, 6543 à 6545.

SECTION I. — ABANDONNEMENT.

6304. On appelle ainsi l'acte par lequel un débiteur cède tous ses biens à ses créanciers quand il se trouve hors d'état de payer ses dettes. Ce contrat, ne conférant pas la propriété des biens aux créanciers, n'est tarifé qu'au droit fixe de 5 fr. (*Loi 22 frim. an 7, art. 68, § 4, n° 4*). Le même tarif s'applique à l'abandon de biens fait par l'héritier bénéficiaire.

6305. De ce que le débiteur conserve sa propriété il résulte : 1° qu'il n'a pas de droit de mutation à payer s'il se rend adjudicataire des biens vendus en direction (1); 2° que ses héritiers doivent au contraire acquitter l'impôt des successions quand il meurt avant la vente (2).

6306. L'abandonnement ayant pour résultat nécessaire de libérer le débiteur, aucun droit de quittance n'est exigible (3). On ne doit pas percevoir non plus le droit de reconnaissance de dette sur les déclarations passives émanées du débiteur (4).

6307. Si le contrat attribuait aux créanciers la propriété des biens, il s'opérerait une dation en payement passible du droit proportionnel (5).

6308. Lorsqu'à l'acte d'abandonnement se joint une *union* des créanciers, cette disposition est indépendante de l'autre et motive la perception particulière d'un droit de 3 fr. (6).

SECTION II. — ACCEPTATION.

6309. Les acceptations pures et simples de communauté, legs ou succession, faites par acte civil, sont sujettes au droit fixe de 2 fr. (*Loi 22 frim. an 7, art. 68, § 1, n° 2, et 18 mai 1850, art. 8*), et au droit de 3 fr. si elles sont faites au greffe (*Loi 28 avril 1816, art. 44, 10*). Il est dû un droit particulier pour chaque acceptant majeur ou mineur (7) et pour chaque succession acceptée. Ces dispositions ne s'appliquent pas aux acceptations tacites résultant d'actes qui supposent nécessairement l'intention d'accepter (8).

6310. Sont aussi tarifées à 2 fr. les acceptations de transport ou délégation de créances à terme, faites par acte séparé, lorsque le droit proportionnel a été acquitté pour le transport ou la délégation, et celles qui se font dans les actes mêmes de délégation de créances à terme (*Loi de frim., 68, § 1, n° 3; Loi de 1850, art. 8*).

6311. L'acceptation tarifée dans le transport est celle du débiteur cédé. Si elle a lieu par l'acte même de cession, elle n'est passible d'aucun droit (9).

6312. En matière de délégation, le droit est dû, que l'acceptation soit contenue dans le contrat même ou fasse l'objet d'un acte séparé. Mais de quelle acceptation s'agit-il? La délégation intervient entre le délégant, d'une part, et le créancier délégataire ou le débiteur délégué de l'autre; si le délégant ne contracte qu'avec l'un, il est certain que l'acquiescement postérieur de l'autre, quel qu'il soit, donne lieu au droit de 2 fr.; s'il contracte avec les deux, il semble que la convention se forme principalement avec le créancier délégataire, et que c'est l'acceptation du débiteur délégué qui motive la perception du droit fixe (10). Cependant il a été décidé que ce droit était exigible pour l'acceptation du créancier délégataire, et qu'il en était dû autant qu'il y avait de créanciers intervenant dans l'acte (11); dans tous les cas, il ne saurait être dû un droit particulier du chef du créancier et du débiteur (12).

---

(1) Dél., 14 nov. 1834; Dalloz, 794; Garnier, R. G., 7; D. N., *Aband.*, 42.
(2) Cass., 27 juin 1809; Grenoble, 31 août 1840; R. G., 7; D. N., *loc. cit.*, 43.
(3) Seine, 8 juin 1855 ; Cass., 15 avril 1857; R. P., 553, 844.
(4) J. N., 2515; D. M. F., 7 juin 1808; Inst., 386, § 8 ; Garnier, R. G., 11.
(5) D. N., *loc. cit.*, 46; Cass., 3 janv. 1820; J. N., 3475; Dél., 28 juin 1826; R. G., 16, § 3; Seine, 8 juin 1855; R. P., 553.
(6) D. N., *loc. cit.*, 37; Seine, 7 mai 1840; R. G., 20.

(7) Sol., 30 nov. 1829; R. G., 10718, § 1.
(8) R. G., 124; D.N., *Accept. de succ.*, 116.
(9) Lyon, 25 fév. 1858 ; R. P., 1023; Rambouillet, 17 fév. 1860; J. N., 17015; Lyon, 2 mars 1860; R. P., 1312; Inst., 2187, § 6 ; CONTRA, Dalloz, 1760 ; Garnier, R. G., 128.
(10) D. N., *Déleg.*, 85; Champ., 1173.
(11) Inst., 1270; Cass., 27 fév. 1839; Nantes, 10 nov. 1840; R. G., 130; Cass., 24 avril 1854 ; R. P., 71 ; D. N., *loc. cit.*, 89; Sol., 4 mars 1854, 10 mai 1856; R. P., 1900, 2312 ; J. N., 13357, 18092, 18974.
(12) Sol., 4 mars 1854; R. P., 1900; CONTRA, Garnier, R. G., 130.

SECTION III. — ACQUIESCEMENT.

6313. Les acquiescements purs et simples, et ceux faits en justice, donnent lieu au droit de **2 fr.** (*Loi de frim., art. 68, § 1, n° 1, et § 2, n° 7, et 28 avril 1816, art. 43, n° 1*).

6314. Si l'acte émane de plusieurs personnes, il n'est dû qu'un seul droit pour tous les individus ayant un intérêt commun. On range dans cette catégorie les copropriétaires d'immeubles indivis, qui acquiescent au partage fait par des arbitres en vertu d'un compromis (1); — les riverains qui acceptent le procès-verbal d'arpentage et de bornage de leurs immeubles (2); — les cohéritiers acceptants qui acquiescent à l'exécution d'un testament (3); — les ouvriers qui adhèrent collectivement à un traité ayant pour objet de fixer avec des entrepreneurs le prix de leurs journées (4).

SECTION IV. — ACTES DE COMMERCE.

6315. La loi du 11 juin 1859 soumet au droit fixe de **2 fr.** les marchés et traités réputés actes de commerce par les art. 632, 633 et 634, § 1 du C. de comm., quand ils sont faits sous seing privé et ont pour objet des cessions de meubles à **titre onéreux (5)**. Cette disposition ne s'applique pas aux actes notariés; ces actes devant être nécessairement enregistrés, les parties n'ont aucune surprise à craindre de la perception.

SECTION V. — ACTES DE COMPLÉMENT.

6316. Sont tarifés au droit de **2 fr.** les actes qui ne contiennent que l'exécution, le complément ou la consommation d'actes antérieurs enregistrés (*Loi 22 frim. an 7, art. 68, § 1, n° 6; 18 mai 1850, art. 8*).

6317. Il faut considérer comme tels : 1° la déclaration d'un donateur qu'il entend attribuer sa libéralité antérieure au donataire à titre de préciput et, par conséquent, avec dispense de rapport (6), mais le droit de donation serait dû si cette dispense de rapport émanait des héritiers du donateur après le décès de celui-ci (7); 2° l'acte par lequel un donateur, qui s'est réservé de remplacer les biens donnés par d'autres immeubles, effectue ce remplacement (8); 3° le payement, par des acquéreurs judiciairement évincés, de la somme moyennant laquelle le tribunal leur a réservé la faculté de demeurer en possession (9); 4° le supplément de garantie fourni par la caution ou par l'obligé principal (10); 5° les adhésions aux actes de sociétés, reçues en vertu d'une clause du contrat originaire, ou à une cession de biens, quel que soit le nombre des adhérents (11); 6° la reconnaissance du mari, dans un acte de liquidation, d'avoir reçu les valeurs donnant lieu aux reprises de sa femme (12), ou en général l'aveu du mandataire de devoir un reliquat de compte résultant d'un pouvoir enregistré ou d'un mandat légal dispensé de l'enregistrement (13): 7° la mainlevée d'inscriptions donnée dans un ordre par les créanciers non utilement colloqués (14); 8° les emprunts faits à des créanciers auxquels on remet comme titre du prêt des obligations ou actions négociables sujettes au droit de timbre selon la loi du 5 juin 1850 (15); 9° le partage supplémentaire des fruits échus pendant l'instance en homologation d'un partage antérieur (16).

SECTION VI. — ACTE DE NOTORIÉTÉ.

6318. Les actes de notoriété sont tarifés à **2 fr.** (*Lois 22 frim. an 7, art. 68, § 1, n° 5, et 28 avril 1816, art. 43, n° 2*).

6319. On ne considère pas comme un acte de notoriété l'attestation que le notaire se fait donner sur le nom, l'état et la demeure des comparants qu'il ne connaît pas, *supra n°* 345 *à* 349; elle fait partie intégrante de l'acte et ne donne pas lieu au droit (17); mais le droit est dû, si outre cette attestation, et sur la demande des parties, les témoins déclarent qu'elles sont héritières de tel ou tel individu (18).

---

(1) J. N., 8817; D. N., v° *Acq.*, 100.
(2) Laon, 11 déc. 1834; Amiens, 15 juin 1837; Dél., 27 juin 1835 et 4 août 1837; Sol., 16 janv. 1866; R. P., 2262; contra, R. G., 185.
(3) Dél., 10 août 1822; R. G., 185, § 2.
(4) Dél., 23 déc. 1845; J. N., 12605.
(5) V. Sol., 20 juill. 1860; Metz, 30 avril 1860; Dieppe, 10 mai 1860; Evreux, 20 fév. 1862; Saintes, 11 août 1863; Le Havre, 27 avril 1861; Seine, 29 avril 1864, 25 fév. et 5 août 1865, 21 juill. et 18 août 1866, 23 fév. et 24 août 1867, 1er fév. 1868; Cass., 29 mai 1865, 21 mars, 5 juin et 19 nov. 1867, 28 janv. 1868; Saint-Brieuc, 19 fév. 1866; Mantes, 6 juill. 1867; Toulon, 23 juill. 1867; R. P., 1849, 1921, 2107, 2409, 2419, 2237, 2203, 2307, 2413, 2437, 2486, 2519, 2594, 2601, 2603; J. N., 18994, 19070.
(6) Sol., 19 sept. 1823, 31 oct. 1831, 13 mars 1837; R. C., 315.

(7) Neufchâtel, 27 août 1857; R. P.; 888. — Seine, 2 fév. 1867; R. P.; 2502.
(8) J. N., 11639.
(9) Cass., 24 août 1841; J. N., 11070; R. G., 351.
(10) Sol., 25 mars 1828; Inst., 1249, § 6; Sol., 16 nov. 1816; Dél., 11 mars, 15 avril et 16 mai 1834; Rép. gén. du Pal., v° *Enreg.*, 1419.
(11) Sol., 2 juin 1830; Dél., 22 fév. 1828; D. M. F., 3 sept. 1819; J. N., 4882, 6646; Dél., 17 mai 1823; R. G., 4083.
(12 et 13) Cass., 6 juin 1811, 16 mai 1832, 11 déc. 1838; Inst., 1587; 18 fév. 1852; J. N., 7739, 7996; R. G., 3424.
(14) Cass., 21 juill. 1818; Inst., 1701; R. G., 9271.
(15) Cass., 27 mai 1862, 16 avril 1866; R. P., 1678, 2274.
(16) Lyon, 25 fév. 1858; R. P., 1045.
(17) D. N., *Notor.*, 432; R. G., 750.
(18) Sol., 31 avril 1828; R. G., 750.

6320. L'acte de notoriété constatant : 1° le décès des père et mère ; 2° l'existence de leurs enfants et leur qualité d'héritiers est passible d'un seul droit (1). Il en est de même s'il établit les décès successifs de plusieurs personnes héritières l'une de l'autre et dont la dernière a laissé un enfant qui réunit tous les droits sur sa tête (2). Mais il est dû deux droits sur la notoriété destinée à faire réparer une omission sur les registres de l'état civil et énonçant la date de naissance de deux frères (3).

SECTION VII. — ACTE REFAIT.

6321. Acte refait pour cause de nullité ou autre motif sans aucun changement qui ajoute aux objets des conventions ou à leur valeur, 2 fr. (*Loi 28 avril 1816, art. 5, n° 3*).

SECTION VIII. — ACTE RESPECTUEUX.

6322. L'acte respectueux est un acte innomé sujet au droit de 2 fr. d'après les art. 68, § 1, n° 51 de la loi du 22 frim. an 7 et 8 de celle du 18 mai 1850 (4), lors même qu'il constate le consentement au mariage (5).

6323. La réquisition et la notification faites par un seul procès-verbal en deux vacations ne sont sujettes qu'à un seul droit (6) ; il en est de même quoiqu'elles soient rédigées en deux actes séparés, à moins que chacun ne soit présenté séparément à la formalité (7).

SECTION IX. — AFFECTATION HYPOTHÉCAIRE.

6324. Considérée comme acte innomé ou comme acte de complément, l'affectation hypothécaire est passible du droit fixe de 2 fr.

6325. Si elle est consentie par le débiteur dans l'acte même d'obligation, aucun droit n'est exigible, parce qu'elle dérive du contrat (8). Tel est le cas, par exemple, du gérant d'une commandite qui hypothèque ses biens pour sûreté d'une obligation contractée dans l'intérêt social (9).

6326. Le principe est le même pour l'affectation promise dans l'acte d'obligation et réalisée depuis. Le droit fixe est seul exigible (10). Ainsi décidé pour le débiteur qui ajoute une hypothèque à une hypothèque préexistante (11) ou qui remplace cette dernière (12).

6327. Si l'affectation n'a pas été promise et qu'elle soit consentie par acte distinct de l'obligation, on considérait autrefois qu'elle donnait ouverture au droit de cautionnement (13). Mais la Cour de cassation a décidé que le droit fixe devait seul être perçu (14).

6328. Les règles sont différentes quand l'affectation émane d'un tiers non obligé à la dette. De quelque façon qu'elle ait lieu, elle constitue un cautionnement en immeubles sujet au droit proportionnel de 50 cent. p. 100 (15).

6329. L'affectation hypothécaire donnée pour sûreté d'effets négociables ajoute à l'obligation commerciale la garantie d'un titre civil et motive la perception d'un droit de 1 p. 100, sans imputation de celui qui aurait été payé pour l'enregistrement des effets (16).

SECTION X. — BILANS.

6330. *Bilans*, 2 fr. (*Lois 22 frim. an 7, art. 68, § 1, n° 15, et 18 mai 1850, art. 8*).

---

(1) Dél., 22 fév. 1833 ; R. G., 751.
(2) Garnier, R. G., 751.
(3) Sol., 13 déc. 1825 ; D. N., loc. cit., 134 ; R. G., 751, § 1.
(4) Sol., 10 janv. 1822 ; D. N., Acte resp., 199.
(5) D. N., loc. cit. ; Garnier, R. G., 949.
(6) Sol., 26 mars 1839 ; R. G , 950 ; D. N., loc. cit., 200.
(7) Roll., Acte resp., n° 87 ; Garnier, R. G., 950. (La Régie varie beaucoup sur cette question. Voir en sens contraire Sol., 8 août 1807 ; R. P., 2532 ; J. N., 19074.
(8) Dél., 16 nov. 1815, 9 mai 1817 ; R. G., 1310 ; Inst., 1437, § 3.
(9) Dél., 10 juill. 1832 ; J. N., 10083 ; R. G., 1310.
(10) Sol., 30 juill. 1828, 20 oct. 1832 ; R. G., 1311.
(11) Dél., 11 mars 1834 ; Sol., 14 déc. 1835 ; Dél., 15 avril 1834 ; J. N., 8423, 8429, 8639 ; Seine, 30 juill. 1834 ; R. G., 1311.
(12) Dél., 15 avril 1834 ; R. G., 1311, § 2 ; 16 mai 1834 ; D. N., Affect., 21.

(13) Nantes, 13 fév. 1830 ; Dél., 16 juill. 1833 ; Seine, 17 déc. 1834 ; Dél., 10 fév. 1855 ; R. G., 1312 ; J. N., 8160, 8860.
(14) Cass., 20 fév. 1837 ; J. N., 9708 ; Inst., 1539, § 4. Voir dans le même sens J. N., 8160, 8860, 8780 ; D. N., Aff. hyp., 20 ; R. G., 1312.
(15) Cass., 10 août 1836, 7 août 1837 ; J. N., 9336, 9745 ; Inst., 4528, § 2 ; Dél., 18 vent. an 10, 7 juin 1833 ; Seine, 29 juin 1834 ; Mâcon, 2 fév. 1847 ; R. G., 1313 ; Clermont-Ferrand, 29 mai 1855 ; R. P., 425 ; contra, Cass., 25 nov. 1812 et 10 août 1814 ; J. N., 7546 ; Compiègne, Mortagne, Châteaugontier, Clermont ; J. N., 8497, 8945, 9039 ; D. N., loc. cit., 25.
(16) Cass., 17 prair. an 12, 8 pluv. an 13, 23 déc. 1807, 1er fév. 1813, 5 août 1833, 20 août 1834, 5 avril 1834 ; R. P., 173 ; Inst., 290, 11°, 1446, 8°, 1473, 5°, 2029, § 7 ; J. N., 8149, 8629, 15356 ; D. N., loc. cit., 29 ; Seine, 1er août 1857 ; R. P., 893 ; Comp., Cass., 30 mars 1835, J. N., 8365 ; Inst., 1490, § 8.

SECTION XI. — BREVET D'APPRENTISSAGE.

6331. *Brevet d'apprentissage*, lors même qu'il contiendrait obligation ou quittance. 4 fr. (*Loi 22 fév. 1851, art.* 2) (1).

SECTION XII. — CERTIFICATS.

6332. Les attestations ou certificats purs et simples sont tarifés au droit de 1 fr. par l'art. 68, § 1, n° 17, de la loi du 22 frim. an 7 ; ce droit est aujourd'hui de 2 fr. (*Loi 18 mai 1850, art.* 8). On peut citer, parmi les plus usuels, les certificats d'individualité (2), les certificats de vie et les certificats de propriété.

6333. Nous avons dit que les certificats de propriété étaient dispensés de l'enregistrement, quand ils étaient produits au trésor pour toucher des arrérages de pensions civiles ou militaires ou des secours (*supra* n° 6138). Mais l'enregistrement en serait obligatoire si on en faisait usage devant une autre autorité (3), ou si les certificats ne concernaient ni pensions ni secours (4), par exemple, les droits des héritiers au payement d'une somme due à leur auteur par une commune (5).

6334. Il n'est dû qu'un seul droit pour le certificat de propriété pur et simple, quel que soit le nombre des héritiers qui y sont dénommés, parce qu'ils ont un intérêt collectif (6).

6335. Les certificats de cautions sont également soumis au droit de 2 fr. en vertu de l'art. 43, n° 6, de la loi du 28 avril 1816.

SECTION XIII. — COLLATION D'ACTES ET PIÈCES.

6336. La collation d'actes et pièces est tarifée à 2 fr. en vertu de la loi du 22 frim. an 7, art. 68, § 1, n° 28, et de celle du 18 mai 1850, art. 8. Le droit est dû pour chaque acte, pièce ou extrait collationné (7), à moins que la collation ne soit faite elle-même sur une première copie collationnée de plusieurs pièces (8).

6337. Les expéditions des minutes d'un notaire décédé, faites avec la mention qu'elles ont été délivrées sur une minute représentée et rendue, sont des copies collationnées sujettes à l'enregistrement (9) ; ce sont de véritables expéditions quand les minutes ont été déposées chez le notaire (10).

6338. La copie collationnée de l'acte translatif faite par le notaire dépositaire de la minute, pour être déposée au greffe, en exécution de l'art. 2194 C. N., a le caractère d'une expédition ordinaire dispensée de l'enregistrement (11). Sont également dispensées de la formalité les copies collationnées faites en matière de faux (*C. inst. crim.* 455) (12).

SECTION XIV. — COMMAND (DÉCLARATION DE).

6339. Les déclarations de command, *supra* n°s 4063 à 4068, lorsque la faculté d'élire a été réservée dans l'acte et que la déclaration est faite par acte public et notifié dans les 24 heures, ne sont sujettes qu'au droit fixe de 3 fr. (*Loi 22 frim. an 7, art.* 68, § 1, n° 24; 28 avril 1816, art. 44, n° 5).

6340. Ce droit n'est pas dû si la déclaration est faite dans l'acte même de vente (13).

6341. Lorsqu'il y a plusieurs commands élus et qu'ils ne sont pas solidaires pour le payement du prix, il est dû un nombre égal de droits fixes (14).

SECTION XV. — COMPROMIS.

6342. Sont soumis au droit de 3 fr., quand ils ne contiennent aucune obligation de somme ou valeur donnant lieu au droit proportionnel (*Lois 22 frim. an 7, art.* 1, n° 19, et 28 avril 1816,

---

(1) J. N., 14354, Inst., 1878.
(2) D. N., v° *Cert. d'indiv.* ; R. G., 2500.
(3) D. M. F., 1er août 1821, 15 janv. 1823, 29 oct. 1842 ; J. N., 3865, 4335, 11482 ; Inst., 1079 ; R. G., 2530.
(4) D. N.-F., 1er août 1821, 15 janv. 1823, ci-dessus ; Inst., 1094, § 1 ; 1814, § 5 ; R. G., 2531 ; D. N., v° *Cert. de prop.*, n° 433 ; Epernay. 8 juin 1855; R. F., 419; J. N., 17035.
(5) Vesoul, 26 déc. 1864 ; R. F., 2000; Saumur, 3 août 1850; R. G., 2848.
(6) Inst., 1094; J. N., 4335.

(7) J. N., 275 ; Garnier, R. G., 4141.
(8) Garnier, *loc. cit.*; D. N., *Cop. coll.*, 23.
(9) Del., 7 flor. an 10. *Rép. Jour. du Pal.*, 1525.
(10) D M. F., 22 juin 1813; R. G., 4135.
(11) D. N. *Purge leg.* 61; Garnier, R. G., 4136.
(12) D. M. F., 20 août 1842; Inst., 1721, § 2; J. N., 12208; R. G., 4141.
(13) D. M. F., 14 avril 1821, 6 fév. 1822, 2 mai 1823; Dél., 26 juin 1816; 5 mai 1824, 6 oct. 1826, 5 mai et 30 nov. 1831; Angers, 5 août 1836; D. N., v° *Décl. de com.*, 125 ; R. Gén., 2788 et 2828.
(14) Sol. 15 juin 1820; R. G., 2840, et 2810, § 1.

art. 44, n° 2). Un seul droit est dû sur le procès-verbal, quel que soit le nombre des arbitres nommés (1).

6343. L'acte par lequel les parties prorogent le délai accordé aux arbitres est un nouveau compromis passible du droit de 3 fr.; mais un seul droit serait exigible si la prorogation contenait, en même temps, remplacement d'un expert (2).

6344. La disposition d'un acte de vente portant qu'en cas de contestation, elle sera décidée par un arbitre, ne donne ouverture à aucun droit particulier, parce que c'est une condition de l'acte (3). Il en serait de même si cette stipulation était insérée dans un bail (4).

SECTION XVI. — COMPTE.

6345. Les projets de compte non débattus ni arrêtés, qu'ils présentent ou non un reliquat, ne sont passibles que du droit fixe de 2 fr. (*Lois 22 frim. an 7, art. 68, § 1, n° 51; 18 mai 1850, art. 8)* (5).

6346. Le récépissé qui intervient, *par acte séparé*, en matière de compte de tutelle, donne lieu au même droit de 2 fr. (6).

6347. Si le compte ne présente aucun reliquat, son acceptation équivaut à la décharge du mandataire (*infra* **V.** *Décharge*).

6348. S'il y a un excédant, doit-on percevoir le droit d'obligation ? (*infra* **V.** *Obligation.*)

SECTION XVII. — CONCORDATS ET ATERMOIEMENTS.

6349. Les concordats ou atermoiements consentis après la déclaration de faillite ne sont assujettis qu'au droit fixe de 3 fr., quelle que soit la somme que le failli s'oblige à payer (*Loi 24 mai 1834, art. 14).* Cette disposition s'applique aux concordats ordinaires et aux concordats par abandon d'actif (*Loi 17 juillet 1856, art. 1*).

6350. Si un tiers intervenant au concordat cautionne le failli, le droit proportionnel de cautionnement ne saurait excéder 3 fr. (7).

6351. Quand le concordat est conclu avant la déclaration de faillite, on le désigne sous le nom d'atermoiement, et il est sujet au droit de 50 p. 100 sur les sommes que le débiteur s'oblige de payer (8) (*Loi 22 frim. an 7, art. 69, § 2, n° 4),* pourvu qu'il soit fait dans les formes du Code de commerce (9).

6352. L'arrangement qui est passé entre un débiteur non commerçant et ses créanciers est un abandonnement de biens ; nous en avons parlé ci-dessus n°* 6304 à 6308.

6353. On doit d'ailleurs considérer comme un concordat sujet au droit de 3 fr. l'acte notarié par lequel le fils d'un failli décédé est rétabli dans la gestion des affaires de son père et chargé de la liquidation de la faillite sans fixation de délai pour rendre compte (10) ; mais ce caractère n'appartient pas à la transaction intervenue entre un créancier et le syndic de la faillite (11).

SECTION XVIII. — CONNAISSEMENTS.

5354. Les connaissements ou reconnaissances de chargements de mer sont tarifés à 3 fr. (*Loi 28 avril 1816, art. 44, n° 6).*

SECTION XIX. — CONSENTEMENTS OU AUTORISATIONS.

6355. Le droit d'enregistrement des consentements purs et simples est de 2 fr. (*Lois 22 frim. an 7, art. 21, et 28 avril 1816, art. 43, n° 7).*

6356. Ont été rangés dans cette catégorie : 1° l'adhésion donnée dans le contrat d'aliénation par

(1) Garnier, R. G., 3368.
(2) Garnier, R. G., 3372.
(3) J. N. 2625 ; D. N., *Comp.*, 80.
(4) Amiens, 15 juin 1824 ; R. G., 3373.
(5) D. M. F., 10 déc. 1827 ; Inst., 1226, §2 ; J. N., 6474 ; R. G., 3413.
(6) Sol., 1er mars 1836 ; Inst., 1528, § 4 ; J. N., 9446 ; R. G., 3415.
(7) Dél , 8 mai 1844 ; J. N., 12029 ; Inst., 1713, §§ 3 et 7 ; R. G., 6598.
(8) Sans distinction entre les dettes établies par des actes enre-

gistrés et celles résultant d'actes ou titres non enregistrés: Trib. Gien, 5 juin 1849 ; J. N., 8789.
(9) Seine, 20 avril 1861 ; R. P., 1499, V. Toulon, 21 avril 1864 ; R. P., 2089.
(10) Cass., 18 janv. 1830 ; Inst., 1180, § 5 ; J. N., 5451 ; D. N., *Concordat*, 90 ; Inst., 1320, § 1 ; R. G., 6590.
(11) Lyon, 31 déc. 1851 ; R. G., 13829.

les enfants du vendeur à la cession qu'il fait à un autre enfant (1); 2° l'acte par lequel plusieurs propriétaires renoncent au profit d'une commune qui l'afferme, au droit de chasse sur leurs propriétés (2); 3° le consentement à adoption (3), à l'enrôlement militaire, à l'ordination, au noviciat; 4° l'acquiescement des bailleurs de fonds d'un cautionnement fourni au trésor, à l'affectation de ce cautionnement à la garantie de la gestion du comptable (4); 5° le consentement à mariage donné par le père ou par la mère d'un futur époux (il serait dû deux droits si le consentement émanait des parents des deux futurs) (5).

SECTION XX. — CONTRATS DE MARIAGE.

§ 1er. — TARIF.

6357. Sont sujets au droit fixe de 5 fr. les contrats de mariage qui ne contiennent d'autres dispositions que des déclarations de la part des futurs de ce qu'ils apportent eux-mêmes en mariage et se constituent sans aucune stipulation avantageuse entre eux (*Lois 22 frim. an 7, art. 68, § 3, n° 1, et 28 avril 1816, art. 45, n° 2*).

6358. L'acte dans lequel les futurs se font une donation mutuelle en vue du mariage, sans y insérer aucune clause relative au statut conjugal ou aux apports, n'est pas un contrat de mariage soumis au tarif précédent, mais une simple libéralité éventuelle passible du droit de 5 fr. (6).

On ne peut pas non plus considérer comme un contrat tarifé au droit de 5 fr. la simple promesse de mariage; c'est un acte passible du droit de 2 fr. (7).

§ 2. — CONVENTIONS DE MARIAGE.

6359. Le contrat tarifé au droit de 5 fr. comprend d'ailleurs toutes les conventions sur le régime adopté et sur les apports des futurs. Ces clauses ne donnent donc pas lieu à un droit particulier (*Inst. 290, § 16*).

6360. Ainsi, on a considéré comme faisant partie intégrante du contrat et dispensées de l'impôt : 1° la stipulation portant que les époux, quoique mariés sous le régime dotal, seront néanmoins associés aux acquêts (8); 2° que l'actif de communauté se partagera *inégalement*, soit dans tous les cas de dissolution, soit seulement en cas d'existence d'enfants (9); 3° la clause d'ameublissement (10); 4° la convention de communauté universelle même en cas d'apports inégaux (11), sauf dans le cas où l'attribution revêt la forme d'une libéralité (12); 5° la réserve pour la femme de reprendre son apport franc et quitte (13), même dans l'hypothèse d'une renonciation à la communauté (14); 6° la fixation d'un préciput à prélever par le survivant sur l'actif commun (15); avec cette réserve toutefois que le droit de donation éventuelle est exigible si la femme conserve le droit au préciput malgré sa renonciation à communauté (16); 7° la clause d'attribution de tout ou partie de la communauté à l'un des époux, excepté quand l'autre conjoint ou ses héritiers perdent le droit de retirer leurs apports (17), ou que la convention revêt la forme manifeste de la libéralité (18); ou bien encore que la même convention est faite sous le régime dotal à l'égard d'une partie des propres des époux (19). Dans ces trois hypothèses, en effet, le droit de don éventuel devient exigible sur le contrat; et à l'événement du décès on perçoit le droit de succession sur le montant des apports ou sur la moitié de la communauté.

(1) Dél. 23 avril 1830; J. N., 7283.
(2) D. M. F., 2 mai 1826; Sol., 12 mars 1844; J. N., 11070; Inst., 1709; R. G., 2075.
(3) D. N. Cons., 10.
(4) Inst., 1491 ; D. N. loc. cit.
(5) D. N., loc. cit., nos 34 à 37.
(6) Dél., 7 juin 1829; Charleroi, 2 juin 1855; Cambrai, 20 juillet 1855; R. P., 472 et 580; Garnier, R. G., 3735; CONTRA, Charleroi, 26 juill. 1856; R. P., 743.
(7) Dél., 7 août 1822; R. G., 3736; D. N., Cont. de mar., 428.
(8) Dalloz, 3394; Pont et Rodière, T. 406; Champ., 2898; Garnier, R. G., 3759; Dél., 15 juin 1827. D. N., Cont. de mar., 368.
(9) Dalloz, 3392; Pont et Rod., II, 107; Cass., 24 nov. 1834; R. G., 3700; Inst., 1413, § 4; 1456, § 6; 1256, § 4.
(10) D. N., Ameub., 99; R. G., 3762; J. N., 15885, 18063; Décis., min. fin., 23 déc. 1863; R. P., 1914; Trib. Saverne, 12 mars 1852; Instr. Régie, 22 fév. 1863; J. N., 9847, 12765.
(11) Duranton, XV, 234; Zach., III, 350; Pont, 122; Dalloz, 3405; Champ., 2888.
(12) Cass., 3 avril 1843; R. G., 3764.

(13) Dél. 28 août 1827 ; D. M. F., 6 mai 1828. J. N., 6663; Inst., 1256, § 4; R. G., 3765.
(14) Pothier, 380; Troplong, 2404; Toulouse, 27 janv. 1844; Garnier, R. G., 3765; D. N., loc. cit., 377.
(15) Cass., 30 juill. 1823; Laon, 3 déc. 1826; D. M. F., 6 mai 1828, Inst., 1256, § 4; J. N., 4405. 6194, 9643.
(16) Rodière et Pont, II, 277; Troplong, 2124; Zach., III, 348; Dél. 26 juin 1827; J. N., 6304; D. M. F., 6 mai 1828; CONTRA, Champ., 2907; D. N., loc. cit., 379 ; Rennes, 24 déc. 1844 et 14 juin 1845; J. N., 12232 et 12478.
(17) Voir Seine, 9 avril 1864; R. P., 1924.
(18) Cass., 15 fév. 1832, 15 fév. 1841, 12 juill. 1842, 21 mars 1834, 24 nov. 1834, 23 avril 1849, 24 déc. 1850, 26 mars 1854; 8 mai 1854, 1er août 1855 ; D. N., loc. cit., 376; Garnier, R. G., 3769 et suiv.; R. P., 471; Valenciennes, 24 mars 1859; R. P., 1147; Lille, 5 mars 1859; R. P., 1454; Cass., 21 mars 1860; R. P., 1304; J. N., 10810; Arras, 10 fév. 1863; R. P., 1773; Bazas, 29 avril 1863; R. P., 1846; Cambrai, 31 août 1864; R. P., 1977; Guingamp, 18 nov. 1856; R. P., 774; Lille, 20 nov. 1856, R. P., 774; Dél., 20 oct. 1856; R. P., 800.
(19) Evreux, 20 juin 1855; R. P., 572.

6361. Lorsque l'attribution de toute la communauté au survivant des époux doit avoir lieu à charge de rembourser aux héritiers du prédécédé la valeur de la part du défunt, la clause peut aussi constituer une promesse de vente, dont la réalisation s'opère au décès et donne alors ouverture au droit de cession selon la nature des biens (1). Cette stipulation n'étant plus une convention de mariage proprement dite est passible du droit fixe de 2 fr. sur le contrat.

6362. Du reste, la question de savoir si une clause de cette espèce renferme une convention de mariage, une libéralité ou une promesse de vente, dépend beaucoup des termes de sa rédaction et de l'ensemble des circonstances. Le notaire devra donc s'attacher à manifester catégoriquement l'intention des parties.

§ 3. — DES DÉCLARATIONS D'APPORT.

6363. Les déclarations d'apport, ayant pour objet de constater la fortune des époux, sont aussi de l'essence du contrat de mariage, et, à ce titre, dispensées d'un droit particulier. Telles sont notamment : 1° l'estimation donnée aux meubles et aux immeubles (2), à moins qu'elle ne porte déclaration expresse de vente au futur (3) ; 2° la description faite par le futur des effets qui lui proviennent d'une première communauté (4) ; 3° la déclaration relative à l'apport de créances dues sans titre enregistré par des tiers ou à ceux-ci (5) ; 4° la reconnaissance du futur d'avoir reçu la dot de la future (*Loi 22 frim. an 7, art. 68, § 3, n° 1*), même en cas d'exclusion de communauté et d'engagement de la part du futur de payer les intérêts (6).

Cette dernière reconnaissance, quoique émanée du futur et de son père *solidairement,* est de même dispensée de l'impôt (7) ; mais le droit d'obligation serait dû sur la reconnaissance du père seul du futur (8), ou sur celle de la future d'avoir reçu la dot du futur (9).

§ 4. — DONATIONS ÉVENTUELLES.

6364. La loi soumet les contrats de mariage au droit fixe, à la condition qu'ils ne contiendront aucune stipulation avantageuse entre les futurs ou autres personnes. Elle laisse ces dernières clauses sous l'empire des règles relatives aux donations ordinaires (*Loi 22 frim. an 7, art. 68, § 3, n° 1*).

6365. Nous nous occuperons plus tard des libéralités entre-vifs et actuelles ; nous voulons seulement parler ici des donations soumises à l'événement du décès, et passibles du droit fixe de 5 fr., en vertu *des art. 68, § 3, n° 5 de la loi du 22 frim. an 7, et 45, n° 4, de celle du 28 avril 1816.*

6366. Le nombre des droits fixes de 5 fr. est en raison de celui des libéralités dont la réalisation est possible (10). Ainsi la donation *mutuelle* que se font les futurs pour le cas de survie est passible d'un seul droit (11), tandis qu'il en est dû deux sur la clause par laquelle un tiers institue les futurs ses héritiers *chacun pour moitié* (12).

6367. Mais les diverses donations éventuelles, faites au même époux par une même personne, ne constituent par leur réunion qu'une seule libéralité passible d'un droit unique (13).

6368. Lorsque la dot est constituée par le survivant des père et mère avec imputation des droits du futur sur les biens du prédécédé, on considère la clause comme une déclaration d'apports pure et simple s'il est *justifié* que la dot se compose en entier de biens héréditaires (14). Néanmoins le droit de cession entre-vifs serait exigible si le futur ainsi doté abandonnait expressément au constituant ses droits dans la succession du conjoint prédécédé (15).

(1) Seine, 17 août 1855 ; R. G., 14250 ; arg. de cass., 20 mars 1849 ; J. N., 15004 ; R. G., 11837.
(2) D. M. F., 12 et 22 mai 1810 ; Inst., 481 ; Dél., 4 mai 1821 ; R. G., 9739 ; D. N., *loc., cit.* 371.
(3° Cass., 1er mars 1809 ; R. G., *loc. cit.;* Dalloz, 3267 ; Pont et Rolière, 700 ; Champ., 2920 ; D. N., *loc. cit.*, 371.
(4) Garnier, R. G., 2752.
(5) Rambouillet, 6 août 1847 ; Lille, 10 mars 1843 ; Sens, 17 juill. 1846 ; Versailles, 48 mars 1847 ; Corbeil, 19 mai 1847 ; Verdun, 4 juill. 1365 ; R. P., 2306 ; contra, Dél., 9 déc. 1831 ; Dijon, 22 déc. 1841 ; Autun, 2 déc. 1837 ; Lille, 20 nov. 1845 ; Hazebrouck, 23 fév. 1850 ; Voir D. N., *loc. cit.*, 406 et suiv.; R. G., 3751.
(6) Sol., 5 août 1807 ; R. G., 3755.

(7) Champ., 1075 ; Pont et Rod., I, 212 ; Dalloz, 4280 ; Garnier, 3756.
(8) Cass., 7 fév. 1838 ; J. N., 9912 ; Inst., 4577, § 4.
(9) Sol., 21 sep. 1832 ; Garnier, R. G., 3755 ; contra, Pont et Rodière, I, 210 ; Champ., 1706 ; Dalloz 4279. Voyez pour le droit de cautionnement dans ce cas, Orange, 25 avril 1854 ; R. P. 422.
(10) Sol., 7 nov. 1831 et 12 mai 1832 ; R. G., 3838.
(11) D. M. F., 24 juill., 1820 ; D. N., *loc. cit.*, 373 ; R. G., 3838, § 4.
(12) Garnier, *loc. cit.*, 3838, § 2 ; contra, Délib., 25 janv. 1844 ; R. G., *loc. cit.*
(13) Sol., 9 pluv. an 7 ; D. N., *loc. cit.*, 374.
(14) Sol., 5 fév. 1830 ; Inst., 1333, § 4 ; R. G., 3817.
(15) *Ibid.,* Privas, 16 mai 1842 ; Cass., 9 mai 1831 ; Sol., 20 sept. 1831 ; Inst., 1988, § 4 ; Lure, 8 juill. 1843 ; Dijon, 2 janv. 1845 ; R. G., 3822.

6369. Si les futurs stipulent que les acquêts appartiendront au survivant ou *aux enfants à provenir* du mariage, la clause relative aux enfants est alors une libéralité éventuelle soumise au droit de 5 fr. (1); et il en est de même de la renonciation par l'un des époux au droit d'exercer ses reprises lors de la dissolution de la communauté (2).

6370. La promesse faite aux futurs de les instituer héritiers équivaut à une institution contractuelle et rend le droit fixe exigible· (3). On assimile à cette promesse la clause par laquelle les père et mère des futurs leur assurent une part héréditaire égale à celle des autres enfants, ou s'engagent à ne point avantager ces derniers (4), — ou celle par laquelle ils assurent au futur une part égale à celle du *plus prenant* (5). Le droit fixe de 5 fr. est seul exigible sur la donation d'un immeuble à prendre tel qu'il sera au décès du disposant (6).

6371. On ne saurait toutefois attribuer le même caractère à la déclaration des parents que le futur aura en mariage ce qu'il recueillera dans leurs successions (7), car il n'y a dans cette hypothèse aucun dessaisissement (8).

6372. N'est pas passible non plus du droit de donation éventuelle la clause par laquelle il est convenu que le futur, en recueillant une donation de la future (sujette au droit fixe) servira une rente viagère au père de celle-ci, non présent au contrat (9). Et si les père et mère du futur lui font donation, ainsi qu'à ses trois frères non présents, de certains immeubles à prendre par préciput à leur décès, il n'est dû que deux droits de donation éventuelle et non pas cinq (10).

6373. La donation cumulative de biens présents et à venir contient réellement deux libéralités distinctes dont la première se transforme, lors du décès, en une donation ordinaire des biens qui existaient au jour du contrat. Cependant on considère que la disposition, dans son ensemble, ne produit pas d'autre effet que celle d'un testament, et c'est le droit fixe de 5 fr. qui est seul exigible (11).

6374. Toutefois la Régie soutient que si le donataire est mis sur-le-champ en jouissance des biens présents, le droit proportionnel est dû sur la valeur de cette jouissance (12). Elle fait également acquitter ce droit sur la valeur de la toute propriété, quand le donataire est autorisé à disposer de la nue propriété des biens présents (13).

6375. D'ailleurs si la donation cumulative comprend un objet déterminé dont le donataire soit immédiatement investi, le droit proportionnel est de suite exigible sur cet objet (14).

6376. Les donations de sommes payables au décès sont des libéralités éventuelles passibles du droit de 5 fr. quand elles ne confèrent au donataire qu'un droit subordonné au décès du disposant, et n'emportent aucun dessaisissement actuel de la part de celui-ci. C'est ce qu'on a décidé spécialement : 1° pour la donation d'une somme à prendre sur les plus clairs biens de la succession sans qu'il puisse être requis inscription, et avec stipulation que le donataire n'aura la jouissance de la somme donnée qu'après le décès d'un tiers (15); 2° pour celle d'une somme à prélever sur la succession du donateur avec convention que l'objet donné ne sera pas sujet à rapport (16); 3° enfin, pour la donation à la future d'une somme à prendre sur les biens que le donateur laissera à son décès, payable à terme avec intérêts, et caduque par le prédécès sans enfants du donateur (17).

§ 5. — CLAUSES DIVERSES.

6377. Il n'est dû aucun droit spécial sur la clause par laquelle le futur s'engage à entretenir jusqu'à l'âge de majorité un enfant naturel de la future (18), ou à subvenir aux dépenses de sa femme (19).

(1) Cass., 11 avril 1831; Inst., 1381, § 6.
(2) Cass., 3 déc. 1839; J. N., 10571.
(3) Comp., Merlin, *Inst cont.*, § 6, n° 2; Duranton, IX, 655; Coin-Delisle, *1082*, 6; Champ. 2980; Pont et Rod. 246.
(4) Dél., 6 juin 1817; Sol. 8 déc. 1835; J. N., 2296, 9313; Inst., 1313, § 1; Cass., 11 mars 1834; R. G., 3851; contra, Champ., 2951; Bourbon-Vendée, 5 fév. 1839; R. G., *loc. cit.*; D. N., *loc. cit.*, 387.
(5) Garnier, R. G., 3852; contra, D. N., 387; J. N., 9410.
(6) Cass., 20 nov. 1833; R. G., 3837; Dél., 12 oct. 1830; J. N., 7313, 8301, Dict. not., *Don. par cont. de mar.*, 138.
(7) Dél., 14 fév. 1824; R. G., 3854.
(8) Cass., 20 nov. 1833; R. G., 3837; Dél., 12 oct. 1830; J. N., 7312, 8301; D. N., *Don. par cont. de mar.*, 138.
(9) Dreux, 26 août 1846; J. N. 12992; D. N., *loc. cit.*, 382.
(10) J. N., 10379; D. N., n° 388.

(11) Cass., 1er déc. 1829; J. N., 7833; Inst., 1307. § 5; R. G., 3904.
(12) Inst., 1320, § 4; av. cons. d'État du 22 déc. 1809; Inst., 1307, § 4; R. G., 3905; Dél., 10 fév. 1846; R. G., 3917 *bis*; D. N., *Don. par mar.*, 146.
(13) Inst., 463, 1307, § 4, 1320, § 4; Bayonne, 29 nov. 1843; J. N., 11896; contra, Cass., 15 fév. 1839; Garnier, R. G., 3906. *Comp.*, Cass., 14 juill. 1807; 13 avril 1815; 28 janv. 1819; J. N., 346, 2296, 6771, 7033, 7131, 7137. 11890; Rodière et Pont. 1, 259; Inst., 1320, § 1.
(14) Cass., 20 mars 1833; J. N., 8032; Inst., 1425, § 5; R. G., 3907.
(15) Cass., 5 nov. 1839; J. N., 10520; Inst., 1615, § 2; R. G., 3914.
(16) Dél., 15 janv. 1836; J. N., 9168.
(17) Pontoise, 1er mai 1851; R. G., 3917
(18) J. N., 3000 *bis*; Garnier, R. G., 3919.
(19) J. N., 1788; Dél., 7 mai 1823; R. G., 3919; Seine, 20 avril 1842; D. N., *loc. cit.*, 367.

6378. Si les futurs donnent au père de l'un d'eux mandat de gérer leurs biens, le droit de 2 fr est exigible (1) ; celui de bail à vie serait même dû dans le cas où le père serait dispensé de rendre compte (2).

6379. L'autorisation donnée par le père de l'un des époux, dans le contrat, à l'officier de l'état civil, de procéder au mariage en son absence, est un consentement passible du droit de 2 fr. (3).

6380. Il n'est rien dû pour la clause portant que la dot sera imputée sur la succession du prémourant (4). Si cette imputation a lieu, dans le contrat même, sur la succession *déjà échue* du père ou de la mère du futur, en présence du survivant, c'est un partage soumis au droit fixe de 5 fr. (5), mais ce droit ne serait évidemment pas dû pour une telle déclaration faite en l'absence de l'époux survivant (6).

6381. Le pouvoir donné au futur par la future d'aliéner ses biens dotaux ou propres, avec ou sans charge de remploi, est une dépendance nécessaire du contrat, et n'opère aucun droit particulier (7). Il en est de même pour la gestion des biens paraphernaux (8), ou pour l'autorisation accordée par le mari à la femme de faire le commerce (9).

6382. Quand la dot est remise au futur par un tiers qui en était détenteur en vertu d'un mandat quelconque, d'une tutelle par exemple, le droit de décharge est exigible (10).

6383. Lorsque les futurs s'associent à leurs parents pour quelque entreprise ou pour leurs travaux, le droit de constitution de société est exigible (11), mais alors la remise de la dot aux parents à titre de mise de fonds est affranchie de l'impôt (12). Du reste, il n'y aurait pas de société si chacune des parties se réservait individuellement le profit de sa collaboration, et si on stipulait seulement un travail commun à certaines conditions (13).

6384. Enfin, l'acte par lequel les époux rétablissent leur communauté dissoute à la suite d'une séparation de biens, est passible, comme acte complémentaire, du droit fixe de 2 fr. (14). Il en est de même des changements ou contre-lettres intervenus avant la célébration à la suite du contrat, s'il n'y a aucune addition donnant lieu à de nouveaux droits d'enregistrement (15). L'acte de résiliation du contrat de mariage est, comme acte innomé, passible du droit fixe de 2 fr. (*Loi 22 frim. an 7, art. 68, § 1, n° 51 ; 18 mai 1850, art. 8*).

V. *Donation, Restitution*.

SECTION XXI. — DÉCHARGES.

6385. Les décharges pures et simples, et les récépissés de pièces autres que ceux passés aux greffes, ont été tarifés à 2 fr. par les art. 68, § 1, n° 48 de la loi du 22 frim. an 7, et 43 n°s 8 et 11 de celle du 28 avril 1816.

6386. Ce tarif s'applique d'abord à la remise faite par le dépositaire au déposant de la chose confiée à ses soins. Seulement la loi, pour prévenir la fraude, considère les dépôts de sommes chez les particuliers comme engendrant de véritables obligations ; d'où il suit que la restitution de ces valeurs donne lieu au droit de quittance (16).

6387. Mais quand le dépôt a le caractère du gage, la disposition reprend son empire. C'est ainsi que le droit fixe est seul dû sur le remboursement par le propriétaire au fermier de la somme qui lui avait été remise à titre de garantie de l'exécution du bail (17), ou sur la remise faite par le créancier à son débiteur d'un titre de créance déposé en nantissement (18), ou sur la décharge que le

(1) Meaux, 5 juin 1850 ; J. N., 14293.
(2) Cass., 10 mars 1819 ; Vitré, 21 nov. 1850 ; R. G., 3921. V. Sol., 6 déc. 1866 ; Jur. N., 13292 ; Mauriac, 1er déc. 1866 ; J. N., 18852 ; R. P., 2527.
(3) Garnier, *loc. cit.*, 3924.
(4) D. M. F., 26 oct. 1824 et 16 juill. 1823 ; Inst., 1115 ; J. N., 3975 et 4406 ; D. N., *loc. cit.*, 307.
(5) Seine, 23 janv. 1828 ; Dél., 27 janv. 1829 ; Sol., 8 fév. 1826 ; R. G., 3931.
(6) Dél., 14 déc. 1825 ; R. G., 3931, § 1 ; D. N., *loc. cit.*, 308.
(7) Dél., 14 mars 1819 et 17 nov. 1826 ; Inst., 1205, § 1 ; Champ., 39 2 ; Dalloz, 8570 ; Pont et Rod., I, 203 ; R. G., 3922.
(8) Sol., 12 oct. 1850 ; J. N., 14383.
(9) Garnier, R. G., 3922, § 8.

(10) Inst., 1333, § 1 ; Garnier, 3931 et 3819.
(11) Dél., 15 sept. 1824 ; R. G., 3939. — Champ., 2937 ; Dalloz, 3464 ; Pont et Rod., 232, y voient un simple consentement sujet au droit fixe de 2 fr.
(12) Garnier, R. G., 3755, § 3.
(13) Garnier, R. G., 3939, § 3.
(14) Dél., 22 plniv. an 10 ; Garnier, R. G., 8938.
(15) Dict. not., *Cont. de mariage*, 432 à 434.
(16) Garnier, R. G., 4267, § 1 ; Montluçon, 21 août 1869, R. P., 1843 ; CONTRA, Champ., 4589 ; J. N., 10001.
(17) Dél., 24 juill. 1833 ; R. G., 4275 ; D N., v° *Décb.*, 28.
(18) Sol., 12 juin 1841 ; R. G., 4200

vendeur donne au notaire auquel le prix avait été confié (1), ou enfin sur la restitution faite par des héritiers à un tiers, d'objets mal à propos mis sous les scellés au domicile du défunt (2).

6388. La libération du mandataire profite, en second lieu, de la faveur du droit fixe. Il faut pour cela que l'existence du mandat légal ou conventionnel soit établie (3). Mais il n'est pas nécessaire que cet acte ait été enregistré (4). Ce dernier point résulte encore de la jurisprudence d'après laquelle le reliquat du compte présenté par le mari au sujet des reprises de sa femme, donne seulement lieu au droit fixe, parce que le compte n'est que l'exécution du mandat légal confié au mari (5).

6389. Il faut, d'après le même principe, soumettre au droit fixe : l'acte par lequel le père ou la mère remet à ses enfants la valeur des meubles qu'il ne représente pas en nature (6); la décharge, donnée au gardien des scellés, des objets inventoriés ou de ceux mis en vente et dont adjugés (7); la déclaration d'un trésorier de fabrique constatant qu'il a reçu des héritiers de son prédécesseur le solde de son compte (8), et la remise faite au nu-propriétaire par les héritiers d'un usufruitier des capitaux que celui-ci détenait en cette qualité (9).

6390. C'est encore parce que le mari est considéré comme le mandataire de sa femme qu'on perçoit le droit fixe : 1° sur l'acte par lequel, après le décès de celle-ci, il rembourse à son beau-père la somme donnée sous clause de retour dans son contrat de mariage (10); 2° sur celui qui constate que le mari a reçu une créance de la femme en compensation de ce que celle-ci lui devait (11); 3° sur la restitution faite par le mari des reprises de la femme après séparation de biens et renonciation à la communauté (12), ou plus généralement sur toutes les restitutions de dot, quel que soit le régime adopté (13) et sur la délivrance de la dot faite au mari par le père ou le tuteur de la future (14).

6391. La remise que le vendeur fait, dans le contrat de vente ou dans la quittance du prix, des titres de la propriété vendue, ne donne lieu à aucun droit (15); mais il serait dû 2 fr., si cette remise était constatée dans un acte séparé (16). Le notaire qui procède à une vente mobilière étant comptable des deniers, la déclaration des parties de les avoir reçus opère une décharge passible d'un droit particulier, lors même qu'elle serait contenue dans le procès-verbal (17).

6392. Quand les vendeurs déchargent ainsi le notaire du prix de la vente en désignant chaque acquéreur, la jurisprudence décide que le droit de quittance est exigible pour la libération indirecte de ces acquéreurs (18); et la Régie soutient que le droit de décharge doit être en outre acquitté du chef du notaire (19).

6393. La décharge donnée à un mandataire par plusieurs mandants ayant des intérêts distincts est passible d'autant de droits fixes qu'il y a d'oyants (20). Par contre, si les mandants sont coïntéressés, tels que des cohéritiers par exemple, il n'est dû qu'un seul droit (21); cette solution a été appliquée spécialement au compte rendu par un exécuteur testamentaire à plusieurs héritiers (22), et à la décharge donnée par une même personne de deux ventes mobilières faites à sa requête par le même notaire (23).

6394. La remise de la solidarité ou du cautionnement est assimilée à une décharge passible du droit de 2 fr. (24).

V. *Délivrance de legs.*

---

(1) Dél., 25 mai 1825; R. G., 4296; D. N., v° *Déch.*, 7.
(2) Garnier, 4860; D. N., *Déch.*, 24.
(3) Cass., 9 mai 1864 ; R. P., 1896.
(4) Sol., 19 fév. 1828; Boulogne, 5 avril 1839; J. N., 10255.
(5) Cass., 1er avril 1822, 16 mai 1832, 21 fév. 1833 ; R. G., 3424; J. N., 7996; Dél., 14 oct. 1834 et 15 juill. 1836; D. N., *Déch.*, 17.
(6) Garnier, 4281, § 1 ; Champ., 1550; Dalloz, 877.
(7) Sol., 30 juin 1849 ; R. G., 4291. 'Il n'est dû aucun droit quand la décharge insérée au procès-verbal de vente s'applique aux objets vendus.)
(8) Roll., *Déch.*, 4; Béziers, 31 août 1840 ; D. N., *ibid.*, 37.
(9) Dél., 3 mai 1837 ; J. N., 9644; D. N., *loc. cit.*, 22.
(10) Dél., 8 nov. 1839; J. N., 10549; R. G., 4281 ; Inst., 366; D. N. *loc. cit.*, 26.
(11) Seine, 21 mars 1849; J. N., 13698.
(12) Cass., 1er avril 1822, 26 mai 1832, 21 fév. 1833, 8 août 1836, 11 déc. 1838; J. N., 7996, 10220, 17546 ; Inst., 1203, § 7; Douai, 29 déc. 1852; R. P., 31; Senlis, 24 mars 1840; Roll., *loc. cit.*, 31;

Garnier, R. G., 4301; D. N., *loc. cit.*, 18; CONTRA, Cass., 4 avril 1841; J. N., 11073 ; Inst., 1668, § 6; Seine, 13 janv. 1847 ; R. G., 4301.
(13) Cass., 30 janv. 1866, 12 fév. 1867 . B. P., 2226, 2440; J. N. 18493, 18707; Inst., 28 nov. 1807. n° 2355-L.
(14) Inst., 1333, § 1; Garnier, 3819.
(15) Garnier, 4307.
(16) Dél., 2 août 1826 ; R. G., 4273 ; D. N., *loc. cit.*, 35.
(17) Garnier, 4188, § 4 ; R. P., 127 ; CONTRA, J. N., 11394.
(18) Cass., 5 mai 1840 et 7 juill. 1846, Inst., 1650, 4 ; J. N., 10668, 12742; Inst., 1780, § 3 ; R. G., 4271; D. N., *loc. cit.*, 12 à 14.
(19) Inst., 1630, § 4; Vitry-le-François, 26 janv. 1847 ; R. G., 4271-2; Dél., 10 août 1827 ; J. N., 6569.
(20) Garnier, R. G., 3444, § 1 ; sol., 1er mars 1830; Inst., 1528, § 4.
(21) Sol., 19 oct. 1855 ; Rép. P., 637.
(22) Cass., 22 avril 1823 ; R. G., 3420, § 3.
(23) Sol., 20 nov. 1865, R. P., 2194; Garnier, 4188, § 8.
(24) Dél., 23 mai 1818 ; Garnier, R. G., 4276, 4278, 4286 ; D. N., *Déch. de caut.*, n° 2, et *Déch. en gén.*, 32, 33.

SECTION XXII. — DÉCLARATION.

6395. La déclaration pure et simple en matière civile et de commerce est tarifée à 2 fr. (*Lois 22 frim. an 7, art. 68, § 1, n° 23, et 28 avril 1816, art. 43, n° 9*).

6396. Ce tarif s'applique notamment aux déclarations de remploi faites par actes postérieurs au contrat d'acquisition. La Régie prétend que le droit fixe est également exigible sur les acceptations ou décharges de remploi contenu dans le contrat lui-même (1); mais il est évident que s'il s'agit du remploi fait au nom de la femme, la déclaration doit être acceptée par elle.

6397. Le droit fixe n'est d'ailleurs pas dû sur les déclarations par lesquelles on se borne à indiquer l'emploi que l'on fait des deniers d'un incapable (2).

6398. Les déclarations devant notaires des titulaires de cautionnements, conformément au décret du 22 déc. 1812, pour faire acquérir à leurs bailleurs de fonds le privilége de second ordre, ne sont possibles que du droit fixe de 2 fr., qu'elles aient été ou non précédées d'un acte d'emprunt enregistré (3). Cette disposition se restreint aux cautionnements versés au trésor public (4).

6399. La déclaration qu'un objet non désigné dans un acte de vente est néanmoins compris dans cette vente ne donne lieu qu'au droit fixe de 2 fr. (5).

SECTION XXIII. — DÉLIVRANCE DE LEGS.

6400. L'héritier ou l'exécuteur testamentaire qui remet au légataire le montant de son legs n'est que le mandataire du défunt. Aussi cette délivrance constitue-t-elle une simple décharge passible du droit fixe de 2 fr. (*Loi 22 frim. an 7, art. 68, § 1, n° 25 ; Loi 18 mai 1650, art. 8*).

6401. Quand il s'agit d'un legs de sommes d'argent, il n'y a point à considérer si le numéraire existait en nature dans la succession ou s'il provient de la réalisation des valeurs héréditaires (6). Le droit fixe s'applique, en ce cas, non-seulement à la remise du capital, mais encore à celle des intérêts échus depuis le décès (7). Et on assimile au legs de sommes celui d'une rente viagère (8).

6402. La dénomination de legs s'applique d'ailleurs à toute disposition testamentaire faite au profit soit d'héritiers à réserve, soit de toutes autres personnes. C'est pourquoi il n'est dû que le droit fixe sur la délivrance faite par un frère, institué héritier universel du père commun, à ses autres frères, d'une somme en argent qu'il était chargé de leur payer (9).

6403. Il n'est même pas nécessaire que le legs soit formellement écrit dans le testament; la remise d'un legs verbal dont la réalité est prouvée par les circonstances donne lieu également au droit fixe (10).

6404. La donation contractuelle ressemble au legs. L'acte qui constate au moment du décès du donateur la remise de l'objet donné est soumis au droit fixe (11).

6405. Mais la délivrance justifie la perception d'un droit de cession quand le légataire reçoit autre chose que ce qui lui a été attribué par le défunt : par exemple, des créances au lieu d'argent (12); de l'argent au lieu d'une rente, ou réciproquement (13), des immeubles en remplacement d'un legs de sommes (14), etc., à moins que le légataire n'ait le choix entre ces diverses valeurs (15).

6406. Si le légataire universel est chargé de remettre à un tiers comme condition d'un legs un objet qui lui appartienne personnnellement, l'acte de délivrance n'est passible d'aucun droit (16).

(1) D. M. F., 28 juin 1828; Inst., 392 ; Dél., 3 juill. 1827 ; Rép. gén. du palais, v° *Enreg.*, 1573. Conf., Cass., 18 fév. 1833; J. N., 7990; CONTRA, Garnier, R. G., 10698 ; Championnière, 2849 ; Dalloz, 3472; Vitré et Dreux, 13 juill. 1836, 30 nov. 1842 et 26 août 1846 ; J. N., 9535, 11559 et 12855; Sol., 26 août 1864; R. P., 1980.

(2) Garnier, 10699.

(3 D. M. F., 21 déc. 1813; Inst., 657; 28 mars 1822; Inst., 1030 ; Cass., 4 déc. 1821, 27 mai 1829 ; Inst., 1293, § 3 ; Sol., 18 oct. 1835; D. N., *Dech.*, 2; R. G., 2410.

(4) Dél., 10 nov. 1826 et 10 juill. 1835; J. du palais, Rép., *Enreg.*, 1585 ; CONTRA, Dél., 1er déc. 1810; Seine, 13 janv. 1841; J. N., 10786, 10885. 10948.

(5) Garnier, R. G., 4341 ; D. N., v° *Déclar.*, 10.

(6) Cass., 22 avril 1823 et 30 août 1826 ; J. N., 5205, 5797, 5903; D. N., *Dél. de legs*, 86; Inst., 1204; R. G., 4510. V. Cass. 25 juin 1862; J. N., 17472.

(7) Garnier, R. G., 4511 ; D. N., 88.

(8) J. N., 9217, 9333; Garnier, 4513; Roll., *Déliv. de legs*, n° 80.

(9) Vigan, 22 janv. 1836 ; Bazas, 22 oct. 1839; J. N., 9301; D. N., loc. cit. 90; Garnier, R. G., 4514; CONTRA, Inst., 1209, § 2, n° 2.

(10) Cass., 17 mars 1858; R. P., 995; Garnier, R. G., 4880 ; Grenoble, 5 juin 1841; D. N., loc. cit., 94; Cass., 19 déc. 1860; J. N., 17003 ; R. P., 1439.

(11) Dél. 27 mai 1836 ; D. N., loc. cit., 95 ; R. G., 4516 bis.

(12) Seine, 16 août 1843 ; Lyon, 19 août 1846; Seine, 8 mars 1838; Délib., 28 fév. 1831 ; R. G., 4518, § 2 ; D. N., loc. cit., 98; Moissac, 11 août 1863 ; R. P., 1879.

(13 Seine, 12 fév. 1845 ; Mâcon, 23 nov. 1847 ; R. G., 4518, § 3.

(14) Dél., 27 mai 1836; J. N., 9280 ; Evreux, 44 juin 1861 ; R. P., 1557.

(15) Dél., 30 déc. 1828 ; 7 juin 1816; D. N., loc. cit., 96 ; R. G., 4518, § 7.

(16) J. N., 17604; Rép. P., 2032; CONTRA, Toulouse, 9 janv. 1862; J. N., 17904. Lyon, 18 août 1863 ; R. P., 2032.

6407. Si un même acte contient délivrance de plusieurs legs, il est dû autant de droits qu'il y a de légataires distincts (1). Il en est de même quoiqu'il y ait un seul légataire, si les libéralités lui proviennent de plusieurs testateurs (2).

SECTION XXIV. — DÉPÔT.

6408. L'art. 68, § 1, n° 27, assujettit au droit fixe de 1 fr. les dépôts et consignations de sommes chez les officiers publics, lorsqu'ils n'opèrent pas la libération des déposants. Ce droit a été élevé à 2 fr. par l'art. 43, n° 11 de la loi du 28 avril 1816.

6409. Pour jouir du bénéfice du droit fixe, le dépôt chez l'officier public n'a pas besoin d'être constaté en la forme authentique (3). Mais c'est une question d'interprétation de savoir si la remise a eu lieu à titre de dépôt ou de prêt. Ce dernier caractère a prévalu dans une espèce où le notaire avait pris terme pour le remboursement et devait payer des intérêts (4). En tous cas, le dépôt fait entre les mains d'un clerc sans la mention qu'il représente le notaire, ne profite pas du droit fixe (5).

6410. Les reconnaissances de dépôt de sommes chez les particuliers sont considérées comme des obligations sujettes au droit de 1 p. 100 (*Loi 22 frim. an 7, art. 69, § 3, n° 3*). Le droit fixe est cependant seul exigible quand la remise a le caractère d'un gage ou d'un nantissement; nous en avons donné des exemples *supra n° 6380*.

6411. De même, le droit fixe est seul dû si le particulier reçoit la somme non comme obligé personnellement, mais pour la placer au nom du déposant ou en faire l'usage que celui-ci désire (6).

6412. Le tarif proportionnel se restreint, du reste, au dépôt de *sommes* d'argent. On ne pourrait percevoir que le droit fixe sur le dépôt d'objets mobiliers ou de titres de créances (7).

6413. Les dépôts d'actes et pièces chez les officiers publics sont tarifés au droit de 2 fr. (*Lois 22 frim. an 7, art. 68, § 1, n° 26; 28 avril 1816, art. 43, 10°*).

6414. Quand l'acte de dépôt concerne plusieurs personnes ayant chacune un intérêt distinct, il se divise en autant de parties qu'il y a d'individus intéressés au dépôt, et est soumis à un nombre égal de droits fixes (8). Cette décision s'applique à l'acte constatant le dépôt en l'étude par un clerc ou par un acquéreur des pièces relatives à la purge d'hypothèques légales (9), ou d'un procès-verbal d'adjudication en plusieurs lots (10), ou d'une procuration concernant des personnes ayant des intérêts distincts (11). Le dépôt d'un acte contenant décharge à un ancien mandataire et constitution d'un nouveau mandataire qui effectue le dépôt, est passible d'un seul droit (12).

6415. Les stipulations de l'acte qui sont indépendantes du dépôt donnent lieu à un droit particulier. Ainsi, lorsque l'acte de dépôt d'une vente contient quittance du prix, il est dû pour cette quittance un droit spécial de 50 p. 100 (13).

6416. De même, si dans un acte de vente il est constaté que pour le payement du prix l'acheteur a souscrit des billets placés en dépôt chez le notaire, il est dû à la fois, et le droit de vente et le droit fixe de dépôt (14). Mais on ne doit rien percevoir pour la reconnaissance que les parties font dans l'acte de dépôt des signatures de l'acte déposé (15).

SECTION XXV. — DÉSISTEMENT.

6417. Les désistements purs et simples sont tarifés par la loi du 22 frim. an 7, art. 68, § 1, n° 28, au droit de 1 fr. que la loi du 28 avril 1816, art. 43, n° 12 a porté à 2 fr.

---

(1) Cass., 22 avril 1823; D. N., *loc. cit.*, 83.
(2) Dél. 7 fév. 1834; Garnier, R. G., 4517, § 3; CONTRA, D. N., *loc. cit.*, 85; Dalloz, 453.
(3) Cass., 26 fév. 1850; Inst., 1857. § 1; R. G., 4380, § 1; D. N., v° *Dépôt*, 46; CONTRA, Dél., 30 janv. 1829 et 8 déc. 1835; D. N., *loc. cit.*, 46.
(4) *Arg.* av. cons. d'Etat., 1er avril 1808. Cass., 2 avril 1810; Inst., 377, § 1; D. N., *Dépôt*, 47. V. Sol., 5 déc. 1807; R. P., 270.
(5) Seine, 3 juin 1850 ; J. N., 1092.
(6) Dél., 2 mars 1819 ; 23 sept. 1825 ; J. N., 5461 ; R. G., 4581.
(7) Sol , 22 août 1825, Garnier, 4582.
(8) Cass., 30 mars 1852; J. N., 14650; Inst., 1929, 13; R. G., 4586; CONTRA, Soissons, 27 fév. 1850 ; Compiègne, 20 août 1855 ; J. N., 14132; R. P., 599.

(9) D. N., *loc. cit.*, 101 ; Cass., 30 mars 852, ci-dessus ; CONTRA, Vitry-le-François, 12 juin 1818; Dieppe, 20 juin 1838; Béthune, 6 janv. 1810; Chartres, 3 juin 1842; J. N., 10132, 10775, 14687; R. G., 4580. V. Sol., 5 mars 1866 ; R. P., 223.
(10) Mêmes décisions. et Senlis, 11 juillet 1840; R. G., 4586; Dél. 15 fév. 1842; J. N., 12750; Sol., Belge, 1er août 1866; R. P., 2415.
(11) D. M. F , 3 oct. 1817. Seine, 21 avril 1830; Cass , 20 fév. 1839; Inst., 1550, § 12; R. G., 4586; D. N., *loc. cit.*, 103 et les décisions précédentes. V. Carcassonne, 22 avril 1863 ; R. P., 1829.
12 Sol., 16 janv. 1829 ; R. G., 4585.
(13) Dél. 7 juin 1839 ; D. N., *loc. cit.*, 102.
(14) D. M. F., 13 nov. 1810; D. N., *loc. cit.*, 99.
(15) J. N., 1883 ; D. N., *loc. cit.*, 105.

6418. Quand le désistement, au lieu d'être pur et simple, a pour objet d'anéantir l'effet d'un acte précédent, il devient un contrat et tombe sous l'empire du droit proportionnel applicable à la convention qu'il réalise (obligation, quittance, rétrocession, etc.) (1). Décidé spécialement, à cet égard, que le désistement de la signification d'un transport ne constitue pas une mutation de valeurs, mais est passible du droit fixe (2). Le désistement d'une surenchère donné par tous les créanciers n'est également passible que du droit fixe de 2 fr. (3).

V. *Mainlevée.*

SECTION XXVI. — DEVIS.

6419. Les devis d'ouvrages et entreprises ne contenant aucune obligation de sommes et valeurs ni quittance sont tarifés à 2 fr. (*Lois 22 frim. an 7, art. 68, § 1, n° 29; 18 mai 1850, art. 8*).

SECTION XXVII. — INVENTAIRE.

6420. L'inventaire est passible du droit fixe de 2 fr. pour chaque vacation (*Loi 22 frim. an 7, art. 68, § 2, n° 1*). La vacation est de trois heures (4), et toute fraction d'une ou de deux heures est comptée pour une vacation. Mais les notaires peuvent faire des vacations de quatre heures en ayant soin de déclarer cette intention dans l'inventaire (5). Pour la perception, le nombre des vacations se calcule par journée (6).

6421. Les inventaires après faillite ne sont sujets qu'à un droit fixe de 2 fr., quel que soit le nombre des vacations (7) (*Loi 24 mai 1834, art. 11*).

6422. On doit considérer comme un inventaire et non comme un procès-verbal de carence l'acte constatant l'absence d'objets à décrire (8). Mais l'état détaillé des objets laissés à titre de bail rédigé par un notaire n'est qu'un procès-verbal descriptif sujet à un seul droit, sans égard au temps employé à sa rédaction (9).

6423. Les nominations d'experts et leurs prestations de serment contenues dans un inventaire, font partie intégrante du procès-verbal et ne donnent pas lieu à un droit particulier (10). Il en est de même de l'établissement d'un gardien (11), et de la disposition par laquelle un tiers se porte garant de ce gardien (12). Quant à la décharge qui serait donnée aux héritiers par un tiers d'objets lui appartenant et confondus avec ceux de la succession, elle motiverait la perception d'un droit de 2 fr. (13).

SECTION XXVIII. — MAINLEVÉE.

6424. Les mainlevées sont des consentements tarifés au droit fixe de 2 fr., par l'art. 43, n° 7 de la loi du 28 avril 1816 (14).

6425. La mainlevée de plusieurs inscriptions sur un seul débiteur donne lieu à un seul droit (15); lors même qu'elles seraient prises dans différents bureaux (16), ou qu'il s'agirait soit d'une inscription et d'une subrogation (17), soit de saisies (18), et que les inscriptions auraient des causes différentes (19).

6426. Mais il est dû plusieurs droits sur la mainlevée consentie par un créancier au profit de plusieurs débiteurs non coïntéressés (20); si les débiteurs étaient des cohéritiers et que la mainlevée fût relative à des inscriptions frappant des immeubles indivis, il ne devrait cependant être perçu qu'un droit (21).

6427. La pluralité serait également applicable si le créancier déclarait qu'il accorde son consen-

(1) J. N., 13847, 14568 ; D. N., *Dés.*, 3.
(2) Dél., 29 avril 1820; J. N., 6614; R. G., 2597.
(3) Garnier, R. G., 1246.
(4) Loi, 27 mars 1791; décret, 16 fév. 1807.
(5) D. M. F., 25 oct. 1808 ; Inst., 406, § 2; Sol., 25 mai 1830; Inst., 4336, § 8; R. G., 7677; J. N., 7196; décret, 10 brum. an 14; D. N., *Inv.*, 521.
(6) Mêmes autorités. *Adde* Garnier, R. G., 7677.
(7) Loi, 24 mai 1834, art. 11; R. G., 6567, § 2.
(8) Sol., 10 fév. 1831 ; D. N., *Inv.*, 525; R. G., 7884.
(9) D. N., *loc. cit.*, 526.
(10) D. M. F., 23 mai 1821; D. N., *loc. cit.*, 543; R. G., 6171, § 1.

(11) Sol., 9 mai 1835 ; D. N., *loc. cit.*, 544; Dél., 30 juin 1849; J. N. 13942; R. G., 7683.
(12) D. N., *loc. cit.*, 547.
(13) Garnier, 4300 ; D. N., v° *Déch.*; 24.
(14) D. M. F., 17 août 1816; Inst., 758, § 8; D. N., v° *Mainlevée*, 469.
(15) Dél., 5 juin 1822 ; D. N., *loc. cit.*, 171.
(16) Garnier, R. G., 8291, § 2 ; R. P., 1827.
(17) Sol., 24 mai 1839; R. P., 1827.
(18) Garnier, R. P., 1827.
(19) *Ib.*
(20) Sol., 6 fév. 1837; D. N., *loc. cit.*, 172; R. G., 8291.
(21) Dél., 27 juin et 5 juill. 1834; R. G., 15768; R. P., 1837.

tement en faveur de telle ou telle personne. Ainsi par exemple, la renonciation par une femme mariée, à son hypothèque légale, au profit des acquéreurs des biens du mari, donne ouverture à autant de droits qu'il y a d'acquéreurs (1).

6428. Si la femme comparaissait comme venderesse à ce contrat, sa mainlevée serait une conséquence de l'obligation de garantie et serait dispensée du droit (2); le droit sera t exigible au contraire si elle ne vendait pas elle-même avec son mari (3).

6429. Nul doute que la mainlevée donnée par plusieurs créanciers non solidaires à un débiteur unique, engendre autant de droits qu'il y a de créanciers (4). Ce principe a été appliqué à la mainlevée donnée par plusieurs mineurs de l'inscription d'hypothèque légale contre leur tuteur (5).

6430. La mainlevée est dispensée d'un droit quand elle est la suite de la quittance (6), ou en général de l'extinction de la créance à laquelle se rapporte l'inscription (7).

6431. La renonciation à des garanties différentes relatives à la même obligation n'est possible que d'un seul droit; ainsi notamment de la mainlevée d'une inscription et d'un transport d'indemnité d'assurances (8), ou de la renonciation au privilége et à l'action résolutoire du vendeur (9).

6432. La cession de priorité d'hypothèque est passible des mêmes droits que la mainlevée (10); mais elle motiverait la perception du droit de transport de créance, si elle avait pour effet de faire toucher à un créancier des sommes auxquelles il n'aurait pas eu droit (11).

SECTION XXIX. — MANDAT, PROCURATION.

6433. Sont soumis au droit de 2 fr. les procurations et pouvoirs pour agir ne contenant aucune stipulation ni clause donnant lieu au droit proportionnel (*Lois 22 frim. an 7, art. 68, § 1, n° 56, et 28 avril 1816, art. 43, n° 17*).

6434. Lorsqu'un pouvoir est donné par plusieurs personnes, la jurisprudence décide qu'il est dû plusieurs droits si les mandants ont des intérêts distincts, et qu'il en est dû un seul au contraire s'ils sont coïntéressés.

6435. D'après ce principe, on a reconnu passible d'un seul droit : 1° la procuration donnée par deux époux à une seule personne pour vendre leurs biens (12); 2° ou par les boulangers d'une ville pour provoquer le rapport d'une mesure de police sur le règlement du prix du pain (13); 3° celle de plusieurs cochers qui voulaient assurer la garantie d'un privilége de leur profession (14); 4° le mandat ayant pour objet l'établissement d'une société mutuelle d'assurances (15); 5° ou l'acquisition d'un immeuble pour le compte commun des constituants (16); 6° ou l'acceptation d'une donation à *titre de partage anticipé* faite à tous les mandants (17); 7° le pouvoir donné par plusieurs habitants d'une commune afin de soutenir leurs droits à la propriété de la pêche (18); 8° à l'arrosage de leurs prairies (19); 9° de défendre à une action en bornage (20).

6436. Mais il est dû plusieurs droits sur la procuration donnée : 1° par plusieurs créanciers à l'effet de suivre contre le Trésor la liquidation d'une créance (21); 2° par quatre particuliers dans le but de prêter à un tiers une somme dans laquelle ils ont des portions déterminées (22); 3° ou de les représenter à la liquidation des biens de leur débiteur (23); 4° par trois bateliers afin de constituer entre eux une société d'assurances (24); 5° par plusieurs acquéreurs à l'effet de s'associer pour faire les formalités de purge (25); 6° par plusieurs légataires dans le but d'accepter leurs legs (26).

---

(1) Dél., 5-31 janv. 1844 ; J. N., 11932 ; Voir Inst. 1590, § 12; Sol. 12 janv. 1803; R. P., 1827.
(2) Dél., 8 fév. 1833; R. P., 1827, § 6.
(3) R. G., 15182; R. P., 1827, § 6.
(4) Sol., 6 fév. 1837; Dict. not., *Mainlevée*, n° 172.
(5) Corbeil, 3 juin 1836; Dalloz, *Enreg.*, 459; R. G., 8291, § 3; D. N., *loc. cit.*, 173.
(6) D. M. F., 25 juin 1809; Inst., 390, § 3; Amiens, 22 déc. 1815; D. M. F., 25 sept. 1827 ; Inst., 1239, § 9; R. G., 8292.
(7) Sol., 1er août 1843 ; J. N., 8301 ; Inst., 1704 ; R. P., 1827, § 5.
(8) Dél., 28 avril 1829; R. P., 1827.
(9) Laval, 16 août 1847 ; R. G., 8292; R. P., 1827.
(10) Inst., 386, § 11; R. G., 1327, § 2.
(11) Inst., 386, § 11; contra, Dalloz, 1744; Champ., 1258.
(12) Sol., 16 mai 1864; R. P., 2127.

(13) Dél. 5 oct. 1822; J. N., 4273; R. G., 8386, § 6.
(14) Dél., 1er mars 1823; J. N., 4346.
(15) Dél. 24 nov. 1821; Dél., 24 déc. 1821; D. N., *Proc.*, 59; Doullens, 8 mars 1826; Dél., 19 mai 1826; R. G., 3386, § 3; 3925.
(16) Cass. Belgique, 19 fév. 1833; J. N., 8220; R. G., 3386, § 1.
(17) Sol., 24 mai 1832; 11 oct. 1812; D. N.; *loc. cit.*, 62.
(18) Savenay, 27 août 1840 ; J. N., 10949; R. G., 8386, § 4;
(19) D. N., *loc. cit.*, 65; Dél., 18 mai 1837 ; R. G., 8386, § 2.
(20) D. N., *loc. cit.*, 66.
(21) D. M. F., 12 sept. 1817; J. N., 2276.
(22) Dél., 16 janv. 1829; J. N., 6803.
(23) Saint-Malo, 29 nov. 1836 ; J. N., 15952.
(24) Dél., 15 avril 1840 ; Inst., 1630; R. G., 8386.
(25) Dél., 7 nov. 1834 ; Inst., 1481, § 4.
(26) Dél., 26 mai 1829; D. N., *loc. cit.*, 72.

6437. La procuration donnée par plusieurs cohéritiers pour accepter une succession, soit pure-nent et simplement, soit sous bénéfice d'inventaire, n'est passible que d'un seul droit (1). Il en est dû plusieurs, au contraire, si le mandat contient pouvoir de renoncer (2), à moins, dans ce dernier cas, que la procuration ne soit donnée au nom des mineurs par le tuteur (3).

6438. Quand une personne nomme, par le même acte, plusieurs mandataires chargés d'agir séparément, il est dû autant de droits qu'il y a de mandataires (4). Si le mandat ayant été donné en blanc, les noms des mandataires ont été inscrits après l'enregistrement, la Régie peut réclamer un supplément de droit dans les deux ans (5).

6439. Un seul droit est exigible sur la substitution faite par un mandataire qui avait reçu d'un tiers le pouvoir d'agir en leurs noms communs (6), ou qui avait reçu plusieurs mandats de la même personne (7). Mais il y a lieu à la pluralité si le mandataire s'en substitue plusieurs autres pour agir séparément (8); ou s'il substitue un tiers dans plusieurs mandats émanés de personnes dif-férentes (9).

6440. Certaines procurations sont dispensées d'un droit particulier comme dépendances d'autres dispositions tarifées. Tels sont : le pouvoir donné au futur dans le contrat de mariage, de gérer ou aliéner les biens propres de la future (10); le pouvoir d'agir donné dans un acte de société à l'un des associés (11); l'autorisation accordée dans un transport au porteur d'une expédition de faire signifier l'acte et de poursuivre le débiteur (12); le mandat conféré dans un partage à l'un des communistes pour payer les dettes avec des valeurs indivises (13).

SECTION XXX. — NOMINATION D'EXPERTS.

6441. La nomination d'experts hors jugement est tarifée à 2 fr. par la loi du 28 avril 1816, art. 44, n° 15.

6442. La nomination d'un expert dans un inventaire, pour faire la prisée, ne donne pas ouverture à un droit particulier (14); mais la désignation dans un partage d'experts chargés d'estimer les biens, forme une disposition indépendante soumise au droit de 2 fr. (15).

6413. Si les experts étaient dispensés du serment, il serait dû pour cette dispense un droit distinct de celui de la nomination (16).

6444. Les nominations d'arbitres ou compromis qui ne contiennent aucune obligation de sommes ou valeurs, sont tarifés au droit fixe de 3 fr. (*Loi 28 avril 1816, art. 44, n° 2*).

SECTION XXXI. — ORDRE AMIABLE.

6445. Les collocations à l'amiable devant notaires ne sont, comme actes de complément, sujets qu'au droit fixe de 2 fr. (*Loi 22 frim. an 7, art. 68, § 1, n° 6*) (17).

6446. Mais il ne faut pas confondre l'ordre amiable avec la délégation, car celle-ci est assujettie au droit proportionnel. Il y a ordre quand les créanciers se réunissent pour se distribuer, sans la par-ticipation directe du vendeur, le prix de l'aliénation (18); il y a délégation, au contraire, quand c'est le vendeur qui répartit lui-même ce prix (19).

6447. Il n'est dû aucun droit pour la mainlevée que les créanciers non colloqués donnent de leurs inscriptions (20). Si les créanciers reçoivent leurs payements, c'est le droit de quittance qui est exigible (21).

(1) Dél., 20 oct. 1832, 9 avril 1850 et 31 oct. 1851; J. N., 14482; D. N., loc. cit., 73; R. G., 8390, § 1, 2.
(2) Dél., 5 juin 1822, 6 janv. 1826, 26 mai 1629, 22 fév. et 8 mars 1833, 31 oct. 1851; D. N., loc. cit., 74; contra, J. N., 14483.
(3) Dél., 8 fév. 1826; J. N., 2891.
(4) Dél., 23 oct. 1817; D. N., loc. cit., 77.
(5) Dél., 23 oct. 1816; J. N., 2203.
(6) Sol., 1er juin 1835; D. N., loc. cit., 79; R. G., 8389.
(7) Dél., 21 oct. 1835; D. N., loc. cit., 80; R. G., 8389.
(8) Dél., 21 oct. 1835, supra.
(9) Id., R. G., 8389.
(10) Dél., 12 oct. 1850; D. N., loc. cit., 58.
(11) Rennes, 25 juin 1815.
(12) Dél., Belge, 14 nov. 1855; R. P., 613; R. G., 2613 bis; Dél., 21 juin 1842; D. N., Proc., 54, 1er janvier, 17 avril, 11 août et 26 nov. 1843.
(13) Seine, 31 janv. 1830; R. G., 6483; R. P., 1688; Dreux, 19 août

1846; J. N., 12768; contra, le Mans, 12 mars 1847; Chartres, 16 fév. 1850; R. G., 9483; Garnier, loc. cit.
(14) R. G., 6171; D. M. F., 2 fructidor an 9; Dél., 21 déc. 1809.
(15) Sol., 10 juillet 1838. V. cep. R. G., 6171, § 4.
(16) Garnier, R. G., 6175.
(17) Cass., 17 mars 1830; Inst., 1328, § 2; R. G., 4469. V. Sol., 21 juin 1864, 2 nov. 1867; R. P., 1996, 2604.
(18) Sol., 26 oct. 1830; Dél., 21 avril, 19 juin 1835; R. G., 4469, § 1; Cass., 31 janv. 1815; R. G., 9280.
(19) Cass., 27 fév. 1839, 15 juillet 1840, 19 avril 1843; J. N., 10358; 10710, 11790; 2e avril 1854; R. P., 71; Garnier, R. G., 4469; Inst., 7691-3, 1634-2, 1697-2, 2049-4.
(20) Sol., 1er avril 1834; R. G., 9218; D. N., v° Ordre, 237.
(21) Cass., 15 juillet 1840, 16 avril 1843; D. N., v° Ordre, 336; Inst., 7320-2, 1634-2, 1697-2. V. Sol., 29 août 1865; Corbeil, 23 juin 1866; J. N., 18663.

SECTION XXXII. — PARTAGES.

6448. I. *Tarif.* Sont assujettis au droit fixe de 5 fr. les partages de biens meubles et immeubles entre copropriétaires à quelque titre que ce soit, pourvu qu'il en soit justifié (*Lois 22 frim. an 7, art. 68, § 5, n° 2, et 28 avril 1816, art. 45, n° 3*).

6449. La perception du droit fixe est donc subordonnée à deux conditions : la première qu'il y ait une copropriété quelconque, et la seconde qu'il soit justifié de cette copropriété.

6450. II. *Justification de copropriété.* La copropriété résulte de l'indivision, c'est-à-dire de l'état d'une chose sur la totalité et sur chaque partie de laquelle plusieurs personnes ont des droits communs : *Totum in toto et in qualibet parte.* La recherche des cas d'indivision repose sur les principes du Code Napoléon. Ainsi, jugé qu'il ne saurait y avoir de partage entre l'usufruitier et le nu-propriétaire parce que leurs droits respectifs sont parfaitement distincts : la convention qui interviendrait entre eux serait un échange (1). Mais il en est autrement lorsque le nu-propriétaire a une portion de propriété entière ; par conséquent, si ce nu-propriétaire cédait sa fraction de jouissance contre une partie de nue propriété ou réciproquement, c'est le droit fixe de partage qui serait exigible (2).

6451. La preuve de la copropriété doit établir que l'on n'a fait figurer dans l'indivision que des valeurs en dépendant, et ensuite que l'on n'a pas appelé au partage des personnes étrangères. La loi n'a pas déterminé le genre de justification à fournir, d'où il suit qu'il suffit d'une preuve par toutes voies légales (3).

6452. L'administration a donc le droit de rejeter du partage, pour la perception, les rapports de dons manuels ou de créances non constatés par écrit (4) ; l'argent ou les valeurs en portefeuilles présumés fictifs (5) ; les reprises non justifiées (6).

6453. III. *Partages divers.* On doit d'ailleurs assimiler au partage les échanges, transactions et autres actes équipollents désignés à l'art. 888 C. N. (7). Mais il faut alors qu'ils fassent cesser l'indivision entre les copropriétaires (8).

6454. Les partages provisionnels sont soumis au même droit que les partages définitifs dont ils produisent les effets (9).

6455. Quand un partage a été renvoyé par justice devant un notaire et qu'il doit être présenté à l'homologation du tribunal, le procès-verbal n'est soumis qu'au droit fixe de 2 fr. (10). C'est sur le jugement d'homologation que le droit de 5 fr. sera perçu. Mais les autres droits auxquels donne lieu la convention sont payables après l'homologation au bureau où le partage a été enregistré (11).

6456. Quoique le partage soit sujet à l'homologation, si les parties majeures et les tuteurs des mineurs déclarent l'approuver, les droits sont exigibles sur le procès-verbal même d'approbation sans attendre la sanction judiciaire (12). Quant au tirage au sort, il se confond avec le partage même, et on ne devrait l'assujettir à un droit de 5 fr. que s'il était constaté par un acte distinct (13).

6457. Sont aussi dispensés d'un droit particulier, comme partie intégrante de l'acte, les comptes rendus par le conjoint survivant ou par le cohéritier qui a officieusement administré les biens (14) ; si le compte était rendu par un notaire, le droit de décharge serait exigible (15).

6458. Il ne faut pas confondre le partage avec la liquidation qui se borne à établir les droits

(1) Cambrai, 6 fév. 1847 ; J. N., 13213 ; Versailles, 6 fév. 1854 ; R. G., 9364 ; Cass., 14 août 1838 ; Condom, 10 et 25 janv. 1845 ; J. N., 12281 ; D. N., v° *Part.*, 726.

(2) Cass., 16 juin 1824, 8 août 1836, 20 nov. 1866 ; Daugé, 29 oct. 1827 ; Dél., 8 fév. 1828 ; Seine, 19 mai 1830, 9 fév. 1867 ; R. G., 9352 ; D. N., *loc. cit.*, 730 à 734 ; R. P., 2391, 2501 ; J. N., 14997.

(3) Garnier, R. G., 9388 ; Cass. Belg., 6 mars 1851 ; *ibid.* V. Issoudun, 10 mars 1846 ; J. N., 12582 ; Vassy, 11 mars 1847 ; Versailles, 1er juill. 1847 ; J. N., 13108 ; Belfort, 8 mai 1810 ; J. N., 14466 ; Versailles. 10 déc. 1816 et Cass., 13 mai 1862 ; R. P., 1653 ; D. N., v° *Part.*, 715 ; Toulon, 30 mai 1865 ; R. P., 2224.

(4) Le Havre, 4 déc. 1846 ; J. N., 12996 ; Digne, 22 fév. 1845 ; Foix, 5 fév. 1850 ; Mayenne, 28 août 1850 ; R. G., 9360 ; le Havre, 27 août 1851 ; J. N., 14535 ; Orléans, 20 août 1851 ; R. G., 9393 ; D. N., *loc. cit.*, 749.

(5) Cass., 13 mai 1862 ; R.P., 1653.

(6) Gien, 10 avril 1847 ; Nontron, 19 août 1843 ; R. G., 9392 ; D. N., *loc. cit.*, 720.

(7) Péronne, 25 juin 1844 ; D. N., 735.

(8) Cass., 3 déc. 1829, 19 janv. 1844, 6 mai 1844, 2 avril 1851, 13 déc. 1852, 29 mars 1834, 22 nov. 1854, 10 nov. 1862 ; R. G., 6228 bis. CONTRA, Bar-le-Duc, 16 juill. 1853 ; R. P., 1843.

(9) Roll. *Part. prov.*, n° 36 ; Garnier, R. C., 9400 ; D. N., *ibid.*, 740 ; R. P., 874 ; CONTRA, Champ., 2810 ; Dalloz, 2562.

(10) Garnier, R. G., 9409 ; D. N., *Part*, n° 843 ; Dunkerque, 8 nov. 1814 ; Montpellier, 9 mars 1846 ; Dalloz, 2688.

(11) Sol., 4 avril 1864 ; R. P., 4902 ; Garnier, R. G., 7904 ; D. N., *Part.*, 844 ; CONTRA, Clamecy, 23 août 1865 ; L. P., 2489.

(12) Seine, 7 fév. 1814, 26 déc. 1849, 3 fév. 1847 ; R. G., 7903 ; D. N., *Part.*, n° 846.

(13) Sol., 10 juin 1837 ; R. G., 9410 ; D. N., *Part.*, n° 845.

(14) Cass., 23 mars 1833 ; J. N., 9756 ; D. N., *Part.*, n° 840. Voir Seine, 3 déc. 1853 ; R. P., 1436.

(15) Dél., 19 mai 1837 ; J. N., 9756 ; Cass., 26 fév. 1850 ; J. N., 14914 Inst. 1857, § 1 ; Nantes, 31 avril 1844 ; R. G., 9434, § 2 ; D. N., *Part.* n°s 863 et 871.

IV.   19

respectifs des communistes et à préparer les attributions. Ce dernier acte est seulement sujet au droit de 2 fr. Il en est de même de la déclaration par *un frère* qu'il a reçu de *son frère* sa part du mobilier de la succession d'un parent commun (1).

6159. Le partage, par le même acte, d'une communauté entre époux et de la succession du conjoint prédécédé n'est possible que d'un seul droit, parce que la seconde opération dépend de la première (2). Cette solution s'étend également au partage dans lequel les attributaires d'un lot le subdivisent entre eux (3) ; mais la pluralité serait applicable au partage de successions échues à des héritiers différents (4).

6160. IV. *Communauté*. Lorsqu'une communauté se compose de valeurs mobilières supérieures aux reprises de la femme, elle peut cependant, sans qu'il y ait à percevoir un autre droit que celui de 5 fr., être partagée de manière que ces valeurs mobilières soient attribuées aux héritiers du mari (5).

6161. Est également un partage pur et simple l'acte par lequel la femme acceptante abandonne aux héritiers du mari les valeurs mobilières et immobilières de la communauté et stipule que ses reprises lui seront payées en deniers (6).

6162. La femme acceptante peut aussi, sans faire une cession, s'en tenir à ses reprises et laisser aux héritiers du mari le surplus de l'actif commun pour être dispensée de contribuer aux dettes (7).

6163. Lorsque des immeubles acquis par plusieurs individus sont partagés entre eux dans l'acte même d'acquisition, il n'est pas dû de droit de partage, indépendamment du droit proportionnel de vente (8).

6164. Si, après un partage homologué en justice, le notaire procède à un partage supplémentaire des fruits échus pendant l'instance, un nouveau droit de 5 fr. ne saurait être perçu sur cet acte complémentaire (9).

SECTION XXXIII. — PRESTATION DE SERMENT DES NOTAIRES.

6165. Chaque prestation est passible d'un droit principal de 15 fr. (*Loi 22 frim. an 7, art. 68, § 6, n° 4*), et il est dû un droit par prestation, lors même qu'il n'a été rédigé qu'un seul acte de serment pour plusieurs notaires admis sur appel nominal (10).

SECTION XXXIV. — PRÊT SUR DÉPOT.

6166. D'après la loi du 8 septembre 1830, les actes de prêts sur dépôts ou consignations de marchandises, fonds publics français ou actions des compagnies d'industrie et de finance, dans le cas prévu par l'art. 95 du C. comm., doivent être enregistrés au droit fixe de 2 fr.

6167. Le déposant doit être commerçant (11) ; mais le fait seul du dépôt des marchandises suffit pour établir que l'emprunteur agissait en cette qualité et pour faire profiter le prêt du droit fixe (12). Il n'est pas nécessaire, du reste, que les parties aient la même résidence (13).

6168. La loi parle des fonds publics français, ce qui exclut les fonds étrangers ; comme sa disposition n'est pas la même pour les actions, on décide qu'elle s'applique aux actions étrangères (14).

6169. Le mot marchandises comprend tout ce qui en joue le rôle dans le commerce ; ainsi des planches gravées (15), des navires (16), mais non pas des rails de chemin de fer déposés par la compagnie (17).

(1) Garnier, R. G., 9435. Voir Dél., 14 déc. 1825; D. N., *Part.*, 743.
(2) Dél., 20 mars 1833; Dalloz, 383; Strasbourg, 28 avril 1844; J. N., 12090.
(3) Garnier, R. G., 9442, § 2, contra, Pithiviers, 12 janv. 1837; R. G., *loc. cit.*
(4) Voir D. N., *Part.*, n° 725.
(5) Dél., 28 nov. 1828; R. G., 9199.
(6) Cass., 13 déc. 1864; Evreux, 19 avril 1867; R. P., 1981, 2474; J. N., 18101; contra, Cass., Belgique, 13 avril 1867; R. P., 2474.
(7) Sol., 21 juill. 1838; Inst., 1777, § 15; R. G., 9499. 1 1.
(8) Dél., 10 mars 18.3 et 11 avril 1824; D. N., *Part.*, 856.
(9) Lyon, 25 fév. 1838; R. P., 1015.
(10) Inst., 204 et 299, § 49; R. G., 11617.

(11) Dél., 14 déc. 1830; Cass., 17 nov. 1831, 5 déc. 1837; Seine, 25 nov. 1846, 8 juill. 1851; Sarreguemines, 25 juin 1851; R. G., 10027; Inst., 1354-7, 1481-10; J. N., 7329. 8707, 9484; D. N., *Prêt*, 17.
(12) Seine, 22 juin 1861, 21 juin 1862; R. P., 1514. 1777; J. N., 17168, 17572.
(13) Cass., 26 mai 1845; J. N., 12408; Inst., 1743, § 10; R. G., 10028; D. N., *Prêt*. 23.
(14) Cass., 29 nov. 1848 ; Inst., 1837, § 9; Seine, 15 mars 1848; J. N., 13349, 13558; D. N., *Prêt*, 30.
(15) Sol., 24 août 1838; R. G., 10032.
(16) Nantes, 20 juin 1831; R. G., 10032; Seine, 14 juin 1854; D. N., *loc. cit.*, 24; Cass., 26 mai 1837; R. P., 281, 853; contra, R. P., 816.
(17) Dél., 22 avril, 4 juin 1839; R. G., 10033; contra, D. N., *Prêt*, 26.

6470. Si le prêt est antérieur au dépôt, on décide qu'il est néanmoins sujet au droit fixe (1). Mais il faudrait exiger le droit proportionnel si le prêteur restituait le gage avant la libération de l'emprunteur (2) ou recevait une affectation hypothécaire de ce dernier (3).

SECTION XXXV. — PROCÈS-VERBAL.

6471. Les procès-verbaux dressés par les notaires ne sont sujets, comme actes innomés, qu'au droit fixe de 2 fr., quand ils ne contiennent pas de convention donnant lieu au droit proportionnel (*Lois 22 frim. an 7, art. 68, § 1, n° 51, et 18 mai 1850, art. 8*) (4).

6472. Tels sont notamment les procès-verbaux de comparution d'une ou plusieurs personnes citées devant un notaire, ceux de dires dans les liquidations et ceux de délivrance de seconde grosse, etc.

6473. Les procès-verbaux d'offres réelles non acceptées et qui ne font pas titre au créancier n'acquittent également que le droit de 2 fr. (5); si l'offre est acceptée et les fonds reçus, il en résulte un payement passible du droit de quittance (6); si l'offre est refusée mais que l'acte fasse néanmoins titre au créancier, le droit proportionnel de titre devient exigible (7). Du reste, toutes les fois que le procès-verbal donne lieu au droit proportionnel, on n'est pas fondé à exiger, en outre, le droit fixe (8). — Voir *infra* n° 6570.

SECTION XXXVI. — PROROGATION DE DÉLAI.

6474. La prorogation de délai est tarifée à 2 fr. fixe, en vertu des lois des 22 frim. an 7, art. 68, § 1, n° 51, et 18 mai 1850, art. 8 (9).

6475. S'il résultait de la prorogation un titre nouveau s'appliquant à une obligation non enregistrée, il est clair que le droit proportionnel serait alors exigible (10).

6476. Lorsque, dans un transport de créance, le débiteur accepte la cession et reçoit du cessionnaire un nouveau délai pour se libérer, il est dû, à raison de cette prorogation, un droit particulier de 2 fr. (11).

SECTION XXXVII. — PROTÊT.

6477. Sont sujets à un droit fixe de 1 fr., conformément au décret du 23 mars 1848, les protêts simples, protêts à deux domiciles avec besoin, protêts de deux effets, protêts de perquisition, protêts de parquets, intervention ou dénonciation de protêt. Ce tarif est applicable aux protêts faits par les notaires (12) aussi bien qu'aux dénonciations de protêt contenant assignation soit au souscripteur, soit aux endosseurs de l'effet protesté (13).

6478. Il est dû un droit particulier pour l'intervention (14).

6479. Les protêts faits par les notaires doivent être enregistrés dans les quatre jours comme ceux des huissiers (*Loi 24 mai 1834, art. 23*); toute contravention est punie d'une amende de 5 fr. en principal (15).

6480. Les notaires sont d'ailleurs astreints à la tenue d'un registre spécial destiné à la transcription des protêts (*C. comm., 176*), mais seulement quand ils en ont signifié (16).

SECTION XXXVIII. — RATIFICATION.

6481. La ratification est un acte complémentaire sujet au droit fixe de 2 fr. (*Lois 22 frim. an 7, art. 68, § 1, n° 58; 18 mai 1850, art. 8*). Mais, pour profiter de la faveur du droit fixe, il faut, selon

(1) Cass., 26 mai 1857; R. P., 863; J. N., 16083; D. N., *Prêt.* 31, *contra*, Seine, 6 juin 1862; R. P., 1777, 18 déc. 1844; J. N., 12529, 17916.

(2) Cass., 4 janv. 1852; J. N. 14568; Inst. 1920, § 2, contra, Seine, 27 juin 1849, 4 avril 1830; J. N., 13847, 14043; D. N., *Prêt.*, 32.

(3) Inst., 4332; R. G., 10029; Seine, 8 juill. 1851; D. N., *Prêt.*, n°s 16, 20.

(4) Sol., 28 juin et 29 août 1831; D. N., *Proc.-verb.*, 75.

(5) Loi 28 avril 1816, art. 43.

(6) Dél., 28 juin 1833; Inst. 1437, § 7; D. N., *Offres*; Angers, 23 août 1851; R. G., 9221, § 1.

(7) Dél., 28 juin 1833; Inst., 1437, § 7; Sol., 15 juin 1830; Dél., 22 déc. 1826, 6 mars 1827; Seine, 30 avril 1851; Marseille, 23 nov. 1843; R. G., 9222; Com., R. P., 1263, 1266.

(8) Dél., 28 juin 1832; Inst. 1437, § 7; R. G., 9224; D. N., *loc. cit.*

(9) J. N., 7470; Sol., 7 janv., 7 avril 1830, 20 juin 1832; R. G., 10156.

(10) *Infra*, *Novation*, n° 6586 et D. N. *Prorog.* 6 à 11.

(11) Dél., 25 janv. 1843; R. G., 10158, § 1; Rambouillet, 17 fév. 1860; Inst., 2187, § 6; Lyon. 29 août 1862; R. P., 1453, 4708; J N., 17045, 17546; contra, D. N., *Prorog.* 12; Lyon, 25 fév. 1858 et 2 mars 1860; R. P., 1023 et 1312; J. N., 16347, 16339.

(12) Dél., 2 juill. 1850; R. G., 18167, § 1.

(13) Inst., 1825, § 11.

(14) Dél., 28 janv. 9 fév. 1842, 6 juin 1848; Inst., 1668-5, 1825, § 11; R. G., 10168 et 10171.

(15) D. M. F., 26 oct. 1840; J. N., 10828; Inst., 1634, § 12; R. G. 10170.

(16) D. M. F., 6 juin 1829; Inst., 1293, § 18; R G., 10174, § 6.

le texte même de la loi, que la ratification s'adresse à un acte *en forme*, c'est-à-dire à un acte enregistré. Les ratifications d'actes non soumis à la formalité étant de nature à faire titre aux parties, motiveraient la perception du droit de la convention ratifiée (1).

6182. La ratification d'un seul contrat par plusieurs coïntéressés est passible d'un seul droit (2), mais la pluralité est exigible si la même personne ratifie des actes différents (3) et qui ne sont pas, comme ceux relatifs à la liquidation d'une succession, dans la dépendance l'un de l'autre (4). Quand les actes ne sont pas désignés, qu'un individu, par exemple, ratifie telles ventes qui auraient pu être faites, la Régie ne saurait exiger la déclaration du nombre de ces ventes; elle se borne à percevoir un seul droit (5).

6183. Les adjudications en détail sont considérées comme renfermant autant de contrats distincts qu'il y a d'acquéreurs non solidaires. La ratification d'un pareil procès-verbal donne lieu à un droit par adjudicataire (6), lors même que ces acheteurs ne seraient pas dénommés (7).

6184. La ratification est dispensée de l'impôt lorsqu'elle dépend d'une autre disposition tarifée : telle est la ratification d'une vente contenue dans la quittance même du prix (8) ou celle qui accompagne la décharge donnée au mandataire (9).

6185. Quand la ratification se rapporte à un contrat qui n'avait été passé que sous la condition quelle interviendrait ultérieurement, elle forme le véritable titre de la convention et devient passible du droit proportionnel.

SECTION XXXIX. — RÉCÉPISSÉ DE PIÈCES.

6186. Les récépissés de pièces sont tarifés à 2 fr. par la loi du 28 avril 1816, art. 43, n° 8.

6187. Le récépissé de pièces et le projet de compte ne font qu'une seule disposition passible du droit de 2 fr. (10).

6188. Il est dû un droit de récépissé pour chaque oyant quand il est rendu un compte particulier à chacun d'eux (11).

SECTION XL. — RECONNAISSANCES.

6189. Les reconnaissances pures et simples ne contenant aucune obligation ni quittances : **2 fr.** (*Lois 22 frim. an 7, art. 68, § 1, n° 59 ; 28 avril 1816, art. 43, n° 19*).

6190. La reconnaissance d'enfant naturel : 5 fr. (*Loi 28 avril 1816, art. 45, n° 7*). L'enregistrement a lieu gratis si l'enfant appartient à des indigents (*Loi 15 mai 1818, art. 77*). Si la reconnaissance a lieu par l'acte de mariage, le droit est seulement de **2** fr. (*Loi 28 avril 1816, art. 43, n° 22*).

SECTION XLI. — RENONCIATION.

6191. La renonciation à succession, legs ou communauté lorsqu'elle est pure et simple, opère le droit fixe de 2 fr., si elle est faite par acte notarié (*Lois 22 frim. an 7, art. 68, § 1, n° 1 ; 18 mai 1850, art. 8*), et de 3 fr. si elle est faite au greffe (*Lois 22 frim. an 7, art. 68, § 2, n° 6, et 28 avril 1816, art. 44, n° 10*).

6192. De même que pour les acceptations (*supra n° 6509*), il est dû un droit pour chaque succession (12) et par chaque renonçant (*Loi 22 frim., art. 68, § 1, n° 1*) majeur ou mineur (13).

6193. Mais pour que la pluralité s'applique, il faut que les successions ou les legs soient distincts. Ainsi, il n'est dû qu'un droit sur la renonciation par une veuve à la communauté et au legs que lui avait fait son mari, ou sur celle d'un héritier à la succession et à un legs qui s'y rapporte (14).

La renonciation à surenchère est également passible du droit de 2 fr.

(1) Garnier, R. G., 10935. Voir Champ., 219; Dalloz, 628.
(2) Dél., 8 oct 1844 ; R.-G., 10389.
(3) Cass., 20 fév. 1839; Inst., 1590, § 12; Délib., 5 août 1828 ; R. G., 10390, § 1 ; Marseille, 12 mai 1859 ; J. N., 10391, 46674 ; contra, Vervins, 8 janv. 1836; Vitry-le-François, 12 juin 1838; J. N., 9250, 10132. Voir J. N., 17542.
(4) Laval, 10 déc. 1844 ; R. G., 10391.
(5) Garnier, R. G., 10390, § 3.
(6) Dijon, 2 déc. 1839; Fontainebleau, 23 déc. 1841; Clermont, 16 fév. 1842 ; J. N., 11224, 11615.

(7) Metz, 17 mars 1842; J. N., 11388; Arcis-sur-Aube, 15 juill. 1842; R. G., 10390, § 2.
(8) Garnier, 10394.
(9) Garnier, 10393; contra, Marseille, 12 mai 1859 ; R. P., 1191.
(10) Sol., 1er mars 1836 ; Inst., 1528, § 4 ; Loudéac, 30 avril 1845 ; J. N., 9416, 12540 ; R. G., 3445.
(11) Sol., 1er mars 1836 ci-dessus; R. G., 3441.
(12) La Flèche, 6 janv. 1840 ; R. G., 10718, § 3.
(13) Garnier, R. G., 10718, § 1.
(14) Sol., 19 mai 1843, 9 oct. 1832 ; R. G., 10718.

SECTION XLII. — RÉUNION D'USUFRUIT.

6494. Sont tarifées au droit fixe de 3 fr. les réunions d'usufruit à la propriété lorsque la réunion s'opère par acte de cession, et qu'elle n'est pas faite pour un prix supérieur à celui sur lequel le droit a été perçu lors de l'aliénation de la propriété (*Loi 28 avril 1816, art. 44, n° 4*).

6495. Cette disposition s'applique aux meubles comme aux immeubles (1). Elle ne donne lieu à la pluralité que si la nue propriété à laquelle l'usufruit se rapporte est divisée entre plusieurs personnes (2). Mais quand cette nue propriété est encore indivise, il n'est dû qu'un seu. droit (3).

6496. C'est le droit fixe de 3 fr. qui est exigible sur l'acte par lequel l'usufruitier d'une somme la remet au nu-propriétaire qui s'oblige de lui en servir l'intérêt légal (4) ou bien renonce au profit du créancier de ce dernier à la jouissance d'un immeuble (5).

6497. Le droit fixe n'est d'ailleurs exigible que si, lors de l'événement qui a séparé l'usufruit de la nue propriété, le droit proportionnel de transmission a été perçu sur la valeur intégrale de l'objet, c'est-à-dire par avance sur l'usufruit lui-même. Si le possesseur de la nue propr été ou son auteur n'a pas acquitté alors l'impôt de mutation, il en est débiteur au moment de la réunion d'usufruit. Tel est le cas de la vente faite par un même acte à deux personnes distinctes de l'usufruit et de la nue propriété. Le nu-propriétaire n'ayant payé le droit de vente que sur la valeur de sa nue propriété, le droit complémentaire de transmission est exigible sur l'acte ultérieur de réunion d'usufruit. (Voir *infra*, *Vente d'immeubles*.)

6498. Mais c'est le droit fixe (avec ou sans droit de transcription, selon les cas) qui est dû quand le droit de mutation a été antérieurement perçu (6), et on assimile la prescription au payement (7). Il faut donc appliquer ce tarif à la réunion, par acte entre-vifs, d'un usufruit provenant d'un legs ou d'une donation (8), lors même que cette réunion profiterait au concessionnaire du nu-propriétaire (9), ou résulterait de l'achat *simultané* par un tiers de la nue propriété et de l'usufruit (10).

SECTION XLIII. — SOCIÉTÉ.

6499. L'art. 68, § 3, n° 4 de la loi du 22 frim. an 7 a soumis au droit fixe de 3 fr., porté à 5 fr. par l'art. 45, n° 2 de la loi du 28 avril 1816, les actes de société qui ne contiennent ni libération ni transmission de biens meubles ou immeubles entre les associés ou autres personnes.

6500. L'élément essentiel du contrat de société, tel qu'on l'entend ici, est le désir de faire des bénéfices ou des gains appréciables en argent. C'est pourquoi il ne faudrait pas appliquer le tarif de 5 fr., mais celui de 2 fr. aux actes qui excluent toute pensée de lucre; par exemple à la stipulation d'un contrat de mariage que les futurs vivront en commun ménage avec leurs parents (11), à moins qu'il ne s'agisse d'une société de travaux, *supra n° 6385*, aux assurances *mutuelles* contre l'incendie ou les chances du tirage au sort (12).

6501. Il faut en outre que le bénéfice soit fait en commun, car la simple indivision ne constitue pas une société passible du droit de 5 fr. Telle est la position de deux propriétaires possédant un immeuble dont ils se bornent à partager les fruits, pourvu que ces fruits ne proviennent pas de travaux communs (13); celle des rentiers qui conviennent, dans une tontine, que les rentes dues aux prémourants profiteront aux survivants (14), ou des copropriétaires d'un immeuble qui s'associent sous la condition que l'immeuble appartiendra au survivant (15).

---

(1) Dél., 25 janv. 1836 et 30 oct. 1849; J. N., 9157, 14258; R. G., 13936.

(2) Dél., 24 août 1833; J. N., 8069; R. G., 13932; contra, Dreux, 6 mai 1853; R. P., 1915; J. N., 8069, 17864.

(3) Château-Thierry, 29 déc. 1838; Dreux, 26 août 1846; Dél., 12 sept. 1835; J. N., 8069, 10333, 12858; D. N., v° *Part. anticipé*, n° 206.

(4) Dél., 25 janv. 1836 et 30 oct. 1849, *supra*, note 1re.

(5) Dél., 30 sept. 1826; R. G., 4489.

(6) Cass., 27 août 1844 et 10 mai 1848; Inst., 2188; J. N., 12074; R. G., 13936; R. P., 4454.

(7) Cass., 19 avril 1809; R. G., 13950.

(8) Inst., 2188 et les arrêts cités note 6e.

(9) Cass., 10 mai 1848; Inst., 2188; R. G., 13938; Montauban, 20 juin et Evreux, 25 août 1849; J. N., 11794, 11870; contra, Seine,

5 mai 1846; Lure, 12 juin 1844; Tours, 54 janv. 1845; Orléans 21 janv. 1845; J. N., 12104, 12271, 12356.

(10) Sol., 23 avril 1866; R. P., 2402; J. N. 18841.

(11) Garnier, R. G., 11774, § 1

(12) D. M. F., 3 sept. 1819; J. N., 4882; Garnier, R. G., 11774, § 3; Troplong, *Soc.* 14; contra, Provins, 4 mars 1847; Dél., 1er juin 1822; Sol., 2 août 1825; R. G., 1700.

(13) Troplong, n° 30; R. G., 11776.

(14) Troplong, n° 54; Pardessus, IV, 976; Merlin, *Rép.*, v° *Tontine*; Delangle, I, 3.

(15) Nantes, 28 juill. 1856; R. G., 11783. Voir Cass., 22 août 1842, 15 juin 1847, 8 août 1848, 7 janv. 1850, 19 nov. 1851, 15 déc. 1852, 12 juill. et 10 août 1853, 23 août 1853, 26 avril et 26 juill. 1854, 9 avril 1856 et 14 juin 1858; R. G., 1670; R. P., 16, 75, 159, 617, 706, 922, 1018 et 4655; Inst., 2150, § 1; J. N., 11450, 13093, 13482, 13936, 14523, 15020.

6502. Quand la société est définitivement organisée, les adhésions postérieures constituent de nouvelles sociétés passibles du droit de 5 fr., quel que soit le nombre des adhérents. Si les statuts permettaient l'accès de nouveaux membres, leur intervention ne serait plus soumise qu'au droit de 2 fr. (1). Les adhésions aux sociétés mutuelles d'assurances ne sont d'ailleurs, comme ces sociétés elle-mêmes, passibles que du droit de 2 fr. (2). Quant à l'admission d'un membre dans une communauté religieuse moyennant une dot, il a été jugé qu'elle pouvait former un contrat de bail à vie sujet au droit de 2 p. 100 (3).

6503. La société, malgré son importance, se présente quelquefois comme l'accessoire d'une autre convention, et elle est, à ce titre, affranchie de l'impôt. C'est ce qui arrive notamment quand j'achète un immeuble pour un tiers et pour moi afin de le revendre ensuite conjointement (4).

6504. Le droit fixe s'applique à toutes les conventions qui sont faites dans l'intérêt général de la société et qui sont de l'essence du contrat. Les stipulations concernant l'intérêt individuel des associés ou des personnes étrangères doivent acquitter en outre l'impôt selon leur nature. La difficulté est de discerner ces deux classes de dispositions.

6505. Et d'abord, il est certain que les mises sociales ne peuvent engendrer un droit particulier : on n'a pas à considérer si l'apport est immédiatement versé ou s'il y a seulement promesse de le verser plus tard (5); s'il consiste en meubles meublants, valeur corporelle tel qu'un droit de bail (6), ou en immeubles pour lesquels l'associé commanditaire ou autre reçoit des actions (7). Il importe peu aussi, par conséquent, que l'apport soit réalisé plus tard; l'acte constatant le versement effectif de la mise n'est qu'un complément soumis au droit de 2 fr. (8).

6506. Mais si la chose n'est abandonnée à la masse qu'en retour d'un bénéfice particulier à l'associé et soustrait aux chances de la société, la clause est une disposition indépendante séparément tarifée : on peut voir sur ce point les développements que nous donnons ci-après, *Droits proportionnels*, v° *Société*.

6507. Les sociétés anonymes sont, comme les autres, sujettes au droit fixe de 5 fr., lors même qu'elles ne seraient pas encore autorisées (9). Mais toutes les adhésions postérieures n'acquittent que le droit de 2 fr., sans qu'il y ait lieu d'examiner si ces adhésions étaient ou non prévues dans le contrat (10).

6508. L'art. 68, § 3, n° 4 de la loi de l'an 7 a assujetti au droit fixe de 3 fr. (5 *fr. Loi 28 avril 1816, art. 45, n° 7*) les actes de dissolution de société lorsqu'ils se trouvent « *dans les mêmes cas* » que les actes de formation, c'est-à-dire lorsqu'ils ne contiennent ni obligation, ni libération, ni transmission de biens meubles ou immeubles entre les associés ou autres personnes.

6509. Si la dissolution de la société résultait d'une cession de part d'intérêt passible du droit proportionnel, le droit fixe ne serait pas, en outre, exigible (11). Mais, quoique le partage soit la suite de la dissolution, il n'en constitue pas moins une clause particulière qui donnerait lieu au droit de 5 fr.

6510. A l'égard de ce partage, la fiction rétroactive de l'art. 883 s'applique comme en matière de succession, avec cette seule différence que si un immeuble est attribué à celui des associés qui ne l'a pas apporté, il est dû un droit de transmission entre-vifs (12) en prenant la valeur de l'immeuble au jour de l'apport (13). En conséquence le partage d'une société purement verbale ne saurait être soumis au droit fixe, puisque l'existence de la communauté n'est pas justifiée (14).

6511. Les adhésions à une dissolution de société ne sont sujettes qu'au droit de 2 fr. (15).

---

(1) Délib., 17 mai 1823; R. G., 11783 *bis*, 2; D. M. F., 28 frim. an 8; Dél., 22 fév. 1828 ; Sol., 2 juin 1830; R. G., 1083; Seine. 26 juill. 1854 ; J. N., 4596, 6616. 16112; *Cons.* Seine, 27 nov. 1863; R. P., 1875.

(2) Sol., 3 avril 1849 ; J. N., 13508, 13588; R. G., 1701.

(3) Sol., 4 juin 1844; Inst., 1601, § 4; Cass., 7 nov. 1855 et 9 avril 1856; Inst., 2060, § 1 ; R. P., 533 et 706; J. N., 15642, 15762. V. *infra, Bail*.

(4) Garnier, R. G., 11788. Voir Champ., 2778; Dalloz, 3536.

(5) Inst., 290, § 9; Garnier, 11794; Lyon, 25 fév. 1858 ; R. P., 4014. (6) Tours, 22 mars 1844; Dél., 6 nov. 1840; R. G., 11794 *bis* ; D. N., *Société*, 421.

(7) Inst., 800; Dél., 14 sept. et 13 nov. 1838 ; Châteauroux, 10 fév. 1837 ; Dél., 30 oct. 1822 ; Bruxelles, 30 juin 1837 ; R. G., 11795; Cass., 8 mars 1842, 30 janv. 1859 ; J. N., 9630, 10194, 13947; Inst., 1675-7, 1837-15 ; Abbeville. 31 août 1858 ; R. P., 1089.

(8) Sol., 5 mai 1844; Seine, 2 juin, 1842 ; R. G., 11796 *bis*; D. N., *Société*, 393.

(9) Dél., 27 janv. 1836; R. G., 11814 ; Cass., 23 mai 1859 . R. P. J. N., 16622.

(10) Dél., 27 juin 1836; R. G., 11814, § 2.

(11) Sol., 30 déc. 1844; R. G., 11824 ; CONTRA, Toulon, 26 juill. 1864 R. P., 1968.

(12) Cass., 29 janv. 1840, 6 juin 1842 ; J. N., 10643, 11340; Inst, 1618-9, 1683-8; R. G., 11827.

(13) Cass., 17 déc. 1838, 10 juill. 1840 : J. N., 10228, 10713; Inst., 1634. § 14; Cass., 8 nov. 1864; R. P., 2000.

(14) Cass., 3 janv. 1832 ; J. N., 8442; Inst., 1401, § 5 ; Seine. 7 mars 1851; Dél., 30 déc. 1844.

(15) Sol., 21 juin 1832; R. G., 1086.

6512. Quand une société est prorogée, c'est la même entreprise qui continue entre les mêmes personnes pour le même but et avec les mêmes moyens. Il est donc évident que le droit de constitution de société ayant été perçu à l'origine, l'acte de prorogation n'est plus qu'un complément passible du droit fixe de 2 fr. (1). Mais si la société avait été dissoute, l'acte par lequel ses anciens membres déclareraient la continuer ou la renouveler produirait l'effet d'un nouveau contrat de société passible du droit de 5 fr. (2).

SECTION XLIV. — SOUMISSION.

6513. Les soumissions et enchères hors justice sur des objets mis ou à mettre en adjudication ou en vente ou sur des marchés à passer, lorsqu'elles sont faites par actes séparés de l'adjudication, acquittent le droit de 2 fr. (*Loi 22 frim. an 7, art. 68, § 1, n° 43, et 18 mai 1850, art. 8*).

SECTION XLV. — TESTAMENTS OU CODICILLES.

6514. Les testaments et autres actes de libéralité qui ne contiennent que des dispositions soumises à l'événement du décès sont assujettis au droit de 5 fr. (*Loi 22 frim. an 7, art. 68, § 3, n° 5, et 28 avril 1816, art. 45, n° 4*).

6515. Quand le testament renferme des stipulations ne dérivant pas nécessairement des libéralités, il est dû pour chacune d'elles un droit particulier (3). Ainsi, tandis que la nomination d'un tuteur dans un testament, ou du conseil désigné par le père en vertu de l'art. 391 C. N., ou encore des exécuteurs testamentaires ne donne lieu à aucun droit (4); il en est dû un pour la nomination d'un subrogé tuteur (5), ou pour une adoption testamentaire (6), mais le partage des biens entre les légataires serait affranchi de toute perception (7), sauf le cas de soulte.

6516. Les testaments sont des actes déclaratifs dans lesquels le disposant peut mentionner ses créances actives et passives sans motiver, en principe, l'exigibilité du droit proportionnel. Cet impôt ne serait dû que s'il apparaissait manifestement de l'intention de conférer un titre aux créanciers et de reconnaître réellement la dette (8).

6517. Voici quelques exemples qui peuvent servir de guide. Ainsi : jugé que le droit d'obligation est dû sur la déclaration du testateur qu'il a reçu en dépôt de son fils une somme de 20,000 fr. dont il lui fait, en cas de contestation, donation à titre de préciput (9); qu'il doit à Pierre 50,000 fr. que le légataire est chargé d'acquitter (10), encore bien que le testament soit en la forme d'une lettre (11).

6518. Mais il n'est rien dû pour la déclaration du testateur qu'il doit une certaine somme à son héritier ou à un légataire universel, parce que la créance s'évanouit par confusion (12); ni sur la fixation des reprises de la femme, quand il y a un contrat de mariage (13) ; ni sur l'aveu qu'un enfant est encore créancier de sa dot (14).

6519. Il ne saurait être d'ailleurs perçu qu'un seul droit fixe de 5 fr. pour tous les legs contenus dans le même testament et émanés de la même personne (15).

6520. *Réversibilité.* Il est difficile, dans certains cas, de savoir quand la disposition d'un acte constitue une donation éventuelle. De ce nombre sont les stipulations de réversibilité. Si la condition de réversion est pour chacun des associés le prix de la même condition imposée aux autres, il y a cession réciproque à titre onéreux et le droit de 5 fr. ne saurait être perçu. La Cour suprême l'a souverainement décidé (16). Il en serait de même si la réserve de réversibilité n'était pas expresse, et que la survie du dernier mourant fût prise seulement comme terme de la clause (17).

6521. Mais comment considérer les stipulations de réversibilité expresses et gratuites? Quand un contrat de vente ou de donation porte que la rente viagère formant le prix de l'aliénation sera versée

(1) Garnier, 11785.
(2) Garnier, 11786.
(3) Inst., 290, § 4 et 1282, § 9 ; R.-G., 13498.
(4) D. N., *Test.*, 804; Dél., 5 juin 1816; R. G., 13527, 13532.
(5) Garnier, R.-G., 13532.
(6) D. N., *Test.*, 807.
(7) Garnier, 9568, 13533 ; Dél., 14 fév.1818; D.N., *Test.*, 799.
(8) D. N., *Test.*, 782; Inst., 290, § 4 et 1282, § 9 ; J. N., 6884; Dél., 20 juin 1834; R. G., 9569, 13516.
(9) Epinal, 24 avril 1849; D. N., *Test.*, 784.

(10) Sol. 20 juill. 1838; J. N., 10160; R. C., 13536.
(11) Rouen, 2 juin 1847; D. N., *Test.*, 785.
(12) Dél., 5 juill. 1823, 19 juill. 1824 ; J. N., 4886; D.N., *Test.*, 787, 788.
(13) Cass., 8 août 1836; J. N., 9363; R. G., 13536, § 9 ; D. N., *Test.*, 790 à 794.
(14) Dél., 12 fév. 1828 ; R. G., 9074.
(15) J. N., 10379 ; R. G., 4931.
(16) *Supra, Société*, n° 6501.
(17) Sol., 12 janv. 1836 ; J. N., 7595; Epernay, 3 fév. 1837 ; J. N., 7595, 9586; Dél., 22 janv. 1838, 14 janv. 1832; R. G., 4936.

à un tiers sans qualité pour intervenir à l'acte ou que la jouissance réservée sera réversible sur sa tête au décès du donateur, c'est là une disposition indépendante passible du droit fixe de 5 fr. (1). Si la personne appelée à la réversion avait un intérêt à l'aliénation, si elle était, par exemple, copropriétaire du bien ou si, elle avait sur lui une hypothèque ou un gage auquel elle renonce, il faudrait, sauf le cas où l'intention gratuite apparaîtrait, considérer la réunion comme le prix de l'abandon fait au profit de l'acquéreur et dispenser la clause du droit éventuel (2).

6522. Il en serait encore de même si la réversion d'usufruit émanait sincèrement des donataires eux-mêmes auxquels elle serait imposée comme condition d'une libéralité provenant de celui qui doit profiter de la réversion (3).

6522 bis. Les institutions contractuelles participent de la nature des libéralités à cause de mort et donnent, comme elles, ouverture au droit fixe de 5 fr.; nous en avons parlé sous les nᵒˢ 6364 à 6376, à propos des différentes donations éventuelles contenues dans les contrats de mariage.

6523. Les libéralités que les époux se font pendant le mariage, quoique qualifiées entre-vifs étant toujours révocables, il y a lieu de les ranger sous la clause des donations à cause de mort passibles du droit fixe (4) : elles sont, par suite, assujetties à l'enregistrement dans les trois mois du décès du donateur seulement (5).

6524. Cependant quand le donataire est investi, au jour même de l'acte, de la propriété ou de la jouissance de l'objet donné, la révocabilité ne constitue plus alors qu'une condition résolutoire qui n'empêche pas de percevoir le droit proportionnel sur cette propriété ou sur cette jouissance, en considérant l'acte, à cet égard, comme une donation entre-vifs (6).

SECTION XLV. — TITRE NOUVEL.

6525. Les titres nouvels et reconnaissances de rentes, dont les contrats sont justifiés en forme, ont été assujettis au droit fixe de 2 fr. par l'art. 68, § 1, nᵒ 44 de la loi du 22 frim. an 7, puis portés à 3 fr. par la loi du 28 avril 1816, art. 44, nᵒ 5.

6526. Il est dû un droit par débiteur non solidaire qui passe titre nouvel au profit d'un créancier commun ; mais la pluralité n'est pas applicable si les débiteurs sont coïntéressés où s'ils affectent des biens indivis à la garantie de la rente (7).

6527. Le titre nouvel suppose une reconnaissance formelle de la rente, et non pas seulement une simple énonciation comme celle par laquelle des copartageants chargeraient l'un des lots du service de la rente (8).

6528. Le droit fixe de 3 fr. n'est même exigible qu'autant que le titre nouvel a pour objet de confirmer une obligation déjà existante en vertu d'un acte enregistré : toute stipulation différente est une convention principale donnant lieu selon sa nature au droit proportionnel (9). Mais si le droit proportionnel est exigible, il doit être seul perçu, bien qu'il soit inférieur au droit fixe (10).

6529. La nécessité de l'enregistrement ne s'applique d'ailleurs qu'au titre primordial même et non pas aux cessions postérieures. La reconnaissance de rente au profit du cessionnaire par acte non enregistré ne rendrait pas le droit de transport exigible (11).

6530. Il faut remarquer, enfin, que le tarif de 3 fr. est spécial aux titres nouvels de *rentes*. Les titres nouvels de créance seraient des actes de supplément sujets au droit fixe de 2 fr.

(1) Cass., 23 déc. 1862, 11 mars 1863, 23 juill. 1856; Inst., 2244, 14; R. P., 4728, 4762, 2339; J. N., 47598, 47708 ; contraire aux précédents arrêts des 23 janv. 1850, 12 avril, 40 mai 1854 et 19 août 1847; J. N., 13061, 13958, 15201, 15245 et 16129; R. P., 91, 866; R. G., 12880; Montpellier, 14 avril 1858; Lyon, 7 avril 1865; R. P., 1104, 2086.
(2) J. N., 17918; Altkirch, 10 déc. 4857 ; Rennes, 30 juin 1858, 26 août 1863 ; Mortagne, 29 août 1861 ; Yvetot, 18 août 1863 ; Rambouillet, 22 déc. 1863 ; Château-Thierry, 12 mars 1861; Vitry-le-François,15 avril 1864; Cass., 15 mai 1866; Tarascon, 4 janv. 1867; Brest, 6 fév. 1867; R. P., 972, 4002, 4518, 4514, 4842, 4906-2, 1916, 2800, 2442; J. N., 17948, 48502 ; contra, Saint-Quentin, 9 août 1861, 11 fév. 1863 ; Chinon, 5 mars 1864 ; R. P., 4518, 4925 ; Angers, 10 juin 1864 ; J. N., 18130: Compar., Sedan, 4 août 1858 ; Cass., 6 mai 1847, 24 janv. 1860; Seine, 27 avril 4857 ; R. P., 811, 4088, 4280, 2479; Inst. 2114, § 10, et 2174, § 8; J. N., 16368, 16764, 18908; D. N., Don. entre époux, 108 à 111 et Don, 51ᵉ à 584.

(3) Mortagne, 29 août 1861 ; Mirecourt, 3 juill. 1865 ; J. N., 17316, 48332. Voir Cass. 14 nov. et 16 déc. 1865; R. P., 2219, 2355; J. N. 18431 ; contra, Saint-Quentin, 9 août 1861 ; J. N., 17253.
(4) Inst., 290, § 27 ; R. G., 4957.
(5) D. M. F. 26 mars 1838; Inst., 1577, §10; Dél., 23 fév., 1846; Cass., 20 juill. 1836, 22 mars 1848; J. N., 9361, 9471, 9667, 9722, 9783, 9826, 11945; Rép. gén., 4957.
(6) Cass., 31 août 1853; Sol., 22 mars 1856; R. P., 98, 453, 606.
(7) Dél., 5 juill. 1834; R. G., 13768; D. N., Titre nouvel, 49.
(8) D. M. F., 26 déc. 1824; R. G., 13769; D. N., Titre nouvel, 58.
(9) D. M. F., 20 sept. 1821, 5 fév. 1823; Inst., 4027, §2; R. G., 13770; D. N., Titre nouvel, 45 et 50.
(10) Dél., 8 avril 1836; Inst., 4528, § 15; J. N., 9248.
(11) Sol. Belgique, 21 juill. 1854; R. P., 227.

9531. Dans les deux cas, il n'y a pas à considérer si la créance ou la rente était prescrite, car la renonciation à invoquer la prescription ne constitue ni obligation ni novation d'obligation sujette au droit proportionnel. Le contraire aurait lieu cependant, si la prescription avait été opposée par le débiteur et judiciairement reconnue (4).

SECTION XLVI. — TRANSACTION.

6532. Sont sujettes au droit fixe de 3 fr. les transactions, en quelque matière que ce soit, qui ne contiennent aucune stipulation de somme et valeur, ni disposition soumise à un plus fort droit d'enregistrement (*Lois 22 frim. an 7, art. 68, § 1, n° 45, et 28 avril 1816, art. 44, n° 8*).

6533. Quand la transaction donne lieu au droit proportionnel, c'est ce dernier droit qui est seul exigible, lors même qu'il ne s'élèverait pas à 3 fr. (2).

6534. Nous ne nous occupons pas ici du droit proportionnel : disons seulement que pour le percevoir, la Régie examine l'état des choses au moment où les parties se rapprochent pour transiger, et si le contrat opère quelque changement dans les droits apparents de chacune d'elles sur les valeurs litigieuses, elle exige l'impôt de transmission sur les biens dont le déplacement semble s'opérer par l'effet de l'acte (*infra, v° Transaction, Droit proportionnel*).

6535. D'après cette théorie, très-contestable d'ailleurs, il reste peu de cas où le droit fixe de 3 fr. soit seul exigible. Telle est cependant la transaction entre des héritiers à réserve et le légataire d'une rente viagère ou d'un usufruit, portant réduction de cette rente ou de cet usufruit en ce qu'elle excède le disponible (3); et celle par laquelle le saisi consent à ce que le tiers saisi verse entre les mains du créancier acceptant les sommes dont il sera reconnu débiteur (4); l'acte par lequel des voisins se concèdent un droit réciproque de passage sur des terrains contigus (5); l'abandon par un légataire de la portion de son legs qui excède la quotité disponible (6); la transaction sur procès, intervenue entre deux acquéreurs du même immeuble, et contenant renonciation à la vente par l'un d'eux (7); le consentement par des réservataires à ne pas intenter l'action en réduction (8).

SECTION XLVII. — ACTES INNOMÉS.

6536. Le législateur ne pouvant prévoir toutes les conventions auxquelles les relations sociales sont appelées à donner naissance, et désireux cependant de n'en omettre aucune, a classé dans un paragraphe commun, pour les assujettir au même droit fixe de 2 fr. : « généralement tous les actes civils non dénommés par la loi et qui ne peuvent donner lieu au droit proportionnel. » (*Lois 22 frim. an 7, art. 68, § 1, n° 54, et 18 mai 1850, art. 8.*)

6537. De ce nombre sont les actes imparfaits dont on requiert l'enregistrement. S'il ne résulte pas de l'acte ou du contrat, malgré son imperfection, quelque clause motivant la perception du droit proportionnel, c'est celui de 2 fr. fixe qui est seul exigible (9); il en est de même de l'acte dont les droits sont prescrits (10).

6538. Le cahier des charges rédigé par acte distinct de la vente ou de l'adjudication, est aussi un acte innomé passible du droit de 2 fr. (11).

6539. Tels sont encore les états estimatifs d'effets mobiliers à joindre aux donations (12); les états de dettes (13); les états présentant la situation des lieux ou des immeubles (14); les procès-verbaux rédigés pour constater une comparution ou une non-comparution, des dires, une lecture

(1) Garnier, 9796; Sol., 6 janv. 1837; Rép. Journal du palais, Enreg., 1850.
(2) Sol., 10 sept. 1830; Inst., 1347, § 9; R. G., 13790 bis; J. N., 1200; D. N., Trans., 158.
(3) Sol., 23 mars 1825, 19 fév. 1828, 21 déc. 1835; J. N., 7386; R. G., 13826; Lyon, 21 déc. 1861; R. P., 1666.
(4) Dél., 29 janv. 1830; R. G., 13831.
(5) Sol., 13 sept. 1830; R. G., 13832; D. N., Trans., 185.
(6) Dél., 16 sept. 1828; D. N., Trans., 183.
(7) Blois. 9 avril 1835; D. N., Trans., 199; CONTRA, Dél., 3 mars 1835, loc. cit.
(8) J. N., 12278.
(9) D. M.-F. et J., 13 juin 1809; Inst., 496, § 62; Champ., 157; R. G., 517.

(10) Cass., 24 juin 1828; Thionville, 11 juin 1835; Evreux, 8 juin 1839; Dalloz, 5444; J. N., 6591, 8773, 8973. On a soutenu néanmoins que si l'acte prescrit était volontairement présenté à l'enreg., il fallait exiger les droits ordinaires. Consultez Dél., 3 fév. 1835; J. N., 8773; Seine, 18 fév. 1844; Brives, 13 fév. 1844; Laon, 6 avril 1840; Saint-Quentin, 25 mars 1840; Bayeux, 8 fév. 1813; Seine, 16 mai 1830; Garnier, R. G., 311; Champ., Supp., 935 et 990.
(11) Inst., 400, § 4; R. G., 2319.
(12) Inst. 351; R. G., 6009.
(13) Inst., 386, § 19; R. G., 6003.
(14) R. G., 6019 et 6027.

d'acte, une adjudication préparatoire et autres faits semblables (1) ; l'acte de suscription servant à établir la présentation et le dépôt en l'étude d'un testament mystique (2).

6539 bis. Sont encore passibles du droit fixe de 2 fr. : les actes d'élection de domicile quand ils sont faits par acte séparé de celui auquel ils se rapportent; les déclarations de changement de domicile; les oppositions à mariage; les autorisations maritales; les désaveux de paternité; les acceptations des adoptions testamentaires; les autorisations au mineur émancipé pour faire le commerce; les déclarations de propriété de meubles; la simple permission de chasse ou de pêche; l'accord relatif à la recherche d'un trésor; l'acte d'exercice de retour légal; la convention par laquelle les communistes consentent à suspendre le partage; le rapport d'expert; la renonciation au droit de retour ou de réméré; la dispense de notification d'acceptation de donation quand elle n'est pas contenue dans l'acte même de donation; la révocation d'une donation entre-vifs non acceptée; la révocation d'un testament ou d'un mandat; la révocation de l'acte même de révocation; l'acte portant consentement à la réduction d'un legs dépassant la quotité disponible; les ventes conditionnelles, ou les promesses de vente ne donnant pas lieu au droit proportionnel; le congé de location; la déclaration d'un gérant préalable à la constitution d'une société en commandite ou d'une société à responsabilité limitée; l'acceptation d'une lettre de change; la nomination d'un séquestre; la mainlevée d'écrou; le consentement de la femme à la restriction de son hypothèque légale, le compte rendu des formalités de transcription; la renonciation à la prescription acquise; la reconnaissance par le tiers détenteur pour éviter la prescription.

6539 ter. Quant aux exécutoires de dépens délivrés aux notaires par les juges de paix pour obtenir le remboursement de leurs avances, ce sont des actes judiciaires sujets au droit de 50 c. 0/0 (*Loi 22 frim. an 7, art. 69, § 2, n° 9*) (3). Ce droit ne peut pas être moindre de 1 fr. (4).

SECTION XLVIII. — CHEMINS VICINAUX.

6540. Les actes relatifs aux chemins vicinaux ont été l'objet d'une disposition spéciale. La loi de 1836, art. 20, a voulu que tous les plans, procès-verbaux, certificats, significations, jugements, contrats, marchés, adjudications de travaux, quittances et autres actes ayant pour objet exclusif la construction, l'entretien et la réparation des chemins vicinaux soient enregistrés moyennant le droit fixe de 1 fr.

6541. Ce droit n'a pas été élevé à 2 fr. par la loi du 18 mai 1850 (5) : il est dû sur l'acte dans son ensemble, lors même qu'il contiendrait des dispositions indépendantes (6); mais si l'acte donne lieu à un droit proportionnel moins élevé, c'est ce droit proportionnel qui est seul exigible (7).

6542. Pour jouir du bénéfice du droit de 1 fr., l'acte doit contenir d'ailleurs la mention expresse qu'il est fait en vue de la construction, réparation ou entretien d'un chemin vicinal (8).

V. *pour l'expropriation, supra n° 6282 et suivants.*

SECTION XLIX. — ACTES CONCERNANT L'ÉTAT.

6543. Les adjudications et marchés dont le prix est à la charge de l'Etat sont soumis à un droit fixe de 2 fr. (*Lois 15 mars 1818, art. 75, et 18 mai 1850, art. 8*), par adjudicataire ou entrepreneur non associé (9). Le prix d'un marché peut tomber à la charge du Trésor public de deux manières, ou *directement* s'il s'agit par exemple de travaux à faire au domaine de l'Etat, ou de fournitures destinées aux établissements qu'il entretient (10); ou *indirectement* quand la dépense est acquittée par un tiers avec des fonds figurant dans le budget du Trésor, par exemple avec des fonds départementaux (11).

6544. Mais le droit proportionnel redevient exigible si le prix est payable par une commune à la décharge du Trésor (12).

(1) Sol., 26 sept. 1830, 28 juin et 29 août 1833.
(2) D. M. F., 9 sept. 1812; Seine, 12 août 1841; R. G., 1009, 1013.
(3) Cass., 4 avril 1826; R. G., 6113.
(4) D. M. F., et just., 16-28 fév. 1809; Inst., 429, § 4.
(5) Sol., 24 août 1850; Déc. M. F., 21 mai 1852; J. N., 14727; Inst., 1920, § 1; R. G., 2089.
(6) D. M. F., 26 août 1846; Inst., 1763; R. G., 2890.
(7) D. M. F., 8 janv. 1841; J. N., 10879; Inst., 1627.
(8) Inst., 1251; R. G., 2588.

(9) Ord., 31 mai 1838; R. G., 247 bis.
(10) Inst., 320; Cass., 21 mars 1825; D.M. F., 30 sept. 1830; D. M. F., 9 janv. 1850; Cass., 4 avril 1827; R. G., 248; Inst., 1166-3, 1347-10, 1845, 1249-2.
(11) D. M. F., 22 juin 1818; Sol., 6 avril 1840; D. M. F., 22 juill. 1822, 29 sept. 1846, 12 oct. 1829; Sol., 15 oct. 1844; Inst., 844, 1732 § 1; R. G., 249.
(12) Cass., 17 juin 1857; Seine, 1er juill. 1861; R. P., 891, 1938; CONTRA, Cass., 11 fév. 1846; J. N., 12631; Sol., 10 mars 1840; Inst. 1608; D. M. F., 26 juill. 1822; R. G., 251.

6545. En tous cas, l'exemption du droit proportionnel ne peut être étendue aux sous-traités ni aux actes de cession, subrogation ou association par les adjudicataires ou entrepreneurs primitifs, lors même que cette substitution s'opérerait en vertu d'un arrêté administratif (1).

CHAPITRE NEUVIÈME.

DES DROITS PROPORTIONNELS. DISPOSITIONS GÉNÉRALES

SOMMAIRE

6546. Il ne peut être perçu moins de 25 cent. pour l'enregistrement des actes et des mutations dont les sommes et valeurs ne produiraient pas 25 cent. de droit proportionnel (*Loi 27 vent. an 9, art. 5*).

6547. Ce minimum n'a point pour objet chacune des différentes dispositions d'un même acte mais le salaire de la formalité pour l'acte entier, en sorte que le droit de 25 cent. n'est pas exigible sur chaque disposition séparée, si l'ensemble des perceptions à faire excède ce minimum (2).

6548. C'est ainsi que pour les adjudications de baux en plusieurs lots, le minimum de 25 cent. ne doit pas être perçu sur chaque lot adjugé (3).

6549. La perception du droit suit les sommes et valeurs de 20 fr. en 20 fr., inclusivement et sans fraction (*Loi 27 vent. an 9, art. 2*).

CHAPITRE DIXIÈME.

DES OBLIGATIONS.

SOMMAIRE

(1) D. M.F., 21 déc. 1807, 16 avril 1832; Inst., 186, 366, § 7, 1410, § 2, 1414, § 1.

(2) D. N., *Minimum*, 2; R. G., 362.

(3) Dél., 3 oct. 1825; Inst., 1187, § 3; J. E., 5614; D. N., *loc. cit.*, 8.

SECTION I. — PRÊT A USAGE.

6550. Le prêt à usage, par lequel une des parties livre une chose à l'autre pour s'en servir, à la charge par le preneur de la rendre après s'en être servi, *supra* n° 5141, n'a point été expressément tarifé par la loi de l'enregistrement. D'où l'on a conclu qu'il devait acquitter le droit fixe comme acte innomé (1).

6551. Il semble que le commodat confère au preneur une jouissance gratuite tombant sous l'application de l'art. 4 de la loi du 22 frim. an 7, et pouvant donner lieu au droit de donation (2); mais, en tous cas, rien n'autoriserait à exiger le droit spécial aux obligations de sommes (3).

SECTION II. — PRÊT DE CONSOMMATION.

6552. Ces obligations, sous quelque forme qu'elles se produisent, ont été tarifées au droit de 1 p. 0/0 par l'art. 69, § 3, n° 3 de la loi du 22 frim. an 7, qui soumet à ce droit : « Les contrats, transactions, promesses de payer, arrêtés de comptes, billets, mandats, les reconnaissances, celles de dépôts de sommes chez les particuliers, et tous autres actes ou écrits contenant obligation de sommes sans libéralité et sans que l'obligation soit le prix d'une transmission de meubles ou immeubles non enregistrée. »

6553. De ce que le texte ne parle que des obligations de *sommes* il n'en faudrait pas conclure que le prêt de choses fongibles ne soit pas tarifé. La quittance d'un contrat de l'espèce serait soumise au droit proportionnel de libération, puisque l'art. 69, § 2, n° 11, s'applique en général aux quittances de sommes et *valeurs*. Or, le prêt étant, en droit fiscal, la convention correspondante à la libération, il est évident que la transmission dont il est la cause doit acquitter l'impôt. Ainsi, décidé que le droit de 1 p. 0/0 est exigible sur un prêt de denrées susceptibles d'être évaluées en argent (4), ou de lingots estimés dans l'acte (5). Si les denrées ou les lingots étaient considérés comme marchandises, c'est le droit de 2 p. 0/0 qui devrait être perçu (6).

SECTION III. — RECONNAISSANCE DE DETTE.

6554. Quoiqu'une obligation de sommes soit souscrite ou passée en l'absence du créancier, le droit de 1 p. 0/0 n'en est pas moins exigible (7). Mais quand la reconnaissance du débiteur est contenue dans un acte renfermant d'autres dispositions, il faut examiner si elle a eu pour objet de conférer un titre au créancier ou si elle a le caractère d'une simple énonciation impuissante par elle-même à servir de preuve (*C. N.*, *1320*). C'est toujours à cela que revient la théorie si embarrassée des reconnaissances de dettes.

---

(1) Champ., 808; Dalloz, 1317; D. N., *Prêt*, n° 11.
(2) Garnier, R. G., 9091 ; R. P., 662 ;
(3) CONTRA, Dél., 10 mars 1828; Dalloz, 1314 ; R. G. 9089, D. N., *loc. cit.*
(4) Dél., 10 mars 1828; R. G., 9086, § 1.

(5) Dél., 12 mai 1814, 10 oct. 1817 et 6 oct. 1831; D.N., *Oblig.*, 397; R. G., 9086, § 2.
(6) Seine. 1er déc. 1848; J. N., 13704; D. N., *Oblig.*, 396.
(7) Dél., 30 août 1826: D. N., *Oblig.*, 423; Garnier, R. G., 9098; CONTRA, Seine, 22 janv. 1859; R. P., 1446.

6555. I. *Inventaires.* Et d'abord, les déclarations de dettes passives contenues dans les inventaires sont uniquement destinées à donner, sauf vérification ultérieure, un aperçu des charges de la succession; elles ne peuvent former obligation au profit des créanciers désignés (1).

6556. On l'a ainsi décidé : à propos du mandataire d'un héritier qui, ayant comparu en l'inventaire en cette qualité, y annonça que de la liquidation d'une société contractée entre cet héritier et le défunt, le premier était reliquataire de 8,000 fr. (2) ; pour la mention d'une dette à la charge d'un successible présent aux opérations (3); la déclaration d'un tuteur ou d'un exécuteur testamentaire qu'il doit un solde de compte (4); celle d'un cohéritier qu'il a reçu de son père défunt à titre de prêt, une somme de 15,000 francs (5); la déclaration d'une veuve qu'elle doit à la succession une somme de 16,000 fr. avancée pour un compte et dont elle se reconnaît débitrice (6); l'intervention de deux enfants à l'inventaire de la succession de leur père, afin d'établir qu'une dette contractée par celui-ci les concernait personnellement (7.)

6557. Le même principe s'applique *a fortiori* aux descriptions accompagnées des protestations ou réserves des prétendus débiteurs (8).

6558. Quand la déclaration est faite par les débiteurs en présence des créanciers auxquels elle peut profiter, il est plus facile d'y voir un aveu passible du droit de titre. La Régie a même décidé qu'il fallait toujours le percevoir dans ces circonstances (9). Mais cette théorie ne saurait être admise en termes aussi absolus, et la question reviendra encore à examiner le caractère de la mention. Plusieurs décisions ont été rendues en sens contraire sur ce point (10).

6559. D'ailleurs le créancier n'est censé être présent que quand il assiste à l'acte comme partie et non pas comme témoin ou comme conseil (11) : spécialement, le notaire n'est pas *partie* à l'acte qu'il rédige ; la mention des honoraires qui lui sont dus ou des sommes déposées en son étude, remboursables à une époque déterminée avec intérêts. ne donne pas ouverture au droit d'obligation (12).

6560. II. *Partages.* Les partages n'étant pas, comme les inventaires, des actes simplement énumératifs, la jurisprudence décide que le droit de 1 p. 0/0 est exigible dans tous les cas où la déclaration du débiteur est faite en présence du créancier (13). Mais lorsque ce créancier n'est pas présent, elle admet que l'aveu ne forme pas titre et est dispensé du droit proportionnel (14).

6561. III. *Donations.* Il faut distinguer, pour l'application du tarif, entre les donations universelles ou à titre universel, et les donations d'objets particuliers.

6562. Le donataire de tout ou partie des biens présents est tenu légalement de tout ou partie des dettes présentes (15). L'état ou la déclaration prescrit par les art. 945, 1084 et 1086 C. N., ont pour objet de mettre le donataire à même de connaître les charges de la libéralité ; ils ne peuvent servir de titre aux créanciers. Aussi le droit d'obligation n'est-il pas exigible (16), à moins que les créanciers n'interviennent à l'acte pour accepter l'aveu (17).

6563. On doit décider de même pour les donations cumulatives de l'art. 1084 C. N. (18), et pour les partages anticipés (19) ou les donations à un enfant unique (20), puisque le but de l'état ou de la

---

(1) Inst., 290, § 18; Cass., 24 mars 1862; R. P., 1604.
(2) Cass., 22 mars 1814; R. G., 7680.
(3) Dél., 2 oct. 1822; R. G., 7680, § 3.
(4) Dél., 9 janv. 1851 ; Cambrai, 14 juill. 1842; J. N., 11464, 14250; R. G., 9101.
(5) Grenoble, 25 janv. 1844 ; R. P., 1262, § 36; CONTRA, Cass. adm., 17 nov. 1835; R. G., 7680, § 1.
(6) Valenciennes, 27 août 1847 ; J. N., 13491.
(7) Cass., 24 mars 1862; R. P., 1604; J. N., 17377; CONTRA, les Andelys, 8 fév. 1859 ; R. P., 1158.
(8) Dél., 1er oct. 1833; R. G., 7680. § 1 ; Seine, 12 fév. 1864, R. P., 1054.
(9) Inst., 290, § 18, n° 2; R. G., 7680, § 1 ; Sol., 4 avril 1836 ; R. P., 1202, n° 34.
(10) Vassy, 17 juill. 1845; R. G., 9001 § 5 ; Andelys, 8 fév. 1849; Cass., 24 mars 1862 ; R. P., 1604.
(11) Dél., 24 mai 1831; Inst., 1381, § 7. Voir Orléans, 16 déc. 1811; Barebrouck, 28 fév. 1850; R. G., 3751, § 1, 2; Seine, 12 fév. 1864; R. P., 1954. V. Verdun, 4 juill. 1865; J. N., 48490.
(12) Sol., 18 déc. 1846 ; Inst., 1786, § 9; R. G., 9102, § 1 ; Cass., 17 juill. 1851; R. P., 200; Seine, 12 août 1846; Dél., 13 avril 1830; J. N., 7221, 12775; Sol., 5 déc. 1867; Jur. N., 13448.

(13) Voir les nombreuses autorités citées *supra* n° 2114 ; adde Seine, 13 avril 1851 ; R. G., 9102, § 2; 26 fév. 1864; R. P., 1954.
(14) Cass., 16 mars 1825 et 7 nov. 1826; Inst., 1205, § 10; Chartres, 8 juin 1826 et Cass., 25 avril 1827; R. G., 9098, CONTRA, Inst., 548, § 4; Dél., 15 fév. 1826; R. P., 1268, § 50.
(15) Fenet, XII, p. 598; Grenier, 90 ; Duranton, IX, 482; Dalloz, *Disp. entre-vifs*, chap. 4, sect. 3; Vazeille, *941*, 1; Champ., II, 1151.
(16) Inst., 386, § 19; Dél., 6 avril 1827; Dalloz, 1231; J. N., 6285; Nantes, 31 juill. 1829; Tarbes, 25 avril 1831; R. G., 9539, § 2; Vervins, 25 fév. 1858; R. G., 1025; Sol., 16 mai 1868; R. P., 1509; CONTRA, Dél., 27 juill. 1830; J. N., 7254.
(17) Limoges, 16 déc. 1845 ; R. G., 9539, § 2; Inst., 386, § 9; Dél., 13 fév. 1835 ; Dalloz, 1692; R. P., 1268, § 74.
(18) Louhans, 27 juin 1845; Dalloz, 1230 Champ., 874; R. P., 1268 § 66; J. N., 1271.
(19) Dalloz, 1663; Lunéville, 21 mai 1828; conf. en cass., le 28 avril 1829; Nantes, 31 juill. 1829; Tarbes. 25 avril 1831, conf. en cass., le 22 juin 1832; Castres, 27 août 1831, conf. en cass., le 22 juin 1832; Inst., 1410, § 5; R. G., 9539; R. P., 1268, § 73; J. N., 7764.
(20) J. N., 11744, 12166; Louhans, 27 juin 1845; J. N., 12471; Sol., 16 mai 1861; J. N., 11146.

déclaration des dettes est toujours d'éclairer le donataire, mais non pas de conférer aux créanciers un titre qu'ils trouvent dans la loi.

6564. Quand il s'agit de la donation d'un objet particulier, le donataire n'est pas de plein droit tenu au payement des dettes du disposant. La charge que ce dernier lui impose de les acquitter et l'énonciation qu'il en fait semblent constituer une sorte de délégation de prix donnant ouverture au droit proportionnel si la créance ne résulte pas d'un titre enregistré (1).

6565. IV. *Contrat de mariage.* En principe, les déclarations de dettes faites par les époux à l'occasion de leurs stipulations d'apport ont un caractère purement énonciatif qui les affranchit du droit proportionnel. On l'a ainsi jugé au sujet de la mention émanée d'une future, que sur son apport elle devait 30,000 fr. à un tiers (2); et des déclarations si fréquentes par lesquelles un des époux se constitue un office ou un fonds de commerce sur le prix duquel il redoit au vendeur non présent une somme déterminée (3). Ni le droit d'obligation, ni surtout celui de vente mobilière ne peuvent être perçus (3).

6566. Mais le droit proportionnel serait exigible, si la déclaration paraissait avoir été faite pour conférer un titre au créancier (4), et si surtout le créancier était présent au contrat (5). Par la même raison, le droit d'obligation devrait être acquitté si la déclaration d'apport avait lieu en la présence du débiteur, de la créance verbale que le futur se constitue (6), par exemple en présence du tuteur indiqué comme débiteur d'un reliquat de compte (7).

6567. V. *Testaments.* Les déclarations de dettes contenues dans les testaments ne peuvent être confondues avec les legs, puisque le testateur manifeste l'intention non de donner, mais de faire acquitter une obligation préexistante. Il est donc manifeste que le droit de 1 p. 0/0 est exigible (8).

6568. Ce principe a été notamment appliqué à la clause par laquelle le défunt chargeait son légataire de payer à un tiers une somme dont il était débiteur (9); ou reconnaissait avoir reçu en dépôt d'un de ses enfants un capital dont il lui faisait au besoin donation à titre de préciput (10); ou encore léguait son portefeuille à un tiers sous la condition d'acquitter 50,000 fr. dus à un créancier désigné (11).

6569. Ce droit est exigible lors de l'enregistrement du testament, quelle que soit la forme de cet acte (12), et lors même qu'il serait attaqué en nullité (13), ou que la dette serait après le payement de l'impôt reconnue sans valeur (14).

6570. VI. *Offres réelles.* Si un débiteur offre aux créanciers le payement de son obligation, il fait un aveu de la dette, et bien que le créancier n'accepte pas ce payement, il n'en a pas moins un titre pour l'exiger plus tard. C'est pourquoi le droit de 1 p. 0/0 est exigible quand l'obligation ne résulte pas d'un acte enregistré (15).

6571. Il a été, en effet, maintenu sur un exploit contenant des offres réelles pour solder un compte (16); sur l'offre non acceptée d'une somme ayant servi à faire le cautionnement d'un receveur général avec privilége de second ordre et sans justifier de la déclaration prescrite par le décret du 22 déc. 1812 (17); sur le procès-verbal de non-conciliation dans lequel le cité reconnut devoir et offrit de payer partie de la somme réclamée (18); sur l'acquiescement par exploit d'un entrepreneur à un rapport d'expert qui mettait plusieurs sommes à sa charge (19).

(1) Cass., 2 avril 1828; Inst., 1270, 1410; R. P., 1268, § 77; Clermont, 2 mars 1847; J. N., 13160; Nevers, 6 janv. 1851; Mâcon, 2 juin 1843; R. G., 4448, § 2; 4460, § 1; contra, J. N., 11714, 17140; Dalloz, 1695; Champ., 1152. V. Sol., 14 août 1867; J. N., 19437.
(2) Strasbourg, 12 oct. 1820.
(3) Dél., 22 juin 1825; Sol., 11 avril 1832, 25 mars 1842, 25 nov. 1842, Dalloz, 2807; Rambouillet, 6 août 1847; Versailles, 18 mars 1847; Corbeil, 19 mai 1847; Lille, 10 mars 1843; R. G., 3751, § 1; Dél., 20 nov. 1846; J. N., 5216, 11525, 13027, 13082, 13163; contra, Nantes, 22 janv. et 20 fév. 1847. Voir R. G., 3751, n° 2, en note, qui maintient le droit de 2 p. 0/0.
(4) Dél., 30 août 1826; R. P., 1286, § 82.
(5) Dél., 9 déc. 1831; Dijon, 22 déc. 1841; Sens, 17 juill. 1846; J. N., 13097; Soissons, 20 janv. 1847; Sol., 7 oct. 1834; R. G., 3751, § 1; Comp. Cass., 16 mars 1844; Autun, 2 déc. 1837; Nantes, 4 déc. 1837 et Lille 20 nov. 1845; R. G., loc. cit.
(6-7) Dél., 5 mars 1850; J. N., 7177; Châteaugontier, 22 déc. 1849;

R. G., 3430; contra, Montauban, 19 avril 1846; Strasbourg, 15 avril 1823; R. G., 8945, § 3; D. N., v° Cont. de mar., 404 et suiv.; Verdun, 4 juill. 1855; R. P., 2306.
(8) Inst., 1282, § 9; Dél., 12 oct. 1827; R. G., 13536, § 12. V. Rouen, 22 fév. 1866; Jur. N., 13365; Sol., 14 août 1867; R. P. 2586.
(9) Dél., 27 oct. 1829, R. G., 13536.
(10) Epinal, 21 avril 1849; Arg. de Dél., 11 déc. 1829; R. G., 13535 bis, 13536. Voyez supra, 6517.
(11) Sol., 20 juill. 1838; J. N., 10160.
(12) Rouen, 2 juin 1847; R. G., 13538, § 4.
(13) Privas, 8 mars 1847; R. G., 13536, 11.
(14) Seine, 3 mars 1847; R. G., 13536, 11.
(15) Sol., 28 juin 1833; Inst., 1437, § 7; D. N., Offres, n° 61.
(16) Sol., 15 juin 1830; Dél., 6 mars 1827; D. N., loc. cit., 63; R. G., 9222, § 2.
(17) Dél., 23 juin 1829; D. N., loc. cit., 65.
(18) Dél., 23 juin 1829; D. N., loc. cit., 65.
(19) Seine, 30 avril 1851; R. G., 9229, § 4

6572. Mais le droit proportionnel ne serait pas exigible, si, par exemple, un acheteur offrait de payer le prix d'une vente de meubles que son vendeur ne reconnaît pas avoir consentie (1).

6573. Ces règles s'appliquent à tous les procès-verbaux contenant des reconnaissances du débiteur. Ainsi le droit de 1 p. 0/0 a été exigé sur la procuration donnée à l'effet de reconnaître une dette devant notaire (2); mais on a jugé qu'il n'était pas exigible sur le mandat donné par une personne de vendre des biens à un tiers dont il avait déjà reçu le prix (3); ni sur les énonciations de dettes passives contenues dans les avis de parents (4) quand les créanciers ne sont pas présents (5).

6574. VII. *Reconnaissance de dot.* D'après l'art. 68, § 3, n° 4 de la loi du 22 frim. an 7, la reconnaissance par le futur *dans le contrat de mariage* d'avoir reçu la dot de la future ne donne ouverture à aucun droit. Nous avons parlé de ces clauses, *supra n° 6365*.

6575. La même dispense s'étend à la reconnaissance du futur intervenue en l'absence de contrat (6), soit pendant le mariage, soit même depuis sa dissolution (7). On ne saurait donc percevoir le droit d'obligation sur la déclaration par le mari d'avoir reçu des sommes dotales appartenant à sa femme (8); ou généralement des capitaux personnels à celle-ci (9), lors même qu'il s'agirait de biens paraphernaux, reçus par le mari comme mandataire tacite (10).

6576. Mais le droit est exigible quand le mari touche les sommes paraphernales à titre de prêt ou pour les employer à ses besoins (11). Seulement, ces obligations entre époux ne se présument pas; ainsi le droit de 1 p. 0/0 n'est pas dû sur l'acte constatant que le mari a avancé le prix d'un immeuble acheté en remploi par sa femme, et qu'il se remboursera sur les premiers fonds paraphernaux (12).

6576 *bis.* VIII. *Crédit.* Lorsqu'il est convenu que l'ouverture de crédit comprendra les valeurs déjà portées au compte courant du crédité, mais non encore échues, et pour le cas seulement où ces valeurs ne seraient pas payées à l'échéance, la reconnaissance suspensive qui affecte le crédit n'empêche pas l'existence d'une reconnaissance actuelle de dette passible du droit d'obligation (12 *bis*).

SECTION IV. — DÉPOT DE SOMMES CHEZ LES PARTICULIERS.

6577. Il est dû un droit proportionnel de 1 p. 0/0 sur les reconnaissances de dépôt de sommes chez les particuliers. Mais l'impôt ne serait pas exigible, si la remise n'avait eu lieu qu'à titre de garantie (13), ou si le particulier avait reçu en qualité de mandataire (14).

6578. Les dépôts faits entre les mains des notaires restent sujets au droit fixe, à moins qu'il ne soit stipulé des intérêts ou un terme pour le remboursement (15). Quant au dépôt confié à un clerc, il est assujetti au droit ordinaire de 1 p. 0/0 (16).

SECTION V. — CREDIT.

6579. L'ouverture de crédit contient une obligation soumise à la condition suspensive du versement des fonds. C'est une simple promesse de prêt, passible du droit fixe de 2 fr. (17), même lorsque le crédit remet en gage du mobilier (18) ou des créances (19), ou confère une hypothèque (20).

5680. Mais s'il s'agissait d'une obligation devant produire ses effets actuels et uniquement subordonnée à un terme, le droit proportionnel serait immédiatement exigible (21).

---

(1) Seine, 5 mars 1847; Dél., 30 juin 1849; Seine, 22 juill. 1859; J. N. 16679; CONTRA, Marseille, 23 nov. 1843; J. N., 13066, 13758.
(2) Lorient, 23 janv. 1848; Orléans, 9 déc. 1845; R. G., 8383, 9418; Beauvais, 4 avril 1866; R. P., 2533.
(3) Marseille, 17 mars 1837; J. N., 9799; D. N., *Oblig.*, 416.
(4) Dél., 21 avril 1821; D. M. P., 9 mai 1821; J. N., 3846 et 3850; D. N., *Oblig.*, 410; Dél., 20 mars 1820; R. G., 910.
(5) Seine, 22 janv. 1859; R. P., 1416.
(6) Dél., 1er oct. 1830; R. G., 9103.
(7) Cass., 6 juin 1811, 13 oct. 1813, 10 déc. 1817, 1er avril 1822, 18 fév. 1833, 11 déc. 1838; R G., 3424; D. N., *Oblig.*, 417.
(8) Dél., 31 juill. 1824, 3 avril 1829; Inst., 1239, § 7; J. N., 4853, 6987; R. G., 9109.
(9) Limoges, 13 mars 1848; D. N., *Oblig.*, 419.
(10) Dél., 9 fév. 1842; Cass., 16 juill. 1855; J. N., 15593; R. P., 434; Inst., 2034, § 8; Demante, *Revue de l'enregist.*, 22; Garnier, R. G., 9324 et R. P., 595; CONTRA, Dél., 12 mai 1829; Inst., 1239, § 7; J. N., 6947; Evreux, 24 avril 1847. R. G., 9448.
(11) Cass., 10 juill. 1855 ci-dessus.
(12) Cass., 3 mai 1864; R. P., 1907.
(12 *bis*) Versailles, 11 avril 1867; R. P., 2373.

(13) Dél., 24 juill. 1835; Seine, 26 déc. 1838; Dél., 8 mars 1819; D. N., *Dépôt*, 88 à 90.
(14) Dél., 23 sep. 1825; J. N., 5464; R. C., 4591. Voyez Bazas, 19 août 18.9; J. N., 16721.
(15) Arg., av. cons. d'Etat, 1er avril 1808; Cass., 25 avril 1810; Inst. 377, § 4; J. N., 4224. V. Sol., 5 déc. 1867; R. P, 2570.
(16) Seine, 5 juin 1830; J. N., 14092.
(17) Cass. 10 mai 1831, 9 mai 1842; Inst., 180, § 10; 29 avril 1844; J. N., 7450, 7775, 11985, 31 déc. 1862; R. P., 1754; R. G., 4187; D.N. *Crédit*, 12 Voyez Limoges, 14 juill. 1804; R. P. 2150.
(18) Cass., 10 mai 1831, 9 mai 1832, *supra*; Arras, 17 déc. 1846.
(19) Besançon, 18 janv. 1837; Cass., 29 avril 1844; J. N., 9603, 11985; R. G., 4187, § 1 et 2.
(20) Toulouse, 30 janv. 1842; Cass., 26 janv. 1844; Aix, 29 mai 1841; J. N., 8761, 10109, 11133, 11504.
(21) Seine, 23 mai 1832, 23 déc. 1845, 8 août 1847; Cass., 21 fév. 1835, 2 avril 1845; J. N., 9938, 12344; Saint-Jean d'Angely, 7 mai 1846; Besançon, 8 juin 1853; le Havre, 30 déc. 1846; Rouen, 21 janv. 1864. Consult., Seine, 16 nov. 1800, 16 mai 1863; Inst., 4577-14, 1743-8; R. G., 4190; R. P., 166, 943, 1415, 1657, 3020.

6581. Dans tous les cas, quand le versement des deniers a eu lieu, la promesse de prêt donne ouverture à l'impôt, selon le tarif, du jour de l'acte d'ouverture de crédit (1).

6582. La Régie est admise à puiser la preuve de cette réalisation dans tout acte émané des parties contractantes et porté légalement à sa connaissance. Par exemple, dans : 1° le jugement qui ordonne la vente du gage au profit du créditeur (2) ; 2° la souscription de billets ou lettres de change imputables sur le crédit (3), sans même qu'on puisse tenir compte des droits perçus pour les effets (4) ; 3° la cession par le créditeur du montant de la dette (5) ; 4° la délégation que le crédité consent pour se libérer (6) ; 5° l'admission du prêteur dans la faillite du crédité (7), ou même la mention de sa créance sur le bilan (8) ; 6° l'aveu du crédité dans l'inventaire de sa communauté 9) ; 7° la main-levée ou la quittance du créditeur quand elle fait présumer sa libération (10) ; 8° les déclarations des parties trouvées dans les pièces de la comptabilité communale (11) ; 9° les jugements ou les rapports d'arbitres (12) ; 10° le second emprunt dans lequel le débiteur réserve la créance de son premier prêteur (13) ; 11° la sommation donnée par le créditeur au crédité de reconnaître devant notaire la remise des fonds (14) ; 12° la cession par le créditeur après l'expiration du crédit, de son rang hypothécaire à un tiers, lorsqu'elle est suivie d'une hypothèque supplémentaire (15) ; 12° les encaissements successifs du créditeur, par suite de nantissement consenti par le crédité, de mandats de payement sur des comptables de deniers publics (16) ; 14° le bordereau d'inscription portant que les avances du créditeur peuvent s'élever à une somme déterminée (17) ; 15° le règlement intervenu entre les crédités et une maison de banque chargée de négocier les effets fournis par le créditeur (18) ; 16° le payement d'un prix de vente auquel le crédit était destiné (19) ; 17° la remise d'obligations négociables, comme versement de crédit (20).

6583. Mais l'exigibilité du droit de 4 p. 0/0 ne résulterait pas de la simple échéance du terme accordé pour le versement des fonds (21) ; ni de la renonciation par le prêteur à surenchérir les biens hypothéqués (22) ; ni de la mainlevée pure et simple (23) ; ni d'une saisie pratiquée par le créditeur sur le crédité (24) ; ni du consentement à une antériorité d'hypothèque, même avec réserve de tous droits (25). On ne pourrait, bien entendu, le réclamer à la partie qui ne figure pas à l'acte prouvant la réalisation, ou auquel cet acte n'est pas opposable (26).

6584. Il faut remarquer que quand le crédit résulte d'une vente de marchandises, c'est le droit de 2 p. 0/0 qui doit être perçu à l'événement.

6585. Les billets souscrits à l'ordre des sous-comptoirs d'escompte, en représentation des crédits par eux ouverts, ne sont passibles que du droit de 2 fr. (27).

SECTION VI. — NOVATION.

6586. La novation consistant dans la substitution d'une obligation à une autre qui se trouve éteinte, l'impôt n'est dû que sur l'obligation nouvelle, et non pas sur chacun des éléments de l'opération.

6587. En matière civile, la novation a besoin d'être clairement exprimée. Mais en matière fiscale une pure modification dans l'*instrument* du contrat suffit quelquefois pour motiver la perception.

6588. Ainsi, le dépôt de sommes chez un particulier est considéré, en droit fiscal, comme

(1) Colmar, 27 mai 1851 : Seine, 8 juill. et 3 déc. 1851, 21 janv. 1852 ; D. N., *loc. cit.*, 38 ; Sol., 6 déc. 1866 ; Seine, 22 juin et 21 déc. 1867 ; R. P., 2478 2608 ; contra. J. N., 14552, 14576.
(2) Seine, 8 janv. 1851, 27 janv. 1845 ; R. P., 2098 ; R. G., 4190.
(3) Nantes, 27 août 1851 ; Seine, 18 janv. 1843 ; Montpellier, 30 août 1847 ; Loches, 16 fév. 1849 ; Châlons, 24 août 1843 ; Cass., 10 mai 1831 ; R. G., 4193-1 ; Seine, 7 juill. et 18 août 1866 ; R. P., 2482.
(4) Mont-de-Marsan, 11 janv. 1847 ; Seine, 8 juill. 1851, 10 mars 1853 ; *Comp.*, Cass., 20 août 1834, 30 mars 1845, 8 avril 1837, 14 nov. 1849 ; J. N., 8629, 8865, 10321, 12488, 14552 ; R. G., 4314, 4193 *bis*.
(5) Soissons, 1x juill. 1849 ; Seine, 8 juill. 1851 ; R. G., 4193. § 3.
(6) Mont-de-Marsan, 11 janv. 1847 ; le Mans, 29 août 1850 ; Bernay, 9 sept. 1848 ; R. G., 4193, § 5.
(7 Seine, 3 janv. 1844, 13 déc. 1849, 18 juill. 1851 ; Domfront, 17 mai 1850 ; Sedan, 28 déc. 1850 ; Château-Chinon 23 août 1844 ; R. G. 4193, § 6 ; Limoges, 28 juin 1842 ; D. N., *Crédit,* n° 30, 31.
(8) Marseille, 7 mars 1839 ; Cass. Belgique, 27 déc. 1862 ; R. P. 4774 ; contra, Péronne, 22 mars 1837 ; D. N., *Crédit,* 29.
(9) Laval, 17. août 1849 ; Châlon-sur-Saône, 29 mai 1845, 31 déc. 1846 ; Suissons, 13 janv. 1847 ; R. G., 4193, § 7 ; Rennes, 29 avril 1863 ; Seine, 3 août 1867 ; R. P., 2533 ; contra, Pont-l'Évêque, 31 juill. 1840 ; (10) Strasbourg, 15 janv. 1844 ; Nantes, 29 mars 1847 ; Havre. 31 déc. 1845 ; R. G., 4193. § 13 ; Seine, 20 janv. 1854 ; Cass. 31 août 1858 ; Saint-Gaudens, 9 mai 1859 ; Seine, 26 janv. 1864 ; R. P., 167, 1090, 1176, 1930.

(11) Cass., 5 avril 1840, 11 nov. 1846 ; J. N., 10729, 12885 ; Inst., 1634, § 10, 1786-8 ; R. G., 5556.
(12) Seine, 5 déc. 1850 ; Toulouse, 17 janv. 1845 ; R. G., 4193, § 8 Lure, 6 mars 1856 ; Cass., 28 déc. 1864 ; Seine, 24 mars 1865, 18 fév. 1866, 23 mars 1867 ; R. P., 760, 2003, 2159, 2278, 2533 ; Inst., 2324-5.
(13) Seine, 23 janv. 1864, 11 fév. et 24 mars 1865 ; Cass., 31 déc. 1852, 16 août 1866 ; Inst., 234v-6 ; R. P., 1930, 2078, 2117, 2348.
(14) Seine. 22 mars 1862 ; R. P., 1702.
(15) Seine, 3 fév. 1866 ; R. P., 2210.
(16) Embrun, 15 juin 1866 ; Cass., 23 janv. 1857 ; Dax, 13 mai 1867 ; R. P. 2352, 2430, 2533.
(17) Charleville, 6 déc. 1866 ; R. P., 2454.
(18) Cass., 26 déc. 1866 ; R. P., 2389.
(19) Seine, 9 fév. 1867 ; P. P., 2533.
(20) Seine, 9 fév. et 17 août 1867 ; R. P., 2533.
(21) Seine, 16 mai 1862 ; R. P., 1657.
(22) Seine, 7 mars 1857 ; J. N., 13516.
(23) Besançon, 18 janv. 1857 ; D. N., *Crédit,* 28.
(24 et 25) Seine, 17 août 1867 ; C., 14034.
(26) Angers, 27 mars 1861 ; J. N., 17796 ; contra, Seine, 22 juin 1867 ; R. P., 2533.
(27) Décret du 24 mars 1848, art. 10 ; Seine, 5 mai 1860 ; R. P., 1338. Voyez Cass., 31 août 1858 ; R. P., 1083.

une *obligation* proprement dite, *supra n° 6410*. Cependant si ce dépôt est converti en prêt, on percevra encore un second droit de 1 p. 0/0, parce que les deux conventions sont séparément tarifées (1).

6589. Il en est de même des prêts sur dépôts de marchandises, qui acquittent le droit de 1 p. 0/0 quand ils se transforment en prêt ordinaire (2); et de la conversion du prêt en dépôt, ou du mandat en prêt (3).

6590. I. *Compte.* Un principe semblable s'applique aux arrêtés de compte. Il est bien certain que le mandataire auquel on accorde un délai pour se libérer *ne nove* pas sa dette (4), mais la reconnaissance crée au profit du mandant un titre de la créance jusqu'alors douteuse, et le droit de 1 p. 0/0 est exigible. Ainsi décidé, à propos d'un tuteur autorisé à garder le reliquat de son compte en donnant une inscription (5), ou jusqu'à ce qu'il en ait fait emploi (6); d'un héritier qui a géré les biens de la succession et s'oblige, dans le partage, à payer le reliquat avec intérêts (7).

6591. Quand le compte a été précédé d'un titre enregistré, la jurisprudence décide que l'arrêté n'est plus que l'exécution de ce titre et donne lieu à un droit fixe. Tel est le cas 1° de la liquidation après séparation de biens énumérant les reprises résultant du contrat de mariage de la femme (8); 2° de l'acte par lequel l'héritier du mari se reconnaît débiteur envers la femme du douaire porté au contrat de mariage de celle-ci (9); 3° de la reconnaissance par le mari que des capitaux propres à sa femme ont été touchés par lui durant le mariage (10); 4° de la liquidation dans laquelle le mari reconnaît devoir aux héritiers de sa femme des sommes reçues pour son compte et énumérées en l'inventaire (11).

6592. Mais le droit proportionnel serait incontestablement exigible, dans ces hypothèses, s'il y avait novation (12).

6593. Il a été cependant reconnu que le règlement des fermages dus en vertu d'un bail enregistré n'était pas un simple acte de complément, et justifiait la perception du droit de 1 p. 0/0 (13).

6594. L'héritier bénéficiaire étant légalement dépositaire du reliquat jusqu'à la distribution judiciaire, le droit de 1 p. 0/0 ne saurait être perçu (14).

6595. Lorsque le reliquat est à la charge de l'oyant et qu'il s'engage à le payer, le droit d'obligation est exigible, sans qu'il y ait à examiner si le compte repose ou non sur un titre enregistré (15). (V. *Compte, supra n° 6545, etc.; Décharge, n° 6385, etc.*; et *Quittance, infra n° 6726.*)

6596. II. *Transaction.* Quand on transige, c'est pour remplacer une situation douteuse par un état ou un titre nouveau qui servira désormais de règlement aux droits des parties. Elle emporte donc presque toujours novation et donne lieu à l'impôt proportionnel.

6597. Si l'un des contractants abandonne la propriété d'une chose à laquelle il semblait avoir droit, le contrat est aux yeux de la Régie le titre d'une mutation mobilière ou immobilière selon les cas, *infra n° 7468.*

6598. Si la partie, tout en conservant la possession des valeurs dont elle était saisie, paye une somme d'argent pour mettre fin au procès, on considère l'opération comme une quittance sujette au droit de 50 c. p. 0/0, *infra n° 7229.*

6599. Enfin, le droit d'obligation est exigible, quand la partie s'engage seulement à payer cette somme à son cocontractant. On l'a spécialement décidé pour la somme promise par un acquéreur au nu-propriétaire afin d'obtenir la ratification de la vente faite en son nom par l'usufruitier (1), ou au vendeur afin d'éteindre une action en nullité du contrat (2); pour celle qu'un héritier s'oblige de payer à un légataire qui opte pour tel objet plutôt que pour tel autre, dans un legs alternatif (3); pour la confirmation d'une libéralité ou d'une vente, faite, moyennant une somme d'argent payable à terme, par les héritiers de l'ancien propriétaire (4); et pour la renonciation faite, dans les mêmes conditions, par les héritiers naturels au droit d'attaquer le testament de leur auteur (5); ou par un légataire dépossédé de son legs par jugement au droit d'interjeter appel de cette décision (6).

6600. III. *Modifications de la dette.* Lorsqu'une convention ne fait qu'augmenter ou diminuer le capital de la dette, celle-ci ne s'éteint pas pour être remplacée par une autre obligation, et si le premier titre a été enregistré, le droit n'est exigible que sur l'excédant constaté par le second (7).

6601. Cela s'applique notamment aux stipulations d'intérêts. Celle qui est contenue dans le contrat obligatoire lui-même est une disposition secondaire affranchie de l'impôt (8). Et il en est ainsi encore de celle qui intervient après ce contrat pour transformer en prêt à intérêt un prêt pur et simple (9).

6602. Mais les reconnaissances d'intérêts *échus* constituent en général une obligation particulière quand le chiffre de la dette nouvelle est déterminé, et le droit d'obligation peut être alors perçu sur ce chiffre (10).

6603. La prorogation de délai ou la clause pénale ajoutée ultérieurement à la créance ne la novent pas et ne sauraient justifier l'exigibilité d'un droit proportionnel (11).

6604. IV. *Changement du titre.* On peut, sans acquitter un nouveau droit proportionnel, convertir une obligation sous signature privée en obligation notariée et réciproquement (12), lors même que le second acte contiendrait une affectation hypothécaire qui n'existait pas dans le premier (13).

6605. Mais si le second titre a une nature différente et se trouve spécialement tarifé, il est passible du droit applicable à sa nature. C'est ce qu'on a décidé pour la reconnaissance par acte civil d'une créance résultant de billets à ordre ou de lettres de change enregistrées (14); à moins, dans ce dernier cas, que la reconnaissance ne résulte d'un acte imposé par la loi même (15).

6606. Et c'est ce qu'il faudrait décider aussi pour la constatation d'une dette civile en la forme commerciale.

V. *Const. de rente, infra n° 6671.*

SECTION. VII. — EFFETS DE COMMERCE.

6607. Les effets de commerce, tels que le billet à ordre ou la lettre de change, peuvent être passés devant notaires (16), *supra n°s 5252 et suiv.*; et ils constituent alors des actes notariés soumis à l'enregistrement dans les délais ordinaires (17). Mais ces effets profitent de la réduction de droits accordée aux créances commerciales. Les billets à ordre et ceux à domicile (18) acquittent 50 c., et les lettres de change 25 c. p. 0/0 (*Lois 22 frim. an 7, art. 69, § 2, n° 6, et 28 avril 1816, art. 10*).

(1) Dél., 8 fév. 1828; D. N., *Trans.*, 193.
(2) Rouen, 28 nov. 1827; Dél., 19 fév. 1828; D. N., *loc. cit.*, 194; R. G., 13810; Cass., 29 avril 1850; J. N., 6441, 14051; Inst., 1675, § 12; R. G., 13801.
(3) Dél., 9 mai 1828; D.N., *loc. cit.*, 201; R. G., 13822.
(4) Seine, 3 janv. 1850; D. N., *loc. cit.*, 202; J. N., 12278, 13955; contra, Dél., 22 mai 1827; R. G., 13810.
(5) Sol., 7 juill. 1819, 29 juin 1826; Inst., 1229, § 11; R. G., 13807.
(6) Cass., 21 août 1848; J. N., 13489; R. G., 13808; Toulouse, 15 fév. 1856; R. G., 611; contra, Gourdon, 24 fév. 1847; R. G., 13808, § 1.
(7) Evreux, 12 fév. 1848; R. G., 8924; arg. de l'art. 69, § 2, n° 9 de la loi du 22 frim. an 7.
(8) Champ., 983; Dalloz, 1625; Sol., 17 oct. 1829, 31 juill. 1824; Inst., 1150, § 14; Dél., 29 mai 1819; R. G., 7654, § 2.
(9) R G., 7654, § 3; Champ., 986.
(10) D. M. F., 3 fév. 1822; J. N., 4117; Sol., 9 oct. 1824; Inst., 1027, 1156, § 3; Dél., 3 sept. 1833; Dalloz, 1630; Dél., 28 mai 1825; Saverne, 23 août 1845; R. G., 7654, § 4; contra, Dél., 5 oct. 1832, 7 oct. 1730; Champ, 087; R. G., 62.3; Dalloz, 1634. V. Sol., 27 sept. 1857; R. P., 2511.

(11) Dél., 20 avril 1822; R. G., 8943, § 2; Strasbourg, 15 avril 1823; Dél., 24 sept. 1823; Montauban, 19 avril 1846; D. N., *Novat.*, n° 137.
(12) Garnier, 8950; Champ., 1009.
(13) Dél., 24 janv. 1824; D. N., *Novat.*, 138; V. le Rép. gén., n°s 1311 et 1312, et Cass., 20 fév. 1837; Inst., 1539, § 1; J. N., 4581, 9708.
(14) Cass., 17 prairial an 12, 8 pluv. an 13, 23 déc. 1807, 1er fév. 1813, 5 août 1833, 20 août 1834, 30 mars et 18 août 1835, 5 avril 1854; R. P., 173; D. N., v° *Affect. hyp*., 29; Cass., 8 avril 1839, 14 nov. 1849; Inst., 200-11, 1446-8, 1473-5, 1601-8, 1857-9, 2019-7; J. N., 8149, 8629, 13324, 13888, 15356.
(15) Sol., 26 juill. 1826; Inst., 1204, § 1.
(16) Merlin, Rép., *Lettre de change*, § 2; Pardessus, II, 330; Nouguier, 1, p. 72; Dalloz, *Effet de comm.*, 38; Cass., 30 juill., 1828; 10 fév. 1831, 28 janv. 1835; J. Pal., à sa date.
(17) Cass., 10 fév. 1834, 28 janv. 1835, 19 juin 1835; R. G., 5289, *supra* n° 615.2; J. N., 8024, 8366, 8966; D. N., v° *Lett. de ch.*, 282; Inst., 1458-3, 1490-5, 1498-4; (18) Sol., 27 oct. 1866; R. P., 2517.
(48) Sol., 27 oct. 1866; R. P., 2517.

6608. Le droit est le même, bien que l'effet soit causé valeur en marchandises ou en prix de vente d'immeubles (1).

6609. Pour que les effets de commerce jouissent de la réduction du tarif, il faut qu'ils contiennent les caractères ou du billet à ordre ou de la lettre de change, sans quoi on les considérerait comme des obligations ordinaires sujettes au droit de 1 p. 0/0.

6610. Décidé à cet égard que les effets tirés de place en place à *l'ordre du tireur* sont, quoique non endossés, de véritables lettres de change sujettes au droit de 25 c. p. 0/0 (2). Si la traite n'est point tirée *d'un lieu sur un autre*, on doit y voir un billet à ordre soumis au droit de 1/2 p. 0/0 (3) ; mais quand elle a été tirée sur une autre place, il est sans importance qu'elle soit, en fait, payée dans la ville même du tireur (4). Par contre, on peut tirer une lettre sur un habitant de la même ville pourvu que l'effet soit payable en un lieu différent (5).

6611. Décidé encore que si la lettre de change porte intérêts et un long terme de payement, elle ne doit pas être pour cela seul réputée billet à ordre sujet au droit de 50 c. p. 0/0 (6).

6612. Du reste, si l'acte contenait soit une affectation hypothécaire, soit une autre condition que celles qui sont de l'essence des effets de commerce, l'obligation serait passible du droit de 1 p. 0/0 (7).

SECTION VIII. — OBLIGATIONS NÉGOCIABLES DES DÉPARTEMENTS, COMMUNES, ÉTABLISSEMENTS ET COMPAGNIES.

6613. Les actes passés dans l'intérêt des communes et des départements ayant été assujettis aux mêmes droits que ceux qui intéressent les particuliers (*Loi 18 avril 1831, art. 17*), l'emprunt contracté par une commune suivant acte notarié, constitue une véritable obligation sujette au droit de 1 p. 0/0 (8).

6614. Sont aussi sujettes au droit de 1 p. 0/0 les obligations non négociables des départements, communes, établissements publics et compagnies, en raison de ce que leur cession, pour être parfaite, a besoin d'être signifiée au débiteur ou acceptée par celui-ci. Quant aux obligations négociables, elles sont soumises à un droit proportionnel de timbre et d'enregistrement de 1 p. 0/0 du montant du titre (*L. 5 juin 1850, art. 27*).

6615. Ces dernières obligations sont tirées d'un registre à souche, sous peine d'une amende de 10 p. 0/0 du montant du titre, et le registre doit être communiqué aux préposés de l'enregistrement (*Loi 5 juin 1850, art. 28 et 29*).

6616. Le droit est avancé par les départements, communes, établissements publics et compagnies ; il suit les sommes et valeurs de 20 fr. en 20 fr. inclusivement et sans fraction, et se perçoit sur les titres relatifs aux intérêts comme sur les obligations concernant le principal lui-même (*Loi 5 juin 1850, art. 27*) (9).

6617. Les départements, communes, établissements publics et compagnies peuvent s'affranchir des obligations précédentes en contractant avec l'État un abonnement pour toute la durée des titres (10). Le droit est alors annuel et de 5 c. par 100 fr. du montant de chaque titre. Le payement en a lieu à la fin de chaque trimestre au bureau de l'enregistrement du lieu où ils ont le siège de leur administration (*Loi 5 juin 1850, art. 31*).

6618. Pour l'abonnement comme pour le payement du droit ordinaire, les obligations sont revêtues à Paris ou dans les départements, selon les cas, d'un timbre particulier qui constate l'accomplissement de la formalité et l'acquit de l'impôt (11).

6619. Aux termes de l'art. 15 de la loi du 5 juin 1850, le payement du droit de 1 p. 0/0 dispense de tout droit et de toute formalité d'enregistrement les cessions des titres négociables des

---

(1) Cass., 1er avril 1811, 13 vent. an 13 ; Dél., 14 oct. 1831 ; D. N., *Lett. de ch.*, 237 ; *Billet*, 166 ; Sol., 11 juin 1840 ; R. G., 5271.
(2) Dél., 20 avril 1840 ; J. N., 7157 ; D. N., *Lett. de ch.*, 233 ; CONTRA, Dél., 29 janv. 1829 ; Inst., 1282 § 3 ; J. N., 6776.
(3) Sol. 27 avril 1842 ; Inst., 1410, § 3 ; D. N., *Lettre de ch.*, 234 ; Garnier, 5283 à 5288.
(4) D. M. F., 31 oct., 15 nov. 1808 ; Inst. 410, § 1 ; D. N., *loc. cit.*, 235 ; D. M. F., 10 mai 1832 ; J. N., 7737 ; R. G., 5285.
(5) Dél., 22 sept. 1857 ; Inst. 2111, § 1 ; R. P., 945 ; CONTRA, Dél., 15 nov. 1842 ; D. N., *loc. cit.*, 236.
(6) Sol., 27 avril 1832 ; Inst., 1410, § 7 ; R. G., 5287.
(7) D. M. F., 6 pluv. an 11 ; J. N., 4367 ; Cass., 3 pluv. an 11 ; D. M.

F., 27 déc. 1808 ; Châlon-sur-Saône, 12 juin 1859 ; J. N., 183 et 15857 ; D. N., *Lettre de ch.*, 238, et *Billet*, 168.
(8) D. M. F., 1er août 1832, 13 nov. 1833, 2 oct. 1834, 19 mai 1837 ; 9 mai 1843, 28 déc. 1824 ; R. G., 5355 ; Cass., 3 août 1840 et 11 nov. 1840 ; J. N., 10729 et 12885 ; Inst., 1156-9, 1834, § 10, et 1780, § 8 ; D. N., *Commune*, 178 et 179.
(9) J. N., 14065 ; Inst., 1854, § 4, 1873 ; R. G. 5430 ; D. M. F., 24 mars 1854, Inst., 2003, § 7.
(10) *Cons.* Seine, 17 janv. 1863 et 8 avril 1864 ; R. P., 1740, 1843.
(11) Décret, 27 juill. 1850, art. 4 et 5 ; J. N., 14085, 14122 ; Inst., 1854 et 1873.

départements, communes, établissements publics et compagnies. Depuis lors, la loi du 23 juin
1857 (1) a soumis ces transferts à un droit fixé à 20 c. p. 0/0 par chaque mutation pour les titres nominatifs, et à 12 c. p. 0/0 par an pour les titres au porteur (1 *bis*) ; et lorsque le transfert est constaté par
un acte civil, cet acte n'est sujet qu'au droit de 2 fr., *infra n° 6922 et renvoi 10*.

6620. La Cour suprême a même fait une application remarquable de ce principe, en décidant
qu'il fallait assimiler à des cessions les actes notariés ou autres par lesquels un créancier consentait
à prêter à la commune, à condition de recevoir en garantie des titres d'obligations négociables (2).

SECTION IX. — QUESTIONS DIVERSES.

6621. La loi ne tarife l'obligation de sommes à 1 p. 0/0 qu'autant qu'elle n'est pas le prix d'une
transmission. Si elle est causée pour prix de marchandises et que l'acte de vente de ces marchandises
n'ait pas été enregistré, il faut percevoir le droit de 2 p. 0/0 (sauf en cas d'effets de commerce, *supra*
n° 6608). C'est ce qu'on a décidé au sujet d'obligations pour fournitures effectuées de comestibles ou
autres objets mobiliers (3) ; pour avances faites en lingots par une maison de commerce à un bijoutier (4), et pour prix de fournitures diverses (5). Mais l'obligation souscrite pour dommages-intérêts
ne donnerait ouverture qu'au droit ordinaire de 1 p. 0/0. Et même s'il s'agissait de la fixation d'une
clause pénale dans l'acte même, aucun droit ne serait exigible (*Loi 22 frim. an 7, art. 11*). Quant
à l'obligation qui a pour cause le payement d'une indemnité, elle est assujettie au droit de 50 c.
p. 0/0 par l'art. 69, § 2, n° 8, de la loi du 22 frim. an 7. Si la promesse d'indemnité était indéterminée et non susceptible d'évaluation, le droit fixe de 2 fr. devrait seul être perçu (*Loi 28 avril 1816,*
art. 43, n° 18).

6622. Le droit de la convention primitive est donc toujours perçu ; d'où il suit que si cette convention était dispensée de l'impôt ou soumise au droit fixe, l'obligation nouvelle contractée sans
novation ne donnerait pas elle-même naissance au droit proportionnel. Ainsi l'engagement pris par un
fabricant de sucre de payer l'impôt est passible du droit fixe (6), de même que l'obligation pour prix
d'un navire (7) ; celle qui résulte d'une indemnité donne seulement lieu au droit de 50 c. p. 0/0 (8).

6623. Lorsque la cause d'une obligation n'est pas indiquée, on n'en saurait exiger la déclaration
ni percevoir le droit de 2 p. 0/0 sous le prétexte qu'elle a pu avoir pour objet le prix d'une transmission mobilière (9). Si l'acte constate uniquement qu'une somme a été reçue par un individu, il faut
conserver à l'opération son caractère de quittance (10).

6624. L'acte qui ratifie une obligation naturelle n'est sujet qu'au droit de 1 p. 0/0 et non pas à
celui de donation (11). Le droit ne serait même pas exigible s'il ne résultait de l'acte qu'une simple
intention de s'obliger moralement (12).

6625. Le contrat par lequel un individu fait garantir par un autre, moyennant une prime payable
comptant ou à terme, ses maisons, bâtiments, effets mobiliers ou autres biens des risques de l'incendie ou autres dangers est une obligation ordinaire sujette au droit de 1 p. 0/0 (13). Le droit est
assis sur la valeur de la prime ; en temps de guerre, les polices d'assurances maritimes produites en
justice acquittent seulement le demi-droit (*Loi 28 avril 1816, art. 51, n° 2*).

V. *Adhésion, supra n° 6502.*

---

(1) Voir aussi décrets, 17 janv. 1857, 11 janv. 1862, 11 déc. 1864.
(1 *bis*) Voir Dunkerque, 23 juin 1864 ; Sol., 27 juin 1864 ; Saint-Malo,
4 fév. 1365 ; Cognac. 8 avril 1867 ; Cass., 27 fév., 28 nov. et 3 déc.
1866, 5 mars, 24 avril, 4 et 11 déc. 1867 ; R. P., 2038, 2270, 2366.
2385, 2386, 2438, 2576, 2560 ; J. N., 18742. 18900, 15801, 18879. 191.3,
(2) Cass., 15 mai 1860, 27 mai 1862, 16 avril 1863 ; Mont-de-Marsan,
30 juin 1861 ; R. P., 1320. 1630, 1631, 1911, 2271 ; contra, D. M. F.
6 fév. 1857 ; Inst., 2093. § 1 ; Seine, 30 déc. 1859 et 23 juin 1860.
av. cons. d'Et. du 17 janv. 1860 ; D. M. F., 3 juin 1863 ; R. P., 8.7.
1359, 1678, 1836.
(3) D. M. F., 6 sept. 1816 ; Inst. 760, § 2 ; Pontoise. 24 janv. 1856 ;
Sol., 17 oct. 1863 ; Tours, 19 août 1864 ; R. P., 756, 4654, 4076.
(4) Seine. 1er déc. 1848 ; J. N., 13704 ; D. N., *Oblig.*, 396 ; R. G.,
1288, § 1.

(5) Dreux, 26 août 1846 ; J. N. 13035 ; D. N., *Oblig.*, 399.
(6) Dél. 14 avril 1848 ; R. G., 9075 ; D. N., *Oblig.*, 472.
(7) Dél., 18 avril 1827 ; D. N., *Oblig.*, 473 ; Champ., 828.
(8) D. N., *Indemnit.*, 13 et suiv.
(9) D. N., *Oblig.*, 400 ; Décis., 9 déc. 1828. *eod.*
(10) Garnier, R. G., 5094. § 1 ; Champ., 824.
(11) Cass., 3 juill., 1814, 10 mars 1818 ; D. N., *Oblig.*, 394.
(12) Cass., 3 janv. 1847 ; R. G., 9075 bis.
(13) D. M. F., 14 juin 182? ; Inst., 583, § 2 ; J. N., 9980.

CHAPITRE ONZIÈME.

DES CESSIONS ET DÉLÉGATIONS DE CRÉANCES.

SOMMAIRE

SECTION I. — CESSIONS DE CRÉANCES.

6626. I. *Tarif*. Les cessions et rétrocessions de créances à titre onéreux sont sujettes au droit de 1 p. 0/0 (*art. 69, § 5, n° 5 de la loi du 22 frim. an 7*).

6627. Ces actes n'étant autre chose que des *ventes* de créances exigent le consentement du cédant et du cessionnaire. Si le dernier n'acceptait pas, on ne pourrait évidemment percevoir le droit proportionnel ; et, par suite, l'acte postérieur dans lequel il ferait connaître son intention de ne pas profiter du transport ne serait pas une rétrocession sujette au droit de 1 p. 0/0 (1).

6628. Le tarif s'applique aux créances échues comme aux créances à terme (2), et même aux créances conditionnelles telles que les arrérages ou intérêts futurs (3); les fermages à échoir (4); le prix d'une vente à réaliser ultérieurement (5) ou des droits d'auteurs sur des ouvrages à publier (6). Mais dans ces dernières hypothèses ce n'est pas le capital de la créance conditionnelle qui sert de base à la perception, c'est la valeur estimative de ses chances de réalisation.

6629. Du reste si la cession était elle-même subordonnée à une condition suspensive, le droit fixe seul serait exigible (7).

6630. Le transport d'une créance verbale faite en l'absence du débiteur ne saurait constituer au

---

(1) Sol., 29 avril 1828 ; Seine, 5 mai 1847, 8 mars 1849 ; J. N., 6614, 13631, 13650; Garnier, R. G., 2574, 2597. *Comp.*, Seine, 5 avril 1843, 7 août 1844 ; J. N., 13631 ; Seine, 13 juill. 1867 ; R. P., 2544.
(2) Champ., 1430; Dallos, 1736; Garnier, 2576.
(3) Nantes, 10 nov. 1840; R. G., 2578.
(4) Seine, 17 fév. 1846; R. G., 2578; *Conf.*, J. N., 1956; Seine, 21 mars 1862; R. P., 1641.

(5) Seine, 16 déc. 1840; R. G., 278; D. N., *Cess. de créance* 299.
(6) Dél., 9 oct. 1821; D. M. F., 2 nov. 1824 ;Seine, 21 avril 1846 ; D. N., *Cess. de créances*, 295.
(7) Sol., 18 oct. 1826; Inst., 1205, 15; R. G., 2579.

profit du créancier un titre de la dette et justifier la perception du droit d'obligation. Mais cet impôt serait dû sur l'acceptation faite sans réserve par le cédé (1).

6631. Le prix de la cession doit être en argent. S'il consistait en meubles ou en immeubles, on considérerait l'acte comme une vente mobilière ou immobilière passible du droit de 2 ou de 5 fr. 50 p. 0/0 (2).

6632. II. *Liquidation.* D'après l'art. 14, n° 2 de la loi de frimaire, le droit est liquidé sur le capital exprimé dans l'acte et non pas sur le prix de la cession. Cette règle a eu pour but de prévenir de fausses énonciations dans le prix des transports; aussi a-t-on reconnu que pour les adjudications faites soit en justice, soit devant un notaire commis, où la fraude n'est pas possible, le droit se perçoit sur le prix (3). Mais les adjudications volontaires ne semblent pas jouir du même privilége, et c'est une différence que nous avons déjà constatée en matière d'expertise, *supra* n° 6267 (4).

6633. Les créances litigieuses ou sur un failli sont, comme les autres, sujettes au droit sur leur capital nominal (5). Cependant on a restitué le droit perçu sur une créance de faillite dont le dividende était justifié inférieur au capital cédé (6).

6634. La cession de la nue propriété d'une créance donne ouverture à l'impôt sur le capital entier de la créance (7). Par exception, on a décidé que le droit n'était dû que sur moitié pour le transport de la nue propriété à l'usufruitier (8) ou pour la cession de l'usufruit de la créance (9).

6635. III. *Gage.* Lorsqu'une créance est donnée en simple nantissement, soit dans l'acte même d'obligation, soit par acte ultérieur, aucun droit proportionnel n'est exigible, puisque le débiteur conserve sa propriété. Mais l'acte serait un véritable transport si le dessaisissement du débiteur était complet. C'est dans les circonstances de l'affaire et les termes de l'acte qu'il faut rechercher l'intention des parties. Le droit de 1 p. 0/0 a été, par exemple, jugé exigible dans des cas où le débiteur autoriserait le créancier à *céder les créances* transportées et à en conserver le montant comme *à-compte* (10); ou dispensait le créancier de se faire autoriser en justice pour disposer du gage (11).

6636. Mais il n'y a qu'un gage éventuel dans la cession que la femme, obligée solidairement avec son mari, fait de ses reprises au créancier jusqu'à due concurrence (12), non plus que dans le transport consenti par l'emprunteur, de l'indemnité à laquelle il aurait droit en cas d'incendie (13), ou le nantissement de marchandises déposées par le souscripteur d'un billet pour en garantir le payement aux donneurs d'aval (14).

6637. Si la cession en garantie se transforme plus tard en un transport réel, le droit proportionnel devient exigible (15). Mais il ne saurait, en tous cas, dépasser le montant du capital garanti (16).

6638. Quand la cession n'a pas opéré le transport de la créance, il en résulte que la renonciation au gage de la part du créancier ne saurait constituer une rétrocession passible du droit proportionnel (17). Nous avons fait déjà une semblable remarque précédemment, n° 6627.

6639. IV. *Intérêts.* La cession d'une créance et des intérêts échus donne lieu au droit sur ces

(1) D. M. F., 17 avril 1817 ; Sol., 27 fév. 1828; Dél., 31 déc. 1834; Garnier, R. G., 2580 et 2582; D. N., *loc. cit.*, 293; CONTRA, Champ., 4249, Dalloz, 1750; Saint-Lô, 16 mars 1842; J. N., 11488.

(2) Seine, 1er déc. 1848; Laon, 26 sept. 1850; J. N., 13704, 14277 ; Sol., 9 août 1825, 14 mars 1837; R. G., 2585; CONTRA, Dalloz, 93, et Champ., 38 et 84.

(3) Cass., 1er avril 1816; Dél., 29 mars 1823; R. G., 1213; Dél., 8 déc. 1829, 19 mars 1833; Inst., 1307, § 1; J. N., 1307, 1817, 7050; D. N., *loc. cit.*, 281.

(4) *Arg.* Cass., 3 juill. 1855; J. N., 15555; D. N., *loc. cit.*, 283; Garnier, *loc. cit.*, 2589; CONTRA, Reims, 6 sept. 1834; Champ., *Supp.*, 191; Dalloz, 4501.

(5) Dél., 2 oct. 1829; D. N., *loc. cit.*, 283; Seine, 7 mars 1851; J. N., 14585.

(6) Dél., 25 sept. 1829; R. G., 2590, § 1. V. Seine, 28 avril 1830; D. N., *loc. cit.*, 285.

(7) Dél., 17 mai 1834 ; Saint-Omer, 27 août 1834; Seine, 16 août 1838; D. N., *loc. cit.*, 286; R. G., 2591. V. Seine, 1 juin 1867; C., 14099.

(8) Sol., 29 sept. 1832; Dél., 29 av. 1834; R. G., 2591, § 3; D. N., *loc. cit.*, 287, 288 bis et 289.

(9) Sol., 10 mai 1833 ; D. N., 288; R. G., *loc. cit.*

(10) Mortagne, 26 avril 1850; D. N., *loc. cit.*, 309. V. Seine, 5 juin 1863; J. N., 17786; le Havre, 27 avril 1864; D. P., 2007.

(11) Seine, 27 janv. 1847, *ibid.*; Seine, 24 janv. 1855, 4 déc. 1857, 24 août 1867; R. P., 577, 978; C., 14040.

(12) Dél., 14 juin 1826; J. N., 3924.

(13) Dél., 2 mars 1830; J. N., 7155; R. G., 2592, § 4; CONTRA, Dél., 28 avril 1829; Inst., 1293, § 10; J. N., 6988; R. G., *loc. cit.*; D. N., *loc. cit.*, 31.

(14) Nevers, 8 mars 1864; R. P., 1913.

(15) Dél., 2 nov. 1831 et 2 juin 1834; Sol., 23 déc. 1828; R. G., 2592, § 2; CONTRA, D. N., *loc. cit.*, 313; J. N , 8643.

(16) Toulouse, 9 juill. 1844; D. N., *loc. cit.*, 314; R. G., 2592, § 3.

(17) Dél., 2 juill. 1835, 12 juin 1841; D. N., 314; Seine, 12 juill 1854; R. P., 230; J. N., 13293.

intérêts comme sur le capital (1). Il se perçoit sur tous les intérêts compris dans l'acte, sans égard à la prescription quinquennale (2); mais si le transport s'appliquait à tous intérêts échus sans en indiquer le chiffre, il faudrait borner la perception à cinq années (3).

6610. V. *Cession d'hypothèque.* Le transport d'hypothèques n'ayant pas été tarifé est sujet au droit fixe. La Régie enseigne cependant que si la cession de priorité d'hypothèque a pour effet de faire toucher à un créancier des sommes auxquelles il n'aurait eu aucun droit sans cela, le droit de 1 p. 0/0 est exigible (4). Cette solution ne doit pas être suivie, car le transport laisse au cédant la propriété entière de sa créance (5).

6611. VI. *Cessions diverses.* Bien qu'un officier public paye comptant le prix d'une vente mobilière faite à terme, il n'y a pas cession de créances, l'officier se libère seulement par anticipation (6).

6612. Mais le droit serait dû sur la clause d'un bail par laquelle le principal locataire d'un immeuble déjà affermé en partie prendrait l'engagement de toucher les sous-locations à ses risques (7); ou sur l'acte portant cession de la plus-value annuelle d'une sous-location (8), ou enfin sur la convention qui attribuerait un prix de vente d'immeubles à un légataire de somme d'argent en payement de son legs (9).

6613. VII. *Endossements.* Les endossements notariés sont sujets au droit fixe de 2 fr. (10). Mais cette disposition est spéciale aux effets de commerce. L'endossement d'un billet simple ou d'un effet négociable ne valant que comme simple promesse constituerait une véritable cession de créances sujette au droit de 1 p. 0/0 (11). Et il en serait de même de l'endossement d'une obligation notariée stipulée transmissible en cette voie (12).

6614. VIII. *Titres négociables.* Doivent être enregistrés au droit fixe les actes notariés contenant la cession d'actions ou obligations soumises au droit de timbre proportionnel créé par la loi du 5 juin 1850 (*Loi 5 juin 1850, art. 15*). Et on assimile à un transfert de l'espèce le contrat par lequel un prêteur livre ses fonds en échange des actions ou des obligations (13).

6615. Lorsque les actions n'ont pas donné lieu à l'émission de titres soumis à la loi du 5 juin 1850, leur cession pendant l'existence de la société donne lieu au droit de 2 p. 0/0 quand le fonds social n'est pas divisé en actions proprement dites ou en fractions en tenant lieu, que que soit d'ailleurs le caractère négociable ou non négociable des actions (14). Dans le cas où cette division a été faite, c'est le droit de 50 c. p. 0/0 qui est applicable (15).

SECTION II. — SUBROGATION.

6616. I. *Subrogation conventionnelle.* Il y a subrogation quand un tiers acquitte de ses deniers l'obligation du débiteur et se trouve substitué dans les garanties du créancier (16). Cette substitution s'opère dans certains cas par la force de la loi sans qu'il soit besoin d'une convention particulière. Elle ne s'effectue, au contraire, dans d'autres hypothèses, qu'en vertu de la stipulation des parties, *supra* n° 3289 à 3311.

6617. Quand la subrogation résulte de la volonté des parties, on considère qu'il y a non-seulement transmission des garanties de la dette, mais encore cession de la créance elle-même, ce qui entraîne la perception du droit de 1 p. 0/0 (17).

6618. On l'a, en conséquence, reconnu exigible sur le payement avec subrogation fait à un bailleur de fonds pour obtenir le privilège de second ordre sur un cautionnement (18), sur l'acte par lequel le mari paye à sa femme, sous le régime dotal, le prix des acquisitions des biens dotaux de

---

(1) Dél., 1er fév. 1822; R. G., 2595.
(2) Seine, 31 juill. 1822; Inst., 1249, § 7; D. N., 291; R. G., 2595.
(3) Arg. D. M. F., 28 juin 1808; Inst., 390, § 11; R. G., 7655.
(4) Inst., 386, § 11; R. G., 1320, § 1.
(5) Dalloz, 4744; Champ., 1258; D. N., *Cess. d'antér.*, 13 et 14.
(6) Dél., 1er août 1824; R. G., 1188, § 9.
(7) Seine. 17 fév. 1846; D. N., *loc. cit.*, 299; CONTRA, Seine, 5 déc. 1863; R. P., 1942.
(8) Seine, 21 mars 1862; R. P., 1641; J. N., 17405.
(9) Seine, 16 août 1843; Lyon, 19 août 1846; Seine, 8 mars 1838; Dél., 28 fév. 1834; R. G., 4516, § 1; D. N., v° *Dél. de legs*, 87.
(10) Garnier, R. G., 5280, § 3; J. N., 9596; D. N., v° *Endoss.*, 40.

(11) D. M. F., 31 août 1815; Inst., 648; R. G., 5359; D. N., *loc cit.*, 43.
(12) Cass., 5 pluv. an 11; D. M. F., 27 déc. 1808; J. N., 183; D. N., *loc. cit.*, 44; Châlon-sur-Saône, 12 juin 1856; R. P., 727.
(13) *Supra* n° *6619 et 6620.*
(14-15) V. *infra* n° *6923.*
(16) Il n'y a pas besoin d'expressions sacramentelles. Béziers, 11 mai 1858; R. P., 1069.
(17) Champ., 1253; Dalloz, 4858; Garnier, 11926; Dél., 28 déc. 1832; R. G., 11927.
(18) Dél., 29 janv. 1823; R. G., 11930; D. N., *Subrog.*, 282.

celle-ci, afin d'être substitué à ses droits contre les acquéreurs (1) ; sur la subrogation qu'une femme séparée de biens consent sur son mari au profit d'un tiers (2) ou qu'un tuteur obtient contre le mineur devenu majeur (3).

6649. Mais le droit de quittance ne saurait être perçu cumulativement avec le droit de cession, puisque la créance ne s'éteint pas, et que, s'éteignit-elle, cette libération serait une dépendance de l'obligation correspondante (4).

6650. II. *Subrogation légale.* Lorsque la subrogation s'opère de plein droit, il n'y a plus qu'un transport des garanties attachées à l'ancienne créance et non pas une cession de cette créance elle-même qui s'éteint. Dès lors le droit de quittance est exigible, comme nous le verrons *infra* nº 6740 ; seulement, il faut restreindre cette perception au cas de la subrogation légale proprement dite, et le droit de 1 p. 0/0 deviendrait exigible, si le payement avait lieu en dehors des conditions dans lesquelles elle peut s'effectuer.

6651. Tel est le cas où un tiers paye les créanciers inscrits du débiteur sans justifier qu'il est primé par ceux-ci (5), ou généralement désintéresse un créancier qui n'a sur lui aucun motif de préférence (6) ; celui où le débiteur *conjoint* acquitte avec subrogation la part de son codébiteur, ce qui s'applique notamment à l'époux soldant la dot d'un enfant commun (7), ou au cohéritier payant seul une dette divisible de la succession (8) ; celui enfin où l'acheteur qui a été command et qui était obligé solidairement avec le command paye le prix de l'acquisition pour se décharger de son engagement (9).

SECTION III. — DÉLÉGATION DE CRÉANCES.

6652. La délégation est l'acte par lequel un débiteur pour s'acquitter donne au créancier une tierce personne qui s'oblige à sa place. Si le débiteur, le tiers et le créancier acceptent tous trois la convention, la délégation est parfaite, c'est-à-dire que le tiers devient débiteur personnel du créancier à la place du délégant. Si au contraire le tiers ou le créancier n'acceptent pas, il y a délégation imparfaite et le premier débiteur n'est pas libéré.

6653. La loi du 22 frim. an 7, art. 69, § 3, nº 3, ayant assujetti au droit de 1 p. 0/0 toutes les délégations de créances à terme, sans exception, on en a conclu avec raison que ce tarif est applicable aux délégations imparfaites comme aux autres (10).

6654. La délégation imparfaite par le défaut d'acceptation du délégué diffère de la cession de créances en ce que le délégant ne perd pas comme le cédant toute espèce de droits sur la créance, et en ce qu'il demeure garant de la solvabilité du débiteur cédé. Mais elle lui ressemble sous les autres aspects et donne lieu comme elle à un droit de transmission.

6655. Ce droit est donc indépendant de celui qui a été ou qui doit être perçu sur le titre de la créance déléguée. Et si, par exemple, le délégué débiteur verbal intervenait pour reconnaître son obligation, il faudrait exiger à la fois et le droit de titre et le droit de délégation (11).

6656. Comme la cession de créance, la délégation peut être conditionnelle ou produire les effets d'un simple nantissement. Alors le droit proportionnel est remplacé par le droit fixe, sauf à être réclamé à l'événement de la condition. Ainsi de la délégation de fermages faits à titre de garantie par un emprunteur pour assurer le payement exact des intérêts (12), à moins que la cession ne soit

---

(1) Cass., 16 juill. 1849 ; J. N., 13840 ; Inst., 1844, § 5 ; D. N. *loc. cit.*, 230.

(2) D. M. F., 23 oct. 1826 ; nst., 1205, § 11, Dél., 27-31 oct. 1835 ; R. G., 11933 ; D N., *loc. cit.*, 229 ; J. N., 6080.

(3) Dél., 31 oct. 1835, ci-dessus ; contra, D. N., *loc. cit.*, 255 ; J. N., 9132.

(4) Bourg, 25 fév. 1856 ; Strasbourg, 3 juin 1856 ; Lyon, 11 janv. 1857 ; 2 arrêts de cass., 19 janv. 1858 ; R. P., 641, 707, 803, 962 ; contra, Seine, 6 fév. 1856 ; Pau, 6 juin 1856 ; Seine, 29 août 1851 ; R. P., 615, 726, 904. Voir J. N., 7944, 8273, 15736, 15761, 15834, 15989, 16101, 16173, 16221, 16234.

(5) Seine, 28 nov. 1842 ; R. G., 11942, § 1 ; D. N. *loc. cit.*, 342.

(6) Seine, 15 mars 1843, 5 juill. 1843 ; R. G., 11942, § 3 ; D. N., 343.

(7) Dél., 27 août 1833 ; R. G., 11932 ; contra, D. N., *loc. cit.*, 254 ; J. N., 8218.

(8) Garnier, R. G., 11944, § 5.

(9) Cass., 10 juin 1845 ; J. N., 12405 ; Inst., 1743, § 13 ; R. G., 2806 *bis* ; contra, D. N., *loc. cit.*, 256

(10) D. M. F., 26 oct. 1821 ; Cass., 11 nov. et 11 déc. 1822, 31 déc. 1823 (5 arrêts) ; Dél., 7 fév. 1824 ; Inst., 1132, § 5, et 1270 ; J. N., 3961, 4207, 4321, 4511, 4614 et 6838 ; R. G., 446 ; Seine, 26 fév. 1859 ; Semur, 1er avril 1863 ; Marseille, 23 juill. 1863 ; R. P. 1235, 1813, 1816.

(11) Inst., 290, § 21 ; D. N., *Délég.*, 45.

(12) Dél., 13 août 1825 et 18 oct. 1826 ; Inst., 1205, § 5 ; Montbéliard, 10 janv. 1849 ; J. N., 5167, 5911 et 13673 ; D. N., *loc. cit.*, 47 ; R. G., 4470, § 3, 4480.

complète et le débiteur déchargé du service des intérêts (1). Ainsi encore de la délégation de sommes en payement d'une dette que le délégant se propose de contracter (2).

6657. Le droit ne serait pas exigible non plus si la délégation avait le caractère d'un acte de gestion ; comme quand la femme consent à ce que son mari se rembourse sur ses paraphernaux des avances qu'il a faites pour payer le prix de biens acquis par elle en remploi (3).

SECTION IV. — DÉLÉGATION DE PRIX.

6658. I. *Délégation de prix dans le contrat.* Lorsqu'un débiteur, en aliénant un objet, charge le nouveau propriétaire, dans le contrat même de cession, de verser certaines sommes à ses créanciers, cette disposition n'est qu'un mode de payement du prix ou de la valeur de l'objet. Elle se confond avec la transmission même et ne donne ouverture à aucun droit. Mais elle emporte reconnaissance formelle de l'obligation que l'acquéreur doit acquitter, et si cette obligation ne résulte pas d'un titre enregistré, le droit de 1 p. 0/0 est exigible. Tel est le motif du tarif appliqué par l'art. 69, § 3, n° 3 de la loi du 22 frim. an 7, « aux délégations de prix stipulées dans un contrat pour acquitter des » créances à terme envers un tiers sans énonciation de titres enregistrés, sauf pour ce cas, la resti- » tution dans le délai prescrit, s'il est justifié d'un titre précédemment enregistré. »

6659. Par conséquent, lorsque le titre de la créance a été soumis à la formalité, on ne saurait exiger aucun droit proportionnel. Le seul impôt à percevoir est celui de deux francs sur l'acceptation du délégataire (4), encore que cette acceptation intervienne après le contrat (5).

6660. Mais l'absence d'un titre enregistré motive toujours la perception du droit proportionnel, sans qu'il y ait à examiner si le créancier a accepté ou non l'aveu du débiteur (6).

6661. Quand le titre a été enregistré et qu'il n'est pas nové, on n'a pas à se préoccuper du droit perçu (7). Toutefois l'impôt acquitté pour le capital n'en dispenserait pas la délégation des intérêts *échus*, qui constituent une créance particulière non encore frappée de l'impôt (8).

6662. D'après le même principe, aucun droit ne serait exigible si la créance s'éteignait par l'effet même de la délégation comme quand le délégué se libère de suite (9); si l'obligation du délégant était conditionnelle, et s'appliquait, par exemple, à des intérêts à échoir (10); si le délégant imposait au délégataire l'obligation de justifier préalablement d'un titre régulier (11); ou enfin si le créancier n'avait pas besoin de titre pour obtenir collocation, comme les créanciers inscrits d'une succession bénéficiaire (12).

6663. On a jugé que si le prix d'une vente est délégué aux *créanciers hypothécaires*, cette qualité indique suffisamment que les titres sont conformes et dispense du droit proportionnel (13). Quand le prix est stipulé payable aux mains d'un tiers sans indication de la cause du versement, la Régie décide que le droit de délégation n'en est pas moins exigible (14). Mais cette opinion est combattue par le *Journal des notaires*, art. 8565, et nous croyons, en effet, qu'on n'y saurait voir qu'un mandat.

6664. Il faut du reste appliquer à cette perception la plupart des règles que nous avons indiquées à propos des reconnaissances de dettes, *supra n° 6554 à 6575*, puisque c'est sur le même principe qu'elle se fonde.

6665. Et on devrait, par suite, exiger le droit sur la délégation renfermée dans tout contrat, bien qu'il ne contînt pas à proprement dire *de prix* dans le sens de l'art. 69, § 3, n° 3 de la loi de l'an 7.

---

(1) Dél., 13 août 1825 et 18 oct. 1826, *précitées.*
(2) Dél., 28 avril 1824; J. N., 5064; D. N., *loc. cit.*, 49. *Comp.*, Dél., 1er fév. 1826; J. N., 5368; D. N., *loc. cit.*, 50; Clermont-Ferrand, 3 déc. 1850; R. G., 4481.
(3) Cass., 3 mai 1864; R. P., 1907; contra, le Havre, 18 août 1848; R. G., 4482.
(4) Cass., 5 sept. 1827, 2 avril et 21 juill. 1828; J. N., 6406, 6538, 6623, 6838; Inst., 1270; R. G., 4449.
(5) Cass., 26 mai 1830; J. N , 7222; Inst., 1377, § 7; R. G., 4452; D. N., *Délég.*, 62.
(6) Cass., 11 nov. 1822, 31 déc. 1823; Inst., 1270. *Conf.*, Inst., 290, § 21; D. M. F., 3 mai 1820, 26 oct. 1821; Dél., 7 fév. 1824; Inst., 1132, § 5; Dél., 20 mars 1829, 16 avril 1833; J. N., 3961, 4297, 4321, 4511 et 4614; R. G., 4451; Seine, 7 fév. 1862; R. P., 1635; contra

Champ., 1167-1476; Duvergier, *Vente*, II, 189; Dél., 1er mai 1827; R. G., *loc. cit.* Cons., Cass., 13 mai 1851; R. P., 490.
(7) Champ., 1146; Dalloz, 1687; Garnier, 4453; Arg. de l'Inst., 1156, § 3, n° 2.
(8) Dél., 6 oct. 1824; Inst., 1156, § 3, n° 2; Saverne, 23 août 1845; R. G., 4453, § 2.
(9) Cass., 4 juill. 1815 ; R. G., 4454.
(10) Dél., 23 déc. 1828; Dall., 1129; Versailles, 2 juill. 1840; Dél. 8 mai 1840; R. G., 4453. § 4.
(11) Sol., 19 déc. 1852; Dél., 18 janv. 1826;R. G., 4459.
(12) Roll., *Deleg.*, 74; Seine, 6 nov. 1853; R. G., 4471; contra, Inst., 1132, § 5 ; Privas, 19 avril 1845 ; Dieppe, 5 déc. 1849.
(13) Seine, 27 fév. 1840; D. N., *loc. cit.*, 61; R. G., 4450.
(14) Dél., 23 mai 1834; D. N., 66; contra, Sol., 12 sept. 1866; R. P., 2360.

C'est ce qu'on a spécialement décidé pour un bail (1), une donation (2), un contrat de mariage (3) et une ratification de vente (4).

6666. II. *Délégation de prix hors contrat.* Les délégations de prix faites en dehors du contrat d'aliénation rentrent dans la catégorie des délégations de créances à terme et doivent l'impôt proportionnel, bien que le droit de titre ait été payé sur la créance du délégataire (5). Il y a seulement quelques embarras pour savoir si l'acte postérieur constate la délégation même ou s'il complète celle qui est exprimée dans le premier contrat.

6667. La délégation ne résulterait pas, par exemple, de la clause alternative d'un contrat portant que le prix sera payé au vendeur *ou* à ses créanciers (6); ni de la simple intention de déléguer ultérieurement (7), lors même que l'acquéreur s'obligeait d'ores et déjà à exécuter cet ordre futur (8).

6668. Mais la délégation doit être considérée comme faite dans le contrat de vente aux créanciers inscrits, bien qu'ils n'y soient pas nominativement désignés, du moment que ce prix est « *expressément délégué* aux créanciers inscrits du vendeur (9). » Il ne suffit pas néanmoins de dire que le prix sera *payable* aux créanciers (10).

6669. Et on doit assimiler à une délégation véritable soumise à l'impôt proportionnel, l'acte qualifié ordre amiable par lequel le vendeur distribue entre les créanciers même hypothécaires les sommes non antérieurement déléguées, dues par les acquéreurs présents à l'acte (11). L'ordre amiable proprement dit est celui qui intervient entre les créanciers sans la participation directe du vendeur; il constitue une sorte de règlement étranger au débiteur et n'est sujet qu'au droit fixe (12).

6670. III. *Indication de payement.* Quand le contrat n'investit pas le créancier d'un droit personnel contre le débiteur délégué, mais que le délégant a simplement voulu régler la forme de sa libération en donnant à son propre obligé l'ordre d'aller verser ses fonds entre les mains du créancier, ce dernier ne peut forcer le délégué à se libérer qu'en excipant des droits de son propre débiteur, et l'acte produit uniquement l'effet d'un mandat ou d'une indication de payement sujet au droit fixe de 2 fr. (13).

CHAPITRE DOUZIÈME.

DES CONSTITUTIONS, CESSIONS ET DÉLÉGATIONS DE RENTES.

SOMMAIRE

(1) D. M. F., 15 mars 1814 ; R. G., 4448, § 1; D. N., *loc. cit.*, 70; Marseille, 23 avril 1858 ; Saint-Brieuc, 13 août 1866 ; Dreux, 29 août 1806; R. P., 999, 2343; J. N., 18665.
(2) Cass., 2 avril 1828; Inst., 1210, 1470, § 5; Clermont. 2 mars, 1817; Nevers, 6 janv., 1851; Mâcon, 2 juin 1843; D. N., 68; J. N., 6538, 6838, 13160; R. G., 4448, § 2; D. M., Belge, 18 août 1866.
(3) Reims, 1er juin 1846; Mâcon, 2 juin 1843; R. G., 4448, § 2.
(4) Nogent-sur-Seine, 13 mai 1830; Dél., 23 juill. 1830; J. N. 7236; D. N., *loc. cit.*, 64.
(5) D. M. F., 3 mai 1820, 26 oct. 1821; Cass., 11 déc. 1822; 31 déc. 1823, 26 mai 1831; Inst., 1132, § 5, 1270 et 1467, § 1; J. N., 3580, 3961, 4321, 4511, 4614, 6833, 8592; R. G., 4405.
(6) Mamers, 2 fév. 1847; Dél., 16 août 1833; Seine, 18 janv. 1838; R. G., 4466.
(7) Dél., 25 fév. 1834 ; Cass., 7 janv. et 27 fév. 1839; J. N., 8529, 10236, 10357, 12214; Inst., 1590, § 4 et 1601, § 3, 1723-2.
(8) Metz, 8 janv. 1833; Dél., 1er oct. 1833, 16 août 1833, 25 janv.

(8-bis) le Havre, 17 déc. 1846; Tarascon, 30 avril. 1846; J. N., 8529 R. G., 4467.
(9) Cass., 27 avril 1840; Seine, 17 fév. 1841; Inst., 1723, § 2; J. N., 10649, 11011, 12214; D. N., *Délég.*, 74.
(10) Confolens, 19 juin 1847; Seine, 15 juin 1852; Hazebrouck, 3 juin 1853; R. G., 4468; J. N., 14939; D. N., *loc. cit.*, 75.
(11) Cass., 15 juill. 1840, 19 avril 1843, 24 avril 1854; J. N., 10710, 11730 et 15278; Inst., 1634, § 2, 1697, § 3, 2019, § 4; R. G., 4469; R. P., 71.
(12) Sol., 26 déc. 1830, 21 avril, 19 juin 1835; Cass., 31 janv. 1815; R. G., 4469, 9280; D. N., *Ordre*, 336, et *supra* n° 6445 ; Fontenay, 27 avril 1864; R. P., 2075.
(13) V. Pothier, *Oblig.*, 569; Larombière, *1277*, § 4; Dalloz, *Oblig.*, 2496, Mourlon, *1277* ; Marcadé, *art. 1277* ; Zach., *édit.* Aubry et Rau, II, p. 394, note 28; Semur, 1er avril 1863; Tours, 13 fév. 1861; R. P., 1843, 2074; contra, Sol., 5 nov. 1863; J. N., 17972; R. P. 2074.

6671. I. *Constitution.* L'art. 69, § 5, n° 2 de la loi du 22 frim. an 7 tarife au droit de 2 p. 0/0 les constitutions de rentes, soit perpétuelles, soit viagères et de pensions à titre onéreux; les cessions, transports et délégations qui en sont faits au même titre.

6672. Ainsi que le porte le texte, le droit de 2 p. 0/0 est spécial aux constitutions de rente à titre onéreux. Celles qui auraient lieu gratuitement acquitteraient l'impôt des donations (1). Quant aux moyens de les distinguer l'une de l'autre, ils sont laissés à l'appréciation des tribunaux. Et, à cet égard, on a interprété, tantôt comme libéralité tantôt comme constitution de rente. l'acte par lequel une personne remet un capital à un tiers que s'oblige de lui servir viagèrement une rente égale au taux de l'intérêt (2).

6673. Il ne s'agit pas ici non plus de ces conventions à titre onéreux dans lesquelles la rente est le prix de la cession d'un immeuble ou d'un objet mobilier; c'est l'aliénation de l'immeuble ou des meubles qui forme alors la disposition principale du contrat et motive la perception, *infra* n° 6931. Par conséquent si la transmission était exempte de tout droit proportionnel, comme la vente d'un navire, de biens étrangers ou d'une créance conditionnelle, la constitution de rente qui en représente le prix en serait également dispensée (3).

6674. Il a été jugé cependant que, malgré l'exemption dont profitent les cessions de rentes d'Etat, celles qui auraient lieu moyennant une rente viagère devraient acquitter le droit de 2 p. 0/0, *infra* n° 6690.

6675. Le prêt d'une somme remboursable avec intérêts à la volonté de l'emprunteur est une véritable constitution de rente (4); de même qu'il faut considérer comme une obligation ordinaire la constitution d'une rente remboursable au gré du prêteur (5), ou comme une cession de créance pure et simple le transport d'une rente qui est, à la suite d'un jugement ou d'une convention, devenue exigible pour défaut de payement des arrérages pendant deux ans (6).

6676. II. *Cession et délégation.* Les cessions ou délégations de rentes sont gouvernées par les règles indiquées précédemment pour les transports ou les délégations de créances, *supra* n° 6626 *et suiv.* (7). Si le titre constitutif n'était pas enregistré et que la cession en pût tenir lieu, le droit de 2 p. 0/0 serait exigible indépendamment du droit de transport (8).

6677. La délégation du prix d'une rente faite dans le contrat, pour acquitter une rente constituée sans titre, donnerait donc ouverture au droit de 2 p. 0/0 (9).

6678. III. *Liquidation.* L'impôt se liquide différemment pour les créations ou cessions de rentes selon qu'il y a ou non un capital constitué. Dans le premier cas, c'est ce capital qui sert de base à la perception, quel que soit le prix du transport (*Loi 22 frim. an 7, art. 14, n°s 6 et 7*). On n'a pas à examiner pour cela si la rente est cédée en payement d'une dette plus ou moins importante que le capital constitué (10), ni si la rente viagère est arrivée presque à sa fin (11); mais c'est le prix du transport qui devrait être accepté néanmoins en cas d'adjudication en justice ou devant un notaire commis, *supra* n° 6652; et si une partie seulement de la rente était cédée, le droit ne devrait être liquidé que sur une part correspondante du capital aliéné (12). En cas de réserve d'usufruit par le cédant, le droit n'en est pas moins dû sur le capital entier (13).

6679. Quand il n'y a pas eu de capital constitué, le droit est établi sur un capital formé de vingt fois la rente perpétuelle et de dix fois la rente viagère ou la pension, quel que soit le prix stipulé pour le transport ou l'amortissement et sans faire aucune distinction entre les rentes viagères et pensions créées sur une ou plusieurs têtes. (*Loi 22 frim. an 7, art. 14, n° 9*).

6680. Le droit devrait donc être perçu sur le capital légal quand bien même on aurait indiqué

(1) D. N., *Donat.*, 459; Garnier, 10764.
(2) Châtillon-sur-Seine, 28 déc. 1858; Civray, 31 déc. 1858; Castres 1er juill. 1859; R. P., 1202, 1343. Voy. Grasse, 18 juill. 1864; R. P. 1903; Mirecourt, 3 août 1867; R. P., 2529.
(3) R. G., 10773, § 3; Seine, 10 fév. 1866; R. P. 2446.
(4) Guingamp, 7 janv. 1826; Carpentras, 9 janv. 1850; R. G., 10776; D. N., *Rente const.*, 188 et 189.
(5) Pothier, *Const.*, 43; Garnier, 10774.
(6) Dalloz, 1737; Champ., 1433; Garnier, 10783.
(7) D. M. F., 24 nov. 1820; Argentan, 29 mai 1849; Dél., 27 déc. 1837; R. G., 10781, 10785; Seine, 13 janv. 1866. R. P., 2330.

(8) *Arg.* Dél., 29 mars 1836; Inst., 1328, § 15; D. N., *Rente*, 192, Folcalquier, 19 août 1843; R. G., 10785; Cass., 28 mai 1830; J. N., 7222, 9248.
(9) Sol., 27 avril 1838; Inst., 1577, § 7; R. G., 10785.
(10) Versailles, 1er avril 1852; R. G., 10788; Seine, 6 déc. 1849, J. N., 13999.
(11) Dél., 15 mai 1838; R. G., 10794.
(12) Rouen, 12 juill. 1848; J. N., 14485.
(13) Cass., 1er sept. 1806; R. G., 10793.

dans le contrat la somme par laquelle elle serait rachetable (1) et cette règle s'applique également aux mutations entre-vifs à titre gratuit ou par décès (2).

6681. Lorsqu'il s'agit de rentes ou pensions stipulées payables en nature, on les évalue aux même capitaux, estimation faite des objets d'après les mercuriales (formées en exécution de la loi du 15 ma 1818, art. 75), ou d'après la déclaration des parties, s'il ne s'agit pas d'objets compris dans les mercu riales (*Loi 22 frim. an 7, art. 14, n° 9*).

6682. A l'égard des rentes temporaires créées sans expression de capital, nous croyons qu'il faut les assimiler aux rentes viagères, si leur durée dépasse dix ans, mais que si elles doivent être servies pendant une période plus courte, il faut seulement établir le capital par la réunion de ces années (3).

6683. Si la cession s'applique à des rentes antérieures au Code Napoléon et réputées immeubles, le droit de transcription est exigible à cause de la nécessité de la purge, en vertu de l'art. 54 de la loi du 28 avril 1816 (4), à moins qu'on ne justifie d'une transcription déjà faite (5).

6684. IV. *Novation.* La conversion d'un prêt ou d'une créance ordinaire en une rente soit viagère, soit perpétuelle, opère novation et donne lieu au droit de 2 p. 0/0 (6). Il y a également novation passible de 1 p. 0/0 si on convertit une rente viagère en une somme annuelle payable pendant un certain temps (7). C'est le droit de 2 p. 0/0 qui est exigible quand on stipule qu'une rente viagère précédemment transformée en une obligation à terme continuera d'être servie (8).

6685. La conversion d'une rente viagère en une pension en nature ou réciproquement nove aussi l'objet de la dette et motive la perception du droit de 2 p. 0/0 (9).

6686. Il en est de même du changement d'une rente perpétuelle en rente viagère ou de la conversion d'une rente viagère en rente perpétuelle (10).

6687. Mais il n'y a plus novation lorsque le débiteur d'une rente perpétuelle s'oblige à en rembourser le capital à une époque déterminée, parce que le débiteur n'offre le payement que de ce qu'il doit. L'acte n'est donc qu'un complément passible du droit de 2 fr. (11).

6688. V. *Rentes sur l'Etat.* L'art. 70, § 3, n° 3 de la loi du 22 frim. an 7 exempte de la formalité de l'enregistrement les transferts et mutations des inscriptions sur le grand-livre de la dette publique. Mais si ces transferts résultent d'un acte notarié, ils sont sujets à l'enregistrement au droit fixe de 2 fr., *supra n° 6142.*

6689. Le bénéfice du droit fixe se restreint d'ailleurs aux actes qui constatent uniquement le transfert : les autres dispositions du contrat resteraient assujetties aux droits ordinaires (12).

6890. Par exemple : la clause du contrat qui réserve au vendeur la faculté de demander après un certain délai le remboursement du prix, est une obligation soumise au droit de 1 p. 0/0 (13); celle qui convertit le prix en une rente viagère donne lieu au droit de 2 p. 0/0 (14); l'obligation du cessionnaire de payer les intérêts du prix et la dation d'une hypothèque qui l'accompagne constitue un prêt ordinaire (15); l'abandon de rentes sur l'Etat en payement d'une dette donne ouverture au droit de quittance (16).

V. *Donation, n°s 6787 et suiv.*; *Quittance, infra n°s 6744 à 6746.*

---

(1) Cass., 22 fév. 1832; Bernay, 22 fév. 1836; Laon, 28 déc. 1843; Seine, 13 avril 1842; Cass., 17 déc. 1834, 10 mai 1833; Reims, 10 juin. 839; Sol., 8 mai 1833; Dél., 9 juill. 1834 et 6 sept. 1826; R. G., 10799; Seine. 19 fév. 1864; R. P., 1947; Seine, 44 fév. 1863; J. N., 17745; CONTRA, Dél., 30 déc. 1825, 29 juill. 1827; Sol., 4 juin 1830, 26 déc. 1834, 7 janv. 1835 et 18 mars 1841; R. G., 10799. V. J. N., 12070; Inst., 1481, § 4.
(2) Cass., 28 mess. an 13 et 4 mai 1807; R. G., 10800; Champ., 3651-3667.
(3) Voir Garnier, 10778.
(4) Cass , 23 déc. 1823; Inst., 1146, § 9, 12 mai 1824 et 4 mars 1825; R. G., 16803.
(5) Villefranche, 30 déc. 1847; R. G., 10803. § 1. *Comp.*, Sol., 5 août 1828; J. N., 6751; Inst., 1263, § 1.
(6) Sol., 4 janv. 1823; D. N.. *Novat.*, 145; Toullier, VII, 280; Marcadé, *art. 1273*; Cass..7 déc. 1814; Caen, 21 oct. 1826; Champ., 4310; Dalloz, 1859; Garnier, 8956 et 8957.
(7) Av. cons. d'Etat, 15 juin 1831 ; J. N., 7409; R. G., 8962.
(8) Dél., 20 nov. 1835; D. N., *Nov.*, 147; R. G., 8962.
(9) Cass., 12 janv. 1847; Inst., 1796, § 19; Nantes, 29 avril 1849;

R. G., 8968; Lille, 24 juin 1861; R. P., 1501; J. N., 12023, 13907, 17246; CONTRA. Dél., 30 avril 1825 ; J. N., 5238; D. N., *Nov.*, 451.
(10) Garnier, 8967; Sol., 24 nov. 1856; R. P., 825; CONTRA, Cass., 5 déc. 1827; J. N., 6406; D. N., *Nov.*, 146.
(11) Dél., 14 mai et 13 sept. 1823 ; Clermont-Ferrand, 4 fév. 1835; Cass., 41 août 1836 ; J. N., 4516, 8889 et 9359; Marvejols, 24 avril 1838 ; D. M. F., 7 mars 1844; Inst.. 1710, § 6; R. G., 8958; D. N., *Nov.*, 154; CONTRA, D. M. F., 29 sept. 1821; Inst., 1027, § 2 ; J. N. 4118.
(12) D. M. F., 14 sept. 1825; Cass., 7 nov. 1826; Inst., 1180-4, 1205, § 12; R. G., 10812.
(13) Cass., 29 juin 1835; Inst., 1498, § 9; Cass., 24 avril 1839; J. N., 8922, 10377.
(14) Cass. 7 nov. 1826; R. G., 10773; D. M. F., 14 sept. 1825; Cass., 20 fév. 1839; Inst., 1180-4, 1205-12, 1390, § 3; Saint-Brieuc, 9 juill. 1860; R. P., 1381; J. N., 10299, 10973.
(15) Cass., 5 mai 1840; Inst., 1630, § 5; Seine, 31 déc. 1851; J. N., 10657, 14558. Cependant voir Cass., 28 août 1837 ; J. N., 9753.
(16) Cass., 31 déc. 1834 ; J. N., 8763; Sol., 2 août 1831 ; J. N., 7524, 8763; Inst., 1388-8, 1481-6.

CHAPITRE TREIZIÈME.

DU CAUTIONNEMENT.

SOMMAIRE

SECTION Iʳᵉ. — CAUTIONNEMENT.

6691. L'art. 69, § 2, n° 8 de la loi du 22 frim. an 7 a tarifé au droit de 50 c. p. 0/0 les cautionnements de sommes et objets mobiliers, les garanties mobilières et les indemnités de même nature. Le texte ajoute : Le droit est perçu indépendamment de celui de la disposition que le cautionnement, la garantie ou l'indemnité a pour objet, mais sans pouvoir l'excéder. Il n'est perçu qu'un demi-droit pour les cautionnements des comptables envers l'Etat.

6692. Le cautionnement doit émaner d'un tiers étranger à la dette, car le débiteur dont tous les biens sont le gage du créancier ne saurait se cautionner lui-même. La clause par laquelle il concéderait des garanties particulières serait ou dispensée de l'impôt si elle se trouvait dans le contrat obligatoire (1) ou sujette au droit fixe de 2 fr. si elle fait l'objet d'un acte ultérieur (2).

6693. C'est ce qu'on a décidé pour la caution qui s'oblige comme débiteur principal en suite de l'insolvabilité de celui qu'il cautionne (3) ; pour un tuteur qui vend avec stipulation de garantie les biens de ses pupilles (4) ; ou en général pour celui qui agit sans mandat au nom d'autrui en garantissant son fait personnel (5). Mais le droit serait dû s'il s'agissait d'un mandataire qui cautionne expressément son mandant (6) ; et même l'engagement du simple porte-fort y donnerait ouverture lors de la ratification de l'acte si la promesse de garantie s'étendait au delà de cette ratification et aux obligations personnelles du garanti (7).

(1) Dél., 16 juin 1807, 18 nov. 1815, 9 mai 1817, 10 juill. 1838; J. N., 10053; Sol., 30 juill. 1828, 20 oct. 1832, 11 mars 1834, 11 déc. 1835, 15 avril 1834; J. N., 8428. 8429, 8639; R. G., 1310 et 1311; D. N., vᵒ Gage, 94.
(2) Cass., 20 fév. 1837; J. N., 9556. 9708; Inst., 1559. § 1; Dél., 4 oct. 1832; Rethel, 5 juin 1834; Troyes, 9 déc. 1834; J. N., 8160, 8576, 8780; Seine, 17 fév. 1836; Sarreguemines, 10 août 1836, 12 janv. 1842 et 12 mai 1844; R. G., 1312; D. N., loc. cit., 96 à 98 ; CONTRA, Dél., 16 juill. 1853; J. N., 8100; Inst., 1437. § 3; Seine, 17 déc. 1834; J. N., 8800.
(3) Dél., 26 déc. 1823; R. G., 2412, § 1.
(4) Cass., 18 avril 1831; Inst., 1381, § 8; R. G., 2412, § 3; Charolles, 5 janv. 1857 R. P., 806; D. N., Caut., 165.
(5) Sol., 7 sept. 1830; R. G., 2412, § 4; Dél., 6 nov. 1834 et 22 déc. 1836; R. G., 2428.
(6) Dél., 6 oct. 1826, 28 oct. 1828; Cosne, 6 juin 1849; R. G., 2443, § 4; Charolles, 5 janv. 1857; R. P., 806.
(7) Champ., 1869; R. G., 2428. Consultez Sol., 25 mars 1828; Inst 1249, § 6.

6694. Il est clair qu'on peut cautionner un débiteur à son insu, *supra n° 5404*, même à l'insu du créancier : malgré son caractère unilatéral, l'acte n'en donne pas moins ouverture au droit proportionnel (1).

6695. Lorsque plusieurs personnes garantissent la même dette avec ou sans solidarité, il n'est dû néanmoins qu'un seul droit (2). Et on a appliqué ce principe au renfort de caution donné par acte distinct du premier contrat (3). Quant au certificateur de caution, son engagement est tarifé au droit fixe de **2 fr.** par l'art. 43, n° 6 de la loi du 28 avril 1816, lors même qu'il est solidaire avec celui de la caution (4).

6696. L'obligation du débiteur principal de désintéresser la caution du payement qu'elle serait contrainte d'opérer n'a pas d'existence actuelle, d'où il suit que le cautionnement qui en serait fait par un tiers ne motiverait pas la perception du droit de 50 c. p. 0/0 (5).

6697. Il y a cautionnement passible de l'impôt non-seulement quand le tiers s'oblige sur tous ses biens, mais encore quand il se borne à affecter ses immeubles (6); et le droit de 50 p. 0/0 se perçoit alors sur le total de la dette garantie, quoique l'affectation soit moindre (7) ou supérieure (8).

6698. Mais le cautionnement ne se présume pas, il doit être exprès (*C. N.*, *2015*). Par conséquent c'est le droit fixe qui est seul dû sur l'acte portant invitation de prêter de l'argent à un tiers dont on affirme la moralité (9), à moins que cette sorte de mandat ne dissimule une véritable garantie, auquel cas le droit proportionnel devient exigible lors du prêt (10).

6699. I. *Obligations solidaires*. Le droit de 50 c. p. 0/0 est dû dans le cas de cautionnement solidaire comme dans l'hypothèse d'un cautionnement pur et simple, parce que les deux engagements demeurent tout à fait distincts même au regard du créancier (11). En est-il de même pour les obligations solidaires ? La Cour suprême avait admis que quand les coobligés ont des parts inégales dans la dette, il n'y a dispense du droit de cautionnement que jusqu'à concurrence des sommes égales que prennent les coobligés solidaires, parce que pour ces parts égales ils sont à la fois débiteurs principaux et cautions, tandis qu'ils sortent pour le surplus des effets de la solidarité et deviennent de simples cautions (12). Mais elle a récemment reconnu que la perception du droit de cautionnement doit être restreinte au cas où l'un des coobligés ne prend rien dans la dette et se trouve ainsi, de par la loi même, réputé caution des autres (13) (*C. N.*, *1216*). La preuve que l'un des coobligés est personnellement étranger à la dette résulte d'ailleurs ou du contexte de l'acte obligatoire (14), ou de faits contemporains trouvés dans des contrats opposables aux parties (15).

6700. Ces règles s'appliquent notamment aux acquisitions prononcées *solidairement* au profit de plusieurs acquéreurs qui se divisent les biens dans des proportions différentes (16).

6701. Quant aux covendeurs, leur titre les astreint de plein droit à la garantie complète de l'aliénation, quelle que soit leur part de copropriété dans la chose cédée. Par conséquent, cette clause de garantie ne saurait motiver la perception d'un droit de cautionnement (17), sauf le cas où le contrat dissimulerait un cautionnement véritable (18), et celui où les deux ventes seraient distinctes l'une de l'autre (19).

---

(1) Dalloz, 1429 ; Garnier, 2414; Cass., 29 mai 1833; Inst., 1437, § 4; contra, Champ., 1418.

(2) Dél., 25 mars 1828; Inst., 1249, § 6, n° 2; J. N., 6376; *arg.* Dél., 23 avril 1823; J. N., 4372; D. N., *Caut.*, 434; contra, Dalloz, 1417.

(3) Dél., 21 juill. 1807 ; R. G., 2429, § 2; contra, Dalloz, 1418; Garnier, *loc. cit.*

(4) Dél., 23 avril 1823; J. N., 4372.

(5) Champ., 1430.

(6) Cass., 10 août 1836; J. N., 9336; Inst., 1528, § 2 ; 7 août 1837; J. N., 9745; Inst , 1562, § 1 ; Seine, 29 juin 1831; Mâcon, 2 fév. 1847; R. G., 1313; Clermont-Ferrand, 29 mai 1855; R. P., 425.

(7) D. M. F., 28 mars 1827; Inst., 1240, § 2; Caen, 3 août 1843; R. G., 2431, § 4; Dél., 16 fév. 1827 ; J. N., 6197.

(8) Bayonne, 15 juin 1830; Dél., 27 juill. 1830; J. N., 7229; R. G., 245, § 2. V. Cosne, 12 juill. 1854; J. N., 18240; R. P., 2153; Provins, 10 août 1850; J. N., 144 4 ; D. N., v° *Caut.*, 428.

(9) Dalloz, 1405; Garnier, 2415, § 1.

(10) Pothier, *des Oblig.*, 366 et 447; Garnier, 2430; contra, Champ., 1367.

(11) V. cependant Champ., 1368.

(12) Dict. not., *Caut.*, n° 454; Cass., 21 fév. 1838, 27 janv. 1840; Inst., 1577-21, 1618-7; J. N., 9637, 10611.

(13) Cass., 3 janv. 1865; J. N., 18365, 18466; R. P., 2035; Inst., 2325, § 1. *Conf.*, D. M. F., 20 oct. 1831; Inst., 1384, § 2; Dél., 15 avril 1813; J. N., 1027, 7592; Compiègne, 7 déc. 1848; R. G., 2445; Seine, 8 août 1857 ; R. P., 943.

(14) Chartres, 21 mai 1842; Seine, 12 juin 1844; Bernay, 22 juin 1846; R. G., 2441, § 4; Inst., 1403, § 1.

(15) Angers, 30 juin 1838; Moulins, 6 fév. 1840; Châlon-sur-Saône, 29 mai 1845; Versailles, 15 juin 1847; R. G., *loc. cit.*, et 2444 *bis*; Auxerre, 15 déc. 1858; R. P., 1139.

(16) *Pour le droit*, Seine, 25 mars 1854 ; Montpellier, 14 janv. 1861, 15 mai 1862; R. P., 254, 1517, 1634; D. N., *Caut.*, 453, 454; contra, Sol., 2 avril 1849; Seine, 22 nov. 1838 ; R. G., 2444; Lille, 17 janv. 1863; R. P., 1737.

(17) Cass., 7 mai 1834; J. N., 7809, 8160; Dél., 1er oct. 1834; arrêt d'admission du 21 juill. 1834; R. P., 456; D. N., *Caut.*, 460; Cass., 7 mai 1856; R. P., 685; contra, Sol., 12 août et 2 déc. 1851; R. G., 2443, § 3.

(18) Le Havre, 22 mars 1855 ; R. P., 331.

(19) Seine, 9 juill. 1847; R. G., 2443, § 3.

6702. On pourrait d'ailleurs soutenir que même dans l'hypothèse de l'art. 1216 C. N., où l'un des coobligés ne prend rien à la dette, l'obligation solidaire n'est pas passible du droit de cautionnement (1). Mais ce système, si rationnel qu'il soit, se trouverait en opposition avec l'arrêt du 3 janvier 1865, *supra n° 6699*, et avec la jurisprudence d'après laquelle l'acquéreur qui élit command et demeure solidairement obligé avec lui au payement du prix est considéré comme une caution et doit acquitter le droit de 50 p. 0/0 (2).

6703. Cependant il est reconnu que le droit n'est pas exigible sur les obligations solidaires prises par deux époux à l'occasion d'une dette personnelle à l'un d'eux (3), lors même que l'engagement de la femme serait postérieur à l'obligation du mari (4). Mais on a décidé, bien que cela soit contestable, que cette dispense ne s'applique pas au cas où l'un des époux déclare expressément vouloir cautionner l'autre (5).

6704. II. *Modalités du cautionnement.* Le cautionnement ne peut pas être étendu au delà des limites dans lesquelles il a été contracté ; mais lorsqu'il est indéfini, il garantit toute la dette en capitaux, intérêts et frais. Et si les valeurs cautionnées ne sont pas indiquées, il faut en faire la déclaration (6).

6705. Le cautionnement est conditionnel en ce sens que la caution ne doit payer que si le débiteur principal ne se libère pas. Cette modalité n'empêche cependant pas l'obligation d'exister actuellement et de donner ouverture à l'impôt. On l'a maintenu, avec raison, sur la garantie d'éviction donnée à un acquéreur par un tiers (7), ou sur la même promesse faite à un futur par son père pour le cas de dépossession de la dot de la future (8), et en général sur toute garantie de recours (9) ou cautionnement en cas d'insolvabilité (10).

6706. Mais lorsque l'obligation principale à laquelle le cautionnement se rapporte est elle-même conditionnelle ou future, le droit de 50 c. p. 0/0 est suspendu jusqu'à la réalisation de cet engagement. Ainsi décidé pour le cautionnement d'une somme à emprunter ultérieurement (11) ; d'une ouverture de crédit (12) ; et d'une somme à parfaire (13).

6707. Il est encore de l'essence du cautionnement que la caution soit astreinte au payement *si le créancier l'exige*. Nul doute que cette clause n'empêcherait pas la perception du droit (14).

6708. Le cautionnement d'une obligation verbale ne dispense pas le créancier de justifier d'un titre pour exiger son payement. Aussi ne saurait-on percevoir sur cet acte le droit de reconnaissance de dettes, si le débiteur n'intervient pas pour en avouer l'existence (15). Mais quand la caution s'oblige solidairement, c'est le droit d'obligation et non celui de cautionnement qui est exigible (16).

6709. III. *Son étendue.* L'obligation accessoire ne pouvant excéder l'obligation principale, il en résulte que le droit de cautionnement ne saurait dépasser celui de la disposition qu'il a pour objet. Par exemple, la garantie d'un gain de survie stipulé au profit de la future dans un contrat de mariage ne donne lieu qu'au droit de 5 fr. perçu pour ce gain de survie (17). Et on ne soumet qu'au droit fixe les cautionnements en matière de douane (18) ; de ventes de navire (19), ou de cessions de rentes sur l'État (20). Si même la disposition principale était affranchie du droit, comme la reconnaissance de

(1) Champ., 1857, etc.; Dél., 25 mai 1822, 9 juill. 1825, 24 sept. 1830, 27 oct. 1832; Vienne, 19 mars 1831; Toul. 30 avril 18.4; Moissac, 14 août 1835; Pontoise, 6 avril 1837; Seine, 5 juin, 25 juill. 1836, 20 juill. 1844, 17 avril 1844; R G., 2444 et 2443 (en note); J. N., 6389, 7277, 760 , 7980,8140, 8508, 8511, 2657, 9108, 10381.
(2) Cass., 16 nov. 1846, 28 déc. 1847. 20 août 185 ; Inst., 1780-2, 1814-4, 1875-2; J. N., 12920, 13256, 14430: 10 nov. 1858; B. P., 1108. Voir en outre de nombreux jugements cités au *Dict. du Not.*. v° *Command.* au Rép. gén., 2808 et au Rép. pér., n°s 108, 474, 475, 492, 289, 1108, 1475, 1517, 1892, 1912, 1987.
(3) D. M. F., 10 avril 1814; Dél., 4 juin 1818. 16 juin 1827, 7 juill. 1829, 5 mars 1830; J. N., 505, 1177, 1107, 6151. 76.8. 7399; D. M. F. et av. cons. d'État du 14 juill. 1832 ; Inst., 1401; R. G., 2443; D. N.. *Caut.*, 156; Sol.. 13 juill. 1851; R. P., 1119.
(4) Pithiviers, 28 janv. 1840; Dalloz, 1379; Sol., 18 juin 1800; R. P., 934.
(5) Dél., 10 août 1836, 30 août 1845; R. G., 2445. Comp. Rouen, 27 mai 1847, *loc. cit.*
(6) Charolles, 29 mai 1830; Dél., 9 nov. 1830; J. N., 7315.
(7) Cass., 17 mai 1841; J. N., 10994; 10 avril 1838; Inst., 1651-3, 1577, § 3; R. G., 2434.
(8) Dél., 10 sept. 1833.
(9) Dél., 25 mars 1828; Inst., 1249; § 6; B. G., *loc. cit.*
(10) Limoges. 19 déc. 1863 ; R. P., 1892.
(11) Dél., 25 nov. 1834; Seine, 8 mars 1348; J. N., 13496; D. N., *Caut.* 132.
(12) Dél., 9 avril 1833, 10 juill. 1838 ; J. N., 10067; D. N., v° *Crédit.*
(13) Argentière, 23 août 1843; Dél., 20 sept. 1826; R. G., 2419 contra, Seine, 7 juill. 1830, *loc. cit.*
(14) Havre, 20 juill. 1855; Digne, 31 déc. 1860; R. P., 475, 1472, 1892; J. N., 17056.
(15) Dél., 23 janv. 1827; 30 oct. 1835; J. N., 9076; R. G., 2422; D. N., *Caut.*, 449; contra, Mulhouse, 13 nov. 1861; J. N., 17556.
(16) Altkirch. 16 déc. 1817 ; Rennes, 0 mai 18.0; Nantes, 22 juill. 1850; Saint-Quentin, 20 août 1851; R. G., 2422, § 2; Seine, 4 juin 1858. R. P., 1024.
(17) Dél. 20 déc. 1824; J. N., 4957; D. N., *Caut.*, 474 ; contra, Dalloz, 1454; Champ. 1424.
(18) D. M. F., 18 juin 1844, 27 oct. 1812; Dél., 23 nov. 1840; Inst., 1643. § 5
(19) Dél., 8 janv. 1836; R. G., 2438 § 6; D. N., *Caut.*, 473.
(20) Dél., 6 oct. 1826; R. G., 2438, § 8; D. N., *Caut.*, 475.

l'apport de la future par le futur dans le contrat de mariage, le cautionnement en serait également dispensé (1). C'est encore d'après ce principe qu'on exige seulement 25 cent. p. 0/0 sur les cautionnements des lettres de change (2) à moins qu'il n'y ait changement dans la nature du titre, *supra* n° 6604.

6710. L'art. 9 de la loi du 27 ventôse an 9 a tarifé les cautionnements de baux à ferme et à loyer à la moitié seulement du droit principal auquel ces baux donnent lieu, et la loi du 16 juin 1824 a étendu cette disposition aux baux de pâturage et nourriture d'animaux, aux baux à cheptel ou reconnaissance de bestiaux et aux baux pour nourriture de personne. Mais nous pensons que si le cautionnement avait pour objet non-seulement les années à courir, mais encore des fermages échus, le droit ordinaire de 50 c. p. 0/0 serait exigible sur ces deniers (3).

6711. L'aval ou cautionnement destiné à assurer le payement de lettres de change ou billets à ordre n'est sujet à aucun droit quand il est placé sur l'effet (4). S'il fait l'objet d'un acte séparé, il donne lieu au droit fixe de 2 fr. (5). Dans tous les cas, le cautionnement souscrit par un tiers qui n'est ni tireur ni endosseur ne saurait être assimilé à un aval et il donne lieu au droit proportionnel de 25 c. p. 0/0 (6). Quant à la garantie que le tireur conférerait aux endosseurs, pour les indemniser, le cas échéant, des sommes qu'ils seraient obligés de payer, elle s'applique à une dette conditionnelle, et nous croyons qu'elle est passible du droit fixe (7).

6712. IV. *Cautions judiciaires.* Les cautions judiciaires peuvent être données par acte civil, mais l'origine du cautionnement ne change pas le droit à percevoir (8). Celles qui sont fournies en matière de police pour représenter les contrevenants ou garantir le payement des condamnations, s'enregistrent au comptant (9).

6713. V. *Garanties de droit.* Les garanties de droit, même lorsqu'elles sont surabondamment stipulées dans le contrat, dépendent nécessairement de la convention et ne peuvent donner ouverture à un impôt particulier (10). Telles sont notamment les garanties données par le bailleur au preneur pour tous les vices de la chose louée (C. N., 1721); l'obligation imposée à l'avoué qui élit command de répondre de l'insolvabilité du command élu (11); le cautionnement que fournit sur ses propres immeubles l'héritier bénéficiaire (12). Quand la garantie de droit fait l'objet d'un acte particulier, sa nature reste la même, et il ne faut percevoir que le salaire de la formalité.

6714. On peut même étendre quelquefois la garantie de droit au delà de ces limites sans donner ouverture à l'impôt. C'est ce qui a lieu, par exemple, quand on garantit la solvabilité actuelle et future du débiteur dans une cession de créances (13).

6715. VI. *Cautionnements divers.* Il ne doit être perçu que 25 c. p. 0/0 sur les cautionnements des comptables envers l'Etat (*Loi 22 frim. an 7, art. 69, § 2, n° 8*), encore que le cautionnement soit fourni en immeubles (14) et quelle qu'en soit la cause (15). Mais il faut qu'il s'agisse d'un comptable envers l'Etat; un receveur d'hospice, par exemple, ou un receveur municipal, qui n'est pas en même temps un percepteur, devraient acquitter l'impôt ordinaire (16).

6716. Plusieurs cautionnements de l'espèce sont même sujets au droit fixe. Ce sont ceux des armateurs de bâtiments armés en course (17); ceux des conservateurs d'hypothèques (18); des propriétaires de journaux (19); des receveurs particuliers de la navigation intérieure (20), etc.

---

(1) Dél., 7 oct. 1836; Dijon, 22 mars 1837; Nîmes, 7 juin 1836; J. N., 8251, 9428; Orange. 25 août 1854; R. F., 422. *Cons.* J. N., 12851. 6074; Inst., 1205, § 1, 1256, § 2, 1514; D. N., *Caut.*, 169 à 173.

(2) R. G, 2438, § 5; Dél., 28 mai 1835; Dalloz, 3644; D. N., *Lett. de change*, 243.

(3) *Conf.*, Garnier, R. G., 1830. *Comp.* Caen, 21 mai 1819. *loc. cit.*

(4) Loi 22 frim. an 7, art. 70, § 3, n° 15; D. M. F., 7 août 1810; Inst., 488; Dél., 19 nov. et 21 déc. 1830. 21 janv. 1834; J. N., 7370 8379; Del., 20 mars 1835; Dalloz, 3644; R. G., 1725.

(5) Sol., 19 nov. 1842; R. G., 1725, § 1; contra, D. M. F., 7 août 1810; Inst., 488.

(6) Dél., 28 mars 1835; Dalloz, 3644; R. G., 1725.

(7) *Conf.*, Nevers, 8 mai 1861; R. P., 1043; contra, Dél., 10 avril 1822, 26 juill., 1823, 3 avril 1824; R. G., 2451.

(8) Loi 28 avril 1816, art. 50; Cass., 3 prairial an 12; R. G., 2447; Champ., 1416; Inst., 744 et 1203, § 2.

(9) Arras, 10 août 1853; R. G., 102.

(10) D. N., *Garantie.* 152; *Caut.*, 148.

(11) Garnier, R. G., 2404, § 1.

(12) J. N., 1151; D. N., *Caut.*, 146.

(13) Garnier, R. G., 2437, § 3.

(14) D. M. F., 22 prairial au 10; Cass., 11 brum. an 12; Inst., 1425, § 4.

(15) D. M. F., 29 août 1814; R. G., 2466.

(16) D. M. F., 2 mars 1833; Inst., 1425, § 4; Seine, 26 déc. 1833; Inst., 260, § 14; Garnier, R. G., 2473; Nantes, 15 fév. 1830; R. G., 2475.

(17) Inst., 472.

(18) Loi 21 vent. an 7, art. 5; Sol., 11 juin 1825; R. G., 2465.

(19) Inst., 892; R. G., 2468.

(20) Loi 7 germ. an 8; arrêté du gouv., 8 prairial an 11; R. G., 2469.

6717. Sont également sujets au droit fixe de **2 fr.** les actes ayant pour objet de constituer des nantissements au profit des sous-comptoirs de garantie par transport ou autrement et d'établir leurs droits comme créanciers (1); mais cette disposition ne s'applique pas au comptoir national d'escompte, ni aux obligations des compagnies consenties avec affectation hypothécaire (2).

SECTION II. — GAGE.

6718. Le gage ou nantissement offre au créancier en faveur duquel il est consenti une véritable garantie mobilière; et, sous ce rapport, il se trouve assujetti par l'art. 69, § 2, n° 8 de la loi du 22 frim. an 7, au droit de 50 c. p. 0/0 (3). Il y faudrait donc appliquer les règles que nous avons indiquées précédemment pour la garantie donnée par le débiteur ou par un tiers, soit dans le contrat obligatoire, soit par acte postérieur, *supra n°s 6692 et suiv.*

6719. Le gage ne transporte pas au créancier la propriété de la chose, mais le dessaisissement s'opère quelquefois et peut alors motiver la perception d'un droit de mutation, *supra n° 6655 à 6637.* V. *Antichrèse, infra n° 6892.*

SECTION III. — INDEMNITÉS.

6720. Les indemnités mobilières ont été tarifées au même droit que les cautionnements et par le même article de loi, *supra n° 6691.*

6721. On ne distingue pas, pour l'application du tarif, entre les indemnités promises et les indemnités payées (4); si la promesse se rapportait à une indemnité indéterminée et non susceptible d'estimation, elle serait seulement passible du droit fixe de 2 fr. (5).

6722. La promesse d'indemnité est souvent une disposition dépendante d'un contrat et échappe, par cela même, à toute perception. Telle est la clause pénale insérée dans un acte pour le cas où l'une des parties n'exécuterait pas une obligation (6); la promesse d'une indemnité dans un bail au profit des locataires, pour le cas d'éviction (7); la stipulation d'une promesse de vente qui permet à l'une des parties de se délier, moyennant indemnité (8).

6723. L'indemnité promise ou payée par un locataire au propriétaire pour obtenir la résiliation du bail est sujette au droit de 50 c. p. 0/0 (9); de même que celle due au prencur expulsé par l'acquéreur (10). Mais si la somme est payée par le propriétaire pour obtenir la résiliation du bail, c'est le droit de rétrocession de jouissance à 20 c. p. 0/0 qui est exigible (11). Quand le fermier sortant cède au propriétaire des récoltes pendantes par racines, en payement de fermages arriérés, il y a simple règlement d'indemnité passible du droit de 50 c. p. 0/0 (12). Et c'est ce qu'il faut décider aussi pour la somme moyennant laquelle le propriétaire conserve, en vertu d'une stipulation du bail, les constructions élevées par le locataire sur le terrain loué (13).

6724. Le droit de 50 c. p. 0/0 est encore exigible sur l'indemnité promise ou payée à un fermier pour les pertes causées par des travaux de réparation (14), celle due ou payée par le fermier pour détérioration (15); sur la subvention à un entrepreneur de théâtre (16); sur la somme payée à un acheteur évincé (17); sur l'indemnité allouée par suite d'accident, *infra n° 6792 bis.*

6725. L'indemnité ne diffère pas des dommages-intérêts pour la perception à établir sur les actes civils; mais en matière judiciaire, la condamnation à payer des dommages-intérêts est passible du droit de **2** p. 0/0 (*Loi 22 frim. an 7, art. 69, § 5, n° 8*).

---

(1) Décret. 24 mars 1848; Cass., 11 mars 1863; R. P., 1701; J. N., 7712.
(2) Cass., 31 août 1858; R. P., 408; J. N., 16101. Voyez Seine, 2 juill. 1859, 5 mai 1860; Seine, 29 juin 1861; J. N., 17171; R. P., 785, 1338.
(3) Dict. not., *Gage*, 93; Dalloz, 1541; Garnier, 6757; CONTRA, Champ., 1411.
(4) Champ., 1383; D. N., *Indemn.*, 15; Garnier, 7221.
(5) Loi 28 avril 1816, art. 43, n° 18.
(6) Inst., 548; D. N., *loc. cit.*, 15; ?Cass., 18 avril 1831; Inst., 1581, § 3; R. G., 7219.
(7) D. N., *Indemn.*, 16, et *Bail*, 173.

(8) Sol., 26 fév. 1864; R. P., 1959.
(9) Sédan, 6 août 1840; D. N., *Indemn.*, 18.
(10) R. G., 1854, § 1.
(11) D. N., *Indemn.*, 19.
(12) Sol., 23 août 1863; R. P., 1880.
(13) Inst., 1354, § 3; J. N., 14190; D. N., *Indemn.*, 17; R. G., 7216; arg. de cass., 2 juill. 1851; J. N., 14410; Ins., 1900, § 2; Seine et Péronne, 3 et 4 janv. 1838; R. G., 3688, § 11.
(14) Dél., 25 janv. 1826; D. N., *Indemn.*, 20.
(15) D. N., *Bail*, 177 et suiv.
(16) Cass., 16 nov. 1847; J. N., 13229; Inst., 1314, § 15; R. G., 7217.
(17) Dél., 31 juill. 1824; D. N., *Indemn.*, 21.

CHAPITRE QUATORZIÈME.

DES QUITTANCES.

6726. Les quittances et autres actes ou écrits portant libération de sommes et valeurs mobilières sont sujets au droit de 50 c. p. 0/0 sur le total des sommes ou capitaux dont le débiteur se trouve libéré (*Loi 22 frim. an 7, art. 14, nos 3 et 69, § 2, no 11 ; loi 5 mai 1855, art. 15*).

6727. La libération résulte quelquefois indirectement de l'acte, comme quand le créancier donne quittance d'un dernier à-compte pour *solde* ou *payement final*. Mais le droit n'en est pas moins exigible sur le total de la dette (1).

6728. La quittance d'un capital et des intérêts échus motive la perception sur la somme indiquée dans l'acte pour les intérêts (2). A défaut d'indication, le droit se liquide sur cinq années d'arrérages, ou sur les intérêts réellement échus si le titre a une date moins ancienne (3). Quand la quittance ne fait mention que du payement du capital sans réserve des intérêts, le droit ne saurait être perçu que sur le capital (4).

6729. D'après l'art. 10 de la loi du 22 frim. an 7, dans le cas de transmission de biens, la quittance donnée par le même acte pour tout ou partie du prix entre les contractants n'est point sujette à un droit particulier d'enregistrement. On a appliqué ce principe : 1° à la remise d'un prix de vente faite, dans le contrat même d'aliénation, aux syndics d'une faillite par l'héritier du débiteur, avec charge de le distribuer aux créanciers inscrits (5) ; — 2° au payement des frais du contrat entre les mains du notaire rédacteur (6) ; — 3° ou d'une somme représentant les intérêts à échoir du prix (7) ; — 4° à la quittance donnée par le vendeur dans la déclaration de command (8) ; — 5° au payement constaté dans la ratification d'une vente soumise à la condition suspensive de cette ratification (9).

6730. Mais le droit devient exigible quand la quittance n'est plus une dépendance nécessaire du contrat. Tel est : 1° le payement effectué dans l'acte même par l'acquéreur aux créanciers du vendeur (10) ; si le payement fait aux créanciers inscrits avait lieu par acte séparé, il ne serait dû qu'un seul droit de quittance et un droit fixe de 2 fr. pour le consentement du vendeur (11) ; — 2° l'acte

---

(1) Dél., 10 sept. 1833; D. N., *Quitt.*, 142; Saint-Dié, 23 avril 1851 ; Cass. Belg., 21 oct. 1852; R. G., 10234; J. N., 1966, 4998; Sol., 9 déc. 1856; R. P., 831. V. Seine, 16 déc. 1804; R, P., 2065.
(2) Sol., 10 mars 1819, 20 juill. 1821, 12 sept. 1829, 14 août 1843; D. N., *Quitt.*, 52.
(3) D. M. F., 23 juin 1808; Inst., 390; D. N., *Quitt.*, 49; R. G., 7655; J. N., 2750; Sol., 9 déc. 1856; R. G., 831.
(4) Dél., 27 mars 1827; Inst., 1239, § 9; J. N., 6153; R. G., 7655. V. Seine, 21 janv. 1855; R. P., 2101.
(5) Cass., 31 juill. 1828; Inst., 1273, § 13; J. N., 6623, 6842; D. N., *Quitt.*, 56.

(6) J. N., 13899; contra, Limoges, 20 juin 1849; D. N., *Quitt.*, 59.
(7) J. N., 8573; contra, Dél., 3 juin 1834; D. N., *Quitt.*, 60.
(8) D. M. F., 15 mars 1808; Inst., 386, § 15; R. G., 10211; D. N., *Déclar. de comm.*, 131.
(9) Dél., 29 avril 1842; J. N., 11332; D. N., *Quitt.*, 63; Dél., 11 mai 1842; D. N., *Quitt.*, 65; R. G., 10216. 10217.
(10) Cass., 4 juill. 1815; Laon, 15 janv. 1833; Seine, 10 déc. 1834; Lyon, 10 août 1844; Seine, 17 juin 1852; R. G., 10213; D. N., *Quitt.*, 57 et 58; J. N., 15040.
(11) Limoges, 30 juin 1835; et 2 mars 1837; Saumur, 21 juill. 1836; J. N., 8393, 9618, 9932; Sol., 4 août 1837; Inst., 1562, § 24; D. N., *Quitt.*, 77.

ultérieur qui constate le payement de billets souscrits par l'acquéreur au moment du contrat pour libération du prix (1) ; — 3° la quittance contenue dans une ratification quand la vente a été faite sans la condition suspensive de cette ratification (2), ou dans l'acte notarié rédigé pour servir de titre à une promesse de vente antérieure constatée par un jugement qui a été assujetti au droit proportionnel (3).

6731. En principe la quittance d'une obligation verbale ne saurait justifier la perception cumulative des droits d'obligation et de quittance (4). Ils seraient dus néanmoins si l'acte énonçait que le prêt résulte d'un billet (5), ou d'un engagement écrit (6), ou d'une ouverture de crédit, *supra* n° 6582.

6732. Quant aux quittances de prix de vente d'objets mobiliers, elles sont sujettes au droit de la convention si elles peuvent servir de titre (7) ; il en est de même des quittances de location (8), ou de marchés de travaux (9). Cependant le droit n'est pas exigible dans le cas où la transmission repose sur la loi, comme quand le survivant des père et mère paye la valeur des meubles non représentés en nature (10), ou que les héritiers de l'usufruitier remboursent au nu-propriétaire le prix du mobilier dont leur auteur avait la jouissance et qu'il a vendu (11).

6733. On ne saurait non plus exiger que le droit de quittance sur l'acte par lequel l'acquéreur d'un immeuble paye une seconde fois le montant d'une dette hypothécaire (12), ou verse une somme en sus de son prix, pour éviter l'action en délaissement (13).

6734. Les mentions de payements insérées dans les actes ne sont d'ailleurs sujettes au droit proportionnel que quand elles paraissent avoir été faites pour conférer un titre libératoire. Elles en seraient donc dispensées dans les inventaires et même dans les partages si les débiteurs n'étaient pas présents, *supra* n° 6555 (14). On a spécialement décidé que le notaire, n'étant pas partie dans l'acte qu'il rédige, la clause qui constate le payement de ses honoraires ne donne pas lieu au droit de quittance (15).

6735. La quittance est passible du droit proportionnel parce qu'elle transfère la propriété des sommes auxquelles elle s'applique. Il en résulte que quand le débiteur se borne à restituer au créancier une valeur qui appartenait à ce dernier, il n'est dû qu'un droit fixe ; c'est ce qu'on décide pour : les délivrances de legs ; — les remboursements par le mari des capitaux touchés en qualité d'administrateur des biens de sa femme (*supra* n° 6575), et notamment la restitution de la dot ou des reprises à la dissolution du mariage (16) ; — le rapport fait par le cohéritier des sommes données ou prêtées (17) ; — la restitution des sommes payées par erreur (18), ou du prix d'une vente annulée pour cause de nullité radicale (19) ; — le remboursement par un gendre à son beau-père de la dot revenant à celui-ci en vertu d'une clause de retour (20) ; — et le payement des soultes stipulées dans un partage testamentaire (21).

6736. C'est ce qui est appliqué surtout en matière de décharge de compte. Quand le mandataire verse entre les mains du mandant le reliquat de son compte, il opère une simple restitution qui ne saurait donner lieu au droit proportionnel, *supra* n° 6590 à 6595. Mais le droit de quittance devient exigible sur le payement des sommes dont le mandataire était débiteur personnel, par exemple sur les intérêts causés par son retard (22), — ou sur les avances faites par le mandataire et dont le mandant lui tient compte (23). On ne saurait, d'ailleurs, admettre sans justification, que le payement d'une somme résulte d'un règlement de compte ; il faut, au contraire, le considérer comme se rapportant à une obligation ordinaire (24).

(1) Cass., 5 nov. 1834; R. G., 10215; Cass., 28 mars 1849; J. N., 8726, 13109; Inst., 1484-12-1837, § 4; R. G., *loc. cit.*
(2) Laon, 26 fév. 1819; D. N., *Quitt.*, 75; R. G., 10214, § 4.
(3) Douai, 4 déc 1862; J. N., 17665.
(4) D. N., *Quitt.*, 91.
(5) J. N., 1178.
(6) Cass., 4 avril 1849; J. N., 13727; R. G., 9444; Cass., 23 mai 1850; Inst., 1844-2, 2160-5.
(7) Sol., 10 avril 1834, 22 mars 1848; Valenciennes, 17 août 1853; R. G., 14262; D. N. *Quitt.*, 96. Voir Rouen, 21 janv. 1864, R. P., 4003, CONTRA, Champ., *Supp.*, 7; J. N., 10036, Vendôme, 12 déc. 1835; Mauriac, 3 juill. 1840.
(8) Sol., 11 août 1841 · R. P., 1903; J. N., 1327. V. D. N., *Bail*, 5.
(9) Seine, 18 déc. 1844; R. G., 8422; Altkirch, 8 juill. 1854; Rouen, 21 janv. 1864; R. P., 329, 1903; J. N., 18073; CONTRA, le Havre, 28 déc. 1864; J. N., 18294; R. P., 2174 ; Seine, 13 janvier 1866; R. P., 2311.
(10) Inst., 518; D. N., *Quitt.*, 98.
(11) Dél , 1er juin 1825; J. N., 5539; D. N., *Quitt.*, 99.
(12) Sol., 23 mai 1827; Inst., 1229, § 10; J. N., 6321; R. G., 1043.

(13) Sol., 22 mai 1829; Inst., 1393, § 9; J. N., 6993; D. N., *Quitt.*, 410.
(14) *Adde* Vitry-le-François, 29 déc. 1854; R. P., 328. Cependant Abbeville, 9 mai 1853. *loc. cit.*
(15) Sol., 18 déc 1846; Inst., 1786, § 9; Seine, 12 août 1846;·J. N., 12775; Cass., 17 juill. 1854; R. P., 200; D. N., *Honor.*, 479 et 480.
(16) Lyon, 29 août 1862; R. P., 4708; Cass. 30 janv. 1866, 12 fév. 1817; R. P., 2124, 2229, 2440; J. N., 18797.
(17) D. N. *Partage*, 816, et *Quitt.*, 141; Dél. 5 juin 1838; R. G , 10205, § 4; CONTRA, sur le dernier point; Dél., 19 mars 1833; J. N., 10001.
(18) Garnier, R. G., 10208; CONTRA, Seine, 12 mai 1860; R. P., 4361.
(19) Garnier, 10208; CONTRA, Sol., 11 juin 1825.
(20) Dél., 8 nov. 1839; J. N., 10349.
(21) D. N., *Quitt.*, 132.
(22) Dél., 19 juin 1830; J. N., 7075; Sol., 19 janv. 1830, 28 fév. 1823, 3 422, § 1.
(23) Dalloz, 879; Champ., 1539.
(24) Cass., 9 mai 1864; R. P., 1898.

6737. A l'égard des quittances servant à justifier les payements du mandataire, elles doivent être enregistrées si elles sont produites réellement au soutien du compte (1), à l'exception toutefois de celles qui sont affranchies de la formalité par l'art. 537 du Code de procédure.

6738. Les décharges établissent souvent que des tiers se sont libérés. Si cette mention est insérée parmi les éléments d'un compte proprement dit, elle conserve le caractère simplement énonciatif dont nous avons précédemment parlé, et aucun droit de libération n'est exigible. Il en est autrement quand, la décharge se rapportant au seul fait du payement du tiers, les parties semblent avoir principalement voulu conférer à ce dernier un titre de sa libération. Telle est surtout l'hypothèse des décharges de prix de vente données aux notaires chargés de recevoir, avec indication des acquéreurs libérés (2). On a même prescrit de percevoir, en outre, le droit fixe pour la décharge à l'officier public (3).

6739. On ne peut assimiler au versement d'un reliquat de compte, et il faudrait, par conséquent, exiger le droit proportionnel, sur le payement au donataire par les héritiers du donateur d'une somme dont la délivrance était retardée au décès de ce dernier (4) ; — sur le payement, par acte postérieur au contrat de mariage, de la dot constituée à l'un des époux (5) ; — ou sur le remboursement, par le mari à la femme des sommes qu'il avait reçues à titre de prêt (6).

6740. Le droit proportionnel ne se restreint pas seulement à l'extinction de la dette par le payement, il s'étend encore à la plupart des autres modes de libération. Ainsi, la subrogation légale ayant pour objet de désintéresser le créancier sans produire le transport de l'obligation, donne ouverture au droit de quittance (7), mais si le payement avait lieu en dehors des conditions de l'art. 1251 C. N., c'est le droit de transport qui serait exigible, comme nous l'avons dit *supra* n° 6650.

6741. De même la compensation conventionnelle est passible du droit de 50 c. p. 0/0 (8). Mais on discute sur la question de savoir s'il en est ainsi pour l'acte qui constate la compensation légale (9).

6742. Quant à la confusion, elle échappe à tout impôt parce qu'elle n'opère aucune transmission d'une tête sur une autre (10).

6743. La remise de dette est encore sujette au droit de quittance, quand elle n'a pas le caractère d'une donation. Telles sont : 1° les réductions volontaires d'un prix de bail (11) ; — 2° la renonciation par un frère ou un tuteur au droit de réclamer à son frère ou au pupille un solde de compte (12) ; — 3° l'abandon d'une partie de la créance à condition de recevoir le payement du surplus (13) ; — 4° la renonciation à tout recours, de la part de la caution qui a payé la dette (14). C'est aux tribunaux à décider, dans tous les cas semblables, quel est le caractère de l'acceptilation. Mais nous croyons que la remise de dette, pour donner lieu au droit de quittance, n'a pas nécessairement besoin d'être acceptée par le débiteur (15).

6744. *Remboursement de rente.* Il est dû 50 c. p. 0/0 comme quittance sur les remboursements ou rachats de rentes, pensions et redevances de toute nature (*Loi 22 frim. an 7, art. 69, § 2, n° 11*). — Le droit se liquide sur le capital constitué, quel que soit le prix stipulé pour l'amortissement (*id., n° 7, art. 11*). — Si la rente a été constituée sans expression de capital, on fait la perception sur un capital formé de 20 fois la rente perpétuelle et 10 fois la rente viagère, quel que soit le prix du rachat (*id., n° 9*). Il en est de même si la rente est stipulée payable en nature, mais dans ce cas on évalue le pro-

---

(1) Sol., 25 messid. an 7; Dalloz, 4463; Cass., 8 mai 1826; J. N., 5725; R. G., 3449.
(2) Cass., 5 mai 1840, 7 juill. 1846; J. N., 10868, 12742; Inst., 1630, § 4, 1786, § 3; Sol., 30 juill. et 17 déc. 1857; Seine, 10 mars 1805; R. P., 1011, 2431.
(3) Inst., 1630, § 4; Vitry-le-François, 26 janv. 1847; Dél., 10 août 1827; J. N., 6509; R. G., 4271; D. N., *Quitt.*, 95.
(4) Cass., 10 mars 1851; J. N., 14302; Inst., 1883, § 12; R. G., 10203; D. N., *Quitt.*, 89.
(5) Cass., 20 nov. 1830; J. N., 10553; Inst., 1615, § 6; R. G. 16204; D. N., *Quitt.*, 86.
(6) Cass., 16 juill. 1855; J. N., 15593; R. P., 434 (*supra* n° 6575.)
(7) Cass., 24 déc. 1830, 27 juin 1842 ; J. N., 10563, 11386; Inst. 1615-8, 1683, § 9; R. G. 11942.
(8) Cass., 11 mars 1851; J. N., 15228; R. P., 36; Inst., 2015, § 5; Seine, 22 nov. 1843; Dél., 28 août 1829; R. G., 3273, § 1.
(9) Aff. Seine, 16 déc. 1835, 13 mars 1844; Dél., 8 sept. 1821 et 10

janv. 1824; Dalloz, 1019; D. M. F., 6 août 1823; Inst., 1097; Garnier, R. G., 3213; Joigny, 20 août 1860; R. P., 1350; Lyon, 6 mars 1863; J. N., 14537, 17813 ; Valenciennes, 17 janv. 1866; R. P., 2266. *Nég.*, Saint-Omer, 25 mars 1854; Seine, 19 nov. 1851; Dalloz, 1027; Champ., 1622, et *Supp.*, 314 ; D. N., *Quitt.*, 115; Seine, 6 janv. 1865 ; Londéac, 18 août 1866; R. P., 407, 2126, 2575; J. N., 14537, 15281, 18914, 1827; R. G., 3429 ; Cass., 3 fév. 1858; R. P., 2600.
(10) D. N., *Conf*, 25, et *Quitt.*, 116; Garnier, 3571; Dél., 13 avril 1827; R. G., 3429; Cass., 3 fév. 1858; R. P., 2600.
(11) Sol., 3 juin 1828; J. N., 6615; Inst., 1256, § 1; Seine, 25 juin 1845 ; Dalloz, 3118; Garnier, 448.
(12) Bourges, 10 avril 1848; Châlon-sur-Saône, 1er août 1850 ; J. N., 13546, 14175. *Conf.*, Sol., 3 déc. 1861; R. P., 1618.
(13) Oloron, 20 mai 1843 ; R. G., 448.
(14) Embrun, 10 juin 1865; R. P., 2027.
(15) Inst., 1502, § 23; Sol., 3 déc. 1861; J. N., 17626; CONTRA, op., J. N., *loc. cit.*

duit annuel d'après les mercuriales (*id*). — Enfin, on ne fait aucune distinction entre les rentes et pensions créées sur une ou plusieurs têtes (*id.*), *supra* n° 6679.

6745. Le remboursement du capital d'une rente constituée verbalement ne saurait justifier la perception du droit de 2 p. 0/0, puisque l'impôt frapperait sur une convention qui n'existe plus (1). Il en est de même de l'acte notarié, portant quittance au profit d'une compagnie d'assurances sur la vie non représentée à l'acte, d'un semestre de rentes viagères dont le titre constitutif n'est point énoncé (2). — Mais le droit de constitution serait exigible, si la quittance pouvait servir de titre à la convention, *supra* n° 6732; si, par exemple, le créancier libérait le débiteur présent à l'acte des arrérages d'une rente due verbalement (3).

6746. Quant au droit de transcription exigible sur certaines cessions de rentes, *supra* n° 6683, il n'est jamais exigible pour les actes de remboursement (4).

6747. Nous avons dit précédemment que la libération pouvait résulter indirectement de la quittance, comme quand on reçoit du débiteur un solde d'obligation, *supra* n° 6727. Cette remarque s'applique surtout aux mainlevées d'inscriptions qui constatent l'extinction de la créance garantie, et nul doute que le droit de quittance ne soit alors exigible (5).

6748. C'est ce qu'on a décidé : 1° pour des mainlevées énonçant que l'inscription subsistait sans cause (6); — que le créancier se désistait de tous droits quelconques résultant des obligations (7); — et qu'il avait remis au débiteur la grosse de l'obligation inscrite (8); — 2° pour des mainlevées auxquelles se trouvaient jointes des pièces constatant le payement, telles que l'expédition d'une autorisation du conseil de préfecture relative au versement des fonds (9); — la décharge donnée à la caisse des consignations (10); — la quittance des fermages pour lesquels l'inscription avait été requise (11).

6749. Lorsqu'un acte d'aliénation n'est sujet qu'au droit fixe, comme les ventes de biens situés à l'étranger et les ventes de navires, la quittance du prix renfermée dans le contrat est affranchie de l'impôt (12). — Mais le droit de libération serait exigible, si la quittance faisait l'objet d'un acte séparé (13).

6750. Les récépissés des versements à la caisse des consignations sont, en eux-mêmes, sujets au droit fixe de 2 fr. (14). Cependant ils deviennent passibles du droit de quittance quand il s'agit d'un acquéreur déposant son prix de vente en vertu d'une clause du contrat, parce qu'alors le récépissé constate sa libération (15).

6751. Sont exempts de l'enregistrement les quittances des intérêts de rentes d'État, les acquits de mandats ou ordonnances de payement sur les caisses publiques, les quittances de contributions payées à l'État, celles pour charges locales, celles des fonctionnaires et employés salariés par l'État pour leurs traitements et émoluments, celles relatives aux décharges ou réductions, remises ou modifications d'impôt, les récépissés délivrés par les receveurs de deniers publics; les quittances pour prêts et fournitures tant pour le service de terre que pour le service de mer; enfin les quittances ou acquits de lettres de change, billets à ordre ou autres effets négociables (*Loi 22 frim. an 7, art. 70*, § 3, n° 3).

6752. L'acte notarié qui constaterait l'acquit d'un effet de commerce devrait être enregistré dans le délai ordinaire et serait sujet au droit proportionnel de quittance. Mais lorsque c'est l'État qui paye une somme dont il est débiteur, la quittance notariée délivrée par le créancier ou le fournisseur doit être enregistrée gratis (16).

(1) Dél., 12 juin 1824; J. N., 4740; D. N., *Quitt.*, 102.
(2) Rennes, 20 nov. 1847; J. N., 13299; D. N., *Quitt.*, 404.
(3) Dél., 24 avril 1829; D. M. F., 22 brum. an 8; D. N., *Quitt.*, 103.
(4) Dél., 26 juill. 1818; Sol., 30 sept. 1833, 27 mars 1835, 8 mars 1843; R. G., 40647.
(5) Dél., 20 juin 1832. V. Cass., 11 mars 1863; J. N., 17712.
(6) Sol., 27 mars 1827; Inst., 1229, § 9.
(7) Seine, 19 août 1837, 10 mai 1838; Nantes, 31 août 1839; Seine, 20 déc. 1843; Rouen, 11 juin 1851; Bar-le-Duc, 12 janv. 1835; Reims, 5 juin 1867; R. P., 399, 2505; R. G., 8204; J. N., 10242, 11927. V. cependant Seine, 23 nov. 1842; Versailles, 20 avril 1843; Beaune, 30 janv. 1846; Seine, 25 juill. 1863; J. N., 11686, 11741, 12864, 17915; Cognac, 4 janv. 1865; R. P., 2490.
(8) D. M. F., 1er janv. 1811; Sol., 29 nov. 1818; R. G., 8205, § 2.
(9) Dél., 27 sept. 1815; Amiens, 20 juin 1844; Seine, 23 mars 1852; J. N., 14667; R. G., 8297, § 2.

(10) Beauvais, 10 avril 1850; Versailles, 8 juin 1847; Saint-Gaudens, 14 avril 1845; R. G., 8295, § 4.
(11) Bordeaux, 15 janv. 1849; R. G., 8295, § 3.
(12) Dél., 14 août 1821, 9 avril 1825; Valenciennes, 24 fév. 1841; J. N., 5092, 11146; Champ., 3787; Garnie, 10219; D. N., *Vente de nav.* et *Quitt.*, 82; CONTRA, Sol., 25 juill. 1832, 12 juill. 1833, 20 janv. et 14 mars 1837; Dalloz, 2027; R. G., *loc. cit.*
(13) Seine, 13 mars 1833; Dél., 20 déc. 1841; D. N., *Quitt.*, 80 et 81. R. G., 10219. V. Seine, 28 déc. 1867; G. T., 4 fév. 1868.
(14) J. N., 272, 7345.
(15) Evreux, 17 juin 1837; Dalloz, 550; D. N., *Caisse des cens.*, 89; R. G., 2334. Voy. Evreux, 9 avril 1864; J. N., 9339, 12019, 18138; R. P., 2043.
(16) D. M. F., 27 avril 1858; Inst., 2123, § 6; R. P., 1031; CONTRA, D. M. F., 12 sept. 1835; D. N., *Quitt.*, 147, 148; Dél., 29 mai 1824; J. N., 4867.

CHAPITRE QUINZIÈME.

DES DONATIONS.

***

SOMMAIRE

***

SECTION Ire. — DES DONATIONS ORDINAIRES.

6753. I. *Tarif.* Les donations entre-vifs faites en ligne directe sont aujourd'hui passibles du droit de 2 fr. 50 p. 0/0 pour les meubles et de 4 p. 0/0 pour les immeubles (*Lois 22 frim. an 7, art. 69, § 6, n° 2; 28 avril 1816, art. 54, et 18 mai 1850, art. 10*).

6754. Dans le dernier tarif de 4 p. 0/0, se trouve compris le droit de transcription de 1 fr. 50 qu'il faut ajouter d'office lors de l'enregistrement (1), lors même que l'indivision cesserait (2).

6755. Quand la donation en ligne directe est faite par contrat de mariage, le tarif est réduit à 1 fr. 25 sur les meubles et 2 fr. 75 sur les immeubles (*mêmes articles de loi*).

6756. On ne perçoit que 1 p. 0/0, sans distinction entre les meubles ou les immeubles, si la donation a lieu à titre de partage anticipé; mais alors le droit de 1 fr. 50 p. 0/0 est exigible sur le immeubles lors de la transcription de l'acte au bureau des hypothèques (*Loi 16 juin 1824, art. 5*).

6757. En dehors de la ligne directe, les droits sont gradués d'après le degré de parenté des parties, et diffèrent selon la nature de l'acte qui contient la libéralité. Le tableau suivant présente le détail de toutes les quotités du tarif.

***

(1) Dél., 18 juin 1830; J. N., 14968 ; R. G., 4807.
(2) Dél. 24 mai 1832 et 14 janv. 1834; Orléans, 24 nov. 1834

Epernay, 24 août 1834; Bar-sur-Aube, 24 août 1837; Seine, 7 mai 1840; R. G., 4809; Dict. not., *Don.*, 464; J. N., 8992.

DEGRÉS DE PARENTÉ.	DONATIONS par contrat de mariage.		DONATIONS HORS CONTRAT DE MARIAGE.			
			Sans partage anticipé.		Avec le partage.	
	meubles.	immeubl.	meubles.	immeubl.	meubles.	immeubl.
Ligne directe....................	fr. c. 1.25	fr. c. 2.75	fr. c. 2.50	fr. c. 4.00	fr. c. 4.00	fr. c. 4.00
Entre époux.....................	4.50	3.00	3.00	4.50	3.00	4.50
Frères, sœurs, oncles, neveux......	4.50	4.50	6.50	6.50	6.50	6.50
Grands-oncles, petits-neveux, cousins germains.....................	5.00	5.00	7.00	7.00	7.00	7.00
Parents au delà du 4ᵉ degré jusqu'au 12ᵉ	5.50	5.50	8.00	8.00	8.00	8.00
Non parents....................	6.00	6.00	9.00	9.00	9.00	9.00

6758. On voit que les donations mobilières en ligne collatérale et entre étrangers sont tarifées comme les donations d'immeubles, et acquittent par conséquent le droit de transcription (1). Ce résultat pourrait être contesté (2).

6759. Sont considérées comme faites en ligne directe les donations aux enfants naturels reconnus, aux enfants adoptifs, ou celles que ces enfants font à leurs père et mère adoptifs ou naturels (3); il en est de même de la donation par l'aïeul à l'enfant légitime de son fils naturel reconnu (4); mais si la donation était faite à l'enfant naturel non reconnu, ou bien à l'enfant naturel reconnu, par les parents de sa mère ou de son père, et réciproquement, le droit serait dû aux taux fixés pour les étrangers. Les alliés sont également traités comme des personnes non parentes (5).

6760. La donation *à une succession* est censée faite à ceux qui doivent la recueillir (6). Cependant la donation par un père à son fils d'un immeuble qui devra appartenir à la communauté existant entre le donataire et sa femme, n'est sujette qu'au droit en ligne directe (7).

6761. Les donations d'immeubles situés à l'étranger sont assujetties à un droit maximum de 10 fr. (*Loi 16 juin 1824, art. 4*). Et cette disposition s'étend, par analogie, aux valeurs mobilières ayant leur assiette en pays étranger (8). Cependant la loi du 18 mai 1850, art. 7, a soumis au droit proportionnel ordinaire les transmissions entre-vifs à titre gratuit de fonds publics et d'actions des sociétés étrangères faites *au profit d'un Français*; d'où on a conclu que la donation de ces valeurs à une étrangère, même dans son contrat de mariage avec un Français, n'est sujette qu'au droit maximum de 10 fr. (9).

6762. II. *Bases de la perception.* Le droit proportionnel se liquide différemment selon qu'il s'agit de meubles ou d'immeubles. Pour les meubles la perception s'établit sur la valeur vénale, détermin. — ou par le capital de la créance et de la somme d'argent faisant l'objet de la libéralité, — ou par le capital au denier 10 ou 20 de la rente viagère ou perpétuelle, — ou dans les autres cas par l'estimation des parties (*Loi 22 frim. an 7, art. 14, nos 2, 8, 9 et art. 16*).

6763. Les donations de valeurs cotées à la Bourse acquittent le droit sur le capital fixé d'après le cours moyen de la Bourse au jour de la transmission (10). On suit le cours de la Bourse du lieu de la mutation (11), et s'il n'y a pas eu de cote le jour de cette transmission, on prend la dernière (12).

(1) Seine, 26 mars 1851 ; Cass., 17 nov. 1851 ; J. N., 14332, 14542.
(2) D. N., *Don.*, 478.
(3) D. N., *Don.*, 482 ; R. G., 4809.
(4) Dél. 17 juin 1834 et 27 sept. 1843 ; D. N., *Don.*, 488.
(5) D. M. F., 1er mai et 20 juill. 1820; Cass., 22 déc. 1829, 28 janv. 1830; J. N., 4052, 7426, 10272; Inst., 1390, § 5; R. G., 4813.
(6) Cass., 22 déc. 1829; J. N., 7426; Inst., 1307, § 6; R. G., 4814.
(7) Dél., 12 juin 1830, 20 mai 1834 ; J. N., 7287, 8578; R. G., 3795.

(8) Cass., 21 avril 1828; D. M. F., 11 mars 1829; Inst., 1282, § 6; Dél., 2 août 1831 ; J. N., 6883, 7493.
(9) Seine, 27 déc. 1851; J. N., 15428; D. N., *Lon.*, 472. V. Sol., 2 déc. 1865; R. P., 2223.
(10) Loi 18 mai 1850, art. 7; Inst., 1852, § 3, Lyon, 29 août 1848; Sol., 7 fév. 1849 ; J. N., 11902, 13624, 14050, 14455.
(11) Lyon, 19 juin 1863 ; J. N., 17391, 17861.
(12) Inst., 747; Sol., 7 fév. 1849; J. N., 13624.

6764. Enfin, les donations d'usufruit de meubles sont assujetties à l'impôt sur la moitié de la valeur de l'objet donné (*Loi 22 frim. an 7, art. 14, n° 11*).

6765. Le droit, pour les donations de biens immeubles, est liquidé d'après l'évaluation qui doit en être faite et portée : pour la propriété entière, à 20 fois le produit des biens ou le prix des baux courants, et pour l'usufruit à dix fois le même produit, sans distraction des charges (*Loi 22 frim. an 7, art. 15, n°ˢ 7 et 8*).

6766. La donation de la nue propriété est tarifée comme celle de la propriété entière (1); mais le donataire n'acquitte plus aucun droit proportionnel lors de la réunion de l'usufruit (*Loi 22 frim. an 7, art. 15, n° 7*), et même, si cette nue propriété fait l'objet de donations intermédiaires avant la réunion de la jouissance, elle n'est sujette au droit que sur la moitié de la valeur (2). Quant à la donation de a nue propriété faite à l'usufruitier, elle n'est pas dispensée du droit proportionnel comme la *consolidation* de l'usufruit sur la tête du nu-propriétaire (*Loi 22 frim. an 7, art. 15, n° 8*); il semble seulement qu'elle n'est passible de l'impôt que sur la moitié de la valeur de la propriété.

6767. Les charges grevant les biens donnés ne sauraient être déduites pour la liquidation du droit. Cette disposition ne s'applique pas toutefois aux *réserves* faites par le donateur, lesquelles constituent de véritables distractions sur l'importance du capital imposable (3). De même on a décidé, et avec raison, que, pour percevoir le droit sur une donation d'ascendants, il y a lieu de déduire la somme antérieurement donnée à l'un des enfants par acte enregistré et non encore payée au moment du partage (4).

6768. Une donation simultanée de meubles et d'immeubles n'est assujettie qu'aux droits fixés pour chaque nature de biens; il suffit pour cela que l'évaluation des meubles soit faite séparément. La règle contraire de l'art. 9 de la loi du 22 frim. an 7 est spéciale aux ventes (5).

6769. Nous avons indiqué précédemment le mode d'évaluation du revenu des immeubles et les moyens de contrôle appartenant à la Régie sur les différentes estimations des parties (*supra*, chapitre VI).

6770. III. *Formation du contrat*. La donation est un contrat bilatéral dont la perfection est soumise à la nécessité d'une acceptation expresse. Par conséquent, si cette acceptation fait défaut, l'acte n'est sujet qu'au droit fixe; mais le droit proportionnel devient exigible sur l'acte ultérieur qui renferme le consentement du donataire (6).

6771. Il faut d'ailleurs que l'acceptation soit conçue en termes exprès, à moins qu'il ne s'agisse de donations faites aux futurs dans leur contrat de mariage (7). Mais l'emploi de la forme sous seing privé ne dispenserait pas le contrat de l'impôt proportionnel (8).

6772. L'acceptation, pour être valable et motiver la perception du droit, doit émaner d'un donataire capable de la faire ou de ses représentants légaux. On ne pourrait, par exemple, exiger l'impôt sur une donation acceptée par un simple porte-fort (9), par une femme non autorisée (10), par un mineur ou par un interdit (11).

Voir cependant *infra*, 6837.

6773. Le droit applicable aux donations offertes aux communes et aux établissements publics ne peut être perçu que sur l'acceptation définitive passée après l'autorisation du gouvernement, par les administrateurs compétents (12). Il n'est pas dû sur l'acceptation provisoire de la libéralité (13).

6774. D'après l'art. 932 C. N., la donation ne produit d'effet, *à l'égard du donateur*, que du jour où l'acceptation lui a été notifiée. Il avait été admis d'abord que le droit proportionnel ne devenait

(1) Sol., 28 oct. 1825; Inst., 1187, § 5 ; R. G., 4820 et 13228.
(2) Cass., 2 avril 1845 et 27 déc. 1847 ; Inst., 1846 ; R. G., 13220; J. N., 10425 (*Comp.*, les autorités nombreuses, citées; R. G., *loc. cit.*, et J. N., 10425, 11408, 11547, 12067, 12087, 12180, 12489, 12562, 13426; Inst., 2025, § 3 ; R. G., 13235.
(3) Cass., 28 janv. 1818; J. N., 6246 ; cependant Dél., 29 mai 1827.
(4) Sol., 14 juin 1864; R. P., 1971, § 4; Arg. de Cass., 29 juill. 1862; R. P., 1818.
(5) Dél., 1er juin 1837 ; R. G., 4888, § 4 ; D. N., *Don.*, 516.
(6) Inst., 200, § 29; D. N., *Don.*, 460; R. G., 4842.
(7) C. N., 932, 1087; Dél., 5 mai 1835; R. G., 3785, 4815 ; Castel-Sarrazin, 31 déc. 1847 ; Nevers, 26 déc. 1848; Dalloz, 3884 ; Champ., *Supp.*, 804; R. G., 3785, 4845, 4846.
(8) Garnier, 4837, § 1; Dél., 5 fév. 1825; Cass., 21 déc. 1831 et

9 août 1830 ; Thionville, 27 août 1831; Marennes, 31 déc. 1835; J. N., 5234, 7611, 8675, 9184, 9321 ; Inst., 1562, § 9; CONTRA, Dalloz, 3694; Champ., 2230 ; Inst., 1187, § 9 et 1437, 12; Belfort, 6 janv. 1836; J. N., 6999.
(9) Dalloz, 3702; Champ., 2239 ; Garnier, 4860.
(10) Cass., 1er août 1836; J. N., 9325; R. G., 4864; D. N., *Don.*, 527.
(11) J. N., 9492, 9670.
(12) Sol., 14 mars 1827, 19 juin 1828, 7 janv. 1832 ; D. N., *Don.*, 534; Saint-Dié, 20 août 1836 ; J. N., 9387-9403; D. M. F., 9 avril 1860 ; Inst., 2181, § 1 ; R. P., 1402, 1017.
(13) Dél., 11 juill. 1837; J. N., 9788; D. M. F., 9 avril 1860; Inst., 2181, § 1 ; R. P., 1402.

exigible qu'à partir de cette signification (1) ; mais la pratique est établie en sens contraire, et nous croyons, en effet, que l'obligation de faire notifier est une condition résolutoire sans influence sur la transmission actuelle de propriété (2).

6775. IV. *Donation conditionnelle.* La donation peut être affectée de toutes les conditions ordinaires. Il est permis notamment d'en subordonner l'accomplissement à un événement inconnu, et devant cette condition suspensive le droit fixe de **2** fr. est seul exigible (3). Les libéralités faites par contrat de mariage devraient être rangées dans cette catégorie, puisque leur existence dépend de la célébration ; cependant la pratique contraire a prévalu, et on perçoit l'impôt proportionnel, sauf à le restituer quand le mariage n'est pas célébré, *infra nᵒˢ 7490 et suiv.*

6776. Mais en dehors de cette exception, le droit reste en suspens. Ainsi décidé pour une donation faite à un enfant sous la condition que son frère se mariera (4) ; ou que les dettes du donateur ne s'élèveront pas à un certain chiffre à telle époque (5) ; ou que le donataire laissera à son décès des enfants issus de son mariage (6) ; ou enfin que les biens lui seront attribués lors du décès d'un tiers (7).

6777. Il ne faudrait pas confondre la condition suspensive avec le terme, car la donation d'une valeur payable à terme est passible du droit proportionnel (8). Il en serait de même d'une libéralité soumise à une condition simplement résolutoire (9).

6778. La condition potestative imposée au donataire n'empêche pas l'exigibilité du droit proportionnel, puisqu'il dépend du donataire de recueillir la libéralité. Par exemple, l'engagement de nourrir une personne ou de lui payer 80,000 fr. si elle quitte la maison du donateur, est sujet au droit sur 80,000 fr. (10). De même pour la stipulation d'un contrat portant que le père du futur s'engage à entretenir les époux chez lui, ou, en cas de séparation, à leur donner la jouissance d un immeuble (11). Mais le droit fixe serait seul exigible si le donateur *promettait* seulement de donner dans l'hypothèse prévue (12).

6779. V. *Donation alternative.* La donation alternative est évidemment sujette au droit proportionnel, puisqu'il est certain qu'un objet a été donné. Mais comment se liquide l'impôt ? On perçoit le droit le moins élevé si le choix appartient au donateur (13), ou s'il a été laissé au donataire pour être exercé après le décès du donateur (14), sauf à réclamer l'excédant lors de l'option ultérieure (15). Si le choix appartient au donataire sans condition, l'obligation est alors assimilable à un engagement potestatif, et le droit est perçu au taux le plus élevé (*supra nᵒ* 6778).

6780. On doit considérer comme donation alternative la clause d'un contrat de mariage par laquelle le père du futur se réserve de remplacer les immeubles constitués en dot par d'autres immeubles (16), ou de les reprendre pour une certaine somme si le futur veut les aliéner (17). Mais ce caractère n'a pas été reconnu à l'abandon d'un immeuble dont le donateur se réserve de faire la vente en en cédant une partie au donataire. Il y a libéralité actuelle soumise à une condition résolutoire (18).

6781. Nul doute, d'ailleurs, que si aucune alternative n'a été stipulée dans le contrat, l'acte par lequel l'objet donné est remplacé par une valeur différente ne motive la perception d un droit de dation en payement, d'échange, de quittance, etc. (19).

6782. VI. *Donation éventuelle.* Quand l'effet de la libéralité est subordonné au décès du donateur, le droit de transmission entre-vifs n'est pas exigible. La clause donne lieu seulement à un droit fixe de **5** fr.; et, lors de l'événement, on perçoit l'impôt des mutations par décès. Nous avons épuisé cette

(1) Inst., 290, § 29 ; Dél., 23 mai 1843; J. N., 11667 ; R. G., 5857 ; Champ., 2324 ; Dalloz, 3698; D. N., Don., 529.
(2) Arg. de Grenier, 384 bis ; Demante, Thémis, VII, 380; Coin-Delisle, 932, 13 et 15 ; Marcadé, 932, 5.
(3) D. N., Cond., 139, etc. ; Garnier, R. G., 3521 et 4914 ; Champ., 2347 et 2349 ; Dalloz, 3809.
(4) Cass., 14 déc. 1840; J. N., 10831 ; R. G., 4910.
(5) Dél., 5 déc. 1843; D. N., Don., 597.
(6) Cass., 20 avril 1846 ; J. N., 12665; Dél., 2 nov. 1840; R. G., 3789.
(7) Cass., 20 fév. 1865; J. N., 18231 ; R. P., 2055.
(8) Cass., 17 avril 1826 ; R. G., 4913.
(9) D. N., Cond., 143.
(10) Cass., 18 avril 1821; J. N., 3654; D. N., Don. par mar., 191.
(11) Dél., 6 mai 1828; Lyon, 8 mai 1850 ; Cass., 9 juill. 1838 ; R. G.,

3788, 3789; Saint-Palais, 13 août 1856; R. P., 742; contra, Tarbes, 15 avril 1862; R. P., 4715; Nontron, 19 fév. 1862; J. N., 17684, 17810.
(12) Dél., 30 mai 1845; J. N., 12116; D. N., Don., 195.
(13) Cass., 15 juin 1808; Inst., 405; Sol., 1 avril 1837 ; R. G., 4941.
(14) Sol., 9 avril 1825; Inst., 1173, § 3; J. N., 5096; Cass., 20 août 1827; J. N., 5096, 6340; D. N., Don., 605.
(15) D. M. F., 3 fév. 1817; Inst., 766; J. N., 5096; D. N., Don., 603. Voir Chaumont, 31 déc. 1856; R. P., 807.
(16) J. N., 11639.
(17) J. N., 9710.
(18) Cass., 17 août 1831; J. N., 7534; Inst., 1398, § 2; R. G., 4945.
(19) Cass., 2 avril 1828; J. N., 6558; Inst., 1272, § 7; D. N., Don., 600 ; Dél., 4 mai 1827; J. N., 6350.

matière, dans la section des droits fixes, en parlant des contrats de mariage, n°ˢ 6364 à 6376 et des testaments, n°ˢ 6519 à 6524.

6783. VII. *Donation secondaire.* En principe, lorsque le donataire est chargé de remettre à un tiers une valeur dont le donateur fait également donation à ce dernier, on ne peut percevoir le droit proportionnel que sur la disposition principale (1). C'est ce qui a été décidé pour la charge de payer certaines sommes à des tiers (2); de nourrir une personne désignée (3).

6784. Mais il ne faut pas considérer comme donation secondaire dispensée du droit, la clause par laquelle une femme, intervenant dans la donation que·le mari fait de ses biens à ses enfants, abandonne également à ces derniers les reprises dont ces biens sont grevés (4). Seulement, le droit ne pourrait être liquidé sur la partie des reprises qui excède la valeur des biens (5).

6785. Si la donation formait l'accessoire d'un contrat à titre onéreux, il est clair qu'alors elle subirait l'impôt sans égard aux perceptions établies sur la disposition principale. Ainsi de la clause. par laquelle des parents après avoir vendu un meuble ou un immeuble à leur fils, lui font donation du prix (6).

6786. La stipulation de réversibilité ou les constitutions de rente dont le prix est fourni par un tiers, constituent aussi des donations secondaires. Il en a été parlé *supra* n°ˢ 6519 *et suiv.*

6787. VIII. *Donation indirecte.* Les libéralités indirectes sont dispensées des solennités de la donation ordinaire. Il n'est donc pas nécessaire, pour percevoir le droit proportionnel, qu'elles aient été acceptées en termes exprès; il suffit que le consentement du donataire soit manifesté comme dans les autres contrats (7).

6788. Ce principe reçoit une fréquente application à propos des remises de dettes. Toutes les fois que les circonstances qui environnent l'acte, ou les termes dans lesquels il est conçu, confèrent à cet acte un caractère de libéralité, le droit de donation est exigible (8).

6789. Telle est la clause par laquelle un neveu voulant donner une preuve d'amitié à sa tante réduit de 3,200 à 2,000 fr., le prix d'une vente antérieure consentie à celle-ci (9); — la stipulation par laquelle le créancier fait *donation* au débiteur de sa créance (10); —la dispense de rapport accordée gratuitement à un cohéritier (11), bien qu'il soit allégué, sans preuve, que cette dispense est l'exécution de la volonté du défunt (12); — la renonciation par un cohéritier à un préciput sur la quotité disponible (13), ou par un héritier à faire supporter à la veuve légataire de l'usufruit, sa portion dans un legs particulier de rente perpétuelle (14), ou par une veuve à demander le payement, soit de son legs (15), soit de son douaire (16), ou par le créancier d'une rente à en demander le payement à l'avenir (17).

6790. On peut encore ranger parmi les libéralités indirectes les délivrances par un héritier de legs verbaux, quand il y a fraude. Si l'existence du legs verbal paraît démontrée, la délivrance n'est pas sujette au droit de donation (18); mais elle a tout l'effet d'une libéralité dans le cas contraire (19).

6791. Lorsque les parties ont dissimulé la donation sous l'apparence d'un contrat à titre onéreux, la Régie peut prouver la fraude au moyen des circonstances, afin de faire restituer à l'acte sa véritable nature et de percevoir le droit de donation. C'est ce qui a été décidé à propos de donations déguisées par une cession de créances (20), un simple prêt à intérêt (21), ou une constitution alimentaire (22).

(1) Arg. de l'av. du cons. d'État du 10 sept. 1808; Garnier, R. G., 4802. Voyez Cass., 21 mars 1890 ; J. N., 16289.
(2) Cass., 21 janv. 1812; R. G., 4902; D. N., Don., 570.
(3) Dél., 22 sept. 1824; D. N., Don., 571.
(4) Auch., 9 avril 1815; J. N., 12366; Grasse, 14 juill. 1815; Garnier, R. G., 4878 et 10990; Dalloz, 3765; CONTRA, D. N., Don., 568; Castres, 19 juill. 1815; J. N., 12468; Champ., Supp., 487.
(5) Dél., 16 août 1813; J. N., 11724.
(6) Cass., 14 mai 1817; D. N., Don., 575; 6 déc. 1847; Inst., 1814, § 16; Seine, 19 fév. 1852; J. N., 13218, 14855; R. G., 446; Dalloz, 3773; Cass., 22 janvier 1866; R. P., 2233. Voir cependant Douai, 10 juin 1816; J. N., 12899.
(7) Toulouse, 14 juin 1827; R. G., 4870, § 1.
(8) Sol., 4 janv. 1814; R. G., 145; D. N., Rem. de dette, 98.
(9) Dél., 29 sept. 1824; J. N., 4843; D. N., loc. cit., 100; R. G., 445.
(10) Clermont, 8 avril 1847; Cognac, 10 juill. 1848; R. G., 145, § 2; J. N., 13160.

(11) Versailles, 1er avril 1852; Neufchâtel, 27 août 1857; Seine, 21 juill. 1806; R. P., 2374; J. N., 16322, 19005; CONTRA, Tours, 4 juin 1864; R. P.. 1974.
(12) Saint-Etienne, 21 déc. 1847; R. G., 145, § 3.
(13) Seine, 2 fév. 1867; R. P., 2502; J. N., 19008. V. Sol., 4 sept. 1867; R. P., 2574.
(14) Marseille, 11 avril 1851; J. N., 14372; R. G., 445, § 4.
(15) Tours, 4 juin 1864; R. P., 1974.
(16) Dél., 14 avril 1826; R. G., 145, § 5.
(17) Louviers, 24 mai 1866; Seine, 2 juin 1866; R. P., 2475.
(18) Cass., 3 août 1844; R. G., 4883, 19 déc. 1860; Arg., Cass., 17 mars 1858; R. P., 995, 11439; la Réole, 4 mars 1846; J. N., 12662.
(19) Soissons, 23 déc. 1840; Seine, 11 juin 1845; Agen, 11 fév. 1847; Condom, 17 juill. 1841; R. G., 4884.
(20) Cass., 21 mars 1855-9 juill 1861; Dieppe, 28 nov. 1861; Neufchâtel, 6 mai 1864; Orthez, 27 mai 1864; Auch, 22 janv. 1867; J. N., 15499, 17181, 17761; R. P., 1225, 1517 1553, 1717-2, 2008, 2554.
(21) Châtillon-sur-Seine, 28 déc. 1858; Civray, 31 déc. 1858; Castres, 1er juill. 1859; R. P., 1202, 1343; J. N., 16628, 16784.
(22) Muret, 18 juin 1859; R. P., 1217; J. N., 16712.

6792. Il a été spécialement reconnu sur ce dernier point que si une somme a été donnée à un hospice, à charge de servir des rentes viagères à des tiers désignés, et, après l'extinction de ces rentes d'employer l'intérêt de la somme à l'entretien des vieillards admis dans l'hospice, il n'y a pas simple constitution de rente, mais donation (1).

6792 bis. L'engagement par un particulier soit de payer une somme d'argent, soit de servir une rente viagère ou temporaire à un ouvrier à son service ou, en cas de mort, à sa veuve ou autres représentants, n'est ni une libéralité, ni une constitution ordinaire tarifée au droit de 2 p. 0/0, mais une promesse d'indemnité passible du droit de 50 c. p. 0/0 (2).

6793. Les dons manuels sont soumis à d'autres règles, *infrà 6810* ; et quoique, par exemple, il paraisse résulter des circonstances que l'apport d'un futur dans son contrat de mariage lui provienne d'une donation manuelle, la Régie ne saurait exiger le droit proportionnel (3).

6794. Si l'impôt à titre onéreux a été perçu sur la donation déguisée et qu'un acte ultérieur constate le véritable caractère de la convention, le droit de donation devient exigible, mais sous l'imputation de celui déjà payé pour le premier acte (4).

6795. IX. *Donations onéreuses.* Les libéralités, on vient de le voir, sont quelquefois grevées de charges qui en diminuent l'importance. Il a été soutenu que l'acte ne perd jamais son caractère gratuit, en droit fiscal, lors même que ces charges égaleraient la valeur de l'objet cédé ; et on a prétendu, par suite, qu'il fallait toujours percevoir l'impôt des donations (5).

6796. Cette opinion paraît trop absolue. Il est certain, en effet, que si les libéralités se déguisent fréquemment sous la forme d'un contrat onéreux, elles peuvent servir réciproquement aussi à couvrir des ventes, des échanges ou des dations en payement. Or, la Régie a le devoir de rechercher le véritable caractère des conventions, et ce caractère se détermine moins par les qualifications des actes que par les stipulations réelles des parties, *supra n° 6296.* Il en résulte qu'en matière d'enregistrement, le droit de mutation à titre onéreux devra être perçu sur tout acte de donation qui résistera tout à fait par sa substance, à l'idée d'un contrat gratuit (6).

6797. Ce n'est pas, à la vérité, une recherche facile que celle qui consiste à découvrir la vérité d'une convention sous les artifices de la forme ; mais une telle détermination constitue un point de fait laissé à la sagacité des tribunaux, et n'engage pas les principes de la perception même.

6798. Et d'abord, quand les charges sont inférieures à la valeur de l'objet donné, le contrat renferme une libéralité ; libéralité amoindrie, sans doute, par les conditions de l'acte, suffisante toutefois pour conserver à l'acte, dans son ensemble, le caractère de la donation, sans qu'on puisse le traiter comme une mutation onéreuse pour la partie correspondante aux charges (7). C'est pourquoi le droit de donation a été seul reconnu exigible : 1° sur la donation d'un immeuble par un mari à sa femme séparée, à condition de payer les dettes du disposant pour une partie de la valeur de l'objet (8) ; et 2° sur une constitution de dot avec charge de payer au donateur une partie de l'objet (9).

6799. Au sujet de cette dernière question, comme sur d'autres semblables, il a été cependant jugé que la clause donnait lieu, à la fois, au droit de vente et de donation (10) ; et même au droit de vente sur la totalité de l'objet (11). Mais nous répudions complétement la dernière solution, et nous n'admettons la première que dans le seul cas où il est manifeste que les parties ont voulu faire deux conventions distinctes dans le même contrat : une cession à titre onéreux jusqu'à concurrence des charges, et une donation du surplus (12).

6800. La difficulté est plus grande quand les charges égalent l'objet donné. Mais comme il s'agit toujours d'une appréciation variant avec les circonstances de chaque affaire, on se bornera à rapporter quelques solutions d'espèces indiquant brièvement l'esprit de la jurisprudence.

(1) Cass., 21 mai 1860 ; J. N., 16858. V. Mirecourt, 3 août 1867 ; J. N., 19093 ; Sol., 22 avril 1865, 11 oct. 1867 ; R. P., 2572.
(2) Sol., 31 nov. 1856 ; R. P., 2382. V. cep. Sol., 3 mars 1852 ; R. P., 1613 ; J. N., 17542.
(3) Cass., 23 et 28 nov. 1859. V. Cass., 21 mars 1855 ; R. P., 376, 1209.
(4) D. N., *Don. dég.*, 44 à 47 ; Napoléon, 8 déc. 1856 ; R. P., 923 ; Seine, 6 mai 1865 ; R. P., 2157.
(5) D. N., *Donat.*, 526 ; J. N., 4841, 12544.
(6) Champ., 2251, § 2 ; Dalloz, 3735 ; Garnier, 4993.
(7) Voir Coin-Delisle, *art. 894* ; Marcadé, *id.*

(8) Althirch, 15 nov. 1813 ; R. G., 4897.
(9) Senlis, 15 mai 1841 ; R. G., 4897 ; Retkel, 7 août 1846 ; D. N., *Don.*, 517, Tours, 18 août 1866 ; R. P., 2160 ; J. N., 18846.
(10) Epernay, 31 déc. 1816 ; Reims, 27 déc. 1845 ; Saint-Quentin, 14 mars 1846 ; Vervins, 17 juill. 1846 ; Castres, 20 août 1842 ; Bordeaux, 20 juill. 1840 ; le Havre, 25 mai 1846 ; Châtillon-sur-Seine, 19 juin 1849 ; R. G., 4897 *en note* ; J. N., 12958 ; D. N., *Don.*, 549.
(11) Laon, 22 avril 1846 ; Strasbourg, 27 janv. 1845 ; Avignon, 14 août 1851 ; R. G., 4897.
(12) Saint-Quentin, 13 mars 1844 ; Périgueux, 14 mars 1845 ; Cass., 11 déc. 1839, 23 avril 1867 ; R. G., 4898 ; R. P., 2489 ; J. N., 18667.

6801. Voici des contrats considérés comme des libéralités : 1° partage anticipé d'immeubles d'un revenu de 350 fr., à charge de payer 10,520 fr. de dettes (1) ; 2° donation d'une maison d'un revenu de 500 fr , sous réserve d'un usufruit estimé 50 fr. par an, et à condition d'acquitter 10,000 fr. de passif (2); 3° don d'un immeuble d'un revenu de 600 fr. au capital de 16,000 fr., que la future imputera sur sa part héréditaire et pour lequel elle servira une rente de 600 fr. (3); 4° donation à la future d'un domaine de 100,000 fr. sur lequel la future rendra 40,000 fr. à sa mère (4); 5° donation par contrat de mariage d'un immeuble d'un revenu de 500 fr., à charge de servir des rentes perpétuelles de 1,028 fr. (5); 6° donation par un père à son fils d'un immeuble sous réserve d'usufruit, à charge d'en payer le prix encore dû (6); 7° ou d'en rapporter l'estimation à la masse lors du décès du donateur (7), ou d'en imputer la valeur sur sa part héréditaire (8); 8° lors même que le père aurait expressément donné par préciput la différence entre la somme à rapporter et la valeur vénale de l'immeuble (9) ; 9° donation d'un fonds de commerce et du droit au bail, à la charge de servir les loyers (9 bis).

6802. Voici, au contraire, d'autres actes assujettis au droit à titre onéreux : 1° donation d'objets estimés 2,200 fr., à charge de payer au donateur 12,200 fr., et avec stipulation que les biens donnés appartiendront à la communauté qui en versera le prix (10); 2° donation d'un immeuble sous la condition de payer au donateur ou à des tiers une somme ou une rente viagère égale à sa valeur (11); 3° même quand le donateur se réserverait le droit de retour (12); 4° donation d'un immeuble en compensation d'une créance due au donataire pour constitution de dot ou autrement (13).

6803. Quand le contrat est à titre onéreux, ce n'est pas toujours le droit de vente qui est exigible, mais souvent celui d'échange ou de constitution de rente, selon les cas (14).
V. *infra* : *Donation rémunératoire,* n°s 6807 à 6809.

6804. X. *Donation mutuelle.* Pour la donation mutuelle, le droit est perçu sur l'une des choses respectivement transmises, bien qu'il s'opère réellement deux mutations. On le liquide sur la disposition qui paraît principale, quelle que soit d'ailleurs la quotité de l'impôt à percevoir (15).

6805. Par exemple, si un père donne des immeubles à ses enfants avec réserve d'usufruit et sous la condition de jouir d'autres biens appartenant à ceux-ci du chef de leur mère, et produisant un revenu supérieur aux immeubles donnés, le droit est dû sur la valeur de la jouissance abandonnée par les enfants (16). On considère même comme disposition secondaire affranchie du droit la clause d'une donation par laquelle le donateur qui s'est réservé l'usufruit des biens attribue au donataire, en compensation de cette réserve, soit la jouissance d'autres biens (17), soit une rente ou un loyer déterminé (18).

6806. On conçoit que la donation mutuelle puisse dissimuler un échange ou un autre contrat à titre onéreux. Mais il ne faudrait admettre cette interprétation que si la volonté des parties paraissait manifeste. Ainsi, doit être considéré comme donation et non comme cession d'usufruit, l'acte par lequel une veuve abandonne ses biens à ses enfants qui lui cèdent la jouissance de ceux de la succession de leur père (19); ou renonce à la communauté et à un legs, moyennant une rente viagère (20). On ne peut pas davantage considérer de telles conventions comme un échange (21).

6807. XI. *Donation rémunératoire.* Si la donation rémunératoire a pour objet de récompenser des services appréciables à prix d'argent et pouvant produire une action civile, le contrat est à titre oné-

(1) Béthune, 18 fév. 1851 ; J. N., 14418, D. N., *Don.,* 542; Sol., 16 fév. 1819 ; J. N., 13034.
(2) Mantes, 24 août 1850 ; J. N., 14381.
(3) Limoges, 29 mai 1849; Altkirch, 29 juin, 1831; J. N., 13805; Montmorillon, 20 nov. 1849; J. N., 13991.
(4) Op. J. N., 13805.
(5) Dél., 27 avril 1827; J. N., 13047; D. N., *Don.,* 543.
(6) Falaise, 31 janv. 1845; J. N., 12308.
(7) Cass., 9 janv. 1856; J. N., 15709; CONTRA, Agen, 26 nov. 1856; J. N., 15967.
(8) Langres, 25 mars 1854; D. N., *Don.,* 550.
(9) Cass., 17 déc. 1855; R. P., 603.
(9 bis) Seine, 30 juin 1865; R. P., 2208.
(10) Péronne, 30 août 1843; R. G., 4895.
(11) Strasbourg, 7 mai 1845; Laon, 17 avril 1845 ; Domfront, 6 août 1848; Lisieux, 17 mai 1844; Beaupréau, 30 mai 1849; Mantes, 4 nov. 1846; R. G., 4895.
(12) Montpellier, 26 mars 1849; R. G., 4895, § 2.
(13) Vitry-le-François, 20 déc. 1842; Reims, 27 déc. 1845; Auxerre, 26 mai 1849 ; R. G., 4895, § 3.
(14) Garnier, R. G., 4903.
(15) Cass., 15 déc. 1832, 6 janv. 1834, 19 avril 1849; Tulle, 11 janv. 1842; Rouen, 16 déc. 1846 ; R. G., 4600, 1070; D. N., *Don. par mar.,* 180; J. N., 8319.
(16) Sol., 13 déc. 1833 ; D. N., *Don.,* 563; Cass., 13 déc. 1853; J. N., 15128; Sol., 13 juin 1834 ; Meaux, 20 mars 1834 ; R. G., 4900; Comp. Cass., 7 sept. 1807, 10 mars 1819 et 7 avril 1823 ; D. N., *Don. par cont. de mar.,* 178; Avranches, 16 avril 1844.
(17) Dél., 22 mai 1846 ; J. N., 12735; CONTRA, Oloron, 1er déc. 1842; D. N., *Don. entre époux,* 205.
(18) Dél., 28 janv. 1834 ; J. N., 8388; Ploermel, 29 avril 1864; R. P., 2057, *infra, 6862.*
(19) Cass., 19 avril 1847; J. N., 13009; D. N., *Don.,* 538; Mortagne, 6 sept. 1845; J. N., 12538.
(20) Cass., 9 août 1848; J. N., 13479; D. N., *Don.,* 539.
(21) Senlis, 25 mai 1841; J. N., 11032; D. N., *Don.,* 564; R. G , 4900, § 1, et 4968; Dalloz, 3746.

reux; il constitue une véritable dation en payement quand la chose donnée n'excède pas le prix des services (1).

6808. C'est une libéralité sujette aux droits ordinaires lorsque les services n'emportent aucune action civile, mais imposent seulement une obligation de conscience (2).

6809. On range notamment dans la classe des obligations civiles celles qui résultent de l'accomplissement de services religieux commandés par le donateur. L'acte par lequel il gratifierait un ministre du culte ou un établissement de piété de certaines valeurs en dédommagement de ses services, serait ou un louage, ou une constitution de rente, ou une dation en payement (3). Il n'y aurait donation que si l'importance des objets cédés dépassait de beaucoup la valeur des services (4), ou si l'intention de faire une libéralité était évidente.

6810. XII. *Donation manuelle.* Il avait été reconnu que la déclaration d'un don manuel, faite par le donataire sans le concours du donateur, ne constituait pas un contrat et ne pouvait motiver la perception du droit proportionnel. Mais *l'art. 6 de la loi du 18 mai 1850* a disposé, au contraire, que :
» les actes renfermant soit la déclaration par le donataire ou ses représentants, soit la reconnaissance
» judiciaire d'un don manuel, seraient sujets au droit de donation. »

6811. Cet article ne régit pas les dons manuels antérieurs à sa promulgation. On ne saurait donc exiger le droit sur une libéralité de l'espèce dont la date est constatée, soit par le décès du donateur antérieur à la loi de 1850 (5), soit par son énonciation dans un inventaire, un partage ou tout acte ayant date certaine avant la même époque (6).

6812. Il en serait autrement si la date de la libéralité n'était établie que par l'affirmation de la partie (7), ou s'il était constant qu'elle a fait l'objet d'un acte écrit (8).

6813. La déclaration doit émaner du *donataire* ou de ses représentants. Celle du donateur, si explicite qu'elle fût, ne justifierait pas la perception (9). Le droit ne pourrait être exigé non plus sur la description faite dans un inventaire, en présence des héritiers, d'une note du défunt constatant le don manuel fait à l'un d'eux (10), si ce dernier n'avouait pas expressément le fait (11).

6814. Il a été jugé à cet égard que le mari est le représentant de sa femme, mais non d'une belle-sœur qui ne lui avait donné aucun mandat (12).

6815. La déclaration émanée du donataire n'a pas besoin de renfermer l'indication du donateur; et c'est ce qui arrive souvent pour les cadeaux qu'un futur se constitue en dot (13). Les parties peuvent demander alors à faire la déclaration du degré de parenté des donateurs (14).

6816. C'est la nature du droit exigible sur le contrat renfermant la déclaration de don manuel qui détermine celle du droit à percevoir sur le don lui-même. Il n'acquitterait que 1 p. 0/0 s'il se trouvait dans un partage anticipé (15), ou le droit établi pour les donations par contrat de mariage s'il était renfermé dans un acte de l'espèce (16).

6817. Le don manuel ne peut comprendre des objets incorporels réputés meubles par la loi, tels qu'une rente ou une créance. Une future déclarerait donc en vain dans son contrat de mariage apporter une rente viagère que doit lui servir son frère absent; le droit proportionnel ne serait pas exigible (17).

---

(1) Pothier, *Vente*, 608; Grenier, 188; Toullier, V, 186; Delvincourt, II, 287; Duranton. VIII, 567; Coin-Delisle, *art. 894*; Troplong, *Vente*, n° 8; D. N., *Don. rémun.* 19.
(2) Garnier, 4975; Yvetot, 13 nov. 1863; R. P., 1867.
(3) Dalloz. 3669; Garnier, R. P., 497; Romorantin, 22 déc. 1837; Bayeux, 8 juin 1838; Mirecourt, 20 mars 1843; J. N., 9963, 10142, 11625.
(4) Dél., 29 avril 1835, 31 janv. 1834; R. G., 4977.
(5) Mirecourt, 11 juin 1851; Dunkerque, 19 juill. 1853; Cass., 24 juill. 1854; J. N., 14689, 15055, 15160; R. G., 4772; Seine, 28 mai 1856; R. P., 731.
(6) Coulommiers, 9 juill. 1852; Strasbourg, 19 avril 1853; Dél., 21 fév. 1851; Seine, 14 avril 1853; J. N., 14809, 15104, 14300, 14955; D. N., *Don manuel*, 72 à 75.
(7) Clermont-Ferrand, 21 août 1854; Seine, 31 août 1854; Dom-front, 27 fév. 1857; Senlis, 4 juill. 1857; J. N., 15408; R. P., 491, 821, 919; CONTRA, Vassy, 30 mai 1855; R. P., 491.
(8) Cass., 28 déc. 1853; Inst., 1999, § 8; R. G., 4772 *bis.*

(9) Douai, 25 mai 1852; J. N., 14899. V. Lyon, 11 mai 1867; R. P., 2529; J N., 19008.
(10) Epernay, 12 oct. 1850; J. N., 14255; R. G., 4778.
(11) Cass., 13 août 1860; R. P., 1370 V. Pontoise, 21 nov. 1864; J. N., 10092, 17850; Seine, 29 déc. 1866; R. P., 2488; J. N., 18998.
(12) Cherbourg, 13 avril 1856; R. P., 719.
(13) Dél., 4 oct. 1850; Seine, 9 avril 1851, 9 mai 1851; J. N., 14171, 14314, 14389; Dél., 16 juin 1851; R. G., 4776. Cons. Pithiviers, 29, juill. 1858; R. P., 1087; CONTRA, J. N., *loc. cit.*, et 14174; D. N., *Don manuel*, 77.
(14) Sol., 16 juin 1851; Seine, 28 mai 1851; J. N., 14389; R. G., 4777.
(15) Sol., 30 oct. et 8 déc. 1829; Inst., 1307, § 5; R. G., 4779, § 1; J. N., 7018.
(16) D. N., *Don manuel*, 79; J. N., 14550 Garnier, R. G., 3809 et 4779.§ 2. V. Pont et Rodière, I. 252; Domfront, 27 fév. 1857; Soulis, 30 juill. 1857; R. P., 821, 921.
(17) Sol., 10 janv. 1859; R. P., 1131; Seine, 15 juill. 1859; R. P., 1221. Cons. Senlis, 30 juill. 1857; R. P., 921.

SECTION II. — DES DONATIONS FAITES AUX ÉPOUX PAR CONTRAT DE MARIAGE.

6818. Le tableau des tarifs que nous avons dressé précédemment, *supra n° 6757*, fait voir que les donations contenues dans les contrats de mariage acquittent des droits moins élevés que les autres (*Lois 22 frim. an 7, art. 69, § 4, n° 1 ; 28 avril 1816, art. 54, et 21 avril 1832, art. 33*).

6819. Cette réduction se restreint étroitement aux libéralités faites dans le contrat de mariage même au profit des futurs époux. On ne l'appliquerait donc ni aux donations faites aux futurs par acte antérieur ou postérieur (1) ; ni à celles qui devraient profiter à d'autres qu'aux époux (2).

6820. Mais il faut considérer comme renfermée dans le contrat la donation antérieure qui est seulement acceptée dans cet acte (3) ; ou bien celle qui a lieu, avant la célébration, par un acte additionnel écrit à la suite du contrat, en présence de toutes les parties (4). Il a même été soutenu que la réduction du tarif profitait aux libéralités renfermées dans les contrats de mariage passés après la célébration, lorsque la législation du pays le permet (5).

6821. Parmi les libéralités faites aux époux dans le contrat de mariage, on distingue surtout les donations de biens présents et à venir et les donations de sommes payables au décès. Les premières constituent, en général, de simples dons éventuels soumis au droit fixe de 5 francs ; on ne perçoit l'impôt proportionnel que quand le donateur est actuellement investi de tout ou partie des biens présents : il en a été question à propos du contrat de mariage, *supra*, n°° 6373 et 6374.

6822. Les donations de sommes payables au décès sont aussi des libéralités éventuelles, quand elles ne confèrent au donateur qu'un droit subordonné au décès du disposant. Nous avons donné plusieurs exemples ci-dessus n° 6376. Mais il faut exiger le droit proportionnel si le donateur se dessaisit *hic et nunc* de sa propriété : c'est ce que la jurisprudence a appliqué aux donations de sommes à prendre sur les biens du donateur : 1° avec dessaisissement actuel (6) ; 2° stipulation d'hypothèque (7) ; 3° réserve d'usufruit (8) ; 4° ou clause de retour (9) ; 5° en avancement d'hoirie (10) ; 6° stipulées payables dans l'année du décès sans intérêts (11) ; 6° rapportables à la succession (12), etc.

6823. S'il est exprimé dans le contrat de mariage ou s'il est justifié par des actes tels qu'un inventaire ou un partage, que la dot constituée par le père ou la mère survivant se compose en entier d'effets mobiliers et de sommes existant dans la succession de l'ascendant prédécédé, la constitution de dot est considérée comme une simple déclaration d'apport exempte de tous droits (13) ou donnant lieu au droit de décharge quand la délivrance en est faite dans le contrat (14).

6824. Mais le droit de donation est exigible lorsque le contrat n'énonce pas ou qu'il n'est pas justifié que les valeurs existent dans la succession de l'ascendant prédécédé (15).

6825. Si le futur, moyennant cette constitution de dot, renonce à demander compte et partage de la succession du prédécédé, il ne s'ensuit pas, par cela seul, qu'il abandonne ses droits au constituant. La clause n'exprime que l'ajournement du compte et la continuation dans les mains du père ou de la mère survivant, de la gestion des biens héréditaires. Pour qu'on y puisse voir une cession d'usufruit ou de nue propriété, il faut que l'intention des parties soit clairement manifestée (16). Telle est la stipulation portant que le père de la future ne pourra être recherché de son vivant à raison de la succession (17), ou jouira des biens de cette succession (18).

(1) Cass., 30 janv. 1839, 7 nov. 1842 ; J. N., 10289, 11472 ; Inst., 1590, § 6, 1693, § 2 ; R. G., 3808 ; D. N., *Don. en fav. de mar.*, 7 à 9 ; Dél., 10 juill. 1832 ; R. G., 3812 ; Circ. Rég., 1721.
(2) Dél., 29 déc. 1837 ; D. M. F., 5 janv. 1838 ; R. G., 3814.
(3) Cass., 9 avril 1828 ; R. G., 3843 ; Sol., 9 fév. 1847 ; J. N., 6573, 4351° ; Inst., 1796, § 8.
(4) Seine, 12 mai 1841 ; Dél., 24 mars 1843 ; R. G., 3814 *bis*.
(5) J. N., 11065 ; D. N., *Don. par cont.*, 124.
(6) Cass., 8 juill. 1822, 15 mars 1825 ; R. G., 3910 ; R. P., 388 ; J. N., 5210.
(7) Seine, 26 mai 1841 ; Toulouse, 7 juill. 1844 ; Cass., 6 août 1847 ; Fixeac, 14 déc. 1855 et 6 nov. 1856 ; R. P., 640 et 755 ; R. G., 3911.
(8) Tulle, 8 mars 1852 ; Clermont, 11 janv. 1848 ; Loudun, 9 déc. 1845 ; Seine, 23 fév. 1843 ; R. G., 3910 et 3911.

(9) D. M. F., 24 mai 1832 ; Lannion, 10 mai 1837 ; Cass., 17 avril 1826, 13 déc. 1828, 8 déc. 1831, 28 janv. 1839, 17 janv. 1844 ; Seine, 26 déc. 1803 ; R. P., 1883 ; J. N., 5752, 5781, 7646, 10172, 11885 ; Inst., 1132-6. 1200-5, 1272-5, 139e-2, 1590-5, 1713-4.
(10) Cass., 9 juill. 1810 ; R. G , 3911, § 5.
(11) Dél., 20 janv. 1835 ; Inst., 1189, § 2 ; R. G., 3910, § 7 ; Cass., 4 fév. 1867 ; R. P., 2411 ; J. N., 18794.
(12) Versailles. 16 mars 1843 ; R. G., 3910, § 2.
(13) Sol., 5 fév. 1830 ; Inst., 1333, § 1 ; R. G., 3817 ; J. N., 7216, 51. (14 et 15) Inst., 1333-1.
(16) Cass., 20 mai 1829, 9 mai 1831 ; Dél., 5 fév. 1850 ; Inst., 1333, § 2 ; J. N., 6133, 6588, 7216, 9145.
(17) Inst., 1333, § 2 ; Privas, 16 mai 1842 ; R. G., 3822-1.
(18) Dijon. 2 janv. 1845 ; R. G., 3823. Cependant Besançon, 14 mars 1836 ; D. N., *Don. par cont. de mar.*, 188.

SECTION III. — DES DONATIONS ENTRE ÉPOUX.

6826. Les époux peuvent se faire soit, par contrat de mariage, soit pendant le mariage, telles donations qu'ils jugent à propos ; et, sauf la différence de tarif, ces donations sont soumises, en droit fiscal, aux mêmes règles que les libéralités faites dans le contrat en faveur du mariage par des tiers.

6827. Le droit proportionnel est donc immédiatement exigible sur les donations par contrat de mariage qui contiennent un dessaisissement actuel ; telles que la clause par laquelle la future déclare se constituer une corbeille dont le futur lui fait cadeau (1) ; — ou la déclaration du futur qu'il donne à la future une somme d'argent (2).

6828. Mais il n'est dû que le droit de 5 fr. quand l'effet de la libéralité est subordonné au décès du disposant, c'est un point que nous avons éclairci précédemment n° 6782. Il convient seulement d'ajouter ici qu'au moment du décès, l'impôt à acquitter est un droit de succession et non pas un droit de donation par contrat de mariage (3).

6829. Les donations que les époux se font pendant leur mariage étant toujours révocables, quoique qualifiées entre-vifs, on en a conclu qu'elles devaient être rangées dans la classe des donations à cause de mort et, comme ces dernières, soumises à la formalité au droit fixe de 5 fr. dans les trois mois du décès du donateur (4). — On a cependant décidé que le droit proportionnel est exigible si le donataire est mis immédiatement en possession des objets (5) ; — et même s'il s'agit de donations entre-vifs de biens présents (6).

CHAPITRE SEIZIÈME.

DES PARTAGES ANTICIPÉS.

SOMMAIRE

---

(1) Dél., 2 nov. 1840 ; R. G., 3777 ; D. N., *Don entre époux*, 94.
(2) Dél., 5 nov. 1830 ; J. N., 7308.
(3) Inst., 1407, § 5 ; quatre arrêts de cass., 20 mars et 7 juill. 1840 ; J. N., 8687, 10684, 10708 ; D. N., *loc. cit.*, 95.
(4) Inst., 290, § 27 ; Cass., 20 juill. 1836 et 23 janv. 1838 ; Loebes, 28 avril 1837 ; Niort, 14 juin 1837 ; Orléans, 1er août 1837 ; Château-

roux, 22 août 1837 ; Vitré, 30 août 1837 ; D. M. F., 22 mars 1838 ; Inst., 1577, § 10 ; R. G., 4957 ; D. N., *loc. cit.*, 98 et 99.
(5) Dél., 16 nov. 1814, 26 fév. 1833, 11 fév., 18 nov 1834 ; Cass., 31 août 1853 ; J. N., 1473, 8008, 8407, 8778 et 15050 ; R. P., 98 ; R. G. 4957.
(6) Sol., 22 mars 1856 ; R. P., 606 ; R. G., 4958 ; Dél. belge, 16 juin 1855 ; R. P., 66, 453.

§ 6. — **Clauses diverses.**

Bail à vie, 6858.
Sommes données entre-vifs, 6859.
Modifications ultérieures, 6861.
Compensation de la réserve d'usufruit, 6862.

SECT. II. — DES PARTAGES TESTAMENTAIRES.

Tarif, 6863.
Caractères. — Préciput, 6864.
Droit de soulte. Acceptation, 6865.
Date certaine, 6866.

SECTION I. — DES PARTAGES ANTICIPÉS

6830. I. *Tarif.* Les partages faits, par actes entre-vifs, conformément aux art. 1075 et 1076 C. N., par les père et mère ou autres ascendants entre leurs enfants ou descendants, sont sujets au droit proportionnel de 1 p. 0/0 sur les meubles et sur les immeubles (*Lois 16 juin 1824, art. 5, et 18 mai 1850*).

6831. Ce sont là de véritables donations; et quoique les valeurs soient divisées entre les enfants, il n'est dû aucun droit particulier de partage (1); — mais ce droit deviendrait exigible si les donataires réunissaient aux biens de l'ascendant ceux de son conjoint prédécédé afin de faire le partage du tout (2).

6832. Pour que le contrat jouisse de la réduction du tarif, il faut qu'il revête les caractères du partage anticipé (3); — il faut en outre, qu'il soit régi par les art. 1075 et 1076 C. N., c'est-à-dire que les donataires soient les héritiers présomptifs du disposant et qu'il y ait partage ou attribution de quotité.

6833. II. *Qualité des donataires.* Ainsi le bénéfice de la loi de 1824 ne s'appliquerait pas à la donation faite à un enfant unique (4), lors même qu'elle aurait lieu à charge de restitution au profit de ses enfants nés ou à naître avec stipulation de partage entre eux (5), — non plus qu'à la donation adressée à l'enfant unique et aux enfants de celui-ci avec partage entre eux (6).

6834. Si les petits-enfants étaient donataires de leur aïeul et de leur père par le même contrat, la libéralité du père profiterait seule de la réduction du tarif et celle de l'aïeul acquitterait le droit ordinaire (7). — On a cependant décidé avec raison que la donation à titre de partage anticipé faite entre deux époux à l'enfant unique de l'un deux et aux enfants de leur second lit est dans son ensemble une donation sujette au droit de 1 p. 0/0 (8).

6835. Comme la Régie n'est point juge de la nullité des actes, le partage anticipé ne perd pas son caractère, quoique tous les enfants n'y soient pas appelés (9). Il en est de même *a fortiori* de l'acte par lequel l'ascendant, après avoir fait une donation à l'un de ses héritiers présomptifs, fait une libéralité nouvelle à ses autres héritiers pour rétablir l'égalité (10); mais la réduction du tarif ne serait pas applicable si la seconde donation était faite à un seul enfant (11).

6836. Par la même raison, l'absence ou le défaut d'acceptation de quelques-uns des enfants ne s'oppose pas à la perception du droit de 1 p. 0/0 (12); mais nous croyons, contrairement à la Régie, que l'impôt ne saurait être liquidé que sur la part des donataires acceptants (13).

(1) Dél., 6 janv. 1829 ; R. G., 9508 *bis.*
(2) Dél., 29 janv. 1825 et 30 juin 1829 ; J. N., 4994; Inst., 1582; R. G., 9520, § 4; CONTRA, Dreux, 26 août 1846; J. N., 10274, 12847.
(3) Cass., 8 juin 1831 ; D. N., *Part. d'asc.*, 267; R. G., 9521. Voir Cass., 26 avril 1836; R. G., 9520, § 9; Lyon, 25 mars 1831; J. N., 6316, 9242, 14036, 14547.
(4) Inst., 1150, § 5 ; 1577, 8; Cass., 13 août 1838; Seine, 30 janv. 1833, 16 mai 1839; Digne, 6 mai 1841; R. G., 9512; J. N., 4915, 9021 et 10090.
(5) Cass., 20 janv. 1819; J. N., 10588; Inst., 1618, § 1; R. G., 9512, § 2.
(6) Dict. not., *Part d'ascend.*, 244, 245 ; Cass., 4 janv. 1847, 26 janv. 1848, 5 juin 1848, 12 mars 1849; J. N., 12912, 13280, 13520, 13712; R. G., 9514, § 4; Inst., 1796-7, 1814-9, 1825-4, 1837-3; CONTRA, Cass., 30 déc. 1834; D. N., *Part d'asc.*, 238, 260; J. N., 7144, 8131, 8446, 8742, 10344. V. Sol., 6 déc. 1867 ; B. P., 2392.
(7) Cass. (5 arrêts), 21 juill. 1851; J. N., 14421 ; Inst., 1900, § 3; *Conf.* Dalloz, 3895 et 3898; Garnier, R. G., 9511, § 2 ; Corbeil, 5 déc. 1833 ; Avesnes, 6 sept. 1845; Versailles, 18 déc. 1845; Mâcon, 18 août 1846; Pontoise, 13 août 1846; Rambouillet, 9 août 1844; Blois, 27 août 1845 ; Dieppe, 3 déc. 1846; Lyon, 3 fév. 1847; Bergerac, 8 fév. 1848; Wissembourg, 30 mars 1849; Montluçon, 3 mai

1850 ; R. G., 9511-2; CONTRA, Champ., *Suppl.*, 557 ; Cass., 30 déc. 1844 ; J. N., 8055, 8131, 8446, 8742, 10344, 12798; Inst., 1481, § 2.
(8) Château-Thierry, 18 avril 1846 et Dél., 15 mai 1846; J. N., 12819; R. G., 9512, § 2; CONTRA, Vitry-le-François, 6 janv. 1847; J. N., 14466; D. N., *loc. cit.*, 246 et 257.
(9) Champ.,2605 et 2618; Cass., 26 avril 1836, 15 avril 1850, 23 avril 1867 ; J. N., 9242, 14036; Inst., 1875, § 3; R. G., 9513; R. P., 2480.
(10) Cass., 9 août 1837; Dél., 14 fév. 1834, 20 avril 1838; Angers, 27 mai 1835; Barbezieux, 26 déc. 1827; R. G., 9514 ; J. N., 8459, 9021, 9382, 9724, 10009.
(11) Saint-Omer, 24 mai 1847; Péronne, 11 juill. 1845; Seine, 22 janv. 1838; Cass., 23 janv. 1828; Dél., 25 avril 1837 et 25 janv 1858, R. G., 9514, § 4; J. N., 6147, 10040; CONTRA, Sol., 20 avril 1838; Chinon, 28 nov. 1850; J. N., 10009, 14316.
(12) R. G., 9519; Cass., 14 avril 1838; Inst., 1577, § 9; Cass., 30 déc. 1839 ; Pontivy, 20 août 1833; Saverne, 20 mai 1834; Guimgamp. cf Metz, 12 et 29 janv. 1838; J. N., 6465, 7563, 8648, 8735, 9992, 10042, 10294, 10009, 12033.
(13) En ce sens, D. N., *loc. cit.*, 264; J. N., 8832, 10294, 13481; Neufchâtel, 25 nov. 1855; J. N., 15724; CONTRA, Inst., 1577, § 9; Garnier, 9517.

6837. En tous cas, est valable pour la perception, l'acceptation faite au nom d'un mineur par son père (1) ou par un étranger qui se porte fort (2). Voir cependant *suprà* n° 6772.

6838. Nul doute d'ailleurs que les enfants naturels puissent figurer dans un partage anticipé quand ils ont une vocation légale à la succession du disposant (3).

6839. III. *Division des biens.* Le partage anticipé peut ne comprendre qu'une partie des biens du donateur ; par exemple l'argent et les créances à l'exclusion des immeubles (4) ; ou certaines valeurs dont le disposant se réserve une partie (5).

6840. La division matérielle des biens entre les enfants n'est pas nécessaire pour motiver la réduction du tarif. On a décidé que cette réduction s'appliquait à la simple assignation de la quotité afférente à chacun des donataires (6) ; — par exemple, à l'attribution à deux enfants pour moitié indivisément, et à l'exclusion du troisième, des différents immeubles (7), lors même que ces biens seraient indivis entre le donateur et des tiers (8) ; — à l'attribution aux enfants pour une part égale d'une somme d'argent et du tiers d'un immeuble déterminé (9) ; — enfin à l'acte portant que les biens donnés avec assignation de quotité ne seront partagés qu'au décès du disposant (10) ; ou au partage conditionnel et ne désignant pas tous les biens de chaque lot (11).

6841. La Régie a même reconnu que la loi de 1824 est applicable à l'acte qui ne contient aucune désignation formelle de quotité, parce que la portion des enfants résulte suffisamment du principe d'égalité de l'art. 745 C. N. (12).

6842. A plus forte raison en est-il ainsi quand le partage matériel s'opère dans un acte simultané ou qu'on s'engage à le réaliser dans un certain délai (13).

6843. L'inégalité des parts attribuées aux enfants ne met pas obstacle à l'application de la loi du 16 juin 1824. Le disposant peut donc faire un préciput à l'un d'eux (14), ou même attribuer tous les biens à titre de préciput à chaque donataire (15).

6844. Il faut encore considérer comme un partage anticipé l'acte par lequel le disposant donne ses biens à un ou à quelques-uns des enfants, à charge de payer une somme d'argent aux autres (16).

6845. De même que pour la donation ordinaire, *suprà* n° 6771, la Régie n'a pas à se prévaloir de la nullité du partage anticipé résultant de ce qu'il a été fait sous seing privé, et l'acte conserve, par conséquent, le bénéfice de la réduction des droits (17).

6845 bis. Mais quand l'abandon consenti a manifestement le caractère d'un contrat à titre onéreux, il est clair que c'est le droit à titre onéreux qui devient exigible. Tel est le cas où des parents cèdent leurs biens à des enfants pour en recevoir des valeurs égales ou supérieures (18) ; ou être libérés d'une dette (19). Voir cependant *suprà* n°s 6795 à 6802.

6846. La loi de 1824 ne doit point être étendue aux donations qui ne constituent pas le dessaisissement actuel du disposant (20) : on l'a décidé notamment pour l'abandon à titre de partage anticipé d'une somme payable à la volonté des donataires, imputable sur la succession du prémourant des donateurs et

---

(1) Seine, 25 juin 1849 ; R. G., 9516, 14 ; Dél., 4 avril 1832 ; D. N., 261.
(2) Dél., 20 mai 1834 ; J. N., 8603, 9480 ; D. N., *loc. cit.*, 261-262. Voir Cass., 14 mai 1838 ; J. N., 10600 ; Inst., 1615, § 1.
(3) Dél., 10 mars 1835; R. G., 9518 ; J. N., 9001.
(4) Dél., 22 juin 1827 ; J. N., 6340 ; Dcl., 6 juin 1830 Garnier, R. G., 9519.
(5) D. M. F., 14 sept. 1829 ; Inst , 1393, § 7 ; R. G., 9519 ; D. N., *Part d'ascend.*, 231.
(6) D. M. F., 30 mai 1829 ; Dél., 3 mai 1826, 27 oct. 1827, 8 janv. 1828, 30 avril 1830, 15 avril et 12 juill. 1834 ; Seine, 13 et 20 avril 1831 ; Cass., 26 avril 1836 et 11 avril 1838 ; J. N., 5784, 7078, 7190, 8674, 9242, 10002 ; contra, Inst., 1336, § 5, 1187, § 4, 1205, § 5.
(7) Cass., 28 avril 1829 ; J. N., 6476 ; R. G., 9520, § 3, Inst., 1354, § 2.
(8) Cass., 29 mars 1831 ; J. N., 7406 ; contra, D. M. F., 14 sept. 1849 ; J. N., 6999.
(9) Cass., 14 fév. 1832 ; Cass., 26 mars 1833 ; J. N., 7654, 8036; Inst., 1401-3, 1425, § 6 ; R. G., 9520, § 4.
(10) Dél., 24 nov. 1846 , J. N., 12970 ; Sol., 17 janv. 1829 ; D. N., *loc. cit.*, 284.
(11) Cass., 10 août 1831 ; R. G., 9520, § 10.
(12) Dél., 6 janv. 183 ; J. N., 9501 ; R. G., 9520, § 5.
(13) Dél., 23 mars 1825, 19 sept. 1828, 12 mai 1829, 22 janv. 1830 avril 1830, 1er oct. 1833 ; D. M. F., 14 sept. 1829 ; Cass., 19 août

1831 ; J. N., 4915, § 2, 5298, 6999, 7190 et 7562; Molle, 12 fév. 1840 ; D. N., 284 à 286; R. G., 9520, §§ 1 et 2; Inst., 4303-7, 1336-5.
(14) Dél., 14 avril 1826, 24 mars 1828, 30 avril 1830 ; Cass., 29 mars 1831 ; Inst., 1336-5, 1370, § 3 ; J. N., 7078, 7190 ; R. G., 9520, § 6; D. N., 268 à 270.
(15) Angers, 27 mai 1836 ; J. N., 9382.
(16) Dél., 30 avril 1830 et 28 fév. 1837 ; Cass., 1er déc. 1830, 26 avril 1836, 14 mai 1838, 23 avril 1867 ; J. N., 9282, 10600, 12867 ; R. P., 2480 ; R. G., 9520, § 8; Inst., 1336-5, 1334-2, 615-1. V. cep. Cass., 10 juin 1841 ; J. N., 11055 ; Inst , 1461, § 5, 28 déc. 1855 ; Péronne, 17 août 1860 ; R. P., 568, 1476 ; Saverne, 26 juill. 1864 ; Wissembourg, 29 avril 1864 et 3 fév. 1865 ; St-Quentin, 7 fév. 1860 ; R. P., 2265.
(17) Cass. 21 déc. 1831 , 9 août 1836 ; J. N., 7644, 8675 ; Inst., 1562, § 9 ; D. N., 229 ; R. G., 9524; contra, D. M. F., 14 sept. 1829 ; J. N , 6999 ; Inst., 1437, § 12.
(18) Cass., 28 mars 1820.
(19) Cass., 11 déc. 1832 ; Inst., 1590, § 7 ; Metz, 14 déc. 1840 ; Vitry, 29 déc 1842 ; Seine, 12 juill. 1843 ; R. G., 4287 ; Périgueux, 14 mars 1845 ; Reims, 27 déc. 1845 ; J. N., 10209, 12386. *Cons.*, Auch, 8 déc. 1841 ; Limoges, 17 déc. 1842 ; Versailles, 8 août 1842 ; Valence, 4 mai 1843 ; Dél., 27 janv. 1846 ; R. G., 9538 ; J. N., 11304, 11336, 11488, 11714, 12396.
(20) Cass., 14 juill. 1807, 13 avril 1815 ; D. M. F., 28 avril 1818 J. N., 1580, 2524, 2769.

hypothéquée sur les immeubles de ceux-ci (1) ; — ou bien d'une somme stipulée payable avec intérêts, au décès du donateur, sur les plus clairs biens de la succession (2).

Le contraire a été jugé cependant pour les donations d'une somme payable à l'époque de la majorité du donataire (3).

Quant à l'usufruit, on a soutenu que devant s'éteindre au décès de l'usufruitier, ce dernier ne pouvait en faire l'objet d'un partage anticipé (4) mais la question est controversée (5).

6847. IV. *Transcription.* Le droit de transcription hypothécaire à 1 fr. 50 n'est pas exigible lors de l'enregistrement du partage anticipé ; il ne le devient que si la formalité est requise au bureau des hypothèques (*Loi 16 juin 1824, art. 3*). La Régie admet que cette disposition s'applique à l'acte par lequel un ascendant renonce gratuitement à l'usufruit qu'il s'était réservé dans le partage de ses biens fait entre ses enfants, parce qu'elle voit dans ce désistement un complément du partage (6), — mais elle prétend que le droit de 1 50 p. 0/0 est exigible quand la renonciation à l'usufruit réservé a lieu au profit seulement d'un ou de quelques-uns des enfants pour les biens attribués à leurs lots (7).

6848. La dispense du droit de transcription est générale. On doit l'étendre même au partage anticipé qui contiendrait une clause de substitution (8). — Toutefois, si un tel acte était présenté à la transcription, le droit serait régulièrement perçu sur la donation directe (9).

6849. V. *Soulte.* D'après l'*art. 5 de la loi du 18 mai 1850*, les règles de perception concernant les soultes de partage sont applicables aux donations portant partage, faites par actes entre-vifs par les père et mère et autres ascendants.

6850. Il faut par conséquent soumettre ces soultes aux principes que nous indiquerons plus tard à l'occasion des partages ordinaires, *infrà n°* 6876 *et suiv.* ; mais il convient de rapporter ici quelques décisions spéciales aux donations d'ascendants.

6851. Lorsque l'un des enfants est chargé de payer une somme déterminée à un tiers en l'acquit du donateur et qu'il reçoit en compensation la propriété exclusive de certains immeubles, le droit de soulte est exigible sur l'excédant de sa part dans la dette (10). — Le droit est également dû sur l'excédant de la portion virile du donataire dans la somme ou dans la rente viagère à payer au donateur lui-même (11) ; — mais si cette charge particulière se rapporte à l'attribution d'un préciput, il n'y a plus de soulte ni de droit à percevoir (12).

6852. Si les enfants lotis en toute propriété s'obligent à payer une rente à leur frère pour l'indemniser de la réserve de jouissance applicable à son lot, le droit proportionnel de soulte est exigible (13).

6853. Mais on ne saurait le percevoir sur la clause par laquelle un enfant rapporte une somme qui lui a été donnée antérieurement dans son contrat de mariage par ses père et mère et s'oblige à la payer à un autre enfant (14), — lors même que la somme rapportée serait le prix d'un immeuble donné à l'enfant et aliéné plus tard (15).

6854. Si, par un premier acte, des père et mère donnent leurs immeubles à l'un de leurs enfants avec dispense de rapport en nature, mais à charge de rapporter une somme d'argent à leurs successions, puis par un second acte contenant partage anticipé distribuent la somme entre les autres enfants, on considère cette valeur comme une soulte déguisée (16).

---

(1) Cass., 5 avril 1852; J. N., 14613; Inst., 1929. § 4 : R. G., 9538.
(2) Seine, 24 mars 1815 ; Cass., 10 déc. 1855 : J. N., 15549 et 15685; Inst., 2000, § 2 ; Angoulème, 20 avril 1857; Baugé, 26 juin 1857 ; R. P., 361, 834. 2522; J. N., 19043.
(3) Angers, 27 mai 1816 ; D. N., *loc. cit.*, 237. V, Dél. Régie, 23 juin 1863; J. N., 17929; Verdun, 9 août 1864 ; R. P., 2413.
(4) Sol., 24 août 1861 ; R. P., 4570.
(5) Contra, Dreux, 6 mai 18-3; R. P., 4915; Avesnes, 12 mars 1849; Nantes, 22 avril 1842 ; Étampes, 20 juin 1841; R. G., 9549, § 2 ; Sol., 19 août 1842, 9 août 1857 ; Inst., 1683, § 2 , R. P., 2589.
(6) R. G., 9519, Inst., 1683, 2 ; Dél., 28 juill. 1850, 19 août 1842 ; Avesnes, 12 mars 1840 ; Étampes, 20 juin 1841 ; Nantes, 21 avril 1842. Tarascon, 23 août 1860 ; J. N., 7486, 10745, 11058, 11418, 16981; contra. Senlis, 25 mars 1851 ; D. N., *loc. cit.*, 338.
(7) Senlis, 4 août 1811; Dijon, 13 janv. 1864 ; J. N., 11413, 18011; contra, Seine. 25 juill. 1855; J. N., 15696.
(8) Dél., 16 mars 1841 ; J. N., 10926, 12901.
(9) Cass., 14 févr. 1848 ; J. N., 13293; contra, Rennes, 23 mars 1841 ; J. N., 12902.

(10, Lure, 14 avril 1855 ; Troyes, 25 avril 1855; Belfort, 17 mai 1858 ; R. P., 480, 423, 1005; J. N., 15551.
(11; R. G., 9352; Rethel, 28 août 1852 ; Cahors, 13 déc. 1854; Cambrai, 6 déc. 1860; R. P., 4533 ; J. N., 14799, 15489, 17087; contra, Beziers, 22 déc. 1852 ; J. N., 14960; D. N., 341.
(12 Châlon-sur-Saône, 17 janv. 1856; R. G., 9576; Mâcon, 17 déc. 1862; Besançon, 8 juill. 1864 ; Gray, 20 juill. 1864; R. P., 4785, 4953. Voir cependant Montpellier, 4 juill. 1854; R. P., 2050.
(13) Cass., 24 juill. 1851 ; J. N., 14421 ; D. N., 344; Vouziers, 8 juin 1836 et Saint-Étienne, 21 déc. 1847; R. G., 9479. Voir Lure, 14 avril 1855; R. P., 493 ; J. N., 17776. Ce point-là est contestable.
(14) Cass., 11 déc. 1855 ; J. N., 15683; Seine, 23 janv. 1857 ; Cass , 27 avril 1858 ; R. P., 603, 745, 780, 1012; contra, Alais, 12 juin 1855; J. N., 15561; R. G., 9555.
(15) Voir Villeneuve-sur-Lot, 6 juin 1856 ; J. N., 15919; R. P.,
(16) Cass., 22 déc. 1856; J. N., 15958; R. P., 826.

6855. Le droit de soulte à 4 p. 0/0 et non celui de vente à 5,50 a été reconnu exigible sur la cession que trois des donataires font de leurs droits au quatrième, lorsque le partage anticipé ne contient pas la division par lots des immeubles donnés (1) ; mais le tarif de la vente serait applicable si les biens avaient été divisés en nature par l'ascendant (2).

6856. Ici, comme dans les partages ordinaires, il faut déduire, pour calculer le droit de soulte, les valeurs mobilières dont l'existence n'est pas justifiée, *infra n° 6871 et suiv.* — On a décidé, à cet égard, que la réalité de la somme d'argent expressément donnée aux enfants avec les immeubles devait être acceptée par la Régie, jusqu'à preuve contraire (3).

6857. On doit d'ailleurs imputer le droit de soulte de la façon la plus avantageuse aux parties (4);— et compenser les soultes réciproques que se doivent les copartageants, de manière à ne percevoir l'impôt que sur la différence s'il en existe (5).

6858. VI. *Clauses diverses.* En principe, il n'est rien dû sur les charges stipulées par le donateur à son profit comme condition de la libéralité. — Mais il est dû le droit bail à vie sur la convention que l'ascendant gérera les biens personnels des donataires moyennant une somme annuelle (6).

6859. Les sommes antérieurement données entre-vifs à l'un des enfants et non payées au moment du partage anticipé doivent être déduites de la masse de biens, pour la liquidation de l'impôt (7).

6860. Si les biens sont indivis entre le donateur et *quelques-uns* des enfants et que l'ascendant impose à ceux-ci l'obligation de partager la totalité des biens également entre eux et leurs frères, il est dû un droit de vente sur la portion cédée par les premiers (8).

6861. L'acte ultérieur qui modifie les attributions faites dans un partage anticipé refait pour une cause quelconque, n'est pas un simple complément sujet au droit fixe, mais opère une transmission nouvelle passible du droit proportionnel. Ainsi le droit d'échange est exigible si le père et mère font passer d'un lot dans un autre des immeubles précédemment donnés (9) ; il y a rétrocession si le père retient les immeubles attribués à un donataire non acceptant et les remplace par une somme d'argent (10).

6862. Si le donateur, en réservant l'usufruit, sert une rente aux donataires pour leur tenir lieu de la jouissance, cette clause forme une disposition dépendante dispensée d'un droit particulier (11).

6862 bis. Lorsque le partage anticipé est fait par père et mère avec réserve d'usufruit des biens y compris pour eux et le survivant, la Régie y voit une donation mutuelle entre époux et perçoit le droit de donation éventuelle, puis après le décès du prémourant un droit de succession sur les biens par lui donnés. Voir *supra n°* 2926 à 2931 et 6522, renvoi 5.

SECTION II. — PARTAGES TESTAMENTAIRES.

6863. Le partage testamentaire ne produisant son effet qu'au décès du disposant, le seul droit auquel il donne ouverture est celui de 5 fr. applicable aux donations éventuelles, sauf la perception ultérieure du droit de succession (12). — Mais la loi du 18 mai 1850 a soumis cet acte aux règles de perception concernant les soultes de partages ordinaires; et il faudrait aussi, par conséquent, l'assujettir à celles des partages d'ascendants.

6864. Ainsi, il a été décidé que le testament par lequel un père déclare léguer à un enfant un de ses immeubles à charge par le légataire de payer une certaine somme à un autre enfant, est passible du droit de soulte (13). — Mais si les valeurs léguées n'excèdent pas la quotité disponible, la somme d'argent n'est pas censée représenter une soulte et le droit n'est pas dû (14).

6865. On considère que le partage testamentaire est obligatoire pour les enfants tant qu'il n'est pas annulé; d'où il suit que le droit de soulte est exigible sur le testament même, sans que la Régie soit

(1) Auch, 19 déc. 1855; J. N., 15727; R. G., 9500, § 2.
(2) Château-Thierry, 21 janv. 1840; Montpellier, 1er juill. 1850; D. N., 322; Sol., 7 nov. 1829; R. G., 9560, § 1.
(3) Dél., 4 avril 1851, 23 juin 1860; D. N., 323; R. G., 9556; R. P., 1006; contra, Cass., 5 avril 1852 et 8 déc. 1855; R. G., 9538; R. P., 1006.
(4) Inst., 342 et 1832; J.N., 14055; D.N., 303.
(5) J. N., 1776; contra, Jouzac, 30 mars 1857; R. P., 1738.
(6) Vitré, 19 mai 1847; R. G., 9538; D. N., 210.
(7) Sol., 14 juin 1864; R. P., 1974, § 4; Arg. de cass., 29 juill. 1863; J. N., 13870 et 15088.
(8) Metz, 14 oct. 1840; R. G., 9564.

(9) Dél., 1er mai 1827; R. G., 9545; D. N., 23; contra, Bar-sur-Aube, 19 nov. 1830; J. N., 14295.
(10) Dél., 11 déc. 1856; J. N., 9102; contra, J. N., 9472, 9530 et 9670; D. N., 224 et 225.
(11) Ploermel, 29 avril 1864; Pithiviers, 21 mars 1867; sol., 20 fév. 1866; J. N., 18184, 19012; Jur. N., 13358; contra, Garnier, h. P.; 2057; supra, n° 6805.
(12) D. N., Part. d'asc., 494.
(13) Belfort, 17 mai 1858; Péronne, 12 mai 1858; le Mans, 12 fév. 1858; Yvetot, 2 juill. 1858; Morlaix, 21 août 1860; R. P., 1005, 1040 1017, 1048, 1424.
(14) Châlon-sur-Saône, 17 janv. 1856; R. G., 9570; Mâcon, 17 déc. 1862; Besançon, 8 juill. 1864; Gray, 20 juill. 1864; R. P., 1773, 1 53 J. N., 17091.

obligée de justifier de son acceptation (1). — Seulement si le testament n'est point exécuté, le droit de soulte perçu devient restituable (2).

6866 La loi de 1850 dispose que les actes et mutations ayant date certaine avant sa promulgation seront régis par les lois antérieures. Or, la mutation résultant du partage testamentaire ne prenant date certaine qu'au décès du testateur, le droit de soulte sera exigible suivant les lois en vigueur à cette époque (3) toutes les fois que ce décès se produira après la loi, quelle que soit la date du testament (4), — et lors même que le testament aurait été reçu en la forme authentique avant cette époque (5). — Mais si, après le testament, il intervient selon la volonté du défunt, une liquidation qui élève la soulte stipulée, ce n'est pas la date de la liquidation qu'il faut considérer pour appliquer la loi de 1850. Cet acte n'est que le complément du partage testamentaire (6).

CHAPITRE DIX-SEPTIÈME.

DES PARTAGES.

SOMMAIRE

6867. Nous avons expliqué précédemment que la perception du droit fixe sur les partages était subordonnée à deux conditions : la première, qu'il y ait une copropriété quelconque entre les parties, et la seconde qu'il soit justifié de cette copropriété, *supra* n°s *6449 et suiv*.

6868. I. *Copropriété*. La copropriété, avons nous dit, résulte de l'indivision, c'est-a-dire de l'état d'une chose sur la totalité et sur chaque partie de laquelle plusieurs personnes ont des droits communs. Ainsi il ne saurait y avoir de partage entre l'usufruitier et le nu-propriétaire, parce qu'ils possèdent des démembrements tout à fait distincts, et la convention qui interviendrait entre eux serait un échange (7).— Mais c'est le droit fixe de partage qui est seul exigible, si le nu-propriétaire a une portion de la jouissance (8), *supra* n° *6450*.

6869. Il ne suffit pas que l'indivision ait existé, il faut qu'elle existe encore au moment du partage. On devrait donc acquitter le droit d'échange si les parties se cédaient réciproquement leurs lots après le partage (9) ; — ou le droit de cession immobilière si l'attributaire d'un immeuble le rendait à son copartageant pour recevoir du mobilier (10). — Il ne faudrait pas non plus, et par une raison semblable,

(1) Garnier, R. G., 9574; Sol., 15 déc. 1856; le Mans, 12 fév. 1858; R. P., 772, 1047 ; contra, Napoléon, 8 déc. 1856; R. P., 923.
(2) Sol , 1er août 1863, 4 mars 1864; J. N., 18194; R. P., 2030; contra, Napoléon. 8 déc 1850 ; R.-P., 923.
(3) Coutances, 27 mai 1857 ; R. P., 878.
(4) Caen, 7 août 1856; Coutances, 27 mai 1857; R. P., 720, 878; J. N., 15914.
(5) Garnier, R. G., 9573, § 3; Coutances, 27 mai 1857 ; R. P., 878; J. N., 15914; contra J. N., 14074; D. N., 305.
(6) Cass., 29 nov. 1854; J. N., 15392 ; R. P., 271.
(7) D. N., Part., 730; R. G., 9381; Cass., 14 août 1838; Condom,

10 et 25 fév. 1845; Cambrai, 6 fév. 1847 ; Versailles, 6 fév. 1851; J. N., 12231, 13212.
(8) Dict. not., Part., 730 à 711. [...], 1111-11 ; R. G., 9382 ; Cass 16 juin 1824, 8 août 1836. 4 janv. 1865, 20 nov. 1866; Beaugé, 19 oct., 1827. Dél , 8 fév. 1828; Seine, 19 mai 1830, 9 fév. 1867; J. N., 18191; R. P., 2002, 2394, 2501. Voy. Bordeaux, 26 janv. 1864; R. P., 2141.
(9) D. M. F., 19 juill. 1808; Dél., 2 nov. 1825, 1er mai 1827; R. G., 9356, § 2. 9498, 9545, § 1.
(10) Villefranche, 30 déc. 1847; Bourganeuf, 28 juin 1850; R. G., 9305, § 2.

faire figurer dans le partage les rapports de sommes *égales* données entre-vifs à *tous* les successibles (1) ; — ni les créances égales dues par les héritiers et éteintes par confusion (2) ; — ni les sommes données à titre de préciput et payées (3).

6870. On ne doit pas, dans le partage, faire figurer des biens étrangers à l'indivision, et la Régie peut les distraire de la masse pour établir sa perception. Ainsi décidé notamment au sujet des bénéfices faits en commun après la mort du défunt dont la succession est divisée (4) ; — ou des revenus perçus pour le compte de la masse par un des communistes, depuis le décès (5) ; — ou des biens antérieurement partagés (6).

On a décidé également, mais à tort selon nous, que si un partage comprend des biens de diverses origines inégalement répartis, le droit de soulte est dû (7).

6871. II. *Justification de la copropriété.* Quant à la justification de la copropriété, elle doit porter sur l'existence réelle des valeurs introduites dans la masse à partager, et sur les droits des parties à intervenir à l'opération.

6872. Par application de ce principe on a autorisé la Régie à distraire de l'actif, pour la perception du droit d'enregistrement, les prétendus dons manuels retenus en moins prenant par le cohéritier et non établis par titres ou écrits ayant date certaine (8).

6873. Il en est de même pour l'argent ou les valeurs en portefeuille présumés fictifs (9), — alors surtout que les valeurs cédées au cohéritier sans justification d'existence ne sont pas désignées (10), — ou qu'elles n'ont pas figuré dans la déclaration de succession relative au partage (11).

6874. Une règle semblable s'applique aux reprises introduites dans un partage sans justification ; par exemple s'il est déclaré que, le prix ostensible d'un acte étant de 500,000 fr., l'époux vendeur reprend néanmoins 620,000 fr. (12).

6875. La loi n'a pas déterminé le genre de justification à fournir, d'où il suit qu'il suffit d'une preuve par toutes voies légales. Mais la Régie n'est pas obligée d'accepter la simple déclaration des parties (13) ; et ce n'est pas à elle d'en prouver le défaut de sincérité (14). — Les débiteurs peuvent s'appuyer sur des papiers domestiques, des notes, des livres de compte (15) ; — produire en général tous documents de famille (16). — Spécialement en ce qui concerne le partage d'une société, la Régie ne saurait exiger la preuve de l'existence des valeurs provenant de l'industrie sociale et inégalement attribuées aux ayants droit (17).

6876. III. *Soulte.* L'art. *68*, § *5*, *n° 2*, *de la loi du 22 frim. an 7* ne soumet les partages au droit fixe, qu'avec la restriction que s'il y a retour, le droit sur ce qui en sera l'objet sera perçu au taux réglé pour les ventes. — Complétant cette disposition, l'art. *69* tarife : § *5*, *n° 7* au droit de 2 p. 0/0 les retours et partages de biens meubles ; — et § *7*, *n° 5* au droit de 4 p. 0/0, les retours et partages de biens immeubles.

6876 *bis*. Quoique les textes précédents ne parlent ni des créances ni des rentes, leur combinaison avec les autres articles de la loi porte à décider qu'il faut appliquer le droit de 4 p. 0/0 aux soultes concernant les créances, celui de 2 p. 0/0 à celles qui ont pour objet des rentes sur particuliers, et exempter de tout impôt celles qui sont relatives aux rentes sur l'État.

---

(1) Beauvais, 14 fév. 1855; R. G., 10374; Argentan. 29 déc. 1859; Mamers, 19 mai 1863; J. N., 15458, 17979; R. P., 1303, 1822.
(2) Cass., 23 mars 1853; J. N., 14919.
(3) Toulouse, 30 mars 1865; J. N., 18367; R. P., 2173.
(4) Abbeville, 18 août 1843; R. G., 9460; D. N., 798.
(5) Saint-Mihiel, 4 déc. 1844; Seine, 10 avril 1850; Mirecourt, 12 déc. 1853; J. N., 14272, 15176; R. G., 9461. Voy. cependant Cass., 11 août 1830; D. N., v° *Part.*, 799; R. G., *loc. cit.*
(6) Cass., 25 mai 1841; J. N., 11068; Inst., 1661, § 9; R. G., 9421; D. N., 826; Argentan, 29 déc. 1859; R. P., 1303.
(7) Saint-Quentin, 20 juin 1862; J. N., 17576; Dalloz, v° *Enreg.*, 3598, 3599; Garnier, R. G., 11835. V. CONTRA, J. N., 10900; 11495; Inst., 1732, § 10, et les arrêts cités au Dict. not., v° *Part. d'asc.*, 297.
(8) Le Havre, 4 déc. 1846, 27 août 1851; Digne, 22 fév. 1847; Foix, 5 fév. 1850; Mayenne, 28 août 1850; J. N., 12990, 14535 ; R. G., 9390; D. N., *loc. cit.*, 716; CONTRA, J. N., 12662, 12990, 14555; Issoudun, 10 mars 1846; Vassy, 11 mars 1847; Versailles, 1er juill. 1847; Bel-

fort, 8 mai 1850; J. N., 12082, 13108, 14160; Lyon, 16 août 1854; R. P., 326.
(9) Limoges, 29 mai 1850; Orléans. 20 août 1851; Pontarlier, 5 juin 1858; Cass., 13 mai 1862; R. G., 9393, 9394; D. N., 719; R. P., 1053, 1057; J. N., 17449.
(10) Seine, 3 mai 1843; R. G., 9391.
(11) Cosne, 6 juin 1849; R. G., 9395; Lure, 31 août 1866; R. P., 2419.
(12) Gien, 10 août 1847; Nontron, 19 août 1843; R. G., 9392.
(13) Cass. Belg., 6 mars 1851. R. G., 9389.
(14) CONTRA, Châlons-sur-Marne, 8 mai 1845; Issoudun, 10 mars 1846 ; Vassy, 11 mars 1847 ; Versailles, 1er juill. 1847; Belfort, 8 mai 1850; R. G., 9389; J. N., 12582, 13108, 14160.
(15) Périgueux, 29 déc. 1849; J. N., 14066; Toulon, 30 mai 1865; R. P., 2221; J. N., 18429.
(16) Saint-Quentin, 17 mars 1872; J. N., 14526.
(17) Cass., 9 mars 1831; D. N., 724. V. Cass. 3 juin 1867; R. P., 2548; J. N., 18903.

6877. La soulte s'impute, pour la perception du droit, de la façon la plus avantageuse au débiteur, c'est-à-dire d'abord sur le montant des rentes sur l'État, puis sur les créances, ensuite sur les meubles ou rentes sur particuliers et enfin sur les immeubles partagés (1). — Si donc, dans le partage d'une succession comprenant des meubles et des immeubles, l'un des cohéritiers reçoit dans son lot une somme d'argent à payer par ses cohéritiers, il n'y a soulte immobilière que pour ce qui excède l'actif mobilier (2). — Le tribunal de Versailles a cependant décidé que si le cohéritier débiteur d'un rapport en nature retient cette somme et demeure en outre chargé d'une soulte, il ne faut pas imputer la soulte sur le rapport (3). Mais cette solution ne paraît pas fondée (4).

6878. D'ailleurs si le lot du copartageant chargé de la soulte se compose d'immeubles et de meubles non détaillés estimés article par article, le droit de 4 p. 0/0 est dû sur le total de la soulte (*art. 9 de la loi du 22 frim. an 7*) (5). Le contraire a été cependant quelquefois décidé par la Régie.

6879. IV. *Charges du passif.* La soulte ne s'entend pas seulement de la somme que le copartageant remet de ses deniers aux autres communistes, mais encore de celles qu'il promet de payer en leur acquit pour les décharger d'une obligation.— Si donc un cohéritier reçoit une portion de biens plus considérable que sa part, à charge de solder une plus forte partie des dettes de la succession, il y a soulte pour la fraction du passif dont il n'était pas tenu (6).

6880. Il en est de même pour les partages de communauté. La jurisprudence a décidé que si le mari ou ses héritiers se chargent du payement de toutes les dettes de la communauté, le droit de soulte est exigible sur l'excédant de leur part (7) ; — ou si c'est la femme qui, ayant accepté la communauté, reçoit un lot plus fort que sa part à charge de payer un excédant de passif (8). — Mais si la communauté, quoique acceptée par la veuve, ne donne aucun émolument à son profit, l'abandon qu'elle fait de tout l'actif aux héritiers du mari, à la charge d'acquitter toutes les dettes, n'est point une cession passible du droit proportionnel (9).

6881. Quand le montant des dettes imposées au copartageant n'est pas indiqué dans l'acte, il faut en faire la déclaration estimative (*Loi 22 frim. an 7, art. 16*). — Si les parties certifient qu'elles n'en connaissent pas, la Régie ne peut percevoir aucun droit de soulte jusqu'à ce qu'elle ait prouvé l'erreur de cette déclaration (10).

6882. Toute répartition inégale des charges autre que le passif proprement dit peut amener la perception du droit de soulte. Lorsque, par exemple, un lot se trouve grevé d'un usufruit pendant que les autres, d'une valeur égale, en sont dispensés, le droit de soulte est dû sur ce qui excède la part virile du copartageant dans cette jouissance (11). — Et il en est ainsi, à plus forte raison, si les autres lots sont chargés de lui servir une rente pour compenser la privation d'usufruit (12).

6883. L'obligation d'acquitter le passif avec les valeurs attribuées en sus de la portion héréditaire du cohéritier peut résulter d'un mandat et échapper dès lors au droit de soulte. On l'a ainsi décidé pour l'abandon à un copartageant d'une somme dont il était débiteur et que ses communistes le chargent de distribuer aux créanciers (13), — et pour l'attribution faite dans les mêmes termes d'une somme existant en numéraire (14), — ou même de créances actives (15).

6884. Quand le mandat est formellement exprimé, aucun doute ne saurait plus subsister sur la non-exigibilité du droit de cession, sauf le cas toutefois où le prétendu mandataire serait dispensé de rendre compte (16). — A défaut d'une stipulation expresse, l'existence du mandat doit être déduite des circon-

---

(1) Inst., 342; R. G., 9455; D. N., 752; Seine, 31 août 1854 ; J. N., 15416.

(2) Cass., 6 mars 1843; J. N., 11733.

(3) Versailles, 6 fév. 1851 ; R. G., 9458. *Cons.* aussi Jonzac, 13 mars 1857; R. P., 1738.

(4) D. N., *loc. cit.*, 756 ; Sol., 26 avril 1867 ; R. P., 2605.

(5) Dél., 7 juill. 1837, 17 nov. 1843 ; D. N., 735 ; R. G.. 9457.

(6) Cass., 6 therm. an 12; Blois, 21 août 1845; Montargis, 23 déc. 1845; Arras. 31 août 1849 ; Saintes, 14 déc. 1837; Vendôme, 20 juill. 1842; Dijon, 30 juin 1842; Caen, 21 fév. 1815; D. N., 774; R. G., 9474. *Conf.*. Dalloz, 2687; Champ., 2081.

(7) Dict. not., *Part.*, 831, 833; R. G., 9745, 1o et 3o; Cass., 20 déc. 1843, 2 juill. 1814; Montluçon, 19 nov. 1817; Seine, 21 juin 1848; Inst., 1710-5, 1732-5 ; J. N., 11808, 12040.

(8) Cass., 15 août 1850; J. N., 14142; Inst., 1875, § 7; D. N., 832; R. G., 9475, § 2.

(9) Dél., 19 août 1834, 24 juill. 1838; Cass., 12 fév. 1640; J. N., 10108, 10505; R. G., 9176.

(10) Inst., 1209, § 3, no 3 ; J. N., 6189.

(11) Charolles, 22 mars 1845; R. G., 9479; D. N., 789.

(12) D. N., 788; R. G., 9479; Saint-Etienne, 21 déc. 1847; Vouziers, 8 juin 1836. Cass., 21 juill. 1851; J. N., 14.21. V. *suprà*, no 6805 et 6862.

(13) Dél., 27 mars 1824, 27 mars 1828 ; J. N., 4502, § 4 ; R. G., 9481; D. N., 781.

(14) Dél., 19 mars 1823; J. N., 4551.

(15) R. G., 9483; Seine, 31 janv. 1839; Cass., 12 fév. 1842; Dél., 4 avril 1834; J. N., 8165.

(16) Rouen, 14 mai 1851 ; D. N., 787.

stances (1) : elle résulterait, par exemple, de ce que les héritiers ont commencé par distraire une portion de l'actif pour faire face aux dettes, et l'ont, après les lotissements, attribuée avec cette destination expresse à l'un d'eux (2). — Mais, dans l'hypothèse du mandat tacite, la clause est une dépendance du contrat et ne donne lieu à aucun droit particulier (3).

6885. Le droit de cession à titre onéreux est encore exigible, si les biens sont abandonnés au cohéritier en payement d'une créance personnelle sur la succession ; on perçoit alors à 4 p. 0/0 sur les immeubles, à 2 p. 0/0 sur les meubles et à 1 p. 0/0 sur les créances cédées, jusqu'à concurrence de la part contributive des autres héritiers dans la dette (4). — Si c'est de l'argent comptant que reçoit l'héritier, le droit de quittance est seul exigible (5).

6886. On a appliqué ces principes à l'attribution consentie à une mère, de valeurs mobilières destinées à l'indemniser de l'avance faite à son enfant lors de son contrat de mariage (6), — et à la cession de biens de communauté faite par le survivant des père et mère à l'héritier du prédécédé pour se libérer de sa moitié dans la dot constituée conjointement (7).

6887. V. *Rapports*. Le rapport d'un immeuble en nature n'opère aucune soulte, qu'il soit, ou non, assigné au lot du donataire (8), — et encore bien que l'immeuble ait été donné au cohéritier avec dispense de rapport (9). Voir cependant *supra* n° *6789*.

6888. Si le cohéritier, au lieu de l'immeuble en nature, fait la remise d'une somme d'argent qui est ensuite attribuée à un autre copartageant, le droit de soulte n'est non plus exigible, parce que les parties peuvent renoncer au droit d'exiger le rapport en nature (10).

6889. Mais nous croyons qu'il devrait être perçu sur la somme que le donataire ou le légataire paye à ses cohéritiers pour conserver la totalité de l'immeuble dont la valeur dépasse sa portion héréditaire (11).

6890. Il n'est pas douteux que le droit de soulte n'est point exigible quand le donataire d'une somme d'argent en fait le rapport et la reçoit ensuite dans son lot (12). On doit décider de même quand la somme est attribuée à un autre et que le donataire reçoit des immeubles (13), à moins que cette somme, après avoir été placée dans le lot du donataire, ne soit ensuite stipulée payable à l'autre cohéritier à titre de soulte (14).

6891. En principe, il n'est dû aucun droit d'obligation ou de quittance sur les rapports des sommes dans les partages, quoiqu'il n'existe pas de titre (15). Toutefois, si un cohéritier rapporte à la masse une somme qui lui a été prêtée sans titre, et si cette somme est attribuée à un autre, le droit d'obligation devient exigible (16).

6892. On a également maintenu la perception du droit de quittance sur la remise à la masse par un cohéritier d'une somme reçue du défunt à titre de dépôt (17), ou du prix d'une vente que ses cohéritiers lui avaient consenti depuis le décès (18).

6893. Il faut, du reste, remarquer que le partage de la communauté et celui de la succession de l'époux prédécédé constituant deux opérations distinctes, le rapport des sommes dues à l'un des époux doit être fait à la succession de cet époux et non à la communauté (19).

6894. Si le cohéritier légataire d'une somme d'argent par préciput reçoit des meubles ou des im-

---

(1) Dreux, 19 juill. 1846; J. N., 12708; R. G., 9483.

(2) Chartres, 16 fév. 1850; le Mans, 12 mars 1847; D. N., 785; R. G., 9483, 9486.

(3) Dreux, 19 août 1846; J. N., 12768; le Mans, 9 oct. 1862; R. P., 1688; CONTRA, Belfort, 2 avril 1844.

(4) Dél., 1er juin 1825, 8 nov. 1833; Rambouillet, 12 déc. 1845; Bagnère, 22 mars 1855; D. N., 772; R. G., 9444, § 3, et 9496; Inst., 1173-10, 1209, § 2, n° 4.

(5) Rambouillet, 12 déc. 1845, *supra*.

(6) Cass., 31 juill. 1833; R. G., 9483, § 3; J. N., 8101.

(7) Cass., 23 mars 1853; R. G., 9433, § 1; J. N., 14922.

(8) J. N., 2243.

(9) Garnier, R. G., 9445, § 2; J. N., 1368; Sol., 30 sept. 1830; D. N., 802.

(10) D. N., 803; Seine, 20 août 1858; R. P., 1070; CONTRA, J. N., 2243.

(11) Saverne, 27 août 1844; Saint-Pol, 23 mars 1839, D. N., 805, 806; CONTRA, D. N., 804; Sol., 12 juin 1832; R. G., 9445, § 5.

(12) Saint-Etienne, 16 déc. 1856; R. P., 807.

(13) Dél., 11 janv. 1832; Cass., 11 déc. 1855; Montauban, 26 mai 1852; Seine, 23 janv. 1857, 20 août 1858; L. N., 11140, 15683, 16124; R. P., 780, 1070; R. G., 9445, § 5; CONTRA, Alais, 12 juin 1855; J. N., 15561.

(14) Cass., 1er juin 1853; J. N., 15026; Inst., 1982, § 6; R. G., 9468; D. N., 810.

(15) Amiens, 19 déc. 1839; Dunkerque, 8 nov. 1844; Grenoble, 14 nov. 1818; J. N., 13596; Sainte-Menéhould, 11 mars 1851; Corbeil, 6 mai 1846; D. N., 813, 814; R. G., 9445, § 6, 9444, § 1; le Mans, 9 oct. 1862; Sol., 29 janv. 1860; R. P., 1688, 2553.

(16) Cass., 2 mai 1826; J. N., 5728; Seine, 13 mai 1859; R. P., 1180, (17) Dél., 19 mars 1833; R. G., 9445, § 7; L. N., 818.

(18) Seine, 21 juin 1855; J. N., 15691; CONTRA, Sol., 27 janv. 1866 Jur. N., 13339.

(19) Cass., 31 mars 1846; R. G., 9445, § 1.

meubles, le droit de soulte est dû sur la portion afférente aux copartageants dans les valeurs cédées (1) ; — mais il n'en est plus ainsi, et le droit fixe de délivrance de legs est seul exigible, quand le legs est d'une somme à prendre sur les biens de la succession (2).

6895. VI. *Reprises.* Lorsqne la femme accepte la communauté, ses reprises peuvent être soldées au moyen de l'abandon des valeurs qui la composent, sans que le droit de cession soit dû. Il en est de même si elle préfère un payement en deniers et qu'elle laisse aux héritiers du mari les biens en nature (3).

6896. Quand elle opte pour le prélèvement des valeurs existantes, rien n'oblige les parties à suivre l'ordre de l'art 1471 C. N,; et on ne pourrait motiver aucune perception de droit proportionnel sur cette circonstance (4). — Nous avons déjà dit que la femme acceptante a la faculté de s'en tenir à ses reprises et d'abandonner toute la communauté aux héritiers du mari à charge de payer tout le passif, *supra n° 6880* ; cet abandon ne donnerait pas ouverture au droit de soulte (5). Il en est de même de l'attribution qui lui est faite à elle-même de toute la communauté quand c'est l'exécution d'une convention de mariage (6).

6897. Mais, la renonciation de la femme, attribuant au mari tous les biens de la communauté dissoute, il en résulte que la cession de ces valeurs en payement des reprises est sujette au droit de vente (7).

6898. C'est ce qui aurait lieu aussi si la cession comprenait, en cas d'acceptation, des biens propres du mari (8) ; — ou si elle avait pour cause le payement d'un gain de survie stipulé en argent ou des frais de deuil dus à la veuve (9).

6899. VII. *Clauses diverses.* Si la veuve présente, dans le partage, le compte de l'administration qu'elle a eue des biens communs, et si le reliquat de ce compte est payé au moyen de délégation sur certaines valeurs de la masse, cette disposition est une dépendance du partage ne donnant lieu à aucun droit (10).

6900. Il faudrait néanmoins percevoir le droit d'obligation si le mandataire se reconnaissait débiteur du reliquat et s'engageait à le payer à terme, avec intérêts (11). — Le droit fixe de 2 fr. serait dû pour la décharge au notaire rédacteur du dépôt d'une somme remise verbalement entre ses mains par le défunt (12).

6901. En ce qui concerne les reconnaissances de dettes, voyez *supra n° 6560.*

6902. VIII. *Partages divers.* Les règles précédentes s'appliquent non-seulement aux partages proprement dits, mais encore à tous les actes en tenant lieu, tels qu'échanges (13), transaction et autres contrats désignés à l'art. 888 *C. N.* On ne fait même pas de distinction entre les partages provisionnels et les partages définitifs (14). En ce qui concerne les partages judiciaires, les dispositions qui les gouvernent sont rappelées *supra n°* 6455 *et suiv.*

6903. Le partage partiel des biens d'une succession, doit être considéré *isolément* pour la perception des droits d'enregistrement. Si les biens sont inégalement répartis entre les ayants droit, tout ce qui excède la part virile des copartageants dans les lots à eux attribués est passible du droit de soulte.

6904. Il en est ainsi lors même qu'il serait stipulé que l'inégalité *sera* couverte par des sommes à prendre sur le produit de la vente future des immeubles restés indivis (15) ; — ou que les parties se régleront définivement lors de la liquidation générale de la succession (16) ; — ou que lors de cette liquida-

(1) Dél., 23 sept. 1822; Seine, 21 juin 1835 ; J. N., 15091.
(2) Dél., 1er juin 1832; D. N., 792 ; R. G., 7172.
(3) Brives, 23 mars 1852 : Cass., 13 déc. 1864; Evreux, 19 avril 1867; J. N., 18556, 18570. V. Seine, 9 avril 1854; R. P., 1924, 1981.
(4) Dél., 28 mai 1823 ; J. N., 4419, § 2 ; R. G., 9443, 10985.
(5) Sol., 24 juill. 1833 ; Inst., 1577, § 15 ; J. N., 10108. R. G., 10986.
(6) Caus., 7 avril 1856, 7 avril 1862 ; J. N., 17399; R. P., 1603. V. Cass., 12 fév. 1867 ; C. 13221.
(7) Inst., 1347-5, 1582-28. 1377-17 ; Cass., 22 nov. 1837, 14 et 28 août 1838, 11 juill. 1854, 2 janv., 8 mai et 10 juill. 1855, 3 et 24 août 1858, 24 déc. 1860, 30 janv. 1563; Vitry-le-François, 9 mai 1867 ; R. G., 9499-2; R. P., 148, 300, 333, 439, 1065, 1086, 1561, 2020; J. N., 17008, contra, Nogent-le-Rotrou, 12 janv. 1867; R. P., 2557.
(8) Cahors, 21 déc. 1846, Cass., 8 avril 1850, 9 mars 1852, 3 août 1858, 16 janv. 1857 ; Rethel, 11 déc. 1856 ; R. P., 776, 1065, 2412; J. N. 10595, 14064, 14638, 18722; Inst., 1829-5, 1875-8.

(9) Cass., 12 fév. 1840; Sol., 27 sept. 1843; R. G., 9437; J. N., 10595. V. cependant Cass., 23 mars 1853; J. N., 14922.
(10) Cass., 23 mars 1853; J. N., 14922; R. G., 9430; Dél., 19 mai 1837; J. N., 9576.
(11) Dél. 3 mars 1824 ; R. G., 9430; J. N., 4742.
(12) Cass., 26 fév. 1850; Nantes, 31 août 1844 ; R. G., 9431; J. N., 13974 ; Inst., 1875-1.
(13) Bar-le-Duc, 16 juill. 1863 ; R. P., 1863; J. N., 17854.
(14) *Supra n°* 6454.
(15) Cass., 12 nov. 1844; Seine, 10 mars 1847; J. N., 12178; Inst., 1732, § 7; R. G., 9414, 9418; D. N., 820, 825.
(16) Cass., 29 avril et 19 nov. 1845; J. N., 12385, 12582; Inst., 1743-2, 1755, § 11 ; R. G., 9145, 9416; D. N., 824. 822; Saint-Malo, 11 janv. 1862; R. P., 1821.

tion chaque cohéritier loti actuellement fera le rapport de son lot en moins prenant (1), — ou fera le rapport de la valeur de l'immeuble attribué (2);— ou lorsqu'il est dit que les inégalités des lots *seront* compensées par la remise future des deniers comptants, rentes et créances détaillés dans l'inventaire (3).

6905. Mais aucun droit de soulte ne serait exigible si cette compensation était dès à présent établie avec les valeurs demeurées indivises et détaillées soit dans le partage partiel, soit dans un acte auquel ce partage se réfère expressément (4).

6906. Lorsqu'un ou plusieurs copartageants reçoivent en biens français plus que leurs parts dans ces mêmes biens, l'excédant compensé pour les autres lots par des biens étrangers doit être considéré comme une soulte sujette au droit d'enregistrement (5).

6907. Cette règle doit être suivie lors même que les biens situés en France seraient attribués à des héritiers français et les biens situés à l'étranger à des héritiers étrangers (6). — Mais on ne l'appliquerait pas aux partages de biens situés en partie dans les colonies où l'enregistrement est établi, malgré la différence existant dans les tarifs de ces colonies et de la métropole (7).

6908. On doit assimiler à un partage sujet au droit fixe de 5 fr., l'acte par lequel il est procédé au cantonnement de droits d'usage forestiers soumis à ce mode d'extinction (8).

6909. IX. *Transcription.* Les partages n'étant point soumis à la transcription à cause de leur caractère déclaratif, on en a conclu que les soultes ne sont jamais assujetties qu'au droit de 4 p. 0/0 (9), — lors même que la soulte se rapporterait à des immeubles indivis entre les copartageants (10), ou entre ceux-ci et des tiers (11).

CHAPITRE DIX-HUITIÈME.

DES SOCIÉTÉS.

SOMMAIRE

6910. I. *Tarif.* Les actes de société, dont il a été question déjà précédemment à propos des droits fixes *supra* n°s *6499 et suiv.*, sont soumis au droit proportionnel, quand ils portent obligation, libération

---

(1) Inst., 1875-9; R. G., 9417; Cass., 22 avril 1850; Nantes, 1er juill. 1840; Seine, 25 juill. 1842, 11 juin 1845, 16 août 1854; J. N., 14026, 15513.
(2) Lectoure, 12 mars 1846; D. N., 825; R. G., 9419.
(3) Bordeaux, 18 août 1845; D. N., 825; R. G., 9420.
(4) Sol., 23 juin 1854; R. P., 2004; arg. de Cass., 22 avril 1850; J. N., 14026; Inst., 1875-9; Marseille, 30 août 1866; R. P., 2326.
(5) Cass., 14 nov. 1838, 8 déc. 1840, 12 déc. 1843, 7 avril et 11 nov. 1844 (ch. réun.), 15 juin 1847, 28 août 1848; J. N., 10214, 10849, 11854, 11966, 12140, 13077, 13520; R. G., 906.
(6) Cass., 28 août 1848; J. N., 13530; D. N., 766.

(7) D. N., 774; Sol., 13 avril 1854; J. N., 13706, 18326; R. P., 2146.
(8) Sol., 17 déc. 1831, 9-13 mars 1849, 10-16 août 1849, 30 mai 1859; R. P., 1329.
(9) Cass., 29 juill. 1819, 14 juill. et 10 août 1824; D. M. F., 8 oct. 1819, 14 oct. 1824; Inst., 903 et 1150, § 8; J. N., 3194, 4771, 4934; R. G., 9490 à 9493; R. P., 634.
(10) Dél., 19 nov. 1832, 28 juin 1833, 22 déc. 1856; J. N., 7917, 8111, 14981; R. P., 634, 782; CONTRA, Cahors, 13 juill. 1861; R. P., 1545; J. N., 17269.
(11) J. N., 8878; CONTRA, Sol., 17 avril 1835; D. N., 766.

ou transmission de biens meubles ou immeubles entre les associés ou autres personnes (*Lois 22 frim. an 7, art. 68, § 3, n° 4, et 28 avril 1816, art. 45, n° 2.*)

6911. Le principe général en cette matière est que tous les engagements des associés, intervenus dans l'intérêt général de la société, soit par l'acte même d'association, soit par des actes supplétifs, n'opèrent que le droit fixe ; — tandis que le droit proportionnel est exigible quand l'associé agit en son nom personnel et ne soumet pas le résultat de sa convention aux risques sociaux (1).

6912. Mais il est assez difficile souvent de distinguer un contrat de l'autre. Nous allons indiquer brièvement les principales espèces sur lesquelles la jurisprudence a prononcé.

6913. II. *Obligation et cautionnement.* La perception du droit d'obligation à 1 p. 0/0, est autorisée : 1° si l'un des associés verse la mise de l'autre en stipulant qu'il en fera le retrait au fur et à mesure des payements de ce coassocié à la masse (2), ou remet à la société une somme qui échappe aux risques de l'entreprise (3) ; — 2° si le gérant doit recevoir un traitement à payer par ses coassociés personnellement (4) ; — et 3° si les parties s'engagent à payer une certaine somme pour honoraires à leurs conseils (5).

6914. Elle ne pourrait avoir lieu si le traitement de l'associé gérant devait être payé sur les bénéfices (6) ou si l'associé promettait seulement d'avancer la mise du coassocié (7). — Ni ce droit d'obligation, ni même celui de cautionnement ne serait exigible sur la garantie fournie par les associés pour la mise de fonds du commanditaire (8) ; ou sur celle que l'un d'eux donne particulièrement en l'acte pour la garantie des opérations de la société ou à un des tiers (9). — Mais il faudrait acquitter le droit de nantissement à 50 p. 0/0, si un associé versait une somme pour garantir l'exécution d'un engagement personnel (10) ou faisait cautionner sa dette par la société (11).

6915. III. *Bail.* L'apport d'un bail en société n'est assujetti à aucun droit particulier, *supra* n° 6505. — Il en est autrement si l'associé loue son immeuble à la société moyennant un prix qui n'entre pas dans les risques de l'entreprise (12), ou s'il devient lui-même fermier de la société (13).

6916. IV. *Vente mobilière.* Est passible du droit de 2 p. 0/0 : 1° l'apport d'un fonds de commerce dont la valeur doit être payée à l'associé avec les premiers deniers disponibles (14) ; — 2° la clause portant que l'associé qui a apporté les objets mobiliers pour une valeur supérieure à l'apport des autres, sera remboursé de l'excédant sur les bénéfices (15), ou par les autres associés personnellement (16) ; — 3° ou recevra en compensation le produit des actions attribuées à ses coassociés (17).

6917. Il en est de même de l'apport mobilier fait à charge par la société de payer le passif qui le grève. Mais pour liquider le droit, il faut alors déduire le numéraire et les billets à ordre compris dans l'apport, et les sommes dues par le sociétaire à un autre associé qui a fait apport de sa créance (18).

Ce droit ne serait pas dû sur l'engagement par un associé de livrer à la société, moyennant un certain prix, les récoltes de ses terres pour l'exploitation de la société (19).

6918. V. *Vente d'immeubles.* Il y a lieu d'exiger le droit de vente immobilière lorsque la valeur des immeubles mis en société est compensée par le prélèvement d'un certain nombre d'actions que l'associé négociera afin d'en toucher le prix (20), ou dont le placement s'opérera aux risques de la société (21) ; — lorsque la société qui reçoit l'immeuble s'engage à en payer le prix encore dû au précédent ven-

---

(1) V. Inst., 290. §9 et 360; Sol., 26 janv. 1866; Seine, 4 août 1865; Cass., 20 août 1867; R. P., 2302, 2525; J. N., 19036.
(2) D. N., *Société*, 401 et suiv.; Cass., 30 juill. 1861, 29 juill. 1863; Seine, 16 nov. 1860; Yvetot, 28 juin 1864; R. P., 2121; J. N., 17096, 17210, 17790.
(3) Seine, 31 mars 1841, 13 déc. 1843, 22 janv. 1845, 21 juill. 1865, 16 et 23 mars 1867; Saint-Quentin, 12 avril 1865; R. P., 2187, 2211, 2459.
(4) Seine, 20 août 1858; J. N., 16380.
(5) Augers, 18 mars 1837; D. N., 477.
(6) Dél., 25 janv. 1825, 15 mai 1827, 7 fév. 1843, 11 juin 1844; Seine, 20 août 1858; J. N., 4992, 16380. V. Sedan, 11 déc. 1867; J. N., 19129; R. P., 2586.
(7) Cass., 3 avril 1854; D. N., 432. V. Seine, 4 août 1866; J. N., 18700.
(8) Dél., 18 juin 1823; D. N., 410.
(9) Dél., 23 prairial an 12; D. N., 411.
(10) Cass., 26 déc. 1832; J. N., 7755. Voir Cass., 7 nov. 1859; R. P., 4270.
(11) Seine, 29 nov. 1851; R. P., 1554 et 1912.
(12) Seine, 15 mai 1847; Lyon, 21 août 1866; Sol., 23 fév. 1867; R. P., 851, 2135; J. N., 18333.

(13) Mirecourt, 11 déc. 1858; Seine, 21 juill. 1855; R. P., 1141, 2211.
(14) Cass., 8 juill. 1845, 30 janv. 1859; Seine, 21 avril 1851; Seine, 1er déc. 1811; J. N., 12738, 13347, 14669.
(15) Seine, 17 mars 1847, 25 avril 1874; Rouen, 8 mai 1840; D. N., 429; R. G., 1799, §3. Voir Saint-Quentin, 21 juin 1848; D. N., 430.
(16) D. N., 431, 436; Metz, 31 août 1835; Seine, 14 juin 1838; Compiègne, 8 fév. 1849; Rouen, 15 janv. 1851; Cass., 8 juill. 1846; Inst., 1786, § 10; J. N., 12738. V. Seine, 16 mars 1867; R. P., 2557.
(17) Cambr. i, 28 juin 1838; Seine, 28 avril 1841, 11 juin 1845; Dél., 15 mai 1840; D. N., 440; R. G., 1799, §4.
(18) Seine, 19 janv. 1861, 23 juin 1866, 9 fév. 1867; Cass., 20 mars 1855, 20 nov. 1861; Meaux, 24 août 1865; R. P., 1463, 2158, 2293 2556; J. N., 16623, 17286.
(19) Cass., 6 janv. 1835; Cass., 18 nov. 1857; J. N., 8844, 1621 V. cep. St-Pierre (Martinique), 15 mai 1856; R. P., 2468.
(20) R. G., 1799; Cass., 8 mars 1842, 18 août 1842, 8 nov. 1861; Valenciennes, 27 juin 1839; Seine, 28 avril 1841, 29 déc. 1854; Tours, 21 juill. 1843; Bordeaux, 11 juin 1845; Lyon, 23 mai 1849; Avesnes, 1er juin 1859; J. N., 11273, 11437, 18159; R. P., 1186.
(21) Amiens, 9 déc. 1859; J. N., 11009.

deur (1) et que l'acquisition n'a pas eu lieu pour son compte (2); lorsque le reliquat du prix est mis à la charge des associés personnellement (3); — lorsque l'apport social est fait en échange d'obligations (3 bis).

6919. Mais il n'y a qu'une répartition inégale de l'actif et non pas une vente si on se borne à attribuer à l'associé qui apporte un immeuble des actions soumises à toutes les chances de la société (4).

6920. VI. *Transcription.* Le droit de transcription n'est pas dû, lors de l'enregistrement, sur les actes de société contenant des apports en immeubles (5), — lors même qu'il serait stipulé que la purge aura lieu (6).

6921. Il devient exigible si le contrat est présenté volontairement à la transcription (7), sans distinction entre les immeubles par nature et les immeubles par destination (8); — ni même entre les meubles proprement dits et les immeubles quand la réquisition de transcrire s'applique clairement à ces meubles (9).

6922. VII. *Cession d'actions.* Les règles sont différentes selon qu'il a été ou non *émis* des *titres* d'actions. — Si le fonds social a donné lieu à l'émission de certificats d'actions, la loi du 23 juin 1857 soumet la cession de ces titres à un droit proportionnel dont la compagnie fait l'avance et qui varie d'après la nature des actions, *supra n° 6619.* Mais les transferts constatés dans les contrats civils, notamment par actes notariés, acquittent alors le simple droit fixe de 2 fr. (10).

6923. Quand la compagnie n'a pas *émis* de titres transmissibles, la loi de 1857 cesse de recevoir son application, et les transferts d'actions opérés pendant l'existence de la société sont de véritables ventes de meubles sujettes au droit de 2 p. 0/0 (11). — Ce tarif a été réduit à 50 c. p. 0/0 pour les sociétés dont le fonds est divisé en actions ou parts d'intérêts, assimilables à des actions et sans qu'il soit nécessaire que ces parts d'intérêts soient négociables ou transmissibles par voie d'endossement (12).

6924. Ces dernières dispositions se restreignent du reste aux cessions effectuées pendant l'existence de la société. Après sa dissolution, chaque associé devient propriétaire du fonds social et la vente qu'il en ferait donnerait lieu à l'impôt ordinaire selon la nature des biens cédés (13). C'est aussi ce qui se produirait s'il s'agissait d'une société dont l'existence ne soit pas établie (14).

6925. Enfin, il faut remarquer que les cessions à titre gratuit sont sujettes au droit de donation, et non pas à ces droits de 2 fr. ou de 50 c. p. 0/0 (15); et que, même pendant l'existence de la société, la cession d'actions serait passible du droit immobilier s'il apparaissait que les parties ont voulu faire une vente d'immeubles avec droit de purger les hypothèques inscrites (16).

Dans aucun de ces cas on ne saurait imputer sur ce droit exigible la taxe de mainmorte qu'une société anonyme acquittait pour ces immeubles en vertu de la loi du 20 février 1849 (17).

Lorsque les cessions d'actions se dissimulent sous l'apparence d'une sous-société, le droit proportionnel n'en est pas moins exigible (18).

6926. VIII. *Dissolution et partage.* Les partages de sociétés sont soumis à la plupart des règles des partages ordinaires en ce qui concerne le droit de soulte, *supra n° 6876 et suiv.*

(1) Dict. not., 445 et suiv.; R. G., 11799-7; Cambrai. 28 juin 1838; Nantes, 21 août 1843; Saint-Quentin, 30 août 1848; Seine, 6 mars 1844, 16 nov. 1860; Altkirch, 3 déc. 1848; Rethel, 9 juin 1854; Compiègne, 3 juin 1859; Marseille, 9 mai 1865; Cass., 8 mars et 18 août 1812, 8 juill. 1846, 20 mars 1855. 20 nov. 1861, 8 nov. 1864; J. N., 11437. 13607, 15623, 17090, 18157; R. P., 1235, 2001, 2136.
(2) Seine, 16 août 1854; Cass., 20 mars 1855, 23 mai 1859; J. N., 15623; Inst., 2042, § 9; R. P., 1481.
(3) Cass., 5 janv. 1853; J. N., 14878; D. N., 452.
(3 bis) Cass. Belgique, 28 fév. 1867; R. P., 2514.
(4) Cass., 30 août 1844, 30 janv. 1850; J. N., 11401, 13947; Inst. 1857, § 15; R. G., 11799.
(5) Cass., 23 mars 1846, 8 juill. 1846, 5 janv. 1848; J. N., 12642, 12738, 13269; D. N., 487; R. G., 11808.
(6) Cass., 5 fév. 1850; J. N., 13970; CONTRA, Cass., 13 déc. 1843; 5-1 janv. 1848, 3 janv. et 4 déc. 1849; J. N., 13206, 13927; D. N., 461; R. G., 11809.
(7) Besançon, 31 déc. 1860; Seine, 2 fév. 1861; Cass., 13 déc. 1843, 23 juin 1846, 12 janv. 1847, 21 fév., 26 mars, 17 avril et 2 mai 1849, 30 janv. et 21 août 1850, 20 nov. 1851, 27 juill. 1863; Vesoul, 27 fév. 1865; J. N., 11776, 12740, 12939, 13660, 13681, 13774, 13818, 13947, 14229; R. P., 4322, 4551, 1817, 2225.
(8) Cass., 17 avril 1849; J. N., 13774; Inst., 1844, § 20.
(9) Cass., 6 déc. 1864; Vesoul, 27 fév. 1865; R. P., 2023, 2299, 2225; Inst. 2324. V. Tours, 22 mars 1844; Vervins, 1er mars 1844; R. G., 11810, 11811.

(10) Décis. min. fin., 13 juin 1861; Seine, 20 avril 1858, 23 juin 1860; Bordeaux, 21 mars 1860; Cass., 11 fév. 1861; R. P., 1100. 1358, 1456, 1574; J. N., 16155, 16970, 16377, 17011, 17263; Inst., 2201, § 3.
(11) Cass., 27 janv. 1841, 12 juill. 1842, 11 déc. 1842, 11 janv. 1843; J. N., 10867, 11402, 11539, 11558; R. G., 4010; Cass., 23 mai 1853; Inst., 1982, § 17; Seine, 7 avril 1866; Versailles, 3 janv. 1867; Havre, 23 janv. 1867. V. Seine, 13 avril 1867; R. P., 2279, 2450, 2463.
(12) Cass., 8 fév. 1837, 21 août 1837, 27 janv. 1841, 16 juill. 1845, 3 mai 1864, 17 mars 1866, 6 fév. 1867; Seine, 21 janv. 1865; Douai 8 juin 1867; J. N., 3523, 9791, 10807, 12425, 18460. 18757; R. P., 1907, 2103, 2254, 2108; C., 14072.
(13) Seine, 30 juill. 1838; Abbeville, 31 août 1838; Cass., 6 août 1825, 5 janv. 1818, 2 nov. 1853, 8 nov. 1864; J. N., 12458, 15098, 15269; R. P., 1063, 1089, 2000. V. cep. Béthune, 19 juin 1866; J. N., 18873; R. P., 2469.
(14) Montpellier, 4 fév. 1861; R. P., 1494; Cass., 18 juin 1862, 3 janv. 1865; Seine, 31 mars 1865; J. N., 17476, 18205; R. P., 1491, 1663. 2035, 2183.
(15) Valenciennes, 16 juin 1857; Cass., 23 mai 1859; R. P., 859, 1179; J. N., 16591; D. N., 483; CONTRA, Dallez, 4792; Champ., 3691.
(16) Marseille. 21 janv. 1858; Cass., 6 fév. 1860; R. P., 974, 1282; J. N., 16793.
(17) Carcassonne, 10 janv. 1860; R. P., 1432, 1505. V. av. cons. d'Etat, 30 mai 1861; R. P., 1515.
(18) Cass., 6 déc. 1865; Seine, 16 mars 1867; R. P., 2230, 2453; Inst., 2437-2.

6927. Ce qui les en distingue surtout, c'est que si un des associés reçoit dans son lot des immeubles apportés par un autre associé ou s'en rend adjudicataire sur licitation, le droit de vente à 5,50 p. 0/0 est exigible sur la valeur intégrale de ces immeubles (1), — sans qu'il y ait à examiner si l'auteur de l'apport a antérieurement cédé ses actions soit à la société (2), soit même à l'adjudicataire (3).

6928. Ce résultat est encore moins contestable quand la société ayant été contractée verbalement, rien n'établit la réalité des apports d'immeubles (4).

6929. Le droit de mutation n'est d'ailleurs exigible que d'après la valeur de l'immeuble au jour de l'apport. Il ne doit être perçu sur les améliorations postérieures que pour l'excédant de la part de l'associé dans ces améliorations (5).

6930. Si l'un des associés cède sa part dans la société dissoute, qu'il s'agisse d'une société civile ou commerciale, le droit ne saurait être liquidé que sur la valeur *nette* de la portion cédée (6). — Mais alors le droit doit être perçu au taux immobilier s'il dépend des immeubles de la société (7). Le droit de vente immobilière est également dû sur les immeubles que l'un des associés avait reçus en qualité de liquidateur après la dissolution de l'entreprise et qu'il a cédé à un ancien associé (8).

6931. C'est le droit de licitation à 4 p. 0/0 et non celui de vente à 5,50 qui est exigible sur la licitation des immeubles composant le fonds social (9) ; mais on perçoit celui de vente à 5,50 sur l'adjudication des biens sociaux prononcée au profit des anciens associés reconstitués en une société nouvelle (10), ou de la cession à des associés des immeubles dont la jouissance seule avait été mise en commun (11), — ou enfin de l'abandon d'immeubles sociaux fait à un commanditaire qui se retire, en payement de ses actions (12).

6932. L'abandon fait à l'un des associés, lors du partage d'une société en nom collectif, de marchandises et valeurs dépendant du fonds commun pour lui tenir lieu de sa part dans les bénéfices réalisés et laissés en compte courant n'a pas le caractère d'une dation en payement sujette au droit proportionnel (13).

6932 bis. Quand il a été stipulé, dans un acte de société, qu'en cas de dissolution par le décès de l'un des associés, le survivant aura la propriété de la part du défunt en payant à ses héritiers le montant de l'estimation faite dans le dernier inventaire, le droit de vente est exigible lors de la réalisation de cette promesse (14). — Le dépôt de l'inventaire dans les minutes du notaire ou l'existence d'un inventaire sous seing privé suffit pour constater l'importance de la mutation (15) ; à défaut de cette justification, la Régie peut évaluer d'office la valeur des biens cédés (16) ; dans tous les cas, le droit se perçoit selon la nature des valeurs sociales (17).

6933. Il en est de même quand la promesse de vente a eu lieu à condition de rembourser la mise sociale du défunt (18) ; mais une semblable disposition insérée dans un contrat de mariage sous le régime de la communauté ou de la société d'acquêt pourrait être une simple convention de mariage dispensée du droit proportionnel (19).

6934. Le droit de transmission devrait être d'ailleurs immédiatement perçu si la stipulation précédente, au lieu de constituer une promesse de vente à réaliser au décès des sociétaires, était simplement une vente à terme (20). Par contre la dissolution de la société ne suffirait pas pour autoriser la demande de l'impôt dans le cas où un nouvel acte serait nécessaire à la réalisation de la promesse de vente (21).

(1) Cass., 12 août 1839, 20 janv. et 13 juill. 1840, 6 juin 1842 (ch. réun.), 9 nov. 1842, 21 fév. 1853, 8 nov. 1864, 14 fév. 1865, 3 fév. 1868 ; J. N., 10477, 10548, 10713, 11340, 14896 ; R. P., 2000, 2258, 2600.
(2) Cass., 2 nov. 1853 ; J. N., 15098.
(3) Cass., 8 nov. 1864 ; R. P., 2000.
(4) Cass., 3 janv. 1832, 17 nov. 1857 ; D. N., 8442, 16245. Voy. Cass., 3 janv. 1865 ; J. N., 18205.
(5) Reims, 31 mars 1860 ; Cass., 17 déc. 1838, 10 juill. 1840, 8 nov. 1861 ; J. N., 10228, 10713, 18157 ; R. P., 1374, 2000.
(6) Cass., 9 mai 1864 : J. N., 18157 ; R. P., 1898.
(7) Cass., 9 mai et 8 nov. 1864, 3 janv. 1865 ; J. N., 18157, 18205 ; R. P., 1898, 2001, 2035.
(8) Cass., 17 août 1863 ; J. N., 18350 ; R. P., 2438.
(9) Inst., 3528, § 11 ; R. G., 11832; Cass., 17 août 1836, 14 août 1847 ; J. N., 9372, 13017; Sol., 30 juin 1867; R. P., 2578.
(10) Cass., 15 déc. 1857, 3 fév. 1868. V. Beauvais, 13 mars 1860; Seine, 23 janv. 1864, 3 mars 1865: R. P., 965, 1427, 1942, 2095, 2600.
(11) Cass., 24 avril 1833, 12 août 1839; J. N., 8048, 10477; D. N., 511 et 512.
(12) Cass., 5 avril 1854 ; J. N., 15402. Jugé que le droit est seulement de 50 c. p. 100 comme cession d'actions, si le sociétaire

qui se retire reçoit sa part en argent : Cass. Belg., 31 juill. 1862 et 31 mai 1866 ; R. P., 2183. V. Seine, 13 avril 1867 ; R. P., 2538.
(13) Reims, 29 janv. 1865 ; Sol., 15 sept. 1865 ; R. P., 2236, 2356.
(14) Aix, 18 mai 1858 ; Seine, 17 janv. 1862, 27 janv. 1866; Rouen, 25 nov. 1863 ; Cass., 20 mars 1849, 18 avril et 8 juin 1859, 9 mai 1864, 7 fév. et 5 déc. 1866; J. N., 15004, 16571, 16610, 18639 ; R. G., 11837 ; R. P., 1058, 1169, 1187, 1591, 1878, 1898, 2257, 2280, 2391. V. cep. Seine, 7 avril 1856 ; R. P., 2345.
(15) Seine, 13 fév. 1878, 3 mars 1860, 5 janv. 1861 ; Cass., 18 avril 1859 ; J. N., 16365, 16571 ; R. P., 1311, 1474 ; Yvetot, 25 avril 1865 ; R. P., 2142 ; Verviers, 2 déc. 1863 ; R. P., 2213.
(16) Cass., 5 déc. 1866: J. N., 18639; R. P., 2391.
(17) Seine, 22 janv. 1861 ; R. P., 1910 ; J. N., 18105. V. cependant Cass., 7 fév. 1865 ; J. N. 18458: R. P., 2257.
(18) Seine, 19 mars 1830, 2 fév. 1867 ; J. N., 15003 ; R. P., 2501.
(19) Lille, 27 août 1853 ; Cass., 7 avril 1856; J. N., 15152 et 15777 ; Seine, 17 août 1855 ; R. G., 14250.
(20) Seine, 21 mars 1860 ; R. P., 1349.
(21) Seine, 1er fév. 1862, 22 août 1863 ; Rouen, 11 fév. 1864 ; Angers, 20 juill. 1866 ; J. N., 17415, 17933, 18181, 18935 ; R. P., 1683.

6935. Si un acte de société porte que la société ne sera pas dissoute par la mort d'un ou de plusieurs associés, et que les parts des défunts accroîtront aux survivants, un droit de mutation est exigible au décès de chacun des associés tant sur la valeur de son apport que sur sa part dans les bénéfices sociaux. Il en est ainsi encore de toute clause semblable insérée dans une acquisition faite en commun (1). — Dans ces hypothèses, c'est le droit de mutation à titre onéreux, et non celui de mutation par décès, qui doit être perçu au décès de chacun des associés ou des coacquéreurs (2).

6936. Mais aucun droit ne serait dû, si de pareilles stipulations étaient insérées dans des associatio is *tontinières* (3).

CHAPITRE DIX-NEUVIÈME.

DES BAUX ET ANTICHRÈSES.

SOMMAIRE

SECTION Iʳᵉ. — DES BAUX ORDINAIRES.

6937. I. *Liquidation du droit.* Les baux à ferme ou à loyer des biens meubles ou immeubles, les baux

(1) Cass., 22 août 1842, 15 juin 1847, 8 août 1848, 7 janv. 1850, 10 août 1853, 26 juill. 1854, 19 nov. 1854, 15 déc. 1852, 12 juill. et 25 août 1853, 26 avril 1854, 19 mars 1855, 9 avril 1856, 11 juin 1858; J. N., 11450, 13993, 13482, 13936, 15040, 15289, 14523, 14860, 15020, 15245, 15639, 15782 et 16333; R. G., 1870; R. P., 700, 1009.

(2) Caen, 2 avril 1857; Seine, 30 nov. 1861; Cass., 15 déc. 1852, 12 juill., 10 et 25 août 1853, 26 avril et 26 juill. 1854, 9 avril 1856, 11 juin 1858; Sol., 7 juill. 1807; J. N., 14860, 15020, 15040, 15073, 15248, 15689, 15782, 16333; R. G., 1670 bis; R. P., 16, 73, 459, 647, 922, 1018, 1355, 2565.

(3) Cass., 1ᵉʳ juin 1858; J. N., 16432; D. N., 332.

de pâturage et nourriture d'animaux, les baux à cheptel ou reconnaissance de bestiaux et les baux ou conventions pour nourriture de personnes, lorsque la durée est limitée, sont soumis au droit de 20 cent. p. 0/0 sur le prix cumulé de toutes les années. (*Loi 16 juin 1824, art. 1.*)

6938. Si le prix consiste en denrées, on l'estime d'après les mercuriales, ou, à défaut de mercuriales, par une déclaration demandée aux parties. (*Lois 22 frim. an 7, art. 16 et 15 mai 1818, art. 75.*)

6939. Le prix se compose non-seulement de la somme remise au bailleur, mais encore des charges que le preneur doit supporter en son acquit. Telles sont : les contributions foncières (1), que la Régie évalue d'office au quart du prix annuel sauf justification (2) ; — les deniers d'entrée, épingles ou pots-de-vin (3) ; — les faisances en général (4) ; — la valeur des constructions que le preneur est obligé de faire sans indemnité pour le bailleur (5), — ou des plantations qu'il est tenu de faire dans les mêmes conditions (6) ; — enfin le curage des puits et des lieux d'aisances (7).

6940. Mais on ne considérerait pas comme des charges le payement anticipé du prix de location (8) ; — les réparations locatives, les contributions mobilières et celles des portes et fenêtres (9).

6941. D'après l'*art. 69, § 3, n° 2, de la loi du 22 frim. an 7,* les baux à ferme ou à loyer faits pour 3, 6 ou 9 ans sont considérés, pour la liquidation et le payement des droits, comme des baux de 9 ans (10).

6942. Si, dans un bail de 9 ans, le preneur se réserve la faculté d'en demander la continuation pour une autre période au bailleur qui s'oblige dès à présent à la lui accorder, le droit n'est cependant exigible actuellement que sur 9 ans (11).

6943. Quant à la jouissance par tacite reconduction, elle n'opère qu'un bail verbal (*C. N., 1758, 1776*), et ne donne lieu à aucun impôt tant qu'il n'est pas justifié d'un nouvel écrit (12).

6944. II. *Cautionnement.* Le droit d'enregistrement des cautionnements de baux à ferme ou à loyer est de moitié de celui fixé pour les baux (*Lois 27 vent. an 9, art. 9, et 16 juin 1824, art. 1*), — lors même qu'il serait donné après le contrat de bail (13). Mais si la garantie s'appliquait à des fermages échus, c'est le droit de 50 c. p. 0/0 qui deviendrait exigible (14).

6945. III. *Sous-baux, cessions et rétrocessions de baux.* Ces conventions acquittent le droit des baux, et l'impôt se liquide d'après les mêmes bases sur le prix des années restant à courir. On avait douté un instant que la résiliation du bail emportât transmission de jouissance au profit du propriétaire qui rentrait dans sa chose (15) ; mais il est certain aujourd'hui qu'elle opère une rétrocession véritable passible du droit proportionnel (16).

6946. Il ne faudrait pas, du reste, confondre avec la rétrocession l'acte par lequel le propriétaire, agissant en vertu d'une clause du contrat, donne congé au locataire à la fin de la première période d'un bail de 3, 6 ou 9 ans. Le congé ne résilie pas alors le contrat ; il l'empêche seulement de continuer (17).

6947. Si le cessionnaire paye une indemnité au cédant pour labours ou autre cause, c'est une charge à ajouter au prix pour la perception (18).

6948. IV. *Bail verbal.* Les baux ne donnent lieu au droit d'enregistrement que quand ils sont constatés par écrit (19) et que leur existence est juridiquement établie. Sur ce dernier point il a été jugé que des énonciations précises contenues dans un inventaire ou autre acte notarié peuvent, appuyées sur les circonstances, révéler suffisamment l'existence de l'acte (20).

6949. V. *Bail-vente.* Certaines conventions dissimulent sous la forme d'une transmission de jouis-

(1) Bordeaux, 26 août 1840 ; Cass., 16 août 1847 : R. G., 1818.
(2) Dél., 9 brum. an 7 ; J. N., 2843, 19 juin 1835 ; R. G., 1818, § 2 ; D. N., *Bail à ferme*, 160 ; R. P., 1123.
(3) Champ., 3545 ; Cass., 30 janv. 1857 ; Jur. N., 13267.
(4) Dél., 18 avril 1828 : R. G., 1818, § 4 ; D. N., *loc. cit.*, 453.
(5) Dél., 31 mars 1833, 14 mars 1834 ; Seine, 14 juill. 1853 ; J. N., 8462, 15017 ; D. N., *loc. cit.*, 463.
(6) J. N., 2516 ; D. N., 461 ; R. G., 1818, § 7.
(7) Seine, 14 juill. 1853 ; R. G., 1818, § 4.
(8) Seine, 2 fév. 1831 ; Dél., 3 sept. 1833 ; Dalloz, 4616 ; D. N., *loc. cit.*, 465 ; D. M. F., 10 août 1825 et Dél., 6 déc. 1820, J. N. 4286.
(9) D. N., 164 ; R. G, 1817.
(10) Seine, 18 août 1852, 14 juill. 1853 ; R. G., 1911 ; D. N., *loc. cit.*, 440.
(11) Sol., 11 avril 1832, 19 mai 1835, 20 mars 1827 ; Dijon, 10 juill. 1834 ; Driey, 3 mars 1812 ; Toulouse, 23 déc. 1813 ; Montmorillon, 27 déc. 1810 ; Seine, 23 avril 1858 ; J. N., 8636, 9262, 11942, 14695 ; D. N., *loc. cit.*, 442 à 444 ; R. G., 1913 ; R. P., 1003. Conf. Champ., 3531 ; Demante, 352 ; contra, Cass., 3 juill. 1844 ; Inst., 1739, § 13 ;

J. N., 12013 ; Seine, 16 mai 1857, 19 fév. et 13 août 1864, R. P., 880, 1890 et 1978.
(12) Cass., 12 juin 1814 ; R.G., 1861.
(13) Garnier, R. G., 1829.
(14) Garnier, R. G., 1830 ; contra, Caen, 21 mai 1839 ; D. N., 186.
(15) Coulommiers, 19 juill. 1825 ; Champ., 294.
(16) Inst., 1240, § 5 ; Dalloz, 3143 ; R. G., 1846 ; Dél., 22 sept. 1824 ; Bar-le-Duc, 7 nov. 1844 ; R. G., 1857.
(17) Dél., 4 juill. 1828 ; R. G., 1853.
(18) Dél., 21 avril 1826 et 5 nov. 1830 ; R. G., 1818, § 5.
(19) Cass., 3 fév. 1807, 24 juin 1812, 12, 17, 26 juin et 3 déc. 1811, 6 mars 1812 ; J. N., 659, 4547, 4094 ; Inst., 550, 557 ; D. N., *Bail verbal*, 4 ; R. G., 1860.
(20) Meaux, 5 juin et 29 nov. 1850 ; Épinal, 4 juill. 1848 ; Seine, 7 mai 1851, 16 déc. 1852, 9 janv. 1858, 11 juill. 1862 ; Dunkerque, 10 fév. et 15 juill. 1853 ; Saint-Quentin, 1er avril 1863 ; Seine, 18 et 19 nov. 1863, 24 déc. 1864, 20 et 27 janv., 24 mars, 19 août 1865, 27 janv. 19 mai, 23 juin, 7 et 21 juill. 1866 ; R. G., 1847, 1865 ; R. P., 1016, 1705, 1817, 2077, 2096, 2178, 2203, 2284, 2389 ; J. N., 9201, 13953, 14289, 14875, 15003, 15373, 15058, 15373, 16300, 16315, 16005, 17079.

sance de véritables cessions mobilières. Ce sont notamment les locations de carrières ou l'affermage des récoltes sur pied.

6950. Ainsi, on a reconnu passible du droit de 2 p. 0/0 le bail du droit d'extraire d'une carrière, pendant un certain temps, du plâtre (1), des marbres ou des pierres (2), de la houille (3), de la courbe (4), — lors même que la concession se limiterait à quelques années et ne devrait pas avoir lieu jusqu'à épuisement (5).

6951. Mais cette aliénation des matériaux ne saurait être considérée comme une cession du sol lui-même et acquitter le droit immobilier (6), — à moins que le fonds ne soit vendu en même temps (7).

6952. On devrait aussi considérer comme cession mobilière l'acte par lequel on a cédé à un tiers le péage d'un pont ou d'un lac (8) ou le droit d'exploiter un chemin de fer (9) ou celui de creuser un canal d'irrigation sur une rivière non navigable ni flottable avec le droit d'exproprier les terrains nécessaires (10).

6953. Il y a bail sujet au droit de 20 c. p. 0/0 lorsque la jouissance d'un bois comprend la totalité du sol forestier et s'étend à tous les fruits (11). — Il y a, au contraire, vente de coupes passible de 2 p. 0/0 quand la jouissance est expressément limitée à l'exploitation et à l'enlèvement des coupes (12).

6954. Les mêmes principes s'appliquent à toutes les récoltes sur pied. Ainsi l'adjudication d'herbes faite sous forme de bail au moment de la maturité et pour une période très-courte est une vente, si les conditions imposées au preneur sont exclusives d'un droit réel de jouissance sur le fonds, tel que l'élagage des arbres ou haies, la faculté de pâturage (13).— Mais si, outre les récoltes en foin et regains, le droit de faire paître les bestiaux après l'enlèvement de la dernière coupe est accordé à l'adjudicataire, il y a bail (14), lors même que le droit de vaine pâture appartiendrait à tous les habitants de la commune (15).

6955. Si on convient, en louant une usine, qu'un certain nombre de cordes de bois sera pris dans les forêts du bailleur, pour les besoins de l'usine, moyennant un prix déterminé, et avec stipulation que le pâturage, la chasse et autres produits sont réservés au propriétaire, le droit de vente est dû (16).— C'est le droit de bail qui a été cependant jugé exigible sur l'acte par lequel on cède pour un certain temps la récolte des écorces de chêne-liége (17).

6956. Quant aux concessions pour fourniture d'eaux, on a reconnu qu'elles étaient, à titre de bail, passibles du droit de 20 p. 0/0 (18), de même que les adjudications pour l'enlèvement des boues d'une ville (19).

6957. VI. *Clauses diverses.* Lorsqu'un bail remonte à une date antérieure au contrat et que le preneur se reconnaît débiteur des termes échus du prix, il semble, contrairement à l'avis de la Régie, que le droit de 20 p. 0/0 est le seul à percevoir sur cette somme (20). — Si la quittance du prix est contenue dans l'acte, il n'y a même pas de droit particulier à percevoir pour cela, d'après *l'art. 10 de la loi du 22 frim. an 7* (21).

6958. Sont considérées comme dépendances du bail, et à ce titre dispensées de l'impôt, les clauses relatives à l'avance au preneur des denrées ou instruments dont il devra laisser pareille quantité à sa

(1) Cass., 22 août 1842; J. N., 11416.
(2) R. G., 1876-3; Versailles, 21 avril 1842; les Andelys, 29 avril 1843; Mâcon, 21 avril 1844; Saint-Etienne, 11 mars 1845; Châteaudun, 24 août 1845; Narbonne, 24 août 1846; Besançon, 25 fév. 1838; Cass., 26 janv. 1817, 28 janv. 1857; R. P., 815; J. N., 12952.
(3) Cass., 17 janv. 1844; J. N., 11893; 6 mars 1855; R. P., 357
(4) Cass., 31 juill. 1839, 23 avril 1845; J. N., 10505 et 12423.
(5) Cass., 17 janv. 1844. 26 janv. 1817; J. N., 11803, 12952.
(6) Cass., 12 août 1833, 11 janv. 1843; J. N., 11558; R. G., 1876, § 1.
(7) Sol., 11 fév. 1834; J. N., 8377.
(8) Seine, 6 janv. 1865; R. P., 2093; contra, Cass., 6 juin 1837; la Flèche, 7 juin 1847; R. G., 1790, § 2.
(9) Cass., 15 mai 1861; R. P., 1490.
(10) Seine, 7 mars 1837; R. P., 875.
(11) Cass., 22 fév. 1844; J. N., 11247, 11248; Dalloz, 2858; Garnier, R. G., 1877, § 1.
(12) Cass., 3 déc. 1832, 20 mai 1839, 21 mai 1849; J. N., 6757, 7966, 10586, 13738; R. G., 1877; D. N., *Bail de bois*, 9 à 17.

(13) Cass., 26 août 1839, 19 mars 1845; J. N., 10483, 12325; D. N., v° *Bail à ferme*, n° 451. V. Lyon, 20 janv. 855; R. P., 396.
(14) Cass., 9 fév. 1837, 19 mars 1845; J. N., 9130, 9525, 11704, 11816, 12325; D. N., *loc. cit.*, 450; R. G., 1879, § 2 Altkirch, 7 déc 1854; B. P., 375.
(15) Belfort, 24 fév. 1863; R. P., 1911; J. N., 17810.
(16) R. G., 1883; Cass., 21 mai 1849; Toulon, 17 déc. 1844; Seine, 21 nov. 1811, 9 janv. 1855; Dél., 1er juill. 1828, 16 sept. 1835; Châtillon-sur-Seine, 19 fév. 1815; J. N. 6757, 13738; D. N., *Bail d'usine*, n° 10; R. P., 761; contra, Dél., 1er juin 1825; Inst., 1219, § 5; Limoges, 3 mars 1830; Seine, 28 fév. 1814; a. N., *loc. cit.*; R. G., *loc. cit.*; Châtillon-sur-Seine, 17 janv. 1860 R. P., 1333.
(17) Cass., 7 déc. 1819; R. G., 1891; Sol., 11 oct. 1858; R. P 1085.
(18) Sol., 9 juin 1813; R. G., 1899.
(19) Cass., 24 et 28 nov. 1860; R. P., 1416 et 1560; J. N., 17019; contra, Dunkerque, 31 juill. 1857; Angers, 10 juill. 1848; Reims, 5 mars 1849; R. P., 860, 1037, 1151. *Comp.* R. G., 1921.
(20) R. G., 1905 *bis*; contra, Dél., 21 oct. 1881; J. N., 5130; R. G., 1911.
(21) D. M. F., 10 août 1815; Dél., 3 juin 1824; J. N., 5130; R. G., 1911.

sortie (1) ; — à l'indemnité due en cas d'éviction (2) ; au payement anticipé du prix (3). **5959.** La cession que le bailleur fait de ses droits au bail n'est autre chose qu'un transport du prix à recevoir du preneur. Il faudrait donc acquitter sur cette stipulation le droit de 1 p. 0/0 (4). — S'il s'agissait d'un bail à mi-fruits, ce serait une vente mobilière tarifée à 2 p. 0/0 (5). Et on devrait considérer comme simple règlement d'indemnité passible du droit de 50 c. p. 0/0 l'abandon par un fermier au propriétaire des récoltes sur pied en compensation de fermages arriérés (6).

SECTION II. — BAIL A CHEPTEL.

6960. Les baux à cheptel ou reconnaissance des bestiaux sont passibles du droit de 20 p. 0/0 sur le prix cumulé de toutes les années *(Loi 16 juin 1824, art. 4).* — S'il n'est pas stipulé de prix annuel, le droit se liquide sur la valeur du bétail à évaluer conformément à *l'art. 16 de la loi de frim. an 7* (7).

6961. La même règle s'applique aux cheptels à moitié, l'on n'y saurait voir un contrat de société (8).

6962. Le cheptel donné au fermier n'est passible d'aucun droit quand il fait partie intégrante du bail (9) ; — le montant de l'estimation ne peut même entrer dans la liquidation du droit de bail à percevoir sur l'immeuble (10). Mais il faudrait considérer non comme un cheptel dépendant du bail mais comme un prêt, la remise au fermier d'une somme à employer en achat de bestiaux et remboursable *en espèces* à la fin du bail (11).

6963. S'il est convenu que pendant la durée du bail ou à la fin, le preneur pourra garder les bestiaux moyennant un prix déterminé, cette clause ne constitue qu'une promesse unilatérale de vente, puisque le preneur n'a point encore consenti à acheter, et le droit de deux p. 0/0 n'est pas exigible (12). — L'impôt serait dû actuellement si le fermier prenait l'engagement de payer la valeur de ces meubles (13).

III. BAIL A NOURRITURE DE PERSONNES.

6964. Le droit est de 20 c. p. 0/0 sur le prix cumulé de toutes les années lorsque la durée est limitée. — Si le bail est d'une durée illimitée, le droit est de 2 p. 0/0 sur le capital au denier 20 de la pension annuelle, et sur le capital au denier 10 lorsque le bail est à vie (14).

6965. Le bail à nourriture d'un mineur, fait sans durée limitée, est censé finir à sa majorité (15). — Celui d'un interdit est présumé fait à vie (16). — C'est également un bail à nourriture illimitée que l'acte par lequel une personne apporte à une congrégation religieuse une dot moyennant laquelle elle sera reçue et entretenue dans la maison (17).

6966. Si l'obligation corrélative à celle de nourrir consiste dans l'abandon de meubles ou d'immeubles, il y a vente et le droit de transmission est exigible (18) ; — mais le droit de bail doit être seul perçu quand le prix de la nourriture consiste dans l'abandon de la jouissance temporaire d'une chose (19).

6967. Le bail devient une véritable donation, quand il ne comporte pas de prix : telle est la clause d'un contrat de mariage par laquelle les père et mère d'un époux s'obligent à nourrir les futurs (20). — Mais aucun droit ne serait dû si la condition de nourrir était elle-même la charge accessoire d'une libéralité (21).

(1) R. G., 1892, 1905-1 ; Dél., 5 janv. 1838.
(2) Sol., 2 germ. an 10 ; Inst., 548. § 6 ; R. G., 1902 ; Dél., 30 déc. 1823 ; J. N., 4590.
(3) D. M. F., 10 août 1815 et 6 déc. 1820 ; J. N., 4286 ; Seine, 2 février 1831 ; Dél. 3 sept. 1833 ; Dalloz, 4616 ; D. N., *loc. cit.,* 165.
(4) Champ., 3053 ; Garnier, 1840 ; Seine, 17 fév. 1846 ; R. G., 2578, § 2 ; contra, Seine, 5 déc. 1863 ; R. P., 4942 ; J. N., 17991.
(5) Joigny, 3 juill. 1862 ; R. P., 4669.
(6) R. G., 1947 ; D. N., v° *Bail à cheptel,* 120 ; Angoulème, 1er av. 1854 ; R. P., 805, 1289 ; Sol., 25 fév. 1859 ; R. P., 1289.
(7) Dalloz 2042 ; Garnier, 1940 ; D. N., *loc. cit.,* 122. Décidé cependant que le droit est dû sur l'évaluation des bénéfices : Saint-Amand, 17 mai 1861 ; J. N., 17266.
(8) Inst., 290, § 26 ; D. N., *loc. cit.,* 123 ; R. G., 1951.
(9) Sol., 10 mai 1830 ; R. G., 1893 ; J. N., 7331.
(10) Cass., 16 fructidor an 6 ; J. N., 9695 ; Sol., 16 mars 1827, R. G., 1934 ; Dalloz, 2044 ; Champ., 3117 ; D. N., 127.
(11) D. N., 125 ; Dalloz, 2045 ; Champ., 3116 ; Sol., 6 mai 1861 ; R. P., 1531 ; J. N., 7697, 17358 ; contra, Garnier, 1926.

(12) Tours, 27 juin 1862 ; R. P., 1736. V. *Diss.,* J. N., 17213.
(13) R. G., 1960 ; Dél., 5 janv. 1825 ; D. N., *Bail à nourriture,* n° 11.
(14) Dél., 4 mai 1822 et 16 avril 1823, 15 sept. 1825 ; R. G., 1968 ; D. N., 13.
(15) Sol., 17 mai 1828, 4 août 1830 ; D. N., 14.
(16) Figeac, 14 déc. 1855 ; R. P., 642.
(17) Dél., 4 juin 1841 ; Inst., 1661, § 4 ; Figeac, 19 août 1853, 4 déc. 1855 ; Cass., 7 novembre 1855 et 9 avril 1856 ; J. N., 15642 et 15762 ; R. P., 165, 533, 706 ; R. G., 14176, § 5.
(18) Sol., 8 fruct. an 8 ; Seine, 22 janv. 1845 ; Dalloz, 2030 ; D. N., Garnier, 1964.
(19) Sol., 8 fruct. an 8 ; D. N., 17.
(20) Dél., 8 fév. 1831 ; Uzès, 28 juin 1839 ; Charolles, 2 janv. 1842 ; R. G., 1962.
(21) Dél., 13 août 1833 ; R. G., 1955.

6968. Il suffit du reste, pour qu'il y ait un prix, que le débiteur de la pension s'acquitte ainsi d'une obligation ou conventionnelle ou légale. Ainsi les constitutions de pensions alimentaires faites dans les cas déterminés par la loi sont de véritables baux à nourriture sujets aux droits de cette convention. — On l'a décidé pour les aliments promis : 1° par un gendre et sa femme à leur mère et belle-mère lors même qu'ils devraient être fournis après le décès de la femme (1) ; — par un enfant naturel reconnu à son père ou à sa mère (2) ; — par un époux séparé de corps à son conjoint (3) ; — par l'héritier du père d'un enfant adultérin à celui-ci (4) ; — par le futur au profit de la future (5).

6969. Si le créancier de la pension reçoit une jouissance d'immeuble, il n'est dû que 20 c. p. 0/0, quand il n'y a pas création d'usufruit, mais simple délégation des revenus de l'immeuble pour servir la pension (6). — Mais c'est le droit ordinaire de cession immobilière qui est dû s'il y a dation d'un véritable usufruit (7).

6970. Il va sans dire que la constitution de pension est une libéralité dans les cas où elle n'est point imposée formellement à celui qui la fournit (8) ; telle est l'hypothèse notamment des aliments accordés par l'enfant d'un premier lit à la seconde femme de son père (9), ou d'une pension alimentaire constituée à l'enfant dans la vue de son mariage (10).

6971. Enfin, pour rendre le droit proportionnel exigible, il faut le concours des deux volontés ; d'où il suit que la simple promesse non acceptée des parents d'un aliéné de payer sa pension dans un hospice n'est sujette qu'au droit fixe (11).

LOUAGE D'OUVRAGES. — V. Marché (*infra n°ˢ 6995 et suiv.*)

SECTION IV. — BAIL A VIE.

6972. Le droit d'enregistrement des baux à vie d'immeubles a été fixé à *4 p. 0/0 par l'art. 69, § 7, n° 2, de la loi du 22 frim. an 7* ; celui des baux à vie de meubles est de *2 p. 0/0, d'après l'art. 69, § 5, n° 2, de la même loi* (12).

6973. Le droit se liquide, sans distinction des baux faits sur une ou plusieurs têtes, sur un capital formé de dix fois le prix et les charges annuelles en y ajoutant les deniers d'entrée. — Cependant si le bail était consenti sur plus de trois têtes, on devrait le considérer comme une vente (13).

6974. On doit voir un bail à vie dans la faculté accordée à l'une des parties de proroger le bail à sa volonté (14), lors même que le bailleur se réserverait de faire cesser la jouissance en vendant l'immeuble ; mais il n'en serait plus ainsi si la faculté de proroger ou de faire cesser le bail appartenait à l'un ou à l'autre des contractants (15).

6975. Le bail à vie diffère de la cession d'usufruit en ce que le bailleur conserve la jouissance des fruits civils de l'objet donné à bail dont le preneur ne perçoit que les fruits naturels, tandis que l'usufruitier jouit des uns et des autres. — Il en résulte que les baux à vie ne doivent acquitter le droit de transcription que quand ils sont volontairement présentés à la formalité (16).

6976. Sont des baux à vie : les concessions à vie des bancs ou chaises d'église (17) ; — la clause d'un contrat de mariage portant que le père de la future jouira de ses biens jusqu'à ce qu'il le jugera bon, moyennant une rente annuelle (18), — ou que le futur cultivera les biens de son père à mi-fruits, jusqu'au décès de celui-ci (19).

---

(1) Dél., 11 fév. 1824 ; J. N., 4539 ; Cass., 17 mars 1856 ; R. P., 759 ; R. G., 1501.
(2) Sol., 27 juill. 1825 ; J. N., 5471.
(3) Cass., 28 juill. 1815 ; Dél., 8 nov., et D. M. F., 10 déc. 1823 ; J. N., 4871 ; R. G., 1497 ; Rouen, 9 mai 1857 ; Cass., 2 avril 1861 ; R. P., 1014, 1405.
(4) J. N., 9508 ; D. N., *Aliments*, 125. R. G., 1494 ; Dijon, 17 août 1860 ; R. P., 1372.
(5) Seine, 20 avril 1852 ; R. G., 1496.
(6) Inst., 450 et 1132, § 10 ; Dél., 19 janv. 1841 ; Seine, 7 fév. 1850 ; J. N., 4617, 10872, 13983 ; D. N., *loc. cit.*, 120.
(7) Dél. 8 oct. 1813, 11 avril 1815 ; Nantua, 19 août 1852 ; R. G., 490 ; Rambouillet, 21 déc. 1855 ; Châlon-sur-Saône, 18 déc. 1856 ; R. P., 591, 811 ; Arg. de Seine, 22 janv. 1845 ; J. N., 12349 ; CONTRA, Dalloz, 3718 ; Champ., 2244 ; J. N., 12349, 14773 ; Étampes, 7 mai 1836 ; R. G., 1494, *en note*.
(8) Garnier, 1484 ; D. N., 123.
(9) Dél., 16 août 1833 ; Inst., 1446, § 9 ; J. N., 8586.

(10) Muret, 18 juin 1850 ; R. P., 1217.
(11) Inst., 1731 ; R. G., 1961.
(12) *Cons.* Cass., 18 janv. 1827 ; Privas, 6 juin 1843 ; J. N., 5206, 12154 ; D. N., v° *Bail à vie*, 12.
(13) Cass., 6 janv. 1852 ; R. G., 2000 ; Dalloz, 2019 ; CONTRA, Champ., 3077.
(14) Cass., 7 déc. 1813 ; D. M. F., 10 sept. 1834 ; Tulle, 19 juill. 1849 ; R. G., 2003 ; Seine, 4 juill. 1865 ; Toulouse, 15 fév. 1866 ; R. P., 2261.
(15) Sol., 11 avril 1832, 19 mai 1835 ; R. G., 1913 ; Dalloz, 4014 ; Champ., 3080 ; CONTRA, Dél., 15 mai 1822 ; Cass., 7 germ. an 12 ; R. G., 2034.
(16) Garnier, 2001 ; D. N., 21 ; *arg.* de cass., 30 août 1826.
(17) D. M. F., 29 vent. an 12 ; Dél., 19 juin 1824 ; R. G., 2007 *bis*, D. N., *Bail de bancs*, 21.
(18) Cass., 10 mars 1819 ; J. N., 2976 ; Dél., 4 et 5 sept. 1835 ; R. G., 2003, 3077.
(19) Privas, 6 juin 1843 ; J. N., 12154 ; Seine, 27 janv. 1865 ; R. G., 3008.

IV.   23

6977. La rétrocession du bail à vie donne lieu au même droit proportionnel que le bail lui-même; l'impôt se liquide également sur un capital formé de 10 fois le prix dont le preneur était tenu (1).

SECTION V. — BAIL A DURÉE ILLIMITÉE.

6978. Ce contrat diffère du précédent en ce que le bail ne se limite pas à l'existence de l'une ou de l'autre des parties, mais doit continuer encore après leur mort, au profit de leurs héritiers. — Le tarif et le mode de liquidation sont les mêmes; seulement le droit s'établit sur le capital au denier 20 de la rente ou du prix annuel (2).

6979. On considère comme des baux à durée illimitée : 1° celui qui est fait pour 5 ans, avec stipulation que le preneur aura le droit de perpétuer sa jouissance à son gré (3); — 2° celui portant qu'à défaut de renonciation expresse, le bail continuera indéfiniment aux mêmes conditions que pour la première période (4); — 3° celui dans lequel il est convenu qu'il ne cessera qu'à l'extinction de la postérité du preneur (5); — 4° la concession du droit de poser sous le sol d'une rue des tuyaux de conduite d'eau (6); 5° les concessions faites dans les cimetières à perpétuité ou renouvelables indéfiniment (7), *infrà n° 7025.*

SECTION VI. — BAUX DIVERS.

6980. Le bail *héréditaire* avait une durée indéfinie, mais ne se transmettait qu'à la descendance mâle en ligne directe; on lui a reconnu le caractère de l'emphytéose dont nous parlerons plus loin (8).

6981. Le bail à complant donne ouverture au droit de 5 50 p. 0/0, s'il a pour objet une vente à rente ou une vente à temps, c'est-à-dire si le bailleur se dépouille de sa propriété. S'il ne s'agit, au contraire, que d'un bail à ferme ordinaire, la convention est passible du droit de 20 c. p. 0/0 ou de 4 p. 0/0, selon que le bail est ou non limité (9). — On appliquerait le même tarif aux cessions de ces baux (10).

6982. Le bail à convenant tient du louage et de la vente. Il y a louage par rapport au fonds, et vente résoluble par rapport à la superficie. Deux droits sont donc exigibles : celui du droit de bail se liquidant sur le montant cumulé de la rente convenancière pendant toute la durée du bail, en y ajoutant les charges; celui de vente à 5 50, pour la transmission des édifices ou superficies, sur les deniers d'entrée ou le prix stipulé (11).

6983. Si le foncier cède sa redevance, le droit de cession de rente à 2 p. 0/0 se perçoit sur le capital au denier 20 de cette rente. — S'il cède la redevance avec le fonds, c'est le droit de vente immobilière qui est dû sur le prix stipulé, y compris les charges (12).

6984. La cession faite par le domanier s'appliquant à la fois à la jouissance et aux édifices, le droit immobilier est exigible tant sur le prix de la cession que sur le montant de la redevance (13).

6985. Le foncier ou son cessionnaire qui exerce le congément après l'expiration du bail n'est pas tenu de purger les hypothèques créées par le preneur, et le droit de transcription n'est pas dû (14).

6986. Les baux à locaterie perpétuelle, à culture perpétuelle, à rente, à cens, à métairie perpétuelle sont de véritables ventes passibles du droit de 5 50 p. 0/0 sur un capital formé de 20 fois la rente, en y ajoutant les charges; ou sur le capital exprimé, s'il est supérieur à ce résultat (15). — Si le propriétaire cède une partie de la propriété au fermier pour faire cesser le bail, il y a vente tarifée au droit de 5 50 p. 0/0 (16).

(1) Cass., 18 janv. 1825; J. N., 5206; Inst., 1172, § 2; Seine, 30 déc. 1845; R. G., 2013; D. N., v° *Bail à vie*, n° 19.
(2) D. N., *Bail à durée illim.*, n°s 1 et 2; R. G., 2016.
(3) Cass., 7 déc. 1813; D. N., 4.
(4) Cass., 7 germ. an 12; Dél., 8 déc. 1820, et 15 mai 1822; D. N., n° 5.
(5) D. N., 6; R. G., 2020.
(6) Seine, 31 août 1855; R. P., 355.
(7) Lyon, 4 avril 1865; Clermont-Ferrand, 4 fév. 1867; R. P., 2205, 2407; J. N., 18400, 18964; contra, Coutances, 9 déc. 1846; J. N., 13074.
(8) Cass., 16 juin 1859; R. G., 2021; arg. de cass., 24 nov. 1837; J. N., 6804 *Consultez* R. G., 2035 et D. N., *Bail hérédit.*, n° 5.

(9) Garnier, R. G., 2035; D. N., *Bail à complant*, 16 à 19.
(10) Dalloz, 6029; Garnier, 2037 à 2040.
(11) R. G., 2041; D. N., *Dom. congéable*, 57.
(12) Dél., 18 mai 1823; R. G., 2046; contra, D. N., 75.
(13) Cass., 13 nov. 1826; Inst., 1205, § 3; R. G., 2048; Cass., 19 juin 1828; R. G., *loc. cit.*, D. N., *loc. cit.*, 63; J. N., 6676, 6603.
(14) Cass., 11 nov. 1833, 5 mai 1831; Inst., 1467, § 2; R. G., 2051; V. Loudéac, 4 juill. 1845; Lorient, 18 fév. 1846; J. N., 8282, 8490; 12565, 12985.
(15) Garnier, 2065, 2066; Agen, 11 juill. 1859; R. P., 1851.
(16) Chambon, 21 mars 1862; R. P., 1690.

SECTION VII. — BAIL EMPHYTÉOTIQUE.

6987. Le bail emphytéotique est un acte translatif de propriété divisant l'immeuble en deux parts distinctes, dont l'une, le *domaine direct*, reste entre les mains du bailleur, et l'autre, *le domaine utile*, passe à l'emphytéote qui peut l'aliéner. — D'où la conséquence qu'il faut assujettir au droit de vente immobilière, le bail emphytéotique lui-même, et la cession ou rétrocession que le preneur fait de son domaine utile (1).

6988. Mais il règne une très-grande divergence sur le mode de liquidation du droit ; les uns proposant de capitaliser la redevance par 10 ou par 20 selon la durée de l'emphytéose, les autres de multiplier cette redevance par le nombre d'années de jouissance ; ceux-ci demandant que la valeur de l'emphytéose soit fixée d'après les tableaux annexés à la loi du 27 avril 1791 ; ceux-là une répartition variable entre les deux propriétaires selon l'époque où la transmission intermédiaire s'opère, et fixée d'après les circonstances ; d'autres enfin selon les règles de l'usufruit (2).

6989. Toutes ces évaluations sont arbitraires, puisqu'elles ne reposent sur aucun texte de la loi ; nous croyons, pour nous, que la seule liquidation légale doit s'opérer sur un capital déterminé par la déclaration des parties, conformément à l'*art. 16 de la loi du 22 frim. an 7* (3).

6990. Il faut ajouter au capital les charges imposées à l'emphytéote, tels que les deniers d'entrée et les constructions à faire sans indemnité pour le bailleur ; — mais non pas les contributions, qui sont de plein droit à la charge du preneur (4), ni les intérêts du prix payé par anticipation (5).

6991. Les baux emphytéotiques ne se distinguent quelquefois pas très-facilement des baux ordinaires à longue durée, lesquels sont tarifés au droit de 20 c. p. 0/0 sur le prix cumulé de toutes les années. Voici quelques exemples de ces divers contrats. — Ont été considérés comme baux ordinaires : 1° celui consenti pour 99 ans, mais sous la condition de ne pouvoir diviser les biens ou les sous-louer en détail (6) ; 2° le bail de 50 ans contenant les clauses des locations ordinaires (7) ; 3° le bail fait pour 36 ans avec stipulation que le preneur pourra donner congé à mi-terme (8), et 4° le bail qui n'a été consenti pour 97 ans que pour mettre sa durée en rapport avec une concession accordée au preneur par le gouvernement et rendant nécessaire l'occupation temporaire de l'immeuble (9). — Mais on a reconnu le caractère emphytéotique au bail d'un terrain loué pour 40 ans, avec faculté au preneur d'élever des constructions qui appartiendront sans indemnité au bailleur (10), et à celui qui impose au preneur toutes les charges de la propriété (11).

SECTION VIII. — ANTICHRÈSE.

6992. Les antichrèses ou engagements d'immeubles ont été tarifés à 2 p. 0/0 par l'*art. 69, § 5, de la loi du 22 frim. an 7*, et le droit se liquide sur les prix et sommes pour lesquels ils sont faits. — Si l'antichrèse garantit le payement des intérêts à échoir d'une créance, le droit de 2 p. 0/0 est dû sur le total des intérêts calculés jusqu'au jour de l'exigibilité (12).

6993. Ce contrat diffère du bail ou de la vente en ce que c'est le revenu seul des biens qui fait l'objet de l'engagement et que le débiteur peut faire cesser la jouissance en se libérant avant terme. Ainsi doit être considéré comme vente et non comme antichrèse l'abandon de la jouissance d'un immeuble en payement d'une rente viagère (13) ; de même la cession à titre d'antichrèse à toujours rachetable d'un immeuble moyennant un prix dont une partie est payée comptant (14).

6994. Mais il y aurait antichrèse dans le dernier cas, si la vente était subordonnée au défaut de

(1) Dict. not., *Bail emphyt.*, 71 ; Briey, 6 juin 1833 ; Lille, 11 mai 1833, 1er fév. 1840, 13 fév. 1841 ; Seine, 29 déc. 1840, 17 août 1842 ; Cass., 1er avril 1840, 18 mai 1847. 23 fév. et 26 juill. 1853 ; Inst., 1932, § 1 ; R. G , 2077 ; J. N., 10412. 10649, 13054, 14911, 14963. Cons. *pour le droit de succession :* Cass., 2 avril 1840, 24 juill. 1843, 6 mars 1850 ; Inst., 1857, 57 ; D. N., *loc. cit .*72 ; J. N., 10649, 14090, 14003.
(2) Voir les jugements et décisions rapportés J. N., 3222, 8098, 9998, 10179, 10588, 10821, 10442, 11493, 13828, 14829 ; R. G , 2082.
(3) Lille. 11 mai 1839, 1er fév. 1840, 13 fév. 1841, 8 janv. 1840 ; Amiens, 15 juill. 1841 ; Seine, 17 août 1842 ; J. N., 10442, 11493 ; D. N., 79. Conf. Dalloz, 4624 ; Garnier, 2082, § 4.
(4) Av. cons. d'État, 21 janv. 1809 ; Inst., 421 ; R. G., 2083, 2084.
(5) Seine, 2 fév. 1831 ; Dél., 3 sept. 1833 ; D. N., 81.

(6) Dél., 8 oct. 1833 ; J. N., 8221. Comp. Seine, 31 août 1855 ; R. P., 555.
(7) Dict. not., *loc. cit.*. 74 ; Seine, 28 août 1844 ; Cass., 11 nov. 1851 ; R. P., 1550 ; J. N., 12333, 17272.
(8) Sol., 3 août 1841 ; J. N., 11078.
(9) Cass., 24 août 1857 ; R. P., 901.
(10) Cass., 6 mars 1850 ; J. N., 14003 ; D. N., 75 ; R. G., 1091. § 2.
(11) Cass., 26 avril 1853 ; J. N., 11903 ; R. G., 1091, 2.
(12) Inst., 1796-5 ; Cass., 25 janv. 1847 ; Seine, 23 déc. 1840, 2 n a 1844, 9 juill. 1847 ; R. G., 4555, § 2 ; J. N., 2912, 13177. V. cependant D. M. F., 3 nov. 1820 ; R. G., 4556.
(13) Cass., 16 fév. 1831 ; J. N., 7440 ; Inst. 1370, § 6.
(14) Cass., 4 mars 1807 ; R. G., 1563, § 2.

remboursement de l'obligation garantie (1). C'est ce qu'on devrait encore décider pour une constitution de dot payable au décès du survivant des époux, auxquels on abandonne le revenu d'un immeuble pour que leurs successeurs en jouissent jusqu'au solde de la créance (2).

CHAPITRE VINGTIÈME.

DES MARCHÉS.

SOMMAIRE

SECTION Iʳᵉ. — DISPOSITIONS GÉNÉRALES.

6995. Les marchés et adjudications au rabais pour constructions, réparations, entretien, approvisionnements et fournitures, dont le prix doit être payé directement ou indirectement par le trésor public, ainsi que les cautionnements y relatifs, sont sujets au droit fixe de 2 fr. (*Lois 15 mai 1818, art. 75, et 18 mai 1850, art. 8*).

6996. Les mêmes marchés, lorsque le prix est à la charge des administrations locales ou des établissements publics, sont sujets au droit de 1 p. 0/0, sans distinction entre le marché proprement dit et le marché qui constate la vente d'objets mobiliers (*Loi 28 avril 1816, art. 51, n° 5*).

6997. Enfin les marchés entre particuliers sont tarifés, savoir : au droit de 1 p. 0/0 s'ils ne contiennent ni vente ni promesse de livrer des marchandises, denrées et autres objets mobiliers; — et au droit de 2 p. 0/0 s'ils sont translatifs de propriété à titre onéreux de meubles (*Loi 22 frim. an 7, art. 69, § 5, n° 1 et 69, § 5, n° 5*).

6998. Quand le marché donne lieu au droit proportionnel, cet impôt se liquide sur le prix exprimé, ou, à défaut, sur l'évaluation des objets qui en sont susceptibles (*Loi 22 frim. an 7, art. 14, nᵒˢ 4 et 16 (3)*.

6999. C'est le maximum de l'obligation et par suite du prix correspondant qu'il faut considérer pour asseoir la perception, sans égard à la faculté que l'une des parties peut s'être réservée de ne pas exiger l'exécution complète de l'obligation (4).

---

(1) Cass., 17 janv. 1816; R. G., 1363, § 2.
(2) Cass., 6 janv. 1818; Dalloz, 3157. *Conf.* J. N., 11765; R. G., 1354.

(3) D. M. F., 29 mai 1850; Inst., 1862; J. N., 14149.
(4) Cass., 10 août 1848, 29 avril 1851, 24 nov. 1854; R. G., 4420; J. N., 15495.

7000. Lorsqu'une déclaration a été faite, à défaut de prix, il est dû un supplément de droit si la Régie peut établir ultérieurement que l'importance du marché est plus considérable (1), et ce droit supplémentaire est alors prescriptible par 30 ans à compter du jour où la Régie a connu l'importance du marché (2). Mais aucune restitution ne saurait être réclamée, dans le cas contraire, par les parties, attendu que le droit a été régulièrement perçu (3).

SECTION II. — MARCHÉS CONCERNANT L'ÉTAT.

7001. Le prix d'un marché peut être à la charge du trésor ou directement ou indirectement : dans les deux cas le droit fixe est également exigible. Sont *directement* à la charge de l'État, les adjudications de travaux pour les digues de la mer (4); les bâtiments domaniaux (5); — la fourniture des fourrages de la gendarmerie (6), et en général des objets nécessaires aux services de la guerre ou de la marine (7); — les marchés concernant les lycées (8).

7002. Mais on considère comme ne tombant qu'*indirectement* à sa charge les travaux à faire à une caserne de gendarmerie départementale (9), — aux prisons (10), — et aux routes départementales (11); — ceux à faire aux propriétés de l'État, lors même que le prix serait payé volontairement par une commune (12). La question a été cependant décidée en sens contraire, sur ce dernier point, pour les rues de Paris (13).

7003. Quant aux cessions de marchés faits avec l'État, ils sont soumis au droit proportionnel ordinaire, puisqu'il ne s'agit plus d'un contrat direct avec le trésor (14), et encore bien qu'elles doivent être approuvées par l'autorité supérieure (15).

SECTION III. — MARCHÉS CONCERNANT LES ÉTABLISSEMENTS PUBLICS.

7004. Le droit proportionnel de 1 p. 0/0 est toujours exigible, quoiqu'il s'agisse d'une fourniture ou d'une vente d'objets mobiliers et quoique le marché ait lieu par adjudication publique ou de gré à gré (16).

7005. Mais si l'entrepreneur cède à un tiers le bénéfice de son marché, il y a transmission à titre onéreux de valeurs mobilières éventuelles, et le droit de 2 p. 0/0 devient exigible sur le prix de la cession (17), sans y ajouter la valeur estimative des travaux ou fournitures restant à faire (18).

7006. Par exception à la règle générale, les marchés ayant pour objet exclusif la construction, l'entretien ou la réparation des chemins vicinaux, ne sont passibles que du droit fixe de 1 fr. (*Loi 21 mai 1836, art. 20*) ; mais cette disposition ne s'étend pas aux chemins de fer d'intérêt local (18 *bis*)

SECTION IV. — MARCHÉS ENTRE PARTICULIERS.

7007. La difficulté en cette matière est de distinguer le marché proprement dit tarifé à 1 p. 0/0 de la vente mobilière sujette au droit de 2 p. 0/0 ; mais on ne saurait poser de règles précises à cet égard, et la question se résout d'après la nature de l'acte et les circonstances qui le produisent.

7008. Nul doute ne saurait s'élever en ce qui concerne le simple louage de service quand l'entrepreneur ne s'oblige à aucune fourniture. Seulement on avait pensé autrefois que cette convention était un véritable bail sujet au droit de 20 p. 0/0 ; mais il a été reconnu depuis que le droit de marché à 1 p. 0/0 devait être perçu (19).

7009. On l'a ainsi décidé notamment pour : 1° le traité par lequel une compagnie de chemin de fer s'engage à transporter les voitures d'une entreprise de messageries (20); — 2° l'engagement d'un acteur

(1) D. M. F., 29 mai 1850; Cass., 20 mai 1863; J. N., 14149, 17730; avril 1864; R. P., 1909.
(2) Cass., 27 juill. 1853, 8 déc. 1856, 4 avril 1864; J. N., 15076, 15949, 18004; D. N., *Marché*, 27 ; R. P., 33, 675, 1909.
(3) R. G., 265; Inst., 1862; le Havre, 19 janv. 1857; Cass., 4 avril 1864; R. P., 1909; J. N., 14149, 18004.
(4) Dél., 3 niv. an 11; R. G., 248.
(5) Inst., 320.
(6) Cass., 21 mars 1825; Inst., 1166, § 6.
(7) D. M. F., 30 sept. 1830; D. M. F., 9 janv. 1850 ; Cass., 4 avril 1827; Inst., 1219, § 2, 1347-10, 1845.
(8) D. M. F., 2 mars 1854; Reims, 23 juin 1855; Périgueux, 17 mai 1856; R. P., 447, 4029; Inst., 1991, 2123-1.
(9) Sol., 6 avril 1840 R. G., 249, § 2; D. N., 11.
(10) D. M. F., 29 sept. 1846; R. G., 219, § 2.

(11) Sol., 15 oct. 1844 ; Inst., 1732, § 1 ; R. G., 249, § 5.
(12) Sol., 10 mars 1840 ; Inst., 1608; R. G., 25e; D. N., 12.
(13) Cass., 17 juill 1857, 24 nov. 1858, 1er juill 1861; Seine, 3 janv. 1862, 29 juin 1867, 11 janv. 1868 ; R. P., 881, 1 24, 1513, 1764, 2485; J. N., 17187. V. aussi Cass., 19 nov. 1867 ; J. N, 19087; R. P.; 2594; CONTRA, Cass., 11 fév. 1846; J. N., 13621; R. G., 252; D. N., n° 13.
(14) Sol., 10 fév. 1832; D. N., 15.
(15) Seine, 5 août 1829; D. M. F., 16 avril 1842, 16 janv. 1825; R. G., 271 ; Inst., 366-7, 1410-2, 1414-1.
(16) R. G., 264 ; D. N., 11.
(17) Cass., 3 déc. 1839, 9 juill. 1849 ; J. N., 10575, 13793 ; R. G., 268; (18) Inst. , 1664, § 8; J. N., 11387; R. G., 268.
(18 bis) Sol., 13 sept. 1867 ; R. P., 2567.
(19) R. P., 195, 305, 359, 699 ; CONTRA, Valence, 29 juill. 1867.
(20) Cass., 31 juill. 1854, 6 fév. 1855 ; R. P., 195 et 317; R. G., 8429; J. N., 15340, 15433. voir cependant R. G., 8439.

envers un directeur de théâtre (1); — 3° la stipulation d'honoraires pour un médecin ou un mandataire (2); — 3° et en général pour l'engagement contracté par un ouvrier qui se met au service d'un maître (3), ou pour le salaire payé au mandataire (4).

7010. Le remplacement militaire est une variété bien connue du louage de services. Quoique la Cour suprême l'ait considéré, en droit fiscal, comme une obligation de sommes (5), nous préférons y voir un véritable bail d'industrie sujet au droit de marché à 1 p. 0/0 ; dissentiment sans influence d'ailleurs sur la perception, puisque le droit d'obligation est le même (6).

7011. Il est admis en pratique que la condition pesant sur le contrat, c'est-à-dire l'acceptation du remplaçant par l'autorité, ne s'oppose pas à la perception actuelle du droit proportionnel (7). D'où il suit que le droit acquitté l'ayant été régulièrement n'est pas sujet à restitution quand le remplaçant n'est point agréé (8). — Mais si une réduction de prix avait été stipulée pour le cas où le remplacé ne serait pas compris dans le contingent, il y aurait lieu à remboursement des droits dans le cas prévu (9).

7012. La quittance du prix d'un remplacement militaire donne lieu au droit de libération lorsque le traité primitif a été enregistré et au droit de la convention même, 1 p. 0/0, dans le cas contraire (10).

7013. Si l'entrepreneur ou l'ouvrier chargé d'un travail fournit en même temps la matière, on perçoit 1 p. 0/0 ou 2 p. 0/0, selon que l'objet principal du contrat paraît être la matière elle-même ou simplement sa mise en œuvre.

Jugé, par exemple, qu'il faut appliquer le tarif de la vente mobilière à l'engagement par un mécanicien de fournir une machine à vapeur (11) ou d'autres appareils semblables (12) ; — à celui d'un homme de lettres qui promet donner des feuilletons pour un journal (13); — et au compte de dépenses d'auberges (14).

7014. Mais dans les marchés pour constructions, on décide que la fourniture des matériaux est un élément accessoire de l'industrie et ne motive pas la perception du droit de 2 p. 0/0 (15), lors même que le propriétaire céderait à l'entrepreneur les matériaux d'une démolition dont la valeur doit être admise en compensation (16). Il en est de même de l'engagement pris par une compagnie d'éclairer une ville au gaz en fournissant tous les appareils (17).

CHAPITRE VINGT-UNIÈME.

DES VENTES.

SOMMAIRE

----

(1) Seine, 14 mars 1855: R. P., 352; D. N., 67.
(2) Seine, 23 mai 1855; R. P., 304, 548; R. G., 8030. Voir D. M. F., 20 janv. 1848; R. G., 4917, § 7.
(3) Seine, 31 janv. 1855; Lille. 17 nov. 1853; Lyon; 28 fév. 1862; R. P., 305, 325, 1624; J. N., 15494, 15722.
(4) Seine, 26 nov. 1858; R. P., 1260; CONTRA, Garnier, 8366, § 2.
(5) Cass., 12 mai 1847; Inst., 1796, § 21; Dél., 24 juin 1851; R. P., 193; J. N., 13059, 14463; D. N. Voir *Remp. milit.*, 60
(6) *Conf.*, Garnier, 8443; Roll., *Remp. milit.*, n° 1.
(7) Garnier, 8445; CONTRA, Civray, 23 oct. 1844; Vitry-le-François, 21 juill. 1840; J. N., 12194; R. G., 8443; D. N., 66.
(8) D. M. F., 4 sept. 1835; J. N., 9211, 12 nov. 1832; R. G., 8447; CONTRA, D. M. F., 10 août 1843 et Dél., 7 fév. 1834; J. N., 8574; D. N., 66.

(9) Dél., 30 avril 1829 et 16 fév. 1827; J. N., 4405; D. M. F., 10 août 1843; R. G., 8449.
(10) Cass., 12 mai 1847; Angers, 1ᵉʳ sept. 1846; Nîmes, 7 mai 1845; Laon, 4 janv. 1840; Limoges, 9 mai 1849; R. G., 8450; J. N., 13059.
(11) Nantes, 12 avril 1843; R. G., 8458, § 1.
(12) Seine, 23 fév. 1848; R. G., 8458, § 1 ; D. N., 31.
(13) Seine, 10 nov. 1848; D. N., 58, R. G., 8459.
(14) Dél., 3 janv. 1833; R. G., 8016.
(15) Sol., 27 avril 1843; D. N., 54.
(16) Sol., 30 déc. 1829; D. N., 55; R. G., 4245.
(17) Cambrai, 10 fév. 1855; R. P., 961.

SECTION I. — DISPOSITIONS GÉNÉRALES.

7015. Les ventes d'immeubles ont été tarifées à 5 50 p. 0/0, y compris le droit de transcription, par l'*art. 52 de la loi du 28 avril 1816*. — Les autres actes translatifs de propriété ou d'usufruit d'immeubles à titre onéreux sont soumis au droit de 4 p. 0/0 (*Loi 22 frim. an 7, art. 69, § 7, n° 1*), sauf l'addition du droit de 1 50 p. 0/0 dans tous les cas où ils sont de nature à être transcrits (*Loi 28 avril 1816, art. 54*).

7016. Les ventes de biens appartenant à l'Etat ne sont assujetties qu'au droit de 2 p. 0/0 (*Loi 26 vendém. an 7, 15 et 16 floréal an 10*); mais il ne faudrait pas considérer comme biens de l'État ceux qui proviennent d'une succession en déshérence (1), ni ceux que l'acheteur revend à un tiers (2).

7017. Les ventes d'immeubles situés en pays étranger ou dans les colonies françaises où l'enregistrement n'est pas établi, ne sont sujettes qu'au droit fixe de 10 fr , sans que, dans aucun cas, le droit fixe puisse excéder le droit proportionnel qui serait dû s'il s'agissait de biens situés en France (*Loi 16 juin 1824, art. 4*) (3). — Les ventes d'immeubles situés dans les colonies où l'enregistrement est établi sont sujettes en France au droit fixe de 2 fr. seulement (4).

7018. L'expression biens immeubles comprend non-seulement les immeubles par nature ou corporels, mais encore ceux qui le deviennent par la détermination de la loi, ou les immeubles incorporels, tels que les actions qui tendent à revendiquer un immeuble (5) ; les actions immobilières de certaines sociétés comme la banque de France ou les canaux du Midi, d'Orléans et du Loing (6); la redevance **due au propriétaire d'une mine et aliénée avec la surface (7). Il en est autrement du droit d'exiger la réalisation d'une promesse de vente immobilière (8).

(1) D. M. F., 11 août 1828; D. N., *Déshér.*, n° 44; R.G., 4566.
(2) Cass., 14 août 1861; R. P., 1542.
(3) J. N., 4636; Inst., 1136, § 4.
(4) Uzès, 20 juill. 1836; Seine, 26 avril 1843; Dél., 28 nov. 1843; J. N., 8312, 11749, 11800; R. G., 914; D. N., *Colonies*, 423.
(5) D. N., *Vente*, 397; Dél., 6 avril 1827, 12 juin 1835, 11 mai 1842;
Lyon 9 mars 1838, 25 janv. 1841; R. G., 4022, 4023; Dél. 1er déc. 1843; J. N., 11842.
(6) D. N., *Action de la Banq.*, n° 26; Garnier, R. G., 13367.
(7) Loi 21 avril 1810, art. 18; R. G., 13990; D. N., *Mines*, n° 135 et suiv.
(8) Seine, 13 janv. 1865, 23 mars 1867; R. P., 2367, 2491; CONTRA Seine, 13 janv. 1860, 21 déc. 1861; R. P., 1431, 1667.

7019. Constituent également des droits immobiliers passibles du droit de 5 50 p. 0/0 : l'usufruit (1), l'habitation (2), l'usage ordinaire et l'usage forestier (3), la servitude (4), le droit de mitoyenneté (5), les actions dans une société dissoute dont le fonds social est immobilier (6), l'emphytéose (7).

7020. Les constructions sont immeubles par nature, aussi bien que le terrain sur lequel elles sont placées (*C. N. 518*). Si elles ont été élevées par un fermier et que ce dernier les cède à un tiers avec le droit au bail du sol, le tarif des ventes d'immeubles est applicable (8) ; — nonobstant la condition imposée au fermier ou au cessionnaire de les démolir à première réquisition (9) ; — ou la faculté appartenant au bailleur de les prendre à la fin du bail moyennant estimation (10) ; — ou l'obligation prise par le fermier de les enlever à l'expiration de sa jouissance (11). Les mêmes règles s'appliqueraient à la cession faite au bailleur, soit avant, soit depuis l'expiration du bail (12).

7021. Mais lorsque le locataire n'a érigé les constructions que sous la condition qu'elles appartiendront, en fin de bail, au propriétaire sans indemnité de sa part, le fermier qui les cède au bailleur, n'abandonne qu'un droit de jouissance passible du droit de 20 p. 0/0 (13). — Et même quand, à l'expiration du bail, le propriétaire paye au fermier l'indemnité promise à celui-ci pour les constructions élevées sous la condition qu'elles appartiendraient au bailleur moyennant dédommagement, il n'est dû que 50 p. 0/0 à titre d'indemnité (14).

7022. En cette matière, la présomption est, sauf justification contraire, que les constructions appartiennent au maître du sol (15). D'où il suit que la vente du terrain est censée comprendre aussi les bâtiments, et que si, par exemple, un immeuble indivis est licité, le droit de mutation est dû sur la part du cédant dans la totalité du sol et des bâtiments, bien qu'il soit déclaré, sans preuve, que les constructions ont été faites par l'acquéreur (16).

7023. Il faut, du reste, qu'il s'agisse de constructions véritables, et non de simples édifices temporaires sans adhérence définitive au sol. A cet égard, on a réputé immeubles donnant lieu au droit de 5 50 p. 0/0 des ateliers de fonderie bâtis en planches sur un terrain loué (17), et des moulins à vent simplement posés sur piliers en maçonnerie (18).

7024. Quant aux matériaux, ceux qui proviennent de la démolition d'un édifice sont meubles, et on y assimile ceux d'une construction dont la démolition doit avoir lieu de suite. Mais le tarif immobilier serait applicable si la démolition n'avait pas eu lieu (19) ou si la clause qui s'y rapporte n'était pas sérieuse (20).

7025. Les concessions de terrain dans les cimetières, faites à perpétuité, ou pour trente ans avec la faculté de renouvellement indéfini de la part des concessionnaires, sont sujettes au droit de 4 p. 0/0, comme conférant un droit d'usage indéterminé et non susceptible d'hypothèque (21). — Les concessions simplement temporaires, sans faculté de renouvellement, acquittent le droit de bail (22).

7026. Les ventes d'immeubles non enregistrées dans le délai prescrit sont passibles d'un droit en sus calculé, comme le droit simple, à raison de 5 50 p. 0/0, y compris le droit de transcription, et quoique ce dernier impôt se trouve déjà renfermé dans le droit simple (23).

(1) Orléans, 24 janv. 1845; R. G., 13984 ; Loi 22 frim. an 7, art. 69, § 7, n° 1.
(2) Seine, 8 août 1849 ; J. N., 13882; Dél., 8 août 1831 ; Inst., 1388, § 6 ; R. G., 7124.
(3) Dél., 23 oct. 1821, 5 janv. 1835; Dél. 28 juin 1850 ; Château-Chinon, 28 juin 1850 ; R. G., 13883, 13993 *bis*. L'usage forestier *cantonable* est même considéré comme un droit indivis dont le cantonnement opéré par l'abandon d'une portion du sol en toute propriété donne lieu au droit de partage. Sol., 17 déc. 1831, 6-13 mars 1849, 10-16 août 1849, 30 mai 18.9; R. P., 1390.
(4) Sol., 24 sept. et 4 oct. 1826; Inst., 1205, § 13 ; D. M. F., 18 sept. 1841; R. G., 13984; D. N., *Abandon d'un immeub. grevé de servit.*, n° 12 et 13.
(5) Seine, 6 sept. 1849 et 23 nov. 1853; J. N., 15116; Sol., 4 oct. 1826; Inst., 1205, § 13; R. G., 13989.
(6) Cass., 6 août 1845, 7 fév. 1853 ; Inst., 1755-14, 1957, § 10 ; Seine, 30 août 1854; R. G., 13994.
(7) *Supra*, n° 6987.
(8) Cass., 18 nov. 1835, 2 fév. 1842, 26 juill. 1843, 3 et 26 août 1844, 1er juill. 1845, 15 avril 1846 et 5 janv. 1848, 7 avril 1862; J. N., 9091, 11316, 11696, 12013, 12081, 12428, 12716, 13269; Lyon, 12 mars 1861; Seine, 13 fév. 1864, 21 avril et 26 juill. 1865 ; le Havre, 25 fév. 1864 ; Grenoble, 11 janv. 1865; R. P., 1523, 1703, 1988, 2084, 2077, 2116, 2163, 2176.

(9) Cass., 18 nov. 1835; J. N., 9094; Inst., 1513, § 7; R. G., 3638, § 4.
(10) Cass., 2 fév. 1842, 3 juill. 1844 ; J. N., 11216, 12043.
(11) Cass., 1er juill. 1845; J. N., 12428.
(12) Garnier, R. G., 3692; CONTRA, Lyon, 25 fév. 1858 ; R. P., 1007.
(13) Cass., 1er juill. 1851; J. N., 14410 ; Inst., 1900, § 2; B. G., 3689; Seine, 13 janv. 1860; R. P., 1431.
(14) Dél., 23 nov. 1830; Inst., 1354, § 3 ; J. N., 7319, 14190.
10571; Inst., 1630, § 8.
(15) Cass., 26 juin 1837, 15 et 22 avril 1840; J. N., 9700, 10662, 10571; Inst., 1630, § 8.
(16) Cass., 26 juin 1837; J. N., 9700; Seine, 6 juin 1855; Cass., 18 mars 1856; R. P., 475, 705.
(17) Cass., 28 août 1844, J. N., 12081.
(18) Inst., 1467-10 ; Cass., 15 mai 1834, 19 avril 1861; J. N., 8538; R. P., 1947; CONTRA, Moulins, 25 nov. 1859; R. P., 1302.
(19) Cambrai, 11 fév. 1841; J. N., 10958.
(20) Cass., 28 août 1844, 18 nov. 1835 ; J. N., 9094, 12081; R. G., 3684.
(21) Inst., 1757 ; D. M. F., 12 mai 1846 ; Avranches, 1er avril 1851; Clermont-Ferrand, 4 fév. 1867 ; J. N., 12723, 13377, 13984; B. P., 2487. V. cep. Coutances, 9 déc. 1846; J. N., 12723, 13074 *et supra* n° 6799.
(22) D. M. F., 12 mai 1846, précitée.
(23) Cass., 11 juill., 21 nov. 1836; J. N., 9296, 9466; D. N., *Vente*, 427.

§ 2. — LIQUIDATION.

7027. Aux termes de *l'art. 15, n° 6, de la loi du 22 frim.* an 7, la valeur de la propriété, de l'usufruit ou de la jouissance des immeubles est déterminée, pour la liquidation du droit proportionnel sur les actes translatifs à titre onéreux, *par le prix exprimé, en y ajoutant toutes les charges en capital*, ou par une estimation d'experts dans le cas autorisé.

7028. I. *Prix.* Si le prix convenu entre les parties n'est pas exprimé, les contractants doivent y suppléer par une déclaration estimative (1). Cette déclaration n'est pas nécessaire lorsque le prix a été fixé provisoirement entre les parties, sauf détermination définitive par des experts : le droit proportionnel devient exigible alors sur le prix provisoire (2) sans restitution possible dans le cas où les experts refusent d'agir (3), mais sauf payement d'un droit complémentaire, si l'expertise augmente le prix (4).

7029. Il en est de même quoique le prix soit stipulé payable éventuellement en actions d'une société industrielle qui devait se former, et que les objets acquis fussent destinés par les acquéreurs à être apportés dans la société projetée (5).

7030. La vente n'est pas parfaite, et l'impôt ne saurait être par conséquent perçu lorsque la fixation du prix est laissée à des tiers (6). Cependant si les contractants, au lieu de désigner les experts chargés de cette détermination, commettent ce soin au président du tribunal, il devient certain que le prix sera connu, et la Régie peut alors percevoir l'impôt sur la déclaration à faire (7).

7031. Les ventes consenties moyennant une rente viagère donnent lieu au droit sur la valeur de la rente évaluée par les parties et non pas sur le capital au denier 10 de cette rente (8). Mais s'il s'agit d'une rente perpétuelle, le droit est exigible sur son capital au denier 20, quel que soit le prix stipulé pour le rachat (9). On n'appliquerait pas toutefois cette dernière solution à la vente dont le prix est payé avec une inscription sur le grand-livre de la dette publique (10).

7032. Il faut déduire du prix les droits d'enregistrement et les honoraires du notaire mis à la charge du vendeur (11), mais non les frais de la quittance que le vendeur s'engagerait à payer plus tard (12).

7033. II. *Charges.* Les charges sur le montant desquelles le droit s'établit sont toutes les prestations qui augmentent le prix. Ce sont notamment : 1° les rentes, même foncières, que l'acquéreur est chargé d'acquitter (13 ; — 2° les rentes viagères ou les dettes imposées à l'acheteur (14) ; — 3° l'impôt foncier antérieur à l'entrée en jouissance (15), pourvu qu'il ne s'agisse pas seulement du douzième courant (16) ; — 4° les intérêts du prix également antérieurs à la jouissance (17), lors même qu'il s'agirait d'un prix payé comptant et d'une jouissance retardée (18) ; —5° les revenus dont le vendeur ferait la réserve pour un temps postérieur à l'époque du payement du prix ou de l'exigibilité des intérêts, excepté le terme courant des revenus à échoir au moment de la vente (19); —6° par exemple, dans ce cas, les loyers payés d'avance (20).

7034. Il faut encore considérer comme charges à ajouter au prix, les centimes additionnels à payer en sus du prix principal par l'acheteur et qui dépassent le montant des frais de la vente (21) ; — les obligations éventuelles, comme celle de supporter, le cas échéant, un usufruit légué pour le cas

---

(1) Loi, 22 frim. an 7, art. 16; D. M. F., 10 et 22 janv. 1812; Inst., 566; D. N., *Vente,* 473.

(2) Dél., 44 avril 1826; Tournon, 10 nov. 1847; R. G., 14063; Rodez, 11 fév. 1847; J. N., 5922, 13156.

(3) Dél., 14 avril 1826 ; Arg. de cass., 19 mars 1850, 14 mai 1866; J. N. 5922, 13996 ; Inst., 1857, § 8, 2439 § 5; R. P., 2502.

(4) Sol., 25 germ. an 8, 24 juill. 1828 ; J. N., 6742 ; R. G., 14063, § 2.

(5) Cass., 11 mai 1859; R. P., 1189.

(6) Pamiers, 25 avril 1825; Mende, 20 mai 1841; J. N., 6571, 11107; D. N., *Vente,* 477 et 480; R. G., 14061.

(7) Dél., 27 sept. 1833; Dalloz, 2305; R. G., 14064; Cass., 19 mars 1820; J. N , 13996; Inst., 1857, § 18.

(8) Cass., 21 déc. 1829, 23 août 1836 ; Dél., 2 juill., 28 nov. 1828, 17 mars 1835 ; Inst., 1528, § 19; J. N., 7112, 8870, 9380, 9476.

(9) Cass., 19 mai, 17 déc. 1834; J. N., 8521 et 8745. *Conf.,* J. N., 7873; D. N., *Vente,* 463.

(10) Dél., 22 prairial an 13; D. M. F., 11 therm. an 13; D. N., *loc. cit* , 467.

(11) Cass., 20 pluv., 25 germ. an 10 ; D. N., 470; Seine, 2 juin 1853, 9 déc. 1859; J. N., 14983 et 16774 ; R. G., 14075; R.P., 1437.

(12) Dél., 24 août 1827; D. N., 472; R. G., 14075, § 2.

(13) Cass., 18 niv., 19 prairial an 11, 9 fruct an 12, 7 fév. 1827;

J. N., 6303; Inst., 678; les Andelys, 23 mai 1842; Cherbourg, 17 janv. 1849; Pont-Audemer, 9 mai 1851 ; R. G., 14082.

(14) Dél., 6 mars 1847; Inst., 1210, § 10; Cass., 21 déc. 1829 ; Seine, 4 août 1866; Inst., 1210-10; J. N. 6201, 7112; R. P., 2887.

(15) Cass., 19 mai 1819 ; J. N., 3199; R. G., 14073.

(16) Sol., 9 mai 1834 ; D. N., 488; R. G., *loc. cit.*

(17) Dél., 19 mars 1823; D. N., 489 ; Saverne, 23 août 1845; R. G., 14077.

(18) Dél., 12 oct. 1825 ; J. N., 5626.

(19) D. M. F.,23 août 1808; Inst., 400, § 12; Dél., 12 juill. 1823 ; D. N., 492; Sol., 31 octob. 1864; J. N., 18271; R. P., 2016.

(20) Cass., 19 fév. 1845, 16 juin 1847, 30 nov. 1853, 25 nov. 1857; Seine, 23 juill. 1851; R. P., 937; Inst. 1743-15, 1798-26, 1999-11; R. G., 14079; J. N., 12297, 13117, 14528, 15112, 16219.

(21) Cass., 10 déc. 1816; J. N., 1996; Turnhout (Belg.), 6 juin 1835; R. P., 683: La Régie admet que les frais à la charge légale de l'acheteur sont de 10 p. 100 du montant du prix et elle fait ajouter au prix tout ce qui excède. Inst., 1150, § 2 ; J. N., 1940; Sol., 8 mai 1866; R. P., 2318. Mais on peut toujours contester cette opération et requérir la taxe (Cass., 10 déc. 1816 précité, J. N., 4314 ; le Havre, 30 mars 1849; R. G., 14071). Du reste les frais de quittance ne sont pas compris dans ceux que l'on passe en taxe. Lille, 28 juin 1850; J. N., 14494.

de survie (1) ; — l'indemnité de dépréciation à acquitter pour le morcellement de l'immeuble (2) ; — l'obligation de contribuer à la dépense des égouts de la rue (3) ou de l'entretien de chemins (4) ; — le coû de la grosse à remettre exceptionnellement au vendeur (5) ; — la réserve d'un droit d'habitation (6).

7035. Mais, au contraire, il n'y a pas lieu d'ajouter le montant de la remise proportionnelle due à l'avoué, en cas de vente judiciaire (7), non plus que l'excédant du taux légal dans l'intérêt du prix (8), ou la prime d'assurance des bâtiments vendus (9).

7036. III. *Réserves.* Les réserves s'appliquent à des parties de l'immeuble que le vendeur ne comprend pas dans l'aliénation, et le montant ne saurait dès lors en être ajouté au prix. On l'a ainsi décidé pour la réserve faite par le vendeur d'une forêt, de la coupe d'une partie de la superficie à opérer en un délai fixé (10), et pour celle du domaine utile, stipulée dans la vente d'un terrain loué à bail emphytéotique (11).

7037. Une règle différente existe pour l'usufruit. Lorsqu'une personne vend la nue propriété d'un bien dont elle se réserve l'usufruit, si le prix de la vente est payé comptant ou immédiatement productif d'intérêt, l'usufruit s'évalue à la moitié de tout ce qui forme le prix du contrat, et le droit d'enregistrement est perçu sur le total. (*Loi du 22 frim. an 7, art. 15, n° 6.*)

7038. Mais on ne doit rien ajouter quand le prix est payable au décès du vendeur sans intérêts (12), ou que le vendeur s'oblige de payer une somme annuelle à l'acheteur pour lui tenir lieu des intérêts du prix que celui-ci a acquitté (13), ou que la réserve des biens affermés ou non affermés porte seulement sur le terme courant (14).

7039. Et il faut appliquer les mêmes principes à la vente avec réserve indéfinie de la superficie de l'immeuble (15), — aussi bien qu'à l'adjudication par suite de la saisie de la nue propriété d'un bien dont la jouissance est laissée au vendeur (16).

7040. C'est seulement quand il y a réserve d'usufruit au profit du vendeur que la valeur de cette jouissance s'ajoute au prix. Il n'y a donc aucune addition à faire au prix de la nue propriété, lorsque par le même acte celle-ci est vendue à une personne et l'usufruit à une autre (17), — non plus que quand on vend la nue propriété d'un immeuble dont l'usufruit appartient à un tiers (18) ; à moins, dans ce dernier cas, que le prix ne soit fixé pour la toute propriété, et que le vendeur qui l'a reçu ne s'oblige à en payer l'intérêt à l'acquéreur jusqu'à l'extinction de l'usufruit (19).

7041. Lorsque l'usufruitier, qui a acquitté le droit d'enregistrement pour son usufruit, acquiert la nue propriété, il paye le droit d'enregistrement sur sa valeur, sans qu'il y ait lieu d'y joindre celle de l'usufruit (*Loi 22 frim. an 7, art. 15, n° 8*). — Et comme il n'y a pas d'indivision entre les deux propriétaires, on applique le tarif des ventes d'immeubles à 5 50 p. 0/0 (20).

7042. Si cette réunion s'opère au moyen d'une licitation comprenant un prix total pour la nue propriété et l'usufruit, on doit considérer que dans l'intention de la loi ces deux valeurs sont d'une importance égale et représentent également la moitié du prix. On ne percevra donc l'impôt que sur la moitié applicable à la nue propriété (21).

7043. Lorsque la réunion de l'usufruit réservé dans un acte de vente s'opère par une cession, et que le prix est supérieur à l'évaluation qui en a été faite pour régler le droit de la translation de propriété, il est dû un droit, par supplément, sur ce qui se trouve excéder cette évaluation. Dans le cas

(1) Cass., 24 juin 1811 ; D. N., 500 ; Seine, 12 juin 1812 et Sol., 7 déc. 1831 ; R. G., 14072.
(2) Le Mans, 12 août 1859 ; J. N., 16787 ; R. P., 1249. L'indemnité pour déplacement de l'industrie du propriétaire exproprié ne donne lieu qu'au droit de 50 c.: Sol., 1er oct. 1859 ; R. P., 1247.
(3) Seine, 15 juill. 1862, 3 fév. 1865 ; R. P., 2053 ; J. N., 17522.
(4) Cass., 5 mars 1867 ; R. P., 2436 ; J. N., 18804.
(5) Arg. de cass., 5 juill. 1853 ; R. G., 14076.
(6) Cass., 11 août 1852 ; R. G., 14070.
(7) Cass., 29 mars 1859 ; R. P., 1253.
(8) Inst., 290, § 76 ; D. N., 511 ; Dél., 15 fév. 1823 et 20 fév. 1835 ; R. G., 14077, § 1.
(9) J. N., 3128 ; D. N., 507.
(10) Cass., 1er fév. 1831 ; J. N., 7381 ; D. N., 508 ; contra, D. M. F., 5 sept. 1818 ; J. N., 2699 ; Dél., 6 avril 1822 ; R. G., 14083, § 2. Voir Mulhouse, 16 juin 1864 ; J. N., 18237.
(11) Cass., 26 nov. 1833, 14 avril 1834 ; J. N., 8290 et 8510 ; R. G., 14079, § 2.

(12) Dél., 26 nov. 1822, 15 janv. 1823 ; D. N. *Usuf.*, n°s 779 et 788 ; R. G., 14093. V. Seine, 1er juin 1867 ; R. P., 2433.
(13) Dél., 1er sept. 1824 ; J. N., 5000.
(14) D. M. F., 23 août 1808 ; Inst., 400, § 12 ; D. N., *Vente*, 492 ; Sol., 31 oct. 1864 ; J. N., 18271 ; R. P., 2016.
(15) Cass., 24 juin 1829 ; J. N., 6497 ; R. G., 14469.
(16) Inst., 1528, § 18 ; Dijon, 7 déc. 1835 ; J. N., 9517 ; G., R., 14091.
(17) Cass., 8 janv. 1822, 20 mars, 26 déc. 1826 ; D. M. F., 4 oct. 1826 ; Inst., 1205, § 14 et 1210 ; J. N., 5735, 5736, 6623, 6082, 6200 ; R. G., 14083.
(18) Cass., 3 janv. 1827 ; Dél., 22 mai 1829 ; Inst., 1220, § 9 ; J. N., 6024, 6200, 6869 ; R. G., 14086.
(19) Cass., 30 avril 1839 ; J. N., 10365.
(20) D. N., *Usuf.*, 805 ; R. G., 13971.
(21) Dél., 19 avril 1825 ; Inst., 1200, § 17 ; R. G., 13969, § 2 ; J. N., 5833.

contraire, l'acte de cession est enregistré pour le droit fixe de 3 fr. (*Lois 22 frim. an 7, art. 15, n° 6 ; 28 avril 1816, art. 44, n° 4*).

7044. Ce principe s'applique aux meubles comme aux immeubles (1) ; on l'a ainsi décidé spéciale-ment à propos de la remise faite par l'usufruitier d'une somme au nu-propriétaire qui a payé les droits sur la valeur de la propriété et s'oblige d'en servir l'intérêt à 5 fr. p. 0/0 (2).

Il repose sur l'idée que si le nu-propriétaire a acquitté l'impôt sur la valeur de la toute propriété lors de la séparation de l'usufruit, il s'est libéré par avance du droit exigible pour la jouissance et ne doit plus rien au trésor quand cette jouissance lui revient. Le droit proportionnel serait dû par consé-quent si l'impôt n'avait pas été payé par anticipation sur l'usufruit ; comme quand la nue propriété et l'usufruit ayant été vendus séparément à deux personnes distinctes, l'usufruitier cède plus tard son droit au nu-propriétaire (3).

7045. Il importe peu que le nu-propriétaire ait acquitté un droit de mutation à titre gratuit ou à titre onéreux sur l'usufruit ; il suffit qu'il ait payé l'impôt d'après le tarif de la transmission qui l'a investi de la nue propriété, par exemple d'après celui des mutations par décès (4). Il suffirait aussi que ce droit fût prescrit, ou que la transmission en fût exempte, car, en matière d'impôt, prescription ou exemption équivalent à payement (5).

7046. Le bénéfice du droit fixe s'étend, dans les mêmes circonstances, à la vente de l'usufruit faite au *cessionnaire* du nu-propriétaire (6), — lors même que cet acquéreur deviendrait, par le même acte, cessionnaire de l'usufruit, moyennant un prix distinct (7).

7046 *bis*. Si la cession faite par l'usufruitier au nu-propriétaire intervient avant que ce dernier ait acquitté le droit de succession sur la toute propriété, l'impôt proportionnel est exigible ; mais lors de la déclaration de succession, on tient compte du droit perçu pour la cession d'usufruit (8), sous la retenue du droit fixe de 3 fr., et du droit de transcription dans le cas où ce dernier eût dû être perçu sur le contrat (9).

7047. Ce droit de transcription est exigible, indépendamment du droit fixe, lorsque la nue propriété a été transmise par décès. La taxe de 1 50 p. 0/0 due pour toute vente d'immeubles (*art. 52 et 54 de la loi du 28 avril 1816*) n'étant point comprise dans le droit de succession exigible au décès de l'auteur commun, il est juste que le nu-propriétaire la paye au moment de son acquisition (10).

7048. Pour que la cession de l'usufruit au nu-propriétaire soit exempte du droit proportionnel de mutation, il faut que l'acquéreur soit encore investi de la nue propriété ; car, s'il l'avait cédée, la vente de l'usufruit faite à son profit serait passible du droit ordinaire (11).

§ 3. VENTES CONDITIONNELLES.

7049. Selon les principes généraux, la condition suspensive apposée à une vente arrête l'exigibilité du droit proportionnel, tandis que la condition simplement résolutoire ne met pas obstacle à la percep-tion. La difficulté est de distinguer en pratique ces deux modalités l'une de l'autre.

7049 *bis*. Voici quelques exemples de conditions suspensives : 1° la clause portant que l'adjudica-tion ne portera effet et ne pourra opérer transmission de propriété qu'autant que les droits d'enregistre-ment auront été consignés par l'acheteur dans un délai déterminé (12) ; — 2° la déclaration que l'adju-dication d'un lot ne sera définitive qu'après un consentement particulier du vendeur (13) ; — 3° ou après la dation d'un cautionnement dans la huitaine (14) ; — 4° la stipulation que l'acquéreur d'un bien grevé d'usufruit aura le droit d'accepter la vente ou d'y renoncer pendant trois ans (15) ; — 5° celle portant que

(1) Dél., 25 janv. 1836 et 30 oct. 1849; R. G., 13930, § 1 ; J. N., 9457 ; 14258.

(2) *Idem.*

(3) Cass., 27 août 1844 ; J. N., 12074 ; Inst., 1732, § 42 ; R. G., 13036. Voyez cependant 11 août 1835; Inst., 1504, § 8 ; J. N., 9030 ; D. N,. *Usuf.*, 832.

(4) Garnier, R. G., 13937.

(5) Cass., 10 avril 1809, 31 juill. 1815 ; Uzès, 3 déc. 1829 ; Dél., 12 fév. 1830; J. N., 1033, § 1, 1626, 7086; R. G., 13050; Inst., 1388, § 7.

(6) R. G., 13936-1 ; Inst., 2188; Cass., 10 mai 1848; Montauban, 20 juin 1845 ; Evreux, 25 août 1843 ; J. N., 11794, 11870, 13371.

(7) J. N., 9763, D. N., *loc. cit.*, 841 ; Sol., 23 avril 1866; R. P., 2402.

(8) D. M. F., 22 mars 1808 ; J. N., 1033, § 1.

(9) Dél., 4 janv. 1826 ; R. G., 13941.

(10) D. M. F., 28 nov. 1822; Dél., 13 août 1818, 19 fév., 11 oct. 1823, 21 mai 1825; Uzès, 3 déc. 1829; J. N., 4001, 5345, 7086; R. G., 13936 et suiv. ; Inst., 1173-13.

(11) Cass., 17 mars 1835; Inst., 1490, § 13 ; J. N., 8843; R. G., 13942.

(12) Cass., 9 juill. 1855; J. N., 9829, 15574; R. P., 446; R. G., 14011.

(13) Vesoul, 24 juill. 1843; J. N., 11747; R. G., 14014.

(14) Cass., 8 juill. 1820; Dél., 18 juin 1841; J. N., 11202; R. G., 14009.

(15) Cass., 4 janv. 1858; J. N., 16238; R. P., 968.

l'acquisition faite au nom d'un tiers, ou la vente consentie au nom de ce tiers, ne deviendra définitive que par l'acceptation du véritable acheteur ou vendeur (1).

7050. On a, au contraire, attribué le caractère résolutoire : 1° à la condition de réaliser la vente privée devant notaire (2) ; — 2° à la faculté accordée à l'acheteur de se libérer du prix par l'abandon d'un immeuble (3) ; — 3° à la réserve par le vendeur de ratifier l'adjudication dans un délai déterminé, avec condition que le délai passé sans que la vente ait été expressément révoquée, elle sera considérée comme ratifiée (4) ; — 4° à la clause portant que les acquéreurs seront propriétaires par le seul fait de la vente sauf le droit du vendeur de résoudre les adjudications partielles si tous les lots n'étaient pas aliénés (5) ; — 5° à la condition que l'acheteur d'un bien de mineur remplira les formalités prescrites pour ces sortes d'aliénation (6) ; — 6° à l'obligation imposée à l'acheteur de payer les créances hypothécaires ou de bâtir une maison sur le sol vendu à peine d'annulation du contrat (7) ; — 7° enfin à la clause portant que la cession à titre onéreux d'un chemin de fer sera approuvée par le gouvernement (8).

7051. Au surplus, le droit proportionnel n'est qu'ajourné sur les ventes faites moyennant une condition suspensive, il devient exigible dès que la condition s'est accomplie (9). La jurisprudence l'a fréquemment décidé ainsi à propos de la clause par laquelle des associés conviennent qu'en cas de décès de l'un d'eux la société dissoute à son égard continuera avec les survivants, à charge par ceux-ci de rembourser aux héritiers la valeur de la part du défunt (10).

7052. *Vente à la mesure.* Quand la vente est faite à tant la mesure, la nécessité de l'arpentage ne touche pas à la perfection même du contrat et n'arrête pas la perception du droit proportionnel (11). Les parties se bornent, en réalité, à laisser le prix à l'arbitrage d'un tiers.

7053. Si le mesurage détermine un supplément au prix stipulé dans l'acte, il est dû un droit complémentaire ; comme aussi une restitution proportionnelle des droits perçus doit être faite par la Régie, s'il y a lieu à une réduction de ce prix (12). — Cette restitution serait fondée à plus forte raison s'il avait été expressément convenu dans la vente que le moins de mesure réduirait le prix et si un acte authentique déterminait cette réduction (13).

7054. Mais la clause portant qu'une vente sera résolue dans le cas où l'acheteur reconnaîtrait qu'on l'a induit en erreur sur la contenance, constitue une condition résolutoire s'opposant à la restitution des droits perçus au moment de l'enregistrement de la vente postérieurement annulée (14).

§ 4. PROMESSES DE VENTE.

7055. La promesse de vente est unilatérale ou synallagmatique. Elle est unilatérale quand l'une des parties seulement s'est engagée soit à vendre, soit à acheter. Il est clair que, dans ce cas, il ne saurait être question de percevoir le droit proportionnel, puisque la convention ne s'est pas formée par le consentement réciproque des contractants.

7056. Tel est le cas : 1° de l'acte par lequel l'acquéreur à réméré rend au vendeur absent la faculté de rachat à laquelle ce dernier avait renoncé (15) ; — 2° d'une lettre missive contenant promesse d'une vente de bois (16) ; — et 3° de la clause d'un bail à ferme portant que pendant la durée du bail le preneur pourra devenir propriétaire de l'objet loué moyennant un certain prix (17).

7057. L'acceptation de la promesse s'entend d'ailleurs du consentement manifesté par l'acquéreur

(1) Dél., 12 juill. 1836; Cass., 13 juin 1827; J. N., 6315, 9384; R. G., 14008.
(2) D. N., *Vente*, 351; R. G.. 14015; Mulhouse, 22 août 1860; Saverne, 3 fév. 1865; J. N., 18286; R. P., 1420, 2085; contra, Cass., 6 mai 1863; R. P., 1783; J. N., 17733. V. Seine, 24 janv. 1862; R. P., 1631.
(3) Cass., 9 juill. 1839; J. N., 10410; Inst., 1601. § 16; R. G., 14010.
(4) Dél., 22 juill. 1813; J. N., 1088.
(5) Dijon, 23 juill. 1855; J. N., 15561; R. P., 559.
(6) Cass., 20 nov. 1814; J. N., 12181; Inst., 1732, § 16; R. G., 14008.
(7) Cass., 14 nov. 1809, 28 août 1815; J. N., 1714; le Havre, 3 mai 1849; R. G., 14027, §§ 2, 3.
(8) Cass., 16 mai 1864; J. N., 17434.
(9) Cass., 31 juill. 1838; J. N., 10115; R. G., 14018; D. N., 848.

(10) R. G., 11837; D. N., *Société*, 524. 528; Inst., 1837-7, 2160-6; Cass., 20 mars 1819, 18 avril et 8 juin 1859; Tours, 10 juin 1818, et 14 janv. 1850; Seine, 19 mars 1850, 18 mars 1853; Saint-Dié, 18 janv. 1851; Bordeaux, 26 août 1856; Aix, 18 mai 1858; Seine, 3 mars 1860, 5 janv. 1861, 1er fév. 1862, 22 janv. 1864; Rouen, 25 nov. 1863; R. P., 842, 1008, 1169, 1187, 1341, 1474, 1683, 1878, 1910.
(11) Cass., 6 juill. 1831; J N., 7527; R. G.. 14106.
(12) Dél., 11 juin 1833; R. G., 14107; D. N., v° *Adjudication*, n° 155 et *Restitut.*, 167.
(13) Dél., 27 fév. 1836. Voir cependant Vassy, 27 fév. 1852; J. N., 14735; Guéret, 25 avril 1855; R. G.. 14107.
(14) Cass., 23 juill. 1883; R. G.. 14107; Inst., 1446, § 11.
(15) Dél., 21 juill. 1846; J. N., 12764; R. G., 14024, § 1.
(16) Dél., 22 sept. 1824; J. N., 3987.
(17) J. N., 7697; contra, Dél., 17 mars 1832; D. N., *Prom. de vente*, 42.

de devenir propriétaire, et non pas de la déclaration par laquelle il reçoit la promesse sans se lier lui-même. Ainsi la promesse de vente faite à un individu qui se réserve le droit d'accepter ou de refuser dans un délai déterminé, ne constitue pas une vente actuelle sujette à l'impôt (1); pas plus que la promesse de vendre à un individu, *si bon lui semble* (2), ou s'il quitte la maison du pollicitant (3).

7058. Il importe peu qu'une clause pénale ait été imposée au futur acquéreur. Cette clause, en effet, loin de prouver un consentement réciproque, témoigne de la faculté réservée à l'une des parties de se départir de sa promesse (4).

7059. Le pacte de préférence, par lequel on s'engage à vendre à une personne de préférence à toute autre, ne constitue pas davantage une transmission actuelle sujette au droit proportionnel (5). — Et il en est de même de la promesse de ne pas vendre à une autre (6), car il n'y a pas consentement définitif de la part du vendeur.

7060. Mais lorsque la promesse unilatérale est acceptée ultérieurement par le vendeur ou par l'acheteur, le contrat se complète et le droit devient alors exigible (7). On l'a décidé pour la déclaration du preneur qu'il consent à devenir propriétaire de l'immeuble selon les conditions de l'offre à lui faite par le bailleur dans l'acte de location (8); — et plus généralement pour celle de l'acheteur désigné dans la promesse (9).

7061. La promesse de vente est synallagmatique, quand les parties se sont engagées, l'une à vendre, l'autre à acheter. Elle ne diffère en rien alors de la vente proprement dite, et donne ouverture aux mêmes droits (10).

7062. On rencontre assez fréquemment cette promesse dans les baux, quand le bailleur offre au preneur de lui céder l'immeuble moyennant un prix convenu. Si le preneur accepte, le droit de vente est exigible à l'exclusion de celui de bail (11). — Mais lorsque le preneur s'oblige, comme condition du bail, à prendre sa boisson à l'usine du bailleur moyennant un certain prix accepté par ce dernier, il y a là une convention indépendante, sujette distinctement au droit de vente (12).

7063. La promesse synallagmatique peut être, comme la vente elle-même, affectée d'une condition suspensive qui en arrête l'effet. C'est ce qu'on remarque dans la disposition d'un contrat de mariage portant promesse par les père et mère du futur à leur fils de lui vendre un immeuble pour un prix déterminé, s'il est encore vivant dans trois ans (13); — ou dans la clause d'une obligation par laquelle l'emprunteur promet de laisser tel ou tel immeuble au créancier si la somme n'est pas remboursée au terme convenu (14); ou enfin, dans l'engagement pris par une personne de vendre un immeuble désigné moyennant un certain prix quand il en sera lui-même devenu acquéreur (15).

7064. Mais on ne saurait voir une condition de cette nature dans la réserve que font les parties de s'entendre ultérieurement sur le choix du notaire appelé à rédiger le contrat (16); — ni dans la stipulation que l'acheteur ne pourra exiger la réalisation de la vente avant d'avoir payé une partie du prix (17), à moins qu'il ne soit établi que le vendeur doit demeurer jusqu'alors propriétaire (18); — ni dans la clause par laquelle un père, achetant au nom de son fils mineur et entrant de suite en possession, déclare que la promesse de vente devra être ratifiée par l'enfant (19).

7065. La promesse ne saurait être considérée comme parfaite, si les parties qui sont d'accord sur

(1) Dél., 18 oct. 1851; R. G., 14025; Cass., 4 fév. 1839; J. N., 10302; Seine, 24 janv. 1862; R. P., 1654.
(2) D. N., *loc. cit.*, 31, 44; Dél., 28 août 1828; R. G., 14027; Seine, 14 avril 1841.
(3) Dél., 15 sept. 1824, 27 janv. 1836; R. G., 14037.
(4) Colmar, 9 mars 1836; Cass., 16 sept. 1836; J. N., 9391; R. G., 14028.
(5) Dél., 16 nov. 1825; R.G., 14030; D. N., *loc. cit.*, 57.
(6) Cass., 9 juill. 1834; R.G., 14031; J. N., 3229.
(7) Le Mans, 21 avril 1859; Cass., 22 août 1865; R. P., 1246, 3131. V. Seine, 12 janv. 1867; R. P., 2433.
(8) Montpellier. 24 juill. 1851; D. N., 65; R. G., 14026; Pontoise, 30 janv. 1862; J. N , 17674.
(9) Seine, 25 juill. 1850; R.G., 14026.

(10) Cass., 12 juin 1854; J. N., 15275; Inst., 2019, § 6; R. G., 14034; Saint-Yrieix, 21 avril 1863; Gap., 1º nov. 1862; R. P., 1804, 1832.
(11) Rethel, 15 nov. 1838; Meaux, 29 janv. 1851; R. G., 14035; Seine, 17 nov. 1860; J N., 17023.
(12) Cambrai, 4 janv. 1855; J. N., 15530.
(13) Dél., 11 mars 1843; D. N., 58.
(14) Cass., 19 juin 1826; Dél., 23 août 1826; J N., 5861.
(15) D. M. F., 7 juill. 1820; R. G., 14045; Dél., 22 sept. 1826; D. N., 50.
(16) Cass., 13 avril 1829; R. G., 14037.
(17) Cambrai, 14 mars 1855; R. G., 14038.
(18) J. N., 9988; Cass., 6 mai 1861, 10 mars 1863; R. P., 1783
(19) Saint-Brieuc, 30 mars 1852; D. N., 35; R. G., 14039.

le prix principal, ne le sont pas sur les charges (1), **ou sur le terme de payement (2)**, — et si les immeubles ne sont pas désignés (3).

7066. La clause pénale ou le dédit sont ici encore le signe que la convention n'est point définitive et que les parties peuvent se dégager de leurs promesses. Aussi le droit proportionnel ne saurait-il, en principe, être perçu sur les actes de l'espèce (4). — Il en est de même de la promesse faite avec des arrhes, parce que les arrhes caractérisent l'existence d'un simple projet (5). Mais le droit de vente est dû si la somme a été payée à titre d'*à-compte* sur le prix ou de *pot-de-vin* (6).

§ 5. VENTES DE MEUBLES ET D'IMMEUBLES.

7067. Lorsqu'un acte translatif de propriété ou d'usufruit comprend des meubles et des immeubles, le droit d'enregistrement est perçu sur la totalité du prix au taux réglé pour les immeubles, à moins qu'il ne soit stipulé un prix particulier pour les objets mobiliers et qu'ils ne soient désignés et estimés, article par article, dans le contrat (*Loi, 22 frim., an 7, art. 9*).

7068. Il importe peu que chaque vente soit faite par une disposition distincte (7), ou que les meubles soient décrits article par article s'ils ne sont pas estimés de la même façon (8); — ou même si, avec cette estimation, le contrat ne stipule pas un prix particulier (9).

7069. L'art. 9 précité n'a eu en vue que les meubles dont la vente est passible du droit sur le prix stipulé. Quand il s'agit de rentes ou de créances dont le transport est sujet à l'impôt sur le capital, sans égard au prix, on comprend que la loi n'est plus applicable. Aussi a-t-il été reconnu que la vente d'immeubles et de créances ou rentes détaillées, quoique faite sans prix distinct, ne donne ouverture qu'au droit de cession de créance ou de rente sur le capital aliéné ou constitué (10).

7070. Mais alors il faut ventiler la portion du prix afférente aux immeubles, pour que la Régie perçoive le droit de 5 50 sur le montant de cette déclaration (11).

7071. La nécessité du détail et de l'estimation, article par article, ne s'applique pas à chacun des objets compris dans une collection de meubles de la même nature. On n'est pas tenu, par exemple, de faire ce détail par chaque tête de bétail vendu (12); ni par chaque article de vaisselle (13); ou de fonds de commerce (14), à moins que les objets n'aient une valeur individuelle, comme les porcelaines de prix.

7072. C'est dans le contrat lui-même que doivent se trouver les mentions prescrites par la loi, et non pas dans des états ou relevés dressés plusieurs jours après (15), ou présentés à l'enregistrement après ce contrat (16). Mais il suffit que l'acte se réfère, pour les détails nécessaires à un inventaire authentique (17), ou à un jugement qui fixe la valeur des meubles (18); — ou bien que la description estimative se trouve dans un état annexé au contrat de vente (19).

7073. La jurisprudence qui précède s'applique à la vente comprenant cumulativement des immeubles et des bateaux (20); — des bâtiments et un brevet de poste (21), des droits successifs mobiliers et immobiliers (22); — une maison et un office de notaire (23); des droits *incorporels* mobiliers ou immobiliers (24).

7074. I. *Immeubles par destination.* Lors même que les objets mobiliers compris dans une vente seraient détaillés et estimés, article par article, et qu'il y aurait stipulation d'un prix particulier à leur

(1) Cass., 16 août 1832 ; R. G., 14042; D. N., *Mutation*, 188 et 189.
(2) Montreuil, 27 janv. 1830 ; Dél., 28 mai 1830; R. G., 14043.
(3) Dél., 15 sept. 1824, 29 janv. 1836; J. N., 4906, 9575.
(4) Cass., 19 mars 1839 ; D. N., *Prom. de vente*, 60; R. G., 14040; (CONTRA, Dél., 7 déc. 1830.
(5) Délib., 27 juill., 2 sept. 1814, 25 juin 1820; D. N., *loc. cit.*, 62; J. N., 1405.
(6) Garnier, 14011; Thionville, 6 janv. 1836 ; D. N., *loc. cit.*, 63.
(7) Cass., 12 déc. 1842 ; J. N., 11536.
(8) Cass., 26 août 1814 ; J. N., 12081.
(9) Cass., 15 avril 1846, 2 août 1853; J. N., 12716, 15034. V. cependant sur le dernier point Coutances, 24 juin 1837 ; J. N., 9810; R. G., 14109; D. N., *Vente*, 546; Seine, 4 août 1866 ; R. P., 2387.
(10) Cass., 21 oct. 1814 ; Inst., 1209, § 1, 1537, sect. 2, n° 52; J. N., 15064. *Consulter* Cass., 2 août 1853 ; J. N., 15064; D. N., 551.
(11) Dél., 21 nov. 1828; Sol., 11 mai 1832; D. N., *loc. cit.*, 548 et 551; R. G., 14108 *bis*.
(12) Garnier, 14110, § 1; Bordeaux, 6 mai 1839; Bourg, 18 fév. 1840; D. N., 558.
(13) Alençon, 6 déc. 1844; R. G., 14112.
(14) Dél., 13 avril 1822; R. G., 14123 ; Seine, 30 juill. 1858; R. P., 1053.
(15) D. M. F., 30 mai 1809; Dél., 18 août 1826, 5 oct. 1827; Cass., 23 mai 1859; Besançon, 27 mars 1848; R. G. 14114; R. P., 4181; J. N., 6415, 16022.
(16) Dél., 25 nov. 1828; Inst., 1272, § 18; J N., 6841, § 2.
(17) Cass., 5 mai 1817; Dél., 8 oct. 1823, 5 juill. 1826, 15 janv. 1830; Inst., 1320, § 10; J. N., 2330, 4513, 5840 et 7152; D. N., 559; R. G., 14113, § 1.
(18) Muret, 18 avril 1850; J. N., 14114.
(19) Pau, 20 août 1834; J. N., 8700 ; Coutances, 24 juin 1837; R. G., 14113, § 3; CONTRA, Dél., 18 nov. 1828, 1er oct. 1833 et 8 mars 1838; R. G., 14119.
(20) La Réole, 18 juill. 1838; J. N., 10388; Versailles, 3 mai 1849; R. G., 14115.
(21) Autun, 22 fév. 1844; R. G., 14116.
(22) *Infra* n°° 7172 à 7176.
(23) Cass., 25 nov. 1839; R. G., 14127
(24) Seine, 13 janv. 1860; R. P., 1431.

égard, le droit immobilier n'en est pas moins exigible quand ils ont le caractère d'immeubles par destination. On l'a décidé pour la vente d'un terrain et des récoltes pendantes par racines (1) ; — d'un vignoble et des vases vinaires servant à son exploitation (2) ; d'une usine avec ses machines (3).

7075. La question de savoir si des objets servant à l'exploitation d'un fonds conservent leur caractère immobilier, lors de la vente de ce fonds, ou redeviennent meubles, est toute d'appréciation. En général, la Régie doit accepter, à cet égard, les déclarations faites dans les actes (4). Mais quand elle soupçonne la fraude, il lui est permis de l'établir par les moyens compatibles avec l'économie de la loi de l'enregistrement (5).

7076. Ainsi, ont été considérés comme immeubles, malgré la déclaration contraire des parties, les objets vendus avec une usine pour continuer son exploitation (6). — Mais des glaces ne sont pas de plein droit réputées l'accessoire de la maison avec laquelle elles sont vendues. Il faut établir, en outre, le fait matériel de l'incorporation (7). Des presses d'imprimerie ne sont pas non plus des immeubles par destination (8).

7077. Du reste si on acquiert par le même acte, savoir : du propriétaire, le fonds ou l'immeuble, et du fermier les objets servant à son exploitation, il n'est dû que 2 p. 0/0 sur le prix de ces derniers objets (9).

7078. II. *Actes séparés.* Lorsque les objets mobiliers sont vendus à l'acquéreur du fonds par un acte séparé, le droit de 2 p. 0/0 est exigible si le contrat est sincère et si les objets ont été réellement vendus comme meubles (10). Mais le droit immobilier est dû quand il est reconnu que la réunion des deux ventes au profit du même acquéreur, est le résultat d'une fraude au droit d'enregistrement (11).

7079. Cette jurisprudence trouve une application fréquente en pratique à propos des ventes du sol et de la superficie d'une forêt au même acquéreur (12). Spécialement, le droit de vente d'immeubles a été reconnu exigible dans un cas où la superficie avait été achetée par le fils de l'acquéreur du fonds, sans stipulation sur le délai d'abatage des arbres (13). — Même décision pour un partage entre époux, attribuant le sol au survivant et la superficie à l'un des enfants qui l'a plus tard cédé à sa mère (14).

§ 6. QUESTIONS DIVERSES.

7080. Aucun droit n'est exigible quand le covendeur, quel que soit le titre en vertu duquel il intervient à la vente, se porte garant envers l'acquéreur solidairement avec le vendeur principal. On l'a décidé pour la mère du vendeur qui avait fait donation de l'immeuble en vertu d'un acte non transcrit (15) ; — et plus généralement pour le covendeur ayant seulement des droits éventuels sur la chose (16). Fait également partie intégrante de la vente le consentement donné par les enfants à l'aliénation consentie par le père à l'un d'eux (17).

7081. Mais le droit de cautionnement est exigible si les enfants du vendeur garantissent formellement, en cas d'éviction, le remboursement du prix de la vente (18) ; — et si le tuteur, au lieu de se borner à promettre la ratification du mineur, se fait fort au besoin de l'exécution du contrat (19).

7082. Ne saurait être non plus considérée comme disposition dépendante, la déclaration par

(1) Cass., 19 vend. an 14; Dél., 9 nov. 1815; D. N., 563.
(2) Cass., 30 mai 1826; J. N., 3810 ; Inst., 1200, § 18; R. G., 14146.
(3) Cass. 8 avril 1829, 20 juin 1832, 18 août 1842; Inst., 1410, § 12 ; R. G., 14145, § 1 ; Cass., 15 déc. 1857; R. P., 906; J. N., 6905, 7786, 11437.
(4) Inst., 1437, § 15; D. N., 571; J. N., 9233.
(5) *Idem.*
(6) Cass., 19 août 1842, 15 déc. 1857; Dél., 13 déc. 1833; Cass., 27 mars 1821 ; Seine. 30 juill. 1840; Pontoise, 8 déc. 1840; Cambrai, 28 juin 1838; le Havre, 19 mars 1856 ;R. G., 14145, § 2; J. N., 11437, 16282.
(7) Cass., 17 janv. 1859; R. P., 1138 ; J. N., 16490; CONTRA, Versailles, 21 juin 1855, Seine, 26 déc. 1856 ; R. P., 448, 828.
(8) Sol., 12 juin 1857 ; R. P., 928.
(9) O. N., 579 ; Bordeaux, 15 juin 1840.
(10) Cass., 20 avril 1822, 24 avril 1823, 17 janv. 1827, 4 avril 1827; R. G., 14147. Voy. Seine, 18 juin 1864; R. P., 2017; J. N., 4306, § 2, 4368, 5981, 6173, 18202.
(11) Cass., 4 avril 1827, 16 nov. 1846; J. N., 6173, § 2; 12948; Inst., 1210, § 13; R. G., 11147.

(12) *Contre la perception :* Chartres, 13 juin 1835; Villefranche, 28 mars 1838 ; Seine, 19 nov. 1838 ; Roanne, 9 avril 1839 ; Lyon, 28 août 1839 ; *Pour la perception :* Beauvais, 12 mars 1834; Compiègne, 18 janv. 1838 ; Wissembourg, 28 août 1839 ; Pontarlier, 19 mai 1841 ; Villefranche, 21 déc. 1842 ; Bourges, 30 mai 1844 ; Belfort, 23 déc. 1849 ; Auxerre, 21 déc. 1842 et 18 mai 1850; Vouziers, 19 avril 1860; J. N., 16970; R. P., 1344.
(13) Cass., 12 nov. 1855; J. N., 15655; Inst., 2060, § 7; R. G., 14148, § 3.
(14) Cass., 18 août 1845 ; J. N., 12493; Inst., 1755, § 12; R. G., 14149, § 1.
(15) Cass., 23 avril 1856 ; R. P., 685; J. N., 15813 ; Sol., 15 fév. 1866; R. P., 2223; CONTRA, Angoulême, 7 juin 1865; R. P.. 2327.
(16) Cass., 21 juill. 1854 ; R. P., 456.
(17) Sol., 23 avril 1830; R. G., 14168.
(18) Cass., 17 mai 1841 ; J. N., 16994; Inst., 1664, § 8; R. G., 14165, § 1.
(19) D. M. F., 12 janv. 1818 ; Dél., 12 avril 1821; D. N., *Vente*, 665 R. G., 14165, § 3 ; CONTRA, J. N., 19013.

laquelle la femme, non covenderesse, renonce à son hypothèque légale au profit de l'acquéreur ; il est dû un droit fixe de 2 fr. par chaque acheteur non solidaire (1).

7083. Au contraire, font partie du contrat et sont à ce titre dispensées de l'impôt : 1° la compensation du prix avec une créance de l'acquéreur sur le vendeur (2) ; — 2° la remise des titres de propriété (3) ; — 3° la nomination d'un expert chargé d'estimer l'immeuble vendu (4) ; — et 4° la déclaration d'origine des deniers servant au payement du prix (5).

7084. Le droit d'obligation est exigible : quand le vendeur s'engage à payer les frais de l'acte au nom de l'acquéreur, qui lui en remboursera le montant avec intérêts (6) ; ou bien, quand le prix est remis au notaire qui se charge d'en payer les intérêts soit au vendeur, soit à un tiers (7), à mo ns qu'il ne soit constitué simple dépositaire des billets souscrits en payement, auquel cas il n'est dû que 2 fr. fixe pour dépôt (8) ; — mais il n'y aurait rien à percevoir pour la réception pure et simple par le mari du prix d'un paraphernal de sa femme (9) ; ni pour le payement de la totalité du prix fait, même en vertu d'une clause de l'acte, à un seul des covendeurs (10).

7085. Il n'est point dû de droit de partage lorsque, dans une adjudication d'immeubles, les acquéreurs divisent entre eux un lot dont ils se sont rendus acquéreurs conjoints (11). Mais si des soultes, prises en dehors de l'objet acquis sont stipulées payables à l'un des copartageants, les droits de partage et de soulte deviennent exigibles (12).

7086. Il faut considérer comme marché sujet à 4 p. 0/0 l'engagement pris par le vendeur de faire construire sur le terrain vendu une maison qui appartiendra à l'acquéreur pour un prix déterminé (13) ; — ou la stipulation qui charge le notaire du recouvrement du prix moyennant une remise convenue (14). Mais la vente d'une maison à construire est passible du droit immobilier de 5 50 p. 0/0 (15).

7087. Si la nue propriété est vendue à l'un et l'usufruit à l'autre, moyennant un prix payable en totalité par l'acheteur de la nue propriété auquel l'acquéreur de l'usufruit servira une rente, il est dû un droit de 2 p. 0/0 comme constitution indépendamment du droit de vente (16).

7088. Si un jugement, en annulant la vente d'un immeuble réserve à l'acquéreur le droit de le conserver en payant une somme d'argent, l'acte constatant ce payement n'est passible que du droit fixe (17). Mais les vices dont peut se trouver affecté le contrat de vente ne sauraient empêcher la perception du droit proportionnel ; il en est ainsi, par exemple, de la vente du bien d'autrui (18).

7089. L'achat d'un immeuble fait par une personne, qui déclare destiner l'objet de son acquisition à une ville, est passible d'un droit de mutation lorsque la ville accepte, indépendamment de celui qui a été perçu sur le premier contrat (19).

7090. L'acte par lequel on reconnaît l'existence d'une erreur dans le prix d'une vente, autorise la perception du droit simple sur le supplément (20) ; mais quoique cet acte, rédigé sous forme d'obligation soit reconnu n'être qu'une contre-lettre, on ne peut exiger le triple droit (21).

7091. Si l'acquéreur s'oblige, par un acte tenu secret, à acquitter les dettes du vendeur jusqu'à concurrence d'une somme plus élevée que celle fixée au contrat, le triple droit est exigible (22).

SECTION II. — DES VENTES DE MEUBLES.

§ 1. — TARIF.

7092. En principe, les ventes de meubles ont été assujetties au droit de 2 p. 100 par *l'art. 69, § 5, n° 1 de la loi du 22 frim. an 7.* Mais ce tarif comporte plusieurs exceptions.

7093. D'abord les ventes publiques de marchandises *en gros* comprises sur le tableau dressé en

(1) Dél., 8 fév. 1833 ; R G., 14482.
(2) D. N., 610 ; R. G., 14467.
(3) R. G., 44409 ; CONTRA, Seine, 26 avril 1843.
(4) D. N., 623.
(5) Sol., 15 juin 1830 ; R. G., 14470.
(6) Marseille, 21 mars 18.9 ; R. P., 1495.
(7) Sarreguemines, 26 déc 1837 ; R. G., 14475.
(8) D. M. F., 13 nov. 1810 ; J. N., 714 ; Del., 30 nov. 1825 ; Inst., 1187, § 43 ; R. G., 14177, § 4.
(9) Tact., 392 ; R. G., 14477, § 2 ; Sol., 3 avril 1829, J. N., 6987 ; D. N., 628 ; CONTRA, Inst., 1293, § 7 et Dél., 12 mai 1829, 19 mai 1815 ; J. u., 14174 ; J. N , 6987.
(10) Garnier, 14479, 14480 ; D. N., 622.
(11) Dél., 14 avril 1824 ; R. G., 14478, 19 mars 1823, 25 août 1826 ; J. N., 4827, 5024.

(12) Dél., 28 sept. 1827 ; Inst., 1229, § 7 ; R. G., 14178.
(13) Troyes, 10 mai 1848 ; J. N., 12169 ; Sol., 8 déc. 1832 et 10 déc. 1844 ; D. N., 625.
(14) Sol., 8 déc. 1841 ; R. G., 14470.
(15) Seine, 21 juill. 1865 ; R. P., 2186.
(16) Cass., 26 juin 1855 ; Inst., 2054, § 10 ; J. N., 13565.
(17) Cass., 21 août 1811 ; J. N., 11070. Voir Sol., 21 mai 1861 ; R. P., 1508.
(18) Cass., 12 fév. 1822 et 20 nov. 1844 ; Inst., 1732, § 15 ; R.G., 14162.
(19) Cass., 5 mai 1837 ; J. N., 16072. Voir Cass. 22 déc. 1835 ; Inst., 1518, § 8 ; R. G., 14493.
(20) Sol., 24 déc. 1863 ; R. P., 1919.
(21) Seine, 19 déc. 1857 ; R. P., 987
(22) Cass., 20 juillet 1859 ; R. P., 1251.

exécution du décret du 17 avril 1812 et de la loi du 28 mai 1858 n'acquittent que le droit de 10 c. p. 0/0, lorsqu'elles sont faites après l'autorisation du tribunal de commerce, soit par un courtier, soit par un notaire commis (*Lois 15 mai 1818, art. 74; 25 juin 1841, art. 5 et 6; 28 mai 1858, art. 2 à 7*).

7094. Les tribunaux de commerce peuvent même, d'après la loi du 3 juillet 1861, autoriser, en cas de nécessité, la vente aux enchères de marchandises *en gros* de toute provenance. Quoique ces marchandises ne soient pas comprises sur les tableaux annexés au décret de 1812 et à la loi de 1858, le droit d'enregistrement en est cependant réduit à 10 c. p. 0/0 (*Loi 3 juillet 1861, art. 3*).

7095. Quand il s'agit de marchandises en gros, il faut que les lots exposés en vente soient d'une évaluation approximative de 500 fr. au moins. Toutefois ce minimum peut être abaissé par arrêté du ministre des travaux publics (*Décret 12 mars 1859, art. 25*). Et même, pour les marchandises avariées, la réduction est autorisée par le président du tribunal de commerce du lieu de la vente, ou par le juge de paix dans les endroits où il n'y a pas de tribunal de commerce (*Décret 29 juin 1861, art. 1*).

7096. L'avarie des marchandises étrangères résulte suffisamment de la réduction des droits de douane (1). Mais pour les marchandises d'origine française qui sont dispensées de ces droits, il faut justifier au receveur du fait de l'avarie, soit par un rapport de l'expert commis, soit par d'autres pièces probantes (2).

7097. En second lieu, les ventes de meubles et marchandises faites après faillite, conformément à l'art. 486 du Code de comm., ne sont assujetties qu'au droit de 50 c. p. 0/0 (*Loi 21 mai 1854, art. 12*), — sans distinction entre les ventes à l'amiable faites par les syndics, et les ventes aux enchères auxquelles il est procédé par les courtiers ou les autres officiers publics (3). — Cette disposition s'applique, non-seulement aux effets mobiliers proprement dits, mais encore à tout ce qui est meuble d'après la loi, et par exemple au mobilier incorporel (4), ou à un fonds de commerce (5).

7098. Les actes et procès-verbaux constatant les ventes de navires, soit totales soit partielles ne sont passibles que du droit fixe de 1 fr. 50 c. (*Loi 28 avril 1818, art. 64*). — Cette même loi, par ses art. 56 et 64, avait autorisé l'enregistrement, au droit fixe de 1 fr., des procès-verbaux constatant la vente de marchandises avariées par suite d'événements de mer. Le droit avait été porté à 2 fr. par l'art. 8 de la loi du 18 mai 1850 (6). Aujourd'hui les ventes de marchandises avariées par événement de mer, quelle que soit leur origine ou la cause de l'avarie, sont assujetties au droit de 2 p. 0/0 pour les ventes ordinaires, ou à celui de 10 cent. p. 0/0 quand elles ont lieu en gros dans les conditions prescrites par les lois des 21 mai 1858, 3 juillet 1861 et les décrets des 12 mars 1859 et 30 mai 1863 (7).

§ 2. — LIQUIDATION.

7099. Le droit d'enregistrement des ventes aux enchères est perçu sur le montant des sommes que contient cumulativement le procès-verbal des séances à enregistrer (*Loi 22 pluv. an 7, art. 6*), — lors même qu'il s'agirait du mobilier des communes (8); ou de vente à terme (9); ou que les lots seraient signés séparément par les adjudicataires (10).

7100. Si la vente, même faite aux enchères, a lieu dans la forme prescrite par la loi de ventôse an 11, la perception a lieu sur le prix des lots adjugés à la même personne (11). En tous cas, même dans les ventes publiques, le droit de cautionnement se perçoit distinctement par adjudicataire (12).

7101. S'il est stipulé dans le cahier des charges que les acquéreurs payeront des centimes additionnels, on ajoute au prix tout ce qui excède les frais rationnels de la vente. La Régie admet que ces frais sont de cinq centimes par franc (13); — toutefois cette fixation peut être contredite par la taxe.

7102. Ne sont pas considérés comme des charges passibles du droit : l'intérêt dû par les adjudicataires qui ont pris terme pour se libérer (14), — ni l'obligation imposée à l'acheteur d'une coupe de bois de réparer les fossés dégradés par son exploitation (15), ni enfin la réserve d'arbres retenus par le vendeur (16). Il en serait autrement des frais d'abatage et de transport de ces arbres, s'ils devaient être supportés par l'adjudicataire (17).

(1) D. M. F., 21 avril 1856; Inst., 2073, § 3; R. P., 695.
(2) *Idem.*
(3) D. M. F., 26 août 1835; Inst., 1504, § 9; R. G., 6575.
(4) Garnier, 6576.
(5) Dél., 23 sept. 1851; J. N., 14461.
(6) Inst., 2073, § 3; R. P., 680.
(7) Inst., 2237; R. P., 299, § 20.
(8) R. G., 1179.
(9) Dél., 27 juill., 1855; R. G., 1139.
(10) Laon, 12 mars 1835; Sol., 1er août 1839; R. G., 1180.
(11) Dél., 29 avril 1831; R. G., 1180.
(12) Loi du 22 frim. an 7, art. 11; R. G., 1181.
(13) Dél., 19 avril 1826; Inst., 1200, § 21; R. G., 1177; J. N., 4940, 5782.
(14) Dél., 19 janv. 1837; J. N., 9534.
(15) R. G., 1177, § 3.
(16) Dél., 5 sept. 1851; Inst., 2049, § 6.
(17) *Idem.*

7103. Si la vente est faite aux enchères, le droit doit être perçu sur le prix cumulé, sans distraction de la part du colicitant acquéreur dans ce prix (1). Pour la licitation ordinaire, le dro t n'est exigible que sur le montant des parts acquises (2) ; qu'il s'agisse ou non d'objets partageables (3).

7104. Tous les meubles exposés en vente doivent figurer sur le procès-verbal. Néanmoins le droit ne saurait être perçu sur le prix des objets retirés, même après enchères, par le propriétaire (4), ou qui lui sont adjugés (4 bis).

7105. Si la vente comprend des meubles et des créances aliénés moyennant un seul prix et sans ventilation, on ne saurait percevoir le droit sur le tout, par application de l'art. 9 de la oi du 22 frim. an 7, qui est spécial aux immeubles. Il faut alors faire la déclaration des créances de façon que l'impôt soit assis sur chaque nature de biens (5).

7106. D'après le même principe, le droit sur une vente de meubles avec réserve d'usufruit par le vendeur doit être assis sur le prix stipulé, sans ajouter 1/2 pour la réserve, car cette addition de moitié est spéciale aux ventes d'immeubles (6).

§ 3. — QUESTIONS DIVERSES.

7107. La décharge de la vente, donnée en la forme sous seing privé à la suite du procès-verbal, con- serve néanmoins un caractère authentique suffisant pour l'assujettir à l'enregistrement dans le délai des actes de l'officier public et à l'inscription au répertoire (7). Si la décharge sous seing privé était ré- digée sur une feuille séparée, elle pourrait n'être enregistrée que dans le cas d'usage en justice (8).

7108. La décharge donnée avant la lecture du procès-verbal de vente à l'officier responsable du recouvrement fait partie intégrante de l'acte et n'est sujette à aucun droit particulier (9). Il n'est rien dû non plus pour la fixation des honoraires retenus par l'officier public (10). Et on ne saurait percevoir le droit de transport de créances sur la clause par laquelle le notaire verse le prix non échu de la vente en demeurant chargé de la recouvrer à ses risques contre les acquéreurs (11).

7109. Du reste cette obligation de recouvrer le prix de la vente publique est inhérente à la qualité de l'officier qui y procède. Les stipulations spéciales insérées dans ce but n'ajoutent rien à son droit et ne sont dès lors point passibles de l'impôt (12), lors même qu'il s'agirait d'une vente à terme avec charge de responsabilité (13).

SECTION III. — DES CESSIONS D'OFFICES.

7110. Les offices peuvent être transmis à titre onéreux, et à titre gratuit entre-vifs ou par décès.

7111. I. *Vente.* Les cessions à titre onéreux sont sujettes au droit de 2 p. 0/0 sur le prix total applicable à l'office, à la clientèle, aux minutes, répertoires, recouvrements et autres objets dépendant de l'étude, sans distinction entre ces divers objets (*Loi du 25 juin 1841, art. 6 et 7*) (14), — quoique il y ait des prix distincts pour chacun d'eux (15), ou que les recouvrements soient cédés par un acte séparé (16).

7112. Mais la perception de ce droit ne s'étend pas aux dispositions indépendantes de la cession d'office ; par exemple, au cautionnement fourni par un tiers (17), à la donation du prix au cession- naire (18) ; à la vente d'une maison ou d'un immeuble quelconque avec l'office ; à l'obligation prise par l'acheteur de rembourser au cédant la somme qu'il a payée pour sa part dans un bâtiment servant de chambre des notaires à la compagnie de l'arrondissement (19).

(1) D. M. F., 10 déc. 1819 ; Cass., 9 mai 1832 ; J. N., 4014. 7717; Inst., 1440. § 13; D. N., *Vente de meubles*, 201; Saint-Quentin, 26 août 1846 ; R. G., 1183.

(2) Cass., 13 juill. 1810; Sol., 6 mars 1810; Inst., 1618. § 11 ; Seine, 28 juin 1829, 4 avril 1839; Pithiviers, 19 fév. 1840; J. N., 10444, 10630, 10713, 12607.

(3) Compiègne. 17 déc. 1846 ; J. N., 12908 ; Champ. et Rig., 2689

(4) D. M. F., 19 fév. 1819 ; Inst., 882 ; J. N., 29,2; R. G., 1182.

(4 bis) Cass. Belgique, 4 janv. 1866 ; R. P., 2338 ; J. N., 18636.

(5) Sol., 31 mars 1831 et 5 avril 1853 ; R. G., 14236 ; Dél., 5 mars 1839; J. N., 10368.

(6) Sol., Belg., 27 janv. 1863; R. P., 1809.

(7) Cass., Belg., 11 juill. 1831 ; Dalloz, 2954.

(8) Dél., 3 août 1822 et 16 mars 1850 ; J. N., 3650.

(9) J. N., 14394 ; CONTRA, R. G., 1188, § 4.

(10) Garnier, R. G., 1188. § 5 bis.

(11) Dél., 11 août 1824 ; D. N., *Vente de meubles*, n° 230 ; R. G., 133. § 9.

(12) Sol., 19 mars 1831; R. G., 1190.

(13) Etampes, 8 janv. 1861; Sol., 17 mai 1861, 20 avril 1863; R. P., 1546 et 2007; J. N., 18305.

(14) Inst., 1640 ; J. N., 11014; D. N., *Office*, n° 759; Garnier, R. G., 9165.

(15) Meaux, 22 mars 1849 ; J. N., 13783 ; R. G., 9166, § 1.

(16) Ussel, 12 avril 1845 ; D. N., *loc. cit.*, 761; Dalloz, 1907; R. G., 9166, § 2.

(17) Nontron, 30 août 1842 ; R. G., 9199; Cass., 30 mars 1847 ; J. N., 2976. Si la femme de l'acheteur s'obligeait solidairement avec son mari au payement du prix, il ne serait dû pour cela aucun droit : Pithiviers, 28 janv. 1846; J. N., 12734.

(18) Cass., 11 mai 1817, 6 déc. 1847 ; Inst., 1814, § 16; Seine, 19 fév 1852; J. N., 13216, 14855; Cass., 22 janv. 1856 ; R. P., 2233; CONTRA Douai, 10 juin 1854; J. N., 12869.

(19) Cognac, 22 mars 1849 ; J. N., 13783; Garnier, 9167. Le jugement qui précède a reconnu l'exigibilité du droit de 5-20 p. 100 ; mais on a soutenu que le tarif mobilier est seul applicable : D. N., *loc. cit.* 764).

7113. En tous cas, si la stipulation est subordonnée à la réalisation de la cession d'office, le droit demeure suspendu jusqu'à cette époque. On l'a ainsi décidé notamment pour le traité portant transport du prix au profit d'un tiers (1). Il faudrait même un second acte s'il paraissait que telle a été la pensée des parties (2).

7114. II. *Échange.* La loi du 25 juin 1841 ne parle pas des échanges d'offices; mais il est certain que le droit exigible serait de 2 p. 0/0, comme lorsqu'il s'agit d'une permutation de meubles (3). La Régie a cependant soutenu plusieurs fois qu'il était dû deux droits de 2 p. 0/0.

7115. III. *Donation ou legs.* La donation ou le legs d'un office est sujet au droit établi pour les donations de meubles ordinaires, sans que ce droit puisse être néanmoins inférieur à 2 p. 0/0 (*Loi du 25 juin 1841, art. 8*). — La perception s'établit sur l'acte (donation ou testament) constatant la libéralité, d'après une évaluation en capital de la valeur de l'office (4) (*ibid*). L'acte constatant la cession d'un office et la donation du prix au cessionnaire est sujet au droit de 2 p. 0/0 sur le prix total, et au droit de donation sur la somme faisant l'objet de la libéralité (5).

7116. IV. *Succession.* D'après l'*art*: 9 *de la loi du 5 juin 1841*, si l'office échoit conjointement à plusieurs héritiers, le droit de 2 p. 0/0 doit être perçu sur le traité de cession, passé par les cohéritiers au profit de l'un d'eux; s'il n'y a qu'un héritier, se présentant comme successeur, le même droit est acquitté par lui sur une déclaration estimative de la valeur de l'office faite au bureau de l'enregistrement de la résidence du titulaire décédé, et la quittance du receveur est jointe à l'appui de la demande de nomination.

7117. Mais, dans tous les cas, la perception s'établit sur la valeur entière de l'office, on ne déduit pas la part virile du cohéritier cessionnaire (6).

7118. D'ailleurs le droit ainsi perçu s'impute sur celui que les héritiers ont à payer lors de la déclaration de succession, au taux fixé d'après leur degré de parenté (7). On ne procède pas pour cela en suivant les divisions légales de la masse par ordre d'héritier, mais on déduit le droit de 2 p. 0/0 du total des droits de succession, quoiqu'une partie de ces derniers soient d'une quotité inférieure au tarif de la cession d'office (8).

7119. Cette imputation ne s'opère, bien entendu, que quand c'est un héritier qui se présente comme successeur du titulaire. Si l'office est cédé à un tiers par les héritiers, il va de soi que les droits de succession et de cession sont tous deux exigibles (9).

7120. V. *Minimum.* De quelque façon que la transmission s'opère, le droit d'enregistrement ne peut jamais être inférieur au dixième du cautionnement (10); et avant de présenter le traité à la formalité, il faut avoir soin de faire connaître l'importance de ce cautionnement au moyen d'une attestation conforme à *l'art. 16 de la loi du 22 frim. an 7* (11).

7121. VI. *Insuffisance.* L'insuffisance dans le prix ou la déclaration de valeur d'un office peut être établie par des actes émanés, soit des parties, soit de l'autorité administrative ou judiciaire. Dans ce cas, il est perçu, à titre d'amende, un droit en sus de celui qui est dû sur la différence de prix ou d'évaluation ; et les parties ou leurs héritiers et ayants cause sont solidaires pour le payement de cette amende (*Loi du 25 juin 1841, art. 11*).

7122. Ce droit en sus exclut l'application du triple droit exigible, en matière ordinaire, sur les contre-lettres ayant pour objet une augmentation du prix stipulé (12).

7123. VII. *Création d'office.* Le titulaire d'un office créé ou à la nomination duquel il est pourvu sans traité préalable, doit présenter à l'enregistrement son ordonnance de nomination, et acquitter, avant sa prestation de serment, à peine du droit en sus, soit le droit de 20 p. 0/0 de son cautionnement s'il n'a aucune indemnité à payer, soit celui de 2 p. 0/0 (sauf le minimum, *supra* n° 7120)

(1) Seine, 1er déc. 1847; R. G., 9168.
(2) Seine, 7 fév. 1835; J. N., 15532.
(3) D. N., *loc. cit.*, 767.
(4) Inst., 1640; J. N., 11014; R. G., 9169 et 9171.
(5) Cass., 14 mai 1847, 6 déc. 1847 et 22 janv. 1866; R. G., 14055 et R. P., 2233; J. N., 18150; Inst., 1814, § 16; 2348, § 2.
(6) J. N., 12677; R. G., 9172.
(7) Loi 25 juin 1811, art. 9 ; Inst., 1640; J. N., 11014 ; R. G., 9171; Sol., 9 mars 1850; R. G., *loc. cit.*

(8) J. N., 14082; D. N., *loc. cit.*, 775; R. G., 9174, § 1.
(9) Inst., 1640; J. N., 11014; R. G., 9174, § 2. Voyez Périgueux, 5 déc. 1850; R. G., 9182 *bis.*
(10) Loi du 25 juin 1841, art. 10.
(11) Inst., 1853; J. N., 11706 et 11449; R. G., 9175.
(12) Troyes, 28 janv. 1852; Inst., 1969; J. N., 14080, 15208; R. G., 6176.

sur l'indemnité qui aurait été mise à sa charge pour la valeur de l'office (*Loi du 25 juin 1841, art. 12*).

7124. Dans ce dernier cas, s'il intervenait entre le titulaire dépossédé et son successeur un traité spécial pour la cession des recouvrements, cette convention resterait soumise au droit de 1 p. 0/0 (1).

7125. VIII. *Suppression.* En cas de suppression du titre de l'office, lorsqu'à défaut ce traité l'ordonnance prononçant l'extinction fixe une indemnité à payer au titulaire de l'office supprimé ou à ses héritiers, l'expédition de cette ordonnance doit être enregistrée dans le mois de la délivrance sous peine du double droit. Le droit de 2 p. 0/0 est fixé sur le montant de l'indemnité (*Loi du 25 juin 1841, art. 15*) ; mais on n'applique pas le minimum du dixième du cautionnement (2).

7126. S'il n'y a pas d'indemnité à la charge des autres officiers publics appelés à profiter de l'extinction, aucun droit ne saurait être perçu (3).

7127. Les règles précédentes gouvernent aussi les déclassements prononcés d'office par décret impérial (4).

7128. Quant aux simples changements de résidence ou aux réintégrations de titulaires destitués ou démissionnaires, les ordonnances qui les prononcent ne sont pas sujettes au droit proportionnel (5).

SECTION IV. — DES VENTES JUDICIAIRES.

7129. Nous entendons, par ces mots, les ventes qui ont lieu devant des notaires commis par justice. Elles sont soumises à toutes les règles générales applicables au contrat de vente ordinaire ; on y rencontre seulement quelques particularités dont il faut tenir compte pour la perception.

7130. Ainsi, on considère comme charges susceptibles d'être ajoutées au prix : 1° les honoraires des notaires qui excèdent le taux fixé par le tarif du 10 octobre 1841 (6), en les calculant sur le prix total des lots réunis (7) ; — 2° les frais d'affiches et autres dépenses antérieures à l'adjudication qui sont mis à la charge de l'acquéreur (8), y compris les droits de recette et honoraires extraordinaires du notaire (9). Mais la remise proportionnelle due aux avoués est une suite nécessaire de la vente et ne constitue pas une charge nouvelle de l'impôt (10).

7131. *Folle enchère.* Si le prix de la seconde adjudication n'est pas supérieur à celui de la première, il est dû 3 fr. fixe en vertu de *la loi du 28 avril 1816, art. 44.* Dans le cas contraire, le droit proportionnel est exigible sur l'excédant du prix (*Loi, 22 frim. an 7, art. 69, § 7, n° 1*).

7132. Ces dispositions s'appliquent aux adjudications faites devant notaires commis par justice, de même qu'à celles qui ont lieu devant les tribunaux ; et même aux ventes à l'amiable, quand l'adjudication sur folle enchère est faite d'après une clause du contrat (11).

7133. Les obligations des deux acquéreurs successifs à l'égard du trésor sont différentes selon que la seconde vente a été enregistrée avant ou après la première. Si celle-ci a été d'abord soumise à la formalité, le droit versé est acquis à l'État et ne saurait être restitué, bien que le prix de la seconde soit inférieur (12), et l'adjudicataire postérieur est libéré. Mais quand le prix de la revente est supérieur, ce second acquéreur doit payer l'impôt sur la différence.

7134. Si la première vente n'a pas été soumise à la formalité, l'enregistrement de la seconde ne dispense pas le fol enchérisseur de l'obligation où il était de présenter son titre dans le délai légal. Par conséquent, lorsque le prix de la revente est inférieur à la première adjudication, le fol enchérisseur qui a laissé passer le délai, doit le droit de mutation, à raison de *la différence* et le double droit sur

(1) Garnier, 9152, § 1.
(2) Dél., 10 oct. 1843; J. N., 11756; Guéret, 29 déc. 1854 ; R. P., 325; R. G., 9186.
(3) Inst., 1640; J. N., 11014; R. G., 9184.
(4) Cass., 15 mai 1848; Inst., 1825, § 2; J. N., 13450; R. G., 9187.
(5) Dict. not., *Office,* 793; R. G., 9188, 9189; Lyon, 23 juill. 1845; Dél., 5 déc. 1845, 28 janv. 1834; Saint-Flour, 20 avril 1844; J. N., 11569, 12046, 12077, 12460.
(6) Garnier, 1207; J. N., 11111.

(7) Vannes, 16 août 1850; Cass., 4 juin 1852; J. N., 14152, 14413; CONTRA, J. N., 11472, 11535, 14152, 14413.
(8) Châteaudun, 26 avril 1846; Seine, 22 avril 1847, 3 avril 1850, Cass., 26 mars 1844; Inst., 1743, § 18; J. N., 13089, 13395, 14034.
(9) Civray, 3 mars 1848; R. G., 4209; Dél., 25 fév. 1823; J. N., 4314; Dalloz, 4440; CONTRA, Sol., 7 mai 1844; J. N., 14434.
(10) Cass., 11 août 1852; J. N., 14747; R. G., 8208.
(11) Dél., 8 oct. 1831, 26 juill. 1833; J. N., 8186; R. G., 4216; Dél., 16 août 1830; J. N., 7348. V Tarascon, 11 nov. 1858; R. P., 1105.
(12) Cass., 6 fév. 1833; Inst., 1425, § 2; D. N., *Vente sur folle enchère,* 78; Saint-Étienne, 8 janv. 1844; Toulouse, 27 mai 1851.

tout le prix. Au contraire, quand le prix de la revente est supérieur, le fol enchérisseur ne doit que le double droit sur son prix (1).

7135. Si le fol enchérisseur est insolvable, les droits à sa charge personnelle tombent en non-valeur et ne peuvent être réclamés ni du vendeur, ni des créanciers, ni de l'adjudicataire sur folle enchère (2).

7136. Quand la première vente a été, pour une cause quelconque, enregistrée au droit fixe, la seconde adjudication, même consentie à un prix égal ou inférieur, est passible du droit proportionnel (3). — Mais il n'est dû que le droit fixe sur l'acte par lequel l'acquéreur sur folle enchère ratifie la vente d'une partie des biens faite par le fol-enchérisseur (4).

SECTION V. — DE LA DATION EN PAYEMENT.

7137. La dation en payement étant un acte par lequel un débiteur donne une chose à son créancier qui veut bien la recevoir à la place de quelque autre chose qui lui est due (5), il en résulte qu'elle constitue une *vente* quand on donne un meuble ou un immeuble en payement d'une somme d'argent, une *délégation* ou une *cession* si la chose donnée est une créance, enfin un *échange* si on abandonne simplement une chose de la même nature que l'objet de l'obligation primitive.

7138. Quoique le but du débiteur soit d'obtenir sa libération, comme l'intention du créancier est d'acquérir la chose cédée, on considère que cette transmission forme la disposition principale du contrat, et on applique alors le tarif de la vente, de la cession ou de l'échange, en dispensant de l'impôt la quittance virtuellement donnée au débiteur. — Et de ce que la dation en payement est prise pour une vente ordinaire dans le cas où l'objet cédé en remplacement d'une somme est un immeuble, on en a conclu que si les frais sont imposés au vendeur, il faut les déduire du prix pour la perception (6).

7139. En principe, c'est l'obligation antérieure qui forme le prix de la dation et qui sert de base à la liquidation de l'impôt (7). Mais si l'obligation était d'une valeur supérieure à l'immeuble, les parties pourraient, en déclarant cette valeur, faire limiter à ce chiffre la perception du droit de mutation, sauf à acquitter le droit de remise de dette sur l'excédant de la créance (8).

7140. Le droit de vente est dû, par application de ces principes, 1° sur l'abandon d'un immeuble en payement d'une dot constituée en argent (9) ou de toute autre donation mobilière (10), sans imputation des droits acquittés pour la libéralité (11), et sauf le cas où cet abandon est l'exercice d'une réserve insérée dans le contrat originaire comme second terme d'une obligation alternative (12) ; — 2° sur l'acte par lequel au décès du mari il est attribué à l'enfant doté conjointement par ses père et mère d'une somme d'argent, une part de communauté plus forte que celle qui lui appartient légalement : le droit est alors exigible sur la somme prise dans la communauté pour acquitter la dette personnelle de la mère (13) ; — 3° sur le prélèvement que l'un des cohéritiers fait de certains immeubles dans le partage pour se couvrir d'une créance personnelle (14), ou d'un legs de somme d'argent (15) ; — 4° sur l'abandon de meubles ou d'immeubles consenti au profit de la veuve, pour acquitter un gain de survie en argent ou des frais de deuil (16). — 5° sur l'attribution d'un lot spécial d'immeubles faite dans un partage anticipé par le père à un enfant pour se libérer d'une dette (17) ; — 6° sur la cession d'un usufruit d'immeubles en remplacement d'un legs de rente viagère (18) ; — 7° sur la cession des biens propres d'un époux en payement des reprises de son conjoint (19) ; — 8° sur le contrat d'abandonnement qui transporte aux créanciers la propriété des biens du débiteur (20). — (V. *Délivrance de legs, suprà n° 6405*).

---

(1) D. M. F., 13 juin 1809; Inst., 436, § 56; Seine, 3 avril 1812, 10 mai 1838; Cass., 27 mai 1833, 24 août 1853; Castres, 9 juill. 1851; Lyon, 4 août 1854; R. P., 327; J. N., 4888, 14507, 15052.
(2) Tarbes, 25 mai 1852; D. N., *loc. cit.*, 72.
(3) Le Havre, 23 janv. 1843; D. N., *loc. cit.*, 76.
(4) Jonzac, 28 avril 1846; J. N., 12802; Dalloz, 2405; Garnier, 1229; contra, Charolles, 9 août 1845; R. G., 1229.
(5) Pothier, *Vente*, n° 601.
(6) Seine, 2 juin 1853; J. N., 14983; D. N., *Dat. en pay.*, 43; contra, Seine, 27 nov. 1850; J. N., 14280.
(7) Dél., 6 août 1825, 6 sept. 1826; D. N., *loc. cit.*, 26; R. G., 4233.
(8) Garnier, 4233; Dalloz, 4407; Champ ; 3215; Roll., *Dat. en pay.*, 30; D. N., *loc. cit.*, 26; contra, Dél., 6 août 1825 et 6 sept. 1826; *supra*.
(9) Auxerre, 26 mai 1849; R. G., 4243.

(10) Villefranche, 31 août 1850; R. G., 4243, § 1.
(11) Cass., 2 avril 1828; Inst., 1272, § 7; J. N., 6538.
(12) Cass., 27 déc. 1815; D. M. F., 3 fév. 1817; Inst., 766; D. N., 36; Garnier, 4234. Voir Chaumont, 31 déc. 1856; R. P., 807.
(13) Cass., 23 mars 1852; J. N., 14922.
(14) Sol., 1er juin 1825; Inst., 1173, § 10; R. G., 4246; Cass., 31 juill. 1833; J. N., 5343. 8191.
(15) Dél., 25 sept. 1822; R. G., 4246, § 1; D. N., *loc. cit.*, 29.
(16) Cass., 12 fév. 1840; J. N., 10595.
(17) Cass., 14 déc. 1838; Inst., 1590, § 7; J. N., 10209; R. G., 4247.
(18) Cass., 13 fév. 1831; J. N., 7440; Sol., 31 mai 1831; R. G., 4248; D. N., *loc. cit.*, 30.
(19) Cass., 9 mars 1852; Inst., 1829, § 5; J. N., 14638; *supra n° 6897*.
(20) *Supra n° 6307*.

7141. Mais on ne considère pas comme une dation en payement la clause d'un marché de construction par laquelle le propriétaire abandonne à l'entrepreneur les matériaux de démolition dont la valeur doit être compensée avec le prix du marché (1).

SECTION VI. — DES LICITATIONS.

7142. I. *Tarif*. Le législateur a tarifé les parts et portions acquises par le colicitant, c'est-à-dire tout ce qui excède ses droits dans l'indivision, à 2 p. 0/0 quand il s'agit de meubles (*art. 69, § 5, n° 6 de la loi du 22 frim. an 7*), et à 4 p. 0/0 s'il s'agit d'immeubles (*art. 69, § 7, n° 4*).

7143. Les licitations ayant pour objet des actions ou des créances sont passibles, sur les portions acquises, du droit fixé pour les cessions ordinaires de biens de même nature.

7144. En outre, dans tous les cas où les actes sont susceptibles d'être transcrits, le droit d'enregistrement est augmenté de 1 50 p. 0/0; mais la transcription ultérieure au bureau des hypothèques ne donne plus lieu qu'au droit fixe (*Loi, 28 avril 1816, art. 54*).

7145. II. *Liquidation*. Pour établir la perception du droit sur l'adjudication faite à un colicitant, on déduit du prix de cette adjudication la part seulement de l'adjudicataire dans ce prix, et non sa part dans le prix total des biens adjugés par le même acte (2); — ni a plus forte raison sa part dans les immeubles vendus par des actes antérieurs (3).

7146. Les droits perçus le sont alors régulièrement; ils ne deviennent plus restituables par suite du partage ultérieur qui attribue à l'adjudicataire, pour sa portion dans la masse, la totalité du prix ou une fraction supérieure à celle qui a été distraite pour la liquidation de l'impôt (4).

7147. Mais le partage fait après la licitation et présenté à l'enregistrement avant ou en même temps que cet acte doit servir de règle pour la liquidation des droits sur les adjudications faites aux colicitants; en sorte que si le prix est intégralement imputé sur la part de l'adjudicataire, il n'est pas dû de droit proportionnel (5).

7148. Le partage judiciaire sert de base comme le partage amiable, s'il est approuvé par les parties (6), et quoiqu'il ne soit pas homologué (7). — Dans tous les cas, il est indispensable qu'il soit définitif et ne laisse pas la moindre possibilité que les droits des parties pourront être modifiés par des éventualités (8). Il ne suffirait donc pas de dire que le prix est attribué au colicitant, sauf règlement lors de la liquidation générale (9), ou qu'il sera imputé sur ses droits dans la succession (10). Mais si le partage du prix est définitif, il ne saurait être repoussé, par la raison qu'il ne comprend pas toutes les valeurs de la succession (11).

7149. Enfin, le partage est inacceptable quoi qu'il ait été fait dans le délai pour l'enregistrement de l'adjudication, s'il n'a été lui-même présenté à la formalité qu'après cet acte (12).

7150. Si un immeuble indivis a été mis aux enchères en un lot, puis divisé par la déclaration de command entre plusieurs personnes dont l'une est un colicitant, le droit est dû par ce dernier sur ce qui excède sa part dans la portion achetée, et non dans l'immeuble total (13), — lors même qu'il serait dit que le prix s'imputera sur la part du colicitant, fixée antérieurement par une liquidation judiciaire dans la totalité des biens indivis (14).

(1) Sol., 30 déc. 1829; R. G., 4245.

(2) Cass., 22 avril et 18 août 1845, 22 avril et août 1846, 31 mai et 8 nov. 1847, 23 fév. 1848, 6 nov. 1851, 20 avril et 6 juill. 1853, 5 mars et 8 août 1855; Montpellier, 14 janv. 1861; J. N., 12382, 12484, 12679, 12745, 13155, 13232, 13340, 14515, 14947, 15501, 15612; Inst., 1743, § 5, 1755, § 10, 1767, § 5, 1786, § 6, 1790. § 14, 1814, § 12, 1912, § 3, 1982, § 5, 2042. § 5, 2054, § 6; R. G., 6189; R. P., 334, 465, 1517.

(3) Cass., 18 nov. 1839. 28 janv., 29 juin et 1er déc. 1840; 22 fév. et 29 déc. 1841; J. N., 10480, 10544, 10636, 10933, 11178; Inst., 1615-3, 1618-3, 1630-2, 1634-3, 1643-3.

(4) Cass., 14 nov. 1837, 10, 11, 21, 26 juin et 12 août 1839, 24 mars et 29 juin 1840, 22 fév. 1841, 19 mai 1843; J. N., 9621, 10148, 10416, 10188, 10640, 10685, 10935, 11649; Inst., 1562, § 25, 1601, § 10, 1630, § 6, 1643, § 3, 1697, § 7; R. G., 8186.

(5) Inst., 1634-1; Cass., 30 janv. 1839, 1er déc. 1840; Dél., 25 nov. 1842, 9 avril 1844; J. N., 10286, 10838, 11510, 12001; Gray, 25 fév. 1863; R. P., 1935.

(6) R. G., 8197; Dél., 14 nov. 1843 et 27 janv. 1844; Cass., 1er déc. 1849; J. N., 10836, 11830, 12321; Seine, 28 juill., 8 déc. 1865; R. P., 2210.

(7) Cass., 31 janv. 1860; Melun, 19 janv. 1865; Se ine, 28 juill. 1865; Versailles, 25 juill. 1867; J. N., 16780, 18-97, 18403, 18971; R. P., 1284. 2058, 2240, 2528; CONTRA, Amiens, 19 janv. 1856; Seine, 25 fév. 1859, 4 août 1860, 27 août 1861, 14 fév. 1862, 8 mai 1863; R. P., 1245, 1525, et 1614; J. N., 14830, 14112, 14193, 16937, 17449, 17354, 17730.

(8-9) Cass., 22 avril 1845; Beaune, 22 avril 845; Seine, 13 janv. 1846; Rouen, 4 mai 1847; Lille, 15 déc. 1848; Abbeville, 4 mars 1850; le Mans, 23 mai 1850; Lyon, 2 juill. 1851 Seine, 20 janv. 1860. J. N., 12382; Inst., 1743-5, 2349-4; R. P., 2243, 2331, 2500.

(10-) Dél., 6 oct. 1835; Cass., 27 avril 1839, 22 fév. 1841; Inst., 1601-10, 1643, § 3; R. G., 8201; J. N., 9012, 10374, 10933. V. CONTRA, J. N., 9145, 9984, 9551 et 10168.

(11) Sol., 26 juin 1858, 26 nov. 1861, 23 nov. 1862; R. P., 1945.

(12) Seine, 11 mars 1852; J. N., 14934.

(13) Cass., 6 juill. 1853; J. N., 15030; Inst., 1982, § 3.

(14) Cass., 5 mars 1855; J. N., 15501; R. P., 324.

7151. Quand, sous le régime de la communauté, un mari a acheté avec des tiers un immeuble destiné à faire partie d'une société existant entre eux, et que plus tard au décès du mari on licite l'immeuble au profit de la femme, le droit est dû sur la totalité du prix et non pas seulement sur l'excédant de la portion à laquelle elle aurait droit comme commune (1).

7152. Lorsque plusieurs lots sont adjugés au même colicitant, on doit déduire pour la liquidation de l'impôt la part de l'adjudicataire dans les prix réunis de ces lots (2).

7153. Si la licitation ne donne point ouverture au droit proportionnel, le droit fixe de 5 fr. n'est pas pour cela exigible (3). On ne perçoit que 2 fr. fixe comme salaire de formalité, quand l'acte ne contient pas d'autre disposition (4).

7154. III. *Transcription.* Il y a lieu à la transcription du contrat et par suite à la perception du droit de 1 50 p. 0/0 toutes les fois que les colicitants ne sont pas propriétaires au même titre ou que l'indivision de l'objet ne cesse pas complètement.

7155. Il n'y a aucune copropriété entre le propriétaire de la superficie d'un bois et le propriétaire du sol (5); — non plus qu'entre l'usufruitier et le nu-propriétaire du même immeuble; en sorte que si l'un d'eux se rend adjudicataire de la part de l'autre, l'acte est sujet au droit de transcription (6). Il en serait autrement néanmoins si l'usufruitier avait une portion de la nue propriété (7).

7156. De même, la société, considérée comme être moral, n'est point dans l'indivision avec ses membres; et la cession qui aurait lieu d'un immeuble social au profit d'un de ceux-ci avant la dissolution de l'entreprise serait de nature à être transcrite (8).

7157. Mais il ne suffit pas d'être copropriétaire, il faut encore l'être au même titre. Ainsi, l'acquisition que le tiers acquéreur de quotité d'un immeuble indivis fait ultérieurement des parts et portions des autres cohéritiers, ne constitue pas, lors même qu'elle fait cesser l'indivision, la licitation de l'art. 883 C. N.; elle a le caractère d'une vente pure et simple sujette au droit de 5 50 p. 0/0 (9) — Et on assimile au tiers acquéreur le donataire (10), ou le légataire particulier qui achète le surplus de l'immeuble dont une portion lui a été donnée (11), ou le copropriétaire qui reçoit cette fraction à titre de donation (12).

7158. Quant aux codonataires et aux coacquéreurs, ils ont entre eux un titre commun qui dispense la licitation du droit de 1 50 p. 0/0 quand l'indivision cesse (13).

7159. Cependant si l'adjudication d'immeubles de la succession est faite au profit d'héritiers bénéficiaires, majeurs ou mineurs, l'acte étant toujours de nature à être transcrit à cause du compte de bénéfice d'inventaire, donne lieu au droit additionnel de 1 50 p. 0/0 (14). Il en serait de même quoique le bénéficiaire fût héritier pur et simple pour une partie des biens à vendre (15). Mais si l'héritier majeur n'a point passé sa déclaration au greffe et s'est borné à prendre qualité de bénéficiaire dans un acte de la procédure, on doit le considérer comme un héritier ordinaire (16); on doit considérer de même le mineur si aucune acceptation sous bénéfice d'inventaire n'a été faite en son nom (17).

7160. Lorsque le contrat ne met pas fin à l'indivision entre tous les propriétaires de l'objet licité, il a le caractère de la vente et devient passible du droit de 5 50 p. 0/0. — C'est ce qui a été décidé pour la cession faite par un copropriétaire à un de ses copropriétaires sans le concours des autres (18), —

(1) Cass., 23 nov. 1853; J. N., 15095.
(2) D. N., *loc. cit.*, 218; Cass., 8 nov. 1847; Inst., 1814, § 12, 21 fév. 1848; R. G., 8194.
(3) D. N., *loc. cit.*, 220; Garnier, 8203; Epernay, 6 déc. 1833; Dél., 25 fév. 1834; J. N., 8422.
(4) J. N., 9405; Garnier, 8203, § 2.
(5) Cass., 17 nov. 1857; R. P., 973.
(6) Seine, 12 juin 1833; Dél., 26 fév. 1833; Cass., 30 mars 1841; Seine, 27 juin 1854 et 7 juill. 1853; Inst., 1643-7; J. N., 11148, 15281, 15691; R. G., 8213.
(7) Proudhon, *Usuf.*, 1245 et suiv.; Duvergier, *Vente*, 148; Garnier, n° 8214; *supra 6868.* V. Sol, 11 janv. 1866; Jur. N., 12297e.
(8) Cass., 17 août 1836; Inst., 1528, § 13; R. G., 8215.
(9) Cass., 21 janv. 1840, 19 déc. 1845, 11 fév. 1846, 9 nov. 1847, 26 janv. et 28 déc. 1848, 14 fév. 1849, 9 janv. 1854, 2 mars et 24 juill. 1858; J. N., 10522, 11569, 12625, 13223, 13575, 13576, 15142; R. G., 8218; R. P., 980, 1075.
(10) Bar-sur-Aube, 24 août 1837; Seine, 21 fév. 1839; Belfort, 21 fév. 1840; Nontron, 7 déc. 1843; Toulouse, 30 nov. 1849; R. G., 8219; D. N., *loc. cit.*, 229.
(11) Seine, 4 déc. 1844; R. G., 8220; Aubusson, 30 déc. 1858; R. P., 1190.
(12) Cass., 5 mai 1841; J. N., 10086. Voir J. N., 17649.
(13) Cass., 27 nov. 1821, 14 juill. et 10 août 1824; J. N., 3985, 4771, 4934; Inst., 1150, § 8; Gray, 25 fév. 1863; R. P., 1955.
(14) Limoges, 6 juin 1860; Châlon-sur-Saône, 20 nov. 1862; Cass. 12 nov. 1823, 26 déc. 1831, 15 janv. 1834, 24 janv. et 12 août 1839 15 avril 1840, 10 mai 1841, 17 janv. et 16 fév. 1842, 10 avril 1848 26 fév. et 28 juill. 1852; J. N., 4184, 7613, 8241, 8391, 10268, 10490 10487, 10188, 10731, 10991, 11212, 11257, 13368, 16999, 17301, 17402; R. G., 2153-1; R. P., 1584, 1682, 1797, CONTRA, Dijon, 31 mars 1858; Versailles, 15 mai 1861; R. P., 1600, 1634.
(15) Limoges, 6 juin 1860; R. P., 1394.
(16) Limoges, 31 janv. 1863; J. N., 17834.
(17) Sol., 29 sept. 1865, 9 avril 1866, 28 juin 1867; J. N., 19002 R. P., 2373; CONTRA, Sol., 13 mars 1861; R. P., 1703; J. N., 17849.
(18) Cass., 10 janv. 1847, 24 août 1829, 27 déc. 1830, 31 janv., 16 mai et 6 nov. 1832, 21 janv. 1840, 19 déc. 1841; J. N., 6026, 6497, 6959 7004, 7112, 7354, 7634, 7814, 7900, 10522 et 12569; Inst., 1229, § 12, 130; § 12, 1307 1 2, 1351, 1 10, 1104, § 11, 1122, § 12, 1618, 1 10.

ou pour la cession faite à plusieurs copropriétaires conjoints (1), lors même que ces coacquéreurs auraient déclaré acquérir chacun pour une part égale (2).

7161. Il importe peu que l'indivision cesse en ce qui concerne la portion vendue (3) ou entre les colicitants (4) si elle subsiste pour une partie de l'immeuble, ou entre l'acquéreur et des tiers non appelés à la vente. Il importe peu également que le prix total de la licitation soit attribué à l'acquéreur dans un partage présenté à l'enregistrement avec la licitation (5).

7162. La cession faite aux époux communs en biens de portion d'un immeuble dont le surplus appartient à l'un d'eux ne donne pas ouverture au droit de 1 50 p. 0/0, si l'indivision cesse avec les autres copropriétaires, car l'acquisition ne forme pas un conquêt (6). — Et il en est de même, sous le régime dotal (7). Mais lorsque le mari achète sans le concours de la femme et sans mandat un bien appartenant par indivis à celle-ci, il devient, ou la communauté qu'il représente, propriétaire de l'immeuble jusqu'à l'option de la femme, et le contrat n'a pas le caractère d'une licitation (8). C'est ce qui se produit encore si la cession faite aux époux conjointement a pour objet la portion d'un immeuble appartenant par indivis au mari qui doit servir de remploi à la femme (9).

7163. Dès que, pour un motif quelconque, l'acte est de nature à être transcrit, le droit de 1 50 p. 0/0 est exigible, non pas seulement sur les parts et portions acquises comme le droit de mutation, mais sur l'intégralité du prix (10). Même, si la cession comprenait, sans désignation spéciale, des immeubles indivis entre le cédant et le cessionnaire seulement et d'autres immeubles indivis entre eux et des tiers moyennant un prix unique affecté pour portions inégales à chaque nature de biens, le droit de 1 50 p. 0/0 serait dû sur la totalité du prix (11).

7164. Jugé cependant que si les héritiers de la nue propriété achètent par licitation l'usufruit de l'immeuble, le droit de 1 50 p. 0/0 n'est dû que sur la partie du prix applicable à l'usufruit (12).

SECTION VII. — DES CESSIONS DE DROITS SUCCESSIFS.

7165. I. *Tarif*. Les cessions de droits successifs sont sujettes au droit de 1 fr., 2 fr. et 4 fr., ou 5 50 p. 0/0 selon la nature des biens qui en font l'objet et suivant que la cession est ou non de nature à être transcrite. — Quand l'acte est soumis à la transcription, la liquidation du droit de 1 50 p. 0/0 s'opère selon les principes que nous avons indiqués précédemment à propos des licitations.

7166. La cession de droits successifs entre cohéritiers, lors même qu'elle fait cesser l'indivision, a tantôt le caractère d'une vente et tantôt le caractère d'une licitation. On a considéré comme licitation le transport consenti par un cohéritier à son cohéritier à ses risques et périls et pour un prix à forfait (13), — et comme vente une cession de même nature portant en outre que le cédant se réservait son privilége et son action résolutoire (14).

7167. Ici d'ailleurs, pas plus qu'en toute autre matière, le receveur n'est juge de la validité de l'acte; et, quoiqu'une cession de droits dans une succession future soit entièrement nulle, l'impôt proportionnel n'en est pas moins exigible (15).

7168. La renonciation conditionnelle à l'effet d'un testament équivaut à un transport de droits successifs lorsqu'il en résulte un avantage pour le renonçant ou qu'il dispose, même éventuellement,

(1) Cass., 24 janv. 1844, 21 juin, 12 juill. et 29 nov. 1848, 7 nov. 1849, 26 fév., 16 avril, 10 juin, 26 août 1850. 2 déc. 1851, 18 mai 1858; J. N., 11941, 13421, 13453, 13579. 43876, 14046, 14078, 14165, 14240, 14570; Inst., 1713, § 8, 1857, § 3, 1675, § 5, 1883, §§ 5 et 6, 1912, § 2; Grenoble, 27 août 1863; R. P., 1852; Seine, 17 avril 1866; Jur. N., 13148.

(2) Hazebrouck, 10 déc. 1859; R. P., 1283.

(3) Cass., 31 janv. 1832; Inst., 1401-7; Vitry-le-François, 26 nov. 1844; Bar-le-Duc, 11 mai 1842; Seine, 27 nov. 1838; R. G., 5230.

(4) Cass., 16 mai 1832; J. N., 7846.

(5) Cass., 26 fév. 1851; J. N., 14313.

(6) Dél., 22 fév. 1823, 27 juin 1838; Nantes, 16 janv. 1837; J. N., 4348, 10035; R. G., 8246, 8247. V. Seine, 17 fév. 1866; R. P., 2264.

(7) Dél., 15 fév. 1826; J. N., 8992.

(8) Garnier, R. P., 1839, 1964; Saint-Etienne, 27 déc. 1865; R. P., 2227; J. N., 10099; contra, Dél., 20 mai 1864; Reims, 31 oct. 1855; Altkirch, 10 déc. 1857; R. P., 524, 965, 1964; J. N., 15673, 16287.

(9) Dél., 5 mars 1833; J. N., 8992.

(10) Cass., 9 mai 1837, 15 juin 1810, 3 mai 1811, 15 nov. 1814, 17 janv. 1842, 13 avril et 17 nov. 1817, 21 juin 1818, 12 juill. et 29 nov. 1848, 7 nov. 1849, 16 avril, 10 juin, 26 août et 2 déc. 1850, 2 déc. 1851, 7 juill. 1852, 23 nov. 1853, 13 août 832, 13 et 17 janv. 1865; J. N., 8214, 9059, 10676, 10981, 11455, 11218, 13021, 13760, 13876, 14046, 14078, 14165, 14240, 14313, 14570, 15095, 25145, 17508, 18200, 18203; R. G., 8242; Lesparre, 26 nov. 1858; R. P., 1421, 1749, 2036; Inst., 2325-9.

(11) Cass., 7 juill. 1852; J. N., 14730; B-icy. 15 déc. 1858; Saint-Quentin, 25 avril 1860; Cambrai, 8 juill. 1864; R. P., 1264, 1185, 1975.

(12) Seine, 29 juill. 1864, 18 mai 1867; J. N., 18177; R. P., 2534. Voir Cass., 8 juin 1847; J. N., 13120.

(13) Cass., 24 fév. 1822 et 30 mai 1851, 7 août 1855; J. N., 4308 et 15272; Sol., 8 avril 1859; R. P., 350. 1772; Tulle, 19 juill. 1865; R. P., 2274, contra, Ussel, 12 mars 1858; E. P., 977.

(14) Cass., 29 juill. 1857; J. N., 16135; Cambrai, 8 juill. 1864; R. P., 1975. V. cep. Aurillac, 23 janv. 1867; J. N., 19012.

(15) Inst., 1230, n° 2; R. G., 5109 *bis*; D. N., *Transp.-cession*, 800.

d'objets à lui légués (1). — Il en est de même de la cession portant que l'acquéreur aura la faculté de se libérer du prix ou par le payement d'une somme ou par l'abandon d'un immeuble. Cette clause n'a pas le caractère de la condition suspensive (2).

7169. II. *Charges des dettes.* Le cessionnaire étant tenu de plein droit et sauf stipulation contraire d'acquitter la part du cédant dans le passif de l'hérédité, cette part doit être ajoutée au prix (3). Et si la Régie découvre ultérieurement que le montant des dettes a été atténué, elle peut réclamer un supplément de droit sans recourir à l'expertise (4).

7170. Lorsque le contrat ne fait pas mention du payement des dettes, la Régie est-elle fondée à exiger des parties une déclaration formelle qu'il n'en existe aucune? La question est controversée (5), il vaut mieux insérer cette indication dans l'acte pour la perception, afin d'éviter les difficultés.

7171. En tous cas, si les dettes, pour une cause quelconque, sont laissées à la charge du cédant, elles ne doivent pas être ajoutées au prix (6).

7172. III. *Droits mobiliers et immobiliers.* La cession de droits successifs mobiliers et immobiliers est passible du droit immobilier sur le tout, s'il n'est stipulé un prix particulier pour les meubles, et s'ils ne sont détaillés et estimés article par article dans le contrat (7). — Ces deux conditions sont essentielles, et la désignation de prix spéciaux ne dispenserait pas de l'estimation détaillée des meubles (8). Il en serait de même, quoique les cessions fussent l'objet de dispositions distinctes du même acte (9).

7173. Le détail estimatif des meubles, au lieu d'être dans l'acte même, peut se trouver dans un inventaire auquel il renvoie (10), pourvu que le prix exprimé pour le mobilier ne soit pas supérieur à l'estimation de l'inventaire (11). Mais on n'accepterait pas les indications d'une déclaration de succession (12), ni même celles d'un tableau annexé à l'acte dans lequel il serait dit qu'elles n'ont aucun poids entre les parties (13).

7174. Si les objets sont sous scellés, il est admis que le détail estimatif peut être donné après la levée des scellés (14). Cette solution est cependant douteuse.

7175. Quand la cession comprend des immeubles et des créances, ces dernières n'ont pas besoin d'être détaillées et estimées, ni de donner lieu à la stipulation d'un prix particulier ; les parties doivent être admises à déclarer la portion du prix qui leur est applicable (15). La Cour suprême a cependant décidé le contraire à propos d'une cession comprenant le legs mobilier d'une somme déterminée (16). D'ailleurs si, dans cette dernière hypothèse, il s'agissait de la donation d'une somme non payée et cédée par l'héritier avec les autres droits, la somme ne pourrait être considérée comme une créance, et alors il faudrait exécuter *l'art. 9 de la loi du 22 frim. an 7* (17).

7176. Mais la cession de droits successifs mobiliers paternels et de droits immobiliers maternels faite pour deux prix distincts ne donne lieu qu'au tarif de 2 p. 0/0, sur la succession du père, quoique les meubles ne soient ni détaillés ni estimés, parce que les valeurs cédées dépendent de deux successions distinctes (18).

7177. IV. *Cession pour un prix en sus des constitutions dotales.* La cession faite moyennant une somme déterminée en sus de celles qui ont été données au cédant en avancement d'hoirie, ou qu'il a reçues à tout autre titre n'est passible de l'impôt que sur le prix stipulé (19) ; mais si la donation ne résulte d'aucun acte enregistré, la somme prétendue payée par les donateurs s'ajoute au prix (20).

(1) Inst., 4173, § 7; D. N., 5343.
(2) Cass., 9 juill. 1839 ; J. N., 10410; R. G., 5146.
(3) Cass., 20 niv. an 42, 6 juill. 1825; Inst., 4180, § 2; J. N., 5454; R. G., 5112; Seine. 7 mai 1859; R. P., 4480.
(4) Seine, 22 juin 1842; Gornier, 5445; Guéret, 48 juin 1855; Lavaux, 47 fév. 1860; R. P., 528, 4419; J. N., 17405; CONTRA, Dél., 6 mars 1827; Inst., 4240, § 40; D. M. F., 7 déc. 1844; J. N., 4483, 6201.
(5) *Affir.*, Garnier, 5113; Arg. des inst., 4480, § 2, 4210, § 10 et 4209, § 1 ; *Nég.*, D. M. F., 3 nov. 1820; J. N., 4009; Del., 43 mai 1829, 42 mars 1832; Muret, 30 avril 4842; R. G., 5143; D. N., 378.
(6) Cass., 5 mars 4833; J N., 8044 ; R. G., 5447.
(7) Cass., 5 mai 1847, 30 mai 1826, 7 janv. 4839, 45 juin 1847, 2 août 4853. Voir J. N., 4009, 5810, 6464, 40230, 42473, 43143, 45064 et *supra n° 7067*; Cass., 7 août 4855; R. P., 550.
(8) Saint-Étienne, 4 déc. 1844; Lyon, 47 mars 1845; Ussel, 34 août 1849; J. N., 42473; R. G., 5427; Villefranche, 40 fév. 4843; Tournon, 20 déc. 1849; R. G., 5128; Seine, 24 juill. 1866; R. G., 2444.
(9) Cass., 42 déc. 1842 ; le Havre, 5 juill. 4864 ; J. N., 44536, 17230

(10) Dél., 8 oct. 1823, 5 juill. 1826, 45 janv. 4836; R. G., 5126, § 2.
(11) Inst., 4320, § 40; D. N., *loc. cit.*, 384.
(12) Barbezieux, 44 nov. 1844; D. N., *loc. cit.*, 385; R. G., 5126, § 4.
(13) Cass., 5 mai 4847; Inst., 4209, § 6; R. G., 5418.
(14) Cass., 7 janv. 4839; J. N., 40239; R. G., 5131; D. N., 387.
(15) Cass., 21 oct. 4844 ; D. M. F., 28 août 4836; Dél., 44 mai 1832, 3 avril 4833 ; Inst., 4206, 4537, sect. 2, n° 252 ; R. G., 5123 ; J. N., 6464, 8063.
(16) Cass., 2 août 4853; J. N., 45064; *Conf.*, Angoulême, 25 août 1845; R. G., 5422.
(17) Cass., 7 janv. 4850; Inst., 4857, § 2; R. G., 5424; Mende, 25 mai 4857; J. N., 43950, 46477.
(18) Inst., 4209, § 4, n° 6 ; J. N., 2329 et 6466 ; R. G., 5439.
(19) Inst., 4209, § 4, n°s 2 et 3; J. N., 6462 et 6465; Cass., 7 nov. 4820; R. G., 5435.
(20) Inst., 4209, § 4, n° 3; J. N., 6462; CONTRA, J. N., 9487 et D. N., *loc. cit.*, 395.

7178. La Régie a décidé que si la cession est consentie moyennant une somme stipulée en sus des constitutions dotales acquittées précédemment par *le cessionnaire* au nom des constituants, il faut ajouter le montant de la dot au prix du transport (1). Cette solution est exacte quand la dot a été payée par le cessionnaire après le décès des père et mère, car le décès ayant annulé la constitution, l'enfant doté devait venir au partage comme tout autre héritier, en sorte que sa cession équivaut à un abandon de biens en nature (2). Au contraire si le payement a eu lieu du vivant du constituant, l'enfant ou son ayant droit, le cessionnaire, s'est trouvé tenu de rapporter le montant de la libéralité *en moins prenant*, et il ne pourrait se présenter au partage que pour l'excédant de ses constitutions dotales. Cet excédant forme donc le seul objet du transport (3). Mais alors, comme l'obligation du rapport *en moins prenant* constitue une simple créance sur la succession et ne donne point au donataire le droit d'exiger jusqu'à une concurrence des biens héréditaires, il faut décider que le droit de dation en payement est exigible quand il reçoit des valeurs de l'espèce dans le partage (4).

7179. L'acte par lequel un frère délivre à sa sœur un immeuble de la succession du père commun pour la remplir de ses droits, avec garantie des dettes, n'est qu'un partage sujet au droit de 5 fr. (5).

7180. Mais aurait le caractère de cession de droits successifs, la constitution dotale qu'il lui ferait afin de la désintéresser de sa part dans les hérédités ouvertes de leurs père et mère, lors même que la sœur ajouterait la réserve d'exercer ses plus grands droits si elle en a (6). Il en serait autrement dans le cas où la constitution dotale aurait lieu *à valoir* sur ces droits successifs et sauf règlement lors du partage. L'acte devrait être alors considéré comme un prêt ou une avance passible de 1 p. 0/0 (7).

7181. De même, la quittance donnée par un héritier d'un legs de somme d'argent à lui fait pour le remplir de ses droits dans la succession n'emporte pas cession de corps héréditaire et constitue une délivrance de legs ordinaire (8). Mais si le légataire, au lieu de s'en tenir à son legs, exige un supplément, la convention change de nature et devient un véritable transport de droits successifs passible de l'impôt sur le montant du legs lui-même (9).

7182. Plus généralement, l'acte par lequel un donataire ou un légataire déclare renoncer à la succession pour s'en tenir à la libéralité qu'il a reçue n'est point un transport de droits successifs (10), quoique le renonçant ait ajouté surabondamment qu'il faisait aux héritiers acceptants tous transports et délaissements nécessaires (11).

7183. Quand l'obligation imposée au cessionnaire de payer les constitutions dotales en sus de son prix constitue une charge passible de l'impôt d'après les distinctions précédentes, elle doit être ajoutée intégralement au prix; on ne peut pas soutenir que le cessionnaire en était tenu personnellement pour une partie en sa qualité de cohéritier, et que l'excédant seul forme véritablement soulte (12).

SECTION VIII. — DES DÉCLARATIONS DE COMMAND.

7184. I. *Tarif.* Sont sujettes au droit fixe de 3 fr., les déclarations ou élections de command ou d'ami, lorsque la faculté d'élire un command a été réservée dans l'acte d'adjudication ou le contrat de vente et que la déclaration est faite par acte public et notifiée dans les vingt-quatre heures de l'adjudication ou du contrat (*Loi 22 frim. an 7, art. 68, § 1, n° 24; Loi 28 avril 1816, art. 44, n° 3*). — Sont sujettes au droit de 2 p. 0/0 les élections ou déclarations de command ou d'ami, sur adjudication ou sur contrat de vente de biens meubles, lorsque l'élection a été faite après les vingt-quatre heures ou sans que la faculté d'élire ait été réservée dans l'acte d'adjudication ou le contrat de vente (*Loi 22 frim. an 7, art. 68, § 5, n° 4.*) — Sont passibles de 4 p. 0/0 (5 50 p. 0/0, n° 7186, *infra*), les déclarations ou élections de command ou d'ami par suite d'adjudications ou contrats de vente de biens immeubles autres que celles des domaines nationaux, si la déclaration est faite après les vingt-quatre heures de

(1) Inst., 4510; J. N., 9310; Dél., 14 mai 1838; R. G., 5137. V. Gaillac, 24 mai 1864, et Tulle, 20 juillet 1865; R. P., 1985 et 2274.
(2) J. N., 9424, 9590; D. N., *loc. cit.*, 398 et suiv.; R. G., 5146; Florac, 10 mai 1862; R. P., 1766.
(3) J. N., 9424, 9590, 10254; D. N., *loc. cit.*
(4) J. N., 9424, 9590. Voir Tarbes, 12 avril 1859; R. P., 1240.
(5) Inst., 1209, § 3, n° 3; J. N., 6189; R. G., 5142.
(6) Cass., 7 nov. 1820; Inst., 1209, § 2, n° 1; J. N., 6183; R. G., 5140.

(7) Inst., 1209, § 3, n° 1; J. N., 6187; Marvejols, 15 déc. 1817; J. N., 2620, 13715; Dél., 30 janv. 1829; D. N., *loc. cit.*, 422; R. G., 5140, § 1.
(8) D. N., *loc. cit.*, 413. D'après l'Inst. Rég., 1209, § 2, n° 2; J. N., 6184, le droit de quittance serait exigible. Voir R. G., 5144.
(9) Inst., 1209, § 2, n° 2; J. N., 6184.
(10) Inst., 1209, § 3, n° 2; J. N., 2390, 6188; R. G., 5145.
(11) J. N., 12531; D. N., *loc. cit.*, 417; contra, Libourne, 21 fév. 1845.
(12) Garnier, R. G., 5139.

l'adjudication ou du contrat, ou lorsque la faculté d'élire un command n'y a pas été réservée (*Loi 22 frim. an 7, art. 69, § 7, n° 3*).

7185. Si la déclaration de command est faite au profit d'un copropriétaire de l'immeuble vendu et que l'indivision cesse, le droit exigible sur la vente est celui de 4 p. 0/0 (1) ; mais après l'expiration du délai, deux droits de 5 50 p. 0/0 seraient dus, l'un pour la vente à l'étranger et l'autre pour la rétrocession au colicitant (2).

7186. On applique, en effet, le taux de 5 50 p. 0/0 (*Loi 28 avril 1816, art. 52*), aux reventes qui résultent des déclarations faites en dehors des conditions imposées par la loi, bien que l'adjudicataire l'ait passée dans le délai fixé par le contrat de vente et ne soit soumis à aucune hypothèque (3).

7187. Quoique les textes précédents ne parlent que des ventes de meubles et d'immeubles, il est admis que l'élection de command peut avoir lieu aussi dans les transports de créances ou de rentes (4), dans les baux (5), et dans les marchés ou adjudications de travaux et fournitures (6).

7188. En tous cas, pour que l'élection de command faite en dehors des conditions légales puisse donner lieu au droit proportionnel, il faut qu'elle soit acceptée par le command élu (7).

7189. D'après les textes précités, la déclaration de command, pour profiter du droit fixe, a besoin de réunir les quatre conditions suivantes. Il faut : 1° que la réserve d'élire command ait été formellement exprimée dans le contrat de vente ; 2° que la déclaration de command soit faite par acte public ; 3° qu'elle ait lieu sans changer aucune des conditions de la vente originaire ; et 4° enfin, qu'elle soit notifiée à la Régie dans les vingt-quatre heures de l'adjudication.

7190. II. *Réserve.* La réserve peut être faite par le vendeur comme par l'acheteur (8), et dans le cahier des charges aussi bien que dans la vente même (9). Il est indifférent dans quels termes elle soit formulée ; pour un ou plusieurs associés, amis ou commands, ou bien pour l'acheteur et ses amis à désigner (10). — Mais on ne pourrait pas réserver au command qui sera élu la faculté d'en choisir lui-même un second (11).

La faculté d'élire command n'implique pas nécessairement un mandat de la personne au profit de laquelle cette faculté est exercée ; en sorte qu'on peut choisir pour command une personne qui était incapable au moment de la vente, et par exemple une société dont l'existence soit révélée régulièrement après cette époque et avant l'élection d'ami (12).

7191. III. *Acte public.* Toute déclaration de command faite par acte sous seing privé donne ouverture au droit de revente (13), à moins qu'elle ne soit déposée en l'étude d'un notaire dans les 24 heures de la vente (14). — Mais la procuration donnée à l'effet de passer déclaration de command peut être sous seing privé (15). Lorsque ce pouvoir étant authentique désigne le command, il remplace la déclaration elle-même (16).

7192. Si la déclaration de command faite sous seing privé n'était enregistrée qu'après les trois mois de sa date, il est clair qu'elle serait passible du droit en sus dû en matière de cession d'immeubles (17).

7193. IV. *Changement des conditions.* La déclaration de command ne doit contenir que la remise pure et simple au command des biens acquis pour son compte, sans novation dans les clauses, les conditions ou le prix (18). Dès qu'une modification altère le premier contrat, le droit de vente devient exigible, parce que l'acte paraît opérer une véritable cession.

7194. On a interprété dans ce dernier sens la déclaration imposant à l'élu une condition quel-

---

(1) D. N., *Décl. de comm.*, 147; Garnier, 2780.
(2) Ruffec, 9 déc. 1839 ; Seine, 29 nov. 1854; R. G., 2781 ; R. P., 279.
(3) Dél., 14 juin 1833 ; Inst., 1437, § 6; le Havre, 20 nov. 1846; R. G., 2769; CONTRA, D. N., *loc. cit.*, 128; Dél., 9 janv. 1829; J. N., 6778, 8117; Champ. et Rig., 1934 et 1980.
(4) D. M. F., 10 janv. 1809; Inst., 432, § 2 ; R. G., 2771; Champ. et Rig., 1935; Dalloz, 2556; D. N., *loc. cit.*, 123.
(5) Cass., 19 prair. an 5; D. N., *loc. cit.*, 122; R. G., 2772.
(6) D. M. F., 15 mai 1810; R. G., 2772; D. N., *loc. cit.*, 124.
(7) Merlin, *Command*, 10; Cass., 26 oct. 1810 ; J. N., 7224; Champ. et Rig., 1936; Dalloz, 2543; R. G., 2777.
(8) D. M. F., 11 janv. 1814; R. G., 2784.
(9) Nancy, 30 mars 1819; D. M. F., 25 juin 1819; J. N., 3131 et 3728.
(10) Cass., 27 janv. 1806; D. N., *loc. cit.*, 24; R. G., 2787.

(11) D. M. F., 28 juin 1809; Inst., 390, § 4; Cass., 22 août 1809; Dél., 29 mars 1839; R. G., 2785.
(12) Cass., 4 déc. 1865; R. P., 2198 ; J. N., 18426. V. aussi Cass., 8 juillet 1839; R. G., 2775; Inst., 1590, § 3.
(13) D. M. F., 15 mars 1808; D. N., *loc. cit.*, 27; Inst., 386, § 13 et 1562, § 6; Dél., 28 avril 1826; Chartres, 23 déc. 1833; Cass., 24 mai 1837; Clermont, 21 fév. 1845, 29 août 1845; R. G., 2789; J. N., 9665, 12517. Voir Dalloz, 2583.
(14) Cass., 7 nov. 1843 ; J. N., 11821; R. G., 2790.
(15) Dél., 20 avril 1824; D. N., *loc. cit.*, 28 ; R. G., 2790.
(16) Dél., 21 nov. 1814; D. N., *loc. cit.*, 31 ; CONTRA, Sol., 19 juin 1832; R. G., 2792.
(17) Cass., 24 mai 1837; J. N., 9665; Inst., 1562, § 6; R. G., 2782.
(18) D. M. F., 15 mars 1808; Inst., 386, § 14; R. G., 2800.

conque (1) ; — celle qui contient une réserve de réméré (2), ou une prorogation de délai pour le payement du prix (3), ou un mode particulier de libération (4), ou un supplément de prix au profit de l'acheteur (5), ou enfin des servitudes grevant des propriétés étrangères (6).

7195. Mais si la déclaration ne doit consister que dans la subrogation du command au lieu et place de l'adjudicataire, tout ce qui n'est pas incompatible avec cette subrogation reste licite. Telle est, par exemple, la division pure et simple que fait l'adjudicataire entre lui et plusieurs commands des immeubles acquis et du prix de la vente (7),lors même que la répartition du prix ne serait pas en rapport avec les estimations partielles des biens (8). — Ce n'est pas non plus changer les conditions de la vente, que de faire une déclaration de command dans laquelle on se réserve l'usufruit des immeubles (9), ou le mobilier existant dans l'immeuble et les récoltes pendantes par racines (10) ou le droit d'extraire la mine du fonds (11). Seulement le droit immobilier n'en est pas moins dû alors sur le tout (12), sauf le cas où l'adjudicataire se serait réservé le droit de diviser les biens en ce sens (13).

7196. V. *Notification.* Sauf le cas de l'enregistrement effectif dans le délai de 24 heures, la déclaration de command, pour profiter du droit fixe, doit être non-seulement passée, mais encore notifiée dans les 24 heures (14) du contrat lui-même (15), en comptant le délai d'heure à heure (16); et ces principes s'appliquent aux ventes passées sous condition suspensive (17), à celle des biens des communes ou des établissements publics (18), et aux déclarations reçues par l'autorité administrative (19).

7197. C'est au préposé de la Régie dans le bureau duquel l'acte doit être enregistré qu'il faut faire la signification (20). On admet cependant que les notaires de cours impériales ayant le droit d'instrumenter dans toute l'étendue du ressort de la Cour peuvent faire la notification au receveur du lieu de la passation de l'acte (21)

7198. La signification de la déclaration à la Régie ne résulte pas suffisamment de la consignation des fonds soit au notaire (22), soit même au receveur (23), — ni de la présentation du répertoire au visa de ce dernier (24), — ni du certificat du préposé de la Régie qu'il se tient la déclaration pour notifiée (25), — ni de la notification d'une procuration à l'effet d'accepter la déclaration de command (26).

7199. Elle ne saurait avoir lieu par voie d'huissier, dans les formes de la procédure ordinaire (27). — Si la vente a été faite la veille d'un jour férié, la déclaration peut être passée le lendemain du jour férié sans encourir le droit proportionnel (28).

7200. Quand la désignation du tiers a lieu dans l'acte même de vente, elle n'a besoin ni d'être précédée d'une réserve ni suivie d'une notification dans les 24 heures (29), lors même qu'elle serait faite au moyen d'un renvoi sur le procès-verbal d'adjudication (30).— Cependant la nécessité de la notification a été reconnue par quelques décisions dont l'exactitude est plus que contestable (31).

(1) Seine, 30 juill. 1856; Versailles, 3 juill. 1857. 26 mai 1864; R. P., 758, 824, 1957; Champ. et Rig., 1961; Dalloz, 2587.
(2) D. M. F., 30 mai 1826 ; J. N., 5517, Inst., 1200, § 3 ; R. G., 2803.
(3) Cass., 31 janv. 1814; Argentan, 25 mars 1843; Saint-Gaudens, 10 juin 1846, Rodez, 16 mars 1848; J. N., 1277, 13434 ; R. G., 2804, § 1 ; D. N., loc. cit., 35; Dél., 17 mars 1821 ; R. G., 2805 ; D. N., 36. Voir cependant Dél., 15 déc. 1826; R· G., loc. cit.
(4) Saint-Gaudens, 17 fév. 1846 ; R. G., 2804, § 1. V. cependant J. N., 12680.
(5) Neufchâteau, 20 juin 1845; Cass., 18 fév. 1839 ; Inst., 1590, § 3 ; Garnier. 2801; Dalloz. 2582; D· N., loc. cit., 38.
(6) Seine, 3 juill. 1856; Dieppe, 13 juill. 1861; J. N., 15974, 17253 ; D. N., Décl. de comm , n° 33 et suiv.
(7) Cass., 13 avril 1815, 19 août 1835; Melun 5 fév. 1834; Cass., 18 fév. 1839; Inst., 1504-1, 1590, § 3; R. G., 2804, § 1 ; J. N., 1732, 8616, 9995.
(8) Melun, 3 fév. 1834 et Cass., 11 août 1835, précités; D. N., loc. cit., 43.
(9) Dél., 6 fév. 1827; R. G., 2814; D. N., loc. cit., 41.
(10) Cass., 30 nov 1834; J. N. 8755; Chaumont, 3 mai 1842; R. G., 2815.
(11) Dél., 15 mars 1844; J. N., 12405; R. G., 2815.
(12) Dél., 30 déc. 1831 ; Cass., 6 nov. 1839; J. N., 10531; Inst., 1645, § 11; Garnier, 2815, § 1 ; Champ. et Rig., Supp., 395; Dalloz, 2595 ; D. N., loc. cit., 150.
(13) Langres, 31 août 1845; R. G., 2815, § 2 ; J. N., 12931 ; D. N., loc. cit., 151
(14) Dél., 17 mars 1837; Beziers, 2e août 1838; Cass., 29 nov. 1831; Ruffec, 9 déc. 1839; J. N., 9871; R. G., 2816. § 1; Marseille, 19 fév. 1858; R. P., 989.
(15) Cass., 19 germ. an 12; R. G., 2818 et D. N., loc. cit., 18.
(16) J. N., 7221; Favard, Rép., Décl. de comm., 2; D. N., Command, n° 60; Cass. Delg., 26 juill. 1861; J. N., 17315; Inst., 1458, § 5.
(17) Cass., 30 nov. 1812; D. N., loc. cit., 32; Soissons, 17 janv. 1841; R. G., 2816, § 2.
(18) Garnier, 2817; Lectoure, 8 avril 1864; R. P., 1940; J. N., 18197; D. N., Décl. de comm., 109; contra, Dél., 13 fév. 1828; R. G., 2817.
(19) Cass. (adm.), 30 nov. 1826; Inst., 1219, § 1 : R. G., 2817, § 2.
(20-21) Sol., 8 mai 1841 ; Garnier, R. G., 2819, § 1 ; J. N., 13049; D. N., loc. cit., 62.
(22) Rodez, 6 fév. 1840 ; R. G., 2816, § 1.
(23) Cass., 15 nov. 1813 et 31 mai 1825; J. N., 5307 et 9134; R. G., 2822.
(24) Dél., 31 déc. 1833; D. M. F., 15 janv. 1834; Inst., 1458, § 5 Dél., 29 janv. 1848, 17 nov. 1857 et D. M F., 1er mars 1841 ; R. G., 2821 ; J. N., 8337, 9311, 10923.
(25) Dél., 15 mars 1836; D. N., loc. cit., 49; Inst., 1458, § 5 ; Tours 7 mai 1821; J. N. 9134 : Poitiers, 20 mars 1850; R. G., 2825. Mais le receveur est responsable envers le notaire quand la déclaration lui a été déposée dans le délai utile : Cass., 31 mai 1825, 23 déc. 1835 ; Domfront, 21 janv. 1846; J. N., 5307. 9134, 12952.
(25) Sol., 19 juin 1830; R. G., 2824.
(27) Cass., 3 vent. an 11, 15 oct. 1806, 3 mai 1825 ; Inst., 1209, § 1 ; 1450. § 3 ; R. G., 2823; D. M. F., 15 janv. 1834; J. N., 8337.
(28) Cass., 15 nov. 1837, 13 mars 1838, 7 nov. 1843 ; J. N., 9831, 9969, 11824; Inst., 1562, § 7, 1577, § 5; R. G., 2527; contra, Seine, 11 déc. 1814; J. N., 8911.
(29) Dél., 26 juin 1816, 5 mai 1821; D. M. F., 11 avril 1821, 6 fév. 1822, 21 mai 1828; Garnier, R. G., 2788; R. P., 2088 et 2156; Dél., 5 mai et 30 mars 1831; D. N., loc. cit., 125; Sol., 15 avril 1864; J. N., 13134, Sol., 21 avril 1864; R. P., 1987.
(30) Dél., 6 oct. 1826; R. G., 2788, § 1 ; Seine, 20 mars 1843; J. N., 5899 et 11736. Voir Angers, 5 août 1836; J. N., 9543.
(31) Seine, 25 juill 1843, 9 déc. 1845; Cass., 11 janv. 1817; J. N., 12478, 12805; Abbeville, 25 juill. 1842; R. G., 2828.

7201. VI. *Vente judiciaire*. Les avoués derniers enchérisseurs dans les ventes judiciaires ont trois jours pour déclarer l'adjudicataire et fournir son acceptation (*C. de proc.*, 707). Cette règle s'applique aux adjudications faites devant un notaire commis par justice (1). — Il n'est pas alors besoin de stipuler une réserve qui est de droit (2), ni de faire faire la notification ordinaire à la Régie (3).

7202. La réserve d'élire command en faveur de l'adjudicataire à désigner par l'avoué peut être seulement insérée dans la déclaration de ce dernier (4). — Mais cette seconde élection doit être faite et notifiée dans les 24 heures comme celles qui interviennent dans les ventes amiables (5); et le délai court alors du jour de la désignation de l'avoué (6).

V. *suprà*, v° *Cautionnement*, n° 6702.

SECTION IX. — DES VENTES A RÉMÉRÉ.

7203. I. *Tarif et liquidation*. Les ventes à réméré sont, comme les autres ventes, sujettes au droit de 5 50 p. 0/0. La clause de réméré stipulée dans le contrat en forme une dépendance intime dispensée de l'impôt.

7204. Ce pacte peut s'appliquer aux ventes de meubles ou aux cessions de créances (7) et à l'échange (8).

7205. Aux termes de *l'art. 68, § 2, n° 11 de la loi du 22 frim. an 7*, le retrait de réméré est passible du droit de quittance à 50 c. p. 0/0 quand il est fait par acte public dans les délais stipulés, ou fait sous seing privé et enregistré avant l'expiration de ces délais. — Mais les retraits exercés après les délais convenus par les contrats de vente sont passibles du droit de 5 50 p. 0/0 (9) (*L. 22 frim. an 7, art. 69, § 7, n° 6, et 28 avril 1816, art. 52*).

7206. Le droit de quittance se liquide sur les sommes remboursées au vendeur pour le prix principal et les loyaux coûts du contrat. Si l'acquéreur n'ayant rien payé sur le prix restitue seulement les frais, le droit de quittance n'est pas dû sur une somme supérieure à ces frais (10). Le retrait est même simplement passible du droit fixe de 2 fr., si aucun remboursement n'a lieu (11). — Quand l'acheteur au lieu de restituer le prix s'oblige à le rendre à terme, cette convention ne modifie pas l'exigibilité des droits. Le retrait est sujet au droit fixe et le droit de quittance est dû lors du payement (12).

7207. Parmi les loyaux coûts figurent les droits simples et en sus acquittés par l'acquéreur à la suite d'une expertise (13). — Mais si le vendeur consentait à retirer, en en payant la valeur, les constructions élevées par l'acheteur, le droit de vente immobilière serait exigible sur le prix de ces bâtiments (14).

7208. II. *Délai*. Le délai légal accordé pour l'exercice du réméré est de cinq ans, après quoi l'acquéreur demeure propriétaire irrévocable (*C. N. 1662*). Le droit de vente serait donc exigible sur le retrait opéré après l'expiration de cette période (15), quoique les parties aient stipulé un délai plus long (16).

7209. On peut convenir d'une période plus courte que cinq ans, et si le retrait a lieu après son expiration, le droit de vente est dû (17). Toutefois les parties ont la faculté, avant l'arrivée de ce terme, de le proroger jusqu'à la limite légale de cinq ans, et le retrait opéré pendant le cours du nouveau délai n'est sujet qu'au droit de quittance (18). — La prorogation accordée par le juge ne produirait pas les mêmes effets (19), non plus qu'une prétendue convention *verbale* énoncée dans l'acte de retrait (20).

7210. Le jour de la vente n'est pas compté dans le délai fixé pour le réméré (21), mais on doit y comprendre le jour *ad quem*, fût-il férié (22).

---

(1) Cass., 25 fév. 1827; Inst., 1210, § 2; J. N., 6072 et 6202.
(2) Cass., 23 avril 1816; Inst., 539; Garnier, 2830.
(3) Cass., 3 sept. 1810, 9 et 24 avril 1811; Inst., 539; D. N., *loc. cit.*, 90; R. G., 2837.
(4) Cass., 1er fév. 1854; J. N., 15163.
(5) Cass., 1er fév. 1854, 15 oct. et 18 nov. 1806; D. M. F., 31 déc. 1808, 10 janv. 1809; Inst., 1219, § 1; D. N., *loc. cit.*, 91.
(6) Cass., 25 fév. 1823; J. N., 4400; Vendôme, 12 juill. 1862; R. P., 1689; J. N., 4400, 17629.
(7) Dél., 7 avril 1826; J. N., 5700, § 4; R. G., 10633.
(8) Garnier, 5183.
(9) Garnier, 10632; Inst., 1320, § 8; D. N., v° *Réméré*, 142.
(10) Cass., 26 août 1823; J. N., 4470, § 2; R. G., 10672.
(11) Dél., 21 oct. 1834; J. N., 9705; R. G., 10675.
(12) Dél., 8 sept. 1826; Inst., 1264, § 8; R. G., 10678; J. N., 5914. Voir cependant Garnier, *loc. cit.*

(13) Cass., 24 mars 1835; R. G., 10674.
(14) Garnier, 10671, § 1.
(15) Garnier, 10638-10639.
(16) Sol., 7 mai 1830, 17 août 1835; Cass., 9 juill. 1839; Vitré, 22 janv. 1840; Roanne, 18 déc. 1848; Inst., 1601, § 7; R. G., 10638, § 1; D. N., *loc. cit.*, 146.
(17) Garnier, 10643, § 2.
(18) Avis du comité des fin. du 13 janv. 1830; Inst., 1320, § 8; R. G., 10643, § 4; J. N., 7094; D. N., *loc. cit.*, 143.
(19) Cass., 22 brum. an 14; D. N., *loc. cit.*, 147.
(20) Cass., 9 juill. 1839; J. N., 10449; Inst., 1601, § 17.
(21) Dél., 16 nov. 1822; D. N., *loc. cit.*, 150; Nîmes, 31 mars 1840; J. N., 10692; R. G., 10645.
(22) Garnier, R. G., 10646.

7211. Le retrait exercé après le délai convenu, par suite d'offres réelles faites dans ce délai, n'est passible que du droit de 50 c. p. 100 (1).

7212. III. *Réserve.* La faculté de réméré doit être stipulée dans le contrat de vente lui-même. S'il avait été convenu par acte séparé, même authentique, et passé le même jour que la vente, l'acte ultérieur constatant la remise en possession du vendeur donnerait ouverture au droit de rétrocession (2).

7213. IV. *Forme du retrait.* Le retrait doit avoir lieu par acte authentique, ou par acte sous seing privé enregistré avant l'expiration du délai (*Loi 22 frim. an 7, art. 68, § 2, n° 11*). — Cette nécessité de l'enregistrement avant le délai ne s'applique pas aux actes authentiques ; elle serait valablement remplacée, pour les sous seings privés, par l'une des circonstances qui donnent date certaine aux contrats (3).

7214. Le retrait peut encore être exercé au moyen d'offres réelles signifiées à l'acheteur dans le délai légal ou conventionnel (4), pourvu qu'elles fussent constatées par écrit dans la forme précédente (5), et lors même qu'elles n'auraient pas été suivies de consignation (6). — Mais un simple ajournement ne suffirait pas à arrêter la déchéance (7).

7215. En tous cas, le retrait verbal n'est pas admissible en droit fiscal. Il n'est pas douteux qu'après l'expiration du délai, l'administration pourrait exiger les droits proportionnels, si la mise en possession du vendeur était légalement établie (8).

7216. V. *Cessionnaires du vendeur.* La cession du droit de retraire l'immeuble faite sans aucun prix et à la charge seulement de rembourser à l'acheteur primitif, le cas échéant, les prix, intérêts et loyaux coûts, n'est passible que du droit fixe (9). — Mais si elle est faite à prix d'argent, le droit de vente d'immeuble devient exigible sur ce prix, sans y ajouter les sommes à restituer lors du retrait (10). — Quand la cession est le résultat d'une libéralité, il semble que le contrat constate l'abandon gratuit d'un droit immobilier et doit supporter l'impôt sur le revenu présumé de ce droit, comme dans les cas ordinaires (11).

7217. En principe, le retrait exercé par le cessionnaire de la faculté de rachat opère, au profit du retrayant, une transmission de propriété passible du droit proportionnel (12) ; s'il s'agit d'un cessionnaire à titre onéreux, c'est le droit de vente qui devient exigible et on le liquide sur les mêmes bases que pour le retrait exercé par le vendeur lui-même. — De plus, s'il avait été convenu qu'en reprenant l'immeuble, le cessionnaire payerait une certaine somme aux créanciers du vendeur en sus des restitutions ordinaires à l'acheteur dépossédé, le droit serait actuellement dû sur ces sommes (13). — Mais le droit de quittance de 50 c. p. 100. ne pourrait être cumulativement perçu avec le droit de vente (14).

7218. Quand le retrayant est un héritier du vendeur, le réméré ne donne lieu à aucun autre droit que celui de mutation par décès (15). — Si c'est un donataire, le droit à acquitter est celui de libéralité, comme il l'aurait été au moment de la donation, si l'immeuble retiré s'y fût trouvé compris. Mais, comme l'immeuble sera retiré avec les deniers du donataire, le droit de donation ne devra être établi que sur le bénéfice réel procuré au donataire par le retrait (16).

7219. Si le mari, qui a le droit d'exercer le retrait, déclare qu'il l'opère pour servir de remploi à sa femme qui accepte, le droit de 5 50 p. 100 est exigible (17).

7220. La renonciation que le vendeur fait au profit de l'acheteur, et moyennant un supplément de prix à l'exercice du retrait, est, comme la cession ordinaire, passible du droit de 5 50 p. 100 sur le prix mentionné (18). — Cependant, il semble que si cet abandon était la suite d'une transaction sur procès, le droit de quittance serait seul exigible (19).

7221. La renonciation gratuite est passible du droit fixe de 2 francs (20). Et c'est également le droit fixe qui est dû sur l'acte par lequel l'acquéreur à réméré rend la faculté de rachat au vendeur qui y

(1) Sol., 4 mai 1830; D. N., *loc. cit.*, 148; Cass., 5 fév-1850; R. P., 733.
(2) Inst., 243, § 1; Garnier, 10649; D. N., *loc. cit.*; 149; CONTRA. Champ. et Rig., 2094; Dalloz, 2766.
(3) Garnier, 10652 et 10653. Voir Inst. 1320, §8 ; J. N., 7034.
(4) Troplong, *Vente.* 748; Champ. et Rig., 2113; Duvergier, *Vente,* II, 27 ; Vazeille, *Prescript.,* II, 625; Marcadé, *art. 1660.*
(5) Cass., 5 fév. 1856; R. G., 10654.
(6) Sol., 4 mai 1830; D. N., *loc. cit.,* 148; R. G., 10654; Cass., 5 fév. 1856; R. P., 733.
(7) Garnier, 10654, § 1.
(8) Cass., 2 août 1806; J. N., 4470, § 1; R. G., 10651.
(9) Sol., 22 avril 1835; D. N., *loc. cit.,* 139.

(10) J. N., 1150. V. Garnier, 10654
(11) V. J. N., 9399 et 9400; D. N., *loc. cit.,* 160.
(12) Cass., 21 germ. an 12; D. N., *loc. cit.,* 165 ; R. G., 10657; Cass 5 août 1806; R. G., *loc. cit.*
(13) Cass., 16 avril 1845; J. N., 12373; Ins., 1743, § 11.
(14) Garnier, 10657, § 2.
(15) Garnier, 10659.
(16) Garnier, 10660. Voir J. N., 9399 et 9400.
(17) Cass., 4 août 1835; J. N., 9033; Inst., 501, § 7; R. G., 10661 à 10.
(18) Inst., 1272, § 19; J. N., 6831.
(19) J. N., 6748 et 6831 ; D. N., *loc. cit.,* 134.
(20) D. N., *loc. cit.,* 137.

avait renoncé par acte antérieur (1). Seulement, dans ce dernier cas, le retrait ultérieur donnera lieu au droit de vente (2).

7222. VI. *Questions diverses.* Si, après une vente faite conjointement par divers copropriétaires d'un immeuble, l'un exerce *à son profit* le retrait tant de la part qu'il y avait que de celles de ses covendeurs, il encourt le droit de 50 c. p. 0/0 sur le montant du remboursement de sa part et celui de 5 50 p. 0/0 sur l'excédant auquel il n'avait aucun droit (3).

7223. Mais le vendeur peut opérer en plusieurs fois le retrait de sa part. La division de l'action n'altère pas le contrat primitif, et c'est toujours le droit de quittance qui est exigible (4).

7224. Le retrait peut être, d'ailleurs, exercé contre le tiers détenteur de l'immeuble aussi bien que contre l'acquéreur primitif (5). Cependant, comme les meubles *n'ont pas de suite*, tout retrait opéré sur un tiers acquéreur serait passible du droit de 2 p. 0/0 (6).

SECTION X. — DES TRANSACTIONS.

7225. Pour régler la perception sur les transactions, la Régie examine si la convention a opéré quelque changement dans la situation respective, dans les droits *apparents* des parties, tels qu'ils se trouvaient au moment où elles se sont rapprochées pour transiger. Et si l'une d'elles abandonne des immeubles ou droits immobiliers dont elle avait la possession, le droit proportionnel devient exigible (7).

7226. C'est ce qu'on a décidé pour un légataire universel qui avait obtenu l'envoi en possession des biens d'une succession dans laquelle il n'existait pas d'héritiers à réserve et qui renonce à une partie de son legs (8), — lors même qu'il s'agirait d'un legs à titre universel fait par préciput (9).

7227. Mais, par contre, aucun droit proportionnel n'est dû si le légataire n'est pas encore saisi de son legs, parce qu'il existe des héritiers à réserve et qu'il n'a pas obtenu la délivrance. Sa renonciation laisse la possession aux héritiers naturels et n'opère pas mutation (10). Le droit de transcription est seul exigible sur les immeubles cédés (11). — Il en est de même de la cession de droits dont le cédant avait été dépouillé par jugement, pourvu que ce jugement ait acquis l'autorité de la chose jugée (12).

7228. Nul doute d'ailleurs que le droit proportionnel soit encore exigible quand l'une des parties abandonne des biens étrangers au litige et dont elle était propriétaire sans contestation (13).

7229. Par application des principes précédents, s'il ne s'opère aucun déplacement dans les droits apparents des parties et si la transaction consiste simplement dans l'obligation de payer une somme en une rente contre l'abandon de prétentions, il ne saurait être question d'acquitter l'impôt des mutations d'immeubles ; l'acte donne lieu, selon les cas, au droit d'obligation ou de quittance (14) (*Voyez ces mots*).

7230. Quand il y a changement de possession, le droit exigible est celui de mutation à titre onéreux et non pas celui de donation (15). — On liquide sur l'estimation à faire de la valeur vénale des biens transmis (16).

SECTION XI. — DES REMPLOIS.

7231. On considère comme une vente ordinaire passible du droit de 5 50 p. 0/0 l'acte par lequel le mari abandonne des immeubles propres en payement des reprises de sa femme. — Ce principe s'applique au régime dotal de même qu'au régime en communauté (17) ; — à l'immeuble dont le mari était pro-

(1) Dél., 19 janv. 1835; R. G., 10613, § 2.
(2) Cass., 9 juill. 1839 ; R. G., *loc. cit.*
(3) Inst., 245, § 1 ; D. N., *loc. cit.*, 158 et 159.
(4) D. M. F., 30 janv. 1818; R. G., 10655.
(5) Inst., 245, § 1 ; D. N., *loc. cit.*, 156 ; R. G., 10664.
(6) Garnier, 10664, § 2.
(7) Inst., 1229, § 11; Garnier, 13793; D. N., v° *Transaction*, 161 et 162.
(8) Seine, 4 juill. 1855, 20 fév. 1858; Cass., 15 fév. 1831, 19 nov. 1839, 26 juill. 1841, 21 mars 1842, 22 avril 1845, 17 mars 1846, 5 juin 1861, 12 déc. 1865, 30 janv. et 11 avril 1866 ; Mâcon, 23 août 1866 Inst., 1370, § 7, 1668; § 7, 1675, § 8, 1743, § 12, 1767. § 11, 23,7, § 4 R. G., 13796; J. N., 6404, 7386, 11051, 11508, 12083, 17163, 18120 18461; R. P., 596, 1090, 1491, 2185, 2191, 2231, 2259, 2391; contra, D. N., *loc. cit.*, 162.
(9) Lyon, 18 août 1847 ; Garnier, 13797 ; Villefranche, 22 mai 1841, (10) R. G., 13798; D. N., 171, 172 ; Dél., 23 mars 1823, 19 fév. 1828 J. N., 7386; Gaillac, 3 juin 1835; Mâcon, 8 mars 1843; Lyon, 21 déc. 1761; R. P., 1608.
(11) Cass., 20 mai 1853; R. P., 1801.

(12) Cass., 2 janv. 1841, 21 août 1848. 29 avril 1856; J. N., 13180 14061; Inst., 1771, § 8, 1875, § 12; R. G., 13801. Voir cependant Cass. 16 avril 1866 ; R. P., 2276.
(13) Cass., 14 avril 1808, 10 fév. 1857; J. N., 8723. 16010; Inst., 2096, § 14; Cass. 16 avril 1866 ; R. P., 812, 2276.
(14) Sol., 7 juill. 1819, 11 juin 1825, 23 juin et 22 déc. 1820, 25 fév. 1835; Garnier, 13807; Seine, 28 déc. 1812; R. G., 13809 ; Inst. 1229-11; Aix, 21 juin 1866 ; J. N., 18718; Rouen, 16 août 1866; R. P., 2381.
(15) Garnier, 13791; Demante, 325; Dél., 3 oct. et 18 nov. 1813; J. N., 8723, 11308, 11963. D. N., *loc. cit.* 165; Toulouse, 15 fév. 1856; Cass., 10 fév. 1857, 5 juin 1861, 12 déc. 1865, 30 janv. 1866; R. P., 611, 812, 1432, 2185 et 2231; contra. Vervins, 7 déc. 1860; R. P., 1465; J. N., 17174. A moins que l'acte qualifié transaction ne soit une libéralité véritable. V. Seine, 20 fév. 1858; R. P., 1094.
(16) Garnier, 13795; Dél., 18 nov. 1843; J. N., 11963 ; contra, D. N., *loc. cit.*, 164.
(17) Evreux, 26 nov. 1842; Clermont-Ferrand, 28 août 1843; D. N., v° *Remploi.* 185 ; Garnier, 10704, § 1.

priétaire par indivis et qu'il a acheté pendant le mariage (1) ou avant cette époque (2); — et à celui qu'une renonciation de la femme à la communauté a rendu propre au mari (3).

7232. Mais si les immeubles cédés en remploi dépendent de la communauté, il n'est dû que le droit fixe de 2 fr. (*suprà* n° 6596) et le droit de transcription à 1,50 p. 0/0 (4). Il en est de même des biens de la société d'acquêts sous le régime dotal (5).

7233 C'est l'acceptation de la femme qui parfait le remploi proposé par le mari et elle peut intervenir après l'acquisition jusqu'à la dissolution du mariage. Si elle se produisait ultérieurement, elle constituerait une vente passible du droit de 5,50 p. 0/0 (6).

7234. Est licite le remploi fait par anticipation pour le prix de propres non encore aliénés; il se complète régulièrement par la vente de ces propres et l'acceptation de la femme donnée ou renouvelée à cette époque; et le droit de transcription à 1 50 p. 0/0 n'est pas exigible sur l'acte par lequel la femme réitère son acceptation du remploi (7), à moins que cet acte ne soit volontairement soumis à la formalité au bureau des hypothèques 8).

7235. D'ailleurs, pour la perfection du remploi *in futurum*, il n'est pas nécessaire que le prix de l'immeuble soit réellement payé; il suffit que pendant le mariage le mari ait eu, en sa possession, les deniers destinés à ce payement (9). — Mais si la vente des propres de la femme n'a pas eu lieu, la proposition de remploi demeure sans effet (10); par conséquent la cession qui serait faite de l'immeuble à la femme donnerait lieu au droit de vente (11).

7236. Si le mari, sous le régime de la communauté, a acquis l'immeuble *directement pour sa femme*, l'acceptation ultérieure de celle-ci équivaut à la ratification d'une stipulation faite en son nom par un tiers, et elle ne donne ouverture qu'au droit fixe sans droit de transcription (12).

7237. L'abandon fait par les héritiers du mari d'immeubles acquis durant le mariage régi par la coutume de Normandie, pour remplir la femme du prix de ses propres aliénés, constitue une transmission d'immeubles sujette au droit proportionnel d'enregistrement (13).

CHAPITRE VINGT-DEUXIÈME.

DES ÉCHANGES.

SOMMAIRE

7238. I. *Tarif.* Les échanges d'immeubles sont tarifés au droit de 2,50 p. 0/0, y compris le droit

---

(1) Dél., 5 mars 1833; Limoges, 7 nov. 1843; D. N., *loc. cit.*, 187; Bordeaux, 11 mars 1850; *id.*. 188.

(2) Evreux, 21 janv. 1813; *eod.* 189.

(3) Seine, 8 avril 1859; Amiens, 11 mai 1866; Cass., 26 fév. 1808; R. P., 1182. 2361.

(4) Cass., 5 juill. 1850, 18 avril et 7 juin 1853; J. N., 12813, 13302 et 13466; et de nombreux jugements cités au Rép. gén., n° 10711; R. P., 330, 903, 1318; J. N., 17597, 17109; Amiens, 11 mai 1866. R. P., 2361.

(5) Dél., 5 fév. 1834, 5 août 1835 et 2 fév. 1836; R. G., 10701.

(6) Cass., 15 mai 1839; J. N., 10313, Inst., 1601, § 8; Saint-Jean-d'Angély, 27 août 1837, R. G., 10701; Seine, 12 fév. 1849; R. G., 10701, 11; contra, Bernay, 11 juin 1856; J. N., 13910; Châlons, 24 janv. 1850; Abbeville, 21 mars 1852; R. G., 10743.

(7) D. N., *loc cit.*, 206; Evreux, 20 déc. 1845; J. N., 16228; Dieppe,

24 déc. 1803; Neufchâtel, 16 fév. 1865; Argouleme, 24 mai 1865; Sol., 20 oct. 1865; Cass., 14 janv. 1868; R. P., 1900, 2243, 2251, 2599; J. N., 19155; contra, Andelis 7 juill. 851; Abbeville, 22 mars 1852 et 12 juin 1855; Saint-Quentin, 24 fév. 1855; Havre, 30 août 1855; Bernay, 11 juin 1856; Guéret, 4 nov. 1861; J. N., 14526, 16195, 17597; R. P., 401, 478, 715, 881, 1069.

(8) Cass., 21 déc. 1852; Inst., 1900, § 4; J. N., 14853; R. P., 2283.

(9) Cass., 6 janv. 1858; J. N., 16235; R. P., 904.

(10) Cass., 21 nov. 1852; Inst., 1982, § 4; J. N., 14821.

(11) Châteaudun, 11 avril 1834; J. N., 14871.

(12) Evreux -0 déc. 1845; Seine, 9 janv. 1858; Neufchâtel, 27 nov. 1862, 16 fév. 1865; Sol., 22 juill. 1865; J. N., 12648, 16291, 17819, 18337, 18565; R. P., 1692; contra, Abbeville, 12 juin 1855; Guéret, 4 nov. 1861; J. N., 16195, 17597; R. P., 889 1699.

(13) Cass., 12 déc. 1853; J. N., 13439; Garnier, 10707.

de transcription (*Loi, 16 juin 1824, art. 2; 28 avril 1816, art. 54*). — Les échanges de meubles acquittent les droits de vente (1); il en est de même des échanges d'un immeuble contre un meuble (2) ou un droit incorporel tel qu'une créance, une rente, une action de société, une obligation de faire (3). Mais l'échange d'un immeuble contre une action immobilière serait passible du droit de 2,50 p. 0/0; et c'est ce qu'on a décidé à propos de l'abandon fait par la femme dotale séparée de biens à son mari de l'action en revendication de ses immeubles aliénés, en échange d'immeubles propres au mari (4).

7239. L'échange dissimule quelquefois une vente ordinaire. Ainsi l'acte qualifié échange dans lequel l'une des parties se réserve le privilége de vendeur sur les immeubles cédés et le droit d'inscription de ce privilége jusqu'à concurrence de leur estimation, tandis que l'autre est dispensé de la remise des titres relatifs aux biens abandonnés en contre-échange, contient une vente ordinaire passible du droit de 5,50 p. 0/0 (5). — Ainsi encore, l'échange dans lequel le propriétaire de l'un des biens échangés garantit que la vente prochaine à faire par le coéchangiste s'élèvera à une somme déterminée qu'il complétera si elle n'est pas atteinte (6).

7240. Au contraire l'échange est souvent un simple partage. Tel est, par exemple : 1° l'acte par lequel deux cohéritiers ou copropriétaires attribuent à l'un l'usufruit des biens indivis et à l'autre la nue propriété (7); 2° celui par lequel les héritiers d'une femme, qui a légué à son mari une portion de ses biens en nue propriété, renoncent en faveur de ce dernier à l'usufruit de leur part contre l'abandon des droits du mari dans la nue propriété (8); 3° enfin l'acte qualifié échange constatant la cession réciproque par des communistes de leurs droits dans divers immeubles (9).

7241. Mais il faut, dans les hypothèses précédentes, qu'il y ait indivision réelle entre les coéchangistes au sujet des biens partagés. C'est pourquoi le droit d'échange deviendrait exigible si l'usufruit appartenait à l'un et la nue propriété à l'autre, car il n'y a aucune copropriété entre eux (10), — ou si l'un des contractants cédait en échange un immeuble qui lui appartient exclusivement (11).

7242. Aussi, est-ce le droit d'échange qui a été reconnu exigible sur l'acte par lequel des copropriétaires lotis en vertu d'un partage définitif, remettent les biens dans l'indivision pour faire un autre partage (12). Cependant, on a réduit au droit fixe l'acte constatant une nouvelle division du territoire d'une commune entre tous les habitants (13).

7243. Les échanges d'immeubles entre l'État et les particuliers doivent être enregistrés gratis *L., 22 frim. an 7, art. 70 ; 2, n° 1; Ord., 1er août 1821, art. 64; 12 décembre 1827, art. 8; Inst. Rég. 998 et 1233*). — Mais les échanges concernant le domaine privé (14), les communes, départements ou autres établissements publics sont sujets aux droits ordinaires (15). On considère comme dépendant du domaine public les routes départementales, en sorte que les échanges de propriétés destinées à leur construction sont enregistrables gratis (16).

7244. II. *Liquidation.* Le droit d'échange se calcule sur le capital du revenu annuel d'un des lots multiplié par 20, sans distraction des charges (*Loi, 22 frim. an 7, art. 15, n° 4*).

7245. La contribution foncière est considérée comme une charge des biens; elle ne doit point être, par conséquent, distraite de la valeur locative (17).

7246. La nue propriété qui a déjà supporté le droit sur la valeur entière n'a pas un capital impo-

(1) D. M. F., 1er juin, 3 sept. et 5 nov. 1811 ; R. G., 3178
(2) Champ. et Rig., 1769; Dalloz, 3208; Garnier, 5174.
(3) Champ. et Rig., 1773; Dalloz, 3299; Garnier, 5176; Seine, 4 avril 1841; D. N., *Échange*, 113; Clermont-Ferrand, 28 août 1843; D. N., *loc. cit.*, 115.
(4) Auch., 18 août 1841 ; R. G., 5117. D. N., *loc. cit.*, 114. V. Yvetot, 15 janv. 1806 ; R. P., 2292.
(5) Cass., 20 mars 1839; J. N., 10347; Inst., 1590, § 8; Garnier, 5180; Dalloz, 3201; CONTRA, Champ. et Rig., *Supp.*, 407.
(6) Agen, 26 fév. 1842; Laon, 21 juill. 1836; Bellac, 12 mai 1842; Guéret, 23 août 1847; Garnier, 5182; D. N., v° *Échange*, 111.
(7) Beauge, 29 oct. 1827; D. M. F., 24 fév. 1817 et 25 fév. 1821; Dél., 24 mars 1824; Inst , 775 et 437, § 8; D. N., *loc. cit.*, 96.
(8) Cass., 16 juin 1821; J. N., 4782; Inst., 1446, § 11, Voir Cass., août 1836; D. N., *loc. cit.*, 98; 4 janv., 1865; R. P., 2002.
(9) Bar-le-Duc, 16 juill. 1868; R. P., 1968.

(10) Cass., 14 août 1838, 30 mars 1841, 8 juin 1847; Mortagne, 12 mai 1843; R. G., 8229, 43911-1, 43958; Inst., 1643-7 ; J. N., 10111.
(11) Cass., 14 août 1838; Condom, 25 janv. 1845; Saint-Malo, 14 mars 1846; Cambrai, 6 fév. 1847; Versailles, 6 fév. 1851 ; J. N., 10111 12281, 12657, 13213, 14474.
(12) D. M. F., 18 juill. 1808; Dél., 2 nov. 1825; Villefranche, 30 déc. 1847; Bourganeuf, 26 juin 1850; R. G., 9366, §2, 9498 et 5184, § 2; Toulouse, 21 août 1832; Sol., 16 nov. 1851; R. P., 1742; D. N., *loc. cit.*, 105 à 108. (V. cep. *infrà* 7.254.)
(13) Décret, 19 sept. 1806; D. M. F., 7 avril 1826; Inst., 1200, § 0 J. N., 5820; Garnier, 5214.
(14) Dél., 4 fév. 1831 ; J. N., 7375.
(15) Loi, 18 avril 1841, art. 48; J. N., 7442.
(16) D. M. F., 6 août 1834 et 21 mai 1838; Inst., 1219, § 1 et 1465; Garnier, 5229.
(17) Cass., 7 janv. 1823, 10 août 1827; J. N., 18129; Garnier, 5191.

sable égal à celui de la propriété entière ; c'est sur le revenu multiplié par 40 qu'il faut asseoir le droit de 2,50 p. 0/0 (1). L'usufruit ne s'évalue aussi qu'au denier 40 (2).

7247. L'expertise est le seul moyen accordé à la Régie pour constater l'insuffisance du revenu déclaré ; elle invoquerait en vain l'existence d'un bail courant au jour de la transmission (3). — C'est également l'estimation du revenu et non pas de la valeur vénale qui peut servir à établir l'inégalité des lots échangés (4).

7248. III. *Soulte.* Lorsqu'il y a une soulte dans l'échange, le droit de 2,50 p. 0/0 se liquide sur le revenu de la plus faible part et la soulte donne lieu au droit établi pour les ventes (*Loi, 22 frim. an 7, art 69, § 5, n° 3*). — Ce droit est toujours de 5,50 p. 0/0, lors même que la soulte porterait sur des portions d'immeubles indivis et que l'échange ferait cesser complétement l'indivision (5).

7249. Le même tarif s'applique d'ailleurs à la plus-value qui résulterait, à défaut de soulte exprimée, d'une différence dans les revenus (6). — Mais, dans tous les cas, le droit se liquide sur le capital le plus élevé, soit qu'il représente la plus value, soit qu'il provienne au contraire de la soulte énoncée (7).

7250. Quand la soulte est à la charge du lot dont le revenu est le plus fort, la Régie fait percevoir le droit d'échange sur le capital de la plus faible part, puis le droit de soulte à la fois sur le capital de la différence des revenus et sur la soulte stipulée (8). — C'est là une exagération évidente. Nous approuvons la liquidation du droit d'échange sur le moindre lot en revenu, mais le droit de soulte paraît seulement exigible sur le retour s'il n'est pas inférieur au capital produit par la différence des revenus (9).

7251. La soulte se compose souvent de charges imposées exclusivement à l'un des échangistes alors qu'elles devraient être supportées par l'autre ; — tels sont le payement d'un solde de prix de vente (10) ; l'obligation de faire ou d'achever certaines constructions (11), — celle d'acquitter la totalité des frais de l'échange autres que ceux de la soulte concernant l'échangiste qui en est tenu (12).

CHAPITRE VINGT-TROISIÈME.

DES RÉTROCESSIONS.

SOMMAIRE

(1) Tulle, 7 fév. 1861; J. N., 17219. Voir Garnier, 5494; D. N , loc. cit., 87.
(2) Garnier, 5193 ; Montmorillon. 16 janv. 1861: Marseille, 24 août 1863; R. P., 1931; J. N., 13450, 17952; contra, Mayenne, 7 janv. 1847; R. G., 5193.
(3) Cass., 27 déc. 1820; J. N., 3097; Inst., 1537, ch. 3, art. 1, n° 260.
(4) Cass., 13 déc 1809, 23 avril 1812, 22 fév. 1813; J. N., 11588.
(5) Cass., 17 juin 18 0; J. N., 14099; Inst., 1875, § 4; Garnier, 5196; D. N., loc. cit., 95; contra, Champ. et Rig., Supp., 600; Calluz, 2702; Cass., 8 août 1836; R. G., loc. cit., en note; Seine, 5 mars 1817: Nancy, 20 juin 1848; J. N., 13014 et 11009.

(6) Cass., 22 fév. 1813 ; J. N., 11588; Inst., 169°, 13; R. G., 5199.
(7) Cass., 8 déc. 1847; Seine, 29 nov. 1838, 21 fév. 1844, 8 avril 1859; J. N., 12120 et 13226; Inst., 1537, ch. 3, n° 258, 1814, § 10; Garnier, 5202; R. P., 1846.
(8) Dél., 14 déc. 1846; R. G., 5203. V. Sol., 27 juill. 1867; J. N., 19120.
(9) Voir J. N., 12757; D. N., loc. cit., 81 ; Garnier, 5203.
(10) Cass., 28 avril 1830; J. N., 7465: Inst., 1336, § 6.
(11) Marseille, 30 août 1850 et 28 août 1851; R. G., 5203, § 3.
(12) Garnier, R. G , 5203, § 4; Seine, 30 janv 1864; Cass., 40 mai 1865; J. N., 18280; R. P., 1875, 2112; contra, Dél., 15 mai 1827, 13 janv. 1829, 17 sept. 1839 ; D. N., loc. cit., 86.

Caractère frauduleux, 7270.   Renonciations à titre onéreux, 7273, 7274.
Renonciations partielles, 7271, 7272.   Renonciations à la communauté, 7269, 7275.

SECTION I. — DES RÉSOLUTIONS VOLONTAIRES.

7252. *Tarif.* Les résolutions de contrat n'ont pas été toutes tarifées au droit proportionnel. Elles n'en sont possibles que quand la dissolution du premier engagement opère une mutation actuelle entre les parties contractantes (1).

7253. C'est ainsi que la loi du 22 frim. an 7 a soumis la résolution de la vente sous le nom de rétrocession au même droit que la vente proprement dite (*art. 69, § 5, n° 1, et § 7, n° 1*), y compris le droit de transcription lorsqu'il était dû sur la vente (2). — Et il importe peu, en principe, quel est le motif du résiliement; le droit n'en serait pas moins exigible quoique la convention intervienne pour réparer une nullité radicale. Néanmoins la Régie a reconnu que la résolution de la vente du bien d'autrui, étant sans effet sur le déplacement de la propriété, demeurerait soumise au droit fixe (3).

7254. La résolution d'un échange donne lieu au même droit que le contrat primitif. Celle d'un partage équivaut, selon les cas, à une vente ou à un échange quand les attributions sont modifiées dans le second acte (4); mais si les biens sont simplement remis dans l'indivision, aucun droit proportionnel n'est exigible (5). Cette dernière solution s'applique généralement à la résolution de tous les actes non translatifs, par exemple, aux promesses de faire (6) ou aux résolutions de marché (7).

7255. Est passible du droit de quittance le résiliation d'une obligation ou le remboursement d'une rente soit viagère, soit perpétuelle (8). — Quand la rente viagère est simplement convertie en un capital exigible à terme, c'est une novation sujette au droit de 1 p. 0/0 (9).

7256. La déclaration du débiteur que la quittance qui lui avait été donnée de son obligation est sans effet, équivaut à une nouvelle reconnaissance de dette passible du droit de 1 p. 0/0 (10). Le contraire a été cependant décidé et avec plus de raison, selon nous, à propos d'une dot dont le contrat de mariage portait quittance et que les constituants avouaient devoir encore (11).

7257. Les actes portant résolution de transport de créances, de rentes ou d'actions, opèrent des transmissions nouvelles passibles des mêmes droits que les actes résolus (12).

7258. La renonciation à une donation actuelle devenue irrévocable par l'acceptation constitue une libéralité nouvelle assujettie au droit proportionnel de donation (13), pourvu que la renonciation soit elle-même formellement acceptée par l'ancien donateur (14). — Si la donation répudiée est un partage d'ascendant, il va de soi que le tarif applicable n'est plus celui de 1 p. 0/0 réglé par la loi du 16 juin 1824, mais celui des donations ordinaires (15).

7259. Les rapports en nature faits à la succession du donateur constituent à certains égards des résolutions de la libéralité antérieure. Cependant ils ne donnent ouverture à aucun droit, parce qu'ils sont le résultat naturel de la condition légale apposée à la donation (16). — La situation est la même que pour les résolutions conditionnelles stipulées dans les actes (17), et, par exemple, pour le retrait de réméré.

7260. Tout ce qui précède est spécial aux résolutions volontaires. D'autres principes régissent les résolutions prononcées par jugement, mais la jurisprudence a craint que les résiliements amiables ne fussent un moyen facile d'éluder les droits sous le prétexte de réparer une erreur ou une nullité, et c'est

---

(1) Garnier, 11014 à 11018.
(2) Garnier, 11155, 11156; CONTRA, J. N., 16459.
(3) Dél., 14 avril 1829, 18 sept. 1822; D. N., v° *Résil.*, 15 et 16; Sol., 22 janv. 1858; R. P., 1291. Voir cependant Sol., 8 juin 1831; Bloissac, 5 juin 1838; D. N., *loc. cit.*, 13 ; Ploermel, 1er fév. 1853; Vassy, 19 déc. 1814; R. G., 11154 et D. N., *Rétroc.*, 37.
(4) D. M. F., 18 juill. 1803; Bourganeuf, 28 juin 1850; Dél., 2 nov. 1825; R. G., 9886-2, 9498.
(5) Garnier, 11027, § 3; Sol., 25 juin 1830; D. N., *Rétroc.*, 20; CONTRA, Sol., 16 nov. 1864; supra 7.242.
(6) Cass., 29 janv. 1833; R. G., 11027; D. N., *loc. cit.*, 23.
(7) Champ. et Rig., 1491; Dalloz, 1091; Garnier, 8429, 8163; CONTRA, Dél., 31 déc. 1833; R. G., 8423.

(8) Sol., 19 sept. 1825; R. G., 11023; D. N., *Résol. de vente*, 109 123.
(9) Sol., 8 sept. 1831; J. N., 1433; R. G., 11024.
(10) Dél., 21 déc. 1837; R. G., 11026.
(11) Dél., 31 janv. 1850; J. N., 13964; R. G., 11026.
(12) Garnier, 11039 à 11041.
(13) Cass., 9 juin et 28 juill. 1806; D. N., v° *Renonc.*, 96; R. G., 11029, 11031; Dreux, 28 mai 1862; R. P., 1628.
(14) Sol., 8 oct. 1835; R. G., 11036 (sauf les cas, bien entendu, des donations indirectes ou accessoires qui ne sont pas soumises à la formalité de l'acceptation formelle).
(15) Garnier, 11035.
(16) Dél., 23 fév., 1er mai 1827, 30 sept. 1830; R. G., 11029.
(17) Voir J. N., 17732.

pourquoi elle les assujettit en général au droit proportionnel (1). — Elle assimile d'ailleurs au résiliement volontaire celui qui a lieu dans un procès-verbal de conciliation (2), et dans un jugement rendu sur prorogation de compétence (3) ou du consentement des parties (4).

SECTION II. — RÉSOLUTIONS JUDICIAIRES.

7261. La perception des droits sur les jugements ne rentrant pas dans le cadre de ce travail, nous n'avons pas à développer toutes les hypothèses dans lesquelles la résiliation judiciaire d'un contrat profite du droit fixe. Il nous suffira de citer les deux textes qui s'appliquent à la matière. D'après *l'art. 68, § 3, n° 7, de la loi du 21 frim. an 7*, les jugements des tribunaux civils (et de commerce) rendus en première instance ou sur appel portant résolution de contrat ou de clause de contrat pour cause de nullité radicale, sont sujets au droit fixe de 3 fr., porté à 5 fr. ou 10 fr. par la loi du 28 avril 1816. — D'un autre côté, *l'art. 12 de la loi du 27 ventôse an 9*, soumet au même droit fixe les jugements portant résolution de contrats de vente pour défaut de payement quelconque sur le prix, lorsque l'acquéreur ne sera point entré en jouissance.

7262. Rien n'est, en général, plus difficile que de savoir quand il y a nullité radicale dans le sens du premier article. Cependant on a considéré comme telles : 1° l'incapacité absolue ou relative des contractants (5); — 2° l'erreur sur l'objet de la convention, par exemple la vente du bien d'autrui (6), sur la nature du contrat (7) ou sur son motif déterminant (8), — 3° la violence et le dol (9); la fraude aux droits des créanciers (10). Mais on n'admet pas comme nullité radicale : 1° la simple simulation exempte de fraude pour les tiers (11); — 2° la lésion même dans les sept douzièmes dans la vente (12); — 3° l'inexécution des conditions d'une donation (13); — 4° l'excès dans les limites du mandat (14).

7263. En ce qui concerne la résolution de la vente pour défaut de payement du prix, le droit fixe est subordonné à ces deux conditions 1° que le prix soit encore dû en totalité; 2° que l'acquéreur ne soit pas entré en jouissance de l'objet vendu. — Ainsi le droit proportionnel deviendrait exigible si l'acquéreur avait versé un à-compte (15) ou réglé le prix en traites (16), ou soldé soit les charges, soit les intérêts du prix. — La jouissance dont il s'agit ici d'ailleurs n'est pas seulement la possession incorporelle qui résulte du contrat lui-même, c'est une jouissance effective se manifestant par des baux, des aliénations partielles et autres actes semblables (17).

SECTION III. — RÉSILIEMENTS DANS LES VINGT-QUATRE HEURES.

7264. *L'art. 68 § 1, n° 10, de la loi du 22 frim. an 7*, soumet au droit fixe de 1 fr. (2 fr. d'après la *loi du 28 avril 1816, art. 43, n° 2*) les résiliements purs et simples faits par acte authentique dans les 24 heures des actes résiliés.

7265. Les trois conditions précédentes sont indispensables. Ainsi, si au lieu d'être pur et simple, le résiliement contenait la stipulation d'un dédommagement quelconque au profit du vendeur, le contrat serait passible du droit proportionnel (18). Il en serait de même du résiliement sous seing privé (19). — Le délai de 24 heures se compte strictement *de hora ad horam*. Cependant si le contrat résilié ne porte pas l'heure à laquelle il a été signé, la résiliation peut s'opérer pendant la journée du lendemain, sauf à la Régie à prouver que les 24 heures étaient alors expirées (20), et sans que le délai puisse être

(1) Garnier, 10011; Cass., 5 germ. an 13, 30 janv. 1815, 21 mars 1821; R. G., *loc. cit.*

(2) Cass., 1er frim. an 9 et 19 germ. an 13; Ploermel. 1er fév. 1853; R. G., 11145; D. N., *Rétroc.*, 28.

(3) Seine, 12 juill. 1838; R. G., 11146.

(4) Cass., 24 avril 1822, 11 nov. 1833; Inst., 1451, § 2; Seine, 1 déc. 1848; R. G., 11147; Cass., 7 fév. 1854; Inst., 2015, § 6; R. G., 1148; J. N., 8292, 15356.

(5) Inst., 1354. § 5; R. G., 11060 à 11070; D. N., *Résil.*, 197 à 201.

(6) Dél., 16 juill., 1838, 29 mars 1843; Sol., 28 mars 1832, 4 janv. 1840, 18 sept. 1822; R. G., 11178; Cass., 10 janv. 1844; J. N., 11894;

(7) Garnier, 11074.

(8) Angers, 31 déc. 1849, 29 août 1851; R. G., 11075; Cass., 9 avril 1811; D. N., *loc. cit.*, 203; R. G., 11075, § 4. V. Dél., 28 nov. 1865 R. P., 2249.

(9) Garnier, 11083, 11084.

(10) Dél., 14 janv. 1832; Draguignan, 19 juin 1833; Dél., 21 août

(11) Voir cependant Schelestadt, 22 juill. 842; R. G., 11086, § 4; D. N., *loc. cit.*, 191.

(11) Cass., 12 nov. 1831; Inst., 1481, § 5; Cass. (ch. réun.), 29 déc. 1821, 23 nov. 1836; Inst., 1539, § 5, 9 juill. 1839; Inst., 1601, § 17 R. G., 11087; J. N., 2114, 4425 et 4429; Cass., 17 fév. 1840; Inst. 1618, § 2; D. N., *loc. cit.*, 213.

(12) Cass., 5 germ. an 13, 17 déc. 1811, 11 nov. 1833; Inst., 213 1347, § 4; 1451, § 2; R. G., 11088 à 11093.

(13) Cass., 22 mars et 30 déc. 1844; J. N., 12236, 12205; R. G., 11125; Inst., 1723, § 3 et 1732, § 4.

(14) Cass., 24 janv. 1844; J. N., 11990; Inst., 1713, § 7; R. G., 11129.

(15) Cass., 18 nov. 1822; R. G., 11109, 15 avril 1823; J. N., 4463.

(16) Cass., 18 nov. 1822 et 31 déc. 1823; R. C., 1110.

(17) Cass., 14 mars 1849; Inst., 1837, § 11; R. J., 11118; D. N., *Résol.*, 240 à 243; Seine, 15 déc. 1865, 26 janv. et 24 août 1867; R. P., 2418, 2445; C., 14041.

(18) Garnier, 11136.

(19) Garnier, 11137; Champ. et Rig., 340; contra, Dalloz, 487.

(20) Champ. et Rig., 337; Dalloz, 484; Garnier, 11199.

prolongé par une protestation (1). Mais l'acte de résiliement n'a pas besoin d'être notifié ni enregistré dans les 24 heures comme l'élection de command (2).

7266. Quant à l'acte résilié, il a été jugé qu'il demeure soumis aux droits ordinaires nonobstant la résolution dont il a été l'objet (3); mais nous croyons que si le résiliement a eu lieu en justice avant le payement des droits, l'impôt proportionnel ne saurait être réclamé (4).

SECTION IV. — RENONCIATIONS.

7267. Les renonciations à succession, legs ou communauté, faites devant notaires, peuvent être opposées à la Régie pour éviter le payement des droits de mutation par décès (5). — On peut de même renoncer, du chef d'une personne décédée, à une succession qui se trouve ainsi dévolue directement au renonçant (6) mais le droit est dû si le renonçant fait ensuite acte d'héritier (6 bis).

7268. Mais la renonciation n'est plus valable si le renonçant ou son auteur a déjà fait addition; par exemple, s'il a accepté bénéficiairement (7), affermé un immeuble (8) en son titre d'héritier (9); s'il a pris qualité expresse dans un inventaire ou autre acte (10); s'il a donné une procuration pour régir les biens, etc. (40).

7269. Le mari ne peut pas non plus renoncer de son chef ou du chef de sa femme à la communauté dissoute (11).

7270. Dans tous les cas où la renonciation est possible, il faut, pour la faire accepter à la Régie, qu'elle soit exempte de fraude (12); c'est-à-dire que le renonçant ne reçoive pas, par des voies indirectes, le prix de son désistement. La jurisprudence a rendu, sur ce point, un très-grand nombre de solutions qui varient toutes selon les espèces soumises à l'appréciation de la cour et des tribunaux. — Nous citerons seulement les renonciations à jouissance faites par un seul ou plusieurs actes, moyennant une rente ou un autre usufruit qui représente la valeur de la jouissance abandonnée (13); — et les renonciations suivies d'un partage anticipé dans lequel le renonçant retrouve l'équivalent des bénéfices (14).

7271. La Régie n'admet pas non plus la sincérité des renonciations partielles à un legs. Elle fait acquitter le droit de mutation par décès sur la totalité des valeurs, comme si la renonciation n'existait pas, et le droit de donation sur les biens compris dans le désistement gratuit (15). — Telle est la renonciation à la nue propriété d'un immeuble légué en toute propriété (16); — ou réciproquement (17) la renonciation à une portion de l'usufruit légué (18); — à une fraction de la toute propriété de l'objet du legs (19);— celle que le légataire universel consent au sujet de la jouissance d'un immeuble légué particulièrement à un tiers (20); — celle de l'ascendant à l'usufruit du tiers des biens appartenant aux collatéraux (21).

7272. Mais la renonciation peut être scindée quand le legs comprend des parties distinctes, comme le legs de l'usufruit des immeubles et de la propriété des meubles (22). — Il en est de même lorsque renonciation a pour but d'opérer la réduction d'une libéralité qui excède la quotité disponible (23).

(1) Champ. et Rig., 338; Dalloz, 485 ; Garnier, 11140.
(2) Garnier, 11141.
(3) Cass., 9 avril 1844 ; J. N., 11968; Inst., 1723, § 6; R. G., 11142.
(4) Demante, n° 159. Voir Garnier, R. G., 11017.
(5) Cass., 15 fév. 1854, 4 mars 1856, 24 nov. 1857; J. N., 16286; R. G., 10721.
(6) R. G., 10757; Cass., 30 mai 1849, 24 avril 1854; Villefranche, 4 mars 1830 et 17 juin 1847; Dél.. 28 août 1849; J. N., 9408, 13103, (6 bis) Cass., 17 janv. 1866 ; R. P., 2282; Inst., 2348, § 1er.
(7) Cass., 1er fév. 1830, 24 avril 1833; J. N., 7080 et 8088.
V. Renonc., 111.
(8) Cass., 24 juin 1837; J. N., 9703; Inst., 1362. § 16, 7 mars 1855; J. N., 9703, 13234; Inst., 2042.§ 6; Valenciennes, 8 mai 1862; R. P. 837, 1705.
(9) Cass., 13 mars 1860 17 août 1863; J. N., 17831; R. P., 1865.
(10) Cass., 4 avril 1849; J. N., 13763; R. G., 10759; Inst., 1864, § 8. Voir Garnier, 10723 et D. N., loc. cit., 120, 121, 123.
(11) Cass., 8 mars 1842, 26 nov. 1849; Inst , 1675, § 4, 1857, § 6; R. G., 10758. Voir J. N., 8005, 8737, 11278, 13587; D. N., loc. cit., 113; Lyon, 21 mars 1865; R. P., 2155.
(12) Cass., 27 mars 1855; J. N., 15525.
(13) D. N., 132; R. G., 10740; Cass. 27 mars 1855; Arras, 14 août 1844; Béthune, 9 juill. 1844; Pont-Audemer, 14 janv. 1851; Alençon,

18 nov. 1850; Seine, 25 juill. 1850; Cusset, 3 août 1850: Coutances, 4 avril 1857: Lille, 15 mai 1858; R. P., 991; Brignoles, 17 déc. 1858; Cass., 18 juill. 1860; Beaune. 25 août 1861; Cass., 17 janv. 1846; J. N., 15325, 15972, 16901, 182-0. 18447; R. P., 398, 845, 410, 1368, 2104, 2232; contra, Nancy, 17 fév. 1862; R. P., 1680.
(14) Pont-l'Évêque, 17 oct 1846; Mortagne, 22 juill. 1847; Montmédy, 20 juin 1852; Montpellier, 1er juill. 1850. Alençon. 21 déc. 1846; Rambouillet, 12 déc. 1845; St-Quentin, 1er juill. 1846; Nogent-le-Rotrou, 19 août 1854; Avesnes, 6 avril 1859; Sens, 15 juill. 1804; St-Omer. 2 juin 1866 ; J. N., 12612, 12760; R. P., 1152, 1956, 2348, (15 Dél., 16 avril 1825 et 26 juin 1827; Inst.. 1173, § 7, et 1229, § 11; J. N., 6404: Bar-le-Duc, 4 mai 1848; R. G., 10752.
(16) Dél., 11 avril 1817; J. N., 2118.
(17) Cass., 18 nov. 1851 ; J. N., 14520.
(18) Gray, 22 août 1851; Seine, 18 avril 1857; J. N., 14697, 16086 Tulle, 15 déc. 1852; D. N., loc. cit., 142.
(19) Nancy, 26 fév. 1855; J. N., 15483.
(20) Bordeaux, 23 janv. 1849; D. N., loc. cit., 143; R. G., 10752.
(21) Dél., 4 nov. 1840; D. N., loc. cit., 144; R. G., 10740.
(22) Cass., 5 mai 1836; R. P., 686; J. N., 4599.
(23) Dél., 18 oct. 1833; Inst., 1454, § 5; Laval, 14 mai 1832; Dél., 28 déc. 1832; J. N., 3106, 7975, 8249; Garnier, 10754.

7273. On considère encore comme des renonciations translatives celles qui ont lieu, soit moyennant un prix au profit de tous les cohéritiers (1), soit même sans stipulation de prix au profit d'un seul d'entre eux (2). En conséquence, le droit de donation est exigible si la renonciation acceptée par les héritiers est gratuite, et celui de vente, d'échange, etc., si elle est consentie à titre onéreux (3).

7274. La jurisprudence a rangé dans cette catégorie la renonciation par laquelle des collatéraux, institués légataires universels avant la naissance d'un fils du testateur, se désistent du bénéfice de la disposition, pour le cas où le fils se marierait, et aurait des enfants, mais stipulent que le testament aura tout son effet en cas de prédécès du réservataire sans postérité (4) ; — la renonciation par le légataire à l'accroissement de son legs, en présence des enfants de son colégataire (5) ; — l'acte par lequel le légataire universel, déclarant ne vouloir retirer aucun profit personnel du legs, paye à chaque héritier sa portion *ab intestat* (6).

7275. Mais est seulement passible du droit fixe la renonciation consentie par une veuve à la communauté en faveur des héritiers du mari, à condition que ceux-ci lui payeront ses reprises (7), — ou qu'elle sera déchargée de toute contribution aux dettes (8).

CHAPITRE VINGT-QUATRIÈME.

DES SUCCESSIONS.

SOMMAIRE

(1) Garnier. 10737 ; Sol., 19 août 1830, *loc. cit.*, 10758.
(2) Cass., 10 nov. 1847 ; J. N., 13211 ; Lyon, 27 mars 1858 ; R. P., 1109.
(3) Cass., 17 août 1815 ; D. N., 74.
(4) Dél., 16 avril 1815 ; Inst., 1173, § 7 ; J. N., 5342.

(5) Cass., 12 nov. 1822 ; D. N., *loc. cit.*, 79.
(6) Seine, 20 fév. 1858 ; J. N., 16341.
(7) Dél., 19 août 1830 ; D. N., *loc. cit.*, 80.
(8) Dél., 20 mai 1831 et 24 juill. 1838 ; J. N., 8617 et 10108.

SECT. VIII. — PEINES RELATIVES AUX DÉCLARATIONS.

§ 1er. — Défaut de déclaration.

Règle, 7432.
Déclaration sans payement, 7433.
Payement sans déclaration, 7434.
Héritiers bénéficiaires, tuteurs, curateurs, 7436.
Peine personnelle, 7437.

§ 2. — Omissions et insuffisances.

Règle, 7438.

Exemples d'omission, 7439, 7440.
Insuffisances, 7441.
Faute du receveur, 7442.
Preuves, 7443.

SECT. IX. — PAYEMENT DES DROITS.

Héritier bénéficiaire, 7445.
Légataire universel, 7446.
Solidarité, 7447, 7448.
Privilége, 7449.
Étendue de ce privilége, 7450, 7451.

SECTION Ire. — DU TARIF.

7276. Le tarif des droits de succession a été fréquemment modifié depuis la loi du **22 frimaire an 7.** Le tableau suivant présente l'indication de celui qui est actuellement suivi.

DEGRÉ DE PARENTÉ.	MEUBLES et IMMEUBLES.	LOIS.
Ligne directe..............	1 p. 100.	LL. 22 frim. an 7, art. 69, § 3, n° 1; 18 mai 1850, art. 10.
Epoux....................	3 p. 100.	LL. 28 avril 1816, art. 53; 18 mai 1850, art. 10.
LIGNE COLLATÉRALE. Frères, sœurs, oncles, tantes, neveux, nièces.....	6 fr. 50 p. 100.	LL. 21 avril 1832, art. 33; 18 mai 1850, art. 10.
Grands oncles, grandes-tantes, petits-neveux, petites-nièces, cousins germains........	7 p. 100.	Idem.
Parents au delà du 4e degré jusqu'au 12e	8 p. 100.	Idem.
Personnes non parentes.......	9 p. 100.	Idem

7277. C'est la loi en vigueur au moment où s'ouvre la succession qui sert de règle pour l'application du tarif (1). Ainsi, par exemple, lorsque le testateur a légué un usufruit à deux personnes pour en jouir successivement, le droit est dû lors du décès du premier usufruitier selon le taux en vigueur au moment de la mort du testateur (2). La question avait été un instant controversée pour le legs de rente viagère (3), mais la Régie est ensuite revenue au même principe (4).

7278. Ainsi encore, il a été décidé que le droit exigible sur les biens d'un absent doit être réglé d'a-

---

(1) Cass., 31 mai 1836; R. G., 12476.
(2) Seine, 2 fév. 1842, 6 juin 1851, 16 fév. 1855, 6 et 15 fév. 1856; J. N., 14385, 13739; R. G., 12476, § 1.

(3) Dél., 19 fév. 1851; J. N., 14351.
(4) Dél., 20 déc. 1851; J. N., 13739.

près le taux du jour du jugement d'envoi en possession, parce que la succession est réputée s'ouvrir à cette époque (1). Il en est de même d'un legs soumis à une condition suspensive (2).

727⅔. *Enfants naturels.* En principe les enfants naturels acquittent le droit fixé pour la ligne directe (3), lors même qu'ils seraient appelés à l'hérédité par un testament (4), mais s'ils recueillent la succession à défaut de successibles, ils sont considérés comme personnes non parentes (5).

7289. Lorsque l'enfant naturel décède sans postérité légitime, mais laissant un enfant naturel, celui-ci exclut tous les parents de son auteur, et les droits de mutation par décès doivent être payés au taux fixé entre étrangers (6).

7281. *Époux.* L'époux appelé à la succession à défaut, de parents au degré successible est aussi considéré comme étranger (*Loi du 28 avril 1816, art. 53*). S'il était légataire de tout ou partie des biens, il acquitterait le droit de 3 p. 0/0 seulement sur le montant de son legs (7). On ne le soumettrait d'ailleurs qu'au tarif résultant de son degré de parenté s'il recueillait la succession en qualité de parent collatéral (8).

7282. *Succession vacante.* Pour les successions vacantes, le droit est dû au taux qu'aurait payé l'héritier connu s'il n'eût pas renoncé ou s'il ne se fût pas abstenu (9); et s'il n'y a pas d'héritier connu, c'est au taux fixé pour la parenté collatérale la plus éloignée que le droit fixe est exigible (10). — Quant aux successions en déshérence appréhendées par l'État, elles ne donnent lieu à aucun impôt (11).

7283. *Enfant adoptif.* Les enfants adoptifs tenant la place des enfants légitimes doivent acquitter les droits au même taux qu'eux pour les biens qui leur sont légalement dévolus (12). On l'a décidé ainsi quoique l'enfant adoptif vînt à la succession en une double qualité, d'abord comme enfant pour réclamer sa réserve, puis comme parent naturel du défunt pour partager un legs fait collectivement à ceux-ci (13).

7284. *Alliés.* Quant aux alliés, ils sont toujours considérés comme étrangers pour la perception des droits (14).

SECTION II. — DE LA LIQUIDATION.

7285. Le receveur doit accepter la déclaration des parties telle qu'elle lui est présentée, mais il est seul maître de la liquidation des droits, et les redevables ne peuvent ni en refuser le payement sans s'exposer au 1/2 droit en sus (15), ni faire insérer des réserves contre la perception (16). Ils ont seulement la faculté de demander le remboursement des droits quand ils sont acquittés.

7286. Il n'est cependant pas permis au receveur de refuser de réduire une libéralité excessive quand telle est la volonté des parties (17). De même, si l'époux survivant légataire de la quotité disponible déclare opter pour l'usufruit de 1/2, la perception doit être établie en conséquence, sauf à la Régie à prouver la fraude (18).

7287. Le droit se liquide séparément sur les valeurs mobilières et immobilières (19). A l'égard de ces dernières, leur capital s'obtient invariablement par la multiplication du revenu, lors même qu'il faudrait les soumettre à l'imputation de certaines charges dont l'importance ne se détermine pas de la même manière (20).

7288. Les donations de biens présents et à venir par contrat de mariage ne sont passibles du droit de mutation qu'au décès du disposant. Néanmoins, si ce droit a été perçu lors du contrat de mariage,

---

(1) Seine, 26 mars et 9 avril 1856; Cass., 8 déc. 1856; R. P., 840.
(2 Seine, 9 juin 1851; R. G., 13045 *bis*, § 4.
(3) Inst., 289 et 1796, §§ 15 et 16. R. G., 5718.
(4) Solution, 16 juill. 1847; Cass., 5 avril 1852; Melun, 27 août 1852; R. G., 5721; J. N., 13324, 14629, 14759; Inst., 1796, § 5, 1946, § 2.
(5) Loi 28 avril 1816, art. 53; Lyon, 19 fév. 1845; Cass., 12 avril 1847; Inst., 1796, § 16; J. N., 12815, 13006; R. G., 5720; G. Demante, n° 653.
(6) Seine, 12 juin 1850; Guéret, 17 oct. 1851; J. N., 14172, 14518; R. G., 5722.
(7) Sol., 9 mai 1843; J N, 11618.
(8) Sol., 30 mai 1806; R. G., 12181, § 1.
(9) Inst. 290, § 70; Seine, 7 juillet 1841; R. G., 12181; Demolombe, XV, 316; Demante, n° 677.

(10) Sol., 6 août 1831; R. G., 12484, § 1; D. M. F., 7 juin 1808; Inst 486, § 33.
(11) Loi 22 frim. an 7, art. 70; Circul. 1306.
(12) R. G., 4280.
(13) Dél., 19 avril 1834; contra, R. G., 12485.
(14) Cass. 28 janv. 1839; J. N., 10272; Inst., 1590 § 5; D. M. F. 1er mai et 21 juillet 1826; Charolles, 30 août 1828; Reims, 27 décembre 1815; Lure, 21 fév. 1851; R. G., 1514.
(15) St-Brieuc, 25 août 1856; R. P., 724; R. G., 13274.
(16) Inst., 1875, § 6; Cass., 21 août 1861; R. P. 1543.
(17) Cass., 10 juillet 1860; R. P. 1355.
(18) Dél., 28 décembre 1832; Laval, 14 mai 1832; R. G., 13274; Cass., 10 juillet 1860; R. P., 1355; Inst., 1437-10, 2185, § 7.
(19) Sol., 25 mars 1856; contra, D. N., Succ., n° 884.
(20) Dél., 1 mars 1835; J. N, 9226; R. G., 13276 et 13330; Arg., Cass., 7 juillet 1856; J. N., 15842.

il faut en tenir compte pour la liquidation du droit de mutation par décès (1). L'imputation est également admise lorsque l'héritier est évincé par un autre successible (2), ou lorsque des enfants recueillent comme héritiers certains biens qui leur avaient été attribués par un partage anticipé annulé (3)

7289. Le partage ayant un effet déclaratif de propriété doit servir de base à la déclaration lorsqu'il est fait avant elle, aussi bien pour les valeurs de la communauté (4) que pour celles de la succession (5). Il importe peu que les meubles soient attribués à l'un et les immeubles à l'autre (6), ou même que l'un reçoive l'usufruit pendant que l'autre obtient la nue propriété (7). Dans tous ces cas, le droit n'est dû que sur les biens compris au lot du défunt.

7290. Mais il faut pour cela, d'un côté, qu'il s'agisse d'un partage sérieux et ne dissimulant aucune convention translative (8), et de l'autre que le partage soit fait sans soulte. Dans ce dernier cas, c'est la portion d'immeubles représentée par la soulte qui doit être déclarée, d'après une évaluation en revenu (9).

7291. On doit assimiler la licitation au partage avec soulte, et si les biens étaient licités avant le payement des droits de succession, il est certain qu'il ne faudrait pas en déclarer le prix au lieu de les déclarer eux-mêmes (10).

7292. Ce qui précède s'applique au partage antérieur au payement des droits, que le délai soit ou non expiré (11). Quand la déclaration est faite, son influence n'est plus la même. Il ne saurait motiver aucune demande en restitution, parce que les droits ont été régulièrement perçus dans le sens de l'art. 60 de la loi du 22 frim. an 7 (12). — Mais la question de savoir si la Régie peut réclamer un supplément de perception d'après les lotissements qu'il **contient a** été fort controversée (13), et vient d'être tranchée par la Cour de cassation dans le sens de la négative (13 bis).

7293. Quoi qu'il en soit, si après le décès de l'un des époux communs ses héritiers ont payé le droit sur la moitié des biens et qu'un partage postérieur attribue l'usufruit au survivant, ses héritiers sont tenus à son décès d'acquitter les droits sur l'autre moitié de la communauté (14).

7294. Un avis du Conseil d'État du **2** septembre 1808, devenu célèbre dans la jurisprudence fiscale a décidé qu'une même valeur ne pouvant supporter un double impôt, il fallait, pour la perception du droit de mutation par décès, déduire des biens d'une hérédité tous les legs particuliers, existants ou non en nature, faits par le défunt, et liquider séparément l'impôt sur les legs et sur le surplus des biens demeurant à l'héritier.

7295. On ne fait plus aucune distinction pour cela entre les meubles et les immeubles depuis que la loi du 18 mai 1850 a tarifé ces valeurs au même taux. Il faut distraire de l'actif total le montant des legs et ne percevoir le droit du chef de l'héritier que sur l'excédant (15).

7296. Lorsque les legs particuliers de sommes d'argent sont supérieurs à la valeur des meubles et immeubles de la succession estimés d'après les bases légales, et situés en France (16), l'administration ne peut percevoir le droit que sur cette valeur ; elle ne peut le réclamer sur la différence entre le montant des legs et l'estimation des biens (17).

---

(1) Cass., 21 niv. an 13, 5 octobre 1807, 2 juin 1813. 28 janv. 1819, 21 décembre 1821, 13 avril 1825, 8 décembre 1826 ; Inst., 1173, § 8 ; R. G. 13282.

(2) Cass., 24 flor. an 13, 7 floréal an 10 ; Cass., 13 novembre 1814 ; J. N. 1464 ; Brives, 15 mai 1835 ; Sol, 19 juillet 1835 ; R. G., 13022, 1325 bis.

(3) Cass., 5 juillet 1820 ; R. G., 12720 ; J. N. 3934 ; D. N., Succ., 497.

(4) Cass., 15 juillet 1823 ; Sol., 5 juillet 1826 ; J. N., 4900, 5780 ; R. G. 1286.

(5) Tours, 1er septembre 1849 ; J. N., 13335 ; St-Amand, 13 juillet 1834 ; Seine, 19 janv. 1861 ; R. P., 2405.

(6) Boulogne, 13 avril 1839 ; R. G., 13287 bis.

(7) Sol., 11 juin 1833 ; Inst., 1437, § 8 ; le Mans, 21 novembre 1843 ; Cass., 21 mai 1845 ; R. G., 13240 ; Cass., 4 janv. 1865 ; R. P., 2002 ; J. N., 11606, 18191 ; Seine, 9 fév. 1867 ; R. P., 2 01 ; J. N., 18997.

(8) Seine, 16 mars 1842 ; Dél. 10 décembre 1830 ; Sarrebourg, 20 mars 1849 ; Corbeil, 23 janv. 1854 ; Amiens, 12 juin 1856 ; Embrun, 23 avril 1849 ; R. G., 12290 ; Seine, 13 mars 1858, 28 mars 1862, Dijon, 15 février 1864 ; R. P., 1093, 1624, 2037 ; J. N., 7477, 15337.

(9) Sol., 23 mai 1845 ; Inst. 1743. § 7, 1482, § 7 ; St-Amand. 15 juillet 1834 ; Seine, 25 août 1841 ; D. N., Succ., 908 ; R. G , 13206.

(10) Cass., 18 décembre 1839 ; J. N., 10573 ; Inst. 1615, § 4 ; Seine, 6 janv. 1816 ; R. G., 13297.

(11) Cass., 18 décembre 1839 ; J. N., 10573.

(12) Cass., 1er décembre 1835 ; D. N., Succ., n° 896 ; R. G., 13299 J. N. 9115.

(13) Aff., Sol., 21 janv. 1851, 18 juin 1857, 17 août 1858, 24 août 1861 ; Seine, 4 juin 1859 ; Chartres, 15 avril 1864 ; J N., 17886 ; R. P., 1530, 2019.
Nég. Dél. 8 janv. 1830 ; Meaux, 20 août 1829 ; D. N., Succ., 895 ; Seine. 2 juillet 1856, 25 juillet 1853 ; Péronne, 13 janv. 1856 ; R. P , 2019.

(13 bis) Cass., 20 nov. 1866 ; J. N., 18646.

(14) Tours, 28 fév. 1840 ; J. N., 11806 ; Étampes, 18 août 1840 ; Nancy, 28 avril 1841 ; Cass., 2 août 1841 ; Inst., 1665, § 2 ; Pontoise, 26 mai 1842 ; Mantes, 15 décembre 1843 ; Seine, 12 décembre 1849 ; D. N. Succ., n° 900 ; R. G., 13101 ; Cass., 20 nov. 1866 ; J. N., 18646.

(15) Cass., 30 mars 1858 ; R. P., 997 ; Inst., 2234, § 1.

(16) Belfort, 3 fév. 1863 ; R. P., 991.

(17) Cass., 7 juillet 1856, 30 mars 1859 ; R. P , 724, 997 ; Inst., 2294

7297. On assimile d'ailleurs aux legs de sommes tous les legs de rentes viagères ou de pensions (1)

7298. Le principe de cette distraction a été poussé plus loin par la jurisprudence. Elle a reconnu que si l'héritier ou le légataire universel auquel le testateur avait imposé des legs particuliers payables au décès de cet héritier ou légataire, ou même le cessionnaire de leurs droits successifs (2), mourait lui-même avant d'avoir fait la délivrance de ces libéralités, on devait déduire de l'actif de sa succession le montant des legs non payés et percevoir seulement l'impôt sur l'excédant (3). Mais le legs particulier de somme payable sans intérêt après le décès du légataire universel ne constitue pas un usufruit passible du droit de mutation par décès, indépendamment du droit dû par le légataire particulier (4).

7299 Il a été décidé encore que de la succession du défunt, il fallait aussi distraire les sommes données entre-vifs aux héritiers et non encore payées à l'époque de son décès (5).

7300. Tous ces points ont été vivement controversés et ont donné lieu à une foule de décisions contradictoires. Il en est de même de la question de savoir si les héritiers étaient autorisés à déduire de la succession de leur auteur les sommes dont il avait l'usufruit. On paraissait admettre la déduction sur les valeurs fongibles et même sur les meubles en général, mais on la refusait sur les immeubles. I est admis aujourd'hui que la déduction s'opère sur l'ensemble des biens héréditaires sans distinction (6).

7301. Cette règle s'applique aux reprises de la femme mariée sous le régime dotal ou d'exclusion de communauté; le mari en est usufruitier, et il y a lieu d'en distraire le montant de l'actif de son hérédité (7). Il en serait autrement sous le régime de la communauté, en cas de renonciation par la femme ou ses héritiers (8).

7302. Les legs particuliers se déduisent de la toute propriété de la succession et non pas seulement de la nue propriété des biens, de sorte que s'il y a un usufruitier, il profite dans une certaine mesure de la réduction du capital imposable (9). Les rentes viagères elles-mêmes s'imputent sur la masse de la succession, à moins qu'elles n'aient été mises spécialement à la charge de l'usufruit (10).

7303. Dès avant la jurisprudence précédente, la Régie avait admis que la succession du défunt ne comprenait pas les sommes qu'il avait reçues en dépôt comme comptable, agent d'affaires (11), ou gagiste (12).

7304. Les reprises du survivant des époux se déduisent naturellement de la communauté pour la fixation de l'émolument revenant au prédécédé. Mais il faut que l'existence de ces reprises soit justifiée au receveur comme elle l'est en matière de partage (*suprà n°⁵ 6871 et suiv.*), au moyen de documents sérieux dont l'appréciation appartient en définitive aux tribunaux (13).

7305. Les reprises du défunt s'exerçant sur les valeurs de la masse, les droits doivent être payés à leur égard d'après la nature même des biens ainsi prélevés du chef de la succession (14). — Il en serait autrement si les héritiers de la femme, usant du droit que leur a reconnu un récent arrêt (15), préféraient abandonner les biens au mari afin de recevoir les reprises en argent.

7306. Il est toujours nécessaire, pour percevoir les droits, de procéder à une liquidation de la succession, et cette opération nécessite la connaissance des règles sur la composition de l'actif de la communauté, les reprises, les rapports, et la quotité disponible. Nous ne pouvons que renvoyer sur ces points différents aux explications contenues dans le présent ouvrage. Ajoutons seulement ici une remarque au sujet du calcul de l'usufruit attribué au survivant lorsque cet époux est donataire de l'usufruit des biens du défunt, il faut distinguer deux cas : ou bien la disposition est restreinte aux biens que le prémourant laissera au décès, et alors la jouissance porte uniquement sur les biens existant à cette

---

(1) Cass., 8 septembre 1858, 23 novembre 1811 ; D. M. F., 14 avril 1812; Inst., 174; Merlin, Enreg., § 22; Dalloz, Enreg., 4136; G. Demante, 665 ; Garnier, 1338.

(2 Cass., 29 nov. 1855 ; R P., 2221.

(3) Cass., 6 décembre 1858, 16 et 22 août 18.9, 25 juin 1862 ; Inst., 2236, § 4. V. Seine, 27 août 1864 ; R. P., 1952.

(4) Domfront, 25 nov. 1864 ; Sol., 6 nov. 1865 ; Périgueux, 21 déc. 1866; Aix, 10 avril 1847 ; J. N., 15507, 15026, 18836 ; R. P., 2202, 2 48 ; contra, Inst., 2234, § 4 ; Vitry-le-François, 12 mars 18.3, 9 mai 1867 Dinan, 13 mai 1864; Muret, 31 août 1864 ; R. B., 2184 ; C., 13279. Voir Saint-Girons, 28 août 1866 ; R. P., 2357.

(5) Cass., 30 juillet 1862 ; Inst., 2234, § 4 ; R. P., 1698 ; J. N., 17501· V. Figeac, 18 janv. 1847 ; R. P., 2315.

(6) Cass., 6 déc. 1858 ; R. P., 1426.

(7) Cass., 28 fév. 1865, 30 janv. 1866 ; Bourg, 3 avril 1865 ; Seine 17 juin 1865 ; Mauriac, 22 mars 1867 ; J. N., 18440, 18493, 18518 18530 ; R. P., 2053, 2229, 2124, 2447. V. Tulle, 1er mars 1867; Cosnes 9 avril 1867 ; J. N., 18996, 18999 ; R. P., 2449.

(8) Cass., 21 août 1801 ; Vitry-le-François, 9 mai 1867 ; R. P., 543, 2557 ; contra, Nogent-le-Rotrou, 12 janv. 1847 ; R. P., 2557.

(9) Garnier, 13.42.

(10) Cass., 19 mars 1866 ; J. N., 18484; R. P., 2250; contra, Chàlon-sur-Saône, 15 mai 1862 et le Mans, 17 janv. 1865; R. P., 1933 et 2069.

(11) Dreux, 28 mai 1851 ; J. N., 14587 ; Rouen, 17 juill. 1135; R. G., 13029.

(12) Garnier, 13040, 13247, 13281.

(13) On ne peut mieux faire que de renvoyer sur ce point aux développements complets insérés au Rép. périod., n°⁵ 1700, 1702, et 1733, où la jurisprudence est discutée. Voir aussi R. G., 13003 D. N., Succ., 131 ; Tours, 28 août 1855 ; R. P., 2304.

(14) Epinal, 8 janv. 1850 ; R. G., 12317; J. N., 14203 ; D. N., Succ. 433.

(15) Cass., 8 déc. 1851 ; R. P., 1981 ; J. N., 18166.

époque; ou **elle** s'applique à la totalité des biens qui, relativement aux héritiers, d ivent composer la masse, et dans ce cas on doit, pour calculer l'importance de l'usufruit sujet à l'impôt, rapporter fictivement les biens ou la valeur des bien/ donnés entre-vifs par l'époux décédé (1).

SECTION III. — BUREAUX OU LES DÉCLARATIONS DOIVENT ÊTRE FAITES.

7397. Aux termes de l'art. 27 de la loi du 22 frim. an 7, les immeubles en propriété ou usufruit doivent être déclarés au bureau de la situation des biens. Cette règle s'applique éga cment aux actions immobilisées, *supra n° 1402*, dont les droits doivent être payés au oureau dans l'arrondissement duquel se trouve le siège de l'administration (2).

7308. Si les immeubles situés dans plusieurs bureaux sont affermés pour un seul prix, il faut ventiler le fermage et faire autant de déclarations qu'il y a de bureaux.

7309. Les meubles se déclarent au bureau dans l'arrondissement duquel ils se sont trouvés au décès de l'auteur de la succession. (*Lois 22 frim. an 7, art.* 27). On le décide ainsi notamment pour les espèces d or et d'argent (3), ou pour l'intérêt apparteraant au défunt dans une coupe de bois (4).

7310. Mais les rentes et autres valeurs sans assiette déterminée acquittent l'impôt au bureau du domicile du défunt (*Loi 22 frim. an 7, art.* 27). Tels sont, les arrérages et les intérêts de capitaux, les créances de toute nature (5), les rentes sur l'État, les actions dans les sociétés (6), les billets de banque, que l'on considère comme des titres de créance (7), les marchandises entreposées dans les différentes villes de France et qui n'ont pas cessé d'être à la disposition de la succession (8), les legs de sommes d'argent n'existant pas en nature dans la succession (9).

7311. De sérieux embarras se sont élevés au sujet des valeurs dépendant de la succession de Français décédés à l'étranger ou d'étrangers décédés en France. Le principe en cette matière est que les biens situés hors de l'empire ne sont pas soumis à l'impôt lors même qu'ils seraient recueillis par un Français, et réciproquement que tous les biens situés en France sont passibles de l'impôt, quoiqu'ils échoient à des étrangers.

7312. Ainsi sont soumis au droit : 1° les fonds de commerce, créances, marchandises et autres valeurs mobilières, possédés en France par un étranger qui y est décédé (10) ; — 2° les meubles meublants, les actions de la banque de France laissés en France par un étranger qui y résidait temporairement sans domicile acquis (11) ; — 3° le legs fait à un Français par un étranger d'une somme payable en France avec des valeurs françaises (12) ou hypothéquée sur des immeubles français (13) ; — 4° les créances résultant d'obligations souscrites en France par des Français avec hypothèque sur des biens de France, mais recueillis par un étranger dans la succession d'un étranger décédé en pays étranger (14) ; — 5° les créances dépendant de la succession d'un Français domicilié hors du territoire et résultant de titres souscrits en France par des Français, payables en France et hypothéqués sur des biens français (15) ; — 6° les valeurs en portefeuille déposées chez une personne habitant l'étranger, mais domiciliée en France (16) ; — 7° les marchandises dépendant de la succession d'un Français entreposées à l'étranger (17) ; — 8° les effets et traites acceptés et payables en France, pour des créances ordinairement exigibles et payables à l'étranger (18) ; — 9° la créance hypothéquée sur des biens étrangers, mais établie par un titre souscrit en France, due par un individu et une caution domiciliés en France et dont le recouvrement est soumis à la juridiction des tribunaux français (19) ; — 10° le capital représenté par des lettres de change tirées de l'étranger sur une place française et dépendant de la succession d'un Français décédé en France, lors même que les lettres n'ont pas été acceptées par les tiers avant le décès (20).

(1) Cass., 8 janv. 1834 ; Seine, 11 juin 1835, 27 avril 1842; Inst., 1577, § 12; Orléans, 21 mars 1843; le Mans, 30 mars 1810; Morlaix, 9 juill. 1856; Argentan, 18 déc. 1850; J. N., 16203; Saint-Etienne, 11 fév. 1857; R. G., 10217 et 13052; Pontarlier, 13 mars 1865. V. Compiègne, 31 mai 1867 ; R. P., 2447, 2558.
(2) R. G., 12565.
(3) R. G., 12566, § 2; J. N., 14307.
(4) Sol., 6 sept. 1840; R. G., 12566, § 3.
(5) D. M. F., 4 sept. 1840; R. G., 12507. V. Seine, 28 juill. 1857.
(6) Sol., 5 mars 1811; R. G., 12567.
(7) Sol., 3 avril 1854; R. P., 1947 § 6; J. N., 18114.
(8) Sol., 26 mars 1825 ; Inst., 1466 § 7.
(9) Sol., 17 sept. 1824; R. G., 12567, § 3; Sol., 18 avril 1851, 2 janv. 1865; R. P., 1597, 2423.
(10) Saint-Etienne, 7 mars 1849; D. N., Succ., 404.
(11) D. M. F., 7 fév. 1834; Inst., 1458, § 6; le Havre, 21 mars 1862; R. P., 1693.
(12) Oloron, 20 mai 1843 ; D. N., 402; Cass., 16 juin 1823 ; J. N., 4147.
(13) Seine, 10 mai 1854.
(14) Cass., 27 juill. 1819, 16 juin et 10 nov. 1823, 29 août 1837 ; J. N., 4447, 9764; Inst., 1229, § 4, 1282, § 6, 1562 § 18; R. G., 6059, 12899 Sol., 14 août 1827; Altkirch. 5 août 1828.
(15) Cass., 10 mai et 10 nov. 1823; Aurillac, 31 déc. 1850; R. G., 6060.
(16) Brives, 29 août 1848, R. G., 6061.
(17) Sol., 26 mars 1825 ; Inst., 1466, § 7 ; Dél., 5 nov. 1833 ; contra Reims, 17 janv. 1835 ; J. N., 8770.
(18) Inst., 1229, § 4.
(19) Cass., 20 janv. 1858; J. N., 16249; Valenciennes, 9 août 1869, R. P., 981, 1373; J. N., 16249, 16079.
(20) Cass., 29 nov. 1858; J. N., 16475 ; R. P., 1125.

7313. Mais il a été reconnu que les créances résultant d'obligations souscrites par des individus domiciliés en Algérie, payables au même lieu et hypothéquées sur des immeubles situés en Algérie, ne sont pas sujettes au droit de mutation par décès lorsqu'elles dépendent d'une succession ouverte en France (1). (V. *infrà*, 7486.)

7314. Par application des mêmes règles, on devrait exempter de l'impôt les valeurs industrielles, rentes, actions ou obligations dépendant des sociétés étrangères, puisque ces valeurs ont leur assiette légale au siége des entreprises. Mais la loi du 18 mai 1850 a dérogé au principe en soumettant au droit de mutation par décès, dans son art. 7, les fonds publics et actions des compagnies ou sociétés d'industrie et de finances étrangères dépendant d'une succession régie par la loi française. Cette dérogation a été étendue aux obligations des mêmes sociétés par la loi du 13 mai 1863, art. 11 (2), et on l'a appliquée à des rentes étrangères qui avaient été immobilisées au profit d'un Français (3).

7315. On a décidé à cet égard que la succession d'un étranger était régie par la loi française dans le sens des articles précédents quand il mourait en France après y avoir acquis un simple domicile (4). Il en est de même, *à fortiori*, du Français qui meurt à l'étranger sans avoir perdu sa nationalité (5).

7316. Pour les valeurs de l'espèce, le capital servant à la liquidation du droit est déterminé par le cours moyen de la Bourse au jour du décès; si les valeurs ne sont pas cotées à la Bourse, le capital doit être fixé par la déclaration estimative des parties, sauf l'application de l'art. 39 de la loi du 22 frim. an 7, si l'estimation est insuffisante, *infrà n*os 7432 *et suiv.*

7317. La déclaration est faite et les droits sont acquittés au bureau du domicile du défunt s'il en a un en France. Mais quand il s'agit de la succession d'un étranger mort à l'étranger, les rentes d'État, même départementales, doivent être déclarées à Paris (6). Quant aux créances et autres valeurs désignées *suprà, n°* 7312, elles acquittent dans le même cas, le droit au bureau du domicile du débiteur (7).

7318. Lorsque des époux étrangers, décédés en France et laissant des biens régis par la loi française, ont été mariés à l'étranger, leurs conventions, qui forment leur loi particulière, doivent recevoir leur exécution en France pour tout ce qui n'est pas contraire à la loi française (8). — Mais, à défaut de contrat de mariage, les biens sont-ils soumis à la communauté légale? La Cour de cassation s'est prononcée pour la négative le 30 janvier 1854 (9).

7319. L'hôtel d'un ambassadeur est réputé terre étrangère; de sorte que si un ambassadeur ou une personne de sa suite décède, les objets mobiliers qui se trouvent dans l'hôtel ne sont point sujets au droit de mutation (10). Mais cette dispense ne s'applique pas aux créances et aux immeubles que le défunt posséderait en France (11).—Les dispositions précédentes ont été étendues aux consuls et aux hôtels de consulat (12).

7320. Toute déclaration faite à un autre bureau que celui déterminé par la loi doit être considérée comme non avenue, sauf restitution aux parties des droits payés par erreur, et la Régie est fondée à exiger d'elles, sous peine du demi-droit en sus, une déclaration régulière au bureau compétent, ainsi que le payement des droits (13). — La prescription applicable à cette nouvelle déclaration est celle des successions non déclarées (14).

7321. Cependant il a été décidé que si la prescription biennale s'oppose à la restitution des droits perçus au bureau incompétent, on doit en tenir compte lors de la déclaration à faire au bureau de la situation (15).

(1) Seine, 4 déc. 1858 ; Grenoble, 6 mai 1865 ; Marmande, 30 janv. 1867 ; J. N., 18570; R. P., 2432. V. Seine, 30 juill. 1857; R. P., 2552.
(2) R. P., 1770.
(3) Cass., 28 juill. 1862 ; R. P., 1682 ; J. N., 17492.
(4) R. G., 6906 ; Demante, 787 ; Rouen, 22 juin 1854 ; Seine, 6 janv. 1856; R. P., 1953, 2324; CONTRA. Seine, 24 août 1857 ; J. N., 19030; R. P., 2541.
(5) Dissertation, Garnier, R. P. 2324.
(6) D. M. F., 10 mars 1853; Cass., 12 août 1857 ; R. G., 17729 bis; Inst. 2003, § 3. 2148, § 3; R. P., 1163; CONTRA, Seine, 15 août 1858; J. N., 16995; R. P. 1071.
(7) Inst., 290. § 36; Cass., 27 juill. 1819 ; avis cons. d'État, 11 fév. 1839; R. G., 3071.

(8) Cass., 12 juin 1855; R. P.. 407. V. Nice, 5 fév. 1867 ; C. 14011.
(9) Inst., 2010, § 8.
(10) D. M. F., 9 juin 1811, 12 sept. 1829; J. N., 6994 ; Inst., 1303, § 9.
(11) D. M. F., 27 mars 1822; Cass., 26 mai 1815 ; Inst., 1303, § 9; R. G., 13015, § 2.
(12) Lettre min. aff. étr., 19 déc. 1814 ; Seine, 4 mai 1813 ; Cass, 2 mai 1815; R. G., 13028.
(13) D. M. F. 23 sept. 1811; Inst., 1549; R. G., 12568; Corbeil, 23 août 1854; J. N., 15337; Seine, 4 déc. 1850; CONTRA, Altkirch 29 juill. 1857.
(14) Marseille, 19 nov. 1839; Seine, 24 mai 1843; R. G., 12568, § 4.
(15) Dél., 29 juill. 1853.

SECTION IV. — DE CEUX QUI PEUVENT FAIRE LA DÉCLARATION ET EN QUELLE FORME ELLE A LIEU.

7322. Les héritiers donataires ou légataires, leurs tuteurs ou curateurs sont tenus de passer déclaration détaillée des mutations de propriété ou d'usufruit par décès et de la signer sur le registre (*Loi 22 frim. an 7, art. 27*).

7323. Cette obligation est imposée à tous les héritiers, sans distinction, même aux héritiers bénéficiaires (*infrà n° 7445*); elle cesse toutefois d'exister quand la succession est négative et qu'il n'y a pas de droit à acquitter (1).

7324. L'un des héritiers ou des légataires universels peut agir au nom des autres; mais il ne représenterait pas valablement les légataires à titre universel ou les légataires particuliers et il ne saurait être non plus représenté par eux. Ces derniers légataires ne pourraient pas davantage agir les uns pour les autres, car ils ne sont pas solidaires.

7325. Il faut même reconnaître que les droits dus par le nu-propriétaire ne peuvent être acquittés sur une déclaration de l'usufruitier (2), quoique les revenus des biens soient affectés au payement de l'impôt exigible sur cette nue propriété (3).

7326. Le tuteur est tenu d'agir au nom de son pupille, sans pouvoir objecter qu'il n'a pas les fonds nécessaires au payement (4), et bien que les valeurs soient sous la main d'un séquestre (5). — Il en est de même du curateur au ventre.

7327. Le curateur nommé à une succession vacante est également obligé de faire la déclaration. Néanmoins, il est généralement reconnu que s'il n'a pu réaliser les deniers suffisants pour acquitter les droits exigibles, sa responsabilité disparaît (6).

7328. Le mineur émancipé ayant le droit de faire tous les actes de pure administration, a qualité pour déclarer seul les successions qui lui sont échues (7).

7329. Le mari peut seul aussi faire la déclaration au nom de sa femme lorsqu'ils sont mariés sous le régime de la communauté ou de la non-communauté, ou lorsque le régime dotal s'applique à tous les biens. Mais ce droit revient à la femme quand il y a séparation de biens conventionnelle ou judiciaire, ou qu'il s'agit de valeurs paraphernales.

7330. En principe, les cessionnaires des droits successifs et les exécuteurs testamentaires sont sans qualité pour agir au nom des héritiers ou des légataires. Il en serait autrement si ces derniers les en avaient chargés par une clause spéciale du contrat de vente ou de l'acte de délivrance des legs (8).

7331. Tout héritier, légataire, tuteur, etc., peut se faire représenter par un mandataire dont le pouvoir reste déposé au bureau (9). Le mandant est alors responsable de toutes les erreurs commises par le mandataire (10). On ne considère pas comme un mandataire le syndic de la faillite du défunt, ni le commissaire-priseur ou le notaire chargé d'employer le produit d'une vente de meubles au payement des droits de succession (11). Il en est autrement des créanciers autorisés à accepter une succession du chef de leur débiteur.

7332. La déclaration est inscrite par le receveur, telle qu'elle est faite par les redevables, sur un registre spécial. Elle doit être signée des déclarants (12), et elle serait non avenue si le débiteur se retirait au moment de cette signature, sous le prétexte qu'il n'accepte pas la liquidation des droits ou qu'il n'a pas de fonds suffisants pour les acquitter (13).— Si le déclarant ne sait pas signer, le receveur doit en faire mention (14).

7333. Il faut que la déclaration contienne tous les renseignements nécessaires pour justifier la régularité de la perception, notamment la date de l'ouverture de la succession, les noms du défunt et de ses

(1) Orange, 13 avril 1853; D. N. *Succ.*, 703; CONTRA, Garnier, 2607. V. Arg. Cass., 24 fév. 1824; Inst., 1489, § 5.
(2) Dél., 27 janv. 1826, D. N., *Succ.*, 700.
(3) Cass., 23 juin 1857, R. P., 857.
(4) Seine, 18 juin 1856, 26 avril 1866. 6 juill. 1867; R. P., 867, 2585.
(5) Seine, 13 juin 1855.
(6) G. Demante, 671; Dict. Not., *Succ.*, 20; Seine, 7 juill. 1841; Cass., 3 déc. 1839; R.G ., 12564; Montbéliard, 23 janv. 1857; Douai, 11 nov. 1856; Seine, 11 mai 1861, Tours, 14 mars 1863; R, P., 1498, 1590.

(7) Garnier. 12620.
(8) D. N., *Succ.*, 928; Garnier, 12614, 12617
(9) Inst., 443, § 5, et 1318, § 20; R. G., 12612.
(10) Cass., 18 août 1829, D. N., *Succ.*, 699.
(11) Garnier, 12616 et 12618.
(12) Loi 22 frimaire an 7, art. 27; Cass ,26 avril 1808; Inst., 1400; R. G., 12628.
(13) Marseille, 13 avril 1849; R. G., 12629.
(14) Inst., 1400.

héritiers ou légataires, le degré de parenté de ceux qui se présentent pour recueillir les biens et l'indication du titre en vertu duquel ils agissent (1). La Régie doit accepter, sur ces divers points, les affirmations des redevables, sauf à en prouver l'erreur par les voies ordinaires (2).

7334. A l'appui du détail des biens meubles, les parties sont tenues de rapporter un inventaire ou état estimatif, article par article, par eux certifié, s'il n'a pas été fait par un officier public. Cet inventaire reste déposé au bureau (*Loi du 22 frim. an 7, art.* 27). — Il ne peut être remplacé par le détail inséré dans le contexte même de la déclaration sur le registre (3), à moins que les parties ne sachent pas signer (4). Les dispositions précédentes s'appliquent aux créances comme aux autres valeurs mobilières (5).

7335. Toutefois les héritiers sont dispensés de fournir l'état estimatif ordinaire, lorsqu'il existe un inventaire authentique. Il suffit alors qu'ils en indiquent la date avec le nom et la résidence du notaire (6).

7336. Chacun des immeubles doit être désigné avec l'indication de la commune, du lieu dit, de sa nature, de sa contenance et de son revenu (7). — S'il s'agit d'un domaine, on peut se borner à le désigner par sa contenance en bloc, en indiquant de quoi il se compose. Lorsque les immeubles sont affermés par bail enregistré, il suffit d'en énoncer succinctement la consistance et de renvoyer au bail (8).

7337. La déclaration ne saurait être remplacée par un exploit d'offres réelles (9), à moins qu'il ne contienne tous les détails nécessaires et le pouvoir à l'huissier de se présenter au nom du redevable.

SECTION V. — DES DÉLAIS POUR FAIRE LA DÉCLARATION.

7338. Les délais pour les déclarations de successions sont : 1° de six mois lorsque le *de cujus* est décédé en France ; 2° de huit mois s'il est décédé dans toute autre partie de l'Europe ; 3° d'un an s'il est mort en Amérique, et 4° de deux ans si c'est en Afrique (Algerie comprise) ou en Asie (*Loi du 22 frim. an 7, art.* 24).

7339. Le droit de proroger ce délai n'appartient pas aux tribunaux (10), mais seulement au ministre des finances et sans préjudice des mesures conservatoires (11). Les prorogations doivent être motivées par des circonstances spéciales, telles que, par exemple, l'éloignement des héritiers du territoire français, l'introduction d'instances sur la validité des testaments ou sur la qualité des héritiers ou des légataires, etc.; sauf de très-rares exceptions, les préposés doivent se dispenser d'instruire celles de ces affaires dont l'administration aurait été saisie, moins d'un mois avant l'expiration du délai légal (*Circ. enreg.*, 9 *mai 1867* ; *J. N.*, *18847*).

7340. En principe, le délai part du jour du décès. En vertu de la maxime : *le mort saisit le vif*, la Régie n'a besoin de prouver ni l'acceptation des héritiers (12), ni la demande en délivrance des légataires, soit universel (13), soit particuliers (14), soit même des simples légataires en usufruit (15).

7341. Cependant le légataire en usufruit doit avoir manifesté son intention d'accepter, les droits de mutation ne pourraient être réclamés à ses héritiers (16).

7342. Les contestations qui existent sur la validité des legs ne suspendent pas le délai accordé pour la déclaration (17).—Il en est de même du terme que le défunt a apposé à leur délivrance (18). Mais si le legs est fait sous une condition suspensive, le délai court seulement du jour où la condition s'accomplit (19). Il faut ranger dans cette catégorie les legs adressés aux établissements publics et soumis à l'approbation du gouvernement. Les droits n'en sont dus que dans les six mois qui suivent cette approbation, sauf aux héritiers à acquitter l'impôt en attendant sur les valeurs léguées dont ils ont la saisine (20). L'impôt deviendrait exigible auparavant si la prise de possession effective de l'établissement était prouvée (21). — Jugé, à cet égard, que quand, par une transaction régulièrement approuvée, une somme

---

(1) Inst. 443, 1348 ; R. G., 12621.
(2) Garnier, 12622 à 12624.
(3) Sarlat, 19 juin 1848.
(4) Inst 1400 ; R. G. 12625.
(5) Guingamp, 14 fév. 1849. R. G., 12625 ; Sarlat, 19 juin 1848.
(6) D. M. F ,22 prairial an 7; Inst.,1400.
(7) Cass., 16 janv. 1811 ; St-Pons. 29 nov. 1853 ; R. G., 12635. V. Yvetot, 18 août 1863 et Hazebrouck, 12 août 1865 ; B. P., 2325.
(8) Garnier, 12625, § 3.
(9) Seine, 2 déc. 1840 ; Cass., 14 mars 1814 ; 29 décembre 1841, 7 juillet 1865 ; R. P., 1819 ; J. N., 17769 ; R. G., 12629, 2 ; 13362.
(10) Cass., 4 fév. 1807 ; Angoulême, 23 janvier 1850; Seine, 22 fév. 1849 ; J. N., 13664 ; R. G. 12495.
(11) Reims, 31 juillet 1851 ; J. N., 14679.
(12) Cass., 21 oct. 1829; Inst. 1307, § 9, 1673, § 7; Cass., 7 mars 1842;

(13) Cass., 16 janv. 1811, 4 fév. 1812 ; 10 mars 1829; J. N., 7132; Inst 1307, § 9; Seine. 15 mars 1838; Orléans. 23 décembre 1834; Lyon, () décembre 1813 ; R. G., 12500.
(14) Seine, 22 février 1849 ; J. N , 13665; Seine, 8 août 1850; Millau, 31 août 1855 ; R. G , 1254 ; Seine, 1er février 1852 ; R. P. 1658.
(15) Cass., 4 fév. 1812.
(16) D. M.F , 7 août 1845 ; R. G. 12502 ; Dél., 16 juillet 1830, 20 mai 1834 ; J. N., 7235 ; D. N., Succ., 597.
(17) Blois. 5 déc. 1848; Seine, 8 août 1850, 7 juill. 1866; R. G., 12501 bis ; Montpellier, 20 mai 1861 ; J. N., 13768, 17195 ; R. P., 2420.
(18) Dél. 26 nov. 1830; Inst., 1451. § 4.
(19) D. M. F., 21 avril 1806 ; Château-Gontier, 27 août 1842; R. G., 12503.
(20 et 21) Sol., 20 oct. 1856; R. P., 819. J. N., 15922; contra, Di (Not Succ. n° 930, 931.

d'argent a été substituée à un legs d'immeubles fait à une commune, c'est cette somme d'argent qu'il faut déclarer (1).

7343. C'est encore un legs conditionnel que celui d'une rente viagère ou d'un usufruit à recueillir après la mort d'un premier légataire investi du même droit. Le délai court seulement à compter du décès de ce dernier (2).

7344. Le legs de la nue propriété d'un immeuble avec clause que si le légataire de l'usufruit se marie ou parvient à l'âge de 21 ans, la nue propriété se réunira de plein droit à l'usufruit, est fait sous condition résolutoire et non suspensive, et les droits de mutation par décès sont immédiatement exigibles du nu-propriétaire (3). — Il en est de même du legs fait sous condition que le légataire s'abstiendra de prendre part dans une succession non encore ouverte (4), ou de celui qui est fait à une femme pour le cas où elle se séparerait de son fils (5).— La disposition par laquelle une mère lègue à son frère la quotité disponible de ses biens et à sa fille l'usufruit de cette même quotité, sous la condition que le legs sera considéré comme nul si la fille meurt sans enfants, est faite sous condition suspensive à l'égard du frère (6).

7345. Plus généralement, il faut dire que l'obligation de souscrire la déclaration ne prend naissance que quand les héritiers ou les légataires ont été mis à même d'exercer leurs droits. Ainsi, les biens litigieux ou inconnus ne sont soumis à la déclaration que dans les six mois de leur rentrée en la possession des héritiers (7). Tels sont encore les biens séquestrés en vertu d'arrêtés de l'autorité administrative et dont les héritiers sont ensuite remis en possession (8).

7346. Si les héritiers ou les légataires apparents sont évincés des biens de la succession, ceux qui viennent à leur place ont également un délai de six mois pour acquitter les droits. On l'a décidé à propos d'un enfant non viable (9), de la découverte d'un testament inconnu (10), d'une déclaration d'indignité (11), — d'une renonciation par les héritiers du premier degré, ou par la veuve commune en biens (12), — de l'annulation ou de la réduction d'un legs (13).

7347. De même c'est l'envoi en possession ou la prise de possession elle-même qui fait courir le délai pour les héritiers appelés à exercer les droits subordonnés au décès d'un absent (*Loi du 28 avril 1816, a t. 40*) (14), — ou à recueillir les biens à défaut de parents au degré successible (15).

7348. La constatation du décès des militaires morts en activité de service, hors de leur département, n'ayant lieu que par l'inscription au registre de l'état civil, le délai pour le payement des droits de mutation par décès ne court que du jour de l'inscription de l'acte de décès sur le registre de l'état civil de leur domicile (16), ou de la prise de possession effective des biens si elle a lieu auparavant (17), ou encore du dépôt de l'acte de décès chez un notaire (18). — Quant au militaire décédé dans son département, la règle ordinaire reprend son empire et le délai part du jour du décès (19).

SECTION VI. — DES BIENS A DÉCLARER.

7349. I. *Abandonnement.* La cession volontaire ou judiciaire ne dessaisissant pas le débiteur de la propriété de ses biens, il en résulte que le droit de mutation est exigible sur toutes les valeurs qui ne sont pas aliénées avant le décès (20) et sur les fruits et revenus dont les créanciers sont simplement détenteurs à la même époque (21). — Il en est de même, à plus forte raison, des biens remis en antichrèse (22).

---

(1) Cass., 25 fév. 1846; R. G., 13035, § 7.
(2) Sol. 14 déc. 1825; 14 avril 1826; le Havre, 25 juill. 1832; Cass., 30 déc. 1834; R. G., 12515 ; Inst., 1187, § 7. 1200, § 5, 1421, § 8, 1481. § 9.
(3) Délib. 11 oct., 1831 ; le Havre, 8 fév. 1849; Rouen, 1er mai 1849; Neufchâtel, 14 mai 1849; J. N., 7674, 13799.
(4) Dél., 17 janv. 1834 ; R. G., 13045 *bis*.
(5) Dél., 15 janv. 1833; R. G., 13045.
(6) Seine, 28 juill. 1865; R. P., 2215.
(7) D. M. F., 22 avr. 1808; Cass., 30 janv. 1809, 30 mars 1813, 15 mars 1814, 20 août 1816, 24 août 1841; J. N., 1962, 2296, 11070; R. G., 1637 ; Inst., 245; Seine, 3 juin 1859, 21 juill. 1865; Calvi, 15 janv. 1866; Seine, 21 juillet 1865 ; R. P., 1200, 2151, 2235.
(8) Cass., 22 vend. an 9, 23 brum. an 12, 14 août 1811, 9 nov. 1813; D. M. F., 4 janv. 1816; R. G., 12549.
(9) Dél.,2 août 1822; R. G., 12538.
(10) Inst., 1200, § 14.
(11) D. M. F., 7 juin 1808; Inst., 386, § 27.

(12) Dél., 21 octobre 1814 ; Seine, 16 fév. 1828, 30 nov. 1842, 7 déc. 1848 ; Avranches, 12 nov. 1840; R. G., 12722, 12-23; Seine, 25 mars 1852.
(13) Langres, 14 nov. 1855; R. G., 12550; Cass., 11 fév. 1807; Bernay, 19 déc. 1849; R. G., 12721, 13055; Bagnères, 18 avril 1859; R. P., 1203.
(14) Dél., 3 fév. 1832; J. N. 7636; Mauriac, 15 nov. 1855; R. G., 12528.
(15) Dél., 13 oct. 1829; D. M. F., 8 frim. an 9; R. G., 12527 et 12535.
(16) Cass., 29 avril 1818.
(17) Cass., 22 brum. an 14, 8 mai 1826; R. G., 1200, § 13.
(18) Cass., 25 juin 1806; R. G. 12541.
(19) D. M. F., 21 juill. 1820; R. G , 12541 *bis*.
(20) Cass., 3 vent. an 11; Grenoble, 31 août 1840 ; R. G., 12537.
(21) Arg. de cass., 4 sept. 1849.
(22) Seine, 29 déc. 1825; D. N., *Succ.*, 398.

IV.   **26**

7350. II. *Accroissement.* L'accroissement ne donne ouverture à aucun droit de mutation par décès, car l'héritier qui recueille reçoit alors les biens du défunt directement. La renonciation motive seulement la perception d'un supplément de droit si le tarif applicable à l'autre légataire est plus élevé, à raison du degré de parenté, *suprà n° 7177.*

7351. L'exemption d'impôt a été appliquée notamment aux legs conjoints d'usufruit (1) ou de rente viagère (2).

7352. Il est évident d'ailleurs que, pour produire l'accroissement dont il s'agit, la renonciation doit être pure et simple. Si elle avait lieu moyennant un prix ou à titre de donation, elle produirait un effet translatif et ne s'opposerait pas à l'exigibilité du droit de mutation par décès. Ce point a été précédemment expliqué, *suprà n° 7270 et suiv.*

7353. III. *Achalandage.* L'achalandage ou la clientèle constitue une valeur particulière qui peut être transmise séparément et qui donne ouverture à un droit distinct de celui de l'immeuble ou du fonds dont il dépend (3).

7354. IV. *Ameublissement.* L'ameublissement fait tomber définitivement l'immeuble dans la communauté. En conséquence, si le mariage est dissous par la mort de l'époux qui a ameubli, les héritiers ne doivent comprendre que la moitié de l'immeuble dans la déclaration de succession. Aucune indemnité ne pouvant être due à la communauté, il n'y a pas à en comprendre dans la déclaration (4). (V. *suprà n° 6354*).

7355. V. *Assurances sur la vie.* Lorsqu'une personne a souscrit un contrat d'assurances sur la vie, à la condition qu'à sa mort le capital convenu sera payé à un tiers, ce capital, au décès de l'assuré ne forme pas une valeur de sa succession, passible du droit de mutation par décès (5).

7356. VI. *Bail.* Aucun droit n'est dû sur la transmission par décès d'un bail ordinaire (6); mais il en serait autrement si le bail avait un caractère translatif de propriété, comme l'emphytéose (7). — Quant au bail héréditaire, il a été reconnu qu'il ne motivait pas la perception du droit de succession (8).

7357. Les héritiers de celui qui tient un domaine congéable doivent déclarer comme immeubles les édifices et superficies, et comme meubles les bestiaux attachés à la culture, les instruments aratoires et les semences, lorsque ces objets ont été apportés par le colon (9). — Si c'est le propriétaire qui décède, ses héritiers sont tenus de déclarer la redevance qui est censée représenter le revenu et doit être capitalisée au denier vingt.

(V. pour les autres baux, *suprà n° 6937 et suiv.*)

7358. VII. *Brevets.* Le brevet d'invention forme, entre les mains de celui qui l'a obtenu, une propriété transmissible, passible du droit de mutation par décès (10). — Quant au brevet de maître de poste, comme les héritiers sont autorisés à continuer le service pour leur compte (*art. 70 du décret du 24 juillet 1793*), il semble que c'est là une valeur héréditaire également assujettie à l'impôt (11).

7359. VIII. *Cautionnement.* La Régie a décidé que le cautionnement inscrit au trésor avec privilège de second ordre au profit d'un bailleur de fonds n'appartient pas au titulaire et ne doit pas être compris dans sa succession (12), — mais cette décision ne paraît pas devoir être suivie en présence de la jurisprudence de la Cour de cassation, d'après laquelle le bailleur de fonds n'est au contraire qu'un prêteur et ne conserve pas la propriété des deniers employés au cautionnement (13).

7360. IX. *Constructions.* Les constructions existant sur un terrain sont présumées légalement faire partie de la succession du propriétaire du fonds (14), et doivent être déclarées avec ce terrain. Il en est

(1) Dél., 9 nov. 1831; Inst., 1354, § 6; R. G., 12643.
(2) Seine, 5 mai 1865; R. P., 2152. V. cependant Dijon, 21 janv. 1845 ; J. N., 12420.
(3) Seine, 7 mai 1840, 28 mai 1855; J. N., 10755, 14556; Garnier, 13013.
(4) Dél., 26 juin 1863 ; D. M. F., 23 déc. 1863 et Inst., 2307; R. P., 1891, 1914 et 2123.
(5) Voir Lyon, 18 juin 1863 ; Saint-Quentin, 11 mai 1864 ; Colmar, 27 fév. 1865; R. P., 1924, 1950, 2207, 2472.
(6) Cass., 5 oct. 1808, 23 janv. 1833, 24 nov. 1837; R. G., 12656; D. N., Succ., 419. V. Seine, 25 fév. 1867 ; C., 13267.
(7. Cass., 2 avril 1810, 24 juill. 1843, 6 mars 1850 ; Seine, 31 mars 1827, 9 déc. 1840 ; Lille, 3 mars 1849 ; Just., 1837, § 7 ; J. N., 9010, 10,49, 10889, 11800, 14400.

(8) Cass. (ch. réun.), 24 nov. 1837; J. N., 9862; Dallox, n° 3036; D. N., Succ., 424; G. Demante, 184; CONTRA, Cass., 28 janv. 1833; J. N., 7969; Inst., 1425, § 8; Garnier, 12662.
(9) Dél., 4 sept. 1806 ; R. G., 12665.
(10) D. N., Succ., 529.
(11) Sisteron, 25 janv. 1854 ; J. N., 15804; R. P., 471. Consultez Cass., 22 juin 1851 ; J. N., 14425.
(12) Dél., 9 juin 1835; Dallox, Caut., n° 85; Rouen, 15 avril 1806; Paris, 24 avril 1834; D. N., Succ., 534.
(13) Cass., 6 janv. 1840, 6 juill. 1849; R. G., 12726; Aubusson, 10 mai 1860; R. P., 1319; J. N., 16887; Sol., 14 juill. 1865; R. P., 2273.
(14) Voir Cass., 12 mars 1856 ; R. P., 705.

de même des constructions édifiées par un fermier en vertu d'une clause de son bail, et sous la condition qu'elles appartiendraient au propriétaire à la fin de cette location. — Le preneur n'ayant, dans cette hypothèse, qu'un droit de jouissance sur les bâtiments, s'il vient à décéder au cours du bail, ses héritiers ne doivent aucun impôt pour cette transmission de jouissance, ainsi qu'on l'a vu, *suprà* nº 6921 (1) ; ils auraient seulement à déclarer l'indemnité dont le maître du sol serait débiteur, si elle avait été stipulée dans le bail.

7361. Lorsqu'il est établi que les constructions appartiennent réellement à un tiers, fermier ou autre (2), elles sont, comme tous autres immeubles, assujetties au droit de mutation par décès lors de la mort du constructeur sur leur revenu capitalisé au denier 20 (3).

7362. X. *Charge d'emploi.* L'obligation imposée à l'héritier ou au légataire universel de vendre une partie des biens de la succession pour faire des œuvres pies ne saurait le dispenser du payement de l'impôt sur l'intégralité de ces biens (4). — Il n'en serait autrement que si ces œuvres pies avaient le caractère d'un legs particulier de sommes, **car** alors la déduction en serait opérée sur l'ensemble des valeurs héréditaires *suprà*, nº 7295.

7363. XI. *Créances.* On doit comprendre dans la déclaration toutes les créances en principal, intérêts et accessoires dues au défunt, même celles qui s'éteignent par confusion en la personne des héritiers (5), ou dont la compensation a été fixée après le décès (6).

7364. La délégation non acceptée par le créancier ne dessaisit pas le débiteur de la propriété de la créance, et s'il décède en cet état, la créance est sujette à l'impôt (7). — Mais l'acceptation peut s'induire de divers faits, tels que la réception de la créance par le délégataire (8), l'énonciation dans une lettre missive (9), et même, suivant un tribunal, le silence prolongé du créancier pendant les formalités de purge (10).

7365. Les créances frappées d'une saisie-arrêt doivent être déclarées, bien que la saisie ait été validée avant le décès, car le défunt en était toujours propriétaire (11).

7366. Même dans le cas où le prix de la vente d'un immeuble est entièrement absorbé par les hypothèques, cette circonstance ne fait pas que la créance du prix ne soit dans le patrimoine du vendeur. Le règlement provisoire de l'ordre ne changerait pas cette situation (12). Mais comme le règlement définitif confère aux créanciers un titre direct contre l'acheteur, il faut décider, qu'à partir de ce moment, la créance cesse d'appartenir au vendeur (13).

7367. La preuve de l'existence de la créance résulte en première ligne de la représentation du titre constitutif, sans que les héritiers puissent alléguer que le défunt était le prête-nom d'un tiers (14). — Elle résulte encore de l'aveu des héritiers consigné dans un inventaire (15), une déclaration de succession (16) ou bien de la reconnaissance émanée du débiteur dans un acte authentique postérieur au décès (17).

7368. Lorsque le terme de remboursement d'une créance est postérieur au décès, il semble, quoique la question soit controversée, que c'est aux héritiers à établir par des titres ou des papiers domestiques que la somme a été payée, avant cette époque, du vivant du défunt (18).

7369. En principe les créances doivent être déclarées pour leur valeur nominale (*Loi du 22 frim.*

(1) Seine, 12 janv. 1848; J. N., 13298.
(2) Voir pour la preuve Cass., 22 avril 1840; Inst., 1630, § 8.
(3) Seine, 13 fév. 1864, 21 juill. 1865; R. P., 1988, 2176; J. N., 18385.
(4) Sol., 19 août 1831 ; Inst., 1388, § 5; Neufchâteau, 11 fév. 1836; R. G., 13025.
(5) Pamiers, 30 déc. 1856; R. P., 816; Chartres, 25 mars 1859; J. N., 16632; R. G., 12778; R. P., 1146.
(6. Cass., 20 janv. 1858; J. N., 16269; R. P., 981.
(7) Po urlier, 1er mars 1856; J. N., 15926; R. P., 732.
(8) Cass., 22 déc. 1842. 17 fév. 1857.
(9) Fo urlier, 1er mars 1856; J. N., 15926; R. P., 732.
(10) Vigan. 5 déc. 1831; Dél., 16 juin 1814; R. G., 12760, § 1.
(11) Cass., 26 fév. 1833, 9 janv. 1838; Paris, 30 mars 1835, 7 fév. 1837, 18 mars 1839 et 26 juill. 1843.
(12) Seine, 14 juin 1851; Cass., 15 juill. 1856; Inst., 2096, § 6; Aubusson, 35 août 1854; R. P., 723, 1091.

(13) Redon, 26 avril 1833 : Dél., 14 juin 1831; J. N., 8351 ; G. Demante. 686; Seine, 10 fév. 1866; R. G., 2232; contra, Dél., 5 fév. 1836; Inst., 1526, § 4; Garnier, 12787.
(14) Seine, 17 mars 1853 ; D. N., vo Succ. 547: Dinan. 5 fév. 1858; D. M. P., 4 nov. 1865 ; Sol., 16 nov. 1865; R. P., 1016, 2523.
(15) Seine, 6 fév. 1846; R. G., 12785.
(16) Bar-le-Duc, 15 avril 1833 ; Cognac, 12 janv. 1864 ; R. P., 188 ; J. N., 17374, 18232.
(17) Grenoble, 27 déc. 1847; D. N., Succ. 546; contra, Moissac, 11 août 1863; R. P., 4879.
(18) Dict. not., Succ., no 548; Colmar, 6 mai 1851 ; Rethel, 27 août 1852; Reims, 28 déc. 1853 ; Ploërmel, 29 juin 1855; Colmar, 23 août 1855; Angoulême, 28 déc. 1855; Ste-Ménehould, 29 avril 1856; Mortain, 6 juill. 1856; Prades. 19 nov. 1856; Bar-sur-Aube, 12 fév. 1857; Remiremont, 9 avril 1857; Châlon-sur-Saône, 21 janv. 1860; Béziers, 9 janv. 1861; Moissac, 11 août 1863; Chinon, 26 avril 1866; Lille, 9 juin 1866; R G., 12784; R. P., 4, 809, 1307, 1493, 1879, 2073, 2336, 4, août 1863; R. P., 4879. J. N., 11111, 14913, 16769; contra. Lannion, 13 mars 1855; Cognac, 25 août 1856; Verdun, 26 août 1856; Briey, 19 août 1857; Mirecourt, 9 déc. 1864; Boulogne, 13 déc. 1867, R. P., 2073; J. N., 16799, 18242, 19126.

an 7, art. 11, n° 2.) — Néanmoins la créance sur un failli doit l'impôt sur sa valeur réelle, telle qu'elle est fixée par les dividendes (1) ; il n'en est pas de même en cas de simple déconfiture, à moins que la réduction de la créance ne soit réellement établie (2).

7370. Les héritiers peuvent être dispensés de payer le droit pour des créances devenues caduques par la prescription ou l'insolvabilité des débiteurs, pourvu qu'ils y renoncent expressément dans la déclaration (3). Cette disposition s'applique aux héritiers bénéficiaires comme aux héritiers purs et simples (4) ; mais on n'admet pas qu'elles concernent les créances dues par les héritiers eux-mêmes (5).

7371. Il faut d'ailleurs que la renonciation soit catégorique, et il ne suffirait pas d'annoncer que les créances sont considérées comme irrécouvrables (6), ni que les héritiers s'engagent à payer les droits s'ils les recouvrent (7). — Il est nécessaire, en outre, que cette renonciation soit insérée dans la déclaration même des héritiers ; celle que contiendrait l'inventaire serait insuffisante (8). Toutefois si la créance a été totalement omise, les héritiers, s'ils sont de bonne foi, sont encore fondés à faire leur renonciation au bureau après le payement des droits pour éviter les poursuites de la Régie (9).

7372. Rien ne s'oppose enfin à ce que la renonciation soit seulement partielle (10).

7373. Dans tous les cas, il appartient souverainement à la Régie d'accepter ou de refuser les renonciations dont il est parlé *supra* n° 7371 ; car il s'agit d'une question d'équité, et elle en est la seule juge (11).

7374. XII. *Donations.* Nous avons expliqué ailleurs le caractère et les effets des institutions contractuelles, des donations de biens présents et à venir, des donations de sommes payables au décès ou à prendre sur les plus clairs biens de la succession, et enfin des conventions de mariage déguisant de véritables libéralités soumises à l'événement du décès *supra* n° 6576. Toutes les dispositions assujetties au droit fixe de don éventuel entraînent, comme conséquence nécessaire, la perception du droit proportionnel de mutation au décès du donateur.

7375. XII *bis. Réversibilité.* La même remarque s'applique aux clauses de réversibilité dont il a été aussi question précédemment, *supra* n°s *6520 à 6522.* Ainsi, il est dû un droit de mutation au décès du premier rentier viager, lorsque la rente viagère provient d'un legs avec réversibilité au profit d'un tiers (12), ou a été constituée comme prix d'une vente avec réversibilité au profit d'un tiers étranger à la propriété de l'objet vendu (13) ; de même en cas de donation ou de partage anticipé par père et mère avec réserve d'usufruit à leur profit et à celle du survivant sans réduction, il est dû un droit de mutation d'usufruit au décès du premier mourant, *supra* n°s *2927, 2927.* Il en est autrement lorsque des époux communs en biens ou d'autres communistes aliènent, par vente ou donation, un objet commun moyennant une rente viagère réversible pour le tout au profit du survivant (14), à moins, si c'est la femme qui survit, qu'elle ne renonce à la communauté (15).

7376. XIII. *Folle enchère.* L'immeuble acquis par le défunt et revendu à sa folle enchère postérieurement au décès ne doit pas être compris dans sa succession (16) ; à moins que dans l'intervalle écoulé entre le décès et la folle enchère, les héritiers n'aient fait acte de propriété (17).

7377. Quant à la surenchère, elle ne suspend pas l'effet de la vente, et la seconde adjudication faite au profit d'un tiers est une condition résolutoire de la première ; si donc l'adjudicataire frappé de surenchère décède avant que l'adjudication ait été prononcée, les biens font partie de sa succession (18).

7378. XIV. *Fruits.* Les fruits civils ou prorata de fermages ou loyers, courus jusqu'au jour du décès, doivent être déclarés comme créance, indépendamment du droit à percevoir sur l'immeuble (19).

7379. Il en est autrement si le propriétaire jouit par lui-même, car les fruits naturels font partie intégrante de l'immeuble et n'ont pas une valeur distincte (20). — Mais si la récolte, quoique non détachée, a été vendue à forfait avant le décès, le prix forme une créance sujette au droit (21).

---

(1) Grenoble, 25 mai et 31 août 1847 ; Nantes, 29 nov. 1859 ; Pontoise, 20 nov. 1857 ; J. N., 13519, 14291; R. G., 12582; Sol., 11 mars 1866. V. Sol., 3 mai 1867 ; R. P., 2489, 2580; contra, Cambrai, 25 mars 1859 ; J. N., 16326.

(2) Montpellier, 14 juin 1852; R. G., 12782, § 1er; Sol., 23 mai 1857.

(3) D. M. F., 12 août 1806 ; R. G., 12788; D. N., *Succ.*, n° 562; R. P., 1575.

(4) Sol., 4 oct. 1818 ; J. N., 13648.

(5) Seine, 13 fév. 1857 , R. P., 810 ; Wissembourg, 30 janv. 1857; Demolombe, XIX, 266 , Garnier, 12790.

(6) Valenciennes, 5 juin 1845 ; J. N., 12439.

(7) Château-Chinon, 2 janv. 1851 ; D. N., *Succ.*, 857.

(8) Seine, 3 juil 1 1850 ; R. G., 12795.

(9) Sol., 10 juin 1841 ; Marseille, 21 mai 1840 ; R. G., 12796.

(10) Pontoise, 17 avril 1856 ; Rambouillet, 14 août 1857 ; Seine, 30 juin 1860; R. P., 1350; J. N., 16050; contra, Cambrai, 25 mars 1859 ; R. P., 1113.

(11) Cass. (4 arrêts), 24 avril 1861 ; Inst., 2301; Seine, 13 juin 1862 R. P., 1525, 1870 ; J. N., 16889, 17112, 17261.

(12) Saint-Amand, 17 mai 1866 ; R. P., 2380.

(13) Cass., 23 déc. 1852, 11 mars 1881 21 juill. 1866; Inst., 2319, 5 J. N., 17598, 17708, 18563; R. P., 1728, 1762, 2339.

(14) Mirecourt, 2 juill. 1855 ; Bressuire, 27 fév. 1866 ; Cass., 15 mai 1866 ; Tarascon, 4 janv. 1857 ; Brest, 6 fév. 1867 ; Iust., 28 nov. 1867, n° 2355-6 ; R. P., 2300, 2142, 2179. V. cep. Seine, 27 avril 1867 ; R. P., 2179.

(15) R. P., 2479, 6°.

(16) Cass., 2 fév. 1819, 13 mars et 28 août 1854 ; R. P., 404, 494; Seine, 18 mars 1836; Dél., 21 juill. 1837; Demante, n° 494; D. N., v° *Succ.*, 501; R. G., 13039 ; J. N., 9765.

(17) Cass , 14 fév. 1825; Inst., 4166, § 4

(18) Garnier, 13073.

(19) Inst., 1263, § 5.

(20) Inst., 1263, § 5.

(21) Inst., 1263, § 5

7380. Enfin la Régie décide que les récoltes sont meubles à l'égard du fermier et que s'il meurt avant de les avoir enlevées, ses héritiers doivent les comprendre dans la déclaration de sa succession d'après leur valeur au jour du décès (1).

7381. Les arrérages d'une créance ou d'une rente font partie de la succession non-seulement lorsque le terme est échu, mais encore lorsqu'il n'y a qu'une partie d'un terme écoulé. Dans ce cas, les arrérages doivent être déclarés au prorata des jours écoulés depuis l'échéance du dernier terme (2). — Il faut déclarer notamment les arrérages des rentes sur l'État ou autres valeurs de Bourse quand le décès a lieu dans la période pendant laquelle le coupon est détaché (3). — Mais on a exempté du droit les arrérages de secours annuels ou viagers aux anciens militaires, donnés par le grand chancelier de la Légion d'honneur (4).

7382. XV. *Habitation.* Le droit d'habitation étant un droit immobilier qui participe de l'usufruit et forme un démembrement de la propriété, il a été décidé que le legs d'un droit d'habitation était assujetti aux droits de mutation par décès comme le legs d'usufruit (5).

7383. XVI. *Legs.* Le legs fait à un exécuteur testamentaire pour le récompenser de ses soins est passible du droit de mutation (6). — Il en est de même du legs fait par un débiteur à un créancier dont le titre était périmé ou anéanti (7), ou des honoraires attribués au tuteur testamentaire (8).

7384. On doit considérer comme un legs passible du droit de mutation par décès a déclaration par un mari dans son testament, qu'il a reçu de sa femme une somme de 50,000 fr. dont il lui fait don et legs (9); mais si le testateur se contentait de déclarer qu'il doit telle somme sans ajouter qu'il en fait donation, il y aurait simple reconnaissance de dettes (*supra* n° 6516).

7385. A l'égard des fondations pieuses, il y a legs quand le testament attribue la propriété ou l'usufruit de certaines valeurs à une personne ou à un établissement ayant une existence propre; il y a simple charge si l'héritier a seulement mission de faire dire des messes, de distribuer des sommes aux pauvres, etc. (10).

7386. Si le légataire est chargé de remettre à un tiers un objet dont il est personnellement propriétaire, il n'est dû aucun droit particulier de mutation lors de la remise de cet objet au tiers (11).

7387. XVII. *Héritier bénéficiaire.* L'héritier bénéficiaire est véritablement propriétaire des biens qu'il recueille. Si donc il décède avant d'avoir rendu son compte, ses héritiers n'en sont pas moins tenus de payer les droits sur l'intégralité des valeurs non réalisées (12).

7388. XVIII. *Hospices.* Les hospices ne doivent aucun droit de succession pour les effets mobiliers des malades qui décèdent dans l'établissement, et auxquels ils ont droit en compensation des soins gratuits fournis au défunt (13).

7389. XVIX. *Interdit.* Lorsque les enfants d'un interdit, administrateurs de ses biens, en ont vendu une partie sans autorisation pendant leur gestion, ils ne sont pas obligés de comprendre dans la déclaration de succession les biens aliénés, mais seulement la partie du prix des ventes due par les acquéreurs à l'époque du décès (14).

7390. XX. *Jouissance légale.* La jouissance légale résultant de l'art. 384 C. Nap. ne donne pas ouverture au droit de mutation par décès (15). Il en est autrement lorsque l'usufrui des biens dont la nue propriété est léguée aux enfants échoit au père ou à la mère par testament; les parents ne peuvent même soutenir que l'usufruit légué se confondant avec la jouissance légale, ils ne doivent l'impôt que sur l'excédant (16). — Ils ont le droit cependant de renoncer au legs d'usufruit pour s'en tenir à la jouissance légale, mais cette renonciation ne serait pas accueillie après la délivrance du legs (17).

7391. XXI. *Mines.* L'acte de concession d'une mine crée une propriété nouvelle, soit qu'elle ait été

---

(1) Inst., 4263, § 5; Napoléon, 22 déc. 1858; R. P., 1347; J. N., 16950; contra. Garnier, 12909.

(2) D. N., *Succ.*, 321.

(3) V. Dél., 23 fév. 1820; R. G., 13140.

(4) D. M. F., 5 avril 1859; J. N., 16577; Inst., 2148; R. P., 1164.

(5) Dél., 8 août 1834; J. N., 7499.

(6) Dél., 14 déc. 1830, 7 déc. 1833; R. G., 13036; J. N., 7327.

(7) Dél., 11 déc. 1829; J. N., 7204; Rouen. 22 fév. 1866; R. P., 2283.

(8) Valogne, 3 janv. 1860; J. N., 7400.

(9) Villefranche, 14 août 1829; Dél., 23 avril 1830; J. N., 7147.

(10) Voy. Cass., 16 juill., 1834; Grenoble, 23 août 1834; Douai, 30 mai 1853; Bordeaux, 23 juin 1856; R. P., 877.

(11) R. G., 2052; Voir Toulouse, 9 janv. 1862 et Lyon, 18 août 1853.

(12) Dél., 26 sept. 1832; Seine, 23 août 1850; J. N., 8655 et 14177; R. G., 13042.

(13) D. M. F., 23 juin 1858; Inst., 2133, § 4; R. P., 1080.

(14) Inst. 16 juillet 1812; Dél., 29 oct. 1812; Inst., n° 977; R. G. 13044.

(15) Dél., 20 juin 1828; D. N., *Succ.*, 505; Garnier, 13045; Proudhon, *Usuf.*, II, p. 331; G. Demante, 748.

(16) Dél., 13 avril 1830, 16 mai 1834; Cass., 15 juin 1842, 30 déc. 1850; Inst., 1683, §31, 1883 § 9; J. N., 7142, 9626, 13363, 14336. Voy. cependant Cass., 24 mars 1813; J. N., 9626.

(17) Seine, 6 janv. 1841; R. G., 13044, § 3.

accordée au propriétaire même de la surface, soit qu'elle ait été transmise à un tiers. Cette propriété doit être dans tous les cas comprise comme immeuble dans la déclaration de succession du concessionnaire (1).

7392. Le droit d'exploitation ne se confond pas avec la mine elle-même. Si une personne a obtenu du propriétaire de la mine le droit d'exploiter cette mine jusqu'à épuisement, ce droit mobilier, *suprà n° 6950,* doit figurer dans sa succession (2). — Si, au contraire, l'exploitation est limitée, elle ne constitue plus qu'une jouissance temporaire ou semblable à un bail et dispensée à ce titre de l'impôt des mutations par décès, *suprà n° 7256.*

7393. Quant à la redevance à payer par les concessionnaires, elle forme un droit immobilier si elle se trouve dans la succession du propriétaire de la surface et un droit mobilier lorsqu'elle est devenue la propriété d'un tiers (3). Dans les deux cas, elle est sujette à l'impôt des successions sur un capital formé de vingt fois l'annuité.

7394. Les dispositions précédentes ne s'appliquent pas au droit qui appartient aux maîtres de forges de recueillir le minerai sur la surface du terrain. Ce n'est là qu'une faculté légale ne constituant pas une propriété personnelle de nature à être déclarée (4). — Mais il est bien entendu que la redevance à payer par eux au maître du sol doit figurer dans la déclaration de succession de ce dernier.

7395. XXII. *Mutation secrète.* S'il est établi qu'un immeuble avait été acquis secrètement par le défunt, cet immeuble doit être compris dans la déclaration de sa succession (5). — On doit aussi y faire figurer l'immeuble dont le défunt était propriétaire apparent comme l'ayant fait inscrire à son nom au rôle et en ayant acquitté l'impôt, lors même qu'un jugement postérieur au décès déclarerait que la propriété appartient à un tiers (6) ou que cette circonstance résulterait, soit d'une note du défunt (7), soit de la déclaration ultérieure des héritiers (8).

7396. Lorsqu'un frère majeur a acquis un immeuble tant pour lui que pour son frère mineur et qu'il décède avant la ratification de ce dernier, l'immeuble acquis fait entièrement partie de sa succession (9). La ratification résulterait du payement du prix par celui pour qui on s'est porté fort (10).

7397-98. XXIII. *Recel.* Lorsqu'un époux a diverti ou recélé des objets communs, il est privé de sa portion dans ces objets, et ils doivent être intégralement compris dans la succession du prédécédé (11).

7399. XXIX. *Retrait d'indivision.* Si les deux époux achètent conjointement un immeuble dont une portion indivise appartenait déjà à l'un d'eux, cet immeuble devient un propre de l'époux copropriétaire et doit acquitter l'impôt des mutations au décès de ce dernier (12). — Mais lorsque le mari achète sur licitation sans le concours ou le mandat exprès de sa femme l'immeuble dont elle avait une portion, il devient, ou la communauté qu'il représente, propriétaire de l'immeuble jusqu'à l'option de sa femme, de sorte que si la femme meurt avant cette époque, on ne doit déclarer que la portion à laquelle elle peut avoir droit en qualité de commune en biens outre l'indemnité qui lui est due pour la cession de sa part indivise.

7400. Quant à la succession du mari, elle comprend la totalité de l'immeuble si les époux n'étaient pas mariés sous le régime de la communauté, et la moitié seulement de cet immeuble, dans le cas contraire (13)

Il n'y a pas du reste à considérer pour cela si l'indivision ne subsiste point encore avec des tiers ; le retrait s'opère aussi bien dans cette hypothèse (14).

SECTION VII. — ÉVALUATION DES BIENS.

7401. I. La valeur de la propriété, de l'usufruit et de la jouissance des biens transmis par décès est déterminée, savoir : 1° *pour les meubles*, par la déclaration estimative des parties, sans distraction des

(1) V. Cass., 30 mai 1842 ; J. N., 11310 ; Inst., 1675, § 9.
(2) Comp., Cass., 22 août 1842, 11 janv. 1843 ; Inst., 1683 ; § 10, 16976 ; § 6 ; J. N., 11310, 11558.
(3) St-Etienne, 30 août 1847 ; Cass., 15 janv. 1849 ; Inst., 1837, § 6 ; J. N., 13152, 13617.
(4) R. G., 12921, ter.
(5) Cass., 11 avril 1815, 8 mai 1826, 18 nov. 1835, 9 avril 1866 ; Inst., 1269, § 13, 1513, § 5, 2349, § 1er ; R. G., 13049 ; R. P., 2268.
(6) Seine, 26 janv. 1842 ; D. N., Succ., 418.
(7) Cass., 20 juill. 1835 ; R. G., 441.
(8) Toul, 21 août 1848 ; D. N., Succ., 524.
(9) Mirecourt, 22 fév. 1830 ; R. G., 13053.
(10) Cass., 15 mai 1822 ; J. N. 6148.
(11) Dél., 19 nov. 1830 ; J. N., 7133 ; D. N., 445 ; R. P., 2033.
(12) Sables-d'Olonne, 17 août 1852 ; R. G., 12672 ; Bourganeuf, 21 déc. 1865 ; R. P., 2241.
(13) V. suprà, n° 7162 ; R. G., 12399 à 12607 ; St-Etienne, 27 décembre 1865 ; R. P., 2227.
(14) Cass., 30 janv. 1865 ; R. P., 2020.

charges. La valeur, pour les créances et autres actes obligatoires, est déterminée par le prix exprimé dans l'acte et qui en fait l'objet. L'usufruit s'évalue à la moitié de la valeur entière, 2° pour *les immeubles* par l'évaluation qui est faite et portée à vingt fois le produit des biens ou le prix des baux courants sans distraction des charges. Il n'est rien dû pour la réunion de l'usufruit à la propriété lorsque le droit d'enregistrement a été acquitté sur la valeur entière de la propriété. La valeur de l'usufruit est déterminée par l'évaluation qui en est portée à dix fois le produit des biens ou le prix des baux courants, aussi sans distraction des charges. Lorsque l'usufruitier, qui a acquitté le droit d'enregistrement pour son usufruit, acquiert la nue propriété, il paye le droit d'enregistrement sur sa valeur sans qu'il y ait lieu de joindre celle de l'usufruit (*Loi 22 frim. an 7, art. 14, n°* 2, *8 et 11, et 15, n°* 7 *et 8*).

7402. II. *Meubles.* Lorsqu'il existe un inventaire dressé par un officier public, cet inventaire doit être pris pour base de la déclaration des héritiers à l'exclusion de tout état estimatif (1).

7403. Si les meubles inventoriés par acte authentique ont été ensuite vendus aux enchères, faut-il déclarer le prix de vente au lieu de l'estimation, et la Régie a-t-elle le droit, quand la vente suit la déclaration, de réclamer un droit supplémentaire sur la somme qui excède la prisée ? Ces questions ont été vivement controversées ; la Régie prétendait que le prix de vente devait servir de base à la perception lorsqu'aucune circonstance n'a pu exagérer les enchères, parce qu'un prix représente mieux que l'estimation approximative de l'inventaire la valeur réelle des biens ; mais la jurisprudence s'est fixée, en dernier lieu, dans un sens contraire (2).

7404. III. *Valeurs de Bourse.* C'est par le cours de la Bourse du lieu du décès (3) et au jour de ce décès (ou par celle de la veille, s'il n'y a pas eu de bourse ce jour-là (4)), que se détermine le capital des rentes sur l'État, et celui des actions des compagnies étrangères dépendant d'une succession régie par la loi française (*Loi 18 mai 1850*), ou des obligations des mêmes sociétés (*Loi 13 mai 1865, art. 11*)(5). Il en est de même, par analogie, de toutes les actions ou obligations dans les sociétés françaises (6).

7405. Quand une valeur cotée à la Bourse n'est pas libérée, il faut déduire de son capital, déterminé par le cours moyen, le montant des versements non effectués.

7406. S'il s'agit de valeurs non cotées à la Bourse, c'est-à-dire n'ayant pas de fixation officielle, les parties doivent être admises à en déclarer la valeur, conformément à l'art. 16 de la loi du 22 frim. an 7 (7).

7407. IV. *Rentes.* Toutes les fois que la rente a été créée moyennant l'aliénation d'un capital, il faut établir le droit sur le capital constitué, aux termes de l'art. 14, n° 7, de la loi du 22 frim. an 7 (8). Et si la rente a été créée sans expression de capital, le droit se liquide sur dix fois la rente viagère et vingt fois la rente perpétuelle (9). A l'égard des rentes temporaires, il a été décidé qu'il fallait les capitaliser par dix, ou par le nombre d'années s'il est inférieur à dix (10).

7408. Les rentes en nature s'évaluent d'après les mercuriales (*Loi 15 mai 1818*), ou, à leur défaut, d'après la déclaration estimative des parties.

7409 V. *Offres.* V. sup. n°ˢ 7116 à 7119.

7410 VI. *Créances.* V. *sup.* n°ˢ 7363 à 7373.

7411 VII. *Sociétés.* Les actions ou les parts d'intérêt dans les sociétés étant meubles tant que dure l'entreprise, les héritiers de l'associé défunt n'ont à déclarer que la valeur des droits de leur auteur dans la société, si son décès n'a pas dissous le contrat (11). Lorsque ces droits correspondent à des actions proprement dites, il suffit d'évaluer les actions ; mais, dans le cas contraire, les héritiers doivent détailler et estimer tous les biens composant le fonds social (12).

7412. Il est sans difficulté que ce droit est dû selon la nature des biens indivis, quand le décès de l'associé a mis fin à l'entreprise (13).

(1) Seine, 15 janv. 1835 ; Dél., 12 mai 1835 ; R. G., 13083 ; Tours, 14 mars 1862 ; R. P., 1590.
(2) Seine, 15 janv. 1835, 27 août 1858, 12 mars 1864, 9 mars 1867 ; Dél., 29 nov. 1844 ; Cass., 23 fév. et 10 mai 1858, 11 fév. 1867 ; Bourges, 23 nov. 1865 ; R. P., 979, 1013, 1107, 2032, 2210, 2410, 2481 ; J. N., 5579, 14806, 16588, 18760, 18959 ; CONTRA, Dél., 5 nov. 1833 ; Dalloz, 4452 ; Compiègne, 18 mai 1848 ; Alençon, 13 sept. 1852 ; Vendôme, 25 nov. 1854 ; Versailles, 15 fév. 1855 ; Pont-Audemer, 30 mars 1855 ; Lyon, 12 mars 1855 ; Yvetot, 29 juin 1855 ; Domfront, 31 janv. 1856 ; le Havre, 12 mars 1856 ; Bordeaux, 4 avril 1856 ; Seine, 6 fév. 1863 ; R. G., 6196, 13096 ; J. N., 13431 ; R. P., 224, 373, 402, 607, 649, 1784.
(3) Lyon, 19 juin 1863 ; J. N., 17391, 17861.

(4) Inst., 747.
(5) R. P., 4770.
(6) Lyon, 29 août 1843 ; J. N., 11902 ; Inst., 747. V. Sol., 12 janv. 1867 ; R. P., 2306.
(7) Sol., 6 sept. 1850 ; Seine, 22 mars 1848 ; J. N., 13360 ; R. G., 13114.
(8) Cass., 28 mess. an 13 et 4 mai 1807 ; F. G., 13149, 13120. V. cependant Champ. et Rig. 3667.
(9) *Idem.*
(10) Sol., 16 avril 1823 ; R. G., 12124.
(11) Cass., 14 août 1833 ; Inst., 1446, § 6.
(12) Inst., 520 ; Garnier, 13124.
(13) Sol., 2 juin 1837 ; Inst., 1562, § 20.

7413. La femme, même commune, n'est point partie contractante dans les actes de société passés par son mari. Elle n'est donc pas propriétaire des immeubles acquis par la société ; elle n'a droit qu'aux bénéfices pour la portion résultant de l'association distincte qu'elle a contractée avec son mari. Ces bénéfices seuls doivent être déclarés (1).

7414. La taxe de mainmorte, qui frappe les immeubles d'une société anonyme n'exempte pas les actions du droit de succession (2).

7415. Les transmissions par décès au profit des sociétés de secours mutuels sont passibles des droits proportionnels ordinaires (3).

7416. VIII. *Immeubles par destination*. Les immeubles par destination font partie intégrante du fonds auquel ils sont attachés et on ne doit pas les évaluer séparément (4).

7417. IX. *Immeubles par nature*. Il y a deux modes d'évaluation pour les immeubles : la déclaration des parties et les baux courants. Mais les héritiers n'ont pas le choix entre eux ; et s'il existe un bail courant au décès, il doit servir exclusivement de base au revenu (5).

7418. Nous avons indiqué précédemment les conditions que le bail devait réunir pour être accepté, *supra* n°s 6273 et 6274.

7419. Le bail courant n'est pas le seul moyen légal de suppléer à la déclaration des parties. Il est encore, selon l'art. 19 de la loi du 22 frim. an 7, d'autres actes qui peuvent faire connaître le véritable revenu. Tel est, par exemple, l'expertise contemporaine au décès et portant sur les mêmes immeubles, soit qu'elle ait eu lieu entre la Régie et les héritiers (6), soit qu'il y ait été procédé entre les héritiers eux-mêmes (7), et quoique le rapport ne fût pas homologué (8). — Il en serait de même certainement d'un échange ou de tout autre acte dans lequel le revenu des immeubles, au moment du décès, serait déterminé par les héritiers (9).

7420. X. *Bois et forêts*. Lorsque les bois sont affermés ou aménagés et que les baux ou les coupes ne contiennent aucune réserve, la connaissance du revenu est donnée par les baux ; on l'obtient en cumulant les produits de toutes les coupes exploitées pendant une révolution d'aménagement et en divisant ce total par le nombre d'années de cette révolution (10). — Si les bois ne sont pas aménagés, on divise le prix de la coupe des bois exploités en une seule fois par le nombre d'années de croissance (11).

7421. Quant aux réserves et aux arbres épars, il faut évaluer, non-seulement le produit annuel de l'élagage ou de la glandée, mais encore la valeur de la croissance lorsqu'il s'agit d'arbres de futaie (12). On doit aussi ajouter au revenu forestier la valeur du droit de chasse s'il est affermé séparément (13). Si la forêt comprend une minière, il faut ajouter au revenu forestier le produit annuel de la minière d'après la durée probable de l'exploitation (14).

7422. XI. *Usufruit*. D'après les art. 14, n° 11, et 15, n° 8 de la loi du 22 frim. an 7, la mutation par décès de l'usufruit ne produit que la *moitié* du droit auquel se trouve assujettie la transmission de la propriété. — Néanmoins lorsqu'il s'agit d'un usufruit temporaire, l'opération à faire pour obtenir le capital imposable est de multiplier le revenu par le nombre d'années que doit durer l'usufruit (15), sans que ce nombre puisse toutefois excéder dix.

7423. Pour l'usufruit légué à deux personnes successivement, la valeur à déclarer par le second légataire est celle de la jouissance au décès du premier (16).

7424. XII. *Nue propriété*. Dans le système de la loi fiscale, la nue propriété s'évalue comme la propriété entière, et le droit se perçoit sur les mêmes bases (17). — Mais quand l'impôt a été liquidé

(1) Sol., 19 mai 1824 ; Inst., 4146, § 10 ; R. G., 11212, § 4.
(2) Carcassonne, 10 janv. 1860 ; R. P., 1432 ; J. N., 16824.
(3) Saint-Dié, 24 avril 1863 ; B. P., 4790.
(4) Cass., 20 juill. 1812 ; D. M. F., 4 mai 1823 ; Dél., 12 août 1828 ; R. G., 13430.
(5) Cass., 7 germ. an 12, 18 fév. 1807, 13 fév. et 14 juin 1809, 23 mars 1812, 7 fév. 1821, 19 août 1829, 9 déc. 1835, 6 déc. 1836, 3 mars 1840, 17 fév. 1842 ; Inst., 1303, § 8, 4513, § 3, 4539, § 6, 4648, § 15, 4920, § 4 ; Seine, 26 mars et 20 avril 1866, 23 fév. 1867 ; R. P., 2294, 2307. V. Cass., 30 janv. 1867 ; Sol., 4 janv. 1867 ; R. P., 2409 ; J. N., 18771.
(6) Cass., 18 janv. 1835, 1er déc. 1835 ; J. N., 9115 ; Inst., 4513, § 4.
(7, Le Havre, 11 janv. 1833 ; Seine, 21 août 1850 ; Lisieux, 16 nov. 1850 , Cass., 18 janv. 1825, 26 fév. 1834 ; J. N., 14324 ; Inst., 1883, § 6 ; Paliez, 4744 ; Garnier, 6277 et 13202.
(8) Melun, 23 juin 1813 ; R. G., 13202.

(9) Arg. de cass., 31 déc. 1823 ; Amiens, 17 janv. 1840 ; Seine, 30 août 1838 ; R. G., 6278 à 6283 ; Cass., 13 mars 1812.
(10) Sol., 11 juill. 1827 ; Inst., 4229, § 2.
(11) Marennes, 25 fév. 1845 ; J. N., 12399 ; Cass., 24 mai 1843 ; R. G. 13208.
(12) Cass., 18 juin 1855 ; R. P., 411 ; J. N., 13548.
(13) R. G., 13207 ; contra, Melun, 20 juill. 1860 ; R. P., 2376.
(14) Bray, 15 août 1864 ; Cass., 6 mars 18:7 ; R. P., 2017, 2494.
(15) Evreux, 18 août 1849 ; D. N., *Succ.*, 589.
(16) Seine, 6 fév. 1855 ; R. G., 13225.
(17) Cass., 11 sept. et 18 déc. 1811, 13 floréal an 9 et 29 juin 1830 ; D. N., *Succ.*, n° 671 ; J. N., 16-1.

et payé sur la *valeur totale* des biens meubles ou immeubles (1), la mutation qui s'opère ultérieurement pendant que l'usufruit est encore séparé de la nue propriété, ne donne plus ouverture qu'à la moitié du droit (2).

7425. Si un propriétaire d'immeubles en cède l'usufruit et décède avant l'usufruitier, le droit est dû sur le capital par 20 du revenu, parce que, dans ce cas, l'impôt n'a pas encore été perçu sur la valeur entière (3). Il faut d'ailleurs assimiler les effets de l'exemption d'impôt accordée aux transmissions de la nue propriété à ceux du payement effectif; ce cas s'applique surtout aux valeurs qui étaient affranchies du droit avant la loi du 18 mai 1850 (4).

7426. Lorsque le droit a été payé sur la valeur entière, l'usufruitier qui recueille ensuite la nue propriété ne doit plus l'impôt que sur cette nue propriété même sans y ajouter la valeur de l'usufruit (5). Le droit se liquide alors sur la moitié de la valeur.

7427. XIII. *Substitution.* Le grevé de substitution doit payer le droit de mutation par décès sur la pleine propriété des biens à lui transmis, tout comme si la charge de restitution n'existait pas. Un second droit de même nature est exigible lorsque les appelés recueillent les biens au décès du grevé, mais le taux applicable se règle d'après le degré de parenté existant entre eux et le grevé de restitution (6).

7428. XIV. *Charges.* L'impôt se perçoit sur l'actif brut des successions. On ne déduit donc, ni la contribution foncière (7), ni le prix encore dû des immeubles, lors même qu'il aurait été stipulé payable avec une créance de la succession (8) ; ni les rentes foncières (9), ni les sommes mises de coté par le défunt pour le payement de ses dettes (10).

7429. Mais il a été décidé, que pour déterminer la part du défunt dans une société, il fallait d'abord défalquer le passif de l'actif et calculer sur le reliquat net (11). — Ce principe ne s'appliquerait toutefois, ni aux indivisions ordinaires (12), ni même aux sociétés conjugales (13).

7430. La Régie admet encore que, si le survivant de deux époux décède sans avoir rendu aucun compte à ses enfants, on doit distraire de sa succession les valeurs mobilières qu'il a conservées ou qu'il a reçues pour eux du chef de l'époux défunt (14).

7431. Voir, au sujet des reprises, *supra n° 7301,* — des sommes détenues à titre d'usufruit, *n° 7301,* — et des sommes données entre-vifs et non payées, *n° 7299.*

SECTION VIII. — DES PEINES RELATIVES AUX DÉCLARATIONS.

7432. I. *Défaut de déclaration.* Les héritiers, donataires ou légataires qui n'ont pas fait dans les délais prescrits les déclarations des biens à eux transmis par décès, doivent payer, à titre d'amende, un demi-droit en sus du droit qui est dû pour la mutation (*Loi du 7, art. 32*).

7433. Pour que le demi-droit en sus soit évité, il faut à la fois une déclaration et un payement des droits dans les délais : si l'une de ces deux circonstances manquait, l'amende serait encourue (15).

7434. Les héritiers ne seraient pas exonérés de la peine de retard, en alléguant qu'ils ont fait leur déclaration dans un autre bureau (16); — ou qu'ils sont appelés à la succession en vertu d'un titre sur lequel le droit de donation entre-vifs a été perçu par erreur (17); ou que l'omission provient d'une erreur (18) ; ou même que leur qualité d'étranger les dispensait de connaître et d'exécuter les lois françaises (19).

7435. La peine du demi-droit en sus s'applique à l'héritier qui dissimule la date véritable du

(1) Inst., 2025 ; Garnier, 13235.
(2) 6 arrêts des 2 avril 1845 et 27 déc. 1847 ; Cass., 21 juin 1848 ; Pont-Audemer, 22 août 1845 ; Chartres, 27 fév. 1838 ; Pont-Audemer, 24 fév. 1842 ; Pithiviers, 23 août 1844 ; Étampes, 19 nov. 1841 ; Douillens, 8 déc. 1843 ; Corbeil, 24 août 1842 ; Évreux, Château-Thierry, Seine, 21 mai, 11 et 15 juin 1842 ; Grasse, 24 nov. 1845 ; Rouen, 41 mai 1842 ; Boulogne, 11 fév. 1846 ; Inst., 1816 ; J. N., 10125, 11360, 11408, 11347, 12007, 12087, 12486, 12489, 12562, 13287, 13374, 13326.
(3) Saumur, 30 juill. 1853 ; R. G., 13232 ; Mamers, 20 janv. 1851. Consulter Cass., 5 avril, 1861 ; R. P., 1888.
(4) Seine, 28 juill. 1853 ; R. G. 13226.
(5) L., 22 frim. an 7, art. 15, 8 ; Dél., 19 avril 1826 ; Inst.,1700, § 17.
(6) G. Demante, 743, § 4 ; B. G., 12046 ; Cass., 5 mars 1860 ; R. P., 2256 ; Inst., 2348-7.
(7) Charleville, 10 fév. 1860 ; R. P., 1433.

(8) Montpellier, 14 juin 1852 ; R. G., 132-3.
(9) Cass., 19 prair. an 11.
(10) Rouen, 10 mars 1856 ; D. N., *Succ.*, 209.
(11) Cass., 3 mars 1829 ; Inst., 1293, § 6.
(12) Seine, 2 juill. 1851 ; D. N., *Succ.*, 818 ; CONTRA, Tours, 14 mars 1852 ; R. P., 1590 ; Seine, 19 fév. 1859 ; R. L., 1241.
(13) Dél., 11 sept. 1829 ; Langres, 23 déc. 1842 ; D. N., *Succ.*, 826 ; R. G., 13254.
(14) Dél., 17 déc. 1833 ; R. G., 13256.
(15) D. M. F., 18 messidor, an 8, 10 oct. 1831 ; Cass., 29 germ. an 11, 5 mess. an 13, 21 avril et 28 oct. 1806, 1er fév. 1830 ; Inst., 1320, § 5 ; D. N., *Succ.*, n° 685.
(16) D. M. F., 28 sept. 1841 ; Inst., 1649.
(17) Cass., 24 déc. 1824 ; D. N., *Succ.*, n° 688.
(18) Cass., 30 janv. 1807 ; J. N., 18774 ; R. P., 2409.
(19) D. M. F., 25 mai 1853 ; Inst., 1003, § 2.

décès (1) et au légataire qui omet de payer dans le délai utile les droits complémentaires exigibles sur son legs (2), mais on ne saurait l'étendre à la fausse qualification du degré de parenté.

7436. Les héritiers bénéficiaires sont passibles de l'amende de retard comme les héritiers purs et simples (3). Il en est ainsi de tous les tuteurs, cotuteurs (4) et curateurs, même des curateurs à l'émancipation (5) ou des curateurs au ventre (6), quoiqu'ils n'aient réalisé aucune valeur de la succession (6 *bis*). — Quant au curateur à la succession vacante, il n'est pas responsable du défaut de déclaration lorsqu'il justifie qu'il n'a point eu les deniers nécessaires au payement, ou bien lorsqu'il a été nommé après l'expiration du délai de six mois, *suprà n° 7227*. On a voulu soutenir, dans ce cas, que le demi-droit en sus reste à la charge de l'hoirie (7); mais cette opinion doit être écartée, car on ne saurait imposer une pénalité à une succession qui n'avait pas de représentant pour agir en son nom (8).

7437. Le demi-droit en sus est une amende personnelle au contrevenant. Si le délai de la déclaration à faire par le défunt était expiré au jour du son décès, la peine se trouve éteinte par sa mort. Si ce délai n'était pas expiré, l'héritier devient lui-même débiteur direct de l'amende, et la mort de son auteur ne l'en décharge pas (9). — Ces règles s'appliquent aux droits en sus encourus pour omissions ou insuffisances.

7438. II. *Omissions et insuffisances.* La peine pour les omissions qui sont reconnues avoir été faites dans les déclarations, est d'un droit en sus de celui qui se trouve dû pour les objets omis; il en est de même pour les insuffisances constatées dans les estimations des biens déclarés. Les tuteurs et curateurs supportent personnellement les peines ci-dessus, lorsqu'ils ont fait des omissions ou des estimations insuffisantes (*Loi 22 frim. an 7, art. 59*).

7439. Quoique l'omission et l'insuffisance soient également punies du droit en sus, il importe de les distinguer l'une de l'autre, car la première se prescrit par cinq ans et la seconde par deux ans (*Loi 22 frim. an 7, art. 61, et 18 mai 1850, art. 11*).

7440. Sur ce point, il a été décidé qu'un héritier commettait une omission, en déclarant une part d'intérêt dans une société dissoute, au lieu des biens en nature dont le défunt était copropriétaire (10); — une contenance moindre que la contenance véritable (11); — un immeuble propre comme un immeuble de communauté (12); — un terrain nu alors qu'il était couvert de constructions (13). Il y a encore omission quand les parties ont fondé leur déclaration sur un partage frauduleux destiné à diminuer leur émolument (14), — ou qu'ils n'ont pas opéré tous les rapports fictifs pour le calcul du legs d'usufruit (15)

7441. Il y a simple insuffisance, au contraire, dans le fait de déclarer des actions en annonçant quelles appartiennent partiellement à un tiers (16).

7442. D'ailleurs les héritiers ne sont passibles d'aucune amende s'ils ont mis sous les yeux du receveur tous les documents propres à établir la perception, par exemple l'inventaire renfermant le détail des créances omises (17), — ou révélant l'existence du legs d'usufruit (18), — ou si la déclaration contient à leur préjudice des erreurs qui compensent les omissions ou les insuffisances (19).

7443. La Régie peut prouver les omissions et les insuffisances, indépendamment de l'expertise, par tous actes émanés des parties et même à l'aide de documents étrangers ou de présomptions graves (20). — Mais l'enquête, l'interrogatoire, la commune renommée et la délation du serment lui sont interdits (21).

---

(1) Sol., 2 germ. an 7; D. N., *Succ.*, n° 600.
(2) Garnier, 12.01; Saint-Amand, 17 mai 1866; R. P., **2380.**
(3) Cass., 5 niv. an 12, et 1er fév. 1830, 12 juill. 1836, 28 août 1837; R. G., 12564, § 1.
(4) Seine, 22 mai 1858; R. P., 1059. Cette solution a été étendue à l'administrateur légal: Toulouse, 3 mars 1863; R. P., 1906-1; *contra*, G. Demante, 813; J. N., 17749.
(5) G. Demante, 813.
(6) G. Demante. 814.
(6 *bis*) Bordeaux, 10 fév. 1857; J. N., 10137, 17719.
(7) D.-M. F., 1 compl. au 12; R. G., 12564, § 3.
(8) R. G., 12564; G. Demante, 845; Vitry-le-François, 10 août 1834; Tours, 14 mars 1862; R.-P., 4590; J. N., 17205.
(9) D. M. F., 15 juill. 1806; D. N., *Succ.*, 693.
(10) Seine, 22 nov. 1840; R. G., 13359.

(11) Voir Cass., 14 mars 1814; R. G., 13365.
(12) Vire, 6 juin 1850, D. N., *Succ.*, 1002
(13) Péronne, 30 nov. 1849; R. G., 13369.
(14) Amiens, 12 juin 1856.
(15) Seine, 27 avril 1842; D. N., *Succ.*, 987.
(16) Cass., 14 août 1850; Inst., 1875, § 6.
(17) Autun, 13 nov. 1833; D. N., *Succ.*, 962.
(18) Cass., 21 août 1861; R. P., 1313; Vitry-le-François, 9 mai 1877, (19) Dél., 5 nov. 1825; D. N., *Succ.*, 961.
(20) Inst., 1787, § 8, 2039; R. P., 460; Cass., 24 mars 1856. 10 fév., 1864; Seine, 6 juill. 1861, 23 fév. 1867; Arbois, 11 août 1866; Château-Thierry, 2 fév. 1867; R. P., 1524, 1874, 2307, 2524, 2583; J. N., 17935, *contra*, Saint-Omer, 27 août 1863; R. P., 1841.
(21) Voyez Chartres, 15 mars 1859; Cass., 20 fév. 1860, 19 mars 1862; R. P., 1116, 1284, 1680; J. N., 17350.

SECTION IX. DU PAYEMENT DES DROITS.

7444. Les droits des déclarations de mutation par décès sont payés par les héritiers, donataires ou légataires. Les cohéritiers sont solidaires. L'État a action sur les revenus des biens à déclarer, en quelques mains qu'ils se trouvent, pour le payement des droits dont il faut poursuivre le recouvrement (*Loi 22 frim. an 7, art. 32*).

7445. L'obligation de payer les droits incombe à l'héritier bénéficiaire comme à l'héritier pur et simple (1).

7446. Il avait été décidé autrefois que l'héritier ou le légataire universel devait acquitter l'impôt sur l'intégralité des biens sans déduction pour les legs particuliers de sommes d'argent non existants en nature, parce que ces legs étaient considérés, à l'égard du trésor, comme des charges dont il n'avait à se préoccuper que pour réclamer aux légataires particuliers les droits complémentaires exigibles (2). — Mais aujourd'hui que ces libéralités particulières sont censées une portion même des biens héréditaires, il est certain que le successeur universel n'est tenu personnellement d'acquitter le droit que sur le reliquat, *suprà n° 7295* (3).

7447. Il n'y a pas, en effet, de solidarité entre les légataires particuliers et les héritiers ou légataires universels, ni entre les légataires particuliers entre eux, ni entre l'usufruitier et le nu-propriétaire (4). — On a même reconnu que la solidarité ne s'étendait pas au légataire universel en concours avec le légataire à titre universel (5), ni aux enfants naturels en concours avec les héritiers (6).

7448. Mais aucun doute ne peut exister pour la solidarité des héritiers (7) ordinaires ou bénéficiaires (8) ou des légataires universels (9). — Et cette solidarité s'étend même au droit en sus (10).— Il a été également décidé que le légataire universel était solidaire avec l'héritier réservataire (11).

7449. Pour le recouvrement des droits de mutation, la Régie n'a pas de privilége sur les capitaux des biens à déclarer (12). — Ce privilége se restreint aux revenus et s'exerce au préjudice soit des créanciers, soit des tiers acquéreurs d'immeubles qui n'ont pas encore rempli les formalités de la transcription (13), et nonobstant les effets de la séparation des patrimoines (14).

7450. Ainsi la Régie peut saisir les revenus des biens entre les mains de l'usufruitier pour le payement des droits dus par le nu-propriétaire (15). Elle peut agir sur les biens dont le débiteur a fait cession à ses créanciers (16), sur une rente ou un usufruit légué à la condition qu'il serait insaisissable (17). Mais son privilége n'atteindrait pas l'usufruit des valeurs dont le défunt n'avait que la nue propriété (18), non plus que les récoltes des immeubles affermés (19). Dans ce dernier cas, la Régie peut seulement saisir les fermages (20).

7451. L'action accordée par l'art. 32 de la loi du 22 frim. an 7 pour le recouvrement des droits de mutation par décès peut être exercée sur les revenus de la succession du failli (21) et en matière de séquestre sur les revenus échus depuis le décès (22).

(1) G. Demante, 678; Cass., 1er fév. 1830, 23 avril 1833, 7 avril 1835, 12 juill. 1836, 28 août 1837, 24 juin 1857, 13 mars 1866; Rouen, 5 avril 1845; Bordeaux, 1er déc. 1846, 15 fév. 1819; Aurillac, 9 janv. 1849; Seine, 2 mai 1819, 10 janv. 1850, 21 nov. 1861, 19 août 1864; Belfort, 17 fév. 1851; Tulle, 27 déc. 1851; Lyon, 30 mars 1853; Calvi, 13 janv. 1865; J. N., 7080, 8840, 9293, 9812; Inst., 1498, § 7, 1528, § 40, 1562, § 19; R. G., 2140; R. P., 199, 303, 400, 872, 2082, 2235, 2254. V. Cass., 2 avril 1866, 19 janv. 1867; J. N.,18649, 18723.

(2) Cass., 2 avril 1839; Dél., 31 juill. 1837; Castres, 17 mars 1828; Villeneuve, 18 juill. 1838; Lyon, 29 août 1839; R. G., 13323. V. aussi Cass., 11 mars 1840; Inst., 1723, § 4; J. N., 12224.

(3) Cass., 30 mars 1858; R. P., 997.

(4) Cass., 9 mai 1813; J. N., 4570; D. N., *Succ.*, 951.

(5) Dict. not., *Succ.*, n° 952; Seine, 4 déc. 1818; Beaupréan, 26 août 1856; J. N., 13584, 15894; contra, Bordeaux, 10 fév. 1857; J. N., 16127; R. P., 865.

(6) Inst., 239 et 386, § 36; D. N., *Succ.*, 949.

(7) Cass., 20 germ. an 11, 12 fruct. an 12, 21 mai 1806; Angoulème, 23 janv. 1850; Inst., 386, § 26 et 455.

(8) Cass., 3 vent. an 11, 27 juin 1800, 27 oct. 1806; J. N., 581; D. N., *Succ.*, 945.

(9) Bordeaux, 10 fév. 1857; R. P., 865.
(10) Grenoble, 27 déc. 1847; R. G., 13335.
(11) Seine, 23 nov. 1861; R. P., 1578; contra, Toulouse, 3 juill. 1862; R. P., 1652; J. N., 17318, 17408, 17557.
(12) Cass., 23 juin 1857; R. P., 672 et 737; Orléans, 9 juin 1860; J. N., 16875; Valence, 17 janv. 1866; R. P., 2582; Lyon, 13 déc. 1866; J. N., 18932.
(13) Av. cons. d'État du 4 sept. 1810; Inst., 809, § 2. V. Carpentras, 22 nov. 1866; R. P., 2401; J. N., 18932.
(14) Seine, 9 fév. 1859; R. P., 1195; contra, Bourgoin, 6 juill. 1864, 11 août 1865; R. P., 2226; Cass., 3 avril 1865; R. P., 2253.
(15) Cass., 9 juin 1813 et 24 oct. 1814; J. N., 5171 et 11098; Calais, 30 oct. 1865; R. P., 2105.
(16) Cass., 3 vent. an 12; D. N., *Succ.*, 1035.
(17) Sol., 5 août 1814; Cass., 24 oct. 1814; J. N., 1402, 11098; D. N., *Succ.*, 1033.
(18) Cass., 24 juin 1815; D. N., *Succ.*, 1027.
(19) Dél., 12 oct. 1811; J. N., 1662.
(20) Dél., 12 oct. 1811; J. N., 1662.
(21) Cass., 2 déc. 1862; R. P.,1727; J. N., 1541, 17615 et 18014.
(22) Lyon, 28 fév. 1864; Dié, 21 mars 1865; R. P., 2013, 2148; J. N., 17963, 18108.

CHAPITRE VINGT-CINQUIÈME.

DÉS MUTATIONS VERBALES.

SOMMAIRE

7452. I. La mutation d'un immeuble en propriété ou usufruit est suffisamment établie, pour la demande du droit d'enregistrement et la poursuite du payement contre le nouveau possesseur, soit par l'inscription de son nom au rôle de la contribution foncière et les payements par lui faits d'après ce rôle, soit par des baux par lui passés ou enfin par des transactions ou autres actes constatant sa propriété ou son usufruit (*Loi 22 frim. an 7, art. 12*).

7453. D'après l'art. 4 de la loi du 27 ventôse an 9, les mutations verbales de propriété ou d'usufruit de biens immeubles doivent être enregistrées dans les délais applicables aux actes sous seing privé. La déclaration détaillée et estimative en doit être faite, dans les trois mois de l'entrée en possession, à peine d'un droit en sus, sur les registres du bureau d'enregistrement de la situation des biens (1).

7454. La déclaration indique sous le contrôle ultérieur de la Régie (2) la nature de la mutation verbale, et les droits sont perçus en conséquence. Les parties peuvent donc annoncer que la mutation a eu lieu soit à la suite d'un décès (3), d'un partage anticipé (4), d'une donation par contrat de mariage ou d'une donation ordinaire (5).

7455. Quant à la date des mutations, elle est également établie par la déclaration des nouveaux possesseurs, ou, en cas de contestation de la part de la Régie, au moyen des circonstances laissées à l'appréciation des tribunaux (6).

7456. II. *Inscription au rôle.* Au premier rang des présomptions légales qui établissent l'existence de la mutation, la loi place l'inscription au rôle de la contribution foncière suivie du payement des impôts.

7457. Il faut la réunion de ces deux circonstances (7); mais un seul payement suffirait, s'il comprenait la contribution de l'année entière (8). — L'inscription et le versement de l'impôt doivent avoir eu lieu, d'ailleurs, en connaissance de cause; ils perdraient leur force s'il était établi qu'ils sont le résultat d'une erreur (9).

7458. On conçoit qu'il est impossible de déterminer, au milieu de la variété des espèces, à quels caractères cette erreur se reconnaît. Tout ce qu'on peut dire, c'est que les tribunaux sont les appréciateurs à peu près souverains de ces questions.

7459. Ainsi, on a admis comme présomption suffisante l'inscription que la partie justifiait, au

(1) Cass., 9 août 1832, Inst., 1537, § 20.
(2) Garnier, 8652; D. M. F., 7 nov. 1825 ; Inst., 1187, § 9; G. Demante. 95.
(3) Cass., 8 mai 1826; Iust., 1200. § 13.
(4) Cass., 13 déc. 1837 ; Inst.. 1562, § 9; J. N., 9902 ; Sol., 21 sept. 1827; Thionville. 22 fév. 1837; R. G., 4834. § 1 ; Championnière, n° 2303; Dalloz, 2239 ;J. N., 9321; CONTRA, Cass., 22 mai 1833; J.N., 8104; Inst., 1437, § 12.
(5) Champ., n° 2302; Rod. et Pont, 1, 252 ; Garnier, 8659.

(6) Cass., 12 juill. 1836; R. G., 8643; Dict. not., v° *Mut.*, n° 25.
(7) Cass., 6 frim. an 11, 19 nov. 1814, 13 fév. 1815, 26 nov. 1823, 22 janv. 1824 ; R. G., 8675, 26 juill. 1830; Inst., 1347, § 6; 31 janvier 1833. Dict. not., v° *Mut.*, 70.
(8) Le Mans, 19 oct. 1839.
(9) Cass., 29 juill. 1830; Inst., 1347, § 6, 7 avril 1840; J. N., 10660 Bayonne, 9 juill. 1831 ; J. N. 14565 ; Cass., 4 mars 1839; J. N., 10341 Dict. not., v° *Mut.*, n° 69.

moyen d'un certificat du maire, avoir eu lieu sur de faux renseignements, alors cependant que le payement de l'impôt avait été continué sans réclamation (1); — celle contre laquelle le nouveau possesseur
disait avoir formé une réclamation dont la suite n'était point établie (2) ; — ou qui contenait une
simple erreur de prénom (3), pourvu que l'identité de l'inscrit fût constante (4) ; — l'inscription faite
d'*office* sans la réquisition des parties (5) ni leur signature (6), — lors même qu'après les poursuites
le nouveau possesseur en aurait obtenu la radiation (7).

7460. Le payement de l'impôt sert de preuve aussi bien quand il a été fait par un tiers au nom
du propriétaire que quand il a eu lieu par le propriétaire lui-même, pourvu que ce dernier en ait été
averti. C'est ce qu'on a décidé au sujet du fermier (8) et du tuteur (9).

7461. Les effets de la présomption légale ne sont pas détruits par la mention insérée dans la feuille
de mutation que le nouvel inscrit a pris possession de l'immeuble à titre d'antichrèse (10); — ni par la
production d'un bail ayant acquis date certaine après l'inscription au rôle (11); ou même d'un bail authentique expiré à la même époque (12); — ou encore d'un mandat conférant au nouveau possesseur
le droit de régir les biens et d'en payer l'impôt pour le propriétaire (13).

7462. Mais on a admis que l'existence de la mutation devait être écartée quand un acte ayant acquis
date certaine avant l'inscription prouvait que le tiers possédait simplement les biens comme fermier (14),
régisseur (15), ou à titre de détenteur précaire (16), tel qu'un mari chargé de la gestion des biens de la
femme (17).

7463. Si le vendeur d'un immeuble a continué d'être inscrit au rôle et de payer l'impôt, il pourrait
en résulter la preuve d'une nouvelle mutation à son profit. Vainement alléguerait-il qu'il est resté imposé
par erreur ou oubli (18). — On l'a ainsi décidé notamment au sujet d'un exproprié qui était demeuré,
malgré la vente, inscrit pour les biens aliénés (19), alors surtout que cet ancien propriétaire avait hypothéqué les immeubles depuis la vente (20).

7464. Quand la Régie établit le fait de l'inscription au rôle et des payements, on ne saurait l'obliger
à rapporter d'autres preuves de la mutation (21). Elle n'a point, par exemple, à rechercher la capacité
du nouveau possesseur (22), ni à examiner si son droit est ou non litigieux (23).

7465. III. *Présomptions diverses.* L'existence de la mutation résulte encore, selon l'art. 12 de la loi
du 22 frim. an 7, de tous les actes ou déclarations qui en contiennent la reconnaissance.

7466. Ainsi, la Régie est autorisée à poursuivre le recouvrement des droits si le nouveau possesseur
fait l'aveu de son acquisition dans un acte passé au greffe (24); dans une sommation ou tout autre
exploit (25); dans un acte de la justice de paix (26); une procédure correctionnelle (27) ; une simple
requête (28) ; une enquête (29) ; un interrogatoire sur faits et articles (30) ; une lettre écrite à l'agent du

(1) Cass., 30 mars 1824; Inst., 1180, § 6 ; 9 février 1842; J. N., 11236;
Inst., 1675, § 6; R. G., 8681. V. aussi Cass., 3 déc. 1835; R. G., 8704 ;
Dict. not., v° *Mut.*, n° 55.

(2) Cass., 1er sept. 1806 et 6 fév. 1826; R. G., 8681; Inst., 1189,§7;
Dict. not., v° *Mut.*, n° 53.

(3) Cass., 15 juillet 1840; Inst., 1634, § 7; J. N., 10716.

(4) Cass., 30 mars 1814 et 12 oct. 1808; R. G., 8686; Dict. not.,
v° *Mut.*, n° 57.

(5) Cass., 2 août 1809; 30 mars 1824; Inst., 1180, § 6, 11 mai 1825,
20 juillet 1829 et 6 nov. 1832; Inst., 1303, § 10, et 1422,§ 10; Nantes,
28 mars 1845 ; Metz, 6 mars 1838; Cass., 20 juill. 1829 ; Inst., 1303,
10; Chateaudun, 7 avril 1836; Cass., 24 juin 1822 ; R.G., 8637.

(6) Cass., 11 mai 1825; Inst., 1173, § 8.

(7) Dél., 13 janv. 1830; R. G., 8702.

(8) Cass., 30 juill. 1823 ; 20 juill. 1829, 7 nov. 1832 et 4 mars 1839;
Inst., 1803-10, 1422, § 10; R. G., 8696. 20 juill. 1829.

(9) Cass., 4 juin 1826 ; Inst., 1200, § 13.

(10) Florac, 24 avril 1846; R. G., 8689.

(11) Cass., 11 mai 1808; 17 avril 1824 et 5 janv. 1825; Montmédy,
11 fév. 1835; Clermont-Ferrand, 25 nov. 1840; R. G., 8690; Inst.,
1150-10, 1166-10.

(12) Cass., 26 nov. 1833; Inst., 1451, § 6.

(13) Cass., 8 juill 1826 ; Inst., 1200, § 13, 5 janv. 1825, 3 déc. 1835,
3 mars 1851 ; J. N., 14349. 14653; Inst., 1180-6, 1883-10 ; R. G., 8704.

(14) Cass., 22 janv. 1824, 29 juill. 1816; R. G., 8786; Inst., 1132, § 9.

(15) Cass., 18 juin 1823; R. G., 8779.

(16) Cass., 18 juin 1814; R. G., 8784; Dict. not., *Mut.*, n° 90.

(17) Cass., 15 juin 1813, R. G., 8781; Dict. not., *Mut.*, n° 67.

(18) Cass., 3 avril et 2 oct. 1811, 15 fév. 1814, 18 nov. 1818, 18 avril
1821 ; Vervins, 29 déc. 1859; R. P., 1301.

(19) Cass., 29 mars 1820, 18 nov. 1835. Inst., 1313, § 5 ; Dict. not.
Mut., n° 75.

(20) Cass., 2 fév. 1813 et 2 juillet 1816; Soissons, 5 juill. 1843; R. G.,
8705, § 2, 8767.

(21) G. Demante, n°s 83 et suiv.; Cass., 19 frim. an 14, 2 août 1809,
16 août 1806, 29 février 1807, 3 août 1808, 4 déc. 1810, 13 avril 1814,
22 août 1821, 31 janv. 1833; Napoléon, 9 avril 1857 ; Cass., 11 juillet
1865 ; R. P., 310, 930, 2110.

(22) Cass., 27 déc. 1809; Dreux, 28 avril 1846 ; Cass., 5 mai 1857;
Avallon, 6 avril 1864, R. G., 8083-2, 8695 ; R. P., 836, 2044; Dict. not.,
Mut., n° 111.

(23) Cass., 30 sept. 1833; R. G., 8684, §7; Charolles, 17 mars 1864;
Inst., 2042-7; R. P., 363, 1447, 1979; Dict. not., *Mut.*, n° 188 et 192;
Seine, 21 juill. 1848: Jonzac, 12 janvier 1856; Chaumont, 16 déc.
1845; Mulhouse, 22 août 1860; R. P., 1420 Inst., 1473-4, 1634-8; J. N.,
408.6.

(24) Vesoul, 10 nov. 1846 ; Argentan, 11 août 1849; R. G., 8712;
Dict. not., *Mut.*, n° 200.

(25) Cass., 30 déc. 1819, 9 juill. 1834, 23 nov. 1840.

(26) Cass., 2 prairial an 13, 18 fév. 1814, 1er avril 1822, 18 avril 1855;
Thionville, 5 juin 1836; Schelestadt, 12 juill. 1849; Sarreguemines,
13 août 1844; Montpellier, 1er juin 1850; Châlons-sur-Marne, 16 mars
1860.

(27) Bressuire, 24 mai 1853; R. G., 8722, § 5 ; Dict. not., *Mut.*,
n° 201.

(28) Cass., 8 nov. 1842; Civray, 26 juin 1851; Dijon, 19 déc. 1850
Roanne, 18 mars 1841 ; Bourges, 12 déc. 1842.

(29) Seine, 19 juin 1844; Saint-Yrieix, 25 avril 1855; R. G., 8738.

(30) Dieppe, 4 mars 1846; Tulle, 27 juill. 1846; Cass., 15 avr. 1855;
R. P., 363.

cadastre au sujet de la contenance des biens (1); un rapport d'experts (2) ou un acte quelconque (3).

7467. La mutation est également prouvée par une affectation hypothécaire donnée sur l'immeuble (4), à moins qu'un jugement n'établisse que le débiteur a agi sans qualité (5); — par l'apport de cet immeuble en mariage (6); — par le bail émané du nouveau possesseur (7), lors même que l'ancien propriétaire serait resté inscrit au rôle (8), ou que le bail aurait été passé par un prodigue non assisté de son conseil judiciaire (9), pourvu d'ailleurs que le bailleur ne justifie pas de sa qualité de fermier des biens, en vertu d'un acte ayant date certaine (10).

7468. On a encore fait résulter la mutation verbale des déclarations inscrites dans un bilan (11); d'une commission donnée à un garde comme propriétaire des biens (12); — d'un congé intervenu dans les mêmes circonstances (13); d'une déclaration de succession comprenant des biens possédés par le défunt sans titre enregistré (14); d'un jugement qui constate que l'acheteur apparent a été le prête-nom d'un tiers (15); d'un partage comprenant un immeuble dont l'un des communistes avait fait seul l'acquisition (16), ou dont la possession indivise ne résultait pas d'un titre enregistré (17); des mentions d'un rapport d'experts (18); d'une sentence arbitrale (19); de l'apport de l'immeuble dans une société (20); d'une vente (21); et, en général, de tous les actes qui supposent nécessairement la qualité de propriétaire des biens.

7469. Mais la présomption légale cesse de produire son effet, quand la déclaration sur laquelle elle repose n'a pas le caractère formel d'un acte de propriété. C'est ce qu'on a décidé pour un jugement qui se borne à maintenir le détenteur en *jouissance* de l'immeuble (22); d'une vente à laquelle il a été procédé par un tiers en vertu d'une autorisation ou d'un mandat sérieux (23); d'un aveu constatant que les parties n'ont pas été d'accord sur l'un des éléments essentiels de la vente (24).

7470 IV. *Partage verbal*. Lorsqu'un cohéritier est en possession exclusive d'un des immeubles de la succession, il peut alléguer que sa détention résulte d'un partage verbal (25). Mais si la Régie prouve qu'il n'existe pas dans la masse des biens suffisants pour justifier cette attribution, le droit proportionnel est dû (26).

7471 V. *Rétrocession*. Les rétrocessions verbales sont assujetties aux mêmes moyens de preuves que les ventes ou les autres cessions. Si, par exemple, après avoir fait donation d'un immeuble, le donateur l'aliène et en touche le prix, le droit de rétrocession devient exigible (27). Il en est de même quand les immeubles vendus par une personne sont ensuite compris dans le partage et la déclaration de sa succession (28), ou quand, après une mutation verbale légalement établie *contre lui*, le précédent propriétaire fait des actes de propriété suffisants pour établir la rétrocession (29).

7472 VI. *Possession*. La prise de possession est assurément la preuve la plus irrécusable de la mutation. Si donc, dans un contrat translatif, les parties reconnaissent que le nouveau propriétaire est entré en possession depuis plus de trois mois, le droit en sus est acquis au trésor (30). — Il n'en serait pas

(1) Cass., 21 juillet 1840; J. N., 10742; Inst., 1634, § 9. V. cependant J. N., n° 8450.
(2) Cass., 15 fév. 1860; R. P., 1313; J. N., 16820.
(3) Cass., 29 déc. 1857. Charolles, 17 mars 1864; R. P., 962, 1079.
(4) Cass., 25 nov. 1807, 8 oct. 1810, 2 fév. 1813, 2 juill. 1816, 14 mai 1822, 18 nov. 1875: Lille, 24 avr. 1847, 8 juin 1853; R. G., 8747; J. N., 15454; Dict. not., *Mut.*, n° 120.
(5) Cass., 21 août 1827; Inst., 1229, § 5.
(6) Cass., 2 mai 1820; Arras, 29 août 1846; Cass., 6 fév. et 14 mars 1826; Dict. not., *Mut.*, n° 173.
(7) Cass., 14 vent. an 13, 22 déc. 1807, 5 avril 1811, 14 nov. 1815; Le Puy, 29 mai 1847; Av° un, 4 juin 1845; Saint-Calais, 23 mai 1840; Châteaudun, 7 mai 1842; Cass., 23 nov. 1852; R. G., 8723; Inst., 1999, § 7 : Châteauroux, 28 fév. 1851 : Seine, 11 fév. 1865; R. P., 2289.
(8) Chateaubriant, 22 nov. 1844; Fontenay-le-Comte, 12 mars 1841.
(9) Cass. 21 avr. 1847; J. N., 12568; Inst., 1707, § 9.
(10) Cass., 29 juill. 1816; R. G., 8723.
(11) Brives, 8 mai 1849; R. G., 8725.
(12) Cass., 2 fév. 1841; J.N., 10877; Inst., 1643, § 3; Etampes, 2 juill. 1844.
(13) Cass., 30 nov. 1807, 13 mars 1814; R. G., 8730; Dict. not., *Mut.*, n° 56.
(14) Cass., 23 mai 1808, 31 janv. 1814, 13 mars 1816, 26 juill. 1824, 31 mai 1826, 6 mars 1834; Castres, 27 juill. 1854; Inst., 1458, § 8; R. G., 8733; R. P., 1079; Dict. not., *Mut.*, n° 170.
(15) Cass., 7 fév. 1838, 9 juill. 1839, 22 août 1842, 26 nov. 1855, 9 avril 1860; Versailles, 19 août 1847 : Etampes, 16 juin 1846; Saint-Marcellin, 22 août 1849; R. P., 345, 2905; Inst., 2319-1.

(16) Cass., 29 juill. 1816, 4 mars 1823; R. G., 8753, § 6; D. N., *Mut.*, n° 124.
(17) Cass., 22 déc. 1806, 13 avril 1814, 21 avril 1820, 22 nov. 1842; Inst., 1693, § 3.
(18) Cass., 18 avril 1855; Inst., 2042, § 7.
(19) Cass., 22 août 1842. Inst., 1683, § 6.
(20) Cass., 9 nov. 1842, 5 janv. 1848, 25 août 1852; J. N., 14823; Inst., 1693 § 4, 1814, § 14, 1946, § 4.
(21) Cass., 22 juill. 1807, 24 janv. 1815, 13 fév. 1850; J. N., 14020; Inst., 1857, § 8; le Puy, 26 juill. 1855; Prades, 18 avril 1854; R. P., 449, 1979.
(22) Cass., 10 fév. 1813; R. G., 8743. § 4; Dict. not., n° 180.
(23) Cass., 9 pluv. an 13, 18 janv. 1816, 27 août 1817; R. G., 8758. Cass., 12 juill. 1836, 15 déc. 1832.
(24) Cass., 12 juill. 1836, 15 déc. 1832.
(25) Cass., 6 mai 1856; R. P., 670 et 708; Dict. not. n° 13, 84 et 159; J. N., 13821.
(26) Cass., 13 mars 1816, 4 août 1818; Dél., 15 oct. 1843; Lavaur, 26 août 1864; R. G., 8753; R. P., 1986.
(27) Cass., 26 mai 1836; Arcis-sur-Aube, 30 déc. 1858; Gaillac, 11 août 1864; R. P., 1755, 1979.
(28) Dreux, 22 déc. 1841; Cass., 21 mai 1806. 22 nov. 1842; Inst., 1693, § 3. V. aussi Cass., 22 fév. 1831; J. N., 7388.
(29) Cass., 3 avril 1811, 9 nov. 1812, 11 nov. 1822, 29 juill. 1823; R. G., 8767; Dict. not., n° 132, 133.
(30) Cass., 24 fév. 1807, 11 mai 1808, 24 oct. 1811, 19 juill. 1815; Dél., 27 sept. 1827; R. G., 8742, § 2 : J. N., 1887; Dict. not., *Mut.*, n° 39.

de même de la simple jouissance lorsque rien ne constate que c'est à titre de propriétaire que cette entrée en jouissance a eu lieu (1).

7473 VII. *Acte sous seing privé converti en acte public.* Lorsqu'une mutation a eu lieu par acte sous seing privé ultérieurement converti en acte notarié après l'expiration du délai de trois mois, le droit en sus est acquis au trésor (2), à moins que l'acte sous seing privé n'ait le caractère d'un simple projet (3). — En tout cas, si l'acte sous seing privé porte un prix supérieur à celui de l'acte public, le double droit est dû sur la différence, même après l'expiration du délai d'expertise applicable à ce dernier contrat (4).

CHAPITRE VINGT-SIXIÈME.

DES RESTITUTIONS.

SOMMAIRE

(1) Cass., 7 nov. 1809, 3 juill. 1810, 1ᵉʳ mars 1815; Dél., 12 avril 1823, 22 juill. 1828; Saint-Calais, 5 août 1829; Jonzac, 17 nov. 1840; Gray, 18 avril 1867; J. N., 10984, 10045; R. G., 8742, §1.
(2) Cass., 23 janv. 1852; Inst., 1920, §1; Caen, 30 avril 1836; Brives, 15 juill. 1851; Avignon, 5 août 1350; Avallon, 11 déc. 1850; Aveenes, 31 juill. 1851; Ruffec, 12 fév. 1850; R. P., 610.

(3) Cass., 18 fév. 1820, 13 avril 1836; Inst., 1528, §17; Dict. not., Mut., 105.
(4) Chartres, 17 fév. 1843; Seine, 21 juin 1835; Lure, 4 mars 1849; Guéret, 31 juillet 1850; Bar-le-Duc, 10 août 1865; R. G., 80-2; R P. 2300.

SECTION 1ʳᵉ. — CAPACITÉ DES PARTIES ET FORME DES RESTITUTIONS.

7474. D'après l'*art. 60 de la loi du 22 frim. an 7*, tout droit d'enregistrement régulièrement perçu ne peut être restitué, quels que soient les événements ultérieurs, sauf les cas prévus par la loi.

7475. Comme c'est la régularité de la perception qui s'oppose au remboursement, il en résulte que les parties peuvent demander la restitution des droits indûment exigés. — Cette faculté appartient à toutes les parties contractantes, puisqu'elles étaient solidaires pour le payement (1), sans distinction entre les actes dont l'enregistrement est obligatoire dans un délai déterminé et ceux dont l'enregistrement est facultatif (2), et sans qu'il y ait lieu d'examiner à la charge de qui les droits d'enregistrement ont été placés par le contrat (3). — La même action appartient aux créanciers des parties (4).

7476. Mais la restitution ne saurait être demandée par une personne étrangère à l'acte (5), lors même qu'elle aurait présenté l'écrit à l'enregistrement et qu'elle en aurait avancé les droits (6), ni par un mandataire dont le pouvoir devait cesser après la passation du contrat (7).

7477. Quant aux notaires, ils sont les mandataires de leurs clients à l'effet de faire enregistrer les actes passés devant eux, et il s'ensuit naturellement qu'ils peuvent solliciter le remboursement des droits (8) sans avoir à justifier qu'ils ont avancé les droits indûment perçus (9), ni qu'ils sont encore en fonctions(10).

7478. Les restitutions s'opèrent sur un mandat du directeur du département (11) acquitté sur papier libre par la partie prenante (12). — Si cette partie ne sait signer, l'attestation de deux témoins au bas du mandat suffit pour les créances de 150 fr. et au dessous (13); pour les sommes supérieures, il faut une quittance notariée sujette au timbre, mais exempte de tout droit d'enregistrement (14).

7479. Le notaire peut d'ailleurs se faire représenter, pour toucher le mandat, par un tiers, muni d'une procuration sous seing privé, à la condition que la signature du constituant soit légalisée par le maire (15). Le fisc ne peut être condamné aux intérêts des sommes qu'il a à restituer (15 bis).

SECTION II. — PERCEPTIONS PROVISOIRES ET CONDITIONNELLES.

7480. La perception est régulière dans le sens de la loi, quand le receveur a fait une exacte application du tarif à l'acte qui lui était présenté, en le considérant dans ses effets apparents et sans se préoccuper des vices qu'il renferme. Cette règle domine toute la matière : nous allons voir, dans les nombreuses hypothèses dont la jurisprudence s'est occupée, qu'elle sert très-étroitement de base aux remboursement.

7481. D'abord, en ce qui concerne les perceptions provisoires, le droit assis sur la déclaration des parties, conformément à l'art. 16 de la loi du 22 frim. an 7, est acquis au trésor. Bien que l'importance de la convention soit inférieure à l'évaluation, le droit ne saurait être restitué (16). Ce principe a été appliqué notamment aux marchés de constructions et de travaux (17). — Si la Régie s'en est quelquefois départie (18), ç'a été certainement par pure tolérance (19).

7482. De même le droit perçu sur une convention soumise à l'effet d'une condition résolutoire n'est point restituable lorsque s'opère la résolution prévue. On l'a décidé : 1° pour une vente dont le prix, laissé à l'arbitrage d'experts qui ont refusé leur mission, a été évalué par les contractants (20) ; — 2° pour celle qui a été résolue à défaut d'accomplissement d'une promesse du vendeur (21), ou par suite d'une erreur reconnue dans la contenance ou la qualité de l'objet aliéné (22); — 3° pour la vente restée sans effet à cause du non-payement du prix dans un délai déterminé (23), ou de l'omission des formalités de

---

(1) Garnier, 11814; le Havre, 3 mai 1849; D. N., *Rest.*, 28.
(2) Cass., 10 mars 1858; J. N. 16278.
(3) Garnier, 11814, § 2; contra, Seine, 29 juin 1841, *loc. cit.*
(4) Cass., 29 janv. 1849; J. N., 13614.
(5) Seine, 31 mars 1838; D. N., *loc. cit.*, 27; Schelestadt, 20 janv. 1848; R. G., 11814, § 3.
(6) Seine, 31 mars 1838 précité; Garnier, 13315, § 2.
(7) J. N., 3062.
(8) Cass., 5 fév. 1810, 1ᵉʳ mars 1825; D. N., *Enregistrement*, 359, 360; Garnier. *loc. cit.*, 11316.
(9) Seine, 22 juill. 1829; D. N., *Rest.*, 24, R. G., 14316.
(10) Sol., 6 mai et 13 juin 1833; R. G., 11316, § 1.
(11) Inst., 1748.
(12) D. M. F., 16 août 1808; Inst., 397.
(13) Circul. Rég., 698; circul. de la comptabilité, n° 31.

(14) D. M. F., 27 avr. 1858 ; Inst., 2123, § 3; J. N., 15337.
(15) Sol., 3 fév. 1815; D. N., loc. cit., 74: circul. comptabilité, n° 31.
(15 bis) Cass., 21 mars 1842, 26 août 1844, 17 janv. 1854, 5 mars 1867 ; C., 45213; R. P., 2439.
(16) Lille, 5 mars 1859; R. P., 4151.
(17) Cass., 4 avril 1864; R. P., 1909.
(18) Sol., 28 juin 1830, 30 avril 1832, 28 déc. 1831 ; R. G., 11174.
(19) Garnier. 11176.
(20) Cass., 14 juill. 1807, 14 mai 1866; R. G., 11185 ; R. P., 2302.
(21) Toulou-e, 6 juin 1851 ; R. G., 11484.
(22) Cass., 23 juill. 1833 ; Inst., G., 1446, § 1; Vassy, 25 fév. 1852; Dél., 27 fév. 1836 et 11 juin 1833, R. G., 11203, § 2; J. N., 8114, 14735 14841.
(23) Cass., 8 fév. 1813 ; R. G., 11187.

la purge imposée à l'acheteur (1) ; — 4° pour la cession de mines sous la condition que des experts en reconnaîtront l'existence (2) ; — 5° pour une donation annulée par suite de survenance d'enfants (3) ; — 6° enfin, pour un acte de remplacement militaire qui n'a pas été suivi d'effet à raison du refus d'admission du remplaçant au service (4).

7483. Mais la condition suspensive arrêtant l'exigibilité de l'impôt, celui qui aurait été perçu serait restituable. Tel est le cas de la vente de la totalité d'un immeuble faite par un copropriétaire sous la réserve que l'acquéreur obtiendra le consentement des autres. Si ces derniers refusent, et si le droit a été perçu sur tout le prix, on doit restituer ce qui s'applique aux portions non vendues (5). — Tel est encore le cas d'une vente dont le prix est laissé à l'arbitrage d'un tiers qui refuse de faire l'estimation (6) à moins que le contrat ne soit annulé par la volonté des parties elles-mêmes (7), — ou de la vente de biens saisis à la condition que la vente sera nulle si l'expropriation est prononcée (8).

SECTION III. — ERREURS DE FAIT.

7484. En principe, l'erreur de fait, si considérable qu'elle soit, n'empêche pas la perception d'être régulière, et ne saurait motiver une restitution des droits acquittés. Ainsi, l'impôt a été maintenu : 1° sur une donation dans laquelle le capital des immeubles avait été indiqué pour le revenu (9) ; — 2° sur un échange d'immeubles dont la valeur locative avait été exagérée par erreur (10) ; — 3° sur une vente contenant un prix supérieur au chiffre convenu (11) ; — 4° sur la vente du bien d'autrui (12) ; — 5° sur un testament présenté par erreur à la formalité (13) ; — 6° sur une donation adressée au gendre au lieu de l'être à la fille (14) ; — 7° sur une erreur commise dans une déclaration de succession (14 bis).

7485. Cependant la Régie a quelquefois adouci la rigueur de la règle dans des cas où l'erreur était manifeste ; — par exemple, pour une licitation dans laquelle on avait oublié d'indiquer la qualité de colicitant appartenant à l'adjudicataire (15) ; une donation qui ne contenait pas l'indication du degré de parenté du donataire (16) ; une vente comprenant mal à propos des biens saisis et dont le prix a été judiciairement réduit (17).

(V. pour les successions *infra* n°* 7516 *et suiv.*).

SECTION IV. — ÉVÉNEMENTS ULTERIEURS.

7486. La régularité de la perception n'étant appréciée que par l'examen actuel de l'acte, les événements ultérieurs demeurent sans influence sur la restitution de l'impôt (18).

Mais ils peuvent arrêter l'exigibilité du droit quand ils se produisent entre la date du contrat et celle de son enregistrement (19). — C'est pour cela que le partage sert de base au calcul du droit de la licitation s'il est présenté avec elle à la formalité (*supra* n° 7147), — ou que le droit de transcription exigible sur les adjudications faites au profit d'héritiers bénéficiaires cesse d'être dû, si l'héritier accepte la succession entre la vente et son enregistrement (20).

7487. Par contre, la perception, irrégulière à l'origine, peut se trouver régularisée par des événements survenus après l'enregistrement. On l'a décidé ainsi à propos des actes sur lesquels le receveur avait indûment perçu le droit de transcription et qui ont été ensuite volontairement présentés à la

(1) Cass., 28 août 1815 ; R. G., 11187.
(2) Cass., 23 juill. 1833 ; Inst., 1446, § 11 ; R. G., 11181 ; J. N., 8165.
(3) Dél. 17 juill. 1824 ; R. G., 11189 ; J. N., 4863.
(4) D. M. F., 4 sept. 1835 ; R. G., 11182.
(5) Cass., 13 juin 1827 ; R. G., 11192 *bis*, Dél., 22 fév. 1826 ; R. G., 11195 ; D. N., *Rest.*, 166.
(6) Dél., 12 déc. 1834. 25 sept. 1840 ; J. N., 10783. Voir cependant Dél., 4 avr. 1826 ; J. N., 5922.
(7) Cass. 19 mars 1850 ; J. N., 13996 ; Inst., 1857, § 18.
(8) D. M. F., 16 juin 1832 ; R. G., 11193.
(9) Dél., 9 oct. 1835 ; R. G., 11222 ; J. N., 9024.
(10) Dél., 26 juill. 1823 ; Sol., 25 juill. 1832 ; Blois, 25 juill. 1848 ; R. G., 11244 ; J. N., 7824.
(11) Dél., 31 août 1834 ; Toulouse, 30 nov. 1849 ; R. G., 11221, 11224 ; J. N., 8856.

(12) Cass., 14 fév 1839 ; Dél., 2 juill. 1817, 7 mars 1819, 20 oct. 1824 ; Montpellier, 27 août 1849 ; R. G., 11197, 112-6 ; J. N. ; 10283.
(13) Dél., 4 avr. 1821, 19 sept. 1835 ; R. G., 1218. V. cependant Dél. 9 déc. 1834 ; R. G., 11207.
(14) Dél., 29 nov. 1830 ; R. G., 11215 ; D. N., *Rest.*, 17.
(14 *bis*) Seine, 4 août 1866 ; R. P., 2375.
(15) Seine, 12 juill. 1838 ; R. G., 11209.
(16) Les Andelys, 2 mai 1857 ; Dél. 10 déc. 1833 ; R. G., 11211.
(17) D. M. F., 8 juill. 1813 ; Dél., 21 juin 1856 ; Largentière, 28 août 1844 ; J. N., 12532 ; R. G., 10210 ; contra, Tarascon, 25 sept. 1835.
(18) Cass., 7 fév. 1838 ; Inst., 1577, § 1 ; R. G., 11258. V. Cass., 15 nov. 1849 ; J. N., 13921.
(19) Cass. Belgique, 2 déc. 1835 ; R. G., 11259 ; Dalloz, 3585.
(20) Seine, 26 août 1840 ; Dél., 22 mars 1842 ; Dél., 10 mai 1842 ; J. N., 11236 ; contra, Castres, 18 août 1838 et Béziers, 29 août 1837 ; R. G., 11286 en note.

formalité au bureau des hypothèques (1) ; — et au sujet du droit d'obligation mal à propos exigé sur l'acte d'ouverture d'un crédit qui s'est réalisé plus tard (2).

7488. I. *Cautionnement.* N'est pas sujet à restitution le droit de cautionnement perçu sur une affectation hypothécaire d'immeubles indivis entre le débiteur et des tiers qui y consentent, lors même qu'un partage ultérieur attribuerait tous les biens au débiteur (3), — ou sur un cautionnement de personne à représenter en justice alors qu'un jugement a mis le prévenu hors de cause (4).

7489. II. *Concordat.* La restitution est également interdite à l'égard des droits exigés sur un concordat annulé judiciairement comme n'ayant pas été consenti par tous les créanciers dans le délai légal (5).

7490. III. *Contrat de mariage.* Les droits perçus sur les contrats de mariage doivent être restitués quand il est reconnu que la célébration n'a pas eu lieu (6).

7491. Ce remboursement s'applique à toutes les conventions que le défaut de célébration rend sans effet; — spécialement aux donations faites en faveur de mariage et aux ventes consenties sous cette condition (7). Mais on ne saurait l'étendre, ni au droit fixe de 5 fr. perçu pour salaire de formalité (8), ni aux stipulations qui reçoivent leur exécution malgré le résiliement du contrat (9), ni à l'amende encourue par le notaire pour enregistrement tardif de l'acte (10).

7492. Le défaut de célébration du mariage résulte la plupart du temps d'un résiliement du contrat entre les parties. Ce résiliement suffit pour obtenir la restitution (11), pourvu qu'il soit en la forme authentique (12), et lors même qu'il ne serait pas écrit à la suite du contrat (13). — Mais on a décidé que la Régie peut le repousser, s'il n'a pas eu lieu en présence des parties qui ont figuré au contrat resilié (14). Cette solution est très-controversable.

7493. Dans tous les cas, la production de la copie de l'acte de résiliement est suffisante sans qu'il soit besoin d'en déposer à la Régie une expédition en la forme authentique (15).

7494. La non-exécution du contrat peut se prouver encore, sans le secours d'un acte de résiliement, par des pièces justificatives établissant, d'une façon catégorique, que le mariage est demeuré en projet. Tels seraient, par exemple, les certificats par lesquels les maires compétents pour célébrer le mariage attesteraient l'inexistence de cette célébration, si on joignait à ces pièces, ou l'acte de décès de l'un des futurs, ou la copie de son acte de mariage avec une autre personne.

7495. Mais on a décidé qu'il ne suffirait pas de présenter les certificats seuls, puisque le mariage pourrait avoir lieu postérieurement (16), — ni de produire une déclaration notariée que le mariage est rompu (17); — ou une signification extrajudiciaire faite dans le même but au notaire rédacteur du contrat (18) ; — ou la copie d'un jugement qui ordonne la restitution de la dot sans résilier le contrat (19).

7496. Si les parties, après avoir résilié le contrat et obtenu la restitution des droits, déclaraient, lors de leur mariage ultérieur, faire revivre le premier acte, la Régie serait fondée à réclamer le reversement des droits remboursés (20).

7497. La restitution des droits doit être demandée dans le délai de deux ans à partir de l'enregistrement du contrat de mariage et non pas du jour où sa non-exécution est devenue certaine (21). — Elle

(1) Cass., 18 mai 1845, 12 janv. 1847, 21 fév., 26 mars, 17 avril et 2 mai 1849, 30 janv. et 21 août 1840; R. G., 11262; Inst., 1743, § 1 ; J. N., 12939, 13580, 13681, 13774, 13818, 13917, 14229.
(2) Cass., 29 avr. 1814; R. G., 11262, § 4.
(3) Dél., 19 avr. 1836; R. G., 11265.
(4) Dél., 27 sept. 1832; R. G., 11286; D. N., *loc. cit.*, 84.
(5) Dél., 28 juin 1829; R. G., 412-8 ; D. N., 85.
(6) D. M. F., 7 juin 1808 ; inst., 286, § 29; Dél., 12 janv. 1836; J. N., 6242.
(7) D. N., *Cont. de mar.*, 436, 439; Sol., 27 août 1861; R. P., 1547.
(8) D. M. F., 7 juin 1808; Inst., 296, § 19; Dél., 12 janv. 1836; J. N., 6242; Cass. Belg., 7 avr. 1859; R. P., 1178.
(9) Sol., 27 août 1861; R. P., 1547.
(10) Garnier, R. G., 3955.
(11) Dél., 24 sept. 1812 et 27 oct. 1829; J. N., 3658; R. G., 3946; Dél., 3 oct. 1837; D. N., *loc. cit.*, 44; Rouière et Pont, n° 279.
(12) D. N., 445; Dél., 11 mars 1814; J. N., 1051 et 9 juill. 1831; R. G., 3948; CONTRA, Garnier, R. G., 3948.

(13) Dél., 12 janv. 1844; J. N., 11935.
(14) Dél., 14 sept. 1832, 5 oct. 1832; Montmédy, 22 juill. 1852; R. G., 3949; CONTRA, Rolland, *Res. de contr. de mar.*, n° 3.
(15) J. N., 7761; D. N., *loc. cit.*, 447. V. cependant Dél., 22 avr. 1822 citée dans ces articles.
(16) Dél., 8 sept. 1822; R. G., 3958.
(17) Mauriac, 22 fév. 1850 ; R. G., 3959.
(18) Dél., 11 mars 1813; J. N., 1051; D. N., 445.
(19) Dél., 8 sept. 1832; R. G., 3961.
(20) Cass., 20 août 1838 ; J. N., 10217; Dél., 28 mars 1825; D. N., 451.
(21) Cass., 20 août 1838; J. N., 10217; Inst., 1599, § 14; *Conf.* Dél., 8 sept. 1832, 9 juill. 1833; Melun, 9 mai 1837; R. G., 3962; CONTRA, Villeneuve-d'Agen, 24 juill. 1835; Lectoure, 14 août 1835; Roanne, 11 mai 1836, J. N., 9345; D. N., 441. V. encore J. N., 3645, 6782, et Rodière et Pont, 281, 382.

n'est même plus possible en aucun temps, quand le mariage a été célébré et bien que cette célébration soit annulée postérieusement en justice (1).

7498. IV. *Donation.* Ne sont pas restituables les droits perçus sur une donation annulée pour incapacité de l'un des témoins instrumentaires (2), ou pour cause de substitution prohibée (3), ni sur celle qui est révoquée pour survenance d'enfants (4).

7499. Mais on doit rembourser l'impôt exigé sur l'acceptation d'une donation, quand la libératité a été révoquée ou que le donateur est mort avant la notification de cette acceptation (t). — De même si une donation alternative de meubles ou d'immeubles a supporté l'impôt sur les meubles, il y a lieu de les imputer sur ceux auxquels la délivrance des immeubles donne ouverture (6).

7500. V. *Échange.* La Régie ne rembourse pas les droits d'un échange annulé pour cause de nullité radicale (7). — Si l'un des immeubles échangés est vendu par surenchère, on impute néanmoins sur le droit de l'adjudication celui qui a été perçu sur l'acte d'échange (8).

7501. VI. *Expropriation pour cause d'utilité publique.* Toute acquisition faite avant l'arrêté du préfet est soumise au droit proportionnel ; mais ce droit est restitué, si dans le délai de deux ans à partir de la perception, il est justifié par lettre ou autrement (9), que les immeubles acquis ont été compris dans l'arrêté préfectoral (10). — Seulement la restitution se limite à la portion des terrains nécessaires à l'expropriation, et si ces immeubles sont compris avec d'autres dans une vente consentie pour un seul prix, la ventilation en a lieu conformément à la loi fiscale (11).

7502. Il faut que la demande en remboursement soit formée dans les deux ans de la perception ; il ne suffirait pas que l'arrêté du préfet eût été rendu dans ce délai (12). — Cet arrêté préfectoral peut être d'ailleurs et à plus forte raison remplacé par un décret (13).

7503. Si le prix de l'expropriation a servi à un achat fait à titre de remploi sans indication d'origine des fonds, le droit proportionnel perçu sur cette acquisition n'est pas restituable par suite de la déclaration ultérieure de provenance des deniers (14). — Il en est de même pour le droit d'un marché passé entre une commune et un particulier au sujet du percement d'une rue, s'il est postérieurement justifié qu'une partie du prix a été employée à l'achat des terrains nécessaires au percement de la rue (15).

7504. VII. *Obligation.* La nullité de l'obligation prononcée par jugement ne peut autoriser la restitution du droit de 1 p. 0/0 perçu sur le contrat (16).

7505. VIII. *Office.* Aux termes de l'art. 14 de la loi du 15 juin 1841, les droits perçus sur les cessions d'office sont sujets à restitution toutes les fois que la transmission n'a été suivie d'aucun effet. S'il y a lieu à réduction du prix, tout ce qui a été perçu sur l'excédant doit être également restitué.

7506. Si avec l'office a été vendue la maison du titulaire, la Régie est tenue de rembourser, le cas échéant, le droit applicable à l'immeuble, parce que sa transmission est réputée soumise à la même condition suspensive que celle de l'office (17), encore bien que la maison ait été vendue par acte séparé (18).

7507. Il en est de même du droit de cautionnement (19) et du droit de transport de partie du prix de la cession (20). Mais on ne restitue pas le droit perçu sur la délégation du prix à des créanciers sans titre enregistré, car il s'opère alors une reconnaissance de dettes survivant à l'annulation du traité (21).

7508. La réduction, prononcée par jugement après la prestation de serment du titulaire, produit

---

(1) Cass., 25 mai 1841; J. N., 11005; Inst., 1664, § 11; R. G., 3945.

(2) Cass., 16 juin 1835; J. N., 8936; Inst. 1498, § 2; R. G., 11241.

(3) Cass., 13 nov. 1849; J. N., 13021; Inst., 1857, § 11; Muret, 17 avril 1851; R. G., 11254.

(4) Dél., 17 juill. 1824 ; J. N., 4863; R. G., 11189.

(5) Dél., 23 mai 1843, J. N., 11667; opin. conf., J. N., 9377; D. N., *Accept. de don.*, no 261.

(6) D. M. F., 3 fév. 1817; J. N., 5096; D. N., *Donat.*, 503.

(7) Cass., 10 mars 1823; J. N., 4434.

(8) Dél., 18 août 1820; D. N., *Rest.*, 102.

(9) Seine, 26 août 1864; R. P., 2070.

(10) Loi 3 mai 1841, art. 53; Dél., 4 août 1837; Inst., 1660, 2106, § 1; J. N., 11354, 46439.

(11) Inst., 1660; Garnier, 6543; Cass., 18 juill 1849; Seine, 6 déc. 1861; J. N., 13189, 17300.

(12) Cass., 7 déc. 1858, 5 fév. 1857; J. N., 16485, 18763; R. P., 1130, 2443.

(13) Cass., 4 mai 1858; J. N., 16317.

(14) Cass., 10 mai 1865; R. P., 2112; J. N., 18379.

(15) Cass., 22 nov. 1838, J. N., 10189; Inst., 6590, § 9; R. G., 11268

(16) Cass., 28 avril 1856; J. N., 45796.

(17) Cass., 21 déc. 1838 ; Inst., 1592, § 2; R. G., 9190, § 1; Saint-Tricix, 23 nov 1847; J. N., 13263.

(18) Dunkerque, 14 avril 1845, J. N., 12369.

(19) Dél., 6 oct. 1843 ; J. N., 11752.

(20) Seine, 1er déc. 1847 ; J. N., 13267.

(21) Dél., 6 oct. 1843, J. N., 11752; contra, Garnier, 9166, § 1 p. N., *Office*, 311.

les mêmes résultats que la réduction par voie administrative (1). — Et il faut assimiler aux cessions à titre onéreux les donations entre-vifs ou testamentaires contenant une évaluation de la valeur de l'office (2).

7509. Le droit est définitivement acquis dès que la nomination est obtenue. Il importe peu que cette nomination ait été rapportée par suite du refus de serment (3), ou de l'acquisition d'une autre étude (4), ou d'une révocation (5), ou enfin d'une résiliation pour un motif quelconque (6).

7510. La restitution doit être demandée dans le délai de deux ans à compter du jour de l'enregistrement du traité de cession (*Loi 15 juin 1841, art. 14*). — Cette prescription court à partir de l'enregistrement du contrat de cession et non pas de l'acte modificatif ultérieur (7), lors même que la partie alléguerait l'impossibilité où elle a été d'agir auparavant (8).

7511. Il faut, pour obtenir le remboursement, produire la lettre officielle annonçant aux intéressés la décision ministérielle relative soit au défaut de nomination, soit à la réduction du prix (9), ou un certificat du ministère public contenant les mêmes indications (10).

7512. IX. *Partage anticipé.* N'est pas restituable le droit perçu sur un partage d'ascendants annulé du consentement des parties ou par voie judiciaire, pour défaut d'acceptation de l'un des enfants (11), à moins que l'acceptation de ce donataire n'ait été expressément imposée comme condition suspensive de la validité de la donation tout entière (12).

7513. Les droits perçus pour les donations de sommes d'argent hypothéquées sur des immeubles ne sont pas imputables sur ceux auxquels donne lieu le partage anticipé de ces immeubles entre les donataires (13).

7514. X. *Remplacement militaire.* Les droits exigés sur le traité de remplacement ne sont pas restituables lorsque le remplaçant n'a pas été admis par l'autorité (14), ou que le traité est annulé du consentement des parties (15) ; — mais s'il avait été stipulé une réduction de prix pour le cas où le remplacé ne serait pas appelé à partir, l'arrivée de l'événement prévu justifierait le remboursement d'une partie des droits (16).

7515. XI. *Société.* Les droits proportionnels perçus sur l'acte constitutif d'une société anonyme sont restituables quand il est établi que le gouvernement a refusé son autorisation (17). — Il n'en est plus de même si avant de commencer ses opérations, la société a été volontairement dissoute (18), ou qu'elle a été judiciairement annulée pour défaut de publication dans le délai légal (19).

7516. XII. *Succession.* Les droits acquittés pour la succession d'un absent qui reparaît sont restituables, sous la déduction du droit dû pour la jouissance des héritiers (*Loi 28 avril 1816 art. 40*) (20). Les droits perçus en vertu d'un acte de décès erroné sont également restituables (21).

7517. Quand la perception a été le résultat d'une erreur de fait, les parties ont été quelquefois admises à en demander la rectification (21) ; — c'est ce qui a été décidé pour une déclaration comprenant : 1° un domaine dont le défunt avait seulement la moitié (22) ; — 2° une créance éteinte (23) ; — 3° un cautionnement dont la propriété appartenait à un tiers (24) ; — 4° un legs que les parties avaient omis de réduire à la quotité disponible (25) ; — 5° des biens appartenant à la mère en vertu du retour légal et mal à propos compris dans la succession collatérale (26) ; — 6° des biens légués à un tiers (27), ou revenant à un

---

(1) Moulins, 28 juill. 1849 ; J. N., 13855 ; CONTRA, Rochefort, 23 juill. 1854 ; D. N., *loc. cit.*, 807 ; R. G., 9191, § 5.
(2) J. N., 12444 ; D. N., *loc. cit.*, 812.
(3) Cass., 29 janv. 1851 ; J. N., 13121 ; Inst., 1883, § 3 ; R. G., 9191, § 1 ; CONTRA, Lyon, 26 juill. 1848 ; J. N., 13866 ; D. N., *loc. cit.*, 805 ; J. N., 17618.
(4) Vendôme, 30 juill. 1847 ; J. N., 13169.
(5) Seine, 16 mai 1839 ; Villefranche, 14 août 1854 ; R. G., 9191, § 3.
(6) Rochefort, 28 juin 1843 ; R. G., 9191, § 4. V cependant, en cas de décès, J. N., 14266.
(7) Péronne, 18 mai 1855 ; J. N., 15671 ; Cass., 7 déc. 1858, 22 mars 1859 ; R. P., 1130, 1172 ; contra, Loudéac, 20 janv. 1850 ; J. N., 14583 ; Senlis, 30 juill. 1857 ; Seine, 6 fév. 1858 ; R. P., 957, 1001.
(8) Verdun, 14 août 1847 ; J. N., 13133 ; R. G., 9192.
(9) Sol., 20 sept. 1842 ; J. N., 11481 ; R. G., 9193 ; Inst., 1677.
(10) Inst., 1810 ; J. N., 1104 ; R. G., 9193.
(11) Dél., 18 mai 1832 ; Autun, 7 août 1850 ; Dél., 3-8 avril 1835 ; R. G., 11247 ; D. N., *Rest.*, 121 à 124.

(12) J. N., 8832 ; D. N., *loc. cit.*, 124.
(13) Nevers, 12 juin 1849 ; J. N., 14879.
(14) D. M. F., 4 sept. 1835 ; D. N., *Remp. milit.*, 66. V. cependant J. N., 9.11.
(15) Sol., 27 janv. 1830 ; R. G., 11249.
(16) Dél., 30 avril 1823 et 16 fév. 1827 ; J. N., 4405.
(17) Dél., 29 août 1834 ; J. N., 8646 ; Bordeaux, 13 janv. 1836 ; D. N., *Rest.*, 12*.
(18) Le Mans, 23 fév. 1849 ; R. G., 11253.
(19) Seine, 1er déc. 1814 ; R. G., 11274 *bis*.
(20) D. M. F., 12 avril 1808 ; Inst., 380, § 30 ; D. N., *Rest.*, 183.
(21) Sol., 17 oct. 1814 ; D. N., *Rest.*, 195.
(22) Dél., 17 oct. 1821 ; D. M. F., 17 nov. 1821 ; J. N., 3964.
(23) Dél., 24 oct. 1821 ; D. M. F., 5 déc. 1821 ; D. N., *loc. cit.*, 186.
(24) Dél., 12 juin 1835 ; D. N., *loc. cit.*, 187.
(25) Dél., 23 mars 1825 et 28 déc. 1822 ; J. N., 5094, 7975. V. Cass., 10 juill. 1860 ; R. P., 1355.
(26) J. N., 15458. V. CONTRA, Montargis, 22 déc. 1855.
(27) Dél., 13 nov. 1840 ; R. G., 11241 ; D. N., *Rest.*, 199.

enfan conçu qui n'est pas né viable (1) ; — 7° ou des immeubles acquis par le défunt en vertu d'une adjudication ultérieurement annulée sur appel (2).

7518. On peut encore obtenir la restitution des droits perçus en vertu d'une erreur matérielle commise dans l'évaluation des biens, pourvu que l'existence de cette erreur soit clairement démontrée (V. *sup.* n° 7484) (3).

7519. Le remboursement a été refusé, au contraire : 1° à des héritiers collatéraux évincés d'une partie de la succession par un enfant naturel (4) ; — 2° à un légataire dépouillé de son legs par l'effet d'une condition résolutoire (5) ; — 3° ou par sa renonciation (6) ; — 4° aux héritiers d'une femme qui ont renoncé de son chef à la communauté dissoute (7) ; — 5° aux légataires évincés par l'annulation du testament (8).

7520. XIII. *Testament.* On a vu précédemment (n° 7484), que les droits d'enregistrement perçus sur un testament présenté par erreur à la formalité ne sont pas restituables. Ce principe s'applique aux reconnaissances de dettes contenues dans le testament, lors même que les dettes auraient été soldées (9), ou aux droits de transcription exigibles par suite de substitution, encore bien que la charge de substitution soit sans objet (10), ou que le légataire ait renoncé après l'enregistrement (11).

7521. XIV. *Vente de meubles.* Le droit perçu sur le prix cumulé d'une vente aux enchères n'est pas restituable par l'effet d'un partage qui attribue à certains cohéritiers vendeurs le prix des objets qu'ils ont acquis (12). — Il en est de même de la cession d'un brevet de maître de posté restée sans suite par le refus du gouvernement de nommer le cessionnaire (13).

7522. Pour les ventes de coupes de bois de l'État, la perception se règle d'après les procès-verbaux de récolement ultérieur, et s'il y a des déficits de mesures on restitue les droits acquittés en trop (14).

7523. XV. *Vente d'immeubles.* Les droits perçus sur des actes portant transmission d'immeubles et annulés plus tard en justice ne sont pas sujets à restitution (15).

7524. Ce principe a été appliqué à des ventes annulées : 1° comme faites par un failli privé de l'administration de ses biens (16) ; — 2° parce que l'une des parties n'avait pas signé (17) ; — 3° pour cause de nullité radicale par un jugement qui en ordonne en même temps l'enregistrement (18) ; — 4° comme déguisant un contrat pignoratif (19) ; — 5° pour cause de simulation (20) ; — 6° ou de fraude aux droits des créanciers (21) ; — 7° ou de saisie antérieure des biens vendus (22) ; — 8° comme contenant aliénation de la chose d'autrui (23) ; — 9° parce que le vendeur, moyennant rente viagère, est décédé dans les vingt jours du contrat (24) ; — 10° ou que le cessionnaire de droits successifs a été loti dans un partage du seul immeuble de la succession (25) ; — 11° pour incapacité de l'acquéreur, spécialement de la femme mariée (26).

7525. Lorsqu'après l'annulation du contrat, c'est le même acquéreur qui se rend adjudicataire des biens, on lui tient compte des droits qu'il a payés pour le premier acte (27). Ce point est sujet à controverse.

7526. En cas de revente à la folle enchère, le droit perçu sur le prix de la première vente, supé-

(1) Inst., 1307, § 10.
(2) Inst., 436, § 57.
(3) Voyez encore Cass., 4 déc. 1821, 1er déc. 1835; Sol., 24 avril 1832; D. N., loc. cit., nos 192 à 194 et 201 à 203; R. G., 11217, 11225.
(4) Cass., 15 juill. 1840; J. N., 10722.
(5) Cass., 30 juin 1841; J. N., 11061.
(6) Cass., 15 janv. 1850; J. N., 13953; Dél., 9 août 1826, 4 mai 1825; J. N., Rest., 210 et suiv.; Cass., 10 août 1852; J. N., 14953; R. G., 11274.
(7) Cass., 2 août 1843; J. N., 11701; R. G., 11245.
(8) Cass., 11 mars, 7 avril, 1er juill. 1840, 6 août 1849; J. N., 10644, 10697, 10721, 13810; R. G., 11275; contra, Riom, 1er déc. 1855; R. P., 2422.
(9) Seine, 3 mars 1847; D. N., loc. cit., 131.
(10 Cass., 2 janv. 1850; J. N 13935.
(11) Cass., 10 août 1852; J. N., 14953.
(12) Dél., 28 mai 1831.
(13) Dél., 22 fruct. an 10; Inst., 1411.
(14) Lyon, 4 mars 1844; D N., loc. cit., 181.
(15) Cass., 13 prair. an 9, 10 fév. 1812, 21 mars 1813, 10 mars 1823, 14 juill. 1839, 14 mai 1866; J. N., 1059, 4434, 10441; R. P., 2302.
(16) Cass., 24 nov. 1806; D. N., Rest., 138, 139; Cass., 31 déc. 1823; R. G., 11244.
(17) Dél., 26 avril 1839; Dijon, 23 mai 1845; D. N., loc. cit., 140, 141; R. G., 11252. Mais le contraire est plus rationnel.

(18) Dél., 1er déc. 1821 ; Seine, 12 juill. 1838; D. N., loc. cit., 142, 143.
(19) Cass., 22 nov. 1836; R. G., 11087,§ 3; Nogent-le-Rotrou, 22 août 1844; Saint Dié, 24 août 1849 ; le Mans, 3 janv. 1850; D. N., 144; R. G., 11252, § 4; Constantine, 14 fév. 1865; R. P., 2048.
(20) Seine. 25 juill. 1855; J. N., 15701 ; J. G., 11252; Toulouse, 27 mai 1850; R. P., 1230.
(21) Saverne, 23 août 1845; D. N. 145; R. G., 11257, § 2; Cass., 5 déc. 1846; R. P., 2392; J. N., 18702.
(22) Cass., 17 avril 1833; La Châtre, 6 mai 1840; Inst., 1437, § 4 R. G., 11257, § 1; J. N., 8077; 18 nov. 1843; R. P., 1835; J. N., 17883.
(23) Cass., 12 fév. 1822; J. N., 4109 ; Dél., 6 oct. 1815; J. N., 1684; Cass , 4 fév. 1839; J. N., 10283 ; Dél., 20 oct. 1824; J. N., 4925 ; Dél. 10 août 1833; D. N., Rest., 163; R. G., 11457, 11248; Cass., 26 nov. 1860 ; R. P., 4429.
(24) Cass , 31 déc. 1823; Dél., 27 mai 1828; R. G., 11251; D. N., Rente viagère, 130.
(25) Cass., 6 juill. 1825; Dél., 14 juill. 1835; R. G., 11242, 11268.
(26) Cass., 29 avril 1845; Inst., 1743, § 14 ; Moissac, 29 avril 1845 R. G., 11246.
(27) Dél., 5 sept. 1834 et 9 avril 1842; D. N , 148; Dél., 25 mai 1825, 13 juin 1830 et 5 sept. 1834; Dél., 1er avril 1842; J. N., 5302, 7290 11295.

rieur à celui de la revente, n'est point restituable pour l'excédant du prix (1). De même lorsque, par suite de surenchère, des biens d'abord vendus à des étrangers sont adjugés à des colicitants, les droits perçus sur la première vente ne sont point sujets à restitution quant à l'excédant de ces droits sur ceux de la seconde adjudication (2).

SECTION IV. — EXCEPTIONS.

7527. La loi a prévu plusieurs cas où les droits, quoique perçus régulièrement sur des actes notariés, sont sujets à restitution. Ce sont :

1° Lorsqu'à défaut de mention de l'enregistrement d'un acte sur lequel un jugement a été rendu, le droit de cet acte a été exigé sur le jugement et qu'il est ultérieurement prouvé que ce même acte était enregistré (*Loi 22 frim. an 7, art. 48*).

2° Quand le droit d'obligation a été perçu, lors des délégations de prix dans un contrat, sur des créances dont l'enregistrement du titre est postérieurement établi (*Loi 22 frim. an 7, art. 69, § 3, n° 3*).

3° Lorsque le droit proportionnel ayant été perçu sur les acquisitions amiables faites pour cause d'utilité publique avant l'arrêté du préfet, il est ensuite justifié que les immeubles acquis sont compris dans cet arrêté (*Loi 3 mai 1841, art. 58, supra, n° 7501*).

4° Lorsqu'une cession d'office n'a été suivie d'aucun effet (*Loi 25 juin 1841, art. 14, supra, n° 7505*).

CHAPITRE VINGT-SEPTIÈME.

DES INSTANCES.

SOMMAIRE

7528. La solution des difficultés qui peuvent s'élever, avant l'introduction des instances, relativement à la perception des droits d'enregistrement, appartient à la Régie (*Loi 22 frim. an 7, art. 63*).

7529. Les parties ou le notaire en leur nom adressent au ministre ou au directeur général une pétition sur papier timbré (3) dans laquelle ils discutent la prétention du préposé. — La solution est rendue par le directeur général et les redevables en sont informés par le directeur du département (4), qui doit, en attendant, sauf le cas d'urgence, faire suspendre les poursuites (5).

7530. Cette réclamation n'est d'ailleurs que facultative, quand il s'agit d'un droit déjà perçu (6);

---

(1) Cass., 6 fév. 1833; Inst., 1425, § 2; D. N., 175; Cass., 24 nov. 1858; J. N., 16473; R. P., 1118.
(2) Cass., 23 juill. 1849; Inst., 1697, § 8; J. N., 11908 et 13800; contra, Limoges, 31 déc. 1844; Lisieux, 28 mars 1846 et Nantes, 27 nov. 1847; J. N., 12388, 12903, 13363.
(3) Loi 13 brum. an 7, art. 12; Ambert, 14 juin 1821; D. M. F.,

23 juill., 9 nov. et 21 déc. 1821 ; Inst., 1294, 1381, § 10, 1537, sect. 2, n° 2; D. N., Enreg., 385.
(4) D. M. F., 11 janv. 1822 et 1er janv. 1821; Inst., 1018, 1115, 1537, sect. 2, n° 5; J. N., 4504, 13250; R. G., 7283.
(5) D. M. F., 16 oct. 1826; Inst., 1202; R. G., 7282; J. N., 5000.
(6) Cass., 7 mai 1806; Inst., 1537, § 45; D. N., 409; R. G., 7318.

on peut introduire directement l'instance par un ajournement en restitution signifié à la Régie devant le tribunal compétent (1).

7531. Si la Régie prend l'initiative de la poursuite, le premier acte de procédure doit être une contrainte décernée par le receveur ou autre préposé, visée et rendue exécutoire par le juge de paix du canton où le bureau est établi (*Loi 22 frim. an 7, art. 64*).

7532. La contrainte doit exposer clairement l'objet de la demande (2) et évaluer approximativement les droits dont le montant est subordonné à la déclaration des parties (3). — Elle ne serait pas nulle par suite d'une erreur dans la désignation de la nature du droit à payer (4) ou de la date d'un acte (5), ou du nom du juge de paix qui a déclarée exécutoire (6). Mais il en serait autrement si elle était décernée contre une veuve personnellement au lieu de l'être contre ses enfants (7), ou si elle n'était pas rendue exécutoire (8). — Cette nullité serait néanmoins couverte par une défense au fond (9).

7533. La contrainte est notifiée par l'huissier de la justice de paix (10) à personne ou à domicile (11). — On applique à cette signification les règles de la procédure ordinaire pour la remise de la copie, le visa du maire s'il y a lieu, et les autres questions de forme (12).

7534. L'exécution de la contrainte ne peut être interrompue que par une opposition formée par le redevable et motivée, avec assignation à jour fixe (c'est-à-dire dans le délai légal) devant le tribunal de l'arrondissement. Dans ce cas l'opposant est tenu d'élire domicile dans la commune où siège le tribunal (*Loi 22 frim. an 7, art. 64*). Ces dispositions sont également applicables aux assignations signifiées directement par les contribuables pour obtenir la restitution d'un droit indûment perçu.

7535. C'est l'opposition à la contrainte qui arrête la poursuite du trésor et constitue l'acte introductif d'instance.—Elle doit être motivée, c'est-à-dire indiquer brièvement la cause de la résistance (13), émaner de personnes capables selon les règles du droit commun (14), et contenir assignation devant le tribunal civil dans l'arrondissement duquel se trouve le bureau d'où émane la contrainte, ou celui où les droits ont été acquittés (15).

7536. L'exploit peut être signifié au nom du notaire qui a passé l'acte (16), lors même qu'il ne serait plus en fonctions (17).

7537. Devant le tribunal l'instruction des instances se fait par simples mémoires respectivement signifiés ; les parties ne sont pas obligées d'employer le ministère des avoués (*Loi 27 ventôse an 9, art. 17*). — La disposition relative aux avoués s'interprète même en ce sens que toute *plaidoirie* ou *observation* verbale à l'audience constitue un moyen de cassation contre le jugement (18).

7538. Le jugement est rendu dans les trois mois au plus tard à compter de l'introduction de l'instance, sur le rapport d'un juge fait en audience publique et sur les conclusions du ministère public. Il n'y a d'autres frais à supporter pour le condamné que ceux du papier timbré, des significations et du droit d'enregistrement des jugements (*Loi 22 frim. an 7, art. 65*). — Il n'entre pas dans le cadre de ce travail d'indiquer les formalités essentielles à observer pour que le jugement soit régulier. On trouvera ces détails dans l'excellent ouvrage de M. Garnier, nos 7352 à 7397 et dans le *Dictionnaire du notariat*, au mot *Instance en matière d'enregistrement*.

7539. Le jugement n'est pas sujet à appel (*Loi 22 frim. an 7, art. 65*). Il peut être attaqué par opposition si le condamné a fait défaut (19); par voie de tierce opposition, quand il préjudicie à un tiers non appelé dans la procédure (20) ; par requête civile selon les règles du droit commun (21), et enfin par

(1) Garnier, 7279; D. N., 379; Inst., 1524 et 1537, sect. 2, n° 1.
(2) Inst., 1150, § 17.
(3) Cass., 2 déc. 1806, 30 oct. 1809, 27 mars 1811, 4 mars 1814; Garnier, 7292 à 7294.
(4) Cass., 31 juill. 1833; Inst., 1537, § 31; R. G., 7296.
(5) Cass., 25 juill. 1814; Inst., 1537, § 22; R. G., 7297.
(6) Mulhouse, 19 nov. 1863.
(7) Cass., 19 juill. 1825; Inst., 1537, § 23; R. G., 7298.
(8) Cass., 8 mai 1809, 10 nov. 1812; Inst., 1537, § 26; R. G., 7299.
(9) Cass., 14 nov. 1815; R. G., 7300.
(10) Garnier, 7305.
(11) Cass., 9 fruct. an 12 et 23 fév. 1807; Inst., 1537, § 32; R. G., 7307.
(12) Voir Garnier, 7308 et suiv.; D. N., *Contrainte finances*, 28 et suiv.

(13) Au sujet des termes qui constituent des motifs suffisants d'opposition, voyez Seine, 4 déc. 1844; Louhans, 10 juill. 1846; Seine, 12 fév. 1845, 18 déc. 1814; D. N., 401.
(14) Cass., 11 janv. 1854; Inst. 2010, § 5 ; R. G., 7321.
(15) Cass., 30 mess. an 10, 14 niv. an 11, 23 flor. an 13, 5 mai 1806, 14 déc. 1819, 30 mai 1826; D. N., 410 ; Cass , 15 juill. 1840; R. G., 7322 à 7325.
(16) Cass. 5 fév. 1810 et 1er mars 1825; D. M. F., 2 nov. 1813 et 5 juill. 1830; Inst., 1328; J. N., 390 et 7240.
(17) Sol., 6 mai et 13 juin 1813; D. N., 360.
(18) Voir les nombreux arrêts cités au R. G., 7339 et 7341; D. N., *Inst. en mat. d'enreg.*
(19) Garnier, 7407 à 7414.
(20) Garnier, 7415 et 7416.
(21) Garnier, 7417 à 7420.

cassation. Nous devons encore ici renvoyer pour les nombreux détails de cette matière au *Rép. gén.*, nᵒˢ 7424 à 7484.

SECTION II. — PROCÉDURES PARTICULIÈRES.

7540. La contrainte doit être précédée d'un procès-verbal lorsqu'il s'agit du refus fait par un notaire de communiquer ses minutes (1). Ce procès-verbal n'est pas sujet à l'affirmation (2) ; il doit être rédigé en présence du maire ou de son délégué (3) et enregistré dans les quatre jours de sa date (*Loi 22 frim. an 7, art. 20 et 34, 52, 54*).

7541. C'est encore par voie de procès-verbal dispensé d'affirmation (4), que le préposé de la Régie doit constater les contraventions à la loi sur les ventes publiques de meubles ; (*Loi 22 pluv. an 7, art. 8*). — Rigoureusement, ce procès-verbal serait nécessaire pour toutes les infractions autres que celles dont l'amende est acquittée sur-le-champ, lors mêmes qu'elles seraient établies par la minute de la vente ; mais on a décidé qu'on se bornerait à le rédiger pour les contraventions aux art. 1 et 2 de la loi (5). — Il faut, d'ailleurs, que le procès-verbal soit rédigé au moment même où l'infraction se commet ; celui qui serait rapporté par le receveur dans son bureau sur des renseignements recueillis ne produirait pas le même résultat (6).

7542. A défaut de procès-verbal, les contraventions dont il s'agit se prouvent encore par l'enquête (*Loi 22 pluv. an 7, art. 8*), pourvu que la Régie articule des faits précis qui autorisent cette procédure (7). — Les témoins sont assignés et entendus en la forme ordinaire (8).

7543. Il n'y a pas de délai pour la signification du procès-verbal. On le fait notifier en même temps que la contrainte dont il doit être suivi (9).

7544. Enfin, les préposés de la Régie constatent, par des procès-verbaux qu'ils transmettent au parquet, les contraventions aux lois des 6 octobre 1791 et 16 floréal an 4 sur le dépôt annuel des répertoires, à la loi du 25 ventôse an 11 sur l'organisation du notariat, aux art. 67 et 68 du Code de comm. touchant la publication des contrats de mariage des commerçants, et à l'art. 176 du même Code sur l'inscription des protêts dans le registre à ce destiné. — Ces procès-verbaux doivent être affirmés dans les vingt-quatre heures devant le juge de paix, si le contrevenant ne reconnaît pas l'exactitude des faits qu'ils constatent (10). — Ils font foi jusqu'à preuve contraire (11).

7645. L'expertise du revenu ou de la valeur vénale des biens transmis à titre onéreux, ou à titre gratuit, donne lieu à une procédure spéciale dont les dispositions, indiquées déjà précédemment, *supra ch. IV*, se trouvent réunies sous les nᵒˢ 7533 à 7604 du *Répertoire général* de M. Garnier. Cette matière ne rentre pas dans le cadre de notre traité. — Il en est de même des procédures d'exécution, telles que la saisie-arrêt, la saisie-exécution, l'ordre, etc. (*Rép. gén.*, nᵒˢ 7606 à 7620).

CHAPITRE VINGT-HUITIÈME.

PRESCRIPTION.

SOMMAIRE

---

(1) Inst., 1450, § 17.
(2) Inst., 1450, § 17; Cass., 26 juin 1820; Inst., 1537, § 12; R. G., 7248.
(3) Loi 22 frim. an 7, art. 52. Voir Inst., 326, § 10; R. G., 7500.
(4) Garnier, 7500.
(5) Inst., 1450, § 17, 1537, § 220 ; R. G., 1196.
(6) Cass., 4 juill. 1810 ; Inst., 1537, § 213.
(7) Cass., 17 juill. 1827; Inst., 1229, § 13; R. G., 1196 et 7503 ;

Autun, 3 mai 1853 ; R. P., 126 ; Louhans, 14 et 25 mai 1816; J. N., 12997.
(8) Cass., 17 juill. 1827 précité; R. G., 7505 ; Sol., 12 déc. 1855; Cambrai, 27 janv. 1858; R. P., 835, 958.
(9) Garnier, 1196.
(10) D. M. F. et J., 8-25 juill. 1825; Inst., 1089, § 2; R. G., 7520.
(11) Rennes, 22 avril 1833; Orléans, 27 mars 1835; Cass., 10 mars 1836 ; Inst., 1537, § 235 ; R. G., 7521.

SECTION I. — DISPOSITIONS GÉNÉRALES.

7546. En matière d'impôt, la prescription équivaut au payement (1). Néanmoins, si l'acte est ensuite présenté volontairement à la formalité, le droit proportionnel devient exigible, parce que cette présentation équivaut à l'exécution d'une obligation naturelle (2).

7547. La prescription ne s'applique qu'au fait même donnant ouverture à l'impôt ; et, par exemple, le défaut de réclamation pendant deux ans des droits exigibles sur un acte sous seing privé, mentionné dans un acte public, ne s'oppose pas à l'exigibilité du droit de ce même acte lors d'une mention postérieure (3). — Il en est ainsi, à plus forte raison, s'il ne s'agit pas des mêmes droits (4), ou de titres différents (5).

7548. La prescription ne saurait être suppléée par le juge (6). — Le redevable est toujours maître d'y renoncer ; mais ce désistement ne résulterait pas suffisamment d'une demande en remise du droit en sus ou de l'amende encourue (7). La renonciation est d'ailleurs personnelle, un cohéritier ne pourrait la faire au nom de ses cohéritiers (8).

SECTION II. — DES DIVERSES PRESCRIPTIONS.

7549. I. *Prescription annale.* La Régie n'a qu'un an, à compter du jour de l'enregistrement du contrat, pour provoquer l'expertise de la valeur vénale des biens aliénés à titre onéreux (*Loi 22 frim. an 7, art. 17, supra ch. VI*).

7550. C'est encore par ce même délai d'un an que se périme la poursuite commencée par la Régie ou par les recevables, afin d'interrompre les prescriptions de 2, 5 et 10 ans édictées par les art. 61, nos 1, 2 et 3 de la loi du 22 frim. an 7, 14 de celle du 16 juin 1824, par l'avis du conseil d'État du 18-22 août 1840 et par l'art. 11 de la loi du 18 mai 1850. — L'art. 61, no 3 de la loi de frim. an 7, porte en effet que les prescriptions seront acquises irrévocablement, si les poursuites commencées sont interrompues pendant un an, sans qu'il y ait d'instance devant les juges compétents et quand même le délai pour la prescription ne serait pas expiré.

7551. Mais la péremption annale n'est plus à craindre quand l'instance est liée (3) devant un juge compétent (10), par une assignation en justice (11). — Elle est également prévenue au moyen d'un nouvel acte de poursuite signifié, quoique non enregistré, dans l'année à partir de la signification de la contrainte (12) ; et cet acte de poursuite peut être un commandement (13) ou une seconde contrainte (14).

(1) Champ. et Rig., *Supp.*, 098, 999; Garnier, 9855.

(2) Garnier, 349 et 9855; Dél., 3 fév. 1835; J. N., 8473; Seine, 18 fév. 1844; Brives, 13 fév. 1844; Laon, 6 avril 1840; R. G., 319; Corra., Cass., 20 juin 1828; Thionville, 11 juin 1835; Evreux, 8 juin 1839; Dalloz, 5444; D. N., 8773; J. N., 6391, 8975, 10510.

(3) Seine, 30 janv. 1824 ; D. M. F., 13 janv. 1826; Inst., 1410, § 10; R. G., 9855, § 1; Seine, 7 fév. 1835; J. N., 15451.

(4) Cass., 31 juill. 1833; R. G., 9855, § 3.

(5) Cass., 5 juill. 1820, 24 déc. 1824; R. G., 9855, § 4.

(6) Cass., 1er avril 1840, 31 mai 1847; R. G., 9857, 9864.

(7) Garnier, 9858. V. Cass., 29 prairial, an 12; R. G., 9703.

(8) Briançon, 27 mars 1840 ; R. G., 9860.

(9) Cass. Belg., 20 juill. 1821 ; R. G., 9877.

(10) Cass., 13 oct. 1813 ; R. G., 9878.

(11) Cass., 27 juill. 1813 ; R. G , 9879.

(12) Sol., 10 sept. 1849; R. G., 9891. § 1.

(13) Cass., 1er avril 1834; R. G., 9881, § 1.

(14) Chaumont, 16 mars 1837; Compiègne, 5 fév. 1848; R. G., 9881, §§ 1-2.

7552. II. *Prescription de deux ans.* La prescription biennale s'applique : 1° aux droits non perçus sur une disposition particulière dans un acte (*Loi* 22 *frim. an* 7, *art.* 61, *n*° 1) ; — 2° aux suppléments de droits sur un acte enregistré (*idem*), quand l'exigibilité résulte de faits accomplis et connus au jour de l'enregistrement de l'acte (1) ; — 3° à la demande en expertise, pour constater une fausse évaluation du revenu des biens transmis entre-vifs à titre gratuit (*même loi*, *supra ch.* VI) ; — 4° aux demandes en restitution par les parties de droits indûment perçus (*Loi* 22 *frim. an* 7, *art.* 61, *n*° 1) ; — 5° aux poursuites par contrainte pour le recouvrement des amendes de contravention aux lois sur l'enregistrement et les ventes de meubles (*Avis conseil d'État*, 18-22 *août* 1810 ; *Loi* 16 *juin* 1824, *art* 14) ; — 6° à l'action pour faire condamner aux amendes de contravention à la loi du 16 floréal an 4 sur le dépôt des répertoires, à celle du 25 vent. an 11 sur le notariat, et à l'art. 68 du Code de commerce sur la publication des contrats de mariage des commerçants (*Loi* 16 *juin* 1824, *art.* 14).

7553. III. *Prescription de cinq et de dix ans.* Les omissions de biens dans les déclarations de succession sont soumises à la prescripton de cinq ans (*Lois du* 22 *frim. an* 7, *art.* 61, *et* 18 *mai* 1850, *art.* 11). — Mais c'est par dix ans que se prescrit l'action de la Régie pour le recouvrement des droits des successions non déclarées.

7554. Ce dernier délai court en général du jour du décès ; néanmoins quand le payement de l'impôt est déterminé par d'autres circonstances que la mort du *de cujus*, la prescription court seulement à compter de cette dernière époque (Voyez *supra n*° 7558 *et suiv.*).

7555. IV. *Prescription trentenaire.* Toutes les fois qu'il s'agit d'un cas auquel les dispositions précédentes ne sont pas applicables, il faut revenir au droit commun, c'est-à-dire à la prescription de trente ans. C'est ce qu'on décide pour les droits simples d'un acte non présenté à l'enregistrement (2) et notamment pour les droits simples d'une mutation secrète d'immeubles (3), constatée autrement que par une simple possession de fait, cas dans lequel la prescription ne court pas (4) ; — pour les droits de réalisation de crédit (5), à moins que la réalisation ne soit constatée par un acte faisant titre entre les parties, et donnant lieu par lui-même au droit d'obligation (6) ; — pour les droits d'un acte mentionné dans un autre acte (7), ou produit au cours d'instance (8), ou porté sur le répertoire sans être enregistré (9) ; — pour les droits supplémentaires à réclamer sur les marchés contenant des évaluations provisoires (10) ; — pour ceux d'un testament non enregistré (11) ; — pour les droits réclamés par une contrainte validée en justice (12) ; — enfin pour les omissions de rentes sur l'Etat dans les déclarations de succession (*Loi* 8 *juillet*, 1852, *art.* 26).

SECTION III. — CALCUL DES DÉLAIS.

7556. La prescription trentenaire part du jour où il est établi que le fait a eu lieu, sans qu'il y ait à se préoccuper de la question de savoir si les employés auraient eu ou non besoin de se livrer à des recherches pour découvrir ce fait (13). — Cependant il a été décidé qu'en matière de droit simple à réclamer sur un acte sous seing privé non enregistré, la prescription devait seulement courir du jour où l'acte a acquis date certaine dans les termes de l'art. 1328 C. N. (14).

7557. Les autres prescriptions applicables aux droits des actes courent à partir de l'enregistrement (*Loi* 22 *frim. an* 7, *art.* 61, *n*° 1 *et* 2) ; mais on ne comprend pas dans les délais le jour même de cet enregistrement, d'après le principe : *Dies a quo non computatur in termino* (15).

(1) Cass., 27 juill. 1853; Inst., 1986, § 6; R. P., 33. V. Cass., 6 mai 1834; R. G., 9891; Arras, 5 avril 1859; Seine, 1er et 15 juin 1861; B. P., 1175, 4311.

(2) Cass., 12 mai, 22 déc. 1806, 12 oct. 1808, 28 avril 1816, 20 juill. 1829 ; R. G., 9941, 17 août 1831. 23 mai 1832; J. N., 7497, 7773, 27 déc. 1859; J. N., 10751; Provins, 31 déc. 1863; R. P., 1273, 1868.

(3. Cass., 5 juin 1837, 17 juill. 1838, 22 avril 1839, 17 fév. 1840, 31 juill. 1819, 23 mars 1851, 18 août 1852, 26 avril 1853, 24 janv. 1854, 7 mai 1856, 1er fév. 1859; J. N., 9681, 10094, 103 à 2. 10398, 13814, 14303, 14767; R. G., 9912; R. P., 684, 1137; Inst., 1562-21, 1577-13, 1601-7, 1618-6, 1814-10, 1883-11, 1946-3, 1982-5. 2010-9.

(4) Mirande, 27 déc. 1860; B. P., 1563.

(5) Cass., 15 juill. 1851; Seine. 10 mars 1853; Lure, 6 mars 1856; Soissons, 13 janv. 1847; Toulouse, 4 avril 1851; St-Gaudens, 9 mai 1859; Seine. 29 janv. 1864, 24 mars 1865, 5 mai 1866, 22 juin 1867; Sol., 3 avril 1855; J. N., 14446; Inst., 19009 ; R. G., 9943; R. P., 750, 4176, 4930, 2159, 2241, 2334, 2533; contra, Montpellier, 30 août 1847; Rouen, 21 août 1849; J. N., 13938.

(6) Cass., 18 fév. 1857; Seine, 1er juin 1861, 15 juin 1861; J. N., 16024, 17153, 17202; B. P., 817.

(7) Cass., 31 août 1808, 16 juin 1828, 5 juin 1837, 17 juill. 1838, 21 avril 1839. 17 fév. 1840; Seine, 5 mai 1860; R. P., 1336.

(8) Cass., 16 janv. 1835; Inst., 2033, § 1; R. G., 9914 *bis*; Seine, 1er fév 1868 ; G. T., 2 fév.

(9) Aurillac. 24 juill. 1841 ; J. N., 11172.

(10) Garnier, 9916; Seine. 16 avril 1856, 29 août 1863; Rouen, 25 mai 1855; le Havre, 6 fév. 1862; Cass., 4 avril 1864; R. P., 33, 549, 675. 1695, 1856, 1909.

(11) D. M. F., 8 prair. an 9; Cass. 13 oct. 1806; R. G., 9917 *bis*; Mirecourt, 10 nov. 1845; D. N . *Enreg.*, 321.

(12) Cass., 16 mars 1858 ; B. P., 976

(13) Cass., 21 juill. 1833, 21 fév. 1855, 7 mai 1855 ; R. P., 684; J. N., 8208, 15450; Arlon, 12 janv. 1867; M T., 1867, 262.

(14) Cass.. 17 août 1831, 13 mai 1832; Inst . 1388-1, 1410-3 ; R. G., 9087.

(15) Cass., 6 mai 1851; R. P., 75; Inst., 2010, § 9; J. N., 15225; contra, les décisions rapportées au R. G., 9022.

7558. Quant aux amendes, ou aux droits en sus qui leur sont assimilés (1), la règle est que la prescription court à partir du moment où les employés ont été mis à même de les percevoir, sans recherches ultérieures (*avis conseil d'État, 18-22 août 1810*; *Loi 16 juin 1824, art. 11*).

7559. Mais il est quelquefois embarrassant de savoir quand les énonciations d'un acte sont suffisantes pour autoriser la perception. On ne l'a pas jugé ainsi à propos : 1° de la mention d'une adjudication dans les affiches ou des publications de journaux (2) ; 2° de la description dans un inventaire ou autres actes, de titres relatifs à une mutation secrète, si les termes de l'acte ne manifestent pas clairement la transmission (3) ; 3° des présomptions de mutation secrète, résultant de l'inscription au rôle et du payement de la contribution foncière, attendu qu'elles ne se révèlent pas aux préposés sans recherches (4) ; 4° des droits supplémentaires à réclamer sur les marchés provisoires, d'après les documents d'un dépôt public (5).

7560. La prescription biennale applicable aux demandes en restitution de droits indûment perçus part à compter du jour de l'enregistrement de l'acte, quand la relation mise sur cet acte contient l'énonciation des droits exigibles (6).

7561. Il arrive souvent que l'irrégularité de la perception n'est démontrée que par des événements postérieurs à l'enregistrement de l'acte. Dans ce cas, la raison conduirait à décider que la prescription doit courir à partir seulement de cette dernière époque. Et c'est en effet ce que a Régie a admis dans plusieurs circonstances (7), lorsque l'impossibilité d'agir dépendait de causes étrangères aux parties (8).

7562. Mais la jurisprudence n'a pas consacré cette interprétation. Elle enseigne que la demande en restitution doit être, sans distinction aucune, faite dans les deux ans de l'enregistrement de l'acte. Cette solution rigoureuse a été appliquée : 1° à une adjudication annulée par jugement comme déguisant une libéralité (9) ; — 2° à la cession d'office demeurée sans effet (10) ; — 3° au contrat de mariage résilié (11) ; — 4° au testament annulé (12).

SECTION IV. — INTERRUPTION DE LA PRESCRIPTION.

7563. On a vu prédécemment que la prescription est interrompue par une demande signifiée et enregistrée avant l'expiration des délais, *supra n° 7551*. Cette demande consiste la plupart du temps, pour la Régie dans une contrainte (13), et pour les parties dans une assignation en restitution (14); mais elle pourrait résulter d'un autre acte de procédure (15), par exemple, une demande reconventionnelle faite dans le cours d'une procédure (16), à condition que l'acte soit réellement introductif d'instance et ne se borne pas à faire des réserves sur la perception (17) ou ne soit pas une simple pétition administrative (18).

7564. Pour que l'interruption se produise, il faut que la demande soit enregistrée avant l'arrivée de la prescription (19) et ne soit pas ultérieurement annulée (20).

7565. L'interpellation adressée à l'une des parties contractantes ou par l'une d'elles s'étend de plein

(1) Cass., 22 janv. et 14 août 1809, 1er juin 1814, 5 juin 1837. 17 juill. 1838. 22 avril 1839, 17 fév. 1840, 3 mars 1841; R. G., 9937.
(2) Cass., 23 mai 1832, 17 avril 1833; Inst., 1410-1, 1437, § 1; 23 mai 1832; R. G., 9937 ; J. N., 7783.
(3) Dél., 28 oct. 1834 ; R. G., 9943 et suiv.; Dél., 7 août 1855 ; Cass., 10 janv 1821, 15 mars 1837, 22 nov. 1842, 16 janv. 1855, 24 déc. 1860; J. N., 14550; R. P., 550, 556, 1440.
(4) Voir les nombreux arrêts de cassation rapportés au n° 9054 du R. G., et J. N., 9684, 10094, 10382, 10398, 10654, 11236, 13814, 14305. 14767, 14978; R. P., 982.
(5) Inst., 1862; Cass., 27 juill. 1853; J. N., 14149, 15076.
(6) Cass., 26 avril 1836; J. N., 9242.
(7) D. M. F., 6 juill. 1813 ; Dél., 24 juin 1836, 25 mai 1837; R. G., 9962; Seine, 27 juill. 1857; C., 11841.
(8) Cass., 4 août 1835; R. G., 9962 bis.
(9) Cass., 21 juill. 1839 ; R. G., 9963, § 9.
(10) Verdun, 14 août 1847 ; J. N., 13138; Meaux, 30 juill. 1846; Péronne, 18 mai 1835; R. G., 9963, § 9. V. cependant Loudéac, 29 janv. 1850; J. N., 14583.
(11) Cass., 20 août 1838; Dél., 8 sept. 1832, 9 juill. 1833, 31 janv.

1836 ; Melun, 9 mai 1837; R.G., 9960, § 3; Inst., 1437-5, 1590-14; J. N., 10217.
(12) Cass., 11 mars 1840, 7 avril 1840, 15 juill. 1840; J. N., 10604, 10697, 10721.
(13) Gurnier, 9994; D. N., Enreg., 368.
(14) Charleville, 12 mai 1842; Seine, 6 fév. 1855 ; R. G., 9995.
R. G. 9996.
(15) Dél., 14 avril 1819; D. N., Enreg., 354; Cass., 20 mars 1839; R. G. 9996.
(16) Cass., 17 nov. 1857 ; R. P., 973.
(17) Mamers, 8 juill. 1837; R. G., 9997.
(18) Cass., 14 janv. 1836; D. M. F., 3 nov. 1836; J. N., 9137. 9426, 9435; Inst., 1524; Dijon, 13 mars 1837; Seine, 24 avril 1841; Strasbourg, 23 mai 1843; Bellac, 11 août 1849; Seine, 6 déc. 1849; Orléans, 12 août 1851; R. G., 9999. Il y a une exception sur ce point en matière d'expropriation.
(19) Loi 22 frim. an 7, art. 61; Cass., 11 oct. 1814, 1er août 1831, 2 juill. 1849, 5 et 25 fév. 1867; J. N., 7514, 13791; R. G., 9922, 9998; D. N., Enreg., 317; R. P., 2441; J. N., 18844.
(20) Dél., 13 fév. 1844; Cass., 14 janv. 1836; Seine, 23 janv. 1836; R. G., 10000; D. N., Enreg., 375; J. N., 13948.

droit à toutes les autres en vertu du principe de l'art. **2249** C. N. **(1)**. — Mais elle est personnelle en
ce sens que l'interruption produite au profit de la Régie par la notification d'une contrainte ne profite
pas au contribuable, et réciproquement **(2)**.

7566. Ce dernier principe doit être toutefois combiné avec les effets de la compensation légale.
Quand une perception contient à la fois insuffisance sur un point et excès sur l'autre, les deux dettes
s'éteignent jusqu'à concurrence du montant de la plus faible, à l'instant même où elles existent ; et, au
moyen de cette compensation, il n'y a pas de prescription à interrompre **(3)**.

7567. Il faut d'ailleurs pour cela qu'il s'agisse de droits dus dans le même bureau **(4)**, sur le
même acte **(5)**, et par la même personne **(6)**. Ainsi, un droit non perçu sur un acte de société, et dû
par un commanditaire personnellement, ne saurait se compenser avec un droit indûment exigé sur le
même acte, mais tombant à la charge de l'être moral **(7)**.

7568. L'interruption applicable à l'un des droits perçus sur une disposition de l'acte ne s'étend
pas aux autres droits **(8)**.

CHAPITRE VINGT-NEUVIÈME.

ACTES PASSÉS A L'ÉTRANGER OU DANS LES COLONIES.

SOMMAIRE

7569. I. *Actes en conséquence.* Il ne peut être fait usage, en justice, d'aucun acte passé en pays
étranger ou dans les colonies, qu'il n'ait acquitté les mêmes droits que s'il avait été souscrit en France ;
il en est de même pour les mentions desdits actes dans des actes publics (*Loi 28 avril 1816, art. 58*).

7570. La contravention aux règles précédentes est punie d'une amende prononcée par l'art. 42 de
la loi du 22 frim. an 7 **(9)**.

7571. Il n'y a point à considérer si les actes mentionnés sont translatifs d'immeubles, c'est-à-dire
s'ils sont ou non assujettis à l'enregistrement dans un délai déterminé. Le notaire encourt l'amende dès
qu'il omet de faire enregistrer l'acte de l'étranger ou des colonies dans lesquelles l'enregistrement n'est
pas établi **(10)** ; — ou bien d'acquitter le supplément de droit exigible, d'après le tarif de la métropole,

---

(1) Cass., 7 août 1809; Seine, 17 fév. 1854; R. G., 9865; CONTRA,
Lyon, 8 mars 1861; R. P., 4584.
(2) Cass., 30 mars 1808; D. M. F., 30 août et 24 sept. 1808; Inst.,
424; Dalloz, 5618; Seine, 30 juin 1841; Bar-le-Duc, 12 août 1846;
R. G., 10001.
(3) Dél., 27 mars 1827; J. N., 6287 ; Cass., 6 fév. 1833, 30 janv.
1855; R. P., 314 et 578; Inst., 2033, § 8; J. N., 15425.
(4) Seine, 30 août 1854; R. G., 10002, § 2; J. N., 15413.
(5) Falaise, 18 janv. 1828; Cass., 17 nov. 1857; R. P., 973; CONTRA,
Sol., 10 juin 1832; R. G., *loc. cit.*; le Mans, 9 oct. 1862; R. P.,
1688.

(6) Sol., 26 avril 1828; Nantes, 19 janv. 1837; Dalloz, 5435.
(7) Cass., 14 mars 1860; R. P., 1209; J. N., 16817.
(8) Cass., 8 déc. 1856; Montpellier, 16 fév. 1862; R. P., 842
1684.
(9) Dél., 30 juin 1819; Seine, 26 avril 1842; Inst., 1703, § 2; Garnier, R. G., 798.
(10) Dél., 30 juin 1819; D. M. F., 4 mai 1825, 18 sept. 1832; Dél.,
16 mai 1846; Thionville, 17 mars 1841; R. G., 799, § 8; J. N.,
10954.

sur les actes des colonies où l'enregistrement est institué (1). Cette dernière conséquence a été appliquée plusieurs fois, notamment aux actes de l'Algérie (2).

7572. Le mot *acte* de la loi de 1816 comprend d'ailleurs les jugements (3) ; — mais les notaires ont la faculté de présenter ces actes ou jugements à la formalité en même temps que l'acte rédigé en conséquence (4).

7573. A l'égard des actes passés dans les pays réunis avant l'établissement de la formalité, ils peuvent être mentionnés sans acquitter de nouveaux droits quand ils sont en la forme authentique, ou lorsque, étant sous seing privé, ils ont acquis date certaine suivant les lois du pays, avant l'établissement de l'enregistrement dans le pays annexé (5).

7574. Si l'acte a été passé dans un pays, réuni autrefois à la France, mais après sa séparation ultérieure, ou avant la réunion momentanée de ce pays à la France, on le considère comme un acte de l'étranger et on le soumet aux règles indiquées ci-dessus (6).

7575. II. *Tarif.* L'art. 4 de la loi du 16 juin 1824 porte : Les actes translatifs de propriété, d'usufruit ou de jouissance, de biens immeubles situés soit en pays étranger, soit dans les colonies françaises où le droit d'enregistrement n'est pas établi, ne seront soumis, à raison de cette transmission, qu'au droit fixe de 10 fr. sans que, dans aucun cas, le droit fixe puisse excéder le droit proportionnel qui serait dû s'il s'agissait de biens situés en France.

7576. Quoique les termes de cette disposition soient spéciaux aux immeubles, la jurisprudence les a appliqués aux transmissions de meubles (7) ; — par exemple au transport d'une rente viagère payable en France, mais hypothéquée sur des biens étrangers (8) ; — à la vente d'arbres à couper dans une forêt située en pays étranger (9) ; — à une obligation de sommes hypothéquées sur des biens étrangers (10).

7577. Quant aux immeubles, le bénéfice du droit fixe est acquis à toutes les cessions qui les concernent et aussi bien à celles de l'usufruit ou de la jouissance, qu'à celle de la propriété (11). Mais le droit de 10 fr. n'est exigible que si le droit proportionnel s'élève au delà de ce chiffre, et une vente de 100 fr., par exemple, ne donnerait lieu qu'à 5 50 comme en France (12).

7578. Ce tarif spécial embrasse dans leur ensemble toutes les dispositions constitutives de la convention, c'est-à-dire l'obligation de payer le prix de même que celle de livrer la chose (13). — Toutefois les clauses indépendantes sont sujettes chacune au droit de 10 fr., par application de la loi du 22 frim. an 7. On l'a décidé notamment pour une adjudication par lots (14), et pour une vente dont le prix était payé au moyen d'un transport de créances sur un tiers (15).

7579. Quand la vente d'un immeuble, situé en France et à l'étranger, a été consenti moyennant un prix unique, il faut déclarer la portion qui se rapporte à l'immeuble de France afin que le droit proportionnel soit restreint à cette base (16) ; — mais ce principe n'a pas été adopté en matière de partage. Si cet acte comprend à la fois des biens situés en France et des biens situés à l'étranger, on procède comme si la masse indivise se composait seulement des biens français, et le droit de soulte est exigible à raison des inégalités dans la répartition de ces valeurs (17), — lors même que les biens étrangers seraient attribués à des héritiers étrangers et les biens français à des héritiers français (18), — ou que

---

(1) Inst., 4155, § 2 ; Dél.. 30 nov. 1822 et 8 oct. 1833 ; Seine, 26 avril 1843 ; Sol., 28 nov. 1843 ; le Mans, 4 avril 1851 ; J. N., 11749, 11896, 14476 ; R. G., 798-5, 887 ; Inst., 1703.
(2) Seine, 28 avril 1843 ; J. N., 11749 ; R. G., 708, § 6 ; Provins. 31 déc. 1863 ; R. P., 1868. V. Gaillac, 1er mars 1847 ; R. G., 798, § 6, en note.
(3) Seine, 27 août 1831 ; Cass., 8 août 1833, 14 avril 1834 ; R. G., 798, § 2.
(4) Loi 16 juin 1824, art. 13 ; D. M. F., 4 mai 1825 ; Dél., 30 nov. 1832, 8 oct. 1833 ; Sol., 30 mars 1825 ; D. M. F., 18 sept. 1832 ; J. N., 7905 ; R. G., 798, § 3.
(5) Cass., 2 brum. an 10, 29 brum. an 12, 8 frim. an 12, 10 prair. an 13, 12 janv. 1814 ; Dalloz, 3258 ; Garnier, R. G., 315 ; Cass., 28 déc. 1865 ; R. P., 2220.
(6) Dél., 10 oct. 1818 ; Cass., 16 mai 1830 ; Inst., 1336, § 1 ; D. G., 346 ; Dalloz, 3225, 3226.
(7) Cass., 21 avril 1828 ; J. N., 6567 et 6984 ; Inst., 1256, § 3 ; R. G., 889 ; contra, Champ. et Rig., 3791 3792 ; Dalloz, 3223.
(8) Sol., 31 août 1830 ; J. N., 7232 ; R. G., 899 ; Seine, 17 juin 1865 ; R. P., 2305.

(9) Sol., 17 mars et 30 oct. 1835 ; Dalloz, 3237 ; Inst., 1513, § 4 ; R. G., 892.
(10) Sol.. 7 mai 1851 ; J. N., 14365 ; Château-Thierry, 2 janv. 1864 ; R. P., 1702.
(11) Dél . 9 avril 1825 ; R. G., 898.
(12) Inst., 1136, § 4 ; R. G., 901.
(13) Champ. et Rig., 3787 ; Dél., 11 août 1821, 9 avril 1825 Seine. 13 mars 1833 ; Valenciennes, 21 fév. 1841 ; J. N., 5092, 11116 R. G., 903, § 3. V. cependant Sol., 25 juill. 1822 ; Champ. et Rig. 3787.
(14) Sol., 27 oct. 1836 ; R. G., 904, § 1.
(15) Seine, 6 janv. 1847 ; R. G., 904, § 3.
(16) Cass., 21 vent. an 10 ; Dalloz, 3241 ; Sol., 16 mars 1827 ; R. G., 905.
(17) Avesne, 3 juill. 1858 ; Cass., 8 déc. 1840. 3 avril 1844, 11 nov 1814 (chamb. réun.), 21 mars 1855, 15 déc. 1858 ; J. N., 10849, 14066, 12140 ; Inst., 1604, § 11, 1723, § 5 et 1732, § 6 ; R. G., 906 ; R. P., 395, 1007, 1132.
(18) Cass., 28 août 1848 ; J. N., 13530 Inst., 1825, § 10 ; R. G. 9051.

l'inégalité serait compensée avec des valeurs mobilières étrangères (1) non soumises à l'impôt en France (2).

7580. Les actes passés hors du territoire et relatifs à des biens français sont soumis au tarif ordinaire lors de leur enregistrement en France (3). S'ils portent transmission d'immeubles, ils doivent être enregistrés à peine du droit en sus, dans les délais spéciaux fixés, à raison des distances, par l'art. 22 de la loi du **22** frim. an 7 (4). Mais ces délais sont réduits à trois mois quand la convention est exécutée en France et se révèle par l'un des faits énoncés dans l'art. **12** de la loi du 22 frim. an 7 (5).

7581. Les actes passés en France, et translatifs de biens meubles et immeubles situés dans les colonies où l'enregistrement est établi, ne sont sujets qu'au droit fixe de 2 fr. (6). Il en est de même des actes passés dans ces colonies et présentés à l'enregistrement en France (7), sauf, néanmoins, la perception du supplément de droit exigible pour ramener le tarif de la colonie au même chiffre que celui de la métropole.

7582. Une loi du 30 avril 1836 a spécialement affranchi de l'enregistrement les titres et actes de tout genre produits par les colons de Saint-Domingue ou leurs créanciers pour justifier de leurs droits à l'indemnité de dépossession qui leur a été accordée (8). Cette règle s'applique aux procurations (9), aux actes de dépôt des titres (10) et aux cessions ou délégations consenties par le colon à son créancier de ses droits dans l'indemnité non encore liquidée (11). Mais elle ne s'étendrait point aux transports passés après la liquidation de cette indemnité (12).

7583. La loi de 1824 ne s'occupe que des actes translatifs de propriété et de jouissance de biens meubles et immeubles. D'où il suit que les autres actes passés à l'étranger et dont il est fait usage en France sont soumis aux droits ordinaires (13).

7584. Lorsque l'on requiert l'enregistrement d'un acte étranger non écrit en français, il faut y joindre une traduction certifiée par un traducteur juré et la relation est mise sur cette pièce, sauf au receveur à indiquer par une mention inscrite sur l'original que la formalité a été donnée à la traduction (14).

7585. III. *Algérie.* Les lois, décrets et ordonnances qui régissent en France les droits d'enregistrement, de greffe et d'hypothèque, ont été rendus exécutoires en Algérie. — Toutefois, il n'est perçu que la moitié des droits soit fixes, soit proportionnels, décime non compris, qui sont perçus en France, sans que néanmoins, dans aucun cas, le minimum du droit pour un même acte puisse être au-dessous de **25** centimes (*Ordonnance du 19 octobre* 1841).

7586. Les mutations de biens meubles ou immeubles, droits et créances, opérées par décès, ne sont assujetties, en Algérie, à aucun droit ni soumises à aucune déclaration (*Ordonnance du 19 oct. 1841, art.* 1).

7587. Les successions ouvertes en Algérie et comprenant des biens situés en France, doivent être déclarées en France au bureau de la situation des biens dans les deux ans à compter du décès (*Loi 22 frim. an 7, art.* **24**).

7588. IV. *Corse.* Le tarif des droits d'enregistrement a été modifié, pour l'île de Corse, par un arrêté du **21** prairial an 9 de la manière suivante :

7589. Les droits fixes et proportionnels établis par les art. 68 et 69 de la loi du **22** frim. an 7, pour les contrats de mariage et pour les donations faites en faveur du mariage par les mêmes contrats, ont été réduits à moitié (art. 2). — La valeur des immeubles transmis à titre gratuit, entre-vifs, ou par décès, est déterminée par la contribution foncière, considérée comme *le centième* du capital, sur lequel les droits de mutation doivent être liquidés (art. 3). — La peine du demi-droit en sus n'existe pas pour défaut de déclaration des successions dans le délai légal (art. 3). Le droit de 4 p. 0/0 fixé par l'art. 69, § 7, de la loi du **22** frim. an 7, pour les ventes, cessions et autres actes translatifs de propriété ou d'usufruit de biens

(1) Cass., 15 juin 1847; J. N., 13077; Inst., 1796, § 10.
(2) Garnier, 906, § 2.
(3) Sol., 28 août 1832; Dél., 28 nov. 1843; J. N., 11896; Inst., 1703; Cass. Belg., 6 avril 1843; Dalloz, 3240; Garnier, 908.
(4) Six mois pour l'Europe, un an pour l'Amérique, deux ans pour l'Asie ou l'Afrique.
(5) Garnier, 911, § 1.
(6) Uzès, 29 juill., 1836; Seine, 26 avril 1843; Dél., 28 nov. 1843; Inst., 1703, J. N., 9057, 9944 11339, 11577, 11749, 11896.
(7) Mêmes autorités.

(8) J N., 5655, Inst., 1490; R. G., 917.
(9) D. M. F., 1er juin 1827; Inst., 1248, § 7; R. G., 917, § 5.
(10) Périgueux, 25 mars 1830; Dél., 11 juin 1850; J. N., 7258.
(11) Garnier, R. G., 917, § 3.
(12) D. M. F., 17 avril 1828; Cass., 20 avril 1831; Inst., 1212, 1418; R. G., 917, § 3; J. N., 7150, 7427.
(13) Sol., 10 oct. 1818; Garnier, 881; Cass., 7 déc. 1807; Dél 3 nov. 1623; R. G., 882.
(14) D. M. F., 7 mars 1833; Inst., 1435, § 1; R. G., 883.

immeubles à titre onéreux, a été réduit à **2** p. 0/0. Mais à ce droit il faut ajouter celui de transcription à **1,50** 0/0 dans les cas prévus par les art. 52 et 54 de la loi du **28** avril **1816**.

CHAPITRE TRENTIÈME.

DES DROITS D'HYPOTHÈQUE

SOMMAIRE

SECTION 1re. — DISPOSITIONS GÉNÉRALES.

7590. Il est perçu, au profit du trésor, un droit pour l'inscription des créances hypothécaires et pour la transcription des actes emportant mutation de propriété immobilière, ou de nature à être transcrits pour un autre motif (*Lois 9 vend. an 7, art. 62; 21 ventôse an 7, art. 19 et 28 avril 1816, art. 54*).

7591. La perception de ces droits suit les sommes et valeurs de 20 fr. en 20 francs, exclusivement et sans fraction (*Loi 28 avril 1816, art. 60*). Hors les cas d'exception prononcés par la loi, ils sont payés d'avance par les requérants. Les conservateurs en donnent quittance au pied des actes et certificats par eux remis et délivrés : chaque somme y est mentionnée séparément et en toutes lettres (*Loi 21 ventôse an 7, art. 27*).

7592. Le conservateur ne peut rien rayer sur ses registres sous le prétexte que les droits de la formalité n'ont pas été acquittés (1). Mais si la formalité n'avait point encore eu lieu et que la remise des pièces fût seulement constatée par une mention au registre des dépôts, les parties seraient libres de les retirer pour ne pas payer les droits (1).

SECTION II. — DROITS D'INSCRIPTION.

7593. Le droit d'inscription des créances hypothécaires est de 1 fr. pour 1,000 fr. sans distinction des créances antérieures ou postérieures à la loi du 11 brumaire an 7 (*Loi 28 avril 1816, art. 60*).

7594. Il n'est payé qu'un seul droit d'inscription pour chaque créance, quel que soit d'ailleurs le nombre des créanciers requérants et celui des débiteurs grevés (*Loi 21 ventôse an 7, art. 21*) (2). — Si un créancier a plusieurs débiteurs non solidaires, ou si une dette unique profite à plusieurs créanciers non solidaires, il faut une inscription particulière par créancier ou par débiteur distinct, et chacune d'elles donne lieu à un droit spécial (3).

7595. S'il y a lieu à inscription d'une même créance dans plusieurs bureaux, le droit est acquitté en totalité dans le premier : il n'est payé, pour chacune des autres inscriptions, que le simple salaire du préposé, sur la représentation de la quittance constatant le payement entier du droit lors de la première inscription. En conséquence, le conservateur, dans le premier bureau, est tenu de délivrer à celui qui paye le droit, indépendamment de la quittance au pied du bordereau d'inscription, autant de duplicata de la quittance qu'il lui en sera demandé. Il est payé 25 centimes pour chaque duplicata outre le papier timbré (*Loi 21 ventôse an 7, art. 22; Décret 21 sept. 1810*).

7596. Le droit proportionnel n'est dû que sur le capital des créances et non sur les arrérages à échoir, qu'ils soient ou non liquidés par le bordereau. Si le bordereau désigne et liquide les arrérages échus, ils forment un accroissement de la créance et le droit est dû. Si ces arrérages échus sont réservés sans être liquidés, le droit est dû sur le montant de deux années. Enfin, si le bordereau de l'inscription prise plus de deux années après la date du titre fait mention de deux années d'intérêts sans indiquer si elles sont échues ou à échoir, ces deux années sont considérées comme échues pour la perception du droit (4).

7597. Lorsqu'au capital d'une créance on ajoute, dans le contrat, les intérêts à échoir pendant la durée de l'obligation, et que le débiteur prend l'engagement de rembourser le tout en vingt annuités égales, le droit de 1 p. 1000 est exigible sur la réunion de ces annuités (5).

7598. On doit distinguer également les frais qui forment créance de ceux de mise à exécution ultérieure, et, à défaut de mention spéciale, les considérer comme dus (6).

7599. S'il s'agit d'une rente viagère créée sans expression de capital, l'inscrivant doit l'évaluer (*C. N., 2143*). Lorsque le titre et le bordereau ont fixé le capital, il sert de base à la perception (7).

7600. L'inscription prise en vertu d'un bail et pour assurer le payement du fermage doit fixer la somme pour laquelle elle est prise et sur laquelle le droit est dû (8).

7601. Lorsqu'une inscription en modifie une précédente et augmente la durée de l'hypothèque, il est dû un nouveau droit (9). — Il en est ainsi de l'inscription relative à la même créance, mais frappant sur d'autres biens (10), spécialement de l'inscription prise par un cohéritier créancier d'une soulte de partage sur des biens chargés de la soulte pour en remplacer une autre prise mal à propos sur d'autres immeubles (11).

7602. Le droit est dû sur les inscriptions prises en renouvellement, même longtemps avant l'expiration de la période décennale. Le renouvellement prolonge la durée de l'hypothèque et cela suffit à l'exigibilité du droit (12).

7603. S'il s'opère une novation dans la dette sans réserve des hypothèques, celles-ci s'anéantissent

---

(1) Dél., 2 déc. 1831, 17 déc. 1844; J. N., 7658, 12218. Voy. D. M. F., citée au n° précédent.
(2) Dalloz, *Enreg.*, 5921; D. N., *Insc.*, n° 677.
(3) D. M. F., 16 floréal an 7; Dalloz, 5915.
(4) D. M. F., 10 sept. 1823; Inst., 1146; J. N., 4785; Sol., 28 déc. 1846; Dalloz, *loc. cit.*, 5919; CONTRA, Sol., 28 janv. 1867; R. P., 2434. Jugé que si les intérêts *échus* ne sont pas *liquidés* dans le bordereau, le droit n'est pas exigible; Corbeil, 7 août 1834; J. N., 1691.
(5) Dél., 4 nov. 1835; CONTRA, J. N., 9478.

(6) D. N., *Insc.*, 641.
(7) Sol., 27 juill. 1824; Inst., 1150; Délib., 11 juin 1833; Inst., 1437, § 16; Dalloz, 5922; D. N., *Insc.*, 663; J. N., 8118.
(8) D. M. F., 29 sept. 1820.
(9) D. M. F., 5 sept. 1809; Inst., 21 avril 1829.
(10) D. M. F., 29 juill. 1808, 28 déc. 1813; Inst., 316; D. N., *Insc.* 674; CONTRA, Dalloz, 5933.
(11) *Journal Enreg.*, art. 6204.
(12) Inst., 316, 374; Dalloz, 5931; D. N., *Insc.*, 675.

et l'inscription qui est requise pour les faire revivre motive une nouvelle perception (1). — C'est ce qui a lieu également pour l'inscription prise à la suite de la conversion d'une hypothèque spéciale en hypothèque générale ou réciproquement (2).

7694. Les déclarations de changement de domicile, de rectification ou de subrogation à faire en marge des inscriptions ne donnent lieu à aucun droit (3). Mais si une inscription est prise en conséquence sous la forme d'un renouvellement, le droit est dû (4).

7695. Il a été décidé, à ce sujet, que quand le cessionnaire d'une créance se borne à requérir la mention du transport en marge de l'inscription, le droit n'est pas dû quoique le transport renferme une prorogation de délai, parce qu'il n'y a pas novation de l'inscription (5).

7696. Les inscriptions d'offices prises ou renouvelées par le conservateur ou sur la réquisition formelle du vendeur après la transcription du contrat, sont dispensées du droit (6). — Mais il est exigible sur celle que le vendeur requiert avant la transcription de l'acte (7), ou qui s'applique soit à des créances distinctes du prix de vente (8), soit à d'autres immeubles que les biens vendus (9).

7697. Sont assujetties au droit les inscriptions prises par les agents et syndics contre les débiteurs du failli et celles prises contre le failli en vertu du jugement qui homologue le concordat. Si ce jugement dispensait de faire inscrire, l'inscription qui aurait été requise en vertu de l'art. 490 du Code de commerce continuerait de subsister et le droit deviendrait exigible sur le montant des créances liquidées (10). — Mais si le jugement homologatif du concordat n'a pas été transcrit au bureau des hypothèques, l'administration n'est pas fondée à réclamer le droit de 1 p. 1000 sur l'inscription provisoire prise au profit de la masse (11). — En tous cas, lorsqu'il y a eu un concordat, c'est la réunion des dividendes promis qui sert de base à la perception (12).

7698. L'inscription requise par le même bordereau, contre le débiteur et la caution, ne donne lieu qu'à un seul droit (*Loi 27 ventôse an 9, art. 21*). Mais l'inscription prise séparément et postérieurement contre la caution doit un nouveau droit (13).

7699. L'inscription indéfinie, qui a pour objet la conservation d'un simple droit d'hypothèque éventuelle, sans existence actuelle, n'est point sujette au droit proportionnel (*Loi 6 messidor an 7, art. 1*). Telle est notamment l'inscription relative à une ouverture de crédit (14), ou celle qui se rapporte à une hypothèque légale dont les effets sont retardés jusqu'à la fin de la tutelle, de la communauté, etc.

7610. Mais lorsque le droit éventuel se convertit en créance certaine, le droit proportionnel devient exigible (*Loi 6 messidor an 7, art. 2*) (15) et peut être réclamé pendant trente ans (16).

7611. Cette réalisation résulte de tous actes ou déclarations opposables aux parties. Ainsi, les droits des inscriptions prises pour conserver les hypothèques légales et indéterminées des femmes, des mineurs, des interdits, du trésor et des établissements publics sont dus : 1° lorsque le tuteur est constitué reliquataire par un compte rendu à l'amiable ou en justice, ou qu'il a aliéné les biens des mineurs sans les formalités prescrites ; 2° lorsque la femme, au décès du mari ou après séparation, a fait liquider le montant de ce qui lui est dû ; 3° lorsque le débet des comptables est fixé (17).

7612. Le droit est également exigible sur le montant des sommes dont les héritiers, devenus majeurs, donnent quittance aux acquéreurs des biens de la communauté, du consentement de leur père qui a rendu son compte de tutelle, avec subrogation à leur hypothèque légale précédemment inscrite. La réunion de ces circonstances et les énonciations faites justifient que la somme reçue dérive des causes de l'inscription (18).

7613. De même encore, le jugement qui, en ordonnant l'exécution des ventes des biens dotaux de

(1) Inst., 505 ; Dalloz, 5930.
(2) D. M. F., 21 janv. 1811 ; Dalloz, 5532.
(3) Circul., 1539 ; D. N., *Insc.*, 671.
(4) D. M. F., 28 pluv. an 9 ; D. N., *Insc.*, 672.
(5) Dél., 31 juill. 1824 ; J. N., 4819.
(6) Circul., 1539, 1653 ; Inst., 374 ; Dalloz, 5935.
(7) D. M. F., 31 juill. 1810 ; Inst., 457 ; Dalloz, 5937 ; D. N., 704.
(8) Dél., 5 prairial an 8.
(9) Dél., 21 fév. et 7 mars 1837.
(10) Inst., 409.

(11) Strasbourg, 4 juin 1832 ; Seine, 7 juill. et 28 déc. 1853 ; Dalloz, 5938 ; D. N., 709.
(12) Dalloz, 5938.
(13) D. M. F., 28 déc. 1813 ; contra, Dalloz, 5929 ; D. N., *Insc.*, 670.
(14) Dél., 24 sept. et 11 déc. 1832 ; Marseille, 7 mars 1839 ; Arras, 17 déc. 1816 ; J. N., 7897, 7951, 12328 ; D. N., 645.
(15) Cass., 12 janvier 1817.
(16) Dél., 25 mai 1844 ; Tours, 22 août 1843 ; Seine, 13 janv. 1841, 26 janv. 1860 ; J. N., 12827, 16828 ; Seine, 5 mai 1856 ; R. P. 2354.
(17) Inst., 374. V. Sol., 25 oct. 1867 ; R. P., 2570.
(18) Inst., 1189, § 11, D. N., *Insc.*, 701.

la femme consenties par le mari, liquide les reprises de la femme, constitue une créance actuelle et déterminée dont l'inscription est sujette au droit proportionnel (1). — Quant aux inscriptions d'hypothèques légales résultant de la dot constituée en argent ou en valeurs mobilières estimées, le droit devient exigible par le décès de l'un des époux ou la séparation (2).

7614. En tout cas, l'enregistrement d'aucune transaction ou quittance de payement de la créance ne peut être requis avant que le droit d'inscription n'ait été acquitté (*Loi 6 messidor an 7, art. 5*). Le conservateur doit également se faire justifier de cet acquit avant de rayer l'inscription (3).

7615. Lorsque, dans les cas prévus par l'art. 9 de la loi du 23 mars 1855, pour la subrogation à l'hypothèque légale de la femme, il est pris une inscription distincte au profit du subrogé, il n'est pas dû de droit sur cette inscription qui ne change pas la nature incertaine de l'hypothèque (4).

7616. On considère comme éventuelles les inscriptions prises par un acquéreur pour la garantie de la restitution du prix en cas d'éviction (5) et par un cohéritier contre un cohéritier pour la garantie du payement des dettes dont il s'était chargé à forfait (6). — Mais le droit est immédiatement exigible sur l'inscription requise par un cohéritier pour conserver son privilège sur le prix de la licitation des biens indivis (7).

7617. L'inscription des hypothèques légales est faite sans avance des droits et salaires. Le conservateur en suit le payement contre le débiteur (*C. N., 2155*), dans les formes établies pour le recouvrement du droit d'enregistrement.

7618. L'inscription des créances appartenant à l'État est faite avec le payement des droits, mais sans avance des salaires du conservateur. — Lorsque les comptables fournissent des cautionnements en immeubles, l'inscription n'a lieu que jusqu'à concurrence de la valeur du cautionnement. Elle est indéfinie (*Loi 6 messidor an 7, art. 4 et 5*). Les comptables n'acquittent le droit de 1 p. 1000 qu'au moment où la créance cesse d'être indéterminée (8).

7619. L'inscription prise au nom de l'État contre un adjudicataire de travaux a le même caractère d'incertitude. Le droit n'est dû que quand la créance se réalise, et on le liquide sur le montant de cette créance, quoique la somme exprimée au bordereau soit supérieure (9).

7620. Quelques inscriptions sont passibles du droit fixe de 1 fr. Ce sont, 1° celles qui sont prises pour transporter sur des biens ruraux l'hypothèque dont étaient grevées des maisons appartenant aux hospices de Paris et vendues selon le décret du 27 février 1811 (10); 2° les formalités hypothécaires concernant le desséchement des marais et autres travaux publics (11).

7621. D'autres sont même dispensées de tous droits. Telles sont 1° les inscriptions d'office, *supra* n° 7606; 2° celles qui concernent les associations ouvrières (12); 3° celles requises par les agents et syndics d'une faillite en vertu de l'art. 490 C. comm., lorsque l'effet ne se prolonge pas au delà du jugement homologatif du concordat; 4° celle qui ne serait prise que pour rectifier une erreur dans les noms du grevé ou du créancier (13); ou toute autre erreur provenant du conservateur (14) ou des parties (15); 5° ou pour déclarer que celle prise précédemment était en renouvellement (16); 6° enfin, celle prise par les titulaires de donations sur les biens des débiteurs de rentes et redevances, et les renouvellements que les conservateurs sont tenus de faire des mêmes inscriptions (17).

SECTION III. — DROITS DE TRANSCRIPTION.

7622. Le droit sur la transcription des actes emportant mutation de propriétés immobilières est de 1 50 du prix intégral des mutations, suivant qu'il a été réglé à l'enregistrement (*L. 9 vend. an 6 art. 62, et 21 vent. an 7, art. 25*). — Les actes translatifs de propriété ou d'usufruit de biens immeubles à titre onéreux, qui sont assujettis au droit de 5 50 p. 100 par l'art. 52 de la loi du 28 avril 1816, ne sont soumis,

(1) Limoges, 5 déc. 1840; J. N., 10978.
(2) Inst., 374.
(3) Dél., 7-14 mars 1837; D. M. F., 8 sept. 1828.
(4) D. N., *Insc.*, 692.
(5) D. M. F., 31 juillet 1810; Inst., 487; 22 mai 1833; Dalloz, 5932.
(6) Cass., 23 août 1830; Inst., 1347, § 14; J. N., 7291.
(7) Dél., 23 août 1880; J. N., 14136.
(8) Inst., 350.
(9) D. M. F., 19 janv. 1834.

(10) D. N., *Insc.*, 082.
(11) Loi, 16 sept. 1807; Inst., 464; D. N., *Insc.*, 682.
(12) Loi, 15 nov. 1843, art. 1; Inst., 1826, § 1.
(13) D. M. F., 13 mai 1806; J. N., 2275.
(14) D. N., *Insc.*, 713.
(15) Dél., 4 juin 1812; J. N., 277
(16) Dél., 21 fév. 1819; J. N., 2827.
(17) Décret, 29 déc. 1812.

lors de la formalité de la transcription, qu'au droit fixe de 1 fr. outre le salaire du conservateur étant de 50 c. par rôle de 30 lignes à la page et 18 syllabes à la ligne (*Loi 28 avril 1816, art. 61, et décret, 9 juin 1866*). — Enfin, d'après l'art. 12 de la loi du 23 mars 1855, la transcription des actes ou jugements qui n'étaient pas soumis à cette formalité antérieurement, a lieu moyennant le droit fixe de 1 fr.

7623. Comme le droit de transcription pour les mutations d'immeubles à titre gratuit est payé en même temps que celui d'enregistrement, leur transcription ne donne lieu qu'au droit fixe. Cependant le droit proportionnel n'étant pas perçu lors de l'enregistrement des partages anticipés faits conformément aux art. 1075 et 1076 C. N., il devient exigible lors de la transcription effective de ces contrats. (*Loi 16 juin 1824, art. 5*).

7624. Lorsque le même acte est transcrit dans plusieurs bureaux, le droit est acquitté comme celui des inscriptions dans le même cas, *supra* n° 7595. Il est perçu, dans le premier (1), encore bien qu'une partie seulement des immeubles y soit située (2).

7625. La transcription d'une vente en détail donne lieu à autant de droits fixes qu'il y a d'acquéreurs non solidaires (3). Mais il n'est dû qu'un seul droit pour la transcription des différents lots adjugés au même individu (4). C'est également ce qu'on décide pour la transcription d'une vente faite moyennant un prix unique par plusieurs personnes agissant conjointement (5).

7626. Dans les contrats dont les dispositions sont liées entre elles, la transcription ne peut être requise que pour l'acte entier, et il n'est dû, par conséquent, qu'un seul droit. Tel est notamment le contrat de mariage (6) et l'acte d'échange (7).

7627. En général, la transcription est une formalité indivisible qui s'applique à l'acte dans son entier et ne saurait être restreinte à telle ou telle partie du contrat. Cependant, lorsque ce contrat renferme des dispositions indépendantes les unes des autres, telles, par exemple, que les divers lots d'une vente en détail ou d'un partage anticipé, chaque disposition peut être séparément présentée à la transcription. Mais il faut alors remettre au conservateur une copie *parte in quâ*, et non pas seulement un extrait analytique de l'acte (8).

7628. Le conservateur est un agent passif chargé d'exécuter les réquisitions qu'on lui remet, sans pouvoir ni en discuter l'opportunité, ni en retarder l'accomplissement ; il doit donc transcrire les actes tels qu'on les lui présente ; et comme le droit de 1 50 p. 0/0 est le salaire de la formalité ce droit devient, par cela même, exigible, quelle que soit d'ailleurs l'utilité de la transcription. — C'est ce que la jurisprudence a décidé au sujet : 1° de simples promesses de vente sans effet translatif actuel (9) ; 2° de partages faits sans soulte (10) ; 3° d'apports immobiliers en société (11) ; 4° de transactions ne renfermant aucune mutation (12) ; 5° d'un acte de retrait successoral (13) ; 6° d'une donation sous condition de survie encore en suspens (14).

7629. Mais le conservateur peut et doit examiner les termes de la réquisition qui lui est faite, afin de savoir si elle s'adresse à l'acte entier, ou à une seule de ses parties. Si l'acte présenté à la transcription contient à la fois une transmission de meubles et d'immeubles, il y a lieu d'admettre que la formalité n'est requise que pour les immeubles (15). De même lorsqu'on soumet à la transcription un partage testamentaire qui grève de restitution la quotité disponible d'un lot et comprend un autre lot légué par préciput, le droit de transcription n'est dû que sur la partie substituée du lot et non sur le préciput (16). Dans les hypothèses semblables, le conservateur doit exiger des parties une réquisition limitative clairement conçue (17).

7630. Le droit proportionnel de transcription se liquide sur un capital déterminé conformément aux lois sur le droit d'enregistrement. S'il se rapporte à un partage anticipé, c'est au receveur qu'il appartient exclusivement de provoquer l'expertise du revenu des immeubles donnés ; le conservateur n'a pas

(1) Cass., 2 juin 1863 ; R. P., 1806.
(2) Dél., 19 mars 1825.
(3) D. M. F., 18 mai 1821 ; Inst., 980 et suiv., 13 sept 1861, Inst., 2210, § 2 ; J. N., 17340.
(4) Dél., 16 juill. 1849.
(5) Sol., 28 mai 1861 ; R. P., 1131.
(6) Sol., 7 juillet 1824, Inst., 1150, § 15 ; J. N., 4952.
(7) Sol., 10 mars 1832 ; J. N., 7749. Voy. Cass., 15 fév. 1813.
(8) Inst., 1569. Voyez D. N., *Transc.*, 189 et suiv.
(9) Seine, 22 juin et 28 nov. 1861, 24 mai 1862 ; R. P., 1392, 1599 ; J. N., 17177, 17905 ; D. N., *Transc.*, 78.

(10) Cass., 9 août 1860, 2 juin 1863, 10 juill. 1865 ; Périgueux 27 août 1865 ; R. P., 1806, 2140, 2328 ; J. N., 16919 ; Cass., 24 mars 1868.
(11) Cass., 10 déc. 1843, 28 mai 1845, 13 avril 1847, 26 mars 1849, 24 avril 1850, 24 déc. 1852, 27 juill. 1863 ; R. G., 11262 ; R. P., 1817.
(12) Cass., 20 mai 1863 ; R. P., 1801.
(13) Pont-l'Évêque, 10 janv. 1867 ; J. N., 18718 ; R. P., 2591.
(14) Cass., 5 nov. 1867 ; J. N., 19142 ; R. P., 2559.
(15) Cass., 24 juill. 1863, 6 déc. 1861 ; R. P., 1917, 2022.
(16) Senlis, 12 juin 1839 ; Sol., 15 juin 1838.
(17) Inst. 2321.

d'initiative à cet égard, il se borne à faire acquitter le supplément de droit exigible sur le capital complémentaire établi par l'expertise (1). — Mais lorsqu'il s'agit d'évaluations faites pour le droit de transcription seul, la jurisprudence décide virtuellement que le conservateur peut les contrôler par l'expertise (2).

7631. Le droit de transcription est *solidairement* dû par les parties qui profitent de la formalité et non pas par le requérant seul (3). — Si l'acte a été déposé par erreur, le conservateur qui a donné la formalité peut recourir, pour le payement des droits, contre la personne qui a fait faire le dépôt (4), *supra, n° 7592.*

7632. N'est sujette qu'au droit fixe la transcription ordonnée par la loi du 16 septembre 1807 sur le desséchement des marais (5) ; celle d'un acte n'emportant pas cession d'immeubles, comme une donation éventuelle (6) ; celle d'une ratification ou de tout acte de complément (7).

7633. On transcrit gratis : 1° les actes d'acquisitions faites par l'État (*Loi 10 sept. 1792, art. 10*) ; 2° les échanges de biens dépendant du domaine de l'État ou du domaine de la couronne (*Décret 11 juill. 1812, art. 7; ordonn. royale, 12 déc. 1827, art. 8*) ; 3° les actes concernant l'expropriation pour cause d'utilité publique (*Loi 3 mai 1841, art. 58*) ; 4° les contrats transcrits par erreur dans un autre bureau que celui de la situation des biens (8).

7634. Nous n'avons pas à revenir ici sur l'exigibilité et la liquidation du droit proportionnel de 1 fr. 50 c à percevoir *lors de l'enregistrement* sur les actes de nature à être transcrits. Cette matière a reçu les développements nécessaires dans le cours du présent travail, lorsque nous avons examiné la perception des droits d'enregistrement applicables à chaque contrat.

---

(1) Inst., 433, § 3, 1537, § 2 , contra, D. N., *Transc.*, 103.
(2) Cass., 2 juin 1863 ; R. P., 1805.
(3) Cass., 10 juill., 1865; R. P., 2140.
(4) Vesoul, 21 nov. 1855; J. N., 15749; D. N. *Hyp.*, 670, et *Transc.*
111; Périgueux, 27 août 1865; R. P. 2329.

(5) Inst., 464.
(6) Dél., 1er mai 1822 ; Mayenne, 14 mai 1834.
(7) Sol., 23 juill., 1862; R. P., 1723; J. N., 17540.
(8) Dél., 28 sept. 1809.

QUATRIÈME PARTIE

DE LA RESPONSABILITÉ DES NOTAIRES

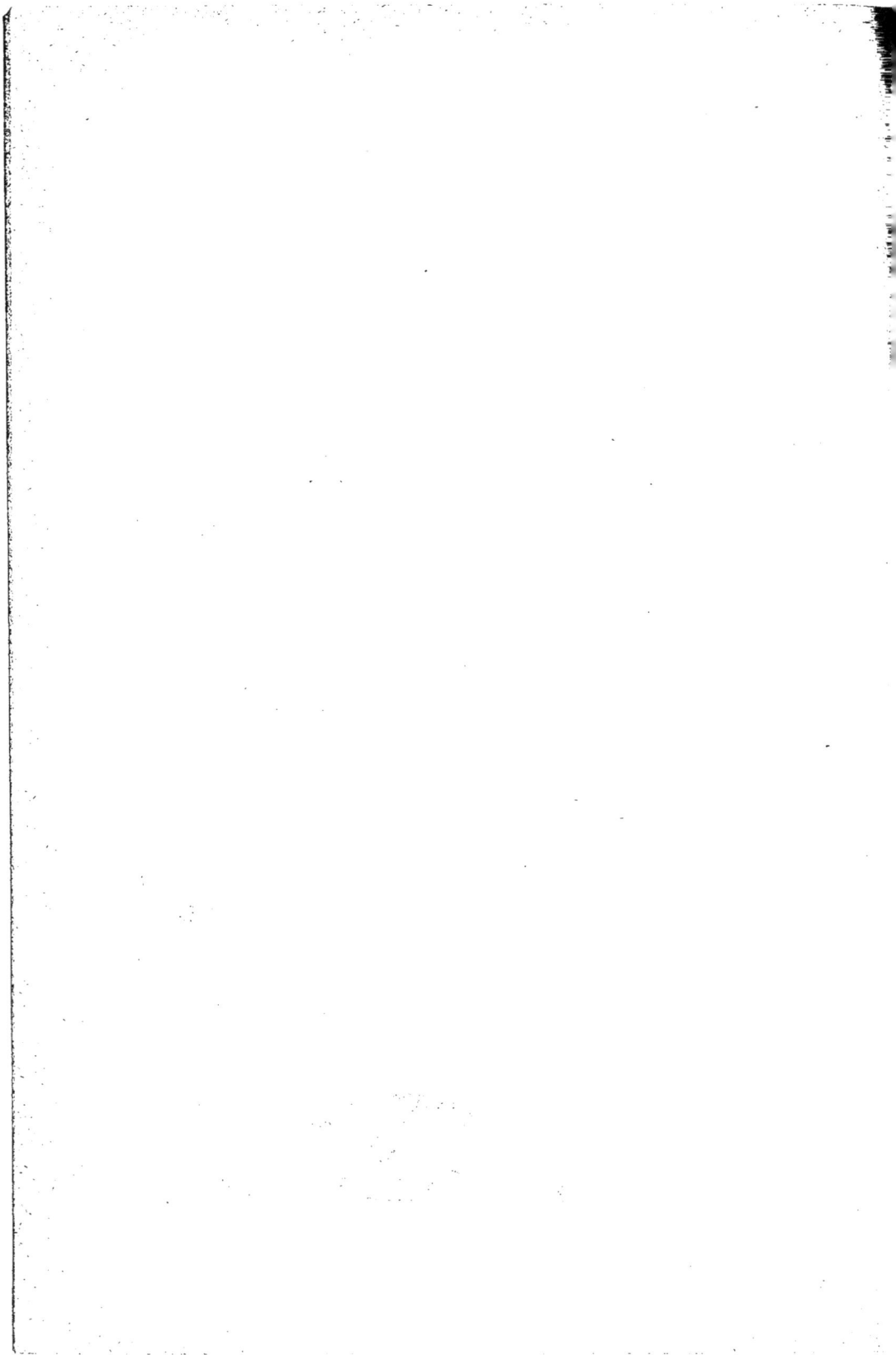

DE LA RESPONSABILITÉ DES NOTAIRES.

CHAPITRE PREMIER.

PRINCIPES GÉNÉRAUX.

7635. Les notaires ne doivent pas être considérés comme étant les simples rédacteurs des actes et contrats, *supra n° 22*; ils sont aussi les guides et les conseillers de ceux qui recourent à leur ministère; et à ce titre ils peuvent encourir une responsabilité (1); ils sont passibles de dommages-intérêts pour faute lourde, négligence, impéritie, etc.

---

(1) Voir Roll., *Resp. des not.*, n°s 2 à 10; Dict. not., *ibid.*, n°s 1 à 10; Ferrière, *Parf. not.*, liv. 1, chap. 17; Jousse, *Just. civ.*, II, p. 404; | Pont, *Rev. crit.*, VII, p. 52; Éloy, *De 'a Resp. des not.*; Orléans 20 juill. 1867; *Journ. du N.*, 1867, p. 268.

7636. Le principe de la responsabilité notariale prend sa source dans l'art. 68 de la loi du 25 vent. an 11; après avoir énuméré les contraventions qui entrainent la nullité des actes, cet article ajoute : « sauf, *s'il y a lieu*, les dommages-intérêts contre le notaire contrevenant. » (Voir aussi *Loi 6 oct. 1791*, *titre 1, sect. 2, art. 16.)*

7637. Mais un arrêt ayant jugé que les parties étaient solidaires pour le payement des frais d'un acte, le notaire étant réputé leur mandataire (1), on en a pris texte pour décider que les notaires sont les mandataires légaux des parties qui recourent à leur ministère, et sont responsables dans tous les cas où le serait un mandataire. Nous ne saurions admettre cette interprétation : les notaires, selon l'esprit de la loi organisatrice, sont des *fonctionnaires publics*, comme tels ils ont une délégation du pouvoir souverain pour les attributions de leur ministère, et pas plus que les ministres, les préfets ou les magistrats, ils ne sont des mandataires légaux (2).

7638. L'on ne saurait voir non plus le principe de l'action en responsabilité dans les art. 1382 et 1383 C. N., *supra, n° 5522*; ces articles, qui ont plus particulièrement trait aux dommages purement matériels, et non à ceux résultant de travaux qui sont du ressort de l'intelligence, n'ont pu abroger le droit spécial relatif au notariat (3).

7639. Toutefois la jurisprudence est souvent sortie du cercle tracé par l'art. 68 de la loi de ventôse pour s'en référer au principe général édicté par les art. 1382 et 1383, et si une faute est imputable à un notaire, en dehors des cas de nullité prévus par l'art. 68, elle l'en rend responsable *s'il y a lieu* en combinant l'art. 68 de la loi de ventôse avec les art. 1382 et 1383 C. N. (4).

7640. Il appartient aussi aux magistrats d'apprécier si le notaire ne s'est pas constitué volontairement mandataire des parties, ou leur *negotiorum gestor*, et d'examiner la part de responsabilité qui lui incombe.

7641. En tous cas, les tribunaux apprécient le degré de la faute et décident, d'après les fautes et les circonstances, si l'action en responsabilité est admissible ou non (5).

7642. Nous rappellerons ici une observation que nous avons déjà faite plusieurs fois dans le cours de cet ouvrage, *supra, n°* 2117, 2488, c'est, lorsqu'une formalité utile à remplir pour le complément d'un acte ne doit pas être remplie à la demande formelle des parties, de le constater pour la décharge du notaire par une déclaration contenue dans l'acte même.

CHAPITRE DEUXIÈME.

DES CAS DANS LESQUELS IL Y A LIEU A RESPONSABILITÉ.

7643. I. *Infraction aux obligations des notaires, à leurs devoirs moraux, et aux prohibitions qui leur sont faites*. Les notaires étant institués pour recevoir les actes et contrats, *supra, n° 22*, manquent à leur devoir s'ils ne se conforment pas aux règles tracées par la loi pour leur validité; par exemple : s'ils mettent au rang de leurs minutes des actes qui ont été rédigés et signés par les parties hors de leur présence (6).

7644. Ils manquent aussi à leurs devoirs en ne prêtant pas leur ministère lorsqu'ils en sont requis, *supra, n° 24*, et ils s'exposent aux dommages-intérêts des parties (7); il en est de même, s'ils apportent dans l'exercice de leur ministère une négligence préjudiciable aux parties (8), spécialement s'ils ne délivrent pas en temps utile les grosses de leurs actes (9). La négligence doit, toutefois, pour engager

---

(1) Cass., 27 janv. 1812, *supra n° 68*. V. aussi Troplong, *Mandat*, n° 217.

(2) Voir Pont. *Petits contrats*, titre du mandat.

(3) Pagès, p. 11; Dict., not., *Resp. des not.*, n° 7; Pont, *Petits contrats*, du mandat. V. aussi Marcadé, *1582*, 671; Cass., 27 nov. 1837; contra, Eloy, n° 13 et suiv.

(4) Voir Éloy, n° 14 à 21; Amiens, 24 juill. 1823; Paris, 29 janv. 1817; Cass., 1er juin 1810, 20 janv. 1852, 7 et 12 nov. 1866; Rennes, 10 mars 1841; Riom, 11 janv. 1859; Colmar, 16 août 1864; Lyon, 8 fév. 1867; J. N., 11071, 12951, 14001, 16536, 18419, 18634, 18615, 18798.

(5) Roll., *Resp. des not.*, n° 9, 10; Éloy, n° 26 à 30; Grenier

Dom. n° 232; Rouen, 7 juin 1809; Riom, 10 janv. 1810; Grenoble, 16 août 1810; Colmar, 16 mars 1813; Paris, 16 mars 1830, 27 août 1852; Lyon, 18 janv. 1832; Cass., 14 mai 1822, 27 nov. 1837, 27 mars 1839, 19 juill. 1851, 6 fév. 1855; Jur. N., 3899, 9908, 10515, 10551.

(6) Éloy, n° 77, 586, 671; Boll., *Resp. des not.*, n° 14; Dict. not., *ibid.*, n° 51; Cass., 1er juin 1810; J. N., 10653.

(7) Pagès, p. 57; Roll., n° 15 à 18; Dict. not., n° 28.

(8) Éloy, n° 54, 205; Riom. 28 fév. 1825; Paris. 12 déc. 1836; Limoges, 4 juin 1840; Trib. Seine. 8 juin 1852; Trib. Montargis, 11 janv. 1858; J. N., 9537. 14708.

(9) Éloy, n° 54; Paris, 29 juin 1852.

leur responsabilité, être assez grave pour constituer une faute lourde (1) ; elle peut s'établir par toute espèce de preuves, même par la preuve testimoniale (2).

7645. Le notaire doit des dommages-intérêts aux parties, lorsque l'acte est nul pour incompétence, empêchement ou inaccomplissement des devoirs qui lui sont imposés : — s'il instrumente hors de son ressort, *supra n° 30* ; — s'il reçoit un acte dans lequel figurent ses parents ou alliés au degré prohibé, ou dans lequel il pouvait être lui-même considéré comme partie, *supra n° 295*, ou qui contient des dispositions à son profit ou au profit de ses parents ou alliés au degré prohibé (3) ; — s'il ne s'est pas conformé aux dispositions de la loi touchant la capacité des témoins instrumentaires, ou la défense de prendre pour témoins des individus ayant intérêt à l'acte, qui soient parents ou alliés des parties ou du notaire, ou ses clercs, ses serviteurs, *supra n° 298* ; — s'il est suspendu ou destitué (4) ; — s'il ne se fait pas certifier l'individualité d'une partie qui lui est inconnue (5), *supra n° 346, 349, 350* ; — s'il prête son ministère pour un acte frauduleux (6).

7646. Le notaire est le confident de ses clients, le dépositaire de *leurs secrets les plus intimes*, en même temps que leur conseil nécessaire. Il doit les conseiller, les éclairer sur ce qu'ils ont à faire, veiller à la conservation de leurs droits. Par conséquent, suivant une jurisprudence que nous avons rapportée *supra n° 7639*, outre les devoirs légaux dont il vient d'être parlé, les notaires sont soumis à des devoirs moraux ; c'est ainsi qu'ils doivent s'assurer que la bonne foi préside aux conventions qu'ils sont chargés de réaliser et avertir les parties des vices qui peuvent exister dans leurs conventions (7).

7647. Lorsque le notaire donne à son client un conseil, ou l'éclaire sur l'efficacité d'un acte, il n'encourt aucune responsabilité pour le préjudice souffert, si le conseil a été donné de bonne foi, rien n'obligeant le client à le suivre (8). Il en est autrement si le conseil a été donné de mauvaise foi ou par une faute lourde (9), ou s'il a été accompagné de la promesse de garantie du notaire (10), ou encore, selon quelques arrêts, si en donnant le conseil, le notaire a agi comme mandataire salarié de son client (11).

7648. La responsabilité est plus sévèrement appliquée si les clients sont inexpérimentés. Ainsi jugé qu'un notaire est responsable si, ayant reçu un acte d'emprunt hypothécaire, il a laissé le prêteur, simple artisan, prendre inscription de l'hypothèque, sans le prévenir du danger auquel il s'exposait (12) ; — si, lors d'une vente d'immeubles, il n'a pas averti suffisamment son client sur les conséquences d'une stipulation par la suite de laquelle il était tenu de payer les fractions de son prix d'acquisition sans pouvoir exiger les mainlevées d'inscriptions hypothécaires en proportion des payements qu'il ferait (13) ; — si, recevant un acte constitutif d'hypothèque, il ne fait pas un examen suffisant des titres de propriété des biens hypothéqués (14).

7649. II. *Nullité d'actes.* L'acte annulé pour un vice de forme résultant du fait de la partie aussi bien que du notaire, ne donne pas lieu à l'action en responsabilité (15) ; il en est ainsi dans le cas où la partie a sciemment participé à l'irrégularité (16). Mais si la nullité dépend du fait seul du notaire, qui, ayant le choix entre deux formes, a pris celle qui est contraire aux habitudes de la pratique et à la jurisprudence constante, il commet une faute dont il est responsable (17).

7650. Si un acte est nul pour omission des formalités intrinsèques, par exemple, pour l'incapacité de l'une des parties, le notaire n'en est pas responsable, c'est aux contractants ce s'assurer de la capacité de ceux avec qui ils traitent ; l'obligation imposée aux notaires de faire certifier l'individualité

(1) Trib. Seine, 8 juin 1852 ; J. N., 14708.
(2) Éloy, n° 54 ; Limoges, 4 juin 1840 ; J. N., 10741.
(3) Éloy, n° 206.
(4) Éloy, n° 526.
(5) Éloy, n°° 346 et suiv.; Amiens, 24 juill. 1823 ; Paris, 29 janv. 1847 ; Cass., 20 janv. 1852 ; Riom, 11 janv. 1859 ; J. N., 12951, 14601, 16536.
(6) Roll., n° 37.
(7) Éloy, n° 133 : Cass., 22 déc. 1840.
(8) Troplong, *Mandat*, n° 16 ; Pont, *Rev. crit.*, VII, p. 61 ; Éloy, n°° 436, 738 ; Roll., n° 31 , Dict., not., n° 280 ; Paris, 22 mai, 16 août 1832, 24 janv., 13 mai 1833 ; Cass., 22 déc. 1840 ; Caen, 8 fév. 1857 ; Lyon, 10 juill. 1856, 19 janv. 1856 ; J. N., 78/3, 7828, 7963, 8153, 10070 ; Jur. N., 4910, 10873, 11008, 13061. Voir aussi Cass 1er août 1856 ; Journ. du Not. 1866, p. 306. V. cependant Rouen, 14 mai 1844 ; Jur. N., 8004.
(9) Troplong, *loc. cit.* ; Roll., n° 33 ; Éloy, n° 133 ; Nancy, 2 fév.

1838 ; Paris, 21 janv. 1845 ; Cass., 28 nov. 1853, 2 août et 29 déc. 1847 ; Trib. Seine, 8 juin 1852, 5 mars 1860 ; Orléans, 20 juill. 1867 ; J. N. 12395, 14708, 19034; Jur. N.,7032, 8005, 8437.
(10) Éloy n° 439 ; Bordeaux, 9 déc. 1844 ; Trib. Seine, 31 janv. 1853 ; J. N., 11290, 15559.
(11) Cass., 28 nov. 1843, 14 janv. 1856 ; J. N. 15843. V. Trib. Lorient, 30 août 1819 ; J. N., 13903.
(12) Paris, 21 mai 1851 ; Jur. N., 9229.
(13) Éloy, n° 759 ; Rouen, 17 déc. 1860 ; Jur. N., 11894.
(14) Cass., 27 mai 1857.
(15) Bourges, 28 août 1832, 20 nov. 1844 ; J. N., 8635 ; Jur. N., 263, 6059.
(16) Éloy, n° 53 ; Cass., 28 juill. 1856 ; J. N. 15915.
(17) Roll., n°° 46 à 49 ; Cass., 12 avril 1843 ; Trib. Châtellerault, 17 avril 1846 ; Poitiers, 30 juin 1847 ; J. N., 11619, 12877, 13058.

des parties, lorsqu'elle ne leur est pas connue, ne s'étend pas à celle de vérifier leur capacité (1). On l'a ainsi dédidé : — 1° pour un transport déclaré nul pour l'incapacité du cédant (2) ; — 2° pour une obligation consentie par une femme mariée sous le régime dotal, sans l'indication de ce régime, surtout lorsqu'il devait être réputé connu du prêteur (3) ; — 3° pour un payement fait à une femme dotale, lorsque l'emploi prescrit par son contrat n'a pas été effectué (4) ; cependant le contraire a été jugé à l'égard de la vente d'un bien dotal (5) ; — 4° pour le payement du prix d'une vente, lorsqu'elle n'avait pas été consenti par tous les propriétaires (6) ; — 5° pour la vente de biens d'un mineur faite sans l'observation des formes prescrites par la loi, si l'on s'est porté fort pour lui (7) ; — 6° pour la minorité de l'une des parties, s'il n'y a pas eu faute lourde de la part du notaire (8) ; — 7° pour un acte fait par une femme mariée sans l'autorisation de son mari, surtout s'il résulte des circonstances que la partie a été mise à même d'apprécier la portée de cet acte (9) ; il en est ainsi, à plus forte raison, pour un acte fait par une femme séparée de biens, qui excède ses pouvoirs d'administration, une cession d'antériorité par exemple (10).

7651. Ainsi encore, le notaire, tant qu'il ne s'est pas constitué le mandataire des parties, n'est pas responsable pour le défaut d'interpellation dans un contrat de vente sur l'état civil du vendeur, ni de l'omission de sa déclaration à ce sujet (11). Il n'est pas responsable non plus de la nullité d'une donation causée par le vice de forme de la procuration en vertu de laquelle elle a été acceptée (12), à moins qu'il ne soit reconnu que le notaire était mandataire des parties (13) ; — ni de la nullité d'une dispense de signification d'un transport, consentie par le débiteur dans un acte sous seing privé, lorsqu'il avait été dispensé par les parties de faire faire une signification régulière, et que cet acte avait été écrit dans son étude, en dehors de lui et sans le consulter (14) ; — ni de la constitution d'hypothèque non suffisamment spéciale lorsqu'elle est plutôt le fait de la partie que celui du notaire (15).

7652. Mais la règle cesse d'être applicable lorsqu'il y a faute lourde imputable au notaire, ignorance grossière (16) des premières règles qui sont pratiquées dans le notariat ; par exemple : — 1° la passation d'un acte au nom d'un mandataire dont les pouvoirs étaient annulés, lorsque ce fait étant connu du notaire, il a conseillé de passer outre (17) ; — 2° la comparution d'une partie dont l'incapacité irait jusqu'à ne pas avoir de volonté libre ; ainsi, des individus notoirement en état d'aliénation mentale (18), ou bien qui seraient en état complet d'ivresse (19) ; un sourd-muet si le notaire n'a fait intervenir comme interprète que l'autre partie contractante (20), *supra n° 321* ; — 3° l'acceptation irrégulière d'une donation, par exemple, si elle a été acceptée pour les donataires non présents, par d'autres donataires présents (21) ; — 4° le défaut de mention expresse de l'acceptation d'une donation (22) ; — 5° la constitution d'hypothèque sans spécialiser les immeubles, lorsque la faute est imputable au notaire (23) ; — 6° la constitution d'hypothèque acceptée par le notaire instrumentant, au nom du prêteur (24) ; — 7° une adjudication de biens de mineurs, lorsque le subrogé tuteur n'y a pas été appelé (25) ; — 8° en cas de vente d'un immeuble provenant d'échange, le défaut d'indication de l'origine de celui qui avait été cédé en échange, si cette omission occasionne un dommage à l'acquéreur (26) ; — 9° une donation entre époux pendant le mariage par un conjoint mineur (27) 10° omission dans un contrat de vente d'immeuble d'une clause domaniale (28).

7653. Le notaire peut aussi être tenu à des dommages et intérêts pour la réception d'un acte

(1) Ferrière. *Parf. not.*, liv. 1er, chap. 17 ; Massé, liv. 1er, chap. 17 ; Pagès, p. 111 ; Roll., n° 34 ; Dict. not., n° 46 ; Alger, 17 avril 1833 ; Paris, 27 nov. 1831 ; Riom, 23 fév. 1843. V. cependant Éloy, n°s 364 et suiv.

(2) Douai, 28 juin 1843 ; Jur. N., 5931.

(3) Paris, 18 nov. 1845 ; J. N., 12583.

(4) Chambéry, 5 déc. 1864 ; Bordeaux, 14 août 1855 ; Jur. N., 12744, 12950. V. Grenoble, 21 janv. 1863 ; Rev. not., 680. V. cependant Paris, 17 nov. 1847 ; J. N., 15215.

(5) Rouen, 4 mai 1844 ; Paris, 17 nov. 1847 ; J. N., 12552, 13215. V. Éloy. n° 587 ; Caen, 2 fév. 1857 ; Jur. N., 10896 ; Cass., 31 mars 1862 ; J. N., 17397.

(6) Lyon, 12 mars 1847 ; Jur. N., 7672.

(7) Metz, 28 janv. 1838 ; J. N. 16054 ; Jur. N., 10523 ; Journ. du not., n°s 1067, 1068. V. cependant Décis. min. just., 21 nov. 1826 ; Éloy, n°s 66, 67 ; Règl. chamb. not. Paris, art. 10, § 3 ; Jur. N., 10523.

(8) Metz, 17 juin 1863 ; Rev. not., 906.

(9) Paris, 27 juin 1851 ; J. N., 15246.

(10) Alger, 22 janv. 1866 ; Journ. du not., 1866, p. 288.

(11) Paris, 11 fév. 1822 ; Alger, 17 avril 1833 ; Orléans, 24 juill. 1855 ; J. N., 15574.

(12) Éloy, n° 656 ; Bourges, 22 janv. 1851.

(13) Éloy, n° 657 ; Bordeaux, 22 mai 1861.

(14) Paris, 8 fév. 1864 ; J. N., 17997.

(15) Dict. not., n° 68 ; Cass., 22 déc. 1840, 6 déc. 1843 ; J. N., 10848 11853 ; Montpellier, 7 fév. 1866 ; Jur. N., 12905.

(16) Roll., n° 59. V. aussi Pagès, p. 111. V. cependant Éloy, n°s 570 et suiv.

(17) Metz, 30 mars 1833.

(18) Bordeaux, 20 juin 1866 ; Orléans 20 juill. 1867 ; Jur. N., 13371.

(19) Arg. Bordeaux, 5 août 1841 ; J. N., 11139.

(20) Trib. Seine. 10 mars 1855 ; J. N., 15478.

(21) Éloy, n° 658 ; Bordeaux, 3 août 1858. V. Lyon, 8 fév. 1867. J. N., 18706.

(22) Roll., n° 59 ; Dict. not. n° 66 ; Éloy, n°s 582, 659 ; Nancy, 2 fév. 1858 ; Cass., 27 mars 1839 ; Rennes, 20 mars 1841 ; Amiens, 20 nov. 1843 ; Colmar, 26 janv. 1853 ; J. N., 10531, 11071 ; Jur. N., 4022, 4107, 5467, 16528.

(23) Roll., n° 60 ; Avranches, 29 juin 1867 ; J. N., 18959.

(24) Éloy, n°s 586, 663 ; Amiens, 9 avril 1856 ; Grenoble, 8 juill. 1858 ; Cass., 9 déc. 1863 ; J. N., 15805 ; Jur. N., 12524.

(25) Rouen, 14 mai 1844 ; J. N., 12552.

(26) Châtellerault, 17 août 1846 ; Poitiers, 30 juin 1847 ; J. N., 13877.

(27) Bordeaux, 18 déc. 1866 ; Jur. N., 13347.

(28) Seine, 13 fév. 1868 ; Jur. N., 13464.

dans lequel figurerait une personne interdite, si l'on établit qu'il y a eu faute grave ; par exemple, si cette personne est comprise au tableau d'interdiction exposé dans son étude (1).

7654. L'inobservation des formalités générales prescrites pour la validité des actes, et qui en entraîne la nullité suivant l'art. 68 de la loi du 25 ventôse an 11, assujettit les notaires à des dommages et intérêts s'il y a lieu. Ces mots : *s'il y a lieu* indiquent que les notaires ne sont pas de plein droit et d'une manière absolue, responsables des nullités ayant pour cause les omissions ou irrégularités qu'ils commettent dans la rédaction de leurs actes ; les dommages-intérêts et leur quotité dépendent de la nature et de la gravité de l'omission ou de l'irrégularité reprochée au notaire, et sont subordonnés à l'appréciation équitable des tribunaux (2), *infra n° 7741.*

7655. Suivant ce principe, des notaires ont été déclarés responsables pour : — 1° avoir omis de se faire assister d'un notaire en second ou de témoins instrumentaires (3), *supra n° 294,* ou pour ne pas avoir suffisamment constaté la présence réelle du second notaire ou des témoins, dans les cas où elle est prescrite (4), *supra n° 365* ; — 2° ne pas s'être assuré de la capacité des témoins instrumentaires, *supra n° 298* ; — 3° avoir omis de faire signer une partie (5), ou l'un des témoins instrumentaires (6), ou le notaire en second (7) ; — 4° avoir oublié ou négligé de signer un acte (8) ; — 5° omission de la date de l'acte (9) ; — 6° défaut de mention des signatures (*Loi 25 vent. an 11, art. 15 et 68*), spécialement de la signature des témoins instrumentaires (10) ; — 7° défaut d'approbation régulière des renvois et apostilles (11), *supra n° 331.*

7656. Lorsqu'un acte a été annulé pour un vice de forme reprochable au notaire, celui-ci n'est pas responsable si les parties ayant la possibilité de refaire l'acte s'y sont refusés ; c'est ce qui a été jugé à l'égard du donateur, pour le refus de refaire une nouvelle donation après l'annulation de la première, si d'ailleurs le refus est fondé sur une cause exclusivement imputable aux donataires (12).

7657. III. *Nullité provenant de l'omission des formalités spéciales à certains actes.* L'inobservation des formes spéciales à certains actes et qui en entraîne la nullité, engage la responsabilité du notaire et le rend passible de dommages et intérêts (13). C'est ce qui a été décidé dans les cas suivants : 1° pour n'avoir pas laissé copie d'un protêt à la partie intéressée (14) ; — 2° pour retard préjudiciable apporté dans la notification d'un protêt (15) ; — 3° pour inobservation du délai ou des formes prescrites pour l'acte respectueux (16) ; — 4° pour avoir omis de coter et parafer les pièces d'un inventaire (17), de faire au tuteur l'interpellation prescrite par l'art. 451 C. N., *supra n° 1282* ; — 5° d'expédier une contre-lettre à un contrat de mariage, à la suite de l'expédition du contrat, *supra n° 3755.*

7658. Il en est de même en ce qui concerne le testament ; et des notaires ont été déclarés responsables pour : 1° parenté ou alliance au degré prohibé, *supra n° 2642,* du notaire avec le testateur ou l'un des légataires (18), ou l'un des témoins instrumentaires avec le notaire (19), ou avec le légataire ou l'un des légataires (20), *supra n° 2646,* même lorsque les témoins ont été choisis par le testateur (21), à

(1) Éloy, n° 188 ; CONTRA, Pagès, p. 76.
(2) Cass., 27 nov. 1837 ; J. N., 9852. V. aussi Roll., n° 65 ; Dict. not., n° 83 à 85 ; Duranton, IX, 122 ; Proudhon, *Usuf.,* n° 1518 ; Massé, liv. 1er, chap. 17 ; Cass., 14 mai 1822. V. cependant Toullier, V, 389 ; Grenier, n° 232 *bis.*
(3) Éloy, n° 326, 598 ; Dict. not., n° 88 ; Roll., n° 71, 72 : Colmar, 16 mars 1813 ; Lyon, 6 août 1857 ; J. N., 16164. V. cependant Riom, 20 nov. 1818.
(4) Douai, 15 juin 1847 ; Jur. N., 7838. V. cependant Dijon, 12 août 1847 ; J. N., 13114.
(5) Dict. not., n° 114 ; Roll., n° 90 ; Cass., 19 août 1845 ; J. N., 12483.
(6) Dict. not., n° 114 ; Roll., n° 91 ; Éloy, n° 602 ; Riom, 8 déc. 1847 ; Jur. N., 8150.
(7) Bourges, 29 mars 1859 ; J. N., 16852.
(8) Dict. not., n° 92 ; Dict. not., n° 115 ; Éloy, n°s 602, 645 ; Bourges, 29 avril 1823.
(9) Éloy, n°s 398 à 401 ; Rouen, 24 juill. 1828 ; J. N., 7093.
(10) Roll., n° 94 ; Éloy, n° 430 ; Paris, 25 mai 1826 ; Bourges, 29 juill. 1829 ; Rouen, 4 mai 1842 ; J. N., 5898, 11388 ; Pau, 5 fév. 1866 ; Jur. N., 13031. V. cependant Douai, 7 mai 1819 ; Cass., 14 mai 1822.
(11) Roll., n° 97 ; Éloy, n°s 441, 603. 646 ; arrêt de règlement, 4 sept. 1865 ; Loret, 1, p. 290 ; Limoges, 29 juill. 1831, J. N., 19565 ;

Caen, 8 nov. 1854 ; Jur. N., 10307 ; Alger, 11 déc. 1861. V. cependant Trib. Riom, 15 nov. 1837 ; Cass., 27 nov. 1837 ; J. N., 9852, 10924.
(12) Colmar, 16 août 1864 ; Jur. N., 12990. V. cependant, Bourges, 29 mars 1859 ; J. N., 16852.
(13) Dict. not., n°s 122, 123.
(14) Roll., n° 101 ; Éloy, n°s 200, 609. V. Cass., 17 juill. 1837 ; J. N., 9757.
(15) Paris, 11 mai 1861 ; J. N., 17132.
(16) Dict. not., n° 175 ; Roll., n° 104 ; Éloy, n° 606.
(17) Éloy, n° 690 ; Roll., n° 104 ; Paris, 7 nov. 1839 ; J. N., 10548.
(18) Éloy, n° 624.
(19) Éloy, n° 639 ; Douai, 29 mai 1810 ; Bordeaux, 14 mars 1843.
(20) Dict. not., n° 637 ; Roll., n° 113 : Éloy, n° 631 ; Orléans 1er août 1833 ; Cass., 15 janv. 1835 ; Paris, 27 fév. 1835 ; Lyon, 3 janv. 1842, 16 janv. 1846 ; Riom, 8 juin 1814 ; Cass., 7 juill. 1847 : Nîmes, 17 janv. 1848 ; Agen, 22 nov. 1853 ; Poitiers, 19 nov. 1862 ; Trib. Charleroi (Belg.), 25 fév. 1865 ; J. N., 9285, 11307, 12073, 12075, 13087, 16302. V. cependant, Bordeaux, 12 mars 1843 ; J. N., 11753 ; Nîmes, 13 nov. 1856 ; J. N., 10895.
(21) Éloy, n°s 631, 634 ; Riom, 8 juin, 1844 ; Nîmes, 7 nov. 1848 ; Douai, 2 juill. 1851 ; Jur. N., 8281, 8743 ; J. N., 12073, 13645. V cependant Metz, 23 mars 1852 ; Nîmes, 13 nov. 1856 ; Jur. N., 10529, 10895.

moins que le notaire ne soit pas en faute (1), par exemple, s'il a fait les interpellations nécessaires (2), *supra* n° 2646 ; — 2° incapacité de l'un des témoins pour cause de minorité (3), ou de condamnation à une peine afflictive ou infamante (4), ou d'extranéité (5) ; — 3° défaut d'énonciation de la demeure des témoins instrumentaires (6) ; — 4° absence de dictée par le testateur, écriture par un autre que le notaire (7) ; — 5° défaut de présence des témoins instrumentaires (8) ; — 6° absence momentanée de l'un des témoins pendant que le notaire écrit le testament, ou même pendant qu'il recopie les dispositions que le testateur vient de lui dicter (9) ; — 7° défaut de mention expresse : de la dictée au notaire, de l'écriture par ce dernier (10), de la lecture au testateur en présence des témoins (11) et de la signature par le testateur ou sa déclaration de ne savoir ou ne pouvoir signer (12) ; — 8° omission de la date (13) ; — 9° défaut de parafe d'un renvoi par un témoin (14) ; — 10° refus de clore en la forme authentique un testament, par le motif que la signature apposée par le testateur paraît irrégulière et incomplète (15).

7659. A l'égard du testament mystique : 1° pour omission de constater que le testateur a déclaré présenter son testament, que le testament a été clos et scellé en présence du notaire et des témoins dans le cas où il aurait été présenté ouvert ; — 2° si l'acte de souscription n'a pas été écrit sur le papier qui contient le testament ou lui sert d'enveloppe ; — 3° s'il n'a pas été écrit par le notaire (16) (*C. N.* 976) ; — 4° si le testament n'a pas été présenté clos et scellé au notaire (17).

7660. On a décidé cependant que le notaire n'encourait aucune responsabilité pour la nullité d'un testament public, résultant de dispositions indirectes en faveur du notaire ou de l'un des témoins instrumentaires, lorsque le notaire ou le témoin se trouvaient au nombre des débiteurs du testateur auxquels celui-ci accordait un sursis pour le payement de leurs dettes et faisait remise des intérêts échus et à échoir (18).

7661. IV. *Nullité provenant d'erreurs commises contre le fond du droit.* Lorsqu'un acte, ou une disposition d'un acte, est annulé, non pas pour irrégularité de forme, mais pour erreur ou omission sur le fond du droit, le notaire, s'il était de bonne foi, n'en est pas responsable, l'erreur ou l'omission dans ce cas, est commune au rédacteur de l'acte et aux parties contractantes, nul n'étant censé ignorer la loi, et les parties ont à s'imputer de ne pas s'être adressées à un notaire plus instruit, ou de ne s'être point fait assister de conseils (19) ; ainsi : — du cautionnement d'une condamnation judiciaire contre le mari, consenti par la femme avec hypothèque sur ses biens présents et à venir, tandis qu'il fallait spécialiser l'hypothèque, à défaut de quoi elle a été déclarée nulle (20) ; d'une liquidation de communauté dans laquelle il a été fait l'application de principes erronés sur les reprises de la femme (21) ; — d'une subrogation consentie dans les droits et hypothèques du cédant lorsqu'il n'était que simple créancier chirographaire (22) ; — de la remise à l'emprunteur des deniers prêtés, dans la pensée erronée que le cédant de droits successifs n'avait qu'un privilége de copartageant sujet à l'inscription dans les soixante jours, tandis que, suivant une jurisprudence fixée plus tard, ce privilége était celui de vendeur (23) ; — de la nullité de l'hypothèque consenti par une femme mariée, en vertu d'une procuration générale, lorsqu'à l'époque où elle a été passée, c'était une question si elle devait être spéciale (24).

(1) Éloy, n° 640.
(2) Éloy, n°s 338, 631 ; Metz, 30 avril 1833 ; Toulouse, 23 juill. 1838 ; Douai, 7 janv. 1839, 9 nov. 1846 ; Bordeaux, 14 mars 1843 ; Metz, 2 juill. 1851, 23 mars 1852 ; Nancy, 7 mars 1857 ; Lyon, 12 juin 1857 ; Colmar, 26 déc. 1860 ; Grenoble, 12 août 1862 ; J. N., 10159, 11754, 12074, 16097 ; Jur. N., 7678, 10329, 11007, 11754, 12444. V. cependant Grenoble, 6 août 1846 ; Jur. N. 7829.
(3) Éloy, n° 625 ; Caen, 31 mars 1842 ; J. N., 11469.
(4) Éloy, n° 625 ; Limoges, 22 janv. 1838 ; J. N., 10013.
(5) Voir Éloy, n° 627 ; Colmar, 26 déc. 1861 ; J. N., 17048 ; Rouen, 4 juin 1862.
(6) Roll., n° 415 ; Éloy, n°s 390, 643 ; Liége, 11 fév. 1829 ; Bordeaux, 16 juin 1834 ; J. N., 8692.
(7) Éloy, n° 613 ; Roll., n°s 120, 121 ; Grenoble, 13 juill. 1831.
(8) Riom, 13 août 1856 ; J. N., 16444 ; Pau, 24 avril 1857.
(9) Bordeaux, 8 mai 1860 ; Trib. Langres, 2 mars 1864 ; J N., 16870, 18055 ; contra, Dijon, 29 juin 1864 ; J N., 18103.
(10) Toullier, V, 389 ; Roll., n°s 122 à 124 ; Colmar, 4 juill. 1809. Voir cependant Duranton. IX, 422 ; Grenier, *Don.*, n° 302 ; Bordeaux, 13 janv. 1812 ; Colmar, 11 fév. 1815.
(11) Éloy, n° 616 ; Colmar, 4 juill. 1809, Grenoble, 13 juill. 1831 ; Caen, 2 déc. 1835 ; Colmar, 26 janv. 1853 ; Jur. N., 10528 ; contra, Rouen, 7 juin 1809.

(12) Éloy, n° 644 ; Riom, 18 juill. 1820 ; Cass., 14 mai 1822.
(13) Éloy, n° 644 ; Rouen, 21 juill. 1828 ; J. N., 7093.
(14) Cass., 27 nov. 1837 ; Limoges, 26 juill., 1839 ; J. N., 9852, 10565. Voir cependant Lyon, 18 janv. 1832 ; J. N., 7799.
(15) Lyon, 30 nov. 1864 ; J. N., 18174.
(16) Dict. not., n° 471 ; Roll., n°s 127, 128 ; Éloy, n°s 622, 647 ; Bordeaux, 16 juin 1834 ; J. N., 8692.
(17) Nîmes, 29 avril 1863 ; Jur. N., 12582.
(18) Riom, 27 juill. 1828 ; J. N., 7093.
(19) Roll., n° 432 ; Dict. not., n° 63, 220 ; Ferrière, *Parf. not.*, liv. 1er, chap. 17 ; Massé, liv. 1er, chap. 17 ; Pagès, p. 420 ; Duranton, IX, 422 ; Riom, 28 juill. 1829 ; Orléans, 26 janv. 1839 ; Lyon, 23 avril 1841 ; J. N., 7093, 10275, 11282. Voir Poitiers, 30 juin 1847 ; Cass., 16 août 1865 ; J. N., 13088, 18306 ; Montpellier, 7 fév. 1866 ; Jur. N., 12005.
(20) Cass., 22 déc. 1840 ; J. N., 10848.
(21) Riom, 28 juill. 1829 ; J. N., 7093.
(22) Lyon, 23 août 1841 ; J. N., 11282.
(23) Paris, 19 juin 1845 ; J. N., 12456.
(24) Bordeaux, 9 déc. 1847 ; Jur. N., 8144.

7662. Cependant la responsabilité du notaire serait engagée s'il y avait dol ou fau.e lourde et inexcusable, dans le cas surtout où la partie s'en serait rapportée entièrement au notaire (1).

7663. V. *Erreurs dans la rédaction des actes.* En général, les erreurs sont plutôt imputables aux parties qu'au notaire, leur cause provient presque toujours de renseignements inexacts ou incomplets fournis au notaire, et les parties sont en faute de ne pas s'en être aperçus lors de la lecture de l'acte (2). Ainsi, le notaire ne serait pas responsable de l'erreur commise dans l'orthographe du nom d'une partie lorsque c'est sur la production par elle faite d'un acte sous seing privé que ce nom a été écrit par le notaire, encore bien que la partie ait régulièrement signé son nom au bas de l'acte notarié (3); ni de l'omission dans un procès-verbal d'adjudication d'immeubles, d'une réserve d'arbres s'il n'a pas été requis spécialement par les vendeurs de mentionner cette réserve (4).

7664. VI. *Énonciations contenues dans les actes.* Le notaire, en tant que rédacteur des conventions des parties, doit se borner à rendre leurs volontés fidèlement et avec clarté (5); et, quoiqu'il soit moralement tenu d'éclairer les parties sur le fond même de leurs conventions, comme sur les effets dont elles sont susceptibles et les moyens à prendre pour en assurer l'exécution, *supra n° 7646*, il n'est pas, en général, responsable de ce qui est exprimé par les parties dans les actes qu'il reçoit (6).

7665. Ainsi on a décidé que le notaire qui ne s'est pas constitué mandataire des parties, n'est pas responsable du défaut, dans un acte d'affectation hypothécaire, de la preuve du payement du prix d'acquisition de l'immeuble hypothéqué (7).

7666. Mais le notaire encourrait une responsabilité : 1° s'il consentait à insérer ane clause illicite, contraire à l'ordre public ou aux bonnes mœurs (8), ou s'il recevait un acte contenant des imputations diffamatoires, contre une tierce personne (9) ; — 2° si, par dol ou ineptie grossière, il induisait l'une des parties en erreur sur le sens d'une clause (10), ou sur l'énonciation d'un fait qu'il devait savoir être erroné (11) ; — 3° s'il avait donné aux clauses de l'acte une extension qui n'était pas dans l'intention des parties (12).

7667. Du principe posé *supra n° 7664*, il suit que le notaire ne répond point de la vérité des faits qu'on lui propose d'énoncer, ni de la sincérité des actes produits par l'une des parties, par exemple, un jugement présenté par une femme qui l'autoriserait à passer un acte, lorsque ce jugement n'est pas véritable (13).

7668. Un notaire n'est pas responsable de l'inexactitude des faits attestés dans un acte de notoriété, par exemple, de l'attestation fausse que des individus avaient la qualité d'héritier (14).

7669. Il n'est pas garant non plus des déclarations inexactes faites par les parties (15), à moins que le fait ne soit personnel ou imputable au notaire (16), par exemple, si c'est à son profit que de précédentes hypothèques non déclarées ont été consenties (17), ou s'il a négligé de déclarer aux parties intéressées les droits que les tiers peuvent avoir sur la chose aliénée ou hypothéquée et dont il aurait connaissance, parce qu'il en a passé les contrats (18).

7670. Les notaires ne sont pas non plus responsables des fausses déclarations de majorité faites dans leurs actes, si aucune faute ne leur est imputable (19).

7671. Mais le notaire serait assujetti aux dommages et intérêts des parties, s'il recevait une disposition testamentaire universelle ou à titre universel au profit d'une communauté religieuse, cette

(1) Voir Rouen, 21 janv. 1841, Jur. N., 503l.
(2) Éloy, n°° 86, 758; Roll., n° 86,137; Dict. not., n° 242; Pagès, p. 39; Toullier, XII, 338; Paris, 1er août 1851 ; J. N., 16133.
(3) Riom, 8 déc. 1846 ; Jur. N., 7741.
(4) Amiens, aud. solenn., 9 avril 1862; J. N., 17432; CONTRA, Paris, 24 déc. 1858; J. N., 16488.
(5) Toullier, XII, 338.
(6) Ferrière, *Parf. not.*, liv. 1er, chap. 18; Roll., n°° 140, 141.
(7) Paris, 27 nov. 1834; Jur. N., 2780.
(8) Éloy, n°° 71 et suiv.
(9) Éloy, n° 74 ; Rennes, 14 fév. 1842; J. N., 11509.
(10) Roll., n°° 147, 148 ; Colmar, 21 mars 1834.
(11) Paris, 13 juin 1845, 14 janv. 1851; Caen, 5 août 1854; J. N., 12712, 15544; Douai, 16 fév. 1855; Jur. N., 10520.
(12) Roll., n° 150; Dict. not., n° 251; Arrêt de règlem., 19 août 1551.
(13) Ferrière, liv. 1er, chap. 17; Arrêt du 7 mars 1684 ; Roll., n°° 151 à 153; Dict. not., n° 251.

(14) Roll., n° 154; Dict. not., n° 257; Éloy, n° 101; Trib. Seine, 24 mars 1837, 10 fév. 1842; Cass., 9 août 1843.
(15) Dict. not., n° 258 ; Roll., n° 155.
(16) Paris, 14 janv. 1854 ; Caen, 5 août 1854; J. N., 15544 ; Douai, 16 fév. 1855; Jur. N., 10520.
(17) Dict., not., n° 259; Roll., n° 156; Éloy, n° 159; Grenier, *Hyp.*, II, 508; Durauton, XX, 308; Troplong, *Hyp.*, n°° 869, 871 ; CONTRA, Pagès, p. 142.
(18) Éloy, n°° 97, 155; Paris, 14 janv. 1854; Caen, 5 août 1854; Alger, 1er sept. 1854; Douai, 16 fév. 1855; Cass., 2 mars 1855, 27 mai 1857, 16 août 1865; J. N., 15544, 18366; Jur. N. 10520, 12002; Nancy, 23 avril 1861; Rev. not., 1216; CONTRA, Dict. not., n°° 258, 374; Roll., n° 155 ; Paris, 25 juin 1810; Trib. Termonde (Belgique), 7 août 1863; J. N., 17984.
(19) Dict. not., n° 260; Roll., n° 157. Voir Cass., 15 fév. 1853 ; Jur. N., 10166.

disposition ne pouvant être faite qu'à titre particulier (1), *supra n° 2616,* ou s'il recevait un acte de vente d'acquisition, d'échange, de cession, de constitution de rente, de transaction, etc., au nom d'une communauté religieuse non autorisée à cet effet (*Ordonn. 14 janv. 1831, art. 2*).

7672. VII. *Communication d'actes ; délivrance de grosses et expéditions.* Les notaires qui, sans l'ordonnance du président du tribunal de première instance, donnent connaissance des actes à d'autres qu'aux parties intéressées en nom direct, héritiers ou ayants droit, s'exposent à des dommages et intérêts, *supra n° 595.*

7673. La défense qui est faite aux notaires de délivrer une seconde grosse sans l'ordonnance du président du tribunal, *supra n° 570,* donne lieu à des dommages et intérêts contre le notaire qui y contrevient, indépendamment de la répression disciplinaire (2), à moins que la délivrance n'ait eu lieu par le successeur, dans l'ignorance que son prédécesseur en avait délivré une première, *supra n° 579.*

7674. Le notaire est responsable en cas d'exécution faite en vertu de la grosse ou de l'expédition d'une minute restée imparfaite par le défaut de signature de quelques-unes des parties (3).

7675. Il est aussi assujetti au recours des parties, si l'expédition n'est pas la copie littérale de l'acte, que ce soit de son plein gré ou par de simples erreurs ou négligences (4), pourvu d'ailleurs que les vices de l'expédition aient causé réellement un dommage (5). Il en est de même si un notaire délivre un extrait incomplet d'un acte ; d'un procès-verbal d'adjudication, par exemple (6).

7676. VIII. *Suites des actes.* Les notaires ne sont pas, en général, responsables des suites des actes qu'ils reçoivent. Ainsi, un notaire n'est responsable des formalités destinées à assurer l'efficacité ou l'exécution des actes qu'il reçoit; par exemple, la transcription d'un contrat de vente pour conserver le privilége de vendeur, l'inscription d'une hypothèque, l'accomplissement des formalités de purge des hypothèques légales (7). Voir *supra n°* 2117 2488.

7677. Il en est autrement si le notaire s'est chargé de surveiller l'exécution d'un acte, en accceptant le mandat du créancier ou se constituant son *negotiorum gestor* pour accomplir les formalités; alors il peut être déclaré responsable de sa négligence, c'est ce qui a été décidé pour le défaut de transcription ou de purge s'il s'agit d'une vente (8), d'inscription ou de renouvellement d'une inscription (9) ; pour avoir pris tardivement une inscription (10), ou avoir négligé d'exiger une caution d'un adjudicataire, quand le cahier des charges en donnait la faculté (11).

7678 Le notaire n'est pas responsable de l'insolvabilité de l'adjudicataire à une vente publique d'immeubles, alors surtout qu'il a pris les précautions usitées pour garantir les droits des vendeurs contre l'adjudicataire éventuel (12).

7679. Mais le notaire serait responsable pour le défaut de dépôt du contrat de mariage d'un commerçant, si cette omission était la suite d'une collusion, *supra n° 3774.* On a décidé aussi qu'il est responsable pour le défaut d'énonciation dans la publication d'une société commerciale, de certaines clauses de l'acte prescrites à peine de nullité, surtout s'il s'est chargé officieusement de remettre lui-même l'extrait au greffe du tribunal de commerce (13).

7680. Lorsqu'un prix de vente a été stipulé payable dans l'étude d'un notaire, et que le notaire garde les fonds versés et laisse les créanciers exercer des poursuites, il est responsable du préjudice souffert (14).

7681. Le notaire qui a reçu un testament contenant un legs au profit d'un établissement public,

---

(1) Roll., n° 158; Dict. not., n° 183 ; Éloy, n° 210.

(2) Pagès, p. 153 ; Roll., n° 162; Éloy, n° 482.

(3) Loret, I, p. 345; Roll., n° 164. Voir aussi Orléans, 13 juin 1850; Cass., 22 mars 1852; J. N., 14610.

(4) Pagès, p. 54; Éloy, n° 479 ; Roll., n°° 165, 166; Paris, 1er flor. an 11.

(5) Roll., n°° 169, 170; Dict. not., n° 271 ; Éloy, n° 480; Cass., 30 nov. 1830, 19 janv. 1832; Bourges, 28 août 1832; Cass., 17 juin 1850.

(6) Cass., 22 mars 1852; J. N., 14549.

(7) Pont, *Priv.*, n° 292; Éloy, n° 804; Bordeaux, 26 mars 1844 ; Lyon, 18 juill. 1845, 13 août 1852, 30 nov. 1854, 14 mars 1855 ; Douai, 10 nov. 1845; Cass., 2 juin et 14 juill. 1847, 20 juin 1852; Dijon, 5 déc. 1846; Riom, 7 déc. 1848; Nîmes, 5 fév. et 27 juin 1849; Paris,

28 juill. 1851, 26 juin 1852; Rouen, 24 nov. 1852; J. N., 12139, 12451, 12571, 14399, 14748, 14917, 15740.

(8) Éloy, n° 808 ; Cass., 28 nov. 1843 ; Paris, 27 août 1849; J. N., 11835, 13814; Amiens, 29 nov. 1863; Rev. not., 619.

(9) Paris, 11 juin 1853, 14 janv. et 13 juin 1854; Rouen, 13 mars 1851; Cass., 14 fév. 1855; Caen, 29 avril 1861; J. N., 14998, 15185, 15243, 15474; Jur., N., 10531, 12080. Voir Alger, 1er sept. 1854; Cass., 5 janv. 1852, 21 mars 1855, 19 mars 1856; Lyon, 14 mars 1855; Montpellier, 30 juin 1855; Douai, 25 août 1855 : J. N., 15757, 15760.

(10) Riom, 7 avril 1856; Cass., 22 août 1864 : J. N., 15808, 18129.

(11) Trib Sancerre, 19 août 1862; J. N., 17593.

(12) Paris, 28 nov. 1863 ; J. N., 17881.

(13) Éloy, n° 496; Douai, 21 nov. 1840; J. N., 10835.

(14) Colmar, 15 juin 1847; Jur. N., 8050. V. Lyon, 10 juin 1857; J. N., 19041.

est responsable du préjudice éprouvé par l'établissement, s'il ne lui en a pas donné connaissance lors du décès du testateur, *suprá n° 2619*, et que les héritiers soient depuis devenus insolvables (1).

7682. Le notaire qui s'est chargé des démarches à faire pour obtenir des mainlevées d'inscriptions et en faire opérer la radiation, d'obtenir des justifications préalables au payement d'un prix de vente d'effectuer le remploi du prix de vente d'un immeuble dotal, est responsable du préjudice auquel sa négligence a donné lieu (2).

7683. S'il s'est chargé de rédiger les bordereaux d'une inscription hypothécaire et qu'il ait commis une omission ou une erreur qui a entraîné la nullité ou l'insuffisance de l'inscription, il peut de même en être déclaré responsable (3).

7684. IX. *Gestion.* Les notaires se chargent aussi parfois de commissions dont l'inexécution est susceptible d'engager leur responsabilité; par exemple, si, s'étant chargés du recouvrement de prix de ventes moyennant des honoraires supplémentaires, ils ont négligé d'exercer les poursuites (4), ou si, s'étant immiscés dans l'administration des biens d'un client, ils gèrent d'une manière préjudiciable (5). Jugé que le notaire chargé du recouvrement des créances d'une succession n'est pas responsable de la péremption du titre d'une créance restée dans ses mains après la décharge du mandat (6).

7685. Lorsque le notaire gère volontairement la chose d'autrui, il se soumet à l'obligation d'apporter à la gestion de l'affaire tous les soins d'un bon père de famille, et, par conséquent, à toutes les obligations d'un mandataire, *supra n° 5559*; ainsi, le notaire ayant procédé à une adjudication dans laquelle il a été stipulé que les prix seraient payés en son étude et qu'ils seraient employés à désintéresser les créanciers inscrits, a été considéré comme *negotiorum gestor* de l'acquéreur, e., par suite, tenu de garantir ce dernier des poursuites dirigées contre lui par un créancier inscrit, alors qu'il avait employé les prix versés entre ses mains à payer des créanciers dont les inscriptions étaient postérieures à celle du créancier poursuivant (7) ; — ainsi, encore, un notaire qui, chargé de recevo r le prix d'une vente, remet ce prix sans en retirer quittance, à une servante du vendeur qui le détourne à son profit, est responsable de ce détournement vis-à-vis de l'acquéreur forcé de payer une seconde fois (8)

7686. X. *Placements de fonds; mandats.* Le notaire qui sert d'intermédiaire à ses clients pour des placements de fonds, peut être déclaré responsable dès qu'il y a eu faute ou négligence de sa part dans la négociation, car, dans ce cas, il est réputé agir en vertu d'un mandat (9).

7687. Le mandat, à cet égard, peut être exprès ou tacite : il est *exprés* lorsque le créancier a chargé le notaire du soin de lui trouver un emprunteur, de stipuler les conditions du prêt, de vérifier les sûretés offertes (10).

7688. Il est *tacite* lorsque le notaire s'est entremêlé spontanément de la négociation, l'a conclue lui-même, sans le concours de son client, après avoir pris seul et personnellement les renseignements nécessaires (11).

7689. Dans ce cas, comme dans celui du mandat exprès, le notaire est responsable des suites du placement, c'est ce que l'on a décidé : 1° lorsque, par suite de la négligence du notaire, le prêteur éprouve un préjudice résultant de l'insuffisance des garanties hypothécaires (12) ; — 2° si le notaire, sachant qu'un placement était mauvais, a néanmoins excité son client à le faire (13), ou, le sachant, a con-

---

(1) Éloy, n° 238; Trib. Mortain, 31 déc. 1804; Jur. N., 12835.
(2) Paris, 14 fév. 1823, 17 nov. 1817; Cass., 19 avril 18.6; Poitiers, 30 janv. 1847; Jur. N., 8006, 8018.
(3) Pages, p. 195; Roll., n° 231; Toulouse, 23 juill. 1815; Cass., 9 août 1836; Bourges, 20 nov. 1811; Bordeaux, 24 juill. 1840; Trib. Marvejols, 13 janv. 1861; J. N., 12310, 12570, 11333; Bordeaux, 21 janv. 1862; Rev. not., 285. Voir Nancy, 3 janv. 1852; J. N., 11631.
(4) Metz, 24 juin 1822.
(5) Paris, 27 nov. 1847; J. N., 13217.
(6) Trib. Montargis, 11 janv. 1853.
(7) Éloy, n° 746; Nancy, 10 juin 1835. Voir aussi Cass., 20 juill. 1821.
(8) Cass., 13 nov. 1848.
(9) Dict. not., n° 311; Roll., n° 211; Éloy, n°s 106, 721, 781; Paris, 29 août 1834. Voir Douai, 10 nov. et 26 déc. 1845; Paris 13 fév. 18.6; Rouen, 18 nov. 1846; Lyon, 1er déc. 1853; Paris, 19 août 1854; J. N., 15091, 15386; Cass., 8 fév. 1868.
(10) Roll., n° 220; Éloy, n°s 722, 703; Toulouse, 30 mai 1830; Angers, 28 mars 1833; Rennes, 9 juill. 1831; Caen, 9 avril 1839; Par.s

9 et 11 juill. 1836, 8 mars 1839, 25 janv. 1840, Cass., 14 déc. 1841; Limoges, 14 mai 1853; J. N., 10381, 13074; Caen, 25 mai 1861; Jur. N., 12000.
(11) Dict. not., n° 313; Roll., n° 246; Éloy, n° 793; Pagès, p. 162, 173, 188; Douai, 22 déc. 1840; Rennes, 23 déc. 1840, Paris, 18 et 28 fév. 1812; Trib. Seine, 30 août 1842; Caen, 29 avril 1861; Cass., 23 juin 1831, 19 mars 1845, 19 juin 1850, 4 mars 1863, 11 juill. 1856; J. N., 11219, 11415, 18592; Jur. N., 6985, 9531, 12080, 12328. Voir cependant Douai, 18 et 25 juill. 1843, 29 mai 1844; J. N., 11722, 12047.
(12. Éloy, n°s 705, 768, 795; Paris, 27 nov. 834, 18 et 28 fév. 1842, 27 août 18.2; Douai, 29 déc. 1849; Rouen, 2 mars 1855, 2 déc. 1858; Bordeaux, 8 fév. 1861; Caen, 25 mai 1861; Aix, 8 déc. 1865; Alger, 6 juill. 1866; Cass., 11 janv. et 22 avril 1858, 3 août 1838, 4 mars 1863, 4 janv. 1864, 10 août 1865 6 juill. 1866; J N., 11249, 13916, 14791 15778, 15803, 16309, 17123, 17679, 17925; Journ. du not., 1866, p. 250 254 308.
(11) Éloy, n° 707; Rennes, 11 mars 1847; Cass., 29 déc. 1847; J. N., 13295.

staté dans l'acte des déclarations fausses (1) ; — 3° s'il a négligé de vérifier l'exactitude de la déclaration de l'emprunteur quant à la contenance des biens hypothéqués et de faire à l'emprunteur des interpellations sur l'existence possible d'hypothèques légales (2) ; — 4° si le créancier s'en est rapporté à lui pour les stipulations à faire avec le débiteur, et que, par l'extinction du privilége et de l'action résolutoire résultant de sa faute, il soit cause de la perte de la créance (3) ; — 5° si, chargé de prendre des renseignements sur la moralité, la solvabilité et l'état civil d'un emprunteur, il a commis une faute grave dans l'exercice de ce mandat (4) ; — 6° s'il a fait consentir une subrogation qui a été déclarée nulle comme postérieure au payement (5), ou qui est devenue sans objet, le payement ayant été fait au vendeur au lieu de l'être aux créanciers inscrits (6), ou par suite de l'existence de l'hypothèque légale de la femme, qui s'est trouvée revivre par l'effet de l'exercice du réméré qu'il n'avait pas fait connaître (7) ; — 7° si l'acte de prêt contenant subrogation à l'hypothèque légale de la femme, il a négligé de l'inscrire ou la faire mentionner (8) ; — 8° si le notaire a fait élection de domicile pour le prêteur en son étude, soit dans l'acte de prêt passé devant lui, soit dans l'inscription, et qu'il ait omis de remettre à celui-ci la sommation de produire dans l'ordre ouvert pour la distribution du prix des biens de l'emprunteur (9) ; — 9° si, sans autorisation spéciale, il place sous son nom des fonds appartenant à un client chez un banquier qui vient à tomber en faillite (10).

7690. La preuve du mandat peut résulter de circonstances dont l'appréciation appartient aux tribunaux, pourvu que ces circonstances résultent des actes et autres documents produits par les parties, et, en cas de contestation, qu'il existe un commencement de preuve par écrit à l'appui du mandat (11) ; ainsi, on a décidé qu'il y avait mandat engageant la responsabilité du notaire, lorsque le prêt avait été reçu par lui sans avoir mis les parties en présence (12).

7691. Il faut distinguer le mandat du conseil donné par le notaire ; si le notaire se borne à indiquer à son client un placement qu'il croit bon, lui conseille même de le faire, en faisant valoir la solvabilité de la personne qu'il lui indique, il n'en est pas responsable ; c'était au prêteur de se renseigner sur la solvabilité de l'emprunteur, de vérifier les sûretés promises (13) ; si d'ailleurs le conseil a été donné de bonne foi, car si le notaire l'a donné avec l'intention de tromper, il devient responsable (14). Décidé aussi que le notaire n'est pas responsable du défaut de solidité d'un remploi qu'il a conseillé de bonne foi en sa qualité unique de notaire instrumentaire, et en dehors de tout mandat (15).

7692. Le notaire, en supposant même qu'il ait agi comme mandataire du prêteur ne peut être responsable de l'insuffisance de l'hypothèque : 1° si le prêteur a entendu faire une affaire aléatoire pour laquelle il a reçu des primes considérables et des intérêts, avant tout déboursé (16) ; 2° si cette insuffisance est le résultat de faits postérieurs à l'acte de prêt et étrangers au notaire (17).

7693. Il en est de même, à plus forte raison, lorsque le créancier s'est mis directement en rapport avec l'emprunteur, et si le prêt a été arrêté entre eux, sans la participation du notaire (18).

7694. Toutefois, même dans le cas exprimé au numéro précédent, le notaire peut être déclaré responsable, s'il a commis une négligence grave ; par exemple : s'il n'a pas pris soin de s'assurer de la régularité des titres de propriété de l'immeuble hypothéqué, dans l'espèce une donation non transcrite (19) ;

---

(1) Cass., 14 déc. 1841 ; J. N., 11182.
(2) Metz, 13 août 1854 ; Cass., 11 juill. 1866 ; J. N., 15930, 18592.
(3) Paris, 24 janv. 1845 ; J. N., 12326.
(4) Éloy, n° 769 ; Riom, 10 déc. 1849 ; J. N., 13922 ; Paris, 24 mai 1851 ; Jur. N., 9230.
(5) Éloy, n° 673 ; Lyon, 15 nov. 1849 ; Jur. N., 8812 ; Orléans, 10 janv. 1850 ; J. N., 14315.
(6) Éloy, n°s 674, 724 ; Cass., 10 juill. 1854 ; J. N., 15345.
(7) Éloy, n° 584 ; Rouen, 21 janv. 1841 ; J. N., 10982 ; contra, Pagès, p. 146.
(8) Bordeaux, 21 janv. 1862 ; J. N., 17389.
(9) Montpellier, 12 janv. 1852 ; Nancy, 22 déc. 1853 ; J. N., 15464. Voir cependant Paris, 18 juin 1855.
(10) Éloy, n° 797 ; Rennes, 28 juin 1860 ; Jur. N., 11823.
(11) Voir Pont, *Rev. crit.*, VII, p. 35, et *Rev. not.*, 1863, p. 62 ; Roll., n° 222 ; Éloy, n° 819 ; Paris, 11 juill. 1836 ; Douai, 29 mai 1844, 10 nov. 1845 ; Lyon, 18 juill. 1851 ; Poitiers, 22 juill. 1851 ; Cass., 3 déc. 1835, 2 juin 1847, 30 juin 1852. Voir Douai, 21 juin 1854 ; J. N., 12017, 12161, 12571, 13182, 14567, 14720, 15319.
(12) Éloy, n°s 827, 830 ; Cass., 7 mars 1842, 19 juin 1850, 11 janv.

1855. Voir aussi Douai, 18 et 25 juill. 1843 ; Cass., 19 mars 1845 ; Bordeaux, 20 juin 1853 ; Colmar, 26 nov. 1853 ; J. N., 11279, 11722, 15086.
(13) Pagès, p. 463 ; Éloy, n°s 741, 799 ; Roll., n°s 214, 221 ; Paris, 22 mai, 16 août 1832, 26 janv., 13 mai, 22 nov. 1833, 27 nov. 1834, 30 mars 1837 ; Rennes, 23 fév. 1837 ; Caen, 9 avril 1839 ; Aix, 22 juill. 1839 ; Riom, 5 juill. 1841 ; Bordeaux, 26 juill. 1853 ; Angers, 20 nov. et 13 déc. 1867 ; J. N., 10650, 15068, 10134, 10132.
(14) Éloy, n° 800 ; Roll., n° 215.
(15) Caen, 2 fév. 1857 ; Jur. N., 10896. Voir cependant Cass., 31 mars 1862 ; J. N., 17397.
(16) Éloy, n° 802 ; Douai, 26 déc. 1843 ; J. N., 12570.
(17) Éloy, n° 772. Paris, 13 fév. 1846 ; Rouen, 16 nov. 1846 ; Douai, 21 mai 1854 ; Bordeaux, 9 déc. 1861 ; Toulouse, 8 fév. 1864 ; Gand, 24 fév. 1896 ; Journ. du not. 1866, p. 309. Voir cependant Paris, 31 mai 1851 ; Jur. N., 7244, 7707, 9230, 10549 ; J. N., 17383.
(18) Éloy, n° 801 ; Lyon, 31 mai 1844 ; Bruxelles, 7 avril 1857 ; Grenoble, 14 mai 1861 ; Jur. N., 11956, 12020.
(19) Éloy, n° 768 ; Paris, 27 août 1852 ; Douai, 16 fév. 1855 ; Caen, 29 avril et 25 août 1864 ; Jur. N., 9904, 10520.

— si le prêt ayant été fait à un confrère, il a laissé mentionner faussement dans l'acte que les contractants l'ont signé en sa présence, au domicile du prêteur (1).

7695. Un notaire condamné à payer une indemnité, à raison de l'imprudence qu'il a commise dans un placement, n'est pas recevable à intenter une action en dommages et intérêts contre l'avoué qui, chargé de produire dans un ordre pour le recouvrement de cette créance, a omis de faire valoir l'une des garanties attachées à la créance, et a été ainsi la cause de la perte éprouvée par leur client commun (2).

7696. XI. *Dépôts de sommes.* Les dépôts de sommes faits aux notaires, en cas de vente ou de prêt, jusqu'après l'accomplissement des formalités hypothécaires, et avec le mandat d'en faire un emploi déterminé, engagent leur responsabilité, non-seulement au point de vue de la restitution des sommes et des intérêts qui peuvent en être dus (3), mais aussi pour les fautes qu'ils commettent en en faisant la remise (4) par exemple : — 1° si, au lieu d'attendre l'accomplissement des formalités ou avant que les justifications promises n'aient été fournies, ou quand les deniers sont destinés à l'acquit de dettes hypothécaires, ils prennent sur eux de remettre les fonds au vendeur ou à l'emprunteur (5) ; — 2° si ayant été chargés de distribuer le prix aux plus anciens créanciers hypothécaires, ils ont omis quelques-uns de ces créanciers et remis le surplus des deniers au vendeur, sans la participation de l'acquéreur (6) ; — 3° si par une cause provenant de leur fait, un prix de vente déposé entre leurs mains ne peut être délivré de suite au vendeur ou à ses créanciers ; les intérêts, dans ce cas peuvent être mis à sa charge (7). — Mais le notaire n'est pas responsable des conséquences de la remise à un tiers des fonds prêtés, lorsque ce tiers avait mandat même tacite de l'emprunteur, pour les toucher (8).

7697. Les dépôts de sommes, dans les cas du numéro précédent, sont considérés comme des dépôts nécessaires, de là il suit : 1° que le notaire ne peut les compenser avec ce qui lui est dû par les personnes auxquelles elles appartiennent (9) ; 2° que le notaire est contraignable par corps pour la remise des sommes qui lui ont été déposées (10).

7698. XII. *Trésor ; enregistrement.* Les notaires sont responsables envers le trésor : — 1° en cas de délivrance de certificat de propriété, de la vérité des faits qu'ils y attestent, et aussi, suivant une jurisprudence rappelée *supra nos 684 et 685*, de l'état et de la capacité des nouveaux propriétaires (11) ; toutefois, bien que le certificat de propriété d'une rente sur l'Etat, délivré par un notaire, ait été basé sur des actes passés devant lui, si ces actes ou l'un d'eux contenaient de fausses déclarations, sans qu'il y ait faute de sa part, il n'est pas responsable du préjudice qui en résulte (12). Ainsi le notaire ne serait pas responsable pour n'avoir pas mentionné dans le certificat de propriété par lui délivré au cessionnaire des héritiers d'un testateur que les inscriptions de rente, objet de ce certificat, étaient affectées au payement d'un legs (13), ou l'état de faillite de l'héritier (14) ; — 2° de la vérité des certificats de vie par eux délivrés (*Décret, 21 août 1806, art. 9*).

7699. Nous avons déjà dit, *supra n° 6179*, que le notaire est responsable, à l'égard du trésor, des droits dus pour l'enregistrement des actes de son ministère.

7700. Il est personnellement tenu d'acquitter les droits d'enregistrement ; s'il a négligé de se faire consigner par les parties somme suffisante pour l'acquit des droits, il doit en faire l'avance et serait

(1) Cass., 1er juin 1840 ; J. N., 10553.
(2) Cass., 2 juin 1858 ; J. N., 10331.
(3) Éloy, n° 727 : Besançon, 13 fév. 1841. Voir [Cass., 3 août 1847 ; 13 nov. 1848, 22 mars 1852, 16 fév. 1853 ; Rennes, 17 déc. 1849 ; Montpellier, 16 janv. 1856 ; Jur. N., 7169, 8092, 8578 ; J. N., 14649, 14950.
(4) Cass., 13 nov. 1848 ; J. N., 13568.
(5) Éloy, nos 723, 763, 797 ; Roll., n° 238 ; Colmar, 29 pluv. an 10 ; Cass., 4 déc. 1835 ; Paris, 29 août 1831, 5 mars 1836, 8 mars 1839, 18 fév. et 12 août 1842, 13 janv. 1855 ; Lyon, 7 août 1856 ; J. N., 8656, 9103, 11249, 14407, 18206 ; Jur. N., 10872, 12555.
(6) Roll., n° 236 ; Paris, 29 août 1834 ; Cass., 3 déc. 1835. Voir aussi Cass., 20 juill. 1831, 22 juin 1836, 19 juill. 1854 ; Bordeaux, 16 avril 1855. Voir cependant Nancy, 26 fév. 1861 ; J. N., 8927, 9356, 16052 ; Jur. N., 10546 ; Agen. 14 mars 1866 ; Jur. N., 13284.
(7) Cass., 22 mai 1852 ; J. N., 14649.
(8) Cass., 5 août 1847 ; J. N., 13118. V. Cass., 7 nov. 1856 ; J. N., 19534.
(9) Éloy, n° 122 ; Angers, 24 mars 1843.

(10) Éloy, n° 516 ; Troplong, *Contr. par corps*, n° 177 ; Lyon, 3 fév. 1830 ; Douai, 29 mai 1839 ; Angers, 25 août 1847 ; Colmar, 29 juill. 1850, 17 déc. 1861 ; Metz, 22 juin 1858 ; Nancy, 9 déc. 1859 ; Cass., 20 juill. 1821, 6 mars 1855 ; Jur. N., 8142, 10561 ; contra, Pagès, p. 153 ; Paris, 6 janv. et 22 mai 1832, 15 nov 1843 ; Orléans, 22 juin 1843.
(11) Éloy, n° 100. Voir Roll., *Certif. de propriété*, n° 59 ; Arg., Cass. 8 août 1827 ; Trib. Seine, 28 fév. 1844 ; Bordeaux, 6 mars 1844. Voir aussi Trib. Seine, 12 janv. 1853 ; Paris, 30 juill. 1853 ; J. N., 12208 14892, 15013.
(12) Éloy, n° 914 ; Cass., 9 août 1843 ; Jur. N., 5879.
(13) Éloy, n° 915 ; Cass., 9 août 1853 ; Agen (chamb. réunies), 20 juin 1854. Voir aussi Nancy, 6 déc. 1853 ; J. N., 14331, 15063, 15249 ; contra, Bordeaux, 18 mai 1851, 2 juin 185 ; J. N., 14431, 15029.
(14) Éloy, n° 905 ; Paris, 30 juill. 1853 ; Cass., 8 mai 1854 ; Jur. N. 9984, 10251.

IV.

responsable envers les parties comme envers le fisc des conséquences du défaut d'enregistrement (1), lors même qu'il se serait abstenu de signer l'acte (2).

7701. Le notaire serait également responsable envers les parties, pour le payement du droit proportionnel dû à raison du défaut de notification ou d'enregistrement de la déclaration de command, dans les vingt-quatre heures de l'adjudication (3), *supra n° 4064.*

7762 Mais le notaire n'est pas responsable envers les tiers du préjudice que peut leur causer le défaut d'enregistrement d'un acte de son ministère, par suite de leur croyance qu'à défaut d'enregistrement cet acte était nul (4).

7703. Le notaire, qui n'a pas rédigé son acte de manière à éviter des droits d'enregistrement, n'est pas responsable de ces droits envers les parties, si d'ailleurs il a rédigé fidèlement les conventions (5).

7704. XIII. *Perte d'acte.* Les notaires étant tenus de conserver fidèlement les minutes de leurs actes, *supra n° 422,* sont responsables du préjudice que peuvent éprouver les parties par suite de la perte d'une minute (6), ou des titres et pièces annexés à une minute (7); ainsi, en cas de perte de la minute d'un contrat de mariage, si la partie qui n'a pu se faire délivrer expédition est privée des avantages qui seraient résultés de ce contrat (8); ou si, à défaut de représentation de la minute d'un acte d'obligation, le créancier ne pouvait poursuivre le recouvrement de sa créance (9).

7705. Il serait encore responsable envers les tiers si la perte de la minute était imputable à la partie intéressée, car le notaire est en faute d'avoir laissé sortir de ses mains un acte dont il était dépositaire (10).

7706. Le notaire, dépositaire judiciaire des papiers et documents relatifs à une liquidation dont il est chargé, en est responsable (11), même lorsqu'il s'est fait autoriser par justice à les déposer dans un local en dehors de l'étude, pour en faciliter la communication aux parties (12).

7707. XIV. *Faits des clercs.* Les clercs étant les préposés et les mandataires tacites des notaires, *supra n° 5534,* relativement aux affaires dont ils se mêlent, engagent la responsabilité du notaire par leurs agissements; ainsi, les erreurs ou nullités commises par un clerc dans la rédaction d'un bordereau d'inscription donnent lieu à responsabilité contre le notaire (13), sans qu'il puisse exercer de recours contre le clerc (14). — Il en est de même pour le préjudice causé aux parties par la faute d'un clerc qui, procédant à une adjudication en l'absence du notaire, laisse le subrogé tuteur enchérir et lui adjuge des objets de la succession à laquelle est appelé le mineur dont il surveille les intérêts (15).

7708. Les titres et papiers que les clients confient à un clerc, les sommes qu'ils lui versent pour acquitter les droits d'enregistrement de leurs actes, sont censés remis au notaire, qui en est responsable (16). Il répond aussi de la réquisition d'inscrire ou de transcrire aux hypothèques, faite par son clerc, et il est tenu d'en acquitter les droits (17).

7709. Le dépôt de sommes d'argent fait entre les mains d'un clerc à l'insu et sans la participation du notaire ne devrait pas engager sa responsabilité (18); mais si le notaire en a eu une connaissance quelconque, ou si le dépôt a été fait dans la vue où à la suite d'actes ou d'opérations qui doivent se consommer à l'étude, le clerc est censé agir en sa qualité de préposé, et le notaire est responsable (19). Si un détournement de deniers résulte d'un abus de confiance reprochable au clerc seul, le notaire en est également responsable (20).

7710. Lorsque le notaire s'est chargé de gestion d'affaires, de recouvrements ou autres opérations, *supra n° 7684,* il est responsable des faits de ses clercs qui le suppléent (21).

(1) Roll., n°312; Dict. not., n° 194; Éloy, n° 178; Nimes. 14 fév.1813.
(2) Roll., n°* 343. 314; Dict. not., n° 193; Éloy, n° 180; Bourges, 29 avril 1823; J. N., 4821. Voir aussi Bordeaux, 4 août 1836.
(3) Cass.,23 déc. 1835; Trib. Domfront,21 janv. 1846; J.N.,9134,12592.
(4) Aix. 14 nov. 1864; J. N.,18240.
(5) Éloy, n°* 94, 484; Cass., 24 août 1825; J. N., 3447.
(6) Roll., n° 247; Éloy, n° 447.
(7) Éloy, n° 448; Cass., 17 déc. 1804. V. Paris. 19 déc. 1867.
(8) Douai, 1er juill. 1846.
(9) Riom, 28 fév. 1825.
(10) Pagès p. 47; Roll., n° 250.
(11) Éloy, n° 522.
(12) Bordeaux, 12 juill. 1835; Jur. N., 10894.
(13) Roll., Clerc, n°* 59, 60; Pont, Petit contrat, I, 849; Toulouse 25 juill. 1835.
(14) Éloy,n°* 672, 846; Trib. Joigny; 17 mars 1850; J. N., 46878.
(15) Trib. Louhans, 18 août 1843; J.N., 11925.
(16) Roll. Clerc, n°* 62, 63.
(17) Trib. Arcis-sur Aube, 5 janv. 1832.
(18) Éloy. n° 839 V. Orléans. 12 nov. 1860.
(19) V Ferrière, Parf. not., liv. 1er, chap. 16; Roll., Clerc, n°* 65 à 74; Éloy, n° 842. Cass.. 2 déc. 1834; Trib. Seine, 29 nov. 1834 Douai, 28 mars 1851; Jur. N., 10126.
(20) Trib. Seine 28 mai et 14 juill. 1841; Rennes, 21 nov. 1839 J. N., 10508 11049, 10856.
(21) Roll. Clerc, n° 73; Cass., 4 août 1835.

7711. Si un clerc accepte une procuration et se rend mandataire d'une partie, non comme clerc, mais en son nom personnel, le notaire n'est pas responsable de ses agissements (1). Il en serait autrement si le mandat lui était donné en sa seule qualité de clerc, même à l'insu du notaire, et si la confiance qu'il inspire vient de ce qu'il est préposé dans l'étude du notaire (2).

7712. Quand un clerc n'a pris la qualité de mandataire d'un client qu'à la sollicitation du notaire, qui était le mandataire réel, celui-ci doit l'indemniser des suites du mandat (3). Décidé même que le clerc est déchargé de toute responsabilité dans ce cas (4); il en est ainsi, à plus forte raison, si, ayant reçu des fonds en sa qualité de mandataire, il justifie les avoir versés dans la caisse de l'étude (5). Mais le clerc peut être déclaré responsable s'il partageait de fait l'exploitation de l'étude, dont il est devenu ultérieurement le titulaire (6).

CHAPITRE TROISIÈME.

DE LA RESPONSABILITÉ DU NOTAIRE EN SECOND, DU NOTAIRE SUBSTITUANT, ET DU NOTAIRE COMMIS PAR JUSTICE.

7713. I. *Notaire en second.* Le notaire en second, apposant ordinairement sa signature sur l'acte après qu'il est devenu complet par la signature des parties et du notaire instrumentant ((*Loi 21 juin 1843, art. 1 et 5*), n'est soumis à aucune responsabilité pour les erreurs ou les fautes commises dans les actes qu'il a signés en cette seule qualité de notaire en second (7).

7714. Il serait cependant responsable de la nullité, si elle provenait d'un fait qui lui fût imputable, comme s'il était parent ou allié au degré prohibé de son confrère ou de l'une des parties contractantes, surtout si le concours de celle-ci à l'acte s'était manifesté par sa signature (8).

7715. Si le notaire en second est en nom parce qu'il a été appelé par l'une des parties, ou qu'il concoure à l'un des actes solennels spécifiés dans l'art. 2 de la loi du 21 juin 1843, *supra nº 563*, les deux notaires instrumentent conjointement, ils prennent une égale participation à l'acte, et ils assument tous deux la responsabilité des erreurs ou omissions qui en entraîneraient la nullité. Toutefois, il appartient au juge d'apprécier la mesure du concours que chacun d'eux a pris à l'acte, et de fixer en conséquence les dommages à la charge de chacun d'eux (9); mais la solidarité peut être prononcée contre les deux notaires (10).

7716. La loi du 21 juin 1843 n'a apporté aucune modification aux actes qui sont gouvernés par les dispositions du Code Napoléon et du Code de procédure, comme les testaments et les actes respectueux, et la responsabilité du notaire en second s'applique à ces actes (11).

7717. II. *Notaire substituant.* Lorsqu'un acte est reçu par un notaire comme substituant son confrère empêché, le notaire substituant est responsable si l'acte est annulé pour défaut de forme, la faute lui est imputable comme étant le notaire instrumentant (12). Mais c'est le notaire substitué, auquel reste la minute, qui est responsable de sa conservation (13).

(1) Roll., *Clerc*, nº 74.
(2) Roll., *Clerc*, nº 75; Éloy, nº 849.
(3) Trib. Nantes, 21 janv. 1834. V. Paris, 25 juin 1840; J. N., 10081.
(4) Éloy, nº 848; Trib. Mâcon, 18 déc. 1861; Jur. N., 12083.
(5) Trib. Lyon, 6 juill. 1850, 21 déc. 1861; Grenoble, 28 juill. 1865; Paris, 13 déc. 1865; J. N., 14237; Jur. N., 9071, 12808, 12936, 12937.
(6) Éloy, nº 845; Rennes, 4 juin 1851; Jur. N., 9360.
(7) Loret sur l'art. 9 de la loi de ventôse; Garnier Deschènes, *Traité élém. du not.*, nº 77; Massé, liv. 1er, chap. 21; Roll., *Resp. des not.*, nºs 173 à 178; Dict. not., ibid., nº 404; Éloy, nº 308; Trib.

Pontivy, 27 fév. 1850; J. N., 11018; Grenoble, 23 juill. 1865; Jur. N., 12937; Trib. Lyon, 14 août 1866; Jur. N., 13175.
(8) Garnier Deschènes, nº 78; Roll., nº 479; Dict. not., nº 406.
(9) Roll., nºs 482 à 485, 255, 256; Dict. not., nºs 410, 443, 448; Éloy, nºs 308, 311; Pagès, p. 245. V. Cass., 25 juin 1867; J. N. 18938.
(10) Duvergier sur Toullier, XI, p. 423; Pagès, p. 240; Éloy, nºs 313 à 317; Cass., 12 juill. 1836, 29 fév. 1837, 20 déc. 1852, 4 mai et 14 déc. 1859; CONTRA, Duranton, XI, 194; Toullier, XI, 154; Bordeaux, 16 fév. 1829.
(11) Garnier Deschènes, nº 78; Loret, I. p. 212; Éloy, nº 322 Roll., nºs 487, 488; Bordeaux, 8 mai 1860; J. N., 16870.
(12) Éloy, nº 845; Roll., *Subst. de not.*, nº 18; J. N., 14076.
(13) Éloy, nº 864; Roll., loc. cit., nº 17.

7718. En *Algérie* le notaire suppléé et le notaire substituant sont solidairement responsables de l'inobservation des formalités prescrites pour la validité des actes, *supra* n° 376.

7719. III. *Notaire commis par la justice.* Le notaire commis par justice pour représenter un absent dans les inventaires, comptes, partages et liquidations, est passible de dommages et intérêts, si, par sa faute ou par sa négligence, il a compromis les intérêts de l'absent (1). Ce qui est applicable aussi au notaire commis pour représenter une partie non présente dans un inventaire ; par exemple, s'il a omis de requérir la cote et le parafe d'un extrait d'inscription de rente qui, par suite de cette irrégularité, a pu être vendu par l'usufruitier (2).

7720. Dans ce cas, le notaire commis, étant en faute, n'a pas de recours contre le notaire instrutrumentant (3).

CHAPITRE QUATRIÈME.

DE L'ACTION EN RESPONSABILITÉ.

7721. I. *Action.* L'action en responsabilité appartient à celle des parties qui a éprouvé le préjudice, ou à la personne qui se trouve subrogée à ses droits (4).

7722. Elle s'exerce contre le notaire auteur du préjudice (5); — s'il est décédé, contre ses héritiers et autres représentants (6); mais, dans ce dernier cas, elle ne peut être appliquée qu'avec une grande modération si un assez long laps de temps s'est écoulé, car les héritiers sont dénués des moyens justificatifs que leur auteur aurait pu faire valoir (7).

7723. L'action en responsabilité ne peut être formée avant toute demande en nullité de l'acte. Jugé cependant que si un acte est évidemment nul, comme non signé du notaire en second, il peut être prononcé une condamnation à des dommages-intérêts, à donner par état lorsque le préjudice se sera produit (8). La partie contre laquelle la nullité est demandée peut mettre en cause le notaire dans l'instance introduite contre elle (9), pourvu que ce soit devant le tribunal de la résidence du notaire, *infra* n° 7725.

7724. L'action est soumise au préliminaire de conciliation, à moins qu'elle ne soit jointe à une instance déjà existante (10).

7725. Elle est portée devant le tribunal de la résidence du notaire actionné (*Loi 25 vent. an 11, art. 55*), quelque soit le tribunal qui ait statué sur la contestation principale entre les parties, ou même qui soit saisi de cette contestation (11), à moins cependant qu'il ne soit actionné qu'à raison d'un mandat spécial dont il avait été chargé (12). — Elle ne peut, dans aucun cas, être portée devant un tribunal spécial ou d'exception, un tribunal de commerce, par exemple (13), ni devant le juge de paix, même lorsqu'en matière ordinaire elle serait de sa compétence (14).

7726. Elle ne peut, pour la première fois, être exercée sur l'appel. C'est une action principale qui doit subir les deux degrés de juridiction (15).

7727. L'appel sur un jugement relatif à la responsabilité des notaires est recevable, encore bien

---

(1) Éloy, n° 172; Pagès, p. 79; Roll., *Resp. des not.*, n° 193; Dict. not. *ibid.*, n° 214; Limoges, 12 mars 1823; Cass., 10 fév. 1859 ; J. N., 449:0.

(2) Roll., n°* 194, 195; Paris, 7 nov. 1839; J. N., 10348.

(3) Roll., n° 196 ; Cass., 10 fév. 1853. V. cependant Paris, 7 nov. 1839; J. N., 10518, 11050.

(4) Éloy, n° 935; Douai, 21 nov. 1810 ; Cass., 9 déc. 1850; J. N., 4700t.

(5) Éloy, n° 939; Roll., n° 253.

(6) Toullier, VIII, 75; Pagès, p. 212; Roll., n° 256; Dict. not., n° 457; Éloy, n° 943; Colmar, 4 juill. 1839.

(7) Pagès, p. 242 ; Roll., n° 257 *bis*; Dict. not., n° 458; Éloy, n°* 945, 946; Angers, 9 mars 1821; Cass., 27 juill. 1825; Nîmes 29 avril 1863; Jur. N., 12382. V. aussi Pau, 24 avril 1866; Journ. du not., 1866, p. 256.

(8) Bourges, 29 mars 1859. V. aussi Rouen, 17 déc. 1860; J. N., 108/2, 176-3 ; Éloy, n°* 965, 966.

(9) Roll., n°258 ; Limoges, 26 juill. 1839; Bourges, 20 nov. 1844; Jur. N., 6901.

(10) Pagès, p. 238 ; Éloy, n° 962; Roll., n° 259; Dict. not., n° 462.

(11) Pagès, p. 233 ; Éloy, n° 953; Roll., n° 260; Bordeaux, 27 juin 1839; Limoges, 26 juill. 1839 ; Paris, 30 mai 1842; Cass., 8 oct 1829, 6 juill. 1860; J. N., 10501, 16898; CONTRA, Termonde, 15 fév. 1867.

(12) Cass., 2 mars 1846; J. N., 12643 ; CONTRA, Éloy, n° 958.

(13) Éloy, n° 955 ; Cass., 16 mai 1816.

(14) Éloy, n° 952; Cass., 25 avril 1853.

(15) Limoges, 8 mars 1844; Jur. N., 6902. V. Cass., 2 déc. 1856; J. N., 45904.

qu'il s'agisse d'une somme inférieure au taux de la compétence en dernier ressort des tribunaux de première instance (1) (*Arg. Loi 25 vent. an 11, art. 55*).

7728. II. *Exceptions.* L'action en responsabilité étant subordonnée à l'appréciation des tribunaux, *supra n° 7640*, qui peuvent, soit la rejeter, soit ne condamner le notaire qu'à des dommages et intérêts inférieurs au préjudice souffert, soit même ne mettre à sa charge que les dépens de l'instance, *infra n° 7741*, il y a lieu de rechercher les cas particuliers d'excuse qui peuvent être invoqués par le notaire actionné.

7729. On distingue notamment les six cas d'excuse suivants :

7730. 1re CAS. Si dans l'acte, la partie qui a subi un préjudice était assistée d'un conseil, avocat, avoué, agent d'affaire, etc., le notaire a pensé que le conseil apporterait une surveillance suffisante, et si la nullité ne provient pas d'une irrégularité de forme qui lui soit reprochable, il n'encourt pas de responsabilité.

7731. 2e CAS. Lorsque la nullité de l'acte provient d'une formalité ou d'un point de droit qui donnait lieu à une grande divergence dans la doctrine et la jurisprudence, le notaire est censé avoir été de bonne foi, en adoptant le système qui lui a paru préférable ; il y a alors une sorte d'erreur commune qui le rend excusable (3) ; ainsi jugé par rapport : à un contrat de mariage où n'avait pas comparu la future pour laquelle on s'était porté fort (4), — à une hypothèque annulée parce qu'elle avait été consentie par une femme mariée en vertu d'une procuration non suffisamment spéciale (5).

7732. Ainsi, encore, on a décidé, en matière de testament, que le notaire n'était pas responsable de la nullité résultant des faits suivants, si, lors de sa réception, on discutait sur la question de savoir si la loi de ventôse an 11 était applicable à la rédaction des testaments, *supra n° 2648* ; par exemple : 1° la parenté existant entre le notaire et l'un des légataires (6) ; 2° l'omission de la mention expresse de l'écriture par le notaire (7), 3° la non-approbation expresse du renvoi porté à la fin du testament (8).

7733. On a également décidé que la responsabilité n'était pas encourue pour les cas de nullité suivants, par suite de la controverse à laquelle ils donnaient lieu : 1° la réception d'un testament dans lequel est institué un allié du notaire au degré prohibé (9) ; — 2° le concours au testament d'un témoin ne comprenant pas la langue française (10) ; — 3° la nomination dans le testament du notaire rédacteur pour exécuteur testamentaire (11) ; — 4° la signature dans une campagne de quatre témoins seulement au lieu de six présents à l'acte de suscription d'un testament mystique (12).

7734. Toutefois, la règle reçoit exception s'il y a eu imprudence de la part du notaire qui, entre deux systèmes opposés dont l'un ne présentait aucun inconvénient, tandis que l'autre donnait lieu à controverse, choisit ce dernier, par exemple : 1° si un notaire sachant qu'un époux était mineur, a reçu une donation faite par lui à son conjoint dans la forme ordinaire, au lieu de faire consentir la libéralité par un testament (13), *supra, n° 2655* ; — 2° si le notaire a omis, dans un testament, d'énoncer la demeure des témoins instrumentaires (14).

7735. 3e CAS. La nullité résultant de l'insuffisance dans les termes employés par le notaire, ou dans l'emploi d'un mot qui n'était pas synonyme d'un autre, peut être déclaré excusable ; par exemple, si dans un testament reçu peu de temps après la promulgation du Code, le notaire a mis le mot *rédigé* au lieu du mot *écrit* (15), *supra n° 2669*, ou s'est servi d'expressions insuffisantes pour constater la déclaration faite par un testateur de ne pouvoir signer (16).

7736. 4e CAS. La responsabilité du notaire n'est pas engagée si la nullité de l'acte est imputable aux parties elles-mêmes (17) ; par exemple, si l'inobservation des formes voulues par la loi a eu lieu au su et dans l'intérêt des parties ; ou si, sur la sollicitation du légataire institué, le notaire a constaté fausse-

(1) Éloy, n° 962 ; Metz, 15 janv. 1819 ; Cass., 16 mai 1825.
(2) Roll., n° 265 ; Dict. not., n° 233 ; Riom, 20 nov. 1848. V. cependant Éloy, n° 337.
(3) Duranton, IX, 122 ; Pagès, p. 437 ; Roll., n° 266 ; Arg. Cass. 20 août 1829.
(4) Éloy, n° 660 ; Riom, 28 mai 1824 ; Limoges, 21 mars 1846 ; J. N., 12747.
(5) Bordeaux, 9 déc. 1847 ; J. N., 13241.
(6) Éloy, n° 691 ; Douai, 29 mai 1840.
(7) Éloy, n° 693 ; Bordeaux, 13 janv. 1842.
(8) Lyon, 18 janv. 1832.

(9) Éloy, n° 597 ; Bordeaux, 14 mars 1843 ; J. N., 11754.
(10) Éloy, n° 697 ; Metz, 30 avril 1843 ; Jur. N., 5985.
(11) Éloy, n° 698 ; Douai, 2 janv. 1837 ; J. N., 9643.
(12) Éloy, n° 699 ; Agen, 16 août 1836 ; Jur. N., 3729.
(13) Roll., n° 276, 277 ; Éloy, n° 583, 596, 654 ; Cass., 12 avril 1843 ; J. N., 11619 ; CONTRA, Pagès, p. 423.
(14) Bordeaux, 16 juin 1834.
(15) Éloy, n° 95, 620 ; Colmar, 11 fév. 1815.
(16) Éloy, n° 96 ; Caen, 27 août 1827. V. cependant Colmar, 4 juill. 1809 ; Grenoble, 13 juill. 1831 ; J. N., 7686.
(17) Roll., n° 284 ; Lyon, 23 août 1841 ; Cass. 25 juin 1847 ; J. N., 11282, 18938.

ment que l'acte a été dicté par le testateur, qu'il a été écrit en sa présence et celle des témoins, et que le testateur a été interpellé de signer (1).

7737. 5e cas. Quand la faute n'est pas seulement personnelle au notaire, mais qu'elle a été partagée par les parties, *supra n° 7649*, la responsabilité n'est pas encourue dans toute sa rigueur et peut même ne pas être prononcée du tout; ainsi, on a décidé que le notaire n'était pas responsable de la nullité d'un don mutuel, les parties ayant dû savoir que le Code civil proscrivait cette forme de libéralité (2); — ni de la nullité d'un partage d'ascendant où le notaire était le beau-frère de l'un des enfants, ce qui était connu de toutes les parties (3); — ni des frais d'une saisie immobilière annulée pour vice de forme de l'acte notarié qui a servi de base à cette saisie, lorsque le créancier avait d'autres titres réguliers, et qu'il a négligé d'en user (4). Mais le notaire serait responsable s'il avait négligé d'avertir les parties d'une nullité, qu'à cause de leur ignorance, elles n'auraient pas été à portée d'apercevoir ou d'apprécier (5); toutefois le notaire ne doit réparer le préjudice que pour la part qu'il a eue dans la faute commune (6); c'est ce qui a été décidé pour erreurs commises dans les énonciations d'une mainlevée d'inscription (7), ou dans la rédaction de bordereaux d'inscriptions (8), ou encore en matière de placement de fonds (9).

7738. 6e cas. La responsabilité du notaire cesse encore lorsque, abstraction de la faute par lui commise, il y a une autre faute commise par la partie, susceptible à elle seule d'entraîner la nullité; par exemple, — si une inscription prise par la partie est annulée non-seulement par le défaut d'enregistrement de l'acte, mais encore pour erreur dans la date de l'acte en vertu duquel elle a été prise (10), — ou si un testament est annulé pour un vice de forme imputable au notaire, et en même temps pour l'insanité d'esprit du testateur (11), sauf à être condamné aux frais relatifs à la constatation des vices qui lui sont imputables.

7739. III. *Quotité des dommages-intérêts.* La réparation doit être, en règle générale, du dommage tout entier souffert par la partie; elle ne doit pas s'enrichir de cette réparation, mais aussi elle doit être rendue indemne (12); c'est ce qui a été décidé à l'égard du préjudice résultant : de l'annulation d'un testament (13) ou d'une donation (14), du défaut de production à un ordre par la faute du notaire (15), de l'insuffisance de l'hypothèque (16).

7740. Néanmoins, les juges, étant souverains pour l'appréciation de la faute, peuvent réduire les dommages et intérêts dans une proportion convenable à la gravité de la faute, aux circonstances qui tendent à l'excuser, à l'imprudence de la partie qui a mal placé sa confiance et ne s'est pas entourée de conseils assez éclairés pour surveiller ses intérêts, au long temps écoulé depuis le dommage éprouvé, surtout si, dans ce cas, l'action est formée contre les héritiers du notaire (17), *supra n° 7722.*

7741. Ainsi, on a décidé que la responsabilité du notaire s'étendait à une partie seulement du dommage (18), ou même se bornait aux dépens ou à une partie des dépens (19) lorsqu'il était déclaré excusable dans les cas rapportés *supra n° 7751 à 7755.*

7742. Si la responsabilité provient de l'exécution d'une commission particulière, un mandat par exemple, on doit, pour l'évaluation du dommage, distinguer si le mandat a été gratuit ou salarié, et être moins sévère dans le premier cas que dans le second (20) (C. N. 1992).

(1) Éloy, n° 53; Caen, 15 janv. 1823. V. aussi Rouen, 7 fév. 1853; Cass., 28 juill. 1856; J. N., 15915.
(2) Bourges, 28 août 1832. V. Éloy, n°° 35, 389; Lyon, 8 fév. 1867; J. N., 18798.
(3) Nancy, 2 fév. 1838.
(4) Riom, 8 déc. 1847; J. N., 13329.
(5) Arg. Lyon, 15 avril 1832.
(6) Limoges, 14 juin 1845; Jur. N., 7343.
(7) Lyon, 23 avril 1832.
(8) Cass., 9 août 1836.
(9) Douai, 22 déc. 1840; Jur. N., 5065.
(10) Roll., n° 298; Nîmes, 14 fév. 1813; Arg. Caen, 29 avril 1864 Jur. N., 42080.
(11) Éloy, n° 630, Rouen, 4 juin 1862. V. Bordeaux, 8 mai 1860. 1860.
(12) Roll., n° 299; Dict. not., n° 426; Éloy, n° 33; Paris, 19 mai 1806; Cass., 8 mai 1854.
(13) Limoges, 26 juill. 1839; Lyon, 25 nov. 1847; Nîmes, 17 janv. et 17 nov. 1818; Agen, 22 nov. 1853; Riom, 13 août 1856; J. N., 10554, 10144; Jur. N., 8168, 8189, 8281, 10250.

(14) Pau, 5 fév. 1866; Jur. N., 13031.
(15) Montpellier, 12 janv. 1852; Jur. N., 9668.
(16) Metz, 13 août 1854; Cass., 14 juill. 1856; J. N., 15930, 18592; Aix, 8 déc. 1865; Journ. du not., 1866, p. 250.
(17) Toullier, II. 286; Pagès, p. 244, 246; Éloy, n° 39; Dict. not., n° 429; Roll. n° 301; Caen, 31 mai 1812; Riom, 8 mars 1839, 8 déc. 1847, 10 déc. 1849; Trib. Lille, 29 nov. 1850; Bordeaux, 8 mai 1860; Poitiers, 19 nov. 1862; Nîmes, 29 avril 1863; Colmar, 16 août 1854; Cass., 27 nov. 1837, 20 janv. 1841, 31 mars 1862; Pau, 24 avril 1866; J. N., 10561, 16870, 17397, 17753, 18149; Journ. du not., 1866 p. 246.
(18) Caen, 27 août 1847; Avranches, 20 juin 1867; J. N., 18759.
(19) Caen, 15 janv. 1823; Toulouse, 29 avril 1826; Lyon, 18 janv. 1832; Cass., 27 nov. 1837; Douai, 2 janv. 1837; Bordeaux, 14 mai 1843; Trib. Mortain, 31 déc. 1864; Jur. N., 4850, 5845, 7799, 9643, 9832 11773, 12835.
(20) Pagès, p. 246; Roll., n° 306. V. Lyon, 10 juin 1867; J. N., 16011.

7743. Les dommages et intérêts dus par le notaire ou par ses héritiers ne sont susceptibles de produire d'intérêt qu'à partir du jugement de condamnation, et non du jour où s'est ouverte l'action en responsabilité, ou du jour où la demande en nullité de l'acte a été formée (1).

5744. Les dépens de l'instance peuvent être prononcés solidairement contre les défendeurs lorsqu'ils sont plusieurs, pourvu que ce soit expressément à titre de dommages et intérêts (2).

7745. IV. *Prescription.* L'action en responsabilité n'est ouverte qu'au moment où a été exercée l'action principale en nullité de l'acte, s'il s'agit d'un vice de forme (3) ; et s'il s'agit de la nullité d'une hypothèque en raison de ce qu'elle a été consentie sur un immeuble n'appartenant pas au débiteur, à partir du jour où l'action hypothécaire du créancier a été rejetée(4). — V. toutefois *supra* n° 7723.

7746. Elle peut s'exercer pendant trente ans, sa durée n'étant pas limitée à un temps plus court (*Arg. C. N.*, 2262).

---

(1) Nîmes, 29 avril 1863; Cass., 16 août 1865; J. N., 18366; Jur N., 12582, 12502.
(2) Paris, 28 fév. 1845; Cass., 17 janv. 1832. 11 juin 1839. 28 fév. 1848 ; J. N., 10446. Voir cependant Éloy, n°° 319, 949.
(3) Roll., n° 309; Éloy. n°° 964, 965; Paris, 1er floréal, an 11 Poitiers. 2 fév. 1825. Voir Rennes, 16 avril 1856; J. N., 9576.
(4) Éloy, 909; Cass., 27 mai 1857, 16 août 1863; J. N., 18196; Jur N 11149. 12509.

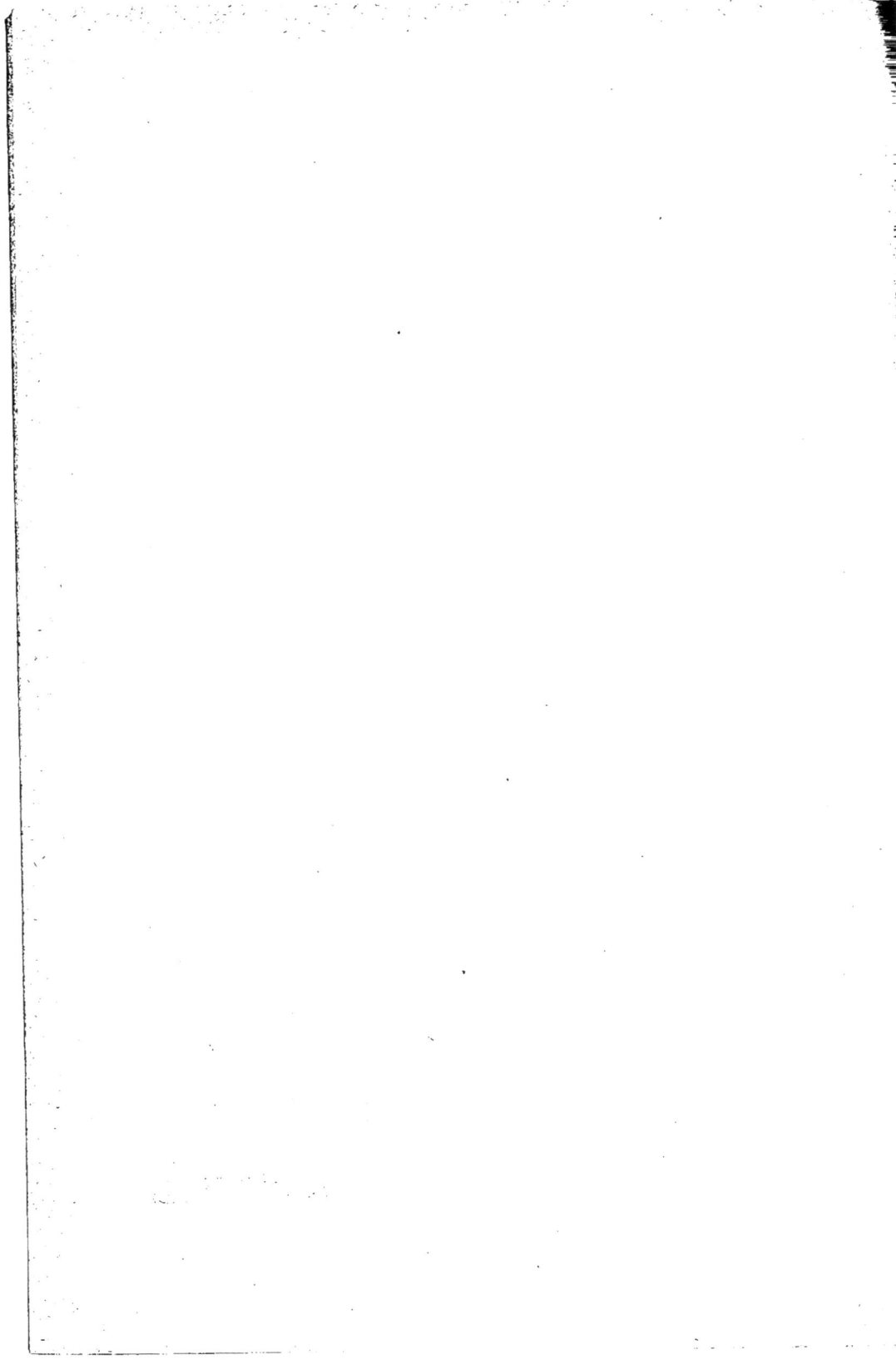

TABLE ALPHABÉTIQUE GÉNÉRALE

DES

FORMULES.

———

30

FIN DE LA TABLE ALPHABÉTIQUE GÉNÉRALE DES FORMULES

TABLE ALPHABÉTIQUE

DU

DROIT CIVIL.

A

ABANDON DE BIENS PAR L'HÉRITIER BÉNÉFICIAIRE. Acceptation, 1954, 1955. Actions, 1949. Administrateur, 1958 à 1960. Biens, 1953. Créanciers, 1945, 1952. Curateur, 1960. Distribution, 1960. Effets, 1946, 1949, 1950, 1957. Formes, 1948, 1952. Frais, 1961. Gestion, 1958. Légataires, 1945, 1952. Mineur, 1947. Notification, 1954, 1955. Rapport, 1954. Révocation, 1955, 1956. Tuteur, 1947. Vente, 1957 à 1960.

ABANDON D'UN FONDS GREVÉ DE SERVITUDES. Acceptation, 1654. Clôture, 1584, 1649. Etage, 1583, 1649. Etat civil, 1654. Evaluation, 1656. Fonds servant, 1648. Frais, 1657. Révocation, 1654. Signification, 1651. Transcription, 1655.

ABANDON DE MITOYENNETÉ. Acceptation, 1654. Etat civil, 1654. Evaluation, 1656. Fossé, 1587, 1647. Frais, 1657. Haie, 1647. Mur, 1646. Origine de propriété, 1653. Puits, 1647. Rachat, 1650. Résolution, 1652. Révocation, 1654. Signification, 1651. Transcription, 1655. Ville et faubourgs, 1646.

ABANDONNEMENT A TITRE DE PARTAGE. Formes, 1973. Indivision, 1973.

ABEILLES. Propriété, 1673.

ABRÉVIATION. Acte notarié, 324, 325. Algérie, 382. Expédition, 506.

ABROGATION. Loi, 744.

ABSENCE. Acte de notoriété, 668 à 672. Autorisation maritale, 1055 1057. Bail, 4453. Consentement à mariage, 943 bis. Délaissement, 5952. Dissolution de communauté, 3884. Droits éventuels, 928. Enquête, 672. Envoi en possession, 672. Expropriation pour utilité publique, 4091, 4099. Fruits, 928. Héritier apparent, 928, 929. Hypothèque, 5669. Inventaire, 2175, 2176, 2187, 2192, 2440, 2441. Mariage, 931. Mainlevée, 5886. Notaire commis, 929. Partage, 1976, 2440. Payement, 3270. Pétition d'hérédité, 928 Représentation, 4703. Scellés, 929. Succession, 928. Vente de meubles, 908.

ABSENCE (PRÉSOMPTION). Administration, 893 à 895. Curateur, 895. Disparition, 892. Enfants, 900. Inventaire, 897. Jouissance légale, 900. Jugement, 896. Liquidation, 897. Mandataire, 892. Mineurs, 900. Ministère public, 894. Notaire commis, 897. Partage, 897. Procuration, 892. Requête, 896. Scellés, 898. Succession, 897. Surveillance des enfants, 900. Tuteur provisoire, 901.

ABSENCE (DÉCLARATION). Bénéfice d'inventaire, 912. Caution, 903, 904, 916. Communauté, 915. Créanciers, 903. Décès, 913. Délai, 903, 913. Dettes, 911, 912. Emploi, 908. Enquête, 903. Héritiers, 903. Inventaire, 907. Jugement, 903. Mineur, 902. Poursuites, 911. Procuration, 903. Publications, 903. Renonciation à communauté, 915. Requête, 903. Testament, 904. Tuteur, 902.

ABSENCE (ENVOI EN POSSESSION PROVISOIRE). Administration, 924. Aliénation, 921, 922. Bénéfice d'inventaire, 912. Biens, 905. Caution, 903, 904. Cessation, 913. Décès, 913. Dettes, 911, 912. Emploi, 908. Existence de l'absent, 913. Fin, 913. Frais, 909, 910. Fruits, 905, 914. Homologation, 909. Immeubles, 909. Inventaire, 907. Partage, 923. Poursuites, 911. Rapport, 909. Rétention, 906, 914. Testament, 904. Vente du mobilier, 908 ; des immeubles, 909.

ABSENCE (ENVOI EN POSSESSION DÉFINITIVE). Caution, 924. Délai, 924. Dissolution de communauté, 924. Enfants, 926. Fruits, 927. Héritiers, 926. Ouverture de succession, 924. Partage, 924. Prescription, 926. Restitution, 925 à 927.

ABSENCE MILITAIRE. Administration, 932, 933. Conseil de famille, 932. Curateur, 932, 933. Scellés, 932.

ACCEPTATION. Convention, 3142, 3143. Notaire, 295. Révocation, 3143.

ACCEPTATION DE COMMUNAUTÉ. Actes d'administration et de conservation, 3889. Créanciers, 3901. Défaut d'inventaire, 3394, 3895. Dol, 3890, 3895. Faculté, 3887. Femme mineure, 3891. Héritiers, 3919. Immixtion, 3889. Prise

Revenus, 3329. Stellionataires, 3333. Tuteurs, 3333. Vente, 3329, 3333, 4418, 4419.

CESSION DE DROITS LITIGIEUX. Avocats, 4252. Avoués, 4252. Chose litigieuse, 4250, 4253. Dommages-intérêts, 4252. Garantie, 4251. Greffier, 4252. Huissiers, 4252. Incapacité, 4252, 4253. Magistrat, 4252. Notaires, 4252. Nullité, 4252. Retrait (voir *Retrait de droits litigieux*) Signification, 4251.

CESSION DE DROITS SUCCESSIFS. Accroissement, 4230. Bénéfice d'inventaire, 4227. Confusion, 33 5, 4229. Délivrance, 4226. Donation, 4232. Extension, 4228. Fruits, 4228. Garantie, 4225. Hérédité, 4224. Opposition à partage, 2144, 4231. Partage, 4231, 4232. Portrait de famille, 4227. Rescision de partage, 2400. Retrait successoral (*voir ce mot*). Séparation de biens, 3631. Séparation des patrimoines, 5623. Signification, 4231. Transaction, 4231. Transmission, 4229.

CESSION D'HYPOTHÈQUE LÉGALE. Acte, 5723. Antériorité, 5719, 5722. Concours, 5725. Concurrence, 5719. Date, 5725, 5726. Effet, 5722. Expresse, 5720. Extinction, 5722. Formes, 5719. Inscription, 5748, 5723. Limitation, 5722. Mandataire, 5725. Mention, 5723. Non-engagement, 5724. Ordre, 5725. Priorité, 5726. Procuration, 5724. Renonciation, 5719. Tacite, 5720.

CESSION DE MINUTES. Acte imparfait, 432. Algérie, 441 à 451. Arbitrage, 434. Cession d'office, 427, 428. Contrainte, 431. Délai, 429, 430. Documents, 432. Etat sommaire, 433, 439. Pièces, 432. Procureur impérial, 431. Récolement, 433, 439. Recouvrement, 434. Remise, 429 à 437. Remplacement de notaire, 429. Répertoire, 432. Scellés, 433. Suppression d'office, 430. Traité, 434. Testaments olographes, 432.

CESSION D'OFFICE. Accessoires, 4274. Agent de change, 4257. Avocats à la Cour de cassation, 4257. Avoués, 4257. Autorisation de céder, 4262 à 4265. Bénéfice d'inventaire, 4263. Cédant, 4264 à 4270. Cessionnaire, 4271 à 4273. Clientèle, 4274. Commissaires-priseurs, 4257. Concurrence, 4270. Conditions, 4277. Contestation, 4285. Contre-lettre, 4290, 4291. Courtiers, 4257. Créanciers, 4264. Dation d'un immeuble, 4284. Décès du titulaire, 4262. Destitution, 4267, 4268, 4288. Dol, 4284. Dommages-intérêts, 4270, 4275, 4276. Exercice du privilége, 4289. Fraude, 4284. Garantie, 4270. Greffier, 4257 Héritiers, 4262 à 4266. Huissiers, 4257. Inexécution du traité, 4275, 4276. Interdit, 4265. Intérêt, 4281. Légataire, 4266. Lésion, 4283, 4284 Mineurs, 4265 Ministère public, 4264. Nomination, 4268. Notaires, 4257. Payement, 4279. Présentation, 4268. Privilége, 4286 à 4289. Prix, 4278 à 4285. Propriété, 4258. Recouvrement, 4274. Rente viagère, 4281 Résolution, 4286. Restitution, 4290. Société, 4273. Stipulations interdites, 4277. Succession vacante, 4263. Suspension, 4269. Titulaire, 4261. Tradition, 4275. Traité, 4260. Tuteur, 4265. Vacance, 4264 Vendeur, 4261 à 4270. Vente, 4259. Veuve, 4266.

CHAMBRE DES NOTAIRES. Actions, 96. Archives, 89, 92. Assemblée générale, 403, 404. Attribu-

tions, 80, 95. Avis, 80. Bourse commune, 444. Certificat de moralité et de capacité, 80. Citation, 96. Clercs, 208. Compte, 90. Convocation, 86, 87, 103. Cumul, 95. Décharge, 90. Décision, 98. Délai, 96. Délibération, 84, 89, 98 à 102, 104. Dépenses, 90. Dépôt de minutes, 80. Election des membres, 107, 440. Election des officiers, 409, 440. Enreg. strement, 404. Exécution, 87. Expédition, 89, 92. Local, 405. Mandat, 80. Nombre des membres, 83, 93. Nombre des syndics, 94. Notification, 402. Nullité, 88. Officiers, 85. Organisation, 82. Parenté, 97. Plainte, 98. Police, 86, 406. Poursuites, 87 Président, 85, 86, 92, 95, 96, 99, 409. Procédure, 96. Rapport, 88. Rapporteur, 85, 88, 95. Recettes, 90. Réélection, 94. Refus, 407. Règlement, 406. Registre des délibérations, 84. Registre de stage, 92. Renouvellement, 408. Renseignements, 88. Secrétaire, 85, 89, 92, 99, 402, 449. Siége, 73. Stage, 92. Surveillance des clercs. 209. Syndic, 85, 87, 94, 92, 95, 448, 449. Tiers, 98. Trésorier, 85, 90.

CHANGEMENT D'ÉLECTION DE DOMICILE. Acte, 890. Inscription, 5880, 5884.

CHASSE. Bail, 4467, 4528. Dommages-intérêts, 4662. Gibier, 4662. Permission, 4662. Propriété, 4662. Règlement, 4662. Usufruit, 4492.

CHEPTEL A MOITIÉ. Conventions, 4603. Croît, 4603. Fumier, 4603. Laine, 4603. Laitage, 4603. Nullité, 4603. Perte, 4602. Profit, 4602. Règles, 4604. Société, 4602. Travail des bêtes, 4603.

CHEPTEL DONNÉ AU COLON PARTIAIRE. Règles, 4613. Conventions, 4612. Fin, 4613. Laitage, 4612. Perte, 4611, 4612. Profit, 4612.

CHEPTEL DONNÉ AU FERMIER. Bestiaux, 4605, 4607. Cas fortuit, 4609. Cheptel de fer, 4605. Croît, 4607 Estimation, 4606. Faisances, 4607. Fumier, 4608. Laine, 4607, Laitage, 4607. Perte, 4609. Profits, 4607. Propriété, 4606. Règlement, 4610. Remplacement, 4607. Risques, 4606. Sortie, 4605, 4610.

CHEPTEL SIMPLE. Abus de confiance, 4594. Bail, 4588. Cas fortuit, 4590. Colon partiaire, 4596. Créanciers, 4594. Croît, 4588, 4593. Décès, 4600. Disposition, 4594. Dommages-intérêts, 4597. Durée 4598. Estimation, 4589, 4601. Faute, 4590. Fermier d'autrui, 4596. Fumier, 4593. Laine, 4593. Laitage, 4593. Notification, 4596. Nullité, 4592. Partage, 4601. Parts, 4592, 4593. Peaux, 4590. Perte, 4591, 4592, 4601. Prélèvement, 4592, 4601. Profit, 4593. Propriétés, 4589. Résiliation, 4591, 4597. Résolution, 4599. Saisie, 4594, 4596. Soins, 4590. Tacite réconduction, 4598. Tonte, 4597. Travail des animaux, 4593. Vente, 4594, 4595.

CHOSE D'AUTRUI. Bail, 4466. Echange, 4434. Hypothèque, 5662. Legs, 2759. Vente, 4004.

CHOSE JUGÉE Identité de chose, 3488-1°; de Cause, 3488-2°; de parties, 3488-3°. Cause, 3488-2°. Moyens, 3488-2°.

CITATION. Chambre des Notaires, 96, 98. Discipline notariale, 449. Domicile élu, 883. Etranger, 763.

la Communauté, 3884. Pupille, 1281. Réalisation, 3581.

COMMUNICATION des actes. Acte confié au notaire, 468. Amende, 595. Dommages-intérêts, 595. Parties intéressées, 595. Inventaire, 2446. Régie, 468. Répertoire, 276 à 278. Préposé de l'enregistrement, 2446. Suspension, 595. Vérificateur, 438.

COMMUNISTE. Partage, 2087.

COMMUTATIF. Contrat, 3133, 3136.

COMPENSATION. Acceptation de transport, 3375. Caution, 3367, 3369. Cessionnaire, 3373. Choses fongibles, 3367. Conditions, 3367. Consentement, 3376. Créanciers, 3367. Dépôt, 5302, 7697. Dettes liquides, 3367. Exceptions, 3370. Exigibilité, 3367. Extinction, 3366, 3368, 3369. Facultative, 3376. Hypothèques, 3369. Insu, 3368. Lieux de payement, 3371. Payement, 3375. Pluralité de dettes, 3372. Prêt à usage, 5157. Priviléges, 3369. Régime dotal, 3654. Rente perpétuelle, 5214. Saisie-arrêt, 3374. Société, 4826, 4829. Solidarité, 3367, 4228. Volontaire, 3376.

COMPÉTENCE. Bornage, 1559. Etranger, 763. Tribunal de paix, 14. Tribunal de première instance, 15.

COMPROMIS. Bénéfice d'inventaire, 1912. Mineur émancipé, 1352. Société, 4806, 4891. Transaction, 5478. Tuteur, 1308.

COMPTE d'administration. Liquidation, 3943.

COMPTE de bénéfice d'inventaire. Action, 1926. Administrateur, 1880 à 1883. Administration, 1889 à 1924 bis. Affirmation, 1944. Créanciers opposants, 1934 à 1937. Curateur, 1927. Dépenses, 1933 à 1940. Droits de mutation, 1939. Emploi, 1930. Forme, 1885 à 1888, 1926. Indemnité, 1938. Intérêt, 1930, 1942. Prescription, 1935, 1937. Rapport, 1931. Recettes, 1928 à 1932. Recours, 1934 à 1936. Reddition, 1925. Réduction, 1931, 1938. Refus, 1926. Reliquat, 1941 à 1943. Réparations civiles, 1932. Répétitions, 1943.

COMPTE d'exécution testamentaire. Dépenses. 2830. Diamant, 2833. Dispense, 2827. Frais, 2831. Legs à l'exécuteur, 2832, 2833. Obligation, 2827. Oyants, 2827. Reliquat, 2834. Recettes, 2829.

COMPTE de tutelle. Années, 1324. Approbation, 1334 à 1336. Balance, 1324. Chapitres, 1324. Contestations, 1328, 1334. Curateur, 1324. Dépenses, 1269, 1324 à 1326. Destitution, 1327. Dommages-intérêts, 1324. Division, 1324. Echelette, 1324. Etats de situation, 1319. Forme, 1333. Frais, 1327, 1328. Intérêt, 1324, 1335. Inventaire, 1323. Majeur, 1267. Mineur émancipé, 1267, 1324. Nouveau tuteur, 1267, 1322. Pupille, 1267, 1320. Position, 1326 bis. Prescription, 1336. Récapitulation, 1326 bis. Récépissé, 1329. Recettes, 1324, 1326. Reddition, 1266, 1267, 1318, 1320. Reliquat, 1326, 1335. Réquisition du notaire, 1323. Responsabilité, 1322. Section, 1324. Subrogé tuteur, 1267, 1322. Tutelle officieuse, 1145.

COMPULSOIRE. Acte notarié, 603. Algérie, 614.
IV.

Annexe, 610. Assignation, 607. Avance, 608. Avoué, 605. Brevet, 610. Collation, 602, 608, 609. Contrainte par corps, 607. Défaut, 611. Définition, 594. Demande, 596 à 598. Dires, 604. Dommages-intérêts, 607. Expédition, 594. Exécution, 600. Extrait, 594. Frais, 606, 608. Instance, 596. Juge, 602. Légataire particulier, 522. Mention, 611 à 613. Notaire, 602. Ordonnances, 599. Parties, 595, 604. Président, 608. Procès-verbal, 594, 602 à 604, 608, 610. Référé, 605, 608. Refus, 606, 607. Signification, 601. Sommation, 601, Timbre, 610.

CONCUBINS. Donation, 2452. Société, 4710.

CONCURRENCE d'hypothèque. Consentement, 5713. Inscription, 5715. Inscription intermédiaire, 5716. Rang, 5715. Réserve, 5714.

CONCURRENCE entre notaires. Certificat de propriété, 704 à 707. Chambre des notaires, 80. Choix, 2245 à 2255. Communes, 4324. Inventaire, 2244 à 2255. Minute, 421. Partage, 2139.

CONDAMNATION-condamné. Appel, 777. Contradictoire, 776, 777. Contumace, 776, 780 à 784. Donation, 2454, 2462. Pourvoi, 777, 778.

CONDITION. Accomplissement, 3205, 3206. Acte conservatoire, 3206. Alternative, 3770. Attribution de communauté, 3616. Casuelle, 3203. Chose prohibée, 3204; contraire aux bonnes mœurs, 3204. Détérioration, 3208. Dommages-intérêts, 3208. Effet rétroactif, 3206. Facultative, 3770. Impossibilité, 3204. Legs, 2565. Mixte, 3203. Nullité, 3204. Obligation, 3203. Perte, 3208. Potestative, 3203. Prescription, 6082. Résolutoire, 1514, 3209, 3210. Risques, 3208. Suspensive, 3207, 3208, 3775, 4053, 4054.

CONFUSION. Caution, 3378, 5380, 5424, 5447. Cession de droits successifs, 3280. Extinction, 3377. Hypothèque, 3377, 3384. Partielle, 3379. Privilége, 3377, 3380. Servitude, 1635. Solidarité, 3228, 3239, 3379.

CONGÉ. Notaires d'Algérie, 155, 199.

CONGÉ de location. Acceptation, 4583. Bail à ferme, 4532. Bail de meubles, 4526. Délai, 4583. Ecrit, 4583. Preuve, 4583. Tacite reconduction, 4463. Vente de la chose louée, 4507, 4508.

CONJOINT survivant. Caution, 1797. Dettes de succession, 2068. Dommages-intérêts, 4799. Emploi, 1797. Envoi en possession, 1796. Héritier, 1795. Inventaire, 1796, 2176, 2178, 2214, 2213, 2217. Pétition d'hérédité, 1819. Possesseur de mauvaise foi, 1799. Restitution, 1797, Scellés, 1796. Successibilité, 1677. Vente de mobilier, 1798.

CONSEIL de famille. Absence militaire, 932. Acceptation de communauté 3894 ; de donation, 1303, 2579 à 2581 ; de succession, 1275, 1278, 1843 ; de cession de biens, 3339. Acquiescement, 1305. Administration des biens d'une succession bénéficiaire, 1947. Action immobilière, 1305, 1306. Administration légale, 1183. Administrateur, 1720. Age, 1235. Ajournement,

31

IV.

NATURALISATION. Français, 759.

NON-COMMUNAUTÉ. Acquisition, 3625, 3627. Administration, 3624. Action, 3624. Aliénation, 3628 Autorisation maritale, 3628. Caution, 3625. Charges, 3625. Dettes, 3624. Economies, 3625, 3627. Emploi, 3625. Etat de dettes; de mobilier, 3626. Faute, 3629. Fruits, 3624, 3625 Industrie, 3625. Inaliénabilité, 3628. Intérêt, 3629. Inventaire, 3626. Labours et semences, 3629. Mobilier, 3626. Noces (secondes), 3624. Numéraire, 3629. Réserve de revenus, 3627. Restitution de dot, 3629. Revenus, 3625.

NON-MITOYENNETÉ. Fossés, 1585, 1586. Haie, 1588, 1589. Marques, 1568, 1569. Présomption, 1568.

NON-PRÉSENT. Inventaire, 2176, 2180, 2193 à 2200.

NOCES (SECONDES). Aliments, 1035. Attribution de communauté, 3624. Bénéfices de communauté, 3624. Communauté légale, 3768. Convention de mariage, 3624. Donation entre époux, 3014 à 3015. Non-communauté, 3624. Part d'enfant, 3012. Préciput conventionnel, 3602. Quotité disponible, 3011, 3012, 3045. Réduction de donation, 3013, 3014. Régime dotal, 3624. Retranchement, 3624.

NOTAIRE. Acte notarié, 294. Acceptation, 295. Admission, 40 à 48. Cachet, 62 à 64. Cautionnement, 52 à 56, Chambre, 78 à 111. Cessibilité des offices, 146, 147. Certificat de moralité et de capacité, 36 à 39. Communication, 2446. Conseils, 7635. Décès, 308. Dépôt, 61, 627. Diffamation, outrage, 23. Discipline, 112 à 145. Domicile élu, 894. Dommages et intérêts, 417, 418 Fonctionnaires publics, 22. Guides, 7635. Honorariat, 148 à 151. Honoraires, 66 à 77. Incompatibilité, 33, 34. Intérêt personnel, 24, 295. Interprète, 318. Injure, 23. Mandat, 7637, 7640, 7647, 7652, 7677, 7686 à 7692. Ministère, 24. Nombre, 31. Nommés à vie, 22. Nomination. 49, 50. Office, 446, 4257. Parafe, 61. Parenté, 24. 295, 6042. Patente, 51. Prescription, 6101. Réduction, 32. Remplacement, 35. Résidence, 25 à 28. Responsabilité, 331. Responsabilité des notaires (voir ce mot). Ressort, 29 à 30. Sceau, 62 à 64. Scellés, 2410. Serment, 57 à 60. Signature, 61, Substitution, 306, 307. Suppression, 32. Tableau des interdits, 65

NOTAIRES D'ALGÉRIE. Admission, 160. Attribution, 203, 204. Authencité, 152. Cautionnement, 167. Certificat de moralité et de capacité, 463 à 465. Congé, 155. Détail des frais, 179. Dépôt de signature et parafe, 169, 170 Discipline notariale, 153, 184 à 199. Dispositions communes avec les notaires de France, 202 à 204. Notaires honoraires, 201. Fonctions, 152, 204. Frais, 179. Honoraires, 174 à 180. Incessibilité des offices, 200. Incompatibilité, 159. Ministère, 153, 154. Nombre, 152. Nomination, 166. Offices, 200. Officiers publics, 152. Peine disciplinaire, 153. Présentation de testament olographe, 290 à 292. Recouvrement, 200. Registre de dépôt de sommes ou valeurs, 293; de dépôt de testaments olographes, 289. Résidence, 155, 166. Ressort, 156, 157. Révocation, 166. Sceau, 171. Serment, 168, Stage, 161, 162. Syndic, 181, 183. Tableau d'interdit; de contrat de mariage, 172, 173. Taxe, 176, 177. Testament olographe, 289 à 292. Indigènes, 759.

NOTAIRE COMMIS. Absence, 897 à 899, 929, 2192, 2196. Aliénés, 2201. Commission, 2197. Cumul, 2196. Etat liquidatif, 2143. Inventaire, 898, 899, 2192, 2201. Non-présents, 2193 à 2201. Partage, 4976, 2132, 2138, 2139. Scellés, 898.

NOTAIRES HONORAIRES. Algérie, 201, Amovibilité, 150. Assemblée générale, 149. Destitution, 150. Discipline, 151. Nomination, 148.

NOTAIRE EN SECOND. Acte notarié, 294. Etat liquidatif, 2143. Honoraires, 77. Indication, 296, 297. Notaire commis, 309. Présence réelle (voir ce mot). Responsabilité, 7713 à 7717.

NOTIFICATION DE CONTRAT. Charges, 5790. Défaut de surenchère, 5975. Délai, 5969. Dettes, 5970. Division, 5981. Extrait, 5969. Fraude, 5974. Immeubles divers, 5981. Prix, 5970, 5971. Surenchère (voir ce mot). Tableau, 5969.

NOURRITURE. Veuve, 3905.

NOVATION. Acceptation, 3356. Capacité, 3354. Caractère, 3354. Caution, 3358. Délégation, 3356, Hypothèque, 3355, 3356. Indication de payement, 3356, 3357. Présomption, 3354. Privilège, 3355, 3356, 5601. Substitution de créancier, 3157; de débiteur, 3356; de dette, 3455. Solidarité, 3228, 3355, 3358. Volonté, 3354. Usufruit, 1472.

NULLITÉ. Acte notarié, 295, 326, 338, 339, 352, Acte respectueux, 973. Acte de souscription, 2708. Algérie, 389, 394. Attribution de communauté, 3610. Autorisation maritale, 4054, 3633. Cause illicite, 3387. Cession de droits litigieux, 4252. Cheptel à moitié, 4603. Cheptel simple, 4592. Clause pénale, 3256. Condition, 3204. Contre-lettre au contrat de mariage, 3752. Conseil judiciaire, 1385. Consentement, 3387. Contrat de mariage, 3536, 3539, 3545, 3560. Date, 340. Démence, 1378. Dol, 3449, 3150. Donation, 2449, 2460, 2474, 2489, 2492, 2500, 2573, 2576, 2580, 2590. Donation déguisée, 3622. Erreur, 3145, 3150. Formule exécutoire, 567. Hypothèque, 5678. Inscription, 5737, 5745, 5747, 5754, 5756, 5760, 5761, 5764, 5767, 5866. Interdiction, 4378. Inventaire, 2226. Mariage, 935, 4005, 4029, 4030, 4033. Mariage putatif, 4033. Mention, 5986. Minute, 447, 456. Opposition à mariage, 4007, 4008. Ordre public, 3387. Partage, 2114. Partage d'ascendant, 2910, 2914, 2920. Prescription, 3387 à 3392. Publication d'acte de société, 4922 à 4931, 4936, 4942 à 4945. Purge des hypothèques légales, 5999. Ratification, 3388. Régime dotal, 3678, 3679. Responsabilité, 7645. Responsabilité des notaires (voir ce mot). Ressort, 30. Rescision, 3388. Rente viagère, 5226. Révocation de testament, 2841, 2842. Renvoi, 318, 331. Rétablissement de communauté, 3989. Séparation de biens, 3965, 3967, 3976, 3984 ; de corps, 4086, Signature,

joint survivant, 1819. Coupe de bois, 1830. Créance, 1827, Défrichement, 1830. Dégradation, 1822. Dettes, 1832. Domicile, 1824. Dommages et intérêts, 1822. Embellissements, 1831. Etat, 1849. Faute, 1822, 1827. Frais, 1835. Fruits, 1821, 1822, 1833. Héritiers, 1819, 1823. Hospice, 1819. Hypothèque, 1828. Immeubles, 1828. Indemnité, 1822, 1832. Instance, 1824, 1825. Intérêt, 1827. Mauvaise foi, 1822, 1827, 1828. Objets mobiliers, 1826. Perte, 1827. Prescription, 1819, 1822. Reconstruction, 1831. Restitution, 1821 à 1829. Titres, 1834. Transport, 1827. Vente, 1826, 1828.

POIDS ET MESURES. Voir *Système décimal.*

POLLICITATION. Convention, 3142.

PORTE-FORT. Contrat, 3154. Dommages et intérêts, 3154. Hypothèque, 5662. Inventaire, 2241. Mineur, 3155. Partage, 2122. Ratification, 3154, 3475.

PORTEUR. Voir *Obligation au porteur.*

PORTION DISPONIBLE. Voir *Quotité disponible.*

PORTRAITS DE FAMILLE. Inventaire, 2285, 2286. Partage, 2090.

POSSESSION. Antichrésiste, 6067. Continue, 6064. Dépositaire, 6067. Détention, 6063. Détenteur, 6070. Emphytéote, 6067. Envoyé en possession, 6067. Fermier, 6067. Gagiste, 6067. Héritiers, 6068. Maire, 6067. Mandataire, 6067. Mari, 6067. Meubles, 6112. *Negotiorum gestor,* 6067. Possesseur, 6065, 6066. Précaire, 6067. Principe, 6071. Règles, 6065. Séquestre, 6067. Titres, 6069 à 6072. Tolérance, 6065. Tuteur. 6067. Usager, 6067. Usufruitier, 6067. Violence, 6065, 6066.

POSSESSION D'ÉTAT. Enfants légitimes, 1030. Enfant naturel, 1107. Filiation, 1102. Mariage, 1029.

POTESTATIVE. Condition, 3203.

PRÉCIPUT CONVENTIONNEL. Acceptation de communauté, 3604. Avantage, 3602. Caution, 3604. Créanciers, 3605. Dissolution de communauté, 3603, 3604. Exercice, 3604. Fonds de commerce, 3606. Hypothèque légale, 3604. Intérêt, 3604. Mobilier, 3606. Objet, 3604. Ouverture, 3603. Quotité disponible, 3602. Renonciation à communauté, 3601, 3602. Retranchement, 3602. Séparation de biens, de corps, 3604.

PRÉCIPUT (HORS PART). Acceptation, 2532. Acte postérieur, 2529, 2531. Aliénation, 2534 à 2539. Déclaration, 2528, 2530. Expression équipollente, 2530. Fonds perdu, 2533. Imputation, 2527. Partage d'ascendants, 2941. Quotité disponible, 3054. Rapport, 2534. Rente viagère, 2533. Usufruit, 2533. Vente, 2533.

PRÉLÈVEMENT. Défaut d'inventaire, 3885. Inventaire, 2275, 2276. Préférence, 3912 à 3914. Rapport, 2047 à 2050. Renonciation à communauté, 3957. Reprises matrimoniales, 3911 à 3947. Vente de propres, 3865 à 3874.

PRESCRIPTION. Absence, 926. Abus de confiance, 6113, note 3. Acceptation de succession, 1864, 1865. Acquise, 6086, 6087. Acquisitive, 6093. Action, 6090. Action paulienne, 3189.

Agent de change, 6101. Agréé, 6101. Alluvion, 1441. Annuités, 6107. Antichrésiste, 6067. Arbres, 1592. Architecte, 4639, 6098. Arrérages, 6107 à 6110. Autorisation maritale, 1054, 3390. Aveu, 6076, 6109. Avocat, 3101. Avoués, 6101, 6102. Bénéfice d'inventaire, 1935, 1936. Billet à ordre, 5274. Bonne foi, 6093, 6097, 6112. Boucher, 6100. Boulanger, 6100. Cafetier, 6100. Calcul, 6086, 6087, 6108. Caution, 5441. 6077, 6080. Cédule, 6105. Changeur, 6114. Charcutier, 6100. Chirurgien, 6100. Choses, 6064. Citation ou conciliation, 6075; en justice, 6075, 6078, 6105. Clerc, 6100. Cocher, 6100. Comestibles, 6900. Commandement, 6075. Communauté, 3775. Commis, 6100. Commune, 6062. Compensation. 6077. Compte, 6105, 6107. Compte courant, 6100. Condition, 6082. Conseil judiciaire, 3394. Conseil de surveillance d'une société, 5032. Contre-lettre, 4290. Cour impériale, 6093. Créanciers, 3450, 6060. Cuisinier, 6100. Délai pour faire inventaire et délibérer, 6085. Délits et quasi-délits, 3531. Départ, 6104. Dépositaire, 6067. Détenteur, 6070. Discipline notariale, 113. Dividendes, 6107 à 6110. Dol, 3390. Domestiques, 6100. Domicile, 6093 à 6095. Donation, 3471. Drainage (*voir ce mot*). Eaux, 1547. Echange, 4437. Effets de commerce, 5274. Effet rétroactif, 6089. Egout, 1610. Élève, 6100. Emphitéote, 6077. Entrepreneur, 4639, 6098, 6099. Epicier, 6100. Epoux, 6082. Envoyé en possession, 6067. Erreur, 3390. Escroquerie, 6113, note 3. Etablissement public, 6062, Etat, 6062. Eviction, 6082. Exigibilité, 6110. Femme, 6083, 6084. Femme de chambre, 6100. Fermier, 6067. Foire, 6114. Fournitures, 5099, 6103 à 6105. Frais, 6101, 6102. Fruitier, 6100. Gage, 6067. Gagiste, 6067. Garantie, 2083, 2086, 6082. Gens de travail, 6099. Géomètre, 6100. Gérant d'affaires, 6107. Greffier, 6100. Haie mitoyenne, 1590. Héritiers, 6068, 6079, 6082. Honoraires, 76. Hôteliers, 6099. Huissiers, 6100. Hypothèque, 5964, 5965. Immeubles dotaux, 3696. Indignité, 1690. Indivision, 6094. Instituteurs, 6099. Intendant, 6100. Interdiction, 3394, 6057, 6082, 6111. Intérêt, 3916, 4290, 5368, 6107 à 6110. Interpellation, 6079, 6080. Interruption, 6073 à 6080. Irrigation, 1547. Jardinier, 6100. Jouissance, 6074. Jours, 1578. Journées, 6099. Juge, 6058, 6102. Lettre de change, 5274. Libération, 6053, 6072. Livraison, 6103 à 6105. Logement, 6099. Maire, 6067. Maîtres, 6099. Maître de pension, 6100. Mandat, 5375, 6067, 6107. Marchand, 6099, 6100, 6144. Mari, 6067. Mariage, 1019, 1020. Mauvaise foi, 6097. Médecin, 6100, 6104. Meubles, 6112. Mineurs, 3391, 6057, 6082, 6111. *Negotiorum gestor,* 6067. Notaire, 6101. Novation, 6077. Nourrice, 6100. Nourriture, 6099. Nullité, 3387, 3389 à 3392. Obligation, 6105. Offres réelles, 6076. Opposée, 6059, 6060. Option, 6084. Ordre public, 6100. Ouvriers, 6099. Payement d'intérêts et arrérages, 6077. Palefrenier, 6100. Partage, 1974, 2122. Partage d'ascendant, 2920. Partage provisionnel, 2122 à 2124. Passage, 1612. Pâtissier, 6100. Peines, 785. Perte, 6113, 6114. Pharmacien, 6100. Pièces, 6102. Possession *(voir ce mot).* Précarité, 6067. Prêt à usage, 5151. Preuve, 6088, 6097. Prise d'eau, 1551. Privation de jouissance, 6074. Privilége, 5577, 5579, 5584, 5964, 5965. Production à faillite, 6076. Rapport à succession, 2031, 2040. Réclamation d'état, 1105. Reconnaissance, 6075 à 6077. Recours, 6111 à 6114. Réduction de donation, 3061. Régime dotal, 6084. Règlement, 6404. Règles, 6092. Réméré, 4168. Renonciation, 6054 à 6057. Renonciation à succession, 1864, 1865. Répétition, 6114. Rescision, 2102, 3389, 4190. Responsabilité, 3531, 3858, 7745, 7746. Ressort, 6093. Revendication, 6113, 6114. Révocation, 2604, 2611. Révocation de vente d'immeubles dotaux, 3689, 3690. Rôtisseur, 6100. Sage-femme, 6100. Saisie, 6075. Salaires, 6099, 6100. Secrétaire, 6100. Séparation des patrimoines, 6531. Séquestre, 6067. Serment, 5274, 6106. Service, 6103 à 6105. Servitudes, 1622 à 1624, 1632, 1636 à 1638. Société, 4900 à 4902. Solidarité, 3229, 6079. Source *(voir ce mot)*. Succession vacante, 6085. Suspension, 6081 à 6085. Temps, 6086, 6087; six mois, 1019, 6099; un an, 1020, 1441, 3531, 4013, 6074, 6099, 6100; deux ans, 4190, 6104; trois ans, 3531, 6113, 6114; cinq ans, 785, 2083, 3916, 4900, 5032, 5274, 5368, 5375, 6099, 6100, 6102, 6107 à 6110; dix ans, 1054, 1336, 1590, 1622, 1636, 2102, 2493, 2573, 2920, 3064, 3389 à 3392, 3531, 3689, 3704, 4639, 6093, à 6098; vingt ans, 785, 1590, 1622, 1636, 3061, 6093 à 6098; vingt-huit ans, 6091; trente ans, 76, 913, 926, 1019, 1514, 1543, 1544, 1578, 1590, 1592, 1602, 1612, 1622, 1636, 1864, 1935, 1974, 2086, 2122, 2604, 2611, 3001, 3489, 3387, 3471, 3531, 3689, 3965, 3969, 5274, 5441, 6090, 6099, 6104, 6105, 7746; cent ans, 913. Terme, 6082, 6108. Titre, 6071, 6072. Titre interverti, 6069. Titre nouvel, 6091. Titre nul, 6096. Traiteurs, 6099. Transcription, 6093. Transition, 6113. Travaux, 6103 à 6105. Tutelle, 1336, 6067, 6107. Usager, 6067. Usufruitier, 1514, 6067. Valet, 6100. Vente publique, 6144. Violence, 3390. Vol, 6143, 6144. Vues, 4602, 4608.

PRÉSENCE RÉELLE DU SECOND NOTAIRE OU DES TÉMOINS. Acceptation de donation, 364. Acte respectueux, 366. Algérie, 398 *bis*. Contrat de mariage, 365. Donation, 363, 2449. Donation déguisée, 365. Lecture, 363. Mention, 363. Nullité, 363. Procuration, 363, 364. Protêt, 366. Ratification de donation, 3474. Reconnaissance d'enfant naturel, 363, 1121. Responsabilité, 363. Révocation, 363. Signature, 363.

PRÉSOMPTION. Appréciation, 3491. Caractère, 3486. Chose jugée *(voir ce mot)*. Concordante, 3491. Etablie par la loi, 3490, 3491. Grave, 3491. Légale, 3487. Précise, 3481. Preuve, 3489. Présomption de survie. Voir *Survie*.

PRÊT. Acceptation, 295. Brevet, 455. Grosse, 556. Notaire, 114. Rapport à succession, 2023 à 2028. Société, 4677, 4678, 4807, 4810.

PRÊT DE CONSOMMATION. Aliénation, 5166. Autorisation maritale, 5169. Capacité, 5169. Caractère, 5165, 5166. Choses, 5165, 5168. Conseil judiciaire, 5169. Déchéance du terme,

5175. Délai, 5176. Denrées, 5173. Domicile, 5178. Femme séparée, 5170. Fractionnement, 5173. Interdit, 5169, 5180. Lieu, 5178. Lingots, 5172, 5173. Mineur, 5169. Numération. 5171. Perte, 5167. Propriété, 5167. Réclamation, 5175. Remboursement, 5165, 5178 à 5180. Responsabilité du prêteur, 5174. Somme numérique, 5174. Terme, 5175 à 5177. Tuteur, 5170. Valeur, 5179.

PRÊT A USAGE. Abus de confiance, 5156. Action réelle, 5151. Autorisation maritale 5146. Capacité, 5146. Cas fortuit, 5152 à 5154 Cession, 5149. Chose d'autrui, 5143. Commodat, 5141. Compensation, 5157. Conventionnel, 5184. Conseil judiciaire, 5147. Conservation, 5149. Défauts, 5164. Dépenses, 5458, 5163. Détérioration, 5155. Détournement, 5156. Dommages et intérêts, 5149, 5152. Droits du prêteur, 5143. Ecrit, 5148. Engagements, 5145. Estimation, 5154. Faute, 5155. Femme séparée, 5147. Gratuité, 5142. Héritier, 5145. Impenses, 5157. Interdit, 5146. Légal, 5184. Lieu de restitution, 5160. Livraison, 5141. Mineur, 5146, 5147. Objet de la convention, 5144, 5165, 5168. Perte, 5152 à 5155. Prescription, 5151. Preuve, 5148. Promesse de livrer, 5141. Prorogation de délai, 5150. Réclamation, 5161, 5162. Résolution, 5149. Responsabilité, 5164. Restitution, 5150, 5154. Rétention, 5157. Revendication, 5158. Risques, 5154. Soins, 5155. Solidarité, 5159. Surveillance, 5155. Taux, 5184 à 5186. Temps, 5151. Terme, 5150, 5161. Tiers, 5151. Usage, 5149, 5152, 5158, 5161. Vente, 5156. Vétusté, 5153. Vol, 5155.

PRÊT A INTÉRÊT. Dol, 5183. Erreur, 5183. Répétition, 5183. Société en commandite, 4991. Stipulation, 5181, 5182. Taux, 5184 à 5186.

PRET A LA GROSSE. Contrat, 5321. Convention, 5321. Enonciation, 5322. Forme, 5322.

PREUVE. Acte authentique *(voir ce mot)*. Acte confirmatif *(voir ce mot)*. Acte de notoriété, 659. Acte récognitif *(voir ce mot)*. Acte sous seing privé, 3417. Antichrèse, 5542. Apport en mariage, 3725, 3726. Association en participation, 5128, 5129. Bail, 4448 à 4450. Copie de titre *(voir ce mot)*. Caractère, 3405. Cas fortuit, 3383. Contre-lettre, 4291. Division, 3407. Echange, 4431. Ecrit privé non signé *(voir ce mot)*. Enfant naturel, 1107. Fait négatif, 3306. Immixtion de commandataire, 4983. Mariage, 1029 à 1031. Prescription, 6088, 6097. Pupille, 1281. Société, 4910. Taille, 3441, 3442. Testament, 2640. Transaction, 5476. Tuteur, 1281. Viabilité, 1687.

PREUVE TESTIMONIALE. Accident, 3485. Commencement de preuve par écrit, 3485. Commerçant, 3485. Consentement, 3485. Contenu aux actes, 3482. Contrat, 3485. Contre-lettre, 3485. Délits, 3485. Dépôt nécessaire, 3485; volontaire, 3482. Dol, 3485. Fraude, 3485. Non admissible, 3484. Perte de titre, 3485. Pluralité de demande, 3484. Preuve littérale, 3485. Communauté, 3884. Quasi-délit, 3485. Servitudes, 1622. Taux, 3482 à 3484. Témoins, 3484. Titre, 3483.

REMPLOI. Acceptation, 4073, 4074. Aliénation ultérieure, 4072. Déclaration, 4070, 4073. Emploi ou remploi sous le régime dotal (voir ce mot). Femme, 4073. Mari, 4070. Mention, 624. Propre partiel, 4071.

RENONCIATION à COMMUNAUTÉ. Absence, 915. Action, 3956. Adition d'hérédité, 1840. Ameublissement, 3589. Biens de communauté, 3953. Communauté universelle, 3648. Créancier, 3904. Défaut d'inventaire, 3894. Délai, 3897 à 3902. Dettes, 3955. Divertissement, 3899. Faculté, 3887. Forme, 3897. Héritiers, 3906, 3907. 3919, 3956. Hypothèque légale, 3957. Indemnité, 3957. Intérêt, 3954. Inventaire, 3892. Linge et hardes, 3953. Mari, 3888. Poursuites, 3899. Préciput conventionnel, 3601. Prélèvement, 3957. Recélé, 3900. Reprises, 3954, 3957. Séparation de dettes, 3590. Tuteur, 4276.

RENONCIATION à DONATION. Donation entre époux, 3037; entre-vifs, 3036; onéreuse, 3036. Institution contractuelle, 3037. Inventaire, 2247. Mutation (droits de), 3038.

RENONCIATION à HYPOTHÈQUE LÉGALE. Régime dotal, 3664. Cession d'hypothèque légale (voir ce mot). Ex-mineur, 1332.

RENONCIATION à JOUISSANCE LÉGALE. Cessation; contestation, 1176-3°.

RENONCIATION à LEGS. Accroissement, 2776. Acte notarié, 2853. Créancier, 2852. Faculté, 2852. Forme, 2853. Greffe, 2853. Partielle, 2855. Sous-legs, 2852. Substitution, 2904. Tuteur, 1276.

RENONCIATION à PRESCRIPTION. Capacité, 6057. Effets, 6056. Expresse, 6055. Prescription acquise; non acquise, 6054. Restitution, 6057. Tacite, 6055.

RENONCIATION à SUCCESSION. Accroissement, 4860, 4861, 4230. Acceptation par créancier, 4853 à 4856. Acte notarié, 4858. Administration légale, 4484. Avancement d'hoirie, 2525. Avoué, 4857. Capacité, 4859. Cession de droits successifs, 4230. Condition, 2559. Conseil judiciaire, 4844. Cumul, 4874. Délai, 4890. Dettes, 4862. Divertissement, 4870 à 4872. Dol, 4868. Donation, 4863, 4873, 4874. Effet, 4860, 4863. Emancipation, 4354. Enfant naturel, 4767 à 4773, 4794. Erreur, 4868. Femme mariée, 4842. Frais funéraires, 4862. Forme, 4857, 4858. Greffe, 4857. Identité, 4857. Legs, 4874. Lésion, 4869. Mineurs, 4859. Prescription, 4864, 4865. Rapport, 4993. Représentation, 4702. Réserve légale, 3045. Restitution, 4868, 4869. Rétention, 4874. Retour légal, 4739, 4740. Rente, 4870 à 4872. Succession future, 4859. Tuteur, 4275. Violence, 4868.

RENONCIATION à USUFRUIT. Acceptation, 4546. Annulation, 4544-8°. Charges, 4516. Créanciers, 4514-8°. Formes, 4516. Révocation, 4516. Tiers, 4516.

RENOUVELLEMENT D'INSCRIPTION. Ayants droit, 5875. Calcul, 5870. Caution, 5449. Créancier, 5875. Crédit foncier de France, 5879. Date, 5870. Défaut, 5876. Délai, 5868, 5870. Délaisse-

ment, 5878. Dénonciation de saisie, 5878. Dispense, 5877. Effet légal, 5877. Enonciation, 5874. Etat sur transcription, 5878. Expropriation pour utilité publique, 5877. Faillite, 5869, 5878. Hypothèque légale, 5868. Jour férié, 5871. Notification de contrat, 5877. Ordre amiable, 5878. Péremption, 5869, 5874. Privilége, 5869. Purge d'hypothèque légale, 5868. Rang, 5872 Saisie immobilière, 5877, 5878. Titre. 5073. Vente, 5877, 5878.

RENTE SUR L'ÉTAT. Acte de notoriété, 680. Bénéfice d'inventaire, 1905. Demande d'origine, 724. Nantissement, 5546. Origine, 724. Perte 722, 723. Réalisation, 1905. Transfert, 687, 688, 1906 à 1908. Tuteur, 1298, 1299. Usufruit, 1473.

RENTE PERPÉTUELLE. Arrérages, 5207, 5208, 5216. Bénéfice d'inventaire, 1917, 5246. Caractère, 5205. Compensation, 5214. Constitution, 5209, 5210. Déconfiture, 5242, 5346. Défaut de payement d'arrérages, 5246 à 5249. Divisibilité, 5207. Donation, 5219. Exigibilité du capital, 5246. Faillite, 5242, 5216. Frais, 5210. Garantie, 5246. Indivisibilité, 5242. Nature, 4405. Non-retenue, 5220. Offre, 5243. Portable, 5208, 5246. Quérable, 5208, 5216. Rachat, 5244 à 5243, 5246. Rachetable, 4405, 5206. Remboursement, 5242. Rente foncière, 5206. Retenue pour contribution, 5220. Résolution, de vente, 5248. Révocation de donation, 5249. Sommation, 5246. Succession, 2077, 2078. Taux du rachat, 5245. Titre primordial, 5209; récognitif, 3449. Vente, 5248.

RENTE VIAGÈRE. Accroissement, 5227. Acquêt, 3884. Acte sous seing privé, 5233. Age, 5226. Arrérages, 5245, 5246. Arrérages au décès, 5243. Certificat de vie, 5254. Communauté, 3847, 3848, 3876, 3877, 5227. Constitution, 5222. Conversion, 5237. Défaut de payement, 5238. Donation, 5223, 5225, 5234. Donation d'acquêt, 3884. Donation entre époux, 3040. Dommages et intérêts, 5226. Durée, 5223. Effets, 5235. Emploi, 5238. Epoux, 5227. Extinction, 5247. Faillite, 5239. Fruits, 5222. Garantie, 5235. Indivisibilité, 2755. Insaisissable, 5249. Intérêt, 5234, 5242. Legs particulier, 2755. Mainlevée d'inscription, 5894. Maladie, 5229. Meurtre, 5248. Mort, 5228 à 5232. Nature, 4405. Nullité, 5226. Partage d'ascendant, 2931, 2948. Personne morte, 5228. Personnes successives, 5225. Rapport à succession, 2005, 2025. Récompense entre époux, 5227. Réduction, 5224. Remboursement, 5238, 5240, 5244. Rente sur l'Etat, 5237. Résiliation, 5235. Résolution, 5236, 5240 à 5242. Reprise matrimoniale, 3882. Réversibilité, 5227. Solidarité, 2755. Suicide, 5247. Sûretés, 5235. Taux, 5234. Têtes, 5225, Tiers, 5225. Titre gratuit, 5223. Titre nouvel, 3449. Titre onéreux, 5222. Usufruit, 1475. Usure, 5234. Vente d'acquêt, 3884.

RENVOI. Acte de l'état civil, 824. Acte notarié, 328 à 334. Algérie, 384. Amende, 328. Copie figurée, 621. Expédition, 500, 504, 505. Fin de l'acte, 330. Marge, 328. Nullité, 328, 331. Parafe, 328, 349. Signature, 328 à 334. Timbre, 244.

33

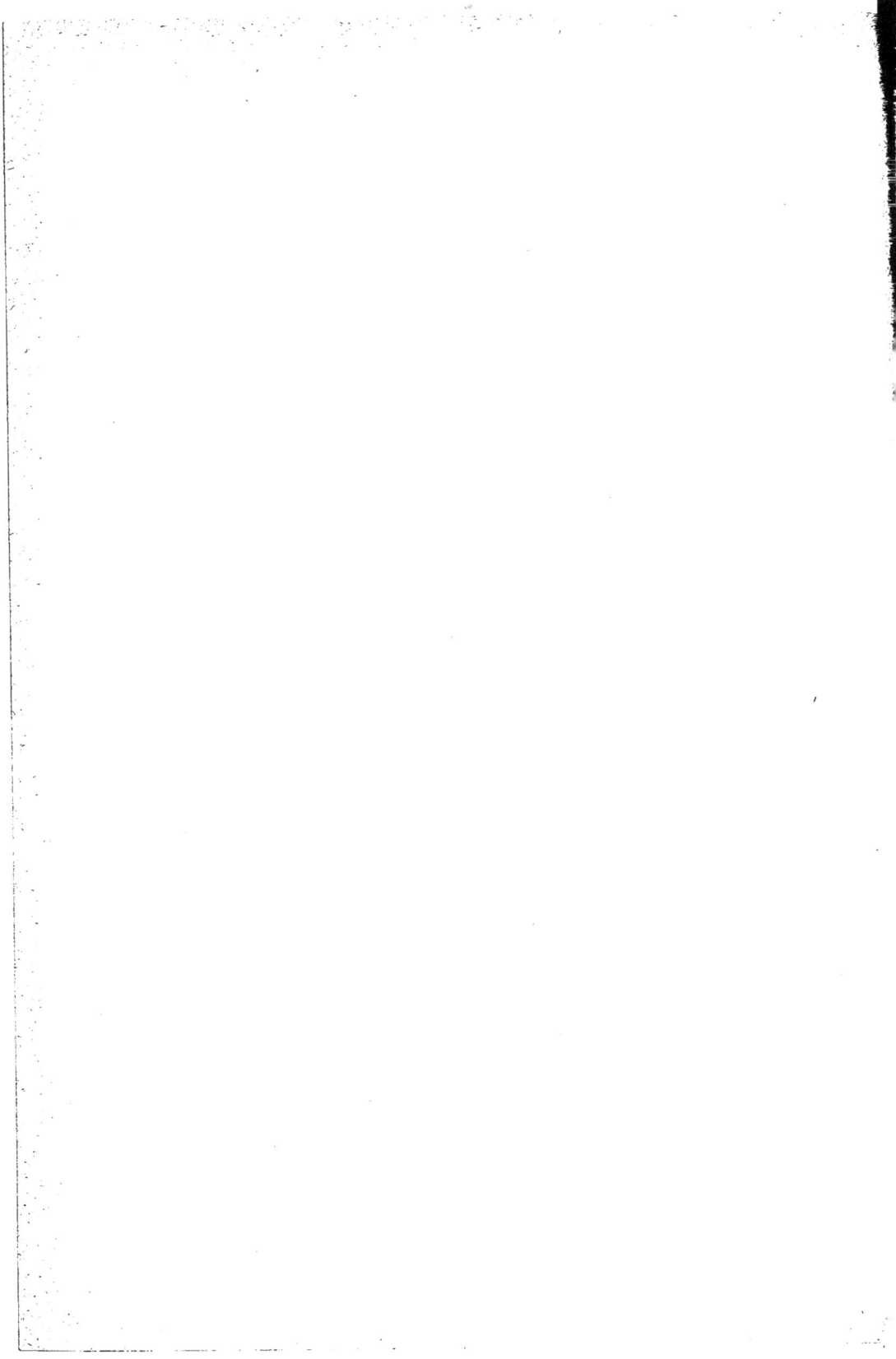

TABLE ALPHABÉTIQUE

DU

DROIT FISCAL (ENREGISTREMENT ET HYPOTHÈQUES).

34

FIN DES TABLES ALPHABÉTIQUES.

TABLE CHRONOLOGIQUE.

DES

ARTICLES CITÉS DES CODES ET DES LOIS.

CODE NAPOLÉON

ARTICLES du Code.	NUMÉROS DU TRAITÉ.	ARTICLES du Code.	NUMÉROS DU TRAITÉ.	ARTICLES du Code.	NUMÉROS DU TRAITÉ.	ARTICLES du Code.	NUMÉROS DU TRAITÉ.
1	741.	46	828, 1029.	91	862.	136	676, 978, 929, 932, 933.
2	746.	47	829.	92	863.	137	928, 930.
3	747 à 750.	48	829.	93	863.	138	928.
4	751, 752.	49	830, 1122.	94	864.	139	931.
5	753.	50	331.	95	864.	140	903.
6	754.	51	832.	96	865.	141	900.
7	755.	52	833.	97	861, 865.	142	901.
8	756.	53	834.	98	866.	143	901, 902.
9	759.	54	835.	99	867, 868, 869.	144	935, 1022.
10	757, 758, 768.	55	837.	100	870.	145	935.
11	760, 761, 766.	56	838, 839.	101	871.	146	941, 942.
12	759.	57	840.	102	873 à 875.	147	931, 935, 1023.
13	762, 766.	58	841, 842.	103	876.	148	943, 945, 946, 986, 987.
14	763.	59	843.	104	876.	149	986.
15	764.	60	844.	105	876.	150	943.
16	765, 766.	61	845.	106	877.	151	954, 955.
17	767.	62	1122.	107	878.	152	956, 984, 988.
18	768.	63	989, 990.	108	879, 880.	153	957, 988.
19	767, 768.	64	991.	109	881.	154	958 à 985.
20	769.	65	992	110	876, 882.	155	943 bis, 962.
21	767.	66	1008, 5337.	111	883 à 891.	156	1002.
22	789, 790.	67	1008, 1009.	112	892, 893, 895.	157	961, 1003.
23	789.	68	1011.	113	897 à 899.	158	944, 955.
24	789.	69	996, 1012.	114	894, 2409.	159	952.
25	791, 811.	70	996.	115	903.	160	952, 953.
26	792.	71	996.	116	903.	161	937.
27	793.	72	996.	117	903.	162	937.
28	793.	73	947 à 951.	118	903.	163	937.
29	794.	74	999.	119	903.	164	937.
30	795.	75	1000.	120	903.	165	999, 1025.
31	796.	76	1001.	121	903.	166	994.
32	785, 797.	77	846.	122	892, 903.	167	994.
33	798.	78	847.	123	904.	168	994.
34	824.	79	848.	124	915 à 919.	169	993.
35	824.	80	849, 850.	125	905, 906.	170	1004.
36	822, 823, 5337.	81	851.	126	907 à 910.	171	1005.
37	824.	82	851.	127	914, 926, 927.	172	1006.
38	824.	83	852.	128	921 à 923.	173	1006.
39	824.	84	853.	129	913, 924.	174	1006.
40	824.	85	854.	130	913, 914.	175	1006.
41	825.	86	855.	131	913, 914, 920.	176	1007.
42	824.	87	855, 858.	132	925.	177	1010.
43	825.	88	859, 860.	133	926.	178	1010.
44	825.	89	861.	134	911.		
45	826.	90	862.	135	928.		

ARTICLES du Code.	NUMÉROS DU TRAITÉ.	ARTICLES du Code.	NUMÉROS DU TRAITÉ.	ARTICLES du Code.	NUMÉROS DU TRAITÉ.	ARTICLES du Code.	NUMÉROS DU TRAITÉ.
179	1010.	318	1099, 1100.	393	1197 à 1199.	465	1286.
180	935, 1019.	319	1102, 1°.	394	1190.	466	1285.
181	1019.	320	1102, 2°.	395	1200, 3232.	467	1307.
182	1020.	321	1102, 2°.	396	1201, 1202, 3232.	468	1170.
183	1020.	322	1104.	397	1203, 1208.	469	1319.
184	1021 à 1024.	323	1102, 3°.	398	1207.	470	1319.
185	1022.	324	1102, 3°.	399	1204 à 1206.	471	1200 à 1204, 1320 à 1327, 2386 à 2389.
186	1022.	325	1103.	400	1210.		
187	1021.	326	1105.	401	1209.		
188	1023.	327	1105.	402	1211 à 1213.	472	1334, 5207.
189	1023.	328	1105.	403	1211.	473	1334, 5207.
190	1021.	329	1105.	404	1211.	474	1335.
191	1021, 1025.	330	1105.	405	1214, 1216.	475	1336.
192	1028.	331	1088, 1117, 1118, 1119.	406	1215.	476	1337, 1338.
193	1027.			407	1234, 1235, 1239.	477	1339 à 1342, 1344.
194	1029.	332	1117.	408	1236.	478	1345.
195	1029.	333	1117.	409	1237.	479	1345.
196	1029.	334	1110, 1112, 1114, 1121 à 1124.	410	1238.	480	1321, 1343, 1346 à 1348.
197	1030.			411	1240.		
198	1031.	335	1118, 1120.	412	1241.	481	1349.
199	1031.	336	1113.	413	1241.	482	1350.
200	1031.	337	1111.	414	1242.	483	1351.
201	1032, 1033.	338	1115, 1116.	415	1213.	484	1351, 1353.
202	1033.	339	1114.	416	1244, 1245.	485	1353.
203	1034.	340	1108, 1109.	417	1219, 1220.	486	1291, 1353.
204	1034.	341	1106, 1107.	418	1217.	487	1355.
205	1035.	342	1118.	419	1218.	488	1353, 1360.
206	1035.	343	1128.	420	1226.	489	1361, 1362.
207	1036.	344	1127, 1128, 1130, 1141, 1150.	421	1227, 1262.	490	1363, 1364.
208	1041, 1042.			422	1228.	491	1363.
209	1041.	345	1128, 1129.	423	1229, 1230.	492	1365.
210	1043.	346	1130 à 1133.	424	1231.	493	1365.
211	1043.	347	1126.	425	1232.	494	1365.
212	1046.	348	938, 1126.	426	1229, 1251, 1257, à 1259.	495	1366.
213	1046.	349	1126.			496	1367.
214	1046, 1047.	350	1134, 1135.	427	1251.	497	1369.
215	1048 à 1053, 1061.	351	1138, 1140	428	1251.	498	1370.
216	1048.	352	1139, 1140.	429	1251.	499	1381, 1384, 1396, 1386, 2454.
217	1048, 2456, 2578.	353	1136.	430	1252.		
218	1055.	354	1136.	431	1257.	500	1371.
219	1055, 1056, 1058, 2456, 2578.	355	1128, 1136.	432	1251.	501	1372, 1383.
220	1061.	356	1136.	433	1251, 1257.	502	1378, 1385, 2454.
221	1055, 1057.	357	1136.	434	1251, 1257.	503	1378.
222	1055, 2578.	358	1136.	435	1251.	504	1378.
223	1059, 1060, 5349.	359	1136.	436	1254.	505	1373, 1375, 1376.
224	1055, 2578.	360	1137.	437	1251.	506	1374.
225	1054, 2578.	361	1141, 1143, 1144.	438	1253.	507	1375.
226	1049, 2653.	362	1141.	439	1251.	508	1377.
227	1063.	363	1142.	440	1255.	509	1373.
228	935,3°,1064 à 1066.	364	1141, 1145	441	1256.	510	1379.
229	1069.	365	1145.	442	1258.	511	1380 bis, 3548.
230	1069.	366	1149, 1151.	443	1259.	512	1380.
231	1070.	367	1146.	444	1259.	513	1382, 1386, 1387, 2454.
232	1071.	368	1147.	445	1260.		
235	1080.	369	1148.	446	1261.	514	1282, 1388.
251	1079.	370	1145.	447	1263.	515	1370, 1371, 1382, 1363.
268	1078, 1084.	371	1152.	448	1264.		
270	1085, 2409, 2444.	372	1153.	449	1265.	516	1397.
271	1086.	373	1153.	450	1268, 1596, 1315, 1316.	517	1398.
272	1073, 2°.	374	1154.			518	1399.
273	1073, 2°.	375	1162.	451	1279, 1280, 1282, 1323.	519	1399.
274	1073, 2°.	376	1163.			520	1399.
299	1888, 2607.	377	1164, 1165.	452	1263.	521	1399.
300	1088.	378	1166.	453	1284, 2260.	522	1400.
302	1090.	379	1167, 1168.	454	1221, 1269, 1270.	523	1400.
303	1090.	380	1164.	455	1271.	524	1400, 2303, 2304.
306	1069 à 1071.	381	1169.	456	4274 à 1274.	525	1400.
307	1072, 1079.	382	1164, 1171.	457	1209 à 1313, 4393, 4432.	526	1401.
308	1087.	383	1172.			527	1403.
309	1087.	384	1173.	458	1310, 4394, 4432.	528	1404.
311	1091.	385	1174.	459	1314, 1355, 4394, 4398.	529	1405.
312	1094, 1095, 3489.	386	1175.	460	1287, 1288, 4432.	530	1405.
313	1095.	387	1177.	461	1275 à 1278.	531	1404.
314	1101.	388	1179.	462	1278.	532	1404.
315	1096.	389	1180 à 1188.	463	1303, 1304, 2579, 2581.	533	1407, 1408.
316	1097.	390	1189.			534	1409.
317	1098.	391	1191, 1195, 1196.	464	1305, 1306.	535	1410, 1411.
		392	1192 à 1194, 1207.			536	1412.

ARTICLES du Code.	NUMÉROS DU TRAITÉ.	ARTICLES du Code.	NUMÉROS DU TRAITÉ.	ARTICLES du Code.	NUMÉROS DU TRAITÉ.	ARTICLES du Code.	NUMÉROS DU TRAITÉ.
537	1414, 1418.	613	1513.	691	1623.	767	903, 1111, 1795.
538	1415.	614	1512.	692	1626.	768	903, 1800, 1801.
539	1415.	615	1408.	693	1626.	769	1796.
540	1415.	616	1169.	694	1627.	770	1796.
541	1415.	617	1514.	695	1623, 1624.	771	1797 à 1799.
542	1416.	618	1476, 1514.	696	1625.	772	1802, 1819 à 1835.
543	1419.	619	1514.	697	1648.	773	1797 à 1799.
544	1425.	620	1463, 1514.	698	1618.	774	1837, 1876.
545	1426.	621	1515.	699	1648 à 1657.	775	1837.
546	1427.	622	1514.	700	1616.	776	1842 à 1844,
547	1428.	623	1509.	701	1630.	777	1837.
548	1429.	624	1509.	702	1631.	778	1838 à 1840.
549	1430.	625	1524.	703	1633, 1634.	779	1847 à 1849.
550	1431, 1432.	626	1533.	704	1634.	780	1840.
551	1433.	627	1532.	705	1635.	781	1841, 1865.
552	1434.	628	1525.	706	1636.	782	1841.
553	1435.	629	1526.	707	1636.	783	1845, 1846.
554	1437.	630	1527.	708	1638.	784	1837, 1857, 1858.
555	1437, 2470, 4481	631	1536.	709	1637.	785	1860.
556	1438, 1442, 1493.	632	1529.	710	1637.	786	1860 à 1863.
557	1439, 1493.	633	1529.	711	1658, 1659.	787	1860 à 1863.
558	1440.	634	1536.	712	1658.	788	1853 à 1856.
559	1441, 1493.	635	1528, 1534, 1535.	713	1660.	789	1864.
560	1442.	636	1535.	714	1661.	790	1865 à 1870.
561	1443, 1493.	637	1539.	715	1662, 1663.	791	1859, 2529, 2930.
562	1444.	638	1530.	716	1664 à 1670.	792	1870 à 1872.
563	1445, 1493.	639	1540.	717	1671 à 1673.	793	1877.
564	1446.	640	1541, 1542.	718	1675.	794	1889, 1890,
565	1447.	641	1543.	719	Abrogé.	795	1890, 1900.
566	1448.	642	1543.	720	1679.	796	1897 à 1899.
567	1449.	643	1544, 1545.	721	1680.	797	1890.
568	1449.	644	1556.	722	1681 à 1684.	798	1893.
569	1449.	645	1546, 1547.	723	1676.	799	1893.
570	1450.	646	1559 à 1563.	724	1677.	800	1891.
571	1451.	647	1564, 1565.	725	1686.	801	1895, 1896.
572	1451.	648	1564, 1565.	726	1685.	802	1878 à 1880, 1945 à 1961.
573	1452.	649	1540.	727	1688, 1689.	803	1881 à 1888, 1925 à 1928, 1941, 1942.
574	1453.	650	1540.	728	1689.	804	1912 à 1914.
575	1454.	651	1540.	729	1690.	805	1901 à 1908.
576	1455.	652	1540.	730	1178, 1691.	806	1915 à 1924 bis.
577	1456.	653	1567.	731	1676, 1672.	807	1909 à 1911 bis.
578	1460	654	1567 à 1569.	732	1693.	808	1933 à 1936.
579	1461, 1462.	655	1570.	733	1712, 1713, 1719, 1727, 1731.	809	1937, 1913.
580	1463.	656	1646, 1647.	734	1698.	810	1938 à 1940.
581	1464.	657	1571.	735	1694, 1698.	811	1963.
582	1465, 1468, 1470 à 1474, 1477.	658	1572.	736	1659.	812	1963.
583	1468, 1477.	659	1572.	737	1696.	813	1964, 1975, 2178.
584	1470, 1481.	660	1573, 1574.	738	1697.	814	1976, 1967.
585	1477, 2316 à 2318.	661	1575 à 1578.	739	1700, 1703, 1704.	815	1968 à 1973.
586	1470, 1481.	662	1571.	740	1705, 1706.	816	1974, 1975.
587	1466, 3722.	663	1579 à 1581.	741	1719.	817	1286, 1976 à 1978.
588	1475.	664	1582 à 1584.	742	1710, 1711, 1715.	818	1916, 2118 à 2127.
589	1467, 2471.	665	1632.	743	1701.	819	1979, 1980.
590	1483, 1487.	666	1585.	744	1702.	820	2109.
591	1484.	667	1585.	745	1699.	821	2024.
592	1485.	668	1585, 1586.	746	1719, 1720.	822	2086, 2101, 2131, 4401.
593	1486.	669	1587.	747	1140, 1733 à 1761.	823	1981, 2138.
594	1488	670	1588 à 1590.	748	1716.	824	1990, 1991, 2132, 2435.
595	1477, 1479, 1480, 1494.	671	1592.	749	1717.	825	1986.
596	1493.	672	1592 à 1594.	750	1709.	826	1987 à 1989.
597	1492,	673	1591.	751	1716, 1717.	827	2137, 4400, 4401.
598	1489.	674	1597.	752	1713, 1714, 1718.	828	2139.
599	1496, 1510, 1511.	675	1598.	753	1727 à 1729.	829	1992, 2023 à 2028.
600	1497 à 1499.	676	1599.	754	1501, 1722 à 1726.	830	2047 à 2050.
601	1500 à 1503 bis.	677	1599.	755	1730 à 1732.	831	2024, 2051 à 2061, 2173.
602	1500.	678	1600.	756	1762.	832	2052, 2053, 2924.
603	1500.	679	1601 à 1609.	757	1766 à 1769, 1772 à 1780.	833	2054.
604	1500.	680	1600.	758	903, 1794.	834	2159, 2160.
605	1506.	681	1610, 1611.	759	1770, 1771.	835	2163.
606	1506, 1507.	682	1612, 1613.	760	1764, 1966.	836	2058.
607	1508.	683	1614, 1615.	761	1781 à 1793.	837	2157, 2158, 2161, 2163.
608	1504.	684	1614, 1615.	762	1815, 1816.		
609	1505.	685	1612.	763	1815.		
610	1517, 1521.	686	1539, 1540, 1617.	764	1817, 1818.		
611	1522.	687	1618, 1619	765	1806 à 1808.		
612	1517 à 1520.	688	1619.	766	1809 à 1814.		
		689	1619 à 1621.				
		690	1622.				

Articles du Code.	Numéros du traité.	Articles du Code.	Numéros du traité.	Articles du Code.	Numéros du traité.	Articles du Code.	Numéros du traité.
838	1291, 1981, 1983.	908	1996, 2462.	977	2711.	1052	2875, 28 6.
839	1293, 2137.	909	2462.	978	2699 à 2704.	1053	2880, 2881, 2886.
840	1976, 2118 à 2127, 2171.	910	2615 à 2635.	979	2712 à 2715.	1054	2882 à 2884.
841	4233 à 4249.	911	2464, 3487, 3489, 3490.	980	2643.	1055	2889.
842	2094 à 2098.	912	Abrogé.	981	2716.	1056	2890.
843	1992, 2005 à 2011, 2019 à 2022.	913	3039 à 3047, 3125.	982	2716.	1057	2210, 2886, 2891 à 2893.
844	1992.	914	3041 à 3047.	983	2717.	1058	2894
845	1873 à 1875, 1993 à 1995.	915	3048 à 3052.	984	2718.	1059	2210, 2894.
846	1997.	916	3053.	985	2719.	1060	2210, 2895.
847	1998.	917	3010, 3099 à 3102.	986	2720.	1061	2210, 2896.
848	1999.	918	2533 à 2539, 3490.	987	2722.	1062	2897.
849	2000.	919	2527 à 2532.	988	2723.	1063	2897.
850	1931, 2010.	920	3056 à 3058.	989	2724.	1064	2897.
851	2015.	921	1931, 3059 à 3064.	990	2725.	1065	2885.
852	2012 à 2014.	922	3065 à 3080.	991	2726.	1066	2885.
853	2016.	923	3082 à 3086.	992	2727.	1067	2885.
854	2017, 2018.	924	3093.	993	2728, 2729.	1068	2785.
855	2029, 2030.	925	3082.	994	2730.	1069	2877.
856	2031, 2032.	926	3094, 3096 à 3098, 3125 à 3129.	995	2631.	1070	2878.
857	2001 à 2004, 2753.	927	3095.	996	2732.	1071	2879.
858	2033.	928	3092.	997	2733.	1072	2879.
859	2034 à 2036.	929	3091.	998	2734.	1073	2900.
860	2035.	930	3087 à 3090.	999	2691, 2736.	1074	2901.
861	2037.	931	2449 à 2451, 2567 à 2571.	1000	2737.	1075	2905 à 2908, 2944 à 2948.
862	2037.	932	2572, 2773, 2589 à 2596.	1001	2639, 2734.	1076	2909 à 2937, 2949.
863	2038.	933	2574, 2575, 2588, 5337.	1002	2738.	1077	2913, 2914.
864	2039.	934	2578.	1003	2739 à 2746.	1078	2910 à 2912.
865	2041, 2408.	935	2579 à 2586.	1004	2794.	1079	2915 à 2920.
866	2042.	936	2459, 2460, 2587, 2588.	1005	2795.	1080	2921.
867	2043.	937	2622 à 2635.	1006	649, 2786.	1081	2960 à 2962.
868	2044.	938	2473.	1007	2782 à 2785.	1082	2963 à 2974.
869	2045, 2046.	939	2478.	1008	521, 2787 à 2793.	1083	2975 à 2980.
870	2066 à 2070, 3233.	940	2479.	1009	2741, 3096 à 3098.	1084	2981 à 2987.
871	2071.	941	2482 à 2488.	1010	2747, 2754.	1085	2981 à 2987.
872	2077, 2078.	942	2480, 2481, 2576.	1011	2796.	1086	2477, 2988, 2989.
873	2072.	943	2466, 2499 à 2506.	1012	2748, 2749.	1087	2990.
874	2071.	944	2474.	1013	2750.	1088	2991.
875	2073.	945	2508 à 2518.	1014	2766, 2794 à 2798 bis.	1089	2992.
876	2074.	946	2475, 2476.	1015	2768.	1090	2993.
877	911, 2075.	947	2466 à 2469, 2477, 2508.	1016	2769 à 2771, 2799 à 2801.	1091	2995.
878	5620 à 5624.	948	2489 à 2499.	1017	2755, 2756.	1092	2996 à 2998.
879	5625 à 5630.	949	2470, 2867.	1018	2757.	1093	2999.
880	5631, 5632.	950	2471.	1019	2738, 3816.	1094	3000 à 3010, 3108 à 3118.
881	5633.	951	2540 à 2546.	1020	2774.	1095	2454, 3017, 3018
882	2108 à 2143.	952	2547 à 2549.	1021	2759.	1096	3022 à 3035.
883	1973, 2087 à 2089, 4407, 4408.	953	2598 à 2604.	1022	2760.	1097	2930, 3022.
884	2079, 2084, 2085.	954	2613.	1023	2 61, 2762.	1098	3011 à 3016.
885	2080 à 2082.	955	2606.	1024	2772, 2773.	1099	3119 à 3122.
886	2083.	956	2598.	1025	2802, 2803.	1100	3123, 3487, 3489.
887	2099, 2107.	957	2605.	1026	2810.	1101	3130.
888	2099.	958	2612.	1027	2811, 2812.	1102	3131.
889	2100.	959	2607.	1028	2813.	1103	3132.
890	2099.	960	2603.	1029	2813.	1104	3133.
891	2105.	961	5608.	1030	2843, 2930.	1105	3134.
892	2103.	962	2611.	1031	2178, 2204 à 2807, 2816 à 2834.	1106	3135.
893	2457.	963	2614.	1032	2815.	1107	3140.
894	2448, 2499, 2519 à 2523.	964	2609.	1033	2808, 2809, 3232.	1108	3141 à 3143.
895	2636.	965	2610.	1034	2830.	1109	3144.
896	2856, 2857 à 2860.	966	2611.	1035	2835 à 2839, 2950.	1110	3145.
897	2856.	967	2637, 2735.	1036	2840.	1111	3146.
898	2861 à 2869.	968	2658, 2954 à 2954, 2971.	1037	2841 à 2848.	1112	3147.
899	2867 à 2869.	969	2639, 2949 à 2954.	1038	2840.	1113	3146.
900	2550 à 2564, 2765, 3735.	970	2692 à 2698.	1039	2849.	1114	3147.
901	2454, 2451.	971	2641, 2642.	1040	2849.	1115	3148.
902	2452 à 2461, 2650, 2663.	972	2660 à 2662, 2667 à 2676.	1041	2849.	1116	3149.
903	2454, 2651.	973	2677 à 2687.	1042	2849.	1117	3150.
904	2654, 2655, 3103 à 3107.	974	2677 à 2690.	1043	2847, 2852 à 2855.	1118	3151.
905	2456, 2653.	975	2644 à 2649.	1044	2776 à 2779.	1119	3152.
906	1049, 2469, 2664.	976	2702 à 2710.	1045	2780, 2781.	1120	3154, 3155.
907	2462, 2656 à 2659.			1046	2813.	1121	2451, 2597, 2857, 3153.
				1047	2843.	1122	3152.
				1048	2870.	1123	3155.
				1049	2871.	1124	3157.
				1050	2872.	1125	3159.
				1051	2873, 2874.		

CODE NAPOLÉON.

ARTICLES du Code.	NUMÉROS DU TRAITÉ.	ARTICLES du Code.	NUMÉROS DU TRAITÉ.	ARTICLES du Code.	NUMÉROS DU TRAITÉ.	ARTICLES du Code.	NUMÉROS DU TRAITÉ.
1126	3159.	1200	3234.	1278	3355.	1353	3485, 3491.
1127	3160.	1201	3235.	1279	3356.	1354	3492 à 3494.
1128	3159.	1202	3230, 3231.	1280	3355.	1355	3494.
1129	3159.	1203	3234.	1281	3358.	1356	3492, 3495.
1130	2539, 2980, 3161.	1204	3234.	1282	3359 à 3361.	1357	3497,
1131	3163.	1205	3236.	1283	3362.	1358	3498.
1132	3462.	1206	3234.	1284	3363.	1359	3498.
1133	3463.	1207	3234.	1285	3363.	1360	3498.
1134	10. 3164,	1208	3237, 3238.	1286	3365.	1361	3500.
1135	3165.	1209	3239, 3379.	1287	3364.	1362	3499.
1136	3175.	1210	3240.	1288	3364.	1363	3502.
1137	3179.	1211	3240, 3242.	1289	3366.	1364	3504.
1138	3176.	1212	3240, 3241.	1290	3368.	1365	3503.
1139	3176.	1213	3243.	1291	3367.	1366	3504.
1140	3177.	1214	3243.	1292	3367.	1367	3505.
1141	3178.	1215	3244.	1293	3370.	1368	3506.
1142	3181·	1216	3245.	1294	3367.	1369	3507.
1143	3182.	1217	3246.	1295	3373.	1370	3508.
1144	3183.	1218	3 47.	1296	3371.	1371	3509.
1145	3491.	1219	2248.	1297	3372.	1372	3511.
1146	3492.	1220	3249.	1298	3374.	1373	3512.
1147	3493.	1221	3250, 5159.	1299	3375.	1374	3513.
1148	3494.	1222	3252.	1300	3377.	1375	3514.
1149	422 à 424, 3495.	1223	3251.	1301	3378, 3379.	1376	3515.
1150	3496.	1224	3251, 3252.	1302	3276, 3381 à 3385,	1377	3516.
1151	3496.	1225	3253.	1303	3386.	1378	3517.
1152	3197.	1226	2942, 3255.	1304	1054, 2102, 2493, 2573,2604,2920, 3387 à 3392, 3463, 3545.	1379	3518.
1153	1519, 3498 à 3200.	1227	3256.			1380	3519.
1154	3201.	1228	3257.			1381	3520.
1155	3202.	1229	3255, 3258.			1382	3522.
1156	3466.	1230	3259.	1305	3393 à 3395.	1383	3522.
1157	3467.	1231	3197, 3260.	1306	3396.	1384	3523 à 3528.
1158	3468.	1232	3261.	1307	3397.	1385	3529.
1159	3469,	1233	5262.	1308	3399.	1386	2530.
1160	3470.	1234	3263.	1309	3400.	1387	3532 à 3534.
1161	3471.	1235	3264, 3265, 3291.	1310	3398.	1388	3534.
1162	3472.	1236	3271, 3316.	1311	3401.	1389	3534.
1163	3473.	1237	3272.	1312	34 2.	1390	3534.
1164	3474.	1238	3273.	1313	3403.	1391	5535, 3638.
1165	3484.	1239	3266, 3267.	1314	3404.	1392	250, 3688 à 3644.
1166	903, 1850 à 1852, 1977, 2601,3185, 3186,3596,4050, 4264.	1240	3267.	1315	3405, 3406.	1393	3559 à 3565.
1167	3187 à 3190, 3904, 5974.	1241	3268 à 3272.	1316	3407.	1394	3536 à 3544, 3553, 3756.
		1242	3273 bis.	1317	3408.		
		1243	3274.	1318	3409.	1395	3751.
1168	3203.	1244	3212, 3275.	1319	3410, 3411.	1396	3752 à 3754.
1169	3203.	1245	3276, 3381.	1320	3411 bis, 3412.	1397	3755, 3756.
1170	2474, 3203.	1246	3277.	13 1	3413, 3414, 4290.	1398	3542 à 3552.
1171	3203.	1247	3278, 4027.	1322	3423 à 3429.	1399	3765.
1172	3204.	1248	3283 à 3287.	1323	3430.	1400	3559, 3767.
1173	3204.	1249	3292.	1324	3431.	1401	3769 à 3772, 3784, 3797, 3814, 3819 à 3826.
1174	3203.	1250	3294 à 3301.	1325	3415 à 3417.		
1175	3205.	1251	3303 à 3311.	1326	2566, 3418 à 3420.	1402	3564, 3720 à 3726, 3815 à 3818.
1176	3205.	1252	3290.	1327	3421.		
1177	3205.	1253	3312.	1328	2314, 3422.	1403	3827 à 3830.
1178	3205.	1254	3313.	1329	3436.	1404	3773 à 3777, 3785 à 3788.
1179	3206.	1255	3313.	1330	3437.		
1180	3206.	1256	3314.	1331	3438.	1405	3798 à 3801.
1181	3207.	1257	3315.	1332	3439, 3440.	1406	3804.
1182	3208.	1258	3316.	1333	3441, 3442.	1407	3805 à 3807.
1183	3209.	1259	3318.	1334	3443.	1408	3808 à 3813.
1184	3210.	1260	3321.	1335	3445.	1409	3778 à 3781, 3789, 3831.
1185	3212.	1261	3322.	1336	3446, 3447.		
1186	3212.	1262	3323.	1337	3455, 3456.	1410	3782, 3783.
1187	3214.	1263	3323.	1338	2104, 3458 à 3480.	1411	3790.
1188	3215.	1264	3325.	1339	3469.	1412	3791.
1189	3219.	1265	3327.	1340	3470.	1413	3792.
1190	3219.	1266	3327.	1341	3481 à 3483, 3485.	1414	2152, 2182, 3793.
1191	3219.	1267	3329, 3334 à 3753.	1342	3484.	1415	1281, 2176, 3794, 3795.
1192	3220.	1268	3328.	1343	3484.		
1193	3221.	1269	3329.	1344	3484.	1416	3796.
1194	3221.	1270	3330.	1345	3484.	1417	3796.
1195	3221.	1271	3225, 33 : 3357.	1346	3484.	1418	3802, 3803.
1196	3222, 3223	1272	3354.	1347	3485.	1419	3839.
1197	3228.	1273	3354.	1348	2640, 3485.	1420	3833, 3834.
1198	3229.	1274	3356.	1349	3486.	1421	3845 à 3850.
1199	3229.	1275	3356.	1 50	3487.	1422	3851 à 3854.
		1276	3356.	1 61	3488.	1423	3855.
		1277	3356, 3357.	1352	3489, 3490.		

ARTICLES du Code.	NUMÉROS DU TRAITÉ.	ARTICLES du Code.	NUMÉROS DU TRAITÉ.	ARTICLES du Code.	NUMÉROS DU TRAITÉ.	ARTICLES du Code.	NUMÉROS DU TRAITÉ.
1424	3842 à 3844.	1492	3953.	1567	3629, 3702.	1644	4156.
1425	Abrogé.	1493	3954.	1568	3703.	1645	4156.
1426	3840.	1494	3915, 3932, 3933.	1569	3704.	1646	4156.
1427	3841.	1495	3956.	1570	3705, 3706.	1647	4157.
14.8	2182, 3856 à 3860.	1496	3768.	1571	3707 à 3709.	1648	4159.
1429	1294, 1295, 1349, 1480, 3951, 3864.	1497	3.66.	1572	3710.	1649	4155.
1430	1294, 1349, 1480, 3651, 3862 à 3864.	1498	3567 à 3570.	1573	2006.	1650	4025, 4027.
1431	3835 à 3837.	1499	3571 à 3573.	1574	3711.	1651	3278, 4027.
1432	3838.	1500	3574 à 3577.	1575	3712.	1652	4028.
1433	3865 à 3869.	1501	3578.	1576	3713, 3714.	1653	4029.
1434	4069 à 4072.	1502	3578, 3723.	1577	3715.	1654	4199.
1435	4073, 4074, 4082.	1503	3580.	1578	3716.	1655	4201.
1436	3870 à 3874.	1504	1281, 2176, 3581 à 3583.	1579	3717.	1656	4202 à 4206.
1437	2315, 3875 à 3882.	1505	3584, 2585.	1580	3718.	1657	4207.
1438	2007, 3728 à 3730.	1506	3586.	1581	3719.	1658	4161.
1439	2008, 3731 à 3734.	1507	3587.	1582	3991, 4259.	1659	4162.
1440	2372, 3739 à 3742.	1508	3588.	1583	3991.	1660	4163.
1441	3883.	1509	3589.	1584	3992, 4053.	1661	4163 à 4167.
1442	1176, 1233, 1286, 3232, 3884 à 3886.	1510	3590, 3591.	1585	3993.	1662	4172.
		1511	3592.	1586	3993.	1663	4173.
		1512	3593.	1587	3994.	1664	4174.
1443	2409, 3959 à 3963.	1513	3594.	1588	3995.	1665	4168 à 4171.
1444	3736, 3976 à 3981.	1514	3595 à 3600.	1589	4055 à 4057.	1666	4168.
1445	1091, 3738, 3968, 3973 à 3975, 3986.	1515	3601.	1590	4058.	1667	4175
		1516	3602.	1591	4025.	1668	4176.
		1517	3603.	1592	4058.	1669	4176.
1446	3737, 3961.	1518	1088, 3604.	1593	4048 à 4050	1670	4177.
1447	3967.	1519	3605.	1594	3996.	1671	4178.
1448	3983.	1520	3607, 3608.	1595	4051, 4052, 4433.	1672	4179.
1449	2458, 3630, 3633, 3984.	1521	3609, 3610.	1596	1315, 1309, 3998, 3999.	1673	4180 à 4185.
1450	3634.	1522	3611.	1597	4252, 4253.	1674	4186 à 4188.
1451	3986 à 3990.	1523	3612.	1598	4000.	1675	4189.
1452	3982.	1524	3613 à 3615.	1599	4001.	1676	4190.
1453	3887, 3888.	1525	3616, 3617.	1600	2930, 4002.	1677	4191, 4192.
1454	3889.	1526	3618, 3619.	1601	4003.	1678	4192.
1455	3890, 3891.	1527	3620, 3621.	1602	4004.	1679	4192.
1456	2176, 2394 à 2396, 3892 à 3896.	1528	3622, 3940.	1603	4005, 4209.	1680	4192.
1457	3897.	1529	3623.	1604	4006.	1681	4194.
1458	3898.	1530	3624.	1605	4015, 4047.	1682	4195 à 4197.
1459	3897, 3899.	1531	3624, 3629.	1606	4016.	1683	4191.
1460	3900.	1532	3626.	1607	4017.	1684	4191.
1461	3902, 3903.	1533	3625.	1608	4018.	1685	4198.
1462	Abrogé.	1534	3627.	1609	4019.	1686	4400
1463	3971, 3972.	1535	3628.	1610	4021.	1687	4402.
1464	3904.	1536	3630 à 3632.	1611	4021.	1688	4401.
1465	3905.	1537		1612	4022.	1689	4209, 4716.
1466	3906.	1538	3633, 5349.	1613	4022.	1690	2469, 4210 à 4215, 4989.
1467	3908.	1539	3635.	1614	4020.		
1468	3910.	1540	3642.	1615	4006.	1691	4210.
1469	3854, 3910.	1541	3643.	1616	4007.	1692	4216, 4217.
1470	2315, 3911.	1542	3645, 3646.	1617	4008.	1693	4118.
1471	3912	1543	3647 à 3649.	1618	4009.	1694	4219.
1472	3854, 3913 à 3915.	1544	3736.	1619	4010, 4011, 4440.	1695	4220 à 4222.
1473	3916, 3954.	1545	3738.	1620	4010.	1696	4224 à 4227.
1474	3917, 3918.	1546	3737.	1621	4012.	1697	4228 à 4232.
1475	3919.	1547	2372, 3650, 3739.	1622	4013.	1698	4228.
1476	3762 à 2766, 3936 à 3952.	1548	3740.	1623	4014.	1699	4254, 4255.
1477	3920, 3921.	1549	3651 à 3653.	1624	4023.	1700	4250 à 4253.
1478	3922.	1550	3654.	1625	4136.	1701	4256.
1479	3922.	1551	3655 à 3657.	1626	4137 à 4143.	1702	4426 à 4429.
1480	3923.	1552	3658.	1627	4144.	1703	4430 à 4433.
1481	3924.	1553	3659, 3660.	1628	4144.	1704	4431, 4435.
1482	3926.	1554	3661 à 3664.	1629	4144.	1705	4436 à 4438.
1483	2026, 2176, 3927, 3928.	1555	2454, 3665.	1630	4145.	1706	4439.
		1556	2454, 2906, 3666 à 3669.	1631	4145.	1707	4433, 4440 à 4442.
1484	3931.			1632	4145.	1708	4443.
1485	3932.	1557	3684 à 3687, 4075 à 4086.	1633	4146.	1709	4444, 4589 à 4592, 4547 à 4549.
1486	3932.			1634	4146.		
1487	3933.	1558	3670 à 3681, 4087.	1635	4146.	1710	4615.
1488	3934.	1559	3682, 3683.	1636	4148.	1711	4445, 4446, 4615.
1489	3929.	1560	3688 à 3695.	1637	4149.	1712	4559 à 4571.
1490	3929, 3930.	1561	3696.	1638	4021.	1713	4465, 4466.
1491	3935.	1562	3697.	1639	4151.	1714	4457.
		1563	3960.	1640	4152.	1715	4448, 4449.
		1564	3698.	1641	4153, 4154.	1716	4450 à 4457.
		1565	3699, 3700.	1642	4155.	1717	4572 à 4584.
		1566	3701.	1643	4154.	1718	1205, 1349, 4460.
						1719	4467, 4468.

ARTICLES du Code.	NUMÉROS DU TRAITÉ.	ARTICLES du Code.	NUMÉROS DU TRAITÉ.	ARTICLES du Code.	NUMÉROS DU TRAITÉ.	ARTICLES du Code.	NUMÉROS DU TRAITÉ.
1720	4467.	1798	4615.	1872	4886 à 4899.	1950	3485, 5304.
1721	4469, 4470.	1799	4645.	1873	4689 à 4694, 4887.	1951	5305.
1722	4471.	1800	4584.	1874	5140.	1952	5306.
1723	4472.	1801	4585.	1875	5141.	1953	5307.
1724	4473, 4474.	1802	4586.	1876	5142.	1954	5308.
1725	4475.	1803	4587.	1877	5143.	1955	5309.
1726	4476.	1804	4588.	1878	5144.	1956	5310.
1727	4477.	1805	4589.	1879	5145 à 5147.	1957	5311.
1728	4478, 4493.	1806	4590.	1880	5149 à 5151.	1958	5311.
1729	4478.	1807	4590.	1881	5152.	1959	5312.
1730	4479.	1808	4590.	1882	5153.	1960	5313.
1731	4480.	1809	4590.	1883	5154.	1961	5314.
1732	4481, 4482.	1810	5591.	1884	5155.	1962	5315.
1733	4483 à 4487.	1811	4592, 4593.	1885	5157.	1963	5316.
1734	3232, 4484, 4486.	1812	4594, 4595.	1886	5158.	1964	5317.
1735	4488.	1813	4596.	1887	3232, 5159.	1965	5324 à 5327.
1736	4459, 4583.	1814	4597.	1888	5161.	1966	5328.
1737	4461.	1815	4598.	1889	5162.	1967	5329.
1738	4462.	1816	4599, 4600.	1890	5163.	1968	5222.
1739	4463.	1817	4601.	1891	5164.	1969	5223.
1740	4464.	1818	4602.	1892	5165, 5166.	1970	5224.
1741	4501.	1819	4603.	1893	5167.	1971	5225.
1742	4502.	1820	4604.	1894	5168 à 5171.	1972	5225.
1743	4503 à 4505.	1821	4605.	1895	5171.	1973	2151, 5226, 5257.
1744	4506.	1822	4606.	1896	5172.	1974	5228.
1745	4506.	1823	4607.	1897	5173.	1975	5229 à 5233.
1746	4506.	1824	4608.	1898	5174.	1976	5234.
1747	4506.	1825	4609.	1899	5175.	1977	5235 à 5237.
1748	4507.	1826	4610.	1900	5176.	1978	5238 à 5243.
1749	4507.	1827	4611.	1901	5177.	1979	5244.
1750	4508.	1828	4612.	1902	5178.	1980	5245 à 5248.
1751	4509.	1829	4613.	1903	5179.	1981	5249.
1752	4512.	1830	4613.	1904	5180.	1982	5250.
1753	4576.	1831	4614.	1905	5181, 5182.	1983	727 à 731, 5251.
1754	4513.	1832	4664 à 4678.	1906	5183.	1984	5331, 5332.
1755	4514.	1833	4679 à 4688, 4720.	1907	5184.	1985	5332 à 5339.
1756	45 5.	1834	3682, 4695.	1908	3279, 5187.	1986	5340 à 5342.
1757	4524 à 4527.	1835	4647.	1909	5202.	1987	5348.
1758	4520.	1836	4701.	1910	5203.	1988	5349 à 5352.
1759	4519.	1837	4705 à 4708.	1911	5204 à 5215.	1989	5353 à 5358.
1760	4516.	1838	4709 à 4713.	1912	5216 à 5220.	1990	5343 à 5345.
1761	4517.	1839	4702.	1913	5216.	1991	5359.
1762	4518.	1840	4703.	1914	5221.	1992	5360.
1763	4550 à 4552.	1841	4661, 4714, 4721.	1915	5275.	1993	5361 à 5364.
1764	4552.	1842	4715, 4716.	1916	5276.	1994	5379 à 5382.
1765	4534.	1843	4717.	1917	5277.	1995	5366.
1766	4535.	1844	4719.	1918	5277.	1996	5367, 5368.
1767	4536.	1845	4723 à 4725.	1919	5278.	1997	5369.
1768	4537.	1846	4726, 4820 à 4822, 4834.	1920	5279.	1998	3475, 5370, 5371.
1769	4538.			1921	5279.	1999	5373.
1770	4539, 4540.	1847	4727 à 4735.	1922	5279.	2000	5373.
1771	4541, 4542.	1848	4823 à 4826.	1923	5280.	2001	4634, 5374 à 5377.
1772	4543.	1849	4827.	1924	2574, 5280.	2002	3232, 5378.
1773	4543, 4544.	1850	4829 à 4831.	1925	5281.	2003	5383 à 5385, 5389, 5390.
1774	4531.	1851	472, 4736, 4737, 4784 à 4786.	1926	5282.		
1775	4532.			1927	5283.	2004	5386.
1776	4533.	1852	4832.	1928	5284.	2005	5386.
1777	4515.	1853	4738 à 4742, 4755 à 4769.	1929	5285.	2006	5387, 5388.
1778	4515.			1930	5286.	2007	5389.
1779	4616.	1854	4770, 4771.	1931	5287.	2008	5391.
1780	4617 à 4620.	1855	4772 à 4783.	1932	5288.	2009	5394.
1781	4621.	1856	4787 à 4795.	1933	5289.	2010	5392.
1782	4628.	1857	4796, 4797.	1934	5289.	2011	5396.
1783	4630.	1858	4798 à 4800.	1935	5290.	2012	5397 à 5403.
1784	4630.	1859	4801 à 4819.	1936	5291.	2013	5409 à 5411.
1785	4631.	1860	482?.	1937	5292.	2014	5404.
1786	4632.	1861	4746, 4846.	1938	5293.	2015	5405 à 5408, 5412, 5413.
1787	4635.	1862	4836, 4838.	1939	5294.		
1788	4636.	1863	4836.	1940	5295.	2016	5414.
1789	4637.	1864	4838 à 4845.	1941	5296.	2017	5415.
1790	4637.	1865	4858, 4864, 4869, 4874, 4879.	1942	5297.	2018	5416 à 5420.
1791	4638.			1943	5297.	2019	5421.
1792	4639, 3640.	1866	4696, 4859.	1944	5298.	2020	5422 à 5425.
1793	4641.	1867	4866 à 4868.	1945	5299.	2021	5426, 5427.
1794	4642.	1868	4870.	1946	5300.	2022	5428.
1795	4643.	1869	4880.	1947	5301.	2023	5429.
1796	4643.	1870	4884.	1948	5302.	2024	5430.
1797	4644.	1871	4860 à 4865.	1949	5303.	2025	5431.

ARTICLES du Code	NUMÉROS DU TRAITÉ	ARTICLES du Code.	NUMÉROS DU TRAITÉ.	ARTICLES du Code.	NUMÉROS DU TRAITÉ.	ARTICLES du Code.	NUMÉROS DU TRAITÉ.
2026	5432, 5433.	2094	5559.	2150	5766, 5767.	2215	4366.
2027	5434.	2095	5560.	2151	5768 à 5772.	2216	4367.
2028	3200, 5435.	2096	5561.	2152	5880, 5881.	2217	4368.
2029	5439.	2097	5562.	2153	5734, 5809, 5832, 5835.	2218	4369, 6020 bis.
2030	5440, 5441.	2098	5563 à 5571.			2219	6053.
2031	5436 à 5438.	2099	5572.	2154	5734, 5868 à 5879.	2220	6054.
2032	5442.	2100	5573.	2155	5780 à 5782.	2221	6055, 6056.
2033	5443, 5444.	2101	5574 à 5580.	2156	5783.	2222	6057.
2034	5445, 5446.	2102	4287 à 4289, 4307, 4496 à 4500, 5557, 5581 à 5597.	2157	5882 à 5910, 5923, 5924.	2223	6058.
2035	5447.			2158	5707, 5911 à 5915, 5925 à 5930.	2224	6059.
2036	5448.	2103	2114 à 2117, 2938, 2939, 4031 à 4035, 5598 à 5619.	2159	5916 à 5921.	2225	6060.
2037	4290, 5449, 5450.			2160	5922.	2226	6061.
2038	5451,			2161	5931.	2227	6062.
2039	5452.			2162	5933.	2228	6063.
2040	5453.	2104	5639.	2163	5934.	2229	6064.
2041	1910, 5454.	2105	5640.	2164	5335.	2230	6065.
2042	5455.	2106	5641.	2165	5936.	2231	6066.
2043	5456.	2107	5642.	2166	5937 à 5939.	2232	6065.
2044	5474 à 5478.	2108	4037, 5602 à 5608.	2167	5940.	2233	6065.
2045	5480 à 5486.	2109	5611 à 5615.	2168	5941, 5942.	2234	6065.
2046	5487.	2110	5619.	2169	5943 à 5945.	2235	6066.
2047	5479.	2111	1879, 2756, 5620, 5627.	2170	5946.	2236	6067.
2048	5490.			2171	7947.	2237	6068.
2049	5491.			2172	5948 à 5953.	2238	6069.
2050	5492.	2112	5643.	2173	5954.	2239	6070.
2051	5493.	2113	5644.	2174	5955.	2240	6071.
2052	5488, 5494, 5495.	2114	5645 à 5649.	2175	5956, 5957.	2241	6072.
2053	4496, 5497.	2115	5650.	2176	5958, 5959.	2242	6073.
2054	5498.	2116	5651.	2177	5960, 5961.	2243	6074.
2055	5499.	2117	5652.	2178	5962.	2244	6075.
2056	5500, 5501.	2118	5653, 5654.	2179	5963.	2245	6075.
2057	5502.	2119	5655 à 5658.	2180	5964, 5965.	2246	6075.
2058	5489.	2120	5659.	2181	4036, 4037, 5966.	2247	6075.
2059	5503.	2121	4040, 4046, 5784, 5817, 5818, 5833, 5834.	2182	5968.	2248	6075 à 6077.
2060	5305, 5503.			2183	5969.	2249	3234, 6079.
2061	5503.			2184	5970.	2250	6080.
2062	5503.	2122	5785 à 5787.	2185	5972 à 5974.	2251	3389, 6081.
2063	5504.	2123	5854 à 5867.	2186	5975.	2252	1864, 6082.
2064	5505.	2124	5660 à 5665.	2187	5976.	2253	6083.
2065	5507.	2125	5666 à 5668.	2188	5977.	2254	6083.
2066	5505.	2126	921, 5669.	2189	5978.	2255	6084.
2067	5507.	2127	5670 à 5674.	2190	5979.	2256	6084.
2068	5507.	2128	5675.	2191	5980.	2257	4639, 6082.
2069	5507.	2129	5676 à 5679, 5700, 5707.	2192	5981.	2258	1962, 6082.
2070	5510.	2130	5680, 5681.	2193	5995.	2259	6085.
2071	5513.	2131	5692 à 5699, 5773.	2194	5998, 5999.	2260	6086.
2072	5514.	2132	5682.	2195	6000 à 6005.	2261	6086 à 6089.
2073	5515 à 5518.	2133	5683 à 5691.	2196	6006 à 6014.	2262	928, 1864, 2664, 3521, 6090, 7746.
2074	5519, 5520.	2134	4046, 5701, 5834.	2197	6015.		
2075	5521, 5522.	2135	4041 à 4045, 5788 à 5800, 5819 à 5823.	2198	6016.	2263	3448 à 3457, 6091.
2076	5523, 5524.			2199	6017.	2264	6092.
2077	5513.			2200	6018.	2265	3454, 6093, 6094.
2078	5525, 5526.	2136	5801, 5824.	2201	6019.	2266	3451, 6095.
2079	5527.	2137	5825.	2202	6020.	2267	6096.
2080	5528.	2138	5802, 5826.	2203	6021.	2268	6097.
2081	5529.	2139	5803, 5827.	2204	4352.	2269	6997.
2082	5530, 5531.	2140	3599, 3600, 5836.	2205	4353.	2270	4639, 6098.
2083	5532.	2141	5837 à 5839.	2206	4354.	2271	6099.
2084	5533, 5534.	2142	5811, 5840.	2207	4355.	2272	6100.
2085	5542 à 5545.	2143	5841 à 5844.	2208	4356.	2273	6101, 6102.
2086	5546.	2144	5845 à 5851.	2209	4358.	2274	6103 à 6105.
2087	5547, 5548.	2145	5852, 5853.	2210	4359, 4360.	2275	6106.
2088	5549,	2146	5727 à 5733.	2211	4361.	2276	6101, 6102.
2089	5550.	2147	5702 à 5726.	2212	4362, 4363.	2277	4290, 6107 à 6110.
2090	5513, 5551.	2148	253, 5734 à 5765, 5810, 5832, 5835.	2213	4364.	2278	6111.
2091	5552 à 5556.			2214	4365.	2279	1672, 4594, 6112.
2092	3187, 4030, 5557.	2149	5749.			2280*	6114.
2093	3187, 5558.					2280e	6115.

CODE DE PROCÉDURE CIVILE.

ARTICLES du Code.	NUMÉROS DU TRAITÉ.
49	2140, 3432.
50	2130.
59	763, 2131.
68	975 à 981.
72	1512.
120	3496.
121	3496.
122	3212, 3275.
123	3212, 3275.
124	3212, 3215, 3275.
125	3213.
126	5503.
128	3191.
166	765.
167	765, 766.
174	1890 à 1893, 3892 à 3899, 3979.
187	1890.
193 à 204	615 à 622, 2432.
213	3435, 5503.
218	5337.
221	615, 618.
245	526.
302	2133.
307	2134.
315	2134, 2135.
319	2136.
322	4193.
323	4193.
333	5346.
336	5346.
352	5337.
384	5337.
420	763.
423	766.
474	870, 3187.
511	5337.
533	1928.
534	1944, 5503.
545	554.
548	580.
581	1045, 2522, 2523, 2563, 2564, 2943.
582	Mêmes numéros.
617	4336, 4422.
618	4422.
619	4422.
620	1404, 4422.
621	4522.
624	4312, 4422.
636	4758, 4845.
656	4344.
657	5575.
662	5575.
673	588, 4368.
674	4368.
675	4368.
676	4368.
677	4368.
678	4369.
679	4369.
680	4369.
681	4370.
682	4371.
683	4371.
684	4372, 4454.
685	4371.
686	3996.
687	3996.
688	3996.

ARTICLES du Code.	NUMÉROS DU TRAITÉ.
689	3996.
690 à 707	4373, 4380, 4385 à 4390.
711	3998.
733	4381.
à 740	
742	5347.
743	4314, 4374.
744	4375.
745	4376.
746	4377.
747	4378.
748	4379.
749	6021, 6022.
750	6021.
751	6022 à 6024.
752	6025.
753	5608, 6026.
754	6027.
755	6028.
756	6029.
757	6030.
758	6031.
759	6032.
760	6033.
761	6034.
762	6035.
763	6036.
764	6037.
765	6038.
766	6039.
767	6040.
768	6041.
769	5913, 6042.
770	6043.
771	6044.
772	6045.
773	6046.
774	6047.
775	6048.
776	6049.
777	5975, 5996, 6050.
778	6051.
779	6052.
812	3316, 3325.
813	3346.
814	3315.
815	3319.
816	3317.
817	3320.
819 à 831	4499.
839	491.
840	491.
841	406, 413, 414.
842	407 à 410, 520.
843	411, 412.
844	574, 584, 589, 3445.
845	594.
846	594 à 597.
847	598, 599.
848	600, 601.
849	602, 603.
850	604, 605.
851	492, 606.
852	608 à 613.
855	868.
856	868.
857	830, 868, 871.
858	868.
859	896, 903.

ARTICLES du Code.	NUMÉROS DU TRAITÉ.
860	903.
861	1055, 1056.
862	1056.
863	1055, 1057.
864	1057.
865	1055, 3963.
866	3964.
867	3964.
868	3964.
869	3965.
870	3966.
871	3967.
872	3964, 3968.
873	3969.
874	3970.
875	1075.
876	1076.
877	1077.
878	1055, 1078, 1095.
879	1073, 1079.
880	1081.
882	1217.
883	1246.
884	1246.
885	1247, 1307, 1310.
886	1247.
887	1248.
888	1249.
889	1250.
890	1365.
891	1365.
892	1365.
893	1367, 1368.
894	1374, 1383.
895	1373 à 1376.
896	1380
897	1385.
898	3331.
899	3331.
900	3331.
901	3331, 5346.
902	3331.
903	3331, 3345.
904	3331, 3332.
905	3331 3333.
907	2407.
908	2408.
909	2178, 2409 à 2414.
910	2409.
911	2410.
912	2407.
913	2407.
914	2407, 2408, 2420.
915	2415.
916	2350, 2351, 2416.
917	2350, 2416.
918	2350, 2352, 2416.
919	2350, 2359, 2416.
920	2350, 2355, 2416.
921	2417.
922	2417.
923	2418.
924	2418, 2419.
926	2422.
927	2219, 2220, 2423.
928	898, 2195 à 2202, 2226 à 2231, 2424.
929	2425.
930	2426.
931	2180, 2193, 2194, 2219, 2427.

ARTICLES du Code.	NUMÉROS DU TRAITÉ.
932	2221.
933	2223.
934	2223.
935	2245, 2258 à 2269.
936	2428, 2429.
937	2429.
938	2430.
939	2288.
940	2432.
941	2178
942	2179 à 2224.
943	2174 à 2177, 2232 à 2405.
944	2433 à 2439.
946	4421, 4422.
947	4422.
948	4422.
949	4422.
950	4422.
951	4422.
952	4339, 4420.
953	4393.
954	4394, 4416.
955	4395, 4416.
956	4395.
957	4390, 4396.
958	4385.
959	4385.
960	4386.
962	4398.
963	4391.
964	4381, 4389.
965	4392.
966	2130.
967	1983.
968	1983.
969	2132, 2138, 2139.
970	2132, 4403.
971	2132, 2136, 4404.
972	4405.
973	4406.
975	2173.
976	2141.
977	2143 à 2163.
978	2159, 2160.
979	2162.
980	2164.
981	2165.
982	2162 à 2170.
983	2472.
984	1981, 4402.
985	1979 à 1981, 2157, 4401.
986	1897 à 1899.
987	1915, 4409.
988	1915, 4410.
989	1902, 1915.
990	1902, 1934.
991	1922.
992	1914 bis.
993	1911 bis, 5417.
994	1911 bis.
996	1924.
997	1857, 3670, 3897, 4413.
998	1963.
999	1963.
1000	1964, 1966, 2178.
1001	1966, 1967.
1002	1966.
1004	1301, 1352.
1033	775, 1240, 1512.

CODE DE COMMERCE.

ARTICLES du Code.	NUMÉROS DU TRAITÉ.	ARTICLES du Code.	NUMÉROS DU TRAITÉ.	ARTICLES du Code.	NUMÉROS DU TRAITÉ.	ARTICLES du Code.	NUMÉROS DU TRAITÉ.
1	3745, 4651.	31	5040, 5042.	69	3750.	158	5268.
2	1351, 1356.	32	5082.	76	144, 4424.	159	5268.
3	1354.	33	5053 bis.	91	5535, 5539.	172	5270.
4	1065.	34	5049.	92	5540.	17-	5271.
5	1065.	35	5049, 5051.	93	5541.	17"	3200, 5273.
6	1355.	36	5051.	96	4628 à 4631.	18-	5273.
7	1355, 5184.	37	5039, 5042.	à 108		18"	3232.
8	2349.	38	4992.	109	3485, 5535.	182	5260.
9	2349.	39	4908.	110	5255.	18*	5262, 5274.
10	2349.	40	5039, 5042.	116	5257.	272	4633.
11	2349.	41	3482, 4910.	117	5257.	31-	5322.
12	3436.	42	4913.	118	3232.	312	5322.
18	4689.	43	4913.	119	5259.	442	3962, 4357, 4454.
19	4905.	44	4913.	121	5257.	446	3367, 3996, 5661.
20	4947 à 4950.	45	4913.	122	5258.	44"	4212.
21	4951 à 4953.	46	4913.	124	4631.	448	5731.
22	3232, 4954 à 4962.	47	5091.	126	5259.	486	4336.
23	3232, 4964, 4968.	48	5092 à 5095.	129	5263.	490	5734, 5779.
24	4965 à 4967.	49	5096 à 5102.	136	4211, 5264.	54*	3333.
25	4969.	50	5095.	140	3232, 5265.	556	5288, 4307, 5589.
26	4972 à 4976.	64	4900.	141	5266.	574	4414.
27	4977 à 4987.	65	3962.	142	3232, 5266.	575	4415.
28	3232, 4979 à 4987.	66	1081.	144	5267.	573	4416.
29	5044.	67	3743 à 3749.	145	5267.	632	4650, 4662, 5253.
30	5044.	68	144, 3744.	146	5267.	635	4650, 4663.
				157	3275, 5267.	638	4652, 5254.

CODE PÉNAL.

6	770, 771.	29	787.	145	831.	336	1087.
7	772.	30	787.	à 158		339	1069.
8	298, 773.	31	787.	147	4951.	346	837.
12	777 renvoi.	34	144, 298, 788.	175	144, 8°.	347	841.
à 17		42	1257.	185	752.	366	3502.
18	789.	43	1257.	192	831.	380	3901.
19	777 renvoi.	55	3232.	197	132.	404	4831.
à 24		64	1689.	319	1689.	405	4951, 5044.
23	779.	66	1689.	à 328		408	4831, 4595, 5156, 5286, 5364.
24	298.	127	753.	334	1076.		
28	298, 786.			335	1076, 1153.		

LOIS, ORDONNANCES, DÉCRETS.

1791. 29 septembre et 6 octobre.		**An 7. 13 brumaire.**		1	22, 417.		325, 340, 345, 351, 506.
Loi, copie de Répertoire.		Loi sur le timbre.		2	23.		
				3	24.		
Titre 3, art. 16, 279 à 282.		8	239.	4	25 à 28, 134 à 136.	14	352 à 358.
		12	239 à 242, 253, 726.			15	328 à 331.
An 2. 11 ventôse et 16 fructidor.		13	246, 247.	5	29.	16	144, 2°, 326, 327, 367, 368.
		18	504.	6	30, 142, 1°, 144, 1°, 717.	17	315, 332 à 336.
Loi sur les militaires absents.		20	505.	7	33, 34.	18	65, 1372.
		21	244, 254.	8	295, 4350.	19	3410, 3411.
Art. 2, nos 932, 933.		22	245.	9	294, 298, 306, 307, 309, 310, 311, 359 à 362.	20	416 à 424, 453 à 486.
An 4. 16 floréal.		23	248 à 251.	10	295, 298, 300, 303.	21	487 à 531, 543 à 553 bis, 555, 624 à 626.
		24	246, 247.	11	345 à 350.	22	425 à 428, 615 à 622.
Loi, copie de Répertoire.		26	243, 244, 245, 246, 248, 253, 504, 505.	12	296, 297, 299, 300, 301, 302, 304, 305, 338 à 345.	23	142, 2°, 595.
						24	602.
Art. 1er, 279 à 282.		**An 11. 25 ventôse.**				25	554 à 569, 717.
		Loi, organisation du notariat.		13	312 à 314, 316 à	26	144, 3°, 563, 570 à 592.

Articles du Code.	Numéros du traité.	Articles du Code.	Numéros du traité.	Articles du Code.	Numéros du traité.	Articles du Code.	Numéros du traité.
27	62, 63, 64.	62	239, 827.		**1843. 4 janvier.**		**1849. 3 décembre.**
28	629 à 638.	63	827.		Ordonn. royale sur les chambres de notaires.		Loi sur la naturalisation, n° 759, 2°.
29	252 et s., 258 à 270.	88	52.	1	79.		
30	255, 257.	91	446, 147, 4257 à 4291.	2	80.		**1850. 2 janvier.**
31	31.			3	81.		Loi sur les contumaces, n°s 781, 782.
32	32.		**1816. 3 juillet.**	4	82, 83.		
33	51, 52 à 55, 134 à 136, 142, 3°.		Ordonn. royale. Caisse des consignations.	5	84.		**1850. 15 mars.**
34	52.		101, 144, 6°.	6	85 à 90.		Loi, patente des notaires.
35	40, 41 à 48.			7	91.	16	51.
36	210 à 212.		**1816. 27 novembre.**	8	92.		
37	213.		Ordonn. royale sur la promulgation des lois.	9	93.		**1850. 8 juin.**
38	214 à 216.	1	741.	10	94.		Loi sur la transportation. 31, 799, 821.
39	217 à 219.	2	741.	11	95.		
40	220 à 222.	3	741, 743.	12	112 à 114.		**1850. 18 juin.**
41	223, 224.	4	742.	13	115.		Loi sur la caisse des retraites pour la vieillesse, n°s 3772, 3823, 3824.
42	225 à 229.			14	121, 137 à 141.		
43	36, 37, 38.		**1818. 15 mai.**	15	122, 127.		
44	39.		Loi sur l'approbation du préfet.	16	123.		**1850. 19 juillet.**
45	49.	5	336.	17	112 à 120, 124 à 128.		Loi sur la publication des contrats de mariage, n° 710.
46	50.			18	96.		
47	57 à 59, 134 à 136.		**1819. 14 juillet.**	19	97.		**1850. 6 décembre.**
48	60.		Loi sur les successions dévolues à des étrangers, n° 1685.	20	89 à 101.		Loi sur la paternité, n° 1095, 3°.
49	61, 627, 628.			21	105.		
50	78.		**1832. 21 mars.**	22	103.		**1851. 7 février.**
51	66 à 77.		Loi sur le recrutement de l'armée.	23	106.		Loi sur la qualité de Français.
52	132, 133.	32	1154, 6045 bis.	24	104.	1	758, 5°.
53	129 à 131, 142 à 145.	34	1155.	25	107.	2	759, 3° et 4°.
54	429, 430, 432.			26	108.		
55	429.		**1838. 6 juillet.**	27	109.		**1851. 22 février.**
56	430.		Loi sur les aliénés.	28	110.		Loi sur les contrats d'apprentissage, n°s 1622 à 4625.
57	431.	31	1391, 1392.	29	148.		
58	433.	32	1393, 1976.	30	149 à 151.		**1851. 5 juin.**
59	434.	33	1394.	31	230.		Loi sur la vente aux enchères de fruits, récoltes, etc., n°s 4316 à 4348.
61	308, 435 à 437, 519, 2446.	36	1396. 1976.	32	231.		
62 à		37	1396 bis.	33	232.		
65	Transitoires.	38	1395.	34	233.		**1852. 14 janvier.**
66	35, 134 à 136.			35	234.		Constitution.
67	Transitoire.		**1839. 6 janvier.**	36	235.	6	743.
68	30, 299, 301, 338, 352, 402 et s., 417 à 419, 4350. 7636, 7654.		Ordonnance royale sur les certificats de vie, n°s 732 à 739.	37	205 à 209.	10	740, 741.
				38	Transitoire.	24,25,30, 34,40,41.	740.
	An 13. 15 pluviôse.		**1841. 3 mai.**	39	114.	50	740, 743.
	Loi sur la tutelle des hospices.		Loi sur les expropriations pour cause d'utilité publique, n°s 4088 à 4112.			51	740.
4	1357.				**1843. 21 juin.**		
5	1228 à 1234, 1358.		**1841. 10 octobre.**		Loi sur les actes notariés.		**1852. 8 juillet.**
6	1225.		Ordonn. royale, tarif des frais en matière de vente judiciaire d'immeubles, n°s 4382 à 4388.	2	363 à 366, 2449.		Loi, Droit de mutation des rentes sur l'Etat. 251, 688.
7	1225.						
	1806. 24 mars.				**1844. 5 juillet.**		
	Décret sur les transfers de rentes.				Loi sur les brevets d'invention, n°s 4292 à 4299.		
4	1298, 1301.						
3	1299.				**1845. 29 avril.**		
					Loi sur les irrigations, n°s 1548, 1550.		
	1807. 3 septembre.						
	Loi sur le taux des intérêts, n°s 3198, 3433, 5185, 5186.				**1847. 11 juillet.**		
					Loi sur les irrigations, n°s 1548, 1550.		
	1810. 21 avril.						
	Loi sur les mines, n°s 4465, 4882, 5653.				**1849. 22 mars.**		
					Loi sur la qualité de Français, n° 759, 1°.		
	1816. 20 avril.						
	Loi. Cautionnements, offices.						

ARTICLES.	NUMÉROS DU TRAITÉ.

1852. 2 décembre.

Décret, Formule exécutoire, n°s 561, 564 à 567.

1852. 30 mars.

Loi sur les caisses d'épargnes.

| 3 | 716. |

1852. 28 mai.

Loi, caisse de retraite pour la vieillesse.

| 8 | 717. |

1852. 21 juin.

Statuts concernant la famille impériale.

1	1153 renvoi.
2	1153 renvoi.
4	932 renvoi.
7	1055 renvoi.
8	1189 renvoi.
11	1110, 1125, 1141 renvois.
12	1361 renvoi.
13	822 renvoi.

1854. 30 mai.

Loi sur les condamnés aux travaux forcés.

| 5 | 774. |
| 12 | 787, 788. |

1854. 31 mai.

Loi abolitive de la mort civile, n°s 800 à 821.

1854. 10 juin.

Loi sur le drainage, n°s 1554 à 1557.

1855. 23 mars.

Loi sur la transcription hypothécaire.

1	3346, 4036, 5983.
2	1338, 1538, 1645, 3288, 4510, 4511, 5555, 5984.
3	1538, 4037, 4510, 4511, 5555, 5985.
4	4183, 4204, 4206, 5986.
5	5611, 5987.
6	2115, 4034, 4037, 5988.
7	4037, 4200, 4442, 5989.
8	4037, 4200, 4442, 5804 à 5808, 5828 à 5831, 5890.
9	5723 à 5725, 5844 à 5816, 5828 5831, 5991.
10	5992.
11	5726, 5993.
12	5994.

1856. 23 juillet.

Loi sur les eaux minérales, n° 1545.

1860. 30 juin.

Décret sur la qualité de français concernant les sujets sardes, n° 759, 1° et 2° renvois.

1861. 2 mai.

Loi sur la légalisation.

1	629.
2	61, 629.
3	630.

1862. 2 juillet.

Loi sur les emplois en rentes sur l'État, n°s 2885, 3678, 3687, 4076, 4077.

1864. 8 juillet.

Loi sur les cautionnements des conservateurs d'hypothèques, n°s 5470, 5472.

1866. 14 juillet.

Loi sur la propriété littéraire et artistique, n° 4311.

1866. 18 juillet.

Loi sur les attributions des conseils généraux, n° 2626, 4566 bis.

1867. 29 juin.

Loi sur la naturalisation, n° 759, 2°.

1867. 22 juillet.

Loi sur la contrainte par corps, n°s 5503 à 5512.

1867. 24 juillet.

Loi sur les attributions des conseils municipaux, 2626, 4562.

1867. 24 juillet.

Loi sur les sociétés.

1	4908, 4909, 4994 à 4997 bis, 5004.
2	5007.
3	5005 à 5006.
4	4998 à 5003.
5	5009 à 5012.
6	5009.
7	5015 à 5019.
8	5021.
9	5016.
10	5008, 5013.
11	5014.
12	5020.
13	5023.
14	5024.
15	5025.
16	5027 bis.
17	5028 à 5033.
18	5034.
19	5036, 5037.
20	4991.
21	4908, 4909. 5043, 5049, 5053 bis, 5062.
22	5055, 5058.
23	5043 bis.
24	5045, 5046, 5048 bis, 5052, 4070 bis.
25	4921, 5047, 5048, 5056 bis, 5057.
26	5060 bis.
27	5070, 5074.
28	5073, 5014.
29	5071 bis.
30	5070 bis, 5070 ter.
31	5072.
32	5066, 5066 bis.
33	5067.
34	5075.
35	5076.
36	5077.
37	5078.
38	5078 bis.
39	5080.
40	5061.
41	6079.
42	5065.
43	5068.
44	5063.
45	5053, 5079 bis.
46	5081.
47	5082.
48	6085 à 5088.
49	5088 bis.
50	5088 ter.
51	5089.
52	5089 bis.
53	5089 ter.
54	5090 .
55	4915, 4921, 4922.
56	4915, 4923 à 4932.
57	4916.
58	4917.
59	4919.
60	4920.
61	4935 à 4946.
62	4936, 4937.
63	4933.
64	4934.
65	4913.
66	5103, 5104.
67	5105.

1868. 22 janvier.

Décret sur les sociétés anonymes d'assurances à primes et les sociétés d'assurances mutuelles, n°s 5107 à 5140.

1869. 1er février.

Loi sur le recrutement de l'armée et la garde nationale mobile, n° 6045 bis.

LOIS, ORDONNANCES, DÉCRETS, ARRÊTÉS

CONCERNANT

L'ALGÉRIE;

ARTICLES.	NUMÉROS DU TRAITÉ.	ARTICLES.	NUMÉROS DU TRAITÉ.	ARTICLES.	NUMÉROS DU TRAITÉ.	ARTICLES.	NUMÉROS DU TRAITÉ.
1842. 26 septembre.		22	172, 173, 373, 374.	54	376, 397, 536,	15	1420.
Ordonn. royale relative aux actes du ressort des cadis.		23	171, 636.	55	377, 537.	16	21.
		24	401.	56	378, 398, 536, 538.	**1858. 4 août.**	
43	152 renvoi.	25	283 à 287.	57	152 renvoi.	Décret relatif à l'administration de l'Algérie.	
1842. 30 décembre.		26	289, 290, 291.	58	452.		
Arrêté du ministre de la guerre qui organise le notariat en Algérie.		27	292.	59	Transitoire.	4	166, 193.
		29	293.	60	201.	**1858. 27 octobre.**	
1	152.	30	171, 172, 173, 202, 286, 370, 371, 279, 380, 382, 383, 384, 389, 392, 394, 415, 440, 460, 532, 593, 614, 623.	61	152 renvoi.	Décret sur la promulgation.	
2	166.			**1844. 1er octobre.**			
3	158.			Ordonn. royale sur le droit de propriété.		1 à 3	745.
4	160.					**1859. 19 octobre.**	
5	161, 162, 236, 237.			22	196.	Décret sur les légalisations, n° 636.	
6	163, 164, 165.	31	186, 203, 286, 282, 379, 380, 382, 383, 385, 394, 415, 440.	**1848. 20 août.**			
7	167.			Arrêté sur l'administration de l'Algérie.		**1863. 22 avril.**	
8	168.	32	185 13°, 204.			Sénatus-consulte relatif à la constitution de la propriété et Algérie dans les territoires occupés par les Arabes, n° 1424 bis.	
9	169, 170.	33	184, 185, 186, 371.	7	166.		
10	155 à 157.	34	174, 175.	**1851. 25 avril.**			
11	159.	35	176, 177.	Décret relatif aux interprètes, n° 373.			
12	199.	36	178, 179.				
13	153, 154.	37	180.	**1851. 16 juin.**		**1865. 14 juillet.**	
14	200.	38	186.	Loi sur le droit de propriété.		Sénatus-consulte sur la naturalisation en Algérie, n° 759.	
15	369.	39	187.				
16	373, 395, 396, 399 *bis*.	40	188, 189, 190.	1	1421, 1422.	**1866. 21 avril.**	
17	372, 375, 379, 380, 382, 383, 384, 385, 389, 394, 395.	41	191 à 194.	2	1421.	Décret sur la naturalisation en Algérie, nos 460, 759.	
		42	195.	4	1422.		
		43	196.	8	1423.		
18	387.	44	197.	9	1424.		
19	392, 393.	45	198.	10	1420.		
20	388.	46	181, 182, 483.	12	1420.		
21	388.	47	441 à 443.	14	185, 5°, 196, 1420.		
		48	414.				
		49	445.				
		50	446 à 448.				
		51	539.				
		52	449 à 451.				
		53	199, 6°.				

FIN DE LA TABLE CHRONOLOGIQUE.

www.ingramcontent.com/pod-product-compliance
Lightning Source LLC
Chambersburg PA
CBHW031356210326
41599CB00019B/2782